中西文化关系通史

国家出版基金项目
NATIONAL PUBLICATION FOUNDATION

上

从张骞到郑和

（1500年以前）

张国刚 著

北京大学出版社
PEKING UNIVERSITY PRESS

图书在版编目(CIP)数据

中西文化关系通史. 全 2 册 / 张国刚著. —北京：北京大学出版社，2019.10
ISBN 978-7-301-30783-0

Ⅰ. ①中… Ⅱ. ①张… Ⅲ. ①文化交流 – 文化史 – 中国、西方国家 Ⅳ. ①K203

中国版本图书馆 CIP 数据核字（2019）第 198602 号

审图号：GS（2019）5268 号

书　　　名	中西文化关系通史（全二册）
	ZHONGXI WENHUA GUANXI TONGSHI (QUAN ER CE)
著作责任者	张国刚　著
责 任 编 辑	闵艳芸
标 准 书 号	ISBN 978-7-301-30783-0
出 版 发 行	北京大学出版社
地　　　址	北京市海淀区成府路 205 号　100871
网　　　址	http://www.pup.cn　新浪微博：@北京大学出版社
电 子 邮 箱	zpup@pup.cn
电　　　话	邮购部 010-62752015　发行部 010-62750672　编辑部 010-62752824
印 刷 者	北京中科印刷有限公司
经 销 者	新华书店
	650 毫米 ×980 毫米　16 开本　56 印张　1060 千字
	2019 年 10 月第 1 版　2024 年 6 月第 3 次印刷
定　　　价	168.00 元（全二册）

未经许可，不得以任何方式复制或抄袭本书之部分或全部内容。
版权所有，侵权必究
举报电话：010-62752024　电子邮箱：fd@pup.cn
图书如有印装质量问题，请与出版部联系，电话：010-62756370

目　　录

序一　卜松山 /1
序二　马克垚 /1
序三　陈高华 /1
序四　荣新江 /1
导论 /1

上　卷

第一编　西域南海与胡天汉月

第一章　中国与西方：传说与史实 /3

一、中国与西方 /3
　　1. 中国人眼里的"西方" /3　2. 欧洲人眼里的"东方" /6

二、先秦中国对西方的传说 /10
　　1. 商周神话中的西方世界 /10　2. 上古文献中的西方国家 /14

三、古希腊关于东方的传说 /15
　　1. 神秘的希伯波里安人 /16　2. 秦奈的传说 /17　3. "赛里斯"的故事 /19

第二章　中西陆上交通【上】：发展与鼎盛 /23

一、北方陆路通道的萌芽 /24
　　1. 草原之路 /24　2. 绿洲之路/玉石之路 /27　3. 战争对东西交通的促进 /28

二、"丝绸之路"的由来及其开拓 /30
　　1. "丝绸之路"的含义 /30　2. 张骞出使与西汉对丝路的开拓 /31
　　3. 东汉丝绸之路的"三通三绝" /36　4. 魏晋南北朝时期丝路的恢复 /37
　　5. 丝绸之路的具体通道 /39

三、隋唐时期中西陆路交通的繁荣 /42
　　1. 隋朝对陆路交通的重视 /42　2. 唐代对陆路交通的进一步保障 /42
　　3. 主要通道 /44

四、丝路、贸易与文化传播 /47

第三章 中西陆上交通【下】：阻隔与衰落 /51

一、两宋时期的西北陆路交通 /51

　　1. 西北的割据政权 /51　2. 两宋与西方世界的联系 /54

二、"蒙古时代"的中西陆路交通 /55

　　1. 蒙古西征对中西交通的影响 /55　2. 四大汗国及其与中原的关系 /57

　　3. 蒙古（国）、元（朝）治下的"全球化世界" /60　4. 蒙古（国）、元（朝）的域外地理记述 /62

三、明朝的西北陆路交通 /65

　　1. 西北形势 /65　2. 帖木儿政权与明朝的关系 /66　3. 沙哈鲁政权与明朝的互访 /67　4. 明中期以后陆路交通的衰落 /68

第四章 汉唐对外关系：西域的拓展 /70

一、中国与中亚的往来 /70

　　1. 两汉魏晋时期与中亚的往来 /70　2. 南北朝时期与中亚的往来 /73

　　3. 隋唐时期与中亚的往来 /75

二、中国与西亚的往来 /78

　　1. 两汉与安息 /78　2. 南北朝隋唐与萨珊波斯 /79　3. 唐朝与大食以及杨良瑶的出使 /83

三、中国与印度的往来 /89

　　1. 两汉时期与印度的往来 /89　2. 魏晋南北朝时期与印度的往来 /91

　　3. 唐朝与印度的往来 /93

四、中国与罗马的往来 /96

　　1. 西汉人对罗马共和国的认知 /96　2. 东汉与罗马帝国 /97　3. 魏晋南北朝与东罗马帝国 /101　4. 唐朝与拜占庭帝国 /104

第五章 海上交通的兴衰【上】：技术与航路 /106

一、航海条件的逐渐发展 /106

　　1. 造船技术 /106　2. 导航技术 /110　3. 动力技术 /114

二、中西航线的开辟与经营 /115

　　1. 中国——印度洋航线 /116　2. 罗马到中国的航线 /117　3. 唐代的广州通海夷道 /119　4. 阿拉伯人的东方航线 /120　5. 元代新的海外航线 /122

　　6. 明代的"西洋"航路 /123

第六章 海上交通的兴衰【下】：政策与影响 /124

一、宋元时期政府态度对发展海上交通的影响 /124

　　1. 海上贸易与社会经济的关系 /124　2. 宋元市舶贸易的演变 /126

　　3. 海上贸易与对外关系 /131

二、郑和下西洋与海上交通的逆转 /133

　　1. 明初海禁政策及其影响 /134　2. 郑和下西洋的经过 /137　3. 中国海

上交通衰落的原因 /141

　三、航海与地理知识 /143

　　1. 航海与中国人地理知识的扩大 /143　2. 外国旅行家对中西海路交通的认识 /146　3. 中国见闻对中世纪欧洲世界地理观的影响 /150

第二编　商贸互动与文化交流

第七章　中国文化外传【上】：丝绸与瓷器 /157

　一、丝绸之路上的中国丝绸 /157

　　1. 丝织品在中国的发展历程 /157　2. 中国丝绸外销 /161　3. 蚕丝技术西传 /168

　二、香瓷之路上的中国陶瓷 /171

　　1. 中国瓷器的发展历程 /171　2. 海上交通与陶瓷外销 /174　3. 仿制中国瓷器与中国外销瓷的异域风格 /179

第八章　中国文化外传【下】：科技与文化 /183

　一、纸张与造纸术 /183

　　1. 中国造纸术的发展 /183　2. 纸张与造纸术西传 /185

　二、印刷术 /188

　　1. 雕版印刷术的发展 /188　2. 活字印刷术的发展 /190　3. 印刷术的西传 /191

　三、火药与火器 /193

　　1. 火药在中国的运用 /193　2. 火器西传与发展 /196

　四、指南针与罗盘的西传 /197

　五、灌溉与凿井技术及其他 /199

　　1. 灌溉与凿井技术的西传 /199　2. 冶铁技术的西传 /200

　六、中原制度与思想文化对西域的影响 /202

　　1. 制度与风俗 /202　2. 币制与钱币文化 /203　3. 语言文字 /205

　七、生活习惯与艺术风格 /206

第九章　胡风东被【上】：物产与技术 /210

　一、生物物种 /210

　　1. 引种的植物 /210　2. 引进的动物品种 /214

　二、手工业产品 /218

　　1. 毛皮和织物 /218　2. 器皿 /220　3. 金银币 /223　4. 装饰品与奢侈品 /225

　三、科学技术 /228

　　1. 医学与医药 /228　2. 天文历法与数学 /233　3. 制糖 /236　4. 其他技术 /237

第十章　胡风东被【下】：伎乐与习俗 /240

一、装饰艺术 /240

1. 纹饰 /240　2. 器形 /243　3. 中国外销物品中的西亚装饰图案 /244

二、音乐艺术 /246

1. 入华西方乐器与乐人 /246　2. 胡乐对中原音乐的影响 /248

三、舞蹈艺术 /251

1. 传入中原的胡舞 /251　2. 唐代胡汉舞蹈艺术的融合 /255

四、习俗和娱乐 /257

1. 服饰与饮食 /257　2. 娱乐活动与节庆 /258

第三编　异域宗教与文明碰撞

第十一章　西域佛教思想东传与合流 /265

一、佛教在中国的传播与发展 /265

1. 佛教在印度与西域 /265　2. 东来传经与西行求法 /267　3. 佛典汉译 /271　4. 佛教词汇 /275

二、佛教与中国传统文化的碰撞 /276

1. 佛教初期传播的特点：比附黄老方术 /276　2. 佛教与儒教的关系 /277　3. 佛教与道教的关系 /282　4. 佛教中国化与三教合流 /286

第十二章　西域佛教艺术及其中国化 /290

一、佛教石窟造像艺术的东传及其影响 /290

1. 犍陀罗艺术 /290　2. 笈多艺术 /292　3. 西域的石窟与佛教造像艺术 /293　4. 内地石窟佛教造像艺术的中国化 /295

二、佛教绘画艺术的东传及其影响 /299

1. 中国佛教绘画的起源 /299　2. 笈多风格与"曹衣出水" /301　3. 佛教绘画与中国画凹凸技法 /302

三、佛教建筑艺术的东传及其影响 /304

1. 寺庙建筑 /305　2. 佛塔建筑 /307　3. 石窟建筑 /308

四、佛教乐舞艺术的东传及其影响 /311

1. 梵呗与汉语四声理论 /311　2. 南北朝的佛教乐舞 /312　3. 唐代的佛曲 /313　4. 唐代的俗讲 /313

第十三章　异域诸宗教【一】：琐罗亚斯德教与祆教 /315

一、波斯的琐罗亚斯德教 /315

1. 起源与发展 /315　2. 基本教义 /316

二、琐罗亚斯德教的影响与粟特祆教 /322

1. 琐罗亚斯德教的流变 /322　2. 粟特祆教的特点 /323

三、粟特祆教在中国的传播 /326
　　1. 传播概况 /326　2. 祆教传入中国后的变化 /328
四、入华粟特人的生活及其社会影响 /330
　　1. 政治和军事影响 /330　2. 社会习俗的影响 /335

第十四章　异域诸宗教【二】：景教与天主教 /340
一、景教会的由来和异端身份问题 /340
　　1. 基督论之争与"聂斯脱利异端"的由来 /341　2. 波斯教会的早期发展 /343
　　3. 几个教会间的关系 /345
二、景教在唐代中国 /348
　　1. "景教"名称的含义 /348　2. 传播情况 /351　3. 景教传播的特点与失败原因 /356　4. 景教对唐代社会的影响 /362
三、元代的也里可温及波斯教会的后期发展 /364
　　1. 波斯教会在亚洲 /364　2. 元朝的景教徒 /366　3. 景教在亚洲的习俗融和问题 /368
四、罗马天主教与元代中国 /374
　　1. 方济各会士出使蒙古 /375　2. 元代教区 /377

第十五章　异域诸宗教【三】：摩尼教 /380
一、诺斯替教与摩尼教 /380
二、摩尼与摩尼教 /381
　　1. 摩尼及其教派概况 /381　2. 摩尼教基本教义 /384　3. 教规仪式与文化遗产 /390
三、摩尼教在唐代中国的传播 /392
　　1. 发展概况 /392　2. 会昌灭法的影响 /394
四、宋代摩尼教的中国化 /396
　　1. 士人与道教化的摩尼教 /396　2. 摩尼教在东南民间的变异 /399
　　3. 宋朝政府对明教的排斥 /402
五、摩尼教的后期衍变 /404

第十六章　异域诸宗教【四】：犹太教与伊斯兰教 /407
一、犹太人与中国社会 /407
　　1. 犹太教及其教义 /407　2. 早期入华犹太人 /409　3. 开封犹太人的来历 /409　4. 犹太人在中国的发展 /415　5. 开封犹太人之被西方发现 /417　6. 开封犹太人的汉化 /420
二、宋元时期的伊斯兰教 /423
　　1. 伊斯兰教及其教义 /424　2. 伊斯兰教在中国的开篇 /425　3. 元代伊斯兰教的繁荣 /429

下 卷

第四编　自西徂东与天朝应对

第十七章　地理大发现与欧洲的扩张 /435

一、欧洲开辟新世界的动力 /435

　　1. 经贸需求 /435　2. 精神号召 /436　3. 科技支持 /438

二、葡、西两国的海上帝国 /440

　　1. "保教权"的由来 /440　2. 葡萄牙经营印度 /445　3. 西班牙的帝国梦 /449

三、西北欧国家的远东角逐 /451

　　1. 荷兰东印度公司一枝独秀 /452　2. 英国与法国的势力消长 /455

第十八章　明清王朝的对外政策和对外贸易 /462

一、明清王朝的对外政策 /462

　　1. 葡萄牙人叩关与嘉靖朝开闭关之争 /462　2. 福建的禁海与开海 /464

　　3. 澳门政策的变化 /467　4. 清朝前期的闭关政策 /469

二、晚明前清的中欧贸易格局 /473

　　1. 澳门贸易 /473　2. 巴达维亚贸易 /475　3. 广州口岸贸易 /477　4. 白银与明清海外贸易 /479

第十九章　明清政府与欧洲国家的官方接触 /485

一、葡萄牙使团 /485

二、荷兰的努力 /493

三、福建官府与西班牙马尼拉总督的接触 /498

四、与俄国谈判 /502

五、英国马戛尔尼使团 /505

第二十章　天主教传教士立足中国 /514

一、耶稣会士中国传教区 /514

　　1. 耶稣会进入中国 /515　2. 耶稣会中国传教区的阶段性发展 /518

　　3. 耶稣会士的商业活动对传教事业的支持 /520

二、其他天主教团体在中国的活动 /524

　　1. 托钵修会 /524　2. 罗马教廷传信部与巴黎外方传教会 /526　3. 遣使会 /528

三、中国传教区的权力之争 /529
  1. 耶稣会的内部斗争 /529 2. 耶稣会士与托钵会士的冲突 /535 3. 教廷与宗教修会特权的冲突 /536 4. 教廷与葡萄牙"保教权"的斗争 /537

第五编　传教策略与西学东渐

第二十一章　耶稣会士在中国的传教策略 /541

一、耶稣会适应原则在亚洲的发展 /541
  1. 耶稣会的适应原则 /541 2. 沙勿略在亚洲的文化接触方法 /542 3. 范礼安落实日本传教政策 /544

二、在华传教政策的确立过程 /546
  1. 阿科斯塔有关中国的传教思想 /546 2. 范礼安构想中国传教法 /547 3. 利玛窦与适应政策的形成 /548

三、利玛窦适应政策的效果 /555
  1. 适应政策的运用——耶稣会士与士人交游概况 /555 2. 适应政策的成果——第一批士人天主教徒 /557 3. 适应政策的局限——儒耶冲突下士人的命运 /560 4. 适应政策的外围影响——方济各会士部分接受上层路线 /562

四、适应政策评价 /564

第二十二章　士人社会对天主教的总体认识 /566

一、晚明士人对天儒关系的主流派认识 /566

二、士人对耶佛关系的认识 /571

三、明末国体安危忧虑中的反天主教思想 /575
  1. 传教政策变化对士人态度的影响 /575 2. 不道德的天主教 /576 3. 反儒的天主教 /578 4. 反政府的天主教 /580

四、清初历狱折射的排外思想 /583

第二十三章　明清中国人对欧洲的基本认识 /589

一、佛郎机 /589

二、红毛番 /595

三、大西洋 /599

四、华夷之别与人群划分 /607

第二十四章　欧洲科学对中国的影响 /611

一、明清时期西方科技东传的基本特点 /611

二、耶稣会士提供的天文服务 /612

三、《崇祯历书》与引进西方天文学理论 /614

四、历算需要与西方算学的兴盛 /617

五、天文仪器制造 /618

六、舆地测绘技术 /621

七、火炮制造 /625

八、钟表与其他机械 /628

第二十五章　欧洲艺术东传 /632

一、西洋绘画 /632

　　1. 西洋画与西洋画师 /632　2. 对中国绘画的影响 /636

二、西洋音乐 /640

三、西洋建筑 /642

第六编　礼仪之争与郢书燕说

第二十六章　中国礼仪之争及其文化意义 /649

一、利玛窦对待中国传统的态度 /649

　　1. 挪用传统概念 /649　2. 适应传统习俗 /650　3. 利玛窦理解异域文化的特点 /652

二、耶稣会士关于利玛窦方法的争议 /653

三、中国礼仪之争的产生 /655

　　1. 托钵会士对礼仪问题的异议 /655　2. 耶稣会士的反击 /658　3. 阎当与礼仪之争的转折 /660　4. 奉教士人奋起捍卫传统礼仪 /664

四、罗马教廷与康熙皇帝的往来 /666

　　1. 铎罗出使与局势恶化 /666　2. 嘉乐出使与礼仪之争落幕 /672

第二十七章　传到欧洲的中国知识 /676

一、16世纪、17世纪游记文献里的中国 /676

　　1. 16世纪的伊比利亚人作品 /676　2. 17世纪的荷兰人笔记 /680

二、17—18世纪耶稣会士有关中国的著作 /685

　　1. 报告类：耶稣会士书简 /685　2. 概述类："民族志" /687　3. 专题类：地图、古史、医药 /690　4. 论辩与经典：与礼仪之争直接相关 /695　5. 耶稣会士著作里的中国形象 /698

三、18世纪中后期的英国游记文献 /700

　　1. 安森远征与《环球航行记》/701　2. 1793年英国使团的笔记 /703

四、未刊文献 /705

第二十八章　中国形象与启蒙时代 /706

一、耶稣会士的古代中国形象与教会权威的衰落 /706

　　1. 中国古代编年史问题 /706　2. 中国语言文字观念的变迁 /711

二、确认中国位置的难题 /716

　　1. 约翰长老的传说 /717　2. 契丹、中国之争的宗教意味 /721　3. 争议的平息与中国位置的确立 /724

三、中国制度与欧洲的社会理想 /729

　　1. 中国知识与英国的党派斗争 /729　2. 中国政治原则与法国的社会改革者 /733　3. 中国文学作品的道德意义 /739　4. 中国旧制度与欧洲新理想的反差 /741

第二十九章　中国商品与欧洲人的新生活 /745

一、茶叶与英国茶会 /746

二、丝绸与欧洲丝织业的轮替 /751

三、瓷器与制瓷的秘密 /757

四、集中西合璧之大成的外销瓷 /763

　　1. 迎合欧洲人爱好的中国瓷器 /763　2. 定制瓷器 /765　3. 中国画工绘制的异域风格图样 /767　4. 欧洲人的再加工 /769

第三十章　"中国趣味"与欧洲人的艺术想象 /771

一、巴洛克、洛可可与"中国趣味" /771

　　1. 巴洛克风格与集权时代 /771　2. 洛可可风格的兴起 /774　3. 洛可可式"中国趣味" /777

二、中国式园林 /780

　　1. 欧洲关于中国园林的实况介绍 /780　2. 新式园林的内涵与表现 /782

三、其他领域的洛可可式"中国趣味" /786

四、"中国趣味"的沉寂 /790

主要参考书目 /793

索引 /825

后记 /850

序 一

卜松山*

中华与西方之间的交流史源远流长,而不是自鸦片战争才拉开序幕,溯其源头,则比被西方视作中西交流之发端的马可·波罗(Marco Polo)之行更为悠远。

经常被人们所遗忘的是,两种文化之间的接触率先发轫于中华大地:张骞于公元前138年受命出使西域,十三年后也就是公元前126年,方才回归故土。张骞向皇帝禀明,在西方存在着高度发达的文明,值得汉朝与之交往。而他于公元前119年的第二次出使则大获成功,促成了波斯与汉朝之间的商贸联系。不止于此,东汉将军班超于公元97年到达里海,与帕提亚王国产生了正面的军事交锋。班超甚至曾向罗马遣使,遗憾的是未能如愿。此后,法显、玄奘以及郑和等人纷纷西行。书写这一历史是一项雄心勃勃的事业。它要求对史实的全面掌握,而且是对中、欧两种文明史的贯通。所幸,声名卓著的中国史学家、清华大学张国刚教授潜心著述,力求在两卷本的巨著当中钩沉这段共同的历史。

张国刚教授起初是以唐史专家而闻名。然而,众所周知,长期以来,他也致力于中华与欧洲之间的交流史。他在中西交流领域已然出版了一系列重要的著述,包括《中西文明的碰撞》(1996)、《明清传教士与欧洲汉学》(2001)、《从中西初识到礼仪之争——明清传教士与中西文化交流》(2003)、《中西文化关系史》(2006)、《中西交流史话》(2012)、《文明的对话:中西关系史论》(2013)等。有鉴于此,读者可以将面前的这部著作视为一位学者长期研究的结晶,它涵盖了中华与位于其西面所有地区所产生的交流活动的各个领域。

该书上卷始于古希腊和古罗马有关华夏的传说,虽然双方在当时并无直接联系。除了"丝绸之路"——当时尚无此名——上的商贸以外,令人瞩目的文化与宗教交流也游走于中西之间。其中不仅有佛教、伊斯兰教,还包括祆教、摩尼教、景教以及犹太教等。所有这些内容在上卷"从张骞到郑和(1500年以前)"

---

* 卜松山(Karl-Heinz Pohl),1970年代毕业于加拿大多伦多大学,获哲学博士学位。曾任德国图宾根大学汉学系教授,特里尔大学汉学系教授兼系主任、人文学院院长。

中都有所涉猎。下卷"从利玛窦到马戛尔尼(1500年—1800年)"的重点人物是来华的欧洲人：包括利玛窦(Matteo Ricci)、汤若望(Johann Adam Schall von Bell)等，直至马戛尔尼勋爵(Lord Macartney)。耶稣会的传教史则是中西交流当中特别引人入胜的一章。两种文化之间的交流始于利玛窦，一度前途光明；却止于礼仪之争，令人扼腕。在下卷当中，张国刚教授详述了这次错失的良机。本书的下卷截至英格兰使者马戛尔尼进宫谒见乾隆皇帝。此后的历史——两种文化在殖民主义和帝国主义时代所产生的冲突——则是两者关系当中完全不同以往且极其阴暗的一幕。或许，会有内容与之相关的著作同样出自张国刚教授笔下。

张国刚教授之所以成为中西交流史的专家也许是得益于他曾经作为客座教授在德国任教多年。具体而言，他大致于1991—1994年、1996—1998年在我所任职的特里尔大学(特里尔是卡尔·马克思的故乡)担任客座教授；此前，则是作为洪堡学者(Humboldt-Stipendiat)在汉堡大学等机构工作。在特里尔大学，他作为教师非常成功，深受学生爱戴。我们曾经共同开设研讨班，还一起邀请过多位著名的学者和作家从中国来特里尔访问。这是一段充满活力的交流时期，我本人从他身上学到很多东西，受益匪浅。在此，我心怀感激地回顾这段共同的岁月。

如今，我非常高兴地见到张国刚教授将他广博的研究与教学成果汇总在这部巨著当中。以他的学术成就，获得"长江学者"之荣誉乃实至名归。他作为学者与教师的态度以及相应的成就，令人想起孔子曾言，"学而不厌，诲人不倦"(《论语·述而》)。在此，我祝愿张国刚教授的学术之树长青，其杰作获得读者的青睐。

2019年7月23日，特里尔

序 二

马克垚[*]

　　张国刚同志的《中西文化关系通史》写成,上起原始时代,下迄1800年,皇皇百万言,赫然巨著,展读之后,说几句感想,表示祝贺。
　　此书研究中西文化关系,这个"西"是广义的西,就是中国以外的异域,包括古代的西域、印度、阿拉伯,直到近代的西方(欧美);所论文化内容十分广阔,经济、政治、军事、农业、工业、商业、贸易、科技、绘画、雕刻、音乐、舞蹈,兼容并包,无所不有;而就"关系"这个论域本书论述的主要是中西之间的交流,双向的交流,既有中国文化的输出,也有异域文化的输入,一出一入之间,形成了复杂的文化之间的相互影响、相互渗透,提高了世界文化的水平,有益于世界文化、文明的发展。
　　关于文化的相互交流、相互影响,作者将其放在具体的世界政治、军事环境中叙述,指出交流虽然是人民之间早已存在的涓涓细流,但政治、军事的变化是这些交流加速或迟滞的导因。例如,张骞凿空西域,他本人和副使等到达中亚、西亚、南亚各地,广加联络,西汉政府和西域各国的友好往来迅速发展,西来使者相望于途。自西汉西行的使团据说一年之中多则十几个,少则五六个,使团规模大则数百人,小则百余人。出访一次所需时间从数年到八九年。与使臣访问同时,一群群商胡贩客,"日款于塞下",中西之间的陆路交通向西一直延伸到奄蔡(咸海与里海之间)和条支(今伊拉克一带)。后来汉武帝击匈奴,伐大宛,建立西域都护府,保证了丝绸之路的畅通与繁荣。
　　唐代国力强盛,灭西突厥后,在中亚河中地区相继设立大宛都督府、康居都督府等羁縻州府,后更于于阗以西至波斯以东,分别设置都督府、州、县等,所涉地区包括今中亚以及西亚和南亚的个别地区。虽然这些机构都属于羁縻州府性质,但保证了上述地区和唐王朝之间的经济、政治、文化联系,也保障了中西陆路交通的安全畅通。有唐一代乃泱泱大国,各种物品,如丝绸、铁器等日用品,以及技术、文化,不断向西方传播,而西方文化,也通过官私贸易,不断传

---

[*] 马克垚,1956年毕业于北京大学历史系并留校执教,曾任北京大学历史系主任,现为北京大学资深教授,中国中世纪史研究会名誉理事长。

来,长安成为国际大都会、国际文化交流场所。

宋代重文轻武,军力衰落,少数民族政权往往阻碍商路交通,如西夏横亘于今宁夏地区,时常抢劫商旅,导致丝绸之路贸易下降。这时虽然有大批僧人西行求法,规模空前,但再也没有起到法显、玄奘那样的作用了,所以历史上的记载也十分稀少。蒙古(国)、元(朝)时期,建立了横跨亚、欧、非三洲的大帝国,以大都(今北京)为首都,东西交通有国家修建的驿道相连,十分便利于文化交流和商贸往来,但宋元之际,海上交通日渐发达,开辟了海上丝绸之路,而陆上贸易因中亚地区不断陷入战乱而衰落。

明清时期,西欧已经进入资本主义发展阶段,不断向中国请求进行贸易,叩关抢劫,占领土地。但我们依然以老大帝国自居,执行了错误的闭关锁国政策。明代朱元璋故步自封,一贯不关注域外事务。自郑和下西洋后,明朝就严申海禁,导致沿海民生凋敝,海盗猖獗。不得已,隆庆元年(1567)重开海禁,到晚明又复禁止。清朝继续海禁政策,而且康熙时实行残酷的迁海,强迫大批沿海居民内迁,结果沿海人口锐减,土地荒芜,经济倒退,造成很大损失。西欧在连续试探后,得知大清帝国军力衰败,终于决定进行武装侵略,这就是"落后就要挨打"的铁律。

本书一个特点是具有扎实的史料基础,旁征博引,反复申说,在一些章、节还对相关问题展开讨论,对有争议的问题给出自己的见解。如对中国古人航海使用的仪器,本书根据历史资料加以详细说明,梳理了它们如何传入阿拉伯的历史。阿拉伯人和欧洲人使用的是类似中国的水浮针和木刻指南鱼的导航仪器,后来欧洲人使用了万向支架,使罗盘可以永远保持水平状态。中国人虽然有万向支架的知识,但没有用在罗盘上。直到18世纪,由于轮船剧烈震动和磁场干扰,欧洲人才把中国的水浮针和万向支架结合起来,造了液体磁罗盘,这说明中西文化交流的巨大作用。

马可·波罗是中西文化交流的标志性人物,但学术界对他是否真正到过中国一直存在争论。因为《马可·波罗游记》有不少可疑之处,所以有人认为他只是将别人的记述汇集成书,他本人没有来过中国,而是逗留在波斯等地。本书肯定马氏到过中国的认识,并且还提出一条辅证,即中世纪晚期游历西亚和中亚的几个欧洲人都提到一则中国格言,大意是说中国人有两只眼,法兰克人有一只眼,而其他国的人则目盲。这则格言和中国毫无关系,大约于9世纪形成于波斯地区,后来在中亚和西亚广泛流传,而马可·波罗没有提到它,证明马可·波罗对格言出处的波斯并不熟悉,因此并未游历该地。

关于中国养蚕技术如何传入西方,作者也驳斥了于阗公主偷蚕种的说法,认为养蚕技术是通过东罗马、波斯传入西方的。中国本来就没有什么将养蚕技术保密的规定,蚕种西传不受这种人为的阻碍。

一些章、节中对相关问题的分析提升到理论高度,是本书另一大特点。如中国历史上的儒、佛、道之争，一向是思想史上的大问题。作者详细介绍了佛教传入中国的情况，指出由于它是一种异域文化，和中国传统儒家学说产生了激烈碰撞，在南北朝时期集中爆发，发生了形神之辩，夷夏之争、神灭与神不灭之争，有无因果报应之争，以及沙门是否拜敬王者、是否孝亲等争论。在争论中，佛教尽量迎合儒家传统，调整自己的教义，删改不适合的佛教经典，以求符合儒家伦理；特别是花了很大力气，说明孝也是佛教的主张，所谓"戒虽万行，以孝为宗"，将《盂兰盆经》作为佛教的孝经，由此逐渐在和儒家的争论中获得了对方的理解。佛教和中国本土的宗教——道教也进行了争论，由于道教教义本来薄弱，所以争论中发生了道教借取佛教教义改善自己理论的现象。

文化交流、碰撞的结果是佛教的中国化和三教合流。北魏时设立僧官制度，于僧徒内设立不同层次的僧官，使之等级化，这就是本来主张"众生平等"的佛教也追随中国古代的官僚制度而官僚化。隋唐时三教合流趋势明显，统治阶级也说"三教虽异，善归一揆"。这时形成的佛教各宗派都是中国本土产生的宗教派别，和印度佛教有很大不同，特别是禅宗是中国化佛教的典型代表，主张顿悟成佛，淡化了出世与入世的界限。到了宋代，理学体系形成，意味着儒、佛、道熔于一炉，佛教的中国化彻底完成。

关于近代欧洲对中国的认识，本书也进行了深入研究。作者从礼仪之争开始，对明清之际中国对西方的认识和近代欧洲对中国的认识进行了深入探讨：根据18世纪中国政治制度和西欧政治的状况，说明当时欧洲的一些思想家，包括启蒙思想家，都是从欧洲自己的政治制度需要出发来论证中国的，他们钦佩中国政治与道德的一体性，认为中国温和的专制主义是一种理想的政治制度，由此引起了一股中国热；后来这种理论上的中国热又进入实践领域，法国的重农学派中有人想学习中国也实行重农政策，结果归于失败。

截至18世纪，欧洲仍深受圣经神学观念制约，极力在中国和欧洲之间寻找相似性，以将中国的宗教纳入基督教范畴，也将中国的历史与文化纳入圣经教义内。随着教会权威的衰落，在中国和欧洲之间寻找相似性的动机逐渐消失，于是欧洲对他们自己所塑造的中国形象重新评估。而中西文化本身就具有巨大的差异，18世纪时两者的发展道路又截然不同，此时的欧洲已经向着近代化的方向不可逆转地发展，日益自信并且产生优越感，中国的古老就被归入"落后"这一范畴，与他们的进步相对照。这样欧洲就建立起一种中国是欧洲对立面的认识，这种认识又成为以后欧洲认识中国的起点。

总之，本书体大思精，资料丰富，条分缕析，论证细密，实为不可多得之佳作，相信它的出版，定将有益于我国文化交流史研究之推进。是为序。

2019 年 9 月

序 三

陈高华*

我国学术界研究中西文化交流史,大体可以说是从20世纪初期开始的。尽管当时条件困难,我国史学界的前辈学者,仍然在力所能及的范围内做了很多有益的工作。冯承钧先生、张星烺先生等翻译的外国的研究成果和有关资料,陈垣先生关于中古时期外来宗教的研究,向达先生关于唐代长安和西域文明的研究,杨志玖先生关于马可·波罗来华的研究等,都很有价值,影响很大,至今仍然启迪后学,嘉惠士林。"文化大革命"结束以后,我国开始了改革开放的新时代,特别是党中央提出"一带一路"的倡议以后,中西文化交流的研究得到社会各界愈来愈多的重视,研究队伍不断扩大,许多论文和著作相继问世,呈现出令人振奋的态势。

张国刚先生早年负笈南开大学,是杨志玖先生的入室弟子。秉承师传,他在隋唐五代史研究方面卓有成就,同时对中西文化关系史亦怀有浓厚的兴趣。20世纪八九十年代,国刚到欧洲著名大学讲学十年,对西方汉学有深入的了解,转而以中西文化交流为主要研究方向,先后写出《德国的汉学研究》《从中西初识到礼仪之争——明清传教士与中西文化交流》《文明的对话——中西关系史论》《胡天汉月映西洋——丝路沧桑三千年》等著作,视野开阔,论述精详,获得学术界的好评。杨志玖先生是我尊敬的前辈,国刚青出于蓝而胜于蓝,将志玖先生的学问发扬光大,令人钦佩。

最近,国刚在原有研究的基础之上,又完成了规模宏大的《中西文化关系通史》一书。作者认为:"中西文化关系史或者交流史,并不是中国与中亚、南亚、西亚、北非和欧洲关系史的总和,而是中国文化与异域文明认识、交往和对话的历史,是中国文化和他者对话的历史。"《中西文化关系通史》以不同文明之间的对话为主线,从全球史的角度,对中西文化交流进行分析和论述。全书高屋建瓴,资料充实,分析细致,多有创见,在内容安排与论述思路上都很有特色,不同

---

* 陈高华,1960年毕业于北京大学历史系,曾任中国社会科学院历史研究所所长、中国海外交通史研究会会长、元史研究会会长,现为中国社会科学院学部委员。

于以往的中西交通史或中外关系史之类的著作。可以相信,此书问世,一定会得到学术界的普遍重视。

　　研究地球上不同文明之间的交流和碰撞,既是历史研究的重大课题,又有重要的现实意义。这个领域的研究方兴未艾,前途广阔,衷心期待国刚在这方面作出更大的贡献。

2019 年 9 月

序 四

荣新江[*]

古代中西文化交流史,一直是东西方学者孜孜探索的对象。早期的中西交通史或传统的丝绸之路研究,中西文化关系都是其中一项重要的组成部分。

此处所谓"西",是指传统意义上的"西域",即中亚、西亚、南亚、欧洲、北非,而不包括海上丝绸之路所经过的东南亚,后者为传统意义上的"南海"。中西关系史,源远流长,两千多年来持续不断,中西物质文化的交往为东西方文明的进步与发展,做出了极其重要的贡献。西方宗教思想的传入中国,也丰富了中国传统的思想、文化、艺术;中国的"儒教",也曾在欧洲刮起一阵"中国风"。

然而,传统的中国史书中,有关西域的书写十分贫乏,"正史"的《西域传》或《外国传》只占全书极小的篇幅,而且是放在最后的位置,表明中国传统王朝对西域和外国的忽视,也反映了中国史家对西域史事的轻视。今人很难像了解中国古代政治史那样去了解中西文化交流史的全貌,因为前者有系统的正史、通鉴类史书可资检阅;而是要在汉文文献中仔细爬梳,还要从外文文献中去钩稽索隐,还要旁及传世和出土的文物资料。自20世纪初叶以来,西方学者有关中外关系史的著作开始陆续译成中文出版,如夏德《大秦国全录》(朱杰勤译),伯希和《交广印度两道考》、沙畹《西突厥史料》、多桑《多桑蒙古史》、马可·波罗《马可波罗行纪》(以上书均由冯承钧译),劳费尔《中国伊朗编》(林筠因译)等;张星烺先生编注有《中西交通史料汇编》,在翻译西文史料之外,广辑汉文文献,厥功至伟;向达于专题研究之外,还有《中外交通小史》的通史类著作。经过几代人的不懈努力,到"文革"开始前的1960年代中叶,有关中西文化交流史的探讨已经比较详细,有些部分还可以说非常仔细。20世纪80年代,走出"文革"的中国学术界,开始与国外学界接触,中外关系史的研究也重新起步。近四十年来,学者在中外关系史的领域取得相当大的进步,在精深的专题研究方面,获得显著成果。不论是罗马、拜占庭,还是波斯、阿拉伯,这些地区或帝国与中国

---

[*] 荣新江,北京大学历史系教授,教育部长江学者特聘教授,北京大学中国古代史研究中心主任。

的交往，都有学者加以探讨；借助佛教文献的丰富和石窟壁画的保存，以佛教为中心的中印文化交往研究更加丰富多彩；中亚地区虽然种族、语言复杂，但在粟特人来华等问题上，中国学者也加入国际学界的对话行列；蒙古（国）、元（朝）时期中国与中亚、波斯的交往，也有了相当深入的研究；明清时期耶稣会士来华后的中西文化交流研究，更取得了百花齐放式的进步。1980年代以来，也产生了一些通论或通史类的著作，如沈福伟《中西文化交流史》、周一良主编《中外文化交流史》、张维华主编《中国古代对外关系史》、黄时鉴主编《解说插图中西关系史年表》等，但由于材料多寡不均，有关中西文化交流的研究，呈现出十分不平衡的状态，要把这些研究成果加以阅读、剪裁、补充、发挥而撰著一部中西文化关系通史，并非一件容易的事情；因此最近二十年来，很少有通史类的著作产生。

张国刚教授这部著作，分上下两卷，六编、三十章。上下两卷分别概括1500年以前和1500—1800年的时段里中西文化交流的历史，大体上分成政治交往、道路开通、商贸往来、文化交流、吸收与碰撞等几个方面来加以阐述，给读者一个中西文化关系史的整体面貌。全书繁简得宜，于重点人物、重要事件把握得恰到分寸，各时代的内容详略得当，轻重适宜。

国刚教授为"文革"后成长起来的一代学人中的佼佼者，他先师从南开大学杨志玖先生治隋唐史，后又有机会多年在德国学习和授业，于中西关系史多所措意，并收集大量资料。回国后执教于清华大学，方向更多转向中外关系史，多年开设相关课程，教授生徒之外，亦多有撰著；在中西关系史方面，著有《中西文明的碰撞》《明清传教士与欧洲汉学》《从中西初识到礼仪之争——明清传教士与中西文化交流》等，最近又出版了雅俗共赏的《胡天汉月映西洋——丝路沧桑三千年》。

我与国刚教授颇有同好，虽互有侧重，但都对隋唐史和中外关系史情有独钟。他执教南开时，因为我是天津人，故此时常邀我去参加他学生的论文答辩；到清华后，更成为方便切磋学术的好邻居。这次他拿来两大册书稿复印本，命我作序，岂敢不应！因此略叙国人中西文化交流史研究之历程，为国刚教授新著出版而鼓与呼。

2019年9月19日
于丝路起点长安

导　论

法国著名历史学家保罗·韦纳(Paul Veyne,1930—　)在《人如何书写历史》一书中说：

> 一个事件只有在一个系列中才有意义,系列的数目是不确定的,它们并不按等级排列,而且我们将会看到,它们也并不向一个各种角度的实测平面图中聚合。大写的历史的观念是一个无法接近的极限,或者更多是一个超验的观念；人不可能书写这个历史……①

韦纳所谓"大写的历史",是指包罗万象、"全息摄影"般的历史,这样的"大写的历史"是不存在的。历史书写首先是史家对于事件的选择,并把这些事件编织在一个有意义的序列里。因此,即使同一主题,不同作者也会有自己的不同选择,这就是个性。本书的宗旨,就是选择历史上中国与西部世界交往和文化关系的相关史实,构成作者赋予的意义序列。

一、研究史的简单回顾

中国人关注异域事务,诸子的只言片语不说,自《史记·大宛列传》《汉书·西域传》以来就形成了传统。嗣后官方出使和晋唐以降的西域游记,成为重要域外信息来源,历朝历代都在中央设立专门的搜集和处理外事信息的部门。文人的私家笔记则充满了传奇志怪的色彩,直至清季方才出现了一些睁眼看世界的先进中国人。至于对于中外交往历史的学术性研究,则是梁启超鼓吹新史学(New history)之后的事情。"自20世纪初叶以来,西方学者有关中外关系史的著作开始陆续译成中文出版,如夏德《大秦国全录》(朱杰勤译)、伯希和《交广印度两道考》、沙畹《西突厥史料》、多桑《多桑蒙古史》、马可·波罗《马可波罗行纪》(以上书均由冯承钧译),劳费尔《中国伊朗编》(林筠因译)等；张星烺先生编注有《中西交通史料汇编》,在翻译西文史料之外,广辑汉文文献,厥功至伟；向达于专题研究之外,还有《中外交通小史》的通史类著作。经过几代人的不懈努力,到'文革'开始前的1960年代中叶,有关中西文化交流史的探讨已经

---

① [法]保罗·韦纳：《人如何书写历史》,韩一宇译,上海：华东师范大学出版社,2018年,第39页。

比较详细,有些部分还可以说非常仔细。……1980年代以来,也产生了一些通论或通史类的著作,如沈福伟《中西文化交流史》、周一良主编《中外文化交流史》、张维华主编《中国古代对外关系史》、黄时鉴主编《解说插图中西关系史年表》等。"(荣新江为本书所作序文)除此之外,还有向达、王重民、夏鼐、韩儒林、杨志玖等有关敦煌学、西域考古以及蒙古史、元朝史等领域所涉及的中西关系的研究;在天文历法、数学几何、冶金机械等科技领域,有诸多学者关于中西科技交流史的研究;在宗教交流领域,则有陈垣、陈寅恪、汤用彤、季羡林、方豪等的论著以及英国人穆尔《一五五〇年前的中国基督教史》(郝镇华译)和法国人费赖之《在华耶稣会士列传及书目》(冯承钧译)之类的研究;在文化领域,钱锺书早年在英国留学时的学位论文就是研究17世纪、18世纪英国小说中的中国文化,留学德国的陈铨、留学美国的范存忠、留学法国的阎宗临等也有类似的著述发表,由此而生发出海外汉学研究的新领域。以中华书局"中外关系史名著译丛""中外交通史籍丛刊"、大象出版社"西方早期汉学经典译丛"为代表,各地出版了许多相关专题的资料丛刊和翻译丛刊,推动了中外关系史领域的研究。西方多家图书馆将稀见书籍制作成缩微胶卷,将大量难以借阅的图书资料放到网上,提供线上阅读,增添了人们获取相关资料的便利,更使得在中西关系史领域开展"e-考据"也成为可能。

改革开放以来,就国内学术界而论,有学者矢志于中西关系史某一领域,耕耘数十年,成就非凡。这些领域包括汉唐西域史地、边疆民族与考古史、中古粟特商业史、三夷教入华史、佛教文化艺术史、宋元海外贸易史、明清中外关系史、耶稣会士在华传教史、明清科技文化交流史、西方汉学史等等。总之,中西文化关系史的研究发展到今天,已经超出了一般意义上的中国史,成为一个跨学科的研究领域。

中外前贤已经在中西文化关系史领域做出了许多筚路蓝缕的工作,同道先进自1980年代以来在学术上的辛勤耕耘,也积累了丰硕的研究成果。在这些厚重研究的基础上,综合吸收前沿研究成果,编写出一部新的中西文化关系通史,于是成为可能。

二、中西交往的历史脉络

人类学家告诉我们,人类只有一个共同的祖先,不能说黑人一个祖先,白人一个祖先,黄种人还有一个祖先。现代人类先祖在能人(Homo habilis)、匠人(Homo ergaster)阶段,是分三次(200—180万年前、84—42万年前、16—8万年前)走出非洲,进入亚洲和欧洲的。但是,世界各大陆各地区的早期人种,并没有在现代人从非洲走出来之前就泯然无存,也许他们之间演绎过一段浪漫的爱情故事,从而彼此混血,比如欧洲的尼安德特人(Homo neanderthalensis)就是其中的代表。在直立人(Homo erectus)、智人(Homo sapiens)阶段,由于生活环境与进化程度的影响,世界各地的人类后裔是走出非洲的现代人与当地原住民通婚融合的结果①,到距今2—3万年前的欧洲克罗马农人(Cro-Magnon)、北京田园洞人和山顶洞人时代,欧亚各地人类已经从文化上逐渐分道扬镳了②。可以这样说,人类文明与进化,在摇篮时代就表现为彼此之间既坚持自我又相互交流互鉴的历史过程。

在人类进入文明时代之后,他们的迁徙能力也得到很大的提升。最典型的就是印欧人(19世纪的文献一般称之为雅利安人)在发明和熟练使用"兵车"(驯服后的马拉着的轮式车)之后,从狩猎变成游牧,促成了他们长达一千几百年的大迁徙。这种迁徙的浪潮,从印度河流域波及不列颠岛,整个欧亚大陆西部乃至地中海南岸的北非,都因而进入使用铜器和铁器的文明时代,由此塑造了吠陀文明、波斯文明、安纳托利亚文明、古希腊文明、古意大利文明、古日耳曼文明和凯尔特文明。至于欧亚大陆东部,商周时期在中国西北游牧的斯基泰人,或者秦汉时期在河西走廊栖息的大月氏人,也是由印欧人组成的移民部落。

与此同时,古老的华夏文明也按照自己的独特轨迹在孕育成长。按理而论,今日960万平方千米(若加上海域,则远过此数)范围内,56个民族的历史,都属于中国史研究的范畴。虽然它并不是历史上各个朝代的实际统治范围,但是要描述每一寸土地、每一个民族与西部世界的交往,既不可能,也未必有实际意义。在这里我们也应该摒弃"大写的历史"的执念。因此,我们这里所说的历史时期的"中",总体而言,是以中原地区建立的政权(包括少数民族入主中原建立的朝代)的统治区域为主要范围。欧亚大陆西部和北非,围绕着地中海(北面是欧洲、南部是非洲、东部黎凡特地区则是西部亚洲,由这里经过兴都库什山无数宽敞的山口,就通向了印度河上的南亚平原)构成了一个天然的文明交流平台,它们从整体上构成了中国的西部世界。近代以前规模最为宏大的全球化,其载体正是中国和西部世界之间的陆上丝绸之路和海上丝绸之路。全球化是地球村的居民之间的交流和互动。这种肇始于莽原时代的人类交往,其规模和形式颇受自然条件的限制。进入文明社会,特别是国家产生之后,文明的交流和互动又受到政治权力和社会因素的影响,从而变得更加复杂。

从张骞到郑和,从陆路到海洋,是最典型的官方开拓活动。而张骞之前的

---

① 有研究认为亚洲东部人群都不同程度地含有尼安德特人的血统,汉族占比3.2%、蒙古族4%、高棉人则达4.4%。

② 关于人类起源的讨论,目前还是众说纷纭,最近的研究参见[美]大卫·赖克:《人类起源的故事》,叶凯雄、胡正飞译,杭州:浙江人民出版社,2019年。该书尤其强调人类迁徙和混血影响人种的变化。21世纪以来,中国科学院古脊椎动物与古人类研究所在北京周口店发现了田园洞人化石(与山顶洞人化石同属于晚期智人化石),经过DNA分析,田园洞人只有少量尼安德特人和丹尼索瓦人(Denisovans)的DNA,在血统上已经与现代欧洲人分开。参见《人类起源的故事》第三部分第8章"东亚人的基因起源",特别是第218—220页。

玉石之路,郑和之后罔顾海禁闯南洋的商贾,则是民间贸易的突出表现。这些官方和民间的政治、外交以及经贸往来,涉及制度、文化、物质以及精神等诸多层面的交流与碰撞,往事数千年,横看成岭侧成峰,从不同的视野出发,会观察到不同的历史特点。

五帝三王时期,主要是商周之前,历史真相云山雾罩,是传说与考古时代。河南安阳的殷墟青铜器和车马坑、三星堆带有西亚特征的文物,都显示了早期中西交流的历史遗存。东周列国时代,秦国、赵国、燕国,这几个在边地修筑长城的国家,扮演了中西接触的主角。秦穆公开拓西部边界,号称"益国十二,开地千里,遂霸西戎"①,为汉武帝后来开通河西走廊,打下了坚实的基础。赵国越过长城,经由草原之路交通西域,成为西域奢侈品(《史记·赵世家》所谓代马、胡犬、昆山之玉)的集散地。燕国面对的虽然主要是山戎(匈奴的一支)、东胡,但也通过草原之路,与西域互相影响。

秦汉时代对匈奴的战争与和平,谱写了中西交流的主旋律。张骞通西域最初正是为了响应对匈奴作战的需求。两汉时期的官方使节,包括地方政府派出的使节(如东汉甘英就是西域都护所派),直接打通了中原内地与狭义西域(新疆)、广义西域(中亚西亚)乃至欧洲罗马帝国直接联系的通道,物质和文化的交流遂接踵而至。

魏晋南北朝时期,中原陷入大分裂。大一统条件下与分裂格局下,中西文化的交流呈现出不同的特点。两者最明显的差异,就是军事安全的环境不一样,朝廷组织大规模对外交往的能力和动力不一样。但是,社会个体却由于较少受到朝廷的限制而有可能做出独特的贡献。比如,此时期中央政权掌控能力的衰弱,却为佛教在中国内地的传播与接受,为"三夷教"络绎于途向东拓展,为粟特商人在东西方之间的长袖善舞,提供了外在环境。鸠摩罗什、菩提达摩的东来以及僧人法显的西行,都体现出这种外在因素的作用。近些年在中国内地各处发现的许多不同代际的粟特商旅后裔的墓葬,很好地诠释了汉唐间胡汉文化交流互动的生态系统。

唐代特别是盛唐时代,中外文明交光互影、双向交流表现得最为热络。其中西域方面的交流从某种程度来说,是对于北朝时期中西交流的进一步提升和扩展。入华粟特人的生活方式逐渐深入地融化于华夏。敦煌吐鲁番文书的商业纠纷中,胡人识宝的唐代传奇小说中,出土唐三彩深目高鼻的胡人商旅团队陶俑中,在在透露出"天可汗"秩序下华夷一家的社会氛围。8世纪末期唐朝派出官方使节杨良瑶出使大食(阿拉伯国家),填补了汉唐时期海上丝绸之路上官方往来的一段空白。唐代的物质文明和精神文明都深深打上了胡汉文化交流、内地与西域文明交光互影的历史烙印。

---

① [西汉]司马迁:《史记》卷五《秦本纪》,北京:中华书局,2013年,第245页。

公元10世纪到14世纪上半叶是中国历史上的五代辽宋金元时期,这一时期政治环境的特征是长期的南北分裂:先是五代与南方诸国的分裂,进而是辽金与两宋的对峙,最终结束于元朝的短暂统一。北方胡族,从五代的沙陀,到辽宋金时期的契丹、女真、蒙古,与南方的汉族政权,形成长期的军事对抗和政治分离,中西文化交流较之于唐朝的热络局面,受到了一定程度的阻隔。但是,这一时期有两个显著成就大放异彩:一是西辽在中亚地区的立国,扩大了中原文化在遥远的西方世界的影响,以致Cathay(契丹)成为西方对于中国的指称;二是宋朝的海外贸易急剧发展,使得汉唐时期发育起来的海上丝绸之路得到空前的扩展,形成了所谓"香瓷之路"的新繁荣、新格局。这一点首先得益于宋代经济的高度繁荣和发展,陶瓷制造以及指南针、印刷术、火药技术都是在这个时期成熟并且往西部世界传播的。对比于同一时期欧亚大陆西部的十字军东征(11世纪到13世纪),宋代中原和沿海地区犹太教、伊斯兰教、基督教、佛教以及其他宗教之间的和平共处,尤其彰显出中华文化的包容性。

崛起于漠北的蒙古帝国和统一华夏的元朝时期,四大汗国与中国内地形成了一个统一的政治空间,这就为中国与西域乃至欧洲之间的交流提供了便利的条件。成吉思汗的西征对西方造成的冲击,是空前的。四大汗国时期,中国与伊利汗国等伊斯兰国家的交流进入一个快速发展时期;而从柏朗嘉宾、鲁布鲁克到马可·波罗,显示了中欧交往在这一时期的层层深入。元朝的海外贸易在宋代的基础上进一步显示出高水平的发展,元代的青花瓷尤其体现了中西文明交互影响的特质。

明朝初年,突厥后裔建立的帖木儿帝国(1370—1507)横行于中亚,土耳其人的奥斯曼帝国(1299—1922)不断扩张,最终在1453年攻破君士坦丁堡,并将之改名为伊斯坦布尔,东罗马帝国灭亡。在1517年攻克开罗后,奥斯曼帝国的军队甚至多次兵临维也纳城下,建立了横跨亚非欧的大国。奥斯曼帝国横亘于亚欧大陆之间,阻隔了东西方的陆上联络通道和传统的海上路线。而经过埃及和红海的商道以及由两河流域进入波斯湾的商路又为阿拉伯人以及以威尼斯、热那亚为主的意大利城邦垄断。于是开辟一条新的航线便成为15世纪以来东西方直接交往的关键所在。

这一时期中西陆路交通退缩到了汉代的水平,而海洋上的中西交往却因为郑和下西洋的壮举,达到了空前的高度。但是,相较于同时期葡萄牙王子堂·恩里克(英文名字亨利)的海洋探索来说,总觉得缺少了一点近代意味。15世纪末叶西方的大航海事业,就是从堂·恩里克王子的工作起步的,这就使得中西关系进入了前近代时期的新境界。

应该指出的是,中西文化关系史或者交流史,并不是中国与中亚、南亚、西亚、北非和欧洲关系史的总和,而是中国文化与异域文明认识、交往和对话的历史,是中国文化和他者对话的历史。本书上下两卷,从时段上将其划分为两个不同的发展时期。

前一个时期,从远古时代到郑和下西洋结束的15世纪前期,可以称为古典时期。又可以分为两个不同的阶段:汉唐盛世,陆上丝绸之路为主体;宋元时代的海上香瓷之路则有了更重要的地位。汉唐时期,西域的交流最活跃;宋元时代,南海的贸易最繁盛。

从直接交往的地区而言,12世纪以前中西关系主要是中国与西亚、中亚及南亚的交往,与欧洲人的直接往来极其罕见。13世纪、14世纪,由于蒙古人的帝国造就了欧亚大陆直接交通的便利条件,欧洲的旅行家、使节、传教士开始设法进入中国。他们都是通过西亚的陆路前来,进入西亚之后,或者北上经俄罗斯大草原抵达中国边境,或者南下波斯湾经过一段海路在中国东南沿海登陆。而且这些零星来访者在中国多数行色匆匆,元代,北京和泉州曾建立天主教教区,无奈时间不长且在此工作的欧洲人也很少。

后一个时期,主要是晚明前清时期,从1500年至1800年,相当于新航路开辟以来的三个世纪,我们可以称之为近代早期。就地区而言,这个时期中国与亚洲国家的交通往来依然频繁,但最具影响力的是中国与欧洲的交往。此时期,中国在政治关系上是主权独立的(与19世纪中叶以后逐渐陷入半殖民地不同);在经济上,中西仍然进行大体自愿的贸易往来。虽然中国在经济和科学领域已经逐渐落伍,但西方文明的东渐和中国文化的西传却保持着大体互惠平等的格局。

以哥伦布发现美洲、达·伽马开通欧洲——印度洋航路和麦哲伦环球航行为代表的许多航海活动,促进了欧洲各国航海事业的进步,随之而来的是海外殖民扩张活动的加速发展。此时,欧洲人频频由海路造访中国,大多数绕过好望角斜插印度洋,抑或有人经由美洲贯穿太平洋。取道西北陆路来华几乎成为俄国人的专利,西欧各国虽多次努力想从俄国借道,但成效微茫。

三、文化交流及其动力机制

在中西文化交流的历史大舞台上,由东而西和自西徂东,是双向交流互动的,尽管其背后的动力机制千差万别。

瑞典学者安特生在20世纪20年代曾错误地认为,中国彩陶文化是自西徂东传播开来的。因为他最早在中原地区发现了仰韶文化(目前公认为公元前5000—前3000),其后又在甘肃发现了齐家文化(目前公认为公元前2000—前1900),认为前者晚于后者,故而推论中国文化西来说。其后,中国考古学家夏鼐研究认为,仰韶文化远在齐家文化之前,打破了这一推论。如今的考古研究越来越证明,中国文明的起源具有多元一体的格局特征。不久前联合国教科文组织将良渚文化(前3300—前2300)列入世界文明遗产名录,更是在世界范围内以"官宣"的方式,认可中国文明史超越了5000年。

其实,丝路的开通和东西的交流,伴随着人类的诞生和发展。文明的交流互鉴,早在张骞之前就已经波澜壮阔地展开。中国最早培植了小米和水稻,同时,西方培植的小麦则沿着塔里木河、河西走廊传到了中国。印欧人迁徙用的轮式马车,很可能也影响到了殷商的马车及其式样。青铜技术来自西方,但是,青铜冶金经历河西走廊之后,一路东来,逐渐本土化、中原化。中国夏代就有青铜器,商周钟鼎彝器,相对于西亚的青铜工具,绝对是一种再创造。青铜文化最早可能是西方传到中国,但是,中国的青铜文化并非简单地照搬照抄,与西方的青铜往往作为工具不同,上古时代的中国青铜器,更多的是作为祭祀等重大典礼活动中的礼器。笔者今夏去河西走廊考察,在各大博物馆就非常清晰地感受到,甘肃地区发现的青铜器,不仅明显受到西来文化的影响,而且也是冶金技术本土化的范例。同时,这里还是把中原地区商周时期的青铜工艺和物品向西传播的孔道。

同样,冶铁技术来自西方,可是,到了秦汉时代,中国的炼钢冶铁技术已经独树一帜,以至罗马世界的普林尼都称赞,赛里斯(中国)的钢铁雄冠其时。因此,人类对创造美好生活的追求,始终是丝绸之路上东西文明交往的不竭动力。只是这种追求,进入文明时代之后,从来就不只是在纯粹经济意义上开展的。

就中国历代王朝的情况而言,政治外交需要是派出大规模使节的首要出发点。无论是公元前138年汉武帝时期张骞的那次西域探险,还是东汉和帝时期(约公元97年前后)由西域地方政府派甘英出使大秦(东罗马),显然都是政治外交使命。海上的交通也是如此,无论是唐德宗时期小规模的杨良瑶海路西行(785),还是明成祖朱棣时期郑和的七下西洋(首航于1405年),都是出于政治和外交上的目的。

这种现象究其原因,首先是与上述时期紧迫的国家安全形势有关。汉武帝为了抗击匈奴,寻求与大月氏人结盟;杨良瑶出使大食,也是迫于吐蕃对唐朝的军事压力;其次,也与中国人对于世界的认识相关。张骞的那次旅行之后,带回了对于西域地区和南亚地区的新知识,引发之后的多次遣使,汉武帝甚至号召民间使团,以官方的名义出使西域,这时候互通有无的经贸物质交流,就显得重要起来。郑和下西洋的真正宗旨,虽然迄今仍众说纷纭,但是,于政治外交目的之外,获取海外资讯当是题中应有之义。费信的《星槎胜览》、马欢的《瀛涯胜览》等实地考察记录,带来了丰富的海外信息。

与此同时,由于郑和的活动而带来的物料和工艺、技术的交流,促进了中国国内的手工业生产水平的进步。比如,海外硬木材质入华,使明代工匠积累了制作硬木家具的经验,对于明代家具工艺的进步有重要影响。苏麻离青(或称"苏勃泥青")作为陶瓷原料的进口,深刻影响了永乐、宣德时期青花瓷的样式和风格;景泰蓝的工艺发展甚至也不能排除受到郑和下西洋的影响。

当然，从根本上说，中国内地经济本身的巨大实力，是促进丝绸之路发展繁荣的主要动力。就总体情况而言，汉唐时期中国西部地区受制于人口数量和经济规模，对于中国内地的影响毕竟有限。汉唐时代所谓的"和亲"，是中原王朝与胡族政权之间政治和解的代名词。五代和两宋不再有"和亲"，因为中原王朝处于弱势地位，时或纳贡称臣。不管哪一种情况，双方政治博弈的结果，都是寻求中原方面开放边境互市。中原与胡族政权的政治关系中，若中原王朝处于强势地位，通常将双方的经贸关系称之为朝贡，相反则称之为互市。唐朝在安史之乱以后与回纥的互市贸易，于回纥是经济利益，于唐朝则是维系政治关系。边境互市和开放海禁，对于海、疆地区百姓的生计影响巨大，但是对于整个中原王朝经济生活的影响则不算太大。

因此，中国方面巨大的经济能量是其在中西交往中的显著优势。丝绸、瓷器、茶叶是海上和陆上丝绸之路最主要的出口商品。其中丝绸和瓷器是典型的制造业产品，茶叶的原料虽然出自农业，但是其制成品也属于加工制造业。汉唐时代的出口品主要是质量上乘的丝绸，宋元以后则加入了精美瓷器，明清时期进而加之茶叶贸易。各领风骚数百年，传统的热销产品不断拓展新市场，而不同时期又都有新的热销产品加入到丝路贸易中来。

毫无疑问，对于丝绸之路上的各种活动，朝廷即中央政府的考量、地方政府的动机、民间的积极性，都是有很大差别的。边境互市贸易、官方朝贡贸易（勘合贸易），政治与安全原因是第一位的诉求。民间商业活动则以利益获取为主旨。不同的利益诉求，共同促进了丝路的繁荣与发展。

丝路繁荣的制度基础是政治互信和军事安全。张骞通西域打开中西交往的官方通道之后，中原王朝与周边政治关系的稳定与互信，边境地区军事安全与保障，是丝绸之路能否畅达的前提条件。

汉武帝之后，汉朝对于西域的经营不遗余力，河西四郡的设置，提升了汉朝往西部投送力量的能力。汉宣帝时期设置了西域都护府（治所在今新疆轮台，西域都护秩比二千石，相当于副郡级单位），任命郑吉为西域都护；其后呼韩邪单于前来归附并和亲，"汉之号令班西域矣"①。河西四郡建立后，汉代采取移民实边之策，蚕桑业就在河西走廊发展起来，居延汉简里出现过众多"桑""帛"的文字，汉酒泉郡禄福县出产的丝绸，被称为"禄帛"②。安史之乱以后，河西地区的蚕桑业迅速走向衰落，经济环境的恶化，也是导致陆上丝绸之路走向衰落的重要原因。

隋唐时代对于西域的经营更是不遗余力。贞观四年（630）西北君长尊唐太宗为"天可汗"，并修筑"参天可汗道"，既是尊重唐朝的宗主国地位，也是为了

---

① ［东汉］班固：《汉书》卷七〇《傅常郑甘陈段传》，北京：中华书局，1962年，第3006页。
② 今夏7月底去河西走廊考察，在张掖和高台县博物馆参观，尤其体会到了这一点。

加强和便利与唐朝的交通往来。也正是从这时候开始,唐太宗进一步在周边和域外地区推行了"羁縻府州"新体制。唐朝安西都护府、北庭都护府的设立,安西四镇对于丝路通道的保障功能,羁縻府州体制的建立与完善,都极大地促进了中原地区与广义西域地区的经贸往来和人员交流。

羁縻府州是指唐朝在接受其政治领导的番邦和绝域设立的羁縻州和都督府。所谓"羁縻",即维系政治联系之意,它们不同于内地的"正州",其都督、刺史均为各部落和蕃国的首领,诸如可汗、叶护、国王等,由朝廷发给印信。其辖区不变、自主内部事务的权力和称号不变,朝廷所授予的"都督""刺史"职衔也与其首领职位一样世袭罔替。这样,各部落首领一方面接受唐朝的册封,另一方面又被授予都督或刺史等国家官职,从而使唐朝与周边部族建立起更为稳定的宗主从属关系。这种统领关系还体现在唐朝边州军政长官兼"押蕃落使",负责监督和掌管外蕃事务的制度设计中,如开元二十八年(740)平卢军节度使"兼押两蕃、渤海、黑水四府经略处置使"[①]。

这些羁縻府州,以今日情况而论,有两种情况:一种大体在今日中国版图之内;另一种远离中土,比如中亚地区、西亚地区的一些都督府、羁縻州,大体在今日之外国地区。与羁縻府州相辅而行的是册封制度。羁縻府州的首领在被封为刺史、都督的同时,还对内称王,这个王在名义上是被唐朝册封的。这种册封,是一种政治主导地位的宣示。借助于军事、经济和文化更先进的唐朝的权威,域外政权也获得实利,即对内有利于巩固自己的统治,对外则可防范强邻的侵犯,同时也可以得到朝贡贸易的好处。

安全与互信也取决于朝廷对国家安全的评估,这在明代嘉靖时期最典型。嘉靖皇帝朱厚熜统治45年,崇道炼丹,在北方拒绝边境互市,在南方严格施行海禁,原因是对于边境安全存在严重的误判。高拱、张居正执政时期,在戚继光、俞大猷、李成梁等名将的守护下,北方有"隆庆和议",俺答汗以顺义王名义归附;南方有漳州月港的开海,使海盗变成了海商。事实证明,只有在军事安全前提之下,丝绸之路才会物畅其流地发展与繁荣,中西关系也就平稳发展。

四、文明互鉴与创造性误读

物质文化的交流之外,精神文明的互鉴始终是中西文化关系史的重要组成部分。所谓文明互鉴,不仅仅是物质层面的取长补短,更重要的是思想文化领域的借鉴与启迪。概括地说,思想文化领域西方对中国的影响,汉唐时代主要是西域的佛教;宋元时代至明初,传入中国的主要是伊斯兰文化;近代早期(1500—1800),则是欧洲的基督教文化通过传教士入华。

[①] [北宋]欧阳修、宋祁:《新唐书》卷六六《方镇表三》,北京:中华书局,1975年,第1836页。

中古时期佛教的入华是亚洲两个伟大文明交流的华章。释迦牟尼创立的佛教早在汉代以前就已经传入西域地区,新疆地区的考古充分证明了这一点。正史记载两汉之际佛教传入中土,而且是以朝廷准许的方式传入中国的;但是,真正大行其道是在汉末魏晋南北朝时期。早先是胡僧入华传教,支娄迦谶、竺法护、佛图澄、鸠摩罗什是其中之彰彰著名者;后来也有中土僧人西行求法,朱士行、法显、玄奘、义净是其中之成就卓著者。大量佛教经典翻译成汉文,使得汉传佛教成为迄今为止世界上最重要的佛教宝藏。佛教音乐、雕塑、绘画等丰富了中古世俗文化与艺术。宋代开始,印度的佛教已经衰退,中国禅宗则以独行其道的方式广为传播,程朱陆王理学思想更是因为吸收了佛教的精华而得以充沛博大。

唐代"三夷教"(祆教、摩尼教、景教)的入华,也成为中古时期中外文化交流的独特景观。曾掀起滔天巨浪的安禄山就是一名祆教徒,其军队中信奉祆教者不在少数。唐代摩尼教后来影响到宋代的方腊起兵、元末的白莲教(有时又称明教)活动,甚至号为吴王的朱元璋创建的"明朝"国号,也能找到其中的影子。至于唐朝的景教和元朝的也里可温,作为早期的基督宗教,入乡随俗表现出中国化的特征。

16—18世纪承担中西文化交流使命的主要是耶稣会士,耶稣会士既深刻地影响了中国人对于基督教的观念,也深刻地影响了欧洲人对于中国的看法。耶稣会士所塑造的整体中国形象,成为这时期欧洲人认识中国的起点,是欧洲人勾画自己心目中"中国"的基础。

率先入华传教的利玛窦,不仅传播了西方知识,而且试图把《论语》等中国经典介绍给欧洲。他与中国士大夫广结善缘,与明朝科学家、政治家、官居文渊阁大学士的徐光启(天主教名保禄)合作翻译欧洲数学名著《几何原本》,这是西方科学名著首次被译为中文。其后徐光启还与熊三拔合作翻译了《泰西水法》等著作。徐光启的农学名著《农政全书》,传承了中国古老的农业科技知识的精华,也吸收了一部分西洋科学知识。

在明朝钦天监任职的日耳曼传教士汤若望,将当年配合徐光启、李天经编纂的《崇祯历法》献给入主北京的清朝皇帝,受到重用。康熙时期,西方传教士络绎入华,康熙甚至给路易十四写信,希望能派遣更多的传教士来华,传播西学知识。康熙自己更是身体力行,学习天文仪器制作,学习对数函数、几何代数等知识,中国第一历史档案馆就收藏了一份康熙的学习草稿,装在标有"圣祖算草"字样的封套内[①]。他还成立了"蒙养斋算学馆",专门给皇家子弟教授科学知识。遗憾的是,由于罗马教皇派使节不断干涉中国信教者对于自身文化习惯

[①] 中国国家档案局、北京大学合编:《锦瑟万里,虹贯东西:16—20世纪初"丝绸之路"档案文献集萃》,北京:中华书局,2019年,第24页。

的坚持,抛弃了利玛窦当年的适应性政策,所谓"礼仪之争",葬送了这场中西交流的热络局面。当然,也由于后来的清朝统治者不能睁眼看世界工业革命的大变局,从而失去了东西交往的宝贵机遇。但是,总体而言,16 世纪、17 世纪和 18 世纪中叶,中国文化对于西方的影响,以及西方文化对于中国的传播,都形成了一个空前的高潮。

历史上的文化交流,郢书燕说式误读比比皆是,误读也是一种创造性的转化。因为在不同文化相遇之时,每一种文化都希望完全展现自己,同时又"以己之心度人之腹",接触的双方都不由自主地试图透过自己的眼睛审视对方,试图把对方收入自己麾下。这个打量的"眼光"就包含着自家的视角、自家的价值、自家的需求,"相对论"者和"不可知论"者都在这里找到了驰骋思想的话题。

在中国文化发展史上最著名的因误读而成功涵化的例子,就是印度佛教变为中国佛教。佛教初入中国时,佛教伦理与儒家伦理有重大分歧,主要是佛教违背孝道和构成儒家礼仪之外的政治秩序。"格义"佛学就是早期佛教为适应中国人的思想观念与思维方式,与儒家伦理在学术层面主动融合。从慧远到慧能,佛教逐渐获得官方承认,其简化教义、积极世俗化(比如"二十四孝"就是佛教人士编纂出来的宣传册)等一系列措施,获得了中国社会的接纳,进而又发展成中国文化非常重要的一部分①。

晚明前清时期,耶稣会士也试图利用由文化误读而产生的诠释,让中国人接受基督教,利玛窦就是主要代表,所谓适应政策被康熙称为"利玛窦规矩",迎合了中国统治者的需要,而罗马教廷和其他修会则因为害怕涵化出一种失却基督教纯正性的中国式基督教而命令终止这种做法,结果基督教文化在中国的渗透始终遭遇强大阻碍,在中国也终究未能产生一种如中国佛教那般融合中西两种智慧的新文化。

另一方面,在基督教得以立足的中国个别地区,基督教其实依然未能保持自己在欧洲的纯粹形态,它以一种与儒家文化的基层相妥协调和,甚至与某些民间信仰相妥协的形态存在,仍然成为混合式信仰。1960 年代罗马教会"梵二会议"(第二次梵蒂冈大公会议)的决议,则从法律上认可了天主教在世界各地传播时的本土化发展趋势,实则表明天主教会终于承认以文化涵化方式进行信仰移植更加实际和有效,开始接受文化误读的现实性。

反过来,在启蒙时代的欧洲也发生过针对中国文化的误读式创造。耶稣会士传入欧洲的中国知识既不系统,又充满因语言障碍和传教需要而导致的歪曲之处,而欧洲的知识分子们在利用这些知识时又完全着眼于自己眼前的需要,将中国知识作为捍卫自己论战观点或知识体系的证据,使得同样的内容产生各

---

① 详细讨论参见拙著《佛学与隋唐社会》,石家庄:河北人民出版社,2002 年,第五章、第六章"隋唐佛教与民众信仰"(上下),第 169—247 页。

式各样的解读。这样看起来表面上启蒙时代许多新学说都与中国产生了联系，实际上很多是误会中国文化的性质所致，然而这种误读促使他们更深刻地反思自己的文化，把中国文化诠释成证明自身理想的根据。更令人感受到文化误读不可思议之效果的是，在对中国文化的歪曲、猜测、幻想之上竟然诞生了一些对中国接近真实的认识，继而促成汉学诞生[①]。

明清时期中西文化关系，基本上是一个中学西传的单向流动过程，虽然经耶稣会士之手，有部分西方科技与基督教思想传入中国，但与中学西传的规模和影响相比，可以说很不起眼。相反，汉唐时期佛教入华，无论是东来传法，还是西行取经，也几乎是单向的自西徂东。中国以"四大发明"为主体的工艺性文明则在唐宋时代传到西方世界。

19世纪是西方殖民主义向全球扩张的帝国主义阶段，像中国这种不曾如印度那样完全沦为殖民地的主权国家，也因为鸦片战争而被迫打开了国门，脚步沉重地迈向了近代；西学东渐日益强盛，以至出现西潮汹涌的另外一种单向流动的局面。

张国刚　于清华大学荷清苑
2019年9月初稿、10月国庆节改定[②]

[①] 参见吴莉苇：《论文化交流中的误读与创造》，《清华大学学报》(哲学社会科学版)2006年第2期，第63—70页。系统的观点和个案讨论参见吴莉苇：《天理与上帝：诠释学视角下的中西文化交流》，北京：宗教文化出版社，2014年。

[②] 本文承吴莉苇、陈海涛、王炳文提出意见，改正讹误，谨此致谢！

上　卷

第一编　西域南海与胡天汉月

第一章　中国与西方：传说与史实

一、中国与西方

1. 中国人眼里的"西方"

历史上，中国文化与许多文化都发生过关系，那么，为什么要特别强调中西文化关系的历史呢？要回答这个问题，我们首先必须对"西"的意涵有所揭示。

什么是"西"？在中国人的观念世界中，"西"是一个特别具有异国情调的概念。"西"不仅是一个方位名词，同时也是一种文化符号。周穆王西巡、唐僧西游、成吉思汗西征、郑和下西洋、蒋梦麟的《西潮》、西学东渐，其中的"西"，都是一个非常宽泛的地理文化概念。

中国人对"西"的认识是渐进式的。最早的西域仅指帕米尔高原东西两侧的中亚地区，后来逐渐包括了南亚次大陆、西亚的波斯、地中海的东罗马帝国以及西南亚的阿拉伯，郑和时代又涵括了非洲东海岸。明清时期接触到欧洲人，知其所处地域比历史上所接触之地更靠西，则"西"的概念又扩展为欧西，并呼以"泰西""远西"，以示与早年之"西"的区别。中国古代史书上的"西海"可能是指波斯湾，也可能指黑海或地中海。明前期的"西洋"大体指今南海和印度洋地区，最具代表性的表述为万历年间张燮《东西洋考》所言："文莱即婆罗国，东洋尽处，西洋所自起也。"① 晚明盛清时期，"西洋"已特指欧洲，各类欧洲事物都被冠以"西洋"之名，这样的概念延续到近代。总之，我们讨论的"西方"随着历史进程的演进而变化，在明中叶以前大致指中亚、印度、西亚，略及非洲，晚明前清时期指欧洲。近代以来"西"的地理概念淡出，政治文化内涵加重并且比较明显地定格为欧美文化。

历史上中国人观念中的"西"有什么样的共同特征呢？

大航海之前人类重要的文明区域，除了以中国为中心的东亚文化圈外，以印度为中心的南亚（印度教与佛教）文化圈、西亚北非（伊斯兰）文化圈和欧

---

① ［明］张燮：《东西洋考》卷五《东洋列国考·文莱》，谢方点校，北京：中华书局，1981年，第102页。

洲(基督教)文化圈,都属于"西"的范围;人类最重要的具有源头性的四大文明中,其他三个文明区域都在中国的西边。在历史上,欧洲文明与西亚、北非及印度文明的亲缘关系十分密切。首先是语言学的联系,共同的印欧语系把相隔遥远的印度同英伦三岛、莱茵河畔连接为一体;其次是宗教的联系,希腊宗教、印度教、波斯古代宗教(琐罗亚斯德教、摩尼教)、犹太教、基督教、伊斯兰教之间的思维共性或历史联系,为东西方学术界所共同认知;而与此相关的西亚大陆及地中海周边地区拥有共同的神话和知识,也是不可否认的事实。此外,还有战争的纠葛:从波希战争、希腊化时代,到十字军东征等等,造就欧洲文化的综合性。古希腊文化是欧洲文化的源头,马其顿(Macedonia)国王亚历山大(Alexander the Great,前356—前323)的远征曾使西亚和北非经历过长期的希腊化时代,虽然这些地区的居民早有自己的发达文化,希腊文化不能真正取代当地文化,但彼此都留下了很多的融合痕迹。罗马帝国的文化不仅继承了希腊和罗马的古典遗产,而且也结合了西亚地区的文化。欧洲的基督教文明就带有强烈的西亚文化精神,以致在许多方面湮没了希腊文化的传统。罗马帝国通过武力征服向欧洲各地传播的正是这样一种综合性文化,在公元1000年前后被及今天的整个欧洲,以致公元600—1100年间,欧洲的古典传统黯然失色。欧洲的中世纪其实是近东文化与希腊罗马古典文化的混合物。中世纪后期,文艺复兴才使希腊文化在欧洲重新显现,然而又是以阿拉伯文化为中介来重新显现。中世纪的拜占庭文化中,西亚特色和希腊化时代的特色更为明显。

与以上所有这些文化相关的事物,在中国人眼里都属于"西"。由此看来,"西"其实就是中国人心目中的异域文化。中国人历来喜欢与"西"争夺文明的发明权和首创权,佛教传入之时就闹过"老子化胡"的笑话;近代西方科技文化传入之后,又有"西学中源"的奇怪说法。当然,欧洲人关于中国文化西来说、彩陶文明西来说、中国文字起源于埃及象形文字之类的论调也不绝于耳。即使到了近代,文明的发明权之争已经逐渐平息,中国人仍要以体用关系来调解"中""西"的各自定位(西体中用、洋为中用)。但是,中国人几乎从来不与"东"发生类似的纠葛。因为在东亚世界里,中国文化长期居于输出性主导性地位。说到这里,难免又涉及中国人的天下观问题。

学术界有一种看法,认为中国古代的"天下观"唯我独尊,古人普遍认为中华帝国才是人类唯一的文明,或者说唯一高等的文明;认为中华传统文化是一种目空一切、排斥一切的文化。这种看法比较片面。因为它无视了中国人心目中"西"的概念。

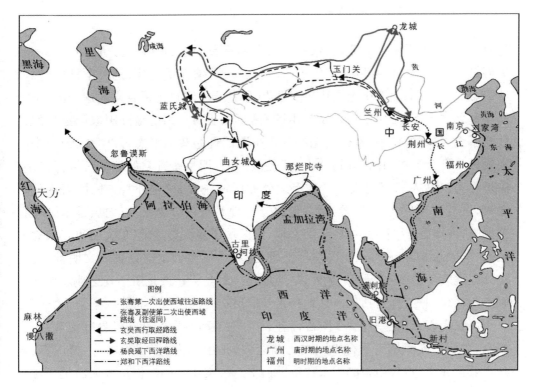

汉、唐、明时期的对外交流示意图

论及中国古代的世界观问题有一些重要概念需要搞清楚。比如"四裔""天下"与"绝域"。中国古代对人类居住的"天下"(世界)的认识有三个不同的层次:第一个层次是仅指"中华",所谓"天下兴亡,匹夫有责",此处的"天下"实为"中华"。第二个层次是包括中华和四裔(夷狄),共同组成中国古代的天下观,这个"天下"的秩序通过朝贡来维系,其范围大体相当于今日的东亚世界。第三个层次是包括了"绝域",绝域一般指遥远的西方世界,不包括东亚各国各地区。尽管中国人主要在第一和第二种意义上使用"天下"的概念,但是,不能因此否定中国人对西方世界(绝域)的朦胧认识[①]。

析而言之,"天下"是指天子所统治的区域,并非一个客观的关于"世界"大小的观念。汉代以来,中国人对世界地理范围的认知不断扩大,"天下"的范围也有所调整,但调整的依据并非地理知识,而是天子的影响力。西汉已发展出关于"世界"的三重范畴。第一层是汉朝的郡县;第二层是汉朝以农业地带为主

---

① 当然,中国古人对于四裔与绝域的区分不可能像今天的国界一样决然分明,实际上会随国势的强弱和时代的变化而有所变化。但是,这样两个概念毋庸置疑是不同的。唐朝强盛时为了规范派出使节问题,有"绝域"与"入蕃"(或八蕃)的区别。其中"蕃"除了东亚诸地区外还包括了波斯,波斯"以外为绝域"。([北宋]王溥:《唐会要》卷一〇〇《杂录》,上海:上海古籍出版社,1991年,第2136页。)

的周边,其中的国家是其藩属,汉朝皇帝藉由朝贡与册封体制与之联结。第一层与第二层即是中国人所认识的天下。第三层可谓天下之外,是一个异域、绝域,也是一个人的理性所无法认知的世界,因此天子可以不需要支配这个区域。简而言之,"天下"是由中国以及与中国有朝贡、册封关系的域外国家所建构的政治系统。那么"化外"是什么呢?古代中国的理想政治形态可以归结为一个大致分为三个层次的同心圆。"化内"是最内圈,即皇帝直辖的郡县区域,其人民被称为"华(人)""汉(人)"。此层之外的区域统统是"化外",人民即为化外之人,也被称为"夷(人)""蕃人"。但化外之地又可以分为二层,内层是中国的藩属国,亦即是"天下"之内的化外之地,此区域虽属蛮夷之地,但文明程度相对较高,其君长向中国天子朝贡并接受册封,其人民也因之得以进入文明世界。化外之地的外层则在"天下"之外,是绝域、异域,是天子教化所不及之地。涉及领土归属权问题,则包括化内之地与化外内层在内的"天下"皆是天子领土。

用现代概念简单地说,中国古代有一个"东亚世界"和"西方世界"(绝域)的观念,东亚世界都是笼罩在中国文化圈之内,是中国人"天下"观的主要内容。在东亚世界里,古代中国的国家政策以追求一种文化上的统治地位为满足。对于东亚世界的成员,只要接受中华礼仪文化,就可以被纳入朝贡国的地位;否则,就有可能发生兵戎相见的冲突。因为古代国家的安全观,乃是以文化和价值观念上的同与异来确定,文化上的认同是界定国家安全与否的关键因素。

但是,对于西方世界(绝域),中国人自古以来就有一种异域外邦的意识,"西方"从来都是一块代表非我族类之外来文化的神秘地方。对于西方人的朝贡,中国皇帝从来不刻意追求,即不在乎西方国家是否入贡朝觐。1500—1800年间,西方国家企图要以自己的方式挤进这个东亚秩序之内,却一再遭到拒绝,拒绝的一个重要原因就是这些西洋国家过于遥远,鞭长莫及。但是,这并不妨碍康熙皇帝基本上以平等的心态与罗马教廷进行外交往来。到鸦片战争期间,西方求助于坚船利炮轰塌了中国人的世界秩序。

2. 欧洲人眼里的"东方"

其实,欧洲人眼中的东方,也是一个不断变化的世界。在葡萄牙人于15世纪初开始沿非洲海岸摸索着前进以前,欧洲人所熟悉的东方世界只有北非和中东。他们关于印度的知识是模糊的,关于中亚、东亚的知识则更不清晰。欧洲人的东方意识,从近东一直到远东,也有一个发展变化的过程。总之,中国的"西方"与欧洲的"东方"其实都表达了人类普遍存在的一种文化心理——文化本位意识和文化相对意识并存的心态。文化本位意识和文化相对意识既矛盾又统一,这是由于不同文化的差异性和共通性之间的矛盾统一关系而造成,它们是不同文化交流的一个基础,但也经常构成障碍。文化本位意识与文化相对意识之间的矛盾与冲突伴随人类整个文明交流史,也是中西交往中常在常新的问题。

结合近代早期以来欧洲人世界观念的发展历程,以及直至今天还能被感觉到并且已经不只影响于欧洲人思维的世界区域分类观,可以总结出欧洲人自大航海时代以来不断扩充并于19世纪基本确立的一个世界分级体系。这个体系可以清晰地分为五个层级,第一层是大航海时代萌生的旧大陆与新世界之别,以大洋之隔为划分依据,旧大陆包括非洲和欧亚大陆,新世界包括航海活动中陆续发现的所有新土地,如美洲、澳大利亚、新西兰和太平洋诸岛。第二层是对欧亚非这块超级大陆内部的划分,标准为"文明"与"野蛮",这种观念由来已久,并在近代早期随着欧洲人同外界的接触增多而不断巩固。撒哈拉沙漠以北以东的地带被历史学家称为"核心文明区",撒哈拉沙漠以南则是一个从文化上和生物学上都与"核心文明区"区别明显且接触有限的世界,而这种特征被定义为非洲文化的基本特征。同时,欧亚大陆的北部即北西伯利亚和中央西伯利亚并不包含在"核心文明区"之内,该地居民被认为仅通过皮毛贸易和技术交换而与南部地带保持一定联系,实质上仍处在野蛮状态。

第三层是"核心文明区"内部的"东"与"西"之分。前两层划分在形成之后的漫长时期里基本固定不变,但第三层划分涉及的各种概念始终在不停变化,所指的地理范围也相应变化,这就是亚洲与欧洲之所指、东方(Orient)与西方(Occident)之所指、东(East)与西(West)之所指。"欧洲"和"亚洲"是地理实体的划分。"亚洲"最早是指现在土耳其西北的这块地方,然后被希腊地理学家向东和向南延伸至整个地中海东岸地区(黎凡特),而后随着欧洲人对其东边地区的认知范围陆续扩大而一路东扩至太平洋西岸。"东方"与"西方"则是历史学家使用的表达文化差异的术语,这对名词所指的地方并不总是与"亚洲"和"欧洲"相吻合。不过"东方"一词也如"亚洲"一词那样内涵不断扩张。"东方"的原始含义是指西南亚一带,7—8世纪阿拉伯人征服西南亚之后,"东方"的含义变成与基督教世界相对立的外国文化区,继而就成为伊斯兰教的同义词,故其所指也涵括了位居南方的北非。大航海时代以来,随着欧洲殖民网扩张至印度洋和南中国海,"东方"的概念继续向东推进。当19世纪印度逐渐成为东方学家研究的基本课题时,"中国"也开始被涵括在"东方学"领域。至于"东"与"西"这对概念,"东"早先是指基督教王国之内的东正教领地,即拜占庭帝国与俄国教会的势力范围,但后来更经常地成为"东方"的同义词,指欧洲范围之外的广阔的外国地区。从这三对概念的历史演变过程中,我们可以看到,一方面中国明确出现在其中任何一对概念的指称范围内都是很晚的事。另一方面,中

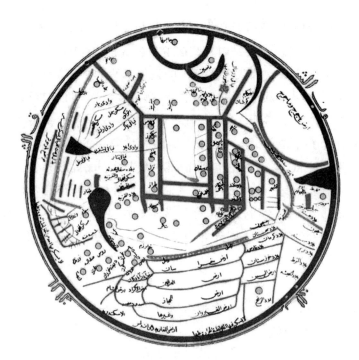

11世纪突厥语圆形世界地图

图中注记有当时的中亚和西域的重要国家、城镇及突厥部落分布

国到19世纪的时候已经同时出现在"亚洲""东方""东"这三个概念的指称范围之内,亦即此时这三个概念在"中国"这个区域是可以重合的。明了这一点,也就可以明白,在欧洲人的第三层空间划分——东西之分形成与发展的相当长时间里,中国虽已存在,但尚未真正显影,只是作为一种模糊的传说包含在"非西方"的土地中。

既然"亚洲"和"东方"是被欧洲人逐渐扩大的,而它们实际上包含了许多种差异巨大的文明,那么与欧洲人的认识过程相符,接下来就是针对"亚洲"或"东方"的第四层划分,这次的标准是宗教性的,即奉圣书的人(犹太人、基督教徒、穆斯林)与其他宗教信仰者,前者对应的是西南亚地区,也是历史上欧洲人最先认识到的"东方",后者所指的是更靠东的亚洲地区,而在历史上就是"印度"(India)这个词之所指。在古代欧洲地理学中,"印度"意指最东方,这个概念被文艺复兴时期所继承并随着对更多东方地理空间的渐次发现而不断扩展,直到它包括了地球的大部。比如奥特利乌斯(Abraham Ortelius)1570年制作的印度地图就包括了当今亚洲的南部、东部和东南部。在其他一些地图中,甚至美洲和埃塞俄比亚也被算入印度。无疑,中国在这时也是被包括在"印度"之中

左图释义图

的。从 18 世纪开始,"印度"的范围渐趋缩小,先是被限于仅指南亚和东南亚,继而又依循英国人的殖民范围而专指南亚。20 世纪,这个词的含义进一步缩小,直到仅指当前这一个同名国家。

18 世纪,随着"印度"的范围不断缩小,分布在当今印度以北和以东的地区便呈现出独立形态,但它们并未立即被按国界线界分,而是首先以文化区域的形态出现,由此便在 18 世纪后期出现了针对东方之"印度"与"非印度"的第五层划分。这就是以宗教纽带相联结的印度次大陆同儒家文明圈之分,前者是指信奉印度教、小乘佛教和大乘佛教的地区,因此包括了西藏和蒙古,后者则是以中国大陆为核心,并包括朝鲜、日本和中南半岛部分地区。

需要注意的是,在"核心文明区"范围之内,与欧洲空间距离越远的地区,就被认为同欧洲在精神与文化上越疏远。基督教王国与伊斯兰教王国之间的划分其实是核心文明区之内最浅近的一层划分,基督教徒与伊斯兰教徒因广泛的社会共性和哲学共性而历史性地联系在一起,而双方长期坚决否认这种共性的一个重要原因是尚未找到共同的文明对立者。奉圣书的人与印度教及印度佛教的信仰者之间在科学、部分神秘主义行为和宗教概念等文化层面上也有不少相似之处,导致欧洲人把这两个群体分开的原因是双方在基本的社会结构和意识形态结构方面的差异。事实上,现代西方学者越来越多地提到基督教文明与伊斯兰教文明间的同源性,以及它与印度文明间的相似性。与此同时,"中国文明"相对于其外部所有文明的异质性也越来越突出,所以儒家文明圈与核心文明区其余部分之间这条界线最晚显现,并随着它日益清晰而终于成为欧亚大陆上最深刻的历史裂痕,"东方"的本质特性终于由儒家文明圈来代表。从19世纪迄今的西方公众想象中,如果说有哪种现存文明在时间上、空间上和内涵上距离西方或欧洲最遥远,那无疑就是"中国文明"[①]。

总之,欧洲人地理知识的增长总是与文化观念或意识形态上的"人我之别"日趋精致复杂相伴随。而且我们要记住,在欧洲人自文艺复兴以来逐渐丰富完善的世界分级体系中,作为地理单元的"中国"到18—19世纪才渐趋明确,并且这又与中国的文化特征或宗教特征被欧洲人最后确认的过程同步。那么将中国的地理轮廓和文化轮廓独立出来,仅仅是由于亚洲或东方的其他部分逐渐归位后自然剩余的结果吗?当然不是!欧洲人从地理上认识中国的同时,就一直努力从文化和宗教上界定中国,至少中世纪晚期亲临中国的马可·波罗就开始这样了。而欧洲人的这种"爱好"正是欧洲人古已有之的等级制世界地理观之自然延伸。在欧洲人"认清"中国的位置与文化性质的过程中,最堪玩味的,莫过于中国文明并非一开始就被欧洲人理解为欧洲文明的本质性他者,而其中部分原因却又在于欧洲人那长期被宗教意识覆盖的世界地理观的影响。

综上所述,中西文化关系史或者交流史,不是中国与中亚、南亚、西亚、北非和欧洲关系史的总和,而是中国文化与异域文明认识、交往和对话的历史,是中国文化与他者对话的历史。

二、先秦中国对西方的传说

在先秦时期,中原与西方世界之间肯定已经存在某些物质与文化之间的联系,斯基泰人活跃于北方草原之路的事实是此种联系得以发生的地理基础。在一些先秦文献中就留下有关西方世界的描述,尽管现在看来它们不乏荒诞与离奇,但却反映了先秦居民对西方世界的最初认识。在这些荒诞与离奇背后,必然是东西方之间当时业已存在某种联系的事实。

1. 商周神话中的西方世界

黄河流域是中华民族孕育发祥之地,远古的先民对日落之地——西方总是

[①] 当然,撒哈拉沙漠以南的非洲、美洲和澳洲的土著文明被认识到和被认可是更晚的事,在中国文明被界定为核心文明区的最另类时,它们还被排斥在欧洲人关于文明世界的想象之外。

充满了遐想。在上古神话传说中,西方世界是神仙居住的地方,有烈焰蒸腾的火焰山,有羽毛都浮不起来的弱水,有盛产玉石的昆仑山,还有多情好客的西王母等等。毕竟,人类总是习惯赋予自己未知的世界以各种离奇神秘色彩,但它们表达了远古先民对西方世界的渴望与向往,也正是这些渴望与向往鼓舞他们不断对那日落之地进行探索。

上古神话中表达华夏族对"西方"之认识的要数夸父逐日、西王母、昆仑山的故事为著。《山海经》中有关夸父逐日的故事大家耳熟能详,《山海经》卷八《海外北经》记:"夸父与日逐走,入日。渴欲得饮,饮于河渭;河渭不足,北饮大泽。未至,道渴而死。弃其杖,化为邓林。"①《大荒北经》也有类似故事。在它的神话外表背后,有人以为很可能反映了远古部族溯黄河、渭河而上,方向为西北的一次迁徙。有人更确切地认定为是嬴秦部族西迁的反映,其最远所到之地在今甘肃中部积石山。有人则认为应从象征角度理解夸父逐日的故事,即它反映了黄河流域的华夏族先民因为对西方世界充满好奇与向往,从而极力想要了解它并不惜为此与自然作斗争②。

周穆王西巡相会西王母的故事流传更广,成书于战国的《国语》《左传》和西汉司马迁《史记》对此都有所描述,西晋太康二年(281)因战国魏襄王墓被盗发

西王母狩猎画像石(东汉,东京国立博物馆藏)

---

① 袁珂校注:《山海经校注》卷三《海外北经》,上海:上海古籍出版社,1980年,第238页。
② 也有更具实证主义精神的人,以为夸父饮河的故事是传说中虹霓饮水寓言的拟人化。参见丁山:《古代神话与民族》,北京:商务印书馆,2005年,第225—227页。

而出土的《穆天子传》则记述最为详细①。周穆王是西周立国后的第五位天子，据传活了105岁。据《穆天子传》的记载及注本的诠释，周穆王于即位的第十七年(约公元前10世纪末)带领大批随从，携带财宝、丝织品、手工艺品，从镐京出发西行巡游，观昆仑丘、舂山于青海湖头，巡骨仟、重黎、巨蒐等部落于武威地区，会西王母于张掖南山，休猎于疏勒河、北山地区，涉流沙于居延海、巴丹吉林大漠，进而驱驰于阴山、蒙古高原、塔里木盆地、葱岭、中亚，共计行程十九万里(此为周里，比今里小)。周穆王来到传说中的日落之地弇山，此地属西王母管辖。西王母豹尾虎齿、威力无比、善于呼啸，然而其所辖之地却是幸福乐土。并且这位长相狰狞的西王母对周穆王极尽客谊，与周穆王把盏酬唱，最后是洒泪而别。据说穆王还在弇山之顶写下"西王母之山"五个大字，并命人刻石立碑②。

以上故事产生的时间不能确考，但肯定历史较为久远。《穆天子传》中优美而富于浪漫色彩的故事可能曲折地反映出一些历史事实。清代四库馆臣们已经提出，西王母是西方一国君。后人进一步研究认为，西王母是西方貘族人的图腾神。西，表示方位；王，有神的意思；母即貘的音转。西王母即西方的神貘。《穆天子传》所谓的"西膜"，即是这一族人，穆王所见的西王母，就是当时西膜的君长。有人甚至将《穆天子传》与西方典籍相引证，言之凿凿地认为西王母乃阿拉伯南部古代示巴(Sheba)古国的女王，因为《圣经·旧约·列王纪》里有示巴女王往见以色列王所罗门(Solomon)的故事，其时代正约略与周穆王时代相当。但此说立刻遭到反驳，因为据《史记·大宛列传》，西王母在条支一带，迹近地中海岸，据《汉书·地理志》，西王母石室位于祁连山南麓③，西王母不可能是远在阿拉伯半岛的示巴女王。另有人提出，西王母可能是东周时期从中原周边地区传入的神灵之一。尽管对于西王母的身份众说纷纭，对于《穆天子传》所述事件的真实性也颇多疑问，但这个故事却说明黄河流域的华夏族对中亚及西亚

---

① 有学者对于《穆天子传》及其所记载的周穆王远游行程的可靠性提出质疑。清人姚际恒《古今伪书考》认为，《穆天子传》源出《左传》《史记》，多用《山海经》语，体例颇似后世起居注，应当是汉朝以后好事者的伪作。有一些疑古派学者则断定其为晋人伪作。法国学者沙畹甚至以为穆天子并非指周穆王，而是指秦穆公，故《穆天子传》与《山海经》一样，荒诞不经，毫无史料价值。但是，一般认为，《穆天子传》的资料当出自战国燕赵人之手，有可能保留了西周时期的一些资料。我们在这里也只是把该文献作为反映远古中西之间声闻相通的一个传说来理解，并不作为实证资料看待。比较详细的资料汇考参见王贻梁、陈建敏选：《穆天子传汇校集释》，上海：华东师范大学出版社，1994年。

② 余太山对往返路途作了探索，参见余太山：《〈穆天子传〉所见东西交通路线》，《传统中国研究集刊》第三辑，上海：上海人民出版社，2007年，第192—206页。

③ [东汉]班固：《汉书》卷二八下《地理志下》"西北至塞外，有西王母石室、仙海、盐池。北则湟水所出，东至允吾入河。西有须抵池，有弱水、昆仑山祠"。北京：中华书局，1962年，第1611页。

地区已经有了一些历史地理知识,也反映出黄河流域与葱岭(Pamirs,今帕米尔高原)以西地区早在公元前 10 世纪之前已经有了比较牢固的联系。据说周穆王西巡时带去了大量的丝绸、铜器、贝币,赠予所到之处的酋长,各地酋长也回赠以马、牛、羊、酒和玉石之类,这恐怕反映出当时中西之间的一种贸易方式。

昆仑山是中国上古神话中又一个典型的西方世界,最早的记载见《尚书·禹贡》:"织皮昆仑、析支、渠搜,西戎即叙。"①意思为昆仑、析支、渠、搜四国,其民皆穿皮,总称西戎。《山海经·海内西经》称:"海内昆仑之墟,在西北,帝之下都。"②《庄子》中称黄帝曾登昆仑③,《穆天子传》和《列子》则记载有穆天子登昆仑之巅,以观黄帝之宫殿④。此后的《史记·大宛列传》试图把"昆仑山"这个意象具体化:"而汉使穷河源,河源出于寘,……天子案古图书,名河所出山曰昆仑云。"⑤根据上述记载,有学者认为昆仑山就在现在的青海,因为"青海"(即青海湖)在蒙古语中为 Koko Nor,极有可能就是汉语"昆仑"的音转。有学者则认为"昆仑"与嬴秦部族西迁的历史相关,所以它不能远过陕、甘之间的陇山,这一带是西部诸戎活动的主要区域。我们还可以从古代的文献记载中看到"昆仑"有多种含义,时而是民族之称,时而是地名,而汉唐时期还常把贩卖至中国之非洲黑奴和东南亚黑奴也称为"昆仑奴",越南的一个外岛汉名就是"昆仑山"。《大宛列传》对昆仑山位置的定位则完全是为了附和古时传说而不足以为实证。

无论是否能够在地理上找出一个与"昆仑"相对应的地方,都应该承认,昆仑山神话的意义首先在于它与希腊神话中的奥林匹斯山(Mount Olympus)、印度神话中的须弥山(Mt. Sumeru,又译作苏迷卢)一样,都代表众神所居之地。大约同一时期在欧洲、南亚、东亚出现了内涵相似的传说,或许体现了东西方文化在某些原初观念上的相似性,甚至可能暗示出远古时期文化交流的可能性⑥。在汉代纬书中,远处西北极远之地的昆仑山意味着大地之轴心,并与西王母的居处地紧密结合,由是又与西方求仙思想相结合,愈发充满神奇魅力。

---

① [清]孙星衍:《尚书今古文注疏》卷三《虞夏书三·禹贡第三》,陈抗、盛冬铃点校,北京:中华书局,2004 年,第 180 页。
② 袁珂校注:《山海经校注》卷六《海内西经》,第 294 页。
③ [清]王先谦、刘武:《庄子集解 庄子集解内篇补正》卷三《天地第十二》,沈啸寰点校,北京:中华书局,1987 年,第 101 页。
④ 王贻梁、陈建敏选注:《穆天子传汇校集释》卷二,第 92 页;杨伯峻:《列子集释》卷三《周穆王第三》,北京:中华书局,1979 年,第 97 页。
⑤ [西汉]司马迁:《史记》卷一二三《大宛列传》,北京:中华书局,1959 年,第 3173 页。
⑥ 有学者甚至认为,这三个传说有极大的同源性,而其原型来自今土耳其东部的阿勒山(Ararat),此地被认为是圣经中挪亚方舟在洪水后的停留之地。还有人引《说文》云:昆为古浑切,仑,卢昆切。大约是音译 Kuhura 其后一字而成(且此实为阿勒山,波斯人呼之为 Kuh-i-nuh,则音与昆仑更近)。

2. 上古文献中的西方国家

夸父、西王母、昆仑山的传说更多反映了黄河流域的华夏先民对西方未知世界的向往与渴望,其内涵供人以多方猜测。然而古代文献中对西周之国、轩辕之国、沃民国、悬圃等的记载却能在几乎同时期的西方文献中找到颇相一致的记载,这或可视为关于远古时期中西方之间实际联系的雪泥鸿爪之迹。

《山海经》记载的西周之国及轩辕之国与古波斯的开国传说颇为吻合。《大荒西经》记西北海之外"有西周之国",其国"姬姓,食谷"①,从事农业生产。又据《穆天子传》,周太王古公亶父曾将嬖臣长季绰封在春山(葱岭)东侧,在此建立起周族移民国家。《海外西经》记轩辕国,在穷山(即春山——葱岭)之际,女子国之北,此地还有一座颇具亚述(Assyria)、巴比伦(Babylonia)坛塔风格的方丘,称作轩辕之丘,女子国则被认为是克什米尔境内的苏伐剌拏瞿呾罗。而在古波斯的开国传说中,波斯的早期君主曾活动在广及中亚阿姆河和新疆天山南麓的吐兰国境,和当地的吐火罗人通婚。公元10世纪的波斯诗人费尔杜西(Ferduci),被称为波斯的荷马,他根据古史创作的史诗《列王纪》(又称《王书》),叙述了季夏(Jamshid)曾在中、印边境游牧,娶了马秦(Machin)国王马王(Mahang)的女儿为妻。"马王"的意思是"大王",就是周太王古公亶父。这和《穆天子传》中古公亶父封长季绰,又"妻以元女"的记载正相吻合②。羯盘陀(在今塔什库尔干)的开国传说中则表现了中国人与波斯人共同建国,据说波斯国王娶中国公主自于阗归国,途遇战争,将公主留在该地。中国公主因感怀日神而得子,就地立国。羯盘陀君主因其父是日神,母是汉土之人,具有神通,能飞行虚空、驾驭风云,其后裔自称汉日天神。上述两个故事可能同时反映了华夏文化在商朝末期已开始进入葱岭地区。

此外,中国古代文献中还透露出对两河流域的初步了解。《大荒西经》和《海外西经》描述了一个"沃民国",处于比西王母山还西的鳌山、海山以西很远的地方。其地土地肥沃,盛产甘华、甘柤、白柳、视肉、三骓、璇瑰、瑶碧、琅玕、白木等,多银铁。其国鸾鸟自歌,凤鸟自舞;民食凤鸟卵,饮甘露浆,在美满与幸福之中生活。这些记载尽管有些荒诞,但反映了当时中国对两河流域的最初了解。根据近年来学者的研究,《大荒西经》中的西王母山当属广义的昆仑山脉,在昆仑山脉以西的鳌山,当是兴都库什(Hindu Kush)山脉的另一译名,Kuh 是波斯语中的山,译为鳌山。翻越兴都库什山脉即进入伊朗高原,在锡斯坦哈蒙

---

① 袁珂校注:《山海经校注》卷一一《大荒西经》,第392页。
② 王贻梁、陈建敏选:《穆天子传汇校集释》卷二,第118页。

湖上有科·伊·胡瓦贾（Kuh—i—Khwaja）神山，因伊朗传说中光明山落入海中而升起胡瓦贾神，故此地有海山之说。再往西就进入底格里斯河（Tigris）和幼发拉底河（Euphrates）之间的美索不达米亚（Mesopotamia）。这样看来，沃民国的大体位置只能是美索不达米亚。这里在古代农牧俱兴，百货荟萃，是少有的沃野。沃民国居民的特征——食凤鸟卵、饮甘露浆，分别可与西亚的鸵鸟蛋、甘露树（Fraxinus ornus）和骆驼刺对应，其他沃民国所出产的香料或水果、肉类、良马、宝石，也都可在美索不达米亚找到相对应的特产。沃民国另一个特征是："其人两手操卵食之，两鸟居前导之"，而鸟行人和大鸟的图像更是远古时期西亚的常见图案，它曾是亚述的民族标志，在公元前8世纪即已出现，波斯阿契美尼德王朝（Achaemenid）时期也非常流行这种有翼天神图案。

《穆天子传》中称："春山之泽，清水出泉，温和无风，飞鸟百兽之所饮食，先王所谓县圃。"①据此，则悬圃位于春山脚下。《离骚》中记载："朝发轫于苍梧兮，夕余至乎县圃……路不周以左转兮，指西海以为期。"②这里的"不周"，或认为即是《山海经》所指位于华山西七千七百六十里处的不周之山③，后代学者多认为就是葱岭；"西海"则或是今天之咸海（Aral Sea）或黑海（Black Sea），或是今天之波斯湾、红海或阿拉伯海，总之都在葱岭之西；而"县圃"，即悬圃，必定也在这一地区附近。《淮南子》对"悬圃"有更多描述，称从昆仑山的疏圃再往西，就可以到达一个叫"悬圃"的地方。一到那里，便可以呼风唤雨，驾驭自然，随心所欲，从悬圃再往上走，便可登天，天上是太帝所居，人到达那里便能成仙④。这些记载很容易使人联想到空中花园和传说中的巴别通天塔。也许那些曾经到过巴比伦城的远方来客将这座古代世界最伟大城市的辉煌景象传扬至四方，并辗转到达中国⑤。

三、古希腊关于东方的传说

远古时期黄河流域的华夏民族对西方世界有着无尽遐想，西方世界对遥远

---

① 王贻梁、陈建敏选：《穆天子传汇校集释》卷二，第110页。
② 金开诚、董洪利、高路明校注：《屈原集校注》，北京：中华书局，1996年，第80、160页。
③ 袁珂校注：《山海经校注》卷二《西山经》，第40页。
④ 刘文典：《淮南鸿烈集解》卷四《坠形训》，冯逸、乔华点校，北京：中华书局，2013年，第134—135页。
⑤ 关于悬圃，《山海经》《淮南子》《穆天子传》都有所记述。大体说昆仑山上（或称昆仑山附近的槐江山）有黄帝时代的园林悬圃（又称玄圃、平圃）。因为其地理位置很高，看似悬挂在半天云中的花圃，故名悬圃。登上悬圃，人就有了灵气，可以呼风唤雨。主管悬圃的神人英招，人面马身鸟翼，通体有虎纹。本书并不认为可以完全坐实悬圃即为古巴比伦的空中花园，但此例或许可以说明远古时代东西方之间曾有可能分享某些共同的历史传说。

的东方同样充满了神奇的向往,从希伯波里安人到秦奈、赛里斯,都是这一认识过程具体脉络的体现。

1. 神秘的希伯波里安人

与黄河流域流传的"西王母"故事相类似,在地中海边的古希腊也有一段关于远东的希伯波里安人(Hyperborean)的动人传说。传说中的主人公阿里斯特(Aristeas)进行了一次传奇的东方旅行。

阿里斯特居住在巴尔干半岛与小亚细亚之间马尔马拉海中的一个美丽小岛上,曾写了一首叙事长诗《阿里玛斯培》(*Arimaspea*),记述他的一次远东旅行,提到了许多东方民族,还有怪异的动物,雕头狮身的金库守卫神等。诗人笔下提到的希伯波里安人生活于最东部,是遥远的北风吹来之地。那里群山环抱,气候宜人,没有仇杀,没有战争。居住在那里的人民神圣、纯洁而善良,个个长生不老。诗人说,主神宙斯之子洛格里斯就是从希伯波里安人那里获得了能使人长生不死的金苹果。除了神仙和英雄,凡夫俗子是无法进入这片乐土的。被妒火攻心的天后赫拉驱赶的宙斯的情人媛娥,也只能被赶到希伯波里安人的西邻阿里玛斯培那里去,无法再远行。尽管阿里斯特的这首叙事长诗早已散佚成零片断简,但他所讲述的故事却由于古希腊历史学家希罗多德(Herodotus,约前484—前425)在《历史》中的转述而广为世人所知①。

关于诗人阿里斯特其人,自来便众说纷纭,评价不一。但是比较一致的看法是,阿里斯特生活在公元前7世纪后半叶,而希伯波里安人的故事在他之前很可能就已经流传。公元前8世纪以《田功农时》《神谱》等诗作而闻名的古希腊诗人赫西奥德(Hesiod)就提到过希伯波里安人,稍后的著名叙事诗人品达(Pindar,前518—前438)也将关于希伯波里安人的故事追溯到公元前7世纪之前。

关于希伯波里安人的认识,近两个世纪以来取得了重大进展。19世纪晚期就有学者大胆提出,善良温和的希伯波里安人就是古代中国人。1960年代,一些英国学者通过系统整理阿里斯特的叙事长诗,进一步证实阿里斯特的东方之旅确有其事,并认为他很有可能是光明之神阿波罗的一名祭司,他前往东方旅行的目的就是要到幸福的希伯波里安人那里去作一次"朝圣之旅"②。因为古希腊神话说阿波罗神要到那里去度过冬天,并享受一百头驴的隆重祭典,然

---

① 参见[英]G.F.赫德逊:《欧洲与中国》,王遵仲等译,北京:中华书局,1995年,第1—26页。
② 目前仅有辑本,参见 J. D. P. Bolten, *Aristeas, of Proconnesus*, Oxford: Oxford University Press, 1962.

后再乘坐天鹅御辇回到天堂。根据其史诗记载,阿里斯特在神的召唤下,首先来到了俄罗斯,顺着北风之神的指引,顶着西伯利亚的寒流,继续往东行,一直走到东亚腹地。

1990年代,又有德国学者在研究早期中欧关系时,再一次肯定了阿里斯特笔下的希伯波里安人的故事是欧洲关于中国的最早知识[①]。人们在解释希罗多德《历史》中曾记述过的公元前8—前7世纪那场民族大迁徙时说,当时所有的蛮族都卷入了那场亚欧民族的流动之中,唯独安静的希伯波里安人例外,原因就在于他们是安分的农耕民族,与斯基泰人那样的游牧民族不同。并考证出与希伯波里安人相邻的阿里玛斯培人(Arimaspi)是蒙古种族,史诗中所提到的伊塞顿人(Isedon)就是中国文献中出现的乌孙人(Asii)。总之,从史诗中可以看出,希伯波里安人就在离诗人不远的地方,可最终由于伊塞顿人向他编造了许多恐怖的故事,才使他无缘进入那片幸福乐园。这很容易让后人想到,这是那些居间牟利的商人不愿放弃东西贸易的垄断中介地位才想到的诡计,就如东汉时期甘英出使大秦时在安息所遭遇的那样。

2. 秦奈的传说

希伯波里安人的传说仍然像一则美丽的神话,而此后不久又在西方出现的"秦奈"这一名称,则被学术界公认是对中国的称呼。这无疑体现了由于中西之间交往日益频繁和由此而来的日渐深入的相互了解,东方的中国对西方人来讲已经不再仅是个美丽神话,而开始有了具体、清晰的内容。

中国一词,葡萄牙文、西班牙文、荷兰文、英文和德文都写作 China,法文作 Chine,意大利文作 Cine,皆源于约公元前1世纪出现的希腊文词语 Thinae 或其晚后的拉丁文译名 Sinae/Sina,其音译为"秦那""支那""支尼""秦尼"或"秦奈",而这个希腊文名词还可追溯至更古老的时期。

公元前550年,波斯贵族居鲁士(Cyrus)建立了阿契美尼德王朝,在大流士(Darius I,前521—前485年在位)统治时期,波斯帝国的领土西起埃及、黑海,东至印度西北和粟特,东北边疆已和葱岭以西的斯基泰人(Scythian)游牧区接壤。大约公元前5世纪的波斯古文献中已载有其东边的文明国家中国的名称——"支尼"(Čini, Saini),这同晚后的古代波斯文对中国的其他称呼 Čin、Činistan、Činastan 等源出一体,也都和粟特文中的 Čyn 相近,发音亦近似于"秦那"。

和波斯人一样,印度人最早也称中国为"秦那"(Cina)。现存最早称中国为 Cina 的印度古籍是公元前5世纪的《摩奴法典》和史诗《摩诃婆罗多》(*Mahab-*

[①] Folker Reichert, *Begegnung mit China*, Sigmaringen, 1992, S. 15-22.

harate），随后是公元前 320—前 315 年间成书的《考铁利亚》(Kautilya)，但《摩奴法典》和《摩诃婆罗多》后来遭遇增改，所以可信度反不如《考铁利亚》。"秦那"这个名称可能就是通过波斯或印度传入希腊，同时传入的还有关于这个地区的知识。

"秦那"作为西方对古代中国的最早称呼，到底是如何形成的？目前学术界基本上有两种观点。一种认为该词为"秦"的译音。此说最早由明末入华耶稣会会士卫匡国(Martino Martini, 1614—1661)在其 1655 年于阿姆斯特丹出版的《中国新地图集》中提出，并得到 20 世纪许多学者的赞同，如伯希和、季羡林、饶宗颐，但是他们做了一点修正，认为此"秦"应指战国时的秦国，而非一统中国的秦朝。这个观点的主要根据是，春秋战国时期位于中国西北方和西南方的某些少数民族就极有可能知道"秦"这一名称。据《史记·秦本纪》，秦穆公（前 659—前 621 年在位）时，"秦用由余谋伐戎王，益国十二，开地千里，遂霸西戎"①。秦的名声有可能从此传向中亚，并由中亚继续传向南亚、欧洲。战国时，匈奴人、月氏人、乌孙人都与秦国相邻，也都有可能成为"秦"这一国名的传播媒介。而在中国西南方，据《史记》之《秦本纪》和《秦始皇本纪》记载，秦将司马错曾于公元前 316 年伐蜀并灭之。至嬴政继秦王位时，"秦地已并巴、蜀"②，而近代的许多考古发现证明蜀人在春秋战国时期即与外界（包括南亚）有若干物质交流关系，那么蜀地归秦之后蜀人成为"秦"这个名称传至印度的中介也是自然之事③。

另一种观点认为"秦那"是丝织品之名的译音，与中国当时外输的丝绸有关，确切来讲，就是"丝"之译音。印度古籍《考铁利亚》除提到 Cina 这个地方外，还记载 Cina 有丝卷运至印度销售，其中指丝卷的词是 Cinapattaśca 和 Cinabhumijāh，亦即"丝卷"这种物品的名称与其产地之名有直接关系。印度人对于中国名产和这个国家差不多同时产生认识，由此以名产"丝"之名代称其国。那么"丝"之音如何转变为"Cina"？有人分析，丝的古音是 Si 或 Ci，传至中亚时，因当地语言惯于在单数词尾加 r，在复数词尾加 n，于是 Si 或 Ci 的单数变为 Sir 与 Cir，复数变为 Sin 与 Cin。可作为辅证的是，古康居文称中国为 Cyn-stn，去除表示"地"的后缀 stn，则剩下的 Cyn 与 Cin 实为同一词的异写。传至印度后，进一步增加了收声音符 a，于是丝的复数变成了 Sina 或 Cina。后来这

---

① [西汉]司马迁：《史记》卷五《秦本纪》，第 194 页。
② [西汉]司马迁：《史记》卷六《秦始皇本纪》，第 223 页。
③ 有关论述可参见饶宗颐：《蜀布与 Cinapaṭṭa——论早期中、印、缅之交通》，《梵学集》，上海：上海古籍出版社，1993 年，第 223—243 页。

个以"丝"之复数称中国的词又从印度传入希腊。而大约公元前4世纪出现在希腊文献中的另一个对丝国的称呼 Seres 则是"丝"在中亚的单数称呼传入希腊后的演变结果①。

3."赛里斯"的故事

如果说对于"秦奈"的原意在学术界还有争论的话,对于西方另一个有关中国的称呼"赛里斯"(Seres),则大家都普遍认同就是指中国丝绸。这个名称据说最早见于公元前416—前398年间担任波斯宫廷医生的希腊人泰西阿斯(Ctesias)的《印度记》,书中记载,远东的赛里斯人和印度人一样身材高大,寿逾二百岁。不过这段材料的实际来源是公元前四世纪初马其顿国王亚历山大东征时期的将领俄内西克里特(Onesicritus)。亚历山大的另一位将领尼亚克(Nearchus)据说在屯驻北印度时曾见过赛里斯人所制作的衣袍。所以,比较可靠的说法是,欧洲文献中关于赛里斯的最早记载应该归之于亚历山大时代。亚历山大在公元前336—前323年间所进行的东征是东西交往历史上一件开天辟地的大事,它第一次使欧洲与亚洲腹地发生了密切联系,亚历山大东征军队前锋最远曾到达阿姆河和锡尔河(Syr Darya)之间的粟特地区以及印度河(Indus River)流域。此次东征的成果是建立起一个从地中海沿岸跨至印度北部的大帝国,尽管这个庞大帝国的政治结构随着亚历山大去世而迅速分裂,但却在欧亚大陆的这一广大区域里产生历时长久的"希腊化"运动,疆土从地中海东岸延伸至印度北部的塞琉古帝国就是这场"希腊化"运动的醒目见证。大批希腊人移居埃及、伊朗高原和印度西北部,带去了希腊的经济和文化,今天的阿富汗、巴基斯坦、印度、中国新疆地区都发现了希腊文化的遗迹。亚历山大东征的成果无疑也应包含让西方人进一步了解东方甚至中国这一层,"赛里斯"这个名称就是一种体现②。

继俄内西克里特之后陆续提到赛里斯国或赛里斯人的还有斯特拉波(Stra-

---

① 此观点的代表性论述参见韩振华:《支那名称起源考释》,陈佳荣、钱江编:《韩振华选集之一:中外关系历史研究》,香港:香港大学亚洲研究中心,1999年,第1—12页。还有人将"Cina"一词视为"绮"的译音,理由如下:商周以来制造的丝织品以文绮最为普遍和精致,所谓织采为文曰锦,织素为文曰绮,锦出现在公元前8世纪,而绮则商代已有。春秋战国时期的绮更加精益求精,织法新颖,花式繁富,当时输出境外的极有可能是这种绮,所以中亚和印度最早知道的就是产绮之国"绮国"。波斯文和梵文中都有锦、绢、绸、绫、绣、丝等专名,却独无"绮"字,概因"绮"就由国名 Cina 代表。关于此问题的概要描述参见沈福伟:《中西文化交流史》,上海:上海人民出版社,1985年,第27—29页。此论显然没有解释"Cina"这个词的来源,以及何以要将产绮之国名为"Cina"。

② 本节有关古希腊罗马文献中关于中国的记载,均参见[法]戈岱司编:《希腊拉丁作家远东古文献辑录》,耿昇译,北京:中华书局,1987年;并参见[法]阿里·玛扎海里:《丝绸之路:中国—波斯文化交流史》,耿昇译,北京:中华书局,1993年,第417—438页。

bo)写于公元前后的《地理书》和《古典名著选》,公元1世纪末马利努斯(Marinus of Tyre)的《地理学知识》和梅拉(Pomponms Mela)的《地理志》,以及普林尼(Pliny the Elder)写于公元77年的《自然史》(*Naturalis Historia*,又译《博物志》)。公元2世纪的古罗马杰出地理学家托勒密(Claudius Ptolemy,90—168)在其《地理学》中对赛里斯的描述可称为古典时期对这一地区认识的总结,除了对赛里斯人的一般性介绍外,他还详细描述了赛里斯国的位置和四至,甚至推算出从位于帕米尔高原塔什库尔干的石塔地区到赛里斯的都城塞拉(Sera)的距离为18 100希腊里。托勒密的这些记载尽管仍有许多错误,但表现出中国在西方人的观念中逐渐变得清晰起来。托勒密的记载还长期成为欧洲人认识中国的基本依据,16—18世纪仍有欧洲人以此来判断传教士对中国的描述是否属实。2世纪的希腊地理学家包撒尼亚斯(Pausanias)提到希腊人用"Seres"作为某国国名,而其国出产的提供纺织原料的小虫被称为"Ser",而且他说,Seres人对这种小虫的称呼不是Ser,而是完全不同的称呼。

马与骑士(早期希腊化时期,前3世纪,纽约大都会博物馆藏)

"Seres"和"Ser"显然是外国人对中国某物的称呼,现在人们多同意是对与丝有关的名词的音译。有些学者认为希腊词 Seres 和拉丁词 Sericum 的语源当为 Sir。Sir 的来历,或如上文提到的观点,是"丝"之音在中亚地方被加上单数后缀的结果。英国语言学家亨宁(W. B. Henning)提供了一个可支持此说的证据,即"赛里斯"在粟特文中被写作 Srγ,也是指丝绸[1]。学者们更举了诸多例子表明中国以西诸地对"丝"的称呼有相似的词源,如在阿尔泰语中,蒙古语称为 Sirghek,满洲语称为 Sirghe,朝鲜语称为 Sir,可见"丝"之转为 Sir 与阿尔泰语有渊源。又,波斯语称"丝"为 Saragh Sarah,亚美尼亚语称 Seram,希腊语称 Ser,希腊语对"丝"的称呼是经过中亚、西亚、小亚细亚转化而来[2]。或有人认为,Sir 是"缯""绢"或"蚕"的对音。

上述称呼无论如何都与丝绸有密切关系。从历史情境来考察,这些丝绸产自亚历山大所征服之领土的东面,希腊人因此把这个出产丝绸的国度称为"赛里斯",意即"丝国",这并不违背古人对一个地方的命名习惯,即以其特产为其地之名。公元前 130 年到公元前 87 年之间的阿帕洛杜勒斯曾记述,巴克特里亚国(Bactria,公元前 245 年从塞琉古帝国中分裂出来的希腊化国家)欧多台墨王的领土在公元前 201 年已扩展到和赛里斯接壤之处,这些赛里斯人据说是碧眼红发。这里所说的赛里斯人应该是操东伊朗语的斯基泰人或月氏人,他们当是印度人之外另一个向希腊人传递中国知识的渠道。

从 Cina 和 Seres 的流传来看,无论是从印度传到希腊,还是经中亚传到希腊,中国和丝绸总是作为合二为一的概念被西方认知,可见在汉武帝有意识地发展政府间往来之前,中国与中亚及南亚的民间贸易和文化交流早就有一定规模,中国最古老的神奇特产——丝织品成为西方人对中国最华丽的印象。吊诡的是,源出"丝"字的 Cina 之称在近代早期的欧洲演化为 China 之后,又于指称国家之外被用来称呼当时欧洲人为之倾倒的另一种举世无双的中国特产——瓷器。虽然如今学术界倾向于用 Stoneware 来称呼中国人发明的硬质瓷器,但 china 作为这种物品的流行俗称始终提醒我们,欧洲人曾经为中国的瓷器癫狂。类似的是,古代中国人以寓意"玉之地"的词语"于阗"或"禺氏"称呼昆仑山附近那个美玉的出产地,阿拉伯语以白豆蔻(Kabulah)一词命名南海出产白豆蔻的一个地方,于是它得名哥谷罗国。此外还有香料群岛、胡椒海岸诸如此类的

---

[1] W. B. Henning, "The Date of the Sogdian Ancient Letters", *Bulletin of the School of Oriental and African Studies*, Vol. 12, No. 314 (1948), pp. 601-615.

[2] 白鸟库吉《西域史的新研究》一文于此论述最详,[日]白鸟库吉:《西域史的新研究》,《塞外史地论文译丛》第二辑,王古鲁译,长沙:商务印书馆,1940 年。

称呼。将特产之名和其出产地之名混用看来是人们的一种常见做法,也强有力地表达了人们对一种远方物品甚或对异域的向往之情与想象之心。

最后,就早期的中西文明的关系,我们大略介绍一下20世纪初关于彩陶文化西来说的争论。近代欧洲考古学家在发掘了巴比伦的彩陶文化以后,又在意大利的西西里岛、希腊北部的乞洛尼亚、多瑙河下游的科科特尼、东欧的格拉齐亚、乌克兰的特里波利等遗址中见到了类似的彩陶。1921年中国地质调查所在河南省渑池县仰韶村首次发现了新石器时代晚期遗址,出土物有石器、骨器和陶器,其中发现的陶器表面呈红色,表里磨光,器表有几何纹、绳纹等各种彩绘,因称彩陶文化。参与此次发掘的瑞典考古学家安特生(J. G. Anderson)在1923年提出了"彩陶文化西来说"的观点,据此推测,公元前2500年左右出现于黄河流域的仰韶文化是从中亚和南俄移入的欧罗巴民族的文化。其主要观点是,仰韶出土的许多红黑相间的彩绘陶器和螺纹、三角纹、几何纹等多种图案在外观上和欧亚大陆其他地区的彩陶非常相似,而巴比伦在公元前3500年已经有了彩陶,中国彩陶比它晚得多,因此一定是从西方传来的。

"彩陶文化西来说"是当时颇流行的"中国文明西来说"的一个分支。提出这种观点的人或承袭近代早期以《圣经·旧约》解释人类文明起源之说的遗绪,或被覆18世纪后期逐渐明确的欧洲文明优越论的荣光。当时在中国也有人信从此类说法。但这种说法与中国传统的文明优越感及近代因遭受屈辱而无比鲜明的民族情感格格不入,所以在很大程度上刺激了中国早期考古学的发展。时至今日,站在世界文明的宏观视野,人类及人类文明起源于何方、是否有一个共同起源、起源之后的发展路向等问题仍然是悬而未决的开放式议题,任何一种意义上的"优越论"都会妨碍此种讨论。不过,新石器时代晚期的中国的确已经走在自己独具特色的文明发展之路上,而彩陶及其他一些物品在相近时期出现于各种地域相隔遥远的不同文化中,足以提醒我们,在相信"人类出于同源,在同一发展阶段中人类有类似的需要,在相似的社会状态中人类有同样的心理作用"①,从而独立完成相似性创造的同时,远古居民交通往来的可能性也不能一概否认,不能认为交流相通仅是晚近文明的特权。

---

① [美]摩尔根:《古代社会》,杨东莼等译,北京:商务印书馆,1997年,序言第2页。

第二章　中西陆上交通【上】：发展与鼎盛

所谓"西域"，通常是对阳关、玉门关以西广大地区的统称，但这一概念的内涵有狭义和广义之分，并且不同历史时期的"西域"所指的地理范围也不尽相同。而且，"西域"不只是一个地理概念，还是一个政治概念。

汉代的西域，狭义上是指天山南北、葱岭以东，即后来西域都护府统领之地，按《汉书·西域传》所载，大致相当于今天新疆天山以南，塔里木盆地及其周边地区①。广义上的西域则除以上地区外，还包括中亚细亚、印度、伊朗高原、阿拉伯半岛、小亚细亚乃至更西的地区，事实上指当时人们所知的整个西方世界。比较汉代与唐代的"西域"概念，可以更好地看出"西域"是一个范围不断变动的地理区间。随着唐王朝势力向中亚、西亚的扩展，从前汉代的"西域"变成安西、北庭两大都护府辖控之地，并因推行郡县制度、采取同中原一致的管理政策而几乎已成为唐王朝的"内地"。"西域"则被用来指安西和北庭以远的、唐王朝设立羁縻府州的地区，具体而言就是中亚的河中地区（Transoxiana，阿姆河和锡尔河之间地区）及阿姆河以南的西亚、南亚地区。但唐代"西域"的政治军事功能与汉朝相同，都是作为"内地"的屏藩。在两汉与匈奴的斗争、唐朝与阿拉伯人的斗争过程中，各自的西域地区也确实起到了政治缓冲作用。唐朝广义的西域概念也比汉朝有所扩大，随着当时对西方世界的进一步认识而在汉朝广义西域概念的基础上继续扩展至地中海沿岸地区。

今天通常讲的"西域"指的就是两汉时期狭义上的西域概念。本书中提到"西域"，也同样多指这一地区。该地区在两汉时期是多种族、多语言的不同部族聚居之地，两汉政府并未改变该地区的政治结构，主要的目的就是让其作为中原内地的政治和军事屏障。

从地理位置看，狭义的西域即塔里木盆地正处于亚洲中部，英国学者斯坦

---

① 《汉书》卷二八下《地理志下》只有一处提到西域："自武威以西，本匈奴昆邪王、休屠王地，武帝时攘之，初置四郡，以通西域，鬲绝南羌、匈奴。"（第1644页）《汉书》卷九六上《西域传上》在开篇就说："西域以孝武时始通，本三十六国，其后稍分至五十余，皆在匈奴之西，乌孙之南。南北有大山，中央有河，东西六千余里，南北千余里。东则接汉，阸以玉门、阳关，西则限以葱岭。"（第3871页）《西域传》上下两卷提到五十余国，涵盖了狭义及广义的"西域"。

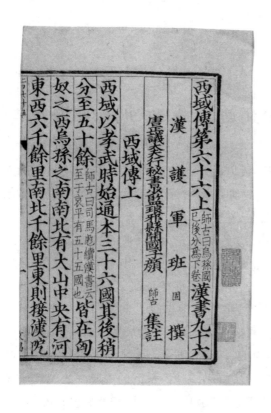

《汉书·西域传》书影

因(M. Aurel Stein)将其称为"亚洲腹地"(Innermost Asia),可以说是非常形象,它四面环山,而斯坦因将此地的性质定义为"阻隔"古代几大文明发生地间的联系。不过,这道天然屏障并未完全隔离周围世界,一些翻越高山的进出口使它既保持与周围世界的联系,又得以利用自然的形势免遭彻底同化。所以,西域地区其实是世界文明的交汇点,两河流域的波斯文明、古希腊罗马文明、印度文明和中国文明都在这里汇聚。而在充分吸收这些文明的同时,西域也并没有被这些文化的洪流所吞没,而是经过自己的消化吸收,形成适合本地区本民族特点的独特文化。在这里可以找到众多古代文化的影子,同时也可以感受到西域文化的独特性,这正是西域文化的魅力所在。

一、北方陆路通道的萌芽

1. 草原之路

中西方的文化交流在丝绸还未成为主要流通商品之前的远古时期就已存在。草原之路与绿洲之路的出现正是这种交流存在的具体表现,它们可谓"丝绸之路"的前身。"草原之路"通常是指始于中国北方,经蒙古高原逾阿尔泰山

深目高鼻的青铜武士像，当为生活在西域的斯基泰人形象（战国，新疆新源县出土）

脉（Altai Mountains）和准噶尔盆地进入中亚北部哈萨克草原,再经里海北岸与黑海北岸到达多瑙河流域的通道。古代游牧民经常利用此通道迁徙往来,来自东欧的印欧语系族群斯基泰人在公元前2000年就是沿此通道由西而东并南下印度或东北行至阿尔泰地区。有关商代的文献记载从另一个方向表明了草原之路的存在。商代建立之前,先民的迁移就非常频繁,此后商代国家巩固和扩张领土的过程中,同北方少数民族经常发生战争,促使他们向更北方向迁徙。因此,中国北部边境的众多古代民族长期在草原之路一带活动,他们与斯基泰人共同构成草原之路的文化交流媒介。

考古发现也证明了草原丝绸之路上的中西文化往来。俄罗斯西伯利亚地区所发现的格拉兹科沃文化（Glazkovo Culture）墓葬中出土的白玉环同商代流行的白玉环和白玉璧就有明显联系,形制与商代玉器类似,纹饰也相雷同,都有几圈同心圆刻纹。西伯利亚卡拉苏克文化（Karasuk Culture,前1200—前700）遗址中出现的弯刀、短剑、弓形器、饰物等青铜器及其动物纹饰,也与商代青铜器之间存在一定联系。因此有些学者认为,卡拉苏克青铜文化的出现,是由于中国北方移民将中国青铜器带入叶尼塞河（Yenisei）流域的结果。这一事件当发生在公元前2000年中期。卡拉苏克文化遗址出土的陶鼎、陶鬲亦与安阳文

欧亚草原动物纹样虎形金饰（战国，新疆阿拉沟古墓出土）

化中这类器物的器形完全相同。同时，外部世界的一些青铜文化，如伏尔加河（Volga）和奥格河流域略早于安阳文明的塞伊姆文化（前14世纪—前8世纪）也对中国商代青铜文化产生了一定影响，表现在白玉指环、弯形刀、空錾斧、棱形矛等兵器和工具的外形。塞伊姆文化与安阳文化间的交流媒介应是卡拉苏克文化。不过总体而言，商代青铜文化所达到的高超水平使其对卡拉苏克文化的影响远远超过它通过卡拉苏克文化所吸收的塞伊姆文化因素。

有学者把欧亚草原东部地区分出一个"中国北方—蒙古高原冶金区"的概念，包括中国北方、蒙古高原、外贝加尔，向西可以延伸到米努辛斯克盆地[①]。在这种背景下，中国北方地区与欧亚草原之间的联系于是成为常态。比如考古发现的虎形动物装饰、青铜短剑、叶形分尾式骨镞、棍形联珠饰、圆形针筒青铜器等，都显示出中国北方地区与蒙古和外贝加尔地区文化的相似性。中国北方地区与欧亚草原的密切联系，从青铜时代就有考古资料可资证明。在春秋战国时代，北方地区出土的双鸟回首剑、鹤嘴斧、铜镜（包括钮柄镜、立兽柄镜两种）、立兽装饰，都可以看到欧亚草原比如南西伯利亚的米努辛斯克盆地的金属制作工艺的影响，同时也在一定程度上有自己的风格。阿尔泰地区的翻转动物纹、有角神兽、鸟形装饰、虎形装饰影响到中国北方同类器形的出现，与此同时，中原地区制造的丝织品和铜镜也交流到阿尔泰地区，两地存在一种人群和物品

---

① 米努辛斯克盆地，位于俄罗斯东西伯利亚克拉斯诺亚尔斯克边疆区南部山间，盆地处于西伯利亚南部山地同东、西萨彦岭，库兹涅茨克和阿巴坎山脉间。中国夏朝时期的北方移民中的一部分人，由于受到商人的压迫或气候变化的原因，向北迁徙，最远到达米努辛斯克盆地。时在公元前14世纪。人类的迁徙带来了文明的交流。

新疆塔里木壁画上穿波斯装的吐火罗（月氏）士兵

交流关系。至于天山山麓，即所谓七河地区，是丝绸之路的枢纽通道，墓葬中出现动物形装饰图案和青铜器具表明，至少在战国晚期，这里是连接关中地区和哈萨克斯坦草原的通衢①。

2. 绿洲之路/玉石之路

"绿洲之路"是指位于草原之路南部，由分布于大片沙漠和戈壁之中的绿洲城邦国家开拓出的通道，它们由连接各个绿洲的一段段道路和可以通过高山峻岭的一个个山口衔接而成，这条通路逐渐成为欧亚大陆间东西往来的交通干线。据说周穆王西巡就是沿着这条道路，虽说穆天子的故事未必真实，但考古发现已将这条道路的出现时间追溯到远早于周穆王的时期。多年的考古发现表明中国中原的玉器至少有七千年的历史，这些出土玉器几乎都属于软玉，而迄今所知中国的软玉产地除台湾花莲丰田地区外，主要是新疆和田。近年在陕西神木发现的石峁文化，石峁古城出现了大量玉器，几乎是一座玉城，其中有相当数量的玉石来自于西方。

---

① 杨建华、邵会秋、潘玲：《欧亚草原东部的金属之路——丝绸之路与匈奴联盟的孕育过程》，上海：上海古籍出版社，2017年，第402—444页。

《管子》《山海经》《穆天子传》等先秦文献中对古代中原地区所用之玉多取自和田、昆仑山等地就有不少记载。已出土的殷商玉器则确然以和田玉占绝大多数,使先秦史籍的记载有了物证。公元前5世纪上半期,秦国向西的发展开始停顿,新兴的赵国则征服山西西北部的一些部落,可能同当时势力东达河套的月氏人有了接触,于是阿尔泰山所产玉石源源不断输入赵国。《史记》卷四三《赵世家》记载,公元前283年,有人替齐国写信给赵惠文王说,假如秦国封锁了雁门关、常山,"代马胡犬不东下,昆山之玉不出,此三宝者亦非王有已"①。赵王于是改变了与秦联合攻齐的政策。

赵王很在乎的西域"三宝"乃是:代马(北方来的马)、胡犬(西方来的狗)、昆仑之玉。当年,赵国的蔺相如怀揣着和氏璧去见秦王,不辱使命,最后完璧归赵。西边的秦国没有得到这块和田美玉,北边的赵国却有(尽管故事说是楚国的和氏璧)。大约是因为昆仑之玉就来自山西北边的雁门关。在河西走廊没有打通之前,昆仑之玉通过匈奴人或月氏人从草原或河套地区贩来更顺当。传说中的周穆王西巡,就是走的这条路。《管子》多次谈到"禺氏之玉"(王国维认为"禺氏"就是"月氏")②,也许就是这条路上的"走私品"。商周玉器,并不产自内地,而是通过草原"丝绸之路"(或称玉石之路)从新疆和田运来。和田玉石与阿尔泰玉石流传到中原的通道无疑正是"绿洲之路",按其先秦时期所输送的重要物品,又可称为"玉石之路"。

3. 战争对东西交通的促进

早期中西交通的出现,是古代东西方各地人民共同努力的结果,但轴心时代几个大帝国的战争和扩张对这些道路的确立及巩固有更大促进作用。

公元前550年,居鲁士建立了阿契美尼德王朝,大流士统治时期,波斯帝国的领土东起印度西北和粟特,西至埃及、黑海,东北边疆已和葱岭以西的斯基泰人游牧区接壤。波斯帝国很重视道路的修建与维护,以帝国四个首都为中心,建起一个联络中亚、两河流域、小亚细亚、叙利亚和埃及的驿道网络。向西的干道中最重要也最长的一条是从古都苏撒(Susa)直达小亚细亚以弗所城(Ephesus)的"御道",全长2400公里,每20公里设一驿站及商馆,亦有旅舍供过往客商留宿,驿站特备快马,专差传送公文,急件可逢站换骑,日夜兼程,整个路程7日可走完。因此波斯皇帝夸口说,他可在苏撒宫中吃到地中海捕来的鲜鱼。这

---

① [西汉]司马迁:《史记》卷四三《赵世家》,第1818页。
② 王国维:《月氏未西徙大夏时故地考》,《观堂别集·观堂集林(外二种)》卷一,石家庄:河北教育出版社,2003年,第625—626页。

种完备的道路网络也延向帝国东部，主要干线起自巴比伦，横贯伊朗高原，经中亚各城市而达位处帝国边陲的大夏（西方文献称巴克特里亚，位于阿姆河以南之今阿富汗北部地区）与西北印度。

亚历山大帝国时期（前336—前323），欧亚大陆交通网进一步扩大。亚历山大的军队前锋曾到达阿姆河（Oxus，又名乌浒河）和锡尔河（古称"药杀水"）之间的粟特地区，据称他在从大夏到埃及的广大东方地盘上建立了以"亚历山大里亚"为名的新城七十余座，经考古核实的已达四十余座，从地中海海滨向东蔓延到阿富汗和印度边境。在西汉张骞打通西域而建立起从中原经新疆至大夏的商路后，中亚原有道路网中的主要干线便成为丝绸之路的西段。而即使在此之前，此道路网无疑也为自中原辗转运来的丝织品继续西传提供了便利。

商周至春秋时期，中原诸国对周边部落的进攻及因此引起的民族迁徙也促进了道路的开拓。商周王朝几次对翟族（丁零别名）鬼方的进攻是迫使该族向北方草原迁徙的原因。公元前7世纪后半叶秦穆公逐九州戎可能是最早对中亚东部产生影响的事件，导致中亚民族大迁徙。西方人笔下的斯基泰人据说就是中文史料中的九州戎，自东北向西南移动，公元前612年攻破亚述都城，距秦穆公逐九州戎仅十几年。

这种情况也适应于南方的海路通道。秦汉在岭南的开发，对于打通中土经南海、印度洋，通向波斯湾、红海的海上通道，也有意义。《汉书·地理志下》云："自日南障塞、徐闻、合浦船行可五月，有都元国。"①其中的日南障塞，徐闻（今广东雷州半岛南段徐闻县）、合浦，是南海交通门户。都元国，在今印度尼西亚苏门答腊岛东北部，也有人认为在今马来西亚的马来亚西部。秦朝统一岭南后，设南海、桂林、象郡，号称"岭南三郡"。汉武帝时灭南越国（都广州番禺），在岭南地区及越南设九郡，即南海（今广东广州）、苍梧（今广西梧州）、郁林（今广西桂平）、合浦（今属广西）、交趾（今越南东京）、九真（今越南清化）、日南（今越南顺化）、珠崖（今海南海口）、儋耳（今海南儋州）。1979年在西汉齐王墓出土了一件波斯艺术风格的瓣形银碗，同样风格的银器在1983年广东番禺赵王墓、1984年广东遂溪县边湾村（在雷州半岛，面临北部湾）中亦有发现。有的银碗上有粟特文题记，说明粟特商人不仅奔走在陆路丝绸之路上，而且是西亚与印度、印度与中国商品交流的掮客②。

---

① ［东汉］班固：《汉书》卷二八下《地理志下》，第1671页。
② 荣新江为 Alfredo Cadonna &. Lionello Lanciotti（ed.）*Cina e Iran. Da Alessandro Magno alla Dinastia Tang* 所撰书评，《唐研究》第三卷，北京：北京大学出版社，1997年，第538—543页。

二、"丝绸之路"的由来及其开拓

1. "丝绸之路"的含义

中国古代历史文献对历来同中亚、南亚、西亚和非洲许多国家的陆路交通线路始终不曾概括出一个专用名称,而19世纪以来的许多学者都想弥补这一缺失。1877年,德国著名地理学家李希霍芬(F. von Richthofen,1833—1905)在其《李希霍芬旅行中国日记》①一书中,把"从公元前114年到公元127年间,中国与河中地区以及中国与印度之间,以丝绸贸易为媒介的这条西域交通路线"称为"丝绸之路"(Silk Road)。其后,德国历史学家赫尔曼(A. Herrmann)在其名篇《中国与叙利亚之间的古代丝绸之路》一文中主张,将"丝绸之路"的西端延伸到地中海沿岸和小亚细亚。赫尔曼的观点立刻得到西方一些汉学家的支持,从而逐渐被学术界接受。19世纪末20世纪初,一些西方探险家在新疆、甘肃等地进行考察并发现了古代中国与亚、非、欧交往的许多遗物,并在相关的著作中广泛使用"丝绸之路"这个名称,还把古代中原与西方以丝绸贸易为代表的文化交流所能达到的地区都包括在丝绸之路的范围之内,不仅使"丝绸之路"

西亚风格的鎏金银胡瓶(北周,宁夏固然李贤墓出土)

---

① [德]费迪南德·冯·李希霍芬著,[德]E.蒂森选编:《李希霍芬旅行中国日记》,李岩、王彦会译,北京:商务印书馆,2016年。

的概念更加深入人心,也进一步扩大其空间、时间和承载物内涵。这样,"丝绸之路"就成为从中国出发,横贯亚洲,进而连接非洲、欧洲的陆路大动脉的总称。此后相继出现了"丝绸之路"的绿洲道、沙漠道、草原道、吐蕃道、海上道等提法,"丝绸之路"的内涵被进一步扩大。同时,随着中西关系史研究的深入,"丝绸之路"也开始被人们看作是东西方政治、经济和文化交流的桥梁。于是,"丝绸之路"几乎成为中外文化交流的代名词。

2. 张骞出使与西汉对丝路的开拓

两汉时期是丝绸之路的开拓时期。自西汉张骞"凿空"西域后,两汉政府对丝绸之路的开拓与经营都不遗余力,这不仅仅是因为商业原因,也不仅仅是为了炫耀国威,更与此时期两汉政府抵御匈奴入侵这一政治兼军事目的密切相关。西汉时期张骞通西域是历史上的一件大事,它标志着中西交流史上一个新时代的开始,并对后来东西方文明的发展有着深远意义。

西汉初年因国困民贫,对匈奴的入侵大都采取防御政策。经过几十年休养生息,汉武帝刘彻开始考虑对匈奴采取反击。汉武帝获悉,有一个曾居于河西走廊之敦煌、祁连山之间,但已被匈奴驱逐至西方的大月氏国(Indoscythae)与匈奴有世仇,故而想寻找大月氏,欲与之携手夹击匈奴。因此,时任郎官的张骞应汉武帝招募,第一次出使西域。

帛书"张掖都尉棨信"(西汉,甘肃居延肩水金关出土)。这是西汉高级官员出行的标志,也是通行关禁的证明

汉武帝建元三年(前138),张骞带领一百多人的出使队伍离开长安,经陇西向西进发,但不久就被匈奴俘虏。匈奴单于长期监禁张骞,并为之娶妻成家,冀其投降。张骞却始终等待时机准备逃脱,并在11年之后乘防备疏松,终于和随从人员逃出匈奴。张骞一行向西越过葱岭,经过几十天长途跋涉后抵达大宛(Farghana),即今天中亚之费尔干纳盆地(Fergana Valley)。随后大宛王派人护送张骞前去康居(Sogdiana,中亚阿姆河与锡尔河之间),再由康居到达大月氏。然而大月氏已立新王,并越过阿姆河吞并了希腊化国家大夏之故地,已然安居乐业,兼因距中国太远,无心再向匈奴寻仇。张骞在此住了一年多,不得已而东返。为了避免匈奴拦截,张骞未走原路而沿塔里木盆地南缘进入柴达木盆地,绕道青海归国①,但不幸又被匈奴捕获。所幸一年以后,匈奴因单于去世而发生内乱,张骞得以逃脱,终于在汉武帝元朔三年(前126)回到长安。

张骞第一次出使西域历时13年,虽然没有达到同大月氏结成联盟的政治目的,却了解到有关西域地区的政治、经济、地理、文化、风俗等情况,为以后中原加强同西域的联系奠定了基础。不久,张骞就利用他对西域的知识参与卫青

张骞出使西域图敦煌壁画(临摹品)

---

① [东汉]班固:《汉书》卷六一《张骞李广利传》:"并南山,欲从羌中归。"(第2689页)此返回路线是否经由柴达木盆地并绕道青海,学术界还有不同看法。

出击匈奴的战争,因知水草所处,为此次军事行动的胜利立下大功,被封博望侯。张骞第一次出使西域的同时,西汉王朝也对匈奴展开一系列打击,其中具有决定作用的是公元前127年、前121年和前119年分别进行的三次战斗。公元前127年,卫青大败匈奴,控制了河南之地(今河套以南地区);公元前121年,匈奴在霍去病的打击下发生分化,浑邪王降汉,河西走廊完全为汉朝控制;公元前119年,卫青、霍去病又分道出击匈奴,匈奴单于大败远遁,从而将匈奴进一步驱逐至漠北。经过这三次大规模的反击,西汉王朝在对匈奴的斗争中已经掌握了主动,前往西域的道路也基本畅通,这为张骞第二次出使西域、此后丝绸之路的安全畅通以及西域诸国同西汉王朝的友好往来,创造出必要条件。

然而西汉王朝的反击战只是肃清了匈奴在漠南及河西走廊的势力,西域各国仍为匈奴控制,依然威胁着西汉王朝西北边境的安全。为了彻底铲除匈奴势力,也为了汉武帝开疆拓土的雄心大略,汉武帝在对匈奴展开第三次打击的同年再度派遣张骞出使西域,目的是设法联络乌孙等西域各国,"断匈奴右臂"。这一次出使队伍浩大,随员三百,牛羊万头,携钱币、绢帛"数千巨万"①。但这次张骞仍然没能达到预期目的。当他们到达乌孙(伊犁河、楚河流域)时,正值乌孙因王位之争而政局不稳,国内贵族又惧怕匈奴,故西汉王朝欲同乌孙结盟攻打匈奴的政治目的再次落空。但在乌孙期间,张骞分别派遣副使到中亚、西亚和南亚的大宛、康居、大月氏暨大夏、安息、身毒(Sindhu,印度)、于阗各国,广加联络。公元前115年,张骞回国,乌孙遣导译相送,并派使者来长安。使者见到汉朝人众富厚,回去广加宣扬,汉朝的威望在西域大大提高。不久,张骞所派副使也纷纷回国,并带回许多所到国的使者。从此,中西之间的交通正式开启,西汉政府与西域及中亚、西亚、南亚地区的友好往来迅速发展,西来使者相望于途。自西汉西行的使团据说一年之中多则十几个,少则五六个,使团规模大则数百人,小则百余人,所访之地遥远,出访一次所需时间从数年到八九年。与使团相得益彰的是一群群商胡贩客,"日款于塞下"。此后,中西之间的陆路交通继续向西延伸,一直到奄蔡(Aorsi,咸海与里海之间)和条支(位置说明见后文)等国。

张骞出使西域本来是为了联合西北各民族共同抗击匈奴,客观上却起到了开拓长期被匈奴阻塞之东西陆路交通的作用,沟通了东西方的经济与文化往来,也建立起中原与西北边疆各地区的友好联系,开辟出中国与西方各国直接交流的新纪元,如此重大的历史意义使张骞出使在史上被誉为"凿空"。

---

① [东汉]班固:《汉书》卷六一《张骞李广利传》,第2692页。

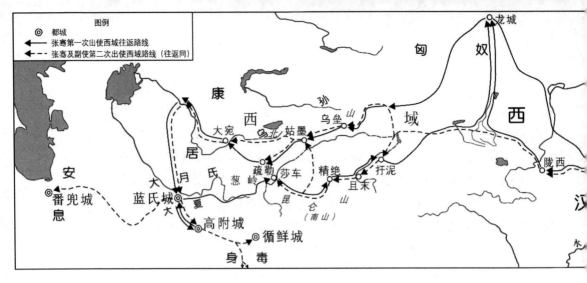

张骞出使西域路线示意图

张骞的两次出使虽然对开通丝绸之路有重大意义,但因这时期匈奴的势力并未完全退出西域,西域与中原之间的交通依然长期受阻。丝绸之路真正得以繁荣和畅通,应归功于西汉政府对匈奴的打击和设立西域都护。

西汉王朝乘着对匈奴战争的一系列胜利而于公元前 121 年和公元前 111 年先后在河西走廊设立武威、酒泉、张掖、敦煌四郡,俗称河西四郡,割断匈奴与羌族之间的联系,保证丝绸之路咽喉地带的畅通。此后匈奴势力只好向西发展,开始了同西汉王朝争夺西域的长期斗争,最终西汉王朝取得重大胜利。元封三年(前 108),汉朝军队击败匈奴的耳目楼兰(汉楼兰古城位于今罗布泊西北)、车师(今吐鲁番);太初四年(前 101),李广利讨伐大宛获胜;征和四年(前 89),汉朝军队在楼兰等西域六国军队的配合下再败匈奴所支持的车师,车师王投降,大大动摇匈奴在西域的统治。本始二年(前 72),匈奴攻打乌孙,乌孙向西汉求援,西汉遣五将军率十五万大军与乌孙东西夹击匈奴,大获全胜。匈奴经此一战,元气大伤,很长时间再无力同西汉在西域争雄。宣帝神爵二年(前 60),匈奴发生内讧,西边日逐王先贤掸降汉,被西汉封为归德侯,自此匈奴势力全部退出西域。

西汉王朝在西域设置官吏,始于贰师将军李广利讨伐大宛胜利之后。当时所设称为西域使者校尉,其任务是率领士卒在车师、楼兰(汉昭帝元凤四年更名鄯善,治所在今新疆若羌)等地屯田,以供给和保护来往于丝绸之路上的各国使节。宣帝元康二年(前 64),又命郑吉为卫司马,"使护鄯善以西南道"①,也称之为"护鄯善以西使者"②。至神爵二年匈奴日逐王来降后,以郑吉"并护车师以

---

① [东汉]班固:《汉书》卷七〇《傅常郑甘陈段传》,第 3005 页。
② [东汉]班固:《汉书》卷九六上《西域传上》,第 3874 页。

西北道"①,这就是"都护"一名的由来。自此西域都护府正式出现,其治所在乌垒城(今新疆轮台东北之策大雅),所管理的范围大体为今天敦煌以西,巴尔喀什湖(Lake Balkhash)、费尔干纳盆地和帕米尔高原以东,喀喇昆仑山以北,阿尔泰山以南的广大地区。这个地区在西汉时期据称有三十六国,而至东汉已达五十五国。西域都护的主要任务是统领西域诸国联合起来共同抗击匈奴的侵扰,特别是保护西域南北两道的安全和畅通,这也是"都护"一词的原意。如在宣帝甘露二年(前52),匈奴郅支单于西迁康居,直接威胁西域都护所管辖的乌孙和大宛等地,严重破坏了丝绸之路的安全。于是在元帝建昭三年(前36),西域都护甘延寿和副校尉陈汤率领西域诸国兵马,消灭郅支单于,从而保证丝绸之路的畅通。

西域诸国虽接受西域都护的领导,但都保持各自独立的政治地位,亦即西域都护的管辖政策是羁縻制度。此制度的主要目的是防止匈奴势力染指该区域,保护西域诸国与汉朝之间的交通安全与贸易安全,而不是为了从这些地方征收税物或深刻介入地方政治。所以,比之匈奴的苛敛诛求,西域都护的管理

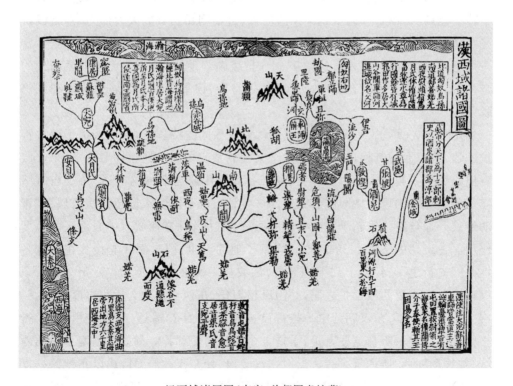

汉西域诸国图(南宋,首都图书馆藏)

---

① [东汉]班固:《汉书》卷七〇《傅常郑甘陈段传》,第3006页。

更符合各国利益,因之各国更愿意归属汉朝。西域都护的设立,是西域地区统一在西汉中央王朝管辖之下的标志,这无疑对丝绸之路的繁荣与畅通意义非凡。汉朝一方面不收赋税,一方面为了管理西域还要承担大量军政费用,这只能藉由驻军耕战结合、大力发展屯垦而实现自足,由此也推进了塔里木绿洲地区农耕文化的发展。

3. 东汉丝绸之路的"三通三绝"

西汉在开通丝绸之路后的一百多年间同西域各国保持了和平友好关系,中西陆路交通因此畅通无阻。但在公元一世纪初,王莽篡汉之后一反西汉对西北少数民族的优待政策,致使国内各民族间的矛盾加剧,匈奴势力乘机进入,西域与内地王朝遂关系阻绝。东汉时期,随着国内政治形势的变化,丝绸之路通绝频繁,史称"三通三绝"。

公元13年,西域焉耆地区首领在匈奴的支持下起兵反对王莽,杀西域都护但钦,西域各地先后响应。接着河西、陇东地区的地方官员也纷纷反对王莽,长安以西交通中断,西域地区再次为匈奴所控。东汉明帝即位后,意识到中原王朝若不控制西域地区,匈奴就会乘虚而入,进而利用西域的人力物力,不断侵扰河西和东汉北部边境。于是,明帝于公元73年派军队从河西进入巴里坤、哈密一带屯田,同时派班超先后到鄯善、于阗、疏勒等地,帮助西域各地驱逐匈奴的监护者,东汉政府遂又在西域设立都护等官职,恢复中原与西域的政治和经济联系。

此后不久,焉耆、龟兹等地首领在匈奴贵族的支持和教唆下,杀害了西域都护陈睦,抢掠西域其他地区,丝路安全又受到很大威胁。在这种形势下,东汉政府担心负担不起庞大的军费开支,便准备停闭中原与西域的交通,命令当时坚守在疏勒地区的班超撤回中原。但西域各地人民坚决要求班超留在西域,以帮助继续开通丝路。班超于是决意留守西域,并力陈保守西域对中原地区的重要作用。在班超的坚持下,东汉政府同意了他的要求,同时派兵支援。在西域各地共同支持之下,经过十几年的努力,匈奴势力又被赶出西域。公元91年,东汉政府再次恢复西域都护之职,并由班超担任,东西交往的大干线再度通畅。

公元107年,东汉朝廷中一些官员认为,西域路途遥远,管理费用太大,得不偿失。汉安帝听信这些言论,于是下令撤销西域都护。匈奴立刻南下占据西域,并煽动河西、陇西等地羌人反对东汉政府,使东汉政府对陇山以东地区一度失去控制,丝绸之路再次中断。匈奴占据西域之后经常借西域诸国之力骚扰河西一带,东汉政府中有些官员因此又认识到西域的重要性。在当时执政的邓太后支持下,班超之子班勇在公元123年被东汉政府任命为西域长史,前往西域。

彩绘驿使图砖（西域交通上的邮驿使骑，魏晋，甘肃嘉峪关出土）

此后他组织和统领鄯善、龟兹、姑墨、温宿等地军队，又一次帮助西域各国将占据西域的匈奴赶走，丝绸之路第三次开通。东汉末年，国内混乱，再无力西顾，西域也就逐渐脱离了东汉王朝的控制。

4. 魏晋南北朝时期丝路的恢复

在魏晋南北朝时期，中原地区虽一度割据政权林立，战乱频仍，但总体来说丝绸之路依然保持畅通。特别是北朝时期，由于各统治王朝同西域少数民族间的固有联系，中西陆路交通有进一步拓展，使丝绸之路呈现出更加繁荣的景象。

自东汉末年至曹魏初年，陇右、河西多为地方豪强控制，中原与西域的直接交通被阻绝。魏文帝曹丕称帝后，国力强盛，兵员充足，但一时不能统一蜀、吴，遂用兵西部，陆续平定河西地方势力，并在凉州设立凉州刺史，兼理与西域各地的联系。不久，西域各地纷纷归附曹魏政权，于是，公元 222 年，曹魏政府正式恢复戊己校尉的设置，驻地设在丝路要地高昌（今新疆吐鲁番），不久又恢复西域长史设置，驻地设在海头（今新疆罗布泊西）。曹魏在西域的这两个最高管理官员，一个设在西域丝路的北道，一个设在西域丝路的南道，对维护丝路的安全和畅通起了很大作用。此后西域诸国使节相继抵达敦煌、洛阳等地，魏文帝也十分注重与西域诸国之间的关系，对龟兹、鄯善、于阗、疏勒等国的朝贡使节均厚赠，中原与西域之间的关系得以长期保持稳定。

西晋嬗魏后，沿袭了曹魏管理西域的模式，除继续派驻戊己校尉与西域长史外,对朝贡各国均赏赉丰厚,并普遍授予各国国王官职,鄯善、焉耆、疏勒、龟兹等地首领均表示臣服西晋政权,接受其"晋守侍中、大都尉、奉晋大侯"等官职。甚至远在中亚的大宛国主也接受西晋的册封,为大宛王。为了表示与西晋政府之间的友好关系以及相互信任,西域许多地区的首领还送侍子到洛阳。因此,西晋时期的河西、西域交通一如曹魏时期般畅通,到内地的各地商人络绎不绝。新疆民丰尼雅河下游一带(当时丝路的一个重要关口)出土了许多西晋政府发给内地、西域和外国商人的"过所",也就是通行证,其上注明持证人的姓名、年龄、面貌特征、服装、所带商品及族别等内容,反映出西晋政府为保证丝路畅通而采取不少有效的管理措施。在这些过所中,发现有两件月氏胡(从大月氏来的商人)所持过所残简,其上记载"人三百一十九匹今为住人买绢四千三百廿六匹",文中所说"三百一十九匹"可能是指丝绸,也可能是指马、骡等牲畜,"买采四千三百廿六匹"显然指带颜色的织物①。丝路上一次就可运输如此多的丝绸,足见当时丝绸贸易量之大,丝路贸易之繁荣以及中西方陆路交通的畅达。此外,西晋政府还经常遣使抚慰西域各国,使中原与西域的联系进一步密切。

西晋末年,随着游牧民族南下,北方地区陷入十六国纷争的分裂局面,但丝绸之路并未完全阻隔。占据凉州的诸地方割据势力(先后有前凉、后凉、西凉、北凉)与西域之间依然保持联系。但因整个北方地区呈分裂局势,这时的西域和外国商人多以张掖、敦煌、武威等地为贸易终点,因此在一定程度上限制了中西交通的正常往来。不过这一时期的内地王朝都很重视中西交通,公元439年北魏灭北凉的理由之一就是"知朝廷志在怀远,固违圣略,切税商胡,以断行旅"②。三年后,北魏在敦煌设立沙洲,辖境西达伊吾,继而在西域重镇鄯善、焉耆分别设镇,以与中原相同的政策实施直接管理,强化了中原与西域的关系。公元437年,北魏派董琬、高明等带大量金银、绸缎出使西域,董琬曾到达乌孙、破洛那(Farghana,即汉代大宛)、者舌(Chaj,今塔什干)等中亚地区,北魏也因此与中亚、西亚及其他地区西方国家的关系更加密切。北魏都城洛阳成为当时西域商人的荟萃之地,洛阳城外伊洛两河之间的御道以东,有接待各地使者和商人的"四馆",一曰金陵、二曰燕然、三曰扶桑、四曰崦嵫,其中专门接待西方来人和使者的是崦嵫馆,而定居的西方人赐宅慕义里。据《洛阳伽蓝记》卷三"龙华寺"记载,崦嵫馆和慕义里汇集天下胡商与奇货:"自葱岭已西,至于大

---

① 杨建新、卢苇编著:《丝绸之路》,兰州:甘肃人民出版社,1981年,第29页。
② [北齐]魏收:《魏书》卷九九《沮渠牧犍传》,北京:中华书局,1974年,第2207页。

秦,百国千城,莫不欢附。商胡贩客,日奔塞下。所谓尽天地之区已。……天下难得之货,咸悉在焉。"①公元 509 年,犍陀罗(Gandhara)国王送给北魏太后一只白象,北魏为此专修一座庭院,称白象坊。525 年,波斯国王赠予北魏狮子一头,北魏也为之专修一座庭院,称狮子坊。北魏时外国商人和使者不仅能带来一般的商品,还能运送大象、狮子,可见那时丝路是畅通的。北魏后期,由于柔然、高车势力南下,北魏在西域的势力逐渐撤出,西域再一次成为柔然、高车、突厥等游牧民族斗争的舞台。

5. 丝绸之路的具体通道

两汉时期,中央政府总体来讲对丝路交通十分重视,除了设立西域都护之外,在丝路要冲还设置邮亭、修筑道路、驻兵屯田、布置烽燧、设立关卡等,这些措施都有力地保证了丝路交通的安全,也为往来丝路的使者和商人提供了巨大的方便。比如,河西四郡设立之后,西汉政府将长城西延到玉门,李广利伐大宛后,又把长城进一步延伸到盐泽(罗布泊),建立起一条数千公里的防御线。西汉军队的屯田区也主要设在丝绸之路所经之地,即轮台、渠犁、车师前部(今新疆吐鲁番)、楼兰、伊循(今新疆若羌东北)、精绝(今新疆民丰北)、伊吾(今新疆哈密)、蒲类(今新疆巴里坤)等。两汉政府为保障丝路安全而在一些重要路口修筑道路、设立关卡,今拜城县东北喀拉达格山麓的岩壁上尚镌有一篇《刘平国等作列亭诵》,记载当时西域官员在这里修路设卡之事。两汉时期的丝绸之路东起长安,出陇西高原,经河西走廊武威、张掖、酒泉而达敦煌。敦煌以西有玉门、阳关两个隘口,由此西行至塔里木盆地东侧,因沙漠阻隔而分化出沿大漠南北两侧的两条道路,即南道和北道,两道的分岔地在楼兰。

南道以且末为东西向中继站,且末以东和以西的具体路径其实都不止一条。西汉时,从陇西至且末有三条道路。第一条是通行最早、行人最多的白龙堆道,从玉门关越三陇沙(接近罗布泊洼地的沙山地带),过阿奇克谷地,经白龙堆,至楼兰,在此折向西南,经海头、阿不丹,至今若羌一带,在此转西行,抵且末,继续西行。第二条为稍后兴起的罗布泊以南的路线,出玉门关后,沿疏勒河谷地西行,经科什库都克、羊塔克库都克、库木库都克、科什兰孜、落瓦寨、敦力克,至米兰绿洲,由若羌一带西抵且末,与第一条路汇合。此路沿途系荒漠地带,但比白龙堆道路平坦且快捷,所以渐渐成为主要道路。第三条名为阳关路,以玉门关之南七十公里处的阳关为起点,出阳关后西南行,经葫芦斯台、安南

---

① [北魏]杨衒之撰,周祖谟校释:《洛阳伽蓝记校释》卷三《城南·龙华寺》,北京:中华书局,2010 年,第 117 页。

坝、拉配泉、金鸿山、红柳沟、敦力克,至米兰绿洲,至此与第二条道路汇合。此路多山前崎岖小径,一向寥落,但 4 世纪起,前两条道路相继冷落或废弃,此道遂转为繁荣。

自且末再往西,相继经过精绝、扜弥(今新疆策勒东北)、于阗(今新疆和田附近)、皮山,抵莎车,由此至塔什库尔干有两条道路。第一条沿叶尔羌河至卡群、海散勒巴格,向西经库斯拉甫、塔尔、很祖铁热克、幸迭,抵蒲犁(今新疆塔什库尔干)。第二条由今叶城一带向南,沿提孜那甫河至莫莫克,转西经阿孜干萨、布伦木沙、瓦卡,至塔什库尔干。到了塔什库尔干便可经明铁盖山口西入帕米尔高原,然后沿兴都库什山北麓和喷赤河(Pyandzh)上游西至大月氏,从这里向南可去身毒(印度),向西则可经安息(位于今伊朗高原)去条支。

北道,在通西域之初实为"东西道",指玉门关向西至楼兰后继续西行的路线,现代称为楼兰道。从玉门关西行,过都护井(卑鞮侯井)、三陇沙北头,经居卢仓(今科什库都克附近),从沙西井(今羊达克库都克)转向西北,过白龙堆到故楼兰,向西经渠犁(今新疆库尔勒)、乌垒(今新疆轮台东)、龟兹(今新疆库车东)、姑墨(今新疆阿克苏),至疏勒(今新疆喀什),从疏勒可越过葱岭,至大宛、康居(撒马尔罕及其附近),再向西北就可达奄蔡。这条路是西汉时期的主干道,但缺点是沿途自然条件恶劣,险阻难行,三陇沙、白龙堆和罗布泊北岸的雅丹地貌尤其崎岖,又缺乏供给。汉宣帝改年号神爵以后,匈奴势力被逐出车师,改为汉朝控制此地,所以"东西道"出现了经过车师的支路,即越过罗布泊地带后至营盘一带北上,经山国入车师,补充供给后继续西行。不过,自楼兰西行直趋龟兹的路线直至东汉仍是重要干线。

西汉末年,在戊己校尉徐普的提议下,开辟了一条绕过雅丹地貌区而沟通玉门关与车师后王城的新道。《三国志》卷三〇《魏书》注引《魏略·西戎传》中以"北新道"之名记载这段路线,"从燉煌玉门关入西域,前有二道,今有三道"①。其中之"南道""中道"的大势基本上与《汉书·西域传上》中对南北二道的记载相同②。此外记一条"新道","从玉门关西北出,经横坑,辟三陇沙碛,出五船北到车师界戊己校尉所治高昌,转西与中道合龟兹"。"高昌"就是今吐鲁番,"横坑""三陇沙恶""龙堆""五船"都是指玉门关以西之沙丘或盐碱滩。因其比从前的丝路北道更靠北,故又称为"北新道"。这条道路使敦煌至高昌的行

---

① [西晋]陈寿:《三国志》卷三〇《魏书·乌丸鲜卑东夷传》,北京:中华书局,1959 年,第 859 页。
② 《汉书》卷九六上《西域传上》:"自玉门、阳关出西域有两道。从鄯善傍南山北,波河西行至莎车,为南道;南道西逾葱岭则出大月氏、安息。自车师前王廷随北山,波河西行至疏勒,为北道;北道西逾葱岭则出大宛、康居、奄蔡焉(者)。"[东汉]班固:《汉书》卷九六上《西域传上》,第 3872 页。

程缩短一半,有利于加快行军速度,但对于商旅而言却是一条畏途,因为这段长达 1 800 里的道路是水草困乏的沙碛路,并多流沙。所以,它并非一条常规道路。

魏晋南北朝时期,中西陆路交通新增两条重要路线——经过伊吾的"北道"与河南道。伊吾道,即出玉门关后经伊吾至高昌的道路,要经过今哈密、巴里坤等东部天山一带。此路萌生于先秦时代,但由于东汉以前匈奴势力一直控扼着此道沿途地区,此道久为其垄断。公元 73 年,窦固、耿忠便沿此路进军西域并大败匈奴呼衍王。此后,该路线置于汉朝的控制护卫之下,但似乎整个东汉都没有在该条路线上设置供商旅使用的交通配套设施,所以其利用率不高。至曹魏时期,伊吾道的利用率才逐渐提高。北周时商客往来已经"多取伊吾路"。伊吾道至高昌后,可以再至龟兹与汉时北道汇合,但这时也出现一条自伊吾西行的新路,即穿越天山东麓缺口,取道准噶尔盆地,过卑陆、且弥到乌孙,再西南行抵大宛。隋代裴矩根据得自胡商的信息而在《西域图记》中对此道有详细的记载。《西域图记》虽久已亡佚,但《隋书·裴矩传》中幸存关于这条道路的记载,其中将这条道路正式称为"北道"。所记其基本走向为:从伊吾西去,大致傍天山北麓而行,沿路经蒲类海(今新疆巴里坤湖)、铁勒部(散于伊吾以西、焉耆之北,大概应经过东汉车师后王城,即今吉木萨尔)、突厥可汗庭弓月城(今新疆伊宁),由此渡北流河(今楚河,欲渡楚河当先渡伊犁河),至拂菻国(东罗马帝国)及西海(地中海或黑海)①。

同在中古前期,西域以东还出现了一条与河西走廊平行的道路"河南道"。这条道路出现得也很早,据《史记·大宛列传》,张骞首次出使西域归国时,为了躲避当时占据河西走廊的匈奴,便"并南山,欲从羌中归"②,说明当时沿南山(昆仑山及其支脉)东西分布的诸羌族部落之间可能有一条交通线路。西晋和南北朝时期,吐谷浑排挤诸羌,据有今青海之地,由于南北对立,东晋与南朝只好经过吐谷浑同西域及漠北柔然相联系,从而发展了益州(四川)至鄯善间与河西走廊平行的这条"河南道"。大概由于沿途相对安全,有的北朝人如宋云、惠生西行取经时也走这条路。1956 年,在青海西宁旧城发现了一件大约 5 世纪末埋藏的存储金属货币的陶罐,所藏银币应在百枚以上,从后来收集到的 76 枚看,都是萨珊波斯(Sasanian Empire)皇帝卑路斯一世(Peroz I,459—484)时期所铸,这就可以看作是 2—6 世纪时期河南道上东西交通兴盛的证据。

---

① [唐]魏徵:《隋书》卷六七《裴矩传》,北京:中华书局,1973 年,第 1579 页。
② [西汉]司马迁:《史记》卷一二三《大宛列传》,第 3159 页。

三、隋唐时期中西陆路交通的繁荣

隋唐时期的大一统局面通常被认为相对之前的长期分裂割据局面是个进步,特别在唐代,社会经济繁荣,政治稳定,军事强大,文化发达,领土辽阔,是中国封建社会发展的高潮。与此相一致,此期的中西方陆路交通也高度发达,而这又进一步使唐代的盛世威名波及四裔。

1. 隋朝对陆路交通的重视

隋朝在政治上的统一也促使中国在对外关系上有更大发展。这时的突厥以阿尔泰山为界分为东西两部,位处东西交通要冲的葱岭东西地区此时被西突厥控制。有隋一代,总体上同西突厥保持和平友好的关系,有力地保证了东西方通道的畅通无阻,并使隋朝得以同葱岭东西地区保持密切联系。

与此同时,隋朝政府也注重加强管理丝路贸易。炀帝时期派吏部侍郎裴矩驻于中西贸易的重要中转地张掖,裴矩一面管理丝路贸易,一面亲自向各国商贾了解沿路山川、风俗、政治和经济等情况,据此撰写了《西域图记》,系统记述从敦煌到西方各国的交通要塞及出产等,并附有详细地图。可惜此书已佚,仅在《隋书》部分章节中保存着转引的部分①。

隋朝政府还采取多种措施鼓励西方商人来长安,比如要求沿途各地要热情接待外国商贾,并为他们提供种种费用。在丝路要冲的鄯善、且末、伊吾等地设郡,并大量屯田,以保证丝路行旅的供应。隋炀帝还在公元609年征服吐谷浑后亲自出巡张掖,以向西域各地显示其"威德远播"之盛况,当他到达燕支山(今甘肃永昌西、山丹东南之焉支山)时便受到葱岭东西27个地区国王或使者的朝见。隋炀帝播其威德之后,促使更多西域和西方国家的使臣、商人前往中原。公元615年至长安的西方各国贡使不仅来自西突厥和葱岭以东之龟兹、疏勒、于阗诸国,还来自葱岭以西河中地区的安、曹、何、穆诸国。隋炀帝也曾派侍御使韦节、司隶从事杜行满出使西藩诸国,并到达罽宾(Kawmira)、王舍城(Rājgarh,印度比哈尔西南的拉杰吉尔)和史、安等国。

2. 唐代对陆路交通的进一步保障

唐朝建立以后,中西陆路交通发展到一个新的阶段,其根本特点就是中央政府通过设立安西、北庭两大都护府和广置羁縻府州实现对中西陆路交通更为

---

① [唐]魏徵:《隋书》卷六七《裴矩传》,第1578—1579页;[唐]魏徵:《隋书》卷八三《西域传·附国传》,第1859页。

直接的经营与管理。

唐初,西域地区虽然还处在西突厥控制下,但西域各国国王都曾派使者来长安或亲自来访以示归附,因此唐王朝很快就恢复了西域交通。特别在贞观十四年(640),唐朝政府平定阻挠中西交通正常进行的高昌后,在高昌设立西州并置西州刺史,不久又在这里设安西都护府,屯驻军队以镇守整个西域地区。高宗平定突厥阿史那贺鲁部叛乱后,在原突厥聚居的天山北部设昆陵、蒙池两都护府,并下设许多都督府和州,而此前太宗曾在天山以北建立瑶池都督府。这些无疑都体现出对丝路北道的高度重视,因为平定西突厥直接促成从前由西突厥控制的丝路北道日趋重要和繁荣。武后长安二年(702),唐朝政府又从原安西都护府中划分出北庭都护府,治所设在庭州(今吉木萨尔),以专理天山以北的广大西域地区,重点自然就是丝路北道,安西都护府从此只管理天山以南地区。安西、北庭两大都护府是唐朝中央政府设立在西域地区的最高军事和行政机构,其下还设有都督府、州、县、军府等军事与行政机构,它们为中西陆路的畅通提供了可靠保证。

显庆三年(658)唐朝政府平定西突厥,在原西突厥统治的中亚河中地区相继设立大宛都督府、康居都督府等羁縻府州。龙朔元年(661),唐朝政府更在于阗以西至波斯以东的十六国分别置都督府,并置州八十、县一百、军府一百二十六,所涉地区虽绝大部分位于今中亚地区,但也涵盖了西亚(如波斯)和南亚(如罽宾)的个别地方。这些机构都属于羁縻府州性质,均以当地首领为都督、刺史,可以世袭,贡赋版籍也不上户部。唐朝并不干涉当地行政,不加重当地经济负担,保持该地区对唐的友好态度,以之为安西都护府的稳固外围。但唐朝政府有征发羁縻府州军队的权利,而且羁縻府州虽然没有固定的贡赋义务,唐朝政府却也可以向他们征发贡赋,此外各羁縻府州必须定期向中央政府朝贡。设立羁縻府州不但加强了上述地区同唐王朝之间的政治、经济和文化联系,也进一步保障中西陆路交通的安全畅通。

为保护丝路行旅和加强对西域的管理,唐朝政府除设立安西、北庭都护府和众多羁縻府州外,在从长安通往西域的主要交通要道上均设有驿馆,由专门的"捉馆官"负责。驿馆供给过路商人和官员食宿与牲畜的草料,大大便利了商人和官吏在丝路上的往来。此外,从河西走廊的凉州(今甘肃武威)到天山南北的各条大道上,凡称军、镇、城、守捉的地方都驻有军队,以保护交通和地方安宁。在丝路沿线的主要地区,如安西、疏勒、焉耆、北庭、伊吾、高昌等地,唐王朝还组织屯田,据载仅龟兹、疏勒、焉耆、北庭四地屯田就达二十七万亩,屯田军队加上官员、家属及当地居民,形成众多的繁华城镇。唐朝政府也进一步严格

表现中古时期丝路古道历史的"胡商遇盗"壁画(敦煌莫高窟45窟南壁)

了过所制度,过所上详细登记持过所者的姓名、年龄、随从、所带之物,从何处来、欲往何方、所行目的等内容,主要关卡要在过所上签字、查验,无过所者不得通行。近年所发现的吐鲁番文书中有多件这样的过所。

3. 主要通道

唐朝的中西陆路通道继续沿用以往的北、中、南三道,只是三条道路的具体路线随着环境变化而与前代有所不同。三条道路在越过新疆地区之后,向西方继续延伸。北道经过突厥活动区域而至拂菻和西海。中道经过费尔干纳盆地与河中地区进入波斯,然后抵达波斯湾。南道则经过北天竺而抵达阿拉伯海。

《新唐书·地理志》记载唐德宗贞元年间的宰相贾耽所调查的七条中外交通路线,即营州入安东道、登州海行入高丽渤海道、夏州塞外通大同云中道、中受降城入回鹘道、安西入西域道、安南通天竺道、广州通海夷道[①]。其中陆路交通所增加的主要是安西入西域道和中受降城入回鹘道,它们在唐朝前后期分别成为中西方陆路交通的主干道。

安西入西域道是初盛唐时期的主干道。据贾耽《皇华四达记》的记载,这条道路的大体走向是:其一,从安西(今新疆库车)向西,经今新疆拜城、阿克苏(姑墨),沿塔里木河、阿克苏河和托什干河(胡芦河)方向至乌什、伊塞克湖(Issyk Kul)南岸及碎叶城(Tokmak,今吉尔吉斯斯坦之托克马克),最后到达怛逻

---

① 《新唐书》卷四三下《地理志七下》:"贞元宰相贾耽考方域道里之数最详,从边州入四夷,通译于鸿胪者,莫不毕纪。其入四夷之路与关戍集最要者七:一曰营州入安东道,二曰登州海行入高丽渤海道,三曰夏州塞外通大同云中道,四曰中受降城入回鹘道,五曰安西入西域道,六曰安南通天竺道,七曰广州通海夷道。"[北宋]欧阳修、宋祁:《新唐书》卷四三下《地理志七下》,北京:中华书局,1975年,第1146页。

胡商牵驼图壁画(唐代,河南洛南新区安国相王孺人唐氏墓出土)

斯城(Zhambyl,今哈萨克斯坦之江布尔),再向西就与中亚撒马尔罕(Samarkand,汉时康居)等地相连。其二,从敦煌向西,经阳关、罗布泊南岸,北上越天山,沿天山北麓西行至北庭之轮台(今乌鲁木齐以北)、弓月城(新疆霍城西北),至碎叶,同上道汇合,这条通道基本上是沿着丝路北道前行。

从西部东来的胡商,则大多从呼罗珊(Khorasan)的木鹿(Merv,今土库曼斯坦梅尔夫)到阿穆勒,渡过乌浒水到布哈拉(Bukhara),经库克而到撒马尔罕。经过天山的北道在平定西突厥之后日趋重要和繁荣,北道沿线的许多城镇,如庭州、弓月城、轮台、热海(伊塞克湖)、碎叶、怛逻斯等,都成为新兴都市和商业中心。

中受降城入回鹘道是中唐之后的中西陆路干道。据贾耽记载,这条道路的最初走向为:从中受降城(内蒙古包头西南)向西分两条道路越过戈壁,至回鹘衙帐(今蒙古哈剌和林北),北至富贵城(大乌拉东),然后北偏东至骨利干(贝加尔湖南面),西北至坚昆(叶尼塞河上游)。回鹘自贞观二十年(646)开始摆脱薛延陀的控制,逐渐称霸漠北,并于开元间趁东突厥衰落而统一漠北诸部,势力进一步发展。回鹘在强盛时期,势力范围东接室韦,西至金山,南逾贺兰山而临黄河,北濒贝加尔湖(Baikal),还曾一度西进,到达中亚的粟特地区。安史之乱爆发后,回鹘曾发兵助唐平乱,此后百余年间,尽管回鹘横暴跋扈,贪求无厌,唐王朝因无力阻止而只能尽力满足其欲望。另一方面,吐蕃趁安史之乱占领河西、陇右,致使经河西走廊入西域的道路堵塞,因此广大的回鹘辖地遂成为唐朝通往西方的主要通道。来往于中国和中亚之间的商人和使节,只能穿越回鹘的漠北路前往中原。因此,中受降城入回鹘道的走向有了变化,发展为由长安出发后北上,经山西或陕西以及内蒙古鄂尔多斯草原,到达河套,然后北越阴山,再向西北至色楞格河上游,转西越阿尔泰山,经双河、伊犁河后,同安西入西域道相汇合,从而绕过当时吐蕃所控制的河西和西域地区。

除这条干道之外,唐代的西域道路在支路上多有扩展。首先是穿越塔克拉玛干沙漠的道路因河道变迁与环境恶化而变化。汉代曾有四条穿越沙漠的南北通道:姑墨——于阗,姑墨——皮山,龟兹——扜弥,龟兹——精绝。到了唐代,四条道路并成两条:拨换城(姑墨)——于阗,龟兹——媲摩(扜弥),它们分别依傍和田河与克里雅河。克里雅河与塔里木河的连接维持到18世纪初期,尔后克里雅河流程渐短而没于大漠,这条道路也随之荒废。此外是从皮山向南至罽宾的道路得到充分利用。最后,多条连接天山南北的谷道都被频繁使用。

唐朝经济的发展和对中西通道的大力经营带来唐代丝路贸易的高度繁荣。据新疆吐鲁番出土文书《唐西州高昌县上安西都护府牒稿为录上讯问曹禄山诉李绍谨两造辩辞事》①(简称《高昌县上安西都护府牒》),一位来自京师(长安)的汉人李绍谨曾同胡商曹禄山前往弓月城从事商业贸易,一次就贩卖丝绢275匹。另据新疆出土文书《唐开元十六年庭州金满县牒》②,开元十六年(728)一年中,属于庭州的金满县共收税金259 650文,其中百姓税只有85 650文,商税则达174 000文,是百姓税款的两倍多。《资治通鉴》卷二一六唐玄宗天宝十二载(753)八月条云:"是时中国盛强,自安远门(长安西门)西尽唐境万二千里,闾阎相望,桑麻翳野,天下称富庶者无如陇右。"③唐朝诗歌描绘丝路贸易繁荣景象的不在少数。新疆、中亚、西亚等地所发现的大量唐代丝绸、钱币等遗物,以及中原各地所发现的大量波斯和东罗马的钱币、金银器、玻璃器等遗物,也都证明了当时丝路贸易的繁荣。

---

① 唐长孺主编:《吐鲁番出土文书》(图录本)叁,北京:文物出版社,1996年,第242页。
② [日]池田温:《中国古代籍帐研究》,龚泽铣译,北京:中华书局,2007年,第210页。
③ [北宋]司马光:《资治通鉴》卷二一六"天宝十二载八月"条,北京:中华书局,1956年,第6919页。

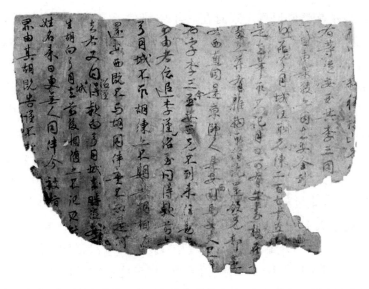

图 吐鲁番出土文书《唐西州高昌县上安西都护府牒稿为录上讯问曹禄山诉李绍谨两造辩辞事》

四、丝路、贸易与文化传播

　　丝绸之路是使节之路、战争之路、商旅之路,当然也是文化传播之路,因为道路的畅通全方位促进流通与交流。丝路畅通之始,西汉政府与西域各国都同时表现出对利用此道开展贸易往来和政治往来的兴趣。两汉时期,因西域都护府和西域长史的设置,商道在汉朝的有力控制之下,中西贸易迅速发展,但这其中有很大部分属于朝贡贸易性质的"赐赠"行为,即汉朝廷以播扬威德为目标,屡派使节携巨额币帛赴西域各国送礼,或当西域使节来朝觐之时,以绮绣杂缯和金属赏赐。汉朝的慷慨大大刺激了塔里木诸绿洲城邦王公贵族的旅行热情,于阗王、精绝王曾多次带着使者和商旅到中原从事贡赐贸易,敦煌悬泉汉简中留下很多条楼兰、于阗、精绝、若羌、且末、扜弥等国来使过关的记录,主要见于过食文书和乘传驾车簿类文书。

　　除贡赐性质的官营贸易之外,汉朝也有以官府名义组织的远行商队。《史记·大宛列传》载,张骞通西域后,西汉政府"置酒泉郡以通西北国。因益发使抵安息、奄蔡、黎轩、条枝、身毒国。……诸使外国一辈大者数百,少者百余人。……汉率一岁中使多者十余,少者五六辈,远者八九岁,近者数岁而反"[①]。《汉

---

① [西汉]司马迁:《史记》卷一二三《大宛列传》,第 3170 页。

书·张骞传》亦有类似记载。政府在一年中遣使五到十次不合情理,这些使团实际上主要是以官府名义组织的贸易队伍,而这些中国商人的行迹很可能已到达中亚、西亚的一些地区。

官方的频繁往来使交通道路得到良好维护,自然也有利于民间贸易的蓬勃开展。中国商人在中古前期就已参与民间贸易,南北朝和隋唐有关于中国商人远赴中亚从事商业活动的记载,如上文所引《唐西州高昌县上安西都护府牒》所记李绍谨前往弓月城贸易事。在西域的中原商贾还以隔年收账的赊销方式向当地居民出售丝绸,这不只表明他们与本地居民的关系融洽,还表明他们在这地方有长期固定的营业机构。不过,民间贸易总体上以西方商人为主。《史记·大宛列传》描述了大宛至安息的居民普遍善于经商,《后汉书·马援传》则记载梁松以"西域贾胡,到一处辄止"①为警诫诮马援,《东观汉记》亦记光武帝去世时,长安的西域贾胡为其祭拜。可见"西域贾胡"在两汉时已深入中国各地。公元2世纪的罗马地理学家托勒密在《地理学》中引述同时期地理学家马利努斯《地理学知识》的一段记载称,一位名叫梅斯·蒂蒂阿努斯(Maës Titianus)的马其顿商人曾同中国保持经常的贸易关系。梅斯本人虽未到过中国,他的代理人却经常组成商团从地中海之滨跋涉数万里到达赛里斯国的首都。

南北朝时期更有大批西域商人云集中原。西方商队为利之所趋,即使在战乱年代也打着"奉献""朝贡"的旗号而坚持奔波于丝路。南北朝时期,北方政局趋于稳定,中西贸易再度兴盛,西域贾胡云集中原,前引《洛阳伽蓝记》卷三《龙华寺》称,西域贾胡不仅云集都城,还有许多人定居洛阳②。同在南北朝时期,长江流域也藉河南道与西域建立商贸联系,吐鲁番阿斯塔那墓区出土的此时期丝织品中有许多来自益州。

塔里木周缘的绿洲城邦作为贸易中转站和集散市场而变得喧嚣热闹,绿洲居民之间以及农耕民族和草原民族之间的物资交换活动也受到中西贸易的刺激而日益活跃,丝路沿途还出现专门的商业城镇,比如既是南道要冲又可连通北道的疏勒。《汉书·西域传上》称其地"有市列"③,即市镇上有按商品种类销售的店铺,显然是一个交易市场。于阗东西二城也十分兴旺,当地兼管市场交易的行政官作为汉朝的册封官员见诸史籍,即"城长"。商业繁荣大大刺激了诸绿洲城邦的发展,人口增长可为一例:丝路畅通之后百年间,疏勒户数增加十倍以上,于阗人口增加五倍左右,焉耆人口增加约70%。南北朝时期,由于贸

---

① [南朝宋]范晔:《后汉书》卷二四《马援传》,北京:中华书局,1965年,第844页。
② [北魏]杨衒之撰,周祖谟校释:《洛阳伽蓝记校释》卷三《城南·龙华寺》,第116—119页。
③ [东汉]班固:《汉书》卷九六上《西域传上》,第3898页。

东罗马金币
（查士丁尼二世时期）

萨珊金币的仿制品
（唐代，宁夏固然出土）

易频繁导致的人口聚集，绿洲地带出现许多王城之外的新城镇，或作为各种长途货物的集散地，或作为本地居民的初级农贸市场。至唐代，北道（天山北道）沿线因同样理由而出现一系列新城。而商人开始成为一些城镇的重点征税对象，交易税列为政府的重要财政收入，比如在铁勒控制时期的高昌和麴氏高昌。唐太宗贞观十四年平定高昌，改置西州，又在可汗浮图城置庭州，西域变为唐朝的郡县，丝路更是空前繁荣。西州市场上有各种分类专营店铺，如谷麦行、米面行、果子行、帛练行、彩帛行、铛釜行、菜子行，同时交河郡也出现了行会组织。

丝绸之路，名副其实地以丝绸运输为主，这是因为在两汉以至唐代中期，中国出产的物品中最吸引西方人注意而又最适于长途车马运输的正是丝绸。位于交通枢纽的楼兰故址及其西边的营盘遗址、精绝国所在的尼雅遗址，都出土众多各朝代的精美丝织品，足可作为当时丝路贸易的见证。到了唐代，随着中原丝织业的进一步繁荣，各地名产都汇聚西域。西州市廛上的丝织品有益州半臂、梓州小练、河南府生绝、蒲州与陕州之绝以及常州纻布。丝织品的所有品种如绫、纱、锦、罗、晕䌷锦、绝、生帛、缦、绵绸、绵、绮、绨、縑、刺绣和缬，都源源不断地从西州输往天山南北以及中亚、西亚和地中海周缘。不过，中国输出的远不止丝绸，还有漆器、铁器和其他各种日用品。

同一时期，自西域输入中国的除各种奇珍异宝之外，以毛织品为最受欢迎的大宗物品。新疆地区出土的两汉毛织品数量多于同时期丝、棉织品，而且品种繁多,既有本地生产的,也有从大夏等地输入的。塔里木盆地南缘和天山北麓一带的出土毛织品多属高档毛织品,并有希腊式纹样,超出当地所应有的毛纺织技术水平,当来自葱岭以西,正是丝路南道贸易繁荣的见证之一。当班超经营西域之时,其兄班固竟也卷入了中西贸易,他曾因权贵窦宪托他购买罽、月支马、苏合香、毾𣰽之故而写信给班超,他自己也请班超帮忙购买过毛织品。唐代则不仅进口来自波斯和东罗马的毛织品,还进口波斯锦,这种锦是结合毛织技术的波斯本土丝织物,图样风格是萨珊联珠纹,在市场上颇受欢迎。

与商业和政治军事往来相伴随的是来往于丝绸之路的各类移民,如汉唐时期的西域屯田部队及随军人员,因为经商或其他生计原因移居西域的中原人,战乱时期被迫留居西域的普通居民和士兵,此外还有在中国驻留一段时间后返国的外国商人、西域王侯的质子及随员、使节,这些人也都是包括物质、技术和生活方式在内的文化交流的重要媒介。

第三章　中西陆上交通【下】：阻隔与衰落

唐代自安史之乱后，就失去了对于西北地区的控制能力，这种情况一直持续到五代和两宋。西夏、辽金政权以及随后的元朝控制着西北的陆路交通。明朝自称蒙古人驸马的帖木儿政权阻隔着中原王朝与西域之间的通道。路上丝绸之路尽管依然不绝如缕，却无可挽回地衰落下去了。

一、两宋时期的西北陆路交通

1. 西北的割据政权

两宋时期横亘在中西方西北交通要道上的主要民族政权有西夏、喀喇汗（Karakhanids，又称黑汗）、高昌回鹘、西辽（Kara-Khitan Khanate）等。这些割据政权有的严重阻碍了东西方陆路交通和文化交流的畅达，有的则承担起文化传递者的角色。前者如公元 1038—1227 年间存在的党项族政权西夏，疆域盛时东据黄河，西达安西、敦煌，南临萧关（今宁夏固原），在近一百九十年间控制着整个河西走廊以及经由河西走廊的东西方陆路商道。西方的回鹘或中亚商人同辽（或金）、宋之间的贸易，必须要通过西夏。西夏却是一个以畜牧业和农业为主的国家，不重视商业活动，对于其居间的地理优势也没有善加利用，河西走廊由此不但没有发挥商业枢纽的作用，反成为阻碍东西交通的瓶颈。有关西夏官吏在过境贸易中掠夺商人的事时有记载，如吴广成《西夏书事》、洪皓《松漠纪闻》、戴锡章《西夏纪》。这在一定程度上导致陆上丝绸之路的衰落和海上交通的繁荣。

高昌回鹘是公元 840 年灭国的漠北回鹘汗国部众里迁往天山北麓的一支，存在时间为公元 848—1209 年，疆域以吐鲁番盆地为中心不断扩大，盛时包括原唐朝的伊、西、庭三州和焉耆、龟兹两个都督府，唐末称西州回鹘，宋初称高昌回鹘。高昌回鹘王国先后与周边的辽、西辽、北宋以称臣纳贡的方式建立良好的关系，亦与西边的喀喇汗王朝、萨曼王朝（Samanid Dynasty）、阿拉伯帝国和印度有广泛的联系，在中西文化交流中发挥了重大作用，其自身文化也以熔东西文化于一炉而著称。比如，回鹘西迁以前以摩尼教为国教，至高昌王国时期

焉耆文《弥勒会见记》剧本残片（11世纪前后，新疆哈密出土）

受当地影响而转信佛教，同时摩尼教、祆教、景教都在这一地区广泛流传，吐鲁番发现的众多高昌回鹘时期的遗址中大量出土与这些宗教相关的艺术品和文献。考古发现亦表明，高昌回鹘时期的印刷品用回鹘文、汉文、叙利亚文、梵文、波斯文、突厥文、吐蕃文、西夏文等数十种文字刻印，且都有汉文页码，装帧则有卷轴式、折叠式和贝叶式三种，文献内容则有汉籍、西域各宗教文书，甚至《伊索寓言》，反映出多种文化的共同影响。敦煌发现的回鹘文木刻活字是模仿汉文活字而制，看来高昌回鹘在中国印刷术西传的过程中也起过一定作用。

于阗也是回鹘西迁以后建立的政权，建国约在9世纪末10世纪初，首领为李氏，称"李圣天"，并自称是唐王朝的宗属，把自己的政权视为唐帝国的组成部分，因此承袭中原文化传统，也使用中原式年号，同中原王朝一直保持较密切的关系。五代时期，李圣天曾遣使后晋，北宋建立后，于阗又以北宋为宗主而多次遣使朝贡。宋咸平四年（1001），喀喇汗王朝的优素福·卡迪尔汗（Yūsuf Kadīr-Khan，1033年去世）攻占了于阗。从此，于阗成为喀喇汗王朝的一部分，但它与北宋王朝的联系并未中断，控制于阗的喀喇汗王朝常常利用回鹘商队同中原发生商业联系。直到西夏崛起并控制了敦煌以东的整个河西走廊，于阗与北宋的商业往来才受到极大阻碍。

喀喇汗王朝是由漠北回鹘西迁而建立的另一支王朝，宋代史籍称"黑汗"，存在时间为公元840—1211/1222年，疆域大体处于原唐朝北庭都护府和安西都护府的大部分地区，即北至巴尔喀什湖，南及葱岭，东达龟兹，西抵锡尔河流域。1041年分裂为东西两部，东喀喇汗国都于喀什，西喀喇汗国都于阿姆河地区的布哈拉，国王自称桃花石汗①。喀喇汗王朝位处中西交通的枢纽地带，使它成为中西方的文化传递者和贸易中介人。喀喇汗王朝积极推动西域的伊斯兰化进程，自身文化呈现融汇东西的特点，并使突厥语各民族达到了历史上的文明昌盛时期，其中最主要的成就是《突厥语大词典》和《福乐智慧》。《突厥语大词典》于1072—1078年以阿拉伯文写成，作者是生于喀什的回鹘人麻赫默德·喀什噶里，他熟悉回鹘—突厥文化，也受过汉文化教育，并接受了阿拉伯—穆斯林文化，因此这部书也堪称中西文化交流的结晶。该书引言中描述了从东罗马附近开始直到太阳升起方向的各个民族与国家，称其最东处是"契丹"（Kathay），并说契丹原来为"秦"，后来称"桃花石"，又叫"马秦"，即"大中国"，在当时就是指宋朝。另一节中又说，秦分为三部，上秦在东，即桃花石，中秦为契丹，下秦就是喀喇汗王朝的都城喀什噶尔。这部书中还有一幅圆形的地图，是阿拉伯式的世界地图模式②。《福乐智慧》是回鹘诗人优素甫·哈斯·哈吉甫用回鹘语撰写的一部诗歌体哲理著作，讨论治国的理想方案，因此得到喀喇汗王朝大汗的赞扬，并广泛流传，据说辽、宋、伊朗等地都可见并对此书有不同名称。由于作者熟悉回鹘民族传统文化、汉族文化、伊斯兰文化、古希腊文化和印度文化，所以这部著作本身包含了伊斯兰教、佛教、儒家以及古希腊、古巴比伦文化的内容。此书称辽为"秦"，称宋为"马秦"③。

西辽是辽朝灭亡后西迁的契丹贵族耶律大石所建，或称西契丹、后契丹，存在时间为公元1124—1218年，建都楚河流域的叶密立城（今新疆额敏），先后收服高昌回鹘、征服喀什噶尔和于阗、击败撒马尔罕与花剌子模，盛时是一个地跨葱岭，东起阿尔泰山，西至咸海以北，北起巴尔喀什湖，南至阿姆河的泱泱大

---

① "桃花石"是突厥语词tabghač或回鹘语词tavghač的汉语对音，关于该词的字面意义或者它由什么汉语词转化，大而论之有"拓跋""唐家（子）"与"大汉"三种说法，参见阿地力、孟楠：《百年来关于"桃花石"问题研究综述》，《中国史研究动态》，2006年第2期，第10—16页。在北宋文献中还有tabghač/tavghač的另一种汉语译写"條贯主"，要比"桃花石"的出现早百余年，参见黄时鉴：《"條贯主"考》，《黄时鉴文集Ⅱ：远迹心契——中外文化交流史》，上海：中西书局，2011年，第11—15页。"桃花石"是西域乃至中亚、西亚等地区各民族对中国和中国人的称谓，持续时间可认为是从北朝到唐宋。

② 麻赫穆德·喀什噶里：《突厥语大词典》第一卷，"突厥语大词典"课题组译，北京：民族出版社，2002年，第30—32页。

③ 优素甫·哈斯·哈吉甫：《福乐智慧》序言一，郝关中等译，北京：民族出版社，1986年，第2页。

国。其所控制的西域、中亚正是中西陆路交通的必由通道。西辽的建立,不但使"契丹"在很长时期成为西方称呼中国的一个名称,也对汉文化西传起了极大的推动作用。耶律大石是一个熟悉汉文化、提倡中原典章制度的统治者,他鼓励汉文化在中亚推广,而西辽之立国纲纪、典章制度等仍然保持辽朝的传统,汉语则是西辽政府的官方语言。西辽境内,除契丹人、回鹘人,还有大量汉人,公元1221年到达撒马尔罕的长春道人邱处机之随行弟子李志常撰《长春真人西游记》,提到撒马尔罕的手工业,特别是丝织业、造纸业、陶瓷业等大多仰仗汉人工匠[①]。1218年西游的耶律楚材在《西游录》中则记载了有些汉族人在西辽政府中为官[②]。

2. 两宋与西方世界的联系

两宋时期,西域与中亚地区虽长期处于割据状态,但前述割据政权中除西夏外,都比较关注商业利益,所以北宋初期,东西方陆路贸易以这些国家为中介而依然运转。除了于阗、高昌、喀喇汗国与北宋的商业或使节往来之外,据《宋史》卷四九〇《外国六·拂菻传》载,拂菻曾于宋神宗元丰四年(1081)和宋哲宗元祐六年(1091)三次派遣使节或商队来到北宋都城开封,[③]不过并未说明是通过陆路还是海路。另外,阿拉伯商人和使节虽多是通过海路来到中国,但北宋初期也有通过陆路和中原发生联系的。待西夏占领河西后,丝绸之路上的一线通途几近断绝。《宋史》同卷《大食传》记载说,宋仁宗时期考虑到西夏截留商品及安全问题("恐为西人钞掠"),乃于天圣元年(1023)发布正式通知:"自今取海路,由广州至京师"[④]。从此之后,北宋中后期的记载中再不见有从陆路来宋的西方商人和使节。南宋的疆域退缩到淮河以南,由陆路连通西域和中亚更不可能,从此与海外诸国的关系全靠海路维持。

除了商业和使节往来,宋初还出现了西行求法运动的最后辉煌。《宋史》卷四九〇《外国六·天竺传》《佛祖统纪》《宋会要辑稿·蕃夷四·天竺国》等记载,从965年至1039年,自天竺返回的汉僧有十三批[⑤]。如此大规模的西行求法,堪称史无前例。其中规模最大的一次在乾德四年(966),据《宋史·天竺

[①] 顾宏义、李文整理标校:《金元日记丛编·长春真人西游记》卷下,上海:上海书店出版社,2013年,第64页。

[②] [元]耶律楚材、[元]周致中:《西游录 异域志》,向达、陆峻岭校注,北京:中华书局,1981年,第3页。

[③] [元]脱脱:《宋史》卷四九〇《外国六·拂菻传》,北京:中华书局,1977年,第14124—14125页。

[④] [元]脱脱:《宋史》卷四九〇《外国六·大食传》,第14121页。

[⑤] 刘琳、刁忠民、舒大刚、尹波等校点:《宋会要辑稿·蕃夷四·天竺国》,上海:上海古籍出版社,第16册,第9821—9827页。

传》和《佛祖统纪·法运通塞志》记载,有僧行勤等157人请求去西域求佛书,并获朝廷批准①。可惜宋代西行求法的众多僧人都没有行记留存,唯有范成大《吴船录》卷上较为详细地记载了僧人继业的西行,称北宋乾德二年(964),在宋太祖的号召下,继业同其他三百位僧人一起"入天竺求舍利及贝多叶书"②。他们的西行路线是:从阶州(今甘肃武都)出塞,经灵武、西凉(武威)、甘(张掖)、肃(酒泉)、瓜(安西)、沙(敦煌)等州,入伊吾、高昌、焉耆、于阗、疏勒、大石诸国,度雪岭至布路州国(应为《宋史》卷四九〇《外国六·天竺传》中之布路沙,位于今巴基斯坦北境白沙瓦之西北),再逾葱岭雪山到伽湿弥罗国、犍陀罗国,自此西行分别至庶流波国、左烂陁罗国(Jullundur,印度北境之贾朗达尔)等六国至大曲女城,再向西至波罗奈国(Benares,印度北部,今恒河左岸贝拿勒斯),继而西北行十几里至鹿野苑,再西行至摩羯提国,从这里大致东北行,一路经过诸佛教名胜到达王舍城,王舍城以西不远为新王舍城,城北为那烂陀寺,自该寺向西北至华氏城,由此继续向北经拘尸那城,逾数重大山至泥波罗国(尼泊尔),由此再越雪山(喜马拉雅山)后,沿原路返回中原③。

继业于开宝九年(976)返归牛心寺,范成大的记录来自峨眉山牛心寺所藏的四十二卷《涅槃经》,此寺为继业兴建,继业在《涅槃经》每卷后分记其西域行程。根据目前学者的研究,范成大所录继业的这次西游,与《佛祖统纪》《宋史》等记载的乾德四年的西行求法应该是同一次,尽管时间和人数的记载上都有出入。如此大规模的西行求法,堪称史无前例。而这次西行求法并非求法运动的再度高潮,却是它的回光返照。两宋以后再也不见有西行求法活动的记载,丝绸之路因之更显寂寞。

二、"蒙古时代"的中西陆路交通

12—13世纪的亚洲历史,在世界史上被称为"蒙古时代"。成吉思汗及其子孙率领的蒙古铁骑发动一系列震撼世界的远征,横扫整个亚洲和欧洲东部,建立一个横跨亚、欧的蒙古帝国,对东西交流而言,客观上打通了道路,促进了东西方的联系。

1. 蒙古西征对中西交通的影响

成吉思汗统一蒙古诸部以后,和他的子孙先后发动了三次大规模的西征。

---

① [元]脱脱:《宋史》卷四九〇《外国六·天竺传》,第14104页。
② [南宋]范成大:《吴船录》卷上,孔凡礼点校,北京:中华书局,2002年,第204页。
③ [南宋]范成大:《吴船录》卷上,孔凡礼点校,第204—206页。

第一次西征在公元1219—1224年间,成吉思汗亲自指挥,结果把蒙古的领土扩大到中亚。第二次在公元1235—1242年间,由成吉思汗长子术赤之子拔都统帅各支宗王长子出征钦察、俄罗斯诸地,灭亡了也的里河(伏尔加河)流域的不里阿耳和钦察,攻入俄罗斯并击破其境内各个公国,继而兵分两路侵入东欧,一支兵临摩拉维亚和匈牙利,另一支冲进奥地利,整个欧洲为之震惊。1242年,拔都闻窝阔台死讯而率军东返至伏尔加河下游,西欧才幸免于难。第三次西征发生在公元1252—1260年,蒙哥汗派遣其弟旭烈兀为统帅,目标在征服西亚,结果灭亡了阿拉伯帝国并占领叙利亚,将蒙古帝国的疆域扩展至西亚。

蒙古军队的西征在历史上产生双重影响:一方面是野蛮残酷的征服,对所经地区的社会经济造成极大的破坏;另一方面,蒙古帝国的统治因西征而扩张到黑海南北和波斯湾地区,使中国和中亚、西亚、欧洲连接起来,在这些交通线上亦建立起完善的传驿制度,从而使蒙古时代的中西陆路交通再次达到高峰。蒙古军队西征过程中,为了大军行进的需要而带去大批汉族技术人员劈山开路、修筑桥梁,使道路状况大为改善,李志常《长春真人西游记》记载:"始凿石理道,刊木为四十八桥,桥可并车。"① 耶律楚材亦有《过阴山和人韵》诗描述此景,中有"古来天险阻西域,人烟不与中原通……四十八桥横雁行,胜游奇观真非常"②之句。从某种意义上说,蒙古军队的西征过程也就是中西交通路线的建设过程,开辟了一条从漠北和林(今蒙古额尔德尼召以南)北穿南俄,南贯波斯,东经中亚、西亚,西到欧洲的通道,而在蒙古人的"军队过去以后,他们把这条大道开放给商人和传教士,使东方和西方在经济上和精神上进行交流成为可能"③。

驿站传讯系统则是蒙古帝国为保证庞大帝国内部的交通畅通和信息传递快捷而建立,被认为是维持庞大帝国统治的强有力手段。从第一次西征建立钦察汗国(the Kipchak khanate)到忽必烈时期,蒙古帝国建立起连通漠北高原的蒙古本部和察合台汗国(The Chagtai khanate)、钦察汗国的驿道,在中国境内沿太和岭(山西雁门)至别失八里(今新疆吉木萨尔)一线设置了30个新驿站以连通察合台汗国和元朝的政治中心。稍后,伊利汗国境内推行忽必烈时期的中国驿站制度——全汗国各主要道路上每三段(约18公里)置一站,每站备健马15匹。如此,蒙古帝国统治区域都被布着高效快速的驿道网络。元朝政府和

---

① 顾宏义、李文整理标校:《金元日记丛编·长春真人西游记》卷上,第55—56页。
② [元]耶律楚材:《湛然居士文集》卷二《过阴山和人韵·其一》,谢方点校,北京:中华书局,1986年,第22页。
③ [英]道森编:《出使蒙古记》,吕浦译,北京:中国社会科学出版社,1983年,第30页。

各汗国政府还特别在交通大道上设置护路卫士,颁布保护来往商人的法令,以维护路途的安全。

蒙古西征也促进东西方人员和生产技术相互流动。历次西征的军队中除有大量征发来的女真人、契丹人和西夏人之外,还有不少中原汉人,他们随军来到西域后逐渐在当地定居下来。《长春真人西游记》载丘处机沿天山北道西行时,在别失八里看到从事音乐技艺的都是"中州人",在轮台还遇到一位来自中原的书生[①]。此后常德奉元宪宗蒙哥派遣出使旭烈兀时,在别失八里和阿里麻里城(今新疆霍城附近)也看到不少汉人居民,有关记载见元代刘郁的《西使记》[②]。忽必烈灭南宋以后,又将降服的大量汉军、新附军和中原的农民、工匠征发到西北,让他们在别失八里、哈迷里(今新疆哈密)等地屯田并冶炼农具兵器。汉人被迁往西域和中亚的同时,大批西域人、中亚人、波斯人、阿拉伯人等,或由于蒙古军队的征服,或由于入华经商,也迁往中原地区,甚至分布于广西、云南等地。其中一些人以伊斯兰教的宗教信仰和日常生活习俗为纽带,逐渐组合为一新兴民族"回族",另外一些人则深受中国文化熏陶,或接受儒家教育,或转信佛、道,逐渐与汉民族融合。

东西人员的双向流动自然会带来生产技术的交流。西迁的汉人把当时中原一些先进的生产技术带到西域,如汲水器具、雕版印刷技术,以致《长春真人西游记》载阿里麻里人赞叹:"桃花石诸事皆巧。"中国内地也从西域接受了一些生产技术,尤其是棉花种植技术。棉花通过陆、海两道传入中国,并在宋、元时期开始在中原推广,元代迅速发展,而陆上一途就来自元代西域。元代《农桑辑要》卷二"论苎麻木棉"条载,木棉(即棉花)"西域所产",入元以来"种于陕右,滋茂繁盛,与本土无异"[③]。

2. 四大汗国及其与中原的关系

在三次西征的基础上,蒙古人不但建立了由蒙古草原和中原所组成的大汗领地,即以后的元帝国,也在中亚、南亚和南俄相继建立了伊利、钦察、察合台和窝阔台四大汗国。这些汗国虽然不久就从元帝国中分离,但它们与大汗之国依然保有千丝万缕的联系,并大大推动了中西文化的相互交融与吸收。

钦察汗国由拔都建于第二次西征之后,领地包括第一次西征所征服的花剌

[①] 顾宏义、李文整理标校:《金元日记丛编·长春真人西游记》,第54—55页。
[②] 顾宏义、李文整理标校:《金元日记丛编·西使记》,上海:上海书店出版社,2013年,第145页。
[③] [元]司农司编,石声汉校注,西北农学院古农学研究室整理:《农桑辑要校注》卷二《播种·论苎麻木棉》,北京:中华书局,2014年,第55页。参见刘迎胜:《丝绸之路》,南京:江苏人民出版社,2014年,第436—437页。

成吉思汗第三子窝阔台继任蒙古大汗

子模地区和第二次西征所得的南俄草原,统治中心为伏尔加河上游的萨莱城(Astrakhan,今俄罗斯阿斯特拉罕),又因其用金色帐殿而称"金帐汗国"。拔都之父术赤时代,由于其属地花剌子模远离蒙古本部,已经表现出同大蒙古国分离的趋势。拔都时期,成吉思汗家族内部各支系在帝位及领土问题上发生严重分歧,钦察汗国与旭烈兀所建之伊利汗国为争夺外高加索地区又屡次发生战争,导致钦察汗国的独立倾向越发明显。拔都死后,其弟别儿哥成为钦察汗,但当时的蒙古大汗蒙哥欲将汗位保留在拔都后人手中,从而导致别儿哥与蒙哥不和。蒙哥死后,忽必烈与幼弟阿里不哥争位,别儿哥支持阿里不哥。而在钦察汗国与伊利汗国发生的领地之争中,忽必烈支持伊利汗国的旭烈兀。这些原因导致钦察汗国在忽必烈时期已同元朝非常疏远,可以说是完全独立了。因为在以马匹为主要交通工具的年代,中央政府要保持对遥远地区的直接控制,十分困难①。

成吉思汗第一次西征结束后,将别失八里以西至阿姆河的地域分给次子察合台,他在这里建立察合台汗国。其三子窝阔台分得钦察汗国与蒙古大汗领地之间的乃蛮故地,即今额尔齐斯河流域与阿尔泰山地区,他在这里建立窝阔台

---

① 刘迎胜:《察合台汗国史研究》,上海:上海古籍出版社,2006年,第94页。

汗国。成吉思汗去世后,窝阔台继任为蒙古大汗,其领地与蒙古大汗领地遂合为一体。忽必烈在蒙哥汗去世后夺取了蒙古汗位,引起家族间的不和,窝阔台系诸王更是不服。忽必烈即位后,窝阔台系诸王联合察合台系诸王,乘元军南征的机会进攻元朝,忽必烈派其子抵御成功,迫使两汗国承认元朝的宗主地位。元朝在这两汗国的归附地区先后设立"行中书省""行枢密院""行御史台"及两个元帅府,进行直接管辖,使这两系宗王领地一度成为元朝版图的一部分。元成宗时期,窝阔台、察合台之间维持了几十年的同盟关系破裂,察合台汗国在元朝军队的支持下于1309年吞并窝阔台汗国,使察合台领地东达吐鲁番,西据河中地区而抵临阿姆河,南越兴都库什山。察合台汗国与元朝政府基本上一直保持藩属关系,在其吞并窝阔台汗国的次年(元武宗至大三年,1310)即来朝告祀。1321年,察合台汗国分裂为东西两部,西察合台汗国占有河中地区,1370年被帖木儿(Timur,1336—1405)占领后成为帖木儿帝国。东察合台汗国的领地就是今天的新疆,此后逐渐衰微,不久也被帖木儿征服。而此时元朝早已灭亡。

伊利汗国建于1260年,当时率领蒙古军队进行第三次西征的旭烈兀,已成功占领叙利亚都城大马士革,忽然听到了蒙哥汗去世的消息,随即启程东返。但他没有回到漠北,而是留在波斯观望忽必烈兄弟争夺汗位的形势。为了在与阿里不哥争夺汗位的斗争中得到旭烈兀的支持,忽必烈遣使告诉旭烈兀,允诺由他统治自阿姆河以西直至叙利亚的国土。忽必烈即位后正式委任旭烈兀为所统治地区的君主,旭烈兀对忽必烈称伊利汗(又译作伊儿汗,意为藩属的汗),建都大不里士(Tabriz,今为伊朗东阿塞拜疆省首府),伊利汗国从此建立。四大汗国中,旭烈兀与忽必烈都出于成吉思汗四子拖雷一系,血缘关系最近,因此伊利汗国与元朝的关系也最为密切。

首先,伊利汗国与元朝的藩属关系最紧密。伊利汗位的继承往往要经元朝皇帝确认,视元朝为上国。元朝皇帝还向伊利汗颁授印玺,伊利汗也将汉文印玺作为王权的一种象征,加盖在他们写给欧洲君主的国书及其宣敕之上。其次,伊利汗国与元朝间的使节往还非常频繁,双方使臣还经常长期居留彼国以为对方君主服务。灭南宋的元朝统帅伯颜,就是被忽必烈留在元朝的伊利汗国使臣。忽必烈时期的丞相孛罗被遣往伊利汗国后,也得到伊利汗的重用而历事五汗直至去世。元朝皇帝有时还以元朝官号加封伊利汗的重臣,如伊利汗阿鲁浑(Arghun)的亲信不花就被元朝授予丞相的称号。最后,伊利汗国与元朝之间通过联姻加强双方的关系。忽必烈曾将阔阔真公主嫁到伊利汗国,著名的意大利旅行家马可·波罗(Marco Polo)就是随阔阔真公主及伊利汗阿鲁浑的奉迎使一起,由海道抵波斯再返回欧洲的。元仁宗时期,又应伊利汗之请,由陆路嫁宗女至伊利汗,但在中途被察合台汗所截留。

由于伊利汗国与元朝在政治上有密切联系,伊利汗国的文化、制度也受到元朝的重大影响。伊利汗国初期就有大批精通天文历算的中国学者在旭烈兀西征时被带到波斯,此后同阿拉伯、波斯的天文学家一起制定了《伊利汗天文表》,这是一部在世界天文学史上有里程碑意义的天文学著作,该书第一卷详细介绍了中国的天文历法。伊利汗国的领地包括波斯,因此使蒙古时期实行的千户、百户制度及"怯薛"制度传入波斯。1294年,伊利汗海合都曾效法元朝在全国范围内发行纸币,样式完全仿照元朝的至元宝钞,上面也有汉文"钞"字,可惜因准备不足而迅速失败,不过也使波斯成为除中国以外最早使用纸币的国家,并极大地促进印刷术在西亚传播以及继续西传。汉语"钞"字在波斯语中保留至今,意为纸币。合赞汗时期(1295—1304)则仿效中原忽必烈的政策而系统改革了汗国的驿传制度。更为重要的是,伊利汗国成为中国文化传向欧洲与西亚以及西方文化传入中国的中介。而合赞汗改奉什叶派伊斯兰教为国教后,加速蒙古政权与伊斯兰世界的结合,以另一种方式在中西文化交流中发挥重要的媒介作用。

3. 蒙古(国)、元(朝)治下的"全球化世界"

美国学者梅天穆教授《世界历史上的蒙古征服》[①],从全球史的角度讨论蒙古(国)、元(朝)时代的东西方大交流,认为1350年蒙古(国)、元(朝)统治的世界,是一个"全球化的世界"。蒙古四大汗国特别是钦察汗国、伊利汗国和察合台汗国的继嗣者们,主动或者被动地推动着东西方制度和文化方面的交融互动,他称之为"成吉思汗大交换"。书中列举了十大交换领域。在贸易方面,成吉思汗消灭了许多试图控制商路的政权,鼓励贸易行为,还设置叫做"哈剌黑赤"的卫士专职保护商队安全、检查商品往来。不仅在穆斯林居住的中亚与西伯利亚之间早年就有毛皮生意往来,有商路从这里穿过,而且随着蒙古贵族的富裕,奢侈品贸易的需求也刺激了游牧部族与穆斯林商人之间频繁贸易的通道不断开拓,甚至吸引了像马可·波罗家族这样的欧洲商人。窝阔台时期建造的驿站,重要功能之一就是服从于通商需求。每个驿站有20多名养马者,提供交通所需的运力。

对于财富与奢侈品的渴求,使得商业活动掺入了政治因素。在蒙古大汗宫廷中,色目商人对于政治的影响力愈益扩大,商人们甚至与蒙古贵族组成合伙人,被称为"斡脱"(蒙古语 ortoq,突厥语 ortaq),合作方式的一种是,蒙古贵族

---

① [美]梅天穆:《世界历史上的蒙古征服》,马晓林、求芝蓉译,北京:民主与建设出版社,2017年。

提供本银,委托西域商人发放高利贷。蒙古人的征服行动,带动了人员和物资的大流动,也建立许多著名的商业都市,比如伊利汗国首都桃里寺(现在是伊朗东阿塞拜疆省会大不里士)成为丝绸之路上的重要中转站。伊本·白图泰说,大不里士的巴扎(bazaar)是世界上最好的市场之一(伊斯兰语称贸易集市为巴扎)。热那亚、威尼斯和其他欧洲商人活跃于此。又如月即别汗①时期的金帐汗国首都新萨莱(今俄罗斯伏尔加格勒附近),是来自伏尔加河流域的各种谷物与毛皮等农副产品的集散地,也是来自东方的丝绸、香料和其他奢侈品的交易中心。

蒙古人的西征过程与欧洲人的十字军东征,有着时间和空间上的交叠。这种交叠就使欧洲与西亚的跨文化交流又充满了新的变数。"不仅伊斯兰教和基督教从蒙古人那里得到了新的观念或冲击,蒙古帝国也从黎凡特(按:指地中海东岸地区)获得了军事知识以及其他东西。"②比如,元朝的抛石机还是中国传统的模式,完全靠人力驱动。12世纪末就已经在欧洲和中东使用的配重式抛石机则巧妙地利用了杠杆的机械原理。1273年元军攻克襄阳的战争中,穆斯林技师在元大都制作的这种新式装备,发挥了关键性作用。同样,弯刀这种蒙古人的拿手武器,之所以在整个中东和世界上其他地方广泛普及,成为骑兵的首选武器,主要归功于蒙古人的影响。

在东欧,蒙古人的征服和长期占领,特别是金帐汗国的统治,推动了莫斯科公国的崛起和俄罗斯的统一。在蒙古人控制下的罗斯诸公国,有越来越多的罗

柏朗嘉宾的约翰见蒙古大汗

---

① 穆罕默德·月即别汗(Mohammed Oz-Beg Khan,1282—1341),又译乌兹别克汗,是金帐汗国第九代汗王(1312—1341年在位),是元末权臣脱脱(1314—1356)之侄。
② [美]梅天穆:《世界历史上的蒙古征服》,马晓林、求芝蓉译,第172页。

斯人被编组进蒙古人的军队中,使得他们熟悉蒙古人的草原战术和军队部署方式,也学会了手持弯刀,战士和马都披挂着薄甲,伊凡三世(Ivan III, 1462—1505)统治下的莫斯科公国,仿效蒙古人建立驿站制度。后来莫斯科公国崛起,蒙古因素依然长期发挥影响,比如迁徙到伏尔加河流域的卡尔梅克人(Kalmuck),本来是土尔扈特蒙古人,又称西蒙古人,勇猛彪悍,是俄罗斯防守南部边疆的重要力量。

军事方面的最显著变化是火药武器的出现,蒙古人在攻打金朝的时候就使用了火药武器,但是,没有坚实证据证明蒙古人在中国以外的西征战场上使用过火药武器。欧洲是在蒙古入侵之后出现火药的,很可能是像马可·波罗一家这样的商人把制作方法带到了欧洲。罗杰·培根(Roger Bacon, 1219—1292)在他的著作中记载了一种火药的制作方法,很有可能是因为他接触到了方济各会士鲁布鲁克(Rubrouc),后者因为1253—1255年的蒙古旅行闻名于世[①]。

在宗教、思想和文化领域,蒙古(国)、元(朝)的"全球化"也表现得格外引人注目。在帝国之内,基督教、伊斯兰教、佛教和印度教都可以和平共处;各个地区的学问都可以因为有蒙古人的支持而举行国际性论坛。蒙古人对于蔑剌哈(今伊朗东阿塞拜疆省的马腊格)天文台的赞助,促进了伊斯兰和中国元朝天文学的进步。中医、藏医、伊斯兰医学和印度医学,都可以为某位大汗的治疗提供服务。随着新的食物被引进元朝的中国,传统的中药品种获得了爆发式增长。在这个横跨欧亚的大帝国内,学者之间与不同语种之间的资料交流,都成为可能。比如说,最早的世界史著作《史集》的作者是伊利汗国宰相拉施特(?—1317)历时十年编纂完成的,如果不是有众多助手的帮助,搜集蒙古文、汉文、波斯文、突厥文、回鹘文、阿拉伯文甚至藏文资料,这部巨著是不可能完成的。

4. 蒙古(国)、元(朝)的域外地理记述

随着地跨亚欧的蒙古帝国建立,唐末以来在中西陆路交通沿线所形成的众多国家疆界的限制被打破。交通条件的改善和蒙古帝国的声威使中西陆路交通再度辉煌,也为更多中国人通过陆路与中亚、欧洲进行接触提供了条件,其中最具代表性的就是耶律楚材、丘处机和常德。他们不但是中西交通的亲身实践者,还留下了珍贵的文字记载,成为研究这段历史的重要文献材料。

耶律楚材(1190—1244)是辽朝契丹皇族的后裔,成吉思汗灭金时归顺蒙古。公元1218年成吉思汗亲率大军西征时,耶律楚材被召为扈从而有了一段西行经历。耶律楚材归国后将这次西行历程撰写成《西游录》一书,书中记载了

---

① [美]梅天穆:《世界历史上的蒙古征服》,马晓林、求芝蓉译,第192页。

他北上和西行的大致行程:大军北上时,从燕京故居永安(香山)启程,出居庸关,经云中(山西大同)、武川(内蒙古境内),越天山(阴山)和大漠,到达怯绿连河(今克鲁伦河)畔的成吉思汗大帐。大军西征时,从漠北西行,越金山(阿尔泰山)西至也儿的石河(额尔齐斯河),然后南下至伊犁河流域,从阿里麻里城又向西,经西辽故地碎叶川,一直西行至锡尔河和阿姆河之间的中亚重镇撒马尔罕和布哈拉,再向南越过古代巴克特里亚(大夏)和粟特的分界线铁门关(乌兹别克斯坦南部布兹嘎拉山口),进入呼罗珊地区,到达班城(Mazār-e Sharīf,阿富汗北马扎里沙里夫)等地。耶律楚材也详略不一地记载了当时天山以北、葱岭以西和楚河、锡尔河、阿姆河一带的物产、风土及社会状况,其中载有一个叫抟城的地方,"城中多漆器,皆长安题识"①。抟城的具体位置目前虽尚未确定,但从耶律楚材行程来看,应该就在今阿富汗境内,可知这里也有中原物产的流传。耶律楚材还是13世纪中国著名的政治家,于窝阔台在位时(1229—1241)主持蒙古国对中原地区的治理,大大促进蒙古游牧贵族封建化并适应中原农业文明。

  丘处机(1148—1227),山东栖霞人,是道教的一支全真教的掌门人。全真教在蒙古(国)、元(朝)时期成为道教中最兴盛的一支,丘处机也因此声望隆重。成吉思汗西征时,听随从的中原人介绍丘处机法术超人,甚至有长生秘术,于是召其赴西域相见。丘处机也抱着劝说成吉思汗不嗜杀人的目的而奉召,前往中亚会见成吉思汗。随行弟子李志常撰《长春真人西游记》,广泛记载了沿途所经的山川道里、水土风气、衣服饮食、禽虫草木、习俗信仰、人物事迹,是研究13世纪蒙古(国)、元(朝)史实、中西交通和中亚史地的重要典籍之一。据此书记载,公元1220年,丘处机率弟子从山东莱州动身,经益都(今山东济南)到达燕京(今北京),经宣德州(今河北宣化),越野狐岭,东北行至呼伦贝尔。他在这里获知成吉思汗急于见他的消息,于是沿怯绿连河向西横穿蒙古高原,越阿尔泰山,经天山北路的别失八里、昌八剌(今新疆昌吉)、阿里麻里进入中亚。又越过锡尔河,经撒马尔罕、碣石城(Kesh,乌兹别克斯坦沙赫里·沙勃兹),再越阿姆河南行,在公元1222年4月于大雪山(今阿富汗兴都库什山)西北坡的八鲁湾与成吉思汗会面。成吉思汗本希望丘处机真有长生秘术,结果大失所望,但对丘处机仍非常尊重,一直留在身边。次年二月,丘处机才获准起程沿原路东返,当年8月回到宣德。第二年,丘处机进驻燕京,最后逝于此地。

  常德,字仁卿,生平事迹不详,公元1259年作为元宪帝蒙哥的使者出使伊

---

① [元]耶律楚材、[元]周致中:《西游录 异域志》上,向达等校注,第1—4页。

利汗国(时旭烈兀正在波斯进行第三次西征),前后历时 14 个月。元世祖忽必烈中统四年(1263),刘郁根据常德的回忆撰写《西使记》一书。书中载常德的行程是从和林出发后,越杭爱山,渡札布汗河、布伦托河,向西北至阿里麻里,然后经伊塞克湖,涉楚河、塔拉斯河、锡尔河到达撒马尔罕,渡阿姆河至马兰(即前文的木鹿),进入波斯境内。此时旭烈兀已攻克阿拔斯王朝首都巴格达,于是常德继续西行至巴格达。本书还记载了麦加(Mecca)、印度,甚至欧洲等地的风情。根据学者的研究,从和林至巴格达一线可认为是常德的亲身经历,而麦加、印度、欧洲等记载则是常德听闻而来。尽管如此,常德的西行比耶律楚材和丘处机都远得多,因此《西使记》是今天研究中西交通及中亚、西亚地理历史的一部重要著作,它对沿途情况的记载较前两部游记都要详细。

元末至正(1341—1368)时期的苏州文人李泽民绘制的《声教广被图》,反映了元朝南方中国人的地理知识。如果说,《山海经》是中国"神话地理学"的鼻祖,那么《史记》有关域外的记述则是行纪地理学的滥觞,而《声教广被图》以及以它为蓝本的《混一疆理历代国都之图》(以下简称《混一图》)[①],则是中国地理学走向"绘图地理学"的重大标志[②]。

早于郑和下西洋,也早于迪亚士、达·伽马的《混一图》所描绘的"西方",有西洋地区的麻逸(今菲律宾的吕宋岛)、三屿(今菲律宾的巴拉旺岛)等岛屿,以及渤泥(今婆罗乃)、三佛(今苏门答腊岛)、马八儿(今印度的马拉巴尔)等地区,更往西边,还绘出了阿拉伯半岛、非洲大陆,《混一图》中所标注的地名,甚至有"法里昔"(Paris,巴黎)、"阿鲁尼亚"(Allmania,阿语日耳曼的音写),包括了欧亚非三大洲。

迄今中外许多学者都介绍过这幅《混一疆理历代国都之图》,根据该图下方的跋文,可知这是李氏朝鲜两个官员在看到元代李泽民的《声教广被图》和僧人清浚的《混一疆理图》(也有观点认为,《混一图》所参考的不一定是清浚的地图,或者清浚《混一疆理图》有更详尽的版本)之后,下令官员"更加详校,合为一图"而制作的"新图"。换言之,《混一图》的底本,即《声教广被图》和《混一疆理图》,它反映的世界地理知识也是宋元时代中国人的知识[③]。

这些地理知识之所以传到中国,和来到汉族地区的阿拉伯人有关。《混一

---

① [英]李约瑟《中国科学技术史》(第三卷 数学、天学和地学)曾对这件《混一图》有所讨论,参见李约瑟:《中国科学技术史》第三卷,梅荣照等译,北京:科学出版社、上海:上海古籍出版社,2018 年,第 574—578 页。
② 姚大力:《"混一图"与元代域外地理知识》,《蒙元制度与政治文化》,北京:北京大学出版社,2011年,第 460—488 页。
③ 喻沧、刘自健主编:《中国测绘史》第一卷(先秦—元代)、第二卷(明代—民国),北京:测绘出版社,2002 年,第 321 页。

图》有多种写本,都同样绘有非洲、阿拉伯半岛。其中的许多地名都反映出有来自阿拉伯的世界地理知识①。

三、明朝的西北陆路交通

明朝建立以后,西北地区再次陷入民族政权割据分裂的状态,洪武、永乐时期,积极进取的对外政策使中西陆路交通得以继续繁荣,但此后帝国的衰落所导致的封闭保守使中西陆路交通从此失去往日的热闹。海路交通方面,以郑和下西洋为代表出现了中国历史上少有的辉煌局面,然而只是昙花一现,海上交通总体上由于明政府实施海禁政策而受到极大负面影响。

1. 西北形势

元代后期(14世纪初)察合台汗国分裂为东西两部,东察合台汗国又在元朝灭亡后进一步分裂为别失八里、哈密、柳城、火州、于阗等大小不等的割据政权,以别失八里的势力最大,其统治中心位于天山以北的吉木萨尔一带,但因内忧外患,其国势时强时弱。新疆地区的割据状况伴随明代始终,不过明初政府通过遣使、册封、通贡等方法,积极与这些国家建立联系,尚能维系中西陆路交通。洪武、永乐年间在嘉峪关以西地区设立安定卫、阿端卫、曲先卫、赤斤蒙古卫、沙州卫、罕东卫、哈密卫等"关西七卫",作为经营天山南北地区的基础。特别是设于永乐三年(1405)的哈密卫,成为保障中西交通和中西关系顺利发展的重要基地,因为哈密是从河西进入新疆的第一站,在中西交通与贸易中占有非常重要的地位,故而倍受明王朝重视。15世纪下半叶后,明朝的对外政策日趋保守,国势也逐日衰落,因此与西域诸国渐行渐远。特别是1470年代以后,吐鲁番割据政权同明朝展开了对哈密的激烈争夺,并终于在正德八年(1514)占领哈密,此时的明王朝却在"专图自治之策"②思想的指导下,默认了吐鲁番对哈密的占领,将军队、官吏等退居嘉峪关之内,随后在嘉靖初年形成了划关而治的局面。

西察合台汗国分裂出来之后,控制了中亚阿姆河和锡尔河一带地区。1370年,西察合台可赞苏丹汗的女婿、出生于蒙古八鲁刺思部的贵族帖木儿打败各地军事割据势力,夺得西察合台的统治权,自立为苏丹。因其以撒马尔罕为国

---

① [日]高桥正:《中世纪伊斯兰世界地图的东渐:〈混一图〉考》,《龙谷大学论集》第374号,1962年;高桥正:《〈混一图〉续考:其与中世纪伊斯兰世界地图的关系》,《龙谷大学论集》第400、401合并号,1973年。
② [清]张廷玉:《明史》卷三二九《西域传一·哈密卫传》,北京:中华书局,1974年,第8526页。

都,明朝又称其为撒马尔罕国。帖木儿即位后,以成吉思汗的继承人自居,开始向四周扩张。相继占领花剌子模、呼罗珊、波斯等地以后,于1392年至1394年间征服伊利汗国,攻入巴格达,占领整个伊朗高原和两河流域。1395年北上进攻钦察汗国并攻陷其首都萨莱。1398—1399年间南侵印度,灭德里苏丹国图格拉格王朝,一度占领其首都德里。1399年攻入小亚细亚,1402年在安卡拉(Ankara)附近大败奥斯曼土耳其帝国,并俘获其苏丹巴牙即。帖木儿是突厥化的蒙古人,信仰伊斯兰教,他建立了一个以中亚和西亚为中心的庞大的伊斯兰帝国,奉行波斯文化,于是,与帖木儿帝国的关系也成为明代陆路中西交通的主要内容。

2. 帖木儿政权与明朝的关系

随着帖木儿帝国从发展到强大再趋衰落,其与明朝政府之间的关系也有明显的变化。总体上讲,帖木儿帝国在其发展阶段同明朝保持友好的关系,强大以后便与明朝关系日益恶化,当帖木儿去世且帝国开始衰落时,与明朝的关系又得到改善。

帖木儿政权对外扩张初期的主要目标是北边的钦察汗国和西边的伊利汗国,对刚刚建立的明朝则采取"纳贡称臣"的态度,然而事实上这只是双方进行经济贸易的一种方式。《明史》卷三三二《西域四·撒马尔罕传》记明洪武二十年(1387),帖木儿首次派使者哈非思等来到南京,贡马十五匹,骆驼两头。朱元璋赐宴款待使者,并赐白银十八锭。自此以后,帖木儿每年都遣使贡马、驼或其他物品,其中洪武二十七年(1394)贡马两百匹,并献措辞谦卑的表文,感谢明朝对来华商贾的优待。朱元璋对此也非常高兴,次年派傅安(?—1429)出使帖木儿,并"赍玺书、币帛报之"①。但就在这一年,帖木儿对明朝的态度发生了重大变化。

原因首先是帖木儿在对外扩张中节节胜利,特别是1395年大败钦察汗国,取得其扩张运动以来的重大胜利。其次,明朝曾严格禁止民间对外贸易,帖木儿帝国的回回商人却常常私自驱马至凉州互市,明朝政府要求他们统统来京城交易,并将1 200多名甘肃回回移民遣归撒马尔罕,这些行动也导致了帖木儿的不满。结果,当傅安使团到达帖木儿帝国时,帖木儿竟将其扣留。1397年明朝又派陈德文出使,也遭扣留。帖木儿取得对奥斯曼帝国的胜利后,甚至计划了一场东征战争,试图建立一个像昔日那样的蒙古大帝国。永乐二年(1404),帖木儿率数十万大军越过葱岭,侵入别失八里,准备入侵明朝,明成祖朱棣也敕

---

① [清]张廷玉:《明史》卷三三二《西域传四·撒马尔罕传》,第8598页。

谕当时的甘肃总兵官宋晟准备迎战。所幸帖木儿在行军途中病死,对明朝的远征中途夭折,一场战祸得以避免,对两国臣民来讲无疑都是一件幸事。

3. 沙哈鲁政权与明朝的互访

帖木儿去世后,其孙哈里勒(Khalil)即位,一改帖木儿晚年对明朝的骄慢态度,在永乐五年(1407)派使者护送傅安等人回国,以求恢复同明朝的友好关系。明成祖对使臣盛情款待,赏赉丰厚,再次派傅安为使臣前往撒马尔罕祭奠帖木儿,并向新王致意和赐银币,两国关系趋于正常。哈里即位后不久,帖木儿国内就发生争夺汗位的混战,帖木儿第四子沙哈鲁(Châhroukh)在1408—1409年间推翻哈里而自立为汗国的君主。因其曾被帖木儿分封在呼罗珊,常驻哈烈(Herāt,阿富汗西北赫拉特),故依然以哈烈为都城,明人称其国为哈烈国,《明史》卷三三二《西域传四》有《哈烈传》①。沙哈鲁以其长子兀鲁伯为河中地和突厥斯坦总督,驻守撒马尔罕。

沙哈鲁进一步改善同明朝的关系,两国之间使节往来不断,《明史》记载沙哈鲁时期向中国遣使有九次之多,并且每次哈烈的使者都有其附近属地如撒马尔罕、失刺思(Shiraz,伊朗设拉子)、俺的干(Andizhan,乌兹别克斯坦之安集延)、俺都淮(Andkui,今阿富汗北部安德胡伊)的使者随行②。最著名的一次遣使是在1419—1422年,因为这次使团中一名成员盖耶速丁·纳合昔从离开哈烈的第一天起就逐日记笔记,写下旅途中的所见所闻,归国后据之写出一部名著《沙哈鲁遣使中国记》,使后人可以知道这次往返共计两年十个月之出使活动的详情。它"详细地描述了道里、城邦、古迹、习俗、王统以及他亲眼看到的所有奇迹",③这些内容经与明代文献比较后,很多都得到证实,说明此书史料价值不低。而作者以一个外国人的眼光看待明朝的政治、军事、制度、民情,可以弥补中国文献记载之不足,对于研究明史和中西关系史更有独特的意义。

沙哈鲁频繁遣使中国的同时,明朝也向帖木儿帝国派出了众多使团,其中以陈诚的出使最著名。陈诚(1365—1458),字子鲁,江西吉水人,进士出身,曾三次出使帖木儿帝国,为明朝中西关系的发展做出巨大贡献。陈诚早在洪武二十九年(1396)就曾出使过西域撒里畏兀儿(今甘肃、青海、新疆交界,柴达木盆地一带),结果促使明朝在此地设立安定卫。永乐十一年(1413),明成祖派使团护送沙哈鲁使团返国,并携敕书及礼品回访其国和周边国家,宦官李达为正

---

① [清]张廷玉:《明史》卷三三二《西域传四·哈烈传》,第8609—8612页。
② 有关研究参见张文德:《明与帖木儿王朝关系史研究》,北京:中华书局,2006年,第196页。
③ [法]阿里·玛扎海里:《丝绸之路:中国—波斯文化交流史》,耿昇译,第38页。

使,陈诚作为使团成员之一开始了首次访问帖木儿帝国之旅。使团途径十七个国家和地区,都受到欢迎,归国时又携沙哈鲁的新使节同行,沿途还招揽途经诸地之首领的使节随同赴明朝入贡。浩浩荡荡一行人于永乐十三年(1415)到达北京,受到明成祖的热情款待和丰厚赏赐。次年秋,诸西域使节离开北京归国,明成祖则命令陈诚再次随行出使。陈诚二次出使除访问沙哈鲁所在的哈烈外,还携带礼品访问了撒马尔罕、俺都淮和失剌思等地。永乐十六年(1418)四月,陈诚与帖木儿帝国的使者阿尔都沙等回到北京。同年九月阿尔都沙回国时,明成祖又命陈诚随行出使,陈诚遂三赴帖木儿帝国,这次直到永乐十八年(1420)才回到北京。永乐二十二年(1424),明朝政府再次派遣陈诚出使西域,然而正当他准备西出嘉峪关时,成祖去世,仁宗即位,下诏停止四夷差使,使团因此中途返回①。

陈诚第一次从帖木儿帝国出使归来后,撰《西域行程记》和《西域番国志》两部著作以叙其出使经历及所见所闻②。《西域行程记》主要记使团所经路线,从酒泉启程后,出玉门关,先至哈密,然后绕天山达伊犁河,过伊塞克湖,至江布尔、塔什干(Tashkent)、撒马尔罕、铁门关、巴里黑,最后抵达哈烈。全书按日计程,兼及沿途风物、地貌和气候,颇为详尽,对于研究明代西域和丝绸之路有重要的参考价值。《西域番国志》分地记载,计有哈烈及葱岭东西的19个地区和国家,以记述哈烈的内容最为详细。该书文笔简洁,叙事翔实,内容丰富,凡明代人涉及西域之文字几乎都取资该书,《明史·西域传》有四卷(卷三二九至卷三三二),其中的很多内容也来源于此书。

4. 明中期以后陆路交通的衰落

明代中西陆路交通在永乐以后逐渐衰落,除了欧洲新航路的开辟和奥斯曼帝国在欧亚之间的阻隔以外,更主要的原因是中亚地区的长期战乱和明王朝在对外政策上的保守思想。自沙哈鲁去世后,帖木儿帝国大乱,诸王子为争夺控制地域发生长期战争。与此同时,帝国西部的波斯领地均被土库曼人(Turkoman)建立的"白羊"王朝和"黑羊"王朝占据,此后"白羊"王朝吞并"黑羊"王朝,1502年"白羊"王朝又被南阿塞拜疆的萨非家族消灭,建立了伊朗人的萨非王朝(Safavid Dynasty,1501/02—1736)。而帝国东部逐渐兴起一个乌兹别克人建立的游牧帝国,其首领马合穆德昔班尼汗(Shaybani)于1500年乘帖木儿帝

---

① 《明史》没有陈诚传,日本学者神田喜一根据《吉安府志》(日本内阁文库藏顺治重修本)中的列传及《陈竹山文集》等资料对陈诚的生平及出使西域事迹有所考证。[日]神田喜一郎:《东洋学说林》,京都:思文阁,1974年,第23—56页。

② [明]陈诚:《西域行程记 西域番国志》,周连宽校注,北京:中华书局,2000年。

国诸王内讧加剧、力量削弱之机,率兵南越阿姆河,占领撒马尔罕、布哈拉、赫拉特、坎大哈(Candahar)等城市,并于1507年消灭衰落的帖木儿王朝,在原帖木儿帝国的东部废墟上建立中亚历史上最后一个游牧民族帝国——乌兹别克汗国的昔班尼王朝。基本上同时兴起的萨非王朝和昔班尼王朝随后开始了长期战争,几乎一直延续到18世纪,严重影响中西方的陆路交通。

　　洪武、永乐时期的积极外交政策虽使明朝弘扬国威,却也耗去大量的人力和财力,导致国库空虚,引起当时许多人的反对,郑和七下西洋更被评为"疲中国以事外蕃"。明成祖时期就有朝臣上言:"连年四方蛮夷朝贡之使相望于道,实罢中国。"①因此明成祖去世后,外交政策发生了一个很大的变化,最典型的就是罢郑和海船,在陆路交通上也由向西方国家积极开放转为消极保守。首先是不再遣使,如《明史·西域传》记:"自仁宗不勤远略,宣宗承之,久不遣使绝域,故其贡使亦稀至。"②其次是限制西方人来朝贡,明宪宗成化元年(1465),为了节省开支而在礼官姚夔的建议下,大幅减少西域地区和国家入贡的次数和数量,如规定吐鲁番和别失八里三年或五年一贡,贡使不得超过十人。只有哈密因为地理位置重要并且与明朝关系密切,得以岁一入贡,不得过两百人。此外,15世纪中后期至16世纪初,明朝所设"关西七卫"也因少数民族的侵扰和明朝的保守思想而逐渐裁撤,嘉靖初年则正式划关而治。嘉靖二十六年(1547),甘肃巡抚杨博还上奏抱怨西域入贡的人太多,需要限制。礼部也进言重申成化元年的规定,并建议对随意放行西域人的边官治罪,"顷来滥放入京,宜敕边臣恪遵此例,滥放者罪之"③。显然,繁荣了近两千年的中西陆路交通在这种形势下衰落在所难免。

---

　　① [明]薛应旂撰,展龙、耿勇校注:《宪章录校注》卷一九永乐十九年四月甲辰条,南京:凤凰出版社,2014年,第235页。
　　② [清]张廷玉:《明史》卷三三二《西域传四·哈烈传》,第8610页。
　　③ [清]张廷玉:《明史》卷三三二《西域传四·哈烈传》,第8611页。

第四章　汉唐对外关系：西域的拓展

一、中国与中亚的往来

"中亚"一词严格说来并非一个地理含义清晰的概念，一般指今天的"中亚五国"（即吉尔吉斯斯坦、哈萨克斯坦、塔吉克斯坦、乌兹别克斯坦和土库曼斯坦亚洲中部五国）所在地。其中心地区是阿姆河和锡尔河之间的地区，中古称粟特地区或河中地区。张骞正式凿通西域之后，中亚地区就被包括在广义的西域范围之内，成为中西方陆路交通的必由之路，相互间的联系不断加强。唐代曾在中亚地区广设羁縻府州，更是从名义上将该地区直接纳入中国版图，彼此的来往更形密切。

1. 两汉魏晋时期与中亚的往来

两汉魏晋时期，中亚地区小国林立。随着两汉政府同匈奴战争的胜利，中原王朝的势力和影响也逐渐渗透西域，因此这些国家与中原王朝的关系趋于热络，其中最重要的国家有大宛（今费尔干纳盆地）、康居（今锡尔河和阿姆河之间）和大月氏（即以后的贵霜帝国，先居阿姆河北，后南下占领阿姆河上游以南的大夏）。

大宛为中亚古国，是一个较为发达的亦农亦牧国家，盛产稻麦、葡萄酒，且多良马，所出汗血马尤为著名。大宛位于中西交通枢纽费尔干纳盆地，张骞第一次出使西域时便到过大宛，沟通了两国关系。第二次出使西域时也曾遣副使访问大宛，大宛并派使者同汉使一并至汉，两国关系遂得加强。但不久之后，两国兵戎相见。《汉书·李广利传》记公元前104年，汉武帝派人以千金和金马换大宛之汗血马而遭拒，大宛并命邻近的郁成王遮杀汉使、劫夺财物。武帝大怒，命李广利为"贰师将军"，率军大举远征大宛，但因路途遥远且人生地疏，未及大宛便被郁成王击溃。公元前102年，李广利再次远征大宛，围困大宛城四十余天，迫使大宛大臣杀死大宛王，开城出降。汉军另立亲汉者为宛王，取其良马，并使其子弟至长安为质，与之结盟而还[①]。根据上述记载，则西汉与大宛之战

---

① [东汉]班固：《汉书》卷六一《张骞李广利传》，第2699—2702页。

第四章　汉唐对外关系：西域的拓展　　71

"五星出东方利中国"锦护膊（汉晋，新疆民丰尼雅出土）

的原因仅是汉武帝欲得汗血马。但实际上这场战斗与西汉同匈奴在西域的争夺战有密切关系，当时大宛依附匈奴，成为西汉控制西域的重大障碍。因此降服大宛是对匈奴在西域势力的一次重大摧毁，对于西汉政府争取西域各国、孤立匈奴，以及保障中西陆路交通的畅通，都具有非常重要的作用。

贵霜（Kusana）是由大月氏建立的国家。据《史记·大宛列传》，大月氏是最初居住于河西敦煌、祁连山之间的一个古老民族，秦汉之际被匈奴击败后西迁伊犁河流域，后又西迁至阿姆河上游之北，从而进入中亚。张骞第一次出使西域的目的就是寻找大月氏以期能与之合攻匈奴，但无果而还[①]。东汉初期，大月氏中五翕侯之一的贵霜翕侯丘就却，征服其他四翕侯并不断向外扩张，建立起贵霜帝国。与此同时，其与东汉王朝的联系也日渐紧密。据《后汉书·班超传》，班超于公元78年到达西域后不久就与贵霜建立了正式联系。公元84年，班超攻疏勒半年不下，康居又派出精兵救援疏勒。在此危急形势下，贵霜应班超之请，说服康居撤回援兵，从而保证班超对疏勒用兵的胜利。公元88年班超进攻依附匈奴的莎车时，也曾得到贵霜援兵。此后，贵霜还遣使东汉进献珍宝、狮子等，并以重礼欲娉娶汉朝公主，但被班超所拒。贵霜遂怀恨在心，于公元90年派副王谢率兵七万进入葱岭以东地区，攻击班超。班超部众虽少，但采取

---

① [西汉]司马迁：《史记》卷一二三《大宛列传》，第3157—3158页。

坚壁清野的策略，贵霜久攻不下，又乏粮草，只好同班超求和①。此后，贵霜势力不断南下，很快据有印度北部，同时与东汉王朝维持着友好关系。据文献所载，佛教就是在东汉初期由贵霜传至中国。

康居也是中亚古国，《汉书·西域传上》载其位置正处于今撒马尔罕地区，其内部又有苏𫍙城、附墨城、窳匿城、罽城、奥鞬城五小国②。河中地区在古代称之为索格底亚那（Sogdiana），简称为粟特，是中亚的中心，也是自中国前往西亚、南亚以及欧洲的交通要道，当然还是中西方文明交汇的十字路口。张骞初次出使西域时即曾到达康居，二次出使西域时亦遣副使前往康居，康居也派使者随汉使赴长安，这标志着康居与西汉王朝正式建立关系。康居曾是西域大国，大宛也一度受其统属，因此贰师将军李广利征伐大宛时，康居曾派兵救援，但鉴于西汉的威名，并未与汉军发生实际冲突。西汉宣帝时，匈奴郅支单于的势力向中亚发展，北击丁零，东击乌孙，逐渐控制了康居，并在此后利用康居以侵凌大宛、奄蔡等国，危及西汉对西域的统治。因此元帝建昭三年（前36），西域都护甘延寿和副校尉陈汤假借西汉政府名义，发西域十五国四万兵马讨伐郅支，最后顺利占领郅支城，杀死郅支。从此康居又恢复了与西汉王朝的友好关系，至成帝时还遣子入侍。康居在东汉时期仍与中原王朝保持着良好关系，《后汉书·班超传》称班超于建初三年（78）攻打姑墨时曾使用康居的军队。康居和中原王朝的联系一直保持到西晋时期，据《三国志·魏书》及《晋书》记载，曹魏咸熙二年（265）、西晋泰始三年（267）、西晋太康八年（287），康居都曾遣使中国③。

巴克特里亚金币（前256—前239，圣彼得堡冬宫博物馆藏）

---

① [南朝宋]范晔：《后汉书》卷四七《班超传》，第1575—1580页。
② [东汉]班固：《汉书》卷九六上《西域传上·康居国传》，第3893—3894页。
③ [西晋]陈寿：《三国志》卷四《魏书·陈留王纪》，第154页；[唐]房玄龄：《晋书》卷三《武帝纪》，北京：中华书局，1974年，第78页。

2. 南北朝时期与中亚的往来

南北朝时期,中原形势发生重大变化,中亚地区的形势也发生很大变化。位于西亚的萨珊波斯在公元 3 世纪兴起后,不断向贵霜帝国发起进攻,导致贵霜帝国逐渐衰落。原居阿尔泰山一带的嚈哒人(Ephthalites)也在这一时期崛起,此后不但消灭了贵霜帝国,还导致粟特地区统一的康居王国消失而代之以一系列城邦国家。因此这一时期中原王朝与中亚的交往主要体现在与嚈哒和粟特诸国的往来。

嚈哒,在中国文献中又称为滑国,西方学者则多称其为白匈奴。《魏书》卷一○二《西域传》载:"嚈哒国,大月氏之种类也,亦曰高车之别种,其原出于塞北。自金山而南,在于阗之西,都乌许水南二百余里,去长安一万一百里。"①《通典》卷一九三《边防九·嚈哒》称其至北魏文成帝时立国"已八九十年"②。北魏文成帝于公元 452—465 年间在位,嚈哒首次朝魏是在文成帝太安二年(456),再往上溯八九十年,可知嚈哒建国约当公元 366—376 年间。嚈哒崛起后,首先自阿尔泰山地区闯入中亚,征服粟特地区,后又南下攻灭贵霜,并取代贵霜成为中亚头号强国。此后在其西方屡败波斯,向东则越过葱岭进兵塔里木盆地,以致丝路南道之于阗、疏勒以及北道之姑墨、龟兹、焉耆诸国都曾被其役属。嚈哒最盛之时,领土西临波斯,东抵塔里木盆地,北邻高车,南达北天竺,基本上占据整个中亚。嚈哒与中原王朝建立联系亦与其领土扩张至中国近旁有关。南北朝时期,嚈哒多次遣使"朝贡"中原王朝,《魏书·西域传》称其自太安二年以后,每岁遣使朝贡北魏,见诸记载者就多达十余次。西魏大统十二年(546)、魏废帝二年(553),以及北周明帝二年(558)也有嚈哒"遣使来献"的记载。而在南朝,梁天监十五年(516)、普通元年(520)和七年(526),亦有嚈哒使者"来献"。对于过往嚈哒境内的中国使节,嚈哒也都以礼相送。北魏高徽于延昌年间(512—515)和神龟年间(518—520)曾两次出使嚈哒。北魏时期西行求法的僧人宋云也曾到达嚈哒,并在其《西域行记》中描述了嚈哒人的强悍善战。可见在南北朝时期,嚈哒同北朝和南朝都保持着密切和友善的关系。

嚈哒在中亚的霸主地位没有维持很久,突厥于 6 世纪中叶开始在其北方崛起。公元 554 年,突厥木杆可汗(553—572 年在位)同波斯君主库斯老一世(Khosrow I)建立了反嚈哒同盟,于公元 558 年打败嚈哒,杀其王,并以阿姆河

---

① [北齐]魏收:《魏书》卷一○二《西域传·嚈哒传》,第 2278—2279 页。
② [唐]杜佑:《通典》卷一九三《边防九·西戎五·嚈哒》,王文锦等点校,北京:中华书局,1988 年,第 5259 页。

为界瓜分其领土。此后,突厥代替嚈哒成为中亚新霸主,直到公元7世纪唐朝势力进入中亚。

南北朝时期,由于嚈哒征服河中地区,"康居"这个国家消失,中文文献中也不再有对康居的记载。不过同一时期关于粟特地区的文献记载表明,该地出现许多城邦国家,如粟特、悉万斤、迷密国、者舌国等,它们就是以前被康居统属的各小国,随着康居解体而获独立。这些小国在南北朝后期逐渐演变成康、安、石、米、何、史、曹等昭武诸国,其中最主要的是粟特和悉万斤,即后来的安国和康国。嚈哒和突厥先后征服康居旧地后,都采取较为宽松的统治方式,即所谓"役属",强迫他们纳贡称臣但并不过多干涉诸国内部的行政管理、外交活动和贸易活动。这意味着嚈哒和突厥统治中亚时都并不阻止中亚国家同中国诸王朝相联系。另一方面,北魏统一中国北方后,在太武帝拓跋焘(424—452)时期开始经营西域,太延三年(437)遣董琬等人出使西域,带来与龟兹、疏勒、乌孙、悦般、揭盘陀、鄯善、焉耆、车师、粟特等九国通使的盛况。

在北魏一朝,据《魏书》本纪所载,粟特国分别在太武帝太延元年(435)、太延三年(437)、太延五年(439)、太平真君五年(444,前后两次),文成帝太安三年(457),献文帝皇兴元年(467),孝文帝延兴四年(474)、太和三年(479)九次通使北魏。悉万斤分别于孝文帝延兴三年(473)、承明元年(476)、太和三年(479)、太和四年(480)、太和十一年(487)、太和十五年(491),宣武帝景明三年(502)、正始四年(507)、永平二年(509)九次通使北魏。总体来看,粟特国的入

胡商
(5—6世纪,圣彼得堡冬宫博物馆藏)

彩绘陶载物骆驼
(北周,宁夏固原李贤墓出土)

贡多在前期(435—479),悉万斤国的入贡多在后期(473—509),其中公元 473 年以后二者交叉有五次。这说明在北魏后期,悉万斤在粟特诸国中地位逐渐提高,成为中亚与中国联系的主力,这也正符合《隋书》、两《唐书》等文献中所谓安国、米国、石国等皆附康国(悉万斤)的记载。除粟特和悉万斤,粟特地区还有其他国家遣使北魏,如太武帝太延三年(437)有者舌国(石国),正平元年(451)有迷密国(米国),宣武帝永平二年(509)有阿曜社苏突阖(东曹国),永平三年(510)有伽秀沙尼(何国),永平四年(511)有比地(西安国)等。

3. 隋唐时期与中亚的往来

隋唐时期,随着中国国力强盛,与中亚的联系进一步加强,唐朝在中亚设立羁縻府州则是在名义上将这些地区划入中国版图之内。这一时期于中亚粟特地区正式出现的安、康、米、石、史、何、曹火寻、戊地等昭武九姓国家也频繁与中原王朝发生联系,嗣后因阿拉伯人向中亚扩张及唐王朝与阿拉伯的势力在中亚交锋,这种联系更加密切。

中亚地区在隋朝时虽然还处在突厥控制之下,但因突厥较为宽松的"役属"政策而并未影响中亚诸国同隋朝往来,隋朝统一中国使得粟特地区与中原的交通更为通畅。尽管隋代国祚短促,但史籍中所见与粟特诸国之往来却不少,尤其是炀帝时期。《隋书·炀帝纪》记载了大业十年(614)七月的曹国遣使和大业十一年(615)五月安、曹、何、穆、毕、衣密、失范延、伽折、契丹等国的遣使①。《隋书》卷八三《西域传》除载上两次遣使外,还载安国、石国于大业五年(609)亦曾遣使,另有米国、史国也于"大业中,频贡方物"②。《西域传》的序文及同卷内的《安国传》都记载了隋炀帝即位之后遣侍御史韦节、司隶从事杜行满出使至史国和安国得其特产而还之事③。因安国位于粟特地区西部,隋使出使至安国,不仅要经过史国,想必也会经过康、米、何等国,只是史籍失载而已。《隋书》卷六七《裴矩传》载,裴矩在《西域图记》中记录自敦煌前往西海的三条道路之中道时说:"发自敦煌,至于西海,凡为三道,各有襟带。……其中道从高昌,焉耆,龟兹,疏勒,度葱岭,又经钹汗,苏对沙那国,康国,曹国,何国,大、小安国,穆国,至波斯,达于西海。"④所述正好是一条横穿中亚而达西亚的道路,而且这条"中道"在其所记三条道路中最为繁荣。

唐初平定西突厥而在原隶属突厥的各地建立羁縻府州以屏卫安西、北庭都

---

① [唐]魏徵:《隋书》卷四《炀帝纪下》,第 88 页。
② [唐]魏徵:《隋书》卷八三《西域传·米国传》,第 1854 页。
③ [唐]魏徵:《隋书》卷八三《西域传》,第 1841、1849 页。
④ [唐]魏徵:《隋书》卷六七《裴矩传》,第 1579 页。

中亚古信札残片(618—629,埃及出土,纽约大都会博物馆藏)

护府,在中亚设置的羁縻都督府、州主要有康居都督府(康国,今撒马尔罕)、大宛都督府(石国,今塔什干)、休循州都督府(拔汗那,即上文之钹汗,今费尔干纳)、安息州(安国,今布哈拉)、贵霜州(何国,今卡塔库尔干)、佉沙州(史国,今沙赫里·沙勃兹)等等。唐朝政府对羁縻府州实行一种非常松散的控制形式,但因唐朝国力上升,国内经济贸易繁荣,国际交往频繁,在周边地区形成强大的向心力,为昭武诸国商人提供了更多的商业机会,因而这些国家主动而频繁地向唐王朝遣使朝贡。据两《唐书》及《册府元龟》记载,自高祖武德七年(624)至代宗大历七年(772)的一百四十九年间,粟特诸国入贡唐朝达 134 次[①]。

唐王朝在中亚地区设立羁縻府州时,也值大食(Tajik)在西方崛起。阿拉伯人的征服步伐不久就迫近中亚,中亚诸国都希望唐朝能直接出兵,但因路途遥远,大食也未危及安西、北庭,而唐朝的心腹之患始终是突厥残部,所以唐政府只是通过支持突骑施来帮助中亚诸国反抗大食。然而公元 738 年,受唐王朝支持的突骑施可汗苏禄被部下所杀,其子吐火仙即立,从前的亲唐政策开始转变,于是唐朝决定直接干涉。公元 738—739 年和公元 744 年,唐朝两次联合中亚诸国出兵突骑施,先后活捉吐火仙和杀死反叛的莫贺达干,彻底平定突骑师。

[①] 许序雅:《唐代丝绸之路与中亚历史地理研究》,西安:西北大学出版社,2000 年,第 170 页,并参见该书所附《中亚诸胡国朝贡与唐朝册封朝贡年表》。

昆仑奴与卫士(敦煌莫高窟61窟)

在此过程中,唐朝的势力和影响在中亚进一步扩展。尔后,为了进一步加强与中亚诸国的联系,也为了声援中亚诸国对大食进攻的抵抗,唐朝对中亚甚至西亚一些国家的首领进行大规模的封王举动,开元二十七年(739)封拔汗那王阿悉烂达干为奉化王,开元二十八年(740)封石国王莫贺咄吐屯为顺义王,同年又封石国王斯谨提为可汗、拓羯王,天宝元年(742)封西曹国王哥逻仆罗为怀德王,天宝三年(744)封康国王咄曷为钦化王、米国王默啜为恭顺王,天宝四年(745)封安国王屈底波为归义王等。封王之举同羁縻府州政策一样,仅是对这些地区的名义羁縻,但它至少反映了唐朝在中亚名义上的宗主地位和这时期中亚与中国的紧密联系。

公元750年,中亚拔汗那国王与石国王不和,拔汗那王求助于唐。安西都护高仙芝发兵讨伐石国,石国王请降,高仙芝假意接受,但却突然攻破石国,杀老弱、虏壮丁、搜刮财物,并于次年将石国王送往长安处死。石国王子求告于西域各国,各国皆怒,欲联合大食以攻唐安西四镇。于是次年(751)6月,高仙芝率领数万大军进至中亚怛逻斯城(今哈萨克斯坦之江布尔),与大食呼罗珊总督穆苏里姆的大将济雅德·布·萨利赫的军队对峙五天。战斗中,臣属于唐的葛逻禄部突然叛变,与大食夹击唐军,致使唐军大败,两万余人为大食俘虏,高仙芝仅带领几千人撤回安西。由于此次外交处置失当,唐在中亚粟特地区的原有优势不幸丧失殆尽。此后不久,安史之乱爆发,四镇边兵东调长安平叛,使西北边防空虚,吐蕃又乘机攻陷河西、陇右,切断安西、北庭与唐朝中央的联系。唐王朝无力西顾,自此逐渐丧失了对中亚的控制。贞元六年(790),吐蕃攻陷北庭,中亚诸国与中原的直接联系就此中断。

二、中国与西亚的往来

"西亚"所指的地理范围非常广阔,今日之阿富汗以西直至阿拉伯半岛和土耳其都属于西亚,又以两河流域的美索不达米亚地区为中心。汉唐中国与西亚的关系主要体现在与该地区先后出现的三个大国安息、萨珊波斯和阿拉伯的往来上。

1. 两汉与安息

安息建于公元前248年,为里海东南的帕提亚人(Parthians)反抗希腊人之塞琉古帝国(Seleucus)统治的结果。"安息"之名来自其立国首领阿尔萨息(Arsace)之名的音译,西方文献则多称其为帕提亚(Parthia)。安息建国之后便积极扩张,密斯立但特一世(Mithridates I of Parthiu,前171—前138)统治时期达到鼎盛,领土西起幼发拉底河,与罗马帝国相对,东达中亚阿姆河,与康居、贵霜为邻,北至里海,南抵波斯湾,成为当时西亚大国。公元226年,安息为萨珊波斯取代。安息存在的时期大致与中国秦、汉相当,自张骞二次出使西域沟通两国后,两汉与安息始终保持稳定关系,这对东西贸易的发展起到极大促进作用,安息实际是当时中国与西方世界相联系的最主要媒介。

张骞第一次出使西域时已听说大月氏以西有一个安息大国,是一个农业国家,且国人善于经商。第二次出使西域时,张骞便派副使前往安息,当时的安息王密斯立但特二世(前124—前87)特遣使率兵迎候汉使,并在汉使返国时遣使同往,向武帝进献大鸟(鸵鸟)卵和得自罗马的眩人(魔术师)。这标志着安息和中国正式建立联系,此后双方使节和商贾往来不绝。东汉时,安息也数度遣使聘问,如章帝章和元年(87)安息王帕科罗斯二世遣使来汉并赠狮子、符拔(独角兽),永元十三年(101)安息王满屈遣使并赠送狮子及称为安息雀的鸵鸟。另一方面,甘英于和帝永元九年(97)出使大秦时,抵达安息西界。著名佛教僧侣安世高据传为安息王子,公元148年来中国后译出佛经三十九部,为佛教在中国的早期传播做出巨大贡献。

安息国境为东西陆上商路必经之地,安息所控之波斯湾又是与西方的罗马和东方的印度进行海上贸易的枢纽,且当地居民自古善贾,因此安息在很长时间内独揽中西方居间贸易。中国与欧洲的丝绸贸易无论走陆路还是海路,都完全控制在安息商贾手中。公元97年班超派甘英出使大秦,至条支而准备渡海前往罗马帝国时,安息因不愿丧失对丝绸贸易的垄断地位而有意阻挠汉朝与罗马帝国建立直接联系,于是对甘英夸大海上航行的危险,甘英听信传言而致使命功亏一篑[①]。不过,安息终究是东西方经济往来的重要掮客,中国丝绸最早就是通过安息传入罗马帝国,两汉时期的安息更是中国丝绸远销地中海周边各地的主要媒介。此外,产自中国、中亚和印度的铁器、象牙、宝石及香料等都通过安息商人输入罗马,罗马之青铜器、玻璃器及金银器等也多通过安息商贾而传播至东方。

2. 南北朝隋唐与萨珊波斯

公元224年,安息西南部法尔斯省(Ostān-e Fārs)的萨珊族首领阿尔达希尔(Ardashir I,224—240年在位)举兵推翻安息王朝,226年在泰西封(Ctesiphon,今伊拉克境内)加冕,自称"诸王之王",史称阿尔达希尔一世。标志着伊朗历史上萨珊王朝时代的开始。萨珊家族的始祖萨珊(Sasan)是琐罗亚斯德教祭司,3世纪初其子帕佩克已在法尔斯自立为王,阿尔达希尔则是帕佩克之子。阿尔达希尔一世迅速占领原帕提亚帝国的广大地区,又北征亚美尼亚,粉碎帕提亚遗族与大月氏人的联合,巩固了帝国边境,并以琐罗亚斯德教为国教,加强精神统治。此后的萨珊君主无不积极扩张。在东方,先后占领花剌子模(Khârezm,位于今咸海东南)、大夏、印度西北等地,并击败贵霜王朝。贵霜灭亡后,波斯又同嚈哒争战,并与新兴的突厥联手在公元558年打败嚈哒,双方以阿姆河为界瓜分了嚈哒领土。在西方,波斯为争夺对东西方贸易的控制权而同罗马帝国长期战斗,并将领土扩展至两河流域,西罗马帝国灭亡后,同东罗马继续争战不休。公元7世纪初大食兴起后,萨珊波斯日渐衰落,波斯末代君主雅兹底格德三世(Yazdegerd III,632—651年在位,中文史书称伊嗣俟)于633年即位时,国势已因长期对外战争和帝国的内讧而大大削弱,而这时却遭遇阿拉伯势力的崛起。638—651年,萨珊与大食的几次关键战争相继失败,王室零落,萨珊王朝从此退出历史舞台。萨珊波斯存在的四百多年相当于中国的南北朝、隋朝和唐前期,它作为西亚最强大的国家,出于各种原因而始终与中国保持紧密联系,萨珊文化对中国产生了重大影响,萨珊银币在中原也有一定范围的流通,发挥了一定的宗教功能。

[①] 据张绪山考证,甘英所听说的很可能是希腊神话中关于塞壬女妖的故事,旅行者听了女妖的歌声就会引起无限悲伤乃至死亡。张绪山:《整体历史视野中的中国与希腊—罗马世界——汉唐时期文化交流的几个典例》,《全球史评论》第一辑,2008年。

狩猎纹鎏金银盘（北魏，内容展现波斯贵族精神）

据《魏书》各帝纪，北魏时期自文成帝太安元年（455）到孝明帝正光三年（522）的六十七年间，波斯遣使北魏达十次之多。献文帝（466—470）时期，北魏也曾派韩羊皮出使波斯，并携波斯来使和驯象等礼物以归①。北魏分裂后，波斯于西魏废帝（551—553）时期再次遣使。在与北朝密切往来的同时，波斯也曾遣使南梁，时在梁武帝中大通二年（530），并赠送佛牙②。此时正当波斯王卡瓦德一世（Kawād I，488—531）与嚈哒激烈斗争之时，因此有学者认为这时期波斯与中国南北王朝的频繁联系当与波斯与嚈哒的中亚争夺战有密切关系。入隋以后，炀帝曾派云骑尉李昱出使波斯，归来时波斯国王也遣专使随李昱回访隋朝。大概因此一节，《隋书·西域传》还确切记载了当时波斯王"字库萨和"③，"库萨和"显然就是当时波斯君主库斯老二世（Khosrow II，590—628）名字的转音。

唐初平灭西突厥汗国，使波斯与中国之间的交通障碍完全解除，创造了双方得以密切往来的客观条件。而7世纪阿拉伯人在东向扩张中对波斯发动的一系列战争使萨珊王朝岌岌可危，成为萨珊王朝积极寻求中国支持的内在动因。637年，萨珊都城泰西封便沦陷于阿拉伯人之手，642年的奈哈万德之役则昭示萨珊帝国大势已去。伊嗣俟于贞观十三年（639）和二十一年（647）分别遣使中国，以求联合唐朝对抗大食。但唐朝婉拒伊嗣俟之请，理由是与波斯远隔万水千山，又不愿撄大食初兴锋锐。651年，伊嗣俟奔呼罗珊和突厥斯坦

---

① ［北齐］魏收：《魏书》卷一〇二《西域传·于阗传》，第2263页。
② ［唐］姚思廉：《梁书》卷五四《诸夷传·波斯传》，北京：中华书局，1973年，第815页。
③ ［唐］魏徵：《隋书》卷八三《西域传·波斯传》，第1856页。

(Turkestan)①，欲请求援助，但在木鹿被一个磨坊主所杀。原因是，当一位突厥首领响应伊嗣俟的求援信率军来援时，受到无礼待遇而心生不满，便与木鹿太守合谋，消灭国王的随从。伊嗣俟只身逃到一个磨坊躲避，却被磨坊主杀害以邀功。此时，萨珊领土只剩下东北部的呼罗珊，在王子卑路斯（Peroz III）领导下继续抗击阿拉伯人。654年，卑路斯向长安遣使告急，唐高宗仍因路途遥远而再次拒绝给予军事援助。唐朝拒绝援助波斯更真实的原因其实是无暇西顾，自永徽元年（650）至显庆二年（657），为平定突厥阿史那贺鲁部的反叛，唐朝大军四次西征与阿史那贺鲁鏖战。

直到657年平定阿史那贺鲁，而粟特地区也开始受到大食的威胁，唐朝的态度方才转变。657—658年，唐朝在西突厥地置濛池、昆陵二都护府。显庆三年（658），在河中地区设立一系列羁縻府州，据《资治通鉴》卷二〇〇所载，显庆四年（659）九月，设于中亚的州、县、府达一百二十七个②。龙朔元年（661），唐朝又在中亚设立十六都督府，并于中专立波斯都督府，以卑路斯为都督，府治疾陵城（Zaranj，位于呼罗珊的塞斯坦，今伊朗俾路支—锡斯坦省东北隅哈门湖附近），次年又立卑路斯为波斯王。这些举动无疑是唐朝政府在共同利益驱使之下对支持波斯反对阿拉伯入侵所表示的声援，然而名义大于实际，但这已经在当地伊朗族裔中燃起希望之火。另一方面，当时大食虽然灭了波斯，但对呼罗珊的控制并不稳固，652—653年呼罗珊总督阿米尔带着大批军队返回伊拉克的巴士拉，留驻呼罗珊的少数大食驻军不足以发动对中亚西部的进一步扩张。尤其是656—657年大食国内又爆发阿里和穆阿威叶争夺哈里发地位的战争，此后直到661年白衣大食建立，大食人都忙于内战而无暇顾及中亚西部，就是在这几年，卑路斯在呼罗珊和吐火罗的复兴事业颇有进展。然而，661（或662）年，大食内战结束，穆阿威叶被公认为白衣大食首位哈里发，形势骤变。穆阿威叶重新任命阿米尔为巴士拉总督，阿米尔则命萨姆拉（Samura）为东征军司令，率领大军出征疾陵城所在的塞斯坦地区。正是在此种情形下，卑路斯求援于唐，而唐设波斯都督府并立波斯王。但是，唐朝并未派出多少军力支援卑路斯，故而疾陵城大约在663年重新落入大食人之手。于是，一项两百万迪尔汗（dirhems）和两千个奴隶的贡赋被派加给这座城市。同一时期，大食人开辟了一条新的战线即漕矩咤（Zābulistān, Zabul，南北朝文献称谢䫻，汉代罽宾的一部

---

① 呼罗珊位于伊朗东部，以木鹿为首府。这里的突厥斯坦当指锡尔河以北的草原地带。这两个地区的政权归属常有变化，但从文化上来说，一直是伊朗文明的组成部分。

② [北宋]司马光：《资治通鉴》卷二〇〇显庆四年九月条，第6317页；参见[北宋]欧阳修、宋祁：《新唐书》卷四三《地理志七下》，第1135页。

彩绘陶胡商俑，手提波斯式壶（唐初，河南洛阳出土）

分，今阿富汗喀布尔河流域）方向，经过数月围攻，都城迦布罗城（Kābul，今喀布尔）沦陷。萨姆拉的战功促使穆阿威叶将塞斯坦设为一个由萨姆拉当总督的独立省份，此地开始被大食人牢牢控制。

疾陵城重新落入大食人手中后，卑路斯可能流亡吐火罗。673（或 674）年，卑路斯携子泥涅师（Narses, Naes）入朝大唐，唐朝授其右武卫将军。宋敏求《长安志》卷一〇载，醴泉坊有旧波斯胡寺，仪凤二年（677）波斯王卑路斯奏请于此置波斯寺①。由此可以推测，随卑路斯流亡长安的当有相当一批萨珊波斯遗族，所以为他们设立专门的宗教活动场所。此后不久卑路斯客死长安，泥涅师继承父志，希望能召集旧部，恢复故土。此次，唐朝为了自身在中亚的利益而积极支持。高宗于调露元年（679）封泥涅师为波斯王，并以吏部侍郎裴行俭为安抚大食使，王方翼为波斯军副使，护送泥涅师回国（回呼罗珊），以公开支持波斯来反对阿拉伯在中亚和西亚的统治。裴行俭护送泥涅师至碎叶后，因已擒获侵逼安西的十姓可汗阿史那匐延都支及李遮匐，于碎叶城勒石纪功以还，但另行派人护送泥涅师至塞斯坦。尼涅师的回国之途十分坎坷，680 年，他仍在被护送途中，而最终他只能抵达吐火罗，并在吐火罗进行了二十多年极为悲壮的复国运动，但终因大势已去而难以成事。泥涅师不得已于景龙二年（708）三月再次回到长安，唐朝又授之以左威卫将军，不久也客死长安。

另一方面，萨珊王朝虽在公元 651 年即亡于大食，以卑路斯为首的波斯王族先后投奔长安，但波斯境内仍有不少保持独立或半独立的波斯部族，特别是

---

① [北宋]宋敏求：《长安志》卷一〇，[清]毕沅校正，台北：成文出版社，1970 年，第 239 页。

里海南岸属于萨珊王室支系的陀拔斯单(Tabaristan)。这些波斯首领仍不辍来华朝贡,《册府元龟》卷九七○至九七二《外臣部》记载了开元五年(717)到大历六年(771)的二十个波斯使团,或以波斯国名义,或以波斯王子身份,或以波斯首领头衔。唐政府自然知道波斯已亡,但对来使依然以国使相待,授官职,留宿卫,天宝三年和六年更封陀拔斯单国王阿鲁施多为恭化王、忽鲁汗为归信王。这些措施自然也是唐政府对波斯人继续反抗大食统治的赞许和声援之举。不过这些波斯使团来访的政治意义已大大减弱,多以商业活动为主,使团中不乏假借政府名义的民间商人。另一方面,唐代文献中仍习惯将大食统治下的波斯故地称为"波斯国",如敦煌文献 P.3532 号文书慧超《往五天竺国传》载"又从吐火罗国,西行一月,至波斯国","又从波斯国,北行十日入山至大食国"[①]。安史之乱爆发后,西北陆路断绝,大食在波斯地区的统治也已稳固,这些残余的波斯势力逐渐瓦解,再不见与唐朝遣使往来。

3. 唐朝与大食以及杨良瑶的出使

阿拉伯半岛地区在唐代称为大食,是 Tajik 的音译。阿拉伯半岛在 7 世纪 30 年代统一于伊斯兰教旗帜下,并开始向外大肆扩张,相继征服西亚、北非,建起一个地跨欧、亚、非的阿拉伯哈里发帝国,与唐朝并称为世界上最强大的两个国家。唐代与大食的关系是其对外关系中最重要和最复杂的,两国关系在怛逻斯战役前后有一个明显的变化。

怛逻斯战役前,唐朝与大食关系中最主要的内容就是争夺中亚。然而前面所述唐朝与中亚诸国和波斯的关系已经表明,唐朝对这场争夺战的态度总体上很消极,对萨珊波斯的实质性支持发生在波斯亡国以后,对昭武诸国的实质性支持出现在大食势力迫近安西、北庭之时,无论民心还是天时地利,都早已失去了争夺先机。而大食不仅攻打波斯、中亚绝不留情,外交上亦不松懈,一旦得知波斯君主伊嗣俟向唐朝求援,便于永徽二年(651)主动遣使入唐,唯恐唐朝支援波斯。唐朝拒绝出兵波斯,遂了大食心愿,大食放手向中亚推进。同时大食并不怠于同中国继续保持联系,公元 651 年到 747 年(天宝六年)怛逻斯战役之前的近一个世纪中,见诸中文史籍的大食通使唐朝就有二十二次之多。这么多次遣使当然不会不涉及商业利益,但更有可能的是为大食的东扩进行外交铺路,至少要藉此探明唐朝对大食东扩的态度。由于史料缺乏,我们已无法得知唐朝迟迟不肯支援中亚各国是否与大食的频繁遣使有关,但我们却明显能感到唐朝政府对援助中亚的消极态度,就算有阿史那贺鲁之乱,将作为唐朝边境的

---

① [唐]慧超原著,张毅笺释:《往五天竺国传笺释》,北京:中华书局,2000 年,第 101、108 页。

中亚的安危仅视为肘腋之患也显得对形势估计不足。永徽五年(654)大食军队开始进攻康国、米国之时,唐朝或许真的感到了利益受威胁,但一直到平定阿史那贺鲁之后,都始终只以设立都督府、册封藩王这些不痛不痒的方式协助中亚诸国抵御大食势力的扩张。唐朝这种外交政策无异于养虎为患,大食的势力终于扩张到令唐朝不得不承认肘腋之痛也非小节,最终躲不过与大食兵戎相见,双方在中亚争夺上的矛盾于公元 751 年以石国问题为导火线而全面爆发,进而导致唐王朝与大食帝国在怛逻斯直接对抗。怛逻斯之战的失败和此后不久的安史之乱,迫使唐朝势力退出中亚。

安史之乱后的唐朝无力经营西域,大食在中亚的势力则日趋巩固。在此背景下,大食与唐朝的关系也趋于正常和巩固。大食的倭马亚王朝(Umayyad Dynasty,白衣大食)被阿拔斯王朝('Abbāsid Dynasty,黑衣大食)所代替也是两国关系出现转机的重要原因。阿拔斯王朝的曼苏尔在选择巴格达(Baghdad)为新都时曾说:"这个地方是一个优良的营地。此外,这里有底格里斯河,可以把我们和老远的中国联系起来。"①这大约是因为对于远方的中国,先知穆罕默德(Muhammad)曾教训说:"学问,即便远在中国,亦当求得之。"②

怛逻斯战役的次年,大食就开始遣使唐朝,天宝十二年(753)即来朝四次,充分体现阿拔斯王朝在与唐朝改善关系方面所做的努力。天宝十一年(752)到贞元十四年(798),不到 50 年时间中,大食遣使唐朝达十九次,远过于怛逻斯战役之前。据《两唐书·大食传》记载,平定安史之乱时,大食甚至还派军队会同拔汗那、回纥援兵作为精锐部队助代宗收复两京③。这一时期唐朝与吐蕃斗争加剧,大食又与吐蕃在争夺中亚过程中发生冲突,吐蕃这个共同的敌人进一步拉近唐与大食的距离。公元 787 年,宰相李泌曾向德宗建议联合大食以抗吐蕃,后因李泌去世,联盟未能实现,但大食与唐朝的联系再度加强,并向经济领域发展。

唐与大食的交通,8 世纪以后在陆路虽为吐蕃所阻,海路的重要性却日益增加。贾耽所记"广州通海夷道"和伊本·胡尔达兹比赫的《道里邦国志》都对大食与唐朝海路交通有具体的描述④。来华的大食、波斯商人们多侨居在泉州、

---

① [美]希提:《阿拉伯通史》,马坚译,北京:商务印书馆,1979 年,第 340 页。
② 此话也许是后来人所加,但是反映了阿拉伯世界对中国的重视。此训条参见苏赫拉瓦品底:《穆罕默德圣训》(The Sayings of Muhammad [hadith]),第 273 条,伦敦,1941 年,转引自张广达:《海舶来天方,丝路通大食——中国与阿拉伯世界的历史联系的回顾》,周一良主编:《中外文化交流史》,郑州:河南人民出版社,1987 年,第 754 页。
③ [五代]刘昫:《旧唐书》卷一九八《西戎传·大食传》,北京:中华书局,1975 年,第 5316 页;[北宋]欧阳修、宋祁:《新唐书》卷二二一下《西域传下·大食传》,第 6263 页。
④ [阿拉伯]伊本·胡尔达兹比赫:《道里邦国志》,宋岘译注,北京:中华书局,1991 年,第 71—74 页。

唐三彩釉陶胡人武官俑（西安博物院藏）

广州以及国内的交通要道，大多自立蕃坊，设有蕃长，当为内部管理以及与官府沟通事务的负责人。唐代则在广州设立市舶使、监舶使和押蕃落使以管理外商和侨民事务。唐朝要求岭南节度使等地方官招徕客商、鼓励对外贸易。由于官府的鼓励，安南、福建、扬州等地都有大量蕃客侨居，据说唐肃宗时的一次变乱中，在扬州遇难的大食波斯商胡（唐人称西域的商人为商胡）就达到数千人，而广州在黄巢攻陷时落难的大食人、波斯人、犹太人和拜火教徒外侨就达十几万人，尽管这些数字或有夸大，但却反映了胡商来华之盛况。长期居住在中国的阿拉伯商人娶妻生子，定居中国，还开办蕃学，有一个叫李彦昇的大食人居然在岭南节度使卢钧的推荐下，于唐宣宗大中二年（848）考取进士及第①。这时期还有个别阿拉伯人记载了游历中国的见闻，传世的有《中国印度见闻录》中收录的阿拉伯商人苏莱曼（Sulayman al-Tajir）的游记（815年编定）和伊本·瓦哈卜（Ibn Wahab）的游记（915年编定）②。

中国人游历大食而有姓名可考的，有达奚弘通和杜环。达奚弘通在唐高宗上元（674—676）年间泛海西行，经马来西亚到达阿拉伯半岛南端的"虔那"，著

---

① ［唐］陈黯：《华心》，《全唐文》卷七六七，北京：中华书局，1983年，第7986页。
② 穆根来等译：《中国印度见闻录》，北京：中华书局，1983年；张广达：《海舶来天方，丝路通大食——中国与阿拉伯世界历史联系的回顾》，《中外文化交流史》，第753页。

有《海南诸蕃行记》①。杜环是怛逻斯战役中被俘的唐朝军人,在阿拉伯世界流亡10年后,于公元762年附商舶从海路归国,所著《经行记》载本人在大食等国的亲身经历和见闻,虽然已亡佚,但仍有部分保留在同宗之族人杜佑所著《通典》之中。现代学者研究表明,杜环记录的大食风俗和宗教状况等与实际情况非常吻合。唐朝德宗时宰相贾耽(730—805)关于大食的记载当亦得自于中外使节或商人的记述②。

杜环《经行记》很可能也为唐朝德宗初年的一次官方使节提供了新鲜经验。贞元元年(785),大唐皇帝特命全权大使杨良瑶(736—806)率领大唐代表团出使黑衣大食国。这是一次比明朝郑和下西洋的首航(1405)还要早620年的海上丝路之旅③。

杨良瑶比杜佑(735—812)年轻一岁,比贾耽(730—805)晚逝一年,他们三人都活到了70多岁。假如751年杜环被俘时的年龄在20岁左右,即成丁之际,那么,他应该出生在730年前后,与族叔杜佑以及德宗朝重臣贾耽、杨良瑶属于同一代人。换言之,贾耽、杨良瑶通过同僚杜佑分享杜环的海外经验,可能性非常之大。

杨良瑶的情况也很类似。杨良瑶从广州出发之时,固然参考了杜环的记载,但在他出使回国之后,汲汲于获取海上丝绸之路交通信息的贾耽,一定也从杨良瑶的亲身经历中获取了宝贵的记录。因此,杨良瑶的出行路线,可以从时任鸿胪卿(负责唐朝外交接待任务)的贾耽留下的记载中,比较准确地推知。

785年4月某日,杨良瑶的船队从广州出发,驶出珠海口,绕过海南岛,沿着今越南东海岸南行,过军突弄山(今越南南端的昆仑岛山),南行经过海硖(今新加坡海峡),海硖北岸为逻越(即暹罗,今柬埔寨国),南岸为佛逝国(今印度尼西亚苏门答腊岛巨港),路过天竺(今印度、巴基斯坦等国一带)、师子国(今斯里兰卡),最后到达大食国的弗剌利河(今幼发拉底河),换乘小船北行至末罗国(今伊拉克重镇巴斯拉),再向西北陆行千里,便可达到茂门王(穆罕默德)所在的都城——缚达城(今伊拉克首都巴格达)。

据杨良瑶的《神道碑》云:"以贞元元年(785)四月,赐绯鱼袋,充聘国使于黑衣大食,备判官、内傔,受国信诏书,奉命遂行,届乎南海,舍陆登舟。邈迹无

---

① 该书已亡佚,书目见《玉海》卷一六引《中兴书目》。
② 杜环《经行记》残文见《通典》卷一九二《边防八·疏勒》,第5226页;[唐]杜佑:《通典》卷一九三《边防九·曹国》,王文锦等点校,第5256页;贾耽的记载见[北宋]王溥:《唐会要》卷一〇〇《大食国》,第2126页。
③ 相关资料参见张世民主编:《杨良瑶与海上丝绸之路——〈唐故杨府君神道之碑〉解读》,西安:西安地图出版社,2017年。

杨良瑶墓碑(拓片)

惮险之容,懔然有必济之色;义激左右,忠感鬼神。公于是剪发祭波,指日誓众,遂得阳侯敛浪,屏翳调风,挂帆凌汗漫之空,举棹乘颢淼之气,黑夜在神灯表路,白昼乃仙兽前驱,星霜再周,经过万国,播皇风于异俗,被声教于无垠。"最终"德返如期,成命不坠"。这一段碑文,其实就是压缩版的"杨良瑶行记"。贞元四年(788)六月,转中大夫,七月封弘农县开国男,食邑三百户。据推测,杨良瑶回国应该在他获得晋升封赏之前半年,则其出使时间应该是785—787年之间,符合"星霜再周"的说法。

这是一次海上丝绸之路的完美记录,是中国官方船队第一次远到西亚的阿拉伯世界。

杨良瑶的海上出使路线,获得了同期稍后的波斯地理学家的印证。《道里邦国志》的作者伊本·胡尔达兹比赫(820—912)有从波斯湾到广州口岸的反向道路的记载。他描述了当时中国的几个港口:占婆(栓府)至中国的第一个港口安南(鲁金,即今越南河内),陆路、海路皆为100波斯"里"(长度等于陆地马行1小时,水行顺风船行1小时)。在安南,有中国石头、中国丝绸,并且出产稻米。

广州时称汉府,从安南到汉府海路四日,陆路为二十日。他说汉府是中国最大的港口,有各种水果、蔬菜、麦类、稻米、甘蔗。从汉府至汉久(当为今福建某地)为八日程,物产与汉府同。从汉久至刚突(江都郡)为二十日程,物产与汉府、汉久也相同。

由此来看,当时阿拉伯商船来往于波斯湾与中国之间非常普遍,他们对东南沿海主要港口十分熟悉,广州更成为当时海路贸易的中心。唐人李肇《唐国史补》卷下说:"南海舶,外国船也,每岁至安南、广州。"[①]日本僧人所撰《唐大和上东征传》,记载鉴真第五次东渡失败,流落到海南、广州,说珠江口"有婆罗门、波斯、昆仑等舶,不知其数;并载香药、珍宝,积载如山"[②]。阿拉伯商人《中国印度见闻录》(915年编定),称唐末广州的大食人、波斯人、犹太人和拜火教徒外侨有十几万人[③],尽管这数字容有夸大,但却反映了经由海路来华、聚集广州之胡商盛况。

当然,杨良瑶的出使,并不完全是为了通商贸易,还有政治与军事目的。根据《新唐书》卷二二一下《大食传》记载,黑衣大食"贞元时,与吐蕃相攻,吐蕃岁西师,故鲜盗边"[④]。大食与吐蕃的军事对抗,缓解了唐朝边境的压力。"平时安西万里疆,今日边防在凤翔"[⑤]。安史之乱后,西北地区陷入吐蕃势力,781年,吐蕃攻陷了沙州。在这种情况下,德宗朝酝酿要结交阿拉伯势力牵制吐蕃,完全可能。同时,还有迫在眉睫的需求,那就是"四王二帝"事件引起的王朝危机。

德宗即位初年,为了打击藩镇势力,反对河北节度使父死子继的传承模式,激起了河北"四王"并立,还有淮西李希烈和关中朱泚称帝。德宗被迫从长安出逃,先是在奉天(今陕西乾县)避难,进而又逃到梁州(今陕西汉中)。兴元元年(784)正月,德宗派遣使节出使吐蕃求助,杨良瑶就是其中的一员。吐蕃先曾出兵,后又中途撤出,唐朝最终依赖朔方军和神策军平定了叛乱,回到了长安。时在兴元元年七月。这个时节吐蕃却来要求兑现当初的承诺。解除吐蕃的军事威胁,迫在眉睫,联络吐蕃的宿敌大食,缓解当前威胁,也势在必行。

如此看来,杨良瑶的出使,有着与西汉张骞同样的目的。贞元十四年(798),大食遣使者含嵯、乌鸡、沙北三人出使唐朝,德宗皆拜中郎将封号,"赍

---

① [唐]李肇:《唐国史补》卷下,上海:上海古籍出版社,1979年,第63页。
② [日]真人元开:《唐大和上东征传》,汪向荣校注,北京:中华书局,1979年,第74页。
③ 穆根来等译:《中国印度见闻录》卷二,第96页。
④ [北宋]欧阳修、宋祁:《新唐书》卷二二一下《西域传下·大食传》,第6263页。
⑤ [唐]白居易撰,谢思炜校注:《白居易诗集校注》卷四《讽谕四·西凉伎》,北京:中华书局,2006年,第367页。

遣之",给了丰厚的赏赐遣归①。

三、中国与印度的往来

"India"一词在古代西方所指的地理范围比较复杂,经常就是东方的代称,不过在古代中国,印度可以认为是指今天的整个印度次大陆,实际称呼为身毒、天竺、贤豆等。印度是人类四大文明古国之一,又是佛教诞生地,对人类文明的发展有过重大贡献。中国与印度的交往历史之久、规模之大、影响之深,在人类文化交流史上也堪称奇迹,汉唐中国与南亚的往来主要就是与印度的往来。

1. 两汉时期与印度的往来

两汉时期中国与印度之间的往来处于探索阶段,主要特点是开辟通道,初步接触,为魏晋以后以佛教东传为代表的中印文化交流高潮创造条件。文献记载两汉时期中印之间已经出现了三条道路:西域道、滇缅道和南海道。

官方正式开通中印西域道当在张骞通西域之后,但作为一条交通道路,它应该早已存在。张骞第二次出使西域时曾派副使前往身毒,身毒遣使节随汉使至长安,两国遂开始正式往来。此后两汉政府对西域的经营保障西域道在这一阶段基本能够畅通无阻,成为中印交通的主要通道。滇缅道——即由四川通过云南前往印度的道路——在张骞之前已出现,并且是一条民间交往通道。《史记·大宛列传》与《汉书·张骞传》及两书之《西南夷》传称,张骞第一次出使西域时曾在大夏见到自身毒运来的蜀布和邛竹杖,并得知身毒"在大夏东南可数千里"②,从这里可"得蜀贾人市",以及"邛(邛县,在四川境内)西可二千里有身毒国"③。张骞所获信息说明在西汉之前印度就已知道中国。此后汉武帝派人欲开通此道,却因当地人的阻挠而最终作罢。官方开拓虽然失败,这条道路却应当是以民间贸易通道的形式实际存在着。南海道即《汉书·地理志》中所述从广东沿海经中南半岛、东南亚前往黄支、皮宗、已程不国等地的海路④,黄支国正位于今印度南部东海岸。

---

① [北宋]欧阳修、宋祁:《新唐书》卷二二一下《西域传下·大食传》,第6263页。
② [西汉]司马迁:《史记》卷一二三《大宛列传》,第3166页;[东汉]班固:《汉书》卷六一《张骞李广利传》,第2689页。
③ [西汉]司马迁:《史记》卷一一六《西南夷列传》,第2995页;[东汉]班固:《汉书》卷九五《西南夷两粤朝鲜传》,第3841页。
④ [东汉]班固:《汉书》卷二八下《地理志下》,第1671页。

带翅膀的天人（斯坦因所获新疆壁画，不列颠博物馆藏）

西汉时期的中文史籍多称印度为"身毒"。《史记·大宛列传》载,张骞通西域后,西汉政府"置酒泉郡以通西北国。因益发使抵安息、奄蔡、黎轩、条枝、身毒国。……诸使外国一辈大者数百,少者百余人。……汉率一岁中使多者十余,少者五六辈,远者八九岁,近者数岁而反"①。如此庞大的使团规模和频繁的出使活动,其中必然有派往身毒者。《西京杂记》卷二载："武帝时,身毒国献连环羁,皆以白玉作之,马瑙石为勒,白光琉璃为鞍。鞍在暗室中常照十余丈,如昼日。自是长安始盛饰鞍马,竞加雕镂,或一马之饰直百金。"②东汉时期的中文史籍则称印度为"天竺",《后汉书·西域传》载汉明帝因夜梦金人而"遣使天竺问佛道法"③,拉开佛教正式传入中国之幕。和帝时期亦有天竺数次遣使的记载,遂因西域反叛道路阻梗而绝。直至半个多世纪后的桓帝延熹初年,又有天竺自日南徼外来献的记载。这说明印度与东汉王朝一直努力保持联系,并且在陆路以外,双方还有海路交通。《后汉书·西域传》对印度的地理位置、气候、宗教、习俗、政治变迁等都有详细准确的描述,亦可证明双方来往颇密。

两汉时期的中文史籍中还记载了一些位于印度地区的小国之名,如印度西

---

① [西汉]司马迁：《史记》卷一二三《大宛列传》,第3170页。
② [东晋]葛洪：《西京杂记》卷二《武帝马饰之盛》,罗根泽点校,北京：中华书局,1985年,第10页。
③ [南朝宋]范晔：《后汉书》卷八八《西域传·天竺传》,第2922页。

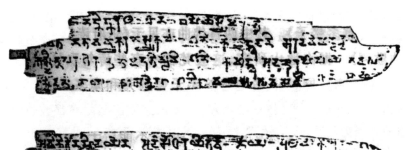

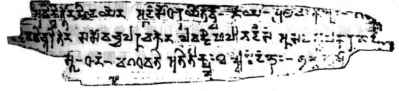

印度戏剧《舍里弗剧》残卷（2世纪，新疆库车出土）

北部的罽宾、乌弋山离（今巴基斯坦北部、阿富汗东部），印度南部之黄支国，可见它们同两汉政府也都保持一定的联系。

2. 魏晋南北朝时期与印度的往来

魏晋南北朝时期因佛教大规模东传，中国与印度的文化交流达于鼎盛，中国各王朝与印度诸国间的官方往来也全面展开，彼此间的了解逐步加深。

随着贵霜王朝衰落，印度恒河中游南岸摩揭陀国（Magadha）的一个小国君旃陀罗笈多一世（Candragupta I）势力逐渐增大，建立笈多王朝（Gupta Dynasty，约320—540），至超日王（Vikramaditya，旃陀罗笈多二世，380—413年在位）时代，占领北印度、中印度及部分西印度地区，领土从孟加拉湾扩展到阿拉伯海，都于华氏城（今印度巴特那），成为印度大国。笈多王朝是中世纪统一印度的第一个封建王朝，崛起于贵霜废墟，奠基于275年，正式立朝于4世纪初，统治印度北部和西部约120年，创立中世纪印度的黄金时代。5世纪中叶塞建陀·笈多在位期间（455—467），嚈哒人首次南侵笈多印度，虽然塞建陀·笈多击退敌人保卫印度免于灭亡，但中央政权自此日渐削弱，各地封臣叛离中央，国家陷于分裂。嚈哒王托拉马纳和米西拉库拉卷土重来，吞并笈多王朝大部分领土，严重破坏北印度政治经济文化，公元480年笈多王朝即告瓦解，北印度又恢复为许多封建小国林立的局面。

笈多王朝时期，大乘佛教盛行，印度教兴起。笈多诸王虽都信奉印度教，但为缓和民族及教派之间的矛盾，放任各派宗教自由发展。大乘佛教中心那烂陀寺成为印度中世纪前期的宗教和学术文化中心。文学、艺术、哲学、政治、建筑、天文、医药、数学、冶金等多种知识领域在笈多王朝时期都有突出发展。两大史诗(《罗摩衍那》和《摩诃婆罗多》)、迦梨陀娑的《沙恭达罗》剧本和较早的《往世书》是该时期文学和历史学的代表性成就,阿旃陀石窟壁画则是这个时期艺术成就的体现。

笈多王朝自超日王起就与中国各王朝建立友好往来关系,《晋书·苻坚记》载前秦建元十七年(381)苻坚平定北方以后,天竺遣使至前秦都城长安并馈火浣布,遣使者当为超日王①。东晋僧人法显逗留印度时,正是笈多王朝的全盛时期,他在游记中描绘摩竭提国(即摩揭陀国)"寒暑调和,无霜雪。人民殷乐,无户籍官法。惟耕王地者乃输地利。欲去便去,欲住便住"。"王之侍卫、左右,皆有俸禄。……自佛般泥洹后,诸国王、长者、居士为众僧起精舍供养,供给田宅、园圃、民户、牛犊,铁券书录。后王王相传,无敢废者,至今不绝。众僧住止房舍、床褥、饮食、衣服都无缺乏,处处皆尔。"②法显这段记载反映他亲眼所见的笈多盛况,至今仍是研究印度历史的珍贵资料。有些印度僧人也在超日王时期来到中国,比如中天竺的求那跋陀罗,于468年在建康去世。

笈多王朝时代以及笈多王朝瓦解之后,印度境内还有诸多小国与中国各王朝特别是北魏保持密切联系,其中又以罽宾、南天竺、乌苌(Uddiyana)三国最著。按《魏书》各本纪,北魏正平元年(451)到正光二年(521)的七十年间,罽宾共遣使六次,南天竺遣使五次,乌苌亦遣使六次。罽宾处于今克什米尔地区,两汉时期已同中原有交往。乌苌国在今巴基斯坦北部的斯瓦特河流域。东晋僧人法显前往印度时曾路出乌苌,北魏取经僧人宋云也曾于神龟二年(519)到达此地,并受到乌苌国王隆重接待。南天竺位于印度南部。古代南印度(前200—750)几乎每个国家都有几个藩属,每个藩属都有自己的军队、自己的行政系统和收税机关。因此,每个国家、每个藩属都不断为扩大财源而发动战争。南印度社会发展较晚,国家于公元前2世纪至公元1世纪陆续形成。通常把古代南印度分为两个历史时期:第一时期为公元前200—公元300年,第二时期为300—750年。由于政治上四分五裂,第二时期的国家比第一时期增多,但商业城市和货币经济却越发衰败。南天竺是诸多小国中较突出的一个。

印度其他区域各国如西天竺、车多罗、舍卫、婆罗奈、乾达、阿悦陀、伽使密、舍摩等,也都同北魏有密切联系,虽然其中一些国名现在还不能考其位置,但学术界公认它们都在古代印度范围之内。同一时期,印度诸国同南朝也有联系,《宋书·夷蛮传》记迦毗黎国(即迦比罗卫国)国王月爱于元嘉五年(428)遣

---

① [唐]房玄龄:《晋书》卷一一三《苻坚载记上》,第2904页。
② [东晋]沙门释法显撰,章巽校注:《法显传校注》"中天竺、东天竺记游·摩头罗国",北京:中华书局,2008年,第46—47页。

鎏金铜佛像（后赵石虎时期）

使奉表并献宝物，还表达了长期往来的愿望，后又于泰始二年（466）遣使来朝[①]。《梁书·海南诸国传》"中天竺国传"则记梁武帝天监元年（502）中天竺国遣使梁朝："其王屈多遣长史竺罗达奉表"[②]，同样希望两国长相往来。南北朝时期是印度佛教传入中国的盛期，这将在后文介绍。

3. 唐朝与印度的往来

在唐朝时，中印之间除了双方的佛教僧侣继续西去东来，彼此的商业往来也日趋频繁，而且唐朝强大的政治影响也波及印度，中印交往迎来空前的高潮。

笈多王朝在5世纪末便已瓦解，北印度的分裂局面持续到7世纪初，这时羯若鞠阇国（Kanyakubja）在戒日王（Siladitya，又称为尸罗逸多）统治下（606—647）达于鼎盛，北印度由此迎来历史上又一个强大王朝——曷利沙王朝（Harsha Dynasty），由于其为戒日王所创，又称戒日王朝。曷利沙王朝全盛时期不但拥有恒河流域的全部，还东达恒河入海口，西达苏特里杰河（Sutlej），南达纳巴达河（Narbada），北抵喜马拉雅山脉。不仅如此，五天竺中的许多国家亦成为其藩属。戒日王还试图征服南印度，但在620—634年南征德干失败后，便放弃此

---

① [梁]沈约：《宋书》卷九七《夷蛮传·天竺迦毗黎国传》，北京：中华书局，1974年，第2384—2385页。
② [唐]姚思廉：《梁书》卷五四《海南诸国传·中天竺国传》，第799页。

敦煌壁画飞天

种企图。戒日王的都城曲女城(Kanyakubja，今卡瑙季)西临恒河，玄奘在《大唐西域记》卷五《羯若鞠阇国》中盛誉其"城隍坚峻，台阁相望。花林池沼，光鲜澄镜。异方奇货，多聚于此。居人丰乐，家室富饶。花果具繁，稼穑时播。气序和洽，风俗淳质。容貌妍雅，服饰鲜绮"①。

戒日王是古代印度最后一位著名皇帝，以"文治、仁政"闻名于世，但刑法比笈多王朝严酷。他经常巡视全国各地，意在对地方封建势力进行笼络和绥靖。他重视利用宗教进行统治，并倾向于大乘佛教，但由于当时占优势的是印度教，佛教已开始衰落，所以他的宗教政策是佛教与印度教兼容并包。在位四十余年中，戒日王在钵罗耶迦举行过六次五年一度的佛教"无遮大会"，玄奘在印度的活动也得到他的大力支持。然而戒日王朝运祚短促。647年，戒日王逝世，国中大乱，宰相阿罗那顺(Arunasva)篡位，戒日王朝即告瓦解，北印度再度分裂。

---

① [唐]玄奘、辩机原著，季羡林等校注：《大唐西域记校注》卷五《羯若鞠阇国》，北京：中华书局，1985年，第423页。

玄奘到达印度见到戒日王时,向他介绍了唐朝以及太宗李世民的一些情况。于是戒日王在贞观十五年(641)遣使长安,受到唐朝政府盛情款待,唐太宗亲降玺书慰问,并派云骑尉梁怀敬持节慰抚。戒日王也再次遣使回访,从此双方使节往来不断,其中影响最大的是此后不久王玄策的三次访印。据《旧唐书·天竺国传》记载,王玄策第一次出使印度在贞观十七年(643)。唐太宗派卫尉丞李义表为正使,融州黄水县令王玄策为副使,率领一个二十二人组成的使团经吐蕃、尼婆罗进入印度。到达羯若鞠阇国都城曲女城后,受到戒日王热情欢迎。随后,李义表、王玄策等作为戒日王的贵宾赴印度各地游览,巡礼佛教圣迹,两年以后才回到长安。王玄策在贞观二十一年(647)以正使的身份率三十人的使团二度出使,蒋师仁为副使。到达印度时,适逢戒日王甫逝,国内大乱,羯若鞠阇国大臣阿罗那顺篡位,不仅拒绝王玄策入境,还劫掠使团财物,囚禁使团全体成员。王玄策寻机逃出,连夜奔去吐蕃,借来吐蕃和尼婆罗军队,并在印度其他小国相助下,重返曲女城。经过三天激战后,生擒阿罗那顺并将之押解长安。太宗去世归葬昭陵后,玄阙所列石像之一就是阿罗那顺。高宗显庆三年(658),王玄策奉命护送佛袈裟到印度,开始其三度访印之旅。此次出使前后四年,直到龙朔元年(661)才返回长安,其间王玄策游历印度各地,遍览佛教圣迹。回国途经迦毕试国(即前文的漕矩咤)时,据说还从该国王寺中取了一片佛顶骨①,《法苑珠林》卷二九记做"广二寸余,色黄白",被携回长安在宫中供养②。

王玄策三次出使印度,不仅是对唐朝与曷利沙王朝政治交往的直接促进,也推动了唐朝与印度其他国家的友好往来。史载乾封二年(667)和天授二年(691),五天竺王皆遣使来长安"朝献";中宗、睿宗两代时,五天竺又同来"献方物"。至于各国分别遣使"朝献",更是史不绝书。王玄策出使印度还促进了中印的文化交流。比如第一次出使归国时,随从宋法智等图写菩提瑞像带回长安,竟成为道俗竞模的标本③。第三次回国后,又根据印度摩诃菩提寺弥勒图像在长安敬爱寺由工匠张寿、宋朝塑像,王玄策指挥李安贴金。这无疑推进了印度佛教的绘画和雕塑艺术在中国传播。同时,中国的道教思想也在这一时期传入印度。

---

① [五代]刘昫:《旧唐书》卷一九八《西戎传·天竺国传》,第5307—5308页。
② [唐]释道世著,周叔迦、苏晋仁校注:《法苑珠林校注》卷二九《通感篇·圣迹部》,北京:中华书局,2003年,第891页。
③ 王玄策带回菩提瑞像事参见[唐]释道世著,周叔迦、苏晋仁校注:《法苑珠林校注》卷二九,第906—907页。

唐朝与印度诸国的密切联系还表现在面对大食东侵时基于共同立场的相互合作。随着大食对中亚粟特地区发动进攻,高宗龙朔元年(661)在于阗以西、波斯以东十六国分置都督府以作安西都护府的外围,其中包括在罽宾设立的修鲜都督府。印度河下游的信德(Sind)在711—712年被大食的伊拉克总督哈加吉派兵征服,此地更成为大食向印度内地渗透的基地。同一时期,大食对中亚的侵蚀也已到了让唐朝政府不能坐视不管的地步。这一背景促成中印双方在抗击大食的共同目标下加强联系。例如玄宗开元八年(720),当大食与吐蕃联军进一步东侵时,南天竺国王尸利那罗僧伽曾组织自己的战象及兵马助唐兵征伐大食和吐蕃,并以唐朝习惯请为其军队命名,玄宗表示嘉许,赐其军为"怀德军"。同年十一月,玄宗又遣使正式册封其为南天竺国王。此外,开元年间,乌苌国与俱位国(Khowar,今巴基斯坦北境之马斯图吉)二王不肯臣服大食,多次拒绝大食引诱,唐玄宗即"命使者册为王"①。天宝四年(745),唐王朝再次册封罽宾及乌苌国王。但唐朝对印度诸国的册封显然同对待波斯、粟特的政策一样,都仅仅是建立象征性的政治联盟,并无实际作用。与印度曾出兵助唐相比,唐朝却从未真正赴印度诸国之急。随后唐朝势力因怛逻斯惨败和安史之乱而退出中亚,印度与唐朝的联系也告终止。

四、中国与罗马的往来

古代中国与欧洲的交往实即中国与罗马的交往,只是这个"罗马"经历了罗马共和国、罗马帝国、东罗马帝国和拜占庭帝国的演变②。

1. 西汉人对罗马共和国的认知

在以"赛里斯"称呼中国的时代,欧洲文献中有一些关于赛里斯人与欧洲有直接的商业和遣使往来的含糊记载,但是不足为凭。张骞出使西域时通过安息知道在它之西还有一个大国名叫条支,现在一般认为汉代的条支就是当时仍统治地中海东部和西亚部分地区的希腊化国家塞琉古帝国,"条支"之名是其首都安条克(Antioch / Antalya,今土耳其西南)的音译③。塞琉古不归罗马节制,当

---

① [北宋]欧阳修、宋祁:《新唐书》卷二二一上《西域传上·摩揭它传》,第6240页。
② 参见 Friedrich. Hirth, *China and the Roman Orient*: *Researches into their Ancient and Mediaeval Relations as Represented in Old Chinese Records*, Leipsic and Munich: Georg Hirth, 1885。
③ 有人认为"条支"是指阿拉伯半岛,确切所指是杜环《经行记》中的苫国都城亚俱罗,而亚俱罗(Aqula)是大食人对叙利亚(Syria)的称呼。汉代的条支当然不可能是指唐代才诞生的黑衣大食,而且亚俱罗已被考证是今伊拉克之纳杰夫。不过若说"条支"是指黑衣大食所占据的这块地中海东岸的地方却也说得过去。

时作为新兴势力的安息与罗马也少有往来。然而张骞又提到另一个地方——犁轩或黎轩,《汉书·西域传上》称乌弋山离国"西与犁轩、条支接"①。伯希和提出"黎轩"是亚历山大之音译,并且是埃及的亚历山大里亚。此说得到很多人响应,另有一些人在此基础上修正,认为是 Alexandria 的对音没错,只是不应该是远在埃及并已归属罗马帝国的那个亚历山大里亚,而应该是亚历山大东征期间建于中亚的众多亚历山大里亚城市中的某一个,最可能的就是马尔吉安那·亚历山大里亚(今土库曼斯坦梅尔夫,即前文之木鹿)②。

也曾有学者认为就是指罗马帝国,张星烺首先提出"黎轩""犁轩"和"犁鞬"皆是"Rome"的转音,指罗马全境,刘增泉在此基础上进一步论证了该名当指罗马共和国③。但目前学术界较普遍的意见似乎认为它是指叙利亚的某个地方。可是倘若"犁轩"指叙利亚,则大家都支持的"条支"指塞琉古帝国又该做何解释?须知张骞出使之时,塞琉古帝国仍保有其中心区域——叙利亚和美索不达米亚。考察这些地名所指,不能只着眼于音韵学考察,必须结合地区沿革和政权演变历史。而且我们不能忽视《后汉书》借助甘英带来的知识提供的一则信息,"大秦国一名犁鞬"④,即东汉时人认为当时所知的"大秦"同西汉人提到的"黎轩"是同一个地方。总之,笔者赞成"黎轩"指时为共和国的罗马。不过,张骞只是听闻一国名,对其风土人情和地理位置都没有真正的认识。

2. 东汉与罗马帝国

中国与罗马相往来的可靠记载首见于东汉时期,此时的罗马是罗马帝国,在东汉文献中被称为"大秦"。东汉班超于公元 73—97 年经营西域时,罗马帝国也迎来其鼎盛时代,领土扩张所及,埃及、小亚细亚已成为其属地。安息当然知道罗马帝国,它们时而敌对,时而结盟,来往相当频繁。班超则是通过安息人才知其西边有大国名大秦。

对"大秦"这个名称的由来有一种完全中国式的解说。《后汉书·大秦传》称"其人民皆长大平正,有类中国,故谓之大秦"⑤,亦即其国人民长得像中国人,所以被称为"大秦",只是此处未说明是谁称呼这群人为"大秦"。《魏书·西域传》则进一步补充说,此国人物、制度皆有类中国,因而被其他外国人称为

---

① [东汉]班固:《汉书》卷九六上《西域传上·乌弋山离国传》,第 3888 页。
② 刘光华:《黎轩、大秦、洛阳》,洛阳市地方史志编纂委员会编:《洛阳——丝绸之路的起点》,郑州:中州古籍出版社,1992 年,第 296—307 页。
③ 张星烺注编:《中西交通史料汇编》第一册,北京:中华书局,2003 年,第 114 页。刘增泉:《古代中国与罗马之关系》,台北:文史哲出版社,1995 年,第 8—17 页。
④ [南朝宋]范晔:《后汉书》卷八八《西域传·大秦传》,第 2919 页。
⑤ [南朝宋]范晔:《后汉书》卷八八《西域传·大秦传》,第 2919 页。

"大秦","其人端正长大,衣服车旗拟仪中国,故外域谓之大秦"①。可是揆之历史,并不能确证中国人曾被外人称为"秦",本书开篇即已澄清,被译为"秦奈"或"秦那"的那个词更应该源于"丝",而不是"秦"。那么"大秦"从何而来?

日本学者藤田丰八在《黎轩与大秦》中认为,大秦为古波斯语 dasina 之译音,原意是右,因罗马在安息之西,亦即在其右,故以此名其国,是西方之国或西国之意。中古波斯语省去尾音 a 而为 dasin,即被汉译为"大秦"②。此说是否成立,其实还需确认安息人的地理方位观是否以南方为上,从而以西方为右。但是目前看来,这似乎是最合理的一种说法。有学者进一步认为,"大秦"与"黎轩"是同一个词的异译③。基于此,则可以认为,中国人进一步给一个音译词"大秦"赋予了文化含义,而这种文化性选择在以"秦"这个字而非其他同音近音字来对应"sin"之音时就已经发生了。汉朝人何以认为安息之西的国家人物制度有类中国?只怕是源于已经无从确认的种种以及层层传说④。

还有学者追查"大秦"的实际位置,并认为是指已并于罗马帝国之埃及亚历山大里亚城。而且因为名称一致,当时中国人认为这就是张骞时代之犁靬,所以在《后汉书·大秦传》中称"大秦国一名犁鞬"⑤。这种意见是以黎轩等于埃及的亚历山大里亚为前提。可是,"大秦"有何理由只局限于一座城市呢?

班超知道大秦以后,对这个丝路西极的帝国寄予厚望,便派甘英前往联络。公元 97 年,甘英沿丝绸之路西行,经安息、条支而抵西海,欲渡海时,却因安息政府指使船人欺骗恐吓,以致中途折返。这个"西海"究竟是哪里?关键在于弄清当时地中海东岸至美索不达米亚的归属。塞琉古帝国自公元前 238 年就开始分崩离析,公元前 188 年小亚细亚(土耳其西半部)被罗马占领,公元前 141 年美索不达米亚被早已独立的帕提亚(即安息)占领。公元前 129 年,塞琉古末代皇帝被杀,此后这个帝国残存的地中海东部地区陷入地方势力彼此之间以及它们与安息和罗马的混战之中。1 世纪中叶,该地区有十八个小王国。公元前 64 年叙利亚在庞贝进攻下变为罗马一个行省,此后叙利亚一直在罗马的控制之下。公元 76—77 年,安息王沃罗吉斯一世曾入

---

① [北齐]魏收:《魏书》卷一〇二《西域传·大秦传》,第 2276 页。
② [日]藤田丰八:《黎轩与大秦》,藤田丰八等:《西北古地研究》,杨炼译,上海:商务印书馆,1935 年,第 156—157 页。
③ 参见韩振华:《支那名称起源考释》,《韩振华选集》之一《中外关系历史研究》,第 10 页注释 13。
④ 刘增泉认为,这来自"大秦"人自己的有意散布,比如当早期接触到从事丝绸贸易的斯基泰人时,将他们误认为赛里斯人(丝国人),并由此以为丝国人与自己长相相近。后来则因为意欲打破安息人的垄断并取得中国人的信任,而故意散布与中国攀亲带故的言论。参见刘增泉:《古代中国与罗马之关系》,第 22 页。
⑤ [南朝宋]范晔:《后汉书》卷八八《西域传·大秦传》,第 2919 页。

侵叙利亚，但被击败。公元前53年，罗马曾试图渡过与安息的界河幼发拉底河以占领美索不达米亚地区，但以失败告终。不过，图拉真登位之前几十年的罗马帝国也一片混乱，并不能牢固掌握其东部领土。原塞琉古帝国的地方政权时而依附罗马与安息为敌，时而依附安息反攻罗马，打得不可开交。最终，罗马皇帝图拉真于113—114年攻占亚美尼亚（今土耳其东半部），115年占领上美索不达米亚，116年攻占安息都城泰西封，直抵波斯湾。那么，在甘英出使期间，美索不达米亚究竟在谁手中？

我们知道，亚美尼亚和米底亚在公元73年遭到来自高加索地区的阿兰人洗劫，两地这时都是安息的属国。米底亚国王帕柯鲁斯（Pacorus）被迫逃走。78年，米底亚王帕柯鲁斯二世掀起一场反对安息王沃罗吉斯一世的叛乱，两年后，沃罗吉斯一世垮台，帕柯鲁斯二世占领塞琉西城（Seleucia，与泰西封相邻，位于美索不达米亚中部，前305—前240年为塞琉古帝国都城）并控制美索不达米亚地区，尽管其间有几年遭到干扰。帕柯鲁斯二世在美索不达米亚的统治持续到106年左右，97年春至106年间的某个时刻，他同时遭遇来自东部的安息王沃罗吉斯二世和来自南方的另一股敌对势力奥斯罗斯的进攻。有人推测，97年春之后，帕柯鲁斯的统治权实际上不超过上美索不达米亚，而美索不达米亚的东部和南部分别在安息王和奥斯罗斯控制下。与此同时，叙利亚属于罗马。明了上述政局背景后，再来看甘英的经历。

甘英被带到安息的西界并且离大海不远。如果这个西界是与叙利亚相邻处，那么不存在渡海方能进入罗马帝国的问题。另一个可能性是，甘英抵达亚美尼亚地区。因为当时亚美尼亚仍是安息属地，也是安息西界。不过，属于安息的亚美尼亚也不临海。公元前1世纪，亚美尼亚曾是一个从里海经地中海东岸绵延到埃及的国家，包括了叙利亚和上美索不达米亚。不过这个国家很快就被罗马和安息打败，西部临海部分即叙利亚地区在公元1世纪时已是罗马领土。所以剩下的可能性就是，甘英来到了美索不达米亚平原安息与帕柯鲁斯领地的交界地带，兼以临海，则当是波斯湾头某处。由于安息王与帕柯鲁斯的敌对，经过上美索不达米亚进入叙利亚的商路被阻断，安息与罗马的交易只能通过波斯湾、红海及埃及进行。而也正是在1世纪中叶，从埃及出发的船员已经知道借助印度洋季风横渡红海而直抵印度西海岸，所以红海航线成为罗马帝国与亚洲贸易的一条重要航线，这多少已经损害了安息的居间贸易地位。可以想象当时安息人的心情，倘若中国人也知道了红海航线的秘密而避开大陆直接与罗马交易，这是多么可怕的事情。总之，基于政局与商贸的实际状况判断，甘英所临之"西海"较可能是波斯湾①。

至于甘英所经过之"条支",恐怕不能泥于塞琉古旧都安条克的对音而径称其所经为叙利亚。张骞出使西域之时,塞琉古帝国尚在,条支指塞琉古帝国并无不妥。但甘英出使之际,塞琉古早烟消云散,而上文也分析过,他不会抵达叙利亚,因为到了叙利亚就到了罗马帝国境内。甘英所经过的这个"条支"应即美索不达米亚地区,因为此地也是塞琉古故地,何况塞琉西城还曾是塞琉古都城。波斯湾头自然也有一个名为 Antiochia 的城市,它位于幼发拉底河及底格里斯河汇合之处,始为亚历山大东征期间建立的亚历山大里亚城,公元前 166 年被塞琉古皇帝安提阿克四世重建,并命名为 Antiochia。以其地理位置,甘英既抵海边,很可能经过此城。但是,史书中以安息之国名与条支并列,而未称"条支城",则把条支理解为国名或地区名似乎更恰当。也就是说,甘英行程中出现的条支指曾是塞琉古帝国核心区域、那时仍有一定独立性的美索不达米亚地区。

甘英虽未抵达大秦,但他是汉朝使节中西行最远之人,并给中原王朝带回他收集的许多有关大秦的信息,《后汉书》中所载关于罗马盛产玻璃器和罗马古典民主制度等内容,今天看来也基本准确,它们无疑都来自甘英此次出使。据《梁书·海南诸国传》记载,三国时还有一次遣使大秦的努力。孙权黄武五年(226),有"大秦贾人字秦论"从交趾来建业并得到孙权接见,他向孙权介绍了大秦的"方土谣俗",孙权则优礼相赠。回国时,孙权派刘咸相送并出使大秦,可惜刘咸在旅途中病故,秦论只好自己回国②。甘英、刘咸这两位中国人出使大秦都未成功,但这些努力充分表现了中国欲同丝路西端之罗马帝国建立直接联系的热切渴望。

关于中国与大秦之间的最早直接往来,目前学术界较为肯定的看法是东汉和帝时期罗马商团入华。《后汉书》卷四《和帝纪》载有永元十二年(100)西域使者来访时的一段话:"冬十一月,西域蒙奇、兜勒二国遣使内附,赐其王金印紫绶。"③而公元 2 世纪的罗马地理学家托勒密在《地理学》中引述同时期地理学家马利努斯《地理学知识》的一段记载称,一位名叫梅斯·蒂蒂安努斯(Maes Titianos)的马其顿商人曾同中国保持经常的贸易关系。梅斯本人虽未到过中国,他的代理人却经常组成商团从地中海之滨跋涉数万里到达赛里斯

---

① 张绪山:《整体历史视野中的中国与希腊—罗马世界》一文也提到甘英抵达波斯湾头,基本意思是,甘英到达的"条支"位于波斯(安息)的西部边界,而叙利亚境内的"条支"当时在罗马帝国版图之内,所以甘英所到"条支"应该是波斯湾头的 Antiochia。可备一说。但是,为何此处的安息西界必须得在波斯湾头,还需论证。
② [唐]姚思廉:《梁书》卷五四《海南诸国传·中天竺国传》,第 798 页。
③ [南朝宋]范晔:《后汉书》卷四《和帝纪》,第 188 页。

国的首都。近来学者们研究认为,《后汉书》之"蒙奇"就是马其顿的音译,而梅斯正是马其顿商人,"兜勒"应为推罗之音译,那是马利努斯的老家、地中海滨的著名商埠,无疑也是梅斯从事商业活动的一个据点。因此,无论从时间、地点还是人物看,《后汉书》所谓蒙奇和兜乐使臣无不与马利努斯所说之梅斯代理人的商团吻合。而这个商团会在公元 100 年来到中国,概与此前不久甘英出使一事在安息留下重要影响有关。梅斯商团很可能在甘英出使大秦时就从当地得知了东汉使者的消息,更或者他们曾在安息相遇,从而激发了罗马商团前往中国的热情。

东汉时期中西双方航海技术的发展使罗马与中国通过海路往来显得更方便和实际,但实际中都是罗马商人航海来华,而未见相反的记载,罗马商人更喜欢采用能避开安息势力的道路。《后汉书·南蛮西南夷列传》记载有一批罗马艺人曾随掸国(缅甸)使团在公元 2 世纪初来到中国[1],他们从罗马到缅甸走的一定是海路,而带这些罗马艺人前来的,自然只能是商人,可见当时罗马能够通过缅甸与中国实现间接的海路联系。《后汉书·西域传》中有关于桓帝延熹九年(166)罗马商人自海路来华的记载,并且他们直接用了当时罗马皇帝马克·奥列里乌斯·安东尼·奥古斯都(Marcus Aurelius Antoninus Augustus,121—180)的名号,因而被中国史官当作大秦来使郑重记录下来。这是中国正史提及罗马皇帝名号的最早记录,中文写作"安敦"[2]。这次大秦来使实为大秦商人假托国使名义以求得到更多封赐,对此论者已有共识。当时东汉的一些官员也有疑心,因为"来使"所贡仅是象牙、犀角等南亚土产,毫无大秦特色。不过东汉政府仍以使节之礼接待,表明东汉政府也有与罗马进行官方往来的强烈愿望。而且,这是最为可信的一次中国与罗马的直接交往。

此后,大秦商人来华者更多,有一次甚至留下了商人的名号,即前述《梁书·海南诸国传》所载"大秦贾人字秦论"。西晋太康五年(284),大秦皇帝遣使至西晋都城洛阳访问,并馈赠方物,这是魏晋史料中唯一的罗马使节来访记载。此后不久,罗马帝国与西晋王朝均陷入危机,双方的关系遂告中止。

3. 魏晋南北朝与东罗马帝国

公元 4 世纪,罗马帝国陷入内部奴隶及平民起义、外部蛮族入侵的危机之中,于 395 年正式分裂为东西两部。西罗马仍都于罗马,476 年灭于蛮族领袖之手。东罗马则建都君士坦丁堡(Constantinople),君士坦丁大帝在 4 世纪初已经将

---

[1] [南朝宋]范晔:《后汉书》卷八六《南蛮西南夷列传·哀牢传》,第 2851 页。
[2] [南朝宋]范晔:《后汉书》卷八八《西域传·大秦传》,第 2920 页。

隋彩绘骆驼俑,其驼囊上有异域风情浓郁的"醉拂菻"图案,展现了欢宴后酒神洒脱奔放的形象,提供了希腊罗马—拜占庭艺术传入中国的确凿的新证据

都城定于这座新城。因为城的旧址是希腊化城市拜占庭(Byzantium),所以 16 世纪以来的欧洲历史学家称 7 世纪以后的东罗马为拜占庭帝国(Byzantine Empire),以其本质是一个希腊化的中世纪帝国,而不同于以前的罗马帝国。而 395—610 年间定都君士坦丁堡的这个帝国仍被视为罗马帝国,称为晚期罗马帝国或东罗马帝国,甚至其开端从君士坦丁大帝统一帝国东西两部的 324 年算起。但是,在这个国家于 1453 年灭亡之前,它始终自视为"罗马帝国"。

东罗马帝国与中国各王朝也曾建立稳定的友好往来,起初中国人仍称它为"大秦",如唐代史学家李延寿父子所撰《北史·大秦传》就说,大秦"地方六千里,居两海(地中海和黑海)之间"①。但是,大体从隋唐时期开始,更多的是用"拂菻"代替了"大秦",又写作"拂林""蒲林"或"普岚",它们都是同一个词的汉字译写,我们也知道它指东罗马帝国。但是这个名称究竟因何而来? 18 世纪法国耶稣会士刘应(Claude de Visdelou,1656—1737)曾考证《大秦景教流行中国碑》中"西望仙境花林"中的"花林"为 Hellen(希腊)的对音,进而论"拂菻"也是"Hellen"对音②。20 世纪,学者继续追查此问题,附和者较多的说法有二。

---

① [唐]李延寿:《北史》卷九七《西域传·大秦传》,北京:中华书局,1974 年,第 3227 页。
② P. Visdelou, "Monument du Christianisme en Chine", *Supp. à la Bibl. Or.* de M. D'Herbelot, 1780,转引自张绪山:《"拂菻"名称语源研究述评》,《历史研究》2009 年第 5 期,第 147 页。

一是"Roma"异译。或如伯希和所论,经亚美尼亚语——古伊兰语——粟特语的一系列转变后,"Roma"变为"From",又汉译为"拂菻"。或如白鸟库吉所论,经波斯语——突厥语的转变后,变为"Urum""Hurum"或"Burum",再汉译为"拂菻"。二是君士坦丁堡的希腊语名称 Bolin 的音译,但是也经过突厥人的讹传①。

拂菻在中国史籍中首次出现是在《前凉录》中,据《太平御览》卷七五八所引:"张轨时,西胡致金胡瓶(有版本称金水瓶),皆拂菻作,奇状,并人高,二枚。"②此事发生在晋愍帝建兴元年(313),时当君士坦丁大帝掌政之初,君士坦丁堡尚未兴建,罗马帝国的都城也仍在罗马。这是一个不能忽略的历史背景。因此首先可以排除它是君士坦丁堡的希腊语名称音译,因为当时还没有一个城市叫"君士坦丁堡",而那个地方的名字是 Byzantium。不过,对于希腊人如何称呼拜占庭城,早期一些学者如雅克(Jacquet)、波提埃(Pauthier)、裕尔(H. Yule,1820—1889)和沙畹(E. Chavannes,1865—1918)提出或支持一种值得考虑的说法,即直称其为"城"或"都城",该词的希腊拼写转化为拉丁拼写后是 polin,而"拂菻"就是 polin 的转译。

有学者鉴于4世纪初的历史背景而继承了刘应将之与希腊联系的说法,认为在已有"大秦"指罗马的情况下,不必再用一个新名,这个名称当指不那么具有罗马色彩的地区,也即希腊文化圈的拜占庭城以及那一带。这个地方的人对自己的称呼"Hellen"(希腊)经中亚地方的转化而变为"Fellen",再汉译为"拂菻""蒲林"或"普岚"。虽然当时拜占庭地区也是罗马帝国的势力范围,但当地人在他们的活动中强调其希腊文化属性和自己的希腊人身份完全在情理之中。这种情况也可以扩展到其他地方的希腊人,如巴尔干半岛和色雷斯的希腊人。而"花林"与"拂菻"的区别则是一个出自古叙利亚语的汉译,一个出自经中亚地方转换后的汉译③。

"Roma"一词由很复杂的方式转译为"From"或"Hurum"之说,目前似乎支持者较多,因为罗马别称 Rum,经西亚和中亚语言转化为 Hurum,再转为汉语"拂菻"④。但笔者认为,"拂菻"与希腊或希腊语的关系仍也应该继续考虑,虽然还不能确认是来自"Hellen",还是来自 Bolin。因为西亚地方的人也习惯用关于希腊的词称呼他们西边的居民。

---

① 早期考证综述参见张星烺:《中西交通史料汇编》第一册,第181—187页。
② [北宋]李昉等编:《太平御览》卷七五八《器物部三·瓶》,北京:中华书局,1960年,第3365页。
③ 刘增泉:《古代中国与罗马之关系》,第34—39页。
④ 详细介绍参见张绪山:《"拂菻"名称语源研究述评》。

东罗马酒神纹鎏金银盘(甘肃靖远县出土)

东晋在公元347年灭成汉、占领巴蜀,遂通过凉州张氏政权和东罗马发生联系。据《太平御览》卷七八七所引《晋起居注》记载,穆帝时期(345—361),拂菻使者曾于陆路到达东晋首都建康,公元363年哀帝司马丕还遣使者报聘,①这是中文文献所载中国与东罗马帝国间的第一次使节往还。但遗憾的是,此次双方的通使在东罗马文献中没有找到相应记载。北魏和东罗马的联系非常频繁,《魏书》中称其为"普岚",当与"拂菻"来自同一个词。据《魏书》记载,普岚国在太安二年(456)、和平六年(465)和皇兴元年(467)多次遣使与北魏通好②。

除去官方往来,这时期双方民间往来也很频繁,中国和东罗马帝国间的大规模丝绸贸易已经开始。《北史》曾提到"伏卢尼"③,这就是地中海滨、叙利亚境内的安条克城,也是中国商队到达的最西贸易站,丝路的西段通过这里伸向东罗马都城,因此安条克城成为当时中国同东罗马贸易的中心。此外,这时中西陆路上经过天山的北道已经被使用,并在隋代以前被正式定名"北道",而其目的地就是拂菻——东罗马帝国。

4. 唐朝与拜占庭帝国

在唐王朝逐渐强盛的同时,西亚的阿拉伯帝国也开始崛起,它不仅接连侵占原属拜占庭帝国的叙利亚、巴勒斯坦和美索不达米亚等地区,甚至威胁到君士坦丁堡。就当时的世界形势看,唯一能与大食相抗衡的只有中国。拜占庭帝

---

① [北宋]李昉等编:《太平御览》卷七八七《四夷部八·蒲林国》,第3486页。
② [北齐]魏收:《魏书》卷五《高宗文成帝纪》,第115、123页;卷六《显祖献文帝纪》,第128页。
③ [唐]李延寿:《北史》卷九七《西域传·伏卢尼传》,第3223页。

国也和波斯萨珊王朝一样,一度把解救危机的希望寄托于唐朝,于是主动密切与唐朝的联系,既为延续同中国的经济往来,更包含着政治求援的意思。

《旧唐书·拂菻传》载贞观十七年(643),拂菻国王多波力派使者来朝,携赤玻璃、绿金精等物,唐太宗致信抚慰,并回赠了大量绫绮①。有些学者认为"多波力"就是拜占庭帝国的君主赫拉克利乌斯(Heraclius,约575—641),虽然赫拉克利乌斯两年前就已去世,但因当时战乱频仍,交通阻塞,拜占庭使臣在赫拉克利乌斯死后两年才到达长安。此后,高宗乾封二年(667)、武后大足元年(701)、中宗景龙二年(708)、玄宗开元七年(719,两次)、天宝元年(742)都有拜占庭帝国使者到长安的记载。当然这些使者可能也有商人冒充的,但就当时形势来看,拜占庭帝国在贞观之后遭到大食更猛烈的攻击,君士坦丁堡多次受围,危机重重,频繁来访唐朝以期援助也在情理之中。特别在玄宗开元七年,除了先派吐火罗大首领献狮子、羚羊等,"不数月,又遣大德僧来朝贡"②,天宝元年亦遣拂菻僧入唐通使。派遣基督教会人士充任使者,显非为了经济目的,而是拜占庭帝国希望唐朝能给予政治和军事援助的表示。唐朝政府虽然未给予直接支援,但扶持中亚国家与大食相斗争,也可以说是间接牵制大食围攻君士坦丁堡的力量。安史之乱爆发后,中西陆路交通阻隔,同时期,大食阿拔斯王朝哈里发麦海迪之子哈仑·拉希德(Hārūn al—Rashīd)在公元782年发起对君士坦丁堡的第三次围攻,迫使拜占庭帝国向大食纳贡,拜占庭帝国与唐朝的官方联系也从此中断。

中国境内发现的东罗马金币,主要出土地点包括新疆的和田、叶城、吐鲁番,青海的都兰,甘肃的武威、天水、陇西,宁夏的固原、原州,陕西的西安、咸阳、定边,内蒙古的呼和浩特、武川,河南的洛阳,河北的赞皇、磁县,辽宁的朝阳等地。不能否认这些贵金属在边疆地区曾行使过货币的职能,但时间不长,主要是在北朝和唐前期③。

---

① [五代]刘昫:《旧唐书》卷一九八《西戎传·拂菻传》,第5314页。
② [五代]刘昫:《旧唐书》卷一九八《西戎传·拂菻传》,第5315页。
③ 参见王义康:《唐代边疆民族与对外交流》第六章"东罗马金币、波斯萨珊银币在中国的流布",哈尔滨:黑龙江教育出版社,2013年,第253—284页。

第五章　海上交通的兴衰【上】：技术与航路

在中西陆路交通发展繁荣的同时，中西方的海路交通也已初具规模。汉唐时期，海路交通和陆路交通互为补充并相互促进，共同推动中西方的交通往来和文化交流。中西海路交通的出现与人们的造船水平和航海技术关系密切。虽然人类制造船舶的历史非常悠久，但限于制造水平和航海技术，真正谈到对外海路交通是相对晚的事情。从文献记载和考古发现来看，至晚在两汉时期，中西方之间的海路交通已经出现。

一、航海条件的逐渐发展

1. 造船技术

海上交通的实行必然要以船舶为基础。考古显示，中国境内的居民早在新石器时代就开始制造船舶，浙江河姆渡、山东荣成郭家村、浙江吴兴、福建连江等沿海地区的新石器时代遗址中，都发现有木船或木桨遗存。至春秋时期，吴越的水军制度已相当完备，造船技术也已非常可观。据《太平御览》卷七七〇引《越绝书》记载，当时吴、越的战船有大翼、小翼、突冒、楼船、桥船之分，在作战中，大翼相当于陆军的重车，小翼相当于轻车，突冒相当于冲车，楼船相当于楼车，桥船相当于轻足骠骑，其中大翼长达十丈，宽一丈五尺二寸，小翼也长达九丈，宽一丈二尺①。

秦汉以后，造船技术进一步发展，最典型的是船舵技术的出现。《汉书》卷六《武帝纪》描写汉武帝在元封五年（前106）乘船自寻阳浮江而下的盛况时说："舳舻千里，薄枞阳而出。"②而所谓"舳"，就是船的后舵，"舻"则是前舵，这是我国文献中关于船舵的最早记录。广州东郊汉墓出土的一件汉代明器陶船上，可以看到在其后部明确装有尾舵。而极有可能早在战国时期，船就已经配备"舳"

---

① ［北宋］李昉等编：《太平御览》卷七七〇《舟部三·叙舟下》，第3413页；［东汉］袁康、吴平：《越绝书》，吴庆峰点校，济南：齐鲁书社，2000年，第84页。
② ［东汉］班固：《汉书》卷六《武帝纪》，第196页。

和"舻"。船舵的发明,无疑是造船技术发展的一个标志,这一技术在中国出现比西方约早四百年。此外,《史记》卷三〇《平准书》记载汉代战船已"高十余丈,旗帜加其上,甚壮"①,其船可达四层,甚至五层,称为"楼船",载重可达五百斛。武帝元封二年(前109)发兵进攻朝鲜,就曾命楼船将军杨仆率五万大军从山东横渡渤海。据《史记》卷一二《孝武本纪》和卷二八《封禅书》所载,同年武帝又效法秦始皇故事,"乃益发船,令言海中神山者数千人求蓬莱神人"②。唐代段成式《酉阳杂俎》卷一〇《物异》提到"豫章船",说"汉时有豫章船,一艘载一千人"③。另据《汉书》卷六四下《严安传》,汉代有楼船参与的水师曾在东南沿海作战。1974年在广州发掘出一座秦汉时期的造船工场遗址,规模宏大,其中有三个并列的造船台,并附有木料加工场地。据测算,一号船台所造船的宽度应是3.6米到5.4米;二号船台应该能造5.6米到8.4米宽度的船。按汉尺一尺相当于0.233米,则二号船台所造船宽度约为两丈四尺到三丈六尺之间,比战国"大翼"约一丈六尺的宽度宽了近一倍。这一考古发现印证了文献记载的正确,也说明汉代造船技术较之秦代又有进步。西汉造船技术所达到的水平表明当时已经具备了远程航海的能力。在广州汉墓和长沙汉墓出土的大多数陶船模型和木船模型,具有3个舱房。舱房建于甲板上,其左右两壁压坐于两舷,而前后两壁则需以横梁支撑。广州东汉陶船模型有8副隔舱板,将船体分成9个分舱。汉代的这种船体分舱形式,对后世影响深远④。

造船技术在三国时期又有提高,据吴国丹阳太守万震的《南州异物志》(《太平御览》卷七六九引)所载,当时所造大船可"载六七百人,物出万斛"⑤。至南北朝,梁朝大船的载重量已经超过孙吴时的一倍,达两万斛。隋唐的造船技术更是大大提高。隋文帝平定江南时,杨素在永安(今四川奉节)造大舰,名"五牙",船上起楼五层,高百余丈,可容战士八百人⑥。按照曾于9世纪中叶游历广州的阿拉伯商人苏莱曼的游记所载,唐代的中国船舶因装载量大、吃水深,在西亚的很多港口都无法停泊,只好将货物先用小船运到尸罗夫(Shiraf,今伊朗塔昔里港附近),再转装于中国船。此书还提到,在故临国(Quilon,今印度西南部奎隆),每艘中国船要缴纳一千个迪尔汗,而其他国家船只只需要缴纳十到二

---

① [西汉]司马迁:《史记》卷三〇《平准书》,第1436页。
② [西汉]司马迁:《史记》卷一二《孝武本纪》,第474页;[西汉]司马迁:《史记》卷二八《封禅书》,第1397页。
③ [唐]段成式撰,许逸民校笺:《酉阳杂俎校笺》卷一〇《物异》,北京:中华书局,2015年,第723页。
④ 王子今:《秦汉时代的船舶制造业》,《上海社会科学院学术季刊》1993年第1期,第156—164页。
⑤ [北宋]李昉等编:《太平御览》卷七六九《舟部二·叙舟中》,第3412页。
⑥ [唐]魏徵:《隋书》卷四八《杨素传》,第1283页。

敦煌海船（莫高窟288窟）

十个迪尔汗，也就是说中国船只交纳的税额要远远高于其他国家船只，可见中国船只载重量必然远远大于他国船只，所以获利益丰。《唐国史补》卷下提到俞大娘的船，犹如宫殿般豪华壮丽，这些豪华船只一般为富商所有①。

　　宋人周去非《岭外代答》卷六"木兰舟"条称，宋代远洋船舶"浮南海而南，舟如巨室，帆若垂天之云，舵长数尺，一舟数百人，中积一年粮，豢豕酿酒其中"②，看来比唐代船只载重量更大了。宋代的江苏崇宁制造一种远洋航船，称为"防沙平底船"，船型方头方尾，载重量达4 000—6 000石，约合500—800吨。这种船甲板宽，船底平，吃水浅，不怕搁浅，多桅多帆，航速较快，稳定性好，而且不怕风浪，很适合远洋运输。福建造的"海舟"则是四层尖底船，底尖上阔，首尾高昂，两侧有护板，吃水深达四米，也以航行远海著称。这两种船可看作宋代远洋船只的基本类型。除载重量增加外，宋代海船制造技术上也有不少创新，如设置水密隔舱，增强抗沉性和横向强度，改革以前使用木锚的传统而使用铁锚。

---

①　[唐]李肇《唐国史补》卷下，第62页。
②　[北宋]周去非撰，杨武泉校注：《岭外代答校注》卷六《器用门·木兰舟》，北京：中华书局，1999年，第216—217页。

宁波发现的宋船还有舭龙骨,这是一种固定于船体中段舭部(即船底和船侧间的弯曲部分)外侧的纵向鳍状构件,可以在航行中防摇减震。

元代所造海舶比宋代的更加庞大、坚固、运载量大,当时海舶主要建造地有扬州、赣州、上海、绍兴、泉州、广州等地,泉州和广州所造海舶更是闻名于世。14世纪来华的摩洛哥大旅行家伊本·白图泰在其游记中称中国船可分为三类,其中"大船有十帆至少是三帆,……每一大船役使千人:其中海员六百,战士四百,……随从每一大船有小船三艘,半大者,三分之一大者,四分之一大者"。大船"船上造有甲板四层,内有房舱、官舱和商人舱。官舱内的住室附有厕所,并有门锁,……水手们则携带眷属子女,并在木槽内种植蔬菜鲜姜"①。马可·波罗在其游记中对他护送元朝公主出嫁伊利汗国时所乘的中国海舶描述更详,而对船舶之庞大、载重量之大、舱房之多、设备之完备并附多艘小艇的叙述与伊本·白图泰所述如出一辙。不过马可·波罗所记船只载客不超过三百人,小于伊本·白图泰所说的船只,这是因为马可·波罗要前往波斯湾,船舶吃水不能过深。这也说明元代能够根据舶地的具体情况制造不同规模的船只。

明代海舶在前代基础上越发向坚固、庞大和运载量多发展。郑和历次下西洋的船队都由成百上千大小不同的船舶组成,其中最主要的船舶称为宝船,又称大舶,据《明史·郑和传》和马欢《瀛涯胜览》记载,大舶长四十四丈,

泉州发现的宋代沉船

---

① [摩洛哥]伊本·白图泰:《伊本·白图泰游记》,马金鹏译,银川:宁夏人民出版社,2000年,第486页。

宽约十八丈①。按明尺一尺约等于现在市尺 1.1 尺多,所以这种大宝船长约 160 米,宽约 66 米,比宋代的"神舟"大多了。这么巨大的船舶所配备的桅帆、舵、橹等自然也巨大沉重,郑和的另一位助手巩珍在《西洋番国志》中就说宝船的"篷帆锚舵,非二三百人莫能举动"②。有些学者根据宝船的形制、容积等,估计其载重量不会少于两千吨,一个世纪以后开始周游世界各地的欧洲船只的最大载重量也不过是其八分之一,整个 16—18 世纪进行海外贸易的欧洲船只载重量都没有达到一千吨的。但是,从欧洲人的航海成就来看,航海能力和航海成就并不始终与船只载重量成正比。关于郑和宝船形制巨大的这些文献记载,在考古发现中也得到证实。明代南京的宝船厂遗址上分布着许多长 200—240 米、宽 27—35 米的长方形大水塘,正是当时建造宝船的船坞,其面积完全能够建造 160 米×66 米的大船。这里还出土了长 11.07 米的大舵杆、长 4.75 米的绞关木等。有人认为,很可能在与葡萄牙人接触之前,中国就已经拥有造两侧有数十条橹的蜈蚣船的相关技术,并且在远洋航船上配备火炮③。

造船技术的不断进步为中西方海路交通的发展创造了必要条件,但这仅是远程航海所必需的条件之一,此外至少还需要导航定位技术和动力技术。

2. 导航技术

在造船技术不断进步的同时,航海技术也一直在实践中丰富和完善。人类早期的天文导航技术是以星辰为参照系,利用测定某些恒星视角的变化和观测行星运行的位置偏差,来确定自己在地面或海面上的地理位置。在人们还不知道将罗盘针用于海上航行时,主要是靠观察天象来确定方向。这项技术同星相、占卜相结合,至汉代已经历了长期的发展而出现许多有关航海观星的总结性与指导性书籍,《汉书·艺文志》所录就有六家一百三十六卷,约占所著录天文书籍卷数的三分之一(《海中星占验》十二卷、《海中五星经杂事》二十二卷、《海中五星顺逆》二十八卷、《海中二十八宿国分》二十八卷、《海中二十八宿臣分》二十八卷、《海中日月彗虹杂占》十八卷)④。其中的"五星",是指金木水火土五大行星,"二十八宿"则是恒星,从书名看,其中含有大量占卜内容,但无疑也包含航海经验长期积累的成果。《汉书·艺文志》收录这么多论航海观星术

---

① [清]张廷玉:《明史》卷三〇四《宦官传一·郑和传》,第 7768 页;[明]马欢原著,万明校注:《明钞本〈瀛涯胜览〉校注》,北京:海洋出版社,2005 年,第 5 页。
② [明]巩珍:《西洋番国志》"自序",向达校注,北京:中华书局,1961 年,第 6 页。
③ [德]普塔克:《蜈蚣船和葡萄牙人》,[德]普塔克:《普塔克澳门史与海洋史论集》,赵殿红等译,广州:广东人民出版社,2018 年,第 15 页。
④ [东汉]班固:《汉书》卷三〇《艺文志》,第 1764 页。

的书籍,从一个侧面说明当时航海事业的发展规模。

天文导航在魏晋以后愈加成熟,据东晋法显《佛国记》(又名《法显传》)记载,"大海弥漫无边,不识东西,唯望日、月、星宿而进"①。另据当时道教领袖葛洪《太清金液神丹经》记载,从日南秦南浦(即寿冷浦)出发沿海南行时,逆北辰所指方向,朝箕星,即二十八宿之箕宿方向而行,昼夜不息,十余日可达扶南(Cambodia,柬埔寨)②,这里采用的也是天文导航法。可见当时海上行船已经普遍利用天文导航技术,天气晴朗时,白天依日定向,夜晚则靠星辰指引。唐人很可能懂得通过观察北斗星的高度进行定位导航,并且发展成了专门的测量技术③。

两宋时期航海技术发展的最突出例子是指南针在航海中被普遍使用。迟至战国时期,磁石式"司南"已发明,这是天然磁石加工成的碟匙式测向仪器,但主要用于陆地,难以应用于颠簸的海面上。直至宋代,人工磁化技术的出现才使磁针用于海上定向成为可能。北宋庆历四年(1044)出现人工磁化的指南鱼(即鱼形铁片),北宋曾公亮《武经总要》曾记载其制作和使用方法,但没有详细说明指南鱼获得磁性的方法,可能是通过加热使铁片的分子顺地球磁场方向重新排列,也可能是通过将铁片与天然磁石共置于密闭容器中完成人工传磁。这种指南鱼磁化程度较弱,实用性不强。稍晚,又出现另一种钢针磁化法。按沈括在《梦溪笔谈》(1086—1093年间撰)中的介绍,只要用天然磁石摩擦缝衣针,就能使钢针内部的磁力线排列规则化,变为磁针。该方法简便有效,为实用指南针的制作开辟广阔前景。沈括还介绍了四种指南针的装置方法,即水浮法、缕悬法、指甲法和碗唇法④。"水浮法"是以磁针横穿一根或数根灯芯草,针因此获得浮力而浮于水上,从而可以指南。"缕悬法"是在磁针中部涂上一些蜡,上面粘一根丝线,把丝线悬在木架上,针下安放一个标有方位的刻度盘,静止时钢针可指示南北。"指甲法"是把钢针放在手指甲面上,轻轻拨动,由于手指甲光滑,磁针就和司南一样发生指南作用。"碗唇法"是把磁针放在光滑的碗边上,转动磁针,便和指甲法一样发生指南作用。其中在航海中最为简易实用的是"水浮法"。由于不论船舶在海中如何颠摇,容器中的水面总有维持平衡的倾向,所以水浮针的指向效果相当稳定。沈括还注意到磁化后的钢针指向为南微

---

① [东晋]沙门释法显撰,章巽校注:《法显传校注》"浮海东还·自师子国到耶婆提国",第142页。
② [东晋]葛洪:《太清金液神丹经》卷下,李零主编:《中国方术概观·服食卷》,北京:人民中国出版社,1993年,第176页。
③ 孙光圻:《中国古代航海史》(修订本),北京:海洋出版社,2005年,第268—269页。
④ [北宋]沈括:《梦溪笔谈》卷二四《杂志一》,金良年点校,北京:中华书局,2015年,第232页。

偏东,这是地磁偏角作用的结果。此种发现被宋人运用于航海实践,认识到指南针的指向实为正南偏东十五度,对于提高船舶导航精度具有重大意义。

最早记载航海中使用指南针的文献是北宋朱彧《萍洲可谈》,该书记述1099—1102年间广州的海运情况,称晴天时观察太阳和恒星以指引白天和夜晚的航行,阴天则凭指南针指示航向①。北宋宣和五年(1123)出使高丽的徐兢撰《宣和奉使高丽图经》,亦称出使中在海上航行时使用"指南浮针"。指南针在11世纪末与12世纪初只是海上导航的一种辅助设备,用于天气阴晦时,但由于其优越性,很快成为主要导航手段。南宋福建路市舶司提举赵汝适在《诸蕃志》里称指南针当时已是舟舶来往的唯一指向工具,关系生死,因此司航人员昼夜守视指南针,不敢有毫厘差池②。南宋咸淳年间(1265—1274)吴自牧在《梦粱录》里亦对指南针在航海时的关键地位有类似记载,尤突出其在阴雨时节的作用,并出现"针盘"之名③,表明水浮针于南宋时已演变为水浮式磁罗盘——针盘。

水浮针没有固定的方位盘,水浮针与圆形方位盘结合,便成"针盘",或名"水罗盘"。自南宋至明中叶,中国航海所用的罗盘都是"水罗盘",即磁针浮于水面而没有固定支点的水浮针盘。明初随郑和下西洋的巩珍在《西洋番国志》自序中曾描述这种水罗盘,将水浮针置放于用干支表示方位的圆形木盘上,即成水罗盘④。"罗盘"之名最早见于南宋曾三异的《同话录》,初指地罗盘。地罗盘又名"地螺",是古地盘向罗盘过渡的名称。古地盘是方位盘,初为方形,指向八方,如司南的底座。唐代出现有二十四向的地盘,为堪舆之用。南宋出现"地螺"之名,并提及利用两方位之间缝针的指向,意味着地盘已变为圆形并且可指四十八向。地罗盘配以水浮针,便形成水罗盘,郑和下西洋时使用的水罗盘为二十四向定位。指南针运用于航海,是人类航海史上的重大进步,李约瑟(Joseph Needham,1900—1995)曾经评价这一历史性的伟大进步把原始航海时代推到了终点,并且预示计量航海时代的来临。

在海船使用罗盘导航以后,每条航线都由许多针位点连接起来,这就是"针路"。将针位方向以及航路的长短和其他特征记录下来,就是"罗经针薄",用作航行的依据。元代周达观于13世纪末出使真腊(柬埔寨),在所著《真腊风土记》

---

① [北宋]朱彧:《萍洲可谈》卷二,李伟国点校,北京:中华书局,2007年,第133页。
② [南宋]赵汝适著,扬博文校释:《诸蕃志校释》卷下《志物·海南》,北京:中华书局,2000年,第216页。
③ [南宋]吴自牧:《梦粱录》卷一一《江海船舰》,上海:古典文学出版社,1956年,第235—236页。
④ [明]巩珍:《西洋番国志》"自序",向达校注,第5页。

罗盘

中记载航路时,表明是按针位航行①。14世纪元代官方文献规定,海上航行唯凭针路定向航行,可见罗盘针位成为当时主要的航路指南手段,这也是元代地文航海技术的重大进步之一。天文定位技术"牵星术"(即在船舶上利用牵星板来观测某一星辰的高度,借以确定船只所在的地理位置)到明代发展得更为成熟,并用"更"来记载航速和航程,用"托"来记载海水深浅。将所有这些对航路特征的观测和实践结果同罗盘针位方向指南综合起来,就形成了明代的领航书"针经"。针经在明代大量出现,正是当时航海技术和实践达到高水平的见证,可惜这类作品今天几乎遗失殆尽。从时人的一些描述中观其大概,则知针经对船舶沿途经过的地点、罗针方向、相去更数、牵星的高低、海水的深浅、海底泥沙岩石的情况、山形水势、礁石险滩等都一一注明。保存在明代茅元仪(1594—1640)《武备志》卷二四〇中的《郑和航海图》部分反映出针经的面貌。该图充分结合上述诸种方法,自南京画起,经苏门答腊、斯里兰卡、阿拉伯海,一直画到东非的慢八撒(Mombasa,今肯尼亚蒙巴萨),记载了沿途三百多个地名,对航行方向、航程远近、停泊何处、何处有暗礁、何处有浅滩,以及各处针路、星位的高低等都有精密、忠实和详尽的记录和绘制②。这是一幅非常实用的航海图,而经学者研究,其所标注的方向误差一般不超过5度③。

---

① [元]周达观撰,夏鼐校注:《真腊风土记校注》"总叙",北京:中华书局,2000年,第15—16页。
② 向达整理:《郑和航海图》,北京:中华书局,1961年。
③ [英]李约瑟:《中国科学技术史》第五卷《地学》,北京:科学出版社,1976年,第171页。

3. 动力技术

船舶在海洋中航行,必须需要动力,动力来源不外乎人力、自然力和机械力三种。依靠人力不能持久,机械力的使用近代以后才出现,古代航海的主要动力就是自然力,实即风力和洋流,并以风力为主。充分利用风力,一则需要掌握季风规律,二则需要使用风帆。

东亚的海陆位置使该地区成为世界上典型的季风带,冬季主要是偏北风,利于使用风帆向南航行;夏季主要是偏南风,便于海船向北航行。前秦(350—394)王嘉(?—390)的《拾遗记》载少昊与皇娥泛海时曾经用"相风"的办法来测知四时之风①,这当然不能当作信史看待,但它反映出人们在很早以前就有一些关于季风的知识并试图善加利用。有关季风航海的记载最早出现于东汉时期,东汉崔寔《农家谚》诗中提到"舶趯风云起,旱魃深喜欢"的谚语。宋代苏轼在其《舶趯风》诗的序文中说:"吴中梅雨既过,飒然清风弥旬,岁岁如此,湖人谓之舶趯风。是时,海舶初回,云此风自海上与舶俱至云尔。"②由此可见,东汉崔寔所言"舶趯风",就是指梅雨季节后的行船风,即东南季风。不过,对季风航海技术的实际应用,很可能早在东汉之前就已开始。东汉以后的中文文献对季风航海的记载更为丰富。《三国志·吴书·吴范传》载吴国大臣吴范知风气、善占候③。东晋法显《佛国记》称"载商人大舶,汎海西南行,得冬初信风,昼夜十四日,到师子国"④。《宋书·蛮夷传》载南朝刘宋时期,各国商船"汎海陵波,因风远至"⑤,可见这时各国舟人普遍掌握了季风航海技术。到宋代,航海者掌握了东至日本、高丽,南到东南亚,西至中东的季风规律。宋代对海洋潮汐的研究也有不少成果,如燕肃《海潮图》《海潮论》和沈括《梦溪笔谈补》,这时出现了很多记叙航路、海外风情、潮汐规律的著作和海道图,只是很多史籍未能保存下来。

大约同时,西方文献也开始记载季风航海技术,传说有个长期从事地中海至印度洋远航贸易、名叫伊巴露斯(Hippalos)的希腊水手在公元74年认识到了利用季风航行,因而后来人们把印度洋季风海流叫做"伊巴露斯风"。但是,现代研究表明没有任何关于伊巴露斯风发现的记载,所以它的实际发现者存

---

① [东晋]王嘉:《拾遗记》卷一《少昊》,萧绮录,齐治平校注,北京:中华书局,1981年,第13页。
② [宋]苏轼:《苏轼诗集》卷一九《舶趯风》,[清]王文诰辑注,孔凡礼点校,北京:中华书局,1982年,第972页。
③ [西晋]陈寿:《三国志》卷六三《吴书·吴范传》,第1421页。
④ [东晋]沙门释法显撰,章巽校注:《法显传校注》"师子国记游·师子国概述",第148页。
⑤ [南朝梁]沈约:《宋书》卷九七《夷蛮传·豫州蛮传》,第2399页。

疑,不过"伊巴露斯"这个名字代表着航海史上一个关键时刻,意味着希腊人自此可以安全顺利地从阿拉伯半岛海岸航行到印度。1世纪的罗马作家普林尼在《自然史》中总结了发现和利用这段海路的历史进程。而极有可能与中国类似,西方人对季风航海的实际应用在公元1世纪之前已经开始,毕竟厄立特里亚海(指红海和波斯湾区域)航线在公元前1世纪末已被希腊和埃及的商人频繁利用。普林尼还提到,当时印度人也知道利用季风。

要充分利用季风航海就需要使用风帆,风帆的出现要晚于船舶,且正是伴随人们对季风知识的掌握而产生。虽然文献中没有可信的资料表明风帆在中国产生的时间,但汉代肯定已经有帆。东汉刘熙在《释名》"释船"条中称:"随风张幔曰帆。帆,汎也,使舟疾汎汎然也。"[1]三国时期风帆技术的使用已然成熟,吴国丹阳太守万震在《南州异物志》(《太平御览》卷七七一引)中详细叙述了南海船舶的风帆:"外徼人随舟大小或作四帆,前后沓载之。有卢头木,叶如牖形,长丈余,织以为帆。其四帆不正前向,皆使邪移,相聚以取风吹。风后者,激而相射,亦并得风力,若急则随宜城(按:当作增)减之。邪张相取风气,而无高危之虑,故行不避迅风激波,所以能疾。"[2]也就是说,这种由卢头木叶编成的帆已经能用于偏风航行。在航海中遇到正顺风的情况并不很多,如遇左右后侧风、横向风或前侧风时,如果帆面还是正前向布置,就非但不能有效地利用风力,还会使船偏离预定的航向,甚至造成危险。因此在偏风的情况下,必须相应地调节帆的角度,利用风在帆面上产生的推进分力,并在舵的配合下克服横向漂力,使船按预定航向前进。万震还记载道,这种前后设置的双道风帆中的后帆,当遇到横向风时,可以45度角迎置,将风反射到前帆,借以推进船行。如欲船行加速,可置满帆,若欲降速,可落半帆,这种帆下大上小,因此帆下部受风面积较大,降低了重心,使船舶有良好的稳定性。风帆技术的出现与不断改进,必然会大大推动古代中西方之间海路交通的发展。

二、中西航线的开辟与经营

与陆路交通类似,海上交通发展与繁荣的标志之一是航路的开辟与利用情况。从汉代至明代前期,连接印度洋与太平洋西侧的航线被渐次发掘和频加利用,与丝绸之路南北辉映。

---

[1] [东汉]刘熙撰、[清]毕沅疏证、[清]王先谦补:《释名疏证补》卷七"释船第二十五",祝敏徹、孙玉文点校,北京:中华书局,2008年,第265页。

[2] [北宋]李昉等编:《太平御览》卷七七一《舟部四·帆》,第3419页。

1. 中国——印度洋航线

汉唐时期最早具体提到东西海路交通的是《汉书·地理志》,其中描述了一条从今广东沿海经中南半岛、东南亚前往黄支、皮宗、已程不国等地的航线①。目前学术界对这一航线沿途众多地名的具体认定还有很多分歧,但可以肯定大的范围是指今日东南亚及南亚地区。对黄支、已程不国的确认也取得共识,黄支是印度南部东海岸泰米尔纳杜邦首府马德拉斯(Madras)以南的康契普拉姆(Kanchipuram),即玄奘《大唐西域记》中的建志补罗;②已程不国则为今天之斯里兰卡。关于皮宗,共识是它应当位于马六甲海峡(Strait of Malacca)一带,但具体位置待定,有以为是马来半岛西南岸外的皮散岛(Pisang),有以为泛指马来西亚的柔佛州及新加坡一带东部,有以为是马来西亚的槟榔屿(Penang),还有以为是苏门答腊岛东岸的皮散岛。当时自中国起航的起点一般是日南(今越南广治省)、徐闻(今广东雷州半岛南端徐闻县)、合浦(今广西北部湾合浦县)等处。根据这些地名,可以确定《汉书·地理志》中的大体航行路线为:从广东徐闻、广西合浦、越南广治出发后,沿中南半岛东海岸南行,绕过中南半岛后继续沿海岸西行,再沿马六甲海峡穿过马来半岛,进入孟加拉湾,最后到达印度南部及斯里兰卡。通过这条航线也可以看出,这时期由于船舶体积相对较小,抗风浪能力差,不宜深海航行,也由于航海技术的限制,海船都不能远离大陆,只能沿着东南亚诸岛的曲折海岸线航行,所以航期极为漫长。但是《汉书·地理志》的记载充分说明中国的商舶早在公元前 2 世纪就可以自中国直航到印度次大陆南端。

文献中有关南海航线的记载在考古发现中也得到证实。《汉书》之《平帝纪》和《王莽传》多次提到黄支国献犀牛之事,近年来在广州发现多处这一时期的墓葬,其中就有陶制的犀牛角模型,特别是广州三元里马鹏岗 1 号汉墓还发现一件木胎漆扁盒,扁盒两面均以朱漆绘犀牛图案,形态生动,应是工匠根据所见活犀牛绘制。西汉时,中国大陆已不产犀牛,当时在东南亚、南亚和非洲都有犀牛,西汉中国出现的犀牛图案当与此时中国与印度洋地区的海路交通有密切关系。1983 年在广州发掘的南越国第二代王文帝赵眜墓中,还出土五根象牙,据分析为非洲象牙。可见,通过印度次大陆的中转,中国与印度洋以西地区在这一时期也已建立起间接甚或直接的海路联系。

中国——印度洋航线在魏晋南北朝时期由于佛教僧侣的活动而更加突

---

① [东汉]班固:《汉书》卷二八下《地理志下》,第 1671 页。
② [唐]玄奘、辩机原著,季羡林等校注:《大唐西域记校注》卷一〇《达罗毗荼国》,第 851 页。

出。随着这时期佛教东传，许多南亚佛教僧侣从海路前来中原传播佛教，也有一些中原佛教僧侣从海路前往印度取经求法。他们对佛教在中国传播所起的重要作用后文还将论述，此处要说明的是，佛教僧侣对此航线的频繁利用使一些学者称这时期中国与印度洋之间的海路交通为"佛教之路"。由魏晋南北朝时期自海路往返之僧侣所走的路线可以看出①，山东青州和广州是这条航线在中国这方的主要端点，而南亚和东南亚的恒河口、师子国（Simhala，斯里兰卡）、爪哇（Java）或苏门答腊（Sumatra）则是沿线重要停靠站。以法显为例，他经河西走廊、西域和葱岭，从陆路抵达印度，后于公元409年从恒河河口乘商船，抵师子国停留两年后，又乘商船抵达耶婆提（今苏门答腊），再换商船于义熙八年（412）七月返抵青州长广郡牢山（今青岛崂山）。法显的名著《佛国记》生动描绘了当时南亚和东南亚的风土人情，特别是对从师子国乘船越印度洋东归情况的叙述，是中国现存有关这段海程的最古老的完备记录。同时法显还在此书中详细记载了当时航海过程中有关船舶修补、天文导航、季风利用、航线、东南亚及南亚海上贸易等方面的信息，可以说是对当时航海水平与航海规模的一次总结，因而在中西航海史上有重要价值。比法显稍后，高昌僧人道普也曾被宋文帝派遣从长广郡（山东青州）前往印度求法，可见青州是海外贸易的重要港口。

2. 罗马到中国的航线

中国——印度洋航线开通的同时，西方也在积极探索对东方的海路交通，其中最主要的是罗马帝国开辟东方航线之举。中国与罗马的直接联系虽然较晚，但通过大夏、安息等中介，罗马人早就知道中国，中国的丝绸更是罗马贵族追求的时尚。公元1世纪之前，来自东非和印度的商品一般都在红海南端的曼德海峡两岸完成中转，再由红海沿岸的商人贩运到地中海地区。来自中国的丝绸运抵印度后，也是由这种途径转往欧洲，所以到达地中海后价格极其昂贵，《后汉书·西域传》载大秦（罗马）"与安息、天竺交市于海中，利有十倍"②。因此，垂涎丝绸厚利的罗马商人一直努力寻找通过海路与中国直接贸易的途径。

自从"伊巴露斯风"（即印度洋季风）在公元1世纪中叶被西方人发现之后，罗马商船开始大量直航印度。每年夏至前后，便有一百二十艘商船的埃及船队离开红海的迈阿斯·贺摩斯（Myos Hormos）海港，藉季风之助，在四十天内横

---

① 魏晋南北朝时期自海路前来中国的佛教僧侣，于今能考的有康僧会、佛驮跋陀罗、求那跋摩、求那跋多罗、波罗末蒂、僧伽婆罗、曼陀罗、须菩提、道普等；中原僧侣曾泛舟南海的则有法显、法勇、智俨及幽州人李勇等。

② [南朝宋]范晔：《后汉书》卷八八《西域传·大秦传》，第2919页。

渡阿拉伯海，抵达印度西海岸的马拉巴尔（Malabar）和锡兰岛。很多来自亚洲国家的商人则已在那里等待交易。埃及船队的回航定在12月或来年1月，商船抵港后，货物很快被装上驼背，从红海运到尼罗河，再顺流至亚历山大里亚，进而运到罗马。经这条航线从亚洲运来的货物有丝绸、宝石、珍珠及各式香料。这条埃及与印度之间的航线是连通罗马与中国的重要环节，正可与同一时期已开辟的中国——印度洋航线衔接。

1世纪中叶问世的一部佚名希腊文著作《厄立特里亚海航行记》（*Periplus of the Erythraean Sea*）在详细记录红海与印度洋区域的航线、水流、风向、港口、居民特性、航海资源和物产等信息之外，描述了四条航线：第一条顺着红海的非洲海岸一侧向南航行至非洲之角（Horn of Africa）；第二条从红海的阿拉伯海岸一侧出发，绕阿拉伯半岛直抵波斯湾腹地；第三条沿印度海岸航行；第四条则似乎是一条通达中国的航线，但描述不清，可能由于作者没有亲自体验过整条航线。书中对于最后这条航线的介绍依傍一艘印度商船的航程，这艘船要开往金洲（苏门答腊岛）或恒河河口，过了金洲之后，人们到达位于最北部的一个地方，这里有一个叫"秦那"的巨大内城，是丝绸、丝线和绸缎进入大夏的枢纽。书中随后描述这个地方居民的样貌和习俗，最后指出，那个地方至今还未开发。不过，进入2世纪，罗马人对通达中国的水道就有了进一步认识。

已有证据表明，沿罗马——印度航线到达印度的罗马商船曾试图继续东行。《后汉书·南蛮西南夷传》记载东汉永宁元年（120），掸国（Myanmar，缅甸）国王雍由调遣使入汉朝贺，献"幻人"，"能变化吐火，自支解，易牛马头。又善跳丸，数乃至千"。这些杂耍艺人自称为海西人，"海西即大秦也，掸国西南通大秦"①。这说明此时罗马人已经越过印度到达缅甸，在这里了解到掸国同东汉之间的关系，并终于经掸国到达洛阳。虽无确载，但可以推测伴随罗马艺人来到中国的应当不乏罗马商人。此后，《后汉书·西域传》载东汉桓帝延熹九年（166）大秦王安敦遣使自日南至洛阳，似乎表明罗马与中国第一次实现了海路的直通，即所谓"始乃一通焉"②。虽然有学者认为此次罗马使臣乃商人假冒，但是否真正为罗马使臣并不重要，关键在于这是首次从罗马经由海路来到中国的记载，是罗马与中国实现直航的标志。虽然其中也可能有许多偶然因素，但毕竟能反映出当时人类航海技术已达到的水平，也标志着横贯东西的海路交通正式形成。

---

① ［南朝宋］范晔：《后汉书》卷八六《南蛮西南夷传·哀牢传》，第2851页。
② ［南朝宋］范晔：《后汉书》卷八八《西域传·大秦传》，第2920页。

可惜的是，3世纪时由于罗马帝国内乱不止，没有能力关心与印度的关系，更无暇考虑与中国交通。而此时埃塞俄比亚的阿克苏姆人（Aksum, Axum）反抗罗马帝国并取得胜利，从而封锁红海，垄断与印度的贸易。4世纪，罗马与印度的航路又热络起来，可是却似乎没有罗马直航中国的记录。

3. 唐代的广州通海夷道

如同陆路交通一样，中西方的海路交通也在唐代达到一个新阶段，最重要的资料就是现存《新唐书·地理志七下》贾耽所记之"广州通海夷道"[①]，它完整地记录了自广州至阿拉伯海以至非洲东海岸的全部航程，这条航路以当时称之为师子国的斯里兰卡为界可以分为东西两段。

广州——斯里兰卡航线[②]如下：自广州驶出珠江口后沿海岸线南行，越过海南岛东岸，西南行至越南，沿越南东海岸一路南下，依次经占婆岛、林邑、归仁、芽庄和藩朗，至军突弄山（越南南端外海之昆仑山岛）。由军突弄山向南航行五日至海硖（新加坡海峡—马六甲海峡），海硖之南为佛逝国（应指苏门答腊岛），自佛逝国向东航行四五日可达诃陵国（Java, 爪哇岛）[③]。自海硖向西航行，依次可至葛葛僧祇国[④]、胜邓洲、婆露国、婆国伽蓝洲，自婆国伽蓝洲向北航行可至师子国[⑤]。

从斯里兰卡前往阿拉伯帝国则有两条道路：第一条道路自斯里兰卡沿印度

---

① [北宋]欧阳修、宋祁：《新唐书》卷四三下《地理志七下》，第1146页。

② 根据前引唐李肇《唐国史补》卷下，南海船舶，每年都定期航行至安南、广州，以往来于斯里兰卡的船舶最大，所在皆积宝货。法显当年就是走的这条航行，则广州到斯里兰卡之间的交通，不待贾耽的记录，已经是中古时期很有名的一条航线。

③ 诃陵国一向被考释为爪哇岛。贾耽称诃陵国是南中洲最大者，此处语意含糊，如果是最大的岛/陆地，则就不应是爪哇而应是加里曼丹（婆罗洲）。

④ 贾耽称此地是佛逝西北隅之别岛，自海硖向西三日可到，与此位置对应的有印尼的帕拉威岛/韦岛（Palau We）、不罗华尔岛（Palau Brueh, Palau Peunasu），不过帕拉威岛正扼马六甲海峡西部出口，比起位于其西南的另两座岛，或许更适合成为航线停靠站。费瑯认为是爪哇岛和苏门答腊岛之间的Gaspar Strait（或者Selat Gaspar岛），显然弄错了方向。

⑤ 胜邓洲被考释为苏门答腊北部东海岸棉兰附近的Langkat一带，婆露国被考释为苏门答腊北部西海岸巴鲁斯（Barus），则这两地与葛葛僧祇构成一个环苏门答腊岛北半部的三角，如果是航行，很难想象先至葛葛僧祇，又回头到胜邓洲，然后再折返葛葛僧祇并继续环岛至婆露国。贾耽未指明葛葛僧祇与胜邓洲的方位关系，只说需时四五日，但说明了婆露州在胜邓州之西五日路程，倘若如此，分处苏门答腊东岸与西岸呈南北向分布的Langkat和Barus不可能分别对应为胜邓洲和婆露国。婆国伽蓝洲被考释为孟加拉湾内的印度尼科巴群岛（Nicobar Islands）。贾耽只说自婆露国出发六日行至婆国伽蓝洲，未说两者的位置关系。但接下来说自婆国伽蓝洲向北四日行抵师子国，这就使婆国伽蓝洲是否尼科巴群岛又成问题，因为这两地是东西向关系。如果当时的船只抵达苏门答腊西北隅外岛，接下来比较可能的航行路线是继续向北至尼科巴群岛，然后向西至斯里兰卡（除非有特殊贸易需求要先绕至苏门答腊岛西岸）。所以，贾耽这段叙述很可能把直接向西的远程航线同苏门答腊岛和爪哇岛一带的短途航线乃至苏门答腊北上缅甸的航线掺杂在一起，比较后文《道里邦国志》的航线可以看得更清楚。

陶罐（10世纪，伊朗出土，受晚唐与伊斯兰风格影响，新加坡亚洲文明中心藏）

半岛西海岸西北行，先后经没来国（马拉巴尔）和拔颶国（恐指 Broach，布罗奇）抵提颶国（Diu，第乌）及其境内的弥兰大河（印度河）入海口，自此沿海岸线继续西行入波斯湾，并沿波斯湾继续西北行至提罗卢和国（波斯湾最北端的某处海滩），自此西行一日到达弗利剌河口（阿拉伯河入海口），换小船后沿河而上，就可到达阿拉伯帝国的重镇末罗国（Al Basrah，巴士拉），再由此向西北陆行，可达当时阿拉伯帝国的首都缚达城（Baghdad，巴格达）。第二条道路是自斯里兰卡直接西行，横渡阿拉伯海后到达三兰（Dar es salaam，也门之亚丁，也有学者认为是今东非坦桑尼亚之达累斯萨拉姆），由此沿阿拉伯半岛南岸东北行，绕过阿拉伯半岛东北角到达波斯湾口之没巽国（Mezoen，阿曼东北之苏哈尔）后，驶入波斯湾，经拔离謂磨难国（Bahrain Island，巴林岛），沿波斯湾东岸而行，至弗利剌河口与第一条道路相汇合。

从以上贾耽所记载的航路可以看出，中国海船的远洋航行能力已经得到极大提高，航线之远为前述《汉书·地理志》所述广东至黄支国、已程不国的航线所不能相比，船舶航行时也不再紧沿陆地，除了从苏门答腊北端可以横渡孟加拉湾直达斯里兰卡外，还可以从斯里兰卡直接横渡更为宽广的阿拉伯海。虽然唐代是否已有中国商船到达东非还没有定论，但从当时中国的航海能力上来讲，这已经是极有可能实现之事。

4. 阿拉伯人的东方航线

罗马帝国和萨珊波斯灭亡后，代之而起的是阿拉伯帝国，中文史籍中称之为大食。大食帝国地处欧洲与东亚之间，成为当时世界航海活动的中心。唐代的大食人主要通过海路进入中国，现存阿拉伯文史料有十分确凿的关于当时海上交通的记录。

几乎与贾耽记载广州至波斯湾巴士拉的"广州通海夷道"同时,著名波斯地理学家伊本·胡尔达兹比赫(Ibn Khrudadhbah,820—911)在《道里邦国志》(*The Book of Routes and Provinces*)中记载了一条从巴士拉通往中国的反方向航线,其详细程度也可与贾耽的记载相媲美。伊本·胡尔达兹比赫在大食阿拔斯王朝哈里发麦塔密德(Khalif Mutammid,869—885 年在位)统治时期曾担任吉巴尔(Jibal)省的邮政、情报长官,《道里邦国志》写于 844—848 年。书中描述的巴士拉——中国的航线为:自巴士拉先后至忽鲁谟斯和弥兰河河口,沿印度半岛西海岸向南航至半岛最南端,然后沿印度东南角与斯里兰卡之间的保克海峡(Palk Strait)向北,绕过斯里兰卡的最北端进入孟加拉湾,横渡孟加拉湾到达朗婆露斯(Langabalous,印度尼科巴群岛),从朗婆露斯航行六日到箇罗(Kedah,今马来半岛之吉达),从箇罗到贾巴(Djaba,指苏门答腊岛),自贾巴到梅特岛(Mayt,可能是苏门答腊和马来半岛之间海峡中的小岛),从梅特岛(向北)航行五日可到吉蔑王国(高棉王国,中南半岛南端),由吉蔑沿海岸前行三日到占婆(越南中部),由占婆向北水陆兼行约一百波斯里即可达中国的第一站鲁金(Luqin,唐代交州治所龙编,今河内)①。

比较伊本·胡尔达兹比赫和贾耽的叙述,贾耽关于苏门答腊到斯里兰卡这一路的记载有不明之处。伊本·胡尔达兹比赫提到从斯里兰卡北端横渡孟加拉湾到朗婆露斯(可以理解为尼科巴群岛到苏门答腊北端一带)需十至十五日,从朗婆露斯到箇罗需六日,在斯里兰卡和马来半岛之间的海域上,尼科巴群岛的确位于约三分之一界限处(距马来半岛近)。贾耽记载婆国伽蓝洲(被考释为尼科巴群岛)到师子国只需四日。即使考虑洋流风向的影响,尼科巴群岛和斯里兰卡之间往返的时间相差 2.5 倍到 4 倍似乎也太多,更何况贾耽说师子国位于婆国伽蓝洲北面。然而斯里兰卡南面海域没有可供停靠的小岛,尼科巴群岛最北端的对面则是缅甸。由此推断,贾耽很可能把尼科巴群岛至斯里兰卡的航线同尼科巴群岛至缅甸的航线混淆起来。

伊本·胡尔达兹比赫在这部书中还描述了当时中国的几个港口:"从栓府(Al-Sanf,占婆)至中国的第一个港口鲁金,陆路、海路皆为 100 法尔申(farsang,古波斯'里',1 法尔申的长度等于陆地马行 1 小时,水行顺风船行 1 小时)。在鲁金,有中国石头、中国丝绸、中国的优质陶瓷,那里出产稻米。从鲁金至汉府(Khanfu,广州),海路为 4 日程,陆路为 20 日程。汉府是中国最大的港

---

① [阿拉伯]伊本·胡尔达兹比赫:《道里邦国志》,宋岘译注,第 64—75 页。

口。汉府有各种水果,并有蔬菜、小麦、大麦、稻米、甘蔗。从汉府至汉久(Khanju,当为福建某地)为8日程。汉久的物产与汉府同。从汉久至刚突(Qantu,江都郡)为20日程。刚突的物产与汉府、汉久相同。中国的这几个港口,各临一条大河,海船能在这大河中航行。这些河均有潮汐现象。在刚突的河里可见到鹅、鸭、鸡。"①总之,如同我们上一章讨论杨良瑶的出使时所提到的,当时阿拉伯商船来往于波斯湾与中国之间已经非常普遍,东南沿海一线主要港口业已成为阿拉伯商人熟悉之地,广州更成为当时海路贸易的中心。

阿拉伯商人苏莱曼在游记(851年编定,880年续成,收入《中国印度见闻录》)中也叙述了从波斯湾到中国东南沿海地区的航线。虽然他忽而写从西到东的航线,忽而写从东到西的航线,但仍然可以辨识出完整航线与伊本·胡尔达兹比赫的差异不大,只是从印度南端到苏门答腊时不是贯穿保克海峡后从斯里兰卡北段横渡至尼科巴群岛,而是经过斯里兰卡岛的南端横渡至苏门答腊西北端的外岛②。

贾耽的"广州通海夷道"和伊本·胡尔达兹比赫的《道里邦国志》可以说是从东西方两个方面分别对唐代中西海路交通所做的总结,也正是东西方之间的这番共同努力,才使中西海路交通逐渐走向繁荣,并在宋明时期达到鼎盛。

5. 元代新的海外航线

根据马可·波罗和伊本·白图泰的游记,以及元代中国旅行家汪大渊《岛夷志略》的记载,元代在宋代的基础上开辟了一些新的海外航线,主要行程是:海舶从中国的广州、泉州、杭州、温州、庆元等港口出发后,向南航行至南巫里(苏门答腊大亚齐),向北至白古(缅甸勃固),再西北行至朋加拉(孟加拉达卡),再转南至马八儿、加异勒(印度纳加尔考耳),南渡至僧加那山高郎步(斯里兰卡科伦坡),由此向西南航行至北溜(马尔代夫首都马累),向西北航行至俱蓝,再沿海岸线向西北航行至印度河口(巴基斯坦卡拉奇),向西至波斯湾的忽鲁谟斯,再向西航行至波斯罗(伊拉克巴士拉),由忽鲁谟斯向南航行至祖法儿(阿曼佐法儿),向西入亚丁湾,经西岸默伽(沙特阿拉伯麦加),继续向西北行可至开罗。

阿拔斯王朝1258年亡于蒙古后,阿拉伯世界的政治、经济、文化中心从此由巴格达转移到开罗,开罗很快成为东西方海上交通的一个重要据点,也是各国商品的集散中心。中国运来的商品有很多都是经由开罗中转,再输往欧洲和

---

① [阿拉伯]伊本·胡尔达兹比赫:《道里邦国志》,宋岘译注,第71—72页。
② 穆根来等译:《中国印度见闻录》卷一,第3—6页。

非洲的许多地方。中国的海舶也可以在祖法儿向南,经亚丁湾口后至东非的摩加迪沙(Mogadishu,索马里首都),再向南至层摇罗(Zanzibar,坦桑尼亚桑给巴儿),继续向南直到马达伽思迦儿岛(Madagascar,马达加斯加岛)。这些航线的开辟虽然并非完全始自元代,但无疑是在元代才被更频繁地使用并对之有了可靠的记载。

6. 明代的"西洋"航路

明代的东洋与西洋之分大体以今加里曼丹岛为界,主体是印度洋及其沿岸国家和地区,郑和七下西洋正是对该区域航路的集中探索。郑和前三次的航线是从江苏至福建,再经占城、爪哇、旧港、锡兰山,抵古里。后四次则在到了古里之后继续西北向航行,到达波斯湾口的忽鲁谟斯,再出波斯湾进入阿拉伯海,经阿拉伯半岛南端的阿丹,依次抵达东非的木骨都束、不剌哇和麻林等地。

总体而言,官方记载的郑和西洋航路没有超出元代的航行范围。不过,英国退休海军军官孟席斯认为,郑和船队借助不同季节的洋流和季风完成了环绕各大洋的航行。只是这样的看法,并不为学术界所接受。

第六章　海上交通的兴衰【下】：政策与影响

一、宋元时期政府态度对发展海上交通的影响

宋元时期为中西海路交通的高度繁荣时期，宋元政府通过海路与许多国家和地区建立了密切联系，市舶贸易则见证着中西方经济往来的频繁，这一时期海路交通的重要性远远超过了陆路交通。

在古代中国，航海技术进步并不必然导致海上对外贸易繁荣，而政府态度对海上贸易发展的影响却总是立竿见影。从贸易政策发展的历史演进看，历代政府对海上贸易的控制逐步加强。汉唐时期，海路交通作为陆路交通的补充而逐渐发展，主要受制于航运条件，并作为民间通道存在。由于对外贸易的重心是陆路贸易，政府的经营重心在于陆路，对于海上贸易奉行宽松开明政策，优待和鼓励外商，未见颁布过贸易禁令。宋代虽积极鼓励海上贸易，但力图通过系统严密的市舶条法将海上贸易控制在政府手中，最大限度地获取市舶利益。元朝政府为了垄断贸易利润，甚至通过官本船贸易制度将民间贸易也纳入官方贸易渠道。明清则是大力压制海上贸易的发展，即连郑和航海的壮举背后也演绎着对民间海上贸易的遏制。

1. 海上贸易与社会经济的关系

整个中国古代，海上贸易与社会经济发展的关系有两个特点，一是海上贸易在整个国民经济中所占比例微乎其微，对社会经济的影响十分有限；二是海上贸易的发展与社会经济的发展并不必然相互影响。比如宋代社会经济发展对海上贸易的影响实际是经济重心南移促进了海上贸易，而非全国范围内的经济增长促进海上贸易。唐代后期海上贸易的快速发展也与经济重心的偏移关系显著，皇室衰微、西北陆路交通及贸易衰落、与日本和朝鲜的海上贸易趋于频繁、东部和南部经济崛起、地方势力的发展等都促进了海上贸易。作为中国传统外销商品的丝绸，其生产重心在唐代中后期已转移至南方江浙一带。唐末以后发展为新兴外销商品的陶瓷，其主要生产地龙泉窑、景德镇窑、吉州窑、德化窑等也都集中在东部、特别是东南地区，而瓷器又不适合通过陆路运输。宋代

经济重心南移的表现更加突出：首先，出口商品的供给地转移到离港口更近的东南沿海地区；其次，进口品的主要消费市场也更接近贸易港口；再者，江南地区农业、制茶业、制瓷业、纺织业、商业的显著进步，为进出口贸易创造潜力巨大的经济腹地和市场空间。

两宋时期，西部陆路的不畅是海路交通发展的一个动因，因此也在一定程度上促成了海上贸易的兴盛。陆路交通的局限性在于它只能通过相互毗连的国家，要想到达遥远的西方，便要穿过一连串国家或部族，如果其中有一个区域发生了变乱，或有任何一个群体为垄断贸易而操纵了这条道路，就会影响全线的畅通。宋朝陆上贸易依然存在，只是与海上贸易相比微不足道。宋朝海上贸易政策与政治外交政策间存在明显反差。被动收缩的外交政策不能为宋朝树立崇高的国际威望，但对海上贸易的发展并非无利，因为它也使宋政府减少了许多重义轻利之陈规的约束，付出的贡赐贸易的代价少得多，也可在一定程度上使宋政府较其他王朝更多地以功利目的对待海上贸易。宋政府还严格限制朝贡贸易以减少回赐数量。另一方面，宋政府在北方的军事失利也迫使它积极鼓励海上贸易发展以增加财政收入，这些财政收入是为了豢养庞大的军队并填补因给北方政权出让经济权利而造成的财政窘乏。

较为安宁和蓬勃向上的国际局势是宋代海上贸易繁荣的外部条件。印度洋至中国海一带的贸易体系自产生以来就是和平安宁的，维护这种局面的一个重要经济基础是互补性贸易结构。而且宋代时期，东亚、东南亚、印度、阿拉伯直到欧洲都处在经济文化的上升发展时期，这些地区的经济供给能力和消费能力都在普遍提高，对宋朝而言就是贸易市场的扩大。此外，东非沿海城市因7世纪末到10世纪末大批阿拉伯人迁入而兴起，成为宋代的另一个海外市场。宋代海上贸易范围大大超过唐代，与东南亚海岛地区、印度西海岸、红海和东非海岸等的贸易往来有明显增长。若说宋代中国商人与东非沿岸地区有了直接交往，这一观点可以成立，因为非洲发现的大量宋瓷和部分宋钱说明中国商品流通到该地，宋代的航海和造船技术也已能支持宋人远航东非，至少东非已是宋朝海上贸易的市场范围。

汉代从海上进口的商品主要有明珠、琉璃、奇石异物等单位体积小而价值大的商品，这是由当时船舶载重量和航海技术决定的。唐代史书记载的进口品名目比之汉代明显增加，有人统计为七十多种，而宋代进口商品种类则数以百计。但是，从汉至宋，进口商品以奢侈品为主的态势从未改变，仅是奢侈品的品种和数量有所变化，这也是海上贸易与国际民生和整体性社会经济没有直接关系的一个表现。而中国的出口物品，从汉唐至明清，都是以加工产品为主。

宋代进口商品分类表

(据《宋会要辑稿》《宝庆四明志》《岭外代答》《诸蕃志》《云麓漫钞》《香谱》)

种类	品名
珍宝	金银、象牙、犀角、珍珠、珊瑚、玳瑁、翠羽、玛瑙、猫眼、琉璃
香料	沉香、乳香、降真香、龙涎香、蔷薇水、檀香、笺香、光香、金颜香、笃耨香、安息香、速香、暂香、黄速香、生香、麝香木
药材	苏木、阿魏、肉豆蔻、白豆蔻、没药、胡椒、丁香、木香、苏合油、血碣、脑子、鹿茸、茯苓、人参、麝香
日常用品	吉贝布、番布、高丽绢、绸布、松板、杉板、罗板、乌婪木、席、折扇
军事用品	硫黄、镔铁、日本刀、皮货、筋角

宋代出口商品分类表

种类	品名
手工业制品	瓷器、陶器、丝绸、布帛、书籍、漆器
金属制品	铜器、铜钱、金银、铅、锡
工艺品	玩具、乐器、伞、梳、扇
农副产品	茶、糖、酒、果脯、米、盐、药材

2. 宋元市舶贸易的演变

唐以前,航海贸易没有专门的管理机构,都交由沿海州郡地方长官监管,地方官因此常谋得厚利,唐代初期仍沿袭旧制。唐代中叶以后海上贸易的兴起促使唐朝政府加强对海上通道的经营力度。广州作为唐朝与南海各国主要通商港口,从武德至天宝时期,海外贸易不断勃兴,地方官吏为从中渔利而巧取豪夺,而朝廷开始着手监管进出口贸易。至迟开元二年(714),唐朝设市舶使于广州,并对输入的珍贵物品实行收买专卖("收市"或"榷"),广州收买专卖的收入相当于当地的两税收入。市舶使的派遣说明海上贸易有了与前代完全不同的规模和意义,贞元至天祐间(785—907),广州对外贸易平稳发展,历任岭南节度使和市舶使在其中发挥重要作用。但市舶使职务仍属使职差遣性质,不是管理贸易的专门机构。

两宋政府继承唐朝的思路,力图通过加强管理以获取来自海上贸易的利益,同时也采取积极的措施推进海上贸易,体现出对海上贸易既鼓励又控制的管理方针。在唐代市舶使制度的基础上,宋朝设立较完备的市舶机构,并把市舶制度发展为系统和有条文的贸易管理体系,此制度旨在把重要的对外贸易项目收归政府垄断,以获得巨额收入。海上贸易的收入在宋代已经具有一定的财政意义,而陆路对外贸易在宋代从未纳入过财政体系。同时,管理对外贸易及

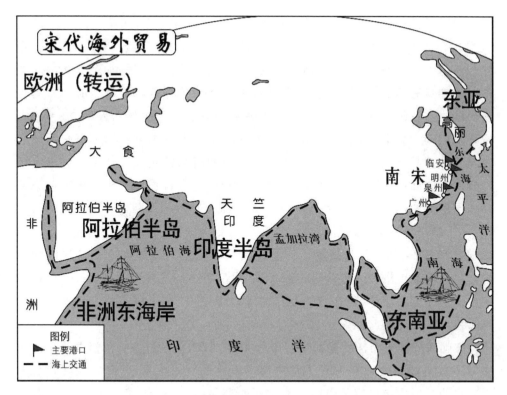

宋代海外贸易

进口品营销的整套机构都是根据海上贸易而非陆路贸易的需要制定。北宋初年就在广州、明州（今浙江宁波）、杭州三地各设市舶司管理海上贸易,此后在泉州、密州（今山东诸城）、秀州（今浙江嘉兴）、温州、江阴也相继设司。南宋以后,除密州、江阴外,其余诸司依然存在。市舶官起初由地方任命,逐步发展为由中央派任,市舶司最终成为一个直属中央的专门管理海上贸易并具系统职能的独立机构,由此使海上贸易成为一个独立行业。

市舶司的变化表明宋政府对海上贸易管理的总趋势是由中央与地方共同管理向由中央统管转变。按《宋史》卷一六七《职官志七》所载,市舶司的职掌如下：1）接待贡使、招徕蕃商；2）检查入港蕃舶；3）抽解与博买舶货；4）抽博货物的送纳与出售；5）管理舶货贩易；6）管制华商汛海贸易；7）执行海禁、辑访私贩；8）监督与管理蕃坊；9）主持祈风祭海。管理舶商的程序是,凡海舶出发之前,先到市舶司登记,由该司发给准许出海贸易的公券或公据。海舶回航时必须回到原出发港口交还公据。征收舶税暨抽解则是当海舶抵岸后,须先将全部货物送存市舶库,由市舶司根据货物的种类、价值,"抽解"十分之一到十分之四的舶税。收买或抽博舶货是指当货物经过"抽解"后,要先经官府低价"博买","博买"的比例根据货物种类从百分之一到百分之三、四不等。"博买"之后才发给允许自由销货的公凭引目。而销货若在本州境内就不再征税,若远销外州还需另外交税。有些货物只能由官方"博买",禁止民间经营,称为"禁榷",主要是奢侈品①。祈风祭海这项职能尤具宋代特色。祈风祭海是海商贸易活动的重要组成部分,海商以之为关系财运兴衰以至生死的大事,海神和天妃在他们的生活中具有无上权威。唐代后期,广州南海神庙的官方祭拜活动已经与对外贸易产生关联。设于珠江口扶胥港的南海神庙因中外海商进出港口时祈求报谢而香火鼎盛,被列于国家祭祀,岭南地方官员和市舶官员定期祭拜并多次整修扩建。到了宋代,政府为了最大限度获取贸易利益和牢牢控制海上贸易,干脆把民间久已盛行的祈风祭海活动变为国家一项制度,委派市舶官员和地方官主理其事,并对海商信仰之神及祭祀活动兴隆的地方赐以封位和名号。每当海舶出港或入港之时,当地市舶司都要举行盛大的祈风仪式。泉州在宋代是一个通商巨港,现在该地九日山上还保留不少祈风石刻,由此可以想见当时盛况②。

宋朝政府控制市舶贸易的意图十分明显,但毕竟市舶贸易和朝贡贸易性质完全不同,它是宋朝政府和私人海商之间发生的贸易关系,以追求经济利益为主要目的。宋代市舶贸易中通过市舶司的商品绝大部分要投入市场并散布民间,并通过对商品的"抽解"和"博买"为政府带来了十分可观的经济收入。海上贸易进出口总额很难进行精确统计,但可以作一些推算,比如高宗时,广泉两州加两浙路每年贸易总额应在千万贯以上。绍兴二十九年岁赋总入应在一亿贯左右,进出口总额约占五分之一,超过两千万贯。据王应麟《玉海》卷一八六所载,南宋政府每年总收入不过四万万缗③,市舶收入竟占二十分之一。

宋朝政府也对贸易港实行系统管理,贸易港的兴衰不仅决定于经济、交通等社会、自然条件,还受到政府政策的调控。宋政府把对港口的控制作为管理海上贸易的重要内容,干预和调整港口布局,根据形势需要关闭或扶持某些港口。如明州和密州市舶司受到政府的强烈干预,南宋宁宗更化之后,废掉江阴、秀州、温州的市舶司,这都对贸易发展造成不利影响。唐代主要贸易港有交州、广州、泉州、扬州四大港,宋代则北自京东路,南至海南岛,港口以十数,且这些港口不再是零星的点状分布,而是受区域经济和贸易状况的影响,大致可以分

---

① [元]脱脱:《宋史》卷一六七《职官志七·提举市舶司》,第 3971 页。
② 关于市舶司的讨论,参见苏基朗:《刺桐梦华录》,李润强译,杭州:浙江大学出版社,2012 年,第 42—50 页。
③ [南宋]王应麟:《玉海》卷一八六《宋朝岁赋》,扬州:广陵书社,2003 年,第 3404—3405 页。

为广南、福建、两浙三个相对而言自成体系的区域,并且在每个区域中形成大小港口并存的多层次结构。两浙路以杭州和明州居主导地位,福建路以泉州居主导,元祐二年于泉州设市舶司,总领福建路海上贸易,广南以广州港为主导,广州港是全国最早设立市舶司的港口,并在两宋很长时期内执海上贸易之牛耳,岁入曾居全国市舶收入十之八九。政府对贸易港的日常管理措施包括:1)在贸易港修建固定的停泊码头,码头边建市舶亭或来远亭,以利对进出港船舶的检查和抽税。2)在贸易港口设储存货物的仓库。3)设专门的机构保护港口及入港商船的安全,如广州、泉州等港设望舶巡检司,广南路设打击海盗的摧锋军,泉州港建军寨。这些军队还有杜防走私贸易的目的。4)建立系统的出入港登记、验货、抽解与收买、办理公凭等制度,市舶机构中从市舶使到勾当公事、孔目、专库、专秤等各级官吏无不与港口管理有关。

宋朝政府全面管理海上贸易的又一表现是,鼓励民间商人和海外商人的贸易。对民间商人,从事贸易的条件相对宽松,贸易成绩显著者还能得到奖励甚至被授予相应官职。这些鼓励政策使中国沿海民间商人纷纷投向海上贸易,使唐中叶以前中外海上贸易主要控制在波斯和阿拉伯外商手中的局面彻底改变,也使政府使节附带进行的贸易行为显得微不足道。此外,宋政府政治上的收缩和对朝贡贸易的限制也导致把贸易领域更多地留给民间海商。正是这些为利益奔波的广大民间商人掀起宋代海上贸易的高潮。泉州地区之所以至宋代方才形成显著出海贸易之风习,原因除了自五代时期闽国以来政府的鼓励之外,有学者认为,10—12世纪来泉州地区的大批回教商人(阿拉伯人和波斯人)对该地海贸习俗的形成有重大影响,且一旦成为习俗,就代代传扬,终成该地区基本特色①。

宋朝市舶司招徕藩商外使的任务中还包括要维护外来商客正当利益,但实际上远超过维护正当利益,而是对外商提供一系列令本国海商望之兴叹的优惠待遇。如外商有在华居住权和贸易权,其财产、习俗等方面的权利受保护,有入学、入仕的机会,遇难外商可得宋政府抚恤和救济,政府每年还设宴犒劳外商。除开列如上优惠措施外,政府甚至派员直接去海外招商。如《宋会要》载宋太宗雍熙四年(987)遣内侍八人赍敕书金帛,往南海诸国招引外国商人来华贸易。南宋因只有半壁江山,政府收入更有赖于海上贸易,宋高宗赵构对此有清醒的认识,据《宋会要》记载,赵构分别于绍兴七年(1137)和绍兴十六年(1146)发布鼓励市舶贸易的谕令。《宋史·食货志》记高宗绍兴六年(1136)下诏对招诱外

---

① 张彬村:《宋代闽南海贸习俗的形成》,《海交史研究》2009年第1期,第1—10页。

商有成绩者给予官爵奖励,而蔡景芳就因招诱舶舟有功补承信郎,大食商人蒲啰辛以所贩乳香值三十万缗亦补承信郎①。

元代特殊的历史环境下,陆上丝路有所复兴,但对贸易的贡献不能与海上贸易规模相提并论。元代建立以后,除在船舶制造技术和开辟航线方面有新气象,也继承两宋时期积极发展海上贸易的政策,并在制度方面进一步完善,从而使元朝的海路交通和海上贸易在宋朝的繁荣局面上更上一层。元朝政府在对海上贸易的管理上大体承袭宋朝的政策,如在重要港口设置市舶提举司,置海外诸番宣慰使与市舶使,也对海上贸易进行积极鼓励,但对海上贸易的控制更形严密。

公元1277年,元政府首先在泉州、庆元(宁波)、上海、澉浦设置市舶提举司,后又增加广州、温州、杭州三处,此后虽有改动,但广州、泉州、庆元三处一直保持。海外诸番宣慰使一职表明元朝官方直接出面招邀海外诸国,但除此种鼓励措施之外,还从公元1285年起采取"官本船"政策来推动海上贸易。据《元史》卷九四《食货志二》记载,"官本船"就是"官自具船、给本,选人入番,贸易诸货。其所获之息,以十分为率,官取其七,所易人得其三"②,也就是国家投资而由民间海商或船主来经营,这种做法对海上贸易的发展有明显促进作用,但也体现了政府垄断海外贸易的意图。

唐宋两代虽都拟订过一些有关市舶的法则,但尚未形成完整的市舶条法,而元朝政府在1293年制定了市舶法则二十三条,后于1314年修订为二十二条,在中国历史上第一次规定了中外商舶从事海上贸易的细则。元代市舶法则的制定,是为了加强对海上贸易的管理,禁止各种非法贸易活动,保证国家从市舶的抽分与税收中所得的利益,同时也在一定程度上考虑到海上贸易可以"便民"。按市舶法则的规定,中国海舶在开洋前要向市舶司报明船舶的大小、船上的成员、所载的货物和所至的地方,由官方验核后发给公据。出洋以后,必须在规定时间内返回,并"不许越投他处"。海舶回来后,必须向市舶司报明运回的货物种类、数量等,由市舶司进行抽分和征税。而抽分和征税的比例变化较大,元初基本实行细货二十五分取一,粗货三十分取一;1293年的市舶法则规定粗货十五分取一,细货十分取一,另在抽讫货物中征收三十分之一的商税;1314年修订市舶法则时,抽分改为粗货十五分取二,细货十分取二。对于不服从以上规定,或存在藏匿、夹带、私贩、擅自发舶、转岸私卖以及多抽、受贿等行为,

---

① [元]脱脱:《宋史》卷一八五《食货志下七·香》,第4537页。
② [明]宋濂:《元史》卷九四《食货志二·市舶条》,北京:中华书局,1976年,第2402页。

均属违法,轻则没收货物或赃贿,重则判处刑罚。市舶法则还规定金、银、铜钱、铁货、人口、丝绵、缎匹、销金、绫罗、米粮、军器等均属"不得私贩下海"的物品。由此看来,元代对海上贸易的控制非常严格,伊本·白图泰在其游记中对这一点就有详细生动的描述,并为之大发牢骚。而丝绸制品在海上贸易中受限,倒促进了瓷器外销。

3. 海上贸易与对外关系

两宋时期不仅发展海上贸易,也积极通过海路同东南亚、南亚以及阿拉伯等地的国家和地区建立亲善关系,海路成为中国与海外各国交往的主要通道。如见诸《宋史·外国传》的交趾、占城、真腊、蒲耳、大理等东南亚诸国,"自刘铱、陈洪进来归,接踵修贡。宋之待遇亦得其道,厚其委积而不计其贡输,假之荣名而不责以烦缛;来则不拒,去则不追;边圉相接,时有侵轶,命将致讨,服则舍之,不黩以武"①。对于在海上贸易中有重要地位的国家,宋朝政府更是以封赐、厚赠等措施主动修好。如中西海路贸易中的重要中转站、苏门答腊岛上的古国三佛齐,《宋史》卷四八九《外国传五·三佛齐传》载宋政府在元丰年间(1078—1085)、咸平六年(1003)对之有巨额馈赠,并满足其为本国佛寺赐名赐钟的要求,诸种优待使三佛齐在两宋入贡三十多次②。宋政府亦主动与贸易地位同样重要的西亚大食建立友好关系,乾德四年(966)首先遣僧行勤出使大食,开宝元年(968)大食第一次向宋朝遣使,此后则不断来朝,《宋史》《宋会要》和《诸蕃志》等书记载了五十多次。这种睦邻友好的外交政策,对两宋时期的海上贸易发展有重大影响。

与宋朝类似,元朝政府也致力于通过海路与东南亚、南亚和西亚各国积极建立官方关系。至元十五年(1278)元朝消灭南宋以后,试图继续向南扩张,忽必烈时期曾先后出兵安南、缅甸、泰国、占城、爪哇等地,其中1282—1283年间对占城和1292年对爪哇发动的战争都是通过海路进行的。两场战役都以元军的失败告终,不过这些战争客观上也促进了元朝与东南亚的交通往来。忽必烈去世后,新即位的元成宗停止了对东南亚的军事进攻,这些国家也相继向元朝遣使朝贡,彼此维持和平友好的外交关系。

元朝也同印度有密切来往,且主要是通过海路进行。当时的印度已分裂为众多小国,其中马八儿与俱蓝是两个较有势力的国家。马八儿(Maabar,印度科罗曼德耳海岸)在印度东南端,而俱蓝(印度奎隆)在印度西南端。1279年,

---

① [元]脱脱:《宋史》卷四八五《外国传一·夏国传上》,第13981—13982页。
② [元]脱脱:《宋史》卷四八九《外国传五·三佛齐传》,第14088—14089页。

忽必烈遣使诏谕海外诸番，马八儿等奉表称藩，但俱蓝等国未予理会，于是导致杨庭璧四次出使印度。杨庭璧生平不详，曾任广东招讨司达鲁花赤。《元史》记他至元十七年(1280)第一次出使印度，自海道抵达俱蓝后，俱蓝国王以自己的弟弟为使，随其一同归国，并呈"回回字降表"。次年，杨庭璧与俱蓝使者同行，至斯里兰卡后因风阻粮乏，只好先到马八儿，准备沿陆路前往俱蓝，但因正值马八儿与俱蓝交恶，未能抵达而返回。至元十九年(1282)，杨庭璧第三次沿海路出使俱蓝，其国王再次表示愿遣使向元朝进贡。当时在俱蓝的印度其他小国使者也来会见杨庭璧，并纷纷表示"愿纳岁币，遣使入觐"①。杨庭璧同俱蓝使者一同回国途中，那旺国(安达曼海西侧的尼科巴群岛)和苏木都剌国(苏门答腊岛北部)还派使者同来元朝朝贡。1283年，杨庭璧作为元帝国的宣慰使再次出使俱蓝等国。杨庭璧的四次出使极大地提高了元帝国在东南亚和南亚的影响，到至元二十三年(1286)，先后入元朝贡的海外诸番共有十国。

随着海上贸易的繁荣，宋代已有大量海外客商留居中国，特别是大食商人，由于往返一次通常历经两年而必须留住中国。这些短期留住中国的海商称之为"住唐"，在当时的重要贸易港口广州、泉州都有规模很大的专供他们居住的"蕃坊"，并置蕃长进行管理，如《萍洲可谈》所载。这些海外客商中也有不少长期居留中国，甚至几代定居，中文史籍称他们"土生蕃客"。由此也出现了教育这些客商子弟的专门学校"蕃学"，苏轼《辛押陀罗归德将军敕》记大观、政和之间(1107—1117)广州、泉南请建蕃学。有些客商家资巨万，富甲一方，甚至对政治事务有重大影响力②。苏轼提到的这位辛押陀罗按苏辙《龙川略志》和《宋史》的记载，不仅是巨富，还曾向宋朝政府提出愿意捐献银钱帮助修缮广州城垣，但未被接受③。泉州的大食商人蒲寿庚(1205—1290)也在海上贸易中积累了大量的财富，并因率兵击败海盗而被任为泉州舶司三十年，后又升任福建安抚沿海都制置使，仍兼提举市舶。因其既掌握军队又掌握财政，还指挥着大量海舶，所以当不娴水师的元军攻占东南沿海时，蒲寿庚对元军的态度具有举足轻重的作用，他于景炎元年(1276)投降元朝之举大大加速了南宋的灭亡。④

---

① [明]宋濂：《元史》卷二一〇《外夷传三·马八儿等国传》，第4669—4670页。
② [北宋]苏轼：《苏轼文集》卷三九《制敕·辛押陀罗归德将军》，孔凡礼点校，北京：中华书局，1986年，第1110页。
③ [北宋]苏辙：《龙川略志》第五《辨人告户绝事》，俞宗宪点校，北京：中华书局，1982年，第28页；[元]脱脱：《宋史》卷四九〇《外国传六·大食传》，第14121页。
④ 参见蔡鸿生：《宋代广州蕃长辛押陀罗事迹》，李向玉、刘泽生主编：《中西文化》("澳门理工学报丛书")，北京：社会科学文献出版社，2018年，第61页。苏基朗：《刺桐梦华录》附录二《再说蒲寿庚》，李润强译，第327页。

鄂多立克像

在海上贸易的促进与影响之下,元代许多沿海商业城市都达到高度繁荣,令每一个来华外人惊叹不已,如马可·波罗的游记和 14 世纪初来华之意大利籍方济各会士鄂多立克(Odorico da Pordenone,约 1286—1331)口授完成的《鄂多立克东游录》,都对中国沿海城市的海上贸易盛况和繁荣景象有形象描述。元代最著名的海上贸易港口城市当属泉州。蒲寿庚之降元,使泉州得到元朝政府的着力经营,而泉州本身具有天然良港的优越条件,福建又盛产瓷器、茶叶等主要出口商品,泉州当然会成为元代最大的对外贸易港口和东西方物资的集散地。不但大部分出口物品都经泉州输出,大量进口物资也经泉州转往国内各地。元代泉州港的繁荣已超过广州,而按《马可波罗行纪》所说,甚至当时世界上著名的埃及亚历山大港的货物吞吐量也无法与之比拟,《伊本·白图泰游记》亦认为就船舶容量而言,泉州港是世界上最大港口。元代泉州对外贸易的空前活跃,直接反映了当时中国海上贸易之兴盛。

二、郑和下西洋与海上交通的逆转

明朝永乐年间郑和七下西洋的壮举,谱写了中国古代航海事业上最辉煌的一篇,却也是古典时代的终结篇,其中留下了许多令后人追索不断的悬案,也留下许多令人反思的问题。

1. 明初海禁政策及其影响

明朝建立以后,首先关心的是恢复国内生产和安定政治秩序,除加强保卫西北边境以全力防范蒙古势力复辟外,对海外各国采取了和平稳定的政策。洪武二年(1369),朱元璋即明确宣布朝鲜、日本、大琉球、安南、小琉球、真腊、暹罗、占城、苏门答腊、西洋、爪哇、谙亨、百花、三佛齐、渤泥等十五国为不征之国,并多次主动遣使海外诸国建立联系,确立了以和平为主的海外外交政策。但在对外贸易方面,朱元璋的态度极其保守封闭,他放弃了唐宋元以来的市舶传统,废除宁波、泉州、广州等地的市舶司,而采取消极的朝贡贸易方式。各国输往中国的货物,政府选用60%,其余物品则享受在中国境内免税销售的优惠政策,回赐的物品价值往往远高于贡物本身的价值。这种"厚往而薄来"的经济交往表面上看似乎可以收到"宣德化而招徕"的功效,但实际上大大增加了国家的负担,导致朝廷不得不逐渐对朝贡贸易采取限制政策。比如1383年开始实行"勘合"制度,有意对朝贡的国家加以限制。即政府制作有一定形式的凭证,一份发给朝贡的国家或地区,一份留作底簿;入贡者以此为凭,到了中国港口首先要呈交勘合,如检验后两相符合,则允许登岸入贡,否则便被认为冒伪滥充而拒绝进入。1393年,竟然下令民间禁用番香番货,海外贸易受到沉重打击。至1397年,依然和中国保持朝贡关系的国家只有安南、占城、大琉球、真腊和暹罗,朝贡贸易实际上陷于停顿。

除了对海外朝贡贸易的限制,明朝还实行对海上贸易限制更大的海禁政策,就是禁止私人出入海外从事贸易活动。从社会经济原因看,明初的社会经济是在自然经济的基础上进行恢复和发展,没有强烈的对外贸易要求,这是轻视海上贸易的潜在因素。不过,致使明朝实行海禁还有直接的政治原因,第一是防范尚在东南沿海活动的张士诚、方国珍残部,第二则是倭寇问题。日本流浪武士自元代开始就在中国沿海骚扰为患,入明后为祸更烈。《明史纪事本末》卷五五记洪武二年(1369)四月,倭寇"数侵掠苏州、崇明,杀略居民,劫夺货财,沿海之地皆患之"[①],以致朱元璋想出了禁绝海道以阻断外邦与中国之交通的下策。此外,东南亚地区的海盗、私人海商集团和逃亡海外的反明势力也经常与真正的日本倭寇相勾结,形成一支庞大而复杂的"倭寇"队伍,经常性地骚扰中国沿海地区,对明朝政府构成严重威胁。以后,明朝政府虽然在抗倭斗争中

---

① [清]谷应泰:《明史纪事本末》卷五五《沿海倭乱》,北京:中华书局,1977年,第839页。

取得数次胜利,但并未从根本上解决倭寇问题,防倭问题伴随有明一代。海上边防的严峻形势是明代实行海禁最主要和最直接的原因。

洪武四年、十四年、十七年曾多次发布禁令,严禁人民私自出海贸易,宣布除朝贡贸易以外的任何海上贸易活动均被视为非法,十七年那次甚至禁民入海捕鱼。为了从根本上取缔番货在中国的市场,还禁止国内人民使用外国物品。沿海地区的"疍户"(即以船为家的船户)被征为水军以加强管理。海禁政策在洪武和建文帝时期都得到严格执行,永乐年间虽未废除海禁,但因实行了较为开放的对外政策,又有郑和七下西洋之举,在一定程度上刺激了私人海上贸易的活跃,海禁政策在执行中有所松动。在明代中期,海禁政策一直时紧时松。但只要政府不肯开海,海外贸易甚至东南一带的经济都会立刻受到影响。目前于东南亚地区发现的沉船中,15—16世纪的中国船只几乎空白,仅有15世纪初的一艘。这并不说明这个时期中国的航船技术完美或幸运非凡,而是说明出海的船只稀少[①]。又有学者考察东南亚海域贸易沉船上的中国陶瓷占整船陶瓷的份额,比较10艘9—13世纪的沉船以及8艘1424/30—1487年间的沉船,发现明代沉船的中国陶瓷份额明显小于前代。13世纪的沉船上,陶瓷制品100%出自中国,1368—1423/30年间,中国陶瓷份额下降到30%—50%[②]。这正是明朝政府不鼓励国人出海贸易而暹罗、越南等地又掌握了陶瓷制作技术这两个原因同时作用的结果。官方下西洋活动停止之后,私人海上贸易也失去政策依怙而立刻收缩,1424/30—1487年间,沉船上的中国陶瓷严重短缺,中国陶瓷在每艘船上的份额不超过1%—5%,取而代之的是暹罗陶瓷。另外,北宋开始兴起并以外销为主营的广东陶瓷业,在明朝前期整体性衰落,随着明朝中叶以后海禁渐宽方有所恢复。

另一方面,中外正常贸易渠道的中断促使走私贸易在闽、浙沿海地区蓬勃发展。15世纪下半叶,有不少所谓"豪门巨室"直接投入海上贸易活动,明代张燮《东西洋考》卷七《饷税考》记:"闽在宋、元俱设市舶司。国初因之,后竟废。成、弘(成化、弘治二朝,1465—1505)之际,豪门巨室间有乘巨舰贸易海外者。奸人阴开其利窦,而官人不得显收其利权。"[③]尤其是嘉靖初年(1522),因倭患

---

① Michael Flecker,"The Advent of Chinese Sea-Going Shipping: A Look at the Shipwreck Evidence",郑培凯主编:《十二至十五世纪中国外销瓷与海外贸易国际研讨会论文集》,香港:中华书局,2005年,第150页。

② Roxanna M. Brown,"Ming Ban-Ming Gap: Southeast Asian Shipwreck Evidence for Shortage of Chinese Trade Ceramics",郑培凯主编:《十二至十五世纪中国外销瓷与海外贸易国际研讨会论文集》,第78—90页。

③ [明]张燮:《东西洋考》卷七《饷税考》,谢方点校,第131页。

复炽,朝廷出台在广东闭关的政策并重申东南沿海的海禁政策。尽管闭关政策在嘉靖八年之后不再执行,恢复接受除葡萄牙之外的原入贡国,但是浙江福建一带的海禁终嘉靖之朝却未曾松动。然而就在这种森严形势下,浙江巡抚、提督浙闽海防军务的朱纨1547年在围攻宁波港外的双屿岛时,仅逃脱的中外走私船只就达1290艘,可见当时民间走私贸易之盛。也正是厉行海禁的嘉靖年间,东南沿海出现数个规模庞大的私人海商贸易集团,其首领常被政府目为倭寇首领。江、浙、皖海商集团活动于1540—1560年间,包括许氏兄弟海商集团、王直海商集团和徐海海商集团、萧显海商集团以及邓文俊、林碧川海商集团。闽广地区规模较大的海商集团活跃于1550—1580年间,为首者有何亚八、林国显、许西池、洪迪珍、张维、张琏、吴平、林道乾、曾一本和林凤。隆庆、万历两朝,私人海商集团活动不突出,与有限度的开海政策直接相关。天启、崇祯年间,海禁又严,私人海商集团再度崛起,十年之间就涌现李旦、颜思齐、李魁奇、钟赋、扬六、扬七和刘香诸多集团,郑氏海商集团与他们都有关联。除了郑芝龙之外,以上海商集团都被目为海盗或倭寇而渐次遭到消灭。明朝政府对于扑灭"海盗"和"倭寇"可以竭尽全力,因为这类事情被视为关乎朝廷存亡的头等要务。至于郑芝龙归顺明廷,绝不是认可明末的海禁政策,而是走了一条既帮助官军剿寇、又借官军之力发展自己贸易势力的道路,由此成为独树一帜的私人海商集团①。

沿海居民宁愿以生命和财产为赌注从事走私海上贸易,根源在于明朝的海禁政策是逆历史潮流之举。唐宋至元,民间海商已经成为整个海上贸易中一支重要力量,从事海上贸易也成为沿海居民的一项重要生计,废除市舶制度使明朝政府失去了本可获取的一大笔经济收入而影响国力,海禁政策则无异于阻断民生之举。而就维护边防安全这个出发点来说,海禁政策的实施效果可谓事与愿违。实施海禁迫使大量船民原本合法的贸易转为非法贸易,得不到政府的保护则不得不铤而走险寻求海外反明势力、倭寇、海盗的保护,从而形成武力抗拒明朝政府的大型走私集团,也使倭寇问题更加严重。明朝政府中并非没有有识之士,嘉靖一朝,开关闭关、开海禁海的争议始终未断。一旦嘉靖末年海防基本平定,开海又被提上议程,并且开海派终于获胜。隆庆帝(1567—1572)即位后,意识到实施海禁政策是导致倭寇问题日益严重的重要原因之一,于是当隆庆元年(1567)福建巡抚徐泽民上疏请求开放海禁时,得到朝廷允准,宣布以福建漳州月港作为中国商民出海贸易港口。虽然只是部分开禁,但毕竟中国海商

---

① 参见林仁川:《明末清初私人海上贸易》,上海:华东师范大学出版社,1987年。

经过二百多年后终于得到了合法出海贸易的机会。然而长期的海禁已经严重阻碍了东西方的海上往来,也为清朝执行更为严格的海禁政策开了先例。也正是在这时,欧洲商船已经频频出现在东南亚和中国沿海,中西关系和文化交往即将翻开新的一页。

2. 郑和下西洋的经过

郑和下西洋的原因,归纳起来有以下几点:首先,明初对海上贸易奉行严格限制的政策,致使在朱元璋统治后期,中国与海外各国的关系已经破裂,严重者如三佛齐已参与胡惟庸谋乱而公然与明朝对立。中国在海外各国中的威望下降到前所未有的地步,彼此的政治关系非常紧张,迫使继任的统治者必须改变这种状况。其次,通过发动"靖难之役"篡嫡登位的明成祖朱棣,其行为在中国传统社会的宗法观念下不得人心,因此他有心通过争取海外诸国来华称臣朝贡并承认其为明朝正统皇帝的方法,以制造"万邦臣服"的盛况,重振已坠之国威,并由此转移国内视线,提高其政治威望。再次,明成祖即位后摆出与蒙古残部决战到底的姿态,多次对之用兵,因此南方的安定显得至关重要。有明一代,始终存在"北虏南倭"的压力,但"北虏"相比而言是最大的威胁,北走沙漠的蒙古残部仍然号称不下百万军士。最后,长期的海禁和限制海上贸易不仅影响民生,也使上层权贵的奢侈性消费无法满足。在以上诸种因素的作用下,明成祖即位的第二年即1403年,就派吕让、丘智等人分别出使安南、爪哇等国,恢复与这些国家的友好关系,还在浙江、福建、广东等处设立专门驿站,接待来自海外各国的"贡使"。同年,成祖在浙江、福建、广东设市舶提举司,以后又在交趾、云南增设。而明成祖整个宏伟计划的高潮和关键,就是开始于公元1405年的

梁庄王墓金锭

左边一块上的铭文:"永乐十七年四月,日西洋等处,买到八成色金壹锭伍拾两重。"此为郑和下西洋的重要证据(湖北省博物馆藏)

郑和下西洋路线图(局部)

郑和下西洋。对于郑和下西洋的原因,民间还传说是因疑心建文帝逃往海外而欲追踪之,但目前尚无任何可靠证据能予以证明。

郑和(1371? —1433?),云南昆阳州人,回族,其先西域人,元初移居云南。他本姓马,小字三保,"保"也作"宝"。明初,郑和以元朝云南梁王府的俘虏身份被阉割进宫成为小太监,拨入燕王朱棣府使用。在朱棣发动的"靖难之役"中,郑和"出入战阵,多建奇功",因而受到朱棣赏识,赐姓郑,选为内官监太监,习称"三保太监"。郑和家族世奉伊斯兰教,但他本人后来又接受了菩萨戒,至少名义上成为一名佛家弟子,概为便于在明朝宫廷生存。因其祖父与父亲均曾赴麦加朝圣,郑和幼时对海外情况就有所了解,因此也成为执行朱棣海外扬威计划的当然人选。所谓"西洋",当时并没有严格界说,大体是以今加里曼丹岛为界,即今南海和印度洋及其沿岸国家和地区,与后来所说的"大西洋"没有关系,如《东西洋考》所说:"文莱即婆罗国,东洋尽处,西洋所自起也。"[①]郑和七下西洋可以分为两个阶段,前三次行迹限于东南亚和南亚一代,后四次航程远及阿拉伯半岛和非洲东海岸。

永乐三年(1405),郑和第一次出航西洋,率宝船62艘,士卒27 800多人,自苏州刘家河(江苏太仓浏河)出发,出长江口泛海至福建,同年冬乘北风经占城、爪哇、旧港(Palembang,今苏门答腊巨港)、锡兰山(Sirandib,斯里兰卡),最后到达古里(Calicut,印度半岛南端之卡利卡特),永乐五年返回中国。1407—1409年间和1409—1411年间,郑和分别又完成第二次和第三次西洋之航,路线和行程都与第一次接近,并也都以古里为终点。郑和在这三次航行中访问的国家有满剌加(Melaka,马六甲)、榜葛剌(Bengal,孟加拉邦)、锡兰山、溜山(Divehi,马尔代夫)、苏门答腊、古里、小葛兰(印度奎隆)、阿鲁(苏门答腊岛西部)、

---

① [明]张燮:《东西洋考》卷五《东洋列国考·文莱》,谢方点校,第102页。

郑和铸铜钟（中国国家博物馆藏）

占城、暹罗、加异勒（印度南端纳加尔考耳一带）、甘巴里（Cape Comorin，印度南端科摩林角）、柯枝（Cochin，今印度柯钦）等。而朱棣招徕诸国的目标也进展顺利，郑和第一次下西洋返回途中，苏门答腊、古里、满剌加、小葛兰、阿鲁等国就派使者随船队入华朝贡。当然，招徕入贡的代价并不低，若无足够的物质利益可图，以和平方式柔远怀来是不易实现的。如第二次下西洋路经锡兰山时，郑和除以汉文、波斯文和泰米尔文三种文字勒石留念外（此碑已在斯里兰卡被发现，现藏科伦坡国家博物馆），还向当地佛寺布施了大量钱财，计有金一千钱、银五千钱，外加大量的纺织品、香炉、花瓶、烛台、灯盏、香盒等物。对一家佛寺尚且如此，对所访问诸国政府的赐赠当然更加丰厚。

郑和在东南亚和南亚的三次远航已经圆满地完成了在这一地区帮明朝政府恢复外交声誉的任务，然而雄心勃勃的明成祖意犹未尽，认为"远者犹未宾服"[①]，于是在永乐十年（1412）再次派遣郑和出洋并要求扩大航行范围。这次郑和船队在沿前三次航线到达古里后，继续向西北航行，到达了波斯湾口的忽鲁谟斯（Ormuz，可指霍尔木兹海峡及周边，也可指波斯湾头的阿巴斯港），向忽鲁谟斯王颁赐了锦绮、彩帛等物，忽鲁谟斯王遂于次年朝贡中国。随后，郑和又访问了阿拉伯半岛南端的阿丹（Aden，也门亚丁）、东非的木骨都束（Mogadishu，索马里摩加迪沙）、不剌哇（Brawa，索马里巴拉韦）、麻林（Malindi，肯尼亚马林迪）等地，于永乐十三年归国。1417—1419 年、1421—1422 年、1430—

---

① ［清］张廷玉：《明史》卷三二六《外国传七·忽鲁谟斯传》，第 8452 页。

1433年间,郑和又完成了三次远洋航行,路线大致与第四次相同。郑和的后四次下西洋,活动范围扩展到阿拉伯海和印度洋周边地区,并同东非地区建立联系,而这些国家也大都派出使团,随郑和来中国朝贡。如木骨都束和不剌哇在永乐十四年至二十一年(1416—1423)间,曾四次派使者来中国访问,麻林国也于1415年、1416年和1420年三次派遣使者前来中国,各自都曾献给明廷一些中国罕见的动物,如花福鹿(斑马)、狮子、千里骆驼、驼鸡(鸵鸟)、"麒麟"(长颈鹿)。而麻林国1415年献的长颈鹿被当时的中国人认作"麒麟",麒麟一向被视为瑞兽,只有政通人和、国家繁荣昌盛时才会出现,看来麻林国的这次贡献颇合明成祖制造"万邦臣服"局面的意图。明成祖对这长颈鹿也高度重视,礼物送到时在奉天门接收,同时百官稽首称贺。

郑和七次航行,有明确记载的4次,船队人员超过27 000人以上,其余3次当亦不下此数。每次航行的船队,多达200余艘,最长航程15 000海里。如此庞大的海军队伍,如何组织有序,如何保证安全,完成使命,考验着郑和的组织领导能力,也彰显着明初航海组织能力和国家治理能力所达到的高度。

郑和船队组织严密。据《郑和家谱》随使官军员名记载,领导管理团队中,有"钦差正使太监七员"①,其中首席钦差正使自然是郑和,《明史》卷三〇四《郑和传》说,"永乐三年六月命和及其侪王景弘等通使西洋"②。这里的"其侪王景弘等",应该就是太监七人中的其余六人。此外,还有副使监丞十员,少监十员,内监五十三员。这是一个80人的领导团队,分为四个层级,其中正使、副使(监丞)、少监等27人构成核心领导层,内监53人是执行领导层。

专业执行团队中,有负责对外交涉采办的官吏,有鸿胪寺班序二员,以及买办、通事等;负责内部财务管理、文书账簿的有户部郎中、舍人,负责医疗治理的有医官、医士等。

各条船只有负责海航和船务工作的专业团队,有火长(船长)、舵工(操舵手)、班碇手(起落船锚)、民梢(升降帆篷)、水手(划桨)等。阴阳官、阴阳生则负责观察和预报天文气象工作。负责护航军事工作的有都指挥二员、指挥九十三员、千户一百〇四员、百户一百零三员。其余则是多达两万多人的旗校、勇士、力士、军士等。

1433年,在第七次下西洋中,当船队从忽鲁谟斯回航至古里时,郑和病逝于当地,遗体按惯例葬于大海,船队于同年回到中国。明朝在南京牛首山下为

---

① 李士厚著:《影印原本郑和家谱校注》,昆明:晨光出版社,2005年,第22页。
② [清]张廷玉:《明史》卷三〇四《宦官传一·郑和传》,第7766—7767页。

郑和设衣冠冢,至今此墓犹存。郑和七下西洋,历时二十八年,访问国家三十多个,为发展中西海路交通和友好往来贡献了毕生精力,也为明朝政府带来了积极效果,具体而言,即促进了明朝与亚非诸国的交往关系,确立了明朝友好和平的外交形象,加强了亚非国家间的经济文化交流。

郑和下西洋期间,中外使节往来之频繁为中国数千年历史上所仅见。郑和船队每一次归国时,都有许多外国使节随队前来中国。如第五次下西洋回国时带来十七个国家和地区的贡使,第六次下西洋回国时带来十六国贡使。同时,入华来访使者的级别也明显提高,除一般使节、王子、王妃外,这一时期共有四位国王八次亲自来华,即满剌加(1411、1419、1424、1433)、苏禄(菲律宾南部苏禄群岛,1417)、渤泥(加里曼丹岛北部,1408、1412)和古麻剌朗(Mindanao,菲律宾棉兰老岛,1420)的国王,其中苏禄、渤泥、古麻剌朗三国国王还都长住中国直至病逝。1408年渤泥国王病逝后,明成祖辍朝三日。此外,由于郑和的推动,过去很少与中国往来的许多国家,特别是东非国家,也与中国建立了官方联系。

郑和下西洋时每次都率数万人的军队,但却从不轻易用兵。郑和于二十八年间在海外用兵仅三次。第一次下西洋归国途中,在旧港遭遇潮州海盗陈祖义预谋劫掠郑和船队,郑和对其进行围歼,将陈祖义擒获并带回中国后处死。第三次下西洋经过锡兰山时,其国王试图抢劫船队财物,首先向郑和船队发动进攻,被郑和击败,并将其国王和家属生擒,后押回国内。明成祖也并未惩罚锡兰王,而是将其释放并送归锡兰,但是命其国另立贤者为王。第四次下西洋在归程中途经苏门答腊时,适逢其国内乱,国王宰奴里阿必丁以前就受到过明成祖册封,而其继父之弟苏干剌预谋篡夺王位,双方正在攻战。苏干剌对明朝政府不颁赐自己大为不满,遂率军队袭击郑和船队。郑和与宰奴里阿必丁相互配合,大败苏干剌并将其生擒。这三次用兵,第一次是清除海盗,后两次都属于自卫性质。而1406年郑和船队途经爪哇时,正值其国东、西二王兵戎相见,西王误杀郑和兵士一百七十余人,当郑和调查清楚确系误杀后,也并未以武力相报复。可见郑和奉行和平政策、不滥用兵力之不诬。郑和在海外未劫掠任何财物,未侵占一寸土地,更未驻一兵一卒,这与半个世纪后东来的西方殖民者形成鲜明的对比。

3. 中国海上交通衰落的原因

郑和病逝之后,浩浩荡荡的明朝船队在南海、阿拉伯海、印度洋之间频繁往来的现象彻底沉寂,其中原因可以从政治、经济两个方面来分析。

从政治原因看,郑和下西洋是为执行明成祖"宣德化而柔远人"的传统型对外政策服务的,而非像其后的欧洲大航海那样为资本原始积累事业服务。当帝王在经济上足以应付其巨大开支时,为了实现其政治抱负,就会产生积极向海外拓展的雄心伟志。而当这种政治目的在一定程度上得到满足,或经济上因开支浩繁而难以承担时,帝王自然会缺乏积极进取的热情。因此,郑和航海事业的兴废主要取决于皇帝的个人意志,而在中国传统社会从总体上趋向保守的明代后期,大规模的航海运动显然缺乏必要的政治基础。如果郑和航海也如欧洲那样,不单纯是以统治者的个人意志为转移,而是为一个有足够独立性的资产阶级开辟广阔的海外市场,那么这样的远航行动就会有持续的动力和经济援助支持它继续发展下去。可以说,中国社会发展的历史走向决定了郑和下西洋这样的事业只能是昙花一现。

从经济原因看,郑和下西洋根本无法作为常规航海活动维持。首先,郑和与海外各国的贸易关系主要是朝贡贸易形式,遵循"厚往薄来"的政策,完全违反商业规则,导致朝贡贸易的规模越大,明朝政府的负担就越重,终至于不能承受。朝贡贸易或贡赐贸易,是国家与国家之间发生贸易关系,伴随着政治性的朝贡行为进行,贡品直接收归朝廷或者赏赐贵族、官僚,回赐往往大大超过贡品本身的价值。这种贸易形式的政治利益远大于经济利益,属于传统中国外交政策的一部分,但也是古代对外贸易的重要形式。郑和下西洋拓展了朝贡贸易的范围,从坐在家中等外国使团来贸易变为主动出门去赐赠,但朝贡贸易的性质如故。

郑和宝船每到一处,不是"开读赏赐",就是"赏赐宣谕"。"赏赐"分为两类,一类是无偿馈赠给国王、王室人员以及大小首领的私人之物,另一类是对"贡献"的"回赐",而"回赐"之物的价值常远高于"贡物"价值。具体而言,郑和船队每次都以大量的丝绸、瓷器、茶叶、金、银、铜钱、铁器、农具等,以厚往薄来的原则交换所访问国家的土特产及奢侈品。据《明会典》《明史》《瀛涯胜览》等书的统计,各类进口物品有:布类五十一种,香类二十九种,珍宝类二十三种,药品类二十二种,动物类二十一种,五金类十七种,用品类八种,颜料类八种,食品类三种,木料类三种,总计一百八十五种。其中以香料、胡椒、棉布等进口货最多。严从简《殊域周咨录》卷九中记载郑和下西洋为明朝带来的物质好处是"奇货重宝前代所希,充溢库市"[①]。而在东南亚一些地区,甚至建造寺庙和宝塔的砖瓦、琉璃都是由郑和船队运去的。按照当时人的评价,所收回物品的价值尚不及所赐物品价值的十分之一二。以今天的经济眼光审量,这种只出不进的亏损型账目除了导致国库空虚乃至破产,恐怕不会有其他结果。

---

① [明]严从简:《殊域周咨录》卷九《佛郎机》,余思黎点校,北京:中华书局,1993年,第324页。

其次，郑和每次下西洋的船队都规模浩大，大小船只要保持两百余艘，这么多船只的建造、修理、维护费用，还有每次随行两万多人的日常消费与赏赐等，本身就是一笔巨大的开支。《明成祖实录》卷七八记载，郑和第三次下西洋归来后，除按船队官兵等级赏赐大量彩帛棉布等实物外，还赏每人宝钞十锭，因此仅对随行人员的赏赐一项就需要二十余万锭。下西洋花费高昂，加上对海外诸国比例悬殊的厚赐薄取，七下西洋实际上成为消耗大量国库储备的活动，几乎引起明朝的经济崩溃。最明显的例子就是明朝实行的纸币宝钞贬值。洪武八年（1375）发行大明宝钞，其上文曰："大明宝钞，天下通行"。其后虽也有贬值现象，但不算严重。但自郑和下西洋以来，明朝政府大量印发钞票以填补所需费用，结果至郑和去世的宣德八年（1433），宝钞贬值将近三百三十倍，形同废纸。于是民间拒不用钞，专以金银、实物做交易。大明宝钞原为明朝赏赐朝贡者的主要赏赐品之一，在国外也颇有信誉，范济不无夸大地说："大明宝钞，华夷诸国莫不奉行"①。而后却因宝钞不断贬值以致再用宝钞偿付外蕃来贡时遭到拒绝。郑和七下西洋昙花一现的壮举，是朝贡贸易原则被运用到极致以致失败的典型代表，也是中西文化交流古典时代结束时最精彩亦最哀伤的谢幕。②

三、航海与地理知识

1. 航海与中国人地理知识的扩大

随着中西方海路交通的不断扩展，中国人的海外地理知识也在扩充。显著例子之一为汉唐之际，"西海""南海"等名称相继出现且指代范围不断扩大。西海这一名称由来已久，西汉时期已见载于史籍，《史记·大宛列传》称条支"临西海"③。此后，"西海"这一地理名称为历代史家沿用，而"西海"的具体位置虽然在不同历史时期略有变化，但基本上是指波斯湾——阿拉伯海——红海——地中海及黑海。如《隋书·裴矩传》述敦煌通西域的三条道路时说，北道从伊吾经南西伯利亚、欧亚草原至拂菻国，达于"西海"；中道从敦煌越葱岭、苏对沙那、波斯达于"西海"；南道从敦煌经葱岭、吐火罗、北婆罗门而达于"西海"④。此处

---

① 《宣德实录》卷六。另参见彭信威：《中国货币史》第七章"明代的货币"，上海：上海人民出版社，2015年，特别是第465—468页、第490—498页。
② 《大明会典》卷一〇七结尾处提到永乐时西北诸国朝贡中有"日落国"，但仅有其名。有人考证此"日落国"即汪大渊《岛夷志略》、周致中《异域志》中的茶弼沙国，并谓该国使节是罗马教皇派的使节。参见廖大珂：《"日落国"考证——兼论明代中国与罗马教廷的交往》，《厦门大学学报》2005年第4期，第108—114页。
③ [西汉]司马迁：《史记》卷一二三《大宛列传》，第3163页。
④ [唐]魏徵：《隋书》卷六七《裴矩传》，第1579页。

的三个"西海",从道路走向上推断,第一个当指黑海或地中海,第二个指波斯湾,第三个则指阿拉伯海。

"南海"之名也历史悠久,通常泛称中国南方及其附近海面,有时兼指今天之东海。到唐代,"南海"除了指中国大陆以南的海域,也指东南亚和东印度洋诸地。《旧唐书·王方庆传》载唐代广州"地际南海,每岁有昆仑乘舶以珍物与中国交市"①,这里的"昆仑"是指东南亚和东印度洋诸地。《新唐书·南蛮传》记有一"盘盘国",位于"南海曲"②,即今暹罗(Siam)湾西岸之马来半岛。唐人习惯把海外贸易番舶称为"南海舶",就是泛指它们来自南海。

此外,汉唐以来,中国航海者就非常注意辨别各地的江河入海口,并以此为目的港或中转港的标志。如《梁书·中天竺国传》描述从扶南(柬埔寨)至印度的航线时,提到"天竺江口",就是指今恒河河口。唐代贾耽在描述"广州通海夷道"中关于印度西海岸的航线时,也提到"弥兰河口"和"弗利剌河口",前者是今巴基斯坦卡拉奇以西的印度河河口,后者则是西亚幼发拉底河和底格里斯河汇流后形成的夏吐·阿拉伯河(Shatt al Arab)的入海口。

两宋时期,随着海外交通的发展和贸易的繁荣,有关海外地理的知识也更加丰富,其中最珍贵的两部著作是南宋时期周去非的《岭外代答》和赵汝适的《诸蕃志》,它们基本代表了宋代中国的海外地理知识水平。

周去非,字直夫,永嘉(浙江温州)人,孝宗隆兴元年(1163)进士,曾任桂林通判。桂林连接海外交通,在此能接触许多异域的事物风俗,周去非对之勤于记载,并积极访求译人。返归乡里后,常遇亲朋故友询问岭外事物,因倦于应酬而撰此书以答问者,故曰《岭外代答》。此书久已佚散,由后人从《永乐大典》中辑出,其中涉及海外的记载集中在卷二(《外国门上》)和卷三(《外国门下》),将海外各国分为五个部分:南大洋海诸国、东大洋海诸国、西南海上诸国、东大食海上诸国、西大食海上诸国。其下又分列有安南国、海外诸番国、占城国、真腊国、蒲甘国、三佛齐国、阇婆国、故临国、注辇国、大秦国、大食诸国、木兰皮国、西天诸国、西天南尼华啰国、东南海上诸杂国、昆仑层期国和波斯国等条。与以前的汉文文献比较,这些条目的内容更加充实,准确度也有提高。他提到一个木兰皮国:"大食国西有巨海。海之西,有国不可胜数,大食巨舰所可至者,木兰皮国尔。"③有学者认为"木兰皮国"就是 Murabit 的对音,当是指摩洛哥穆拉比特王朝(al-Murabitun,1061—1147),其统治范围是今天的非洲西北部及西

---

① [五代]刘昫:《旧唐书》卷八九《王方庆传》,第 2897 页。
② [北宋]欧阳修、宋祁:《新唐书》卷二二二下《南蛮传下·盘盘传》,第 6300 页。
③ [北宋]周去非撰,杨武泉校注:《岭外代答校注》卷三《外国门下·木兰皮国》,第 106 页。

班牙南部。那么这就是关于宋人所知最西地方的最早记录了。《岭外代答》所载的地名有些在学术界仍有争议,但无疑其记载范围之远和内容之确已远超前代,反映出宋代中国的海外地理知识有很大扩充。

赵汝适,生平不详,据《宋史·宗室世系表》可知他是宋皇室后裔,宋太宗八世孙,曾任南宋福建路市舶提举。任期内有感于诸蕃国有图无志,于是阅遍蕃图,遍询贾胡,并查阅以前的汉文载录,于理宗宝庆元年(1225)完成关于海外各国的专著《诸蕃志》。原书亦久佚,也是由后人从《永乐大典》中辑出。是书分上、下两卷,上卷志海外诸国,下卷志海外异物。上卷记东亚、东南亚、南亚、西亚、北非等地的57国,还令人吃惊地提到一个"斯加里野国",国中"有山穴至深,四季出火。远望则朝烟暮火,近观则火势烈甚。国人相与扛舁大石,重五百斤或一千斤,抛掷穴中,须臾爆出。碎如浮石。每五年一次,火从石出,流转至海边复回。所过树木皆不燃烧,遇石则焚爇如灰"①。有些学者提出,这个"斯加里野"就是意大利西西里岛之阿拉伯语名称的汉语音译,岛上四季出火的山穴正是西西里岛的埃特纳(Aetna)火山,赵汝适在此形象描述了这座活火山的形象。《诸蕃志》下卷志物47种,主要是香药木植和一些珍稀物品,载其形状、采集、加工和用途等,多数都注明产地或来源地。这些物品应是宋代海上贸易中的主要输入品。《诸蕃志》是目前尚存的第一部专门记述海外各国情况的著作,内容虽采自各书,但较之他书详细得多。此书的出现亦是对唐宋数百年间中国海上交通与贸易的一次总结。

元朝之时,由于陆海交通皆畅达繁荣,许多中外人士频繁来往于亚、非、欧三大洲之间,并留下一些关于当时中西交通状况的珍贵记录,中国的代表人物为汪大渊。汪大渊(1311—?),字焕章,江西南昌人,少年时代就立有奇志,学习司马迁,几乎走遍了半个中国。他认为中国史书书写海外事情都过于简略,于是决心附海舶出洋游历。1330年,年仅二十岁的汪大渊从泉州第一次出海,向西一直游历到阿拉伯海沿岸,约在五年以后归国。1337年,汪大渊第二次从泉州出海,遍访东南亚诸地,两年以后归国。汪大渊每到一处即记录下耳闻目睹之当地山川、风俗、物产和贸易物品,第二次回国后便根据笔记写出《岛夷志略》,这是元代最重要的一部记述海外的著作。《岛夷志略》的写作体例受到周去非《岭外代答》和赵汝适《诸蕃志》的很大影响,但《岭外代答》和《诸蕃志》多得自传闻,《岛夷志略》则全出于汪大渊的亲历实录,据其书《后序》所载:"传说

---

① [南宋]赵汝适著,杨博文校释:《诸蕃志校释》卷上《志国·斯加里野国》,第133—134页。

之事,则不载焉"①,并且所记载之地域范围也广泛得多。汪大渊访问之地包括东南亚的菲律宾、苏禄(Sulu Archipelago)、加里曼丹、爪哇、苏门答腊、交趾、占城、真腊、缅甸、暹国和马来半岛的许多地方,南亚的锡兰(Silan,斯里兰卡)、北溜和印度东南海岸的一些地方,还有波斯西南海岸、波斯湾、红海以及东非海岸的一些港口。

《岛夷志略》载录了99个国家和地区的情况,提到的地名有220个,绝大部分也可考其所在,所述各地情况基本真实可靠。汪大渊并根据当时海外贸易的实况,记录了所访问诸地的物产和所需要的贸易物品,如一些地方出产的象牙、珍珠、香料和珍贵木材等都是中国所需的输入品,而这些地方需要的丝绸、陶瓷、金银和金属器皿则大多来自中国。中国瓷器显然已是最主要的输出品,被列入中国与四十四个国家和地区的贸易物品之中。此外,周达观的《真腊风土记》亦值得一提。此书成于1312年之前,记作者于元成宗元贞元年(1295)奉命随使赴真腊居住一年的见闻。

明朝前期新的海外地理知识主要来自郑和的航海活动。郑和船队随行人员记录下西洋的地理书有:费信(太仓人,参加第二、三、四、七次航海,从军)《星槎胜览》,记四十五个国家和地区;马欢(会稽人,参加第三、五、七次航海,回教徒,通阿拉伯语,任通事)的《瀛涯胜览》,记二十个国家;巩珍(南京人,最后一次航海时的幕僚)《西洋番国志》,记二十个国家。此外,黄省曾约1520年撰《西洋朝贡典录》,主要辑自《瀛涯胜览》和《星槎胜览》等书。张燮(1574—1640)撰《东西洋考》,万历四十五年(1617)由漳州地方官主持刊刻,作为明末海上贸易的通商指南,较多地记载16世纪东南亚各国的历史和漳州海上贸易的资料。

2. 外国旅行家对中西海路交通的认识

伊本·胡尔达兹比赫的《道里邦国志》有一些关于中国的介绍,但显然不是作者本人的见闻。不过唐代后期的确有个别阿拉伯商人将自己的中国游历记载下来,传世之作有《中国印度见闻录》中收录的苏莱曼的游记和伊本·瓦哈卜的游记(915年编定)。苏莱曼游记是其本人游记加访问录,基本特点是消遣性,报告中多不确切处,但还是提供了不少细腻的观察,注重各地物产。比如对中国丝绸的特别关注,称"中国居民无论贵贱,无论冬夏,都穿丝绸:王公穿上等丝绸,以下的人各按自己的财力而衣着不同"。又惊叹中国瓷碗"晶莹得如同玻璃杯一样……隔着碗可以看得见碗里的水"②。伊本·瓦哈卜游记的特点类

---

① [元]汪大渊撰,苏继庼校释:《岛夷志略校释》"后序",北京:中华书局,1981年,第385页。
② 穆根来等译:《中国印度见闻录》,第10、15页。

似苏莱曼游记,并有对黄巢攻陷广州的描述,称落难的大食人、波斯人、犹太人和拜火教徒外侨就达十几万人,尽管这些数字容有夸大,但却反映了胡商来华之盛况。

伊本·白图泰是14世纪著名的摩洛哥穆斯林旅行家,他从公元1235年起先后出游三次,历时二十八年,东及中国,西抵伊比利亚半岛的格拉纳达,北到钦察汗国都城萨莱,南达东非、马尔代夫(Maldives)和苏门答腊,行程近十二万公里。元顺帝至正六年(1346),伊本·白图泰以印度德里苏丹使者的身份来到中国,游历了泉州、广州、杭州和大都等地。1354—1357年间,苏丹派书记官伊本·术札伊(Ibn Juzayy)根据伊本·白图泰的口述,将其游记整理成《伊本·白图泰游记》一书。此书共502节,直接涉及中国的有二十余节,所占比例虽然不大,内容却非常丰富,其中关于元代的海上交通、船舶制造、市舶法则、商旅保护、纸币制度、瓷器、丝绸、阿拉伯商人以及伊斯兰教状况等的记载,都非常珍贵,是研究元代中国社会以及中西文化交流史的重要参考资料,有些内容已于前文陆续提到。由于此书是以伊本·白图泰的亲身见闻为基础,因而对于14世纪其所到之处的历史与文化研究,特别是伊斯兰教历史和东西文化交流史的研究,都具有极大的价值。

马可·波罗(1254—1324)是意大利威尼斯(Venice)著名的旅行家,1271年随其父尼柯罗·波罗由陆路前往中国,并于1275年到达大都。尼柯罗·波罗曾在东方经商,并受到忽必烈的委托出使罗马教廷,这次就是带着罗马教皇致忽必烈的回信再度来华。马可·波罗聪明谨慎,擅长辞令,并学会蒙古语,受到忽必烈的喜爱和重用,多次奉命出使各地,借此游历中国很多地方。1289年,离开威尼斯已经十七年的马可·波罗因怀念故土而请求回国,正好此年伊利汗国的阿鲁浑汗妃子去世,请求续娶其亡妃本部女子,得到忽必烈允许。1291年1月,马可·波罗遂得与伊利汗国使臣以及所选女子阔阔真同行,从泉州出发,由海路前往波斯,再从波斯回到威尼斯。1296年,马可·波罗在威尼斯与热那亚(Genoa)的海战中被俘,在狱中对同狱小说家比萨人鲁斯梯切诺(Rusticiano)讲述游历东方的见闻,并由后者笔录成书,这就是《马可·波罗游记》(《马可·波罗行纪》)。这部游记详细叙述了马可·波罗在中国的经历,还介绍了大都、上都、京兆(西安)、成都、昆明、大理、济南、扬州、镇江、杭州、福州、泉州等数十座中国城市的位置和面貌,并提到一些元朝的重大政治事件和典章制度,基本上符合实际情况。但《游记》中可能也存在夸大成分,如记载他曾担任元朝枢密副使、淮东道宣慰使、扬州都督等职,这些在中文资料中都得不到任何证实。

马可·波罗像

《马可·波罗游记》问世后,引起西方的极大震动。一方面,由于书中所记情况超出了当时欧洲人的常识,有些人不相信东方世界能有那么高度发达的文明;另一方面,此书在未来几个世纪成为欧洲人认识东方的基本依据,直到17世纪都左右着许多欧洲人对中国的想象。后来则有许多学者从学术角度质疑马可·波罗是否到过中国,抑或只是在中亚听闻有关中国的情况。1941年,中国学者杨志玖从《经世大典·站赤》中找到了关于阿鲁浑汗所遣使臣回国的记载,人名、时间都和马可·波罗所述相符,这一度被认为是马可·波罗的确来过中国的铁证,然而如今仍有学者认为这一孤证还不足以为这桩公案盖棺定论。有关这个问题的争论本身就说明16世纪之前中国与欧洲的直接联系非常微弱,有关证据如羚羊挂角一般难以把握。但更重要的是,《马可·波罗游记》一书有关中国的叙述大体真实,而这样一本书成为欧洲人认识中国的一个重要起点,因此在中西文化交流史上具有非凡的意义[1]。

---

[1] 有关马可·波罗离华的年代及相关论述,参见杨志玖:《马可波罗在中国》,天津:南开大学出版社,1999年;黄时鉴:《关于马可波罗的三个年代问题》,黄时鉴:《东西交流史论稿》,上海:上海古籍出版社,1998年。

法语版《马可·波罗游记》(1300)

  关于马可·波罗的确到了中国而并非游历于波斯这一点,我们还可以提供一条辅证。中世纪晚期游历西亚和中亚的好几位欧洲人都向欧洲带回一则中国格言,基本意思是说,中国人称自己有两只眼,Farang[①]有一只眼,其他人则是盲目。格言的欧洲传播者无一到过中国,但这则格言却被13世纪以来的欧洲人视为中国人盲目自大的铁证。这则格言委实与中国人全无关系,中国人也一向不知道此种说法,万历年间有人从耶稣会士那里听到该格言的变形版本,还以为它是耶稣会士的发明。此格言至晚于9世纪形成于波斯地区,后来在西亚和中亚广泛流传。因此,凡来到西亚和中亚的欧洲人都难免听到它,并且都对它表现出高度敏感性。可是,在这则格言传入欧洲的同一时代游历东方的马可·波罗却偏偏没有提到它,只能理解为他没有听说过,那就意味着他没有深入波斯和中亚的社会,只是在来中国的旅程中路出此地。

  继马可·波罗之后,意大利方济各会士鄂多立克1318年开始东游,1321从印度经海路抵中国,1322—1328年在中国。旅行经历由他人笔录成《鄂多立克东游录》,共52节,涉及中国的约18节,对中国南方的风俗习惯和元廷的规

[①] Farang 是波斯文原始说法,在不同欧洲人的版本中,或是"法兰克人",或是"拉丁人",或是"欧洲人"。

章礼仪、北京的宫廷建筑都有详细描述。截至19世纪有各种欧洲文字抄本76种。鄂多立克在中国期间到过泉州、福州、杭州、南京、扬州、宁波、临清、北京、内蒙古托县和甘肃。1330年5月在意大利帕都亚（Padua）卧病之时，应地方长官之请口述东方之行，由他人笔录，因为病中口述，不少地方含糊其辞，前后顺序也较凌乱。可以肯定他来时走海路，去时走陆路。因书中记述了自甘肃及于吐蕃一线，并生动描述吐蕃天葬，可能是沿此路离开中国。但对于他是否到过西藏，至今仍有争议。这篇报道整体侧重天主教僧侣在东方殉道的奇迹，但也留下不少独特见闻，除天葬，还有缠足，广州人吃蛇肉，钱塘江上以鸬鹚捕鱼，杭州郊区人口众多，扬州旅舍包办筵席，元廷御医有偶像教徒也有基督教徒和伊斯兰教徒。其中关于杭州人面兽的一段记载似乎给欧洲人留下独特的印象。鄂多立克说，他在杭州一座寺院（大概是灵隐寺）访问时，值午饭时间随一位僧人来到园中，僧人拿出一面锣敲打，于是成千上万的各种动物应声下山，数达三千左右，按顺序围着他站好位置，接受僧人喂食。其中有猿、猴和其他很多面孔似人的动物。后来的某个《鄂多立克东游录》版本中就依据这段描述，增加了"行走的人面兽"插图，图中有一群人面羊身的怪物在接受喂食①。

3. 中国见闻对中世纪欧洲世界地理观的影响

《马可·波罗游记》和《鄂多立克东游录》无疑为当时以及此后几百年间的欧洲人提供了大量有关东方的奇闻逸事和闲谈之资，对于塑造后文要讨论的欧洲人的"中国形象"有基础性作用。但另一方面，它们包含的大量真实或接近真实的地理信息非常契合中世纪晚期至文艺复兴时期开始勃兴的知识兴趣，对于正在形成中的新的地理学和制图学有重大促进。甚至当大航海时代开始、欧洲人对世界地理的认识发生前所未有的改观以后，马可·波罗等人基于陆地旅行提供的知识仍为众多地理学家和东方学爱好者津津乐道。

《马可·波罗游记》成书于1298年，记录的是马可·波罗13世纪后半叶在

---

① 英国学者大卫·塞尔本（David Salbourne）声称在1990年发现了一份7个世纪以来不为人知的、关于一位犹太人于南宋末年旅行至泉州的手稿，主体部分以意大利语的托斯卡纳方言写成，1997年完成英文编译出版，题名为"光明之城"。照手稿所述，名叫雅各的这位犹太人于1270年（南宋度宗咸淳七年）从意大利动身远航，次年抵达泉州，1272年离开。书中不仅描述了雅各的冒险经历，还评论了中国社会，描绘泉州繁荣的贸易经济、充满生机的制造业、奢侈的消费生活，注意到富裕然而分化了的南宋社会处于蒙古人日益逼近的阴影之下。雅各还参加了泉州内部的政治斗争。蒙古军队南侵之势在这个南方港市引起惊恐情绪和政治混乱，刺桐（泉州）的士大夫和商人们在抗、降问题上展开针锋相对的辩论，对立双方又发展到相互谩骂和仇杀，雅各也参与其中，导致最后被迫逃离刺桐回国。书中还评论了中世纪犹太人、基督徒、撒拉森人（伊斯兰教徒）之间的关系。此书作者兼主人公看来是比马可·波罗更早到中国的欧洲人，但是这部手稿至今仍处在真伪之争下。有关此书是伪书的一篇系统而又有力的论文参见黄时鉴：《〈光明之城〉伪书考》，《历史研究》，2001年第3期。

中国的游历，涉及了大量中国地方，对欧洲人的中国地理知识而言可谓空前之作。书中并未言中国或契丹在整个地球上的空间位置如何，而是根据旅行路线依次描述一座座城市。所提到的这些地方里臣属大汗忽必烈的可以都城汗八里为中心向三个方向发射。一是经过西域到达汗八里这一线所经过的城市，它们分别属于大突厥、唐古特（西夏）和契丹这几个大的辖区。二是自汗八里先向西到西安，然后折向西南行，直到云南与缅甸边境这一线所经地区。三是自汗八里向南基本沿大运河沿线直到杭州，再绕浙江西界到福建，止于泉州这一线所经地区，它们分属于契丹和蛮子（南宋）。三条路线事实上环绕了中国西南、西北、东部三个方向的边境省份一圈，为欧洲人勾勒出了中国的大致轮廓。再加上马可·波罗对许多地方加以热情洋溢和夸张炫耀的描绘，十分打动人心，所以此书成为耶稣会士来华之前欧洲人了解中国地理和风物的首选资料。

欧洲的世界地图自中世纪前期以来就是圆形边框内嵌一个"T"形或"Y"形的结构，"T"和"Y"界画出的三部分是站在地中海区域所能看到的欧洲、亚洲和非洲。这个结构随着欧洲人地理知识的发展而不断被充实和细化，所涉及的区域也有所扩大，但圆形结构和内部的三分法到15世纪都未被突破。15世纪的世界地图模式被称为"精细化圆形世界地图"，其中包含不少关于东方的地理知识，而这些东方知识的基础事实上主要就是《马可·波罗游记》。如1375年问世的《加泰罗尼亚地图》(Catalan atlas)的东方部分，相当准确地表现出蒙古帝国西起里海，东到契丹海岸的轮廓，也正确地表现出蒙古帝国版图内的主要划分：钦察汗国、察合台汗国、大汗的宗主帝国契丹及其首都汗八里（大都）①。

《加泰罗尼亚地图》的编辑者绘制了三条贯穿亚洲大陆的通道，一条位处中央，西方的起点是流入咸海的乌浒河，止于汗八里，但也标出极东处是Chancio（杭州），这条路线描绘的正是马可波罗的父亲和叔父首次前往大汗王廷所行路线。第二条通道较靠南，从霍尔木兹（Hormuz）出发，经过赫拉特（Eri, Herat）、巴达哈伤（Badakshan），沿着塔里木盆地南缘从和阗到罗卜城（罗布泊地带），这是波罗兄弟带着马可·波罗进行第二次旅行的行踪。第三条路线在地图的北部边缘部分，相当混乱。它通过伏尔加河河谷上方的一系列城镇，一直到大概是额尔齐斯河（Irtish）上游的地方。此路线南方是一个被叫作"赛波山脉"（mountains of Sebur）的东西向广阔范围，代表了天山和阿尔泰山的西北面。这条路线的资料就不是来自马可·波罗，它表现的地点曾是13世纪和14世纪初

---

① 窝阔台汗国当马可·波罗在华时仍存在，但被设为"行中书省"，这大约是马可·波罗没有单独标识它的原因。

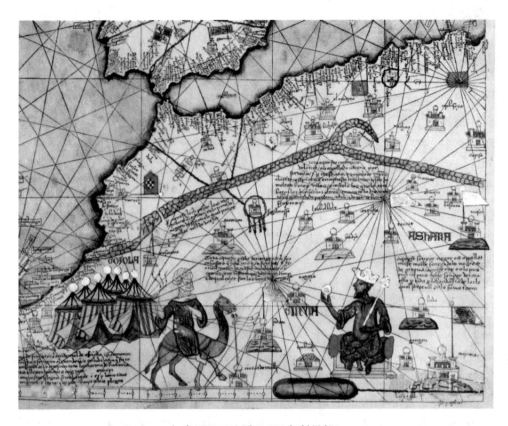

加泰罗尼亚地图(1375,复制局部)

期方济各会士传教站所在地,因此这些细节无疑来自那些曾在亚洲腹地活动的方济各会士。地图也有一些关于契丹的细节,比如汗八里城表现得非常突出,并附一则长篇注记描写它的广大和壮丽。按照19世纪法国汉学家考迪埃(Henry Cordier)的研究,该地图中标注的契丹内部的城市大体上都能与马可·波罗描述的旅行路线相联系[①]。

最充分地利用《马可·波罗游记》来绘制东方部分的圆形世界地图是意大利本笃会士马罗1459的作品,此图的方向是上南下北,现存威尼斯的马尔恰诺图书馆(Biblioteca Marciana)。图中的城镇和关于它们的大量注解都直接取自马可·波罗的描述,例如马可·波罗从北京到泉州沿线经过的地方有大部分都出现在这张地图里,尽管顺序并非很正确。同时图中还绘制了马可·波罗提到的一些地方特征或他的相关评论,比如这个城市的黄金与丝绸,那个城市的瓷

---

① 契丹人建立的辽朝(907—1125)和西辽(1124—1218)在西北乃至西域地区影响巨大,以致西方国家把北方中国称作契丹,英文作 Cathey。

器；这个地区以蔗糖著称，那个地区生长巨大的芦苇。马罗的世界地图虽然仍是圆形结构，但吸收很多关于东方的新知识，其中关于东南亚部分的资料已经超出《马可·波罗游记》，并且在布局上可能受到托勒密地图的影响。所以这份地图通常被认为是中世纪制图学的顶峰，又在某些方面被看作中世纪制图学和文艺复兴时期制图学之间的过渡，是 15 世纪制图学上各种新旧因素交汇的结果，而马可·波罗的东方游历见闻成为它不可或缺的组成。

同一个时期吸收了马可·波罗所提供知识的世界地图还有一些。比如约 1450 年问世的另一张加泰罗尼亚派世界地图《埃斯特地图》(Este Map)的契丹部分标出了汗八里。15 世纪绘于黄铜圆盘上的《斯蒂法诺·博尔贾世界地图》中的东亚部分被认为完全是根据马可·波罗和其他东方旅行者的知识绘制，此图现存罗马传信部学院(Collegio de Propaganda)。直到 16 世纪后半叶，各类地图中关于亚洲内陆的部分依旧习惯依据《马可·波罗游记》的描述，如著名的墨卡托(Gerardus Mercator，1512—1594)地图。马可·波罗等中世纪晚期东方旅行者如此受欧洲人重视的一个负面后果是，17 世纪真正在中国活动的耶稣会士提供的更准确的中国及东亚地理知识反而在一段时间内遭到怀疑。

第二编　商贸互动与文化交流

第七章 中国文化外传【上】：丝绸与瓷器

中国文明对于西方人而言不仅历史悠久，而且有很多独特之处。中国古代文明中有一些独特发明不仅成为中国历史上的骄傲，也随着人类文化的交流而在世界各地留下痕迹，对世界历史的发展产生深远影响，并早已成为人类共同的文明财富。丝绸和瓷器令人们的日常生活婉丽生姿、光彩熠熠，被人称道不绝的"四大发明"（造纸术、印刷术、火药和指南针）则无疑是改写人类文明进程的强大推动力。它们生长于中国，却能在世界各地绽放绚丽花朵，它们不仅令中国人的形象在世界文明史上生辉，也充分证明文明的成果必须要在多样化的交流中才能不断进步并充分造福人类这一基本规律。当我们对充斥身边的丝绸、瓷器、纸张、书籍等物品见怪不怪、视同寻常之时，不妨偶尔踏上追寻历史之途，看一看它们虽称不上惊天动地却毕竟令人惊叹的来龙去脉，或许这会让我们更加敬重与珍视那些早已成为平淡生活中平凡存在的文明成就，而一番珍重之心也会令日常生活略添色彩。

一、丝绸之路上的中国丝绸

1. 丝织品在中国的发展历程

"绸"字的本意指丝织物中的一类，即无其他类丝织物特征的、质地紧密的丝织物。在西汉首度出现时，专指利用粗丝、乱丝等下脚料织成的低档织品。但正因"绸"属于较为普通的中厚型丝织物，易于推广，影响力渐大，竟至后世用"丝绸"作为丝织物的代称。

丝织品名副其实为中国的独特创造。1958年在浙江湖州钱山漾良渚文化遗址发现约公元前2750年的丝织物，1984年在河南荥阳青台村仰韶文化遗址又发现公元前3500年前的丝织物，这两处发现意味着中国的黄河与长江流域都在新石器时代晚期开始蚕丝织物的生产。所谓丝绸的发明包括两方面内容，一方面是作为纺织纤维的茧丝的利用，另一方面是家蚕的驯化。古代黄河流域与长江流域的桑和蚕资源丰富，中国先民从利用野生蚕丝到驯养蚕虫的历程也可从考古发现和神话传说中窥见端倪。在中国这块土地上，茧丝的利用很可能是多地同时和独立发展起来的,因此蚕业的起源也是多中心的。

中国丝织业的主产区起初在黄河中下游,其次为长江中下游。直到南宋,江南才发展为丝织业的首要中心,并保持这种地位直至近代。战国以前,丝织业主要是官营产业。此后,民间丝织业得到政府鼓励而快速发展,明代形成官营织造和民间织造并兴的局面。商、周至春秋时期,桑、蚕、丝和丝织物的生产已经具有产业形态,对桑树的栽培和蚕的养护方法都有了明确规定,缫丝、纺织、染色等工艺技术初具雏形,并能抽取不同粗细的蚕丝分别供纺织和缝纫刺绣之用。缫丝和理丝各有专门工具,可以生产提花织锦的织机已经问世。染色技术既可施于生丝,亦可施于丝织物,矿物颜料和植物颜料都得到开发,红、绿、蓝、黄、黑五种基本颜色均能染出。战国以后,植桑、养蚕和织造的技术不断发展与完善,到宋朝时,总结出可分为二十四个环节的完整生产流程。缫丝工具在唐朝改进为手摇缫车,宋朝则变为更节省劳动力的脚踏缫车。唐朝已经发明可适应不同织物组织和纹样需要的多种纺织机具,宋明时期继续完善织机装置和丰富织机类型。宋朝还开始编写关于蚕织生产的专著,总结经验的同时为后世发展提供指导。

丝织品的染色、整理和印花工艺代有发展。染色工艺至宋朝有两大突破,一是以白矾和绿矾为主的媒染剂的使用得到相当重视;二是为保证产品质量而高度重视炼染用水。汉朝发明了几项平整丝织物的技术,如铜熨斗熨烫整理、以石块反复碾压织物使之平整光洁的砑光整理、将漆液涂至织物上使之挺括的涂层整理。这些整理技术被唐人沿用,但唐人的涂层整理在用漆之外增加用油,制作出名为"油衣"的防雨衣。

汉代以前便有在丝织物上"画绘"的技术,西汉首创印花敷彩工艺。魏晋出现印、染结合的"染缬"工艺,即将织物染上特定花纹,"缬"的意思就是有花纹的丝织品。唐代发展为染色、印花、彩绘相结合的工艺。染缬方法分"绞缬"和"蜡缬"。绞缬(又称"扎染")是依据花纹图案,将织物用针线缝成一定形状或用线捆扎,然后抽紧扎牢,使织物皱拢重叠,染色时折叠处不易上染,未扎结处则容易着色,浸染后解开便显现花纹并有晕色效果。绞缬于唐代达于鼎盛,还出现一种叫"晕糸间"的染缬锦,能染出几色相间排列、渐次浓淡的效果。北宋因绞缬工艺复杂和耗费人工而下令禁止,结果绞缬工艺在中原消失,在西南少数民族地区反而保存。蜡缬则是在白色织物染色前把需要呈现的图案用液态蜡绘制,染色后煮去蜡质,被蜡防染的地方就会呈现白色的预定纹样。

唐代的染缬法属印花工艺的一种,但当时采用的印花方法远不止"染"这一类。唐代印花分型版印花和手工印花两大类,又因版型不同和手工工艺不同而再分小类,绞缬为手工印花的一种,蜡缬则可归于型版印花。当时采用的印花原理有直接印花和防染印花两类,直接印花法是将各种颜色的花形图案直接印制在织物上,防染印花法是对织物上不需印花的位置先涂抹能防止染料上染的防染剂或像绞缬那样处理,然后染色。宋朝对直接印花法的发展是在颜料中加用黏合剂,元代则发展出印金、印银工艺,满足时人热爱富丽堂皇效果的口味。明代在直接印花和防染印花基础上发明了原理不同的第三种印花方法"拔染",即在织物整体染色之后,利用化学药品褪色的方法,使需要呈现白色的地方褪色。由"防"变"拔"是印染技术的一个新发展,至今该技术仍被广泛使用。

战国以前出产的丝织品已可根据织物组织分为平纹织物、斜纹织物、纱罗组织织物和重组织织物四大类,为后世丝织物的发展方向奠定基础。后三类织物的代表品种分别是绮、罗和锦。平纹织物则根据丝线粗细和捻度、织物的密度和厚薄、加工工艺而又可分为多种,主要品种有绨、纨、缟、縠、绡、纱、缦。织物名称的繁复正见证当时丝织工艺已达到相当高的水平,而此后丝织物不断向织物组织和结构渐趋复杂、纹样日趋丰富、工艺愈加繁难的方向发展。南朝时,文献所记丝织物名称已有二十多种,唐宋以迄明清,每一类织物下的品种因纹样和工艺之别而名称繁不胜举。

战国以后,平纹素织物除已有的七个品种之外,于汉代新增绢、缣和䌷(绸)。截至唐代,所有这些品种都持续被生产,但逐渐有几个发展为主要产品,即绢、绸和纱。缣是双丝并织的粗厚织物,绢比缣薄一些,但也具有坚挺平整的质地,被普遍用于制衣、书画、裱糊、扎灯。绸起初只是废物利用性质的低档织物,两晋南北朝时方有粗、细之分,后来又有白绸、色绸、素绸和提花绸之分,显见其利用度日益广泛,竟至于近世将"绸缎"用为丝织物的总称。纱自唐时成为十分流行的产品,"纱"当时泛指轻薄、飘柔的丝织物,而织物组织已不限于传统的平纹。宋代的花纹纱工艺已经成熟,并新增绉纱和织金纱,绉纱出现后便一直是纱织物的重要品类。明代浙江能够生产极为纤细轻薄、透亮如皓月当空的"皓纱",此种工艺沿至19世纪末。

绮、罗和锦因织物组织结构较复杂,自问世时就属高档织物。锦是二色以上的彩色经丝(或纬丝)用多重组织织成的美丽多彩的丝织品,是中国古代丝织工艺技术的最高代表。战国秦汉时期的织锦不仅纹样日趋复杂和形象,而且能以二色以上的经丝交替换层织出具有表里两层的图案,图案正反面颜色相反而花纹相同。汉代还出现一种花纹具立体效果的起绒锦。魏晋南北朝时期,织锦以魏锦和蜀锦最有名,前者出产于以邺城为中心的魏地,后者以成都为生产中心。魏锦是汉锦的延续,依据纹样而名目繁多,蜀锦名动中原,但对其纹样和风格所知不多。唐代将西域织罽术的双层组织工艺引入中原织锦术,生产出双面锦。织金锦于唐代崭露头角,到宋代引人瞩目。织金是在织物中织入金片或金线,以产生金色装饰效果,该技术于元代大为提高,广泛运用于各类丝织物。

汉代新出现一种高档织物叫"绫",与绮同属斜纹组织织物,但在斜纹地上又织出斜纹花,花纹看似冰凌之纹理,产生特殊光泽效应,故名"绫"。绫与锦同属高级丝织品,古代文献中常常"绫锦"并称。从汉至宋,绫的纹样、颜色和织造方法均有变化和发展。魏晋以迄唐代,罗在上层社会的应用日趋广泛。宋朝则是罗织物生产的高峰时期,并首次出现织入金银丝的罗和色丝织成的色织罗。

魏晋南北朝出现一种叫"织成"的新织物,用两组经线和一组纬线按图样进行编织,有直接编织法和通经断纬法两种结构。织成在魏晋南北朝被广泛用来制作衣、裤、靴、鞋、帐等。但因工艺烦琐,唐代曾下令禁行,致其工艺衰落,如今尚存实物。唐代发展出名为"缂丝"或"刻丝"的织物,其组织结构属"通经断纬",但与"织成"的通经断纬组织有所区别,是借用西域织罽中的"缀罽"技术而成,"罽"是克什米尔地区(罽宾)特产的一种高档细密毛织物,可能在公元前2世纪传入中原。缂丝织做时先架好经线,按照底稿在上面描出图画或文字的轮廓,然后对照底稿的色彩,用小梭子引着各色纬线,于图案花纹需要处与经丝交织,故纬丝不贯穿全幅,经丝则纵贯织品。成品的花纹正反两面如一,并有雕镂之象。缂丝织物在宋朝达于极盛,质量上乘,数量大增。北宋时定州(今河北定县)是有名的缂丝产地。南宋时,临安也成为缂丝重要产地。然而缂丝技术因其繁复至近代几近断绝。

同样是受到织罽技术的影响,唐代还出现名为"绒"的丝毯,因为要在丝织物上做出毛毯般的绒面效果,需要耗费大量丝线栽绒。栽绒,指在地毯底基上用手工绾结工艺栽植毛线或丝线而形成高出地毯底基的绒面。丝绒产品在明代得到进一步发展。

宋朝文献较多地出现"缎"或"纻丝"的名称,表明这种织物在宋朝应用渐广。缎,指用素丝或色丝织成的正面平滑有光泽而又较厚的织物,根据色彩的排列方法和效果有多种品名。缎的织物组织自成一体,名缎纹组织。缎因外观绚丽多彩,日益受人喜爱,渐渐占据主流。而中古以前的高档织物绫、罗、锦、绮在宋代以后大体都趋于衰落,明朝尽管各种丝织品种的花色推陈出新、织艺精湛非凡,然而主要是绸、缎、纱这几类。比如明代南京出产的著名云锦已不再是传统的织锦,而是织锦工艺与织缎工艺结合、偏属缎纹组织的新品种。绫罗锦绮的衰落和绸缎纱的崛起,事实上表明丝织品在社会生活中日益普及,所以工艺精致却又不过分烦琐、档次伸缩性强及用途广泛的品类更受欢迎。云锦的一个著名品种叫"妆花",以其艳而不俗、繁而不乱的花纹特色得名,一方织物上配色可达十多色乃至二三十色。"妆花"技艺亦可运用于缎、纱和绢。云锦的另一品种"金宝地"则将妆花和织金技艺相结合而产生金彩辉映的效果。

　　清代丝织生产多数仍属手工业生产,机具基本与前代相同。但在织工与纹匠的努力改进下,绸缎质量有所提高,并为适应国内外的需要而创造出一些新的花色品种,主要体现在缎、绒、绸这几类织物的改进和更新上。清朝的重大变化是丝绸生产业在19世纪末期开始受西方近代工业文明的影响。比如1872年广东南海有人引进蒸汽缫丝法开办中国第一家机器缫丝厂,周边地区很快群起效仿,后又从珠江三角洲扩及长江三角洲。又如1889年,浙江海关总署派人赴法国学习蚕业科技,主要是母蛾检查和识别蚕病方面的技术。1897年,杭州政府还创办蚕学馆,推广用西法减轻蚕病、创造佳种、精求饲育的技术,也讲授关于植桑和制丝的知识。杭州蚕学馆成为全国蚕丝教育事业兴起的先声,很快得到各地响应。这些变化都成为中国丝织业近代化转型的先声。

2. 中国丝绸外销

　　公元前5世纪亦即中国的春秋、战国之交,提花的文绮、纨素、绫罗和锦绣已遍行中原,北方各国又致力于疆土扩张,这两者构成了中国丝绸西传的内部条件。齐国对开拓北方交通线不遗余力,在齐桓公时(前685—前643年在位)已将疆土扩展到燕山山脉和河套以东,而齐国又以文绮之国而名闻天下。因此可以推想,蒙古高原的诸部族通过与华夏族接触而得到丝绸,再经斯基泰人之手运往波斯,甚至进一步抵达希腊。阿契美尼德波斯的贵族对丝绸的喜爱则是推动中国丝绸西入波斯的另一个动因。大流士统一亚洲西部建立阿契美尼德王朝后,对中国丝织品的需求大量增加。被认为写于公元前5世纪波斯境内的《旧约·以西结书》(*Ezekiel*,16:10;16:13)有一段提到耶和华要为耶路撒冷城(Jerusalem)披上最美丽最豪华的衣裳,耶和华在形容世间最美丽的织物时两次提到"丝绸"。这意味着此时的波斯帝国境内已有中国丝绸,公元前5世纪的希罗多德和色诺芬(Xenophon,约前431—前354)也说波斯人喜爱米底亚(Medea)式的宽大上衣,而此种衣物的材料正是后来被希腊人称为"赛里斯"的中国丝绸。这种轻薄衣料的来历令希腊人大生遐想,如猜疑出产于羊毛树上,或推测得之于蜘蛛腹中。有些历史学家认为同一时期丝绸也已传至地中海区域,因为所发现的这时期的希腊雕刻和彩绘人像所穿衣服都极为稀薄透明,似为丝绸面料。而1993年3月22日埃菲社一则报道称,奥地利科学家研究埃及第二十一王朝(前1085—前945)法老佣人墓中一具女性木乃伊身上的织物后得出,此为丝绸质地。这意味着埃及人在公元前1000年以前已开始穿用丝绸,而它们

新疆壁画中身着丝绸服装的白人女性

无疑来自中国。汉唐时期,丝绸不仅是北方陆路交通线上的主要贸易品,也是中国政府赐赠西方民族和国家的主要礼品,因此丝织物持续大量西传,丝绸之路沿线的考古发现证明了这一点。

丝绸自东海之滨盛产丝绸的齐国西抵地中海东部,所经通道正是东段的"绿洲之路"和西段的波斯驿道,可分别以葱岭和美索不达米亚为界,进一步分为三段。最东段是自齐都临淄起,经河北西部的中山国,跨越河套,到葱岭东侧的塔什库尔干。但这段道路直到公元前3世纪初的赵武灵王时期才真正被中国人控制,此前只能是以游牧于河套以西的戎、狄、塞人、月氏人和吐火罗人为贸易中介。而这些游牧民族在中原和西方物质交流中的桥梁作用亦已得到考古证实。1976年至1978年吐鲁番盆地西缘阿拉沟东口、鱼儿沟车站地段发掘出的一座春秋时期墓葬(第28号墓)出土一件残破的凤鸟纹刺绣,尚可辨认的凤鸟形态表明它产自中原。俄罗斯联邦戈尔诺阿尔泰州乌拉干区巴泽雷克的公元前500年左右的墓葬中也出土大量来自中原的丝绣织物,而这里当为古代斯基泰人居地。值得注意的是,阿拉沟和巴泽雷克并非古代通衢要道,也不是古代新疆地区常见的那种由较大绿洲构成的重要经济和政治中心,在这样偏僻的地方也能发现来自中原的平纹罗和凤鸟纹刺绣,足以说明西域与中原在春秋战国时代已有大规模的丝绸贸易。此外,阿拉沟第18号墓葬中还发现中原战国时代的漆器,阿尔泰地区、哈萨克斯坦、俄罗斯联邦等地也都出土过战国铜镜。先秦时期中原与西域之间的往来事实上构成汉代张骞"凿空"西域的前提条件。此外,蜀布、邛竹在张骞通西域之前,已经传至大夏,说明中西之交通在张骞"凿空"之前已然被商人开通。不过蜀布和邛竹可以经西域道路辗转入印度,也可以经过四川、云南、缅甸而至印度,一般认为后者较符合实际,而西南地区的交通网事实上也通行已久,只是较晚才纳入中央政府控制。

古代丝路的中段和西段由美索不达米亚界分,而在阿契美尼德波斯时期都处于波斯人的控制之中,因此波斯人得以长期操纵与中国的丝绸贸易。亚历山大东征之后,丝路西段被希腊化的塞琉古帝国控制,斯基泰人和大月氏人则相继南下并逐步向地中海发展,随后新的伊朗人帝国安息打败塞琉古帝国而崛起。这期间,丝路西段的控制权几度易手。

汉唐时期,丝绸是中国政府用于笼络绥靖西方各民族的主要物品。当时丝绸输入西方的方式除民间贸易,还有赐赠与互市两途,后两者都具政治含义,属朝贡贸易的特殊形式,而它们也是丝绸外传的重要途径。赐赠是汉、隋、唐三朝拉拢匈奴和突厥等少数民族劲敌的方式。中原王朝向西方少数民族或国家赐赠丝绸总是出手慷慨。《史记·大宛列传》称张骞公元前115年第二次出使西域时"赍金币帛直数千巨万"[1]作为给西域诸国的赠礼,《汉书·西域传下》载宣帝元康元年(前65)龟兹王来朝,一次就获赐"绮绣杂缯琦珍凡数千万"[2]。两汉时期为与匈奴建立良好关系,也经常赐予他们大批丝绸,如西汉成帝河平四年(前25)赐锦绣缯帛两万匹,哀帝元寿二年(前1)赐三万匹,东汉光武帝建武二十六年(50)赠呼韩邪单于锦绣、缯布万匹。南北朝至隋唐依然延续了以丝绸笼络少数民族劲敌的政策,《周书·突厥传》记载北周"岁给(突厥)缯絮锦彩十万段"[3],隋炀帝大业三年(607)一次就赐予突厥启民可汗丝绸二十万段,唐高祖武德二年(619)突厥始毕可汗去世,也一次赐帛三万段。这么大量的馈赠品中只有少部分由接受馈赠方自己消费,绝大多数被他们输往更西之处以获厚利。

互市暨易物交换主要发生在中原王朝与突厥、回鹘之间,而这往往是中原王朝军力不敌时的妥协或权宜之策,互市的基本内容实即以丝绸交换马匹。据《周书·突厥传》记载,突厥汗国第一位可汗土门时期,"部落稍盛,始至塞上市

---

[1] [西汉]司马迁:《史记》卷一二三《大宛列传》,第3168页。
[2] [东汉]班固:《汉书》卷九六下《西域传下·渠犁传》,第3916页。
[3] [唐]令狐德棻:《周书》卷五〇《异域传下·突厥传》,北京:中华书局,1971年,第911页。

缯絮,愿通中国"①。据《隋书·裴矩传》,隋末裴矩为削弱突厥势力,引诱突厥始毕可汗宠臣史蜀胡悉"不告始毕,率其部落,尽驱六畜,星驰争进"②,悉至马邑互市。李渊在太原起兵反隋时,因缺乏战马,始毕可汗又遣使送马千匹来太原互市。用于购买马匹的正是丝绸。唐中后期与回鹘长期的绢马贸易则是互市形式中最有代表性的,根据史书记载的情况分析,估计每年唐朝市马在五六千匹至数万匹之间。考虑到马价随时代有所波动,最高时曾为一匹马市绢五十匹,低时则为十多匹绢到二十匹,就以每匹马市绢二十匹来计,则代宗朝到文宗朝的八十年间,回鹘从绢马贸易中得到的丝绢不下千万匹。与回鹘的绢马贸易主要不是为了满足唐朝对马匹的需求而开展的平等贸易,而是因为回鹘在平定安史之乱中的功劳而奖励和靖绥回鹘的一种方式,且随着回鹘对唐态度日骄,绢马贸易更发展为单方面满足回鹘对丝绸之需求的形式。回鹘获得这么多丝绸,当然不可能全在本土消化,绝大部分其实远销至大食、印度、东罗马等地。

丝绸当然是北方陆路的主要贸易物品,两汉至南北朝活跃在中国的西域贾胡主要就是从事丝绸买卖。前文提到,新疆民丰尼雅河下游一带出土的西晋政府发给往来客商的"过所"(通行证)中,有两件月氏胡(从大月氏来的商人)所持过所残简记载该商胡一次就购买带颜色的织物四千三百廿六匹,这正是当时丝绸贸易量盛况的一个缩影。《周书·吐谷浑传》记载,魏废帝二年(553),凉州刺史史宁在凉州以西的赤泉袭击吐谷浑通北齐使者,所俘获者包括一个240人规模的贩运丝绸的商队③。唐代的丝绸贸易规模当然不逊前朝,吐鲁番出土文书《高昌县上安西都护府牒》记李绍谨和曹禄山前往弓月城贩卖丝绢,一次达二百七十五匹④。唐朝诗歌也提供了不少佐证,如张籍《凉州词》称:"无数铃声遥过碛,应驮白练到安西。"⑤

丝绸之路沿线的考古发现也证明了中原丝织品源源不断向西方输出,武威、敦煌、吐鲁番、库车、和田、拜城、巴楚、楼兰、尼雅等地都曾发现过汉唐时代的彩绢和锦绮。英国探险家斯坦因20世纪初首次在古代楼兰遗址附近的一座汉墓中发现了许多美丽的彩绢,其上还织有"长乐明光""益寿延年"等汉字。尼雅古墓出土的丝织品反映东汉织物的技法与纹样风格,除普通的平纹绢和缣,还有彩色显花的锦、本色显花的绮罗以及质地细密的纨绫。其中,锦大多嵌织

---

① [唐]令狐德棻:《周书》卷五〇《异域传下·突厥传》,第908页。
② [唐]魏徵:《隋书》卷六七《裴矩传》,第1582页。
③ [唐]令狐德棻:《周书》卷五〇《异域传下·吐谷浑传》,第913页。
④ 唐长孺主编:《吐鲁番出土文书》(图录本)叁,第242页。
⑤ [唐]张籍撰,徐礼节、余恕诚校注:《张籍集系年校注》卷六《凉州词》,北京:中华书局,2011年,第736页。

隶书吉祥句子。比如1959年在尼雅东汉墓葬中出土的三件保存完整的锦上分别用三色以上的丝线织出"延年益寿大宜子孙""万事如意"和"阳"字样。又，1995年尼雅M8号墓出土一件织有"五星出东方利中国"字样的锦护膊。3世纪以前，新疆地区丝织品生产尚未达到这样的水平，这些纹锦显系中原出产。叶尼塞河畔奥格拉赫提的公元2世纪墓葬中也发现有此类汉锦，其上还残存"益""寿""三"等汉字。中亚撒马尔罕地区出土的此类丝绸更为丰富，如穆格山城堡遗址中发现的一百多片织物残片中有不少就是来自中原的织锦。在中国丝绸远销地中海的必经之地、位于叙利亚东部沙漠中的绿洲国家帕尔米拉，1933年和1937年曾出土织有汉字的绫锦等，这是公元1—2世纪的遗物，图样与楼兰、尼雅的出土丝绢相仿，当来自中国。

中国丝织物引起西方世界的无限倾慕，罗马帝国自西汉末期以后便成为中国丝绸的最大主顾。据说公元前48年，在罗马一次祝捷盛宴兼演出的会场上，恺撒（Julius Cesar）突然脱去外套，露出他的丝绸长袍，令在场所有人惊讶羡慕，甚至目瞪口呆。这种轻柔舒适又光彩夺目的纺织品随即风靡整个罗马帝国。不过，根据《奥古斯都传》的记载，当时人认为女性穿丝质长袍合乎身份，而男士倘若也穿，就不成体统，会被人瞧不起。可是后来，男性贵族也抵抗不了丝织品

庞贝城的穿真丝裙的女祭司（那不勒斯国家博物馆藏）

的诱惑,颇令生活作风严肃人士有世风日下之慨。"提比流斯(Tiberius)在位时,这种稀少而又文雅的奢侈品,被生活严肃的罗马人指责。普里尼用稍嫌做作而有力的语言,抨击人们贪财求利的心理,为了有害的目的探勘地球遥远的尽头,寻找在众人看来是裸体的服装,贵夫人穿上会全身透明。这种衣物可以显示手足的转动和皮肤的颜色,用来满足虚荣或挑起情欲。……普里尼时代以后这两百多年,纯丝或混纺的丝织品限定为女性使用。伊拉珈巴拉斯(Elagabalus)具有妇女的阴柔习性,竟然是第一个穿着丝绸衣物的名人,玷污作为皇帝和男子汉的尊严。尔后罗马和行省有钱的市民,也在不知不觉中效法这种先例。"①

丝绸在此时的罗马帝国尚是稀有品,并且需经安息中间商进口。公元100年前后,罗马商人虽已经丝绸之路同汉朝建立直接贸易关系,却因处于交通要道上的中亚地区政局动荡,而经过海路直航中国又并非常规交通,所以实际上仍得依赖安息和印度的中转商人进行丝绸贸易。陆路中转贸易所花的时间自然不少,按18世纪的英国历史学家吉本(Edward Gibbon,1737—1794)提供的信息,在没有战争的正常年份,骆驼商队从中国海岸到叙利亚海岸的行程长达两百四十三天,然后波斯商人迅速到亚美尼亚和尼西比斯(Nisibis)的市场,以最快速度将丝织品送到罗马人手里。罗马人想来整年都在引颈而望。这项贸易历时漫长但依然利润丰厚,因为"价值昂贵的商品并不需要很大的数量,便足够支付陆上运输的费用"②。由此也可推想,经过居间盘剥后,丝绸在罗马的价格是何光景。但是罗马贵族仍不惜高价竞购,以致罗马帝国后期的作家奥理安(Vita Aurelian)抱怨,一磅丝在罗马要卖十二英两的黄金。不过吉本认为,这种情况应属例外,因为供应随着需求而增加,价格应随着供应而降低。只有当发生意外事件或实施专卖时,价格可能的确高达奥理安的标准。安东尼时代的罗马元老院经常抱怨,有件事让他们的面子挂不住,那就是为了购买女人的饰物(指丝绸)导致国家财富竟然流入外人和敌国手中,且这种情况完全无法弥补。吉本称,有位作家基于好奇进行研究,估计此项支出每年高达八十万英镑。1世纪后期的普林尼称,罗马每年要向阿拉伯半岛、印度和中国支付至少一亿金币(超过一百万英镑)丝绸货款,他为这种奢侈消费大发感叹。当时,腓尼基的女织工还发明了将中国丝织品拆开,添加亚麻纤维混纺成新织物的做法,而其成品价格不输于纯丝织物,于是等量的丝线可以获得更高价值。罗马人自然

---

① [英]爱德华·吉本:《罗马帝国衰亡史》第四卷,席代岳译,长春:吉林出版集团有限责任公司,2008年,第55页。

② [英]爱德华·吉本:《罗马帝国衰亡史》第四卷,席代岳译,第55页。

更有理由抱怨了。这种"杂色绫"返销中国也被视为珍奇物品而倍受欢迎。在亚历山大·塞维鲁斯(222—235年在位)统治时代,生丝和丝绸与各种香料、宝石都属于必须纳税的商品。据欧洲历史学家推断,仅公元前31年至公元192年,罗马就因为对东方的贸易入超损失纯货币约一亿英镑,这被认为是导致罗马帝国经济衰落的重要原因之一。

东罗马帝国对丝绸的迷恋程度比之罗马帝国更是有过之无不及,东西方交通日趋通畅使获得中国丝绸比过去容易,也助长了喜爱丝绸之风的普及。历史学家马赛里奴斯(Ammianus Marcellinus)的《史记》(*Rerum gestarum libri* 或 *The Chronicles of Events*)中的记载,旁证了5世纪初东罗马帝国进口数量庞大的丝织物。他在描述公元401年东罗马皇帝狄奥多西二世(Theodosius II, 401—450)受洗时君士坦丁堡的庆祝盛况时提到"全城的人都头戴花环,身穿丝绸袍服"①。为此,他感慨丝织物从贵族身份的象征沦为贩夫走卒的衣料。吉本则告诉我们,由于查士丁尼时代从中国或者还有波斯进口的丝织品数量巨大,人民普遍穿戴,以致有人提出,"需要制定法律,使喜剧演员与元老院议员的服装有所区别"②。

东罗马迷恋中国丝绸的风气到公元552年养蚕技术传入之后才告减弱,但中国丝绸直至唐代始终是西方各国的大宗进口物,其价格一俟跨出西州(治所在今新疆吐鲁番)、北庭(治所在今新疆吉木萨尔),便大幅上升。唐代的西州地区既有本地出产的丝织物,又有政府调拨充当军实的布帛流入市场,所以来自内地作为商品营销的丝织品在此间的价格与在敦煌一带相若。天宝二年(743)交河郡市一匹生绢的价格为460文铜钱,折合银钱为14.5文银钱。但是,在712年的中亚粟特地区,一匹锦的价格为100银钱,一小匹丝绢的价格为60银钱,是西州地区价格的五倍以上。而在东罗马,正是在本国丝织业已经起步的查士丁尼时代,进口丝绸的价格仍不断飙升,致使皇帝下令规定丝绸的价格上限——一磅不得高于8个金宝石,折合8个苏(含4.13克黄金)。可是,在皇后的支持之下,主管丝绸贸易的权臣将价格提高到每盎司普通颜色丝绸不少于6个苏,则每磅高达72苏,即接近300克黄金。而以皇家染料染色的丝绸价格更会暴涨为每磅相当于3.5磅黄金。价格高至如此,可见进口丝绸在东罗马时期的市场前景多么可观。由此也可以理解,查士丁尼(Justinian,527—565年在位)为何致力于发展本国丝织业。

---

① [英]赫德逊:《欧洲与中国》,王遵仲译,第87页。
② [英]爱德华·吉本:《罗马帝国衰亡史》第四卷,席代岳译,第55页。

3. 蚕丝技术西传

在中国丝织物西传与西方毛织品东来的过程中,双方都试图将对方技术移植过来以发展自身的新品种。上文所说的缂丝就是将织罽术引入织锦术的产物,6—7世纪的高昌发展出另外一种借用织罽术的独特织锦,此外,新疆还出土了借用彩丝织锦术的织罽,呈现出织锦具有的彩色显花效应。《隋书》卷六八《何稠传》记载了一段有关中西纺织技术交流的事例,隋文帝令何稠仿制波斯所献上等锦,结果何稠的仿制品更超过了波斯锦[1]。其实更早的时候,当中国丝绸大量销往罗马帝国时,罗马人已经能够利用中国生丝原料生产新型织物,或者将中国输出丝绸进行再加工。这类产品甚至回销中国并受到中国上层人士追捧,比如以中国丝线配以麻、毛织成的金绣锦布,和被称为"杂色绫"的丝麻混纺织物。

当然,丝织业技术移植中最重要的是中国养蚕和丝织技术的西传。这两项技术首先在高昌(今新疆吐鲁番)和于阗(今新疆和田)一带推广。至于传入西域的时间,20世纪以来的国外学者认为是在5世纪,但国内学者根据考古资料将其提前到四世纪。与考古资料相配合的是,大批汉族人自十六国时期(304—439)以后移居高昌,在这种情况下带去中原的养蚕和丝织技术理所当然。不过,1990年代在楼兰故址附近的营盘同时出土一件平纹纬锦和一件佉卢文纸文书,纸文书的年代被断为270—310年间,平纹纬锦的年代因此被认为属于同一时期,并且有学者认为这件纬锦系当地出产,并进而推断这意味着丝织技术传入西域在3世纪[2]。《隋书·西域传》已称高昌国"宜蚕",《魏书·西域传》记载龟兹和疏勒已有自己的丝织业,焉耆则可养蚕,吐鲁番出土北凉承平五年(447)文书中也有"龟兹锦"字样。养蚕和丝织技术传入印度则可能是通过于阗,于阗与印度往来密切,很多印度移民居住于阗,西藏、云南也可能是养蚕缫丝技术传入印度的媒介,只是难以确定具体时间。

据藏文本《于阗国授记》和玄奘《大唐西域记》卷一二所载,7—8世纪的于阗流传着一个关于其丝织业开端的传奇故事,称东汉时期,于阗国王为获得蚕种而向中国皇帝求亲。被许亲后,于阗国王命于阗使者私下告知东汉公主,嫁到于阗后若想继续穿丝绸衣服,就必须随身带来蚕种。公主听命,并将蚕种藏于凤冠之中。当送嫁车队行至边境时,守边官员依例遍搜行囊,但不敢检查公

---

[1] [唐]魏徵:《隋书》卷六八《何稠传》,第1596页。
[2] 殷晴:《丝绸之路与西域经济——十二世纪前新疆开发史稿》,北京:中华书局,2007年,第173页。

新疆发现的中国公主携蚕种出境木板画

主的凤冠,于是蚕种安全传到于阗,于阗也就开始有了丝织业①。因为《于阗国授记》曾明确说这位于阗国王是第十代王尉迟舍耶,故而有学者据此推断养蚕及丝织技术传入于阗当在公元 220 年左右,也有人认为是在公元 1 世纪初。20 世纪初,斯坦因在于阗故地和阗附近的丹丹乌里克遗址发现一块描绘该故事的木板彩画,画板中央绘一头戴高冕正坐的盛装贵妇,侍女二人跪于两旁,左边侍女以右手指贵妇之冕。画版左端有一篮,盛满形同果实之物。斯坦因考定画中贵妇人就是相传将蚕种带至于阗的中原公主,侍女手指贵妇人之冕,是暗示冕下隐藏之物就是公主私运来的蚕种,左端篮中所盛者,则是蚕茧。

这则故事其实不可信。东汉时期并无联姻于阗的记载,且中国政府历来并不究心于技术保密,若果有联姻之事,将养蚕技术作为嫁妆奉送倒很有可能,即如唐代文成公主入藏之事。下文关于蚕种西传波斯和东罗马的故事较少戏剧性,但恐怕更接近实情。而《于阗国授记》和《大唐西域记》都是晚出作品,所以蚕种传入于阗的故事反倒很可能是在蚕种西传波斯和东罗马的故事基础上构造出来的,是以滚雪球的方式加工古代历史的做法。此外,《大唐西域记》中只称蚕种是从于阗的"东国"输入②,没有贸然称为中国,而于阗与中原王朝之间还有其他绿洲城邦国家,所以这个故事也可能反映蚕种从于阗东边的某个小国输入于阗的经过。无论如何,这个故事充分表明了于阗人对丝织业的重视,丹丹乌里克的木板画虽不能证明故事本身的真实性,却能表明这个故事在西域流传颇广。

---

① [唐]玄奘、辩机原著,季羡林等校注:《大唐西域记校注》卷一二《瞿萨旦那国》,第 1001—1002 页。
② [唐]玄奘、辩机原著,季羡林等校注:《大唐西域记校注》卷一二《瞿萨旦那国》,第 1021—1022 页。

关于蚕种继续西传至波斯和东罗马也各有传说。据伊朗民间传说,萨珊波斯帝国的两位使者在学会了养蚕缫丝技术后,将蚕种安放在竹筒中小心翼翼地带回伊朗,以当地生长的墨桑养蚕取得成功,从此开始了波斯和西亚的丝织业。按中国文献记载,波斯至少在5世纪已有丝织业。东罗马帝国的蚕种则应来自中亚地区,而非距其更近的波斯。据6世纪上半叶东罗马史家普罗科庇斯(Procopius of Caesarea)《哥特战记》(the 5th—7th volumes of *Wars* 或 the 5th—7th volumes of *De bellis*)记载,552年,几个僧侣从印度来到拜占庭,迎合当时东罗马皇帝查士丁尼不愿再从波斯人手中购买生丝的意愿,称自己从印度以北的赛林达国(Serinda)学来了养蚕之法,并能将蚕种带到拜占庭。查士丁尼应允之后,他们果然前往赛林达国带回蚕种,从此开始了东罗马养蚕的历史。另一位6世纪的东罗马史家狄奥法尼斯(Théophane de Byzance)也有近似的记载,只是将印度僧侣换成波斯人,并称波斯人是将蚕种藏在竹杖中而混过边境盘查的。Serinda 一词是由 Ser 加 Inda 构成,恐以此指中国与印度之间的地区,则就是西域地区。不过,到了吉本叙述这段历史时,他根本没有使用 Serinda 一词,而采用 China,说明他径直将"Serinda"理解为中国。

目前学界基本认同6世纪上半叶的东罗马帝国得到了蚕种和养蚕之法,《北史·西域传》即载大秦"土宜五谷、桑、麻,人务蚕、田"[①]。而蚕种传入波斯的确切时间在那则故事中却没有体现。相较之下,蚕种传入波斯的故事比较朴实,传入东罗马的故事则显得是在前一则故事基础上有所加工,由此可以推断传入波斯早于传入东罗马。而且中国史书的记录表明至少在5世纪时,波斯就有了自己的丝织业,《魏书·西域传》和《北史·西域传》都记载波斯出产绫、锦,《南史·夷貊传》记载滑国于普通元年(520)遣使贡献时,贡物中包括波斯锦,吐鲁番哈拉和卓墓葬中出土的5世纪后半叶文书中也写有"钵(波)斯锦"[②]。

蚕种传入东罗马后,丝织业在帝国境内发展迅速。据说传播蚕种的印度僧侣或波斯僧侣成为指导养蚕的第一批技术专家,在他们的带领下,东罗马人懂得在适当的季节,用堆肥产生人工的热量孵化蚕卵,并喂以桑叶,这些蚕得以在异国的气候下成长和结茧。他们也懂得留下足够数量的蚕蛾繁衍蚕种,同时也开始了广泛种植桑树,并开始积累经验和进行研究,以改进这项新兴产业。到了查士丁尼的继承人查士丁二世(Justin II,565—574年在位)上台后,来访的

---

① [唐]李延寿:《北史》卷九七《西域传·大秦传》,第3227—3228页。
② 唐长孺主编:《吐鲁番出土文书》[壹],北京:文物出版社,1992年,第125页。

粟特的使臣认为,罗马人的养蚕缫丝技术已经不逊于中国人。伯罗奔尼撒行省很快凭借丝织业成为一个富裕省份,9世纪中叶巴西尔皇帝时期(Basil I,867—886年在位),伯罗奔尼撒的丝织技术发展到相当精致繁复的地步。当时有位贵妇人丹妮丽斯(Danielis)给她的养子——巴西尔皇帝送了六百匹本地出产的丝织品,用泰尔紫染色,并绣以多彩的花样和图形。来自西西里的一位历史学家则细致地描述了伯罗奔尼撒纺织品的多样性:"依据丝绸的重量和质地、织品的细致、颜色的鲜艳、刺绣的风格和材料,分别列出不同的价格。单丝、双丝甚或三丝的织品通常可以在市场买到,至于六丝的绸缎需要更高的技术,售价极为昂贵。在所有的色彩之中,他用美妙的修辞言词,赞许艳丽如火的鲜红和如沐春风的翠绿。刺绣用丝线或金线,美丽的花朵比简单的线条或圆形的图案更受人欢迎。"[1]

伯罗奔尼撒亦即希腊地区长期垄断着基督教世界的丝织业,但到12世纪拜占庭帝国近乎土崩瓦解之际,先是阿拉伯人从希腊人那里偷走了养蚕和丝织技术,并在当时由摩尔人穆斯林统治的伊比利亚半岛开始发展丝织业,阿美里亚(Almeria)和里斯本率先成为丝织业重镇;继而诺曼人通过掠夺科林斯、雅典和底比斯而得到丝织工人,于是在西西里开始了丝织业。中世纪后期,西西里的丝织业逐渐影响了意大利,再经意大利传布于欧洲各地。但中国丝织物一直是出口欧洲的主要产品之一,18世纪后期欧洲本土的丝织品才因为贸易保护和风格口味等问题在本地市场占据绝对优势。

二、香瓷之路上的中国陶瓷

1. 中国瓷器的发展历程

中国这块土地不是世界上的陶器之祖,却是当仁不让的瓷器之宗。"陶器"与"瓷器"的基本分界线是烧成温度的高低,烧制瓷器的三个基本条件之一正是1200℃以上的烧制温度,其他两个则是合适的原料和对窑室气氛的控制。大汶口文化时期(距今约6500—4500年)虽已用高岭土制白陶,但迄今为止的考古发现表明,直到东汉才率先于浙江上虞出现青釉和黑釉瓷器。"瓷"这个字(或其异体"瓷")也形成于汉代。"釉"是造就瓷器独特光泽的玻璃质表层饰物,商代已采用刷釉法美化和保洁陶器。东汉将施釉方法改进为浸釉,使其在经过高温烧制后与瓷胎结合紧密、分布均匀且玻化良好,这也是瓷器诞生的必要条件。

---

[1] [英]爱德华·吉本:《罗马帝国衰亡史》第五卷,席代岳译,第326—327页。

东汉青瓷器的烧制成功是中国陶瓷史上一次本质性飞跃,此后直至南北朝,青瓷始终是中国各瓷厂最主要的品种,器型和纹饰日渐丰富,青釉的色调则因烧制环境和釉质成分不同而分出翠青、灰青、青绿、黄绿。此外也有黑釉与黑褐釉瓷器。入隋以后,北方制瓷业有了突破性发展,得以与南方瓷业比翼而飞。青瓷仍是各窑场主要产品,并因产量提高而普及于日常生活。隋代制瓷的另一重要成就是成功烧制出白瓷。白瓷实为青瓷变种,烧制过程中若能合适地控制青釉中铁的含量并保持窑内气氛为还原气氛,则青色就会淡化为白色。青瓷演变为白瓷是标志制瓷技术提高的一个缓慢而复杂的过程。尽管白瓷的产生时间因对"白色"的界定不同而有争议,但隋代白瓷的白度已非常接近现代白瓷标准。

唐代形成两大瓷窑类型——以南方越窑为代表的青瓷和以北方邢窑为代表的白瓷。由于唐代装烧工艺提高和窑炉结构改进,可以更好地控制窑内温度和气氛,唐瓷胎质更为细腻致密,釉色更加匀净光润。唐瓷造型风格通常浑圆饱满,常仿植物和动物造型,亦仿粟特和波斯的金银器造型。唐瓷器物品种较前代更趋丰富,餐具、酒具、茶具、文房用具、乐器、玩具应有尽有。东汉以来,瓷器装饰始终限于在胎体表面刻、画、印、贴塑、模印、镂空等。唐代则非常重视釉色装饰,开启了后世瓷器装饰的主要方向。比如,唐代青瓷注重质感、光泽和色调的差异性与多样性,发后世单一颜色釉之嚆矢。又如,单色釉向多色釉发展的路向亦肇端于唐代,典型者如长沙窑釉下彩绘青瓷。其基本特征是,在胎色不佳的瓷胎上先施一层化妆土(铁含量少的白色瓷土),然后用褐色或绿色矿物颜料绘画,最后罩釉烧成。唐三彩也是多色釉技术的典型代表,尽管它是陶器,烧成温度仅750℃—850℃,但它突破了单一颜色釉的局限而独树一帜。

直到宋代,瓷胎白度和透明度接近现代水平的瓷器才开始大量出产,即以影青为代表的青白瓷器。达到这一成就需精细淘炼制瓷原料、控制烧成气氛以及适当考虑光泽、白度、透明度三者间的制约和联系。南宋龙泉窑将传统的石灰釉改为石灰—碱釉,釉质的钙含量降低而钾、钠含量显著提高,使青釉产生玉石般的色泽与质感,这是宋代瓷质的又一大成就。宋代瓷窑遍布全国,且各具地方风格。通常称宋代有十大名窑"定、磁、汝、钧、耀、景、建、龙、哥、官",其中最具特色的当属龙泉窑青瓷、汝窑天青釉瓷、钧窑天青紫红斑釉瓷、哥窑和官窑的开片青瓷(釉面或瓷胎布满龟裂纹)。宋代瓷器胜在淳朴秀美的造型、绚丽多彩的釉色和千变万化的结晶与片纹,充分表现出科学技术与工艺美术共臻高峰的境界,并愈益广泛地渗透于生活日用。

元代瓷器的最大成就是在江西景德镇出现成熟的青花瓷器。"青花"属釉下

碗礁一号沉船所出宋代黑釉盏

彩瓷器,起源或可上溯至唐代。制青花瓷时,先在瓷胎上以氧化钴颜料绘画,继而施一层透明釉,最后在高温下一次烧成。元代青花料多为进口的苏麻离青(Smalt,即 $CoAs_2$,砷钴矿),也有国产青料,亦用中外混合料。青花瓷的产生与成熟打破了单纯釉色的局限,为瓷器装饰的颜色画法开辟新路,元代以后逐渐进入以景德镇产品为代表的彩瓷时期。青花对烧成气氛的要求不似青瓷或青白瓷那样严格,成品率较高,所以产量日增,成为瓷器生产的主流。及至明代,景德镇青花瓷成为人间共好,其踪迹上至宫廷,下至街巷,远至海外。明代各个时期的青花瓷因青花原料不同而呈现不同风格,永乐、宣德年间以苏麻离青为原料的青花因具水墨画般的格调而最受推崇。永乐、宣德年间还出产众多仿伊斯兰金属器器型和纹饰的青花瓷,大约用于海外贸易、赏赐穆斯林使者或礼赠伊斯兰国家。

彩瓷可以唐代长沙窑的釉下彩为开端,青花亦属釉下彩绘。元代还有一种釉下彩"釉里红",质地和烧制方法与青花瓷同类,但以铜红代替青花。辽金时期的北方出现以红彩、绿彩为主的釉上彩瓷。至明代,彩瓷真正成为一个成熟品种,除青花瓷外,釉上彩绘以及釉上与釉下相结合的彩绘争奇斗艳,而诸种彩瓷的主产地皆为景德镇。釉上彩绘瓷器主要是五彩瓷器和素三彩瓷器,前者是在已烧成的素胎瓷器上,用釉下青花与红、绿、黄三色釉上彩料共同描绘图案花纹,又称青花五彩。"素三彩"与"五彩"的区别仅在于不用红色彩料而以黄、绿、紫或绿、白、黄为主色。釉上与釉下结合的彩绘即"斗彩"。"斗彩"与青花五彩之不同在于,青花五彩是在已烧成的素胎瓷器上用青花料和其他彩料绘饰,斗彩瓷器则先以制作青花瓷的工艺烧成成品青花瓷(青花只用于勾勒图案轮廓),尔后于釉上以各种彩料填充青花勾勒的轮廓,再经低温彩炉烘烤。成化斗彩是明代彩瓷中最著名的品种。颜色釉在宋代一些著名的青瓷品种和钧瓷中已有显著表现,元代尝试红釉、蓝釉、卵白釉和孔雀绿釉,明代成功推出多种

明代景德镇花纹瓶（纽约大都会博物馆藏）

颜色釉瓷器,包括红、绿、蓝、黄、白诸色之不同色调的作品。明代的彩瓷与各种颜色釉瓷器大大丰富了中国瓷器的艺术观感。

景德镇的制瓷中心地位于清前期最终确立,官窑与民窑竞艳逐华。以景德镇瓷器为代表的清代青花瓷、彩瓷、颜色釉瓷器在明代基础上于制作技术、质地、色泽、器型、纹饰、图案等方面进一步提高或丰富,达到中国陶瓷史上继宋代之后的一个新高峰。清代的釉上彩瓷器出现一个独具特色的新品种——珐琅彩(Enamel decoration)。珐琅彩别名"瓷胎画珐琅"(porcelain enamel),为明代铜胎掐丝珐琅技术移用至制瓷业的产物,始制于康熙晚期。"珐琅"为进口矿物材料的名称,以其产地"Farang"的音译名之。"Farang"是中古时期波斯对其西边东罗马地区的称呼,但地中海东岸和南岸的原东罗马属地值明代前期早已并入伊斯兰世界。明人提到,大食窑以铜为胎施五色颜料的器物类似"佛郎嵌",可见明人知道阿拉伯世界的"铜胎珐琅"源于东罗马工艺。金属珐琅器可能在13世纪末由阿拉伯地区传入中国,但中国珐琅工艺始于明代的铜胎掐丝珐琅"景泰蓝"。珐琅彩瓷器是在烧成的景德镇白瓷上以珐琅彩料描画,供绘画的素胎必须是精良坚硬的薄胎瓷器。康熙年间的珐琅料全为欧洲进口,至多七八种颜色,并专从法国聘请珐琅画师。雍正时期在宫中成功自炼十八色珐琅料,但并未从根本上改变珐琅彩瓷器造价昂贵的问题,因此大约自乾隆中期便因国库渐空而停止生产。

2. 海上交通与陶瓷外销

瓷器自打诞生,便因美观、洁净、耐用、经济等特征为所有人喜爱,它不仅很

唐代阿拉伯贸易商船("黑石号"沉船)上的青釉褐绿彩瓷碗

快成为中国人日用器皿的主流,也随着每一次外销征服一个又一个外邦异域。瓷器有笨重、易碎等特点,因此以海舶运载远比陆路车马颠簸更为安全和经济。中外海上贸易于唐代始具规模,中国瓷器于唐代始臻成熟,两者迅速结合。至唐代中晚期,海上陶瓷贸易的地位已同陆路丝绸贸易相若。此后,海路一直是瓷器外销的主干道,而华瓷外销的历史基本同中外海上贸易的发展合辙同轨。苏门答腊、爪哇和加里曼丹岛(Kalimantan)等地都曾发现有汉代的陶制明器,可以想象中国陶器很可能沿着汉代已经开辟的中国到东南亚和印度洋的航线而运往南亚与西亚地区。除东亚地区,印尼、印度、巴基斯坦、埃及、东非的古老港口也都出土大量唐代瓷器碎片。唐代陶瓷也曾通过陆路运输到西方,很多阿拉伯内陆城市有唐瓷及其碎片出土,阿拉伯文献记载了阿拔斯王朝初期,呼罗珊总督阿里·伊本·伊萨('Ali ibn 'isa)曾向执政的哈里发哈仑·拉希德(786—809年在位)进献过二十件精美的中国瓷器和两千件中国民用陶瓷,并称"这在哈里发宫廷中是从未见到过的"[①],这些中国瓷器应该是由骆驼商队从陆路运输到阿拉伯世界。

唐代形成的"广州入海夷道"途经地区几乎都可见到唐代中国瓷器的遗迹,印尼的爪哇、苏门答腊、加里曼丹,印度东南海岸旁地治利以南的阿里卡曼陀,巴基斯坦印度河口卡拉奇附近的旁普尔,波斯湾两河出口处的巴士拉等地,都曾出土大量唐代瓷器碎片。阿拉伯内陆城市沙布尔、赖依、萨马腊、阿比尔塔等

---

① 沈福伟:《中西文化交流史》,第205页。

城市也曾发现唐代瓷器和瓷器碎片。唐代的中国瓷器也开始远销非洲。沿"广州入海夷道"而来的商船可以在东非坦桑尼亚的基尔瓦岛或今天苏丹阿伊札布港中转,再将货物转运到东非大陆,而在这两个地区都曾有许多唐代瓷器碎片出土,说明当时转运的货物中已有中国瓷器。埃及尼罗河下游开罗(Cairo)南郊的福斯塔特(al-Fustat)9世纪曾是埃及土伦王朝的首都,此后到12世纪则是阿拉伯世界的货物集散地和财富总汇地,此地发现的陶瓷残片至少有60万片,大部分产于7—17世纪,其中属于中国产品的约有12 000片,包括8—9世纪唐代的三彩、邢窑白瓷、越窑青瓷、黄褐釉瓷和长沙窑瓷,数量最多的是越窑青瓷。前文曾引过9世纪(唐末)游历过广州的大食商人苏莱曼对中国瓷碗具有玻璃透明度的评价,他当时虽然不能理解中国瓷器与普通陶器的区别,但充分表达出外国人乍见这种工艺品时的惊羡之心。此种惊诧艳羡之心也是瓷器征服世界的一个重要原因。

宋元时期,中国的瓷器生产达到鼎盛阶段,名窑辈出,工艺提高,产量剧增,并且大量外销,广东、广西、福建、浙江等地还兴起众多专门烧制外销瓷器的窑场。元代保留了宋时的著名窑场和品种,而瓷器的制造水平又有提高。瓷器出口规模在宋元时期因海外市场的需求和国内政策性原因迅速增长。宋朝历代都严厉禁止对外贸易中铜钱外流,南宋宁宗嘉定十二年(1219)更明确规定购买外货严禁使用金银铜钱,要以绢帛锦绮瓷器为价。这种政策大大促进了瓷器的外销,朱彧《萍洲可谈》卷二记载:"舶船深阔各数十丈,商人分占贮货……货多陶器,大小相套,无少隙地。"① 赵汝适在《诸蕃志》中称泉州一地运出的瓷器销售至二十四个地区,包括越南、印度尼西亚、马来西亚、菲律宾、印度、斯里兰卡、肯尼亚、坦桑尼亚等地。元代除禁止铜钱外流,还一度禁止丝绸出口,无疑更促使瓷器外销。日本、东南亚、南亚、西亚、北非、东非都是宋元瓷器外销的主要市场。汪大渊在《岛夷志略》中记载中国瓷器销往海外四十四个地区,比南宋《诸蕃志》所载更多。

日本、东南亚、南亚、西亚都是宋瓷外销的主要市场,《诸蕃志》记载了二十四个与中国进行瓷器贸易的国家,但从考古发掘来看,宋代中国瓷器的传播地区远远超过了《诸蕃志》所载,品种以青瓷、白瓷、青白瓷为主。在菲律宾、马来西亚、文莱出土为数可观的宋瓷,马来西亚沙捞越博物馆十几年来发掘所得中国瓷片达一百多万片,其中很大一部分是宋代产品。印度沿海及位于内陆的几个地区都发现宋瓷,斯里兰卡、马尔代夫、文莱、巴基斯坦、叙利亚、伊拉克、伊朗、

---

① [北宋]朱彧:《萍洲可谈》卷二,李伟国点校,北京:中华书局,2007年,第133页。

第七章 中国文化外传【上】：丝绸与瓷器

南宋德化窑青白釉喇叭口印花瓶，主要销往东南亚地区

阿富汗、黎巴嫩、阿曼、也门和波斯湾地区也出土宋瓷。东非沿岸（今埃及、苏丹、埃塞俄比亚、索马里、肯尼亚等地）有多处出土中国陶瓷的遗址，都是宋元时期产品，以埃及福斯塔特和苏丹爱扎布最多。开罗附近福斯塔特的众多中国瓷器残片中，能找到越窑、龙泉窑、定窑、耀州窑、景德镇窑等诸多两宋名窑的典型器物残片，还有其他各地窑厂的产品残片。这些瓷器是经海路运抵红海沿岸，再经尼罗河水道运抵福斯塔特，不过在当时，更多的宋瓷经过这里后又被转运至地中海沿岸地区。考古发现也表明，元代瓷器输出的地区和品种实际上也非《岛夷志略》所能尽数。几乎所有发现宋瓷的国家和地区也都出土了元瓷，并且数量和种类都大于宋瓷，其中景德镇窑的白瓷、青白瓷和青花瓷与龙泉窑青瓷是输出到亚非诸国的大宗产品。此外，还有不少保存完好的元瓷传世品为各国博物馆所收藏，如土耳其伊斯坦布尔（Istanbul，即君士坦丁堡）的托普·卡普皇宫博物馆（the Topkap Palace）保存着80余件名贵的元青花瓷，伊朗德黑兰考古博物馆（the Golestan Palace）保存的元代瓷器除37件青花瓷，还有龙泉窑青瓷、南方白瓷、枢府瓷、蓝釉瓷、黄釉瓷、酱釉瓷等多种。

广东窑业在北宋快速发展并喜欢仿烧南北名窑名瓷，与外贸的刺激密切相关。广东的窑厂都分布在各对外贸易港口和水利运输便利之处，即广州港、惠州港、潮州港和雷州港。这些窑厂的产品在广东境内很少出土，在国外或南海诸航道海域却发现不少。广东瓷器在北宋时期突破唐代旧规，瓷器品种和器形类别都增多，除了日常生活中用到的各种器物，还在海外贸易的影响下出现一些主要供外销的产品,比如军持、凤首壶、西洋狗瓷塑,至于碗、碟、盘、罐这类使用最频繁的器具自然也是外销主打品。广东的北宋瓷窑以广州西村窑、潮州笔架山窑和惠州东平窑为代表,这三处都出产很多外销产品。西村窑基本是个专门生产外销瓷的窑厂,东南亚一带频频发现西村窑产品。笔架山窑在北宋时期是广东的瓷都,其产品通过广州大量外销,所以器物中有相当数量的佛像、高鼻卷发的外国人塑像和西洋狗塑像。东平窑也出产军持、凤首壶和西洋狗瓷塑。凤首壶的器物模型是萨珊波斯常见的银壶,在唐代已频繁出现这种瓷器。

广东窑业在南宋因宋氏南渡、广州港外贸地位下降等因素而衰落,珠三角窑区和潮州、惠州两处窑区渐次停烧,海外发现的南宋广东瓷器大为减少,闽浙赣的瓷器起而代之。不过雷州窑异军突起,而且产品主要供外销,可是至今在海外鲜有发现。此外粤东北还有一些小窑厂活跃于宋元时期。明初,广东陶瓷业整体衰落,明朝中叶以后海禁渐宽,才有所恢复,仍然喜欢仿制南北窑名瓷,尤其是龙泉青瓷,潮州窑仿制的龙泉青瓷专供外销。南宋以后海外鲜有发现广东瓷器的重要原因恐怕就是广东窑厂以仿制为主,有些广东瓷器想必被错认为浙江龙泉青瓷、福建同安青瓷或江西景德镇青白瓷。

宋元时期,福建闽江水系窑址的产品多销往东亚(主要是日本),晋江水系窑址(德化窑、磁灶窑和南安窑)的产品多销往东南亚,菲律宾发现的宋元福建陶瓷多来自晋江水系。这说明在外销瓷贸易兴起后,窑址的产品去向很快就有明确分工,产品的设计也相应发生分化。这一点在北宋广东窑厂已经体现出来,比如西村窑产品,日本出土的多是青釉褐彩盆,并常与经筒伴出,出土地则多是佛教经冢;菲律宾、马来西亚、印尼和泰国则输入较多的日常用具;凤首壶和军持则频繁出现在中东和北非。菲律宾出土过广州西村窑产品的大部分器形,又以刻花凤首壶和刻花褐斑大盘最具特色。印尼出土过西村窑的酱釉和青釉点彩瓶,青釉的凤首壶、点彩水注、鸳鸯刻花点彩双联盒,还有青白釉的军持、绘花碗、瓣口碗、划花碗、乳丁纹点彩小罐、瓜形点彩小罐。西沙群岛海域和马来西亚出土过西村窑的点彩罐和划花大碗。泰国、菲律宾、斯里兰卡、巴基斯坦出土过潮州窑的碗、盘、盒、瓶、壶和炉。

菲律宾是出土泉州陶瓷最多的国家之一,器形和纹饰包括扁腹小壶、喇叭口执壶、飞凤碗、蔓草纹四系瓷罐、葫芦小瓶、印花粉盒、花口碗、莲瓣青瓷碗、云龙军持。12世纪、13世纪的菲律宾遗址普遍出土两种宋末瓷器,一种是大约出自德化窑的影青牙白凸纹瓷瓶,另一种是出自同安窑及其他福建窑厂的双鱼纹或螺纹青瓷,都是通过泉州外销。宋末大量出现于菲律宾的还有中国大瓮,此外还出现了陶制火炉和低温彩釉,这些来自泉州磁灶。印度尼西亚全境都有中国青白瓷出土，数量上仅次于青瓷，并且有不少德化窑产品，如东爪哇出土的折腰缠枝纹军持、雅加达博物馆收藏的军持、青白瓷瓶、划花大盘。马来西亚发现的中国陶瓷极为丰富，沙捞越博物馆收藏的陶瓷标本达百万件，其中有德化、安溪、磁灶等窑的青白瓷、青瓷和低温釉瓷，器形则有盘、盒、瓶与军持。泰国、柬埔寨、印度、斯里兰卡、巴基斯坦也常有泉州宋元时期的瓷器发现，泰国的湄南河出海口及附近水域被视为"海底陶瓷博物馆"。

阿拉伯海周边也发现不少中国瓷器，比如阿曼撒拉拉收藏刻有宋代元丰、崇宁、绍定等年号的六枚铜钱，同时还有德化影青瓷、龙泉青瓷和泉州磁灶窑的执壶残片、绿釉瓷残片及青釉铁绘瓷残片，它们出土于米尔巴特（Mirbat）遗址，此地是《诸蕃志》所载的勿拔国①。阿曼也出土广州西村窑、广州奇石窑和潮州窑器物，阿曼和马六甲还出土南海官窑的彩绘瓷盆和青釉褐彩盘。釉下褐彩瓷是元代广东陶瓷的主要成就，由雷州窑主产，出土众多宋元陶瓷残片的福斯塔特遗址曾出土被认为是元代广东生产的褐釉瓷器。苏丹爱扎布港口存在于10—14世纪，11世纪中叶至14世纪中叶是其繁荣期，此地已经发现唐宋至明初的青瓷、白瓷、青白瓷和黑瓷千余片。近年在西奈半岛发掘出德化白瓷。东非坦喀尼葛的56处遗址都出土了中国瓷片，且不乏宋元制品。

3. 仿制中国瓷器与中国外销瓷的异域风格

宋元瓷器大量外销东南亚，大范围改变居民对日用器皿的使用习惯。在陶瓷输入以前，东南亚一些地区多以植物叶子为食器，直接用手搓食。中国陶瓷很快改变了这种简陋的饮食习惯。宋代，这些地区的寻常人家都开始用中国瓦盘盛饭。菲律宾人非常欢迎泉州磁灶窑出产的大瓮、小口瓶和执壶，因为它们很适合盛放当地盛产的米酒，米酒在菲律宾人那里既用于祭祀仪式也用于葬礼。这些瓷器也有其他宗教性用途，比如瓮可以用作埋葬婴儿尸体与敛骨的葬器。菲律宾人习惯把最精美的陶器用作殉葬品，而中国的瓷器一旦来到此地，立刻抢了本地最精美陶器的殉葬品地位。中国最普通的陶瓷在最早接触华瓷的菲律宾家庭也变成传家宝，比如粗陶瓮、瓷碗和瓷盆，而菲律宾本地陶器自此只担当家用简单烹调钵。在东南亚和中东、北非的伊斯兰世界，原本以阿拉伯彩陶和波斯的陶器、铜器及玻璃器为载体的多种日用品也纷纷被中国陶瓷取代，不仅是饮食用具，还有以净瓶为代表的宗教用具。东非沿海居民也普遍爱用中国瓷器。

拥有精致的中国瓷器还是身份的象征，菲律宾人把瓷器拥有量作为评估个

---

① 冯承钧：《诸蕃志校注》卷上《勿拔国》，北京：中华书局，1956年，第57页。

人财富、社会地位和声望的标准，埃及人和苏丹人常用华瓷作为礼品，有的瓷盘、瓷碗和瓷碟还被镶嵌在清真寺的门楣或豪华客厅的壁龛中，成为独具一格的装饰图案。有些清真寺还喜欢存储华瓷，比如伊朗北部的阿德比尔清真寺收藏了1600多件中国瓷器，其中有宋、元、明各时期的珍品。

由于东南亚和中东、北非的市场需求日益巨大，大规模的华瓷进口仍不能满足，于是促成当地仿制中国瓷器。宋元时期制瓷工艺的外传，则直接促进各国制瓷业的发展。唐代，波斯和埃及都出现仿唐三彩器物。9世纪的巴士拉窑陶器仿唐朝白瓷盘和绿彩白釉瓷造型及不透明釉技术。据说埃及法蒂玛王朝（al-Sulalah al-Fatimiyah）时期，一位名叫赛义德（Sayyid）的工匠努力仿制宋瓷并获成功，还设课授业，形成流派。埃及福斯塔特遗址堆积如山的陶瓷片中，有70%—80%是中国器物仿制品的残片。虽然11世纪以后埃及、伊朗等地的仿制品在外观上与中国瓷器甚为相近，但西亚、北非并未发现制瓷原料，当地窑场也无法烧到制瓷所需的高温，因而出产的仿制品仍只是陶器。1300年，暹罗国王蓝摩堪亨（敢木丁）来到中国，返回时带走许多中国瓷匠，创办著名的宋加洛制陶业。此后，泰人进一步学习中国陶瓷生产技术，烧制出真正的瓷器，造型亦酷似中国产品，在东南亚市场有相当的竞争力。在停止海上朝贡贸易而私营海上贸易被禁止的明朝中叶，暹罗陶瓷尤其畅销。

与海外市场试图将瓷器生产本地化相互辉映的是中国外销瓷针对市场需求进行的风格模仿，因此制造出以陶瓷质地传达金属器或玻璃器面貌、以中国特产传达异域格调的独具一格之新品种。许多外销瓷都是中国人的常用器形并带着中国传统纹饰，但另一方面，从外销瓷贸易产生之始，中国就出现了根据行销地需要而生产的异域风格瓷器，主要是在造型与装饰上吸收外来风格或模仿外国金属器的器形。

唐代长沙窑为外销瓷的主产地，长沙窑青瓷釉下彩绘惯用褐色、绿色或二色结合色。除釉下彩绘外，还采用模印、贴花装饰器物，就是将纹样贴在器物腹部，并涂以褐色彩斑烧成。在国内外发现的长沙窑产品模印纹饰常具异域风格，如联珠、狮子、葡萄、椰枣、棕榈、桫椤树、舞女、力士像。长沙窑遗址中的产品就含有原常见于波斯陶器上的椰树和棕榈花纹，伊朗西拉夫遗址还出土了长沙窑椰树纹四曲盘。伊朗内沙布尔遗址也出土了长沙窑黄釉褐彩联珠纹罐。

从唐代开始，海上香瓷之路的主要贸易对象就是伊斯兰世界。7—9世纪，阿拉伯半岛、波斯和北非首先伊斯兰化。从1200年到1300年，孟加拉湾周边和印度西海岸、马六甲海峡周边和马来半岛、印度大部渐次变成伊斯兰教的势力范围。16世纪初，爪哇内陆的统治者也接受了伊斯兰教。因此，长沙窑的外

明德化窑欧洲装饰风格茶壶（纽约大都会博物馆藏）

销瓷还有一类,刻写具伊斯兰教含义的阿拉伯文作为纹饰,如"真主伟大""真主仆人"。扬州出土了一件长沙窑黄釉绿彩背水壶,其上书写意为"真主伟大"的阿拉伯文,它可能是供扬州的阿拉伯商人使用,也可能是专供外销。泰国也发现了写有阿拉伯文"真主仆人"的长沙窑瓷器残片。刻写阿拉伯文的瓷器在明代正德时期更加常见,内容多为歌颂真主,既供外销,也供朝廷为数不少的奉伊斯兰教的官员和宦官使用。明代广东惠阳白马山窑和新庵三村窑仿烧龙泉青瓷,也喜欢在碗心、碟心刻印文字和符号,不是是否受到刻阿拉伯文的外销瓷影响。

外销宋瓷以青瓷、白瓷和青白瓷为主,外销元瓷则以青花瓷为主。在明代,青瓷、褐釉瓷和白瓷是明朝前半叶的主要外销陶瓷,青花瓷在明朝后半叶才成为常规外销瓷。从元末到1487年,青花瓷在商船中都不常见,虽然郑和下西洋期间有成批青花瓷通过宝船流传到海外。弘治年间,青花瓷方才大量经商船输入东南亚,但在正德、嘉靖年间曾出现轻度短缺。青花瓷本身就是中外物质文化交流的重要象征之一,它的青色源于一种产自伊朗的钴蓝,元代由伊利汗国输入。青花瓷的白地青花纹饰符合伊斯兰文化的审美情趣,因而在元代热销东南亚和西亚、北非的伊斯兰世界。元代青花瓷装饰布局的繁密受伊斯兰金银器皿的影响,也有一些纹饰模仿西亚传统纹饰。

元明时期的外销青花瓷造型也往往仿制外销地的金属器型,典型者如吃"抓饭"用的大盘和名为"军持"或"君持"的净瓶,后者是伊斯兰教徒做礼拜时所用的净手器,还可以供朝觐麦加时携贮溪水,归途则盛装阿必渗渗（The Well Zam Zam）井水和阿拉伯蔷薇水。净瓶原是铜制,中国出产的瓷净瓶在形制上模仿铜净瓶,很快取代铜净瓶,东南亚的伊斯兰世界尤其乐用中国的"军持"。中国工匠充分满足伊斯兰世界对军持的需求,福建的德化、安溪、晋江等窑,广

明万历青花花卉纹军持

东的西村、笔架山窑、东平窑都大量生产这种物品,款式丰富、纹饰精美,釉色则根据行销地而有所区分:行销东南亚的釉色多样,行销中东和北非的则只有蓝色和绿色。颜色的地域划分不止体现于军持,在其他器形上也一样,中东与北非至今没有发现黑瓷产品。除军持,元代和明代永乐、宣德年间还有大量仿13世纪西亚其他金银器形制的外销瓷器,如执壶、烛台、花浇、扁瓶和无挡尊,它们是此时期特有的器皿,一般作为外交礼品用,釉质以青花为主。

正因青花瓷对于伊斯兰世界的特殊意义,今日在中国极为罕见的元代青花瓷,却大批量保存在伊斯兰国家,如上文所说土耳其伊斯坦布尔的托普·卡普皇宫博物馆和伊朗德黑兰考古博物馆丰厚的元青花收藏。明代前期也有大量作为礼品的青花瓷和龙泉窑青瓷随郑和下西洋流传到东南亚与西亚、北非的伊斯兰世界。

第八章　中国文化外传【下】：科技与文化

一、纸张与造纸术

1. 中国造纸术的发展

"纸"这个字的产生年代大致在战国末期或秦代，字形与丝有关，是指用蚕茧制丝棉过程中残留在篾席上的残絮断丝晾干后粘成的一张薄片。这就是最原始的纸，因其由残絮断丝制成，被现代学者称为"丝絮纸"。而现代所用的纸是植物纤维纸。丝絮纸虽无实用价值，却启发人们用新的原料制作"纸"这种薄片，结果就是用麻缕代替丝絮制造出植物纤维薄片——麻纸。考古发现表明，中国人开始制造麻纸不晚于西汉武帝时。1933年，考古学家黄文弼在罗布泊汉代烽燧遗址考察时曾发现一片属于公元前52年（汉宣帝甘露二年）的西汉古纸。1950—1970年代，又陆续发现数片西汉古纸。这些纸为麻纸，质地粗陋，不能用于书写。西汉末东汉初，出现少量适于书写的纸张。中国最早的关于制造植物纤维纸的文献记录见于1—2世纪。105年，蔡伦（？—121）经过技术改造，成功制造出大量适于书写的"蔡侯纸"，纸才开始较广泛地用于书写。这时造纸生产已具备蒸煮、舂捣、抄纸等一系列工艺，但技术还不成熟，原料仅限于麻和树皮，质量和产量都较低。

纸作为一种纤维制品，其制造的两个基本步骤是：第一，制作纸浆；第二，纸浆通过滤水物体形成薄片。纸张的质量主要由纸浆的质量决定，制作纸浆时，目标是从植物原料中分离和提纯植物纤维素，去除木质素与果胶等其他成分。东汉已开始用蒸煮的办法提纯植物纤维，并懂得采用打浆工序，即，以舂捣促进纤维结合。后世不断改进制作纸浆的这两个基本工序，发展为多级处理法，包括沤料、多次碱液蒸煮、堆积发酵、洗涤、捣浆几个环节，打浆工具亦从东汉的人力舂捣演进为宋代的水碓舂捣。

使纸浆成型的工艺起先是浇纸法，将纸浆倒在篾席制成的"纸模"上，震荡使其分布均匀，晒干后从纸模上揭取。很快又出现了抄纸法，将浆料放入水槽中搅拌均匀，将纸模斜向伸入水中适当深度，使浆料均匀附着于纸模上，再迅速

敦煌悬泉置麻纸文书

将纸模提出水面，滤去水分晒干。抄纸法发明后成为中国造纸业的基本方法，但纸模的类型和材料自东汉到宋代一直在改进，抄纸的技巧也有所更新。西晋时期将纸模从麻制的细网筛改为竹帘式，成为造纸业的一大飞跃。由于竹帘可卷，抄出湿纸后，不必待其晒干，便可拎着竹帘的一边向上提，使竹帘的竹丝一根根离开湿纸，湿纸留在平版上，竹帘立刻可以再次抄纸。如在纸浆中加入植物黏液，湿纸就可以叠摞而不粘连。当湿纸叠到一定数量时，上加木板，压干水分，然后一张张剥开晒干或烘干。竹帘纸模的发明减少了设备需求和晾晒场地需求，并且缩短工时，大大提高生产效率。兼以竹帘远较麻制网筛平整，所产纸张既匀且薄。竹帘抄纸技术发明以后，历代工匠又不断紧缩编制竹帘的竹丝的宽度，努力使纸张匀薄。从晋至宋，竹丝宽度从1.5—2毫米变为0.2—0.3毫米，纸张从粗糙愈变细洁。清代康熙年间还发明了用铜网做纸模，虽然能造出更薄更好的纸张，铜网的使用寿命也远比竹丝长，但因不能解决铜网易于起拱、不够挺直的问题，兼以铜网制作难度大，该发明未被重视，试行后便即中辍以致湮没。法、英两国分别于18世纪末和19世纪初发明了长网造纸机和圆网造纸机，铜网造纸开始实际运用，但这与中国康熙年间的铜网技术无甚瓜葛。

魏晋南北朝，造纸原料在旧有的麻和树皮基础上新增了藤和草，唐宋时期又发明以竹造纸，共五大类原料。南宋以后，竹纸和皮纸成为主要用纸。麻虽是优良的造纸原料，但因南宋以后棉花开始取代麻成为主要纺织原料，不再有充足的废旧麻织物充当造纸原料，故而麻纸淡出。藤纸衰落则是因为充当原料的野生藤经长期开采后数量骤减。南宋以后也出现了皮竹纸、竹草纸和皮草纸三类混料纸张。而混料造纸首见于魏晋南北朝的麻皮纸。混料纸张或可在不影响质量的情况下降低成本和增加产量，或可改善纸张质量，深为古人喜欢。

从造纸之始，人们就注重发展纸的加工技术，力求使其平整光滑。东汉已懂得"砑光"，用手工磨平的办法把纸磨平。西晋发明"涂布"，将混合了黏结剂的白粉刷在纸面上以填补纤维间的空隙。"涂布"的改进工艺"加填"是在纸浆中直接加白色粉末，至晚北宋已有。迟至南北朝发明"施胶"，在纸浆中加入胶料或在纸张表面涂刷一层胶料，以防止纸张"洇水"。唐宋时期还发明出各种艺术加工纸，如带有色纹理的纸张、涂蜡的透明纸、染色纸、洒金纸、印花纸、水印纸。

防蛀避蠹是植物纤维纸生产中要面对的重要问题。2世纪时的东汉发明以黄檗溶液浸染纸张防蛀，黄檗纸在两晋时期成为普遍使用的书写纸。黄檗树皮所含多种生物碱能有效杀虫，故纸张在黄檗溶液中浸染后晾干，即可避蠹。12—13世纪南宋时出现以花椒溶液浸染的防蛀纸——椒纸。百部的块根溶液也被用作防蛀浸染液。此外，将花椒、百部等防蛀剂的粉末加入淀粉中作为纸张的施胶剂，则可使"施胶"和"防蛀"两道工序一次性完成。明清广东流行一种防蠹纸"万年红"，一张"万年红"附衬在一部由非防蠹纸印写的书籍里，便可保全书不蠹，因为"万年红"纸面上有一层由剧毒物质铅丹（四氧化三铁）制成的涂料。铅丹不仅杀虫效果好，而且在空气中不易分解，避蠹效果持久。

纸发明后，日益广泛地成为书写材料，至东晋时代便全部替代简帛。唐宋时期是中国古代造纸发展史上的黄金时期，造纸产区遍及全国大部分地区，纸的质量显著提高，一般纸张已可用于印刷，特用于书画的宣纸也开始生产。纸张的需要量随印刷术的推广而递增，由此推动纸张产量和加工水平的提高。纸的用途从书画和包装扩大到生活各个领域，比如纸扇、灯笼纸、糊窗纸、墙纸、防水油纸和宗教用纸等等。但是，造纸技术自此直至清代都无甚发展。

2. 纸张与造纸术西传

纸张在两汉时期随屯田部队和往来客商传入西域。在1933年考古学家黄文弼在罗布泊汉代烽燧遗址考察时发现公元前1世纪西汉古纸之前，瑞典探险家斯文·赫定（Sven Hedin）于20世纪初叶就在罗布泊发现过许多质地不同的汉文古纸，多为公、私商业信件，年代稍晚于黄文弼发现的西汉纸。其中记有年代的，分布在曹魏嘉平四年(252)到西晋永嘉四年(310)。而有一件是大约写于东汉末年的《战国策》残卷，书法是汉代隶书。1914年，斯坦因在罗布泊北端也发现了一些汉文纸写残卷，其上分别有西晋泰始六年(270)、永嘉六年(312)等年号。吐鲁番的高昌遗址亦曾出土书于西晋元康六年(296)的《诸佛要集经》写本。

粟特文古信札

西域自然不是纸张西传的终点，传到这里的纸张随着中外使节和商旅的活动继续西进。1907 年，斯坦因在敦煌附近一座汉代长城烽燧遗址中发现八封粟特文纸本信函，即著名的"粟特文古信札"。目前学术界基本认同这些信札写于 312 年到 313 年之间（值西晋永嘉之乱），由往来中国和中亚的粟特商人所写，欲发往撒马尔罕却因故未发。"粟特文古信札"说明纸张已传入粟特人居住的中亚河中地区，而且极有可能传至更远之地。粟特地区出土的穆格山文书（the documents from Mt. Mugh）写于 722 年以前，其中含 17 件纸文书。吐鲁番地区出土的西晋至隋朝的古纸中，写有波斯文、粟特文、希腊文、吐火罗文、叙利亚文、梵文等各民族的文字，因此纸张也极有可能在这时已传入上述地区。

关于纸张传入南亚，过去一般认为 12 世纪才由伊斯兰教徒将纸张带到印度，然而实际情况应该比这早。尽管史无明文，但既然蔡伦改革之后不久纸张就传入西域，并且采用纸张书写的也不限于中国人，那么东汉至南北朝时期，因传播佛教而频繁活动于此地的印度人或与印度有关之民族必会接触和使用纸张这一比当地传统书写工具树皮、树叶优越许多的物品。属于古印度的克什米尔地区发现了不晚于 6 世纪的写有梵文的古纸。唐僧玄奘 645 年自印度归国时，并未提到印度有纸，但另一僧人义净 671 年赴印度时发现印度已开始使用纸张，比如印度各地普遍于绢、纸上印佛像以随处供养，印度人还使用厕纸。义净在所编的字典《梵语千字文》中称当时已有梵文的"纸"字。可见，中国的纸至晚在 7 世纪末期已传到中印度,但可供书写的高质量纸张在当时想必依然稀少,印度人仍以树皮和树叶作常见书写材料,唐代中国僧人到南亚去取回来的经书和南亚僧人带到中原的经书都是写在这类材料上。

关于中国纸何时传入欧洲,文献亦不足征,但两汉时期大秦已与中国建立联系,不排除当时从中国输入纸张的可能。欧洲现存最早的纸文书是西西里伯爵(Count of Sicily)罗杰一世(Roger I of Sicily,1040—1101)用阿拉伯文和拉丁文颁发的一道写在纸上的法令,书写于 12 世纪初叶,是在中国造纸术传入阿拉伯世界以后的事情。汉唐时期,纸张虽然逐渐传入中亚和南亚地区,但基本都还是中国制造的输入品,因此较为珍贵,直到造纸术西传,这些地区才普及用纸。

魏晋南北朝时期,造纸术陆续传到朝鲜、日本和越南。中国宋朝时,朝鲜已有自己的优质纸张,并深获宋人喜爱。但在西传方面,目前在文献中还找不到有关造纸术如何传入西域的任何线索,只知道中国造纸术西传比中国纸张西传要晚得多。不过一般认为,新疆大约在 6 世纪开始自己造纸。吐鲁番阿斯塔那墓葬群中曾经出土一件断为620年的文书,上有"纸师隗显奴"字样;另一件出土文书上则有"当上典狱配纸坊驱使"的字样。"纸师""纸坊"无疑表明当时吐鲁番地区已经拥有专门的造纸作坊。

中国造纸术向中亚及更西地区的传播,目前公认是在 751 年怛逻斯战役之后。此次战役使两万唐军成为俘虏,而其中有一些造纸工匠,阿拉伯人就利用他们在撒马尔罕建立了穆斯林世界第一座造纸工场。撒马尔罕盛产可用于造纸的大麻和亚麻,不久,"撒马尔罕纸"就以其精美适用的优点闻名于大食统治下的亚洲各地。794 年,在呼罗珊总督法德勒·本·叶哈雅(al-Fadl b. Yahya)的建议下,当时阿拔斯王朝的哈里发哈仑·拉希德按照撒马尔罕的模式在巴格达开办西亚第一家造纸工场。不久,大食帝国境内的也门、大马士革、特里波利(Tripoli; Tarābulus)、哈马(Hamāh)、太巴列(Tiberias)等地也相继建立用中国工艺生产纸张的工场。距离欧洲最近的叙利亚大马士革在未来数百年里成为向欧洲供应纸张的主要产地,以致"大马士革纸"(charta damascena)长期以来是欧洲人对纸的另一称呼。

造纸术传播到北非则是借阿拉伯人之力,于 9 世纪初传入埃及、摩洛哥等地,并在 10 世纪取代纸草成为埃及的主要书写工具。11 世纪时,纸张在埃及的用途已扩大到日常生活领域。1040 年,有位波斯游客来到开罗时惊奇地发现,卖菜和卖香料的小贩都用纸张包裹所售之物。由于纸张在埃及被普遍使用,用来造纸的破布也从一文不值变为身价百倍,竟至市面破布缺货。于是有人不惜搜掘古墓以盗取木乃伊的裹尸布,卖给造纸工厂获利。10世纪以后,摩洛哥首府非斯(Fès)成为造纸中心,并以此为基地在12世纪中叶将造纸术传入伊比利亚半岛,继而传至欧洲各地。直到18世纪以前,欧洲各国造纸工场中采用的技术和设备依然都是中国的传统式样,工艺和质量还远不及中国宋代的水品。

过去认为中国造纸术传入南亚也是通过阿拉伯人,由他们在10世纪征服印度时带去。但近来有人提出,造纸术传入印度是以西藏为中介,时间上也远早于怛逻斯战役。吐蕃国王松赞干布(Srong-brtsan-sgam-po,617—650)于650年向唐高宗请求输送蚕种并派遣造酒、碾硙、纸墨之匠到吐蕃,获准。这说明西藏在7世纪后半叶已经可以借助内地的造纸工匠生产纸张。而当时吐蕃与印度也关系密切,因此印度很有可能通过吐蕃掌握造纸术。

总之,中国造纸术的传播,从根本上结束了西方国家用皮革、纸草、树皮以及羊皮纸作为书写材料的历史,对世界文明的进步发展厥功至伟。

二、印刷术

1. 雕版印刷术的发展

印章的使用在世界各地都有悠久传统,把印章原理同书写用纸张结合起来批量复制文书,则是古代中国的发明。中国发明的印刷术可分为雕版印刷和活字印刷两类。雕版印刷的道理同于碑文拓印,即在木板上反刻文字,其上涂墨,再覆纸张,然后以排刷在纸背用力刷过,纸面便留下印字。活字印刷与雕版印刷的区别在于印刷模板的制作,刷印过程则相同。雕版印刷的模板是成块雕好的固定模板,活字印刷无固定模板,是先制成一个个独立单字,然后按照稿件的需要,把单字挑出来排于字盘中,固定之后供刷印,印完再把单字拆散,这些单字模块下次仍可用于排印他书。近代欧洲采用的印刷法正是活字法。雕版印刷产生得较早,当在隋唐之际(6世纪),活字印刷则是11世纪北宋时期才出现。

雕版印刷术的发明需具备书写工具笔、墨、纸张,懂得反文印刷的道理,积累关于印章、印封泥、碑刻、砖瓦反文、木板写字刻字等经验,所以直到隋至唐初才发展出真正的雕版印刷。而中古时期民间坊刻和佛教信徒传经的需要构成探索和实践印刷术的两个重要动力,凸版印花及6世纪盛行的捶拓、印章及捺印千佛像成为7世纪前期产生的雕版印刷术的先驱。7世纪前期的佛像雕印是雕版印刷术的最初形式,8世纪大量出现的密宗经咒印本标志雕版技术已有长足的进步。通常认为,出土于敦煌莫高窟藏经洞的唐咸通九年(868)王玠刻印之《金刚般若波罗蜜经》是现存世界上最早的雕版印刷品。不过,1975年西安唐墓出土的一部印本《陀罗尼神咒经》可能略早于它,韩国还发现一部8世纪初期的佛经唐印本。王玠刻印的《金刚经》被斯坦因盗运伦敦,现藏不列颠博物馆。其扉页刻印之佛像,神态生动,刻工圆润,表明9世纪时雕版印刷术已臻成熟。唐末之际,除长安、洛阳两京之外,四川和长江下游地区都有印刷中心。

五代时期,南方的蜀、越、苏、闽诸地较为安定,唐时已出现的印刷业得以继续发展,而这些地区的割据政权对印刷业也大力提倡,出现了官方监督刻印书籍的新制度,从此刻书不再只是民间书坊或和尚道士的事情。宋代各级政府继续提倡刻书,推动各地印刷业的发展。971—983年,北宋政府主持雕印大型佛经汇编《开宝藏》,不仅培养了大批技术熟练的刻工,而且促使地域性出版中心形成。宋代刻本内容丰富、印造精美,多为后世所不能及,许多中国古籍正是借宋代雕版才流传至今。两宋除用雕版印刷术大量刊行古今书籍,还刊刻众多版画,或单张发行,或作书籍插图。宋代刻书版式多为方形或长方形,在版面设计和装订方面都有成熟规则,并题写刊语。宋本多以擅于书法之人在刻板上书写,然后由刻工凿刻成阳文,因此各种字体竞相比美。宋本中的字体有大、中、小号之分,小号字的印本自然尺寸也小,价格低廉、携带便利,很受欢迎,被称为巾箱本或袖珍本,意谓可纳入随身小行李包中或可笼于袖中、怀中。南宋书坊还盛产供士子考试夹带之用的小本书,内容无所不备,官方虽有禁令,却也无法禁断。

宋代官刻书有一个后代所无的特征——记录印造一书的各项成本价格(包括物料与人工)及出售价格,并注明所赚利润是为补助学生或其他公用。而民间书坊为了保密,从不公布印造成本与利润价目。不过书坊书铺已经懂得打广告,并且会为时人畅销著作申请政府的版权保护——花钱请官方出榜晓示,榜文上有对不守约束盗印之人"追版劈毁、断罪施行"的严厉字眼;同时在书上注"已申上司,不许覆板"字样。不过,中国历代政府并无保护版权的明文规定,宋朝发出的这类牒文和榜文的实际效果也无从查知。尽管缺乏法律的保护,书商的版权保护意识却一直延续,明代书籍有"翻刻千里必究"的警示语。另一方面,各书坊盗印畅销书的举动在宋朝便已蔚然可观,盗版时常改头换面、节略内容或更换名目,与现代做法无异。

雕版印刷术的发明推动了中国各类书籍的流通,包括佛教经画和道教经箓等宗教用品,此技术还立刻被用于印刷纸牌、报纸和商人纳税凭据。宋代又发明了印刷纸币和茶、盐等政府专卖品的购买凭证,民间各类交易的往来凭证也由政府统一印制,然后由交易者购买。购买各类印刷好的契据省却交易中请人书写字据的环节,而此类契据的垄断印刷也成为政府一项重要收入。这些交易凭证的印刷一直为后代沿用。

宋代制雕版的木材多为梨木,也有枣木,同时发明了铜版和蜡版。蜡版刻字虽不够清晰整齐,但因其易刻易改,可用于紧急需要而有时间性的作品,比如报纸和临时下发的通告。元明两代是否使用蜡版,不见记载,但清代常用来印刷报纸。宋代蜡版如何制作亦不甚详,清代蜡版是用蜂蜡和松香混合后涂于木板上,形成一个既足够坚硬又便于刻画的涂蜡面。元代雕版刻书在各方面都不及宋代,却有一个新发明,即朱、墨两色套印,明代在此基础上发展出更加鲜活的彩色套印。此外,书名页/封面这一今日极为寻常的事物在宋版书中尚未见到,13世纪末的元代才出现。明清时期印刷业再度兴盛,刻印的内容和印刷物的版式都更加丰富,但雕版印刷技术本身并无发展。值得一提的是,明中叶形成一种固定的印刷字体,端正庄严,只要普通工匠就可书写,也便于刻工施刀。这种印刷体虽无宋本各种手写体美丽悦目,但大大提高雕版效率,所以沿用至清末。

2. 活字印刷术的发展

雕版印刷术的发明大大改写了中国出版与教育事业的面貌,然而雕版有不小的缺点。因采用固定模板,印一页书就要刻一块板,刻一部大书需要消耗甚为可观的人力、物力和时间,刻成后的板片又需占据巨大的存储空间。11世纪出现的活字印刷术就是为解决这一问题而发明。

活字印刷术的发明及传播是一个颇具争议的问题,尤其是欧洲15世纪的活字印刷术同中国活字的关系问题。但因有北宋沈括《梦溪笔谈》的详细记载,北宋毕昇(约971—1051)在仁宗庆历年间(1041—1048)发明了以胶泥刻字制版印书的活字法,此事可信而无疑,但毕昇其人其事不见于正史。毕昇以用火烧硬的胶泥薄块作单字字模,一个个排在铁框子里印书,方法虽然简单原始,但与近现代铅字排版用的是同一原理。毕昇解决字模厚薄不均、排列不齐问题的方法是,在铁板上覆盖松脂蜡和纸灰,以铁范框定边界后,将字模排列其中,然后用火烤灼铁板底部,当松脂蜡稍熔之时,用一块平板覆压字模那一面,则厚一点的字模就会陷入胶蜡中,从而使供印刷的一面字平如砥。印完之后,再用火烤,松脂蜡熔化,泥字模可以毫无粘连地取下收藏。

关于宋代用活字法印过什么书,缺乏记载。所知最可信者,为南宋光宗绍熙四年(1193)著名士人周必大(1126—1204)以泥活字印自著的《玉堂杂记》。显然活字印刷这项技术在宋代并不受重视,在后代也始终不够流行。中国印刷术的改进专注于雕版印刷的精美完善,而不是积极向活字排版发展。中国读书人对书籍与书法的审美特点是造成此种局面的一个重要原因。另一个原因则是制作字库量足够大的活字模耗时耗工，排版时挑拣合适的字模也花不少时间。这使得活字法只有在大批量印刷同一页面时才具优势，否则就显得比雕版还麻烦。

元代有好几个人尝试改进活字印刷术，一是针对泥字模易碎的缺点改活字模的材料为耐久的锡和木，二是设计一定的方法存放字模以方便排版时查找单字，以王祯(1271—1368)发明的转轮排字盘为代表。用轻质木材做成一个大轮盘，直径约七尺，轮轴高三尺，轮盘装在轮轴上可以自由转动。把木活字按古代韵书的分类法，分别放入盘内的一个个格子里。排字工人坐在两副这样的轮盘之间，左右手都可转动轮盘找字，既提高了排字效率，又减轻排字工的体力劳动。元代的锡活字是铸造的，但因字面不易着墨，印刷效果不好，仅仅昙花一现。木活字印刷在明代比元代大为流行，但传至今日可确认为活字印刷的书籍不过一百余种，多为万历印本。不过，15世纪末起，江南和福建有人采用铜活字印刷，或许同朝鲜与欧洲的金属活字技术在15世纪传入中国有关。16世纪初，江苏常州还有人创用铅活字，可惜没有印本传世。此法不行的原因是，铅质地柔软，刻字费时又易刻坏。在清代，泥活字曾再度流行，木活字从朝廷到私人都被更广泛地使用，铜活字只偶尔被运用。中国古代的金属活字着墨技术始终没能有效解决，并且制作字模用笨拙的雕刻法，这都是导致金属活字不经济而难以推广的原因。要发挥活字印刷的优势，就要能够大批量经济地铸造或用钢模冲制活字。而钢模造活字的技术到19世纪中叶才由新教传教士传入，被中国人自己普遍使用则到19世纪末以后。

3. 印刷术的西传

雕版印刷术与活字印刷术在中国出现时间虽相隔颇久，西传却都是在宋元之际。北宋出现的活字印刷术在中原地区不受青睐，在西夏却似乎很快受到重视，考古出土的12世纪西夏文文献中有好几件是活字印刷品。也许因为西夏文笔画烦琐而文字数量远少于汉字，一次性制作出可反复使用的活字模远比每次雕版省事，所以活字印刷术更受西夏人器重吧。西夏地处当今宁夏、甘肃、陕北一带，控遏中西交通要冲河西走廊，印刷术经由西夏传入回鹘地区，再进一步西传是完全有可能的。不过也有很多学者认为，印刷术13世纪初才通过蒙古人的西征而西传至中亚、西亚、北非和欧洲，因为吐鲁番地区发现的回鹘文印刷品中最早的属13世纪初，20世纪初在敦煌发现的古回鹘文木刻活字则是1300年前的遗物。回鹘文为拼音文字，但回鹘文木活字却不是以字母为字模单位，而是以音节为字模单位。音节的拼写有长有短，所以木字块不能方整相同。回

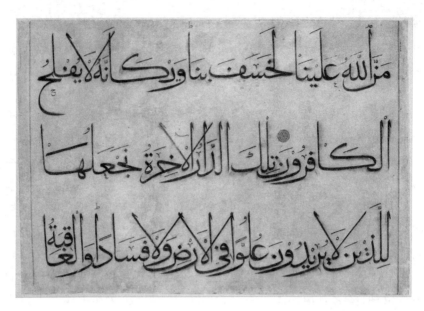

手札残片（14世纪末15世纪初，撒马尔罕出土，纽约大都会博物馆藏）

鹘人的这种活字显然既受到汉字活字影响，又体现自身拼音语言的特色。可以说，回鹘人在中国活字印刷术的西传过程中起到非常重要的作用。

西亚的伊利汗国曾于1294年效法元朝发行纸币，上印汉字"钞"字和波斯文"一切非主，只有真主，穆罕默德，主的使者"。伊利汗国的这次币制改革没有成功，仅三天便告失败，但却是见诸记载的中国印刷术在伊朗被首次成功使用。由拉施德丁（Rashid-al-Din Hamadani，1247—1318）主持编纂、1310年完稿的伊利汗国重要历史著作《史集》（*Jami al-tawarikh* 或 *Compendium of Chronicles*）《中国史》部分的"前言"中详细记载了中国雕版印刷术的方法。19世纪末在埃及发现五十张木板刻印的阿拉伯文纸片，其中有《古兰经》残页，为中国式雕版印刷法印制，被断为900—1350年间的产物。可见雕版印刷术传入伊斯兰世界之初曾被尝试。但印刷术在伊斯兰世界发展缓慢，也许跟伊斯兰教徒视印刷《古兰经》为亵渎行为有关，这同中国佛教徒积极通过印刷发散佛经佛画截然不同。也就在14—15世纪，雕版印刷术通过伊利汗国传入欧洲。14世纪、15世纪之交，欧洲出现了木板雕印的纸牌、圣像、民众使用的圣经及小学生使用的拉丁文法课本。现存欧洲最早的雕版印刷品是1423年的圣克里斯托福像。但是，对欧洲文化发生巨大影响的是活字印刷术。

活字印刷技术对于使用拼音字母的西方语言来说无疑更有优势，因此在西方很快得到传播和发展。雕版印刷术在西欧出现不久后就被活字印刷术取代，应该算是这种趋势的一个旁证。西方活字印刷术的基本原理与中国活字印刷术相同,但欧洲人怎么掌握了该项技术,仍众说纷纭。活字印刷术遵循与雕版印刷术同样的途径进入欧洲是有可能的。不过有个故事说:有位意大利人因为看到马可·波罗携回威尼斯的几块汉文书籍印版,就学会了印刷术。元朝时到过中国的方济各会士鄂多立克又在其《鄂多立克东游录》中提到有威尼斯人将纸牌从中国带回家乡。在欧洲谁最先使用活字板,也是一个争论不断的问题。由于只有德国同时保留了最早的印本及相应文献记载,因此大家多认为德国人古登堡(Johannes Gutenberg,1400—1468)1454年用活字印刷的拉丁文圣经是欧洲首次活字印刷书籍。据说古登堡大约花了二十年设想用小块木头雕成字母,再用字母拼成单词和句子。德国的印刷术很快向欧洲各国传布,对于其后欧洲科学与艺术的迅速发展有不可估量的作用。17世纪,随着欧洲人对汉字产生兴趣,有个别欧洲人尝试研制中文活字,这项工作在19世纪成为具有极大现实价值的成熟技术,并转而促成中国印刷术的更新。

  印刷术在世界范围内的传播,集中体现了文化只有在相互交流的过程中才能得到最大限度的发展和丰富的规律。而参与该过程的任何一个国家都在这种交流发展过程中得到了直接的实惠,因为印刷术的应用和进步促进了文化的发展和教育的普及。

三、火药与火器

1. 火药在中国的运用

  火药是用硝(硝酸钾)、硫黄、木炭三者按比例配制而成的混合物。"火药"这一名称始见于北宋仁宗时期(1022—1063年在位),但中国人对三种物质分别加以认识和利用始于上古时期,对三种物质进行混合火炼则可上溯至东晋,与历史悠久的炼丹术关系密切。从晋至唐,中国炼丹家一直在探索防止硝、硫、黄、炭等物火炼时爆炸的方法,实际上就是在不断改进三种物质的数量配比。808年(唐宪宗元和三年)一部炼丹书记载了"伏火矾法",而它是对隋末唐初出现的"伏火硫黄法"的改进,这两个配方实际上就是中国最早的火药配方。所谓"伏火",字面意思为"降伏火性",就是采取一定措施,去除或改变金石之药的易燃易爆特性,同时维持燃烧。"伏火硫黄法"和"伏火矾法"的药料配置和操作工艺虽然不同,但两个配方中,硝、硫、炭都有明确的数量配比,也设计了防爆措施,这意味着它们已经是火药配方,并具有一定的爆炸力。中唐以后的另一部炼丹书记载了硝、硫、炭混合以后发生的燃烧和爆炸,其速度和强度可以焚毁屋舍。因此，可以认为中唐以后，中国人已经掌握了火药制造技术，火药进入应用阶段。简而言之，汉代炼丹家的炼丹实践为火药发明奠定了基础，晋代产生火药雏形，最迟在隋末唐初出现有文字记载的火药配方。

炼丹家将硝和硫黄等物共炼，本是为了得到长生不老药，但最终是对火药的燃烧性和爆炸性有了深刻体认，于是导致火药在军事上的使用。火药发明后，首先被用作传统火攻法的工具，最早的实例出现在唐末藩镇割据战争中。904年（唐哀宗天祐初），割据政权吴国的将领郑璠攻豫章时命部下使用"飞火"，即指火炮、火箭之类。"火炮"是抛石机发射的火药团，火药团由火药和砒黄、淀粉、松脂等混成。"火箭"是将火药球绑缚于箭镞后，点燃后用弓或弩射出的箭。唐末以前中国就有"火箭"，但燃料是草艾、松脂等可燃物。

火药一旦被用于军事，便在宋金元战乱频仍时代得到迅速发展。这是中国古代火药火器史上的初始阶段，火药兵器出现燃烧性火器、爆炸性火器、管形火器、火箭四大类。宋人在战争中广泛运用火药，并在"火炮"和"火箭"基础上发展成具有爆炸性能的"霹雳炮""震天雷"等。靖康元年（1126），金兵攻打北宋都城汴梁，宋军用威力巨大的"霹雳炮"击退金兵，但金兵此后也学会了使用火药。1221年金兵进攻蕲州（今湖北蕲春）时，宋军使用了皮火炮，金兵却使用了威力更大的铁火炮。所谓"皮"和"铁"，都是指装置火药的容器的材质。火箭自南宋开始发生根本性变化，出现了依靠火药燃器的反作用力发射的火箭，关于其运用于战争的记载首见于1161年。引火线也在北宋末、南宋初被发明。

片治肯特（昭武九姓中米国的都城）出土抛石机壁画。炮身的主要部件清晰可辨，计有支撑架、弹射杆和五条牵引绳，由五名射手拉引，结构与《武经总要》的单梢炮基本相同

随着火药的军事价值日益增长,管状火器逐渐被发明。见于记载的世界上第一批管状火器是1132年宋人陈规发明的火枪,用一根竹管做枪管,火药装在竹管中,临阵点放,用以烧灼敌人。1232年,金人也发明了火枪,用十六层黄纸做枪管,能做到"药尽而筒不损",这说明当时的火药成分加工和组配比率都有很大进步。以上两种火枪仍是利用火药的燃烧性,而不是利用火药燃烧的气体压力发射弹丸。1259年安徽寿春南宋官民创制的"突火枪"是中国最早的利用火药发射弹丸的火炮。突火枪以巨竹为筒,内安"子窠"即弹丸,先烧放,焰绝后,筒内的子窠就发射而出,如同抛石机抛射的炮弹,声音可远达一百五十步以外。

元代火器承袭宋制,主要门类仍是燃烧性、爆炸性、管形和火箭四类,最重要的发明是出现了金属管形火器——铜铳(指管身较细的手铳)和铜炮,可借助火药爆炸的力量发射铁丸或石球,威力更大。黑龙江阿城地区曾出土一件铜火铳,使用年代为1287年,是迄今仍存世的最早管状火器。元末(13世纪中叶),官军还设立了专习火器的火器部队,无疑是世界上最早的火器部队。明代在前朝基础上,对军用火药做了很多改进。明代火药家族共有八大门类,近百个品种,供火炮发射使用的五个品种,供鸟铳发射的六个品种,供管形火器发射时引燃使用的四个品种,火线药方三四个品种,化学施毒火药品种则达数十种。这些用途各不相同的火药,其成分自然有所不同,供发射用的火药保持硝石、硫黄、木炭三组分特点,其他火药则添加各种助燃剂或毒物。同是发射用火药,其三组分组配比率也会根据发射工具的不同而有区别。由于明代火药组配比率较为科学合理,火药制造方法和加工工艺也有改进,因此火药性能大大改善,能达到置于纸上燃烧而纸不燃、置于掌上燃烧而皮肤不热的境地。这是因为所制成的火药燃速快,气体生成物在高速膨胀过程中将灼热的细微固体生成物带走,不会残留在纸上或掌上。明人开始研究火药理论,撰述了不少论文探讨成分配比、爆炸原理、工艺流程等问题。明朝政府还设立了专门的火器制造机构,使明代成为中国古代火器发展史上的全盛时期。明代的燃烧性、爆炸性、管形火器和火箭的品类都远较前代丰富,管形火器中铜火炮的发展尤其令人瞩目。明初也已开始铸造铁炮,不过铁炮技术的提高有待于明末引进欧洲铸炮技术。

火药发明以后,在中国的另一个重大用途是娱乐,即用于制造烟火、鞭炮等物。以火药为原料的烟火在北宋宣和年间(1119—1125)已经出现,以火药为原料的"爆仗"(爆竹)大概发明于北宋末年。"爆仗"是以纸卷筒、内装火药的纸炮,为汉代以来使用的传统"爆竹"的替代物。"爆竹"是以火烧竹节,借其爆裂声驱鬼辟邪或示吉利。南宋末年,出现将爆竹编织成串的鞭炮。烟火、鞭炮

明洪武年间铜火铳

发明以后,在中国迅速发展,并随着火药性能的改进而制造出日益绚丽多姿的节日景色,至今仍是中国重要的节庆风物。

尤其值得记忆的是,火箭的发展使人产生了利用火箭推力飞上天空的愿望。14世纪末的明代,一位勇者万户坐在装有四十七个当时最大的火箭的椅子上,双手各持一个大风筝,试图借助火箭的推力和风筝的升力实现飞行的梦想。尽管这是一次以身殉梦的失败尝试,但万户毕竟是利用火箭飞行的第一人。为了纪念万户,月球上的一个环形山以万户的名字命名。

2. 火器西传与发展

随着蒙古人的西征,火药制造技术传入阿拉伯地区,又以阿拉伯人为中介传入欧洲,并对此后欧洲的社会变革产生巨大影响。蒙古时期,火药在军事上的使用更为普遍。蒙古军队1250年代征伐西亚时大量使用火器,引起阿拉伯人对火器的注意。被俘的蒙古军士把这种火器带到阿拉伯人那里,使阿拉伯人很快掌握了这项技术。所以,阿拉伯人称这些火器为"契丹火枪"或"契丹火箭"。其实制造火药的重要原料之一硝,在8世纪以后就随中国炼丹术传入西亚,因其色白如雪,味咸如盐,被阿拉伯人称为"中国雪",波斯人则称为"中国盐",但长期以来都只是用于炼丹和药用。西汉以来在中国产生并逐步发展的炼丹术也可能在3—5世纪传到埃及,又在唐宋时期传到阿拉伯世界,对这一过程没有明确资料可以证明,然而这两个时期埃及和阿拉伯人的某些炼丹法和炼丹产品与中国的类似。

13世纪、14世纪之交,阿拉伯人将元朝火器进一步发展为长筒、短筒两种,长筒的可射出箭矢,短筒的可射出石球,统称为"马达发"(madfa'a,阿拉伯语,意为火器)。阿拉伯人还发明了一种威力更加巨大的"回回炮",是一种将抛石机与火药技术结合在一起的新式武器,因而具有极大的杀伤力。"回回炮"很快又回传中国,元朝灭宋的关键战争襄阳之战中,曾使用这种杀伤力极强的"回回炮"。《宋史·兵志》记南宋于1273年曾颁布制造"回回炮"的法式给沿边州郡，并称有人触类巧思，所制之炮能超过回回炮，可惜几年之后，南宋就灭亡了。

蒙古军队西征欧洲时也使用了火器，但欧洲人并未因此获得这项技术，欧洲人是通过阿拉伯人的文献才了解和掌握火药与火器知识。13世纪后期，欧洲人翻译了阿拉伯文《制敌燃烧火攻书》(Liber ignium ad comburendos hostes)，从而知道了火药。13世纪末到14世纪初，欧洲人在十字军东征中遭到伊斯兰教徒火器的猛烈进攻，这才开始制造火药和火器。1313年，德国人贝尔托德·施瓦茨(Berthold Schwartz)开始首度利用火药制造火炮。1320—1340年代，法、英、意、德等国都相继在战争中使用火药和火器。1326年伦敦主教献给英王爱德华三世(Edward III of England)的加冕文书中绘有一个瓶形火炮，这应当是可见的欧洲最早火器的模样。欧洲现存的最早火器实物是14世纪末的几件铁铳和铜铳，其形制与中国传世的火铳极为相似，都由前膛、药室、尾銎三部分组成，显示出来自中国的明显影响。但是当时欧洲的冶炼技术不及中国，这几件火铳与中国火铳相比，外形笨重而射程稍逊一筹。

四、指南针与罗盘的西传

指南针的发明及在宋代至明代航海实践中的运用与发展已在第五章介绍，兹不重复。中国指南针用于航海以后不久，该技术就随着中西海路交通的繁荣传入西方。据可靠资料，阿拉伯人最晚在13世纪初便已使用指南针。穆罕默德·奥菲(Owfi of Bukhara)1230年左右编成的波斯文《故事大全》(Jawāmi'al-Hikāyāt wa-Lawāmi'al-Riwāyāt)中，收录了以指南鱼探求航道的故事。在阿拉伯和红海地区，海员使用的罗盘被称为针圜(dā'ira al-ibrah)或针房(bayt al-ibrah)，海湾地区的伊朗人则称之为"吉布赖·脑麦"(qibla-nāma)，意思是"指针"，完全依循中国传统名称。阿拉伯矿物学家拜拉·基勃杰基(Baylak al-Kibjaki)约1282年写于开罗的《商人辨识珍宝手鉴》(Kitāb Kanz al-tijār fi ma'rifat al-ahjār 或 The Book of the Merchants' Treasure)一书中记载，当他自特里波利前往亚历山大里亚城、航行于叙利亚海上之时，海员使用借木片或苇箔托浮在水面上的磁针辨别方向。海员们还说，航行在印度洋上的船长们不用这种木片托浮的指南针，而用中空的磁铁做一种磁鱼，磁鱼入水之后浮在水面，头尾分别指示北方和南方。这些描述都与宋代中国海舶中指南针的使用方法相似，即水浮针和木刻指南鱼。中空的磁鱼即元代《事林广记》中记载的南宋末年流行的木刻指南鱼，木鱼只有拇指大，腹开一窍，嵌入天然磁石后以

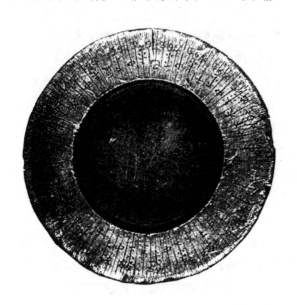

明代漆木航海罗盘

蜡封住,没入水中即可指南。可见阿拉伯人的指南针技术是从中国传去的,但从当时中西海路交通的繁荣状况来看,阿拉伯人使用指南针的时间必然早于上述文献记载。

欧洲关于指南针的最早记载见于1190年英国学者亚历山大·尼坎姆(Alexander Neckam,1157—1217)的作品《物性论》(De naturis rerum),书中还称之为"水手之友"。据英国人乔叟(Geoffrey Chaucer)记载,1391年左右,欧洲有了一种三十二方位的航海罗盘。从时间顺序看,欧洲人使用的罗盘当传自中国,但中国的罗盘导航知识是如何传到欧洲的,迄今还是谜案。中国和西方都未留下关于这种传播过程的任何线索。考虑到传播通道,研究者们希望能在作为东西交流中间地带的印度和阿拉伯地区找到答案,但在这两个地区也未找到丝毫属于11世纪末到12世纪末的文献、铭文或实物线索,而已知的阿拉伯文献记录尚晚于欧洲。因此,中国的指南针经印度或阿拉伯地区传到欧洲,这一看法仍处于推测阶段。李约瑟根据某些资料又做出另一种推测,即中国罗盘可能在指南针发明后不久,经由当时控制西域、中亚的西辽帝国而先从欧亚草原传入莫斯科公国(Grand Duchy of Moscow),随后进入西欧。但这一推测同样尚未得到令人完全信服的证实。

14世纪,欧洲出现一种万向支架(gimbal,或称平双环架),它由两个铜环组成,小环内切于大环,用枢轴联结起来,再用枢轴把外环安在固定的支架上,然后把旱罗盘挂在内环上。这样,不论船体怎样摆动,旱罗盘可以始终保持水平状态。西汉长安的巧匠丁缓曾制作出采用万向支架构造原理的小香炉,这类球形薰香转炉的唐代实物则多有出土,民间的滚绣球灯也是以同样原理制造。但中国古代并不用万向支架作为航海罗盘的装备,因为水罗盘设备足够简易和方便,能自然保持磁针的水平状态,又借助罗盘下部的沙盘而可随时矫正罗盘的倾斜和稳定盘体的移动。

指南针的发明和传播,使世界航海事业发生了巨大变革,为"地理大发现"准备了必要的技术前提。在土耳其人的奥斯曼帝国(Ottoman Empire)阻断中西交通,迫使欧洲人开辟新航线、进行地理大发现之前,欧洲人早已掌握了中国人所发明的指南针,并改造为利用万向支架的结构稳定的旱罗盘,为未来以葡萄牙人为先导的远洋航行准备好重要条件。

到18世纪末叶将蒸汽机用于海船和19世纪中叶装甲舰出现以后,轮机和炮火的强烈震动以及舰身磁场的干扰,使磁罗盘失去作用。于是西方国家又经过不断改革,制成一种新型的磁罗经和附属的防磁设备,即近代各国船舰中通用的液体磁罗经(liquid—filled magnetic compass)。这种设计是在欧洲传统旱罗盘的基础上吸收了中国水浮针的技术,将中西两种罗盘的优点结合起来,使磁罗经臻于完善。液体罗经的出现再度表明中西文化的交流对于人类文明的发展功不可没。

印刷术、火药和指南针的发明与西传,对世界历史的发展起了巨大空前的推动作用,如16—17世纪的英国著名科学家弗兰西斯·培根(Francis Bacon,1561—1626)《新工具》卷一第129节所说:"这三种发明已经在世界范围内把事物的全部面貌和情况都改变了:第一种是在学术方面,第二种是在战事方面,第三种是在航行方面,并由此又引起难以数计的变化来;竟至任何帝国、任何教派、任何星辰对人类事务的力量和影响都仿佛无过于这些机械性的发现了。"[①]

五、灌溉与凿井技术及其他

1. 灌溉与凿井技术的西传

作为一个农耕国家,中国的凿井灌溉技术起源久远也比较发达,甲骨文中就有"井"字,西汉在西域的大规模屯田也将灌溉和凿井技术传入那里,并由此地进一步西传。汉代在轮台、渠犁一带屯田所留下来的沟渠遗迹至今可见,比如轮台东南克孜尔河畔的柯克确尔汉代故城附近的红泥滩中,以及沙雅县东哈拉哈塘附近人称"汉人渠"的百多公里长的渠道。若羌县米兰发现一个沿着古

---

① [英]培根:《新工具》,许宝骙译,北京:商务印书馆,1984年,第103页。

代米兰河道修筑了水闸和水渠的汉代灌溉系统,则可能是《水经注》卷二所载西汉时期敦煌人索劢在伊循屯田时留下的痕迹①。伊塞克湖东岸的乌孙赤古城遗址郊外,也发现了汉代的灌溉渠道。中国的凿井技术传入西域则与李广利围攻大宛有关,当时李广利得知宛王城中无井,人们靠汲河水为生,便派人断其水源,欲使其因城中无水而投降。但匈奴人不久就给大宛送来能打井的汉人水工,李广利得知这一情况后,只得接受汉军不入大宛城的条件而与之议和。而凿井技术也在这种情况下传到了费尔干纳地区。

汉代还发明井渠法,《汉书·沟洫志》记载,汉武帝在内地开凿龙首渠时,"自征引洛水至商颜下。岸善崩,乃凿井,深者四十余丈。往往为井,井下相通行水。水隤以绝商颜,东至山领十余里间。井渠之生自此始"②。虽然目前新疆还没有发现汉代井渠法的直接证据,但这种方法可能也在当时传入西域,发展成至今仍被普遍采用的"坎儿井",李广利围大宛城时断其水道所采用的可能正是井渠法,《汉书·西域传》所载汉宣帝时辛武贤平乌孙内乱,曾在罗布泊东北之白龙堆穿"卑鞮侯井"③,其形式就与坎儿井大同小异。从西域的地理和自然条件来看,这里地表水量很少,但高山融雪大部分渗入沙漠,因此地下潜流极为丰富。两汉屯田士卒为了控制和充分利用地下水源,就很有可能把内地的井渠灌溉法带到西域。

与汉代发明在地下行水之井渠法大约同一时期,中亚和西亚也出现了许多类似的地下水渠,如公元2世纪时塞琉古帝国统治下的伊朗和阿曼。此外,公元45年前后问世的希腊文著作《厄立特里亚海航行记》④记载了在印度见到过地下渠道。汇集地下水的地下水渠更被现代学者评为伊朗和中亚细亚人工灌溉的典型特色,且据描述,其形式与新疆坎儿井完全一致,在水渠上设特殊的窥视孔,各孔之间保持一定距离,以便于进行有系统的清除工作。这样,学术界对于波斯和印度地区的地下渠道同新疆坎儿井之间的关系产生了争论。但是,新疆坎儿井应当是西汉井渠法影响下的产物,西亚的地下水渠技术有可能是独立产生,但也不能排除曾受到西汉井渠法的启发和影响。

2. 冶铁技术的西传

汉唐时期,铁器也是中国输入西方的大宗物品。中原的冶铁技术具有非常

---

① [北魏]郦道元著,陈桥驿校证:《水经注校证》卷二《河水》,北京:中华书局,2007年,第37页。
② [东汉]班固:《汉书》卷二九《沟洫志》,第1681页。
③ [东汉]班固:《汉书》卷九六下《西域传下·乌孙国传》,第3907页。
④ *The Periplus Maris Erythraei*(《厄立特里亚海航行记》), Text with Introduction, Translation, and Commentary by L. Casson, Princeton: Princeton University, 1989.

悠久的历史,战国时代的中国即大量使用铁器,汉代更加普遍,所以张骞通西域也使中国铁器沿着丝绸之路输向西方,首先是作为生产工具通过驻防屯田的汉朝军队带到西域。中国铁器还通过西域远销罗马和印度,公元 1 世纪已成为罗马市场上的畅销货,普林尼的《自然史》记载了"中国铁",并称丝和铁是当时中国输往罗马的最主要商品,另一位古代罗马史家白里内则称赞赛里斯送来的铁最为优秀。因为当时中国商品输入罗马都要通过西亚的安息,所以罗马历史学家奥罗息斯(Orosius)在公元前 53 年还将中国铁称为"马尔吉",表示来自安息东界。此后安息将来自中国的钢铁加工成兵器,再输入罗马。梵文词语 cinaja 意即"钢",其字面意思则是"中国产的"。这表明中国产的钢铁也曾输入印度并产生很大影响。10 世纪后半叶的阿拉伯地理学家伊本·穆德西(Ibn Muhdhih)曾记载自己在克什米尔看到一座用中国钢铁制造的观象台,不过中国钢铁肯定不会从 10 世纪才开始输入印度。阿拉伯地理学家伊本·胡尔达兹比赫在《道里邦国志》中也曾提到中国的钢铁、瓷器和大米,可见到 9 世纪中叶以后,中国的钢铁还是堪与瓷器相提并论的著名产品。

丝绸之路开通之后,随着中原铁器向西方的输出,冶铁技术也随之传入西方。冶铁技术的西传与中原铁器的西传密切相关,因此冶铁技术依然是最先传入西域。据《汉书·西域传》的记载,西汉经营西域不久,新疆地区的难兜、姑墨、山国、莎车、龟兹等国就率先掌握了铁器生产。考古发现也表明中原冶铁技术在西汉时已传入西域,属于汉武帝时代以前的罗布泊早期墓葬中仅出土有少量铜器,但在约公元 1 世纪的罗布泊晚期墓葬和民居遗址中则发现了铁刀、铁簇等不少铁器。尼雅、库车和洛浦县的阿其克山中还发现了汉代冶铁遗址。其中尼雅的遗址发现了炼铁工人的住所和炼铁炉残迹,还发现一件坩埚以及许多烧结的铁块与矿石。库车阿艾山冶铁遗址中出土一件陶制吹管——陶瓴,可能是在皮风箱上冶铁时鼓风所用,此外还有坩埚、铁渣、矿石。洛浦的遗址也发现烧结的铁块和残破的陶瓴,以及沾有赤铁矿石粉的石凿和石锤。

冶铁技术传入西域后,继续向中亚传播。《汉书·西域传》记载:"自宛以西至安息国……不知铸铁器。及汉使亡卒降,教铸作它兵器。"①《汉书·陈汤传》亦载胡人"兵刃朴钝,弓弩不利。今闻颇得汉巧"②。塔吉克语中的铸铁叫Чуяи,就出自汉语的"铸"。此后,安息也很快掌握了铁器生产,但依然采用来自中国的原料。安息东界木鹿成为中国钢铁的集散地,利用来自中国的原料就

---

① [东汉]班固:《汉书》卷九六上《西域传上·大宛国传》,第 3896 页。
② [东汉]班固:《汉书》卷七〇《傅常郑甘陈段传》,第 3023 页。

地加工成锋利的兵器,进而流入罗马。古罗马史家普鲁塔克就将安息骑兵使用的坚实锋利的武器称为"木鹿武器",罗马史家白里内提到安息铁器在罗马市场也很受欢迎,仅"次于中国"①。

忽必烈灭南宋以后,又将降服的大量汉军、新附军和中原的农民、工匠征发到西北,让他们在别失八里、哈迷里(新疆哈密)等地屯田并冶炼农具兵器。西迁的汉人把当时一些中原先进的生产技术带到西域,如汲水器具、雕版印刷技术,以致《长春真人西游记》载,阿里麻里人赞叹:"桃花石诸事皆巧。"②

六、中原制度与思想文化对西域的影响

1. 制度与风俗

由于两汉和唐朝曾大力经营西域,中原的制度和生活习俗也难免影响西域诸国,史籍多有西域各国官制与官名仿中国的记载。如《汉书》卷九六下《西域传下》记西汉宣帝时(前74—前49),乌孙公主遣女至京师学鼓琴,进而影响到龟兹国;龟兹王绛宾乐汉衣服制度,自汉归国后治宫室,作徼道周卫,出入传呼,撞钟鼓,如汉家仪。《后汉书·西域传》记莎车王延也慕乐中国,亦复参其典法。麹氏高昌(502—640)开国主麹嘉,五经诸史借自魏,官制模仿魏,宫室里画鲁哀公问政于孔子图,置《毛诗》《论语》《孝经》于学官。麹氏一代用过重光、章和、永平、和平、建昌、延昌、延和、义和、延寿等年号。尼雅、罗布泊等地汉墓也发现了中国南方式样的服装、木梳、铜镜、漆奁等,麹氏时代的阿斯塔那墓葬还出土儒家经典、史书、诗歌和儿童读本如《千字文》《急就篇》③。

---

① 沈福伟:《中西文化交流史》,第65页。
② 顾宏义、李文整理标校:《金元日记丛编·长春真人西游记》卷上,第56页。
③ 《急就篇》是西汉史游编写的识字课本。史游,西汉人,生卒年和生平事迹不详,汉元帝时曾任黄门令,精字学,善书法。《汉书·艺文志》记载:史游著《急就》一篇,或称《急就篇》;至《隋书·经籍志》上又称《急就章》,后世因此称他所书为"章草"。"章草"在秦汉时代变篆为隶的基础上进一步解散隶体,为后世书家效法。《急就篇》今本34章,不是简单地把许多单字放在一起,而是有意识地加以组织,按姓名、衣服、饮食、器用等分类变成韵语,多数为七字句,这样学童在学习认字的同时还能增长各方面的知识。全书取首句"急就"二字作为篇名,"急就"就是速成的意思,说明这是一本速成的识字课本。全书共收2016字,无一重文,文辞雅奥,非后世蒙书所能及。《急就篇》第一部分列举了132个姓,单姓加两字、复姓加一字或三字句,所加的字都是一些抽象名词、动词、形容词,以便学童识字学习。第二部分"言物",依次叙述了锦绣、饮食、衣物、臣民、器物、虫鱼、服饰、音乐、形体、兵器、车马、宫室、植物、动物、疾病、药品、丧葬等方面,七字一句,有韵,读来顺口。"诸物尽讫五官出",《急就篇》的第三部分写的是职官方面的字。全书最后用四字句歌颂汉代的盛世。《急就篇》中很多字词一直沿用至今,这说明汉语源远流长,也为汉语词汇研究提供了宝贵资料。《急就篇》能完整流传下来,唐代颜师古功不可没。颜师古改正了《急就篇》流传中出现的讹误,系统整理,并精心为之作注,使这部令初学者博闻广识、开阔视野的重要典籍得以流传至今。

唐前期在西域设安西都护府,在唐朝统治之下,天山以南的定居人口也接受一些中原风俗。如在龟兹,本来居民都断发齐颈,但唯有王不剪发,而且国王头戴锦帽,着锦袍,系宝带,显受中原影响。郡县制、乡里制引进到今天的哈密、吐鲁番和别失八里地区,均田制也在吐鲁番实行,这都是唐朝直接施以行政干涉的结果。此外,儒家精神也在安西都护府辖境内被积极推行。在吐鲁番附近的吐峪沟附近,在阿斯塔那和哈剌和卓古墓发现的《论语郑氏注》《孝经》《典言》等残卷,在龟兹附近库木吐拉出土的《汉书·张良传》唐代写本残文,其背面还有《史记·仲尼弟子传》抄本,这正表明唐朝统治时期,中原儒家精神对西域当地社会的影响。《旧唐书·哥舒翰传》载生长于龟兹的突骑施青年哥舒翰爱读《汉书》和其他中国史书[①],也正是时风所及的结果。

元代由于同伊利汗国关系密切,蒙古时期的有些制度因此传入伊利汗国的领地波斯,如千户、百户制度及"怯薛"制度。旭烈兀西征时就有不少精通汉地天文历数的学者随之来到波斯,元朝时期仍有不少学者在伊利汗国任职,他们带去了中国的医学、天文历法及历史等各类书籍,并将中国的干支纪年法和天文推步之数传授给波斯学者。合赞汗时期(1295—1304)则仿效中原忽必烈的政策而系统改革了汗国的驿传制度。"牌符"制度也在元朝传入伊利汗国,现在波斯文的"paiza"(牌子)一词就来自汉语。

2. 币制与钱币文化

中国钱币曾对中亚产生深刻影响。新疆的汉朝遗址出土大量汉朝各时期的各种货币,表明在汉朝统治下,内地货币流通西域。诸城邦国除于阗外,没有铸造自己的货币。于阗铸造了少量汉—佉二体铜钱"和田马钱"(以发现地现名称呼),是融希腊铸币传统、佉卢铭文、汉文和汉朝衡制于一炉的杰作。此钱形状与迦腻色伽王(Kaniska,约1世纪末至2世纪上半叶)时代的贵霜钱币一样,正面用篆体汉文标明币重,分"廿四铢"和"六铢"两种,反面中心铸马或骆驼图案,周围环以佉卢文,为于阗王的姓名、称号。这类钱币的铸造年代在东汉末期的公元125—180年之间,铸钱不是为经济需要,而是为提高威望,表明此地仍从属于汉朝主权,文化上则更多体现当地原有特色。

麹氏高昌以银币为通货,但吐鲁番地区出土几枚汉制钱币"高昌吉利钱",可能不是用于流通。关于此种钱币的铸造时期及用途,现有四种假说:第一,北魏说。此钱隶书,有北魏风格。第二,隋说。隋炀帝大业五年征吐谷浑,到达河西,时高昌王麹伯雅随行内地,娶了华容公主,带着册封的"光禄大夫

---

① [五代]刘昫:《旧唐书》卷一〇四《哥舒翰传》,第3212页。

突骑施钱

弁国公——高昌王"头衔回归,此钱为庆祝两国修好而铸造馈赠。第三,唐说。唐太宗即位与高昌国修好,贞观四年麴文泰偕妻赴长安,李世民隆重接待厚赐,并赐其妻李姓,封长乐公主,可能是当时的赏赐。第四,五代十国说。高昌吉利钱文颇似唐末刘仁恭的永安钱。依此说,则为回鹘高昌钱,有可能用作货币。

　　唐代中亚出现了大量模仿中国铜钱形制的中亚钱币。7世纪中叶起,粟特地区就大量流行形式上为汉制方孔圆钱、铭文改铸粟特字母的粟特铜钱,目前已出土数以千计。这种钱币表明了粟特与唐朝贸易和货币关系发展的新阶段。钱铭上的粟特王名显示,最早发行这种钱币的是史国国王沙瑟毕(约642—656年在位)和康国国王拂呼曼(约658年左右在位)。中国钱币形制又通过粟特人的商业活动而进一步推广,1950年代曾在唐碎叶城故址发掘出五十七枚"突骑施"钱,亦方孔圆廓,上有粟特文铭文。其中的八枚钱币上有粟特文徽记及"吐胡姆王"字样,这是突骑施所辖一粟特人聚落的城主之名,此钱当为此人所铸。突骑施部落于7世纪末起家于天山山脉西部,属于突厥的一支。从突骑施钱上的粟特文铭文可知,8—9世纪的突骑施钱就是在粟特城主钱币模式的基础上制造的,可以推测突骑施汗国的钱币发行权掌握在粟特人手中,或至少是粟特人帮助突骑施汗国发行了钱币系统,并将粟特人融合唐朝形制的钱币文化带到这里。此外,回鹘汗国时期发行过一种"日月光金"钱币,也是方孔圆廓,其上一面为汉文"日月光金",一面似为一种类似粟特文的胡书,从汉文铭文判断,这种钱币与回鹘所信奉的摩尼教有密切的联系。粟特人对于回鹘汗国的摩尼教信仰和回鹘经济生活都曾有过重大影响,这种"日月光金"钱的出现一定也与粟特人有密切关系。

　　宋代,铜钱曾大量外流,并在东南亚各国国内市场流通,可视为中国钱币文化影响的另一表现。宋代"钱荒"不断,所以政府始终禁止民间商人在海外贸易中经营铜钱,也规定在国内与蕃商交易不能用铜钱。但宋代铜钱仍大量外流,有日本商人特意搜罗铜钱,有中国商人走私铜钱,也有市舶司官员为了贸易的利益而协助铜钱外流,因此自日本至东南亚、印度、阿拉伯、非洲都有宋钱流布。比如1994—2004年间在爪哇北岸一个重要国际贸易站哲帕拉(Jepara)海域的沉船中已发现3 500枚铜钱,其中可确定年代的1 000枚中主要是唐代铜钱和北宋铜钱,而且北宋铜钱中除了没有康定年号,其他年号都有①。

宋人张方平《乐全集》卷二六《论钱禁铜法事》称:"钱本中国宝货,今乃与四夷共用。"铜钱外流主要途径是博买、回赐与走私。博买与回赐两条途径都能受到政府控制,由此外流的数量不多,走私是铜钱外流最多、最主要的途径,在严格禁令与惩罚威胁之下,仍遍及沿海各地。铜钱会通过走私大量外流的根本原因是铜钱在海外诸国供实际流通。宋代铜钱在海外贸易中的主要需求不是作为国际贸易的支付手段,而是在各国国内作为通货。海外使用宋钱的地区可分为两类:一类是深受中国文化影响的以铜钱为主币的地区(高丽、日本、交趾),另一类是金银币为主币的地区,包括受阿拉伯、印度等地货币制度影响的三佛齐、阇婆等东南亚及其以西地区。日本等国需要中国铜钱易于理解,因其经济发展需求铜钱,自身铸币不能满足需求或技术不过关等原因,依赖现成的中国铜钱。在东南亚地区,宋钱则是作为小额交易中使用的辅币。东南亚的国际贸易主要是批发贸易,为适应这种大宗贸易的需要,都以贵金属为主要支付手段,铜钱质量大而价值低,不宜作大宗贸易的支付手段。然而东南亚诸国的国内市场并不发达,居民日常生活的交换需求细小而零碎,商品经济至少远远落后于宋朝,所以尽管其实行金银本位币制,普通居民的日常生活却需要质稳价廉的贱金属货币,有些国家如真腊曾以乌铅作称量货币,但宋钱流入之后,因其成色稳定、形制统一、携带便利、单位细小、信誉良好、购买力强,立刻显出优势,深受消费者欢迎,东南亚诸国甚至视之为"镇国之宝"。宋钱也流入印度沿海诸国、阿拉伯、东非沿海,在东非市场的用途大约也是作为辅币。明代郑和下西洋也促成中国钱币在南洋流传,如《西洋番国志》和《瀛涯胜览》记载中国铜钱在爪哇广为流通,苏门答腊则采用了中国的度量衡,其原因大约类似宋代。

3. 语言文字

两汉时期有大量中原人来到西域,中文在西域得到广泛行用,并逐渐被当地人学习使用。新疆出土的汉文木简除军政、世俗内容外,还有占卜、药方、兵

---

① W. Atma Juana and E. Fdwards Mckinnon, "The Jepara Wreck",郑培凯主编:《十二至十五世纪中国外销瓷与海外贸易国际研讨会论文集》,第129页。

法、历算以及文字小学等丰富内容。考古发现表明,西域部分居民对汉文掌握纯熟。民丰尼雅遗址出土的汉代汉文木简中有的是当地贵族的信件,书法甚佳,反映出书写者对汉文已能运用自如。罗布泊地区曾发现一封用汉语写在木简上的家书:"羌女白:取别之后,便尔西迈,相见无缘,书问疏简。每念兹对,不舍心怀,情用劳结。仓促复致消息,不能别有书裁。因数字值信复表。马羌。"这封书信的作者"羌女"一定是位当地女子,从书信遣词造句来看,她称得上精通汉文,能用丰富的词汇和优美的语调表达对远人的怀念[①]。不过在西域同时发现大量佉卢文书,说明两汉时期,汉文在西域可能仅用于官方目的,有些国家专设"译长"。东汉最后数十年,由于贵霜的影响,佉卢文在西域看来已居主导地位。在新疆还发现了大量形制受到中原影响的简牍,如民丰尼雅(汉精绝国故址)和罗布泊(楼兰国故址)发现的汉代佉卢文简牍,就是印度西北文字和中原简牍形式相结合的范本。

《北史·西域传》载,高昌"文字亦同华夏,兼用胡书。有《毛诗》、《论语》、《孝经》置学官"[②],不过高昌人诵读儒家经典是用本地语言。这一记载在考古学上已得到证明,吐鲁番阿斯塔那发现的北凉神玺三年(399)到玄始十二年(423)时期的59号墓曾出土古抄本《毛诗·关雎序》。1955年于民丰发现的一枚竹简和三枚木简,是已佚秦朝李斯著《仓颉篇》中的一节,不意竟在西域保存下来。

七、生活习惯与艺术风格

中古中国掀起一股浓郁的胡服之风,但其实中原服饰和居家生活模式对西域也有一定影响,主要体现在一些居住于西域的中原移民及其后裔身上。汉唐时期的艺术文化交流以中国吸收外来艺术为主,不过中国的传统艺术也有影响西方的表现,主要见于绘画中的人物形象,这也与中原生活习俗在西域被实际采用有关。楼兰出土的壁画和雕塑中,人物造型及线条运用就掺杂了不少中原因素,比如几尊巨大的坐佛像,在衣褶方面同犍陀罗佛教艺术相似,但头部有强烈的中原造型艺术风格:弯弯的眉毛,细长的眼睛,嘴角上翘,面部起伏平缓,结构转折带有绘画线条刻画的效果,很容易被认作汉地雕塑。龟兹的库木吐拉石窟和高昌的阿斯塔那墓地遗址也都发现大量呈现中原风格的绘画作品,特别

---

① 安作璋:《两汉与西域关系史》,济南:齐鲁书社,1979年,第146页。
② [唐]李延寿:《北史》卷九七《西域传·高昌国传》,第3215页。

第八章　中国文化外传【下】：科技与文化 | 207

舞女绢画（唐代，新疆阿斯塔那墓张礼臣墓出土）

是阿斯塔那墓地发现的《乐舞图》《弈棋仕女图》《仕女图》《树下美人图》等，从人物的穿着姿态，图案的布局结构，以及绘画技法上来看，完全是唐代中原地区同类作品的翻版。据《洛阳伽蓝记》卷五"宋云惠生使西域"条记载，6世纪上半叶东晋僧人宋云到达楼兰时，就注意到"城中图佛与菩萨，乃无胡貌，访古老云，是吕光伐胡时所作"①。可见公元382年前秦吕光伐西域时，已将中原绘画艺术带到了西域地区。北魏中后期佛教造像艺术的中国化完成之后，开始向西域回传，并对西域地区佛教造像艺术风格的变化产生了重大影响。

---

① ［北魏］杨衒之撰，周祖谟校释：《洛阳伽蓝记校释》卷五《城北·宋云惠生使西域》，第171页。

中国的艺术风格还跨过葱岭影响到了中亚,以对阿姆河与锡尔河之间的粟特地区的影响最为典型,这同粟特人在中西交往中的活跃直接相关。粟特故地片治肯特(Pyanjikent)地区发现一处7—8世纪居室遗址壁画,与7世纪唐代第二阶段类型中几座墓葬壁画相比较,二者之间有惊人的相似性:"有穿着与执失奉节墓、李爽墓墓室壁画中同样的衣裙和高头履的成排的女乐舞,有和阿史那忠夫妇墓过洞天井壁画、苏定方墓天井壁画中相似的腰垂鞶囊、手持笏板的属吏,还有与执失奉节墓墓室所绘舞女衣饰相似的女近侍。"① 虽说位于中国的这几座墓葬主人多是西域血统,其与片治肯特壁画相似也可说是粟特风格被带入唐朝,但上面描述的官吏和舞女的衣饰的确是中国式的。这一现象不是独立的。片治肯特以西约七十公里的撒马尔罕郊外阿弗拉西阿卜(Afrakanda)古城,即古代康国都城遗址,也发现了人物形象和服饰与片治肯特极为相似的壁画。阿弗拉西阿卜北壁西侧的一幅唐妆仕女泛舟图中,一只凤舟上坐有十位女子,其中船首一红衫女子持竿,船尾一侍女撑桨,另有女乐二人,一人持筝(或琴),一人持一弹拨乐器,十名女子的装束都与敦煌吐鲁番壁画中的唐代女子形象近似,显然依据了从中国传去的画样。其中女乐所持之筝(或琴),为中原乐器,在敦煌莫高窟初唐220窟及盛唐127窟壁画中也有发现。有学者将阿弗拉西阿卜壁画与敦煌壁画进行比较研究后认为,阿弗拉西阿卜壁画的内容,"反映了粟特居民对唐丝绢、唐风俗的浓厚兴趣,也反映了唐朝对粟特的通好行动,更反映了中国画样对粟特的输出,反映了唐艺术在这个地区的影响"②。阿弗拉西阿卜壁画中的中国生活场景,就是中国画稿传至粟特的直接证据。

根据西方学者的研究,汉唐时代传入西方的还有许多中国植物和药物。比如,谷子和高粱这两种古老的农作物,就是通过丝绸之路从中国先传到波斯,然后传到罗马的③。又如,樟脑也是先从中国传到萨珊波斯,进而传给穆斯林(Muslim)。肉桂在萨珊王朝的波斯文中干脆就叫"中国的药"(dar-tchini)。此外,姜黄、生姜、大黄、麝香也都是通过丝绸之路从中国传到波斯,进而传到阿拉伯世界。这些物品自然影响了西亚和地中海地区的饮食与医药习惯。

---

① 宿白:《西安地区唐墓壁画的布局和内容》,《考古学报》1982年第2期,第142页。
② 姜伯勤:《敦煌艺术宗教与礼乐文明——敦煌心史散论》,北京:中国社会科学出版社,1996年,第165页。
③ 1973年到1974年,浙江余姚河姆渡遗址第四层(前5000—前4000)较大面积的范围内发现较厚的稻谷堆积层。据鉴定,这些为栽培稻的籼亚种晚稻型水稻,它与浙江桐乡罗家角遗址(前5100—前5011)出土的稻壳同为迄今为止中国发现的最早的人工栽培稻,也是亚洲最古老的稻作遗存,在世界上也属于最早的稻作遗存。中国稻谷何时西传尚不详。

总体而言,由于历史上西域的政局和民族成分变动较频繁也较激烈,中国的艺术、制度、风俗对该地区的影响并不全面和深刻,似乎主要是暂时性的,对中亚以远的地区则除了元朝的特殊情形外,无甚影响。当初绛宾效仿汉仪,还被别国胡人嘲笑,称其非驴非马。相比之下,西域风物在中国文化中留的一些痕迹就深刻得多。

第九章　胡风东被【上】：物产与技术

一、生物物种

中国丝绸、瓷器等物产输入西方的同时，大量产于异域的奇珍异物也在汉唐时期源源流入中国，其中很多物种还在中国生根结果，成为今天我们生活中必不可少的东西。

1. 引种的植物

唐代诗人李商隐《茂陵》诗称："汉家天马出蒲梢，苜蓿榴花遍近郊"，反映的正是汉代以天马、石榴、苜蓿为标志的中西文化交流的盛况。由于张骞凿通西域之举直接导致许多西域物种传入中原，因而许多物种的引种都归于张骞名下，见于史籍记载的植物就有葡萄、苜蓿、石榴、红蓝花、酒杯藤、胡麻、胡桃、胡豆、胡蒜、胡葱等，但实际可确认为张骞引进的仅葡萄和苜蓿。不过张骞引进的这两种植物却很具典型意义。葡萄到三国时已被当作"中国珍果"，如《太平御览》卷九七二《果部九》所记三国魏文帝曹丕之言①。中国虽然也有野生葡萄，但古代中国人并未栽培它，最早栽培葡萄的是古代埃及人，进而传至地中海沿岸。《史记》中写葡萄作"蒲陶"，就是希腊文 Botrus 之译音。张骞出使西域，自大宛、康居一带引进葡萄，也带回了大宛人以葡萄酿酒的信息。

苜蓿也称目宿，据说也是希腊词 Medikai 之音译，豆科草本植物，是营养价值极高的牲畜青饲料，张骞在大宛看到当地名马的主要饲料是苜蓿，回国后向汉武帝报告此事。良马是强兵的基本条件，因此汉朝政府不仅关注大宛良马，也盼咐此后的西行汉使带回苜蓿种子，广植于离宫别馆旁边。唐代颜师古注《汉书·西域传上》时说："今北道诸州旧安定、北地之境往往有目宿者，皆汉时所种也。"②

石榴原产波斯，中亚、南亚、西亚都有较为久远的栽种历史。西晋张华《博

---

① [北宋]李昉等编：《太平御览》卷九七二《果部九·蒲萄》，第4308页。
② [东汉]班固：《汉书》卷九六上《西域传上·大宛国传》，第3895页。

物志》称"张骞使大夏,得石榴"①,汉武帝对之极感兴趣而下令在长安普遍种植。但实际上大约是西晋时引入中国的,并且引种非常成功,以致西晋潘尼作《安石榴赋》已称其为"中国珍果"。一种说法称中国的石榴直接来自中亚安国和石国,因而又称为"安石榴"。然而"安国""石国"之名南北朝后期才出现,"安石榴"之名西晋时已有,所以来自安、石国说大概不可信。值得一提的是,石榴原产地古代波斯的女神雅娜希塔(Anahita)、西传地希腊的赫拉女神(Hera)、南传地古印度的鬼子母神诃梨帝(Hariti),均以持石榴为其造像标志,而她们又都是生育女神,可见以石榴为丰产多子象征这一观念也并不囿于中国。

唐代引种中原的外来物种虽然有很多,但以"金桃"和"银桃"为外来植物的代表和象征,以致"撒马尔罕的金桃"被人用作唐代外来物品的代名词,如美国学者薛爱华的《唐代的外来文明》一书原文题"撒马尔罕的金桃:唐代的舶来品研究"。《旧唐书·康国传》《新唐书·西域传》载康国在太宗贞观十一年(637)贡金桃、银桃,唐太宗特别下令植于御苑②。《册府元龟》卷九七〇《外臣部·朝贡三》称贞观二十一年(647)还将金桃作为珍果载入贡品录:"康国献黄桃,大如鹅卵,其色黄金,亦呼为金桃。"③所谓金桃、银桃,大约是某种优质桃子,但这种植物仅在长安御苑中短暂存在过,未能传世,对于其确切物种也无从考辨。不过唐代长安曾有园艺师模仿康国金桃培育过一种"金桃",据称是将桃树枝条嫁接在柿树上长成。

明中叶以前通过各种渠道陆续引进中国的植物可分为食用、药用、其他观赏类或经济作物几大类,下面三张表格分别列出这几类植物的引种时间与来源地。藉此可知,今日耳熟能详的本土寻常食物与药物,原来有着异域出身,而倘若没有文明之间的交流与互换,人类的日用生活都会单调匮乏至极。

表一 食用植物

名称	引种时间	直接来源地	原产地
胡椒	西汉	南亚(印度)	南亚
生姜	西汉	南亚	印度
葡萄	西汉(张骞)	中亚	埃及—地中海沿岸
小麦	西汉?	中亚	西亚和中亚

---

① [西晋]张华撰,范宁校证:《博物志校证》"佚文",北京:中华书局,2014年,第121页。
② [五代]刘昫:《旧唐书》卷一九八《西戎传·康国传》,第5311页;[北宋]欧阳修、宋祁:《新唐书》卷二二一下《西域传下·康国传》,第6240页。
③ [北宋]王钦若等编:《册府元龟》卷九七〇《外臣部·朝贡三》,北京:中华书局,1960年,第11400页。

续表

名称	引种时间	直接来源地	原产地
胡菜(某种芸薹属植物)	东汉	蒙古地区(来自波斯)	欧洲?
甘蔗	西晋	东南亚(扶南)	南亚,东南亚
茄子	约晋朝	不详	印度、泰国
石榴	可能西晋(3世纪后半)	中亚	波斯
胡桃	可能西晋(4世纪初)	中亚	波斯
胡豆(豌豆)	可能晋朝(4世纪)	西亚(波斯)	不详
胡麻—芝麻	东晋已有	西亚(波斯)	西亚
胡蒜(大蒜)	东晋已有	中亚或西亚(波斯)	中亚或西亚
扁豆/鹊豆(亦可供药用)	汉晋时期	不详	印度和印尼
胡荽(芫荽)	可能南北朝(6世纪初)	西亚(波斯)	地中海沿岸和高加索地区
胡瓜(黄瓜)	可能南北朝(早于6世纪)	西亚	西亚
混提葱(可能是冬葱或韭葱)	唐	西亚(波斯)	西亚
甘蓝/西土蓝(芸薹属,属结球甘蓝)	唐	西亚(波斯)?	欧洲?
莳萝(小茴香和葛缕子—孜然)	唐	可能西亚(波斯)	西亚
菠菜	唐	南亚(尼泊尔)	地中海
甜菜(菾菜)	唐	西亚(阿拉伯)	地中海和西亚
莴苣属的某些品种(如酢菜,可能是生菜/白苣?据说生菜清朝才引进)	唐	尼泊尔	原产波斯某地
胡芹(西方芹菜或荷兰芹)	唐	尼泊尔(可能来自西亚阿拉伯)	?
金桃和银桃(物种不详)	唐(种于禁苑,未传世)	中亚	中亚
椰枣/窟莽	唐	西亚	波斯南部
巴旦杏(偏桃/婆淡/杷榄,食杏仁)	唐	西亚(波斯)	西亚
无花果	不早于唐	南亚(印度)和西亚(波斯)	南亚和西亚

续表

名称	引种时间	直接来源地	原产地
西瓜	北宋晚期（12世纪）	金国（经西亚—中亚—契丹）	非洲
南瓜	不晚于宋	不详	亚洲东南
胡萝卜/伊朗萝卜	元	西亚（波斯）	波斯沿海
胡豆（蚕豆/南豆）	不早于元	可能西亚（波斯）	不详

表二　药用植物

名称	引种时间	直接来源地	原产地
白芥/胡芥（芸薹属，子实药用，可能也调味）	唐	不详	非洲
胡葱（蒜葱/回回葱）	唐（7世纪初）已有	不详	不详
仙茅/婆罗门参（草本）	唐末或宋初	可能南亚（印度）	南亚
蓖麻	不晚于唐	可能来自中亚和印度	埃及
胡芦巴（豆科）	北宋	西亚（波斯）	西亚
白豆蔻/圆豆蔻/串豆蔻	北宋	马来半岛西岸的伽古罗	印尼爪哇
肉豆蔻	北宋初	伽古罗/迦拘勒	东印度
押不芦（曼陀罗华）	南宋	西亚（阿拉伯）	西亚
补骨脂/婆固脂/破故纸（草本）	宋	东南亚（马来）	南亚
胡黄连	宋（现已绝迹）	应通过西北陆路到陕甘地区	波斯沿海
缩砂蔤/草砂仁	唐宋间		东南亚
番木鳖/马钱子/苦实把豆/火失刻把都（葫芦科，大约类似巴豆）	元（14世纪）	可能东南亚	西亚、南亚、东南亚

表三　其他植物

名称	引种时间	直接来源地	原产地
苜蓿	西汉（张骞）	中亚	地中海？
酒杯藤	西汉	中亚	不详
红蓝（燕支花）（另有中国土生落葵/胭脂菜/胭脂豆/木耳菜，亦可作胭脂）	西晋（3—4世纪）	西亚（波斯）	西亚

续表

名称	引种时间	直接来源地	原产地
茉莉	可能西晋	可能西亚(波斯)	西亚
菩提树(荜钵罗树)	唐	南亚(印度)	南亚
娑罗树(桃花心木)	唐	南亚(印度)	南亚
郁金香	唐	中亚和南亚	波斯附近和印度西北
水仙	唐	大约波斯	欧洲(罗马)
莲花	唐	南亚(印度)	南亚
青睡莲	唐	南亚(印度)	南亚
棉花	宋和元	中亚和南亚	南亚
芦荟	宋时广州有生长	可能东南亚(马来)	印度
指甲花(散沫花)	不早于宋	不详	不详
胡麻—亚麻	早于14世纪	中亚	地中海沿岸

除上述三类植物之外,还有一些是出现在中古文献中但已经失考而不知其究属何物的外来物种,比如唐代引种的三种植物佛土菜、那伽花和佛土叶,第一种自犍陀罗一带引入,原产地不详,后两种皆原产印度并由印度引入。

2. 引进的动物品种

1) 良种马匹

通常认为,中原并非马的原产地,养马技术最早始于近东地区,中亚地区在公元前1000年左右也开始大规模豢养马匹,并进一步成为沟通亚洲东、西部马匹传输的桥梁。所以在远古时期的中国,因马而生的种种文化都是在与中亚游牧民族的频繁接触之后方才形成。不过中国似乎在公元前10世纪之前已开始利用马匹,公元前12世纪始兴起于泾渭平原的姬姓周族已有这种经验,《诗·大雅·緜》记载"古公亶父,来朝走马",所谓"走马",就是骑马。《穆天子传》中记载公元前10世纪的周穆王西巡时,为其拉车的有"八骏",分别是赤骥、盗骊、白义、窳轮、山子、渠黄、华骝、绿耳,这些名称通过语言学的对音方法,基本都可以在古突厥语中找到语源,如"盗骊"应是古突厥语中义为"栗色马"的torug(dorug、doru)的对音。可见八骏之名似乎都来自当时华夏族以西或以北的游牧民族。

马匹在中国军事上的运用首先是拉战车,殷墟发掘出的殉葬车马坑表明这在商代已经流行,周代仍以战车为军事主力,每一战车上有士兵三人:一射箭、一御马、一持枪。而当时北方少数民族多用骑兵,与车兵比较,骑兵具有机动灵活的特点。地处北方又与北方少数民族频繁发生战争的赵国,为了适应战争的需要而从赵武灵王时期(前325—前299)开始引入骑兵。尽管赵武灵王的改革以失败告终,但由于战争需求日益高涨,中原诸侯最终纷纷以骑兵取代车兵,而中国人对骑兵的重视以及由此附带对马匹尤其是西域良马的重视,至少一直保持到唐朝。

中国的畜牧业并不发达,西汉初年更因长期战乱造成马匹严重短缺,甚至连皇帝也难以找到四匹颜色相同的马来拉车,而将相只能乘牛车。与此同时,朝廷也迫切需要马匹组建骑兵以抵御匈奴。张骞通西域的直接成果之一就是引进良种马匹,《史记·大宛列传》载张骞自西域归来后向汉武帝报告大宛"多善马,马汗血,其先天马子也"①。所谓"天马",依《史记集解》之说:"大宛国有高山,其上有马,不可得,因取五色母马置其下,与交,生驹汗血,因号曰天马子。"看来是一种家马与野马杂交的后代。至于"汗血",据说是因为此马所出汗为红色,犹如鲜血一样。有些学者认为这实为马感染的一种皮肤病。但不管怎样,这马一定是优良的骏马。此时武帝正想发展可以与匈奴相抗衡的骑兵,一听到"天马"之说,急欲得。张骞第二次出使至伊犁河谷的乌孙,乌孙国王派使者带良马数十匹答谢武帝,武帝见这些马高大雄壮,奔跑迅速,非常高兴,特命名为"天马"。当武帝又听说大宛马更优于乌孙马时,派使者去大宛求购,却被大宛所拒,由此成为派贰师将军李广利讨伐大宛的直接理由。降服大宛后,汉军得到数十匹善马,三千多匹中等以下马。汉武帝见到这些大宛马比乌孙马更气派,便将乌孙马改名"西极马",将"天马"名称给了大宛马。从此,中国国内有了优良的种马,养马业迅速发展。

西汉以后,中原王朝对引入西方良种马匹都非常积极。张鷟《朝野佥载》卷五记载:"隋文皇帝时,大宛国献千里马,鬃曳地,号曰'师子骢'。"②《唐会要》卷七二《诸蕃马印》记载:"武德中,康国献四千匹,今时官马,犹是其种。"③唐太宗李世民对曾伴随他征战四方的六匹战马非常钟爱,专门命人将它们镌刻为高浮雕,置于自己的陵寝昭陵以期永远陪伴自己,这就是所谓"昭陵六骏",名字分别是:飒露紫、特勒骠、拳毛䯄、青骓、白蹄乌、什伐赤。单从名称看,至少飒露紫和特勒骠就有鲜明的中亚特点,它们很可能就是来自中亚地区。贞观二十年(646),位于今阿尔泰山脉以北的游牧部落骨利干献良马百匹,其中十匹深得太宗喜爱,亲为之起名,并号"十骥":一曰腾霜白,二曰皎雪骢,三曰凝露骢,四曰悬光骢,五曰决波騟,六曰飞霞骠,七曰发电赤,八曰流金䯄,九曰翺麟紫,十曰奔虹赤。

---

① [西汉]司马迁:《史记》卷一二三《大宛列传》,第3160页。
② [唐]张鷟:《朝野佥载》卷五,赵守俨点校,北京:中华书局,1979年,第120页。
③ [北宋]王溥:《唐会要》卷七二《诸蕃马印》,第1547页。

《牧马图》(唐代,1972 年新疆阿斯塔那墓地 M188 出土)

有学者已经注意到,"昭陵六骏"中"六骏"的命名,有西域风格,即毛色置于马名之后。马名的前半部特勒("勤"之误)、青(大秦之 cin)、飒露,是职官或者地名,可备一说。什伐赤的"什伐",大约就是"叱拨"的另一翻译,8 世纪后半叶,有大宛进六匹骏马于唐玄宗,分别叫红叱拨、紫叱拨、青叱拨、黄叱拨、丁香叱拨、桃花叱拨。叱拨是粟特语"四足动物"之意。岑参《玉门关盖将军歌》:"枥上昂昂皆骏驹,桃花叱拨价最殊。""叱拨"俨然就是名马的代名词了。

至于拳毛、白蹄,则是与马的外形有关。《史记》卷五《秦本纪》记载秦的先祖造父先生就因善于养马驾车而获得周穆王信任,所驾八匹骏马,裴骃《集解》引郭璞语曰:"八骏皆因其毛色以为名号。"①

根据马的外形来命名骏马,也是西域的传统。《丝绸之路——中国—波斯文化交流史》的作者、伊朗裔法国学者阿里·玛扎海里就说,从张骞凿空开通丝绸之路之日起,第一批波斯马,就由贵霜王朝或安息王朝送给汉朝。它们在中国获得了"汗血马"的别名。这一奇怪的名称,可能是指其皮毛上的红斑,波斯术语谓之为"玫瑰花瓣"。马的毛色深,斑点就很鲜明,有"玫瑰花瓣"状皮毛的马,最受欢迎。他还说,波斯历史上有一位著名民族英雄鲁达斯塔赫姆(120—155),他的坐骑就是这种血与火的颜色。因为传说中认为,马匹毛皮与其性格

---

① [西汉]司马迁:《史记》卷五《秦本纪》,第 176 页。

是一致的。血与火一样的颜色,象征火一般的性格,说明马以剽悍和疾速而出名①。

不断输入的西方良马对西北地区和中原马匹的改良有重要作用。《新唐书·兵志》指出:"既杂胡种,马乃益壮。"②汉唐时期生活在今青海、河西地区的吐谷浑出产一种良种马"青海骢",《北史·吐谷浑传》载其为"波斯草马"的后代③,而"波斯草马"实即大宛马,现代生物学研究也已证明"青海骢"属于杂交品种。唐代壁画、浮雕、石刻、陶俑中经常出现体骼健壮、外形优美的马匹,无疑就是当时的外来良种马或中原改良马的形象。

2) 在中国落户的其他动物

除了由于战争需要而大力引进的马匹,如今出产于中国境内的另外一些动物也都是在不同时期来自异域,后来在中国落户。它们又可分为两类。第一类是中国本土原不出产的。如骆驼,春秋战国时期开始出现于中国境内,汉唐时期不断从境外寻求。驴,从北非故地逐渐传播,于周朝末期出现于中国,到唐代已成本地家畜。唐代波斯进贡过一种野驴。骡,上古之后传入中国,汉代仍属罕见,唐代则很常见。犬,中国常见的几种家犬都是远古时代来自中国境外,唐代有西方国家进贡藏獒和"拂菻狗"(罗马犬),拂菻狗的品种在中国保存下来。

第二类是中国本土已有物种的某一外国品种。如羊,罽宾出产的婆罗勒岩羊或盘角青羊在中国昆仑山一带高原区亦有分布。鹰与鹘,唐代有大量来自朝鲜、东夷、蒙古、中亚的品种。鹦鹉,中国自陕甘交界处陇山到四川、云南和西藏东部原产一种德比安长尾小鹦鹉(紫胸绿色长尾),但到中世纪时已濒于灭绝。唐代从各地传入许多其他品种的鹦鹉,似乎繁衍较普遍。卷尾科鸣禽,中国常见,唐代诃陵国曾贡献一只被称为"频伽鸟"的此类鸣禽,应当是印度和印尼产的蓝色"凤尾卷",似乎在中国能够繁衍,南宋时期张邦基曾在浙江见到。

还有一类外来动物,无法作为一个动物品种在中国长期存在,是由外国作为贡物进献后,作为珍稀物品短暂饲养于宫廷供赏玩。如牦牛,吐谷浑和吐蕃所献。大象,虽然远古时期的中国境内大象普遍可见,但周朝起,大象对北方中国人已成罕见之物,汉唐时驯象作为异国物产入贡,在宫廷从事娱乐表演。犀牛,类似大象,到有文字记载的历史时期,中国已很少见,商、周、汉有独角犀牛(爪哇犀牛)和双角犀牛(苏门答腊犀牛)的小雕像,说明当时有来自上述两地的

---

① [法]阿里·玛扎海里:《丝绸之路——中国-波斯文化交流史》,耿昇译,第23—24页。
② [北宋]欧阳修、宋祁:《新唐书》卷五〇《兵志》,第1338页。
③ [唐]李延寿:《北史》卷九六《吐谷浑传》,第3186页。

犀牛。唐代中国长江以南仍有犀牛活动,但却接受外国贡献的驯犀供表演。狮子,中国不产,上古和中世纪,许多狮子品种作为贡物传到中国宫廷,"狻猊"来自印度,"狮子"来自波斯。豹,中国不产,大都是8世纪前半叶由西域地区进贡,供狩猎之用。貂,来自契丹和室韦。羚羊,中国南方和北方山区生长羚羊,唐代拂菻曾贡献两只"羚羊",可能是近东地区出产的供赏玩的一种瞪羚。猫鼬,罽宾曾给唐朝进献印度或爪哇的猫鼬,能够食蛇。中国南方也有一种猫鼬,却食蟹。鼬鼠或白鼬,中国不产,唐时波斯献入。鸵鸟,中国不产,汉唐时偶有贡献,文献中称"大鸟"。

二、手工业产品

1. 毛皮和织物

正如丝绸是中国农耕民族的特产,毛皮和毛织物是中亚诸多游牧民族的特产,中国丝绸西传的同时,这些地区的毛皮和毛织物也纷纷输入中国。

康居、奄蔡、严国(在今乌拉尔山脉东部以南)等中亚国家都以出产毛皮著称。东汉许慎在《说文解字》中提到"白狐""青翰"乃取自西海之滨,而此处的西海当指咸海、里海一带。"白狐""青翰"等兽皮西汉时已大量输入中原,但极其昂贵,只有富有的贵族家庭才可以享用。当时长安市上一家大的毛皮店铺中有"狐貂裘千皮",看来其资金雄厚可比千乘万侯之家。到唐代,毛皮仍是西方民族或国家进献唐朝的常规贡物。如武德四年(621),西突厥叶护可汗遣使进献狮子皮,开元八年(720),南天竺向唐朝政府进献一张豹皮。

西方制造的毛织品也在汉代以后输入中原,一般分两种,一种是较厚的毛毡,另一种是较薄的毛布。《太平御览》卷七〇八引杜笃《边论》载,汉宣帝时"匈奴请降,氍毹罽褥,帐幔毡裘,积如丘山"①。同卷又引班固《与弟超书》,托班超以白素三百尺,换取大月氏的氍毹,信中还讲到:"月支氍毹,大小相杂,但细好而已。"②可见当时大月氏的氍毹在中原已久负盛名。所谓氍毹,就是毛织褥,是用来铺在床前小榻上的小毛毡。较薄的毛布则多称为"罽"。罗马毛织品很可能在汉代也传入中国,斯坦因在楼兰汉墓中发现了带有鲜明罗马风格的毛织品。三国魏晋时期的中国人已经注意到大秦国的毛织品品种繁多、颜色复杂,《册府元龟》卷九六〇记大秦国产"氍毹、氍毹、罽帐之属皆好,其色又鲜于海

---

① [北宋]李昉等编:《太平御览》卷七〇八《服用部一〇·氍毹》,第3157页。
② [北宋]李昉等编:《太平御览》卷七〇八《服用部一〇·氍毹》,第3157页。

第九章　胡风东被【上】：物产与技术　　219

"胡王"联珠纹锦（4—5 世纪，新疆吐鲁番出土，当是西域绿洲国家产品）

东诸国所作也"①。《太平御览》卷七〇八引《魏略》也说："大秦国以羊毳、木皮、野丝作毾㲪之属，有五色九色毾㲪，其毛鲜于海东诸国所作也。"②

但这些毛织品当时都是高级织物，非一般人能享用。汉高祖刘邦曾禁止商人穿着，这虽不是从价格上考虑，也可见其非一般物品。《太平御览》卷八一六再次引班固《与弟超书》，称："前寄人钱八十万，市得杂罽十余张"③，其价格可想而知。但它们在贵族家庭却是常见物品，《西京杂记》卷一载："汉制……公侯皆以竹木为几，冬则以细罽为橐以凭之，不得加绨锦。"④罽甚至还被用在狗和马身上，《汉书·东方朔传》载东方朔曾对汉武帝感叹这种奢靡生活："今陛下以城中为小，图起建章，左凤阙，右神明，号称千门万户；土木衣绮绣，狗马被缋罽。"⑤直到唐代，这些精美的毛织品依然是特色贡物，《新唐书·西域传》载开元十四年(726)安国国王遣使唐朝，所献礼物就是"拂菻绣氍毹一""柘辟大氍毹二、绣氍毹一"⑥。唐代诗人李贺的《宫娃歌》中也有"象口吹香毾㲪暖"⑦的诗句。

---

① ［北宋］王钦若等编：《册府元龟》卷九六〇《外臣部·土风二》，第 11300 页。
② ［北宋］李昉等编：《太平御览》卷七〇八《服用部一〇·毾㲪》，第 3157 页。
③ ［北宋］李昉等编：《太平御览》卷八一六《布帛部三·罽》，第 3631 页。
④ ［东晋］葛洪：《西京杂记》卷一《天子玉几》，罗根泽点校，第 12 页。
⑤ ［东汉］班固：《汉书》卷六五《东方朔传》，第 2858 页。
⑥ ［北宋］欧阳修、宋祁：《新唐书》卷二二一下《西域传下·安国传》，第 6245 页。
⑦ ［唐］李贺著，吴企明笺注：《李长吉歌诗编年笺注》卷三《宫娃歌》，北京：中华书局，2012 年，第 390 页。

输入中国的西方特色织物还有火浣布、"水羊毳",前者是以爱琴海诸岛所产的石棉为原料,在小亚细亚等地织成的防火布,后者是地中海东岸各地以特有的一种海贝壳边的细毛织成的细布,极为珍贵。此外,罗马也利用输入的中国生丝原料加工成一些特色纺织品返销中国,如前文提到的丝麻混纺织物"杂色绫"。

2. 器皿

1) 金银器

公元 5—8 世纪的中国上层阶级流行使用金银器,这应是受到中亚、西亚的影响。以往将它们统称为波斯金银器,但随着研究逐步深入,目前学术界将它们分为三个系统,即粟特系统、萨珊系统和罗马—拜占庭系统。

粟特系统的金银器以内蒙古敖汉旗李家营子出土的银带把壶、带把杯、盘、长杯,河北宽城出土的银壶,西安沙坡村、西安西郊、广东遂溪和新疆焉耆等地出土的银碗为代表。西安沙坡村出土的银碗还有粟特文铭文。李家营子出土的银带把壶器身呈扁圆形,口部有流,略似鸟头形,束颈、鼓腹,圈足较粗,呈喇叭状,有联珠围绕足的底沿,弧形把的上端起自口部,下端止于中腹,上端与口缘相接处有一胡人半身像。粟特系统金银杯的特点是在其杯把上部有一椭圆形的指垫,指垫上还常常饰有精美的花纹或人物头像。而金银碗一般是碗壁作八瓣或十二瓣,圈足,底部或碗内中心有联珠纹装饰,碗内部多刻动物图案。

萨珊系统的金银器在中国出土较多,如山西大同北魏平城遗址的窖藏中出土的捶鍱海兽纹八曲银洗、捶雕缠枝葡萄纹高足鎏金铜杯、高雕人物纹高足鎏金铜杯、镶嵌高足鎏金铜杯和线雕人物纹高足银碗各一件,都被认为属于萨珊

萨珊天马盘(5—6世纪,纽约大都会博物馆藏)

鎏金舞马衔杯纹银壶（唐代，陕西西安何家村出土）

系统。其中银碗形制为侈口，颈微束，碗腹有四组忍冬纹与爵床植物纹饰组成的图案，将器壁等分为四部分，中间各有一两道圆弧组成的圆环，环内捶鍱有一男子的侧面头像。与此相类似，在大同南郊北魏墓群中也曾出土一件与此形制相仿的鎏金刻花银碗，碗内也捶鍱有一男子侧面像。大同西郊北魏封和突墓中出土一件鎏金银盘，盘内中心也捶鍱出伊朗人执矛猎兽的图像。固原李贤夫妇墓出土的捶鍱出三组人物图像的鎏金银壶和赞皇李希宗夫妇墓出土的捶鍱水波莲花纹银碗等，也都属于输入中原的萨珊系统银器。

输入中国的罗马—拜占庭系统金银器主要以高足杯为代表。大同北魏平城遗址中出土三件鎏金铜高足杯，一件腹壁内弧，下部折成圜底，然后直接为高足的节，其下是覆盆状的足底。一件直斜壁，高足较粗，呈喇叭形。一件口下内束后带折棱，圜底，高足较细，中间有节。北魏封和突墓中也出土一件银高足杯，内蒙古呼和浩特土默特左旗毕克镇出土两件银高足杯，时代当在隋至唐初。西安城郊隋李静训墓中也出土有金、银高足杯各一。这类高足杯都有一个共同特点，无把，呈杯形，与粟特系统和萨珊系统都不同，而与罗马—拜占庭地区的作品非常相似。特别是与毕克镇两件银高足杯同时出土的，还有东罗马金币、金戒指及冠顶上的金饰片等物，更证明它们来源于东罗马。

2）玻璃器

中国自制玻璃工艺尽管也有较为古老的历史，但其成分中含有大量硅酸盐和铅钡，属于铅钡玻璃，与埃及、腓尼基及伊朗的钠钙玻璃或钾玻璃不同。春秋战国以来，西方玻璃陆续通过北方草原民族输入中国，其中最有代表性的是一种蜻蜓眼式玻璃珠。目前所发现的属于春秋战国时期的蜻蜓眼玻璃珠大约有七百多件，分布于新疆、甘肃、青海、四川、云南、河南、山东、河北、湖北、陕西、山西、湖南、广东各地。常见的可分为大小两类，大的直径约两厘米，小的直径约一厘米，多数偏扁，中有穿孔。珠身外饰凸起的蜻蜓眼式花纹，上有四五道蓝白相间的圆圈纹，也有间以黄色圈纹的，有的还有小白点或蓝点相连结成的菱形纹饰穿插其间。这种蜻蜓眼玻璃珠的纹饰不见于商周玉石器，春秋时代中国自制的铅钡玻璃中也没有这类花纹，它的主要产地是伊朗高原和地中海东岸。公元前1400—前1350年间的埃及出土文物中已经出现这种蜻蜓眼式玻璃珠的项链，伊朗高原在美索不达米亚的影响下也至少在公元前1000年开始生产玻璃珠饰，包括蜻蜓眼式玻璃珠，并且在公元前5世纪—前3世纪的阿契美尼德王朝时期依然盛产不衰。

　　从出土地点来看，西亚玻璃器主要通过陆上丝绸之路与海上交通传入中国。蜻蜓眼玻璃珠在中国河西走廊以东的出土地分别有山西——河南——山东一线，四川——云南一线，广东——湖南——湖北一线，前两条道路显示出丝绸之路过甘肃之后分别向东和向南分化，第三条则显示海上交通的影响。四川、云南和贵州出土的玻璃制品除了经由绿洲丝绸之路的南向支路，也可能经由西南丝绸之路，即从印度经缅甸而抵达这几个地区。但这条道路山路崎岖，理论上讲不宜运输玻璃制品。在以上道路中，绿洲丝绸之路是玻璃制品东传的干道。春秋战国时代中国丝绸的大规模西运和西方玻璃珠的成批东传，为我们描述出一幅当时形成中的丝绸之路上生动的活动图景。

　　汉唐时期，西方玻璃器输入规模更大，且主要来自罗马和波斯。罗马帝国时期，埃及的亚历山大里亚、叙利亚的西顿和腓尼基的推罗都是玻璃工艺中心，《太平御览》卷七九二和卷八〇八都引《魏略》称，大秦国出产"赤、白、黑、黄、青、绿、绀、缥、红、紫十种琉璃"[1]，实指玻璃。罗马的玻璃器从两汉时期开始通过大秦商人传入中国。广州横枝冈西汉中期墓出土三件玻璃碗，碗呈紫蓝色，半透明，平底，模制成形，内壁光滑，外壁及口沿打磨呈毛玻璃状。江苏邗江甘泉二号汉墓和广西贵县东汉墓中也出土过罗马玻璃。1965年到1970年，在南京北郊象山发掘了七座大墓，其中一座东晋早期墓葬出土一件完整的磨花筒形杯，以及另一件同样玻璃器的碎片。经分析，这批磨花玻璃器的器型、工艺和成分均相似，说明来源可能相同。而这种玻璃杯的器型、磨花技法都属罗马式，其成分与德国科隆出土的4世纪墓中的罗马玻璃残片几乎完全相同，可以认定这

---

[1] [北宋]李昉等编：《太平御览》卷七九二《四夷部一三·大秦》、卷八〇八《珍宝部七·琉璃》，第3514、3591页。

批玻璃杯来自罗马。同一时期的北方地区也发现了罗马风格的玻璃器,比如1965年辽宁北票西管营子村发掘的北燕贵族冯素弗(死于415年)墓出土五件玻璃器,样品分析结果表明它们是钠钙玻璃,与罗马玻璃的基本组成相似。最有趣的是一件淡绿色透明的鸭型器,器型与1世纪—2世纪地中海地区流行的一种鸟型玻璃器相似。河北景县北朝晚期封氏墓出土的淡绿色波纹玻璃碗,装饰非常精致,腹部缠贴三条波浪纹,波峰互相衔接,形成网络纹。装饰技法同封氏墓波纹碗相似的玻璃器皿在国外发现较多,如在黑海北岸和南俄草原,因此可以推测这类玻璃器皿是通过草原之路从黑海北岸运来的罗马制品。据质子激发X射线荧光分析,中国出土的罗马玻璃成分是普通硅酸盐玻璃,即钠钙玻璃,与现代玻璃无太大差别。

伊朗高原生产钠钙玻璃的历史也很悠久,萨珊波斯时期玻璃制造业更加繁荣,并随着波斯商人的活动而大量外销玻璃制品,主要是玻璃碗和玻璃瓶,当然有许多输入到中国。与萨珊朝流行的联珠纹一样,萨珊玻璃器也多采用连续的圆圈作为纹饰,还在继承罗马工艺的基础上发展出冷加工的磨琢工艺,在玻璃碗上磨琢出凹形球面或突起的凹球面,形成多个凹透镜,从这些凹球面可以看到后壁数十个细微的圆圈纹,从而在视觉上出现一幅光怪陆离的图像。西晋诗人潘尼在《琉璃碗赋》中说:"览方贡之彼珍,玮兹碗之独奇,济流沙之绝险,越葱岭之峻危,其由来也阻远"①,可见当时已有波斯玻璃碗经丝绸之路进入中国。考古发现也证明了这点。北方的出土物主要有北京发现的西晋华芳墓玻璃碗、大同南郊张女坟北魏墓磨花玻璃碗、新疆楼兰5世纪—6世纪墓葬出土的玻璃碗以及宁夏固原北周李贤墓出土的玻璃碗;南方地区则有湖北鄂城西晋墓出土的有圆形磨饰的圜底玻璃碗和镇江句容六朝墓出土的玻璃碗。这些玻璃碗的外壁上都有圆形圈饰,但分为三种形式:第一种是玻璃碗上之圈饰突起于碗壁,如西晋华芳墓玻璃碗上之圈饰为粘贴的突起椭圆形乳钉;第二种是玻璃碗上之圈饰为突起的圆形凹球面,如北周李贤墓出土的玻璃碗和西安法门寺唐遗址出土的玻璃瓶上之圈饰就为突起的凹球面;第三种圈饰则是用冷加工法磨琢出的内凹球面,较典型的如大同北魏墓玻璃碗、鄂城西晋墓玻璃碗和镇江六朝墓玻璃碗。萨珊波斯灭亡之后,统治该地区的阿拉伯人继承了波斯的玻璃制造技术并继续输入玻璃制品到中国。

3. 金银币

钱币是中西交流过程中的一类特殊物品,汉唐时期的中原地区出现了许多

---

① [清]严可均编:《全上古三代秦汉三国六朝文》"全晋文"卷九四,北京:中华书局,1958年,第3999—4000页。

西方金银币，近年的考古发掘屡有出土，然而在东西贸易中充当货币的只占其中一部分，更多的则是作为奢侈品或收藏品进入中原。

迄今为止，中国发现的东罗马金币及其仿制品见于记载的已有四十枚左右，绝大多数都是6世纪中叶到8世纪中叶的随葬品。出土地点集中在新疆、甘肃、陕西、宁夏、河南、内蒙古、河北、辽宁等北方地区，在南方只于杭州发现过一枚，且由于发现地点不详而很可能是外地流入，也就是说这些东罗马金币都是通过陆路丝绸之路流入中国。这些情况表明，北朝以来经新疆、甘肃、黄河河套地区到中原的路线被频繁利用，而这应与当时活跃在北方草原之路的游牧民族突厥或柔然有关。这四十枚金币中，有八枚属于北朝后期墓葬出土，二十五枚属于隋唐时期墓葬出土或收集品。目前在中国发现的最早的东罗马金币是1973年河北赞皇县北齐李希宗夫妇墓中出土的一枚，其上铭文表明是东罗马皇帝狄奥多西二世时期所铸。李希宗夫妇墓中出土的另外两枚金币是查士丁一世和查士丁尼一世舅甥共治的527年所铸，距李希宗妻崔氏入葬的576年还不到五十年。1978年在河北磁县东魏高湛之妻柔然公主墓中发现的铸于527年的东罗马金币，距墓主人的下葬时间550年就更近。可见，南北朝时期东罗马与中国北方的交往比较频繁。从一些记载明确的东罗马金币的出土情况看，他们大多含于墓主人口中，或握于手中；金币本身多经过剪边、穿孔等再加工；墓主人身份大多为少数民族贵族或商人；在同一墓葬中大多仅出土一枚金币，因此它们被当作流通货币的可能性很小，而只可能是收藏品，并且作为某种异域习俗的表达而出现在随葬品中。

已知魏晋南北朝时期中外交流遗物中数量最多的是萨珊银币。自1915年在新疆吐鲁番阿斯塔那古墓和高昌古城首次发现以来，在西起新疆库车、东至河北定县的中国北方一线，以及在与波斯有贸易往来的广东，陆续出土三十六

萨珊银币（卑路斯一世时期，圣彼得堡博物馆藏）

批波斯银币,总数超过1 195枚。这些银币的铸造时间,最早的是沙普尔二世(Shapur II,310—379年在位)时期,最晚的是萨珊朝末代君主雅兹底格德三世时期,前后跨越近350年。中国出土的波斯银币中,有不少是暂时储藏起来的大批货币。如新疆乌恰山一次性出土的947枚波斯银币,与13根金条(1 330克)一起藏在山间道路旁的石缝中,可能是从事国际贸易的胡商遇到危险时临时掩藏起来,后来商人被杀,未能取走。又如青海西宁一次性出土的76枚波斯银币(原来过百,后来散失)。事实上,萨珊银币当时是中亚至东欧的国际通货,6世纪、7世纪间甚至也通用于中国河西地区。《隋书·食货志》记载北周"河西诸郡,或用西域金银之钱,而官不禁"①。玄奘西行途经高昌时,高昌王就赠以银币三万。近来吐鲁番出土文书表明,麴氏高昌时期"官藏银钱",唐高宗时期西州(唐灭高昌后所设)地区的货币仍多用银钱。此外,也有些银币是作为收藏品保存的,如新疆吐鲁番出土的萨珊银币常含于墓主人口中。在内地,萨珊银币还常作为装饰品,有些银币上钻有小孔,就是用来缀在衣料或帽子上以为饰品。还有些内地出土的萨珊银币是作为佛教信徒的施舍而埋入塔基之下,如西安、耀县、定县等地所发现的萨珊银币都是同其他一些珍贵物品一起埋入塔基之下作为对佛陀的供奉。

4. 装饰品与奢侈品

在汉唐时期传入的西方物品中,各类奢侈品也是大项,主要有宝石、香料和珍禽异兽。各类宝石是中国人趋之若鹜的输入品。汉武帝时期曾派专人携带黄金丝帛自海路远赴印度去换取"明珠、璧流离、奇石异物"②。这些宝石在中国也常有出土,如青金石③。到目前为止,中国尚未发现青金石矿,但却出土有青金石饰件,从二世纪的物品到六七世纪的物品都有,可能皆由中亚或西亚传入,而其中的青金石玉料或许就产自阿富汗。南京北郊象山的东晋早期墓葬中还发现了镶嵌中亚、西亚特产之金刚石④的指环。汉唐文献经常提及的另一种宝石是瑟瑟,并称这种宝石不产于中国,《魏书》《隋书》《周书》等的《西域传》或《异域传》则都提到瑟瑟是波斯和康国特产,唐代玄宗、懿宗时期曾大量使用瑟瑟装饰宫殿。唐末诗人温庭筠的《瑟瑟钗》:"翠染冰轻透露光,堕云孙寿

---

① [唐]魏徵:《隋书》卷二四《食货志》,第691页。
② [东汉]班固:《汉书》卷二八下《地理志下》,第1671页。
③ 青金石,一种玉石,深蓝至绿蓝色调,含星点状黄铁矿、蓝方石和方钠石等矿物而如繁星似锦。古代西亚、印度皆产,以阿富汗最著名。智利、北美等地亦产。
④ 金刚石在历史上或当前的主产地为印度、巴西、南非、扎伊尔、纳米比亚、加纳、塞拉利昂、博茨瓦纳、澳大利亚等。

有余香。"① 可见瑟瑟是妇女常用的头饰。中外学者研究认为,瑟瑟就是波斯语或者阿拉伯语 jaza 的译音,是出自西域的著名宝石,即天青石,《唐代的外来文明》的作者、美国学者薛爱华说:唐朝人用来指深蓝色宝石的"瑟瑟"这个词,通常就是指"天青石",但是有时瑟瑟也被用来指称蓝色的、类似长石类的"方纳石",瑟瑟偶尔还用来指"蓝宝石"②。中国确实鲜有出产。

此外,输入中原的宝石还有象牙、犀角、玳瑁、夜光璧、明月珠、骇鸡犀、珊瑚、琥珀、琅玕、朱丹、青碧等,其中有些究系何物,现已无从考证。《太平广记》卷四〇三的一个故事说,唐安史之乱后,有位叫魏生的千万富翁,参加了西域胡人客商的"宝会"(珍宝博览会),"胡客法,每年一度与乡人大会,各阅宝物。宝物多者,戴帽居于坐上,其余以次分列"。大家都拿出自己的宝物来展示,"诸胡出宝,上坐者出明珠四,其大逾径寸,余胡皆起,稽首礼拜"③。参加这次赛宝大会的大食、波斯胡商竟然有 30 余人④。

香料是中国传统的进口物品,主产地是西亚、红海、波斯湾和东南亚地区。波斯湾沿岸的乳香,索马里的没药、芦荟,北非的迷迭香,东非的紫檀,伊朗的安息香,印度的胡椒和生姜,自西汉起都陆续进入中国,起初并非供药用和食用,而是作为上层阶级的奢侈品。这些香料大都制成香脂、香膏的形式,诸香中以苏合香为上品,《后汉书·西域传》记载大秦国的出产时提到其一为"合会诸香,煎其汁以为苏合"⑤。实际上这种香料是从金缕梅科野茉莉属落叶乔木脂液中提炼的,有开窍醒脑的作用,又是上等的防腐剂,因此备受青睐。西汉还产生了许多关于香料的神奇传说,反映香料是当时中国人梦寐以求的时尚,如唐代释道世《法苑珠林》卷三六《华香篇第三十三》和《太平御览》卷九八一皆引《博物志》中一段记载:"西域使献香,汉制献香不满斤不得受。西使临去,乃发香器,如大豆者,试着宫门,香气闻长安四面数十里中,经日乃歇。"⑥ 唐代的香料进口规模进一步扩大,种类和用途都有增加,除通常的薰香外,还用作药物、化妆、照明等等。

---

① [唐]温庭筠撰,刘学锴校注:《温庭筠全集校注》卷九《瑟瑟钗》,北京:中华书局,2007 年,第 847 页。
② 蓝宝石,刚玉矿物中除红色以外其他色调刚玉的统称。主产地为缅甸、泰国、克什米尔地区、柬埔寨、斯里兰卡。[美]爱德华·谢弗(薛爱华):《唐代的外来文明》,吴玉贵译,西安:陕西师范大学出版社,2005 年,第 291 页。
③ [北宋]李昉等编:《太平广记》卷四〇三《魏生》,北京:中华书局,1961 年,第 3252 页。
④ 唐人小说中有许多胡人买卖宝物的故事,这些宝物不是宝石,而是有特异功能与价值的神物。综合讨论参见[日]妹尾达彦:《隋唐长安与东亚比较都城史》第三章,西安:西北大学出版社,2019 年,第 326—352 页。特别是其中第 331—336 页表格,列举了 36 例。
⑤ [南朝宋]范晔:《后汉书》卷八八《西域传·大秦传》,第 2919 页。
⑥ [唐]释道世:《法苑珠林》卷三六《华香篇第三十三·引证部第二》,周叔迦、苏晋仁校注,第 1156 页;[北宋]李昉等编:《太平御览》卷九八一《香部一·香》,第 4344 页。

宋元时期的中国继续自东南亚、南亚和西亚大量输入各种香料,除用于医药领域之外,主要是为了满足宋代以来对香料的时尚性消费。其一,焚香薰衣。中国本无燃香习俗,亦不产所需之香料,佛教来华带入燃香之习,宋代士人官绅焚香盛极一时,陆游《老学庵笔记》、庄绰《鸡肋编》、蔡绦《铁围山丛谈》、欧阳修《归田录》、叶梦得《避暑录话》、曾慥《高斋漫录》等时人笔记中多有记载。如欧阳修《归田录》卷二记翰林侍读梅询"性喜焚香,其在官所,每晨起将视事,必焚香两炉,以公服罩之,撮其袖以出,坐定撒开两袖,郁然满室浓香"①。曾慥《高斋漫录》记蔡京,"白笃耨(或白督耨,一种香料)初行于都下,每两值钱二十万。蔡京一日宴执政,以盒盛二三两许,令侍姬捧炉巡执政坐,取焚之"。庄季裕《鸡肋编》卷下记蔡京另一次会客"谕女童使焚香,久之不至,坐客皆窃怪之。已而,报云香满,蔡使卷帘,则见香气自他室而出,霭若云雾,濛濛满座,几不相睹,而无烟火之烈。既归,衣冠芳馥,数日不歇。计非数十两,不能如是之浓也"②。从上述记载看,官绅大量焚香仍属奢侈性消费。此外,上至朝廷祭拜天地、下至民间供奉祖先,各类宗教祭祀活动也普遍供奉香药或焚香。

其二,佩戴香囊或散洒香水。妇人佩香囊大约已是宋代时尚。洪迈《夷坚丙志》卷一一载:汪蹈在旅馆夜遇一妇人,"鸡初鸣,(妇人)洒泣求去,解所佩锦香囊为别,……中贮一合如玳瑁,以香实之,芳气酷烈,不可名状"③。蔡绦《铁围山丛谈》卷六记有人将香药饼子"穴而以青丝贯之,佩于颈,时于衣领间摩挲,以相示坐,此遂作佩香焉,今佩香盖因古龙涎始也"。

其三,制作香药蜡烛,即把香药灌注在蜡烛中,燃烧之时香气四溢。这是少数宫廷权贵的爱好,叶绍翁《四朝闻见录》乙集《宣政宫烛》、周密《齐东野语》卷八《香炬锦茵》均有记载。这些风气使香料的消费量大增,促使海外香料大批输入,以致如《宋史》卷一八六《食货志下八》所载,两宋政府贪图其中大利而把香药列入政府专卖的"榷货"之中,规定民间"毋得市蕃商香药禁物"④。《诸蕃志》记载的四十七种外国物产中,香药就不下十种,有乳香、金颜香、苏合香油、安息香、沉香、笺香、丁香、龙涎香、蔷薇水、栀子花等,它们的产地是东南亚、南亚和西亚地区,特别是号称"香岸"的阿拉伯半岛南端。乳香是中国最主要的输入品种,据神宗熙宁十年(1077)的外贸统计,当年仅广州一处就收乳香 348 073 斤。南宋初,泉州港是海外香药的主要运抵地,《宋史·食货志》载高宗建炎四年

---

① [北宋]欧阳修:《归田录》卷二,李伟国点校,北京:中华书局,1981年,第28页。
② [南宋]庄绰:《鸡肋编》卷下《蔡京焚香》,萧鲁阳点校,北京:中华书局,1983年,第111页。
③ [南宋]洪迈:《夷坚丙志》卷一一《锦香囊》,何卓点校,北京:中华书局,1981年,第459页。
④ [元]脱脱:《宋史》卷一八六《食货志下》,第4561页。

(1130),泉州市舶司抽买乳香近十四万斤。

其四,制作香药食品。宋人也开始大量以香料加工食品,用香药煎汤饮用是十分普遍的待客风气,香药也可配酒制成香药酒。南宋时期的孟元老《东京梦华录》和吴自牧《梦粱录》记录了两宋都城中经常食用的香药食品,主要是果品和饮料,饮食店和酒楼都卖香药及其加工食品,有些小贩则以出售这类食品为固定职业。《东京梦华录》卷二《饮食果子》记汴梁酒店"有向前换汤斟酒歌唱,或献果子香药之类,客散得钱,谓之'厮波'","又有托小盘卖干果子","诸般蜜煎香药,果子罐子",以及各色"香药、小元儿"等物者①。《梦粱录》卷一六《分茶酒店》记南宋杭州卖香药果子的有两类人,一类是酒店里卖香药果子(香药加工的果脯)的,叫作"厮波",一类是小贩,"卖食药、香药果子等物,不问要与不要,散与坐客",此类人叫"散暂"②。两宋都城甚至还开设专门加工供应香药食品的机构,如临安的四司六局,可以为有钱市民承办筵席,并专设香药司。如南宋耐得翁《都城纪胜·四司六局》所记,杭州的四司六局是专供官府贵家筵席所需的机构,"各有所掌,故筵席排当,凡事整齐,都下街市亦有之。常时人户,每遇礼席,以钱倩之,皆可办也",可提供记账员、厨师、茶酒、果子、蜜饯、菜蔬等,其中香药局"专掌药碟、香球、火箱、香饼,听候索唤、诸般奇香,及醒酒汤药之类"。由于有四司六局的人以专门技术为宴客的主家提供方便,所以当时有谚语"烧香点茶,挂画插花,四般闲事,不许戾家"③。

前文提及的珍禽异兽如狮子、犀牛、大象、安息雀(鸵鸟)实际也属于进口奢侈品。这些外来奢侈品虽仅限于宫室与贵族所享用,但毕竟开阔了当时中国人的眼界,使他们对西方那神秘、遥远的世界有一点了解。

三、科学技术

1. 医学与医药

中国的医学除了自身悠久的传统之外,也在不断吸收外来成果,汉唐时期就曾吸收印度、波斯、阿拉伯等地的一些优秀成果,特别是印度的。古代印度医学发达,不少佛教僧侣都是著名医学家,因为按照佛教传统,僧人需要掌握的五

---

① [北宋]孟元老:《东京梦华录》卷二《饮食果子》,邓之诚点校,北京:中华书局,1982年,第73—74页。
② [南宋]吴自牧:《梦粱录》卷一六《分茶酒店》,第264页。
③ [南宋]灌圃耐得翁:《都城纪胜》"四司六局",上海:古典文学出版社,1956年,第95页。

方面知识"五明"中就有"医方明"①。因此,汉唐之际佛教入华和双方僧人的频繁往来也将印度医学传入中国。来华的许多印度僧人本身就是医生,《高僧传》分别记载了安世高(安清)、耶舍、求那跋摩、求那跋陀罗、于法开(可能是于阗人)、佛图澄和耆域等人的治病能力。其中有关安世高、耶舍、佛图澄、耆域的事迹近乎巫术,但也能反映出他们兼善医术的事实。关于求那跋陀罗的记载称他出身婆罗门且博通医方,于法开则是一个既精通印度古代名医耆婆之传统又已习得中医针灸、切脉的名医。这些高僧的医学实践也相当于带来了西域和印度的医药知识。此外,《宋高僧传》卷一八《僧伽传》也记载了一位唐高宗年间来自中亚的有着神奇医术的僧伽②。唐代关于印度僧人善医的记载也很多,尽管经常也蒙上一层制长生药的旁门左道色彩。如《旧唐书》卷三《太宗本纪》、卷八四《郝处俊传》和《唐会要》卷八二、卷一〇〇,均记有贞观二十二年(648)有天竺僧到中国为太宗制"延年之药"("长年药"/"延年药")事③。《旧唐书》卷一九八《西戎传》记开元七年(719),罽宾国遣使来朝,进献"秘要方并蕃药"④。《册府元龟》卷九七一记开元十七年(729)六月,"北天竺国三藏沙门僧密多献质汗等药"⑤,同卷又记开元二十五年(737)二月,东天竺大德僧达摩战来献胡药等物⑥。

汉唐时期大规模翻译佛经,也使许多印度医学书籍附带传入中国。《高僧传》卷二《昙无谶传》,记沮渠安阳从天竺法师佛驮斯那学《禅秘要治病经》,后又将此经译为汉文⑦。另外,三国吴竺律炎与支谦共译《佛医经》,此书较详细地谈论了病理,认为人体是由"四大",即地、水、风、火四种元素,和合而成;季节变化、饮食男女、心理状况、生活习惯而致四大不调,人即生病。这些理论与中国古代的一些医学理论有相似之处。南梁有书目《七录》,其中著录有《摩诃出胡国方》和《杂戎狄方》,可能与印度医药有关。据《隋书·经籍志》记载,截

---

① "五明"指五种知识:声明(语言音韵方面的知识)、工巧明(工艺算历等方面的知识)、医方明(医学知识)、因明(逻辑论辩方面的知识)、内明(人生、灵魂与宇宙等方面的知识),这些都是古代婆罗门教的基础教育内容,佛教也继承。
② [北宋]赞宁:《宋高僧传》卷一八《唐泗州普光王寺僧伽传六》,范祥雍点校,上海:上海古籍出版社,2014年,第410—413页。
③ [五代]刘昫:《旧唐书》卷三《太宗纪下》,第61页;[五代]刘昫:《旧唐书》卷八四《郝处俊传》,第2799页;[北宋]王溥:《唐会要》卷八二《医术》,第1803页;[北宋]王溥:《唐会要》卷一〇〇《天竺国》,第2123页。
④ [五代]刘昫:《旧唐书》卷一九八《西戎传·罽宾传》,第5309页。
⑤ [北宋]王钦若等编:《册府元龟》卷九七一《外臣部·朝贡四》,第11408页。
⑥ [北宋]王钦若等编:《册府元龟》卷九七一《外臣部·朝贡四》,第11410页。
⑦ [南朝梁]释慧皎:《高僧传》卷二《晋河西昙无谶传》,汤用彤校注,北京:中华书局,1992年,第76—86页。

至隋代从南亚传来的有关医药、养生方面的书籍有十二种：《龙树菩萨药方》四卷、《西域诸仙所说药方》二十三卷、《香山仙人药方》十卷、《西域波罗仙人方》三卷、《西域名医所集药方》四卷、《婆罗门诸仙药方》二十卷、《婆罗门药方》五卷、《耆婆所述仙人命论方》二卷、《乾陀利治鬼方》十卷、《新录乾陀利治鬼方》四卷、《龙树菩萨和香法》二卷、《龙树菩萨养性方》一卷①。《新唐书·艺文志》中著录有《菩提达摩息胎诀》一部，②估计也是来自印度的医书。义净所撰《南海寄归内法传》涉及卫生保健和用药治病的问题不少，他翻译的《根本说一切有部毗奈耶药事》《根本说一切有部百一羯磨》等著作中，也都涉及印度医学知识。义净关于医药的叙述体现出他试图融合中医与印度医学，他没有一味照搬印度医药成法，而喜欢将中印医药加以比较后融会贯通，提出最实用的做法；他还根据中国与印度地理、气候、物产、习俗等方面的差异提出自己的见解，既不违背佛理和"医明"大旨，又使中国僧俗易于理解；义净还在取经当中问医问药，通过实地考察和自己长期坚持防病养生的实践撰写医药方略。

除了这些专门医学书籍外，西晋法炬与法立合译的《法句喻经》、苻秦昙摩难提译的《增一阿含经》、鸠摩罗什译的《大智度论》、姚秦佛陀耶舍与竺佛念合译的《四分律》、弗若多罗与鸠摩罗什合译的《十诵律》、东晋法显佛驮跋陀译的《摩诃僧律》、刘宋佛陀什与竺道生合译的《五分律》以及北凉昙无谶译的《金光明经》等佛经也都多少包含印度医药学知识。如《十诵律》卷二六《医药法》整卷谈饮食卫生、用药治病以及佛陀传教时的有关例证。印度眼医之金篦决障术（即以金针治疗白内障的技术）在唐代似乎很出众，不少唐诗都提及。印度的金篦术至少在晋代以前就已经发明，但在唐代以后很快就失传，在印度也不见了踪影。

印度医僧及医学书籍来华，对汉唐时期的中国医学产生较大影响。晋代葛洪曾编有《肘后救卒方》三卷86篇，南梁陶弘景对此书合并、增补为《补阙肘后百一方》共101篇，其中就反映出许多印度医学理论，如陶弘景的序言称："佛经云：人用四大成身，一大辄有一百一病"，这显然是佛经《智度论》"四百四病者，四大为身，常相侵害，一一大中，百一病起"之说的翻版。陶弘景本人后来便皈依佛门。隋唐时代著名医药学家孙思邈的《千金要方》和《千金翼方》这两部医学名著也大量吸收印度医学的成果，对印度医学的"四大"理论也大体全盘吸收，其中所收许多药方或者直接就源于印度，或者采用了从印度传入的药物。

---

① [唐]魏徵：《隋书》卷三四《经籍志三·子经志》，第1047—1049页。
② [北宋]欧阳修、宋祁：《新唐书》卷五九《艺文志三》，第1524页。

比如《千金翼方》卷一二《养性》中的《服昌蒲方》明确写道：此方是"天竺摩揭陀国王舍城邑陀寺三藏法师跋摩米帝以大业八年与突厥使主，至武德六年七月二十三日为洛州大德护法师、净土寺主矩师笔译出。"①除了《服昌蒲方》之外，范行准先生于1936年《中华医学杂志》上发表了《胡方考》一文，提出《千金翼方》中其他一些来自印度的方剂，即卷一一《小儿眼病》中的《赤眼方》和《治赤眼方》，卷一二《养生》中《耆婆汤主大虚冷风羸弱无颜色方》，卷一七《中风》中的《(硫黄煎)主脚弱连屈虚冷方》，卷一九《杂病》中的《(酥蜜煎)主消渴方》《(羊髓煎)主消渴口干濡咽方》和《(酥蜜煎)主诸渴方》，卷二一《万病》中的《阿加陀药主诸种病及将息服法久服益人神色无诸病方》《阿魏雷丸散方》《苦参消石酒方》《大白膏方》《大黑膏方》《浸汤方》《天真百畏丸》《治十种大癞方》和《治癞神验方》，卷二二《飞炼》中的《耆婆大士治人五脏六腑内万病及补益长年不老方》等②。略晚于孙思邈的另一位唐代医药学家王焘著有《外台秘要》，书成于天宝十一年(752)，全书四十卷，六千余方，是汇集前人六十九家医方书而撰成的医学巨著，包含不少南亚方面的医药学知识，所录一些流行于唐代的药方也是印度来源，还记载一些供上层社会使用的香药方和熏衣香药方③。明人李时珍的《本草纲目》列举众多南亚传来的药物，多数都是明代以前传来的，而其中有些古籍已经失传，这就使其工作的意义更加突出。

来自东罗马及阿拉伯等地的医学知识也自汉唐时期开始传入中国。玄宗时期，景教僧崇一曾为玄宗长兄治愈病症。9—10世纪的阿拉伯著名炼丹家和医生拉齐(al-Razi,864—932)称，有一个中国学者不但和他有过交流，还通过他将古希腊著名医学家盖伦(Claudius Galen)的一本著作译为中文。阿拉伯医药学在宋元时期传播更广。比如制剂和医学理论在宋代对中国医药学产生了重大影响。中国原本的药物剂型以汤剂为主，丸、散、膏、丹使用较少。然而宋代丸、散的比重增大，汤剂反而减少，在北宋《太平惠民和剂局方》中，丸、散跃居一、二位，汤剂则退居第三④，这种变化正是由于香药被普遍入药。香药含有挥发性物质，煎熬容易破坏其有效成分，一般不宜久煎，于是丸、散盛极一时，这对中医中成药的发展有重大影响。阿拉伯医药在元代中国得到更大发展，元朝政府奉行中医与回回医学并重的政策，设有专门掌管回回医药的机构，初名西

---

① [唐]孙思邈：《千金翼方》卷一二《养性·服昌蒲方》，北京：人民卫生出版社，1955年，第147—148页。
② 范行准：《胡方考》，《中华医学杂志》第22卷第12期，1936年，第1235—1266页。
③ [唐]王焘：《外台秘要》，北京：中华书局，1955年。
④ [北宋]太平惠民和剂局编：《太平惠民和剂局方》，陈庆平、陈冰鸥校注，北京：中国中医药出版社，1996年。

域医药司,后改广惠司,由叙利亚人爱薛('Isa)掌管,其秩达正三品。太医院还在1292年专设回回药方院和回回药物局两个药学管理机构,分管大都和上都的宫廷医药,1322年将两处机构合并到广惠司统一掌管。元代还出现了专门的阿拉伯药典,这就是《回回药方》。《回回药方》原书共36卷,北京图书馆善本部现仅存明代刊本四册,分别为卷一二、卷三〇、卷三四和卷一九到卷三六的目录。从残存部分来看,计有44门,3 965方,涉及药物共计1 000余种[1]。关于此书来源,目前学术界有两种不同观点,有些学者认为《回回药方》是从波斯文译出,但其原本可能是阿拉伯文。也有学者认为,《回回药方》是中国的伊斯兰医师在参考了大量阿拉伯医学书籍后,将其中的各种药方汇总而成。无论怎样,《回回药方》的出现表明阿拉伯医药学在元代产生了巨大的社会影响。

大量原产西亚、南亚等地的药物自汉唐以来也陆续输入中国,并逐渐得到人们的认同,如珊瑚、琥珀、矾石、胡黄、阿魏等。唐代苏恭的《唐本草》和段成式的《酉阳杂俎》对此都有大量记载,郑虔的《胡本草》则是收集异域药物的专著,可惜已经失传。香料的另一主要用途是入药,如乳香能活血祛瘀、定痛;安息香能防止中风昏厥、产后血晕;檀香有理气、和胃的功效;苏合香有开窍醒脑的作用等。香料的药用功效很早就传入中国,比如唐高宗时期,曾有拜占庭使者献底也伽,据说是一种万能解毒药。唐中后期郑虔编著的《胡本草》中也记药用香料,五代时期的波斯药商后裔李珣著有《海药本草》,也已散佚,只有片断保留下来并被明代李时珍所引,其中提到的不少就是香药,如乳香、龙脑香、丁香等。李珣书中提到的"波斯",经学者研究,基本上都是指马来西亚一代,故而所言诸种波斯香药都是南洋物品。不过,唐和五代时期使用海外香药的实例还不多,如孙思邈《千金方》所载6 500多个药方中,采用香药的只有数十个。宋元以来,香药的药用价值开始得到普遍重视,用于临床治疗也常见起来。

南亚的香药曾通过政府途径大宗入华,据《宋史》卷四八九,大中祥符八年(1015),南印度注辇国遣使献"香药三千三百斤";熙宁十年(1077),又遣使二十七人献阿魏、硼砂等药物,神宗"诏遣御药宣劳之"[2]。宋代官修的《开宝本草》共收药物983种,其中香药30种[3]。北宋《太平惠民和剂局方》卷一《治诸风》载医方89个,海外香药占20%。洪刍《香谱》卷上记载了龙脑香、白檀香、鸡舌香、薰陆香、乳香、丁香、木香、降真香等多种香药的药性,其他人笔记中也时常有这类记载,可以看出宋人对各种香药药理性能的认识已经相当深入和广

---

[1] 宋岘考释:《回回药方考释》,北京:中华书局,2000年。
[2] [元]脱脱:《宋史》卷四八九《外国传五·注辇传》,第14097、14099页。
[3] [北宋]卢多逊等:《开宝本草(辑复本)》,尚志钧辑校,合肥:安徽科学技术出版社,1998年。

泛。宋代名医陈自明的《外科精要》共载医方68个,其中25%使用了香药。洪迈《夷坚志》、张世南《游宦纪闻》等笔记也常常记载当时郎中医师配制含香药的药方并用于临床治疗,还介绍人们发现的一些香药的加工技巧。据宋代各种医学著作的记载,以香药做汤剂和成药的,不下二三百种。元代《回回药方》现存残卷中就可见有大量"胡药"包括乳香等香药成分。所有这些来自西方的医学成果被中国人接受之后,就逐渐融入中国传统医学之中,成为中国医学的一份重要遗产。

2. 天文历法与数学

中国古代天文学在很多方面都与印度、巴比伦和希腊的天文学中之同类内容相似,这使得中国天文学在起源上究竟是西来还是自生这个问题至今仍众说纷纭。不过,对于中国天文学有其自身体系这一点,中外学者多无异议,"因此可以说,即便中国天学真是上古时自西方传来,那它也早已在华夏文明建立的过程中受到吾土吾民(不管从人种学上说他们来自何方)创造力的滋润和养育,从而形成了自己的体系和面貌;而且,该体系在此后漫长岁月里一直牢固保持着"①。因此,抛开起源问题不说,可以肯定的是魏晋南北朝至隋唐,各种西亚、中亚和印度的天文学知识都曾在中国广泛传播,它们虽然未能改变中国天文学的整体面貌,却毕竟有一些技术性内容被吸收而使中国天文学体系得到充实。

东汉至南北朝时期来华的很多印度高僧都精通天文,比如安世高、鸠摩罗什和求那跋陀罗。这一时期中外僧人所译佛经中也包含着印度天文历法方面的文献,《隋书·经籍志》所载《婆罗门天文经》《婆罗门竭伽仙人天文说》《婆罗门天文》《摩登伽经说星图》《婆罗门算法》《婆罗门阴阳算历》及《婆罗门算经》显然都与印度婆罗门天学学派的知识有关②。不过该学派的影响似乎稍纵即逝,两《唐书》以下的史书《艺文志》不再著录标明印度来源的天学书,而代之以入华印度天学家所撰中文著作。魏晋南北朝时期,印度天文学对中国有明显影响的恐怕是"七曜"的概念和与七曜术密切相关的符天术亦即星占术。所谓七曜,就是岁星、荧惑、镇星、太白、辰星这五星再加上日、月而成为一星期。五星的概念在中国两汉以前就已存在,七曜的概念则来自印度,并且东汉后期就已经传入,也同印度僧侣有关。"七曜"概念很快被引入历法书中,如《隋书·经籍志》中收录《七曜本起》《七曜历算》《七曜历法》等历算书。除了借鉴"七曜"概念外,印度的"七曜术"也传入中国并被国人学习,《高僧传》即称安世高精通七

---

① 江晓原、钮卫星:《天文西学东渐集》,上海:上海书店出版社,2001年,第14页。
② [唐]魏徵:《隋书》卷三四《经籍志三·子经志》,第1019—1026页。

曜术，①《晋书·天文志》多次讲到七曜术，《魏书》《北史》《梁书》《南史》等史籍中则多次言及中国人精通七曜之术。不过安世高代表的印度"七曜术"应当是根据七曜的运行周期推求历法的方法，而《后汉书·律历志》载"常山长史刘洪上作《七曜术》。甲辰诏属太史部郎中刘固、舍人冯恂等课效，复作《八元术》，固等作《月食术》，并已相参。固术与《七曜术》同"②，则中国人习得的"七曜术"主要是交食推求术，并非印度"七曜术"的全部。

印度天学输入中国于唐代达到空前盛况，出现了印度天文学世家主导皇家历法编制的情况，即世称"天竺三家"的伽叶氏、俱摩罗氏、瞿昙氏，而瞿昙氏最为显赫，瞿昙罗、瞿昙悉达、瞿昙譔、瞿昙晏祖孙四代服务于司天台并掌管历法订制达一百多年。高宗时期一度将李淳风所编《麟德历》与瞿昙罗之《经纬历》参行使用。公元698年，武后命瞿昙罗作《光宅历》，并施行了三年左右。以往学者们因为瞿昙氏出于印度而推测《光宅历》为天竺历法，但近来有学者论证《经纬历》和《光宅历》更有可能是中国传统模式的历法。公元718年，瞿昙悉达奉玄宗之命译出印度《九执历》，可能是根据几种印度天文学书籍摘编而成，至少可以辨认出其中"婆罗门学派"和"夜半学派"的著作，而这两派都属于印度天学之"希腊时期"的五大派，所以《九执历》中的希腊天文学成分清晰可辨。但唐朝的历学专家们对《九执历》评价甚低，称其"繁碎""诡异"，故未被政府采纳。后来瞿昙譔会同陈玄景等指控《大衍历》抄袭《九执历》之术而又抄不到家。朝廷通过检验观象台的天象记录档案来比较《大衍》《九执》《麟德》三历的准确性，结果《大衍历》遥遥领先，所以指控失败。姑且不论这种检验方法是否可靠，首先必须承认由僧一行编制、729年颁行的著名的《大衍历》正是因为博采众长，包括吸收了《九执历》的印度天学知识，才能使其推算天象高度准确。这桩公案其实有很浓的门派斗争色彩，颇类晚明与清初的两次回回历法与西洋历法之争。瞿昙譔的弟弟瞿昙谦曾著《大唐甲子元辰历》，但其余情况不知。

事实上，魏晋至隋唐传入中国的印度天文学以星占学为主，然而这一切在唐以后都消歇不见，或许能在数理天文学方法之专深细微处寻得些许踪影，比如属于这类知识的交食推求术，但总体上的影响可以说微不足道。

哈里发帝国时代的阿拉伯人在天文历法方面取得了极大成就，蒙古人征服阿拉伯帝国后，这一技术也得到蒙古统治者的高度重视。元朝天文机构中设有

---

① [梁]释慧皎：《高僧传》卷一《汉洛阳安清》，汤用彤校注，第4页。
② [南朝宋]范晔：《后汉书》卷九二《律历志中》，第3040页。

专门的回回司天台,著名天文学家波斯人札马鲁丁(Jamāl ad-Din)和叙利亚人爱薛,都曾被忽必烈委以主持天文历法工作的重任。札马鲁丁参照波斯、希腊历法系统,在1267年编成"万年历",并曾在一定范围内颁布试行。札马鲁丁还曾为创设于开平(后又称上都,位于内蒙古正蓝旗东)的观象台制造了七种仪器,称为"西域仪象",《元史·天文志》录有它们的波斯语名:咱秃哈剌吉(即浑天仪、多环仪)、咱秃朔八台(即方位仪)、鲁哈麻亦渺凹只(即斜纬仪)、鲁哈麻亦木思塔余(即平纬仪)、苦来亦撒麻(即天球仪)、苦来亦阿儿子(即地球仪)、兀速都儿剌不(即观象仪)①。这些仪器代表了当时阿拉伯天文学的最高水平,使当时的上都观象台与伊利汗国的马拉格天文台成为世界上设备最完善的天文台,如地球仪就仅见于上都和马拉格。由于札马鲁丁的贡献,忽必烈在公元1274年将分设两处的汉儿司天台和回回司天台合并成回回司天台,并在大都重新选址建设。

爱薛曾长期在马拉格天文台和大都天文台工作,这两个天文台通过他而建立了合作关系。爱薛还积极向中国同行介绍希腊和阿拉伯的天文学成就,并参与了马拉格天文台编制《伊儿汗天文表》的工作,这是一部集希腊、波斯、阿拉伯与中国四大天文学体系为一身的著作,在世界天文学史上有极其重要的地位。《伊儿汗天文表》译为汉文后,称为《积尺诸家历》。郭守敬奉命编制《授时历》时就参考了《积尺诸家历》,吸收回回五星纬度计算周密的优点。此外,郭守敬还受到马拉格天文台的启发,在观测恒星时编制星表,并模仿马拉格天文台的仪器,改革和重新设计了十三种天文仪器。

通过阿拉伯人的中介,古代欧洲的数学知识在宋元时期传入中国。如欧几里得的《几何原本》中的一些内容通过阿拉伯算学的介绍,成为这一时期中国数学著作中的命题和解算理论。著名数学家秦九韶(1202—1268)就很可能从阿拉伯所传数学中受到过启发,其《数书九章》中提出的一些数论问题与欧几里得算法一致。阿拔斯王朝时期,《几何原本》有四种阿拉伯文译本,波斯天文学家札马鲁丁对此就有深入研究。据说蒙古时期的蒙哥汗对欧几里得几何学也很感兴趣,所以旭烈兀征服阿拔斯王朝后,蒙哥汗要求速派札马鲁丁来华。元秘书监收藏的《兀忽列的四擘算法段数十五部》,正是欧几里得的几何学著作,"兀忽列"就是"欧几里得"的异译,"四擘"则是阿拉伯文"算学"的音译。这是欧几里得几何学第一次传入中国。球面三角法在古希腊时期已被用于天文计算,后又为印度和阿拉伯的学者继承,元代设在大都的回回司天台也开始运用这种方

---

① [明]宋濂:《元史》卷四八《天文志一·西域仪象》,第998—999页。

法计算历象。爱薛还曾写过一部几何学著作《算弧三角法》。

此外,从 1240 年代起,许多中国数学家开始在著作中采用带"0"符号的数码,阿拉伯数字也开始在中国流传,这可能是受到中国的穆斯林侨民影响。如 1957 年在西安的元代安西王府故宫殿遗址夯土台基中,发现五块铁铸的阿拉伯数字幻方。幻方也称纵横图,是数学中组合分析的一支。在阿拉伯—伊斯兰文化传统中,幻方被认为可以辟邪,常被置放在重要建筑物的地基中。埋入元安西王府台基中的是六六幻方,纵横斜六个数字相加,都是 111。元安西王府的奠基年代是 1273 年,这意味着至迟在本年,阿拉伯数字已传入中国。摩洛哥著名数学家哈桑·马拉喀什的著作《允解算法》,运用三角法、图解法和日晷仪等数学和实验方法阐释天象,被誉为中世纪最好的实用天文学著作,在马拉格天文台运用后取得了很好的效果,后经爱薛的介绍,为郭守敬在计算赤道积度和赤道内外度时所采用。元代秘书监收藏的西方数学著作中,除欧几里得的著作以外,还有哈桑·马拉喀什的《罕里连窟允解算法段目》、希伯来人亚伯拉罕·巴·海雅·哈-纳希的《撒唯那罕答昔牙诸般算法段目并仪式》(即《实用几何》和《推步术》)、阿拉伯人穆罕默德·伊本·穆萨·花剌子密的《呵些必牙诸般算法》(即《积分和方程计算法》)等数部。

3. 制糖

甘蔗在中国南方地区有较早的种植历史,但文献没有明确记载是否已经出现用榨取的甘蔗汁来生产砂糖。而自汉晋至隋唐,西方进贡的礼品中频见沙饴和石蜜,沙饴可能就是红糖,石蜜则恐怕就是甘蔗汁凝结成的块糖,可见西方的制糖技术较为悠久。南北朝时期,印度的制糖技术随着佛教东传被介绍到中国,因为这时期译出的不少佛经都提到制糖术,如《摩诃僧祇律》称甘蔗和石蜜可以做成浆来饮用,《四分律》言及"作石蜜以杂物和之",《五分律》也有以甘蔗浆"煎作石蜜"和"煮石蜜"之说。但这些技术是否已在当时的中国被应用,却没有例证。唐代中国的制糖技术恐怕依然不如印度,因此才有《新唐书·西域传》所记公元 647 年印度摩揭陀国使者出使唐朝时,向唐太宗夸耀印度砂糖,于是唐太宗遣使去摩揭陀国学习制糖技术。使者回来后,太宗下令取扬州所产甘蔗,按照摩揭陀国工艺制糖,所得砂糖"色味愈西域远甚"[①]。《续高僧传·玄奘传》亦记此事,不过叙述略有不同,是中国使者自印度带回了一些制糖工匠。但可以肯定,唐代初期曾由官方组织向印度学习制糖技术。

大约也是在唐代,民间亦有人前往印度学习制糖技术,敦煌文书 P.3303 号

---

① [北宋]欧阳修、宋祁:《新唐书》卷二二一上《西域传上·摩揭它传》,第 6239 页。

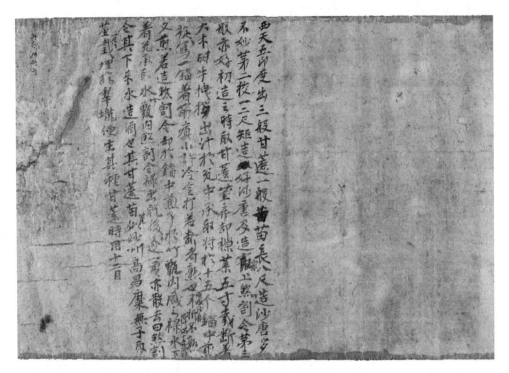

敦煌文书 P.3303 印度制糖法残卷

详细记载了印度甘蔗的种类、造砂糖法、造石蜜法和甘蔗栽培法等内容,唐代义净所译《根本萨婆多部律摄》和《根本说一切有部百一羯磨》也都提到制作砂糖团的方法,这些无疑是印度制糖技术从民间渠道传入唐朝的明证。唐代开始,印度制糖技术在中国各地被普遍掌握,其中尤以四川地区所出更佳,苏敬659年编《新修本草》、孟诜 8 世纪初撰《食疗本草》都提到四川已是石蜜的重要产地之一,并且能与西域所出相媲美,此外东吴也制糖。此后,中国工匠进一步完善制糖技术,15—16 世纪,中国的精炼白糖技术已处于世界领先水平,产品开始大量出口,甚至返销印度。近代的印地文、孟加拉文和尼泊尔文等南亚语言中,白糖被叫做 cīnī,意思就是"中国的"。

4. 其他技术

1) 玻璃制造

中国自身并无制造钠钙玻璃或钾玻璃的技术,这在前文已经谈到。随着西方玻璃器皿传入中国,其制造技术也逐渐传入。首先是自埃及由海路传入交广地区(汉代的交州,公元 226 年分为交、广二州)的技术,东晋葛洪在《抱朴子·内篇·论仙》中提到:"外国作水精碗,实是合五种灰以作之。今交广多有得其法而铸作之者"①,说明当时已经成功地仿制出透明度较高的玻璃碗。而埃及玻璃的成分主要就是硅土、苏打、石灰、镁和氧化铝五种物质,有可能是交广的玻璃制造工匠利用同罗马帝国所辖之埃及商业往来的机会,吸取先进的埃及工艺,并按照埃及玻璃的配方而制造出透明的"水精碗"。可惜这项技术在葛洪之后再不见史籍提及,目前也未见有出土物证。

埃及的玻璃制造工艺在北魏时又通过波斯、大月氏从陆路传到中国北方。《魏书·西域传》记载,北魏太武帝时自大月氏来了一个自称能铸五色琉璃的人,并且"采矿山中,于京师铸之。既成,光泽乃美于西方来者。乃诏为行殿,容百余人,光色映彻,观者见之,莫不惊骇,以为神明所作。自此中国琉璃遂贱,人不复珍之。"②这种"五色琉璃"肯定不同于中国的琉璃,而很可能是一种多彩的半透明玻璃。河北定县北魏塔基 1964 年出土了七件国产玻璃器,被认为就是由大月氏人所传入的方法制造,它们还采用了国外的吹制成型工艺,可见 5 世纪时吹制玻璃技术也传到了中国。这是中国玻璃史上的一个重要转折,北魏以后中国的玻璃器皿绝大多数都采用了吹制技术。然而非常遗憾的是,五色玻璃的生产工艺此后不久即告中断,制作技术随之失传。

到了隋代,前文提到的曾成功仿制波斯锦的何稠也曾仿制玻璃器,制造出名为绿瓷的绿玻璃器皿。目前出土的五批十三件国产玻璃器皿有十二件就是绿玻璃,只有一件是蓝色小杯,可见史籍记载何稠仿制绿玻璃确有其事。经 X 荧光分析,这批玻璃器皿为钠钙玻璃,与西方传入品的化学成分一致。何稠的父亲何妥,曾任隋国子祭酒,其祖父是粟特何国人,号称西州大贾,因经商而定居成都,考虑到家庭背景,则何稠采用的这种玻璃制造技术恐怕也是来自波斯。

2) 建筑

中古时期西来的建筑艺术主要有佛教建筑和伊斯兰建筑,佛教建筑被中国传统同化的部分要多于对中国的影响,这将在后文介绍。伊斯兰建筑艺术则留下较独特的痕迹,它随着伊斯兰教徒大批入华而逐渐传入中国,其中最典型的标志就是清真寺和穆斯林墓葬。宋元以后,泉州、广州、扬州、北京、西安、杭州、明州等地都建有清真寺和穆斯林墓地。著名的广州怀圣寺光塔(也称怀圣塔),曾长期被认为是唐代所建暨中国最早的伊斯兰教建筑,但已被现代学者考证为北宋建筑,此点在后文论伊斯兰教部分还会介绍。泉州的清净寺也建于北宋,并且有十足的异域风情。元代泉州至少有六座清真寺,其中的许多伊斯兰

---

① [东晋]葛洪撰,王明校释:《抱朴子内篇校释》卷二《论仙》,北京:中华书局,1980 年,第 22 页。
② [北齐]魏收:《魏书》卷一○二《西域传·大月氏传》,第 2275 页。

教石刻是中西文化关系史上的珍贵资料。元代杭州建于城东的真教寺,据载为埃及富商阿老丁所建,坐落在当时的伊斯兰街坊中,宏伟高大,俨然是伊斯兰教国家的风格。不过,伊斯兰建筑风格未见被中国建筑师吸收,反而伊斯兰教徒在中国的建筑多吸收中国风格。

　　元初忽必烈即位后,阿拉伯建筑师亦黑迭儿丁同汉族人张公柔等共同负责扩建新都,即后来的大都,亦黑迭儿丁以阿拉伯的工程技术,修建了北海琼华岛,并对宏伟的宫城建筑、园圃进行全面规划、设计和组织施工。此后,他的儿子马合马沙继承父业,继续负责新都建设。1271年宫城建成,忽必烈正式定国号为元,定都大都。由此来看,大都在建造过程中必然吸收了阿拉伯建筑艺术的一些特点。据记载,宫城内多间大殿的殿内雕刻和装饰纹样就吸收了阿拉伯建筑的许多手法。

第十章　胡风东被【下】：伎乐与习俗

一、装饰艺术

一些明显具有异域情调的装饰图案艺术随着中西日益频繁的交往而逐渐渗入中原，尤其是起源于安息和萨珊的植物型装饰图案、动物型装饰图案和几何型装饰图案被中国工匠大力运用到纺织、绘画、石刻等艺术之中，创造出中西艺术合璧的灿烂景观。

1. 纹饰

植物形装饰图案。传入中国的西亚式植物形装饰图案有蔷薇纹、忍冬纹、莲花纹、卷草纹等多种，莲花纹和忍冬纹在西亚装饰艺术中常被当作太阳和月亮更迭交替，象征着主管命运的天国的统治者，因此使用最为频繁。波斯阿契美尼德王朝时期的阿塔薛西斯皇帝（Artaxerxes，前465—前424年在位）在苏撒建造的宫殿就用三瓣莲花作为墙面釉砖的装饰，宫殿的柱基也是莲花座，据说是象征太阳。莲花图案在东汉时期已见于中原，如山东嘉祥武氏祠石刻《祥瑞图》中的"浪井"就是以莲花为主题，并与西亚三瓣莲花图案相仿。同属西亚特产的忍冬、卷草图案也很早就来到中国，楼兰发现的汉代文绮中就有多件忍冬纹、卷草纹丝织物，楼兰鄯善出土的棉毛织物也有人兽葡萄纹、三叶花纹和百合花纹，长沙马王堆汉墓出土物中也有卷草文绮，属于南北朝时期的云冈石窟第9窟、第10窟、第12窟各窟都发现了忍冬纹图案，南朝萧梁时期的河南襄阳贾家冲画像砖墓中同样有忍冬纹画像砖。另有一种塔松纹或松杉纹，在波斯阿契美尼德王朝时期已见使用，而在洛阳浅井头西汉末期壁画墓、山东济宁师专西汉末期墓群、洛阳伊川县白元乡王庄村西汉墓空心砖中也都有反映。

动物形装饰图案。春秋战国时期中国北方的青铜纹饰中就已见大量鸟首图像，其中最值得注意的是鸵鸟纹，这无疑为中国北方和西亚之间的经济、文化往来提供进一步的例证。鸵鸟原产西亚，《史记》《汉书》中称为大鸟、马爵、大雀，这些译名当来自古波斯。文献中也多次记载安息等西亚国家将鸵鸟作为贡物献于中原王朝。但中原对鸵鸟的认识却远早于此。1987年在山西太原金胜

双鹿相对织物(8—9世纪,东伊朗或粟特,纽约大都会博物馆藏)

村发现一座春秋时代大墓,据推测可能是死于公元前476年的赵鞅(赵简子)的墓葬,出土文物中有两件高柄小方壶的纹饰尤其别致,柄部绘有分三层的鸵鸟歌舞图,显示老、中、少三代鸵鸟欢欣之像。上层鸵鸟引颈高吭,项下有卷毛,尾部高扬;中层鸵鸟身体较瘦,项下无毛,尾部细尖而上扬,与上层图像作反向行走状;下层鸵鸟两两相对,伏地鸣叫,形体幼小。新近发掘的秦都一号宫殿遗址也出土了兽身人骑大鸟画像,大鸟衔圆珠作奔跑之势,形状亦与鸵鸟相似。与此近似的图像艺术在巴比伦时期流行的圆柱形石印章中也有反映,其中一枚新巴比伦王国时期的"逃避猎人的鸵鸟"印,逼真地描绘了展翅耸步快步奔跑的鸵鸟正在回首窥视身后的猎人,其前方约小一半的图像是另一只姿态相仿的奔跑鸵鸟。可以推测,中国的这类鸵鸟形象的来源正是巴比伦的浮雕鸵鸟,不过上述这些出土物品并非直接来自异域。有些学者还认为,《山海经·大荒西经》述表示祥瑞的五彩鸟有三种名称,"一曰皇鸟,一曰鸾鸟,一曰凤鸟"[①],而鸾鸟被认为是鸵鸟最古的称谓。两汉时期,西域地区出产的或输入该地的织锦多有动物纹,如楼兰鄯善出土过人物禽兽纹锦、鸟兽纹锦、鹿纹锦、鱼禽纹锦、怪兽纹锦、骑士骆驼纹锦,不过显然,这些动物纹多数还是中原的传统装饰图。

---

① 袁珂校注:《山海经校注》卷一一《大荒西经》,第396页。

中古时期自西亚传入中国的动物形装饰图案以对鸟图案、对兽图案和有翼兽图案最典型,这类图案一般与菱形纹或联珠纹结合而对称出现,在联珠纹中最常见。马王堆汉墓出土的对鸟文绮就是一件十分完美的中国风格与西亚风格合璧的艺术品,以极为自由的宽边菱形图样作为四方连续的构架,菱形边线内织以中国传统的回纹图案,整个图案以对舞的双鸟和两两相对的两组卷草图案呈条形间隔展开,双鸟对舞,舞姿十分优美,采用了西亚艺术中常见的绕首回望式样,鸟首并有卷草组成的飘绶,与鸟身并行。楼兰出土的汉代菱格忍冬纹文绮中也有对鸟图案,楼兰鄯善还出土过对羊纹锦和对鸟对兽纹锦,吐鲁番发现的织锦中出现了联珠对雁纹、联珠对孔雀纹等。对兽图案常见的则有对羊、对马、对狮等图案,吐鲁番、楼兰出土的丝织物和敦煌壁画中多有反映,唐代的内地丝织物也常采用这类图案,并称之为"陵阳公样",因为据说是由唐初益州大行台、陵阳公窦师伦所创。但是从吐鲁番出土丝织物来看,这种纹样早在公元6世纪就已流行西域,因此窦师伦最可能的角色是将其收集、整理和定为程式,而这也说明中国工匠在接受异域图案艺术的基础上还表现出一定的创造性。首先见于亚述帝国的翼兽图案,也在汉代中国的丝织物、壁画等方面有表现,但在石雕艺术中最突出,四川雅安的东汉末年益州太守高颐墓前的石狮是目前所见中国最早的这类造型,石狮四足奔腾,尾部高耸,胸旁各有肥短的飞翼。南北朝时期,有翼兽动物造型已成为流行的镇墓兽像,充分体现出本土化程度。现存六朝陵墓石刻中,南京宋武帝刘裕陵前的石麒麟、陈文帝陈蒨陵前的石麒麟、石天禄,丹阳梁武帝萧衍陵前的石天禄,南京南梁萧秀(萧衍弟)墓前的石狮子等,肋下均有飞翼。这些飞翼形态不一,或呈波形,或呈浮云状,或呈鱼鳞状钩形,都与纯粹西亚式的飞翼不同,显是已经融入中国手法。唐代帝王陵墓中,这种有翼神兽的石刻也多有表现。

几何形装饰图案。几何形图案是指由一系列有规则几何图形组成的图案,在西亚传入中原的这类艺术造型中,以菱形图案和联珠纹图案为典型,联珠纹图案对中国装饰艺术的影响尤其重大。联珠纹图案被认为是萨珊波斯艺术的最典型代表,简单的联珠纹图案是以连续的圆珠联成圆圈,其代表性造型是在一个连接一个的双线圆轮中画上各种鸟兽图样,双线圆轮中又描上大小相等的圆珠,称为联珠。在各个大圆轮之间,常在上下左右四处联结点的中间,又加缀上小型的联珠纹圆轮。圆轮中间的鸟兽图案常常两两相对,左右对称,所以又称为联珠对鸟纹或联珠对兽纹。菱形图案大多是用线条将画面分割成一系列菱形细格,然后在细格中绘出人像、动物、树木等图像。这种图案艺术在新疆、甘肃等地的石窟壁画中常有发现,一般是用在壁画的边框或藻井之中。纺织品中较常见几何纹图案,如楼兰鄯善出土的汉代文绮中包含菱格纹织物、几何纹动物纹织锦,毛织物和棉织物则有菱格纹和其他几何纹。此外,河南出土的汉代墓室空心砖上也有这类图案。

从现有考古发现来看,联珠纹在魏晋南北朝时期已经传入新疆和中原,属于这一时期的克孜尔石窟壁画、敦煌石窟壁画都有明显的联珠纹图案。隋唐时期除壁画以外,更被广泛使用在雕塑、金银器、玻璃器、陶瓷和纺织品中,比如敦煌 420、425、402、277 等窟的隋代壁画,陕西三原县双盛村发现的隋开皇二年（582）李和墓石棺盖上的线刻浅雕,晋唐之间于吐鲁番制造的一些丝织物,洛阳北魏大市遗址出土的一件当地制作的釉陶碗,河南安阳北齐范粹墓出土的几件黄釉瓷扁壶,法门寺地宫出土的两件国产玻璃杯和一双鎏金四出花纹银箸,宁夏固原隋代史射勿墓出土的一件中央镶嵌贝饰、宝石、绿玻璃的鎏金桃形饰和另一件镶嵌珍珠与玻璃珠的条形铜饰,西安何家村出土的一件侍女狩猎纹八瓣银杯,都使用了联珠纹图案,可见联珠纹在隋唐时期十分流行。而在何家村出土的另一件掐丝团花金杯上,中国工匠又创造性地将联珠变为腹部四朵蔷薇团花边缘的小金珠。

西域地区还有许多希腊罗马装饰风格的遗存,应当是直接来自贵霜的影响,并且在犍陀罗佛教艺术中体现较多。

2. 器形

除了图案,异域风格的器型也在中国制造的物品中有所反映。南北朝时期,南方和北方都出现一种器身细长的鸡头壶,这明显是受到西亚风格影响的新器皿,特别是出现在北方的铅釉鸡头壶在造型和纹饰上都更接近于波斯的风格特点,而萨珊波斯王朝器物中,就常以兽首作为装饰。在山西寿阳北齐库狄回洛墓就出土有大小多件黄釉龙柄鸡头壶,山西祁县白圭北齐韩裔墓中,也出土有深绿色铅釉龙柄鸡头壶。直到隋唐时期,这种鸡头壶依然十分流行,隋代李静训墓中就有发现,河南汲县则出土过唐代的此类瓷器。唐初在鸡头壶基础上,吸收波斯胡瓶的特点,发展出一种双龙耳瓶,不用鸡头,用一对龙形双耳作为装饰,型制与西亚早在公元初盛行的双耳罐相似。唐高祖李渊的儿子李凤墓中,有出土这种类型的白瓷双龙耳瓶。

唐代随着萨珊和粟特金银器大量进口,也出现一些仿萨珊或粟特金银器器形的金属器皿和陶瓷器皿。此外又如唐三彩,它既是唐代工艺美术品中成绩最卓越者,成为中国陶瓷史上一个重要标志;又是瓷器中反映异域文化最突出者,有不少制品带有鲜明的异国情调。西安三桥蔺村出土的一件三彩凤首壶,壶为长颈扁圆腹,单把平底,其把作凤首形,腹部两侧纹饰凸起,一侧为骑猎图,边沿

三彩釉陶凤首壶（唐代，陕西西安三桥蔺村出土）

饰杂云纹，一侧为展翅凤鸟，而这种三彩凤首壶器型正是由波斯传入中国的。至于三彩俑中那些头戴翻檐虚帽、身着窄袖长衫、深目高鼻、满脸胡须的牵马、牵驼者，无疑就是当时长安城中胡商的真实写照。三彩骆驼俑甚至成为在华祆教徒供奉祆神的微型载体，洛阳出土的许多唐三彩骆驼之驼鞍上塑有祆神。至于骆驼本身，在琐罗亚斯德教经典《阿维斯塔》中就是胜利之神和正义之神韦雷特拉格纳的一个形象，① 这种概念可能也传递给中亚地区的居民，所以以三彩骆驼载负祆神的造型作为"口袋神龛"以表达粟特祆教徒的信仰，看起来再合适不过了。

3. 中国外销物品中的西亚装饰图案

异域装饰图案一方面作为时尚出现在很多供应中国本地市场的物品中，另一方面还是在外销的中国特产——主要是外销丝绸和外销瓷器上更常见，以迎合西方买主。中国外销丝绸中最典型的异域图案是萨珊式联珠对兽对鸟纹，如吐鲁番阿斯塔那东晋废帝太和二年（367）墓出土的一双手工编织履，履面上有对狮纹，并织有"富且昌，宜侯王，天延命长"的汉字，这种吉祥字句又是东汉锦的特色，中西合璧，明显是汉地专为外销而生产，并且这是迄今能确知年代的对兽纹饰丝织品中最早的一件。阿斯塔那所出6世纪中叶以后的织锦中，汉锦纹

---

① ［伊朗］贾利尔·杜斯特哈赫选编：《阿维斯塔——琐罗亚斯德教圣书》，元文琪译，北京：商务印书馆，2005年。参见姜伯勤：《中国祆教艺术史研究》，北京：生活·读书·新知三联书店，2004年，第294页。

敦煌心形纹织物（粟特风格，北魏，敦煌莫高窟，大唐西市博物馆藏）

饰几乎趋于消失，被联珠纹、对禽纹和对兽纹取代，其中18号隋墓出土的一件对驼纹织锦织有汉字"胡王"，更说明是中国制的萨珊图案外销品。蒙古土拉河右岸嫩都苏木（Neintesum）的6世纪突厥贵族墓葬也出土了中国产的外销联珠双龙纹饰丝织品。这些采用异域图案的外销丝织品，除了极少部分可能在吐鲁番生产，绝大多数产自内地，特别是当时丝织业最发达的四川地区。如阿斯塔那出土了一种龙纹绮，球体以双排圆珠围成，球体内的中轴为蔓草莲花柱，两侧各有一口衔垂珠相对腾飞的龙，相似的龙纹绮在乌兹别克斯坦、俄罗斯和蒙古也都有发现。而阿斯塔那发现的一件龙纹绮上留有墨笔题记，说明是唐景云元年（710）"双流县"（今四川成都近郊）织造，由此可推知，发现于各地的龙纹绮织物很可能主要就是四川生产。

外销织物中除联珠对兽对鸟纹图案外，还有莲花、忍冬、迦陵频伽（双手合十或持花做供养状的人面鸟形像）图案，大概是专为外销中亚佛教地区而制。瓷器在唐中后期成为另一大宗外销品，而且中国工匠还懂得用西亚的式样和装饰图案烧制瓷器以广开国外销路，如前文所讲唐代长沙窑，宋元外销瓷器以及明永乐、宣德之间的仿西亚金银器外形的瓷器。古典时期外销商品采用异域图案的做法，同18世纪中期以后南方沿海地区为欧洲市场仿制欧式图案的瓷器和绘画遥相呼应，虽说主要是供外销，但异域风格仍在潜移默化中影响到中国本土艺术。

二、音乐艺术

中国音乐的发展大大受益于丝路开通之后传入的西域音乐,不仅来自西域的"胡乐"在北朝至隋唐时期几乎成为中原音乐的主流,而且这些当初的外国乐器和乐曲如今早已是中国传统音乐的一部分。

1. 入华西方乐器与乐人

汉武帝经营西域之后,很快有多种西方乐器传入中国,比如箜篌、琵琶、觱篥、胡角、胡笳、胡笛、胡篪、胡笪。箜篌原为西亚两河流域的苏美尔人在公元前3000年创制,以后陆续传入中亚和印度,并从三弦竖箜篌逐渐发展为11—15根弦的弓形卧箜篌。汉武帝征服南越后,箜篌自南亚传入中国。辞典《释名》解释"箜篌"之名时,称这种乐器是印度西南部的一个小国空国的贵族所常用,所以又叫"空侯"①,这正说明了此乐器来到中国的直接途径。中国乐师将箜篌稍加改进,成为一种类似瑟的小型弦乐器,风行一时,并在西汉时已经和钟、磬等中国传统乐器相并列,东汉的中国乐师还专门创作《箜篌引》乐曲。箜篌至隋唐已成为传统燕乐调中常用的弦乐器。

彩绘陶骑马弹箜篌女俑(唐代)

---

① [东汉]刘熙撰,[清]毕沅疏证,王先谦补:《释名疏证补》卷七《释乐器第二十二》,祝敏徹、孙玉文点校,第227—228页。

琵琶也是汉代自西方传入,最早起源于美索不达米亚地区,而"琵琶"一词大概来自波斯语中的 Barbāt,汉代一度译称"批把""枇杷",晋以后改"琵琶"。传入中国的四弦琵琶直接来自龟兹,所以又称龟兹琵琶。龟兹改进西亚两弦琵琶,成五弦曲颈,不过传入中原后又被改为四弦,据宋代《乐书》称,是以法四时天地。四弦曲颈琵琶在汉代已流行于北方黄河流域,东汉灵帝时进入宫廷乐队。秦汉时期陕西地区还有一种称为"秦琵琶"或"秦汉子"的三弦琵琶,也是原产西亚而经汉人改造的乐器,公元前2世纪末汉公主嫁于乌孙昆弥时,所带嫁妆中即有此种琵琶,俨然已作为中国特产。

传入中原的簧管乐器有多种。觱篥,又称"必栗""筚篥"等,唐中期以后固定为"觱篥"。这是一种簧管乐器,也可称为竖笛,由西亚或印度传入中亚,汉代传入中国,东汉已被民间普遍使用,隋唐时期更频繁用于隋九部乐、唐十部乐。胡笳,似觱篥而无孔,有大小之分,传说是张骞自西域带回。东汉时还有《胡笳调》《胡笳录》各一卷,专门编集胡笳曲。蔡文姬是东汉末年著名学者蔡邕(133—192)的女儿,是个饱读诗书的才女。遭战争不幸,流落到匈奴,嫁给了匈奴左贤王,生下两个儿子。《胡笳十八拍》(郭沫若说,十八拍即胡语十八首之意)描写了蔡文姬在胡地的生活,以及曹操派人把蔡文姬赎回汉地时,她与儿子生离死别的场景。唐代著名诗人李颀有《听董大弹胡笳》诗云:"蔡女昔造胡笳

彩绘陶骑马击腰鼓女俑(唐代)

声,一弹一十有八拍。胡人落泪沾边草,汉使断肠对归客。"[1]这里的董大,就是唐代著名音乐家董庭兰。吹鞭,笳之类,状如鞭。原是匈奴、楼烦牧马之号,长期作为军乐的主要乐器。一种说法称吹鞭即胡笳。胡角,又名"横吹",亦是来自西域的乐器,与鼓一起组成西汉的另一类军乐横吹乐的主乐器,被认为有惊退敌军的作用。李延年等人曾据胡角原曲改编出配乐"鼓角横吹"。隋唐时期的高昌乐中,胡角成了牛角形的铜角,宋代改用皮革、竹木制成,在民间则逐渐演变成鼓吹乐中的大喇叭,又称号筒。有种说法称"横吹"即为横笛。

汉唐时期西域音乐能够大规模传入中原,也同西方乐人大批入华密不可分。北魏以后的文献中就有西域乐人来中原的大量记载,并以"好歌舞于道"的昭武九姓粟特人最多。北齐时期见诸文献记载的入华粟特乐人就有曹婆罗门、曹妙达、安未弱、安马驹等多人,唐代粟特乐人更是大量涌现,仅见于段安节(温庭筠的女婿,先祖段志玄为辅佐李世民的大唐开国功臣)《乐府杂录》者就有德宗朝至懿宗朝的十几人,《太平广记》引《卢氏杂说》提到的几位善唱者亦是粟特人,此外见于他处记载的善舞、善歌、善吹奏之粟特艺人至少十余辈。其中许多人都得到唐代诗人的赞咏,贞元时期的曹氏一家(曹保、保子善才、善才子曹刚)更是常被诗人歌咏。粟特艺人大多技艺精湛,并好在市中较量技艺,也成为长安街市一道盛景,充分体现出唐代文艺兴盛之况。

2. 胡乐对中原音乐的影响

南北朝时期不仅是个民族大融合时期,被统称为"胡乐"的西方音乐也在这一时期的中国北方扎下根基,并为胡乐正式进入隋唐宫廷乐部奠定了基础。从东汉覆灭到隋朝建立之前,中国北方地区战乱迭起,政权更替频仍,北方边陲的少数民族内迁,中原汉族流徙南方,动荡社会中百事凋零,宫廷雅乐也随着乐工散亡、器法湮灭、典章失落而亡失垂尽。雅乐散失,加上北方统治者多具少数民族血统,遂使胡乐的影响日趋普遍,并逐渐渗入宫廷音乐。

《隋书·音乐志》载,北魏太武帝拓跋焘平定河西北凉政权后,得到西凉乐的前身"秦汉乐",把它用于"宾嘉大礼",而"秦汉乐"实由龟兹乐变化而来[2]。《魏书·乐志》记载,北魏孝文帝在太和年间曾寻访汉族古乐,但是成果寥寥,于是将"方乐之制及四夷歌舞,稍增列于太乐"[3]。北周、北齐时期更出现一场胡乐大规模东传的浪潮。《旧唐书·音乐志》记天和三年(568)北周武帝聘突厥

---

[1] [唐]李颀:《听董大弹胡笳声兼寄语弄房给事》,[清]彭定求编:《全唐诗》卷一三三,北京:中华书局,1960年,第1357页。
[2] [唐]魏徵:《隋书》卷一四《音乐志中》,第313页。
[3] [北齐]魏收:《魏书》卷一〇九《乐志五》,第2828页。

可汗女阿史那氏为皇后,"西域诸国来媵,于是龟兹、疏勒、安国、康国之乐,大聚长安"①,这次随行来到中国的大批乐舞艺人中就有兼善音乐理论、对中国乐律做出过巨大贡献的龟兹琵琶演奏家苏祗婆。北齐政权对胡乐的迷恋也不亚于北周,《隋书·音乐志》载北齐"杂乐有西凉鼙舞、清乐、龟兹等。然吹笛、弹琵琶、五弦及歌舞之伎,自文襄(北齐世宗高澄)以来,皆所爱好。至河清(按:北齐年号,562—565)以后,传习尤盛"②,其中除清乐为汉族音乐,笛也可能为汉族乐器外,其余都属于胡乐和西方乐器。《隋书·音乐志》与《北齐书·后主纪》都称后主高纬"唯赏胡戎乐,耽爱无已",他还能自度曲,"别采新声为无愁曲",音韵窈窕,极于哀思,后主"自弹胡琵琶而唱之,侍和之者以百数"③,曲终令人唏嘘涕零。高纬甚至还为这些乐人"封王开府",使之"服簪缨而为伶人之事"④,举动尽管荒唐,却也说明了胡乐在北齐宫廷中盛行之况。

中国乐制在南北朝时期已渗入大量外来成分,至隋唐时期,胡乐正式进入宫廷乐部,在中原愈显繁荣。隋朝开皇初年就将当时纷乱的乐制加以整理,合传统的与外来的、古老的与新兴的,分部编定,在雅乐之外设置七部乐,实质上是对几百年来中西方音乐交流成果的一次总结。大业年间,又增其为九部乐。唐初武德年间对隋九部乐稍加改动后,编定了新的九部乐,贞观十六年又增其为十部乐。其具体名称见下表:

时期	隋		唐	
	开皇(581—600)	大业(605—618)	武德(618—626)	贞观十六年(642)
总部	七部乐	九部乐	九部乐	十部乐
分部			燕乐	燕乐
	清商伎	清乐	清商乐	清商乐
	龟兹伎	龟兹乐	龟兹乐	龟兹乐
	国伎			
		西凉乐	西凉乐	西凉乐
		疏勒乐	疏勒乐	疏勒乐
				高昌乐
	天竺伎	天竺乐	天竺乐	天竺乐
	安国伎	安国乐	安国乐	安国乐
		康国乐	康国乐	康国乐
	高丽伎	高丽乐	高丽乐	高丽乐
	文康伎	礼毕		

---

① [五代]刘昫:《旧唐书》卷二九《音乐志二》,第 1069 页。
② [唐]魏徵:《隋书》卷一四《音乐志中》,第 331 页。
③ [唐]李延寿:《北史》卷八《幼主纪》,第 300 页。
④ [唐]魏徵:《隋书》卷一四《音乐志中》,第 331 页。

这些乐部统称为燕(宴)乐或俗乐,包括了相对雅乐而言的全部乐舞百戏,是兼有礼仪性、艺术性与娱乐性的音乐,而歌舞音乐在其中最为重要。从各部名称就可看出,燕(宴)乐所受胡乐影响显著,以上除清乐(清商乐)和燕乐是中国传统音乐,高丽乐来自朝鲜外,其余各部都来自西域或受到西域音乐的重大影响。天竺乐来自印度,十六国前凉政权时期(317—376)就传入中国。西凉乐是兼有胡汉两种特点的音乐,《隋书·音乐志》载:"西凉者,起苻氏之末,吕光、沮渠蒙逊等据有凉州,变龟兹声为之,号为秦汉伎。魏太武既平河西得之,谓之《西凉乐》。"①高昌即今天的吐鲁番,高昌乐传入中原是在宇文泰辅佐西魏时,因高昌归附而得其乐伎。疏勒在今新疆喀什附近,安国是今中亚乌兹别克斯坦之布哈拉,疏勒乐与安国乐大约在北魏太武帝太延二年(436)通西域时期传入中原。康国即今天乌兹别克斯坦之撒马尔罕,康国乐传入中原,最早见于前述北周武帝聘突厥可汗女为皇后时。龟兹在今新疆库车一带,其音乐与中亚音乐有密切关系②。

龟兹乐首度传入中原是在十六国前秦时期,公元 384 年吕光灭龟兹而得其声,但又因吕氏亡而分散。北魏平中原复获龟兹乐。后来龟兹乐成为东传西域音乐中地位最重要者,它不仅成为燕(宴)乐之一部,更在雅乐散失多年之后,帮助中国音乐家重得七声正调,而这与北周苏祇婆传入龟兹乐律关系密切。《隋书·音乐志》载当时音乐家郑译"考寻乐府,钟石律吕,皆有宫、商、角、徵、羽、变宫、变徵之名。七声之内,三声乖应,每恒求访,终莫能通",后听苏祇婆弹琵琶"一均之中间有七声。因而问之,答云:'父在西域,称为知音。代相传习,调有七种。'以其七调,勘校七声,冥若合符"。这就是著名的"苏祇婆琵琶七调"。郑译于是习而弹之,始得中原七声之正。"然其就此七调,又有五旦之名,旦作七调。以华言译之,旦者则谓'均'也。其声亦应黄钟、太簇、林钟、南吕、姑洗五均,已外七律,更无调声。"③郑译于是根据苏祇婆的七调五旦(均)理论,将其推演成十二均,并将古代十二律旋相为宫的理论用于琵琶上的十二均,创立了八十四调。后来,隋唐的全部燕乐就纳入此乐制之范围,形成一个完整的调式理论体系,使中原传统音乐体系发生了重大变革,也迎来了隋唐音乐文化的辉煌时代。

---

① [唐]魏徵:《隋书》卷一五《音乐志下》,第 378 页。
② 有学者认为《隋书·音乐志》记高昌、康国、安国音乐有《善善摩尼》之类,可能为摩尼教徒之礼赞歌曲,而唐崔令钦《教坊记》的曲名表穆护子,当出自袄教的赛神曲。见饶宗颐:《穆护歌考——兼论火袄教入华之早期史料及其对文学、音乐绘画之影响》,饶宗颐:《饶宗颐东方学论集》,汕头:汕头大学出版社,1999 年,第 82—112 页。
③ [唐]魏徵:《隋书》卷一四《音乐志中》,第 345—346 页。

唐中期以后，胡乐已同中原固有音乐相互融合，彼此的区别逐渐泯灭，玄宗时期便取消了十部乐的名称，代之以"坐部伎"与"立部伎"两类，这标志着上述西方音乐已经根植于中国社会之中。其实，除以上属于燕（宴）乐的九部乐或十部乐曾受到胡乐的重大影响，作为政治象征的雅乐在唐代也渗入了胡乐成分。据《旧唐书·祖孝孙传》记载，武德七年（624）祖孝孙等人奉命修订雅乐，由于"陈、梁旧乐杂用吴、楚之音，周、齐旧乐多涉胡戎之伎"，他们只好"斟酌南北，考以古音，作《大唐雅乐》"①。《旧唐书·舆服志》则载，开元以来甚至"太常乐尚胡曲"②。可见，唐代无论雅乐还是俗乐，都受到了胡乐的普遍影响。

三、舞蹈艺术

舞、乐不可分，所谓"舞者，乐之容也"，西域音乐传入中原的同时，西域舞蹈艺术当然也随之传入。

1. 传入中原的胡舞

两汉时期关于舞蹈的记载较少，但有限的一些记载已经表明胡舞在汉代宫廷和贵族中非常流行，《后汉书·五行志》载："灵帝好胡服、胡帐、胡床、胡坐、胡饭、胡空侯、胡笛、胡舞，京都贵戚皆竞为之。"③东汉傅毅（约45—约90）著名的《舞赋》，生动描写汉代舞蹈风气万种，姿态万千，"回身还入，迫于急节，浮腾累跪，跗蹋摩跌"④，亦即跳跃、进跪、用脚打拍子或身体向后仰这类动作，山东嘉祥武氏祠石刻中就有表现这种跳跃翻腾之胡舞动作的画像。汉代还有一种来自西域的骆驼载舞形式，四川新都汉代墓葬出土的"骆驼载乐俑"画像砖上表现出二人跪于骆驼之上举臂扬袖、击鼓而舞。南阳汉代画像石中的裸体舞显然也是外来，可能来自印度或东南亚。此外，汉代的舞蹈艺术还和百戏艺术紧密联系，许多反映两汉百戏艺术的石刻及文献记载中也都有关于西方传入之舞蹈的形象或描述。

南北朝时期，胡舞在中原传播更为广泛，尤其已成为北方宫廷不可缺少的节目。《北齐书·祖珽传》记载北齐武成帝高湛，"于后园使（祖）珽弹琵琶，和士开胡舞"⑤。北齐时期有一种著名的在莲花座上舞蹈的胡舞，从三件北齐舞蹈

---

① [五代]刘昫：《旧唐书》卷七九《祖孝孙传》，第2710页。
② [五代]刘昫：《旧唐书》卷四五《舆服志》，第1958页。
③ [南朝宋]范晔：《后汉书》卷一〇三《五行志一》，第3272页。
④ [清]严可均编：《全上古三代秦汉三国六朝文》"全后汉文"卷四三，第1411页。
⑤ [唐]李百药：《北齐书》卷三九《祖珽传》，北京：中华书局，1972年，第516页。

胡人舞者瓶（北齐，纽约大都会博物馆藏）

图案瓷壶上的形象来看，此舞蹈动作的基本特征是，舞者立于莲花台上，头微仰或扭向右方，下颌贴近左肩，左肩稍耸，右臂侧展或舞过头顶的同时，左臂下垂或向后甩动，一足踏莲花而另一足抬起或跃起，身躯配合扭动。伴舞的乐伎则双腿跪踞在莲花座上吹弹拨弄。《通典》卷一四六记载了一种北周的"城舞"，配合周武平齐所作之《安乐》而舞，舞者八十人，行列方正像城郭，因之得名；舞者"刻木为面，狗喙兽耳，以金饰之，垂线为发，画襖皮帽，舞蹈姿制犹作羌胡状"①，明显是引进的西方舞蹈，还未脱犷悍之习。同一时期的南朝也开始受到胡舞影响，宋代郭茂倩《乐府诗集》卷五三谈及"杂舞"源流时提到刘宋明帝时期的殿庭杂舞在原有的盘舞、鞞舞、铎舞、拂舞、白苎这类舞蹈之外，又增加了"西伧羌胡杂舞"②，梁朝诗人周舍《上云乐》诗则云："举技无不佳，胡舞最所长。"③

西方舞蹈艺术东传在唐代达到高峰，中国舞蹈艺术也因融合西域舞蹈而得到空前的发展，摆脱百戏的狭小空间而逐渐成为一个独立的艺术门类。唐代舞蹈按照风格特点分为"软舞""健舞"两大类。"软舞"动作抒情柔美，节奏比较舒缓，以《春莺啭》《绿腰》等最为著名。"健舞"则动作矫健有力，节奏明快，以《剑器》《柘枝》《胡旋》《胡腾》名噪一时，并流传千古。唐代传入中原的西方舞蹈以"健舞"为多，尤以源自中亚的胡旋舞、胡腾舞和柘枝舞最引人关注。

---

① [唐]杜佑：《通典》卷一四六《乐六·坐立部伎》，王文锦等点校，第3718页。
② [北宋]郭茂倩编：《乐府诗集》卷五三《舞曲歌辞二》，北京：中华书局，1979年，第766页。
③ [北宋]郭茂倩编：《乐府诗集》卷五一《清商曲辞八》，第747页。

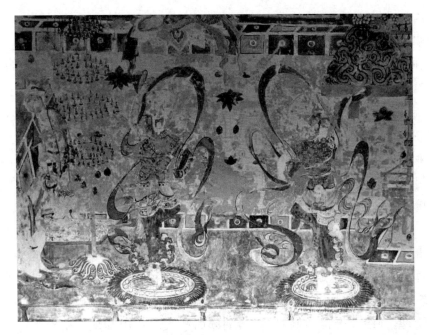

胡旋舞图（敦煌莫高窟 220 窟）

胡旋舞据说出自康国，"胡旋"实是粟特语 xwcyy 的音译，意为"上佳、漂亮"。胡旋舞的表演者多为女性，其装束为头上戴冠或束高鬟，衣着柔软贴身，腰间束有佩带，臂上披有丝巾，也有上身裸露、束腰、裸臂着钏、裸足、颈着项圈、手握长巾的造型，舞蹈以快速、轻盈的连续旋转动作为主，舞者也经常立于一小圆毯子即"舞筵"上旋舞。《新唐书·西域传》记当时康国、史国和米国都曾向唐朝宫廷送胡旋舞女[1]。白居易和元稹分别作《胡旋女》诗，描述康国胡旋女子左旋右转、急速如风的惊人舞姿。《新唐书·礼乐志》和《乐府杂录》也都记载过胡旋舞的基本舞蹈特征[2]。胡旋舞的具体形象则在敦煌莫高窟第 220 窟中有最完整的保存。该窟南壁"西方净土变"双人舞，二舞伎戴宝石冠，上身裸，下着石榴裙，戴璎珞臂钏，身披飘带，手执飘带旋转，似欲乘风归去，左侧舞伎举右手吸左腿，右侧舞伎举左手吸右腿，立于小圆毯上相对旋转。北壁"东方药师变"右部绘二舞伎上身裸，下着裙，披肩发数绺分开散于肩上，戴宝石冠，手握长带平转，飘带萦绕，旋转急促。

唐代也有男性胡旋舞者。宁夏盐池苏步井乡出土的两扇石门上分别刻有一个男性胡旋舞人形象，两人着紧身胡服与靴，对面而舞。刻像线条清晰，虽经

---

① ［北宋］欧阳修、宋祁：《新唐书》卷二二一下《西域传下·识匿传》，第 6255 页。
② ［北宋］欧阳修、宋祁：《新唐书》卷二一《礼乐志十一》，第 470 页。

黑色涂染,舞姿仍生动传神。左门舞人以右腿为主力腿,立于小圆毯上,左腿掖于右腿前面,双手高举过头,作抱拳式,飘带萦绕。右门舞人右脚未着地,左腿侧伸,略微屈膝,右手举飘带于头上,左手旁伸作提襟状,两舞者动作虽非对称,但其舞姿显然均显示为急速旋转的连续舞蹈动作造型。此外,史载安禄山和武延秀(武则天侄孙,中宗安乐公主驸马)都爱胡旋。安禄山是与杨贵妃齐名的胡旋舞高手,武延秀则因善唱突厥歌、舞胡旋舞而为安乐公主垂青,得以尚主。至今中亚及新疆一带的民间舞中仍保存唐代胡旋舞中左旋右转不知疲的遗韵。

胡腾舞来自石国,是一种典型的男子独舞,主要特点是以急速的跳跃和多变的腾踏舞步为主,营造十分热烈的气氛,同时动作灵敏并有特技,舞者如鸟儿飞翔。舞者着窄衫,腰束长带,穿锦靴。唐人刘言史《王中丞宅夜观舞胡腾》诗和李端《胡腾儿》诗都形象地描绘出这种舞姿,刘言史诗中称"石国胡儿人见少,蹲舞尊前急如鸟。织成蕃帽虚顶尖,细毡胡衫双袖小……跳身转毂宝带鸣,弄脚缤纷锦靴软"①。而西安东郊唐代苏思勖墓中一幅乐舞壁画则见证了刘言史的描绘,壁画绘一个深目高鼻、满脸胡须的胡人站在中间地毯上舞蹈,头包白巾,身穿圆领窄袖长衫,腰系黑带,脚穿黄靴,舞动时高提右足,左手举至头上,像是一个跳起后刚落地的舞姿。此外还有九名乐工和两名歌者伴唱伴奏。上文提到的三件北齐瓷壶上的舞蹈形象,也有些学者认为反映的就是胡腾舞。

柘枝舞亦源于石国,并因此得名,《新唐书·西域传》记载石国"或曰柘支,曰柘折,曰赭时"②。柘枝舞以鼓伴奏,从开场到结束,节奏由舒缓而趋急促地变化,无不应着鼓的节奏。该舞蹈的常见形式为二人在莲花座上对舞,舞者可为男童,亦可为女童,穿长袖舞衣,并且多是五彩罗衫,特别是紫衫,束垂花带珠翠,头戴系飘带或金铃的帽子,显得非常华贵,与胡旋舞、胡腾舞的衣着有极大差别。柘枝舞的舞姿不同于胡旋舞的快速旋转和胡腾舞的腾踏跳跃,而讲究舞姿变化丰富和神情传神动人,舞者通常以一足立于莲花,另一足则配合手和身体的动作舞蹈,并且二人舞姿要对称。舞姿有蹲、跪、下腰、折腕和旋转等多种动作,变化繁多,节奏明快,既优雅又刚健。唐诗对柘枝舞的服饰和舞姿都有大量描写,如张祜的系列柘枝诗(《周员外席上观柘枝》《李家柘枝》《观杨瑗柘枝》《观杭州柘枝》)、白居易《柘枝词》与《柘枝妓》、章孝标《柘枝》、薛能《柘枝词三首》、刘禹锡《观柘枝舞二首》,而卢肇《湖南观双柘枝舞赋》对舞姿描述最为详尽,《乐书·柘枝舞》亦载其舞蹈特点。敦煌中唐112窟北壁"报恩经变"《叉手

---

① [唐]刘言史:《王中丞宅夜观舞胡腾》,[清]彭定求编:《全唐诗》卷四六八,第5324页。
② [北宋]欧阳修、宋祁:《新唐书》卷二二一下《西域传下·康国传》,第6246页。

舞》即属柘枝舞姿,西安碑林博物馆所藏唐兴福寺残碑上也刻了一对柘枝舞者的形象。保存在日本正仓院中的中国传去的《螺钿枫琵琶杆拨骑象奏乐图》中,琵琶为四弦直颈,杆拨上绘一胡人貌童子立于象背,着红袍,束腰带,戴帽沿镶皮的尖顶虚帽,右手在上,左手在下起舞,有深目高鼻胡人击鼓和吹笛伴奏,亦属柘枝舞之类。至今新疆一带舞蹈仍保留着柘枝舞的特点。

比较三种舞蹈,可以得出这样的结论:胡旋舞、胡腾舞较多地保留粟特民族的豪放特点,快速旋转、腾踏跳跃;柘枝舞虽同属健舞,却较多地吸收中华文化之舞蹈特点,因此讲究服饰和神态,动作优美而富于变化,更易于被中原文化接受。

此外《通典》卷一四六记载了一种《太平乐》,又称《五方师子舞》,舞人披缀毛假狮皮,扮成五只颜色不同的狮子,另有人以拂逗狮,旁边有一百四十人的伴唱队①,表演规模庞大,无疑也是源于西方的舞蹈形式。《通典》卷一四二还记载了龟兹舞蹈的基本特征:"皆初声颇复闲缓,度曲转急躁……或踊或跃,乍动乍息,跷脚弹指,撼头弄目,情发于中,不能自止。"②跷脚弹指的舞姿如今在新疆克孜尔千佛洞中可以见到。此外还可见于敦煌盛唐 205 窟所绘二舞伎,左面舞伎面向观众,身向左倾,右面舞伎背向观众;二舞伎各举右手在上,左手在下,"弹指为节,忤转有声"。敦煌中唐 159 窟所绘美音鸟(迦陵频伽)也表现出双手弹指的姿态,即所谓"忤"(弹指)。

2. 唐代胡汉舞蹈艺术的融合

唐代胡汉舞蹈的融合趋势主要表现在两个方面:唐人自制舞蹈吸收胡舞艺术;加工改造胡舞以使之更适应中国文化的审美要求。

前者的代表如《通典》卷一四六称武后所制《天授乐》《鸟歌万岁乐》,玄宗所制《龙池乐》《小破阵乐》,"皆用龟兹乐,舞人皆着靴,唯《龙池乐》备用雅乐,舞人蹑履"③。《小破阵乐》是玄宗根据贞观七年所制《破阵乐舞》而作,《破阵乐舞》则是依据民间歌谣《秦王破阵乐》制作的舞蹈,讲述李世民为秦王时大破刘武周的故事,突出表现排兵列阵的气势,显然是中原舞蹈,制成后列入雅乐,而唐玄宗改编成《小破阵乐》时在乐曲和舞蹈中就糅合了胡乐与胡舞特点。鉴于舞、乐的密切关系,舞曲在吸收西方音乐的同时也吸收其中的舞蹈因素,这不难理解。类似的情况亦见于法曲和《霓裳羽衣曲》。

---

① [唐]杜佑:《通典》卷一四六《乐六·坐立部伎》,王文锦等点校,第 3718 页。
② [唐]杜佑:《通典》卷一四二《乐二·历代沿革下》,王文锦等点校,第 3615 页。
③ [唐]杜佑:《通典》卷一四六《乐六·坐立部伎》,王文锦等点校,第 3722 页。

胡人乐舞纹玉带板（唐代，纽约大都会博物馆藏）

法曲歌舞并重，表演形式上分三部分：第一部分为散序，不歌不舞，只由乐器进行独奏或轮奏；第二部分为中序，在音乐伴奏下有歌有舞；第三部分为曲破，以舞为主。《霓裳羽衣曲》是开元年间唐玄宗所创，因西凉节度使杨敬述进献天竺《婆罗门》曲而吸收它的曲调改写而成，该舞蹈着装不同凡响，像五彩云霞，因而得名。白居易《霓裳羽衣歌》对此有生动的描述："虹裳霞帔步摇冠，钿璎累累佩珊珊。""飘然转旋回雪轻，嫣然纵送游龙惊。小垂手后柳无力，斜曳裾时云欲生。"①周昉《簪花仕女图》中逗弄波斯犬的美人正是斜曳裾的姿态。舞蹈开始有一段序曲——"散序"，不舞，到"中序"才有拍，悠然缓慢翩翩起舞。敦煌中唐201窟中的独舞，舞伎裸上身，吸左足，双臂舒展，似为这种中序慢板。中序后，节奏逐渐急促，叫"入破"。敦煌中唐159窟中的《对舞》，舞伎手持飘带奋迅起舞；敦煌盛唐217窟南壁的《西方净土变》，两舞伎在小莲花台上吸腿持带而舞，似在急速连续旋转将停之时，欲停未停，颇似曲罢长引一声的刹那。史载霓裳羽衣舞以杨玉环最为擅长，南宋王灼《碧鸡漫志》之"霓裳羽衣曲条"和元代陶宗仪《说郛》卷一九"霓裳羽衣曲"条皆记杨妃自负夸言："霓裳一曲足掩前古。"

改造胡舞最典型的例子就是柘枝舞。柘枝舞在唐代流变丰富，比如起初当为独舞，但不久后就变成称为"双柘枝"的对舞。又据《乐府诗集》，健舞曲有柘枝，软舞曲有屈柘即屈柘枝，则又由健舞之柘枝演变出软舞之屈柘枝。《宋史·乐志》载宋代宫廷乐府队舞"十小儿队"中有柘枝队，定也是由柘枝舞演变而来。此外，文献记载表明胡腾舞和胡旋舞之舞蹈者多为胡人，柘枝舞则有大量汉人参与，也是这种舞蹈本土化的表现之一，卢肇《湖南观双柘枝舞赋》和北宋王说

---

① [唐]白居易撰，谢思炜校注：《白居易诗集校注》卷二一《霓裳羽衣歌》，第1668页。

《唐语林》卷四《豪爽》都描述了舞柘枝的汉族女子①。也正是由于柘枝舞的汉化,唐人诗歌对柘枝舞的颂咏要远远多于胡旋舞、胡腾舞,而汉化本身又充分表现出人们对这种舞蹈的喜爱。

到了宋代,据北宋叶梦得《石林燕语》卷六记载,名臣寇准"尤喜柘枝舞,用二十四人,每舞连数盏方毕。或谓之'柘枝颠'"②。明清之际吴伟业的《赠朗园诗》中还描述了伎人身穿柘枝服装。当然,这些与唐代之柘枝舞早不能同日而语,而完全是中国化的东西。其他大量失去名称的西方舞蹈艺术,恐怕也是类似的结果,并非消失,而是被融合到中国舞蹈艺术之中了。

除音乐和舞蹈之外,西方绘画技术也对中国有重大影响,因为它与佛教关系密切,故此置于后文。

四、习俗和娱乐

1. 服饰与饮食

前文谈过赵武灵王胡服骑射为中原引入骑兵,而这个故事的另一内涵是着装改良。与属于战术的骑射相比,衣着效法胡人就含有更多精神层面的文化价值取向问题。孔子感叹说:"微管仲,吾其被发左衽矣",并因此能容忍管仲的不知"礼"而赞他为仁者,可见衣着问题在古代中国的文化价值取向中有多重要。然而赵武灵王恰恰就是要求他的骑兵穿左衽的短袍。所以"胡服骑射"不仅为赵武灵王本人带来无数荣辱毁誉,也在以物质交流为主的初期中西文化交往中演绎出第一场有明确记载的精神冲突。

南北朝时期,北方由于胡汉居民混住,服装式样也发生自然混合,最明显的变化是窄袖装。窄袖装是西域地区服装的特色,比如两汉时期楼兰鄯善地区的袍服款式一般为对襟、左衽、窄袖口、圆领、无纽扣,下摆长至膝上或脚部,或为宽摆或为直筒式。窄袖装于唐代更常见,敦煌和龙门的唐代诸窟都有不少塑像着窄袖装。隋代敦煌供养人所着某些胡服式样呈现嚈哒统治时期吐火罗贵族服装的特征——左右对称翻领或右侧翻领的斗篷与敞衣。这种式样广泛流行于嚈哒统治之地,为6—8世纪中亚贵族流行服饰。唐代初期亦流行此种款式。

---

① [唐]卢肇:《湖南观双柘枝舞赋》,[清]董诰等编:《全唐文》卷七六八,第7993—7995页;[北宋]王谠撰,周勋初校证:《唐语林校证》卷四《豪爽》,北京:中华书局,2008年,第336页。
② [宋]叶梦得:《石林燕语》卷四,侯忠义点校,北京:中华书局,1984年,第60页。

着回鹘装的唐代贵族妇女(新疆伯孜克里克石窟壁画)

安史之乱后,长安盛行回鹘装。从有关甘州和沙州回鹘人服饰的文献记载可知,回鹘女子好梳五六寸的高髻,出嫁前用红绢包裹,出嫁后戴毡帽,贵妇戴桃形博鬓冠。平民着道袍式青衣,贵妇着翻领窄袖长袍。唐后期宫人装多见回鹘式。回鹘贵族男装为圆领长袖、下边两侧开衩的团龙纹或团花纹长袍。回鹘等西北民族以团花为官服基本标志,五代归义军政权效仿,元代亦沿用。唐代有女子着男装,后期则女着男装者为身份低下的侍女,其中有回鹘式男装。唐代法服有六合靴,属胡服式样,为文武百僚之服。唐代还有其他胡式服饰,如胡帽、幂䍦、帷帽。

汉魏以来,胡食已行于中国,唐代更盛。最著名的胡食是胡饼,又称炉饼或麻饼,也就是今日的烧饼。还有一种名为"部斗"的食品,亦即油煎饼。一种叫饆饠的食物所指仍未确定,有人称是起源毕国的馅饼,有人称是"抓饭"(pilau)音译。此外还有一些饮料,如葡萄酒、三勒浆、龙膏酒。

2. 娱乐活动与节庆

中古时期,由于胡人入华与佛教流行,民间的娱乐活动也日渐丰富,百戏最具代表性。所谓百戏,就是杂技艺术。杂技在中国起源很早,据说远古时期就有一种"蚩尤戏",游戏者模仿传说中蚩尤的形象,头戴牛角以相抵,因此又称为"角抵","角抵"就是中国杂技艺术的开始。"角抵"在汉代时开始加入许多外来的杂耍和幻术,从而改称"百戏",隋唐时期又将其归入"散乐"之中。

贾谊《新书》卷四提到汉武帝时期就出现了偶人"胡戏"①,也就是木偶戏。《后汉书·安帝纪》关于延平元年十二月的记载首次出现"百戏"之名②,百者名其多也,可见此时百戏已蔚为大观。东汉张衡《西京赋》则用非常华丽的语言对当时流行的百戏进行了形象生动的描述,全面反映出两汉时期百戏艺术的发展水平。《西京赋》记载当时百戏大多在广场表演,节目有举重、爬竿、踩软索、跳丸(或弄丸,即七八个丸循环接抛)、跳剑、钻圈、假面戏、马戏、幻术表演和驯兽表演,果然十分丰富。《西京赋》描述的百戏内容也得到考古发现的证明,山东嘉祥县武氏祠和刘村洪福院、两城山、沂南,四川成都凤凰山等处的汉代石刻中,都保存有汉代百戏艺术的珍贵图像。

南北朝时期的北朝,因统治阶级以胡人为主,杂技更盛。《魏书·乐志》记北魏天兴六年(403)冬,诏太乐增修杂技,"造五兵、角抵、麒麟、凤凰、仙人、长蛇、白象、白虎及诸畏兽、鱼龙、辟邪、鹿马仙车、高絙百尺、长趫、缘橦、跳丸、五案以备百戏。大飨设之于殿庭,如汉晋之旧也"③。百戏表演是吸引民众的好时机,所以佛寺会在佛教节日中安排此类表演,《洛阳伽蓝记》卷一便记载了长秋寺在佛诞节那天组织百戏表演时的盛况:"四月四日此(佛)像常出,辟邪、师子导引其前。吞刀吐火,腾骧一面。彩幢上索,诡谲不常。奇伎异服,冠于都市。像停之处,观者如堵,迭相践跃,常有死人。"④这种人山人海的热闹景况正可见上自统治者、下至市井平民无不热衷观看百戏。

唐代传入中国的百戏内容愈加繁多,《法苑珠林》卷九四记贞观二十年(646)长安来了五位婆罗门,擅长音乐、祝术、杂戏、截舌、抽肠、走索、续断,又记王玄策等人使天竺时被招待观看腾空走索、掷空手接刀枪、截舌缚等多种幻戏,与来长安的"五婆罗门"所表演的节目应该大致相仿⑤。唐朝苏鹗《杜阳杂编》卷中记敬宗宝历二年(826)"集天下百戏于殿前",幽州人石火胡,携带其5岁女儿表演,于百尺竿上张弓弦五张,令五女各居一条弦,其在下举,踏浑脱歌,如履平地。这大约就是所谓寻幢(或寻橦,即彩幢)的杂技。《唐音癸签》卷一四记载唐朝的"杂戏",有泼寒胡戏(冬天西域胡人裸体,用寒冷的水泼之)、倒舞伎(除了倒立舞蹈之外,还有足立于刀刃、脸就于刀刃等高难动作)、拔河、寻橦、跳丸、吐火、吞刀、旋槃等多种杂技⑥。

---

① [西汉]贾谊撰,阎振益、钟夏校注:《新书校注》卷四《匈奴》,北京:中华书局,2000年,第136页。
② [南朝宋]范晔:《后汉书》卷五《安帝纪》,第205页。
③ [北齐]魏收:《魏书》卷一〇九《乐志五》,第2828页。
④ [北魏]杨衒之撰,周祖谟校释:《洛阳伽蓝记校释》卷一《城内·长秋寺》,第36—37页。
⑤ [唐]释道世撰,周叔迦、苏晋仁校注:《法苑珠林校注》卷七六《十恶篇·绮语部》,第2254页。
⑥ [明]胡震亨:《唐音癸签》卷一四,上海:上海古籍出版社,1984年,第159—160页。

唐朝赵璘《因话录》卷六记善于戏水之洪州优胡曹赞，"百尺樯上不解衣，投身而下，正坐水面，若在茵席。又于水上靴而浮，或令人以囊盛之，系其囊口，浮于江上，自解其系。至于回旋出没，变易千状，见者目骇神悚，莫能测之，恐有他术致之，不尔真轻生也"①。西方杂技艺人神奇的表演不仅令市井轰动，亦令宫廷着迷，太宗长子李承乾崇尚胡风的表现之一就是命户奴寻橦跳剑、昼夜不绝。这些西来杂技无疑也为唐代百戏艺术增加了丰富的内容。

幻术是百戏中一类特殊内容，也是最炫惑人的内容，自西汉至隋唐，文献中常有西方幻术师来华的记载，比如《史记·大宛列传》记载的黎轩善眩人，《后汉书·西南夷传》记载的海西幻人。这些幻术师的善眩之术，据唐代颜师古《汉书·张骞传注》描述，即吞刀、吐火、殖瓜、种树、屠人、截马之术。魏晋南北朝时期，这种幻术经常作为传播宗教和表现神异的手段而更多地从西方传入中国，《法苑珠林》卷六一记载了一位晋永嘉中来江南的天竺胡人，能断舌、续筋、吐火②。《北史·西域传·悦般国传》描述了悦般国在公元448年送给北魏太武帝的一名幻人，"称能割人喉脉令断，击人头令骨陷，皆血出或数升或盈斗，以草药内其口中，令嚼咽之，须臾血止，养疮一月复常，又无痕瘢"③。

至唐代，这种幻术在社会中仍有流传，以致高宗显庆元年（656）一度禁止胡人为幻术，但积习已久，很难禁绝，所以《旧唐书·音乐志》记载睿宗时期又见有婆罗门献幻术于朝廷④。段成式《酉阳杂俎》卷五"怪术"条（《太平广记》卷二八五亦引）介绍"梵僧难陀"在蜀地的事迹，称难陀在丞相张魏公延赏的筵席上将一名女尼斩成两截，血及数丈，当众人大惊失色时，难陀举起女尼尸身，原来是三支筇杖，血则是酒。此僧又曾经在饮会中"令人断其头，钉耳于柱，无血。身坐席上，酒至，泻入腔疮（颈项的伤口）中，面赤而歌，手复抵节。会罢，自起提首安之，初无痕也"⑤。这位难陀因此在成都名声大振，当他想离开时，百姓关闭城门不让他走，于是他穿墙而出，八日后得知人已在彭州。

这一时期，幻术还常常伴随着祆教的传播，祆教徒常用幻术方法来表现神通。如《朝野佥载》卷三记载："凉州祆神祠，至祈祷日祆主以铁钉从额上钉之，直洞腋下，即出门，身轻若飞，须臾数百里。至西祆神前舞一曲即却，至旧祆所乃拔钉，无所损。卧十余日，平复如故。"同卷中又载："河南府立德坊及南市西坊皆有胡祆

---

① [唐]赵璘：《因话录》卷六，北京：中华书局，1985年，第39页。
② [唐]释道世撰，周叔迦、苏晋仁校注：《法苑珠林校注》卷六一《咒术篇·感应录》，第1821页。
③ [唐]李延寿：《北史》卷九七《西域传·悦般国传》，第3220页。
④ [五代]刘昫：《旧唐书》卷二九《音乐志二》，第1073页。
⑤ [唐]段成式撰，许逸民校笺：《酉阳杂俎校笺》前集卷五，第500—501页。

神庙。每岁胡商祈福,烹猪羊,琵琶鼓笛,酣歌醉舞。酹神之后,募一胡为袄主,看者施钱并与之。其袄主取一横刀,利同霜雪,吹毛不过,以刀刺腹,刃出于背,仍乱扰肠肚流血。食顷,喷水咒之,平复如故。此盖西域之幻法也。"①

在西来的娱乐活动中,击鞠运动与泼胡乞寒戏对唐代社会生活影响最著。击鞠,又被称为"打毬",即打马毬运动,是源于波斯的马上运动,原名"波罗球",大概在唐太宗时经中亚传入中国,唐代封演《封氏闻见记》卷六"打毬"条记载当时已有西番人在京城为此毬。击鞠运动很快在京城风靡一时,中宗时期已是上层阶级的时髦游戏。景云年间,吐蕃派使者到长安迎娶金城公主时,中宗安排吐蕃使者和皇族子弟在梨园亭子进行了一场马毬比赛,时为临淄王的李隆基就表现出精擅此道。李隆基即位后更是热衷于此,史载玄宗数御楼观打毬②。此后的穆宗、敬宗、宣宗、僖宗等,也都沉溺于这项运动,穆宗甚至因打毬一病不起,僖宗自称若应击毬进士举,定为状元。

唐代统治阶级对马毬运动的提倡亦使民间追风,李廓《长安少年行》一诗描述了热衷打毬的少年,花蕊夫人的《宫词》则表现宫娥亦热衷此道③。长安有多处毬场,除宫城中的毬场外,宫城北有毬场亭,大明宫东内院龙首池南也有毬场,文宗时期还将龙首池填为毬场,各王府邸宅以及一些大臣宅院中也都有毬场,甚至还有人在大街上打毬。唐代进士及第后的一项庆祝活动就是在月灯阁举行打毬盛会,看棚鳞次栉比,能手还可以和左右神策军中的好手较量。西安近郊唐章怀太子墓壁画和唐代敦煌壁画中,都发现有毬场情景和执毬杖侍奉的随从图像,正是唐代这一运动盛行的形象写照。西安南里王村唐景龙二年(708)韦泂墓中还出土了一组彩绘骑马打毬俑,造型生动逼真。唐代马毬在此后几百年间不曾衰歇,明代初期还见马毬在宫中流行。

"泼胡乞寒"是唐代盛行的另一种外来节庆娱乐,这种游戏一般被认为源于波斯。相传萨珊波斯卑路斯一世在位期间,大旱无雨,卑路斯亲自祈祷以期结束这场灾难,最终神祇接受了他的祈祷,天降甘露免除灾难。由于狂喜,人们用水互相撒泼。以后每逢此日,大家都以水相泼为乐,渐成习俗。"泼胡乞寒"在北周宣帝时就传入中国,但在唐代始大行于世,尤以中宗到玄宗之间为盛。中宗多次亲临观看泼胡乞寒戏。两《唐书·康国传》记该游戏常在每年十一月举行④,《新唐书·

---

① [唐]张鷟:《朝野佥载》卷三,赵守俨点校,第64—65页。
② [唐]封演撰,赵贞信校注:《封氏闻见记校注》卷六《打毬》,北京:中华书局,2005年,第53页。
③ [清]彭定求等编:《全唐诗》卷二四、卷七九七,第327—329、8969页。
④ [五代]刘昫:《旧唐书》卷一九八《西域传·康国传》,第5310页;[北宋]欧阳修、宋祁:《新唐书》卷二二一下《西域传下·康国传》,第6244页。

《马毬图》（局部，章怀太子墓壁画，陕西历史博物馆藏）

宋务光传》载神龙元年(705)吕元泰批评此戏时，详细描述了泼胡乞寒戏的过程，从中可知活动之时，除了以水相泼，还伴有场面热烈的歌舞狂欢，十分热闹，游戏者"骏马胡服""锦绣夸竞"甚至还"裸形体"，也因此被吕元泰批评①。泼胡乞寒戏在中宗时，除两京之外，并流行于各地，张说曾拟《苏摩遮》五首，详述这种盛况。

玄宗即位后，泼胡乞寒戏即遭禁绝，开元元年(713)所颁《禁断腊月乞寒敕》称："腊月乞寒，外蕃所出，渐渍成俗，因循已久。至使乘肥衣轻，竞矜胡服，闾城溢陌，深玷华风。朕思革颓弊，返于淳朴。《书》不云乎：不作无益害有益，功乃成；不贵异物贱用物，人乃足。况妨于政要，取紊礼经，习而行之，将何以训！自今以后，即宜禁断。"②由此诏令来看，泼胡乞寒戏遭禁完全是因其与中国传统文化格格不入。但玄宗禁断此戏恐怕还有更实际的政治考虑。玄宗即位前的这段时期，从中宗神龙元年正月到玄宗开元元年七月这短短八年半中，皇帝被换了四个，政变发生了七次。而"泼胡乞寒"活动呈现出吕元泰所言之"旗鼓相当，军阵势也。腾逐喧嘈，战争象也"的阵势，几乎等于军队检阅、骑兵演练，具有某些军事性质。并且由于诸王公贵族参与而具备了发动政变的潜在危险性。一生历经政变的玄宗对此心有余悸，所以即位不久就下令禁绝。此后，"泼胡乞寒"这种热闹程度过于上元灯会的民众娱乐活动在中原再也不见踪迹③。

---

① [北宋]欧阳修、宋祁：《新唐书》卷一一八《吕元泰传》，第4277页。
② [唐]苏颋：《禁断腊月乞寒敕》，[清]董诰等编：《全唐文》卷二五四，第2572页。
③ 朱玉麒：《泼寒胡戏在长安》，荣新江、罗丰主编：《粟特人在中国：考古发现与出土文献的新印证》，北京：科学出版社，2016年，第685—692页。

第三编 异域宗教与文明碰撞

第十一章　西域佛教思想东传与合流

　　佛教传入中国的过程,堪称中国历史上第一次大规模吸取和融合外来文化的过程,亦是中西文化交流史上的一个经典案例。经过东汉到隋唐五百多年的冲突与融合,佛教逐渐本土化,并最终成为中国文化的一部分,也对中国文化的诸多方面产生了深远影响。

一、佛教在中国的传播与发展

1. 佛教在印度与西域

　　佛教产生于公元前6—前5世纪的古印度,是在印度古代婆罗门教和耆那教的基础上发展而来,受到古代印度哲学的重大影响。在悉达多·乔达摩(Siddhartha Gautama,约前566—前486)初创之后,经过很长时间的发展过程才逐渐成熟和完善,并开始向外传播。乔达摩出自刹帝利种姓,是迦毗尼卫国(今印度、尼泊尔边境)净饭王的儿子。据说他幼时受传统婆罗门教育,学习吠陀经典和五明,20岁始感人世生、老、病、死的各种苦恼,又对当时的婆罗门教不满,遂舍弃王族生活,出家修行,探索人生解脱之道。他先在摩揭陀国王舍城学习禅定,后在尼连禅河畔独修苦行,修行六年后最终在菩提树下成道,时年35岁。此后他在印度北部、中部的恒河流域一带开始了长达45年的传教活动,人们把他所创立的这一宗教称为"佛教","佛"的梵文为Buddha,意为"觉悟",汉文音译为"佛陀";悉达多·乔达摩则被佛教徒尊称为"释迦牟尼",意为"释迦族的贤人"。

　　早期佛教的基本教义可以归结为"四圣谛""十二因缘"和"八正道"。所谓"四圣谛",是指苦谛、集谛、灭谛和道谛四个真理,这是早期佛教教义的基本要点,核心是宣扬整个世界和全部人生都是无边的苦海。苦谛是讲现实存在的种种痛苦现象;集谛亦名习谛,是指造成痛苦的各项原因或根据;灭谛是佛教的解脱观,即一种超脱生死轮回、达到涅槃的理想境界;道谛是关于如何达到涅槃境界的理论说教和修习方法。"十二因缘"是苦、集二谛的延伸,主要内容是分析苦因和论述三世轮回。"八正道"则是道谛的发挥,具体指出了八种解脱诸苦、决断轮回、达到涅槃境界的途径和方法。此外再加上"无我观""种姓平等观"和僧伽制度,就构成早期佛教的基本教义,这些内容在此后的发展过程中得到进一步完善和丰富。

释迦牟尼之后,佛教在印度地区快速发展,特别是在孔雀王朝的阿育王时期(前268—前232)和贵霜王朝的迦腻色伽时期。印度佛教的发展大致可分为三个时期,即原始佛教、部派佛教和大乘佛教。原始佛教阶段大约为释迦牟尼之后一百年间,史称"和合一味"时期,但只是大致上的统一,裂解的种子已在其中孕育和成长。公元前4世纪佛教第二次结集前后,佛教发生第一次大分裂,产生两大部派,即尊崇传统、保守旧规的上座部和较为进取、提倡改革的大众部。此后,佛教内部的分化愈演愈烈,公元前3世纪到公元1世纪间,上座部又七次分裂,成为十二派;大众部四次分裂,成为八派。这一阶段就称为部派佛教时期。公元1世纪以后,随着部派佛教的发展,一部分徒众的生活走向世俗化,同时力图参与和干预社会生活,要求深入众生,救度众生,提出"上求菩萨,下度众生",这种要求形成一股强大的思潮,并发展汇集成统称"大乘佛教"的教派,传入汉地中原地区的佛教主要是大乘佛教[①]。

由于地域的关系,印度佛教是经过今天中国的新疆传入中原。佛教传入西域的时间虽不可确考,但一定远远早于传入中原的时间。印度佛教向外传播与孔雀王朝政治势力的扩张有密切关系。阿育王时期,孔雀王朝的势力已从恒河流域扩展到印度河流域,在喜马拉雅山、迈索尔、阿姆河及兴都库什山之间的广大区域内建起一个庞大的帝国;而阿育王皈依佛教之后曾多次派传教士去四方传播佛教,因而佛教的影响极有可能在公元前3世纪后半叶就达至中亚及西域一带。公元1世纪末至2世纪,迦腻色伽治下的贵霜帝国之势力范围与影响达于喀什噶尔、叶尔羌和于阗一带,促使佛教在这一带传播。佛教传播的路线有两条:一条从贵霜中心巴克特利亚到喀什噶尔和更东面,另一条从西北印度和克什米尔到和田(于阗)与塔里木盆地南部诸绿洲。传入北部绿洲库车和吐鲁番的时间没有明确记载,但一般认为在公元初。汉文史料表明公元300年,龟兹(库车)有一千所佛教寺院和神庙,4世纪龟兹已成为重要的佛教教育中心,达成如此成果需要经过长期发展。

塔里木周缘的南北两条路线上都发现有早期佛教遗存,其中迄今为止最早的佛教遗址是1959年在新疆民丰发掘的一座公元2世纪的墓葬,所出土的一件棉织布上印有蜡染的供养菩萨和残缺的佛像。斯坦因曾在若羌发掘一座不

[①] 在云南傣族等地有以小乘佛教为主的南传佛教,此外西藏地区的藏传佛教也另成一系统。

巴米扬大佛遗址

晚于3世纪的佛寺遗存,该寺庙礼拜道外壁面上的壁画呈现出一派中亚风格,内容则表现了释迦说法和佛传及本生故事。尽管目前新疆地区发现的佛教遗迹都属于2世纪以后,却不能因此认定佛教是在这时才传入西域,因为有明确可信的记载证明佛教在东汉初年的1世纪初就已经传入中原,并且是通过西域传入。2世纪以后的这些西域佛教遗迹是犍陀罗佛教艺术兴起以后的产物,也正说明这时佛教在西域已经非常流行。

2. 东来传经与西行求法

佛教在中原地区的初传时间有西汉说和东汉说两种,目前学术界多认同东汉初年是佛教正式传入中原之始。西汉说见《三国志》卷三〇裴松之注引《魏略·西戎传》:"汉哀帝元寿元年,博士弟子景卢受大月氏王使伊存口受《浮屠经》。"①现在一般认为,这时期的大月氏(贵霜)并不信佛教,不可能派使者来汉朝传授佛经,同时《魏略》已佚,裴松之注释所引缺乏足够证据。东汉说来自《后汉书·西域传》,并被《高僧传》和《历代佛祖统纪》等佛教典籍广泛采用,称东汉

---

① [晋]陈寿:《三国志》卷三〇《魏书·乌丸鲜卑东夷传》,第859页。

持莲花僧(6—7世纪,克孜尔石窟,纽约大都会博物馆藏)

明帝永平七年(64),明帝夜梦金人,飞行殿中,次晨问于群臣,太史傅毅告诉明帝说,西方有神,其名曰佛,恐怕梦中之金人就是佛①。于是明帝派遣中郎蔡愔、羽林郎秦景、博士弟子王遵等十八人去西域,访求佛道。永平十年(67),蔡愔等于大月氏国遇沙门迦叶摄摩腾和竺法兰等人,又在西域抄回佛经四十二章以及佛像等,用白马驮还洛阳,明帝特为他们在洛阳城西雍门首建寺院,这就是洛阳白马寺②。这一说法虽带有些神秘色彩,但根据与其他文献材料的对比研究,基本可信,是目前关于佛教传入中国之时间的公认说法。不过这个时间应当理解为佛教在中国政府许可下正式进入中原的时间,实际上佛教或有关佛教的信息在民间的流传应该比这早,傅毅知晓西方有佛,这就说明佛教当时已被人所知。

佛教自东汉初年始传中国之后,大量中亚、南亚僧人以弘法为目的进入中原,魏晋南北朝时期中国与印度洋之间的海路交通更因有大量佛教僧侣频繁往返而被学者们称为"佛教之路"。早期自海路来中国的佛教僧侣,今天能够考知的最早一人是康僧会,《高僧传》载其于赤乌十年(247)来到建业,受到孙权的

---

① [南朝宋]范晔:《后汉书》卷八八《西域传·天竺传》,第2922页。
② [梁]释慧皎:《高僧传》卷一《汉洛阳白马寺摄摩腾》,汤用彤校注,第1页。

优待,特为他创立建初寺①,这是江南佛教之始。有东晋入华僧人佛驮跋陀罗,又云觉贤,他在罽宾遇到中国僧人智俨后,决定来华,行至交趾后,附海舶至青州东莱郡(今山东莱州),后到建康译经,所译《华严经》著称于世。求那跋摩,又云功德铠,先赴师子国,后泛舟至爪哇,传授佛法,名声远扬,为南朝刘宋僧人所知,请至建业,大力宣讲大乘戒法,使大乘佛教流传南方。求那跋多罗,又云功德贤,南朝宋时先抵广州,后住建业及荆州,大开译场,是南朝宋时最著名的译经人物。波罗末蒂,又云真谛,在南朝梁时自广州转建业,一生译经授业不止,最先传入印度瑜伽行派学说,为中国摄论师之祖。此外,还有僧伽婆罗(又云僧养、僧铠)、曼陀罗(又云宏弱)、须菩提(又云善吉)等,都是通过海路入华。除去上述海路入华的僧人之外,魏晋南北朝时期自西域来华的外国僧人见诸记载者还有维祇难、竺律炎、昙柯迦罗、支谦、竺法护、竺叔兰等,他们在弘法过程中也不同程度地从事佛典汉译工作。

另一方面,自三国时期始,就有一些中国佛教信徒无法满足于零碎听到的教义解说,而立誓要前往佛教的原生地去探求佛教的真正精神,从而掀起了一场西去求法的热潮,与外国僧侣东来传法之举恰相辉映。这一热潮始于三国末年,一直延续到北宋,持续时间长达五百多年,但在唐中期以前最盛。西行求法僧人中,有名可考者二百多人,最值得一提的就是朱士行、法显和玄奘。

就目前所知,中国最早的一位西去求法的僧人是三国曹魏时期的颍川人朱士行,他也是现知第一个按佛法度为比丘的汉族人。朱士行在洛阳时,曾讲《小品般若》(即《道行经》),但深感东汉以来硬译的佛经文句艰涩,删节又多,不易理解,于是发誓前往西域寻求原本。据南梁释僧祐《出三藏记集》卷一三《朱士行传》记载,朱士行"以魏甘露五年,发迹雍州,西渡流沙。既至于阗,果写得正品梵书,胡本九十章,六十万余言。遣弟子不如檀,晋言法饶,凡十人,送经胡本还洛阳"②。朱士行在于阗求得的经书名为《大品》,后由竺叔兰、无留叉等译出,就是《放光般若经》二十卷。朱士行虽仅至于阗,所传佛经也只有一部,但他此举促进了大乘佛学在中原的传播,且开中原僧人西行求法之先,此后西行求法的中原僧人愈多。

法显(约337—约422),俗姓龚,平阳郡武阳(今山西襄垣)人,幼年因体弱多病而常居寺院中,20岁时受比丘戒正式出家。因感慨于当时律藏残缺,法显立志要到印度求取律藏戒本,以约束僧众。他在东晋隆安三年(399)以62岁高

---

① [梁]释慧皎:《高僧传》卷一《魏吴建业建初寺康僧会》,汤用彤校注,第15—16页。
② [梁]释僧祐:《出三藏记集》卷一三《朱士行传》,苏晋仁、萧鍊子点校,北京:中华书局,1995年,第515页。

龄携同慧景、道整、慧应、慧嵬、智俨等自长安西行,经河西走廊、西域和葱岭,从陆路抵达印度北天竺,行程三年。此时同行诸人或先期折回,或中途谢世,仅剩道整相伴。他们又继续南行至佛教盛行之摩揭陀国,搜求经律,抄写律本,并习梵文。道整乐不思归,于是只有法显一人于公元409年起身回国。法显从恒河河口乘商船,沿印度洋航线返抵青州长广郡牢山(今青岛崂山),因旅途颇费周折,耗时约四年。法显抵国在义熙八年(412)七月,距其出发已历十四年,已是75岁的老人了,但依然笔耕不辍,在建康道场寺与佛驮跋陀罗合译经律论六部,计二十四卷。这些佛典的翻译对中国佛学的发展意义重大,如《涅槃》一经首倡佛性之说,《摩诃僧祇律》则是佛经戒律的五大部之一。此外,法显还将自己十四年游历三十余国的经历写成《法显传》(《佛国记》),其在航海史上的价值已于前文叙述。

玄奘(602—664),出生于洛州缑氏(今河南堰师),据说是东汉名士陈寔的后裔。13岁就剃度出家,钻研佛教经典,此后又四方游学,28岁来到长安,此时已是"驰誉道流,擅声日下"①。玄奘在求学过程中对于业已产生的中国佛教各宗派传扬之义理终有疑惑,而考之经典,却莫知适从,于是决心前去印度求取佛经原本,"乃誓游西方,以向问惑"。唐太宗贞观元年(627),玄奘从长安出发,沿丝绸之路西行。他不顾凉州官府阻挠,偷渡边防重镇瓜州(今甘肃安西),经莫贺延碛和伊吾,到达高昌,受到高昌王热情款待。自高昌出发再经中亚,历千辛万苦而到达印度。玄奘在印度游学各地,逢师请益,对当时印度佛教大小乘各家学说及其他一些知识都留心学习。他特别在当时印度的佛教中心那烂陀寺(今印度比哈尔邦巴特那附近)停留五年,师从佛学权威戒贤和胜军,学识更加渊博精诣。戒日王曾为他专门设立两次法会,其中曲女城法会有印度十八国国王和谙知大小乘的僧侣四千余人参加,还有大量外道、大臣和使者等出席。佛会进行十八天,玄奘作为论主,阐扬佛法,竟无一人诘难,声名震撼五印度。公元641年,玄奘启程回国,经丝路南道于公元645年回到长安。玄奘对中国佛教贡献巨大,除带回大量印度佛教经典并将其部分译为汉文外,他还是法相宗(或称唯识宗)的创始人,这一宗派在唐代也曾盛极一时。此外,玄奘还以自己亲身经历为基础撰《大唐西域记》,记述了他所经历或听闻的一百三十八个国家、地区及城邦的历史、地理、风俗和文化等方面的知识,保存大量珍贵史料,至今依然是研究中亚和南亚地区的古代史和宗教史以及中西文化交流史的重要文献。

---

① [唐]道宣:《续高僧传》卷四《译经篇四·唐京师大慈恩寺释玄奘传一》,郭绍林点校,北京:中华书局,2014年,第97页。

3. 佛典汉译

入华僧人多有译经活动,而中原求法僧人回国后也以译经为首善之业。佛教作为一种域外文化,当然要将其经典汉译之后才能广泛传播,汉唐之间的确有一场佛典汉译的热潮,而东来传法的外国僧人在开始阶段率先成为佛典汉译的主要承担者,唐代始以华人为译经主力。

现在学术界一般认为,原出小乘经典《阿含经》的《四十二章经》是中国最早的汉译佛典。《四十二章经》至迟在东汉末年已经出现,三国时期屡被引述。由于文献中对《四十二章经》的传译、名称及性质等记载多不相同,学界对它的译者、年代和版本曾有长期讨论。现在比较可取的说法是,《四十二章经》大体可判定有两个译本,一是东汉译本,译者为中天竺僧人摄摩腾和竺法兰,此本文极朴质,刘宋以后亡佚;另一是三国时期支谦译本,行文优美,流传于世,但唐以后屡经修改,今天所传已远非当时原貌。今天所见《四十二章经》约两千多字,仿《论语》体裁,用典雅的文辞统摄佛学要旨,实际上是《阿含经》的一种摘译汇编,且其译文夹杂了大量汉代流行的黄老道术词汇,体现了佛教初传中原时的"格义"特点。

以《四十二章经》的传译为开端,译经事业在东汉末年有显著发展,当时主持译经的多为从中亚入华的佛教高僧,著名者除摄摩腾和竺法兰,还有天竺僧人竺佛朔与竺大力,大月氏僧人支娄迦谶(又称支谶)、支曜和支亮,安息僧人安世高与安玄,康居僧人康巨与康孟祥等,其中安世高和支娄迦谶尤为突出。这一时期所译佛经中多以中亚流行的胡本为主要底本,直接从梵本译为汉文的并不多。这也可见中国早期佛教并非直接传自印度,而多是通过中亚间接传播。有关学者的研究表明,汉文的"浮屠"(佛陀)这个词汇是古梵文 Buddha 的音译,而"佛"这个汉语中更通行的译法实来源于吐火罗语。当时佛典汉译的方法往往是域外僧人口授,再由中原人笔录成文,所谓"一人口说,一人笔录"。至东汉末年,累计译经二百九十二部,计三百九十五卷。但汉代所译佛经多比附黄老之学,常以黄老之词进行译述,而且"译所不解,则阙不传"(《法句经序》,三国吴时撰,无撰著人),故多有脱失。《四十二章经》的翻译就明显反映了这一点。

魏晋时期诸多来华僧人之中,在佛典汉译中贡献最大者当推竺法护。竺法护,原名昙摩罗刹,其先大月氏人,后流寓敦煌。他八岁出家,有感于汉魏以来世人只重寺庙图像而忽视佛典翻译,于是随师西游搜求佛典。因其通晓西域三十六国文字,又博闻强记,所以数年后满载而归,并到长安潜心翻译。《高僧传·

梵文文书残片（伯孜克里克石窟，吐鲁番博物馆藏）

竺法护传》说他"终身写译，劳不告倦"①。关于其译经数目，《出三藏记集》卷一三《竺法护传》称有一百四十九部，《出三藏记集》中僧祐撰写的卷二则称一百五十四部，计三百零九卷，唐代智昇《开元释教录》卷二则载为一百七十五部，计三百五十四卷。其中有《般若》经类，有《华严》经类，有《法华》经类，有《涅槃》经类等，大致包括了当时在西域流行的佛典要籍，为大乘佛教在中国的流传奠定了广阔基础。对于其译文的质量，《出三藏记集》卷七道安所撰《合放光光赞略解序》中评竺法护所译《光赞般若经》"言准天竺，事不加饰；悉则悉矣，而辞质胜文也"②。可见竺法护的译文虽有"辞质胜文"的阅读遗憾，但却出事周密，忠实可信，在很大程度上传达了佛典的原本真意。

南北朝时期，参与佛典汉译的僧人更多，前后有道安、帛远、帛尸梨蜜多罗、僧伽跋澄、佛陀罗刹、昙摩难提、僧伽提婆、僧伽罗叉、竺法念、竺法度、鸠摩罗什、昙无谶、佛陀跋陀罗、拘那罗陀和法显等。其中已经出现个别中国僧人，而异域僧人中又以来自印度的为多，改变了此前几乎完全依赖中亚僧人的现象，其中最著名者当属鸠摩罗什（344—413）。

鸠摩罗什出身印度婆罗门望族，其父放弃国相之位，出家东游，定居龟兹国，被尊为国师，并被迫娶龟兹王之妹，生有鸠摩罗什兄弟二人，又弃家远游。鸠摩罗什自幼聪慧过人，七岁时随母亲一同出家，西游拜师，在罽宾等地遇名师

---

① ［梁］释慧皎：《高僧传》卷一《晋长安竺昙摩罗刹（竺法护）》，汤用彤校注，第23页。
② ［梁］释僧祐：《出三藏记集》卷七《合放光光赞略解序》，苏晋仁、萧鍊子点校，第266页。

指点,学问日增。当他回到故地龟兹时,已经是以博学著称的学者。公元384年,前秦苻坚出兵进攻龟兹,命大将吕光迎鸠摩罗什到长安,但此后在淝水之战中,苻坚大败,前秦灭亡,于是吕光据凉州自立,并把鸠摩罗什留在凉州达十七年之久。公元401年,后秦姚兴攻克凉州,获得慕名已久的鸠摩罗什,把他接到长安,待以国师之礼,鸠摩罗什自此得以潜心翻译介绍大乘佛学。印度大乘佛教有两大派别,一为中观学派,又称"大乘空宗",一为瑜伽行派,又称"唯识学派"或"大乘有宗"。鸠摩罗什是在中土弘扬中观学派的第一人,根据般若经类而设立的大乘性空缘起之学经过他的翻译被系统地介绍过来。他的工作也对隋唐以后中国佛教各宗派的形成有极大促进作用,如他所译《中论》《百论》和《十二门论》是三论宗依据的主要经典;所译《阿弥陀经》是净土宗的主要经典;《法华经》是天台宗的主要经典;《成实论》是成实学派的主要经典。印度大乘学派的另一支唯识学派,则在唐代由玄奘介绍入华。

鸠摩罗什在长安十年,所译佛典的数目,据《出三藏记集》卷二记载为三十五部,计二百九十四卷,据《开元释教录》记载则为七十四部,计三百八十四卷,仅次于唐代玄奘。鸠摩罗什的译著不但数量庞大,翻译质量也达到一个新高度。他在译文处理上采取了直译与意译相结合的方法,不但要传达出原文的意蕴,还力求表达出原本的意趣,所以后人认为他的译文在语言优美和内容准确方面同时达到前人未有的高度,梁启超赞其曰:"译界有名之元勋,后有玄奘,前则鸠摩罗什。"①

在唐代,佛经汉译的人员构成发生一个重大变化,汉地僧人不再像以往那样只担任辅助性工作,而成为译经的主要承担者,不过异域僧人也在继续译经。唐代入华异域僧人中从事佛典汉译的中心人物是善无畏、金刚智与不空,他们都是玄宗时代来华,号称"开元三力士",将印度纯粹的瑜伽密教传入中国。善无畏(637—735)是北印度摩揭陀国人,80余岁携梵本到达长安,被玄宗礼为国师,译出《大日经》等三种密宗要籍。金刚智(669—741)是南印度摩赖耶国人,也译出密教经典四部,死后谥国师之号。不空(705—774)是师子国人,拜金刚智为师并随其来中国,肃宗和代宗时倍受礼遇,曾为肃宗灌顶,代宗时授试鸿胪卿,封肃国公,可谓中国佛教史上最有权势的僧侣,共译出佛经七十七部,计一百二十余卷。此外,于阗人实叉难陀和南印度人菩提流志也是唐代著名的译经僧侣。

唐代译经的中国僧人则以玄奘和义净二人为著,他们不但具有高深的佛学素养,而且都有游历印度的经历,精通梵汉文字。玄奘西行取经,历时十七年,

---

① 梁启超:《饮冰室佛学论集》,扬州:广陵古籍刻印社,1990年,第194页。

从印度带回佛教经律论五百二十箧,计六百五十七部,自贞观十九年(645)到高宗麟德元年(664)他去世前一月止的十九年中,玄奘共译出经、论七十五部,计1335卷,译作数量之多,古今罕匹。据统计,从隋开皇元年(581)到唐贞元五年(789)的二百零八年间,译经者五十四人,译出总数为2713卷,而玄奘一人几占一半。从译经质量看,他一人精通梵、汉文与佛学,改变了过去以外国僧人为译主的情况,能够"唐梵二方,言词明达,传译便巧"①。他的译风既非直译,又非意译,而是融会直、意,形成"精严凝重"的翻译文体。

无论是西行求法还是佛典汉译,能与玄奘相媲美的唐代僧人只有义净。义净(635—713)本姓张,14岁出家,立志西行求法,北宋赞宁《宋高僧传·义净传》载其"仰法显之雅操,慕玄奘之高风"②。公元671年,义净自广州出发,沿海路前往印度,到印度后,在各地游学,历时二十五年,遍访三十余国,直到公元695年才携带梵书佛典约四百部自海路归国。义净回国后,初与于阗僧人实叉难陀合译《华严经》,后独自翻译,并组织宏大的译场,中外许多高僧都参与其事。《宋高僧传·义净传》载其在武后久视元年(700)至睿宗景云二年(711)的11年间,共译出佛经56部,计230卷。义净译经专攻律部,声名盛极一时。此外,他还译出瑜伽系及密宗方面的佛典多种,这些佛典都是玄奘未能译出而有待补缺的。义净对于译经极为认真,常于译文下加注以分辨梵语音义,从这些注文中可看出义净译经确有独到之处,正如唐中宗《三藏圣教序》所说:"古来翻译之著,莫不先出梵文,后资汉译,摭词方凭于学者,铨义别禀于僧徒。今兹法师,不如是矣,既闲五天竺语,又详二谛幽宗,译义缀文,咸由于己出;措词定理,匪假于旁求。"③在《宋高僧传·义净传》中,赞宁对义净之译经的评价是:"传度经律,与奘师(玄奘)抗衡。比其著述,净(义净)多文。"④

赞宁在《宋高僧传·义净传》中对东汉迄于隋唐之佛典汉译的成就,以及玄奘、义净的译经贡献,有一个生动精辟的概括:"系曰:译之言易也,谓以所有易所无也。譬诸枳橘焉,由易土而殖,橘化为枳。枳橘之呼虽殊,而辛芳干叶无异。又如西域尼拘律陀树,即东夏之杨柳,名虽不同,树体是一。自汉至今皇宋,翻译之人多矣。晋魏之际,唯西竺人来,止称尼拘耳。此方参译之士,因西僧指杨柳,始体言意。其后东僧往彼,识尼拘是东夏之柳。两土方言,一时洞了焉。唯西唯东,二类之人未为尽善。东僧往西,学尽梵书,解尽佛意,始可称善

---

① 陈尚君辑校:《大唐故三藏玄奘法师行状》,《全唐文补编》卷九,北京:中华书局,2005年,第113页。
② [北宋]赞宁:《宋高僧传》卷一《唐京兆大荐福寺义净传》,范祥雍点校,第1页。
③ [唐]李世民:《大唐三藏圣教序》,[清]董诰等编:《全唐文》卷一七,第211页。
④ [北宋]赞宁:《宋高僧传》卷一《唐京兆大荐福寺义净传》,范祥雍点校,第1—3页。

传译者。宋齐已还,不无去彼回者,若入境观风必闻其政者,奘师、净师为得其实。此二师者两全通达,其犹见玺文知是天子之书,可信也。《周礼》象胥氏通夷狄之言,净之才智,可谓释门之象胥也欤!"①唐代译经主力转为中国人,这也是此时期佛教加速中国化的一个表现,而佛教中国化亦在唐代最终完成,持续了几百年的译经热潮也因此逐渐退去,印度佛典对佛教在中国发展所起的直接促进作用,到此遂告一段落。

4. 佛教词汇

佛经汉译除了为中国文化提供新的思想内涵,还有一项直接贡献就是丰富了汉语的词汇。东汉到唐末八百年间,大量梵文佛经被译成汉文使得数以千计的佛家词语进入汉语新词汇中。可以分为三种情况:第一类是梵语音译词变成中文熟语,如"涅槃""般若""菩提""瑜伽""禅那""刹那""由旬"②"袈裟""夜叉"等。第二类是用汉字新造词来表达佛教的特定含义,如"真如""光明""法界""众生""因缘""果报""地狱""天堂""无量""方便""圆通""不可思议""不二法门""五体投地"。这两类词共同构成了汉语的新成分。第三类则是中文本有的词汇,但被佛经借用并使其词义发生变化,且这与佛教有关的词义从此成为它的最基本和最常用含义,如"本师"③"祖师"④"居士"⑤"侍者"⑥"眷(婘)属"⑦"长老"⑧"布施"⑨"供养"⑩"烦恼"⑪"印可"⑫。

---

① [北宋]赞宁:《宋高僧传》卷一《唐京兆大荐福寺义净传》,范祥雍点校,第3—4页。
② 由旬:古印度长度单位。《大唐西域记》卷二载,一由旬指帝王一日行军之里程,或云四十里,或云三十里。
③ [西汉]司马迁:《史记》卷八〇《乐毅列传》,第2436页。原指授业之师,佛教含义指释迦牟尼。
④ [东汉]班固:《汉书》卷九七下《外戚传下·定陶丁姬传》,第4002页。原指始立法为人师表者,佛教含义指创立宗派之人。
⑤ [战国]韩非撰,[清]王先慎集解:《韩非子集解》卷一一《外储说左上》,钟哲点校,北京:中华书局,1998年,第271页。原指道艺处士,佛教含义指居家修佛之士。
⑥ [东汉]班固:《汉书》卷一下《高帝纪下》,第53页。原指侍奉之人,佛教含义指一种职位,亲炙于长老左右任其使唤者。
⑦ [西汉]司马迁:《史记》卷九五《樊郦滕灌列传》,第2659—2660页。原指亲属、亲戚,佛教含义指追随者。
⑧ [东汉]班固:《汉书》卷四《文帝纪》,第113页。原指年高德劭之人,佛教含义指道高年长之比丘或一种职位——禅家称住持僧。
⑨ [春秋]左丘明撰,徐元诰集解:《国语集解》"国语上第一",王树民、沈长云点校,北京:中华书局,2002年,第21页。原指以福利施予人,佛教含义特指与佛教有关的施予,本义是施予财物,此外还有法施(以正法去劝人修善断恶)和无畏施(竭尽所能去解除别人的恐怖和畏惧)。
⑩ [三国魏]嵇康撰,戴明扬校注:《嵇康集校注》卷四《答难养生论一首》,北京:中华书局,2014年,第303页。原指侍养、奉养、供奉,佛教含义专指资养三宝,奉香华、灯明、饮食、资财等物。
⑪ 河上公注《老子》,原指苦闷心境或引起苦闷之事物,佛教专指贪、欲、嗔、恚、愚、痴等诸惑。
⑫ 皇侃疏《论语》,原指证明弟子之所得而加以赞美许可,佛教含义专指与佛理相称而与圣心相印。

《魏书·释老志》、《隋书·经籍志》、宋齐梁陈隋各书以及南北史等历朝正史已经开始收录这类词汇，文人更常在作品中引用佛经词语。发展到唐代，这类与佛教有关的新语汇也足可称蔚为大观，同时由于佛经汉梵交错，字义多变，使用辞书很有必要，这些都促成对专门性辞书的需求。另一方面，唐代重视语言文字的规范化，在唐太宗的推动下(曾颁布颜师古的"五经定本"作为天下士人读书的依据)，字样之学(以规范字体为宗旨)、音韵之学和音义之学都兴盛一时。音义之学方面，成书于陈后主到唐武德年间的《经典释文》是中国第一部为儒道典籍注音释义的专书辞典，也是汉魏以来群经音义的总汇。高宗、武后时期，史崇、崔湜及沈佺期等撰《一切道经音义》一百三十卷。而在编纂音义学辞书之风潮和对佛教辞书之需求的双重作用下，贞观末年便有玄应撰《玄应音义》。宪宗初年，慧琳更汇集前人之作撰《一切经音义》(又名《慧琳音义》)一百零三卷，从一千三百多部佛经中收词释义，训解四万多字，成为佛经音义的总汇。

二、佛教与中国传统文化的碰撞

1. 佛教初期传播的特点：比附黄老方术

佛教传入中国之初，贵族和帝王之家多把它看作是神仙方术的一个支派，因为佛教的主静尚虚与黄老的清静无为颇为相似。人们总是习惯于用自己熟悉的东西去理解那些新鲜而陌生的事物。自秦始皇时代以来，在社会上刮起一种寻求长生不老之术的风气，汉代此风愈演愈烈，一时间，各种方技异术泛滥，在此背景下，佛被看成是法力无边的大神。而且至东汉桓帝以前，虽然已有佛僧东来传教，但译事未兴，多由口传，中国人仅粗知其戒律禅法和释迦行事大略，以为与神仙方术和黄老学说相似。加上佛与神在许多方面能力相近，更使信仰者把佛徒视作方士一类，把佛经看作谶纬，把佛陀同于黄帝、老子。例如汉桓帝在宫中同时供奉黄金铸成的浮屠和老子像，设华盖之座，用郊祀之乐。东汉楚王刘英(明帝异母弟)晚年也是既喜黄老又学浮屠。

佛教作为一种外来宗教，为了能在神仙方术大行其道的环境中生存，也有意与之协调，特别是与长生不老之术。早期东来的佛教传播者往往采取一些神异灵验的手段或看病占卜的方法来吸引信徒，虽然这些做法与佛教教义有所出入，也有某些僧团反对"诵咒行术""半自然火"等异道行为，但仍不能阻止这种趋势的发展。著名僧侣如安世高、支娄迦谶、佛图澄、昙无谶等，都同时以巫术见长。至西晋时，佛图澄还以烧香咒火、水生莲花等道术取得石勒信服，《高僧传》称其"善诵神咒，能役使鬼物，以麻油杂胭脂涂掌，千里外事，皆彻见掌中"；

第十一章　西域佛教思想东传与合流 | 277

悉达多像(7—11世纪,中国,圣彼得堡冬宫博物馆藏)

又能"听铃音以言事,无不劾验";以及其他如治病复生、观天象知休咎、敕龙出水降雨、与天神交通等异能①。正因为佛教与道教的这些相似性,在两汉魏晋时期,佛教几乎是依附道教而存在,但也因此而一度遭到禁止。如黄巾起义失败之后,曹魏建国初期,对黄老神仙之术和鬼神祭祠明令禁止,其中包括佛教在内。此外,顺利依附黄老之术,也表明当时传入中国的为西域佛教而非印度佛教。西域佛教是一种融摄原始巫术、带偶像崇拜色彩的混合性宗教。

三国两晋南北朝时期,佛教与中国本土文化的对话,经历了三种方式:一是翻译和解释佛典之时采用"格义"的方法与中国传统思想接轨;二是用论战的方法(如关于袒服问题、不拜君亲问题、神不灭问题等)与中国的社会政治习俗沟通;三是用伪造佛经的方式与中国伦理意识通融。

2. 佛教与儒教的关系

1) 佛儒之争

自东晋以后,随着佛经翻译增多,真正的佛教精神也日益鲜明,逐渐暴露出与中国传统哲学的矛盾。这种矛盾在南北朝时期开始集中爆发,表现为形神之

---

① [梁]释慧皎:《高僧传》卷九《晋邺中竺佛图澄》,汤用彤校注,第345页。

辩、夷夏之争、沙门是否拜敬王者、神灭与神不灭之争、有无因果报应之争以及孝亲观等。这些观点在不同时期都曾引发过激烈的辩论，其中形神之辩关系到佛教的本质，夷夏之争决定着佛教在中国传布的命运，更是反复多次①。

佛教初入中国时，首先是一种局限于一群独立成员之中的、藉以解脱生死轮回的生活方式与行为方式。这种生活方式本质上要与中国统治阶层发生强烈抵触，因为它培养一个不事生产、反社会和自治的民间团体，这与中国传统社会强调政府权威无处不在格格不入。所以在中国，僧人阶层必定要和士大夫阶层及政府本身发生冲突。从公元4世纪开始，中国士人社会出现强烈反对僧权的倾向，主要有四种论点：

第一，政治和经济的论点，亦即"沙门是否敬拜王者"之争。僧伽要求成为独立自主的组织，免除对世俗政府的义务，不受国家的监护，这是一种违背中国传统的思想。4世纪汉族王朝偏居南方的政治形势使这个问题更加敏感。340年，以东晋摄政者庾冰和支持佛教的大臣何充为首就此展开争论；402年，反佛的桓玄和信佛的王谧再次争论。此后几个世纪里，这种论战不时重复。发生这种争论有社会和政治基础：僧权会增加自治群体的危险性、导致流民大增并减少赋税徭役，站在士人立场上，这样的担忧也不无道理。

在庾冰同何充的论战中，佛教支持者仅是讨论历史上的各种先例，讲述外国王者支持佛教的态度、僧人"内在的顺从"以及"敬"只是一种不重要的外在形式，还强调佛法有助于国泰民安，僧人阶层作为一个整体有助于社会，但其中可能有个别成员行止不当。在桓玄与王谧的论战中，僧人慧远（334—416）首次对佛教生活的目的做出清晰陈述。他明确界定和区别了僧人阶层与世俗政权的影响域，并指明这种区别是缘于佛法自身的基本理论，是不可避免的，僧伽必定是不属这个俗世的方外道友组织，方外、方内两个世界不可混淆。慧远是想通过证明僧人本质上不问世事来强调僧人无害于社会，但这样做难免会强化第二种指责理由，即僧人因不事生产而无益于社会。

第二，寺院生活不能给这个俗世带来任何具体的成效，因此是无用的、没有生产价值的，这是中国传统中根深蒂固的功利主义思想引出的直接论点。中国的每一个思想宗派都要求能有益于"治"和"教化"，而印度的佛教却不考虑对于社会的治化作用。护教者针对这类指责的反驳立场是：阐明寺院生活的社会

---

① 早在东晋末年，孙盛、何承天就撰文反对佛教的神不灭论。南朝宋初元嘉时期，宗少文、颜延之、僧含、郑鲜之也分别著述，围绕神不灭展开争论。齐梁之际，范缜作《神灭论》，系统地提出了形质神用论，指出精神是形体的作用，形亡神灭，驳倒了神不灭论，朝野大哗。梁武帝组织六十多人撰写反驳文章，对范缜进行围攻。

意义以及佛法如何具有教化作用,何充和慧远持此论。宗炳在《明佛论》则提出,两者可以合流,从形与神的关系论及教化与佛法的融通。另一僧侣道恒则强调佛法之功用不仅可以与世俗制度匹配,还高于世俗制度。435年,何尚之对佛教之于政府的实际价值的论述最具代表性。他说,佛法的传播、臣民的皈依将导致道德普遍提高,恶行则随之消失,刑罚因之可以废除,由是逐渐步入太平盛世。他还举例说西域众小国正因佛法兴盛而能互不侵凌,蹂躏中国北方的蛮族统治者残暴如石虎、苻坚也能因接受佛法而改善自己的行为。

第三,佛教是一种"胡"教,适合于未开化之蛮夷的需要,与中国文化的特质格格不入。这是华夏文化优越感的直接表达,4世纪因异族入侵而使士大夫的排外情绪更严重。这种排外论调的基本逻辑是,因为古代黄金之世的记载没有提及佛教,古代圣人不知道佛教,所以它是不必要的,甚至是一种异端。佛教徒针对外国起源的辩护是,中国经常从国外引进一些东西并带来很好的结果,而且过去一些圣人和伟大政治家也有外国血统。关于圣人未提佛教这一点,反驳者的论点比较抽象,他们不能指责孔子的道理不好,只能说,孔子制订的规则适用于挽救当时的社会,有明确针对性,因此也就有局限性,孔子没有机会和愿望去阐释形而上问题(业、轮回、觉悟、涅槃)。因此,孔、佛两位圣人远非对立,而是相通,他们活动范围不同,救世之心则一样。如孙绰(约300—380)《喻道论》称"周孔救极弊,佛教明其本耳,共为首尾,其致不殊"①。

另外一种辩解方式则是通过将佛教与中国古代历史直接相比附牵合而声称佛教并非"外来的"或"异族的",这是中国人常用的正名方法。基于此,出现了种种貌似荒唐的说法:比如,佛教东来的时间被提前,至晚是秦始皇时代,早则可上溯至黄帝时代,孔子之前佛教已为人所知,孔子和老子是佛陀的弟子或化身云云。

值得注意的是,在这场讨论中,有些佛教徒已经表露出认为佛教高于中国传统的态度。针对有士人提出佛教无法被确证这一指责,佛教的支持者辩解说,佛教那些不可确证的理论既不能证明佛教的起源不开化,也不能说它是误导众生的圆滑伎俩,反而是诘难者鼠目寸光、心胸狭隘、呆板平庸,所以无法理解佛教经由想象呈现出的世界。宗炳在《明佛论》中体现出一部分中国人的思想因为佛教而从对社会哲学的偏嗜中解放出来。他认为,外国的风俗制度甚至可能优于中国,因为原始纯朴的道德在堕落的时代已然消失,而在异域还可能

---

① [东晋]孙绰:《喻道论》,[清]严可均编:《全上古三代秦汉三国六朝文》"全晋文"卷六二,第3622页。

克孜尔石窟第 38 号窟主室前壁上方弥勒说法图中的听法天人（约 4 世纪）

有残遗,他甚至提出真正的"中国"或世界的中心是在印度而非中国。

第四,寺院生活有损于注重社会行为的先贤圣训,因此是反社会和不道德的。佛教的一些具体行为极易让中国人将之归结为反道德行为,如辞亲出家、独身无嗣、割绝所有社会关系、从剃发到遗身（自焚）的种种毁身方式。对于这类道德上的反驳,护教者极力描绘寺院生活的神圣与美好,以及它与中国古已有之的田园理想或归隐理想间的一致性。如 3 世纪中期,康僧会曾在《法镜经序》中赞美寺院生活清净、素朴、与自然神秘合一,而世俗生活尤其是居家生活被他说成是一切罪恶和污秽的渊薮①。不过,这样的辩解还不能化解大多数人关于佛教反道德的印象。所以,后来慧远在《沙门不敬王者》中强调"居家"与"出世"间的联系,以此证明佛教有益于世俗道德。慧远说,剃度为僧有一定的规矩,凡是尚在为朝廷效力的人,尤其是士兵,或者还没有征得父母同意的人,都不能受戒剃度,以此与孝道或忠君思想协调。孙绰的《喻道论》则更详细地论证"居家"与"出世"的正面关联,提出佛教的解脱之道同时表现为最高的孝道:首先,有一种行孝的方式比履行社会责任的一般方式更高明,因父母子女一体之故,所以一人成佛便使家人共得超度,于是达到行孝的极致;其次,在不同

---

① ［梁］释僧祐:《出三藏记集》卷六《法镜经序第十》,苏晋仁、萧錬子点校,第 254—255 页。

第十一章　西域佛教思想东传与合流　281

游方僧（敦煌，圣彼得堡冬宫博物馆藏）

的社会美德面前，儒家也常有明显的对立，比如忠孝不可两全，所以总得允许取舍；再次，佛陀本人就是最完美的行孝典范，因为他使自己的父亲皈依佛法。此种论证旨在证明寺院生活的最终目的——成佛与实现最高社会美德相一致，这对于化解士人的疑虑有重大作用。

总之，佛教传入中国的最初三百年，士大夫们反对寺院生活方式及其蕴含的一切，这可能就是 4 世纪之前佛教在这个阶层中传播缓慢的主要原因。进入 4 世纪，杰出的中国法师出现后，佛教才真正开始渗入士大夫的生活和思想，由于佛教阶层的领袖已是中国知识分子，所以能采用与中国传统观念相糅合的、可被普遍理解和接受的观点护教和弘法。这样一来也加快了佛教中国化的进程。到隋唐时期，儒家反佛时居然大量应用佛教的观点作为立论依据。大臣进表上疏排佛，表疏中却随处可见对佛经教义的阐释。如佛因心成，不可外求，以此反对搜刮民财，营寺造像。用佛教的教义来证明佛教荒谬，不能简单地看成只是逻辑论证方式的问题，它反映出佛教其时已经深入人心的现实。

2）佛教对儒家传统的迎合

佛教在传入以后，就采用了种种方式，来迎合中国的封建伦理。从上述内容已可看出，佛教反驳士人的攻击时，尽量不去针锋相对，而是站在儒士的问题立场上阐发自身关于该问题的正面意义。此种迎合之道还有更加正面的表现。

首先，佛教通过对自身教义的调整，以对佛典的删改、比附、衍生、补益等多种方式，来追寻与儒学伦理思想的契合。在翻译佛经时，佛教通过删改不适合的内容来保持和儒家伦理的一致性，特别是在家庭伦理和社会伦理方面。在比附方面，较为典型的是佛教天台宗创始人智顗将佛教的"五戒"与儒家的"五常"视为同一，还认为"五戒"与儒家的"五经"可以相互对应，《摩诃止观》卷六上称"五经似五戒：《礼》明撙节，此防饮酒，《乐》和心防淫，《诗》讽刺防杀，《尚书》明义让防盗;《易》测阴阳防妄语"。

由于"孝"这一伦理范畴在封建宗法伦理中是一个核心的观念，佛教费了很大的力气来发展佛学的孝亲观，为佛教的生存开辟道路。在早期的汉译佛典中，《尸迦罗越六方礼经》《善生子经》《华严经》《那先比丘经》和《游行经》等，因为包含对家庭伦理关系特别是对侍奉父母等伦理道德的论说而受到重视。有些人则通过对固有经典的重新注释来体现佛教的孝亲观，如宗密撰《盂兰盆经注疏》二卷，将《盂兰盆经》视为佛教的"孝经"，将孝道提升至宇宙性真理的高度，指出对佛教而言，"戒虽万行，以孝为宗"[①]。不仅如此，佛教还伪造一些经典，即所谓"疑伪经"来说明佛学基本伦理规范与儒家的一致性，此类经典以唐初的伪经《父母恩重经》最为重要。佛教孝亲观的成熟，使佛教终于在与儒家的争论中站稳了脚跟。

3. 佛教与道教的关系

1) 佛道相争

"道教"这个词的含义不甚清晰，有人区分"哲学的"道教和"通俗的"道教，前者指一种纯属知识分子的活动，在上层社会形成一股"道教"思潮，后者指道教天师领导下的民众信仰。但"哲学的"道教这个名词不够确切，因为它试图将"玄学"纳入其中，然而玄学应当归属于儒学，是儒学对早期道家哲学的反思。现在用"道教"这个词表述一种集宗教与养生于一体的实践或信仰，它自称可以上溯至黄帝、彭祖、西王母、老子和数量众多的神或半神。溯其源，则是由神仙家演变而来，杂以阴阳五行、谶纬迷信以及巫术炼丹等方术，依托老庄学说，建立起庞杂的理论体系。道教作为一种有组织的宗教运动源于东汉，基本目的是追求肉体不死和羽化登仙的境界，在当时文献中常被冠以"道术""仙道""黄老"或"道教"等名称。早期的道教圈子由属于上层阶级的道教领袖和有教养的信徒组成，因为严格奉行道教戒规、服食昂贵的药物、频繁参与铺张的斋戒和净化仪式，这些不是普通人能负担的。

[①] [唐]宗密：《盂兰盆经注疏》，《大正藏》卷三九。

道教要解决的中心问题是"长生不死"和"得道成仙",这与佛教以为人生是一大苦海、其解脱之道在于"觉悟"的主张根本上相悖。佛教初传之时,既由于立足未稳,也由于人们对它的了解非常有限,所以佛道常被混为一谈。但随着佛教在中原不断成熟与发展,佛教逐渐走出道教的阴影,佛教信徒日渐增多,佛、道二教的冲突随之浮现。佛、道之争始于三四世纪之交即西晋惠帝时,根据5世纪初的资料(慧皎《高僧传》、《晋世杂录》、裴子野《高僧传》及刘义庆引自《幽明录》的注释),当时沙门帛远和祭酒王浮(别名道士基公)二人常辩两教之邪正,王浮屡败①。《史记·老庄申韩列传》载老子弃周而去时,"至关,关令尹喜曰:'子将隐矣,强为我著书。'于是老子乃著书上下篇,言道德之意五千余言而去,莫知其所终"②,《后汉书·襄楷传》又载"闻宫中立黄老、浮屠之祠……或言老子入夷狄为浮屠"③,王浮附会这两条记载,创造出一部《老子化胡经》。这成为佛道两家斗争的开端。

依据老子西去的故事演绎老子化胡说并不始于王浮,而是出自2世纪后半叶的道教圈子,且并非对佛教的诋毁。第一次提到化胡说是襄楷在公元166年向皇帝呈递的一篇奏折,"又闻宫中立黄老浮屠之祠。此道清虚,贵尚无为,好生恶杀,省欲去奢……或言老子入夷狄为浮屠"。这里表达的是对佛教的赞美。裴松之注《三国志·魏书》卷三〇结尾处摘引的鱼豢约撰于3世纪中期的《魏略·西戎传》也提到老子化胡,以此解释为何佛经与老子经常相出入。可见,化胡说起初非是排佛策略,而是通过把佛陀与中国古代圣人相联系来显示佛法的清净和慈悲为怀,解释为何异域也有圣贤之论。化胡说这个理论提出之始很可能同时受到道教阶层和佛教领袖欢迎,因为它一方面能促使道教徒有堂皇的理由吸收佛教的实践与制度,另一方面又通过把佛教说成"道教的外国分支"而使佛教对中国百姓更具亲和力。

王浮重解老子化胡说,成为佛、道激烈争论的开端,而此论就此成为道教徒攻击佛教的基本工具。这种化胡说表现出明显的民族主义和排外特质。信佛的胡人不再是早期资料中显示的那般友好,而被描写为没有好品性,刚强无礼、不异禽兽、凶犷、贪欲恣戾等等,老子暨释迦牟尼在这样的西方胡人中传播教义不是为了救度和超脱他们,而是为了遏制他们的烈性,侮辱、削弱甚至灭绝他们。如4世纪中叶前后结集的佛教论文集《正诬论》因反驳一篇反佛论文而引

---

① [梁]释慧皎:《高僧传》卷一《晋长安帛远》,汤用彤校注,第27页。
② [西汉]司马迁:《史记》卷六三《老子韩非列传》,第2141页。
③ [南朝宋]范晔:《后汉书》卷三〇下《郎顗襄楷传》,第1082页。

用的其中一句话所言:"禁其杀生,断其婚姻,使无子孙,伐胡之术,孰良于此云云?"①这篇反佛论文显系受到王浮《老子化胡经》影响。4世纪开始的这场佛道斗争有如下几个现实背景:第一,"五胡乱华"刺激中国士大夫的排外情绪,扩大至针对所有"胡人",这种情绪深刻影响了此时开始的佛道之争。第二,佛教在农村人口中的逐渐扩张势必削弱道教教团的力量,双方的利益之争会激化道教领袖及其朝廷代言人的排佛态度。第三,大约公元300年,佛教开始在士大夫、上层社会、朝廷权臣和王室成员中产生影响,必然导致两个集团之间更无情的竞争,佛道间此后的冲突主要发生在朝廷内部。一种说法称,王浮是道教教团的名流,帛远则与河间王暨丞相司马颙有密切关系,王浮与帛远的争论就发生在司马颙的驻跸之所长安。

南北朝时期,佛道二教都有较大发展,而在南方和北方彼此也都冲突更甚。南朝于宋齐之间爆发了关于《夷夏论》的辩论。北朝佛道之争的高潮则是北魏太武帝和北周周武帝在道教介入下的两次灭佛之举。至于唐代,佛道之争与政治斗争纠缠更密,先有高祖时期的助道反佛,后有高宗、武后时期的助佛反道,而后又有唐武宗的灭佛。在这场漫长的争斗中,《老子化胡经》这部文本有着举足轻重的地位。在王浮的一卷本《老子化胡经》问世后的几个世纪里,这部作品被不断扩展和修改,至隋代扩展为两卷,8世纪初成了十或十一卷的作品,里面汇编了不同时代和不同来源的各种故事。《广弘明集》卷九保存了大量后期《老子化胡经》的引文。这些扩充本的有些版本可能是为了回应佛教的反驳而制作。《老子化胡经》这部文本的发展表明,道教在与佛教斗争中围绕"化胡"主题生发了一整套伪经体系。668年唐高宗时代,《老子化胡经》遭禁。696年,武后在道教徒劝说下撤销这项决定。705年,惠澄和尚上书请求禁断该经并于同年获准,同时也有几位支持道教的朝臣反对禁断建议。但有关"化胡"的文献在宋代继续发展壮大。直到13世纪中叶,元朝皇帝鉴于佛教的特权地位而前后四度下诏(1258年、1281年、1285年、1291年)禁断所有关于化胡说的文献并下令毁版。此后,各种版本的《老子化胡经》和其他同类作品尽数消失,仅有散篇以引文形式存于早期经论,敦煌文书中还有版本较晚且内容奇怪的《老子化胡经》残卷(个别版本有受摩尼教影响痕迹)。

佛教对于化胡说的回应有两类。第一类是多少有理论依据的反驳,即论证道教教义的明显荒谬之处。但这类论证于6世纪之后才出现,因道教徒的攻击

---

① [梁]释僧祐撰,李小荣校笺:《弘明集校笺》卷一《正诬论》,上海:上海古籍出版社,2013年,第65页。

日益猛烈，佛教徒才试图系统地批驳这种理论。第二类则是调和式的，在《老子化胡经》编撰之后不久就出现，其基本论点是，老子远非佛教的创始人，却是释迦牟尼的化身或佛弟子，由天帝派遣到东方传教，尽管所传之教在各方面都劣于佛教，但仍能为达到最终解脱做准备。这种论调有时也把儒教扯入，将老子、孔子、颜回甚至传说中的圣王都看作菩萨，于是形成"三圣东行说"（老子—大迦叶、孔子—儒童菩萨、颜回—月光菩萨）。"三圣东行"的主题至少4世纪中叶开始出现，4世纪末以来在许多佛教疑伪经中以多种形式展开。

佛教以调和论的方式反击道教并且制造"三圣东行说"，这与佛教注重同中国传统尤其是同儒学相妥协有着类似考虑。将古代佛教圣人与儒教和道教的圣人等同起来，有助于中国人的理解，也易于佛教在初传时期赢得地位。将道教徒的"化胡说"逆向修正，以把儒、道圣人纳入佛教，既不违背中国人对古圣地位的惯常态度，又能抬高佛教的地位。除了三圣东行，佛教疑伪经的作者还把伏羲和女娲引入佛教，以女娲为宝吉祥菩萨，即吉祥天女—大势至菩萨，以伏羲为宝应声菩萨，这个宝应声菩萨可能就是应声大士——与大势至菩萨同胁侍阿弥陀佛的观世音菩萨。而五斗米道教的创始人张陵也被附会为曾经礼佛，并与许多佛教圣人关系密切。佛教徒还说，佛陀弟子大迦叶—老子曾预言了公元64年（永平七年）汉明帝夜梦金人以及佛教就此传入中国之事，而佛教东来就是要取代道教这种堕落的宗教。

总体来看，佛道之争在唐中后期已不再激烈，表现出融合趋向。因此可以说，佛教同道教的斗争也是促使其中国化的重要因素。

2）道教对佛教的借取

道教义理自来薄弱，无法与系统精严的佛学理论相比。为了自我完善和吸引信众，道教曾大量吸取佛教经义。首先在虚构的彼岸世界方面，早期道教于这方面比较朴素，道教所描述的幽冥世界也很朦胧，只是说人死为鬼，在四方游荡。南北朝以后道教虚构的彼岸世界开始复杂起来，有"三境三十六天""十洲三岛""三十六洞天、七十二福地"，传说皆为神仙游息之地。地狱也有十殿阎王，人死后灵魂入地狱受审判。在虚构彼岸世界的许多概念上，道教都模仿佛教，依葫芦画瓢。其次在因果报应理论方面，早期道教便有"善恶报应""天道承负"的教义，《太平经》宣扬鬼神监察人事、天道主宰世事的理论。南北朝以来，道教更加强调修斋持戒，将因果报应归于主观自身的修养，这是吸取佛教因果业报思想的结果。由此，道教充实了斋戒义理及仪范，使斋醮戒律规范化，极大地改变了早期道教的原始面貌。此外，许多道教经典都是直接或间接在佛教经典的影响下形成的。佛性论也影响了道性论的形成，道教开始把追求肉体长生变为对精神境界的追求。

道教正是在向佛教的学习过程中成长壮大为中华文化的重要一支,而成熟之后的道教又在唐代借王玄策使印之机正式传入印度,表现出文化交流的双向互动。

据道宣《集古今佛道论衡》卷丙,王玄策第一次出使印度到达东天竺的迦摩缕波国(今印度东北部的阿萨姆一带)时,其国王童子王(Kumara)因该国佛教未兴,外道宗盛,打听到中国在佛教传入之前也有道教经典流行,便要求将道教经典译成梵文。公元 647 年,唐太宗下令由玄奘法师会同道士蔡晃、成英组成一个三十多人的译经班子,将老子《道德经》逐字逐句译成梵文①。《续高僧传·玄奘传》对此事也有相似记载。《旧唐书·天竺传》还记载了王玄策出使时,伽没路国(即迦摩缕波国)请赐老子像之事②。由此印证,道宣的记载应该是真实的。这本梵文《道德经》极有可能在王玄策第二次出使印度时送到了童子王手中。除了这次《道德经》的传播外,当时前往印度取经的中国僧人也极有可能将道教思想传播到印度。如唐代义净《大唐西域求法高僧传·明远法师传》提到明远"议庄周"③,同书《僧哲禅师传》记载僧哲于"庄、刘④二籍,亟尽枢关"⑤,说明去印度求法的僧人有不少对道教经典相当了解。

4. 佛教中国化与三教合流

两晋以来,黄老之术与神仙方技与汉代相比大有衰落之势,同时佛教势力在中国不断增长。在此背景下,佛教日益走出早期与黄老、神仙相缠绕的阴影,走向独立发展的道路。独立的过程是与儒、道冲突的过程,也是进一步与中国传统文化和社会现实相结合的过程,最终结果是实现佛教的中国化。佛教中国化既表现在组织制度上,也表现在思想上。

1) 佛教制度上的中国化

在佛教中国化过程中,东晋僧人道安(312—385)的制度建设起了很大作用。据《高僧传》卷五《晋长安五级寺释道安》,道安非常重视僧团的建设和弟子的培养,曾两次分散徒众,传法四方,还主张僧侣废除世俗姓氏而以释为姓,为后世僧徒所遵循。最重要的是,他制定了三条僧尼规范:一为行香、定座、上经、上讲之法;二为常日六时行道饮食唱时之法;三为布萨、差使、悔过等法,此

---

① [唐]道宣撰,刘林魁校注:《集古今佛道论衡校注》卷丙,北京:中华书局,2018 年,第 85—96 页。
② [五代]刘昫:《旧唐书》卷一九八《西域传·天竺传》,第 5308 页。
③ [唐]义净撰,王邦维校注:《大唐西域求法高僧传校注》卷上《明远法师传》,北京:中华书局,1988 年,第 67 页。
④ 沙畹以为"刘"指刘向,王邦维以为指编《淮南子》之刘安。参见[唐]义净撰,王邦维校注:《大唐西域求法高僧传校注》卷下,第 171 页。
⑤ [唐]义净撰,王邦维校注:《大唐西域求法高僧传校注》卷下《僧哲禅师传》,第 169 页。

胡跪供养者(炳灵寺169窟左壁12号)

后"天下寺舍,遂则而从之"①。这三条僧尼规范不但使佛教进一步摆脱了黄老之术、神仙方技的阴影,也建立起中国佛教丛林制度的雏形,为唐代丛林制度的建设奠定基础。

佛教在印度之所以能击败婆罗门教,是因为释迦牟尼提倡四姓平等,反对等级制度。但中国自古以来就是一个官本位的国家,政府的管理是佛教发展面临的现实制度环境,佛教对此做出了顺应姿态,放弃了原本的平等制度而使自身逐渐被纳入国家统治体系之中。从北魏的太祖道武帝开始,就把佛教僧团划归政府部门直接管理,并在僧团内部设立不同层次的僧官。北魏时期寺院中还出现了僧祇户(为僧曹所领,不属个别寺院,为寺院团体的佃户)和寺院不自由的佃户(佛图户,为寺院所领,地位较僧祇户为低),他们每年要向管理寺院的总机构僧曹缴纳租税(僧祇户和佛图户均不再向政府供输赋役),国家还将重罪犯与官家奴婢发配至寺院从事杂役,显见寺庙也成为统治阶级的一部分。

2) 三教合流的思想与趋势

在三教斗争中,儒教、道教为了有效抵制、排斥佛教,确保自己在斗争中取胜,就努力学习佛法;另一方面,佛教徒为了对付儒、道二教的攻击,也用心研究儒典和道书。在斗争方法上,三者又都既把对方视为异端邪说,贬得毫不足取,又自觉不自觉、私下或公开地从对方学说中汲取对自己有利的东西来丰富、充

---

① [梁]释慧皎:《高僧传》卷五《晋长安五级寺释道安》,汤用彤校注,第183页。

实和完善自己,力求使自己成为一个既包含对方,又超过对方的庞大的宗教学说或思想体系。这样一来,中国思想文化的发展表现为,三大思想潮流之间在相互排斥和斗争的同时又相互吸引融合,并逐渐走向三教合一。

佛教在魏晋时期曾以格义的方式大量吸取了老庄的概念和范畴。隋唐以后,佛教也在无形中摄取道教的思维方式。道教的早期经典如《想尔注》《河上公章句》和《太平经》中都蕴涵着"道不遗人"的精神内质,体现出离世遗俗而不放弃此岸世界的特点。自隋初开始流传的产生于中土的佛教经典《大乘起信论》,是对印度佛教"不得参与世事"的出世精神的变通。其基本思想是"一心二门论",即"众生心""真如门""生灭门",这一思想主张佛性与人心、本体与现象、圣与凡、净与染、出世与在世等的和合。使佛徒不仅可以追寻一种超越的终极境界,也能够对世间表现出普遍的关怀。《大乘起信论》对隋唐佛教诸宗产生了深远的影响,天台的"性具"论,华严的"理事圆融"论、"功德本具"论与"随缘不变"论,禅宗"真如是念之体,念是真如之用"的体用论,都带有和合世俗的特点。而究其根源则是儒学中庸观点与道教"道不遗人"精神实质结合的产物。

三教合一的呼声其实一直贯穿于佛教传入中国的历史进程中。中国传统文化的核心是封建宗法体制下植根于世俗社会生活的伦理道德规范,其着眼点则是在现实世界中实现治国平天下的政治理想。唐代统治者在理论上提倡三教合一,以利王朝统治。唐高祖武德七年(624)二月《赐学官胄子诏》就说:"三教虽异,善归一揆。"①虽然在政策上对三教时有轩轾,但三教并行的总趋势没有改变。隋唐时期儒释道三家都从不同的角度期望着"三教合流"的新局面。佛教调和儒道的思想源远流长,汉代牟子《理惑论》就曾经指出,佛与儒道多有契合之处,佛教居家可以事亲,宰国可以治民,独立可以治身,与儒家一致。北魏时国子博士卢景裕一边信释氏,一边注释《周易》和《论语》。《魏书·卢景裕传》云:"景裕虽不聚徒教授,所注《易》大行于世。又好释氏,通其大义。天竺胡沙门道俙每论诸经论,辄托景裕为之序。景裕之败也,系晋阳狱,至心诵经,枷锁自脱。是时又有人负罪当死,梦沙门教讲经,觉时如所梦,默诵千遍,临刑刀折,主者以闻,赦之。此经遂行于世,号曰《高王观世音》。"②卢景裕的身份相当于国家任命的儒学教授,却于释氏钟情如此,说明儒者信奉释氏之书已是很平常之事。北周道安《二教论》是一部问答体佛学著作,认为"三教不殊,劝善义一,教迹虽异,理会则同"③。

---

① [唐]李渊:《赐学官胄子诏》,[清]董浩等编:《全唐文》卷三,第36页。
② [北齐]魏收:《魏书》卷八四《儒林传·卢景裕传》,第1860页。
③ [北周]道安:《二教论》,《广弘明集》卷八,《大正藏》第52册,第137页。

在唐代已形成了三教合流的社会气氛,士大夫阶层人士兼习三教或二教兼习已成为一种风气,他们热衷于与僧、道交游;而僧人、道士结交儒者、朝廷官吏,熟悉儒家学说的也大有人在。三教的交渗互补相当广泛和深入,大臣同僧人或道士来往密切;僧人中,浩初"通《易》、《论语》"①,元暠"为高士,为儒先。资其儒,故不敢忘孝;迹其高,故为释"②。三教共处,被当时的思想文化界所接受,成为多数人多元信仰精神生活的一大特色。僧人宗密作《原人论》,进一步提出"会通本末"的主张,"孔、老、释迦皆是至圣,随时应扬,设教殊途。内外相资,共利群庶"。宗密的著作是从调和伦理道德的对立到融通世界观的分歧的重要标志,足以说明隋唐时期三教的融合已进入思想文化的深层了。

佛教中国化完成的标志是隋唐时期佛教宗派的形成,天台宗、华严宗、净土宗、禅宗、法相宗(唯识宗)、律宗、密宗和三阶宗等都是在中国特定的社会历史环境中产生的,与传统印度佛教有极大差别。禅宗尤其是中国化佛教的典型代表,主张即心即佛、顿悟见性,简单易修并淡薄了世间与出世的界限,非常符合中国士人的口味从而迅速流传。及至宋代,一个熔儒、释、道于一炉,以心性义理为纲骨的理学体系的建立,则意味着佛教中国化的进程彻底完成。

---

① [唐]柳宗元:《柳宗元集》卷二五《送僧浩初序》,北京:中华书局,1979年,第674页。
② [唐]柳宗元:《柳宗元集》卷二五《送元暠师序》,第678—679页。

第十二章 西域佛教艺术及其中国化

在佛教传入中国的过程中,佛教艺术曾是重要的传播手段之一,尤其是对文化程度低、识字少的普通民众,图像、音乐、表演等视听手段无疑是吸引他们接触和了解佛教的基本手段。与此同时,佛教艺术也与佛教思想一样经历了中国化的进程,并且对中国传统艺术产生了深远影响。

一、佛教石窟造像艺术的东传及其影响

石窟建筑与佛教有密切渊源,尤其是与中亚佛教。印度各地佛教的礼拜对象都是佛塔,佛的形象是与塔作为一个整体受到崇拜,这大概与佛教并不提倡个人崇拜有关,必要时仅以台座、法轮、足迹等象征性因素暗示佛陀的存在。贵霜帝国治下的犍陀罗虽然受希腊古典文明影响而出现单身佛像,但其主要崇拜形式仍是佛塔。然而在位于今天阿富汗中部的巴米扬(Bāmiān)地区,崇拜形式发生质的变化,崇拜对象由佛塔变为独立的佛像。龛窟的形式正是为了适应这种佛像崇拜,所以在巴米扬地区才率先产生佛教石窟。巴米扬地处中亚、西亚和印度交汇的位置,也因此成为诸种文明的融汇之所。巴米扬龛窟大佛正是印度式礼佛与西方式巨像结合的产物。在古代印度并无雕塑神像的传统,所以佛教造像艺术并不见于早期印度佛教,而埃及和伊朗却有摩崖巨雕的传统,希腊和罗马则有雕塑大型神像的传统。佛教造像艺术之所以在公元前3世纪后半叶兴起于犍陀罗(巴米扬在地域上亦可纳入犍陀罗范围),是因为该地区当时被希腊化国家大夏所统治,这时兴起的佛像艺术恐与希腊文化的影响直接相关。与佛教教义和经典最初由中亚经西域传入中国相一致,佛教艺术也是由中亚经西域传入中国,其中以兴起于中亚的石窟造像艺术最为突出。

1. 犍陀罗艺术

公元前3世纪后半叶兴起的犍陀罗艺术与公元4世纪兴起的笈多艺术(Gupta Art)是印度佛教艺术最早的两大代表流派,并在佛教造像艺术上表现得最为典型。犍陀罗艺术的中心犍陀罗位于古代印度的西北部,即今天巴基斯坦白沙瓦一带。据说犍陀罗是古印度的十六国之一,公元前6世纪后半叶沦为

第十二章　西域佛教艺术及其中国化

3世纪石雕犍陀罗思维菩萨像龛。雕像呈现悉达多太子成佛前的修道样貌，其造像以太子的形象为基础，作古代印度贵族装扮

阿契美尼德波斯帝国的行省，公元前326年又遭马其顿国王亚历山大入侵而开始希腊化进程。公元前305年被印度新兴的孔雀王朝夺回并在阿育王时期开始接受佛教文化的影响。公元前3世纪后半叶至公元前139年则为希腊化国家巴克特里亚（大夏）的领土，于是再度经历希腊化历程。公元1—2世纪的贵霜王迦腻色迦占领犍陀罗地区并把此地建为新的统治中心，大力提倡佛教的迦腻色迦在犍陀罗建造大批佛塔寺院，并仿照希腊和罗马的神像雕刻了大量佛教造像，由此形成了犍陀罗艺术，在公元2世纪中叶达到鼎盛。公元465年，嚈哒人入侵犍陀罗，扫荡了这里的佛教文化，犍陀罗艺术从此消失。

　　如上文所言，犍陀罗艺术产生之前，从未出现过人形的佛陀形象，而犍陀罗艺术中的佛陀人形形象是希腊罗马式神像直接影响的结果，因此有些学者认为，犍陀罗佛像艺术最主要的特点就是希腊化的写实人体加印度的象征标志。犍陀罗佛像的头部一般呈阿波罗式的希腊美男子面容，深目高鼻，薄唇长耳，肉髻通常覆盖着希腊雕刻常见的波浪式卷发，背光朴素无华，斜披通肩袈裟，袒露右肩，袈裟襞褶厚重，毛料质感清晰，类似罗马长袍"托格"。这种希腊风格的佛像被称为"阿波罗式的佛像"或"穿托格的佛像"。佛像的手势和坐姿则遵循印度传统的固定程式，立像的手势多作施无畏印，坐像的手势多作禅定印或转法轮印，坐姿多为莲花坐。犍陀罗艺术中的菩萨造像，包括悉达多太子、弥勒和观音菩萨，造型常有印欧混合特征，头戴珠宝饰物；上半身袒裸，佩戴耳环、璎珞、护符、臂钏、手镯,一条长长的披巾缠绕过左臂后搭在右臂并垂下;下半身穿着一条印度式围腰布"兜蒂",波纹状密集的皱褶类似希腊罗马雕刻的燕尾形衣纹。此外,犍陀罗艺术中还常见有雅典娜、河神、背负大地的提坦神阿特拉斯、小爱神、鬼子母神诃梨帝等希腊、罗马或印度诸神的雕像,造型也明显受到希腊艺术的影响。

事实上,犍陀罗艺术主要是印度佛教与希腊化艺术融合的产物,因此又常被称为"希腊—佛教艺术""罗马—佛教艺术"或"希腊—罗马—佛教艺术"。不过,犍陀罗艺术以公元241年贵霜帝国的灭亡为界又可分为前后两期,前期犍陀罗艺术中的希腊化影响更明显,后期犍陀罗艺术则融入印度本土、萨珊波斯以及拜占庭的艺术成分,呈现出多元文化的特点。

2. 笈多艺术

笈多艺术是在犍陀罗艺术之后产生的一种佛教艺术,并被称为真正印度式的佛教艺术,在后期佛教艺术中发挥了更为重要的作用。印度笈多王朝是继孔雀王朝之后在印度北部建立的又一大王朝,定都于华氏城,统治区域包括北印度全境、中印度大部和西印度部分。笈多时代是印度古典文化全面繁荣的时期,尽管当时佛教已随着印度教的兴盛而在印度本土日渐衰微,笈多诸王又大多信奉印度教,但在笈多王朝宽容的宗教政策庇护之下,佛教艺术仍得以继续发展,从而形成了笈多式佛教艺术。与犍陀罗艺术的希腊风格不同,笈多艺术遵循印度本土民族的古典主义审美理想,尤其受到当时佛教哲学唯识宗所代表的"实无外境,唯有内识"思想的影响,佛像造型也深深浸透沉思冥想的精神,具体表现就是佛像都低垂眼帘,似在专注于自己的内心世界。笈多艺术又以笈多时代的两大雕刻艺术中心马图拉(Mathura,或译秣菟罗)和萨尔纳特(Sarnath)为中心分为两派,都代表着印度古典主义艺术的最高成就。

马图拉位于今印度北方邦恒河支流耶木纳河西岸,地处连接印度中部与西北部的交通要冲。马图拉式佛像的一般特点是:脸形为印度人,眉毛细长,呈倒八字形向上挑起,眼帘低垂,带有沉思冥想的神情,鼻梁笔直,下唇宽厚,耳垂拉长呈矩形,颈部有三道折痕,肉髻是排列整齐的右旋螺旋状螺发,光环硕大华丽,身材颀长匀称。通肩式袈裟单薄贴体,犹如被水浸湿一般的半透明,衣纹通常是一道道平行的U字形细线,具有流水般波动的韵律,隐约凸现出全身的轮廓。根据这种薄衣贴体的半透明效果,笈多艺术中马图拉样式的佛像又被称为"湿衣佛像"。马图拉式佛像还广泛运用了身体呈S形曲线的"三曲式"女性形象造型,这一形象源于马图拉本地的生殖精灵药叉女雕像造型。

4世纪佛坐像,以浅黄色砂岩雕刻而成,具有笈多马图拉样式的艺术风格(北方邦舍卫城,印度北方邦勒克瑙州立博物馆藏)

　　萨尔纳特就是传说中佛陀初转法轮的鹿野苑,位于今印度北方邦恒河中游的圣城瓦拉纳西东北部。萨尔纳特式佛像造型与马图拉式佛像大体相同,如印度人的相貌,眼帘低垂,直鼻厚唇,矩形长耳等,但不同的是萨尔纳特式佛像的袈裟比马图拉式佛像更单薄,几乎像玻璃一样完全透明,仅在领口、袖口和下摆边缘依稀可见几丝透明衣纹,乍看恍若裸体。因为这种轻纱透体的全透明效果,萨尔纳特式佛像又被称作"裸体佛像"。

3. 西域的石窟与佛教造像艺术

　　在中国,佛教意义上的石窟是佛教传入之后才出现的,南北朝至隋唐,佛教石窟在中国北方的丝绸之路沿线被大量开凿。新疆地区沿塔克拉玛干沙漠北缘一线分布着的众多石窟可以分为龟兹石窟群和高昌石窟群两大组,中国内地则有著名的"四大石窟"——敦煌莫高窟、天水麦积山石窟、大同云冈石窟以及洛阳龙门石窟。唐以后,北方地区的开窟造像之风渐衰,但南方地区却方兴未艾,特别是在四川,现存广元千佛崖和大足石窟等都是唐宋以后才开始修建。犍陀罗风格与笈多风格也随着佛教和石窟艺术的东传影响于新疆和内地。

　　历史上的龟兹地区以今天的库车和拜城为中心,龟兹石窟群主要包括库车的库木土拉、克孜尔尕哈、玛扎伯哈和森木塞姆,拜城的克孜尔和温巴什等,其中以克孜尔石窟最有代表性。克孜尔石窟位于拜城县克孜尔镇以南约九公里处,现有洞窟二百三十六窟,其中有壁画洞窟七十多个,最早的洞窟修建于东汉时期,但整体上以公元4—8世纪的洞窟为主。克孜尔洞窟艺术反映出小乘佛教信仰的明显特征,同时犍陀罗艺术、笈多艺术、波斯艺术等多种外来影响也在这里有典型表现。古代高昌地区则以今天的吐鲁番为中心,高昌石窟群主要包括吐鲁番的伯孜克里克、吐峪沟、雅尔湖和胜金口等,以伯孜克里克石窟为代表。伯孜克里克石窟位于吐鲁番东南距高昌故城二十二公里的火焰山峡谷中,唐初被称为"宁戎窟寺",而"伯孜克里克"的维语意思是"美丽的装饰之所"。现有洞窟八十三窟,其中残存有壁画的四十多个。这个石窟的创建年代为5—7世纪的麴氏高昌时期,最晚的洞窟为13世纪开凿,但现存遗迹以9世纪以后高昌回鹘时期的为主。在喀什以北十八公里处还有三仙洞石窟,其开凿时间为东汉时期,是目前所知西部地区保存下来的最古老石窟寺,可惜人为和自然的损毁情况已经非常严重。

在龟兹和高昌地区的石窟和佛寺中,常可见犍陀罗艺术与笈多艺术的遗迹。犍陀罗艺术遗迹以斯坦因在若羌县米兰地区发掘的几处佛寺遗址为代表。其中约建于3—4世纪的2号寺址的建筑形制类似犍陀罗地区的塔院,中央残

伯孜克里克石窟32窟北甬道内侧壁壁画。上端用汉文和回鹘文书人名榜:"法惠都统之像""进惠都统之像""智通都统之像"。"都统"是高昌回鹘的最高僧官,当时管辖范围可能西到龟兹境内

塔基坛上有分隔开一排佛龛的灰泥浮塑半圆壁柱,柱头呈希腊涡卷状,与犍陀罗流行的波斯波利斯式柱子相仿。2号寺址围墙东侧壁台座上残存六尊泥塑趺坐佛像,佛像的衣褶处理与佛像头部弯眉、深目、高鼻、薄唇的造型,与后期犍陀罗艺术中呾叉始罗和哈达的泥塑佛像相似。3号寺址回廊入口内壁的壁画上绘有七个肩头张开双翼的印度飞天乾闼婆(Gandharva),但圆睁大眼的儿童式造型更接近犍陀罗雕刻中常见的罗马小爱神丘比特(Cupid)形象,5号寺址也有类似于此的有翼天使画像。3号寺址东南回廊的壁画绘有佛陀与站成两排的六个比丘,佛陀发髻呈波浪式高耸,蓄有唇髭,身穿衣纹流畅的通肩式厚重袈裟,头后是一轮简朴的光环,右手前伸作施无畏印。以上这些都表现出明显的犍陀罗艺术风格特点。

和田地区洛甫县西北沙漠中发现的约公元5—7世纪拉瓦克佛寺遗址除发现犍陀罗式佛教造像外,还发现了笈多式佛教造像,佛像正面站立,重心放在双腿之间,细腰而宽肩,衣纹凸起如线,衣服紧贴身体,胸部以下至腹部以及两腿之间,衣纹呈规则的U字形,密密排列,富于装饰性,与笈多马图拉式"湿衣佛像"极为相似。丹丹乌里克D2号寺址发现的著名壁画《龙女》则呈现典型的马图拉"三曲式"造型,类似造型亦见于克孜尔石窟壁画。这些无疑都是受到笈多艺术影响的证据。

犍陀罗艺术与笈多艺术对西域的影响并非独立存在,新疆许多佛寺遗址都发现了受到这两种艺术共同影响的佛教造像。如20世纪初,德国考察队在疏勒地区图木舒克佛寺遗址发掘出的一批佛教文物中有一尊十六厘米高的佛陀坐像,以禅定姿势端坐,佛陀头部微向前倾,平滑的发髻无波浪式螺纹,脸型椭圆,弓形眉毛隆起,在鼻梁处交叉,杏仁形双目半闭下视,正呈现笈多式佛像沉思冥想的表情;且其通肩式袈裟状如帔巾,无皱褶,仅在领口、袖口略见衣纹,这种显露全身轮廓的轻纱透体的透明效果正是笈多萨尔纳特式"裸体佛像"的特点,但发髻与通肩式袈裟又是犍陀罗风格的典型事项,尤其是袈裟下摆一仍犍陀罗旧制呈半圆形在双膝之间垂落。克孜尔石窟123号窟左甬道左壁也有一幅犍陀罗风格与笈多风格混合的佛像壁画。佛像的发髻与通肩式袈裟呈现犍陀罗风格,华丽的背光、低眉下垂的神态、颈部的折痕和指节参差的手指则体现着笈多风格。犍陀罗艺术与笈多艺术在西域地区一直保持到8世纪末吐蕃占领南疆之时。

4. 内地石窟佛教造像艺术的中国化

在中国内地北方的四大石窟之中,敦煌石窟主要包括莫高窟、西千佛洞和安西榆林窟,莫高窟最具代表性。莫高窟位于敦煌东南25公里处的鸣沙山东麓,创建于前秦建元二年(366),历经北凉、北魏、西魏、北周、隋、唐、五代、宋、回鹘、西夏和元诸朝千余年,窟区全长 1 600 余米,分东西两区,现存洞窟 492 窟,窟内壁画面积有 45 000 平方米,彩塑 9 000 多座,唐宋时期的木构房檐 5 座。莫高窟石窟艺术的内容非常丰富,总体来说可分为建筑、雕塑和壁画三类。建筑暂且不表,作为石窟主体的彩塑包括各种佛陀像、菩萨像、力士像、弟子像、天王像和罗汉像等,其中许多塑像的风格都体现出既承袭和发扬中国传统文化、又汇聚和融合各种外来文化的特点。莫高窟在四大石窟中以壁画最为见长,其壁画内容丰富、艺术精湛。其中有表现佛陀度化众生的因缘故事画,有表现释迦牟尼从入胎到成佛的佛传故事,有表现佛陀在成佛之前忍辱救世的本生故事,还有表现汉族传统神话和供养人形象的,并附各种边饰、藻井等图案画,绘画技巧则充分体现出中西合璧的光彩。此外,20 世纪初在莫高窟第 16 窟发现的藏经洞(今编号为第 17 窟)出土了密藏千年的大量绢纸书画文献,随着英、法、俄、美、日等国"探险家"的蜂拥而至,藏经洞内大量文物流散世界各地。而以莫高窟石窟艺术及藏经洞文献为主体形成了一门单独的学科——敦煌学。

麦积山石窟位于甘肃天水以南约五公里处的小陇山区,所有石窟都开凿在距山基约二三十米乃至五六十米高的悬崖峭壁上。麦积山石窟始凿于十六国后期的后秦,经西秦、北魏、西魏、北周、隋、唐、五代、宋、元、明、清诸代不断扩建重修,但多集中在西秦到北周、隋朝的 150 余年间。现有洞窟 194 窟,各代泥塑、石雕像 7 800 余躯,壁画 1 000 多平方米。除两铺摩崖大像及千佛廊中千佛像为石刻外,窟内造像均为泥塑,塑造之精美堪称全国之首,号称"东方泥塑博物馆"。

云冈石窟位于山西大同西郊武州山南麓、武州川北岸,现存主要洞窟 45 窟,大小窟龛 1 100 个,造像 51 000 多个。石窟开凿于北魏中期,绝大部分开凿于文成帝和平年间(460—465)到孝文帝太和十八年(494)之前的三十年间。云冈石窟全部为雕刻,主要题材有佛、菩萨、力士、飞天、供养人、佛传故事和本生故事等。

龙门石窟位于洛阳以南十三公里处的龙门口,共有龛窟 2 102 个,其中有些尚未编号,估计石雕造像超过 100 000 躯,此外还有造像题记和其他碑碣 3 600 多块,佛塔 40 余座。开凿时间始自北魏迁都洛阳之后,历经东魏、西魏、北齐、北周、隋、唐、五代和北宋诸朝,但绝大部分洞窟开凿时间集中在北魏晚期和唐代高宗、武后时期,其中北魏洞窟约占三分之一,唐代洞窟约占三分之二。北魏开凿的洞窟可以说是云冈石窟的延续,以宾阳洞为其代表。

中国的佛教造像艺术在受到犍陀罗艺术与笈多艺术影响的同时,也开始了本土化进程,该过程可按地域的自西向东划分为四个阶段,即龟兹模式、凉州模式、平城模式、龙门模式，分别由龟兹—高昌、敦煌—麦积山、云冈、龙门这四组石窟的造像风格来代表。

中国化佛教造像艺术的第一个阶段是指公元 2 世纪左右佛教造像艺术传入中国西域的阶段，因以古代龟兹为中心而名之"龟兹模式"。如前所述，这些石窟的洞窟形制、壁画内容、人物形象和画风画法都有犍陀罗艺术、笈多艺术及萨珊波斯艺术的明显影响。在其后期洞窟中虽然也部分表现出中原的影响，但仍以印度和中亚佛教艺术的影响为主。

另一方面，在河西走廊以东的一些早期洞窟中，也体现出犍陀罗艺术与笈多艺术的影响。甘肃永靖县西南炳灵寺石窟第 169 窟是已知中国内地最早的石窟之一，凿于西秦建弘元年（420），其中东壁第 7 号龛内一躯泥塑立佛身穿单薄贴体的通肩袈裟，单线阴刻的一道道 U 字形衣纹，仿佛被水浸湿了一样隐约显露出全身的轮廓，逼肖笈多马图拉式"湿衣佛像"，连袈裟边缘的皱褶和华丽的项光都非常相似，只是眼睛圆睁而非半闭低垂，缺少笈多式佛像的沉思冥想神情。南壁第 23 号龛内并列五座禅定坐佛塑像，通肩袈裟单线阴刻衣纹均从左肩斜下放射状展开，显然是受到犍陀罗佛像的影响。

云冈石窟前期造像主要是三世佛（过去佛、现世佛和未来佛）和千佛，主像形体高大，犍陀罗风格尚存。比如北魏初年开凿的云冈石窟第 16—20 窟（昙曜五窟）中的五座主佛造型体现出犍陀罗艺术和笈多艺术的明显影响，均肉髻高耸，面相丰圆，双耳垂肩，目光正视远方，肩宽胸厚，躯体雄浑，多披袒右式袈裟，衣纹整齐趋于图案化，带有犍陀罗佛像的特点。而第 16 窟主佛两侧之胁侍佛立像尽管容貌与主佛雷同，身体却酷似笈多马图拉式佛像，通肩袈裟的衣纹沿袭炳灵寺西秦窟佛像 U 字形波状刻画方式。第 18 窟东壁立佛和第 19 窟南壁西侧立佛身体造型也呈现笈多马图拉式样，半透明的通肩袈裟紧贴身体，U 字形弧线的衣纹从胸前垂落向下波动，右手似作施无畏印。

第二个阶段以武威天梯山石窟、永靖炳灵寺石窟、肃南金塔寺石窟和酒泉文殊山石窟等的早期洞窟为代表，都位于今天的甘肃、古代的凉州，因而称之为"凉州模式"，时间大约为十六国时期。这一类型石窟佛教造像的特点是，吸纳西域化犍陀罗艺术与笈多艺术之影响并有所变化，体现出中国佛教造像艺术的初期形貌。

第三个阶段以云冈石窟的北魏前期洞窟为代表，特别是雕刻于北魏文成帝时期的昙曜五窟，也因此被称为"平城模式"。昙曜五窟的五尊石雕大佛身上的犍陀罗造像和笈多造像特点已于前文介绍，而它们同时也渗透了北魏"帝王即佛"的观念，佛像的容貌、气质和装饰上强调了中国北方民族的帝王威仪与个性

洛阳奉先寺卢舍那佛坐像

特征。云冈石窟的后期云岗中期石窟的造像不如前期雄伟,但题材和形象多样化,同时汉风表现明显。后期石窟造像则已开始出现魏晋褒衣博带式服装和秀骨清像的造型,犍陀罗艺术与笈多艺术的影响日趋淡薄。

第四个阶段始于北魏孝文帝迁都洛阳以后开凿龙门石窟之时,因而可称为"龙门模式"。龙门石窟佛教造像充分体现了孝文帝实行全面汉化政策的改革意旨,佛身上的衣服一改过去的通肩右袒式而为中国的褒衣博带式,面相浑圆丰满,鼻翼肥大,嘴角上翘,显得敦厚而慈祥,符合中国传统的审美观念。龙门石窟造像中更典型的中原形制是:两壁正中为释迦牟尼坐像,左右是文殊、普贤二菩萨,或再加上迦叶、阿难二弟子;北壁和南壁的立佛左右亦皆有胁侍菩萨,且弟子与菩萨的身量明显小于佛像。这种一佛二菩萨或一佛二弟子二菩萨的形式在印度和西域都未曾出现过,始见于孝文帝迁都洛阳之后,是中国帝王"左辅右弼"的反映,也是佛教造像艺术吸收汉文化的结果。

龙门石窟的这些造像特点标志着佛教造像艺术中国化最终完成。龙门石窟中唐代洞窟的代表——开凿于672年的奉先寺,是武则天"助脂粉钱两万贯"而建,其先有木结构建筑物,是一座殿堂式洞窟,系中国式建筑风格;而其主像卢舍那大佛据说是以武则天相貌为蓝本而刻凿,造型风格已经完全中国化了。中国化佛教造像艺术在6—7世纪真正形成之后,又开始向西回传,在西域地区与印度佛教造像艺术发生相互交融吸收的现象。以上是从地域上对佛教造像艺术中国化过程的简要概述,但像敦煌莫高窟、天水麦积山、永靖炳灵寺等开凿持续时间较长的石窟,各自就能系统反映佛教造像艺术从早期吸收外来影响到后来逐渐中国化的过程。

二、佛教绘画艺术的东传及其影响

佛教传入中国带来的另一项成果是佛教绘画艺术传入并促使中国的绘画艺术达到一个新阶段,甚至可以说,中国绘画艺术在相当长时期内的发展是受佛教推动的。自两晋以迄隋唐,中国的一大批著名画家大多都是佛教画家。这整个时期的绘画内容从现今所存之作来看,也大多与佛教有关。对中国绘画影响最大的绘画技法——凹凸画法亦是起源于佛教绘画。

1. 中国佛教绘画的起源

早期传入中国的佛教绘画作品主要是指佛像,据南齐王琰《冥祥记》记载,佛教画像与佛教同时传入中原,《魏书·释老志》记载东汉明帝夜梦神人后,"遣郎中蔡愔、博士弟子秦景等使于天竺,写浮屠遗范",得到了《四十二章经》及"释迦立像,明帝令画工图佛像"[①]。但是,学术界一般认为,东汉明帝时期的公元1世纪初是犍陀罗佛教艺术的形成时期,印度地区还不大可能出现佛像,因而蔡愔是不可能带回佛像的,这一事件很可能发生在此后的某个时期。

东汉时虽然已在墓室画像石中出现有关佛教的图像,但这些内容并未被画家纳入绘画题材中。三国两晋时期,随着佛教在社会上传播日广,佛教图像逐渐出现在绘画题材中。关于中国最早出现的佛教绘画作品,最可信的说法是与三国时期入华的西域僧人康僧会相关。《高僧传·康僧会传》载康僧会于孙权赤乌四年(241)来到建业并在孙权支持下建立江南最早的寺庙建初寺,在其传教过程中就使用了佛画,即所谓"设像行道",并直接影响到当时吴地画家[②]。清

[①] [北齐]魏收:《魏书》卷一一四《释老志》,第3288页。
[②] [梁]释慧皎:《高僧传》卷一《魏吴建业建初寺康僧会》,汤用彤校注,第15—16页。

菩萨图轴(唐末五代,敦煌,纽约大都会博物馆藏)

康熙敕撰《佩文斋书画谱》卷一一对此记载更详:"昔竺乾有康僧会者,初入吴,设像行道,时曹不兴见西国佛画像,范写之,故天下盛传曹也。"[1]康僧会所带佛画被称为"西国佛画",可见是直接源于印度的梵本原件。曹不兴是孙吴名画家,与当时善书的皇象、善棋的严式、善数的赵达等合称"吴国八杰"。曹不兴以康僧会携来之佛像为范本而精心摹制,正是此后中国佛画创作的最主要形式,他也因此被称为佛画之祖。曹不兴的绘画作品今虽不存,但他"范写"佛画的过程必然是融合印度佛画与中国绘画艺术的过程。其弟子卫协被公认比曹不兴更有成就,南齐谢赫《古画品录》对此有所评论,而他以擅绘佛教人物知名,恐正是受其师影响。卫协的《七佛图》《楞严七佛图》曾流传到唐宋时期。

两晋时期,以佛像为题材的作品日增,特别是佛寺中的壁画和雕塑。顾恺之(约348—409)是东晋时最著名的佛像画家,364年于江宁金陵(南京)瓦棺寺北小殿作壁画《维摩诘像》,轰动一时,为瓦棺寺化缘募捐达百万,与戴逵所塑佛像、师子国进献的玉佛并称瓦棺寺三绝。此画迹被后人辗转临摹,很可能成为以后石窟寺艺术中维摩诘经变相的粉本。顾恺之绘画注重点睛,对后人产生极大影响。唐代张怀瓘评其画人得其神。据文献,他曾画过《康僧会像》《七贤》

---

[1] [清]王原祁辑:《佩文斋书画谱》卷一一《后蜀僧仁显记曹吴体》,北京:中国书店,1984年,第294页。

《净名居士图》《八国分舍利图》《维摩诘像》《女史箴图》和《洛神赋图》,后两者最为著名。戴逵(约326—约396)是东晋雕塑家,以擅长佛教雕塑而著称,在为会稽山阴灵宝寺造木雕无量寿佛及菩萨像时,潜藏于帷帐中听取观众的褒贬议论,反复修改,三年乃成,受到好评;又以十年精力为瓦棺寺做五尊佛像。慧远不仅是东晋时南方佛教界领袖,也是画家,曾绘《江淮名山图》,著录于杨慎《丹铅录》。

2. 笈多风格与"曹衣出水"

在佛教绘画技法传入中国的过程中,一些寓居中原的异域画家起到重要作用,他们通过自己的绘画作品将一些起源于异域的画风带入中原,北齐时期的曹仲达就是其一。唐代张彦远《历代名画记》卷八《北齐》的记载表明曹仲达的佛像画名闻当时:"曹仲达,本曹国人也,北齐最称工,能画梵像,官至朝散大夫。僧悰云:'曹师于袁,冰寒于水,外国佛像,亡竞于时。'"①张彦远又在注释中言:"国朝宣律师撰《三宝感通记》,具载仲达画佛之妙,颇有灵感。"曹国在今乌兹别克斯坦撒马尔罕西北,曹仲达如何来到中国,史无记载,但有学者认为他与北齐琵琶名手曹妙达为一家,北魏时期就到了中原。《历代名画记》卷五《晋》还提到由古至今佛像画的四种风格:"其后北齐曹仲达,梁朝张僧繇,唐朝吴道玄、周昉各有损益。圣贤盼蠁,有足动人;璎珞天衣,创意各异。至今刻画之家列其模范,曰曹、曰张、曰吴、曰周,斯万古不易矣。"②这就是被后世画工奉为佛画创作范本的四种样式,称为曹家样、张家样、吴家样和周家样。

北宋郭若虚在《图画见闻志》卷一"论曹吴体法"一节作具体论述,称曹仲达绘画特点是"其体稠叠,而衣服紧窄",被后辈称为"曹衣出水",与吴道子笔势圆转、衣服飘举的"吴带当风"特点相对应。虽然曹仲达没有一件作品流传下来,但根据郭若虚的描述,"曹衣出水"就是以紧密的线条依循身体的结构起伏进行刻画,线条稠密重叠,衣服紧贴在身上,犹如刚从水中出来,从而显示出人体的健美,这显然有"湿衣佛像"的特点。郭若虚同时提到"曹衣出水"技法亦体现于雕塑中③。从前述可知,曹仲达生活的北齐时代,笈多马图拉式佛像早已影响到西域和中原,可见"曹衣出水"就是对当时中国流行的受笈多式佛像风格影响的绘画与雕塑的描述与总结。

---

① [唐]张彦远:《历代名画记》卷八《北齐·曹仲达》,俞剑华注释,上海:上海人民美术出版社,1964年,第158页。
② [唐]张彦远:《历代名画记》卷五《晋·戴逵》,俞剑华注释,第125页。
③ [北宋]郭若虚:《图画见闻志》,黄苗子点校,北京:人民美术出版社,1963年。

3. 佛教绘画与中国画凹凸技法

凹凸法是源自印度佛教绘画艺术的技法，属于笈多艺术的阿旃陀石窟壁画中就频见使用。该技法传入中国后，一改南北朝以前以勾线平染为主的传统绘画技法，使原本只有平面感的中国绘画出现了立体感，并影响到后人对于绘画表现的新认识，尤其是关于三维空间、透视和色调等方面的概念。此后正是在凹凸法所使用的晕染技法影响下，中国画家又创造出"没骨画法"，这对后来中国美术的飞跃式发展有非常重要的启迪作用。

文献记载最早使用凹凸法的中国画家是南梁著名佛像画家张僧繇，据许嵩《建康实录》卷一七所载，梁武帝大同三年（537），邵陵王萧纶在建康建造"一乘寺"，"寺门遍画凹凸花，代称张僧繇手迹，其花乃天竺遗法，朱及青绿所成，远望眼晕如凹凸，就视即平，世咸异之，乃名凹凸寺"[①]。这种用朱青颜色绘制的壁画因有浓淡阴影，立体感强，而称为凹凸法，文中明确说此法来自印度。南梁姚最在《续画品》中也说张僧繇"善图塔庙，超越群工。朝衣野服，今古不失奇形异貌。殊方夷夏，实参其妙"[②]。

因一乘寺早已不存，张僧繇"凹凸花"已无法得知其貌，但新疆及河西一带的石窟壁画可资推测一二。克孜尔的南北朝时期石窟，其四壁与券顶连接的部位有时可见用几何图形组成的花边，几何图形本身用不同颜色画出立体交接面，有凸出壁画的效果。敦煌莫高窟的某些北魏和西魏洞窟中，窟顶用宝相花装饰，每朵宝相花的花瓣以红和绿各自深浅不同的色阶一圈圈晕染，远望有立体感，如263窟、437窟、432窟。79窟窟顶的宝相花不仅以"朱及青绿"为之，而且晕染的层次较多，确有"眼晕如凹凸"之感。这类图案一直应用到盛唐时期。张僧繇的"凹凸花"很可能就是这种风格。张僧繇如何掌握凹凸法，如今也已无从得知，但必然与南北朝时期佛教大规模传入有密切关系，比如佛像的大量传入和善画之僧人来华，《历代名画记》卷七《梁》记有僧迦佛陀等三个印度画家在张僧繇的时代来到中国[③]，无论他们是否与张僧繇有过直接联系，都为张僧繇了解凹凸法创造了可能性。

佛教绘画艺术中的凹凸技法在唐代得到了进一步发展，其代表人物就是于阗人尉迟乙僧。其父尉迟跋质那也是著名画师，在隋初以质子身份来到中原。尉迟乙僧在贞观初年也以质子身份来到长安，被授宿卫，并成为唐代著名佛教

---

① [唐]许嵩：《建康实录》卷一七《高祖武皇帝》，张忱石点校，北京：中华书局，1986年，第686页。
② 参见陈祎玮：《〈续画品〉校证及相关研究》，中国美术学院硕士学位论文，2018年。
③ [唐]张彦远：《历代名画记》卷七《梁·张僧繇》，俞剑华注释，第151页。

生肖图(7—11世纪,新疆库车,圣彼得堡冬宫博物馆藏)

画家,《历代名画记》记载了他的多幅作品,称其"用笔紧劲如屈铁盘丝"①,指其绘画线条的力度均匀而富于弹性,宛如弯曲的铁丝,所达画面效果自然与中原"迹简意淡"者不同,生动表达人物形体结构的变化。尉迟乙僧对佛教绘画的贡献不仅在于他的作品题材,更在于他对凹凸画技法的发展。朱景玄《唐代名画录》称慈恩寺塔前功德像所绘"凹凸花面中间千手眼大悲精妙之状,不可名焉。又光宅寺七宝台后面画降魔像千怪万状,实奇踪也。凡画功德、人物、花鸟,皆是外国之物像,非中华之威仪。"②段成式《酉阳杂俎·续集》卷六《寺塔记下》载尉迟乙僧于普贤堂所绘壁画"颇有奇处,四壁画像及脱皮白骨,匠意极险。又变形三魔女,身若出壁。又佛圆光,均彩相错乱目成。讲东壁佛座前锦,如断古标。又左右梵僧及诸蕃往奇,然不及西壁,西壁逼之摽摽然"③。元朝汤垕《画鉴》也称其"作佛像甚佳,用色沉着,堆起绢素,而不隐指"④。

---

① [唐]张彦远:《历代名画记》卷九《唐朝上·尉迟乙僧》,俞剑华注释,第172页。
② [唐]朱景玄撰,吴企明校注:《唐朝名画录校注》"神品下七人·尉迟乙僧",合肥:黄山书社,2016年,第50页。
③ [唐]段成式撰,许逸民校笺:《酉阳杂俎校笺》续集卷六《寺塔记下》,第1873—1874页。
④ [元]汤垕:《画鉴》,马采标点注译,邓以蛰校阅,北京:人民美术出版社,1959年,第15页。

在以上论述中,朱景玄指出尉迟乙僧不仅在千手千眼大悲像上运用了凹凸法,而且使用晕染技术使降魔像进一步千态万状奇特无比。段成式所谓"身若出壁""逼之飘飘然",正是晕染凹凸技法使尉迟乙僧作品呈现出立体感和生动感的真实写照。汤厚"用色沉着,堆起绢素,而不隐指",是说颜色厚重,有一定立体感,画面上的物体看似凸起,用手一摸却是平的,这是典型的晕染凹凸法技术。"用色沉着"很大程度上也与使用矿物质颜料有关。经分析,西域壁画和敦煌壁画的颜料中有许多矿物质颜料来自国外,比如使用最多的青和绿,原料有相当部分来自巴达克衫及阿富汗等中亚地区生产的青金石和绿松石。尉迟父子不仅带来西域式的画法,可能也带来西域的颜料。塔里木盆地北缘的古代龟兹壁画,青、绿在一幅画中占比例很大,与厚重的朱砂、赭石、土红及铅粉等矿物质颜色配在一起,就形成一种沉稳、色度鲜明、对比强烈而不浮艳的特点,整个西域都是此种画风。所以完全可以从西域石窟壁画中去领略尉迟乙僧绘画用色的神韵。尉迟乙僧的原作画迹鲜有流传,他还于寺院中作了大量壁画,这些寺院除慈恩寺大雁塔之外,多已不存。大雁塔塔基部分遗留下来的绘画性石刻门楣、边饰,可能与尉迟乙僧有关,甚至可能是他亲自起样或在他指导下完成的。

经过尉迟乙僧的推广和发展,晕染凹凸技法对唐代绘画艺术产生重要影响,也使唐代中国绘画艺术发生一大变局,为开辟一代绘画新风推波助澜。当时与尉迟乙僧齐名的还有中亚画家康萨陀,其画风也同尉迟乙僧近似,《历代名画记》卷九《唐朝上》载其"初花晚叶,变态多端,异兽奇禽,千形万状,在尉迟下"[①]。吴道子则是中原画家中受凹凸技法影响的著例,他因熟练运用凹凸技法取得极大成就而被称为"百代画圣"。北宋米芾《画史·唐画》称"苏轼子瞻家收吴道子画佛及侍者、志公十余人,破碎甚,而当面一手精彩动人,点不加墨,口浅深晕成,故最如活。王防字元规,家二天王,皆是吴之入神画,行笔磊落挥霍,如莼菜条,圜润折算,方圆凹凸,装色如新,与子瞻者一同"[②]。这正是典型的晕染凹凸法,其画法称兰叶描。吴道子在菩提寺佛殿所作壁画中之神鬼和菩萨的眼睛能随观众而转,更是运用凹凸法的绝妙之作。

三、佛教建筑艺术的东传及其影响

中国古代建筑艺术在世界建筑史上独树一帜,相对来讲受到的外来影响不

---

① [唐]张彦远:《历代名画记》卷九《唐朝上·康萨陀》,俞剑华注释,第173页。
② [北宋]米芾:《画史》"唐画",北京:中华书局,1985年,第9—10页。

大,而它所受的有限外来影响几乎都与宗教有关,并且主要是印度佛教建筑艺术的影响。印度佛教建筑艺术传入中国后很快与中国传统建筑艺术相融合,使中国出现了佛教建筑这一独特的艺术形式,主要体现在寺庙建筑、佛塔建筑和石窟建筑三个方面。

1. 寺庙建筑

中国最早的佛教寺庙据说是洛阳白马寺。东汉明帝永平十年(67),天竺僧人摄摩腾和竺法兰来到洛阳,次年修建白马寺,这也是一般公认的佛教传入中国之始。据说白马寺是由当时处理外交事务的鸿胪寺改建的,但到底是什么样子已不得而知,今天的白马寺与当时之白马寺也早已大相径庭。不过据《魏书·释老志》记载:"自洛中构白马寺,盛饰佛图,画迹甚妙,为四方式。凡宫塔制度,犹依天竺旧状而重构之,从一级至三、五、七、九。世人相承,谓之'浮图',或云'佛图'。"①这说明,中国最初的寺庙是按照印度以佛塔为中心的寺院建筑形式和风格、改建一幢固有建筑而成,所以一开始就是印度和中国两种建筑艺术融合的产物。

从文献记载来看,一些入华的印度僧人也懂得建筑艺术,并直接参与了建造寺院的活动。《高僧传·佛图澄传》载佛图澄在其所历诸州郡建佛寺八百九十三所,②而《续高僧传·僧妙传》称邺城古城中的白马寺正是佛图澄所造。《续高僧传·道判传》提到隋初一位善造精舍的天竺医工,《洛阳伽蓝记》卷四"法云寺"条记载胡僧昙摩罗建异域风格的法云寺,③《宋高僧传·宝思惟传》介绍了北印度迦湿密罗国释阿尼真那于龙门山建天竺寺时依西域之制,④则其布局、样式、风格等皆外来。另一方面,前往印度求法的中国僧人也常将所见到的印度寺院建筑详加记载,如《佛国记》载法显游历达嚫国时,对其国迦叶佛僧伽蓝的布局结构有详细描述,《洛阳伽蓝记》卷五"宋云惠生使西域"条也载惠生、宋云在乾陀罗国时"以铜摹写《雀离浮图仪》一躯,及《释迦四塔变》"⑤。这些僧人回国后,想必会将所知印度佛教建筑的风格、模式介绍给中国建筑师。这样,早期的中国寺院建筑很可能会受到印度佛教建筑的影响。

南北朝时期,因佛教迅速发展,寺庙数量自然也猛增,对此史籍多有记载,如《魏书·释老志》和《洛阳伽蓝记》。这时期佛寺建筑的布局有两种,一种是中

---

① [北齐]魏收:《魏书》卷一一四《释老志》,第3291页。
② [梁]释慧皎:《高僧传》卷九《晋邺中竺佛图澄》,汤用彤校注,第356页。
③ [北魏]杨衒之撰,周祖谟校释:《洛阳伽蓝记校释》卷四《城西·法云寺》,第138页。
④ [北宋]赞宁:《宋高僧传》卷三《唐洛京天竺寺宝思惟传》,范祥雍点校,第37页。
⑤ [北魏]杨衒之撰,周祖谟校释:《洛阳伽蓝记校释》卷五《城北·宋云惠生使西域》,第205页。

心塔式,即在四周以廊庑殿堂围绕的方院中心建一大塔,塔中供养佛像佛经,僧徒信众沿袭印度礼俗,绕塔礼拜,以示尊崇。这种布局反映的是当时佛教信徒无法向佛的真身顶礼膜拜,而以埋藏佛骨的塔为崇拜对象的信仰表达形式。《洛阳伽蓝记》卷一"永宁寺"条记载的当时洛阳最大佛寺永宁寺就是这种布局①,敦煌、云冈等处的北朝洞窟中多有模仿中心塔式寺院的中心塔式窟室形制,也反映中心塔式寺院盛行于北朝。中心塔式佛寺布局和印度佛寺布局大体一致,明显是受印度佛寺建筑影响的结果。另一种布局是不以中心塔为主,而以佛殿、讲堂等建筑为主,看起来更多地体现中国传统特点,在南朝较为流行。隋唐时期,佛教信仰不以戒行为主而转以义理为主,崇拜对象也因此从佛塔转向佛像,于是供奉佛像和讲经说法的佛殿成为寺院的主体,佛塔则或放在其后,或放在其侧,或干脆没有,如西安的唐代大慈恩寺,就是将大雁塔置于其寺后部。由上可见,这两种寺庙形式从某种意义上说也是中国寺庙建筑发展的两个阶段——从直接采用外来格局到本土化格局。

河北正定开元寺,始建于东魏兴和二年(540)。现存的建筑是显著的唐代风格,并非采用对称布局,而是塔和钟楼并列而立,反映了佛教寺院建筑从早期以塔为中心向晚期以殿为中心的过渡情况

---

① [北魏]杨衒之撰,周祖谟校释:《洛阳伽蓝记校释》卷一《城内·永宁寺》,第3—4页。

2. 佛塔建筑

佛塔建筑是完全来自印度的建筑艺术，中文里原来并无"塔"字，而一度将印度佛徒存放佛或高僧舍利的 stupa 音译为窣堵波、窣堵婆、浮屠、浮图等，魏晋以后才造出"塔"字。印度的塔早期多是"覆钵"或"覆盆"式，也就是一个半圆覆钵形的大土冢，冢顶有竖杆或圆盘，一般称为窣堵波式佛塔。而中国工匠将这种佛塔形式同中国传统建筑艺术结合，创造出千姿百态而又造型美观的佛塔，主要有阁楼式和密檐式两大类。

阁楼式佛塔实为窣堵波式佛塔和中国传统楼阁之结合，把窣堵波式佛塔抬高到顶上变成了刹，于是佛塔不但具有宗教意义，也更加美观和中国化了。《魏书·释老志》描述的洛阳白马寺塔、《洛阳伽蓝记》卷一描述的永宁寺塔当即此种形制，《后汉书·陶谦传》记三国时笮融在下邳、彭城一带建有这种形制的佛塔。而现存的早期楼阁式佛塔多早不过唐代，如西安的兴教寺玄奘塔、大慈恩寺大雁塔和香积寺善导塔。宋代以后，楼阁式塔随处可见，而且还发展出体现各地方楼阁特色的塔。在楼阁式塔的基础上还出现一种亭式塔，实际上是上面安有塔刹的亭子，其中国化倾向更加明显，这种塔的模样可以从北魏的小型造像塔中窥知端倪。

密檐式佛塔是窣堵波式佛塔中国化的另一种产物，主要特点是，砖砌，下层塔身特别高，二层以上的塔身骤减，层层屋檐紧密相接。由于二层以上的塔层高度很小，所以密檐式塔的檐数通常都比楼阁式塔多。从建筑匠意看，也可认为密檐式塔实际上只有一层，只不过上面覆盖着很多重檐而已。现存最早的密檐式塔是河南登封的北魏嵩岳寺塔。唐代的密檐式塔中国化倾向更加明显，形制上与楼阁式塔逐渐接近，目前所存有西安荐福寺小雁塔和河南登封嵩山法王寺塔。唐代的南诏国较流行密檐式塔，最著名的是云南大理崇圣寺千寻塔，而现今昆明城内东西相对的慧光寺塔和常乐寺塔也是同一时期的密檐式塔。唐代以后，密檐式塔就同化于楼阁式塔。

元代以后，随着喇嘛教盛行，又出现了新型的覆钵式塔和金刚宝座式塔。现存的北京妙应寺白塔正是覆钵式佛塔，由元代尼泊尔工匠所建。北京真觉寺塔则是金刚宝座式佛塔，明代永乐年间模仿印度菩提伽耶大窣堵波始建。

佛塔建筑艺术传入中国，不但为中国的建筑艺术增添一朵奇葩，还影响了中国传统的建筑风格。如中国佛塔的须弥座台基型式，源于印度佛教，它本是佛教建筑艺术的特征之一，但后来为中国古代建筑普遍采用，逐渐成为中国传统建筑艺术的一部分。如南京明故宫城门遗址，北京的故宫、太庙、九龙壁和天安门前的华表等，都以须弥座为其台基造型。清代以须弥座为台基的石质建筑形式更加丰富。

3. 石窟建筑

中国虽然很早就有穴居的居住方式,汉代的四川、河北也出现过崖墓葬俗,但佛教石窟的概念起源于印度,并随佛教的东传来到中国,继而成为中国的一种典型佛教建筑形式。印度的佛教石窟早在公元前 2 世纪左右就已出现,直到公元 7 世纪还有开凿。印度的石窟主要有毗诃罗窟(vihāra,又译僧方窟,意为"寺院")和中心塔柱式窟(chaitya,又译支提窟、塔庙窟)两种。前者为大型方窟,其规划为一排排小室围绕着一个方形中心庭园,左、右、后三面凿多个小支窟,供僧徒起居修行,小室和方厅之间环列柱子。现存印度毗诃罗窟都开凿在泉水或溪水附近,倘若没有这种条件就在窟前或窟旁的岩石上凿一个蓄水池或水塘,以保证生活上的水源供应。"支提窟"意为"有一座塔的神龛",其形制为纵长马蹄形窟,窟室后部凿一窣堵波式佛塔,供僧徒回行礼佛。在印度,初期佛教建筑多僧尼居住的毗诃罗窟和僧尼修禅的禅窟,供养佛像的支提窟出现晚于前两类。但在中国产生影响的主要是中心塔柱式石窟,隋唐以前的中国石窟形制多是由印度式支提窟演变来的中心塔柱式,同时也是对中心塔式寺庙的模仿。

毗诃罗窟的主要功能是供僧徒居住,但在中国玉门关以东的石窟群中,多数是供养佛像的支提窟,很少有僧徒居住的毗诃罗窟,寺庙取代了毗诃罗窟。不过,在龟兹石窟群中却有许多毗诃罗窟,应属本地石窟的较早形式。龟兹毗诃罗窟顶多数为横卷顶,也有些穹庐顶,少数覆斗顶、套斗顶、纵卷顶或平顶,这些毗诃罗窟按形制大致可分三类:开有耳室以供储藏食品之用的;带有睡炕的;开有前室的。龟兹的毗诃罗窟与印度的毗诃罗窟相较有一些不同:第一,龟兹毗诃罗窟只有一个小房间,印度毗诃罗窟则有数个小房间;第二,龟兹毗诃罗窟一般没有方厅和柱子,但都开有甬道,印度的则有前两者而无后者;第三,龟兹毗诃罗窟附近没有蓄水池或水塘,印度的有;第四,龟兹毗诃罗窟都开明窗,窟内有壁炉以炊食和取暖,有的还筑土炕,印度的则都不开窗。这些差异是基于地理和气候方面的差异做出的建筑格局方面的调整,而以窟室作为僧徒居所的主旨思想得到继承。然而进入中国内地,毗诃罗窟几乎被取消,目前仅知云冈石窟第三十八窟是一个真正住人的毗诃罗窟。可见居室的本土化要求至为强烈。

在 750 多座龟兹石窟中,有很多支提窟,可以分为数类:

1) 中心塔柱式支提窟。一般多分为前室、主室和后室。现存石窟的前室大部分已塌毁,主室一般呈长方形,中心稍后部分凿出方柱,上连窟顶。柱前开龛,塑坐佛一躯;柱前也有不开龛而凿出基座塑立佛于其上。主室顶以纵卷为多,也有平棋顶、穹庐顶、横卷顶、平顶和方椽子一面坡顶。后室多半低窄阴暗。

2）方形平面无中心柱支提窟。这类窟与中心柱形支提窟相比面积较小,平面呈方形,窟内不凿中心柱,窟顶形式多样,有横卷顶、穹庐顶、覆斗顶、套斗顶、带弧线的梯形顶、小穹庐凿井带弧面八角形顶等。

3）长方形平面纵卷顶带坛基支提窟。这类窟的面积较大,窟内不凿中心柱,而在中心柱的位置上筑出祭坛。窟顶都成纵卷状,平面都呈长方形。

4）长方形纵卷顶小型支提窟。这类窟面积极小,窟内不开中心柱,后壁凿佛龛,窟顶呈纵卷状。

5）方形平面带明窗中心柱形支提窟,与中心柱形支提窟基本类似,但它的平面呈方形,中心柱四面开龛,柱前、柱后俱作横卷顶,四壁开大龛,后壁更开明窗。

在上述五种支提窟中,只有中心塔柱式支提窟最接近印度支提窟原型,但如毗诃罗窟一样,也需要进行因地制宜的修改。比如,印度支提窟的中心是舍利塔,龟兹中心塔柱式支提窟改为中心方柱。因为印度支提窟以十几根以至几十根石柱来承受窟顶的重压,龟兹支提窟不凿石柱,只能靠与窟顶相连的中心柱来支撑窟顶的重量。又如,印度支提窟内舍利塔周围留有回旋礼拜的半圆形空间,以供佛徒举行宗教仪式;龟兹支提窟中这种半圆形空间改成方形,是为了适合本地建筑习惯。还有,印度支提窟窟门上面开一个火焰形卷洞,既采光也透气;而龟兹支提窟窟门上都不开明窗,虽然造成窟内光线阴暗,但是符合龟兹夏天多风沙、冬天寒冷的自然条件之需[①]。

中心塔柱式窟进入中国内地后便很快偏离印度原貌。比如敦煌莫高窟的中心塔柱式窟已由印度的圆形变为方形,在前面部分加了一个人字坡形顶,并装饰成梁和椽檩结构的大屋顶形式,有的窟顶上还特意配上了木构斗拱,这正体现出中国传统殿堂建筑的风格。中心塔柱式洞窟自北朝后期就趋于消失,具有更明显汉地风格的覆斗式窟则悄然兴起。覆斗式石窟又称殿堂窟,因其模仿汉晋以来的宫殿建筑形式,平面大多为方形,窟顶中心凹入的部分也呈方形,四个梯形坡面形如倒斗而得名。此类洞窟一般在正壁开有佛龛,塑佛与菩萨数尊,窟顶中心绘华盖藻井,四坡绘各种经变画、千佛或图案,但以绘千佛为多。覆斗式窟的整个窟室结构是对当时已经存在的只有佛殿而无中心塔式佛寺的

[①] 韩祥、朱英荣著:《龟兹石窟》,乌鲁木齐:新疆大学出版社,1990年;[意]魏正中:《区段与组合——龟兹石窟寺院遗址的考古学探索》,上海:上海古籍出版社,2013年;何恩之、[意]魏正中:《龟兹寻幽——考古重建与视觉再现》,王倩译,上海:上海古籍出版社,2017年。

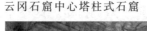

云冈石窟第 2 窟塔柱

云冈石窟中心塔柱式石窟

模仿,后壁象征大殿,其上皆刻有佛龛,左右两壁则是左右配殿。这类洞窟的另一个鲜明中国化特点,就是有些窟内画有仿木结构的木椽,窟门头也常出现木结构或仿木结构的飞檐,使整个洞窟更像是一座中国式殿堂。

　　覆斗式窟或殿堂窟在北朝时期已经出现,盛于隋唐。莫高窟的中后期石窟便以殿堂窟为主要形式。麦积山石窟的早期形制为简单大龛,或方形平顶的中形窟,其后有平顶正中刻藻井的结构、窟内画有仿木建筑的木椽,再往后才有屋型窟,北周和隋代开凿的石窟外部已有殿堂的形状,内部呈大殿形制。云冈石窟的前期石窟已经是模拟椭圆形平面且平顶的草庐形式。中期石窟形制特点为平面为方形或马蹄形,多具前后室,两室之间的窟壁上凿出一道门形甬道,后室凿一坐佛或立佛。有的会在前室的前面凿出四根石柱,如同厅堂的顶梁柱或檐柱,窟顶刻藻井。不过前期与中期的石窟也有中心塔柱式格局的。后期亦即北魏迁都洛阳以后的石窟以中小型方形平面窟居多,洞窟内部日益方整,尤其窟顶的藻井凿得多样、细致而又美丽;或干脆只凿大龛,且龛的形式有多种。覆斗式石窟的特点形象地表明了中国石窟艺术形制在吸收外来艺术过程中逐渐向民族形式发展的趋势。

　　龟兹的石窟中还有一种叫禅窟,供僧徒修禅之需,这是从印度的毗诃罗窟演化而来。据推断,西域的一些国家在公元 2 世纪左右已经盛行禅法,而龟兹地区的大量禅窟可以作为一个佐证。龟兹禅窟可分三种类型:1) 小型禅窟,面积极小,仅容膝头,有的呈拱形,有的为平顶,有的不开明窗而在前壁中间开门,有的开明窗并在左壁中间开门;2)长条形禅窟,宽一米多,长达十米,是一条凿在崖壁上的长长巷道,尽头处正面壁上有一个浅浅凹入的龛,无窗、无壁炉、无壁画、无塑像、无睡炕,开门处是否开有明窗则因入口处坍塌而不得知。3)壁龛禅窟,开凿在半山腰或悬崖上的险要处,比小型禅窟大,几乎等于一个壁龛。莫高窟的早期石窟中也有禅窟,云冈石窟属第三期的大阁上层第二窟东北角上方有一无造像而有窗的小窟,可能也是禅窟。

龟兹石窟按功能分还有几类,显得比印度石窟的用途更为丰富。其一是大像窟,实为特别高大的中心塔柱式支提窟,其前室凿出摩崖露天大龛,龛内塑十米以上高的大佛像,故而称为大像窟。此种石窟创始于巴米扬,巴米扬大佛所在即大像窟。其二是讲经窟,用于高僧讲说佛教经典,在龟兹石窟群中是一种比较特殊的窟形,数量很少,也可视为毗诃罗窟的变体。其三是罗汉窟,这则是汉地文化影响西域的产物。罗汉窟的形制与小型禅窟相似,功能是埋葬得道高僧尸骨,龟兹石窟中只有库木吐拉发现罗汉窟,而且所葬皆汉僧尸骨。唐初大批汉僧来龟兹地区巡礼,大约有人坐化于西域而生前并不习惯佛教的火葬。

四、佛教乐舞艺术的东传及其影响

中国的乐舞艺术曾受西方较大影响,除了前述世俗乐舞外,佛教乐舞的影响也很明显,而且许多世俗乐舞从根本上讲也同佛教有密切关系。自佛教传入中原伊始,佛教音乐也就随之而来。

1. 梵呗与汉语四声理论

佛教音乐初传中国始于"梵呗"之传,"梵呗"不但开创了中国佛教音乐的先河,也对汉语四声理论的产生有积极推动作用。据《高僧传》卷一三载:"天竺方俗,凡是歌咏法言,皆称为呗。至于此土,咏经则称为转读,歌赞则号为梵呗。昔诸天赞呗,皆以韵入弦绾。五众既与俗违,故宜以声曲为妙。"[1]可见"梵呗"是指佛教徒以短偈形式赞唱佛、菩萨之颂歌,常常有乐器伴奏。这本是在印度宣讲佛经时的常用方法,所以也随着佛教传入中国而立即传入,初期来华僧人一般都善于梵呗以便于传经,如东汉末年的安世高和三国时的康僧会。三国时期,梵呗在中国不仅已经流传,而且至少有"鱼山梵呗""泥洹梵呗""连句梵呗"等数种,据说曹植就善以梵呗制声为文,南朝梁僧祐《出三藏记集》卷一二和《高

---

[1] [梁]释慧皎:《高僧传》卷一三《经师传·论》,汤用彤校注,第508页。

僧传》卷一四都记此事①。

梵呗的乐律到底如何,今天已经不得而知。但是日本流传一种"声明"之学,讲声明之书被称为《鱼山集》,内容属偈赞类,各隶于一定宫调,一字之中又有高下抑扬,自具宫商,并用乐器,有横笛、笙、筚篥、琴、琵琶。所以向达推测,在日本仍有规律可循的声明学可能就是梵呗之学的演化。而对日本声明学的上述描述,听起来又似保持唐音余韵的泉州南管。梵呗的传入对人们认识汉语之四声所起的作用世所共知。汉语的平、上、去、入四声固然本来就有,但意识到它们的存在且明确把它们定为四声,则是受到梵呗这种抑扬顿挫的读经方法的影响。南朝时,在印度僧人的影响下,许多中国僧人掌握了梵呗这种读经方法而成为"善声沙门"。南齐武帝永明七年(489),竟陵王萧子良召集善声沙门于建康,创制"经呗新声",对汉语的四声进行了一次总结。此后沈约撰《四声谱》,周颙撰《四声切韵》,从而基本上确立了中国的四声系统。

2. 南北朝的佛教乐舞

佛教传播中国的过程中,佛教乐舞艺术也常常被作为吸引信徒的工具,从而使得南北朝时期佛教信仰与佛教乐舞共同繁荣。南朝官定的法乐与梵舞应与佛教乐舞有关,《出三藏记集》卷一二载齐文皇帝制法乐梵舞并令舍人王融制法乐歌辞。王融所制十二章《法乐辞》录于唐代道宣《广弘明集》卷三〇而流传下来,歌辞内容都是佛传故事,但"梵舞"的模样却无法探知了。《隋书·音乐志》载笃佛之梁武帝即位后曾制述佛法的十篇歌曲,并列为宫廷"正乐",又把佛教无遮大会所用的童子伎梵呗作为"法乐"。梁武帝亦改革宫廷礼仪,新制"须弥山伎""金轮幢伎""狝猴幢伎""五案幢咒愿伎""辟邪伎"等歌舞,这些歌舞的表演形式虽然没有留存下来,但从名称上看与佛教有明显关系②。

在北朝,因为寺院要聚众敛财或宣扬佛法而经常举行乐舞表演,佛教乐舞一时风行民间。《洛阳伽蓝记》卷一"景乐寺"条载该寺"至于大斋,常设女乐,歌声绕梁,舞袖徐转,丝管寥亮,谐妙入神。以是尼寺,丈夫不得入"③。卷二"景兴尼寺"条载该寺中"有金像辇,去地三尺,上施宝盖,四面垂金铃、七宝珠,飞天伎乐,望之云表……像出之日,常诏羽林一百人举此像,丝竹杂伎,皆由旨给"④。卷三"景明寺"条称"四月七日京师诸像皆来此寺,尚书祠部曹录像凡有

---

① [梁]释僧祐:《出三藏记集》卷一二《法苑杂缘原始集目录序第七》,苏晋仁、萧鍊子点校,第485页。[梁]释慧皎:《高僧传》卷一四《经师传·论》,汤用彤校注,第507页。
② [唐]魏徵:《隋书》卷一三《音乐志上》,第303—305页。
③ [北魏]杨衒之撰,周祖谟校释:《洛阳伽蓝记校释》卷一《城内·景乐寺》,第42页。
④ [北魏]杨衒之撰,周祖谟校释:《洛阳伽蓝记校释》卷二《城东·景兴尼寺》,第64页。

一千余躯。至八日……子时金花映日,宝盖浮云,幡幢若林,香烟似雾,梵乐法音,聒动天地。百戏腾骧,所在骈比"①。可见寺院不仅仅是宣扬佛教的场所,也成为人们娱乐休闲的公共文化中心,而娱乐活动实则也是佛寺吸引人群、传播信仰的重要手段,实际效果可观。

3. 唐代的佛曲

唐代曾流行一种称为"佛曲"的佛教音乐,现在已经无从得知这种佛教音乐的具体形式,但可以通过文献中所存这种音乐的曲名,以及敦煌文献中发现的为这种音乐所配之歌辞,而对其有一大概了解。"佛曲"传自西方,有宫调可以入乐,内容大多都是对诸佛、菩萨的赞颂,与汉魏时期的梵呗有些相似。《隋书·音乐志下》记"西凉乐"中有歌曲《于阗佛曲》,可见佛曲在隋代已经随着"西凉乐"进入宫廷乐部②。唐代的佛曲更多见,北宋陈旸《乐书》卷一五七记载收于唐乐府曲调中的佛曲就有《普光佛曲》《弥勒佛曲》《日光明佛曲》和《大威德佛曲》等几十种。唐代南卓《羯鼓录》也著录了《卢舍那仙曲》和《四天王》等佛曲十余种。但这些唐代佛曲现在只存有曲目而无内容。佛曲应是属燕乐系统的一种乐曲。

敦煌藏经洞出土的唐代文书中,发现了一种名为"佛曲"的文学作品,事实上就是与佛曲相配合的歌词,也即一种佛曲体的类似于词的文学。敦煌所发现的这类佛曲文学作品,从名称上看比《乐书》《羯鼓录》所著录的要复杂,有三种情况,一种是纯粹的佛曲,只用于唱经劝世,与燕乐无关,如《悉昙颂》;第二种是佛曲被借用于燕乐,也就是只借用了佛曲曲调作为燕乐歌曲,而所唱曲词内容与佛教不一定有关,如《婆罗门》本为佛曲,但已进入唐代教坊而称燕乐曲调,则其歌词内容就不一定全与佛教有关;第三种情况是借用燕乐曲调甚至民歌曲调来表现佛教内容,如《五更转》《百岁篇》等。敦煌佛曲的上述现象当然不是敦煌一地所出之特殊现象,而反映了作为一种艺术形式的佛曲在唐代民间流行过程中所发生的复杂变化。此外,《册府元龟》卷五六九记天宝十三年(754)曾将《龟兹佛曲》改为《金华洞真》,将《急龟兹佛曲》改为《急金华洞真》③,从名称上看,佛曲形式可能已被道教吸收利用。从某种角度来说,这些变化也是文化发展过程中所发生的必然现象。

4. 唐代的俗讲

由佛曲可见,唐代僧人于转经唱导之外还能度曲。但这不是传经的唯一通

---

① [北魏]杨衒之撰,周祖谟校释:《洛阳伽蓝记校释》卷三《城南·景明寺》,第99页。
② [唐]魏徵:《隋书》卷一五《音乐志下》,第378页。
③ [北宋]王钦若等编:《册府元龟》卷五六九《掌礼部·作乐五》,第6842页。

俗方式。当时寺院中还流行一种"俗讲",社会上喜闻乐见,于是成为风尚。段成式《酉阳杂俎·续集》卷五《寺塔记上》提到元和末年一位俗讲僧,这似是唐代作品最早出现"俗讲"二字。唐宋以来寺院讲经皆有定式,而"俗讲"一名就见其非正式讲经,旨在以浅显词意教化一群不登大雅之堂之人。不过,唐武宗会昌时寺院也曾奉敕开讲,宝历时唐敬宗亲临礼听,一方面可知"俗讲"的吸引力无远弗届,一方面可以推想其开讲时也应有庄严仪式。巴黎国家图书馆藏伯希和3849号敦煌卷子一卷,正面为京兆杜友晋撰《新定书仪镜》及黄门侍郎卢藏用《仪例》一卷叙,纸背有文字二段,一为《佛说诸经杂缘喻因由记》,一为俗讲仪式并附虔斋及讲《维摩经》仪式,正是俗讲具备程式的明证。

僧人唱导时需有话本,俗讲中也需话本。敦煌所出俗讲话本大体可分为三类:一类是标题为"押座文"者,一类是标题为"变文"者,一类是铺陈《维摩经》故事诸篇者。而第三类就是讲经文,大约为唐代俗讲话本之正宗,变文和押座文为其支裔。讲经文大都引据经文,偈语末总收以"□□□□唱将来"之格式,通常讲述《维摩经》全经,只摘述一段故事的较少。此类俗讲话本后来发展为一类通俗文学作品,其体裁为韵散间出,内容则从敷衍佛经扩展至搬演史传。

讲经文的"讲"实际上是转读唱导,即梵呗。今日传世之俗讲话本如《敦煌零拾·有相夫人生天因缘变》和《维摩经押座文》或在某处注"观世音菩萨""佛子"词句,或写"念菩萨佛子","佛子",指唱至此处须由会众同声唱偈。这证明俗讲话本杂有转读成分。但俗讲是对唱导的通俗化运用,唱导的内容是以譬喻说理为主,俗讲则根据经文讲故事,针对不同层次的听众,目标同在化俗。

从讲经文到变文,则是佛经宣讲进一步通俗化的标志。为增强化俗作用,讲经文时逐渐采取民间流行之说唱体,变文正是此类。说唱体的变文之渊源当于南朝清商旧乐中寻求,因为自汉至南朝,旧乐自有"变歌",属于清乐。唐代变文可以用管弦演奏,唐末吉师老《看蜀女转昭君变》一诗即体现出变文的音乐成分,可能正是源于清商旧乐中的变歌一类。

佛教俗讲对于宋代开始兴起的各类"说话人"有直接影响,敦煌所出多写于五代的俗讲文学作品表明这种联系。唐代诸讲经文流变为宋代说经、说参请,历史题材的变文成为说话人讲史书一科之先声,俗讲文学的直系子孙则是弹词宝卷。大约由于俗讲的宣传效力出众,南宋将其与吃菜事魔者讲经一并视为左道论处,此见于《佛祖统纪》卷三九引良渚《释门正统》述南宋理宗时(1224—1264)的一段话。宋以后俗讲不见于史册,恐怕与它不再是受官方认可的宣教形式有关。

第十三章 异域诸宗教【一】：琐罗亚斯德教与祆教

中古时期，传入中国的异域宗教除了起源南亚的佛教，还有起源于西亚的琐罗亚斯德教、基督教和摩尼教，它们也都在汉唐中国形成独立的势力。伊斯兰教与犹太教虽然也在这时传入中国，却仅限于入华的阿拉伯人和犹太人，这两种宗教对中国社会产生影响主要是在宋元时期。

琐罗亚斯德教和祆教以往被视为同义词，且中国人把祆教或火祆教与波斯的琐罗亚斯德教挂钩由来有自，南宋姚宽《西溪丛语》卷上就称祆教"本起大波斯国，号苏鲁支"①。"苏鲁支"这个译名接近琐罗亚斯德原名 Zarathustra 的发音，Zarathustra 因古希腊人讹音而沿袭为 Zoroastre。近来已有学者纷纷提出，传入中国的祆教是波斯琐罗亚斯德教的粟特版变种，不宜与琐罗亚斯德教完全对号入座，因此中国史籍中出现的"火祆教"和"拜火教"这两个名词同"波斯教"就应当分开对待。对中古社会影响显著的是来自粟特地区的祆教，琐罗亚斯德教虽然是历史上一种重要宗教，但在唐代中国大约只存在于萨珊波斯移民群体内部。尽管如此，要了解祆教仍需先了解作为其母体的琐罗亚斯德教。

一、波斯的琐罗亚斯德教

1. 起源与发展

琐罗亚斯德教是伊朗地区最早的宗教，因创始人琐罗亚斯德（Zarathustra，正确译名应是查拉图斯特拉，文中姑且从旧）而得名。该教派的传世文献《伽萨》颂诗（属圣书《阿维斯塔》最古老的部分）被认为是琐罗亚斯德本人的作品，但这位作者到底是神话人物，还是历史人物，仍未议决。相信琐罗亚斯德实有其人的学者，对于其生卒年月和出生地点又莫衷一是。其出生年代上可至公元前6000年前，下则至公元前600年。来自古代伊朗的传世观点认为，琐罗亚斯德出生于公元前660至前583年间。但现代学者根据语言学的研究，发现《伽萨》的语言与印度吠陀梵语近似，则无疑此文要早于公元前7世纪中叶。现在

---

① [南宋]姚宽：《西溪丛语》卷上《牧护歌》，孔凡礼点校，北京：中华书局，1993年，第42页。

有不少学者认为,琐罗亚斯德的生活时代亦即该宗教的创立时间在公元前11世纪左右。

关于琐罗亚斯德的出生地点暨琐罗亚斯德教的诞生地,学界亦未能达成一致,大体有"西部说"和"东部说"两种意见。"西部说"坚持宗教传统下的观点,认为琐罗亚斯德于公元前660年生于阿塞拜疆(属古代波斯米底地区),30岁时蒙受神主马兹达默示,从而开始布道传教以拯救世界和自己的灵魂。因在西部传教不利,便在神主启示下奔赴伊朗东部的巴尔赫地区,说服当地国君皈依正教,从此名声大振。"东部说"是近年学者们更加赞同的意见,因为《伽萨》颂歌和《阿维斯塔》后出部分提到的名山大川、部落战争和宗教活动,地理位置和范围大都在伊朗东部,尤其是锡斯坦一带。而且阿维斯塔语(包括《伽萨》用语和《亚什特》用语)与印度吠陀语的关系要比与伊朗西部古波斯语的关系更为密切。不过,"东部"的具体所指,除锡斯坦,也有可能是河中地区、费尔干纳或巴尔赫。

琐罗亚斯德教的起源是一个很复杂的问题,但可以肯定的是,早在阿契美尼德波斯时期,它已作为国教在帝国境内风行。但在亚历山大征服波斯以及塞琉古帝国控制伊朗期间(前330—前139),该宗教渐趋湮灭。公元前238年,帕提亚人从塞琉古帝国中独立并重建伊朗人的帕提亚王朝(安息王朝),至公元前139年控制整个伊朗高原,琐罗亚斯德教作为古老的民族宗教在这个王朝当政期间逐渐恢复。公元前224年,萨珊波斯取代安息王朝,从此琐罗亚斯德教被这个国家奉为国教并臻于全盛。直至651年阿拉伯人征服萨珊波斯,琐罗亚斯德教作为前朝的国教而受到伊斯兰教势力的强力打压迫害,迅速式微。大约8—10世纪之间,波斯本土不愿改宗伊斯兰教的琐罗亚斯德教徒成批移民到印度西部海岸定居,发展为当地一个新的少数民族,印度人取波斯的谐音谓之帕尔西人(Parsis),称其所奉宗教为帕尔西教(Parsism)。不少帕尔西人在晚清时期作为英国人的商务代理活动于广州一带,被广州人称为巴斯人。即使在伊朗境内,琐罗亚斯德教徒也并未完全消失,有少部分人无论遭受伊斯兰教统治者多少压迫剥削,仍在极其艰难困苦的环境下顽强地坚持自己的信仰和坚持在故土生存。另需注意的是,琐罗亚斯德教作为一个非常古老的世界性宗教,难免随着时间空间的推移而不断发生变异,结果就是在不同时期的不同区域产生不同版本的琐罗亚斯德教,粟特人的祆教正是其一。

2. 基本教义

从公元前11世纪算起,琐罗亚斯德教的发展大体可分三个阶段:初创时期(前11世纪至前8世纪),此时圣书《阿维斯塔》形成初步的规模;发展时期

(前7世纪初至前4世纪末),最早编定的波斯古经被东征的亚历山大兵火付之一炬;鼎盛时期(3世纪初至7世纪中叶),此时经过百余年希腊化后复兴,《阿维斯塔》被重新编定,涌现出数量可观的旨在阐释圣书的帕拉维语文献。7世纪中叶以后,在伊斯兰教的侵逼下大势已去,《阿维斯塔》及其诠经文献损失惨重,但今天总算还留下吉光片羽,可以从中窥探该教宗旨。

被认为出自琐罗亚斯德之手的《伽萨》是《阿维斯塔》最古老的部分,《阿维斯塔》的其他部分则由后世祭司编写。《伽萨》提出"善恶二元"宇宙观,并阐述了以此种宇宙观为基础的宗教观(以"抑恶扬善"和"善必胜恶"为最终目的的信仰教条)、道德观(以"拯世救人"为主旨的"三善",即善思、善言和善行)和社会观(以农业和畜牧业取代游牧业为纲领的奋斗目标)。《伽萨》热情讴歌善的本原阿胡拉·马兹达和代表他各种优良品德的六大从神(统称为"阿姆沙斯潘丹",词义为"永恒不死的圣者",即"天神")。《伽萨》也揭露和批判恶的本原阿赫里曼及其众妖魔,即伊朗雅利安人自古以来信奉的众"迪弗"。诗中还具体描述了迪弗教和马兹达教进行的斗争,这被视为是琐罗亚斯德对当时宗教斗争的实录。《伽萨》有两大要点:一是善恶二元对立斗争的宇宙观,着重解决神与魔的关系;二是"七位一体"的善神崇拜,着重解决善神之间以及善神与人类的关系。萨珊时期,二元对立斗争的宇宙观有所丰富和发展,内容比之前更加完整,目的也更加明确,从"善恶二元论"发展为"善恶二元神学目的论"。萨珊时期也在"七位一体"善神崇拜的基础上,增加了神人精神互相沟通的神秘主义观念,对七位一体善神的崇拜更加突出,并增加若干次等的神祇。关于萨珊时期出现的这类教义变化,有人以为只是早期教义的继承和发展,有人则认为它引入了许多希腊精神而与原始宗教有重大差异。

善恶二元对立斗争的宇宙观包含关于世界本质和宇宙由来的神话。善与恶两大本原在未有宇宙之初就存在,且本质对立。善本原是智慧、善良、真诚、纯洁、仁慈和创造的体现,是光明和生命的源泉;恶本原则是愚昧、邪恶、虚伪、污秽、暴虐和破坏的代表,是黑暗和死亡的渊薮。善端的主宰阿胡拉,又称马兹达,或阿胡拉·马兹达,词义为"伟大而永恒的智慧天神",另有一个代称斯潘德·迈纽(词义为"神圣的智慧")。恶端的元凶阿赫里曼,词义为"居心险恶者",代称为安格拉·迈纽(词义为邪恶的教唆者)。光明世界与黑暗世界之间起初隔着一个广大的空间而遥遥相对。但是阿胡拉·马兹达预见到阿赫里曼迟早要来进犯光明世界,因此创造出一个理想的天国以备反击妖魔入侵。这个天国的唯一存在物是精灵,充满安谧和宁静,没有任何物质和任何运动。天国建成后转眼过去三千年,阿赫里曼无意中发现了辉煌灿烂的光明世界,出于嫉妒而决心毁灭它,于是制造出形形色色的妖魔鬼怪,向善本原发出挑战。阿胡拉·马兹达为争取充足的准备时间,提议双方进行为期九千年的斗争以决雌雄。阿赫里曼对于贸然进攻也无胜算,因此同意这个提议。

第一个三千年,阿赫里曼未敢轻举妄动,而只蛰居魔窟。阿胡拉·马兹达则抓紧时机,首先充实神灵的天国,制造出六大天神,继而创造火、气、水、土四大元素,并在此基础上创造了天空、江河、大地、植物、动物和人类,世界就此诞生。这时的世界光明而且宁静,只有人类在天国的众灵体异常活跃,随时待命下凡以与恶魔斗争。阿胡拉·马兹达又制造出七层天,分别安置云彩、星辰(二层和三层)、明月、太阳、光源(六大天神住地)、神主的宫殿。第一层天和大地之间设有流动的风、浮云和闪电。第二个三千年开始,阿赫里曼率领众妖魔侵入光明世界,很快侵占三分之二的天空,给人间带来了贫穷、疾病、虚伪、奸诈和各种毒蛇猛兽等一切灾难,为害世间万物。人类作为善本原的战士,与之苦战。但阿赫里曼最后还是杀到第二层天。阿胡拉·马兹达率领天神地祇奋力抵抗,经过九十天的激战而将众妖魔赶回自己的老巢。但是阿赫里曼及一众妖魔带给尘世的危害和灾难却难以一时消弭,善的创造物继续受到恶的创造物的伤害。在第三个也是最后的三千年中,阿胡拉·马兹达为拯救世界,特派琐罗亚斯德下凡,广泛传播自己的教义,以引导人们走向正途,使世界变得真诚、纯洁和繁荣,直到最后彻底战胜阿赫里曼。九千年结束之后,整个世界将被洪水般的熔铁所覆盖,善者的灵魂将升入光明美好的天国,而恶者的灵魂将跌落于阴森可怖的地狱。那时,一切丑恶和污秽将被清除殆尽,整个世界将焕然一新,恢复原来的纯洁和光明。

不过,善界取得最后的胜利并不意味着恶界的消亡,而只是善界的纯化。琐罗亚斯德要达到的终极目标是把善界中的邪恶因素彻底清除干净,而不是将整个恶界消灭掉。因为恶界与善界都是永恒不变的,善恶两大本原的对立斗争起于"二"(二元对峙),最终复归于"二"(恢复原状)。世界的存在是基于一场持续一万二千年的善、恶斗争,善神创造的世界是抵抗恶的战场。世界万物的变化和有规律的运动,英雄豪杰和暴君奸宄,善男信女和愚顽之徒,大自然给人类带来的恩典和灾殃等等,都是善恶二元对立、矛盾和斗争的具体表现。这样一种二元对立的宇宙观在《伽萨》中已经成形,在萨珊时期得到更加全面和丰富的铺陈。

七位一体的善神崇拜是善恶二元对立宇宙观在宗教问题上的具体表现。六大从神分别代表马兹达的六种优良品质。代表智慧和善良的巴赫曼(或瓦胡曼、沃胡曼),后被奉为动物神;代表至诚和纯洁的奥尔迪贝赫什特(或阿沙·瓦希什特),后被奉为火神;代表威严和仁政的沙赫里瓦尔(或赫沙特拉·瓦伊里亚),后被奉为金属神,负责救助穷苦百姓;代表谦虚和仁爱的塞潘达尔马兹(或斯彭达尔马特),后被奉为土地女神;代表完美和健康的霍尔达德(或胡尔瓦塔特),后被奉为江河女神;代表永恒和不朽的阿莫尔达德(或阿穆尔达特),后被奉为植物女神。这六大从神都是马兹达的创造物,各自有不同的位格和相对的独立性,在《伽萨》中经常单独出现,意在强调神主的某种特殊功能。但他们又共一个主体,对马兹达的依附性始终存在,因而可与神主合称"七位一体"神。有学者认为六大天神的头三位是阳性神,体现了神主马兹达的本质,后三位是阴性神,是三位阳性神的补充或延续,他们之间有着两两对应关系,与印度婆罗门教三神一体的结构可相比较。还有学者指出六大天神中的前两位即奥尔迪贝赫什特(至诚和纯洁,火神)和巴赫曼(智慧和善良,动物神)是琐罗亚斯德思想体系的核心和支撑点。

"七位一体"神之外,《伽萨》还提及不少相对次要的神祇,如牛精古舒尔万,遵命天使斯鲁什,圣火之神阿图尔,幸福和财富女神阿希。单就对善界众神的信仰和崇拜而言,初创时期的琐罗亚斯德教显然就不是一神教,何况其教义还承认与善界众神相对立的一批恶神。而《阿维斯塔》后出部分不但颂扬的善界神灵数目明显多于《伽萨》,涉及的妖魔鬼怪数量也为之大增。但是,鼎盛时期的琐罗亚斯德教对善神之主的狂热崇拜,远远超过对善恶二元宇宙观的宣扬,这或许是导致不少学者误以为琐罗亚斯德教为一神教的原因。

《阿维斯塔》的另一篇章《亚什特》更能体现古代伊朗雅利安人的多神信仰痕迹,其中讴歌的神灵除了阿胡拉·马兹达及其六大从神,还有自然界诸神和一切有益的、善的、美好的造物,人类的各种优良道德品质也都被视为具有神性和应被信仰崇拜的对象。在古代伊朗雅利安人看来,凡值得称颂的,即为有益的、纯善的、永恒的,也就是必须顶礼膜拜的"神祇"。《亚什特》和后来的《胡尔达·阿维斯塔》中还有很多《伽萨》未提及的神灵,既有前琐罗亚斯德时期的古老自然神和自然属性兼社会属性的神,又有琐罗亚斯德教创立之初形成的富于伦理道德色彩的神灵,还有产生于信史时代,几经祭司插手篡改和制作而成的富于哲理意味的神明。以神力的性质而论,可分为火(光)、水(雨)和人体潜力(灵体、良知、活力、悟性、灵魂五种)三大崇拜系列。前两者都是涉及自然力的、有庇护功能的神祇。人体潜力崇拜中最重要的是"灵光""灵体"与"良知"崇拜。灵光神话表现祥瑞观念和君权神授思想,灵体神话宣扬祖先崇拜,良知神话表现人的心灵与神祇相互沟通,三者都与宣扬萨珊君主和琐罗亚斯德教祭司阶层的特殊地位有密切关系,因而在萨珊时期格外得到宣扬。萨珊君主沙普尔二世时期,大祭司长编定祈祷书《胡尔达·阿维斯塔》(又称小《阿维斯塔》)中的一类祷词《阿法林甘》,就是在缅怀祖先、追悼亡灵的奠礼上吟诵,祷词中特别突出对灵体的称颂。此外,萨珊君主通常都会留下阿胡拉·马兹达授予其君权的浮雕像。

抑恶扬善的"尘世说"是从善恶二元对立中引申出来的关于人类使命的教义。善本原马兹达不仅是光明天国的统治者和众善神的主宰,也是世界万物的创造者,因而人们只有归顺并虔诚地礼拜善界神主,才能禳灾祛病,避邪趋善,求得永恒幸福。作为神主的使者,琐罗亚斯德的使命在于为黎民指出弃暗投明的正途,劝说人们避恶从善,皈依正教。他主张每个人具有选择善神或恶神的自由意志。作为独立自主的被造物和万物之灵,人类不必受神秘莫测的天意的摆布和严酷无情的命运的支配,外力不能强迫他选择自己的生活道路。每个人都应该并有权利自由自在地生活,尽情享受符合自己心愿的一切体现真、善、美的东西。在善与恶、光明与黑暗激烈搏斗的战场上,每个人也都应该凭自己的愿望,在针锋相对的两大势力之间进行选择和决定取舍。但是生活的准则告诉人们,应该坚定地站在善神一边。

琐罗亚斯德除了要求人们在宗教取向上选择善神,还鼓励人们在现实生活中积极从事耕耘稼穑、饲养牲畜、修建房屋、挖掘坎儿井和种植果木等,因为这些工作都有益于马兹达所进行的善的创造,都属于抑恶扬善、取悦神主以拯救自身灵魂的具体工作。其中尤以农耕和养畜两项最重要,《伽萨》中提及这两项次数最多,并将勤奋耕田当作是大天神巴赫曼的指点。

人类行为的原则或标准被归结为"三善"——善思、善言、善行。《伽萨》提到"三善"的地方很多,但没有一处讲明"三善"包括的具体内容。由于善与恶的具体表现在不同时代和不同社会有不同认识,因此关于善和恶的争论会永远存在。不过,琐罗亚斯德的善恶观中显然包含关于人类一些基本品质的界分,"三善"原则同时也是待人处事的道德规范。此外,可以推想,作为社会改革家的琐罗亚斯德所认可的"善"大约就是有助于推进农耕社会形成和巩固的思想、言论及行动,反之则属于恶。按琐罗亚斯德教的传统说法,凡严格遵守"三善"原则行事的善男信女,死后其亡灵将顺利通过善思、善言和善行三道关口,然后进入光辉灿烂的天国;而倒行逆施、兴恶灭善的邪教徒到头来将跌落地狱,亦即谎言的魔殿。古波斯人历来极为推崇真诚、痛恶虚伪,《伽萨》中也常常把"谎言"、"欺骗"和"虚伪"树为批判的靶子,与代表至诚和纯洁的第二大天神奥尔迪贝赫什特对立。

"来世说"是琐罗亚斯德教关于世界和人类之终极命运的教义,基本信念是善必胜恶。早期琐罗亚斯德教的"来世说"包括三方面内容,一是个人灵魂的归属,二是尘世的命运和前途,三是善恶二元长期对立斗争的最后结局。关于个人,人的身体因死亡而不复存在,灵魂因是神主创造而永恒不灭,所以人死后灵魂出窍,最初三日盘旋于死者躯体上,仍能感受世界冷暖,所以家人要在此时祭奠告慰。三日过后,幽灵将被风吹送至钦瓦特桥(词义"鉴别")接受神的检验和判决。凡虔诚的正教徒,其亡灵将由美貌女仙引路,安然通过平坦宽敞的大桥,再经善思、善言和善行三道关口,即可升入无限光明的天国,与众神灵欢聚一堂。冥顽不灵的伪善者,其亡灵将由丑陋不堪的妖婆带路,走上变得细如刀刃的钦瓦特桥,最终跌落阴森可怖的地狱,与恶魔阿赫里曼相依为伴。如果死者生前善恶参半,功过相等,其亡灵将着落于介于天国和地狱之间的地段哈梅斯塔坎("阴阳界"),亡灵将在那里等待终审日到来。至于尘世的前途和命运,尽管善恶之争旷日持久,但终将以马兹达的完全胜利和阿赫里曼的彻底失败而告终,因此琐罗亚斯德在《伽萨》中表现出对宗教前途充满信心,充满乐观精神,相信欢乐必归正教徒,愁苦归于伪信者。关于善恶二元长期对立斗争的最后结局,世界末日来临时亦即善恶两大本原进行较量以见分晓时,名叫苏什扬特的救世主将宣布复活日的到来,并唤醒众亡灵进行最终的审判,届时整个大地将被洪水般的熔铁覆盖,人类的灵魂经过熔铁的试炼,或上天国,或堕地狱。阿赫里曼带到人世间的一切邪恶和污秽之物被荡涤净尽,整个世界焕然一新,大放光明,一如原始之初。苦难深重的旧世界灭亡之日,亦即永恒幸福的新世界建成之时。但这个状态并不意味着恶本原阿赫里曼及其众妖魔将在整个宇宙范围内被消灭干净,只是说包括天国和尘世在内的善界将恢复光明美好的原貌。

总体而言,琐罗亚斯德教的教义是积极入世和乐观向上的,它相信人类可以战胜邪恶,拯救自己,并且重视履行个人的尘世责任。帕拉维语文献和古希腊史著中都有关于琐罗亚斯德降生时面带微笑、满屋生辉的描述,这则传说表明,琐罗亚斯德的问世给灾难深重的黑暗社会带来了光明和希望。大流士一世碑志中的一段话称:"伟大的天神阿胡拉·马兹达创造了地,创造了天,创造了人,并为人创造了欢乐。"尘世是纯洁、善良和智慧的人们积极活动的场所。凡是回避矛盾、脱离斗争、不去体验战斗生活的乐趣和痛苦的人,无异于参与破坏世界的活动,充当阿赫里曼的帮凶。阿胡拉·马兹达不是仅仅富于同情心的大慈大悲的造物主,也不是专横跋扈、狂妄暴虐的天神,而是纯洁、真诚、刚毅、坦率、守信的体现和象征,他的助神和创造物也应该具备这些美德。阿胡拉·马兹达并不认为自己的意志和愿望高于一切而可以为所欲为,相反他尊重其他的神灵,无论男性神还是女性神都一视同仁,他也总是召唤众神灵和人类的灵体前来相助。《阿维斯塔》充分反映了古代伊朗人英勇、果敢、纯洁、真诚、宽容和乐观的美德,或至少表明他们重视这些美德,反映他们对世上事物持有一种明智看法,并表现出他们为世界繁荣和人类生活的幸福而奋斗不息的热情。古代伊朗人的生活日程里排满了各种喜庆活动,现代伊朗残余的琐罗亚斯德教村落也继承这些喜庆节日,正是琐罗亚斯德教带给人的乐观精神的一种现实表现。

二、琐罗亚斯德教的影响与粟特祆教

1. 琐罗亚斯德教的流变

在琐罗亚斯德生活的时代,这一宗教就在巴克特里亚王维斯塔斯帕(Vištāspa)的倡导下而在该地率先推广。居鲁士大帝创建波斯帝国后,琐罗亚斯德教被定为官方宗教,并随着阿契美尼德波斯的势力扩张而在西亚和中亚得到广泛传播,甚至传播到希腊和埃及地区。波斯统治者对其治下的各族人民的宗教信仰均采取宽容政策,因之当时犹太人得以从被流放之地巴比伦返回故国重建圣殿。犹太人与琐罗亚斯德教徒之间的交往,可能对犹太教中的天使、魔鬼、复兴和世界末日等思想都产生了深刻影响。同是在阿契美尼德王朝初期,琐罗亚斯德教从伊奥尼亚传入希腊诸地,对俄尔浦斯教(Orphism,又译奥尔菲教)的二元论观念产生影响。

安息帝国时期,伊朗人从希腊化影响中挣脱出来,恢复古老的宗教信仰,修建大量寺庙,举行琐罗亚斯德教的特色祭祀仪式——火祭。大约公元1世纪的一位国王下令搜集散佚民间的波斯古经断简残篇,或根据祭司口述经文加以整理编辑,但没有流传,故而不知是否最终编辑成书。萨珊王朝开国君主阿尔达希尔一世登基之后,就下令收集、整理和重新编定《阿维斯塔》,其后的沙普尔一世(241—271年在位)下令将《阿维斯塔》中有关医学、星象学、哲学和地理方面的内容从希腊和印度等地搜集起来,增补进圣书。沙普尔二世时期,作为罗马帝国国教之基督教的势力在西亚骎骎日上,国内琐罗亚斯德教各派系却斗争日益激烈,对圣书经文的理解和阐释产生严重分歧。为统一思想和加强内部团结,大祭司长奉旨重新修订《阿维斯塔》,从此它被钦定为圣书,是全体国民必读的宝典。这部官方圣典对一些经卷改动很大,观点与传统祭司的观点颇多出入。此外,萨珊人在夺取政权的过程中努力寻求琐罗亚斯德教徒的支持,利用麻葛祭司阶层(复数 Magi/Magoi,单数 Magu/Magus)的权威为自己的叛乱寻求合法化理由,从此使政治权力与宗教信仰紧密结合。当麻葛阶层得到官方认可并占据统治地位以后,对他们表示不满或反对就被赋予了背信叛国的罪名,而这一群人又获得了解释《阿维斯塔》的全权。于是,作为萨珊国教的琐罗亚斯德教与初期信仰相比发生了变化。

萨珊时期的这种官方学说通常被称为左尔文(时间)教,当时关于时间之本质的思索已受到希腊思想影响,认为时间是产生一切现象与生命/本质的源泉,而且关于阿胡拉·马兹达与阿赫里曼的认识也受到希腊影响——他们被认为是永恒的原动力,与亚里士多德的观点相似。由于时间本身永恒不动,而它又控制一切事物,因此产生如下观点:人类自身根本不拥有对抗恶魔的自由意志,他们的一切活动都是先天注定的。这种观念与正统琐罗亚斯德教肯定人的自由意志和力量的观念有明显区别,继而导致琐罗亚斯德教原有的深厚道德根基遭到彻底破坏。由于宣扬人类不存在自由意志,一切都是命中注定,就意味着要求人们忍受悲惨遭遇,也不必刻意积累善行。此外,萨珊时期是琐罗亚斯德教历史上唯一压制其他宗教信仰的时代。不过萨珊毕竟是琐罗亚斯德教历史上的一段辉煌时期,修建了大型的神庙和宏伟壮丽的宫殿。

2. 粟特祆教的特点

阿契美尼德王朝时期,粟特地区属于波斯帝国,很多粟特人还为波斯服兵役,琐罗亚斯德教也被及此地。粟特地区在阿契美尼德王朝灭亡时就脱离了波斯势力范围,到萨珊波斯兴起之前的这段时间内,琐罗亚斯德教在粟特地区也处于边缘化地位,与历史上曾经流行于中亚的众多宗教信仰混杂糅合,形成了粟特版的祆教。萨珊波斯建国后,粟特并未回归其管辖,从组织上讲,粟特祆教与萨珊琐罗亚斯德教并无联系,也没有在教义上接受萨珊国教规约的义务和意愿。与此同时,萨珊时期的琐罗亚斯德教经过规范和整理,大大减少了萨满教成分。由此,萨珊波斯的琐罗亚斯德教和粟特祆教的区别一目了然。粟特祆教实质上是阿契美尼德时期琐罗亚斯德教的残存部分,尤其是其中萨满教成分同其他中亚宗教融合的产物。粟特习俗中有不少阿契美尼德时期波斯人的影子,也有很多自己的风格和特色,而粟特人的祆神崇拜与萨珊国教更无直接联系。

狭义的粟特地区以康国为中心,广义的粟特则包含阿姆河和锡尔河流域周边。粟特与波斯历史关系的演变、粟特地区处于各种文明交汇地、粟特商人逐利而奔走四方并受各地文化影响,这些因素表明粟特祆教是粟特人历经几百年独立形成的民间信仰或习俗化了的信仰。证据之一是琐罗亚斯德教经典从未有粟特文版,另一方面粟特人却大量翻译佛教、基督教和摩尼教的经典。证据之二是粟特祆教有浓重的萨满巫术气息,除巫术和幻术为常见外,粟特人的拜天、拜火和丧葬礼仪形式也与萨珊琐罗亚斯德教直接传人(现代印度帕尔西人和伊朗琐罗亚斯德教徒)的礼仪有很大差别。比如萨珊琐罗亚斯德教仅尊奉而

粟特文摩尼教徒书信

不祭拜琐罗亚斯德的圣像,在火庙里不立神像,主张通过崇拜圣火来与神沟通。而粟特祆教的偶像崇拜极为突出,祆神形象在考古发现和文献记载中多有所见。唐代称东曹或曹、窣堵利瑟那的乌什鲁沙那地区(Ustrushana)①与粟特地区关系密切,曾经是粟特联合体的一员,讲粟特方言,与泽拉夫善河上游的粟特、费尔干纳、赭时及附近地区的人民组成一个有共同文化(语言、风俗和习惯)的区域。文献资料表明乌什鲁沙那奉行所谓"白教",崇拜一些饰有宝石的木雕偶像,而考古发现也出土过这种偶像以及偶像神庙,还发现过拜火的房子,安放死者骸骨的大瓮和骨瓮的岩窟及其他处所。这些发现表明琐罗亚斯德教在当地同对偶像和各种神祇的崇拜及其他宗教实践糅合一体。同时,当地关于善与恶、光明与黑暗、两者间的斗争以及善和光明取得胜利的史诗—神话传说又清楚地表明琐罗亚斯德教的影响。此外,粟特祆教中的神灵并非都来自琐罗亚斯德教义,粟特人的神灵有着鲜明的混合特征。

佛教在早期就从南方传入粟特并且颇为繁荣,但是到7世纪几乎消失了,8世纪时唐朝佛教在粟特移民中传播,致使现存大部分粟特文佛教著作是从汉文翻译过来的,可是现存粟特绘画中始终没有正宗的佛像。6—7世纪的粟特人

---

① 西面和西南面与粟特为邻,东面和东北面是俱战提和费尔干纳,北面是赭时(石国)和塔什干。

借助印度教神像创作他们自己的宗教图像,即以印度教神的造型表现粟特人自己的神灵。因为该地区缺少高度发展的国家组织,家族保护神和地区保护神有着重要作用。这些地方神中没有琐罗亚斯德教的神祇,最著名的如大地与丰饶之神娜娜（Nanā）女神,其基本形象为四臂,后两臂一手执日,一手执月,前两臂一手执蛇,一手执蝎,但还有多种有变化的造型。这位女神还是片治肯特的城市守护神,贵霜地区也尊奉此神。乌什鲁沙那也尊奉四臂女神,卡拉—伊·卡赫卡哈 I 宫殿遗址绘画中有一位三头四臂神和一位骑在狮子上的四臂女神,前者可能是印度神维希帕尔卡尔（Veshparkar）在乌什鲁沙那的特殊表现形式,后者被解释为乌什鲁沙那的主要女神、伟大的武士之母的神像,是用拟人手法表现对自然生产力和生殖力的崇拜,而这个神灵便等同于贵霜—粟特文化中的娜娜女神。位于阿姆河下游、咸海南岸的花剌子模（唐代称火寻）也有一位四臂女神,名叫安那希塔,是带来幸运、代表丰饶和水的女神。此外,粟特地区的太阳神（密特拉神）也是一个体现多种文化影响的混合型神灵,它源于波斯,而在中亚和罗马也都很流行并都发生了本土化变异。

粟特地区的一些风俗也与琐罗亚斯德教教义相悖。如哀悼死者时的劓面截耳仪式。劓面截耳原是漠北游牧民族的悼亡仪式,用刀划面割耳,血泪俱流。三国至隋唐的记载表明西域胡也有此俗,并且西域胡还在送别和讼冤等场合运用此俗,它很适合表达悲痛、悲伤和悲愤这类心情。另一方面,粟特人的葬仪中又保留一些琐罗亚斯德教的规定。山西出土的一块北齐墓加彩浮石雕屏风上刻画了丧仪场景。在场景上段中央,祭司立于圣犬与火坛之间,身穿白色袍服,面覆白色口罩,以防玷污圣火。火坛前面是摆放供品的大盘子。祭司似在举行一种户外礼拜仪式,这种仪式需要鲜花,食品包括水果、面包、葡萄酒、水、奶、果汁、木头、乳香。仪式中起中心作用的是一条狗,由狗凝视尸体,称"犬视",以赶走灵魂中被玷污处,这是琐罗亚斯德教葬仪中的规定,圣火和白衣也是琐罗亚斯德教的传统规定。

琐罗亚斯德教的天葬在粟特地区也被修改,增加了以容器盛放死者骨骸的环节。《阿维斯塔》规定,教徒死后,要把死者放在鸟兽出没的山顶上,让狗噬鸟啄,倘将尸体或尸骸掩埋,要受惩罚。但在粟特地区,5世纪以降出现盛骨瓮葬俗,在尸体上的肉被从骨头上清除掉之后,把尸骨收敛在形形色色的骨瓮里,尔后放进葬室或入土埋葬。这种礼俗在天葬之外结合了火葬的含义。盛骨瓮为陶质,外饰图画或浮雕,大概公元前2世纪出现于中亚,在贵霜时代形式最多。

总之,广义的粟特地区的祆教有明显的混合性特征,而大规模传入中国并产生影响的,正是粟特人的祆教,并因其民间信仰性质,最终在中国民俗中留下痕迹。当然，不排除波斯的琐罗亚斯德教僧侣和信徒在波斯亡国之后移民唐朝，并得到中国政府优待而建寺，使波斯遗民能够继续维持自己的宗教生活。近有学者考证会昌五年所颁《毁佛寺勒僧尼还俗制》中"勒大秦、穆护、祆三千余人还俗"一句中的"穆护"应当与"祆"断开，而"穆护"就是指直接来自波斯的琐罗亚斯德教僧侣，即前文所说的"麻葛"的异译，特与火祆教僧侣"祆"区别。不过，波斯琐罗亚斯德教作为一个完整的宗教体系却并未曾向汉人推介传播或在汉人中产生影响。所以接下来要谈论的是传入中国的粟特祆教。

三、粟特祆教在中国的传播

祆教作为一种宗教形态早已在中国消失，但自南北朝之前传入中国直到唐武宗会昌年间被取缔，它在中国历史上延续了五个多世纪，对当时的中国社会与后来的民俗文化都产生了可见的影响。

1. 传播概况

广义的粟特地区盛行祆教，中国文献对此多有描述，如《魏书》《新唐书》、杜环《经行记》、慧立《大慈恩寺三藏法师传》和慧超《往五天竺国传》，其基本特点被颇为一致地描述为"事火祆"。祆教入华的时间，应早于南北朝时期，与粟特胡商关系密切。斯坦因在敦煌西北的一座长城烽燧下找到一批用粟特文写的古信札，现在通称"粟特文古信札"，是迄今为止中国境内所见最早的粟特文文献，目前基本可以肯定写于西晋永嘉五年(311)前后。在这批古信札中就透露出祆教的某些信息，如第二封信发信人姓名的意思是"娜娜女神之仆"，同时还发现了"祆祝""萨宝"这两个宗教职务的称号，并且"祆祝""萨宝"就活动在这批商人之间。古信札中还反映出粟特商人当时已在河西走廊的重镇姑臧(今甘肃武威)建立了商业基地，其活动范围东可达长安、洛阳、邺城(河南安阳)等。从信札中的口气和他们所做买卖的数额之大来判断，他们来到中国应该已经有一段时间了。因此，至晚在公元3世纪末4世纪初的西晋时期，祆教已经随着粟特商人进入中国，并且在当时粟特商人聚居区内可能也已经有了教团组织以及从事宗教事务的场所——祆祠。

南北朝至隋唐，随着粟特人和其他信奉祆教的胡人入华日多，祆教在中国流行愈广，并且首先影响到北朝的少数民族政权。《晋书·石季龙载记》记后赵时期(319—350)，"龙骧孙伏都、刘铢等结羯士三千伏于胡天"[①]。"胡天"就是

---

① [唐]房玄龄：《晋书》卷一〇七《载记第七·石季龙下》，第2791页。

袄神。《魏书·西域传》载北魏时期,高昌、焉耆"俗事天神"[1]。其"天神"也就是"袄神"。《魏书·皇后列传》载北魏灵太后时(516—527)曾废诸淫祀,但"胡天神不在其列"[2]。《隋书·礼仪志二》称后齐后主末年"躬自鼓舞,以事胡天"[3],并记后周皇帝也亲拜胡天。这时期的统治层如此身体力行,民间想来也会以此为风尚。此外,北朝时期还设立专门管理袄教的机构,《隋书·百官志中》称"后齐制官,多循后魏","鸿胪寺,掌蕃客朝会,吉凶吊祭。统典客、典寺、司仪等署令、丞。典客署,又有京邑萨甫二人,诸州萨甫一人"[4]。"萨甫"也译作萨保、萨宝等,对于这一词汇的来源,有学者认为其源于突厥语,也有人认为其源于回鹘语,但其起源应该比这更早,现在学者多认为其源于粟特语,含义是"伊兰系胡户聚居点上的一种政教兼理的藩客大首领"[5]。因当时的袄教信徒多为入华之异域商人,所以管理商团商务和管理袄教事务是结合在一起的。不过这一时期袄教是否传播到南朝,因为史书缺乏记载,不得而知。

  北朝时除鲜卑人信仰袄教外,突厥人也开始信仰袄教。木杆可汗(553—572年在位)之弟陀钵可汗即位后,改信佛教,并在突厥人中推广佛教,而之前突厥人广奉袄教。突厥人的信仰显然也是一种混合式民间信仰。比如对袄神的崇拜,过定居生活的居民是立祠庙以奉,突厥人则因游牧生活,故"无祠庙,刻毡为形,盛于皮袋,行动之处,以脂酥涂之;或系之竿上,四时祀之"[6]。蒙古杭爱省发现过6世纪的记突厥汗国事迹的粟特文碑铭。吐蕃人在归信佛教之前(9世纪以前),其当地苯教也受到萨珊波斯琐罗亚斯德教(左尔文教)的深刻影响。

  隋末唐初,"袄教"这个名称才正式出现,此前史籍中通常称"袄"为"天神"、"火神",或"胡天神"。"袄"这个字也是唐初的新造字,陈垣先生早在《火袄教入中国考》中已考证此字为"天神"之省文,而不称"天神"却称"袄",明其为"外国天神"[7]。而明末顾大韶已经在《炳烛斋随笔》中提到,"袄"之义即胡天神。在古代中国的外来宗教中,专门为之造字命名者,火袄教独此一家,由此亦可推想当唐初时,粟特袄教已在中国有相当影响。贞观十五年所撰《隋书·礼仪志》不仅记载了北齐多祀胡天而其都城邺城遂多淫祀,并称"兹风至今不绝"[8]。文

---

[1] [北齐]魏收:《魏书》卷一〇一《西域传·高昌传》、卷一〇二《西域传·焉耆传》,第2243、2265页。
[2] [北齐]魏收:《魏书》卷一三《皇后列传·宣武灵皇后胡氏传》,第338页。
[3] [唐]魏徵:《隋书》卷七《礼仪志二》,第149页。
[4] [唐]魏徵:《隋书》卷二七《百官志中》,第751、756页。
[5] 姜伯勤:《敦煌吐鲁番文书与丝绸之路》,北京:文物出版社,1994年,第4页。
[6] [唐]段成式撰,许逸民校笺:《酉阳杂俎校笺》前集卷四,第426页。
[7] 陈垣:《火袄教入中国考》,陈垣:《陈垣史学论著选》,上海:上海人民出版社,1981年,第109页。
[8] [唐]魏徵:《隋书》卷七《礼仪志二》,第149页。

献中没有关于北朝有祆天祠的记载,但实际中应该有。进入唐代,文献便屡屡出现祆祠的记载,比如长安城中祆祠共有五处,分别在布政坊、醴泉坊、普宁坊、靖恭坊、崇化坊;洛阳会节坊、立德坊、南市西坊也有祆祠。在敦煌、武威、张掖、太原、恒州、定州、营州等地,也都发现有祆教活动。宋代姚宽(1105—1162)《西溪丛语》卷上称崇化坊祆祠之建在贞观五年(631),其时传法穆护何禄来到长安,并被允许在崇化坊设祆祠①。不过在以上祆祠中,哪些是奉粟特祆教之人的活动场所,哪些是流亡中国的波斯琐罗亚斯德教徒的活动场所,即如唐代"穆护"与"祆"的具体区别一样,尚有待深入研究。不过应该可以确认,波斯信徒不会接受粟特祆祠中萨满气息浓厚的祭拜活动,两者的活动场所不致杂于一处。

在管理上,唐朝继承北朝以来的制度并进一步完善。《通典·职官二十二》"视流内"条下有"视正五品:萨宝;视从七品:萨宝府祆正","视流外"条下有"勋品:萨宝府祓祝。四品:萨宝府率;五品:萨宝府吏"②。"萨宝府"是一个管理监控西域移民的机构,并非单纯的宗教管理机构。"祆正""祆祝"(祓祝)是萨宝府下管理宗教的专职官员,因西域移民中祆教徒众多之故。"萨宝""萨宝府率""萨宝府吏"则是该机构的世俗职务。这些官员都由外来人员担任。唐朝政府明令禁止汉人信奉祆教,《新唐书·百官志一》载"两京及碛西诸州火祆,岁再祀,而禁民祈祭"③。从目前所发现的大量反映祆教信息的文献和碑志来看,隋唐时期的祆教徒也主要是外来民族,在入华胡商中尤其流行。学者研究还发现,"安史之乱"的发动者安禄山,小名"轧荦山",不管是"禄山"还是"轧荦山",都来源于粟特文 roxšan,意为"光明、明亮"。这明显与祆教崇拜光明和火有关。安禄山看来正是一名祆教徒。有学者进而提出,安禄山将自己装扮成"光明之神",利用祆教信仰的力量,在其周围聚集了一批胡商和少数民族将士,并以此为基础发动了叛乱④。

2. 祆教传入中国后的变化

祆教入华后,政府并未对其信仰形态有何限制,如唐朝仅是明令其只能在胡人中传播。不过来华胡人想必感受到了中国传统文化的强大影响,故而在某

---

① 宋人姚宽此处把"穆护"与"祆"视为同一种宗教,是其一家之言,今日需要辨析。[南宋]姚宽:《西溪丛语》卷上《牧护歌》,孔凡礼点校,第 42 页。
② [唐]杜佑:《通典》卷四〇《职官二十二·秩品五》,王文锦等点校,第 1103、1105—1106 页。
③ [北宋]欧阳修、宋祁:《新唐书》卷四六《百官志一》,第 1195 页。
④ 荣新江:《安禄山叛乱的种族与宗教背景》,中国社会科学院历史所隋唐宋辽金元史研究室编:《隋唐宋辽金元史论丛》第一辑,北京,紫禁城出版社,2011 年,86—103 页。

些方面主动或被动地改造自己的习俗以适应中国文化,这也与粟特系祆教作为民间信仰体系而容易吸收接纳他种习俗及信仰之特点相关。祆教徒入华后对葬俗的改造最能反映中国文化对它的影响。

波斯琐罗亚斯德教经典《阿维斯塔》规定,教徒死后,要把死者放在鸟兽出没的山顶上,让狗噬鸟啄。若有人将尸体埋于地下,半年不挖出者,罚抽一千鞭,一年不挖出者,抽两千鞭,两年不挖出者,其罪过无可补偿。《通典·边防志·西戎》记载的康国丧葬习俗除增加盛骨瓮这个环节外,令狗啃噬尸体的做法与《阿维斯塔》的规定相仿:"(康国)国城外别有二百余户,专知丧事,别筑一院,院内养狗。每有人死,即往取尸,置此院内,令狗食之,肉尽收骸骨,埋殡无棺椁。"① 盛骨瓮习俗可以不论,但死后曝尸不葬还任由鸟兽噬尸,这种丧葬方式一眼望去就与中国传统格格不入。《旧唐书·李暠传》载:"太原旧俗,有僧徒以习禅为业,及死不殓,但以尸送近郊以饲鸟兽。如是积年,土人号其地为'黄坑',侧有饿狗千数,食死人肉,因侵害幼弱,远近患之,前后官吏不能禁止。暠到官,申明礼宪,期不再犯,发兵捕杀群狗,其风遂革。"② 这段描述清晰地表明中国人无法理解粟特人的葬俗,将此视为野蛮危险的恶习。另一方面,李暠的做法又表明,对于外国人的可怪行为,当其未对中国社会造成明显恶劣影响时,官府可以适度容忍,即使是反对这种异域习俗,中国官员也倾向于不以强力制止,同时尽力施以教化。是以李暠没有直接禁止祆教徒如何如何,而是选危害民众的群狗下手,并向祆教徒"申明礼宪",所申的当然是中华礼俗。这种做法显然已使祆教徒深刻感受到了政府权力和本土文化的压力,只好主动革除人死饲狗之风。

另外,在西安发现的北周安伽墓中,刻绘有祆教祭祀图案,墓志又载其曾任同州萨保,则为粟特祆教徒无疑。此墓保存完好,葬式清楚,虽采用土葬,也有甬道、墓室,但却绝不见棺椁痕迹,而墓室中之石榻,也并非用来安放墓主尸体,墓主骨架置于封门与墓室之间的甬道内,有些散乱,并且股骨上留有明显的火烧烟熏痕迹,门墩上的石狮火迹明显,且殃及门楣、门额,可见火势很猛。似乎墓室在封门后,曾有点火、拜火的仪式。不过骨骼上未发现狗咬的痕迹。从中可以看出,其葬俗既保留有祆教传统的核心内容,又开始采用土葬的形式,结合了两者的特点。

2003年在西安发现的北周凉州萨宝史君墓(逝于579年),距安伽墓2.5公里,情况既有与安伽墓类似之处,又有更多汉化的痕迹。史君墓亦出土类似

---

① [唐]杜佑:《通典》卷一九三《边防九·西戎五》"康居"条,王文锦等点校,第5256页。
② [五代]刘昫:《旧唐书》卷一一二《李暠传》,第3335页。

安伽墓围屏石榻

安伽墓的壁画石榻和具粟特风格的浮雕彩绘贴金石葬具,且无棺,尸骨亦未置于石榻(因盗墓之故,骨架散乱于石椁内外)。但史君墓比安伽墓多了石椁,骨架正位于石椁中,除墓主夫妇骨架外,还有兽骨,并且骨架未发现有火烧痕迹,墓室封闭前可能未行点火仪式。史君墓更能体现出粟特人葬俗向中国葬俗过渡的形态。在目前发现的晚于北周的大量祆教徒墓葬中,基本上都采用与中国人相同的葬式,实行土葬,有棺、椁和墓志,也流行夫妻合葬、归葬先茔等等。另外,河南安阳附近出土的6—7世纪北齐粟特贵族墓,则采用了作为中华礼制传统象征的双石阙,石阙内容又表现胡人的祭祀仪式,这也是粟特葬俗向中国葬俗靠拢的一个表现。

四、入华粟特人的生活及其社会影响

1. 政治和军事影响

玉门关以外,在唐代曾于罗布泊一带专为康国人设立定居点。敦煌写本《沙州伊州志》残卷有一则受到中外研究者广泛关注的文献,记载了粟特移民聚落的形成:

> 石城镇,东去沙州一千五百八十里,去上都六千一百里,本汉楼兰国。

……更名鄯善国。隋置鄯善镇。隋乱,其城遂废。贞观中,康国大首领康艳典东来,居此城,胡人随之,因成聚落,亦曰典合城。其城四面皆是沙碛,上元二年改为石城镇,隶沙州①。

这条材料道出了粟特人入华在西域定居的一般情状。先有大首领移民打前站,然后陆续有胡人随之而入,形成聚落。入居之地,大约是前代毁弃的城镇。中国国家图书馆收藏的于阗语文书及粟特文封签(编号 BH4-135、BH4-136)就透漏出这样的信息②,有粟特商队来到于阗,需要在当地居留一段时日,他们首先与当地的粟特居民取得联系,委托办理诸如土地,生活用品比如酒、粮食、蔬菜、丝绸等购置事宜。将康艳典的情况与此则材料联系起来考察,可以感受到粟特人入住西域的具体细节。

根据《沙州伊州志》残卷的进一步记载,康艳典还不断拓展其城居范围,他陆续修建了新城、蒲桃城、萨毗城。根据《新唐书》卷四三下《地理志》的记载,石城镇,"在蒲昌海(即新疆罗布泊)南三百里,康艳典为镇使以通西域者。又西二百里至新城,亦谓之弩支城,艳典所筑"③。弩支城,就是粟特语新城的意思。这条材料显示,康艳典已经被唐朝政府雇佣为地方军官,他不仅是胡人居住地的城主,而且是唐朝沙州地区的边防机构石城镇使。唐高宗上元三年(676)改且末为播仙镇,有粟特人河(何)伏帝延在高宗末年任播仙城主④。相信他同样也是镇使。他们所统领的军人,无疑以粟特移民为主。当然,随着时间的推移,军人的成分会复杂化。

《唐开元二年帐后西州柳中县康安住等户籍》记载,户主康安住(72岁)垂拱二年疏勒道行没落(失踪),弟康安定(54岁)垂拱元年金山道行没落,弟安义(49岁)也是垂拱二年疏勒道行没落。户籍上还写着"右件一户没落"。失踪之时距离开元二年的户口登记已经过去了 29 年左右。时康安住 44 岁,弟安定 25 岁,安义 21 岁,都是青壮年龄。垂拱元年(685)前后,正是武则天废除中宗、平息徐敬业起兵的时候,西域方向有地区性用兵⑤,康氏兄弟全部失踪,他们定居时就没有子嗣妻儿,显得十分蹊跷。很可能他们当年落户的时候就是"兴生

---

① 李正宇:《古本敦煌乡土志八种笺证》,兰州:甘肃人民出版社,2008 年,第 241 页。
② 段晴:《粟特商队到于阗——BH4-135 之于阗文书解读》,荣新江、罗丰主编:《粟特人在中国:考古发现与出土文献的新印证》,第 96—115 页。
③ [北宋]欧阳修、宋祁:《新唐书》卷四三下《地理志七下》,第 1151 页。
④ 荣新江:《中古中国与外来文明》,北京:生活·读书·新知三联书店,2014 年,第 37 页。
⑤ 黄惠贤:《从西州高昌县征镇名籍看垂拱年间"西域"政局之变化》,唐长孺主编:《敦煌吐鲁番文书初探》,武汉:武汉大学出版社,1983 年,第 396—438 页。

胡"；或者因其他机缘居留下来，不堪兵役，选择了逃离。

粟特聚落的居民结构复杂，文化多元。《沙州都督府图经》记载"四所杂神"，分别是土地神、风伯神、雨师神、祆神。祆神就是粟特人崇拜的神祇。沙洲地区的祆祠，在出土文书里，屡有记录。在唐代长安，至少有五座祆祠，分别在布政、崇化、醴泉、普宁、靖恭五坊，隋代颁政坊也曾有祆祠。《朝野佥载》卷三记载，河南府立德坊及南市西坊皆有胡祆神庙，每岁商胡祈福。烹猪羊，琵琶鼓笛，酣歌醉舞。祭神祈祷活动结束之后，推举招募一胡人为祆主，观看者施钱并与之。"其祆主取一横刀，利同霜雪，吹毛不过，以刀刺腹，刃出于背，仍乱扰肠肚流血。食顷，喷水咒之，平复如故。此盖西域之幻法也。"①祆祠的活动已经从宗教互动转向文化娱乐活动了。

北魏时凉州（武威）已有许多粟特人，且凉州多安姓，概为安国粟特人多居凉州之故。凉州李氏，本姓安，周隋间始居武威，唐朝赐姓李，代出名人。赐姓之事源于李抱玉，因其耻与安禄山同姓，而于肃宗至德二年五月被赐李姓，且举宗并赐国姓。其先安兴贵即为武德功臣，封凉国公。又有名将李元谅，与李抱玉同族，德宗时因战功赐姓并改名。李抱玉堂兄弟李抱真，两《唐书》亦有传。且据贞元九年（793）《李抱真德政碑》，其先人自安兴贵、安修仁兄弟起，累世为高官②。凉州李氏可谓入华粟特人入仕朝廷之著例。

北朝时期，入华粟特人除任萨宝管理本民族之外，也常在各北方政权中任高职。如北魏苟景，本姓若干，按其墓志所叙，原居委水，即妫水/乌浒水，是河中粟特人，后迁代北，改姓苟氏，从其高祖起，历代于北魏朝中任官。苟景本人的官职经历，如其墓志题："魏故使持节卫大将军、仪同三司、冀州刺史、博野县开国公苟君之墓志铭"，而苟景死时仅二十九岁，可见其受朝廷器重③。又有虞弘，本姓鱼，墓志称其"鱼国尉纥驎城人也"，仅能断其氏为服属匈奴赫连氏的鱼姓胡人，具体族属不清，墓葬风格显示其应为祆教徒，不过其石椁浮雕画的内容和风格又明显为萨珊波斯式④。西魏大统十二年（546），时年十三岁的虞弘任柔然莫贺弗并代表柔然出使波斯，551年又被派遣出使北齐，还出使过吐谷浑。柔然灭于突厥后，虞弘入北周并于北周末年任检校并州萨保府职，兼领乡团，隋开皇年间转仪同三司，敕领左帐内，镇押兵部。

---

① [唐]张鷟：《朝野佥载》卷三，赵守俨点校，第64—65页。
② [南宋]赵明诚：《宋本金石录》卷九，北京：中华书局，1991年，第220页；[唐]董晋：《义阳王李公德政碑》，[清]董诰等编：《全唐文》卷四四六，第4558页。
③ 《魏故仪同苟君墓志铭》，赵超：《汉魏南北朝墓志汇编》，天津：天津古籍出版社，1992年，第257页。
④ 《大隋故仪同虞公墓志》，罗新、叶炜：《新出魏晋南北朝墓志疏证》，北京：中华书局，2005年，第419页。

敦煌也是粟特人聚居地之一，敦煌文献中多有关于粟特人及祆教的记载。伯希和文献 p. 2657、p. 2803、p. 3018、p. 3559 是包括从化乡在内的差科簿，作于天宝十年(751)左右。从化乡居民二百三十六人中康、安、石、曹、罗、何、米、贺、史九姓昭武人占九成以上，并且显示其社会地位很高，官居上柱国者达二十三人，其子孙也多显赫，汉人反而没有一个勋官和高身份人员。这份差科簿上有些记载还显示，一些粟特人的祖先（如安姓）也为地方高官，意味着他们已是此地世代显宦。

晚唐五代敦煌归义军政权时期，由于张议潮之父张谦逸娶粟特安氏为妻，促成归义军时期的胡汉联姻。归义军节度副使安景旻出身敦煌粟特安氏家族。安家庄是晚唐五代出现的粟特人村落之一，在敦煌有很大影响，张议潮建立归义军政权便得力于安景旻的支持。安氏还有不少人在归义军政权中担任各级官吏。从张氏归义军政权到曹氏归义军政权时期，安氏家族都是有权势的家族之一，安家庄可能就是唐代敦煌从化乡诸村落之一。归义军节度使曹议金的家族亦是粟特人。曹家庄是归义军时期敦煌粟特人聚落中的一个，曹家先人在张氏归义军时期便执掌敦煌佛教教团，且其家族地位一直不断提高。曹家还有曹良才、曹盈达等掌握着归义军政权的重要权力机构。康姓家族亦是归义军时期敦煌的名族豪宗，张氏归义军时期任职的有甘州删丹镇遏使充凉州西界游奕防采都知兵马使康通信，瓜州刺史康使君，还有出任佛教教团都僧统的康贤照。史家亦是敦煌地区很有势力的家族，应是原来唐代从化乡所属村落之一，有名医史再盈，得耆婆秘密神方和榆附宏深之妙术。晚唐五代敦煌地区还有罗姓和翟姓的粟特后裔，不过当地也有这两个姓的汉人。

高宗调露元年(679)于灵州南界设六胡州，旨在安置突厥人，但也包括一部分粟特人。玄宗时(721)，六胡州以粟特人为首反叛，领袖为康待宾，有人认为这些就是突厥化的粟特人。平乱后，玄宗将残余胡人五万徙置河南道，设立新的六胡州，其中即使并非全部为粟特人，也有大多数是粟特人。此事件成为粟特人进一步内徙、中原地区活跃大量粟特人的主因。安史之乱(755年爆发)至河朔三镇成立(763)，再至唐宪宗即位(805)，有为数众多的粟特武人游弋于河北各藩镇，但这些粟特武人并非纯粹的粟特人，而是受过突厥影响、有半游牧性质的粟特人，被称为"突厥化粟特人"。

被正史立传的突厥化粟特人有康日知、史宪诚、何进滔，三人都出身旧的六胡州。康日知父亲康孝义曾是河东道晋州的万安府折冲，祖父康植曾平定六胡州康待宾之乱。他本人年轻时跟随李惟岳，因李惟岳做了成德节度使李宝臣的干儿子而随之入成德军，由成德军左厢步军都使升至赵州刺史。成德军当时被分为四部,康日知的职务是领四部之一,地位之高显而易见。史宪诚于长庆二年(822)被推举为魏博节度使,虽然两《唐书·史宪诚传》称其祖先为奚族[①],但他出身六胡州,又改史姓,当与迁到河套的突厥化粟特人有密切关系。史宪诚祖父史道德曾历任开府仪同三司、试太常卿、上柱国、怀泽郡王等职;父亲史周洛早年侍从魏博节度使田季安,后历任兵马大使、银青光禄大夫、检校太子宾客兼御史中丞、柱国、北海郡王等职。史宪诚历任魏博军中军都知兵马使和先锋兵马使,后因统率魏博的精锐而成为魏博节度使。何进滔也出身六胡州粟特人,曾祖父何孝物及祖父何俊都是灵州军校,父亲何默是夏州衙前兵马使。何进滔年轻时侍从魏博节度使田弘正,大和三年(829)由魏博衙内都知兵马使晋升为魏博节度使,此后何氏一族三代(何进滔、何弘敬、何全暤)连任节度使。

河北有大量突厥化粟特人流入,恐因田承嗣初创魏博军时主要征募当地农民致使增强马军成为嗣后首要急务。对马军的需求促使擅长骑射的突厥化粟特人大量流入河北,尤其是魏博。唐末至五代,突厥化粟特人对先后创建后唐、后晋、后汉、后周的沙陀人也产生很大影响。沙陀中有很多拥有粟特姓氏的武人,多是贞元二年(786)后迁居河东北部(代北)的六州胡后裔,当时沙陀也迁居此地。黄巢之乱时,居住代北的突厥化粟特人与其他游牧系诸族以沙陀为中心结成一个有力团体,并支撑了后来沙陀诸王朝的军事力量。

集中体现粟特武人名声的是粟特柘羯(赭羯,粟特文 châkar)军,这是粟特君主及贵族的贴身侍卫军,以勇悍著称。柘羯军是河中地区及其附近的一个特有现象,数量很多,与普通近卫战士的不同在于,他们是精英战士的团体。此外,他们不仅要当好侍卫,还要为主人提供良好的日常服务,但他们既非奴隶也非贵族。柘羯军现象的起源大约与曾统治粟特地区的嚈哒人有关,后又传播到吐火罗和呼罗珊东部。玄奘《大唐西域记》卷一曾记飒末建国(即康国)"兵马强盛,多是赭羯。赭羯之人,其性勇烈,视死如归,战无前敌"[②]。《新唐书·西域传》描述安国时提到:"安者,一曰布豁……募勇健者为柘羯。柘羯,犹中国言战士也。"[③]阿拉伯文和波斯文文献也多处描述粟特贵族与其柘羯的活动。有人认为,安禄山和史思明的叛乱就是利用他们各自组建的柘羯军。关于安禄山的记载多把他描述成利用商人做代理的粟特聚落的首领,史思明的谥册上则刻着"昭武(Jumuk)皇帝"——中国皇帝称号与粟特贵族头衔的组合。安禄山不

---

① [五代]刘昫:《旧唐书》卷一八一《史宪诚传》,第4684页;[北宋]欧阳修、宋祁:《新唐书》卷二一〇《藩镇魏博传·史宪诚传》,第5935页。
② [唐]玄奘、辩机原著,季羡林等校注:《大唐西域记校注》卷一《飒秣建国》,第88页。
③ [北宋]欧阳修、宋祁:《新唐书》卷二二一下《西域传下·康国传》,第6244页。

仅本人像所有粟特军事首领那样组织了一支柘羯军,他在睢阳的下属也同样有柘羯军。《新唐书》卷一一七记张巡守睢阳时,提到"有大酋被甲,引拓羯千骑麾帜乘城招巡"①。《何弘敬墓志铭》称何氏先祖何令思"率领部曲八百人,移居魏、相、贝三州"②,八百人可占魏博牙军(驻扎会府的军队)十分之一,这支部曲应该就是一支柘羯军。

2. 社会习俗的影响

葡萄种植和葡萄酒酿造是粟特人带给中古社会的一项新事物。伯希和所获《敦煌二十咏》(写于9世纪初或更早)之第十二咏《安城祆咏》描绘祆教徒祈雨的情景,提到零祭处"朝夕酒如绳(渑)"③。敦煌文书 P.3569V 记唐僖宗光启三年(887)"四月十四日夏季赛祆用酒肆瓮"④,P.2629 记"城东祆赛神酒两瓮"⑤。张鷟《朝野佥载》卷三记河南府立德坊、南市西坊都有祆神庙,每岁商胡祈福时,要"烹猪羊,琵琶鼓笛,酣歌醉舞"⑥。由此可知粟特人不仅好歌舞宴饮,宗教活动中也必饮酒,所用之酒即为葡萄酒。葡萄作为一种非粮食作物,它的饮用不反映任何大众食用需求,对所有生活在靠近生存底线的人来说,它是一种"多余"的作物。所以,葡萄种植区的产生与其说是农业事务,不如说是文化事务,葡萄与葡萄酒更体现粟特人在中国社会习俗方面的影响。

康国大首领康艳典定居罗布泊地区后,建了一座"蒲桃城",至少存在到691年,据其名称,城中可能盛产葡萄。唐代吐鲁番与葡萄的关系则在文献中有明确证据。葡萄在吐鲁番有关土地的文书中无所不在,5世纪的文书中已谈到葡萄,7—8世纪的资料则表明该地区所有人都种葡萄。但是,由于早期吐鲁番文献很不详尽,葡萄栽培与粟特人的关系只有间接线索。比如有一位生活于436年前后的葡萄种植者,名叫翟强,单凭姓氏不能肯定他是粟特人,但翟姓突厥人和粟特人有紧密的生活联系。

事实上,山西的葡萄园比罗布泊和吐鲁番的葡萄园产生得更早,在唐初就已经很繁荣,而且与粟特人的关系相当明确。山西的"粟特"聚落体现了伊兰人和中国西北游牧民经过移民之后的民族混合特征,粟特和突厥文化的结合自

---

① [北宋]欧阳修、宋祁:《新唐书》卷一九二《忠义传中·张巡传》,第5537页。
② 《唐故魏将节度使检校太尉兼中书令赠太师庐江何公墓志铭》,周绍良、赵超主编:《唐代墓志汇编续集》咸通〇三二,上海:上海古籍出版社,2001年,第1058页。
③ 郑炳林:《敦煌地理文书汇辑校注》,兰州:甘肃教育出版社,1989年,第139页。
④ 唐耕耦、陆宏基编:《敦煌社会经济文献真迹释录》第三辑,北京:全国图书馆文献缩微复制中心,1990年,第623页。
⑤ 唐耕耦、陆宏基编:《敦煌社会经济文献真迹释录》第三辑,第274页。
⑥ [唐]张鷟:《朝野佥载》卷三,赵守俨点校,第64页。

唐代四瑞兽葡萄纹铜方镜

6世纪起就引人注目,此前虽乏于文字记载,但融合过程恐怕早已开始。可能在7世纪之前就有受过粟特人影响的胡人将葡萄栽培技术传到山西。唐文宗开成二年(837)元月,皇帝下令禁止太原进贡葡萄酒,这被现代学者解读为安史之乱后民族主义情绪重新抬头的一个产物。但这也说明,此前很长一段时间,葡萄酒是太原的重要特色产品。元朝时鼓励种植葡萄,饮葡萄酒为一时风尚,山西的葡萄酒产业再度复兴。但明太祖得到太原第一次进贡的葡萄酒后便决定下令禁止,他的公开理由是"修养劳民",实际上是拒绝蒙古人及其同盟者风俗的一种姿态。唐文宗与明太祖双双反对在山西生产葡萄酒,反映了中国传统文化意识中将葡萄栽培与"西方蛮族"相关联。在唐代文学中,葡萄酒一直被作为"胡"文化的意象而采用,而这种"胡"物在唐代的兴盛又表明了以粟特为代表的胡人文化的影响程度。

葡萄酒被视为典型的胡风,粟特人的一些巫术习俗却逐渐与中国民间信仰水乳交融。敦煌文书许多关于岁末驱傩仪式的记载中常提到"儿郎伟",建房上大梁时所唱歌谣《上梁文》中也出现"儿郎伟"。"儿郎伟"大约就是波斯语之Nairangi(Nirang, Nirangi),为祆教一种术语,意为"法术、作法、奇迹"。其原义指用于净化仪式的牛尿,据称人们饮此牛尿,可使内心洁净。Nirang后转义为一种供奉水和牛尿的礼拜仪式,此种仪式的效果据说是能对抗恶魔来犯。《上梁文》唱"儿郎伟",宋代中原犹有此俗。无论敦煌驱傩文"儿郎伟",还是唐宋《上梁文》"儿郎伟",都已掺杂许多中国传统驱傩仪式的因素,是为粟特仪式与中原仪式的混杂物,尤其是《上梁文》,除"儿郎伟"一词外,其余内容都是中原民间习俗。

第十三章　异域诸宗教【一】：琐罗亚斯德教与祆教　337

安阳北齐石棺床后屏左侧宴饮图（摹本），表现以葡萄园为主场景的欢宴场面，被认为是葡萄园赛祆活动

有学者认为祆教的偶像崇拜和"赛祆"活动是入华后受中国佛教影响的结果，并断定唐代祆教出现佛教化倾向，视此为中国文化影响祆教的又一表现。但承认了粟特祆教与萨珊波斯琐罗亚斯德教的区别之后，看待这个问题的视角就会完全改变。粟特系祆教并非一个完整的宗教体系，只是胡俗的一个组成部分，偶像崇拜和"赛祆"等是祆教入华前就有的内容。作为一套民俗，它不可能像佛教、景教和摩尼教那样，让上层阶级接受其义理，而只能作为一种习俗以感性的方式影响汉人，汇入中土民俗。"祆神"这个形象在南北朝时已经成为一个被较广泛接受的祈福对象，正是祆教民俗性质的一种表现。胡人或者胡人后裔多拜胡天神，这不在话下。目前出土的几方北魏宗室墓志志盖都以象征太阳的莲花作为画面中心，布满云纹和火焰纹，有的还出现怪面焰肩鹰爪神，有人以此为祆神。北魏茹小策造像碑是内入柔然人结邑敬祆的造像碑，碑阳龛额中心图像为花朵和花心升起的火焰，两旁有半人半鸟神拱卫，右神持物，左神握一环，当是圣火祆神图像。值得关注的是一些汉人的墓葬中也出现祆神图样。比如太原出土的北齐徐显秀墓墓室壁画绘有火翼祆神，此祆神被判为有导引升天的含义。又如南梁临川靖惠王萧宏墓碑碑额拓片，碑额无篆题，中央为一花盘，花心即穿孔，碑额底部有左右两尊胡天神侧身相对，夹着一个饰莲瓣的火坛，火焰

之上有一尊正面胡天神,形体硕大,屈腿伸臂,瞠目张口。祆神像出现于汉人墓葬特别是南朝墓葬,意味着什么呢?不能说这意味着这些人对祆教有什么明确信仰,而应该理解为祆神已经成为一个颇受认可的民间神祇。

到了唐代,整个社会效慕胡风的风气和中国民众祈神惟灵是从的宗教心态更有助于吸收祆教某些习俗。既然汇入民俗,也就容易长期延存,即使政府明令禁止汉人信奉祆教,却不涉及民俗与节庆活动沾染胡风的问题,因此会昌三年与五年驱逐三夷教之后,一些已经融入民俗的祆教活动仍能继续存在。斯坦因从敦煌千佛洞所获《唐光启元年书写沙州伊州地志残卷》中记载了伊州伊吾县祆祠的幻术表演①,唐人作品对祆神祠的幻术表演也多有记载,一般是在每岁祈福酹神之后进行表演,如前文介绍幻术时所引《朝野佥载》卷三对凉州祆神祠祆主以利铁洞额仍飞奔数百里之术的描写,同卷特别提到河南府立德坊及南市西坊的胡祆神庙在每岁酬神之后募一胡从事幻术表演。这些幻术表演最容易通过驱傩仪式而融入中国习俗。五代时,原只在祆教徒中举行的"赛祆神"活动已成为前蜀的例行盛会,清代吴省兰《十国宫词》载五代前蜀王衍诗云:"别酒仙桥送几巡,珠冠金甲赛祆神。承思恰侍群星辇,二十输排二十人。"而其注引北宋张唐英《蜀梼杌》,称王衍北巡时的装束看起来如"灌口祆神"。有人还指出,游神赛会、七星剑的使用、驱魔赶鬼都有粟特祆教的影子。

在宋代,祆庙、祆祠已被纳入官方祀典,与泰山、城隍等传统祠庙一样享受一定的祭祀标准,这正是祆神成为中国民间诸神且位居上座的重要证据之一。北宋庆历八年(1048),文彦博征贝州王则胜利后特于家乡山西介休建了一座祆神庙,以祀征战时显形助阵的妖(祆)狐,此庙代有重修。山西作为粟特人的重要聚居区,固然是最早流传祆教的中原地区,但若说北宋时的山西人仍在明确地信奉作为一种异域宗教的祆教,尤其是文彦博这样的著名儒臣也信奉,而且未遭任何官方干涉,这在强调中华文化本位的宋朝几乎是不可想象的。只能理解为祆教的诸多元素此时早已成为山西民俗的一部分,祆神已具有了地方保护神的功能。北宋张邦基《墨庄漫录》记载当时开封城北还有祆庙,且该庙已历二百多年,庙祝史氏亦为世袭②。按《宋会要辑稿》所载,开封祆庙参与政府的祈雨活动③。《墨庄漫录》并载镇江也有祆神祠。

---

① 唐耕耦、陆宏基编:《敦煌社会经济文献真迹释录》第一辑,北京:书目文献出版中心,1986年,第40—41页。

② [北宋]张邦基:《墨庄漫录》卷四《祆庙庙祝及英济王祠祠祝累代相继》,孔凡礼点校,北京:中华书局,2002年,第110—111页。

③ 刘琳、刁忠民、舒大刚、尹波等校点:《宋会要辑稿·礼一八·祈雨》第2册。该书记录,参加在开封举行的祈雨活动的有包括"祆祠"在内的各种庙宇。上海:上海古籍出版社,2014年,第949页。

在元代，元曲中还有《祆神急》等曲目，并且俗文学中屡以用典的方式提到"祆"，还把男女之情的故事设定在祆庙，李直夫曾撰《火烧祆庙》一出戏，正可视为宋代流行祆神崇拜的烙印。明清时期教坊所供奉的倚马横刀的白眉神，经考证是由祆神转化而来。1940年代，湖北汉阳尚有祆庙举行祭祀活动。而中国人所拜的"祆神"不能对应为琐罗亚斯德教的阿胡拉·马兹达，只能理解为古代中国人对粟特胡人所崇拜的中亚版琐罗亚斯德教众善神的泛称。此外，粟特音乐和歌舞的影响名动天下，前章已有介绍，兹不重复。

第十四章 异域诸宗教【二】：景教与天主教

景教又称波斯经教、大秦教等，是基督教古代波斯教会来唐朝传教之后赋予自己的称呼。该派在唐代一度颇为兴盛，在唐后期的武宗会昌灭佛事件中亦受牵连而遭禁。对于这个宗教，我们需要关注两个问题：一是以往有人冠于它的基督教"异端"身份究竟是怎么回事，一是它在中国的发展问题。

一、景教会的由来和异端身份问题

首先，国内研究中古景教问题的学者至今都习惯称这个基督教派别为"聂斯脱利派"。作为国内景教研究的先驱，朱谦之在《中国景教》一书中依据他当时能获得的资料称，"聂斯托尔原为叙利亚人，其教创在波斯，是聂斯托尔自身表示其与西方教会之罗马加特力教会等不同，好称东方教会"，"尼锡比斯城教会的指导者把扫马（Bar Soma）信奉聂斯托尔主义的，他得到皇帝菲鲁次的援助，把波斯的基督教从君士坦丁堡独立出来，于是波斯之原始叙利亚教会，从498年遂作为景教教会而独立"①。以上两句话涉及对波斯基督教会的四个关键性界定：1）波斯的基督教会是被判为异端的聂斯脱利（涅斯托尔）在波斯创建的；2）波斯的教会原属叙利亚教会；3）波斯的教会498年从君士坦丁堡独立；4）独立后的波斯教会名为聂斯脱利（景教）教会。由于《中国景教》一书是第一部系统谈论景教问题的中文著作，朱谦之先生又汇总了许多20世纪上半叶和19世纪的研究成果，所以一直是国内关于景教问题的基本参考书之一，上述对波斯教会的基本认识至今仍是国内景教研究和明清天主教研究两个领域的不移之论，相关称引此处就不再一一指出。但是，西方基督教史学家和神学家早已澄清，"聂斯脱利派"这个名称是对波斯教会的错误称呼。这一点属基督

---

① 朱谦之：《中国景教》，北京：商务印书馆，2014年，第10—11、30页。特别指出，第一句引文"涅斯托尔原为叙利亚人，其教创在波斯，是涅斯托尔自身表示其与西方教会之罗马加特力教会等不同，号称东方教会"，经核实所提到的材料出处（John Stewart 的 *Nestorian Missionary Enterprise*：*the Story of a Church on Fire*）有误。有关此问题以及本节关于唐代景教之"景"的解释，景教会是古波斯教会而不应该称之为聂斯托利派等问题的相关辨析和讨论，参见吴莉苇：《关于景教研究的问题意识与反思》，《复旦学报》2011年第5期，第95—105页。

教史的基本问题,国内学者不可不察。

1. 基督论之争与"聂斯脱利异端"的由来

"聂斯脱利派"之所以作为一个基督教异端派别的名称存在于人们的历史记忆中,与早期基督教的核心教义争论——三位一体之争及基督论之争有关。尽管以罗马为首的正统派通过几份信经规定了正确的教义,可是并不能阻止想进一步弄清该教义的人就此发生争论,这些争论的最显著结果就是产生了一个又一个"异端"派别,其根源则在于该教义的神秘主义内涵同某些神学家的理性知识倾向之间有着先天冲突。428年担任君士坦丁堡大主教的叙利亚人聂斯脱利(Nestorius)就是因为卷入基督论的争议和基督教徒的民族地域之争而无辜遭黜,并导致他的反对者创造出一个名为"聂斯脱利派"的异端形象。

基督论的问题是:如果圣子与圣父是同一个实体,那么如何理解历史上的耶稣?按照尼西亚会议表述的三位一体教条,耶稣是可以理解的吗?耶稣如何能够没有限制地具有神性,同时又是一位实在的人呢?尼西亚大公会议之后,主要存在两种类型的基督论:一种是作为圣父(或作为逻各斯,或圣灵)的神,使拿撒勒人耶稣以受生、给予灵感或做儿子等方式成为圣父的儿子。简单地说,就是一位半神能被变成人,上帝自身只能认一个人做儿子,这使得理解耶稣这位儿子的人性变得容易一些,此论有时也被称为"义子论";另一种基督论是神圣存有(逻各斯或永恒的儿子)在一个转化行动中变成人,永恒的逻各斯与耶稣的灵魂联合,这是"转变论"。在转变论的基础上出现了基督一性论,认为基督只有一个本性,神性吞没了人性。此论成为埃及亚历山大里亚教会的代表观点。与此同时,叙利亚的安提阿(Antioch)学派坚决反对亚历山大里亚派以神性覆盖人性的趋势,以及由一性论引起的许多巫术和迷信的观念。安提阿派坚持一位具有历史性和人性的基督,欲将救赎同基督教伦理结合起来,强调只有一个完全拥有人性的基督才能成为属他的人的道德和伦理之楷模。安提阿学派注重历史和人格性的特点使之在基督论上与罗马和西方一致。但是在东罗马帝国,一性论派有很强的势力,而继承安提阿学派传统的聂斯脱利偏偏成了派系争斗严重的君士坦丁堡的大主教,这就是他人生悲剧的原因。

聂斯脱利在上任之初的圣诞节讲道上,按君士坦丁堡的习惯称玛利亚为"上帝的母亲"。安提阿派则惯称玛利亚为"人子之母"。君士坦丁堡的主流派因此与安提阿派产生冲突。身为大主教的聂斯脱利以调和姿态提出"基督的母亲"这个称号,可是并没有起到平息风波的作用,却给一性论倾向的敌对者煽动攻击情绪留下口实。429年的复活节主日,亚历山大里亚主教西里尔(Cyril)公然指责聂斯脱利否定基督的人性,是异端,对之施以十二条严厉谴责。聂斯脱利的同胞、安提阿教会成员将此视为对安提阿教会的挑衅,立刻以牙还牙。为了平息风波,在罗马主教和东罗马帝国皇帝的召集下,于431年召开以弗所大公会议。该会议本为求得亚历山大里亚派和安提阿派的和解,结果却形成三派势力:右方是亚历山大里亚派,坚决捍卫基督的神性而甘冒舍弃基督人性的危险,后来被视为基督一性派(Monophysites);左方是安提阿的基督二性派(Dyophysites),坚决不让基督的神性掩盖基督的人性,但是该派在神学的定义上并不清晰;此外还有中间的"和平派"(peace party),追求和睦合一,非以鲜明的神学立场为目标,由教会和政界中的温和派人士组成,决意挽救教会和国家免于陷入宗教分裂的困境。中间派一直努力追求和解局面,所以两年后,他们吁请亚历山大里亚派和安提阿学派达成和议,和议的条件是:亚历山大里亚派须撤下他们对安提阿派的12项咒词,并接纳圣经中有关基督两性的教导;安提阿派须接受童贞女玛利亚为"上帝的母亲"这一称号,并且同意把聂斯脱利逐出教会。聂斯脱利就是这样成为地方教会斗争的牺牲品。

聂斯脱利自己关于基督属性的论述中的确存在一点足以招致亚历山大里亚派指控的内容。聂斯脱利主张"他的本性是真神,他的本性亦是真人"。亚历山大里亚派因此指控:他把基督分成"两性"(natures, *keyane/kiane* 叙利亚文, *physis* 希腊文),从而把基督变成两头怪物;或者他是在主张"变质说"(dyhypostatism),基督的位格是 *hypostasis*,而一个 *hypostasis* 只能拥有一个 *physis*(本性),聂斯脱利却说他有两个本性。聂斯脱利对这种指责的回应是:"(基督的)位格(*parsopa* 古叙利亚文, *prósōpon*[面目;(戏剧)人物]希腊文)是一个。"

于是我们发现,这场风波竟然同语词问题密切相关。聂斯脱利用以承载"基督两个本性在他的位格里合而为一"之教义的字眼要为风波产生负部分责任,他用 *prosopon* 这个希腊字描述基督的位格,但该词似乎不能承托统合神人两性这项神学重任。《新约》中,这个字只有一次用来描述人,很多时候则是指"存在"(presence)或"出现"(appearance)。而聂斯脱利的反对者坚持要用一个更强烈的字眼来表明基督道成肉身的一体性,这个字眼就是"本质"(*hypostasis*)或"本体"(real being)。但聂斯脱利认为 *hypostasis* 过于强烈,要是用这个字眼来描述基督合一的本质,就会像 *ousia* 这个字一样把基督的神性和人性的独特之处混淆起来。不管怎么说,聂斯脱利的用词问题成为他遭受指责的基本理由。451年,由西部罗马帝国皇帝主持的卡尔西顿公会议确立正统基督论,其中以口号的方式强调基督的二性一位属性,并没有对之前的争论提供更好解释,但却明确了聂斯脱利的错误,那就是聂斯脱利"位格联合"(*prosopic* unity)

的观念"未有足够力量去承载"维系基督位格本然合一教义中所产生的"拉力"。

马丁·路德大约是首位为聂斯脱利平反的人，认为他的基督论没有任何异端之处，当代新教神学家们亦纷纷澄清聂斯脱利思想并非异端，属于被认可为正统的安提阿神学传统——同时强调基督的神性与人性的神学理论，聂斯脱利的问题顶多在于选用了一个说服力不够强的希腊字眼来作为其位格合一论的基础，以及过于强调神人二性的区别而轻忽了教会一直以来看中的"属性相通"(*communicatio idiomatum*)传统，从而给他的敌人留下攻击口实。

431年之后，聂斯脱利本人便服从被流放埃及的判决，再未与任何教义纷争和派别斗争产生联系。但是由基督论争议引起的教会分裂愈演愈烈。除了西方正统派(卡尔西顿派，以罗马教会为核心，君士坦丁堡教会有时属于此派)、一性论派(以埃及教会为核心，5—6世纪的君士坦丁堡教会，6世纪开始的叙利亚教会)、传统的安提阿派(二性一位论，477年以前的叙利亚教会)，还出现了莫须有的二性二位论派并被别称为聂斯脱利派。这个"聂斯脱利派"其实是一性论派曲解聂斯脱利的思想后杜撰出的一个派别，但是一性论派确确实实地为一群人冠以此名，使它看起来是一个实际存在的派别，这群人就是波斯的基督徒。波斯的基督教会在基督教史上究竟有什么样的位置？与聂斯脱利的思想又有何关系？

2. 波斯教会的早期发展

简单地说，波斯的基督教团体在2世纪已经存在并且发展出教会组织，在管理上始终有相当独立性，并且在追求教会独立的理想和屈从所在地政府(萨珊波斯帝国)的压力这两者的张力作用下，在5世纪初便已宣布组织上独立于西方教会(并非特指叙利亚教会)，而那时叙利亚人聂斯脱利还没有当上君士坦丁堡大主教和被判为异端呢。从410年第一次主教会议，到498年的主教会议，整个5世纪波斯教会的主教会议都在重申和强调独立意向。498年的会议之所以总被强调，乃因它是对此前近一个世纪政策的全面总结和强化，尤其是在神职人员结婚的问题上经过长期争议后制定出一项符合波斯习俗却有悖于同时期西方教会规定的政策①，立刻显得与西方很不同。聂斯脱利于431年被

---

① 事实上，5世纪的西方教会在神职人员(尤其是主教级别以下的神职人员)结婚问题上也还没有特别严格的规定，虽说5世纪中叶的教宗利奥一世(Leo Magnus)和6世纪末的教宗格里高利一世(Gregorius Magnus)禁止所有神职人员结婚，这种规定却不能很快推广，甚至11世纪时西欧教会大多数教士都有家室，以致该问题成为当时教会改革的重点问题之一。至于7世纪以来的君士坦丁堡教会，在神职人员婚姻问题上的规定也遵从古代惯例而比罗马教会的规定宽松。因此，波斯教会关于神职人员婚姻问题的态度与同时期西方教会的实况相比，并无过于特立独行之处。那么这点为何总被视为其与西方教会的重大区别，恐是观者泥于文字规定所致。

判为异端,但是他服从流放判决,并未主动组织任何教派,而所谓的"聂斯脱利派"在当时实为坚持安提阿派思想的叙利亚教会,后者并未持异端的"二性二位论"思想,其领导是安提阿宗主教约翰(John),并非波斯的基督徒。当然,从433年到477年,叙利亚人的宗教取向充满混淆和分歧,在情感归属和政治压力之间游移。到477年之后,叙利亚教会完全服从了东罗马帝国的宗教取向——信从基督一性论,这是正统派眼中的另一个异端。也正因如此,叙利亚尚存的二性一位论派(被一性论目为聂斯脱利派)开始移向东罗马和波斯的边境,并开始通过伊德撒(Édessa)①的波斯神学院(Persian School)影响到波斯的基督徒。而波斯教会的官方信仰如果可以说表现为亲近聂斯脱利思想,也是5世纪末才渐露端倪。

正因为波斯教会实际是这样一个发展历程,现代学者纷纷提出,"聂斯脱利教会"这个由中世纪(8世纪以后)波斯地区的一性论派施加给波斯教会的头衔,是指称波斯教会的各个称呼中最不恰当的一个。附带澄清林悟殊教授一点失误,萨珊时期波斯教会的主教长驻地是国都塞琉西—泰西封②,阿拔斯王朝时期迁至新城巴格达,从不曾在叙利亚境内。

关于聂斯脱利思想与波斯教会的关系,笔者见到两种说法。一种认为,从5世纪到7世纪,被波斯教会奉为指导的都是典型的安提阿神学亦即安提阿派第一位神学家提奥多(Theodore)的思想,虽然聂斯脱利的思想源于提奥多,但他们在解释基督两性合一的方式方面有明显区别。而波斯教会虽然尊敬聂斯脱利(称其为三大精神导师之一),却毕竟不是以他的基督论学说为指导。所以,存在于安息帝国和萨珊帝国境内的基督教既非始于聂斯脱利,也非是在5世纪与罗马帝国搞神学分裂的"聂斯脱利派"。

另一种意见认为,5世纪末起由于(原属安提阿教会的)伊德撒基督徒和神学家移居波斯境内,曾在伊德撒学习的波斯基督徒逐渐成为教会领袖,尼西比斯学院成为波斯教会的理论支撑,波斯教会便开始聂斯脱利化。但6世纪时,波斯教会的神学立场在西方眼中尚无法明确归类,因为他们既拥护尼西亚信经(Nicene Creed),又宣称自己接受的是经由提奥多拓展的尼西亚信经。到7世纪,波斯教会的聂斯脱利派性质在西方教会眼里方才清晰起来,因为7世纪初的波斯主教长用哲学性语言发展出一套可称为"聂斯脱利主义"的思想。这种

---

① Édessa,位于美索不达米亚北部,今名Urfa,历史上是罗马和波斯之间的小国Osrhoene的都城,该国在216年之前政治上保持半独立,但为安息属国,216年之后成为罗马属地,然而在文化上始终更认同波斯。后文提到的Nisibis也是罗马和波斯边境带上的城市,363年之后成为萨珊波斯领地,此前属于罗马。

② 因为塞琉西和泰西封相距很近,萨珊时期的都城常以两城并称。

说法倾向于强调提奥多、聂斯脱利及另一位更早的安提阿神学家狄奥多(Diódōros)的思想的同质性与连贯性,而第一种说法强调提奥多与聂斯脱利的区别。

以上两种说法共同表明波斯教会与聂斯脱利式的思想发生联系是在波斯教会已经确立自己独立主体身份之后,它并非由罗马教会、君士坦丁堡教会或安提阿教会分裂出去的派别。此外,波斯教会一直坚持认为自己关于基督本性的教义与其他派别一样正统,他们接纳尼西亚信经和经他们诠释的卡尔西顿信经(Chalcedon Creed),并未把基督分为两体,612 年主教会议留下的信仰声明也支持这种印象。如果说他们对位格联合的理解有什么异端嫌疑,那么一方面是因为尼西亚信经和卡尔西顿信经并不能就位格联合问题提供肯定性的解释,为这种争议留下空间,另一方面则是他们继承了聂斯脱利犯下的词汇"错误",这毋宁说是叙利亚、希腊、拉丁三方的文化和语言传统间的纷争。

既然聂斯脱利和波斯教会都只能算"无辜的"异端,则那个引起争议并且在两大信经中无法解释清楚、在众多神学家的分析中都难以达成一致化表述的位格联合方式问题,显然难以成为传教士能够向外教人士宣讲的命题。传教所要达成的效果一如信经,要求接受信仰的人接受"三位一体"和"基督具有神人二性"这样的概念即可。因此,由波斯传教士传至中国的汉文景教文献中不涉及神人二性的确切关系和位格联合方式这类纯思辨内容,这本是理所当然。于是,由不带着"异端"这一先入之见的现代神学家们从不同的神学角度看待包括景教碑在内的唐代汉文景教文献之后,得出的一致看法是,唐代的景教徒既非异端,亦没有造成无法补救的宗教混合危机。

3. 几个教会间的关系

至于几个教会之间的关系,中文论述中常强调景教会与天主教会势不两立,这并不符合历史实情。波斯教会从来不曾与罗马教会势不两立。在 498 年之前,双方出于教会合一的理想而努力合作,波斯教会视罗马教会为指导。只是由于萨珊帝国疑忌国内基督徒与敌国的联系,才使波斯教会中止与西方教会密切往来,此后它与罗马教会可谓疏远,但决非敌对,并且它们偶尔也会合作巩固卡尔西顿信经而反对一性论派异端。上文说过,曾经以"聂斯脱利派"为名的是一段时间里的叙利亚教会,但这段时间里的叙利亚教会也不曾与罗马教会形同水火,倒是与罗马教会合作维护教会的统一。因为当时由于亚历山大里亚主教西里尔对聂斯脱利的攻击而导致教会分为三个阵营,而最大的敌人是持激进观点的埃及教会。

真正视聂斯脱利派—安提阿派为芒刺的是 5 世纪后半叶到 6 世纪上半叶

的君士坦丁堡教会,而这时的君士坦丁堡教会是一个基督一性论的教会。基督一性论是西里尔的思想发展而来,所以从开始到结束都是亚历山大里亚学派和安提阿学派在基督论思想方面的争执。

那么罗马教会—天主教会在这些纷争中扮演着什么角色呢?总体而言就是正统的捍卫者、教会团结的维护者和敌对派系的调解人,它不是通过提出更高明的教义解说来履行这些角色,而是通过罗马教会事实上被承认的优先权和符合实际教会政治需要的调和折中手段。比如,当聂斯脱利争议造成亚历山大里亚教会和安提阿教会势同水火之时,以罗马教会人士为首的教会和政界中的温和派人士便形成了第三派——"和平派",他们于433年敦促两派和议,其方法是各打五十大板;继而又在451年的卡尔西顿公会议上提出了一个折中双方而又同时违背双方意志的口号,基督的"神人二性存于一个位格里",在界定"位格"时的用词与聂斯脱利的神学相违,而"二性"的观念否定亚历山大里亚派的主张。至于神学争辩的焦点——基督神人二性的关系,卡尔西顿会议亦无法界定,它只能以认信的态度宣称,神人二性并没有因为共存于同一位格内而受到破坏。这种政治策略保证了罗马教会的领导地位,但并未解决神学争议的根源。

只有当埃及教会和叙利亚教会都成为阿拉伯世界的一部分,导致争议的希腊和叙利亚文化基础不复存在,争议方才消失。事实上伴随整个教会早期历史并导致许多异端产生的关于三位一体和基督论的神学冲突也都随着埃及和叙利亚的历史转变而停止了。拉丁—罗马文化对此类希腊式的本体论和神秘主义层面的神学争议一向兴味索然,所以罗马教会的解决方法并不至于在西方教会留下后患。

聂斯脱利的不幸在于,当以罗马教会为首的和平派力促安提阿教会和亚历山大里亚教会和解时,对安提阿教会提出一个条件,即必须接受对聂斯脱利的异端指责。至于那些由西里尔施之于聂斯脱利的异端指控,所言确是该被正统派视为异端的思想(只是不该由聂斯脱利来承担),所以它们会在正统派的文献中以异端的面目被记载和流传,并用"聂斯脱利"这个符号来承担这些异端思想。但另一方面,在西方教会眼里,基督论的异端言论在5世纪里就消踪隐迹,此后不会被作为重大问题反复提及,今日西方教会几乎没有留存关于聂斯脱利派的资料就是一个证据。所以一千多年后的天主教神职人员对于这个所谓"聂斯脱利派"只怕不会有清晰认识,当代很多教会人士就不甚了解这个派别的详情。

明乎此,再来看17世纪来华天主教传教士对刚刚出土的"大秦景教流行中国"碑的认识。耶稣会士阳玛诺(Emmanuel Diaz Junior,1574—1659)是最早向欧洲介绍景教碑并以汉文注释碑文的天主教传教士之一,他对景教碑中教义内容的阐释被一些中国学者判为"为了证明基督教与中国关系之悠久,淡化本教历史上正统与异端之争"①。可是,基于前文论述,其实罗马教会7世纪以后就不再有什么关于聂斯脱利派和波斯教会的真切印象,而且一如上文所言,景教碑呈现的教义没有任何可跟异端思想联系之处。其所涉及的教义是最基本的信条——三位一体的神和作为三位一体之一位(三一分身)的基督,还有七时礼赞和七日一礼拜的基本礼规。近期又有东方基督教专家塔尔帝厄(M. Tardieu)提出,景教碑碑文第五行中包含"反对伊朗异端的景教的十分传统的用语"②。谢和耐分析过唐代社会背景后支持该论断。两位学者所反对的是此前学者们的一种主流意见——碑文中所反的"异端"为佛道。上述引文的汉语字面意思很不清楚,既可理解为"景教反对伊朗异端",也可理解为"反对作为异端的伊朗景教"。不过,虽然汉译存在如此歧义,但后一种理解显然不符合碑文的精神,故而可以猜测是前一种意思。此处涉及的"异端"是指碑文第三行中提到的"或指物以托宗,或空有以沦二,或祷祀以邀福,或伐善以矫人"。因碑文大量借助佛道用语,的确会引出上述所指为佛道。但只要知道基督教反对的偶像崇拜和虚无之论不只见于佛道,就可以对此作不同理解。事实上此间所反对的根本不是基督教之内的"异端",而是不同于基督教的"异教",在晚明耶稣会士看来,这些话与天主教的基本教导全无冲突。由此可以推测,阳玛诺对景教碑的反应,应该没有那么突出的刻意为之的策略性,而就是对基督教基本教义的本能理解。

而且,碑上的叙利亚文字并不能如林悟殊教授推测的那样,会让阳玛诺意识到这块碑的出身与罗马正统教会不同,"大秦"这个名词同样不能。因为叙利亚教会可谓基督教最早的东方教会,安提阿教区获得宗主教府的地位远早于君士坦丁堡,所以叙利亚文正是早期基督教的正式语言之一,它作为教会官方用语的历史远比拉丁语悠久。此外,叙利亚在陷落于伊斯兰教势力之前,从1世纪中叶起就始终是罗马—东罗马暨大秦的重要领土。有鉴于此,耶稣会士只有在通过一段时间的了解和研究之后,才可能认识到这群景教徒属于历史上一个"异端"派别。事实上,直到19世纪末,才有西方人士明确将此碑与传说中的异端"聂斯脱利教"联系起来,理雅各(James Legge)在此中扮演关键性角色。而

---

① 林悟殊:《唐代景教再研究》,北京:中国社会科学出版社,2003年,第9页。
② 引自[法]谢和耐:《略评西安景教碑的中国背景》,《中国学术》第9卷(2011)第1期,第2页。

17世纪的耶稣会士的确认为碑文中包含着天主教认可的思想,阳玛诺作为提供第一手资料的人士之一,对于景教碑当有一种真实的他乡遇故知之感。

二、景教在唐代中国

1. "景教"名称的含义

波斯教会的基督徒入华后自称本教为"景教",所以用这个名称称呼唐代来华的基督教并无不可,宋元时期经波斯教会发展起来的草原部落的基督教也可采用这个称呼。不过,一定不能再使用"聂斯脱利教"这样的称呼,更不要把聂斯脱利教和景教画等号。

波斯教会为何给自己起个汉名叫"景教"呢?传统上认为这个名称旨在用"景"之字的含义(光明、伟大)表达基督教的理想,即晚明李之藻的训释,"景者大也,炤也,光明也"①。林悟殊借助高本汉认为"景"字中古以 King 发音的论断而提出,"景"字中古音声母为"K",则与 Christ 和 Catholic 的首音节相同,故可认为"景"字是来华聂斯脱利教士音译蕴意的杰作②。这一推论将"景"音比拟基督教名称的发音,极富创见,但却又包含似是而非之处。关键在于,波斯基督徒是否会使用 Catholic 这个称呼。从古至今,基督教各派之间唯一共通的名称就是 Christian(指信徒)和 Christianity(指宗教),而其他称呼都只具有局部有效性。

Christian 一直是基督徒的通用称呼,《新约》的早期篇章("使徒行传",11:26、26:28;"彼得前书",4:16,属于1世纪中后期使徒时代)中已经出现这个名称,出现该名称的地点则是希腊文化色彩突出的前塞琉古帝国都城、叙利亚的安提阿。正是在安提阿首先有非犹太人改宗基督教,也就有了将不论民族和出身的该新宗教的追随者同犹太人这个持特定信仰的特定民族相区别的强烈动机,Christians 的意思是"Christus—people"(基督的子民)。不过,Christian 来自希腊语,在叙利亚地区的阿拉美语(Aramaic,古叙利亚语是阿拉美语的一种方言)中被称为"Nazarenes"(拿撒勒人的子民,内涵与"基督的子民"一致)。

再来看波斯基督徒的称呼。由于基督徒自叙利亚地区进入美索不达米亚和波斯其他地方是一个长期持续的过程,到萨珊波斯建国之时,境内的基督徒

---

① [明]李之藻:《读景教碑后》,[明]李之藻辑:《天学初函》,台北:台湾学生书局,1986年,第82页。
② 林悟殊:《唐代景教再研究》,第54页注释1;林悟殊:《中古三夷教辨证》,北京:中华书局,2005年,第257—258页。

有了新旧之别。3 世纪后期,琐罗亚斯德教一位重要祭司的铭文中提到两个术语 Nazarenes(*nasraye* 或 *n'sl'y*)和 Christians(*krestyane* 或 *klystyd'n*),可能用前一个词称呼波斯当时已有的讲阿拉美语的基督徒,而用后一个词指萨珊君主沙普尔一世时期作为战争难民和战俘(260 年沙普尔一世打败罗马皇帝瓦列里安[Valerian]一役尤为突出)自叙利亚移居而来的讲希腊语的基督徒。也许当时有双重教会组织,也许不同来历的基督徒曾各有组织,但这种情形至迟在进入 5 世纪时已经消失,而起码 4 世纪时他们在波斯帝国政府眼中就是同一类人。与此同时,波斯教会也形成对自己的统一称呼。4 世纪初东方最著名的神学家、亚述人亚法拉哈(Aphrahat)曾把基督徒喻称为"People of God",这个称呼在 410 年波斯主教大会上——标志波斯境内各个独立主教区合为一体的第一个主教大会——被明确使用。此外,波斯基督徒的自称还包括"People and Church of God""People of the Christians""People of the believers""People of Christendom"。因此,认为"景"是对 Christian 或 Christianity 的拟音应该可以成立,不过理解为是对 Christ 的音译就不够准确了。顺便指出,恐怕更应当与 Christians 一词的叙利亚文称呼 *klystyd'n*(或 *krestyane*)有关,因为景教入华之时,波斯教会仍以使用叙利亚文为主。

至于 Catholic 这个称呼,2 世纪初期的马格内西亚(Magnesia)主教、安提阿的依格纳修斯(Ignatius of Antioch)在反对诺斯替主义(Gnosticism)的一封书信中留下了已知最早使用"Catholic Church"的记录,"正如耶稣基督在哪里,大公教会就在哪里"(just as wherever Jesus Christ is, there is the Catholic Church),显然这个名称起初的含义与 Christian 同类,是对所有基督子民的称呼。Christian 是叙利亚最早的基督徒为了区别自身与犹太人而发明的称呼,到了依格纳修斯主教时代,基督的子民不仅要与犹太人区别,也要与当时构成基督教严重威胁的各式诺斯替信徒相区别,所以,或许依格纳修斯主教认为"大公信徒"这个称呼更能反映基督徒的特性。至晚一百年后,这个称呼已经对叙利亚和波斯交界处的基督徒产生影响,225—250 年间,一位居住在伊得撒和安提阿之间的犹太裔主教以古叙利亚文撰写《使徒遗范》(*Didascalia Apostolorum*),这是现存有关教会规程的最古老手册,书中表明那时居住在这个罗马、波斯接壤之地的基督徒已自称为"Catholic"。而该手册虽写于罗马的领土,却流传于波斯,一个世纪之后被亚法拉哈广泛引用。但"Catholic"这个称呼却未必同样被看重,因为也是亚法拉哈确立了可考的波斯基督徒首个自称"People of God"。换而言之,没有证据表明波斯基督徒曾接受"Catholic"这个称呼。波斯教会为表明独立自主而称呼本教会的宗主教为"Catholicos",以区别于西方人对宗主教的称呼"Patriarch",但 Catholicos 尽管在词源上与 Catholic 有关,被波斯教会采纳时的含义却完全与 Catholic 无关,纯粹是一个职位头衔,意图则只是为与 Patriarch 区别。

另一方面,Catholic 一词被发明之时是为了表达普世教会的含义,但自从324年在尼西亚召开第一届普世公会议之后,这个词的所指就再也不符字面意思,成为正统派的专享称呼,"正统派"则随着时日演进而逐渐集约为"罗马派"。亦即,随着基督教教义和礼仪规程在同各类所谓"异端"的斗争中日渐清晰明确,"普世教会"就意味着排斥各式异己者的教会,大公信仰只意味着罗马正统信仰。就罗马教会而言,绝不会与他们心目中的异己者分享"大公信仰"或"大公教会"这样的名称。不仅如此,"正统"除包括信仰上的正统外,还包括组织上的正统,与罗马教会分治的教会绝不会被允许使用"大公教会"称号。站在罗马的立场,基督教会的教义正统性不只是全心全意地接受从尼西亚信经、卡尔西顿信经到亚大纳西信经(Athanasian Creed)的那些信条,还带有这样的含义:对罗马主教辖区(holy see,后来称圣座、教宗)的顺从,因为遵从正统信条同承认罗马教会的训导权内涵一致。5世纪中期阿基坦的普罗斯珀(Prosper of Aquitaine)谈到奥古斯丁死后有关恩典教义的冲突时,就声称罗马教会的指导等于正统信仰:"作为上帝恩典教义的信仰宣言……我们充分考虑了使徒主教辖区的文件……给予我们的指导。任何与这些说法相抵触的主张,我们都不会看作与大公信仰相一致。"①明乎于此则可知,波斯教会哪怕在信仰声明中声称遵从尼西亚信经与卡尔西顿信经,也不可能被接纳为大公教会一分子,因为它不从属于罗马教会。

综上所述,无论从波斯教会的立场出发,还是从西方教会的立场出发,波斯的基督徒都不可能使用 Catholic 这种称呼,因此景教的"景"字不该认为与 Catholic 有牵连,如果说其中包含音译,那只能与基督徒的通称 Christian 有关。也许中国学者会认为称呼 Catholic 还是 Christian 无关紧要,但对于基督教各派而言,名称非关小事,而关系他们的身份认同问题,断不可因为研究者的知识欠缺而忽视其意义。正因如此,现代学者研究美索不达米亚—波斯的基督教时,不会贸然称其这个派那个派,而只称基督徒和基督教。既然波斯的教会从性质上被冠以"聂斯脱利教"并不恰当,波斯教会也绝不认可"聂斯脱利派"这个名称而坚称自己信奉正统的基督教,那么他们给自己的宗教起中文名字当然应该本

---

① [美]帕利坎:《大公教的形成》,翁绍军译,上海:华东师范大学出版社,2009年,第452页。关于"大公教会"内涵的进一步解说,参见该书第442—452页。

着"基督教"这层意思考虑,而不可能考虑去体现任何宗派特性。所以,"景教"的含义就是基督教,只不过需要考虑来源地而更明确地界定为来自波斯的基督教。把"景教"等同于"聂斯脱利教"实为重大错误,祈望中文学界此后能正视并纠正此项错误。此外,"景"字的含义问题表面上是一个语言考辨问题,但实际上只有对波斯教会的产生背景和基督教会派别的由来始末有所了解,才能更加准确地审音定字。

2. 传播情况

有些学者认为北朝时期波斯教会就已来中国传教,但目前公认的该教派正式传入中国的时间是《大秦景教流行中国碑》(简称《景教碑》)所记载之贞观九年(635)。景教正式传入中国的时间,正是波斯日渐沦丧于阿拉伯人的时期,但在随后的三个多世纪里,阿拉伯人对(无论哪派的)基督教徒大体上采庇护态度,这其中不排除有对抗琐罗亚斯德教残留影响的考虑。阿拉伯人在征服战初期,对于征服区域内的基督教徒作为归顺民处理,免除其兵役而课以人头税。征服波斯后,因伊斯兰教文化尚未发达,统治者普遍以基督教徒为伊斯兰王国的宫廷事务官,或重用之以管理波斯各地,所以伊斯兰教还对波斯教会容忍了一段时期。762年以后,波斯教会总主教(法主)还将驻地从塞琉西城移至新都巴格达。在三个多世纪的时间里,波斯的基督徒学者在塑造阿拉伯文化方面发挥显著作用,主们则时常在地方统治者身上展示影响力。波斯教会的传教事业也在这期间蓬勃发展,截止到10世纪末,在哈里发辖下有十五个大主教区,在包括中国和印度在内的境外还有五个大主教区,甚至他们的势力还扩展到一性论派长期占统治地位的埃及。波斯教会在公元6世纪初已在中亚的巴克特里亚和粟特地区设立主教区,不久也开始在嚈哒人和突厥人中传播,并以这些中亚民族为中介,开始进入中国。

关于景教传入中国的最重要材料,就是明天启五年(1625)在陕西西安西郊无意中发掘出的《大秦景教流行中国碑》(现藏西安碑林博物馆)及其上的颂文。此碑高约2.36米,宽0.86米,厚0.25米,重约两吨。碑的上端刻有十字架,两旁有莲花云霓,碑铭正文1 695字,共36行,每行62字,碑阴无字。碑底与左右两侧有以叙利亚文镌刻的七十位景教僧侣的名字,除八名以外,其余僧侣还镌刻有姓名的汉文译名。并有叙利亚文的职务名称,人名之前都冠以僧字。据碑文内容,此碑撰写者为"大秦寺僧景净",书写者为"朝议郎前行台州司参军吕秀岩",碑立于唐建中二年,即公元781年。碑文的内容可分为两部分,第一部分是序文,首先简要介绍景教的基本信仰,然后详述自景教僧阿罗本于贞观九年到长安立足直至此年的一百五十年间,景教在中国的发展情况。第二部分是

《大秦景教流行中国碑》(拓片,西安碑林博物馆藏)

颂词,以韵文写成。《大秦景教流行中国碑》被发现后很快受到中外人士的重视,明末来华的耶稣会士将《大秦景教流行中国碑》译为西文传到欧洲,在基督宗教世界激起巨大反响,成为研究中西文化关系的重要文献,被誉为世界四大石刻之一。

据碑文所载,可以略知景教在唐代贞观九年(635)到建中二年(781)的流传情况:贞观九年,大秦国上德阿罗本携带经籍至长安,受太宗礼遇,派宰相房玄龄迎入宫内,译经传道,称波斯经教。三年后即 638 年,太宗下诏准其传授,并由政府资助在长安义宁坊造景教寺一所,度僧二十一人。高宗时景教发展到高潮,"法流十道""寺满百城",在诸州各置景教寺,并以阿罗本为镇国大法主。武则天时期,景教发展受挫。因她要报答佛教徒助她夺位之功而大力扶持佛教势力,使佛教处于独尊地位。于是佛教领袖发动对其他宗教的攻击,即景教碑文所言"圣历年,释子用壮,腾口于东周"之事。但幸有罗含、及烈等竭力维持。睿宗时期,长安一些儒生也毁谤和耻笑景教("先天末,下士大笑讪谤于西镐",有人引《老子》四十一章释"下士"为民众),站在传统儒家立场上申华夷之辨,张忠孝之义。玄宗上台后,恢复宽容宗教政策,令宁国等五王亲临景教寺院,建立坛场,修缮寺院,并让高力士给景教寺院送去五位先皇的画像,安置在寺内,又赐绢百匹,景教由是复兴。天宝三年(744),景教士佶和自大秦新来长安,唐玄宗命其与寺主罗含及普论等其他17位景教士一起到兴庆宫修功德。次年又下令:波斯景教出自大秦,两京及天下诸府郡波斯寺改称大秦寺。玄宗并亲题寺院匾额。景教碑文对此有高度赞扬。安史之乱爆发后,肃宗于灵武等五郡重立景寺,此后的代宗、德宗也都很支持景教。代宗每逢自己的降诞日,还常赐膳馔予景教僧。

阿罗本来华路线,有陆路和海路两说。陈垣为代表的一派持海路说,以景教碑文中"望风律以持艰险"一句为凭;冯承钧为代表的一派持陆路说,以碑文中"帝使宰臣房玄龄总仗西郊,宾迎入内"一句为凭。

此外,《唐会要》和宋敏求所著《长安志》中对唐代景教的流行情况也都有记载,所述内容基本与景教碑上的记载一致。虽不排除《大秦景教流行中国碑》中有夸大景教在唐前期之流行情况的可能,但这一记载基本反映了当时景教的流行实况。碑文所谓"法流十道""寺满百城"的记载虽然不能全部得到证实,但根据唐代文献,当时的关内道、陇右道、剑南道、河南道、岭南道这五道中确曾有景教寺或景教徒活动。

长安地区的景寺有景教碑可证。而陕西周至大秦寺到宋代苏轼时期仍然存在,苏轼于仁宗嘉祐七年(1062)在陕西凤翔任职,其间曾游大秦寺并赋诗留念①。周至大秦寺到金章宗时仍有踪迹可寻,承安四年(1199),杨云翼出任陕西东路兵马都总管判官时曾访到大秦寺的断壁残垣,并写《大秦寺》②。周至大秦寺建于永徽元年(650),位于周至县城东南三十里的塔屿口。原址现存一塔,建于公元781年,周长44米,高35米,位于半山坡上,有人认为这是景教依托或模仿佛教的一个证据,有人认为这本来就是佛塔,无关景教。20世纪初《大秦景教流行中国碑》立于西安城郊金胜寺(又称崇仁寺),有人以为此寺亦是当年大秦寺,明朝《景教碑》正是于此出土。有人以为《景教碑》出土于周至大秦寺,后被移于金胜寺。因《景教碑》出土实况的记录含糊不清,此问题现仍未决。

唐代四川也有大秦寺,宋人赵清献《蜀郡故事》云:"石笋在衙西门外,二株双蹲。云真珠楼基也。昔有胡人,于此立寺,为大秦寺。其门楼十间,皆以真珠翠碧,贯之为帘。后摧毁坠地,至今基脚在。每有大雨,其前后人多拾得真珠瑟瑟金翠异物。今谓石笋,非为楼设,而楼之建,适当石笋附近耳。盖大秦国多璆

---

① [北宋]苏轼:《苏轼诗集》卷三,孔凡礼点校,第122页。
② [金]元好问:《中州集》丁集第四,萧和陶点校,上海:华东师范大学出版社,2014年,第272页。

琳、琅玕、明珠、夜光璧。水道通益州永昌郡,多出异物,则此寺大秦国人所建也。"①此外,唐文宗太和三年(829),南诏权臣嵯颠率兵破蜀,大掠成都而还,次年李德裕为西川节度使,一一勘查被南诏所劫掠之人的姓名,访查结果包括"成都郭下成都、华阳两县有八十人。其中⋯⋯医眼大秦僧一人"②,这也证明成都一带有景教僧人活动。有学者推测,贩卖珠宝可能是大秦僧人的兼业,所以成都大秦寺僧应该常往来于四川、云南乃至缅甸之间,并可能以贸易为契机把景教传入云南。

《资治通鉴》记载唐僖宗乾符三年,僧景仙为西川节度使高骈主持筑城事务,既不妨碍百姓耕种,还能又快又好地完成工程,有让景仙假托"游行"(传教)而代唐出使南诏,论及以唐公主和亲之事③。景仙很可能正是景教僧,而南诏王不拜唐使拜景仙,可能旁证南诏有景教流传,且景僧地位颇高。而且,明人杨升庵的《南诏野史》于此之外还记载说,景仙出使的次年,南诏王世隆死于越巂景净寺。

2006年洛阳出土的唐代景教石刻残幢证实了唐代洛阳有景教寺院——大秦寺,建幢题记提到"大秦寺寺主法和玄应,俗姓米;威仪大德玄庆,俗姓米;九阶大德志通,俗姓康"。题记所披露的这个景教信众群体则是东来的粟特聚落,又提到是景僧清素兄弟等以"经幢"方式为所亲追荐于墓所,此举明显有效仿当地佛教风俗的成分。此外,近年洛阳出土的景教徒花献及其妻安氏墓志,揭示出洛阳景教徒的粟特背景及其与佛教徒之间的互动关系④。

唐代《景教碑》上的古叙利亚文铭刻表现出唐代中国景教会的组织与制度。波斯教会与西方教会都实行监督制(亦译"主教制"),分三级八品。第一级为"监督"(episcopate,希腊文,英文 bishop 源出此词),监督的三品依次为:1) 教务大总管或总主教(中文又译为"法主",patriarch 或 catholicos),2) 大主教(metropolitan),3) 主教(bishop)。第二级为司祭(presbyterate),分两品:1) 司祭或司铎(presbyter),2) 副司祭(archdeacon)。第三级为执事,分三品:1) 助祭(deacon),2) 佐祭员(sub-deacon),3) 读经师(reader)。唐代景教会的体制与此不完全相同。景教碑叙利亚文部分对于宗教职称所记甚详。碑底即中文碑文下方以叙利亚文记主建碑者(伊斯)的籍贯,其人、其父及其子的教职,及建碑

---

① [南宋]吴曾《能改斋漫录》卷七《事实·杜石笋行》,上海:上海古籍出版社,1979年,第190页。
② [唐]李德裕撰、傅璇琮、周建国校笺:《李德裕文集校笺》卷一二《第二状奉宣令更商量奏来者》,北京:中华书局,2018年,第249页。
③ [北宋]司马光:《资治通鉴》卷二五二僖宗乾符三年十月条,第8185页。
④ 毛阳光:《洛阳新出土唐景教徒花献及其妻安氏墓志初探》,《西域研究》2014年第2期,第85—91页。

原因，还提到行通和 Gbriail 的教职。左右两侧叙利亚文题名的景教士共 70 人，左侧 41 人，其中有 5 人无汉名；右侧 29 人，其中 3 人无汉名。

中国被认为是波斯教会的海外大主教区之一，因此当有"大主教"之职，但景教碑所记载的诸僧职务并无此职。大体已被认可为当时中国景教会最高领导人的景净，其头衔为 papas，即"教父"或"长老"。早期基督教史上，此词通常指在神学上具有权威的古代基督教著述家。这大约说明当时中国的教务情况暨教众规模还不足以构成一个真正的大教区，所以并未正式设立大教区，性质可能类似后来天主教各修会的传教区。朱谦之吸收方豪意见，把唐代中国景教会组织分为十级：第一级，教务大总管，碑上题"宁恕"，即 Hanon-isho II，波斯教会第二十四任总主教（774—780 在任），建碑时实已去世。第二级，教父，景净一人。第三级，主教，曜轮一人。第四级，乡主教（Chorepiscopos, Chorepiskopos）①，景净（兼）、伊斯、Srgis、景通四人。第五级，教正（六品修士长，arkediaqon，archidiaconus, archdeacon），Gbriail 和玄览两人。第六级，牧师（司祭，msamssana，minister，minister and secretary），灵宝和惠通两人。第七级，司铎/长老（Kassisa, Presbyter, Priest），究竟有多少人，各家学者意见不一，有谓 3 人，有谓 18 人，有谓 31 人。第八级，修士（ihidaia, monachus, monk）并兼司铎，四名，其中有汉名者两人，崇敬与延和。第九级，博士（maqriana, doctor），一人，即玄览，此职亦可译编史员或教师，景教似设有学校。第十级，守墓（qatra, qatrae, priest of the sepulcher），一人，无汉名，叙利亚名 simeon。但碑上还有 40 人有名而未署职务，由于对古叙利亚文释读的歧义，这 40 人中有三人，其名字的一部分被一些学者认为也可译为宗教职务，若如此，则又增三级职务：执事、寺守和读经师。

《景教碑》亦反映出在华景教神职人员分修院修士和在俗神职人员两类，前者在碑文中称"清节达娑"，后者称"白衣景士"。白衣景士至少从乡主教这一级以下就可以娶妻，因为长安京都乡主教伊斯便有子，即灵宝。景教碑著录的清节达娑人数极少，仅 4 人，并且兼任司铎，这一点与中世纪的西方教会的修士很不同。

唐代文献中还出现了拂菻"大德僧"，"开元七年正月，（拂菻）其主遣吐火罗大首领献狮子、羚羊各二。不数月，又遣大德僧来朝贡"②，天宝元年（742）"五月，拂林国王遣大德僧、新罗王并遣使来朝"③。这些僧人是因为阿拉伯人入侵

---

① 乡主教是 3 世纪末以前于叙利亚和小亚细亚兴起的乡村教会的领导人，理论上与城市主教平等。西方没有单独的乡村教会，因此乡村教务自始受城市主教监管。东方教会则沿袭乡村主教的传统称谓。
② ［五代］刘昫：《旧唐书》卷一九八《西戎传·拂菻传》，第 5315 页。
③ ［北宋］王钦若等编：《册府元龟》卷九七一《外臣部·朝贡四》，第 11411 页。

而被拜占庭帝国作为使节派来唐朝求援。以往人们多直接将拂菻大德僧与景教僧等同。了解了波斯教会与君士坦丁堡教会的关系以及萨珊波斯与东罗马——拜占庭的关系后,应当知道,他们不应该是同一群基督徒。近期有学者通过对东罗马和君士坦丁堡教会基本历史的关注而正确地推断 7 世纪、8 世纪之间来中国的拂菻僧不可能是来自波斯的基督徒,不可能是当时跟君士坦丁堡已经不合的一性论派,也不大可能是拜占庭本土的正统派,而只能是属于卡尔西顿正统派的基督徒,但又是因为叙利亚沦陷于阿拉伯而不断东迁的一个群体,被称为 Melkites[①]。这个论断中正确的部分是,拂菻僧不属于波斯教会也不是一性论派,而是卡尔西顿派。但是把这个时期拜占庭本土的正统派同卡尔西顿派视为两派,就不太正确。自 5 世纪的聂斯脱利争议以来,君士坦丁堡教会总是在一性论派和西方正统卡尔西顿派之间摇摆,但在 7 世纪上半叶查士丁尼统治期间,达成与西方教会的和好,而且此后直到 1054 年,君士坦丁堡教会和罗马教会都至少在形式上保持一体性,所以这四百年间,君士坦丁堡的正统派就是卡尔西顿派。至于这位论者将拂菻僧锁定于一个被称为 Melkites 的东迁基督徒群体,笔者也以为不恰当。首先,如果 Melkites 是波斯人对 6—8 世纪自叙利亚东迁并且定居于萨珊波斯的基督徒的称呼,那么按照波斯人的习惯,这只是对具备某种身份特征之移民的一种统称,其内部派别构成可能是多元的。事实上,这个时期因为战争迁入波斯的基督徒以一性论派为主,但也包括部分叙利亚的二性一位派(即真正意义上的聂斯脱利派),这两派在当时拜占庭的局势下都不可能成为被委以重任的使臣。此外,他们已经成为波斯的臣民,无论如何也难以被敌对的拜占庭帝国派为使臣。

3. 景教传播的特点与失败原因

景教在唐代的成功传播,得益于唐代社会开放、经济繁荣的大背景。所以,中唐以后,随着唐王朝日趋衰落,盛唐气象日落西山,始终具有外来宗教形态的景教也难免生存环境恶化。唐武宗灭佛兼明令禁止在社会上颇有影响的其他几种外来宗教,景教自不能幸免。不过,景教在唐朝的成功与失败也不能完全从社会背景找原因,其自身的发展策略和发展方向亦有重要干系。

首先,景教入唐后积极谋求官方认可,这是它一度成功发展的重要条件。其东来之初就借用道教概念向太宗阐明教义,以投合太宗崇道之好,太宗肯定其教玄妙无为之后,便同意其在义宁坊设寺传教。如《唐会要》卷四九《大秦寺》所录贞观十二年造寺诏文所言:"道无常名,圣无常体,随方设教,密济群生。

[①] 林英:《唐代拂菻丛说》,北京:中华书局,2006 年,第 47—53 页。

波斯僧阿罗本远将经教来献上京,详其教旨,玄妙无为,生成立要,济物利人,宜行天下。所司即于义宁坊建寺一所,度僧廿一人。"①《大秦景教流行中国碑》的记述则表明从唐太宗到立碑时的唐德宗,历代最高统治者除武则天外,几乎都对景教表示好感。而自小王舍城(Balkh,巴尔赫,位于吐火罗,非北印度王舍城)来到中国并出资镌刻景教碑的景教徒伊斯,在安史之乱时期还曾在郭子仪的朔方军效力,为平乱做出贡献,因此也得到肃宗"于灵武等五郡,重立景寺"的回报,伊斯本人官至金紫光禄大夫、同朔方节度副使、试殿中监等。不过,景教徒在与朝廷打交道方面似乎不够成熟,这制约了他们在华进一步发展。伊斯等景教徒活跃在助唐平叛的前线,然而在敛钱供军需这个关键问题上,以神会为首的佛徒比以伊斯为首的景士做出了更大贡献。《宋高僧传·神会传》称神会大力度僧,将所得僧税缗供应军需,对代宗、郭子仪收复两京有直接帮助②。这笔度僧钱已经使景教徒相对于佛教徒黯然失色,而神会更懂得利用这次机遇来提高本教派的地位,他通过郭子仪向代宗为其禅宗初祖菩提达摩请谥,并获成功。伊斯却不懂得借助自己有功于朝廷的时机为其来华初祖阿罗本请谥,或者是尝试了却因手段不够而未能成功,总之失去了一次使本教派地位大大提高的机会,也为会昌灭法时遭官方彻底取缔留下隐忧。

其次,景教入华后在教义阐释上奉行一定程度的"本土化"政策。景教徒重视翻译景教经典,并大力借助佛道名词和儒学思想进行表述。除《大秦景教流行中国碑》,敦煌藏经洞中还发现七种中文景教文献,这八份文献构成研究唐代景教的全部现存文本。据其中的《尊经》,唐代所进呈的汉文景教经典曾达三十五种,可惜多已不存。敦煌的七种文献按撰写时间依次为,《序听迷诗所(诃)经》(约产于贞观九年至十二年)、《一神论》《大秦景教宣元本经》《大圣通真归法赞》《志玄安乐经》《大秦景教三威蒙度赞》《尊经》。《序听迷诗所(诃)经》《一神论》《大秦景教宣元本经》和《志玄安乐经》属经文类;《大圣通真归法赞》《大秦景教三威蒙度赞》属颂赞类;《尊经》属经录或教名录③。《大秦景教流行中国碑》则可看作传教史录和教经赞颂的综合文本。

《序听迷诗所(诃)经》共169行,2 830字,为基于圣经文本的基本教义作品,

---

① [北宋]王溥:《唐会要》卷四九《大秦寺》,第1011—1012页。
② [北宋]赞宁:《宋高僧传》卷八《唐洛京荷泽寺神会传》,范祥雍点校,第180页。
③ 有学者考证敦煌本《大秦景教宣元本经》《大圣通真归法赞》系日人小岛靖伪造。参见林悟殊、荣新江:《所谓李氏旧藏敦煌景教文献二种辨伪》(原刊《九州学刊》第4卷第4期,1992年,第19—24页;修订本收克里木凯特:《达伽马以前东亚和中亚的基督教》附录,林悟殊译,台北:淑馨出版社,1995年),陈怀宇:《所谓唐代景教文献辨伪二种补说》(《唐研究》第三卷,1997年,第41—52页)。但是,2006年洛阳经幢《大秦景教宣元至本经》的出现,说明敦煌本文献不是伪作。

唐代《大秦景教宣元至本经》石经幢。其行文完全模仿佛教（河南洛阳出土）

涉及唯一真神的性质、反对偶像崇拜、摩西十诫、爱人如己、耶稣出生与受难等内容，其中译耶稣为"移鼠"。约译于贞观九年至十二年，即635—638年间，可能是现存最古老的汉文景教经文，有人推测译者就是阿罗本。《一神论》有七千余字，强调天地万物为一神创造并主宰，其中"世尊布施论第三"与《新约》相合处较多。约译于唐贞观十五年（641），译者可能也与阿罗本有关。该经将耶稣译作"翳数"或"圣主"，上帝译为"一神""天尊"或"一神天尊"，圣灵译为"净风"，天使为"飞仙"，撒旦译为"娑多那"。

《大秦景教宣元本经》敦煌残卷仅存卷首十行和卷末三十行，且脱字较多。经文主要讲"法王"（耶稣）在大秦国那萨罗城（拿撒勒）讲法之事。据该经经末所记，写于开元五年（717）。此时距阿罗本来华已八十二年，据景净刻景教碑尚有六十四年，可知此经撰述者非此二人。该经将耶稣译作"法王"或"景通法王"，称圣父为"空皇"，称信徒为"觉众"。2006年洛阳出土的景教经幢上所刻正是《大秦景教宣元至本经》，与敦煌本相比，可知敦煌本题记少一"至"字。洛阳经幢被拦腰砸断，仅存上半部，但也已补足敦煌本许多缺失的内容，使我们对此经面貌有较完整的了解。《志玄安乐经》有2600余字，叙述耶稣给门徒西门讲道，耶稣译作"无上一尊弥施诃""一尊弥施诃""无上一尊"，西门译为"岑稳"。此经属撰述，而非翻译。约生成于晚唐，作者恐是景净。

《大圣通真归法赞》属赞美诗，经末注明写于唐开元八年(720)五月二日。称真神为"大圣慈父阿罗诃"，圣徒约翰为"瑜罕难法王"，以色列国王大卫为"多惠法王"，信徒被称为"善众""法徒"[①]。这些译称与《尊经》中一致，难免不让人推测两个文本问世时间相近，尽管人们通常认为《尊经》产于晚唐。另一颂诗《大秦景教三威蒙度赞》共44行，309字，写于公元800年前后，晚于《大秦景教流行中国碑》。称真神为"慈父阿罗诃"，称三位一体是"慈父明子净风王"，与景教碑称呼相同或相类。称救主基督是"常活命王"，耶稣是"大师""大圣""大圣子"和"弥施诃"。

《尊经》在现存八个景教文献中具有独特地位，因为存世的360字表明它是一篇关于景教汉文文献的史料。除了在篇首明确地提到"三身同归一体"圣父（"妙身皇父阿罗诃"）、圣子（"应身皇子弥施诃"）和圣灵（"证身卢诃宁俱沙"）及众先知和门徒，其主体部分是基督教经典名录，其中有三十多部被称已译为汉文。

敦煌出土的七篇文献以及洛阳本《大秦景教宣元至本经》和景教碑颂文，都毫不隐讳地显露对佛道概念的借用，几部经文连撰写格式都是佛经说法的格式，更不用说以"法王"称呼三个位格，用佛教的因缘色空来解释基督教义，套用法身、报身、应身概念解释三位一体。当然也有对儒学概念的借用，如将圣父和圣子称为"皇父"和"皇子"。景教似乎尤其迎合儒家实用理性，景教碑文赞颂大唐皇帝宽待景教的部分格外体现出景教对儒学君父观念的妥协。有人特地分析景教碑颂文，因为此篇中碑文不到两千字，却引用《易》三十处，《诗》三十处，《春秋》二十处，还有一百五十处涉及儒学经书，一百多处涉及史书，三十处涉及子书，此外还有道教名词（如"上德""真寂"），佛教名词和概念则可谓比比皆是，如"妙身""慈航""僧""法天""普度""世尊"，又如真性、无为、修道、染净、供养、住持、种性、因缘、常住、妄见、假名、应身、非人、清净、证、识、劫、业、色、受、种、受持、诸法、宝法、空昧、慧力、法海、染污、大慈大悲等等。而洛阳出土的《大秦景教宣元至本经》在粟特景教徒中发挥着佛教《陀罗尼经》的功能，被作为祈福消灾之文刻于佛教形式的经幢上，粟特景教徒的佛化特征可见一斑。凡此种种，再加上基督教看重彼岸的教义本来就与佛教相似，的确让人揣度，景教所传之道恐怕很难让唐人将其与佛教大乘空宗区别开来。因此，有人认为，景教传播失败的内在原因就是它佛化过度、依赖世俗政权过度，已然到了病入膏肓程度，从而丧失其教义的独立性和组织的独立性，也就丧失了作为一种来华新

[①] 也有学者认为敦煌本《大圣通真归法赞》是伪作，鉴于洛阳出土经幢证明《大秦景教宣元本经》不是向壁虚构，则此《大圣通真归法赞》仍有可能为真品。故为今仍有宗教人士视之为有价值的景教文献。参见徐晓鸿:《〈大秦景教大圣通真归法赞〉释义》，《天风》2019年第1期。

宗教的独立面目。

景教衰亡的原因，中国学者们的观点可以概括为：1）唐朝政权的经济原因导致武宗灭佛而连及景教，景教在政治上失去支持；2）文化上的原因，作为外来宗教没有植入中国本土文化中，还有来自其他宗教的排斥；3）景教自身人才和神学经典的缺乏。此外，西方传教士有两点基于其传教立场的看法：其一是景教在神学上有欠缺，即缺乏鲜明的理论，没有宣传十字架救赎的道理；其二是当时景教过分依靠皇帝的支持，因此随着新旧政权的更替而遭到厄运。中国学者的三条原因和西方学者的两条原因并无实质差异，只是大家在阐述这些原因时的具体逻辑常不相同。笔者也认为政府的态度和教义的表达是决定其存亡和存在面目的根本性原因，但是我对以往人们常以天主教会的模式为范本来衡量波斯教会是非的方法持有异议[①]。

景教汉文文本无疑有浓烈的佛化或儒化面目，但景教会采用这种方法的原因与效果不能比附天主教会的行为来判断成败，因为波斯教会与天主教会的成长环境一向有很大差异。有人认为，《景教碑》中颂君的话语在儒家观念那里固属理所当然，但对于基督教来讲却有点偶像崇拜的意味，所以表明其入华后对基督教纯洁教义的偏离。可是我们不能忘记，这一派基督教来自强调君权至上的萨珊波斯，他们可无法泥于天主教的教权至上主义观念。波斯的基督徒一直要小心避免波斯君主怀疑他们勾连东罗马帝国—拜占庭帝国，要在一块琐罗亚斯德教为国教的土地上恰当地扮演少数派角色，因此早就习惯了与君权妥协。这种状况在阿拉伯人入主波斯之后仍然延续。所以，波斯教会甫来唐朝就明白要与统治阶层和睦相处，恐怕在意识中也未必觉得吹捧世俗政权与教义会有多大冲突。在这方面，他们肯定比晚明的天主教传教士容易适应，而且正面成效可谓立竿见影。

因此，顺从世俗统治者绝不是景教来到中国才产生的特性，而是其一贯生存之道。唐朝政府对宗教的实用主义取向在本质上与萨珊波斯和阿拉伯政权并无差别，这三个政权都是在国内和国际环境较为安定而基督徒（及其他宗教信徒）又有可用之处时，愿意容忍这个少数派群体。而一俟政治力量发生变化，统治阶层自觉忧虑不已，首先成为政治牺牲品的都是少数派群体和少数派宗教群体。景教的成败的确与唐朝政府的态度有直接且重大的关系。入唐景教能够风光一时，与其政治性世俗化行为关系密切。除伊斯在肃宗时所为之外，据景教碑文所记，早在开元年间，就有"僧首罗含、大德及烈，并金方贵绪、物外高

[①] 综合性的讨论可参见陈怀宇：《景教在中古中国的命运》，《华学》第四辑，北京：紫禁城出版社，2000年，第286—298页。

僧,共振玄纲,俱维绝纽"。但是一个靠政府宽容而生存的少数派群体,绝对禁不起政府的刻意铲除。所以,会昌灭法事件成为对景教和其他"夷教"的致命打击。

唐朝政府对景教和其他外来宗教的控制力还体现在另外一个方面,那就是始终坚持这些宗教只能作为"夷教"存在,不允许或至少不支持其向儒家社会亦即华人社会渗透。不仅文献记载长安景寺仅位于胡人聚居区,而且现有证据表明,唐代景教徒多是来自波斯和中亚的外国人,如西安出土的波斯人李素及其妻卑氏墓志、1955年西安西郊三桥出土的《米继芬墓志》、晚唐波斯人李珣兄妹的生平以及2006年洛阳出土的粟特景教徒石刻都表明这种情况。法律上的禁止限制了景教与中国主流社会接触,而缺少儒生的支持,使得这种外来宗教始终只能是属于外国侨民的夷教,其命运就必然系于政府那因风吹草动便主观生变的对外政策。景教服从并满足于这种安排,与其在波斯形成的性格有关,但是这种退让性情注定了它在中古中国的失败。而晚明时期来华的耶稣会士成长于一个天主教居主导的社会,所以他们不习惯在中国当边缘人而努力谋求主流社会的认可,这一努力无可否认地是天主教在中国社会产生影响的重要原因。事实上,景教在唐代被容忍了两百年,而耶稣会士在晚明中国只经历了六十年,可是双方取得的社会影响完全与其活动时间成反比。晚清的一些儒士或者华人基督教徒面对新教与中国社会的张力时,回顾天主教会在晚明的行为,也都纷纷肯定耶稣会士的策略是符合中国社会的有效举措。

当然,政府禁止夷教在华人社会传播,并不能阻止这些外来宗教在普通民众间传播,以景教而论,虽然证据不充分,但毕竟有迹象表明唐宋时期在中国内地确有本土景教徒。但是,在民间私下传播的景教被民众理解为什么东西,这又涉及景教教义教规的表达方式问题。以此而论,景教明显甚至过度的佛化诠释方法的确应该视为其致命伤,亦即接受景教的华人民众恐怕只是把它视为佛教的某一派。非但华人,洛阳的粟特人景教寺院及其刻了《大秦景教宣元至本经》的经幢表明,对各种宗教皆有感情的粟特人已经表现出对宗教的混合性认知。民众的混合性宗教意识同具有排他性的基督教本是不相容的,但波斯基督教(在非关基本教义问题上)的妥协性格使此种矛盾在中国社会很模糊甚至表现不出来。换而言之,波斯基督教会的妥协性格与中国文化的融合力瓦解了景教在民间社会的突出特征,这使它即使历经政府排斥之后也在某种程度上生存下来但却又不完全是它自身。附带说明,景教现存文献中的确没有宣讲十字架救赎的教义,虽然"弥施诃"一直是它的主角。但是在这方面批评景教,无疑又犯了以天主教比附波斯教会的错误。波斯教会的十字架没有耶稣受难像,他们对十字架的理解不是形象式的,而是象征式的,这也许可以解释他们在中国何以不公开宣讲十字架救赎。何况我们也没有证据表明他们在唐代没有宣讲这种教义。但是景教的教义表达对于基督教的发展而言有缺陷,这一点应当承认。

至于遭到其他宗教排斥(主要指佛教的排斥)这一点,自然也是景教遭遇的一个障碍,但与上述两方面比起来,算不得根本性原因。《大秦景教流行中国碑》中明确提到佛徒对景士的诋毁,这是都要争取政府支持和民间信众的两种宗教或教派间不可避免的冲撞,有如4世纪的佛道之争。而在主流社会和统治阶层表态之前,谁都不会对对方造成致命影响。

还有人提出景教失败的"根本原因"是景教没有在体制上中国化:1)组织上,组织制度仍沿袭传承于罗马时期的管理体制,依附于波斯总会,没有发展出独立自主的教会;2)人员上,没有在中国很好地培养中国传教人员,更没有让中国教徒主理景教事务;3)神学上,经典的解释权垄断在波斯僧牧手里,与中国文化的结合工作主要是在外来传教士间进行①。后两点原因前面已有论及,无须再论。需要纠正的是第一点,此点是非常外行的说法。如果此处所批评的管理体制是"主教制",那它是各个基督教会组织的基本制度,把这都取消了,就不是基督教。如果此处所批评的是"依附于波斯总会",这是完全搞不清楚"主教制"的内涵和教会组织的发展模式,中国作为一个(准)大主教区,是波斯教会的传教成果,就是波斯教会的一部分。倘若它想跟波斯教会闹独立,即如君士坦丁堡教会、埃及教会纷纷脱离大公教会那样,那它必得先有足够的人员规模和有影响力的主教,还得有对母会的不满之情,才有可能进入这个环节。而当时的中国教区,连真正规格的大主教区都算不上。此状况实为景教未能在中国蓬勃发展的一个表现,而不是其失败的"原因"。之所以特地纠正上述论调,是因为它又表现出研究景教的人对基督教的陌生,而这种缺陷在国内景教研究者中屡见不鲜,委实应当引起重视。

4. 景教对唐代社会的影响

唐代景教很难说留下了什么影响,若非发现景教碑,并由此使学者注意到文献中有关大秦寺和取缔大秦教的相关记载,我们几乎不可能找到景教在中国的痕迹,三夷教在中国留下的影响当数景教最小。不过,我们必须考虑到,景教在民间私下传播的成果难以考察,而且也因为面目有如佛教而难以辨识其独立影响。此外,作为其传教工具的某些实用技术即"方伎"在入唐初期就引起中国人注意,比如天文学、医学、机械制造。开元二年景教僧及烈曾在广州为政府制

---

① 成祖明、罗琤:《再析唐代景教之兴衰》,《天风》2006年第7期。

造"奇器异巧",这被看作是与晚明耶稣会士知识传教策略相类的做法。尤其是景教僧侣的医术在社会中较有影响,陈垣最早指出这一点:"景教于当时文化无何等影响。惟以医传道之例,由来甚久,《唐书》诸王传有僧崇一医愈唐玄宗兄之事,余承认此僧为景教僧,有种种证据也。杜环《经行记》亦云:'大秦善医眼及痢,或未病先见,或开脑出虫',聂斯脱里派固以医学著名也。"①医学史专家马伯英曾考证中医用杉木皮作夹板治疗骨折的方法是景教徒传入。新近又有学者考证为高宗治愈目疾的秦鸣鹤亦为景教医生。林悟殊在《中古三夷教辨证》一书论景教的部分中推测,为鉴真和尚治疗眼疾的胡人也是大秦景僧。而景教入华后将慈善事业作为行教的一个重要手段,治病正是其中之一,《大秦景教流行中国碑》中有明白记载,"每岁集四寺僧徒,虔事精供,备储五旬。饿者来而饣卞之,寒者来而衣之,病者疗而起之,死者安而葬之"。《志玄安乐经》用治病为喻来说明教理,提到的很多治病方法被马伯英先生认为来自古希腊罗马。因此,有学者提出,从古代中西医学交流的角度去发掘景教在中国社会的文化遗痕,或有可为。

"景教方伎化"这个推断令人不禁想起晚明前清天主教传行中国时的状况,中国士人所乐于接受和容易接受的,正是传教士用作传教工具的科学知识、医学知识等"方伎",而天主教思想在儒家社会本就传播不易,一遭政府禁绝,则难觅踪影,命运与唐代景教十分类似。

景教徒在被武宗取缔后,曾有相当长一段时间奋力求生,但主要迹象保留于河西和西域这类五方杂处的边远地区。敦煌藏经洞中发现的多种景教文献,表明在藏经洞封闭之前(约在11世纪前半期),敦煌一直还有景教徒活动。近年在莫高窟北区B105窟发现了一个铜十字架,有人断其为宋代遗物。另外,蔡鸿生已发现会昌灭佛后景教匿向河北佛门的踪迹。而罗香林认为,道教吕祖一派与景教有一定关系。吕洞宾所遗《救劫证道经咒》即采用了景教的赞美诗。因此他推断会昌法难后,景教徒必仍于民间潜为传授,但为避免政府干涉而曾附于道教,久之演化为道教之一支派。916 年,阿拉伯旅行家阿布·才伊特(Aboul Zeyd al Hassan)记载878年黄巢攻占广州一事时称:"仅寄居城中经商的伊斯兰教徒、犹太教徒、基督教徒、拜火教徒,就总共有十二万人被他杀害了。"②这里的基督教徒都属于什么派别,无从考证,是否会如伊斯兰教徒那样因为贸易而驻留广州进而中国其他地方,甚而发展信徒,更加渺不可闻。

---

① 陈垣:《基督教入华史略》,陈垣:《陈垣史学论著选》,第186页。
② 穆根来等译:《中国印度见闻录》卷一,第96页。中译者所译"拜火教徒",实际应是前章所说移居印度的波斯琐罗亚斯德教徒。

三、元代的也里可温及波斯教会的后期发展

1. 波斯教会在亚洲

7—10世纪,虽然波斯沦陷于阿拉伯人之手并开始了伊斯兰化进程,但波斯的基督教会却在中亚地区赢得丰硕成果,一些鞑靼人部落纷纷归信基督教,甚至东西伯利亚的贝加尔湖也有了基督徒。同一个时期,由叙利亚一性论派发展出的雅各派也在中亚和蒙古地区积极传教,所以这些地区基督徒的确切派系未必都能厘清。宋元时期在欧亚大陆北方传播的基督教,先后被称为"迭屑"和"也里可温",前一名称是波斯语对基督教的称呼,后一名称来自蒙古语,目前学者们基本认为它是《大秦景教流行中国碑》中的"阿罗诃"一词转音而来。"阿罗诃"是叙利亚语 Alāhā 的音译,意即唯一真神。

10世纪以后,波斯教会走上衰亡之路,主要原因在于经济和政治上受到伊斯兰教徒的压迫,同时文化上也不断被其他宗教或教派同化。

阿拔斯王朝后期,阿拉伯文化开始崭露头角,到988年,阿拉伯语的所有知识分科图书目录发表,波斯正统派与雅各派(一性论派)等基督宗教的术语也不使用叙利亚语而使用阿拉伯语;科学和哲学的著述在9世纪被基督徒由希腊语翻译为阿拉伯语;阿拉伯的文学、文法、历史、医学渐次发达。此种情形下,伊斯兰教徒已无需求助于基督教徒,再加上信奉基督教的商人在经济上与伊斯兰教徒的冲突和敌对日益明显,于是伊斯兰教徒开始大肆迫害基督教徒。波斯教会第六十三至六十六代总主教在任期间,埃及、叙利亚和耶路撒冷的基督教会悉遭摧毁,教会的器皿什物被掠夺和盗窃,伊斯兰教徒还强迫基督教徒颈挂五斤重的木制十字架。凡此种种,导致许多埃及和西亚的基督教徒改宗伊斯兰教。据埃及的教士报告,西部的会堂和修道院被破坏后,基督教徒生存者极少。哈里发阿尔·哈金(Caliph al—Hākim,996—1021年在位)更下令没收基督教会的全部财产,当众焚烧十字架,改筑基督教会堂为伊斯兰教清真寺,或于基督教会堂基础上新建清真寺。1009年还下令破坏圣墓教会(Church of the Holy Sepulchre)和逮捕监禁一切教士,严禁一切人与基督教徒进行商业贸易。据统计,1012—1014年,埃及和叙利亚被破坏的教堂接近三万座。1013年,阿尔·哈金还严令基督教徒全部移住希腊地区。阿尔·哈金的种种举措迫使大量基督教徒改宗,使西亚和北非各基督教派别进入被伊斯兰教吸收的时代。1042年,小亚细亚和亚美尼亚地区(土耳其人地盘)发生集体皈依伊斯兰教的运动,萨斐(Safer)有两万居民全部改宗伊斯兰教。原因之一据说是为了通商贸易的

缘故,当时很多伊斯兰教徒商人住在商道沿线,几乎在每座城市都建立伊斯兰教清真寺,即使在住民全部不是伊斯兰教徒的市街,伊斯兰教也有极大势力。

13世纪蒙古人征服欧亚大陆期间,西亚的基督教势力有所恢复。伊利汗国创建者旭烈兀的王妃、蒙哥汗(元定宗)的王妃以及旭烈兀和蒙哥的生母(托雷的王妃)均为热心的景教徒。1226年,波斯教会第七十九代总主教萨巴·耶稣(Sabar Jesus)便主动与蒙古势力联络。1258年旭烈兀攻陷巴格达时,波斯教会第八十代总主教马基卡二世(Machika II)就受到旭烈兀的庇护,而当时,哈里发及八十万居民被杀。旭烈兀征服波斯后,基督教徒得以反过来迫害伊斯兰教徒。第八十一代总主教由旭烈兀的王妃抬举,第八十二代总主教则指定出生于今呼和浩特(归化城)的马可为接班人(他接任后改名雅八·阿罗诃三世),可见蒙古初期政治势力与波斯基督教会的势力结合之紧密。

然而当统治中亚和西亚的蒙古统治者转而归信伊斯兰教后,基督教徒的命运又生大变,并遭受毁灭性打击。在伊利汗国,旭烈兀的孙子尼科尔多(Neekoudor,即阿合马汗,1282—1294年在位)改宗伊斯兰教,即位后为表示对其新皈依之宗教的忠诚,对基督宗教进行迫害,国内的教会悉被裁撤,基督教徒遭驱逐出境。其后的合赞汗即位时宣言信奉伊斯兰教,并命令撤除波斯境内基督教教堂和佛教寺院。合赞汗之后的历代可汗均为伊斯兰教的坚定信徒,14世纪末期摧毁西察合台汗国并在中亚和西亚大肆扩张的帖木儿更是宗教狂热分子,并以征服全世界为己任。他在征服过程中,对于不肯改宗伊斯兰教的人进行残酷迫害。比如,侵入格鲁吉亚时,强迫信奉基督教的皇子和臣下改宗,不从者死路一条,他还破坏教堂并焚毁教会器具。在被他横扫的安纳托利亚,基督教徒的处境等于奴隶。当他占领顿河河口一带时,逃亡稍晚的基督教徒不是被杀就是被收为奴隶。他攻占高加索山脉的塞姆西姆城堡时,把所有非伊斯兰教的寺院都破坏殆尽以作为给神的献礼,而且他下定决心,即使基督教徒隐匿于山洞,也要抓出来予以彻底消灭。凡此种种,更仆难数。凡帖木儿经过之处,基督教的修道院、教堂、住民的避难所都被彻底消灭,信奉基督教的居民被虐杀无数。如胡克(M. L'Abbe Huc)《基督教在中国》(*Christianity in China, Tartary and Thibet*;Longman, 1857)一书中所言:"帖木儿冷酷残忍,好像严峻的天谴之鞭一样扫过去了。他是不知怜悯之情的冷酷男子,他荒废了几千邑,杀戮了无数人民,把亚洲浩大部分的住民化为尸山血河,以致遍地为废墟所蔽而成为荒野。"帖木儿给亚洲带来的是无数的都市废墟,这些废墟就是包括波斯教会信徒在内的各派基督教徒的埋葬所,而今都被戈壁沙漠淹没。直到1842年,土耳其士兵还在萨布河(Zab)附近大规模残杀波斯教会信徒,有万余人惨死,死者子女则多成为俘房,未被杀害的五万余残存老幼男女陷于无衣无食无住所之悲惨状态。

另一方面,由于生存形势严峻,波斯教会的信徒从近代早期开始就不断改宗基督教的其他派别。比如,1551年,仍在西亚的信徒中有一部分改宗罗马天主教,以后被称为迦勒底教会(Chaldeans)。而在印度的一部分从1599年到1653年间在罗马教会和雅各派之间游移。1898年,伊朗乌尔米耶(Urmia)的一部分信徒则加入俄国东正教会。20世纪,从前的波斯教会信徒仍有一些后裔,大约有十七万人生活在伊朗、伊拉克和叙利亚。

2. 元朝的景教徒

辽金时期,分布在阿尔泰山附近的克烈部和内蒙古河套以北的汪古部是崇信基督教的两大部落。1930年代,考古学家在原汪古部居地、今内蒙古四子王旗乌兰花西南发现一块"耶律公神道之碑",其上有"耶律公……西域帖里薛人"之语,而"帖里薛"也就是"迭屑"。因克烈、汪古两部之信奉基督教声名显著,马可·波罗曾附会克烈部首领王罕为当时基督教世界传说中的东方长老约翰(Prester John),①而马可·波罗这个观点直到17世纪还在深刻影响欧洲人。此外,从契丹边地西迁中亚的浑部、居于按台山至也儿的石河区域的乃蛮部、辽东地区的乃颜部、回鹘西迁后居于天山南北的一部分畏兀儿人等,也都信奉基督教。而克烈王王罕就是信奉基督教的乃蛮王屈出律之弟。成吉思汗兴起后,先后兼并这些信奉基督教的部落,其部民又随蒙古军队散居各地,于是基督教又一次传入中国。元代黄溍撰《马氏世谱序》记辽时移居临洮地区的汪古部马氏家族之家世时说:"马氏之先,出西域聂思脱里贵族。"②这大约是中国古代文献中唯一出现"聂思脱里"字样的地方,但揆之波斯教会的历史,实为非常奇怪的一种自称。然而在同一地区传教的雅各派是不惮于使用该词指称波斯教会信徒的。这种混淆或可表明波斯教会和雅各派同在一地活动的状况。

脱胎于波斯教会的基督教在元大都有很大势力,这些基督教徒被蒙古人称为"也里可温"。元朝后期来华并在大都建立天主教主教区的方济各会士孟德高维诺的约翰(John of Montecorvino,1247—1328)就注意到这一点,并说聂斯脱利教势力甚至可以将人投入监狱。但是,元朝中后期,罗马天主教的方济各会也来华传教并有相当的发展,因此元朝人有时也把他们称为也里可温。这应该可以说明,两派尊奉的神和礼仪习俗在旁人眼里都差不多。

曾出使罗马教廷和西欧的拉班·扫马(出使时已改宗天主教),就是出生在

---

① [意]马可·波罗:《马可波罗行纪》,冯承钧译,上海:上海书店出版社,2001年,第134页。
② [元]黄溍:《金华黄先生文集》卷四三,续稿四〇,元钞本。

今北京的畏兀儿族景教徒①。前文已经提到,出生于今呼和浩特的畏兀儿人马可,后来成为本派总主教(晚年改宗天主教)。1330 年,亚洲西部索尔坦尼亚的大主教宣布,当时在中国北部的景教徒已约三万人,并说他们相当富裕,还在政府任各种官职,享受很多特权。可见,元朝景教主要是在社会上层流行,到忽必烈去世前,景教已成为蒙古贵族中的主流宗教。1253—1255 年间出使蒙古的方济各会士鲁布鲁克的威廉(Guillaume de Rubruquis)于 1254 年 4 月停留哈剌和林(Karakorum),在这里听说契丹(中国北方地区,当时为金朝)有十五座城市中有景教徒,一座叫西京(Segin,金的西京即大同)的城市中有一个主教区。

随着蒙古军队南下,景教也被传到江南地区,比如伯颜南征的主力军阿速(即阿兰,Alan)与钦察两部就以信仰基督教闻名,其中很多人后来定居江南诸地。《元史·兵志二·宿卫》载,镇江附近之镇巢在被阿速军攻下之后,因阿速军损失惨重,至元二十三年(1286)元廷将此城七百降户赐给阿速军充为万户②。可知阿速部属当有不少留居镇巢。钦察部的完者都家族则是平宋战争之后因军职而世代侨居江南的一例,而类似情况者应当不少。元朝军事性移民使作为外来宗教的也里可温能在短时间内于中国内地和江南迅速发展,平定中国之后则又因陆海商贸关系而吸引大量外国基督教徒从西北陆路或南方海路来到中国,使中国境内基督教的构成和发展更加多元化,但此时仍以景教徒为主。

当时在江南传播景教的最重要人物是出生于撒马尔罕的景教徒(很可能出身于景教世家)马薛里吉斯,他于至元十四年(1277)任镇江府路总管府副达鲁花赤,任期内先后在镇江、丹徒、杭州建教堂七座。寺建成之后,朝廷还应丞相完泽(克烈部人)之请拨赐江南官田三十顷、益置浙西民田三十四顷,为七寺常住③。马可·波罗也称当时中国的蒙古,甘肃,山西,云南,河北之河间,福建之福州,浙江之杭州,江苏之常熟、扬州和镇江等处都有景教徒及其教堂。元朝景教寺院保留下来的仅有北京房山三盆山十字寺遗址。

元朝政府非常尊崇景教,在中央设有专门的管理机构崇福司(至元二十六年[1289]始置),为从二品,在掌管佛教的宣政院之下,与掌管道教的集贤院同秩。在全国各地则设崇福司分司机构也里可温掌教司。也里可温发展迅速,据《元史·百官志五》,延祐二年(1315)设在全国的也里可温掌教司达七十二所,

---

① 又做列班·扫马。参见伊儿汗国(佚名):《拉班·扫马和马克西行记》,朱炳旭译,郑州:大象出版社,2018 年,第 1 页。
② [明]宋濂:《元史》卷九九《兵志二·宿卫》,第 2527 页。
③ 马薛里吉斯任职年代据《至顺镇江志》卷九《僧寺·大兴国寺记》,但同卷《人材·侨寓》称马薛里吉斯任此职在至元十五年,关于这个问题,学界仍无定论。

泉州基督教徒墓碑（元代）

于是改崇福司为崇福院。元代也里可温信众中有孝子、良医和文臣学士。政府对之有诸多优待措施，如停军籍、蠲除徭役、豁免租税，不过这些优惠也用于其他教徒。《元典章·礼部六·禁也里可温搀先祝赞》记载了大德八年（1304）江浙行省温州路道教徒与也里可温关于人口户籍和入朝祝赞位次的一次争执，反映出温州路的也里可温已发展到相当规模，能够"创立掌教司衙门，招收民户，充本教户计"，并足以令道教徒感到利益受损。但元代总体的宗教政策是在各教间保持平衡，当初马薛里吉斯在镇江金山地区建聚明山、云山二寺，并在山下置公共墓地（义阡），结果引起佛教徒不满，两派相争的结果是至大四年（1311）五月，政府下令拆毁十字寺的十字，绘塑佛像，并更名般若院，还令"也里可温子子孙孙勿争，争者坐罪以重论"[①]。

元代景教徒虽多，却主要是蒙古人和色目人。由于元代推行种族等级制度和民族歧视政策，景教并没有因为在统治阶层那里得势而深入中国主流社会，迄今尚未发现任何元代基督教的汉文译经，但不排除其民间发展。因此，随着元朝政权的结束和明太祖厉行清除夷狄影响的政策，景教再一次在中国社会销声匿迹。此外，藏文典籍《红史》和《萨迦世系》记载了元代景教情况，说明该教亦曾在藏区传播，但目前材料还不足以说明有关元代以前的情况。

3. 景教在亚洲的习俗融和问题

导致波斯教会整体性衰亡的除了伊斯兰教徒的残酷迫害，也有文化上的原因。从在波斯帝国立足之始直至蔓延到东亚地区，基督教之所以能够大范围发

---

① 《至顺镇江志》卷九《僧寺》。

展并屡获当地政府支持,肯定与波斯教会一定程度上适应当地习俗有关。比如波斯教会继承早期基督教的传统并因应萨珊波斯的国情而承认神职人员结婚合法,且起初是各级神职人员都可结婚,其第二世总主教就是有家小之人,但后来改为司祭以下五级方可结婚。波斯教会不强调神权至上,也是其适应环境的一个典型表征。

波斯教会对于异种文化如摩尼教、琐罗亚斯德教和其他习俗传统的宽容态度导致了自身特征日趋模糊。它同时在不断吸取其他文化的思想,比如琐罗亚斯德教的善恶二元论已经体现于《大秦景教流行中国碑》中,"鼓元风而生二气,暗空易而天地开"和"悬景日以破暗府"被作为例证。它来华后对于中国儒释道的大力借取与迎合在某种程度上也是它在东行路上"入乡随俗"的惯例。1142年,波斯教会总主教与一性论派总主教相互妥协,以后两个团体每有机会即相互承认。1253—1255 年间在亚洲大陆旅行的法国方济各会士鲁布鲁克的威廉提到草原地区基督徒的一些不同于西方的习俗,他把他们都称为聂斯脱利派基督徒,这些人与伊斯兰教徒和偶像崇拜者混居在一起,十字架上没有耶稣受难像,祈祷时不是双手十指交叉,而是双手放在胸前;他们在仪式中不用大钟。关于最后一点,威廉推测是因为偶像崇拜者在仪式中用大钟,所以包括聂斯脱利派在内的各派东方基督徒都不用大钟。

景教在中亚、蒙古和中国发展时,发生习俗融合大约是不可避免之事,但也必须弄清楚哪些习俗是基督教本有之义,不可因为它的教义衰落就认为它后期的所有礼俗都是妥协和丧失自身特性的表现。朱谦之在《中国景教》中引了一段据称是鲁布鲁克的威廉对聂斯脱利派基督徒的严厉批评,这段话常被中国学者引用,作为波斯教会对异教徒习俗妥协从而丧失基督徒特性的明证。实际上,这段话的来源非常可疑①。鲁布鲁克的威廉其实告诉我们,与异教徒混居

---

① 朱谦之原文如下:"皆愚而无知,其圣经皆为叙利亚文,祈祷时亦能颂之,惟皆不解其意,犹之吾国僧侣之不知文法也。其人皆腐败不堪,好放债收重利,沉湎酒色,与鞑靼人杂处者,沾染鞑靼风俗,甚至亦有一夫而娶数妻者。入教堂亦效法回教徒之所为,洗涤下身,星期五日举行祝祭,茹荤食肉,一切皆效仿回教徒。其主教极罕往该处察视,甚至五十年中,不见主教之足迹,偶一莅临,则预先将所有男童以及尚在襁褓中者,悉行落发。全户口中男丁皆为僧人,主教去则又还俗娶妻。凡此种种皆违背教规,不合先圣之训信。其派僧侣,不独娶妻,且行重婚,妻死可再娶。僧官皆买卖而成,无报酬不为他人举行圣礼。其人皆恋爱妻子,贪财好货之心,炽于宗教信仰。蒙古贵族子弟,多就学于彼,以福音信条教授,然已身既罪恶盈满,贪婪无厌,尚何能教人耶?不但未使其人得窥见圣道,实使之愈走愈远也。聂派教士之罪,实深于蒙古人及拜偶像者。"(朱谦之:《中国景教》,第 219—220 页)但无论是《鲁布鲁克东行记》的中译本还是 1598—1600 年哈克卢伊特丛书版的 *The Journal of Friar William de Rubruquis*,都没有这样的言论。威廉并未表露对北方草原地带基督徒的反感情绪。倒是鄂多立克在他的游记中提到在印度遇到"聂斯脱利派"时,直接说这个词就意味着"错误的和坏的基督徒以及分裂教会者",但他也没有描述这些基督徒的习俗。

的基督徒修改某些行为是为了区分自己与异教徒，而不是与之妥协。在这方面我们只谈礼东习俗和崇七两个问题，因为目前被正式讨论的中国的景教习俗主要是这两点①。有论者通过比较《大秦景教流行中国碑》中"判十字以定四方""东礼趣生荣之路"之语和记录元代镇江十字寺情况的《大兴国寺记》中"教以礼东方为主，与天竺寂灭之教不同。且大明出于东，四时始于东，万物生于东，东属木主生，故混沌既分，乾坤之所以不息，日月之所以运行，人物之所以蕃盛，一生生之道也，故谓之长生天。十字者，取像人身，揭于屋，绘于殿，冠于首，佩于胸，四方上下，以是为准"一段，认为两文提到的"礼东"和十字的意义表面相似，但有着根本差异，唐代景教的翻译是教义的正确表达，而元代这段话则是撰文者在对也里可温一无所知的前提下的附会。笔者认为，这个裁断没有充分理由。

《大兴国寺记》的撰写人是镇江路儒学教授梁相，与《大秦景教流行中国碑》的文本出自景僧景净之手相比，倒也可以径自推断梁相不懂基督教而任意附会，而且上引寺记中对"东方主生"这种观念的阐释的确是在发挥中国传统观念。然而该论者忽视了对景教研究而言更为重要的一面，那就是元代这篇碑文中有无传达景教的基本教义，如有，则与唐代的碑文相比有何异同？从这个角度考虑问题，才能切入元代景教的信仰特征。而接下来才该问传播角度的问题，即寺记中的中国化解释对于传达基督教教义有何影响？梁相既然受景教徒之托撰文，自然应该是首先要传达景教徒希望表达的基本意思，否则这样的撰述怎么能被请托者接受？与此同时，梁相面对景教徒告诉他的教义要旨无疑会产生理解难题，所以他只能以自己能理解的概念来解释它，但这并不意味着他在解释过程中就完全抹杀了基本教义。寺记这段文字涉及的教义问题有三点：礼东之俗、十字的意义、长生天。

"长生天"应属用时人熟悉的萨满教最高神的名称指基督徒的崇拜对象。从文句的结构和意义看，"长生天"是在解释完为何要礼东之后的总结语，恰是要说明礼东这一崇拜行为的所指对象。当然，从文句来看，梁相很可能把东方本身等同于"长生天"，这显然是他的误解。但重要的是，他毕竟以时人能理解的方式指明了基督教有一个崇拜对象。

关于十字的含义，唐代的碑文中所言甚略，仅"判十字以定四方"和"印持十字，融四炤以合无摅"。相较之下，梁相对十字意义的叙述非常充分，而且很切

---

① 殷小平：《从〈大兴国寺记〉看元代江南景教的兴起》，《中华文史论丛》2006年第4期，第295—297页。

基督教碑(元代,泉州海外交通史博物馆藏)

合波斯教会对十字架的使用方式(至少是后萨珊时代波斯教会所辖教区的习俗),可推测为是对请他撰文的景教徒所介绍之十字架习俗的白描。"十字者,取像人身,揭于屋,绘于殿,冠于首,佩于胸,四方上下,以是为准"。"取像人身"是对十字架对于基督教徒之含义的准确表达,即象征基督的受难与救赎之义,所谓"取像"就是譬喻、象征之义。同时也符合中世纪(7世纪中期以后)波斯教会拒绝圣像崇拜的说法,他们的十字架只是象征性地表达基督受难的形象,而并非在十字架上实有基督受难像。并且十字架只挂在教堂入口和覆于祭坛而不被用于宗教建筑的其余部位,"揭于屋,绘于殿"与此颇合。信徒个人佩戴十字架当然少不了,这就是"冠于首,佩于胸"。

至于"礼东"之俗,除去梁相对崇敬东方的理由的解释,基本内容是"教以礼东方为主",这与"东礼趣生荣之路"有何根本性差异呢?首先要明了基督教的礼东习俗究属何物,才能推测梁相借用阴阳概念解释基督教礼东习俗是否为无知附会。如果不解释基督教的礼东习俗,任谁看到唐代景教碑和元代寺记中这几个字都会想到太阳崇拜,毕竟很多地方都有此类习俗。与对十字的详细介绍相比,梁相对礼东的解释纯属中国式,这难道只是因为请他撰文的景教徒没有告诉他该礼俗的确切含义和由来吗?

阳玛诺在解释景教碑文中"东礼趣生荣之路"时称:"斯言吾主在世之时,命人奉敬天主之礼,取向东方,望获天堂之常生、真福之光荣也。自古迄今,西国率以东向瞻礼天主,凡建天主圣堂圣台,厥向概面西方,瞻礼者向东行礼,以示吾主如太阳东出,光照普地者然。吾主常曰:'吾为普地之太阳,人从吾,弗陷于冥，必获常生之光。'此东礼者故。"①这说明 16—17 世纪的天主教会认可东礼习俗。不仅如此，还有种种迹象表明早期教会有面向东方祈祷或主持礼仪的习俗，而这也难免会跟异教的古老习俗相纠结，德尔图良（Tertullian，约 160—约 220）便提到当时的基督徒面向东方祈祷，故而导致有些人认为基督徒是太阳崇拜者（*Apologeticus*, c. xvi）。4 世纪时与君士坦丁大帝关系密切的几座教堂都把安置祭坛的圆顶部分置于教堂西端（以便于在祭坛上主持弥撒时可以面朝东方），而君士坦丁大帝的信仰尚处于混合状态，所以也有人推测教堂的这种格局受到君士坦丁大帝影响而可能体现出太阳崇拜的残留痕迹。但德尔图良早已谈到教堂应该是"高大宽敞之所，承迎光线"（*Adversus Valentinianos*, c. iii），《宗座宪章》（*the Apostolic Constitutions*，II：7，此文集大约编于 4 世纪后期，收录 3—4 世纪的教会礼规）也规定，教堂这种宏伟建筑应当"头"朝东方而建。这样看来，早期的礼东习俗大致可以认为是基督教从具有普遍影响的异教习俗中继承的一项内容。但是基督教很注意对这项习俗加以重新诠释，不断增强其基督教色彩。4 世纪的圣格里高利（St. Gregory of Nyssa，约 335—385）提出，礼东理由的首要一条是，人类最早的家园伊甸园位于东方（据 *Oratio de Circumcisione Dominica*, P.G., XLIV, 1183）。中世纪的神学家又为这一举动补充了新的理由，托马斯·阿奎纳（St. Thomas Aquinas，约 1225—1274）提出，基督的尘世生活在东方度过，基督被钉在十字架上时眼望西方（所以面对东方就是面对基督），而且他将从东方前来审判人类（*Summa Theologica*，II—II：84：3）。比较而言，阳玛诺的解释没有涉及阿奎纳提出的那几层意义，而突出"基督是光"的含义，这应当是考虑到对中国人传教时最适合说什么的问题。

  总之，礼东习俗是始于早期基督教会的古老习俗并被延续，波斯教会也继承该习俗，至少唐代《大秦景教流行中国碑》和元代《大兴国寺记》提供了这种证据。其他地方很少提到波斯教会有无此种习俗，只看到一条材料称婴儿受洗时面向东方，却不知是指哪个时期的波斯教会—东方教会。波斯的教堂也并不体现祭坛位于西侧的格局，因为作为建筑形式更需要因地制宜和入乡随俗，已出土的波斯教堂通常狭小逼仄，无法达到西方基督徒关于高大采光的要求②。但是，中世纪天主教会发展起来的直指基督的那些含义未必被波斯教会—东方教

---

① ［葡］阳玛诺：《景教碑颂正诠》，吴相湘主编：《天主教东传文献续编》第 2 册，台北：台湾学生书局，1986 年，第 725 页。

② 关于萨珊波斯教堂格局问题，可参见 Marica Cassis, "The Bema in the East Syriac Church: In Light of New Archaeological Evidence", in *HUGOYE*: *Journal of Syriac Studies*, Vol. 5, No. 2, July 2002；穆斯林统治时期欧亚大陆上的基督教堂格局也是狭小、简易、俭朴，除了地理环境的影响，也为防备游牧部族掠夺。

会知晓或采纳,更何况中世纪欧洲基督徒寄予诸多遐想的"东方"对波斯人而言是"西方",所以他们礼东习俗中的内涵可能只限于早期含义,即,东方与生命和太阳相关,亦即"东礼趣生荣之路"的字面意义。但是,波斯基督徒礼拜东方不意味着太阳崇拜。萨珊波斯沙普尔二世时代,波斯总主教施蒙(Mar Shimun)因拒绝皇帝让基督徒交双倍税款的要求而遭逮捕,沙普尔二世提出释放他和宽恕基督徒的条件是,施蒙需履行一次敬拜太阳的仪式,但是这位总主教拒不从命,并说"当太阳的创造者死了时,太阳也陷入哀悼",于是被处死[①]。这说明4世纪的波斯基督徒没有太阳崇拜痕迹,他们的礼东习俗包含严谨的基督教思想,指向太阳或生机的创造者。阳玛诺对礼东的解释表明,天主教会也未否弃东方代表光明和生机这层古老意义,亦即礼东与礼敬天主并无悖谬,东方代表生机,而这也是天主所创。既然西方教会和东方教会的礼东习俗都包含礼敬生机源头和天主的意义,那么尽管梁相用乾坤五行解释生机的由来,但他毕竟替景教徒阐明了礼东是礼敬生机,这不应该被定为肆意附会。

同一位论者还将元代也里可温表现出的崇"七"习俗——《大兴国寺记》记载元代著名景教徒、出身撒马尔罕的马薛里吉斯在镇江建7座十字寺——定义为粟特人崇"七"礼俗影响的结果,并以此证明"聂斯脱利教"在粟特地区受到当地习俗的感染。笔者于此想要指出,假如以东方基督徒习惯于无原则地接受异教徒习俗作为认识前提,自然就会想到粟特人的崇七礼俗。可是,给东方基督徒冠以"不正统"的标签是不负责任的,如果对基督教史多一点了解,马薛里吉斯崇七的问题就可以有另一种解释。数字"7"在西方各种古代文化中都具有显著意义,在犹太传统中尤其重要,对古希腊人也非末节,因此就传递给基督教徒,该数字在基督教文化中一直有突出意义。圣经中,"7"既常作为吉兆出现,也常作为凶兆出现,但也用于表达完整性或整体的概念。如7座教堂或7个教会,有7个封印的书,天使按等级分别居住于7重天,所罗门7年建成庙堂;又如《启示录》中怪兽的7个脑袋,7瓶天怒,等等。从"7"的含义又演化出"17""27""70"这几个数字的丰富含义,同样常见于圣经和神学阐释中。鉴于此,何以能断定马薛里吉斯的"崇七"一定不具有正统基督教含义?

与镇江7座十字寺的研究情形可相对照的是关于陕西周至大秦寺塔的宗教属性。有学者从当地流传的歌谣中辨析出佛教外观的塔具有的基督教含义——塔的造型为7层,可寓意基督教会7件圣事;八棱状,可寓意教会有真福八

---

① John Stewart, *Nestorian Missionary Enterprise*, pp. 18-19.

端;塔上下周围共24个门户,寓意教会有24史书①。这是考虑了基督教数字命理学的结果,然而考虑有欠周全。论者径将"7""8"和"24"系于7件圣事、真福八端(天国八福气)和24书,再将之归于波斯教会,显系不妥。一方面,这些数字在基督教语境下也可以有不同含义,"7"的意义上文已论,"24"对西方—基督教界的含义是完整性及天地和谐的象征,它的具体表达方式则多种多样。而"8"的意象主要通过圣洗池的八角形反映,象征教会养育众生的母性角色,此外"8"也是基督复活的象征。另一方面,这几个意象未见得适用于所有基督教会。比如7件圣事,虽然早期教会已有此惯例,但随着教会分裂,各派对圣事的认可并不相同,波斯教会恰恰不接受婚礼、涂油礼、坚振礼为礼仪圣事,所以他们没有七件圣事。又如24书,实际只有希伯来圣经(内容相当于基督教的《旧约》)是24卷,基督教各派使用的新、旧约都不符合24卷之数,而承袭安提阿学统的波斯教会长期以来使用的《新约》与西方教会的更有明显出入。

此外,若仅从数字角度考虑,"7""8""24"也还具有佛教含义,倘若就此各执一端,问题就永无水落石出之日。事实上很多文化都有数字命理学传统,因之对某一个数字的重视难免发生重叠。无论是镇江的七座寺,还是周至大秦寺塔的七层八棱二十四门户,单凭这些数字材料推断相关事物的文化属性和宗教属性,毕竟难以服人,总还需要更有特征的证据。总之,对景教的研究决不能仅限于中国的出土资料,也必须要抛开以往限于资料条件而承袭的偏见,多了解一点基督教史是正确看待出现于古代中国的景教徒的必要条件之一。

四、罗马天主教与元代中国

贯通欧亚的蒙古帝国和元朝也为罗马天主教会与中国的接触提供了便利。1209年成立的方济各会(Franciscan Order)是对中世纪隐修院修会②的挑战,其成员恪守贫穷生活,热衷传教,以理解和容忍的自由派精神关注并支持普通民众,这与已跻身上层社会、仅在隐修院内活动的隐修院修士形成鲜明对比,其主张受到资产阶级和大众阶层的欢迎,在13—14世纪产生广泛的社会影响。后

---

① 李伯毅:《唐代景教与大秦寺遗址》,《文博》1994年第4期;关英:《景教与大秦寺》,西安:三秦出版社,2005年,第4页。
② 隐修院修会是古代、中世纪前期以苦身修行为宗旨、以过集体生活为特征的基督教修会,以本笃会为代表,由隐修会发展而来。隐修会的特点是独居隐修,隐修院修会的特点是有组织、有规章的同居苦修。

意大利方济各会士柏朗嘉宾的约翰像

来成立的奥古斯丁会(Augustinian Order)①、多明我会(Dominican Order)、加尔默罗会(Carmelites Order)都是与方济各会有着类似修行宗旨的天主教修会,因要求会士以托钵乞食为生而统称为托钵修会。

1. 方济各会士出使蒙古

罗马天主教会与蒙古(国)、元(朝)的接触可分为两个阶段:13世纪中后期罗马教廷数次向哈剌和林的蒙古王廷遣使,14世纪前期在中国内地建立真正的教区。

13世纪中叶,已侵入俄罗斯和波兰的蒙古骑兵令欧洲大为震恐。教宗英诺森四世(Innocent IV)在1245年的里昂公会上明确指出,如果蒙古人不撤退,西方基督教世界就有灭绝危险,于是他决定遣使蒙古王廷探听蒙古人的意图、努力谋求和平并为在蒙古人中传教做铺垫,而方济各会士与多明我会士成为承担使命的当然人选。英诺森四世同时派出两个使团,其一以方济各会士劳伦斯(Lawrence of Portugal)为首,前去亚美尼亚或其附近,使团似乎在1247年方才启程并访问了西亚,但好像没能递交1245年的教宗书信。另一个使团由意大利方济各会士柏朗嘉宾的约翰(John de Plan Carpin,1182—1252)率领,一行共三人,1245年4月16日出发,次年2月抵达伏尔加河畔拔都的驻地,然后抵达哈剌和林的贵由汗王廷并受到礼遇,11月13日带着蒙古首领给教宗的复信动身返回,并于1247年秋天返抵法国阿维尼翁(Avignon,当时教宗驻跸此地)。

---

① 奥古斯丁会1256年成立时是隐修院修会,继而放弃隐修制度成为四大托钵修会之一。

1247年,教宗第二次向驻扎亚美尼亚一带的蒙古军队遣使,派出一支由四名多明我会士组成的使团,结果受到蒙古将军拜住(Baïju)①的冷遇,并带回一封口气傲慢的回信,以致使团领导阿塞林(Ascelin)直到1250年才敢返回教宗那里复命。

同一时期,也有代表世俗君主出使蒙古的天主教教士。1249年,参加第七次十字军东征的法王路易九世(Louis IX)派法国多明我会士安德烈(André de Longjumeau)带领另外两位法国多明我会士和四名世俗派教士,携礼物与书信前往驻扎西亚的蒙古首领野里知给歹和贵由汗那里,因为当时听说这些蒙古贵族都归信基督。结果使团经过一年的艰苦行程抵达蒙古王廷时,贵由汗已死,摄政的斡兀立海迷失皇后视使团为表达法国臣服之意的贡使,写了一封言辞傲慢的要求法国朝贡的回信,派出自己的使节随安德烈返回。法王看到这封信函后,对自己的遣使举动懊悔不迭。

1253—1255年间在亚洲腹地旅行的法国方济各会士鲁布鲁克的威廉和另一名意大利方济各会士则是因为热心于归化异教徒而进行这番冒险,但也得到路易九世的资助。因为法王又听说控制顿河到伏尔加河一带的蒙古首领撒里答已皈依基督,所以命威廉为信使,转达在撒里答的领地上建传教区的意愿。鲁布鲁克一行两人1253年8月2日抵达撒里答在伏尔加河附近的营帐,却被撒里答打发去见其父拔都,拔都又让他们去征求蒙哥汗许可,因此威廉两人于12月27日抵达蒙哥在哈剌和林附近的行宫并获接见,次年4月又随蒙哥汗前去哈剌和林的宫廷并停留了数月。虽说这期间威廉曾为五个人施洗并使一位景教神父改宗,也发现蒙古大汗对各种宗教持宽容态度,但获准建立传教区一事却无从谈起。大约1254年7月中旬,威廉带着蒙哥给路易九世的回信离开蒙古王廷,次年5月返抵法王驻扎的塞浦路斯,向法王报告了出使经过并直言不讳地说,像国王这样派遣使者或布道修士去蒙古人处没什么效果,但可以让教宗试试隆重地派一位主教去。

从以上几位使臣的经历可知,当时赴蒙古王廷的路线有俄罗斯方向和亚美尼亚方向两条:前者以柏朗嘉宾的约翰为例,从法国出发经波希米亚、西里西亚、波兰进入俄罗斯,抵达基辅后一路向东,经第聂伯河、顿河,渡伏尔加河后沿里海北缘东行,路经咸海和巴尔喀什湖北缘,穿越阿尔泰地区行至蒙古都城哈剌和林;后者以安德烈为例,他从安条克(安提阿)出发向东穿过小亚美

---

① 拜住(?—1260),蒙古别速惕部人,名将哲别的亲属。继绰儿马罕(?—1241)之后,出任蒙古驻波斯高加索地区的长官(1241—1246,1252—1260)。

尼亚，①然后向西北直抵第比利斯（Tibilisi），再到达位于莫安平原（Moan）的西亚蒙古人营地；或者自小亚美尼亚向东南到大不里士，自此先沿里海南岸而行后东北向到锡尔河谷，然后向东先后穿越碎叶河（Chu，楚河）和巴尔喀什湖南面的伊犁河，最后到达叶密立河畔的蒙古人营地。

数次出使无论政治任务还是宗教任务都鲜有成效，最大的收获是了解了中亚及蒙古地区的情况，并从蒙古地区有大量基督教徒（多为景教徒）这一事实中大受鼓舞。其实13世纪晚期教宗还有过几次向中国遣使的尝试。1271年教宗派两名多明我会士携书信去见忽必烈，原计划随重返中国的马可·波罗家族同行，但两位使节行出不远就被一场战争吓回，于是只有马可·波罗一家人到了中国。不久欧洲谣传说忽必烈大汗受洗，于是1278年有一个方济各会传教团准备去中国，但到了波斯得知那个消息纯属谣传，便又止步不前。1289年教宗尼古拉四世（Nicholas IV，1288—1292年在位）再次遣使忽必烈宫廷，这次的特使为意大利方济各会士孟德高维诺的约翰，他终于成功地到达中国并在北京创立第一个天主教传教区。

2. 元代教区

孟德高维诺的约翰曾在1272—1289年间两度出使东方，1289年这次去中国起因于亚美尼亚国王请求教宗派人去传教，所以他在西亚停留许久之后才于1291年离开大不里士踏上去中国之路。1294年到达大都时忽必烈已驾崩，但仍受到新皇铁穆耳（元成宗）的热情接待，因此虽遭景教徒（也里可温）的强烈反对，却还是能够在都城居留并着手在中国建立第一个天主教传教区且发展迅速。1305年时，孟德高维诺的约翰在大都有了两座教堂，赢得六千归化者，但几乎没有汉人；1318年又建立一座教堂，而他来大都的头年就争取来一个强有力的归化者——皇帝的驸马、高唐王阔里吉思，教名乔治（George）。

然而孟德高维诺的约翰最大的苦恼是孤军奋战、缺乏后备，直到1303年或1304年才有一位方济各会士前来与他共事，为此他分别在1305年和1306年致书欧洲请求增援。1305年的书信大概在1307年春天抵达欧洲，立刻引起热烈反响，据说一批多明我会士因此计划组团去中国，但因战争未能成行。教宗克莱芒五世（Clement V，1305—1314年在位）则马上任命孟德高维诺的约翰为大都大主教和远东总主教，并特地晋升7位方济各会士为主教派赴中国。但这

---

① 中世纪时的小亚美尼亚王国包括今土耳其南部托罗斯（Taurus，37 00N 33 00E）山脉以南和奇里乞亚（Cilicia，37 00N 36 00E）部分地区，向南延伸至巴勒斯坦（Palestine），此地在从安条克和叙利亚通小亚细亚和里海的大道上有重要战略地位。

7人中最终只有3人于1313年抵达元朝大都,其中的安德鲁(Andrea de Perugia)和裴莱格林(Peregrino de Castello)留在大都主教区帮忙,另一位哲拉德(Gerardo Albuini)去刺桐(泉州)执掌新建的主教区。泉州主教区的开辟标志着13世纪方济各会在华传教区迎来其鼎盛时期,而这有赖于泉州为数众多的外国侨民。随着传教事业蒸蒸日上,不断有增派人员到来,因此泉州主教区能够派人去杭州和扬州开辟新传教区。

到1318年,泉州有一位方济各会士主教和三位方济各会修士,大都有三位方济各会士主教。截至1318年的活动场所则有大都的三座教堂和泉州的至少两座教堂。另外,1322年抵达中国的鄂多立克称泉州有两处方济各会士的住所,扬州也有一处修士住所,1342—1345年左右在中国的马黎诺里的约翰(Giovanni de Marigolli)在所著《马黎诺里的东方行程录》(Recollection of Travel in the East by John de Marignolli)中提到泉州已有三座极为富贵高雅的方济各会教堂。从传教成果看,除去前述孟德高维诺的约翰1306年以前的成绩,1318年时大都又有众多阿兰人①被孟德高维诺的约翰归化;鄂多立克说杭州的方济各会士争取到一位官员天主徒,而他自己在停留大都的三年期间也为许多人施洗;泉州主教区不仅对当地侨民传教,也对中国人传教,但中国教徒对信仰并不很忠诚。由于缺乏资料,元代天主教在华传播的总成果难于确切估算,通常报告说归化者达到三万人。但这些归化者中多有景教背景,以阿兰人和蒙古人为主,汉族人是否真正受到这次传教的影响则大可质疑。

然而好景不长,1328年孟德高维诺的约翰去世,意味着方济各会在华传教区和整个天主教在华传教事业走向衰落。虽然这一消息传到欧洲后,教廷在1333—1362年间数次派出大批传教士和新任大都主教,但他们有的到达不了目的地,有的工作没有成效。1362年,第五任泉州主教被代表明朝攻占泉州的中国军兵所杀,泉州主教区也沦入空位期。1368年元朝灭亡,所有外国人都随蒙古人一道被逐出中国,方济各会传教区亦在劫难逃,大都那些非汉族的景教徒和天主教徒在1369年全遭放逐。1370年到15世纪后期,罗马教宗仍然试图挽救中国传教区,数次派人去就任大都主教之职,但这些人因各种遭遇而从未到达中国。元末的动荡以及明初与元朝截然相反的对外政策,使短期内蓬勃起来的天主教传教区又在顷刻间消失殆尽。

元代方济各会士来华通常是从欧洲越海(多走黑海)到今土耳其境,经由亚

---

① 德礼贤说,中世纪时的阿兰人居住在高加索地区,而其相邻之地就是中国史书中所称的奄蔡或阿兰,参见 D'Elia, *The Catholic Missions in China*, Shanghai, 1934, p.29. n.1。

美尼亚入波斯,从波斯泛舟波斯湾到印度,至此分为两路:一路陆行经今克什米尔入中国境,然后沿旧绿洲丝路到北京,在孟德高维诺的约翰来华时尚以此路为安全可靠;另外一条路线是从印度泛海东来,从广州或泉州登陆。孟德高维诺的约翰以后的传教士似乎主要走这条海路,因为陆路虽然便捷,但在14世纪初时已因战争而梗阻难行,恐怕较海上风波更为凶险。14世纪后半叶起,控制中亚和西亚的察合台汗国一反成吉思汗以来蒙古统治者的宗教宽容政策而大力排斥异教,更使中西陆路完全阻塞。陆路阻隔而欧洲商船新辟的海路逐渐畅通,这也构成晚明时期新一批天主教传教士东来的背景。

第十五章　异域诸宗教【三】：摩尼教

一、诺斯替教与摩尼教

摩尼教是公元 3 世纪产生于萨珊波斯的二元论宗教，属于诺斯替主义的一派。诺斯替主义指寓于希腊化晚期大规模混合主义宗教运动之中的共同精神原则，普遍体现在当时的新柏拉图主义、斐洛主义、犹太教、神秘宗教等所有的哲学与宗教派别之中。它是始于亚历山大东征时期的宗教、哲学、科学混合主义潮流中规模最大、涵盖最广的混合主义，不仅是希腊与希伯来文化的融合，也是两希文化与印度、伊朗文化融合的产物。目前，诺斯替主义被定义为一种宗教，所以也可直接称诺斯替教。它的教义特征是：神不是这个世界的创造者，世界的产生纯属一场错误，是因神性世界的分裂和堕落而形成；人，或灵性的人，是从神性世界流落到这个世界中来的异乡人，当他听到启示的道以后就会认识到自己最深层的自我；恶的来源不是罪，而是无明或"无意识"。"诺斯"（Nous）一词的意思正是"灵智"

诺斯替主义者是古典时代之后的新宗教时代中第一批思辨"神学家"。他们的任务由基本的诺斯替体验决定，在这种体验下产生一种对于现存实在的独特看法，以反神明的宇宙、人在宇宙中的异乡感和神的非宇宙性等观念作为其主要信条。鉴于对此种实在的先验性体验，它预设了一个历史，认为目前这种"非自然"的状态正是从这个历史中产生出来。思辨的任务在于从这个历史最早的开端着手，详细叙述历史所经历的各个阶段，以解释事物目前状态的形成，从而把对于实在的看法提升到诺斯之光中，并给予拯救以可靠的保证。这项工作虽然凭借神话想象而完成，但所得出的神话连同对神话的叙述方式都以象征的方式传达出形而上学理论的意蕴。

诺斯替主义发展出两种类型的体系：伊朗类型与叙利亚类型。它们解释了本质上相同的事实，即流离失所的形而上学处境。其结论也是共同的，即神与世界、世界与人、灵与肉之间都以分裂状态存在。就此而言，两者都是二元论的。伊朗类型是琐罗亚斯德教的改编，以两个对立本原之间的二元论为开端，主要解释原始的黑暗如何吞没光明的元素,它以混合与分清、束缚与解放等术语,把宇宙剧本描写为时运多变的一场战争与神的命运,人的命运是其中之一部分,世界是其非自愿的后果。叙利亚类型的思辨则试图进一步把二元状态本身以及随之而来的神在创造体系之中的困境,追溯到一个不可分的存在之源,通过人格化的神圣状态依次演进的系谱,描写原始光明逐步在罪、谬误与失败中变暗的过程。这种内在神明的"退化过程"以完全的自我异化式堕落而告终,其结果就形成这个世界。伊朗类型与叙利亚类型谱写的剧本都以高处的一场动乱为开端,以世界的存在作为神之失败的标志,存在的最终目的是要达至恢复——光明与黑暗的永久分离,但途径会令人不快,而在这一过程中,人的拯救也是对神自身的拯救。

伊朗类型和叙利亚类型的区别在于,神的悲剧究竟是从外部强加于他的、由黑暗肇始的,还是出于自身内部的动机,即黑暗不是神的激情的原因而是他的激情的产物。这两种类型在思辨原则上的差异标志着双方宗教态度上的重要差别。叙利亚类型更为深刻,结合了晚期希腊文化中关于存在、本质与神的思考,也吸收了新兴的基督教思想对于神的认识,把形而上的状态同知识与无知这对对立概念协调起来作为神圣生命自身的状态。瓦伦廷派和马西昂派是叙利亚类型的典型代表,其中马西昂派又被视为早期基督教异端之一。马西昂坚持自己那套以坚决反对《旧约》为出发点的理论是对基督教福音的正确理解,从而在新生的基督教世界产生重大影响,终致被正统教会判为异端和教会最大的敌人。时至今日,基督教会都把二元论视为本质性错误,并把马西昂视为犯二元论错误的典型代表,尽管也有神学家试图指出,马西昂的出现表明了基督教在发展初期面临不同的发展可能性这一事实。

伊朗类型允许更具体、更吸引人的戏剧化,摩尼教正是伊朗类型的典型代表。

二、摩尼与摩尼教

1. 摩尼及其教派概况

摩尼教之名得自其创始人。摩尼(Mānī,约216—约275)出生于美索不达米亚南部,该地区曾经分别是流行琐罗亚斯德教的阿契美尼德波斯和希腊化的塞琉古帝国之重镇,2世纪初一度被罗马帝国占领,后来又回到伊朗人的安息帝国手中并移交给萨珊波斯,萨珊波斯建都于这个地区并努力把琐罗亚斯德教国教化,而基督徒在2世纪时也已在该地区活动且数量不少。摩尼的母亲是安息贵族,甚至有皇室血统,其父则与诺斯替教曼达派的"受洗派"有联系,并在摩尼很小时就把他引入这个教派。摩尼童年时代正值萨珊波斯崛起并于公元226年取代安息。显然,摩尼生活在多元文化的环境和社会剧烈动荡的背景下。这种经历对他创立的宗教有很大影响。

据说摩尼12岁时就有了第一次灵视体验,看到自己在天上的另一半,即他的"孪生兄弟"或"伙伴"向他显现,并保证永远保护与帮助他。后来,摩尼又在灵视的体验中看到"安慰者"或圣灵向他启示了促使他建立自家学说的奥秘。此后,他试图脱离"受洗派"并公开反对该派的实践与理论,导致该派分裂,并以摩尼被开除而告终,这时只有他父亲和两个门徒相信他的说教。公元240年4月19日,摩尼又有一个灵视体验,他看到的"伙伴"依据神的旨意给他启示,召唤他作"光明的使徒"。于是被逐的摩尼带着门徒逃往首都泰西封,建立第一个团体,并开始四处传教。

在波斯本土,沙普尔一世曾一度赞许摩尼教的思想,使该教得以在波斯自由传播,摩尼甚至做了沙普尔一世的皇室随从。这恐怕得益于摩尼通过王弟卑路斯(Firuz)的引荐而结识沙普尔一世,而两位王弟也成了摩尼的追随者。沙普尔一世时期是摩尼从事宗教活动的主要时期,摩尼的门徒活跃在伊朗东部、叙利亚、埃及和罗马帝国其他行省。此外,摩尼早在241年就亲自前往印度,抵达印度河谷,说服那里的君王。摩尼宣称自己使整个印度国改信此教义,但他所指的实为印度西北部。有人说他此次是乘船到印度河谷,另一种说法称摩尼去印度信德传教的过程中还顺路拜访了波斯东北部的俾路支斯坦,并在此地被当作真正的佛陀接纳,倘如此他就是从陆路前往印度。

沙普尔一世的继任者奥尔穆兹德一世(Ohrmazd I,273—274年在位)继续支持摩尼,但这位皇帝运祚短促。随后,摩尼就遇到痛恨他的瓦赫兰一世(Bahram I,274—277年在位)。瓦赫兰一世将摩尼投入监狱,他不久之后(276)就死在狱中,但皇帝仍下令肢解其尸体,悬于城外示众。他的教会把这件事视为摩尼的受难与上十字架。也有人干脆说,摩尼在275年被瓦赫兰一世钉死于十字架。瓦赫兰一世为何极力反对摩尼及其教派?有人说是因为响应琐罗亚斯德教祭司阶层对摩尼的反对,有人说是因为他认识到摩尼教否定现实的教义对现有的正统权威危害严重。

瓦赫兰一世迫害摩尼并禁断摩尼教,随之对摩尼教徒全力打击,后来的波斯君主也都继承这种政策,于是摩尼教在波斯逐渐衰落。不过,逃出波斯帝国的摩尼教徒使摩尼教在四围诸地纷纷兴盛,他们秉承摩尼教自始就有的征服世界的野心,致力于将该教向东西方扩张,将其经典翻译成古代欧亚大陆和北非的各种文字。而当摩尼在世之时，他本人和信徒都主要使用在当时应用范围最广阔的东阿拉美语，早期摩尼教著作中只有一部进呈沙普尔一世的写以中古波斯文。5世纪开始，东方摩尼教会的主要语言是中古波斯文，但也使用帕提亚文、巴克特利亚文、古突厥文、粟特文和汉文。而在西方，叙利亚文是其主要语言。摩尼教有七部大经《沙卜拉干》《生活之福音》《生命之宝》《钵迦摩帝夜》《秘密经》《巨人书》《书信》，除《沙卜拉干》写以中古波斯文，其余都是用叙利亚文编纂。摩尼及其追随者还采用一种特殊的"摩尼字母"，人们假设是摩尼所发明，与叙利亚文福音体接近。

公元300年左右，号称"光明教"的摩尼教遍布叙利亚、阿拉伯半岛北部、埃及与非洲北部，基督教的著名教父圣奥古斯丁在373—382年间正是北非的摩尼教徒。它又从叙利亚传到巴勒斯坦、小亚细亚与亚美尼亚。有迹象表明，摩尼教于4世纪初传到罗马和达尔马提亚（Dalmatia，位于克罗地亚），不久传到高卢和西班牙。已经以基督教为国教的罗马帝国自然排斥摩尼教，所以在它传入之始，反摩尼教的辩论性文章就纷纷出现。但摩尼教到6世纪以后才开始在西方消失，而且此后仍在不同的伪装下于其他教派中发挥影响直至中世纪。比如13世纪有一个卡塔尔派成为教廷设立宗教裁判所的重要推动力，这个派别因为二元论观点而被罗马教廷判为重大异端，它正是马西昂的二元论和摩尼教的二元论在基督教世界阴魂不散的结果。

在东方，摩尼教的根基更加稳定和持久。摩尼的伙伴马·阿莫（Mar Ammo）是摩尼教义在东方的主要传播者之一，他精通帕提亚语言和文字，在木鹿归化了许多上层人士，使该地成为摩尼教在东方的主要中心。马·阿莫还由木鹿东进到贵霜地区暨后来的吐火罗地区，在那里的一个城镇建立起摩尼教社团。在摩尼生前或去世后不久，中亚还兴起一个摩尼教的分裂教派，被称为"登那瓦里亚"（Dinawariyya），他们组建独立教会并有自己的领袖。6世纪下半叶，在来自巴比伦的撒特—奥尔米兹（Shad—Ohrmazd）领导下的中亚摩尼教社团宣布独立，但8世纪时，这个中亚社团承认当时巴比伦社团领导者的权威，从而结束分裂。在阿拉伯征服时期之前，摩尼教在中亚人的精神生活中发挥了重要作用。比如719年，吐火罗向中国派遣一个使团，其首领是一位摩尼教"选民"大慕阇。通常认为，"慕阇"是帕提亚文摩尼教术语'mw c'g或中古波斯文摩尼教术语hmw c'g的汉译名，意为"导师"。吐火罗王并在国书中请唐朝皇帝向慕阇询问国事与教法。

8世纪开始，摩尼教在蒙古高原广泛流传。762年，回鹘牟羽可汗接受摩尼教并定其为国教，大大促进摩尼教的发展。根据回鹘文书的记载，牟羽可汗在摩尼教传教士两天两夜不停地说教之后，经历了内心的冲突而改宗。但实际上，这应该是一场长期运动的结果。阿拉伯人和伊斯兰教的扩张导致大批摩尼教徒不断东迁，从伊朗东部和中亚涌向回鹘地区，并开始在回鹘人的生活中产生影响，这恐怕是牟羽可汗举国改宗的基础。摩尼教被定为回鹘国教后，回鹘地区成为摩尼教重镇，美索不达米亚两个摩尼教派的冲突也随之转移到此地，两派各自的追随者加上东方摩尼教派登那瓦里亚的成员都在同一个地方生活并且发生摩擦。9世纪中叶回鹘西迁，于是高昌城变成东方摩尼教会的主教和高级僧侣的驻扎地，但摩尼教在回鹘人中的重要性这时也开始逐渐降低，佛教及其他宗教的影响迅速突出。不过高昌至少到10世纪末仍有摩尼寺。摩尼教在唐代初期便传入中国，但香火不济。平定安史之乱后，方因回鹘对唐朝政府的影响力而一度兴盛。

不列颠图书馆斯坦因藏品中有少量摩尼教文献，使用鲁尼（Runic）文、摩尼文、粟特—回鹘文书写。这些文书残片来自敦煌、高昌和交河，反映的是公元9—10世纪摩尼教经典在新疆和中亚流行的遗迹[①]。

阿拉伯人侵占波斯也在一定程度上给摩尼教带来有利影响，因为伊斯兰教终结了琐罗亚斯德教的垄断地位和基督教的优势地位，而且阿拉伯人征服波斯后有一段时期对摩尼教徒也如同对待基督教徒，较为宽大。摩尼教再一次在波斯地区得到宽容，许多摩尼教徒得以返回被禁足已久的摩尼教诞生地——伊朗和美索不达米亚，此教还成为部分受教育阶层的时髦宗教。但是，当阿拔斯王朝统治成熟之后，开始对各种异教进行野蛮迫害。摩尼教会的法王在巴格达驻扎到10世纪，此后驻地迁往撒马尔罕。13—14世纪，蒙古人和伊斯兰化的帖木儿帝国先后大肆践踏并征服中亚，导致中亚的摩尼教被彻底摧毁。

2. 摩尼教基本教义

摩尼吸收了琐罗亚斯德教、基督教、诺斯替教、佛教和其他神秘主义思想而创教，其中琐罗亚斯德教和诺斯替教对他的宇宙论影响最大，基督教对他的拯救论影响最大，佛教对他的生命伦理与禁欲理念影响最大，而摩尼综合上述种种形成的有关宇宙性流放与拯救的诺斯替主义神话是摩尼教的核心。虽然从思想的深刻性与精致性来看，摩尼教不如叙利亚—埃及的诺斯思想，但从宗教史的角度看，摩尼教才是诺斯替主义最为重要的产物。

摩尼的成熟学说旨在解释关于"存在"这一整个剧本的开端、中间过程与结

[①] ［德］彼得·茨默：《大英图书馆斯坦因藏品中的摩尼教文献》，杨瑾译，《吐鲁番学研究》2018年第1期，第123—133页。

局,开端是最初本原的无限性,中间过程论述这些本原的融合,结局是光明从黑暗中分离出来。这套设想在古代中国又被称为"二宗""三际"说。

第一,开端,暨最初的本原。天地以及万物存在之先,有两个本原,一个是善的,一个是恶的,善本原居上,恶本原居下,两者彼此分离,又在本质上对立,这一点构成摩尼学说的基础。善的本原居于光明的所在,被摩尼称为"伟大的父",在他的外面居住着他的五个斯金纳(Sh'kinas,意译为"神的成员""能量"或"移涌"):智力、知识、意念、审慎、决心。

恶的本原被摩尼称为"黑暗之王",居住在黑暗之土,被他的五个移涌(或称"世界")烟、火、风、水与黑暗所围绕。光明世界与黑暗世界毗连,两者没有分隔的墙。光明与黑暗的本原都被人格化,并且在摩尼教的希腊文文献中,人格化的黑暗用"物质"一词表示,"物质"在此作为一个神话人物而不是一个哲学概念出现,他有自己的积极属灵性质,他的本质是积极的恶,而不是因为消极地丧失和缺乏善才成为"坏"。

光明与黑暗两个王国过去永恒地并存,而且彼此没有联系,它们各自就是自己的起源。光明根本没想把黑暗当作挑战,他只是想保持这种分离状态。光明只想为自己而照耀,不是为了缺乏光明者而照耀,更无好心或野心去照亮他的对立面。光明的这种自足性显示了摩尼教与基督教在旨趣上的深刻差异,与叙利亚类型的诺斯替教也不同。叙利亚类型的诺斯替教让向下败坏的运动始自光明本身,从而让光明对既成的二元性负责。摩尼的这种信念之中保存了伊朗宗教的二元论原始精神和受到威胁的光明终能恢复自身的勇敢品性,不过对宇宙的态度是诺斯替式的反对与否定。二元分裂对于光明来说是正常的,不正常的是宇宙的形成,因为光明在黑暗的进攻下陷在黑暗之中,命运才自下而上被迫启动,宇宙才被迫形成。

第二,宇宙的创造。摩尼教关于宇宙起源的教义包含三个阶段,即三次"创造"。第一次创造与黑暗战斗并牺牲的原人;第二次创造解救战士的活灵(德穆革),但因他没有完成这个任务,就从混合质料中创造了静态宇宙;第三次创造信使(也叫第三位信使)是为了让宇宙运转,并解放沉沦其中的光明。这三次创造显然都是黑暗的攻击对神的逼迫导致的结果,而不在光明的本意之中。摩尼教有关创造或流溢的基本原则是,这种活动源于外在的被迫,而非内在的必然性。

光明本身无意与黑暗发生联系,黑暗则因知觉到光明而生出贪婪之心。黑暗内部成员因其本性充满破坏性激情,旷日持久地进行内部斗争,导致黑暗逐渐上升,结果黑暗终于在到达其外部边界时知觉到光明。光明的光辉奇妙令黑暗的成员们快乐与惊叹,于是他们想要吞吃光明,在不知道有伟大的神居住在光明之所在的情况下,他们以为吞吃光明并不难,所以停止内部争战而联合整个黑暗的物质的力量,努力升向高处去攻击光明。这个模型起源于琐罗亚斯德教,而至少在摩尼之前一个世纪就已经被改编而为诺斯替派所用,但摩尼对这一学说的独创性贡献在于,他认为黑暗自相残杀的纷争不可避免地令黑暗看见光明,而这导致了黑暗内部的分离力量联合起来。对光明的知觉激起了黑暗的嫉妒、贪心与憎恨,从而挑起侵犯,这是一般的伊朗范型。摩尼的思想还改造了希腊思想中"对更好者的欲望"这一观念。在以柏拉图为代表的希腊思想中,"对更好者的欲望"是一种激励万物参与不朽的动力,是柏拉图本人追求知识与完美的动力。但在摩尼教中,黑暗"对于更好者的欲望"被视为邪恶和有罪,他对美好的认知动力在于怨恨,而他对光明王国的进攻打破了光明亘古的宁静,迫使光明做一些本来不会发生的事,那就是"创造"。可见,"创造"自一开始就包含罪的成分,这与基督教的观念相反。

　　光明世界没有能力做任何伤害之事,因此没有武器或能力从事战争。至高神创造五个斯金纳是为了和平与幸福,所以不能派他们去作战。但是为了与侵略者交锋,神不得不创造出一个特殊的"创造物"以代表他自己去应战,这就是"原人"(Primal Man)。原人又生了他的五个儿子,也是他的盔甲,他们就是五种光明元素:微风、气流、光、水、火。这五种光明元素是神的五种原初实体即斯金纳的较笨拙的代表,他们虽有相当物质性的名字,但他们是灵性的力量,是宇宙中一切"灵魂"的开端。首魔(即"黑暗之王")也带了他的五个族类武装自己,即烟、燃烧的火、黑暗、灼热的风、水形成的雾。首魔与原人缠斗了很久之后,首魔战胜原人。于是原人把自己和五个儿子给黑暗五子当食物,导致黑暗的五个部分和光明的五个部分相混合。五个光辉的神因被黑暗吞噬而被剥夺了领悟力,不清楚自己的真正来源。换句话说,黑暗的掌权者吃掉了灵魂,灵魂违背真正的本性被降级参与在罪恶中,而灵魂这种遭遇预示了未来人类的处境。

　　但是,光明与黑暗对于彼此都是毒药,黑暗吞噬光明元素之后,便偏离了原来的目标暨光明世界本身,而这五种光明元素也在黑暗内部发生作用,使黑暗的欲望得到满足或缓解,从而停止攻击。因此在有些版本中,原人不是被击败,而是为了达成上述效果自愿被黑暗吞噬。灵魂向黑暗投降,不仅使光明世界避开所受的直接威胁,也同时提供了最终征服黑暗的途径,而灵魂在此过程中充当诱饵。所以摩尼教也认为,灵魂与物质冥合是出于神的意志。

　　光明不应当与黑暗混合,但是旨在维护光明世界之和平的原人不幸战败,所以神被迫卷入旷日持久的拯救工作之中,世界的创造正是拯救工作的一部分。原人在地狱里恢复了意识,向伟大的父作了七次祈祷,父听到后创造了诸光明的朋友,诸光明的朋友又创造了伟大的建筑师,伟大的建筑师再创造活灵(Living Spirit,也叫德穆革)。活灵生出他的五个儿子(每一个也分别来自神的五种灵性本质),他们一起来到黑暗之土,向深渊张望并大声召唤,原人听到召唤后发出回答,于是召唤与回答结合起来,上升到活灵与生命之母那里,活灵穿上召唤,生命之母穿上回答。接着,活灵下降到原人那里,向他伸出右手,把他从地狱质料中解放出来,原人上升而再度成为神。但原人五子暨灵魂却已太彻底地与黑暗冥合而未能上升。所以,原人自己在世界开端之前得到了解放与恢复,"灵魂"是他丧失在物质中的能量。"原人"广泛出现在诺斯替思想中,表达了他们知识系统中的主要奥秘之一是存在一个前宇宙的神"人"。而在摩尼教中,"原人"理念还有更深的宗教意义。首先,它意味着神圣的超越性得到加强,不再允许首神直接卷入善恶斗争。其次,原人在时间之前被解放这一教义对于摩尼教徒所具有的重要性可以与基督的复活对于基督徒所具有的重要性相比拟,它是拯救的原型与前提条件,是将来一切拯救的有效保证。

　　为了这些被彻底淹没在黑暗中的光明五子,首神不得不启动宇宙的创造,宇宙的本质是一个将光明成分从黑暗中分离的伟大机制。活灵与他的五个儿子先把"混合物"从黑暗的主体材料中分离出来。然后,活灵在首神的命令下创造宇宙。由于吸收了光明从而变得虚弱的黑暗掌权者已被征服,所以从他们的皮肤中造出天穹并把他们束缚于此,从他们的肉与残骸中造出地与山。世界的这一创造过程以一种极端方式表达出摩尼教对这个世界的否定性看法:自然及其一切组成部分都是来自邪恶能量不纯洁的尸体。不过,世界也是黑暗能量的监狱,还是灵魂得以重新净化之所。此后,被吞吃的那部分光明得以从物质中分离出来,因净化而变"轻",其中最纯洁的部分形成太阳与月亮这两只"船",灵魂上升后的残余物形成恒星。但是行星属于掌权者。因此,构造这个宏观宇宙只拯救了一小部分光明。另一方面,黑暗并未就此失去生命力与行动的能量。

　　为了继续解救那些仍被囚禁和滞留在宇宙中的光辉,在生命之母、原人与活灵的恳求下,伟大的父创造了担任解放者和拯救者的信使。信使产生出十二位处女——从她们的名字看是拟人化的美德与神圣属性,用她们造出一个有十二块叶片的机械装置——光明之船。光明之船本是静止的,信使让船动起来,并由此启动了各星体的旋转,通过旋转使光明从自然界中分离并被向上运输。

　　第三,生命的创造。同宇宙和自然界诸物的创造相比,生命的创造是摩尼教悲观主义的极致表现,因为前两样都是光明被迫创造的、包含黑暗物质的东西,而生命则根本就是黑暗的创造物。信使认为以星体运转分离光明质料太慢,便采用一种更简捷的方法。他随着船只的移动来到诸天中部,显示自己阴性与阳性的各种形体,使所有黑暗掌权者都能看见。掌权者看到信使在各形体中的美丽后,充满欲望地激动起来,阳性的掌权者因信使的阴性形象而激动,阴性掌权者因信使的阳性形象而激动。他们因着这炽烈的色欲而不自觉地释放了所吞吃的原人五子。信使这项计策虽取得成功,却带来双重结果,因为也有同等数量的黑暗质料(罪)与光明五子一起逃脱掌权者,与光明质料混合而想进入信使的船只。信使发现这一点后就再度隐蔽形体,并尽可能地识别喷射出来的混合物,使更为纯净的部分向上升,而那些与罪结合过于紧密的受污染部分就降落到地上形成植物世界。因此,所有植物都是黑暗的创造物,而神或光明质料被束缚在这些形体与物体之中。另一方面,黑暗的女儿们在看到信使时因激动而流产,生下了动物,也把光明的质料囚禁其中,于是动物世界的起源更为可悲。

信使形体的短暂显现和由此导致光明被以新的方式囚禁,这启发黑暗想出一种持守战利品的最终也最有效的方法,就是把光明质料捆绑在适当的形体中。于是,黑暗按照信使所显现形体的形象造出亚当与夏娃,并把手头剩下的光明都灌注到他们里面。这个教义的要点是,植物与动物的产生是未经计划的,是光明战略性转移失败的伴生物,而人的创造却是黑暗针对光明的深思熟虑的反击策略。黑暗通过利用神圣形体而把其统治的最大威胁者转变成主要的自卫武器。《圣经》中人是按照神的形象创造这一观念被彻底逆转,"形象"成了黑暗邪恶诡计的产物。黑暗的目标是不让光明从黑暗中分离出来,而一种与神相似的形式可以把光明中相当大的部分作为灵魂加以束缚,并且比任何其他形式更加持之有效。

从此,光明与黑暗之间的斗争便集中在人身上,双方把几乎所有的赌注都放在人身上:光明的赌注是他自身的恢复,黑暗的赌注是他自己的存活。这是摩尼教形而上学的核心,它把个人的行为与命运提升到关乎历史总体存在,从而具有绝对重要性。由于人的身体是由邪恶质料构成,它的邪恶超过宇宙总体上的堕落,而且人的产生是出于邪恶的设计。这种想象也构成摩尼教徒敌视身体与性并采取最广泛之禁欲主义的神话学基础,诺斯替教普遍具有的反尘世与禁欲主义的态度在摩尼教神话中得到最为强硬的支持。

黑暗创造夏娃还有一个特别目的,因为她更彻底地臣服于魔鬼,由此成为魔鬼对付亚当的手段。而且,人的产生使得拯救只有唯一途径——逐一唤醒个体灵魂,而夏娃却能通过生殖创造无限个体而无限延长对光明的束缚和使光明消散,从而使拯救工作变得无比困难。

第四,耶稣的使命。信使的解救使命因黑暗创造了人而被抵消,继而亚当受到夏娃诱惑,人类的繁殖之链启动,这使启示的历史成为必要。信使、生命之母与活灵派遣光辉的耶稣到亚当那里唤醒他的灵魂并拯救他。光辉的耶稣是信使一个更具体化的实体或流溢,是负有向人启示之使命的神,正是光辉的耶稣让亚当吃了知识树上的果实。对光辉的耶稣的诠释是摩尼教教义中的重要信条。首先,光辉的耶稣是人类历史上一切启示活动的源泉,经佛陀、琐罗亚斯德、历史上的耶稣,一直到摩尼自己,核心则是"耶稣帕梯比利"(Jesus Patibilis,受难耶稣)。这些相沿不断的启示者使光辉的耶稣的最初启示能够不断更新,与宗教理解的历史进步相适应。其次,光辉的耶稣还是所有混入物质之中的光明的拟人化。耶稣弥散在一切创造物之中,但他真正的王国与化身似乎是植物世界,也即最被动且唯一无辜的生命形式。而他本性中也有积极一面,他是来自上界的超世俗诺斯,为要解放这些被俘的质料而坚持不懈地在弥散状态中聚集它们,直到这个世界的终结。历史上的耶稣在摩尼看来是"光辉的耶稣"的门徒,他自己也是"光辉的耶稣"的门徒,而且他所受到的启示和传递的信息是最后的、最普遍的、最具优越性的形式。

第五,历史的意义与最终结局。人类世界的历史是神圣历史的一部分,这个神圣历史以信使之流溢为代表,在人类宗教史上作启示之神的是信使的不同位格,一开始是启示亚当的"耶稣",高潮时是启示摩尼的圣灵,历史的最终结局时是伟大的意念(Great Thought)。世界与人类的历史是一个光明持续得到解放的进程,宇宙的一切安排都基于如下观点:自然界的拯救工具是宇宙天体的旋转,尤其是太阳的旋转;人类历史的拯救工具是使徒们的召唤,使徒们是诸教会或宗教的奠定者。天体旋转与召唤作为两种拯救工具彼此补充,使徒的工作促进光明成分从人之中分离与解放,上升的光明成分(即死者的灵魂)进入月亮,月亮如渡船一般,从月初到月中不断接受这些成分,从满月到月亏则是带光明成分去太阳那里,太阳再把这些光明转移到其上的光明世界。月亮随着运输灵魂而盈亏、太阳不断分离与提纯神圣的光明,黄道像水轮那样不停汲取并向上运输,这一意象赋予宇宙秩序以宗教意义。随着光明不断攀升,黑暗的部分也不断下降并沉入深渊,最后光明和黑暗都将各自回归自身的完整。

两种拯救工具要一直工作到再没有光明的部分留在这个世界,但最后还有一小部分因被牢固地捆绑而使太阳与月亮无法解开它。这时,信使又显示形象,于是支撑大地的天使扔掉他的重负,来自宇宙之外的大火摧毁并焚烧整个世界,不停地燃烧,直至最后一团留在创造物中的光明获得释放。这就是最终结局,光明与黑暗这两种事物终于得到恢复。光明最初的牺牲经过一个很长的历程之后赢来回报,伟大的父把属于自己的收回了自身,从此居住在上界并安全地不再受黑暗伤害。掌权者从此安静地居住在他们的下界,黑暗的能量(而不是黑暗自身)被永久性毁灭,与最初野蛮的骚乱相比,现在处于一片死寂。

3. 教规仪式与文化遗产

摩尼教对自然界、动植物和人类诞生由来的设想引出其实践上的禁欲主义道德观。物质是黑暗的,人们应当戒绝一切包含灵魂的东西,只吃蔬菜与所有其他无情感的东西,并要放弃婚姻、爱的欢乐与生养孩子,以免神圣的能量通过传宗接代而更长久地留在物质中。然而摩尼教又规定,人不能为了促进万物的净化而实行自杀。禁食问题还有两个引申要求:禁止不必要地吸收从而束缚额外的光明质料;最起码要避免伤害有感觉的动物形体之中的光明。总体的禁欲态度又推导出贫穷的诫命——这个世界的目的是要促进黑暗与光明的分离,人就要尽量减少接触黑暗质料,不以这个世界为家,因此摩尼教有着禁止或劝阻建造房屋的具体要求。摩尼教的混合观念还得出泛灵魂主义,认为易受伤害的光明质料无所不在。因此,一个人在地上走路时会伤害土,动手时会伤害气,等等。显然,罪牵涉在一切行为之中,自然无可逃避,就连经常性的忏悔之中也包含罪,而这也正是黑暗造人的目的。罪无处不在的观念转变为实践原则后,导致极端的寂静主义,努力把活动减少到绝对必不可少的最低程度。忏悔手册《摩尼教徒忏悔词》(*Chuastuanift*)从宇宙起源教义系统地推导出这个罪的范畴,叙述了原人五子的命运之后,列举了由这个基本处境导致的各类罪:有使用手指与牙齿引起的罪,有通过吃喝行为引起的罪,有与泥土、植物及动物产生肢体联系和感官联系时引起的罪,这些行为被对应为用思想、语言与行为"打破"、"虐待"和"折磨"五个神。

不过,完全严格的摩尼教伦理仅留给了一个特殊群体,即"蒙拣选者"/"选民",又称"真正的"摩尼教徒,他们必须过一种极端禁欲的修道生活。这也许是以佛教的修道主义为榜样,也确曾极大地影响了基督教修道主义的形成。东方摩尼教中心观念之一的忏悔罪恶可能是借用自佛教,但也可能相反。摩尼教寺院首先在东方产生,这是受佛教寺院影响,继而在西方也出现摩尼教寺院。除了宗教实践方面,佛教对东方摩尼教的神谱、术语甚至观念也都有相当大影响,这是因为摩尼教在中亚曾与佛教长时间共存。最古老的帕提亚语摩尼教文书(可归于马·阿莫本人名下的诗篇)中已包含某些印度佛教术语,这种术语在4世纪的帕提亚文书中更多见。6世纪写于伊朗和印度边境地区(也许是巴里黑)的一份摩尼教逻辑论文明确反映出摩尼教与佛教的关系非常密切。粟特文摩尼教文书也包括一些借用的佛教术语以及与佛教传统有关的概念。

大多数信众,即被称为"听者"或"战士"的那些人生活在规定不太严格的世界之中,他们的功德在于照顾那些蒙拣选者,使他们的圣洁生活成为可能。因此,人总体上被分成三类:蒙拣选者、战士、罪人,这平行于基督教诺斯替派划分的三类人:属灵的人、属魂的人、属肉体的人。三类人的灵魂在死后也有三条道路:蒙拣选者进入光明的天堂;战士作为宗教的守卫者与蒙拣选者的助手而必须常常回到这个世界及其恐怖之中并长期驻留,直到他的光明与他的灵得到解放并跻身蒙拣选者之列;罪人落入魔鬼的权力之中并在地狱中死亡。

在禁欲主义观念指导下形成的具体教规被称为"三封"与"十戒"。"三封"即封口——不吃酒肉不说谎话、封手——不在暗中做坏事、封胸——不放纵欲望。"十戒"是禁止崇拜偶像、禁止撒谎、戒绝贪欲、不得杀生、禁绝奸淫、不许偷盗、不行邪道和巫术、不能怀疑和背叛教义、办事不得怠惰、每日祈祷四次至七次。摩尼教的礼拜包括祈祷、唱赞美诗、为庆祝赦罪做准备。"选民"每天要祈祷七次,"听者"祈祷四次。他们白天面向太阳祈祷,晚上面向月亮祈祷。摩尼教徒还有一个纪念摩尼被囚禁和去世的宗教仪式,在春天举行,延续一个月,这个月最后一天(第 30 日)举行一个称为"庇麻"(Bema,意为宝座)的庆典,讲坛上安放一张空宝座,放一幅先知的像。讲坛高五步,铺设华丽织物。

摩尼教著作的大部分伊朗语译本以粟特文的形式保存下来,只有很小一部分是中古波斯文和帕提亚文。中古波斯文摩尼教文献以其内容、结构和风格的来源多样化而著称。摩尼最重要的著作之一是《应轮》(*Evangelion*,福音),有二十二章,书名为希腊文,每章以一个不同的阿拉美字母开头。此书导言的一个残片保存至今,其中摩尼用伊朗术语自称使徒,表明摩尼教徒很关心让琐罗亚斯德教徒更易于了解他们的教义。大量摩尼教文书是赞美诗,即由音乐伴奏的诗歌。目前尚存摩尼写的两篇长诗和祈祷文汇编。其中一篇赞美诗的帕提亚文译本完整保存下来,题为"称赞大慈父",此诗的粟特文和中古波斯文译本也存有一些残片。另一篇赞美诗的帕提亚文译本题为"称赞圣众",结构和内容都类似第一篇赞美诗。有两套写以中古波斯文的长篇赞美诗,题为"胡威达曼"和"安格罗斯南",献给摩尼教神祇的化身,即"活灵自身",因为根据摩尼教信仰,活灵是全世界光明因素的化身。留存下来的还有伊朗语《克弗来亚》的残片,书名为希腊文,内容是经书模式。此外,有一部基督教次经被译为中古波斯文,题名"赫尔墨斯的牧羊人",摩尼教徒用这个故事作为寓言来阐述人的生活。还有两份文书记载了摩尼与瓦赫兰一世的最后会面和摩尼的去世,成于 274—

276 年间,由目击者撰写。讲述摩尼教教会和摩尼生平故事、列举其著作和记载其追随者早期传教活动的中古波斯文、帕提亚文和粟特文文书也有保存。有些摩尼教散文著作中也包括摩尼教信仰的教义、以问答形式写成的劝诫文和布道书残篇。

摩尼教在艺术的发展方面亦发挥重要作用。摩尼本人就是一名杰出艺术家,他非常喜欢音乐,他的追随者认为这出自神性。在伊斯兰时代的波斯文献中,摩尼这个名字意味着一流的艺术家。摩尼生前,各种宗教著作就喜欢饰以图案与插图以加强文字的效果。在摩尼及其追随者所接触的希腊化圈子里,插图精美的手稿是常见之物,这无疑影响了摩尼,所以摩尼教手稿的观赏效果在摩尼的时代已经被人赞叹。摩尼教手稿通常尺寸庞大,页面华丽,文字以墨书写,载体有纸张、绢帛、羊皮纸。摩尼教的抄写人员是"选民"中一个特殊群体,他们特别注意自己书法的美观,用清晰和优美的字体抄写文稿。一部著作的开始以及每一部分的标题都饰以蔓草状图案,正文常用复杂的图案作边框。抄本最令人叹为观止的装饰是细密画,它们描绘出摩尼教社会的各个阶层,即摩尼、"选民"(身着白衣)、听者,也描绘宗教节日和象征性形象。据传有一本题为"大二宗经"的书,内容就是对图画的评注。摩尼教徒中也产生了神学家和诗人。摩尼教赞美诗受到古代伊朗传统(特别是帕提亚文献)的影响,可以视为一种真正的诗歌艺术。摩尼教徒为了弘扬他们的信仰而从印度和中国借用一些故事和寓言,后来这些东西传播到西方,在东方寓言传入欧洲的过程中发挥了活跃的中介作用。摩尼教徒还有修习巫术知识的名声,并且他们确实也施行巫术。同时他们也精通天文学(占星术)、地理学和其他科学,现存一些著作(主要是中古波斯文的)便是宇宙学、天文学和历法类的。

摩尼教显然在民间很受欢迎,而且摩尼教传播的所有地区,艺术、诗歌和语言都得到发展。但是从琐罗亚斯德教的观点看,摩尼教是哗众取宠的异端,基督教和佛教等宗教也这样看待它。由于其教义的本质是对现实世界的否定,因此也难以被上层人士接受或长期容忍。结果,摩尼教所到之处,都能在贫困阶层赢得大量信徒,却总是不为当地统治者所容,在唐代进入中国后大体也是这种状况。

三、摩尼教在唐代中国的传播

1. 发展概况

摩尼教进入中国应是以中亚为媒介。而中亚地区接触摩尼教很早,摩尼尚在人世时就曾派遣弟子暨伙伴马·阿莫渡过阿姆河,前往粟特地区传教,吐鲁番发现的一件摩尼教文献残片记载了此事。摩尼教被萨珊波斯取缔后,有许多信徒逃往粟特地区发展势力。摩尼教正式传入中国是在唐朝武则天时期。宋代志磐所撰《佛祖统纪》卷三九记载,武后延载元年(694),"波斯国人拂多诞持《二宗经》伪教来朝"。《二宗经》就是反映摩尼教二宗三际思想的经典。"拂多诞"并非人名,据敦煌藏经洞所出摩尼教经典《摩尼光佛教法仪略》记载,是摩尼教僧侣的一种级别称号,又译为"侍法者"。不过,武则天可以说是中国最高统治者中最早接触该教之人,而摩尼教传入中国民间的时间恐怕早于唐代,并且到武则天之时已在下层民众间有很大的发展①。

在安史之乱前,唐朝统治者一般都对外来宗教持宽容态度,但除武则天之外,统治者个人都不曾对摩尼教表示过好感。武则天对景教、祆教等外来宗教都不感兴趣,却对摩尼教颇为青睐,原因当为其造《大云经》,希望借助摩尼教否定现实世界正统秩序的特点,为其以女主之身夺取政权造势,可谓特定情况下的一个例外。摩尼教在唐代不受朝廷欢迎,可从下面这段记载看出端倪,《册府元龟》卷九七一《外臣部·朝贡四》载,(开元七年)"六月,大食国、吐火罗国、康国、南天竺国遣使朝贡。其吐火罗国支汗那王帝赊上表献解天文人大慕阇:'其人智慧幽深,问无不知。伏乞天恩,唤取慕阇,亲问臣等事意及诸教法,知其人有如此之艺能。望请令其供奉,并置一法堂,依本教供养。'"②前文已述,"大慕阇"乃是摩尼教团中的一个高级职衔。因此,这条史料所述,是指支汗那(Jaghanya,或作 Saghan iyan、Chaghan iyan,即《新唐书》之"石汗那"或"斫汗那"③、《大唐西域记》之赤鄂衍那④。其地在今阿姆河北岸支流苏尔汉河上游,名 Denau)国王向唐王朝推荐摩尼教团首领,请求在唐朝境内公开布教。然而当一位君主一本正经地向唐朝天子推荐摩尼教高级布道师时,却不敢首先赞扬他在宗教事业方面的成就,而竭力把他说成一位天文学家,试图以其世俗知识取悦于唐朝皇帝,以求得在中国境内传播摩尼教的合法地位。这暗示出摩尼教受唐朝当政者冷遇,并且传教者也深明此种情况。唐玄宗还曾于开元十九年(731)诏辩摩尼教,他在看过来华摩尼僧上呈的关于教义、戒律、经典、组织的陈述之后,不以其说为然,次年便下令"末摩尼法,本是邪见,妄称佛教,诳惑黎

---

① 林悟殊称,学者根据汉文的摩尼教经典和摩尼教史料,对照中亚教团的经典和史料,判定流入中国的摩尼教乃属中亚的奥尔米兹领导的摩尼教团,因而确认,唐代中原所流行的摩尼教,是由这个中亚教团输入的,而非直接来自波斯本土的摩尼教。不过,前文提到,奥尔米兹这个教团到 8 世纪就结束分裂状态了。
② [北宋]王钦若等编:《册府元龟》卷九七一《外臣部·朝贡四》,第 11406 页。
③ [北宋]欧阳修、宋祁:《新唐书》卷二二一下《西域传下·石汗那传》,第 6254 页。
④ [唐]玄奘、辩机原著,季羡林等校注:《大唐西域记校注》卷一《赤鄂衍那国》,第 105 页。

元,宜严加禁断",不过仍容许入华胡人继续信奉,"以其西胡等既是乡法,当身自行,不须科罪者"①。

虽然在最初阶段遭到朝廷的明白否定,但摩尼教在回鹘地区发展得成就斐然,并于8—9世纪在特定的政治局势下推动了摩尼教在中原地区的繁荣。安史之乱后,回鹘牟羽可汗凭借其助唐平叛之功而就势扶植摩尼教,唐朝在回鹘人的请求之下,不得不解除开元二十年禁断摩尼教的诏令。大历三年(768),代宗在长安为之置寺并赐额"大云光明",后又在荆、扬、洪、越诸州各设大云光明寺,宪宗元和二年(807)又在洛阳、太原等地置摩尼寺三所。从代宗大历三年到武宗会昌二年(842),唐朝政府都允许摩尼教在江淮等地建寺传教,但唐朝政府对摩尼教的排斥态度并未改变,而且回鹘人的介入更加剧了该宗教的"夷教"面目,想必更让主流社会反感。官方记录显示,朝廷接待诸多摩尼教高僧,包括来自高昌回鹘的摩尼师,却并非出宗教目的,而是与回鹘政治外交的需要。

2. 会昌灭法的影响

中唐以后,辉煌一时的盛唐帝国开始江河日下,藩镇割据、朋党之争、宦官专权,政治上和经济上危机不断。反映在文化心理上,则唐初那种百川纳海的宽广胸怀与自信已经荡然无存,朝野弥漫着仇外、排外的阴风。对外来文化的排斥心理,再加上当时丝路萧条和东西交通阻隔,在政府眼里与外国人紧密相关的三夷教地位岌岌可危。唐穆宗长庆四年(824),舒元舆撰《唐鄂州永兴县重岩寺碑铭并序》称:"故十族之乡,百家之间,必有浮屠为其粉黛。国朝沿近古而有加焉,亦容杂夷而来者,有摩尼焉,大秦焉,祆神焉。合天下三夷寺,不足当吾释寺一小邑之数也。"②可见三夷教相对于佛教之衰微,更可见三夷教远远没有像佛教那样本土化为中国人的宗教,则一俟有排外风潮,必定首当其冲。

会昌三年(843),唐武宗首先清点摩尼教,而这同唐朝与回鹘的关系恶化直接关联。唐朝早就不能忍受回鹘的飞扬跋扈,公元840年回鹘为黠戛斯所破,对于唐朝来说是卸去一大负担,尔后便立即着手肃清唐政府对之既无好感、又体现回鹘影响的摩尼教。842年,唐朝决定关闭荆、洪、扬、越诸州摩尼寺,次年又将长安、洛阳、太原三处摩尼寺庄宅钱物悉数点检没收。《大宋僧史略》卷下有"大秦末尼"(按:末尼即摩尼)条记云:"武宗会昌三年,敕天下摩尼寺并废入官,京城女摩尼七十二人死,及在此国回纥诸摩尼等配流诸道,死者大半。五

---

① [唐]杜佑撰,王文锦等点校:《通典》卷四〇《职官二十二·视流内》,第1103页。
② [唐]舒元舆:《唐鄂州永兴县重岩寺碑铭并序》,[清]董诰等编:《全唐文》卷七二七,第7498页。

年,再敕:'大秦穆护火祆等二千余人,并勒还俗。'"①这是摩尼教传入中国以来受到的最重大打击,此后北方地区罕见摩尼寺,据文献所载,仅在太原地区因为安置降唐的回鹘王子嗢没斯,置摩尼院让其居住。正是由于摩尼教徒与回鹘政权的关系极其密切,故它在中原地区的境遇也随着回鹘政权的盛衰而兴旺和凋敝,而一俟回鹘败于黠戛斯走向衰落,唐朝便迫不及待地抄点境内的摩尼寺。会昌二年(842)四月,李德裕替皇帝拟写的诏敕《赐回鹘可汗书意》,生动地展示了摩尼教之于回鹘的依附性以及唐政权此前并非自愿允许摩尼教在境内公开自由传播:"摩尼教天宝以前,中国禁断。自累朝缘回鹘敬信,始许兴行。江淮数镇,皆令阐教。近各得本道申奏,缘自闻回鹘破亡,奉法因兹懈怠,蕃僧在彼,稍似无依。吴楚水乡,人性嚣薄,信心既去,翕习至难。且佛是大师,尚随缘行教,与苍生缘尽,终不力为。朕深念异国远僧,欲其安堵,且令于两都及太原信向处行教。其江淮诸寺权停,待回鹘本土安宁,即却令如旧。"②

　　会昌五年(845),唐武宗大举灭佛,拆毁寺庙、遣散僧尼,理由是僧尼耗蠹天下。寺院经济规模日渐庞大,以及许多农户因为逃避税赋和徭役而度为僧尼,都影响了国家税收来源,政府从经济角度考虑加以限制,也属合理。但是《毁佛寺勒僧尼还俗制》也波及景教、祆教和琐罗亚斯德教,"显明外国之教,勒大秦、穆护、祆三千余人还俗,不杂中华之风"③。《旧唐书·武宗纪》载,酝酿此制的会昌五年七月间,中书门下也曾奏请:"僧尼不合隶祠部,请隶鸿胪寺。其大秦穆护等祠,释教既已厘革,邪法不可独存。其人并勒还俗,递归本贯充税户。如外国人,送还本处收管。"④然而景教和祆教的规模,若是舒元舆所述的状况,根本不会给朝廷带来什么经济问题,何况两教的寺庙也没有经营寺院经济的举动。若说朝廷与摩尼教还有些政治瓜葛,与这两教则委实没有深仇大恨,却借着毁佛之机一并铲除之,其原因正在于朝野上下的排外心理,故而在敕令中也是强调使之"不杂中华之风"。具体措施则只是令为数不多的僧尼还俗,而没有像对待佛教那样强令拆庙,或像对待摩尼教那样关闭寺院并流配僧人。摩尼教两年前已被革除,因而会昌五年的敕令中不再论及。

　　摩尼教在唐代虽有意走向社会上层,却终究未得到统治者接受,会昌年间

---

① [宋]赞宁撰,富世平校注:《大宋僧史略校注》卷下"大秦末尼"条,北京:中华书局,2015年,第217页。按:作者在这里对于摩尼(末尼)教和祆教(火祆教),大约分辨得并不清楚。标题"大秦末尼"下注:"胡神也,《官品令》有祆正。"祆正是火祆教(祆教、拜火教)的官职。

② [唐]李德裕:《赐回鹘可汗书意》,[清]董诰等编:《全唐文》卷六九九,第7182页。

③ [五代]刘昫:《旧唐书》卷一八上《武宗纪》,第606页;武宗:《毁佛寺勒僧尼还俗制》,[清]董诰等编:《全唐文》卷七六,第802页。

④ [五代]刘昫:《旧唐书》卷一八上《武宗纪》,第605页。

受到政府的沉重打击后更不能以正常形态公开发展。另一方面,它在唐朝后期已经显示出在社会下层的生命力。从武后时期到会昌初期,摩尼教在唐代中国公开活动了一个半世纪。开元二十年的敕令虽然禁止其在汉人中传播,却并未明言对违禁者如何处置,加上当时胡风大盛,敕令执行的力度恐怕不能高估。安史之乱后,又在回鹘的支持下公然繁荣了七十多年。会昌之前,摩尼教在中国的活动似并未遭遇多大压力,以民间活动的形式深入民间,摩尼教经典也在民间流行,比如敦煌发现的唐代摩尼教写本《下部赞》就是为一般百姓编译的。不过,迄今所见汉文摩尼教经典只有三种,即《波斯教残经》①《下部赞》及《摩尼光佛教法仪略》,而它们都出自敦煌附近的千佛洞,中原地区尚无发现。所以,它在中原民间社会的流传状况无法测度。但可以肯定的是,唐朝后期信奉摩尼教的早已不只是入华胡人,如《太平广记》卷一〇七记载:"吴可久,越人,唐元和十五年居长安,奉摩尼教,妻王氏,亦从之。"②另一方面,景教遭遇的被误解困境,摩尼教也无法逃脱,摩尼教的流行可能与人们把它视为佛教的一支有密切关系。与唐代景教文献类似,三部汉文摩尼教经典中满眼佛教词汇,如"真如""法门""金刚""释迦""施主""伽蓝""涅槃""三世""三界""善知识""相""魔""魔军""宝珠""有情""解脱"等等。放在当时情境下,这是摩尼教汉译时难以避免的情况,但它也会直接促使人们把摩尼教理解为佛教支派。

会昌年间遭取缔后,摩尼教有些信徒迁到边远地区继续传教,比如呼禄法师在福建的三山(福州)和泉州传教,湖北英山地区发现的摩尼教遗迹大约也是会昌年间流落此地的摩尼教徒对当地影响的体现。而在河西和新疆地区,摩尼教则因回鹘西迁反而兴盛起来,吐鲁番地区的摩尼教信仰一直延续到14世纪以后才逐渐消失。

四、宋代摩尼教的中国化

1. 士人与道教化的摩尼教

会昌灭法事件中,尽管未见官方明令格杀摩尼僧侣,但从史料看,确有不少僧侣此次受虐而死。摩尼教经此会昌一劫,严重受挫,其残存于中国内地的教徒不再能公开从事宗教活动,也难以同中亚摩尼教团发生联系。因此,中国摩

---

① 原标题失,翁拙瑞认为当作《惠明讲义》,林悟殊则认为此即《证明过去教经》,原文是摩尼本人所撰七本著述之一。
② [北宋]李昉等编:《太平广记》卷一〇七《吴可久》,第727页。

尼教研究的奠基人伯希和与沙畹认为,真正的摩尼教在843年之后已经在中原消失,尚存者为华化之摩尼教。目前通常认为明代何乔远所撰《闽书》卷七《方域志》关于摩尼教传入福建的时间和缘由为可信,即会昌灭法后,呼禄法师避难入闽,并先后在福清、福州、泉州活动并传教,死后葬泉州城北清源山下。呼禄法师之所以选择东来福建,蔡鸿生推测,西、北方因政治形势而无异于绝境,南方则因摩尼教教义而不能去,因为"按照基督教古典作家屡次转述的摩尼教明暗二宗论,空间世界的划分主次分明,光明势力比黑暗势力大三倍,并且分布于明确的方位。以树为喻,光明宝树繁殖于东、西、北,黑暗死树则生于南方。既然南方意味着死路一条,难怪呼禄法师一反历代中原遗民南下避乱的逃亡惯性,只好投奔法网较疏的滨海地域,向东寻求自己的归宿"①。

摩尼教在中国内地发展时,往往借用其他宗教信仰的躯壳,塞入摩尼教的"私货"。除了三部摩尼教汉文典籍中充斥了"佛"字以及佛教词汇,甚至还将摩尼教的至高神也称为"佛"(摩尼光佛)。此外,摩尼教还有与道教混合的现象。敦煌发现的道教经典《老子化胡经》中以道教鼻祖的口吻,自称"舍家入道,号末尼。转大法轮,说经戒律定慧等法,乃至三际及二宗门,教化天界,令知本际"云云,显然指的是摩尼和摩尼教。尽管最初可能是道家为了玄化教义、抬高自身地位而添入此语,但是后世的摩尼教利用此语,反过来借道家躯壳而传播摩尼教,却是显而易见。唐末尽管遭受致命打击,但其经书画像尚存,民间还自行传习。不过,摩尼教徒对官府的迫害显然心有余悸,所以多加变通掩饰。到了宋代,一些摩尼教经典经过改装后,甚至被当成道教的一宗,入编《道藏》。宋真宗时修《道藏》,两次命福州献上《明史摩尼经》编修入藏。宋徽宗亦曾再修《道藏》,也两次命温州送明教经文入藏。

在宋、元时期,有不少士人,即知识阶层的人士也信奉摩尼教。不过,他们多崇尚该教之自律苦行精神,站在儒释道之角度,吸收该教的合理成分,自成一宗。南宋黄震为浙江宁波慈溪崇寿宫所撰《崇寿宫记》可作为宋代摩尼教依托道教的重要佐证。宋代士人对摩尼教感兴趣,大约与摩尼教依托道教有密切关系。摩尼教的善恶二元说并不受儒家排斥,宋代士人又视摩尼教为"道德宗教",或视为道教中特别强调自我修养的一个教派,因此摩尼教能被宋代士大夫接受。黄震为朱门大师,少时受叔祖仲清影响,黄仲清以学老子说而著,陈垣《摩尼教入中国考》考证黄仲清就是摩尼院道士。朱熹在青年时代仕泉时(1153—1157)曾与同僚们一起往北山谒奠呼禄法师墓,并写诗《与诸同寮谒奠

---

① 蔡鸿生:《唐宋时代摩尼教在滨海地域的变异》,《中山大学学报(哲学社会科学版)》2004年第6期。

北山过白岩小憩》(《朱熹文集》卷一),诗中流露出对呼禄法师的景仰之情。据陈允敦《泉州名匾录》,朱熹还曾题刻"勇猛精进"四字横书木匾,原悬于晋江草庵。陈垣认为南宋闽学受摩尼教影响,北宋时道学家所倡之太极、两仪、阴阳、善恶、天理、人欲等名词也有些摩尼教意味。

唐末至宋代,东南地区有不少摩尼教寺院,有些可能是唐末来传法的摩尼僧所建,有些则是接受摩尼教的知识教徒效法佛寺、道观所建,他们隐居其中,自我修持。据宋人梁克家《三山志》卷三三,唐大历年间福州地区即有摩尼寺——大云光明寺,这应当就是回鹘人扶持摩尼教的一个成果,但会昌废法时便在劫难逃:"侯官神光寺,州西南,唐大历三年,析南涧为金光明院,七年改为大云,会昌例废。"① 值得注意的是会昌之后新出现的摩尼寺。据万历《福宁州志》,唐咸通三年(862),福建福宁建金光明寺。另据谢肇淛《太姥山志》卷中引唐乾符六年(879)林嵩《太姥山记》,当时太姥山(位于今福建东北)顶有摩尼宫。

通过文献记载而可确认的五代至宋在浙南与福建设立的摩尼教寺院有五座。其中,始建于宋代、位于福建泉州华表山麓(在今日之晋江市境内)的草庵,还是目前完整保存下来的唯一摩尼教寺庙,系1950年代初为泉州学者吴文良先生发现和确认。草庵里边尚存教主摩尼的摩崖石刻浮雕像,刻工甚佳,线条清晰,如今已被屏障于玻璃窗格之后。也有人把此浮雕定为"摩尼光佛"之像。虽说摩尼教本身不拜偶像,但经中亚一路传至中国、又历经唐宋,倘若发生了教主和至高神的混淆,完全在中国民间信仰的情理之中。以迄今世界考古的发现而论,草庵也是唯一保存至今的摩尼教建筑。不过草庵在明代中叶已荒废,后来则作为佛教寺院被重新供奉,尤其是被作为清代福建地方信仰中的"文佛"的道场,目今浮雕像旁边的楹联就表明,这尊像被视为"文佛现影"。另外四座依次是:1) 建于宋初或五代、位于浙江宁波慈溪的崇寿宫,因黄震的《崇寿宫记》而为后人所知。该宫如今尚有遗址可寻,但已面目全非。2) 20世纪后半叶学者发现,元代陈高《竹西楼记》所记浙江温州平阳县潜光院也是一座摩尼教寺院,其时住持石心上人还在恪遵摩尼教的戒律进行修持。3) 1986年在浙江温州苍南县括山乡下汤村彭家山山麓,发现题为《选真寺记》的元代碑刻;尔后,又在当地民间收藏的彭氏宗谱中发现有《选真寺记》一文,与碑文契合。经考证,选真寺原先也是一座摩尼教寺院,但该寺今已无存。4) 泉州石刀山摩尼寺,此据清代蔡永兼(1776—1835)《西山杂志》"草庵"条:"宋绍兴十八年,赵紫阳在

---

① [南宋]梁克家编,福州市地方志编纂委员会整理:《三山志》卷三三《寺观类一·僧寺》,福州:海风出版社,2000年,第512—538页。

石刀山之麓,筑龙泉书院,夜中尝见院后有五彩光华,于是僧人吉祥募资凿佛容而建之寺,名曰摩尼寺。元大德时,丘明瑜曾航舟至湖,格登摩尼寺,又倡修石亭,称曰草庵寺。"①此外,漳州白云岩可能也是摩尼寺,其开山禅师为唐人杨虔庆,不穿缁衣,不戴黄冠,不僧不道,能观天文,着白衣,自称白衣道人,寺名"白云",故颇疑是摩尼教的逃亡者。考古发现则补充了福建莆田涵江的佚名摩尼寺。1988年在此地发现残碑,知此地有摩尼寺。碑上有摩尼教四字偈语四句,与草庵旁巨石上所刻相同,即"清净光明,大力智慧,无上至真,摩尼光佛"。据碑文可知立碑年代为元代延祐年间,但不知寺建于何时。

寺院式摩尼教在宋代属合法存在,因为遁入山野闭门苦修的僧侣不会对统治者构成不利,也不会因为信仰原因遭到统治者迫害。与此同时,宋代统治者多次下令取缔秘密结社性质的摩尼教,不过这是着眼于遏制与镇压民间反抗力量,而非宗教迫害。寺院式摩尼教依然遵奉摩尼教的苦行主义戒律,但可能无法严格遵守。如《崇寿宫记》提到寺主张希声向黄震吐露,他没有严格遵守戒律,为图个人舒适而改善了修道室。

2. 摩尼教在东南民间的变异

会昌事件之后呼禄法师入闽传法,这是东南摩尼教兴盛的一个重要原因,但除少数寺院式摩尼教之外,在闽浙居主导地位的摩尼教是发生重大变异的华化摩尼教,派别和名称层出不穷,典型特色是偶像化和神道化倾向,泉州明教会可视作其历史标本。

1) 佛化偶像。不拜偶像本是摩尼教徒必须恪守的"十戒"之一,然自北宋被称为摩尼佛像的图像传入闽中,福建摩尼教徒便"图画妖像"以供崇祀,草庵的浮雕像就是供教徒们顶礼膜拜的"本师圣像",借以祈求亲人亡灵永生明界。北宋初年怀安士人李廷裕从汴京传入的摩尼瑞像之面目已无从知晓,而草庵摩尼雕像,其面貌、服饰、姿势和背光,与高昌壁画所见摩尼大异,是一座佛身道貌的华化偶像。背光十八道,也与摩尼"十二光"的理念不合。有学者推测,草庵摩尼的十八道背光很可能意在象征佛教所谓"十八圆净"。其第一净"色相圆净"中"光明遍照无明世界"之意可与摩尼教二宗论附会,并与"清净光明"的偈语对应。所以这尊雕像是摩尼教吸收佛教而民间宗教化的一个典型例证。此外,泉州明教会的斋期食品是菌而非高昌摩尼教徒习用的含光明种子的甜瓜,如陆游《老学庵笔记》卷一〇所记②。有人推测明教食菌之俗大概染自佛门,因

---

① [清]蔡永兼:《西山杂志》(手抄本)"草庵条"。
② [南宋]陆游:《老学庵笔记》卷一〇,李剑雄、刘德权点校,北京:中华书局,1979年,第125页。

唐末段成式《酉阳杂俎·续集》记录过莆田县破冈山僧人吃掉巨石上一株大如竹篮之菌的故事①。但是，这一变化需要考虑地方物产的问题。福建并没有西域那种甜瓜，而菌类也一直是斋食者的重要食品。

2) 道化葬仪。南宋庄绰《鸡肋篇》卷上记两浙"事魔者"的习俗时，提到："死则裸葬，方殓，尽饰衣冠，其徒使二人坐于尸旁，其一问曰：'来时有冠否？'则答曰：'无，'遂去其冠。逐一去之，以至于尽。乃曰：'来时何有？'曰：'有胞衣。'则以布囊盛尸焉。"②尽管裸尸以葬是摩尼法，但用布囊盛尸，则是承袭汉代黄老之徒的遗习。《汉书·杨王孙传》云："杨王孙者，孝武时人也。学黄老之术，家业千金，厚自奉养生，无所不致。及病且终，先令其子，曰：'吾欲裸葬，以反吾真，必亡易吾意。死则为布囊盛尸，入地七尺，既下，从足引脱布囊，以身亲土。'"③明教的"胞衣"正合黄老"返真"之意，这说明明教与道教之间确实存在隐蔽的精神交往。此处所记虽是浙江，但是庄绰提到两浙事魔之俗源出福建，流至温州，遂及二浙。

3) 民间祭仪巫术的渗透。陆游《渭南文集·条对状》较详细地记载了泉州明教徒的习俗。比如"以祭祖考为引鬼"，这种祭祀祖先并超度亡魂的仪式原是福建民间非常流行的习俗，现在也渗入明教。又如"以溺（小便）为法水，用以沐浴。其他妖滥，未易概举"④。"不行邪道巫术"本是摩尼教信徒必须恪守的"十戒"之一，庄绰记载两浙的事魔者都坚持"不事神佛祖先"，但在福建日久却难免入乡随俗，福建民众对宗教的认识和需求特征必然要塑造新来的宗教。10世纪中叶徐铉《稽神录》卷三"清源都将"这则故事表明，泉州民众相信，明教在驱鬼方面高于一般法术⑤。

4) 民间神祇进入明教。南宋福建道士白玉蟾《海琼白真人语录》卷一谈论明教时说："其教中，一曰天王（指夷数）、二曰明使（即摩尼）、三曰灵相土地，以主其教"。这与马可·波罗提到摩尼教徒敬尊三个神像的记载十分吻合。灵相土地本是民间广泛奉祀的神灵，现在成为明教三大主神之一。这表明福建摩尼教与民间信仰互相影响，相互包容，逐渐融为一体。

5) 结社的组织形式。泉州的"明教会"与温州的"白衣佛会"都是通过结集会社来组织信徒。结社的目的之一是从事宗教活动，如《宋会要辑稿·刑法二·禁约二》载宣和二年（1120）十一月四日"臣僚言"所描述："温州等处狂悖之人，自

---

① [唐]段成式撰，许逸民校笺：《酉阳杂俎校笺》续集卷一〇《支植下》，第2143页。
② [南宋]庄绰：《鸡肋编》卷上《事魔食菜教》，萧鲁阳点校，北京：中华书局，1983年，第11页。
③ [东汉]班固：《汉书》卷六七《杨胡朱梅云传》，第2907页。
④ [南宋]陆游：《陆游集》第五册《渭南文集》卷五《条对状》，北京：中华书局，1976年，第2015页。
⑤ [北宋]徐铉：《稽神录》卷三《清源都将》，白化文点校，北京：中华书局，2006年，第45页。

摩尼教大力残碑(元代,泉州海外交通史博物馆藏)

称明教,号为行者。今来明教行者各于所居乡村建立屋宇,号为斋堂。如温州共有四十余处,并是私建无名额佛堂,每年正月内取历中密日,聚集侍者、听者、姑婆、斋姊等人,建设道场,鼓煽愚民,男女夜聚晓散。"[①]"密日持斋"是摩尼要法,本属寺院礼仪,在闽浙转化成民间习俗。泉州出土过一些宋代黑陶碗残片,上有"明教会"字样,这表明会众还有专用餐具,可以说明这种结社的稳固性。这类宗教组织还是民众获取精神慰藉和物质援助的互助机构,华化摩尼教对社会生活所表现的尘世关怀比原初的摩尼教切实得多,这也是摩尼教在中国民间社会发生的一个重大蜕变。敦煌所出《波斯教残经》中所倡导"齐心和力,以和合故,所得僦施,共成功德"在华化摩尼教中变成实践。南宋高宗绍兴年间起居舍人王居正对吃菜事魔者实际情况的概括很说明问题:吃菜事魔者的首领,往往组织居地周近的邻居、同乡,记录姓名备案。信教者都不吃荤,因此生活十分节俭。如果一家发生经济困难,其他各家都出力相助。但是,有组织的人群,特别是以神灵相号召的组织,必然成为政府的心头之患。所以《宋会要》不止一次把吃菜事魔者在经济和法律事务上的互助行为和一呼百应作为重大罪名。

华化摩尼教在宋代福建下层社会中扮演的角色可以总结为:第一,是比较有组织的宗教信仰集体,大体上以乡村、聚落为单位,设立各级管理人员,各地的组织之间还保持着相当密切的联系;第二,这类组织要求信徒戒食荤、酒,不

[①] 刘琳、刁忠民、舒大刚、尹波等校点:《宋会要辑稿·刑法二·禁约二》第14册。第8325页。

仅体现了慈心向善的趋向,还反映了崇尚节俭的原则,其宗教生活则是聚集在一起诵经、做法会等;第三,这类组织要求信徒们交纳若干财物,作为整个集体的活动经费,这些经费中有相当一部分用来周济贫苦的信徒们以及用于修桥铺路等公益事业,这实际上提倡了一种关心集体、关心他人的精神;第四,组织尽其所能保护信徒们的利益,其中包括帮助信徒"打官司",这在某些情况下,实际上是帮助平民对抗有财有势阶层的政治压迫和经济剥削。所以,与其说这类组织是宗教,还不如说它是在吏治腐败、普通民众生活维艰的社会环境中自然形成的下层民众的互助互保组织。

摩尼教为何在福建会迅速向民间信仰方向变异,并发展为秘密会社形式?福建自古有"信巫鬼,重淫祀"的习俗,人民善于吸收外来宗教文化,早先传入的佛、道发展就十分顺利,同时唐末五代,儒学在福建未盛,唐代福建地方统治者极力提倡佛道二教以作为教化百姓的手段。在此情形下,摩尼教披着佛道的外衣进入福建,不会遇到当地其他宗教的排斥,反在一定程度上满足一些人对不同宗教的需求。反过来,摩尼教也不得不受福建地方宗教风尚的影响,即以巫术为主的各种民间信仰的影响,这也是摩尼教为求立足而不得不为之事。

另一方面,摩尼教提倡行善修道、团结互助,这迎合了下层人民的实用功利性心态;它否定现存制度而对未来光明报必胜的信念,更能迎合苦难农民的精神需要。这两点,再加上巫术效力,摩尼教迅速在下层民众中发展为秘密结社性质。也正因此,而引起宋代统治阶层的警觉。南宋时期,福建的理学已然压倒佛道,成为社会思想文化的主流,明教中的浓厚巫觋性质更令士人反感。

3. 宋朝政府对明教的排斥

吃菜事魔者被宋朝统治者视为邪教,是导致社会动乱的罪魁祸首。北宋徽宗政和四年(1114),浙江明教信徒各在所居乡村建立斋堂,夜聚晓散,徽宗感到问题严重,颁布取缔令。六年后,方腊以明教相号召,树帜起义。方腊自称"圣公",部将称"摩王"或"佛"。官府则称其为"吃菜事魔"和"魔教",视之为邪教,并因此严厉禁止该种会社。南宋初,高宗一再颁布对"吃菜事魔"的禁令,并行告发株连,导致被籍没流放者不计其数。然而南宋百余年间,与"魔教"有关的农民起义此起彼伏,先后有:建炎四年(1130)江西贵溪王念经,绍兴三年(1133)浙江遂安余五婆、缪罗,绍兴十年(1140)浙江东阳谷上元,绍兴十四年(1144)安徽泾县俞一,绍兴二十年(1150)江西贵溪黄曾,绍定元年(1228)赣南松梓山陈三枪。与吃菜事魔者有关的动乱频频,更使得在教义上有着密切关系的吃菜事魔组织——摩尼、明教、白莲、白云等教派不断受到官方的指责和打击。

其实,宋朝有些官员也明智地认识到,广大的"事魔"信徒并无什么大逆不道的行径,只不过为了自身的正当利益而自助自救罢了,而之所以走到受"魔头"诱惑而作乱的地步,也与官方之失责分不开,如前述王居正的评论。即使经常抨击和诋毁摩尼教的佛教学者,偶然也在字里行间透露出摩尼教其实并无大害的信息,例如良渚在《佛祖统纪》卷三九评论摩尼教,谓该教"男女不嫁娶,互持不语,病不服药,死则裸葬等","其法不茹荤、饮酒,昼寝夜兴,以香为信,阴相交结,称为善友",显然并无什么不当之处。另一方面,他们"以不杀、不饮、不荤辛为至严。沙门有为行不谨,反遭其讥!"连佛教徒自己也承认,摩尼教徒是比较善良和洁身自好的,乃至超过某些佛教修行者。

官府对于实际上并无大害的摩尼教及其亚流的信从者深恶痛绝,原因何在?从《宋会要辑稿》中反复出现的对吃菜事魔者的指控言辞可以看出①,官方对吃菜事魔者违禁行为特征的总结是:夜聚晓散、结集/成群、诳惑/鼓煽、男女杂处、聚众烧香。实际上,官府判断一个团体是否异端的决定性标准是聚众结党,而其他的指控都是附带性条款或为充实"聚众结党"之罪,吃菜事魔群体因有聚众行为,故而就被认定必然在图谋不轨。这种判断思路在一定程度上是因为确有人以"明教"为号起义,但更深层的原因是,这是古代政府的一种固定思维模式。政府知道"异端"对民众的吸引力,尤其在并非太平盛世的时代。所以,政府倾向于认为一切未隶属官方的宗教都有"异端"嫌疑,站在以简便方式维持统治的古代立场上看,符合防患于未然的原理。

另一方面,在南宋诸儒眼里,东南地区吃菜事魔者的活动虽未必要与政治考虑挂钩,但无疑是荒谬怪诞的妖邪幻术。陆游在孝宗即位之初(1162)所上《条对状》(《渭南文集》卷五)中对摩尼教徒行为的描写突出了一名儒士眼中的妖邪之状:"其神号曰明使。又有肉佛、骨佛、血佛等号,白衣乌帽,所在成社。……以祭祖考为引鬼,永绝血食,以溺为法水,用以沐浴。其他妖滥,未易既举。烧乳香,则乳香为之贵;食菌蕈,则菌蕈为之贵。"②儒士认为吃菜事魔者遵奉的教义教规有违人之常情,无助于现实生活,也无助于其得道,因此纷纷劝诫民众舍弃魔教、务本求实。南宋宁宗嘉定年间陈耆卿纂《嘉定赤城志》,其中卷三七收台州知州李兼《戒事魔十诗》,不仅详细描摹出台州摩尼教徒的行为特点,也深刻表达儒家对于这类不孝、反伦、自虐行为的排斥与哀悯之情③。光宗绍熙

---

① 如《宋会要辑稿·刑法二·禁约二》的记载,除前引宣和二年十一月臣僚言对明教的指控之外,三年闰五月七日尚书省言:"契勘江浙吃菜事魔之徒,习以成风。……遂日事魔之人聚众山谷。"刘琳、刁忠民、舒大刚、尹波等校点:《宋会要辑稿·刑法二·禁约二》,第14册,第8327页。
② [南宋]陆游:《陆游集》卷五册《渭南文集》卷五《条对状》,第2015页。
③ [南宋]陈耆卿:《嘉定赤城志》卷三七,上海:上海古籍出版社,2016年,第1204—1206页。

元年(1190)四月,61 岁的朱熹出任漳州知州,接连发布劝民众远离魔教的公告《劝谕榜》和《劝女道还俗榜》(《晦庵集》卷一〇〇),将传习摩尼教视为赌博、贩私盐等违禁行为一列,将摩尼教的聚众讲法和独身修行斥为伤风败俗、违背天地伦常之举。但这与他早年称赞呼禄法师并无矛盾之处,呼禄法师被他视为一位有道高僧,他不会将之与这些违反伦常的民间异俗联系起来。真德秀《再守泉州劝农文》也把习魔教作为与饮酒、赌博、贪求、浪游、不务正业同样的恶习,劝民革除①。

五、摩尼教的后期衍变

元代统治者重视宗教,所以宋代所建摩尼教寺院到元代方大白于世,常经地方士绅或头面人物加以表彰,为之树碑立传。同时福建明教也再度兴盛。但是元朝统治者的重视仅表现在给予各种宗教以合法地位和某些特权,这些并不足以动摇儒学在意识形态上的统治地位。实际上,元代摩尼教的发展仅局限于一些山村,信徒也主要是乡村百姓,摩尼教的衰颓趋势和融入民间宗教的趋势并未有所改变。

在元代,寺院式的明教不少,但秘密结社式的明教尤多。在元末的各派农民义军中,或多或少都可以找到类乎明教的成分或色彩,尤其是白莲教派。元末,白莲教成为聚合民众、武装反抗暴政的组织,如《元史·顺帝纪五》所载:"颍州妖人刘福通为乱,以红巾为号,陷颍州。初,栾城人韩山童祖父,以白莲会烧香惑众,谪徙广平永年县。至山童,倡言天下大乱,弥勒佛下生,河南及江淮愚民皆翕然信之。"②既已公然武装暴动,则朝廷严厉镇压也就顺理成章。白莲教在明朝成为主要的民间信仰,因而也成为统治者对其最持敌意的宗教组织。明朝正德(1506—1521)与万历(1573—1620)年间,各地形形色色宗教群体的动乱持续不断,尤以白莲教为甚,短则每年都有,长也仅隔数年。政府的镇压因此也十分频繁。明朝后期则又增加了无为教之患。因白莲教而导致的最大社会动乱,是清代嘉庆年间(1796—1820)遍及湖北、四川、陕西、河南、甘肃五省,历时九年多的白莲教社团大规模武装暴动,前后参与的武装有数十支,人数达数十万。这场武装暴动被清廷称为"教匪"作乱,事后谈起,还心有余悸。

《元史·刑法志》亦明文禁止明教结社,"诸以白衣善友为名,聚众结社者,

---

① [南宋]真德秀:《西山先生真文忠公文集》卷四〇《再守泉州劝农文》,北京:商务印书馆,1937 年,第 720—721 页。

② [明]宋濂:《元史》卷四二《顺帝纪五》,第 891 页。

禁之"①，因明教信徒崇尚白衣白冠，以象征光明。明朝建立以后，明太祖"以三教范民"，以秘密结社形式流行于民间的摩尼教自然不受欢迎，"又嫌其教门，上逼国号，摈其徒，毁其宫"②。《洪武圣政记》载洪武三年(1370)的一道诏书禁断明教："其僧道建斋设醮，不许奏章上表，投拜青祠，亦不许塑画天地神祇；及白莲教、明尊教、白云宗、巫觋、扶鸾、祷圣、书符、咒水诸术，并加禁止。"③"明尊教"即明教。于是福建的华化摩尼教团体再次转入秘密活动，且其活动中心从福建转移至浙江温州。温州明教在明初亦遭官府镇压，宋濂《文宪集》卷一九《故岐宁卫经历熊府君墓铭》提到熊伯颖任浙江提刑按察司佥事阶奉议大夫时，分部台温二郡，因"温有邪师，曰大明教，造饰殿堂甚侈，民之无业者咸归之，君以其謦俗眩世，且名犯国号，奏毁之。官没其产，而驰其众为农"④。但温州明教到万历时仍然存在，并且又影响到福建沿海地区的明教回潮。另一方面，南宋末期，江浙明教已盛于闽，可见各地华化摩尼教派总是彼此影响、反复传播。

　　从明初至明中叶，文献资料中已很难见到有关福建明教活动的记载。华表山草庵在明初仍十分壮观，万历年间已一派萧条衰颓景象，并且被造访者视为道观。明代中叶以后，福建明教已不复独立存在，它的一些教义和主张(如斋食、裸葬)已和明清流行的白莲教各个教派尤其是罗教汇为一体。罗教由罗清创于正德年间，始称罗教，明嘉靖、万历时迅速发展，信徒主要是下层民众。罗教思想信仰受摩尼教二宗三际论影响很大，其真空法、无为法与摩尼教的禁欲主张不无相通之处。明末清初罗教传入福建，传自浙江处州庆元县罗教教主姚氏，流行于闽北的建安、瓯宁、松溪和霞浦等地，并世世奉姚氏为教主。闽北明教日益与之相融，并借其外衣继续活动。罗教中又分化出无为教。无为教在明朝后期也是政府重点防范对象，以无为教为号作乱之事时有所闻，福建似乎尤盛。福建的无为教有很多宋代华化摩尼教团体的特征，其中万历时流行于福建沿海的无为教还有一个特殊的名称——"奉温州教主"。朱国桢《涌幢小品》卷三二《吴建》记："今福宁之泰屿、兴华之某所、连江之徐台、长乐之种墩，往往奉温州教主，其咒诅君父，有非臣子所忍闻者。……令人尽卖其产业以供众，曰：乱且至，彼蚩蚩者业，皆汝业也。禁人祀祖先神祇，以预绝其心，惟祀教主，号曰无为。昏夜则聚男女于密室，息烛而坐，不知其所为。"⑤闽人董应举《崇相集》

---

① ［明］宋濂：《元史》卷一〇五《刑法志四》，第2684页。
② ［明］何乔远：《闽书》卷七《方域志·华表山》，厦门大学古籍整理研究所点校，福州：福建人民出版社，1994年，第172页。
③ ［明］宋濂：《洪武圣政记》"严祀事第一"，北京：中华书局，1991年，第2页。
④ ［明］宋濂：《文宪集》卷一九《故岐宁卫经历熊府君墓铭》，《文渊阁四库全书》第1224册，第149页。
⑤ ［明］朱国桢：《涌幢小品》卷三二《吴建》，北京：中华书局，1959年，第777页。

"录邪教防乱"对这些人的行为有类似记载,"尽卖其产业以供众","昏夜则聚男女于密室,手一香默咒,息烛而坐"①。福建华化摩尼教在沉寂很长时期后又复起,可能与明末社会环境日趋动荡和政府控制力衰弱有关。

入清之后,由于明教的教义与罗教本来就有相通之处,传播方式亦多类似,随着罗教日益兴盛,明教融入罗教而销声匿迹。学者们通常认为华化摩尼教最后消亡于明代,但直至清代仍可觅其踪迹,但都通过无为教徒体现出来。蒋良骐《东华录》卷三一记雍正八年二月,"福建巡抚刘世明奏言:'福建民习天主教者,其家不奉神佛祖先,习无为罗教者,合家俱吃斋。臣通饬严禁。'"②这部分教徒"隐藏图像,烧香集众,夜聚晓散,佯修善事"③,仍保有宋代华化摩尼教的某些特征和活动方式。2008年10月以来,福建省霞浦县柏洋乡上万村周围发现了大量宋元时期的摩尼教遗物,此外福州、屏南县等地也相继发现摩尼教的遗存文献和文物,还有摩尼教庙宇,尤其是屏南县的降龙村,家家户户供摩尼光佛和摩尼教主林瞪。民间对于摩尼佛的崇拜,宋元以来,迄于明清,少有中断,只是随着时代需求的变化而有所变化,摩尼教香火总是伴有求签、占卜一类的迷信活动④。

总之,唐代传入的摩尼教逐渐融入了民间宗教的大熔炉,面目日益远离当初,摩尼或摩尼教的光明神最终进入中国民间宗教的万神殿。

---

① [明]董应举:《崇相集》"录邪教防乱",《四库禁毁书丛刊·集部》第102册。
② [清]蒋良骐:《东华录》卷三一雍正八年二月条,林树惠、傅贵九点校,北京:中华书局,1980年,第508页。
③ 故宫博物院文献馆编:《史料旬刊》第12期,《罗教案·崔应阶折》,北京:故宫博物院,1931年,第409页。
④ 关于这方面的介绍,参见杨富学、李晓燕、彭晓静:《福建摩尼教遗存踏查之主要收获》,《宗教学研究》2017年第4期,第259—271页。

第十六章 异域诸宗教【四】：犹太教与伊斯兰教

汉唐时期,当时世界上的几种主要宗教都传入中国,并在中国形成一定的传播规模,留下程度不等的社会影响。不过还有两种宗教,虽然当时也随着一些奉教之人入华而来到中国,却还没有与中国社会发生真正的接触,直到宋元以后才在中国社会形成一股可见的、为人所知的力量,甚至成为中国文化的一部分,这就是伊斯兰教和犹太教。由此,也使宋元时期的中西文化交流在政治、经济与物质方面的往来之外,有了一个更深远的回响。

一、犹太人与中国社会

犹太教是犹太人的民族宗教,随着犹太人在世界的广泛活动而在整个世界范围内传播,但也很少影响到犹太人以外的民族,可以说,犹太教与犹太人是一体的。犹太教在中国的传播过程,确切而言就是犹太人在中国活动的过程,而犹太教在中国的消失过程,就是犹太民族融入汉民族的过程。

1. 犹太教及其教义

犹太教的产生,与犹太民族在历史上的苦难经历有密切关系,并在漫长的历史长河中成为犹太民族精神凝聚力的核心,使该民族得以长期保持其民族独立性。

犹太人的始祖据说是亚伯拉罕(Abraham),该部落原住两河流域,约在公元前20世纪迁到迦南地(Canaan,今巴勒斯坦境内),当地的迦南人称亚伯拉罕部落为希伯来人,意为"来自大河彼岸的人"(幼发拉底河一带的人)。后来迦南地区发生严重灾荒,于是希伯来人移居埃及,在那里受到统治者的残酷奴役。约在公元前13世纪,希伯来人在摩西(Mose)领导下逃出埃及,重返迦南,从当地居民中夺得住地。公元前12世纪后,他们逐渐形成十二支部落,共同尊奉雅赫维/耶和华(Yahweh)为"我们的神,唯一的主"。公元前10世纪,大卫(David)及其子所罗门建立以耶路撒冷为中心的统一的以色列国家,安定繁荣约有八十年,这也是犹太历史上的黄金时代。其后以色列分裂为北部的以色列国和南部的犹太国,内部征战不息,外部屡有强敌压境。耶路撒冷圣殿分别于公元前586年和公元70年两度被毁，犹太人最终失去自己的国家，在世界各地辗转流离。

犹太教以《旧约》为基本经典，还有编纂于公元2—6世纪的口传律法《塔木德》。《旧约》包括律法书（《摩西五书》）、先知书和圣录三部分，其核心为律法书中的"摩西十诫"。这十诫分别是：

1)"除了我(雅赫维)以外，你(摩西及其族人)不可有别的神。"

2)"不可为自己雕刻偶像，也不可作什么形象仿佛上天、下地，和地底下、水中的百物，不可崇拜那些像，也不可侍奉它，因为我耶和华你神是忌邪的神。"

3)"不可妄称耶和华你神的名，因为妄称耶和华名的，耶和华必不以他为无罪。"

4)"当纪念安息日，守卫圣日。六日要劳碌作你一切的工，但第七日是向耶和华你神当守的安息日。这一日，你和你的儿女、仆婢、牲畜，并你城里寄居的客旅，无论何工都不可做。"

5)"当孝敬父母，使你的日子，在耶和华你神所赐你的地上，得以长久。"

6)"不可杀人。"

7)"不可奸淫。"

8)"不可偷盗。"

9)"不可做假见证陷害人。"

10)"不可贪恋人的房屋，也不可贪恋人的妻子、仆婢、牛驴，并他一切所有的。"

在这"十诫"基础上的具体教规包括政治、经济、法律、宗教礼仪及起居饮食等各个方面，涉及犹太人的全部生活。如规定，凡犹太人家庭生了男孩，须在第八日让他受割礼；若生了女孩，要在出生后第一个安息日抱到犹太教会堂命名；不食猪肉，忌带血食物；每日三次礼拜；星期五日落起到星期六日落间要守安息日，不得做工，也不得举火做饭。

犹太教是属于一个特定民族的传统信仰。在圣经时代(指公元前10世纪以前)，通过人民与自己的神立约的观念，把民族意识和宗教信仰这两种因素合为一体，而且这个契约的外在现实就是一个拥有自己土地的国家和民族。经历两度流亡离散（第一次是公元前722年亚述流放北方的以色列国百姓；第二次是公元前586年巴比伦流放南方的犹太国上层人士，摧毁圣殿，公元前516年重建），作为本民族宗教中心的圣殿、国家和土地都已不存，但犹太人仍然努力将自己重新构造为一个信仰的共同体，并以少数民族的身份在不同宗教文明与各式政治环境下生存了将近两千年。圣殿被毁后的犹太教植根于会堂和家庭，因此在每一个新的"家园"中，他们都能够在对当地宗教环境进行必要适应的同时，通过社区和家庭活动而保留自己的核心信仰和仪式等。但他们也有选择地吸收周边环境的影响，并对自己的犹太教相应地做出新阐释。

随着近代社会解放运动的开展，维系信仰和民族意识的凝聚力遭到削弱。犹太社区对成员的权威被打破，犹太教律法的天然约束力也随之不复存在。宗教信仰成为局限于私人生活领域的事情。随着不断的融合同化及通婚现象的增加，犹太社会日趋分裂。19世纪以来，一些犹太人的信仰已经趋于表面化，他们更关注自我意识和世俗生活，认为犹太教只不过是自己的民族标识。因此，结束离散生活并返回以色列故土的弥赛亚盼望，被转化成政治性的犹太复国主义的多种形式。

2. 早期入华犹太人

关于犹太人最早进入中国的时间，学术界目前看法不一。开封犹太人现存明清碑刻中将其来华时间越追越远，弘治二年碑称其为周代以前入华，康熙二年碑称周代入华，此两说目前无证可寻。正德七年碑称汉代入华，此论在19世纪末期有不少外国学者为之论证，1926年法国人普瑞浮（Prévot）则宣称提供了汉代说的实物证据。他公布了在洛阳发现的三块帕尔米拉（Palmyra）书体的碑志照片和拓片，并判定这些碑志当属于2世纪的东汉遗物，而帕尔米拉书体是古代叙利亚人使用的书写体，也就是阿拉美文的一种（希伯来文也是古代阿拉美文的一种）。兼以当时叙利亚一带已经同中国有通商和"朝贡"关系，所以普瑞浮推测，来往商人中极有可能就有居住叙利亚的犹太人。但是，由于这几块碑的来历和发现情况都一无所知，所以普瑞浮的结论仍然存疑。不过，揆之东汉的中西交通和犹太人的活动特征，不排除当时有犹太人来中国内地或来到西域经商。

关于犹太人在中国定居生活的较可靠记载见于隋唐时期。斯坦因所劫西域文献中，有一件是写于708年、发自波斯的一封希伯来文商业信件残片，出土于新疆和田洛浦西北的丹丹乌里克；伯希和发现于敦煌千佛洞的一段希伯来文祷文，时间也被定为8世纪。这两件残片说明当时的欧亚交通干道上有犹太人活动。唐代也有从海路入华的犹太人，据阿拉伯旅行家阿布才伊特记载，唐末黄巢占领广州时，所杀十二万从事贸易的蕃人中有犹太教徒。

3. 开封犹太人的来历

宋代以后，犹太人在中国境内分布更为广泛，在南京、扬州、宁夏、开封、泉州、北京、宁波、杭州等地都发现有犹太人生活过的痕迹。截至20世纪初，开封

希伯来文商业信件残片（8世纪，斯坦因1901年发现于新疆丹丹乌里克）

犹太会堂保存有五块石碑，分别是明弘治二年（1489）立《重建清真寺记》碑、明正德七年（1512）立《尊崇道经寺记》碑、清康熙二年（1663）立《重建清真寺记》碑、清康熙十八年（1679）立《祠堂述古碑记》碑及一块无题记残碑。目前开封博物馆中保存的仅正德七年碑、康熙十八年碑和无题记残碑。康熙二年碑在陈垣研究"一赐乐业教"时已经不见，弘治二年碑于"文革"中遗失，所幸这些碑文的文本或拓片尚有保存。

在20世纪初，弘治二年碑、正德七年碑和康熙二年碑已为研究者熟悉，并一直是研究开封犹太人来历的主要依据。但这三篇碑文对犹太人来路的叙述都有不同，弘治二年碑称"出自天竺，奉命而来……进贡西洋布于宋，帝曰：归我中夏，遵守祖风，留遗汴梁"。正德七年碑称"至于一赐乐业教，始祖阿耽，本出天竺西域，稽之周朝，有经传焉……厥后原教自汉时入居中国。宋孝隆兴元年癸未，建祠于汴"。康熙二年碑对开封犹太人的来路叙述更不明朗，"教起于天竺，周时始传于中州，建祠于大梁……其寺俺都剌始创于宋孝隆兴元年……"三块碑文越是后立的，所述犹太教传入中国的时间越早，可能表达了从明至清，犹太人社团对于自身日益湮没于中国文化的状况而产生的危机感，刻意高扬本教派在中国的历史。至于三块碑文中"教起于天竺"的叙述，陈垣曾对此一明显错误有矫枉过正之辩,其实把这理解为开封犹太人叙述本团体的直接来源地更合理些,他们既然自称"一赐乐业教",不可能不知道以色列是犹太教的故地。至于为何要用这一小群体的直接来源地代称整个民族和宗教的起源地,原因不知,也许是为了让知晓天竺及西域这类泛称却不知晓以色列的中国人易于理解?

弘治二年碑提到"进贡西洋布",可资推断这批犹太人恐系来自海路,因为"西洋布"即指宋代的进口棉布,中国自产棉布在明代中叶才成常见物品。宋时阿拉伯海沿岸至印尼群岛一线都生产棉布,南京、扬州、泉州、宁波、杭州等近海或沿海地区都发现犹太人生活痕迹,即是犹太人频繁自海路来华的又一证据。不过"西洋布"是个典型的明代词汇,尽管元代也偶尔开始使用(见谢应芳《龟巢稿》,但谢应芳是元末人,去宋已远)。然而,犹太人同样有可能自西北陆路来华,棉布同样可能是丝绸之路上的重要商品。比如分布在宁夏、北京、开封的犹太人就更可能自陆路来华,当然他们也有可能海路来华后继续去往内地。弘治二年碑便称北宋时期,有一批犹太人随着阿拉伯人、突厥人、波斯人等中亚游牧民族经丝绸之路来到当时的都城东京(开封),受到宋朝当局的友好接待,被允许入籍中国,并可保持本民族的风俗习惯和宗教信仰,遂定居开封。此后,他们在居住、迁徙、谋业、就学、土地买卖、宗教信仰、通婚等诸多方面均享受与汉族同样的权利和待遇,从未受到歧视。在这样一个安全、稳定、宽松的环境中,犹太人很快显现出经商理财的特长,在商贸领域取得成功并成为开封一带的富有阶层,被北宋王朝誉为"模范臣民"。有了一定经济实力后,他们的宗教活动也日趋活跃。1163年(金世宗大定三年,宋孝宗隆兴元年),开封犹太人在闹市区建立一座犹太会堂,被称为"一赐乐业教清真寺"。"一赐乐业"即 Israel(以色列)的译音。

许多学者据此论证,北宋时开封就已经形成定居的犹太人社团,并且北宋亡灭之后仍对北宋王朝有深厚感情。然而也有学者指出,碑记述建寺时间用南宋年号,当时开封已为金朝领地,而且何以北宋时定居开封,却到开封已被女真族占领三十八年并建都于此三年后才建会堂?这未免不合乎极重宗教生活的犹太人的习惯,除非北宋时到达开封的犹太人极少且无神职人员,所以要迁延几十年后才能建寺。对于这个问题还有另外两种推断:一、犹太人是北宋末年即徽宗宣和(1119—1125)后期来到开封定居,因开封随即就被女真人攻占,兵荒马乱之中,犹太人定居这样一件小事,史家难有所闻而未及记载。与此相似而略有变化的推论则是,他们在宋真宗咸平二年(999)就来到北宋,但是花了很长时间才确定要在开封定居,所以才会出现碑文中年序混乱的记载。二、第

明弘治二年(1489)的《重建清真寺记》碑　　明正德七年(1512)的《尊崇道经寺记》碑　　清康熙二年(1663)的《重建清真寺记》碑。

一批在开封定居的犹太人是在女真人占领开封以后才到达的,他们献西洋布的对象是金朝皇帝,被允许定居和建会堂也是女真统治者的恩惠,但是与女真统治者的这种关系在明代会被视为"不正统"和"不光彩",于是弘治年间已经深受华风沐浴的犹太文人秀士立碑时(撰文者为犹太人金钟)便为祖先曲笔饰过,把与女真统治者的关系张冠李戴到北宋统治者身上。有关北宋的杂记汇编中都未见到"一赐乐业教"之事,亦是一证。

考察过开封犹太人到中国的时间后,我们还要讨论另一个问题,即这批犹太人来中国之前出身何处。开封犹太会堂原供的《摩西五书》版本内容完整,但从分节上同现在犹太教《摩西五书》略有不同。据法国耶稣会士孟正气(Jean Domenge)1721年的报告,当时开封犹太人圣经有数十卷,其中正经(或称道经,即《摩西五书》)十三件,其中一册为自明末洪水中抢救出的古本,其余十二件为抄本。其他诸经则为附经(或称次经),并且与西方《旧约》相比章节不全。先知各书,开封犹太人中唯《以斯帖记》是全本,《但以理书》只有一部分内容。另外还有《礼拜经》(即《方经》),内容采自正经。以上诸经皆述犹太教历史。最后还有所谓《散经》,章数不多,主要记录教务、教规、礼仪、年表、历法、谱牒之类。现代圣经文本批评研究成果表明,《以斯帖记》编订成书大约在公元前4世纪—前3世纪之间,《但以理书》成书时间大约在公元前2世纪中叶以前。这一点可以帮助估算开封犹太人祖辈离开巴勒斯坦的年代。此外,开封犹太人的经典中没有"圣书"的概念,而"圣书"成书于公元前 100 年左右,可见开封犹太人的先祖在此之前已离开巴勒斯坦。

开封犹太会堂的建筑格局和陈设属于"重建圣殿时代"的风格,与目前世界各地犹太社团的会堂风格不同:开封犹太会堂在殿中设摩西宝座,行宗教仪式时,诵经人在台上诵经,殿中最神圣的部分用幕遮掩,据说这是受以斯拉从巴比伦传入的露天学院建筑风格之影响;会堂设有专供屠宰牛羊和挑筋用的旁屋,神职人员的食所列在会堂庭院的南北两侧,这都与《以西结书》描述的圣殿布局相符,而以西结尽管是圣殿重建以前的人物,《以西结书》第 40、42 章所载有关圣殿结构和布局的内容却正是未来第二圣殿建造时的草图。

康熙二年(1663)立《重建清真寺记》碑中,有关禁食、宗教礼仪、祭献、斋戒、婚丧制度的内容,同目前世界上各犹太社团有所不同,与口传"妥拉"的规定有所出入,但同以斯拉以前的犹太教信仰几乎一致。比如掌教诵经时以面纱蒙面,如当日摩西例。礼拜斋戒方面,开封犹太人于每日寅时、午时、戌时向西礼拜,仪式是:鞠躬——中立——默赞——鸣赞——退三步——进五步——向左鞠躬——向右鞠躬——仰敬——俯敬——再鞠躬(终)。礼拜时不交言,不回视,不以事物之私乘其入道之念。开封犹太人坚守安息日和赎罪节,《重建清真寺记》碑有记载。赎罪节是在秋末闭户清修一日,在赎罪节的前一日于日入时起便饮食俱绝,各行各业人都停止自己的工作,行旅亦止于途,至次日赎罪节这天的日入时停止斋戒。这一日的斋戒中,人们的意识都要求面对耶和华,存养心性。开封犹太人还行四时祭祖仪式,春秋之祭用牛羊时食,冬夏则各取时食,礼仪之后分享祭品。至少到 1702 年(康熙四十一年)耶稣会士骆保禄访问开封时,开封犹太人仍在守割礼、逾越节、五旬节和住棚节。不过,开封犹太人并不纪念光明节,这个节日是犹太人为纪念公元前 165 年(或前 164 年)哈斯蒙宁族推翻塞琉古帝国统治取得民族独立而设,几乎世界各地的犹太社团都纪念这个节日,但开封犹太人却对此茫然无知,同时印度马拉巴尔海岸一带的一些犹太人也不纪念光明节,这或许是探索开封犹太人来历的重要线索。除了不知光明节,开封犹太人直到 18 世纪初在历法上都采用"契元法"——塞琉古帝国统治犹太地区时于公元前 198 年开始推行的历法,而 1019 年开始被西方犹太人采用的"创元法"却不为开封犹太人所知。而且,开封犹太人直到明清之际都不知晓基督教会和耶稣。

从以上这些特点可以判断,开封犹太人是一支保存着古老礼仪的犹太人,似乎在重建圣殿时代(前 6 世纪初)还在巴勒斯坦生活,而不像是公元前 745 年被亚述国王提格拉特·皮勒色尔三世所掳的希伯来人后裔。至于开封犹太人先

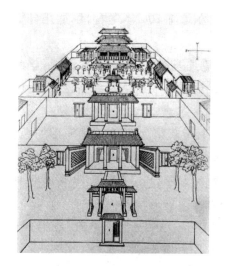 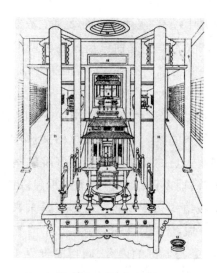

法国耶稣会传教士孟正气于1722年描摹出的开封犹太会堂平面图　　孟正气描摹的开封犹太会堂大殿内部平面图

祖离开巴勒斯坦的时间下限,应当不晚于公元前168—前165/164年,即哈斯蒙宁族起义并最终取得民族独立的这段时间。然而即使是在光明节确立之前离开巴勒斯坦,还要考虑一个问题,即这群移民究竟生活在什么样的环境中,为何如此闭塞或保守,对于犹太文化后来的变化竟一无所知或毫不采纳。

有人认为开封犹太人来自印度孟买,理由是双方有三个相同点:1) 都注重《西玛》祷文,这原是所有犹太人从极早时候便养成的习惯;2) 都如重建圣殿时期的本土犹太人一样,举行礼拜时一定点香,这一规矩在第二圣殿被毁以后的教寺礼拜仪式里就没有了;3) 都不识光明节为何物。孟买地区的犹太人(Bene Israel,本尼以色列人)何时来此定居也已失考,他们自己的传说未言年代,只说来自北方的国家,因在孟买附近遭遇船难,幸存七男七女被迫上岸定居。而有关这群犹太人的最早文献则是17世纪的。孟买是一个商业和交通发达之地,然而从近代情况来看,这一带的犹太人生活得非常封闭,努力保持自己的纯正性。即使17世纪后期孟买成为英国东印度公司的据点,不少犹太人开始移居孟买城而过起城市生活,原沿海定居点的犹太人仍保持不卷入对外贸易。所以,这或许能够解释,为何开封犹太人自孟买来华却保持一种不与其他犹太社团交往的保守生活状况。可是这个推论也有难题,首先是开封犹太人持有完整的经卷,而印度西海岸的本尼以色列人直到19世纪都没有妥拉经卷、圣经或祈祷书。此外,1896年一位学者诺罗拉(M. Norollah)通过语言学分析指出,两者

15世纪开封犹太社团所使用的妥拉经卷片断　　15世纪开封犹太社团的新年祈祷书中的一页

残存的誓愿词属于不同模式。有不少学者支持开封犹太人来自波斯,或者是中亚布哈拉,证据是语言、礼仪形式及妥拉经卷的文本与风格,而波斯犹太人的仪轨就使用布哈拉方言,布拉哈犹太人习惯于在波斯境内各处定居。有人认为开封犹太人的礼俗比较像也门的犹太人,但也与波斯来源说并不冲突,因为布哈拉犹太人的礼俗与也门犹太人有渊源。

4. 犹太人在中国的发展

元代官方文献称犹太人为"术忽"(珠赫、主吾、主鹘),这一称呼可能是新波斯文对犹太人的称呼"Djuhud"的音译。"术忽"既然与"答失蛮"(伊斯兰教徒统称)、"也里可温"平等,想来人数不会太少,其社会作用也相当突出。据《马可·波罗游记》记载,元世祖忽必烈将佛教释迦牟尼、伊斯兰教穆罕默德、基督教耶稣和一赐业教摩西称为四大先知,可见当时犹太教在元朝得到充分尊重并且有很大影响。关于开封犹太人,按弘治二年碑所记,从1163年始建会堂至立碑当年(1489),犹太会堂一共修建过六次(按理每次重修和扩建都会立碑以志,但可能这些碑刻因各种原因已经失传),这亦可证开封犹太人社团在这几百年里的繁荣。1279年,开封犹太人在元朝政府支持下重建犹太会堂,新会堂面积达一万多平方米。开封以外,犹太人于元代还居住于其他地区,如下表所示:

杭州	伊本·白图泰的游记中提到杭州有犹太人,元代杭州人杨瑀《山居新话》(1360撰)提到杭州砂糖局糖官皆系回鹘、回回富商。而且根据1605年与利玛窦谈话之犹太人艾田的叙述,似乎晚明时杭州犹太人比开封还多,并也有犹太会堂,但不知为何明末之后便即消失。
广州	唐末既然有大量犹太人在广州经商,可能也有定居者。
北京	以元世祖对犹太人的政策推想,应该当时有大批犹太人在元朝都城活动。
宁波	弘治二年碑记载开封遭水淹经书大量丧失后,曾有宁波犹太人赵应捧经一部至汴梁归寺,这说明宁波曾有犹太人聚居,而且可能还有会堂,但看来到明中叶时已所剩无几。
宁夏	弘治二年碑和正德七年碑都证明宁夏有犹太人聚居,而且弘治二年碑上所言宁夏金瑄,祖上曾几代为明朝官员。只不知宁夏金姓犹太人同开封金姓和扬州金姓是否有宗族上的联系。
扬州	正德七年碑提到此次重建寺时,"俺、李、高、维扬金溥请道经一部",可见扬州有犹太人,只是扬州这位金溥不知同开封金姓有何关系,也不知扬州是否还有其他姓氏的犹太人。此外,为正德七年碑撰写碑文的左唐就有可能是汉化的扬州地区犹太人或后裔,弘治二年碑记上所列中国犹太人十七姓中有左姓。
泉州	1326年,天主教泉州主教安德鲁写给罗马教廷的一封信中抱怨泉州的犹太人不愿皈依天主教,这说明当时泉州有犹太人定居。
南京	根据耶稣会士的资料,南京穆斯林称,明末时南京还有四户犹太人,而后来都改信伊斯兰教。但此处"明末"的具体时间无法确定。

到明代,开封犹太社团进入鼎盛时期,"一赐乐业"之名起于明中叶。据开封犹太人自己的统计,当时整个社团已有五百多个家庭,人口约四五千。这个数据仅是当地人口的,不包括迁徙到其他地区的开封犹太人后裔。弘治碑称来华犹太人有七十姓,但实列十七姓:李、俺、艾、高、穆、赵、金、周、张、石、黄、李、聂、金、张、左、白。开封犹太人自元代以来逐渐改希伯来姓名为汉人姓名,此举当有助于进入中国社会的上层。有人认为李姓是由利未氏(Levy)而改,艾姓是由艾兹拉氏(Ezra)而改。清初只有七姓八家:李(一姓两家)、赵、艾、张、高、金、石。同时,开封犹太人的社会地位也开始上升,据开封犹太会堂明正德七年刻《尊崇道经寺记碑》,当时开封犹太人中有的经过科举考试进入朝廷或到州县当官,有的通过经商成为富商巨贾,还有技艺高超的工匠、医师和神职人员,看来这个群体的成员有很多都处在社会的中上层。明代开封犹太人,有进科取士者,有富甲而资助政府、平民者,有为国效命者,有德修厥躬而善著于一乡者。清初到康熙年间仍不乏有名望者。明末以降,开封地区天灾人祸不断,使开封犹太人社团受到打击,清朝政府的普遍排外政策和在国民中造成的排外心理使开封犹太人社团日趋衰落,雍乾时期明令禁止外来宗教在中国传播的政策,可能对于开封犹太人社团也有重大影响,使他们更不可能与外界犹太人接触而汉化进程无可逆转。咸丰后开封犹太人社团彻底衰落,自康熙二十七年(1688)

至咸丰元年(1851),犹太会堂再未被修建过,1851年开封犹太会堂倒塌,此后再未修复。

弘治碑称犹太会堂为"清真寺",正德碑(武宗正德七年[1512])则改"尊崇道经寺",因此时回教寺已用"清真寺"之名,表明犹太人强调自己身份的努力。但是康熙二年碑又称"清真寺",似乎表明犹太人终于入乡随俗,接受了当地汉人分不清回教与犹太教之间差异的事实,不得已接受了汉人比较熟悉的清真寺这一称呼。因犹太人宰杀动物时挑其筋,也被汉人称为"挑筋教徒",汉人亦称犹太人为"蓝帽回回"。此外,明末清初的天主教文献中出现了"如德亚"一词,但它指初民时代的巴勒斯坦地方和居民,不指后来作为一个民族的犹太人。"犹太"一词则见于清道光以后。

5. 开封犹太人之被西方发现

西方对开封犹太人的注意由来已久。9世纪末起,西方旅行家和传教士已经记载了中国存在犹太人社团,但他们的叙述传奇性过强而内容又太简单,难以取信于人。17世纪,自利玛窦开始就有不少耶稣会士力图与开封犹太人保持联系,但他们的主要目的在于布道,使犹太人改宗基督,并未真正以其为研究对象。但也因为他们在17世纪向欧洲汇报了开封犹太人的基本情况,所以18世纪时欧洲基督教会出于自身一些争论的需要而想到以中国犹太人为证,这才反过来促使当时在华的耶稣会士对开封犹太人进行细致的调查研究。

1605年,利玛窦(Matteo Ricci,1552—1610)在北京见到开封犹太人举子艾氏(艾田),向他调查了犹太人的数量,圣经、十字架及其他圣物的情况,开封犹太人家族的姓氏和中文名姓,礼仪、割礼、洗礼、教理教义、圣母圣婴画及十二使徒。1608年,利玛窦又派澳门人徐必登赴开封实地调查,主要任务是抄录开封圣经以与通用的《旧约》之前五书比较。徐必登带回《摩西五书》头尾几节的抄本,经与16世纪比利时安特卫普著名印刷商普朗丁(Christopher Plantin,1520—1589)出版的希伯来文圣经比较后,发现完全吻合。但利玛窦本人不懂希伯来文,无法进一步研究犹太人的圣经。后来,艾儒略(Giulio Aleni,1582—1649)曾于1613年赴开封,希望调查犹太教堂中的各经书,但犹太人虽让他参观教堂(礼拜寺)却拒绝让他看藏于帐幔之后的经书。艾儒略的这次访问,曾德昭(Alvare de Semedo,1585—1658)在《大中国志》中有过简略记载。曾德昭还根据利玛窦和艾儒略提供的材料提出两个推测:其一,开封犹太人可能是在耶稣降生之前进入中国的,因为他们没有基督的知识;其二,开封犹太人也许不像欧洲的犹太人那样出于宗教目的歪曲圣经,因此查阅他们的古老经书对恢复圣经本来面目甚为重要。而这两个问题也就成为18世纪耶稣会士力图求解的命

 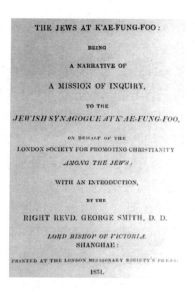

利玛窦邂逅因考中进士而来京的犹太人艾田,向他调查了开封犹太人的情况

"伦敦犹太人布道会"的两位使者所写的关于开封犹太人的报告封面

题。1619 年,龙华民(Nicolas Longobardi,1559—1654)在中国籍修士钟鸣礼陪同下亲赴开封,意在鼓动犹太人皈依基督,无功而返。而此前龙华民曾于 1610 年 11 月 23 日致函罗马的耶稣会总会长报告利玛窦病故事,并描述开封犹太教堂,希望派遣两名精通希伯来文的神父入华以便研究犹太人的经书。1628 年,毕方济(Francois Sambiasi,1582—1649)在开封距犹太教堂不远处建立开封第一座耶稣会住院。费乐德(Rodrigue de Figueredo,1594—1642)亦于 1631 年到开封并建立教堂,此后至 1642 年去世,大多在开封。但是毕、费二人在开封显然以传教为任,对犹太人即或有所调查,也疏于记载。1663 年,恩理格(Christian Herdtrich,1624—1684)曾到过开封,时因中国副省会长应士人天主教徒许缵曾之请而派他去修复 1642 年没于洪水的教堂,据说此行曾访问犹太教堂。

总之,17 世纪的耶稣会士"发现"了开封犹太人,但这一百年间对他们的认识却没有大的突破,使他们改宗的努力也进展缓慢。进入 18 世纪,两场争论使欧洲人开始真正关注中国犹太人,也促使在华耶稣会士进一步了解开封犹太人。这两场争论就是著名的"礼仪之争"和塔木德(Talmud,即犹太法典)派信徒是否伪造希伯来文圣经的争论。开封犹太人之所以被卷入这两场大争论,则与前述曾德昭提到的两个猜测有关。17 世纪中叶爆发的"礼仪之争"焦点之一是中国基督徒祭祖祀孔是否属偶像崇拜行为,其间在华耶稣会士证明此种礼仪并非偶像崇拜的证据之一即为开封犹太人,因为犹太人很早就进入中国,其汉化程度很高,但同时又维护着一神论,足以说明适应中国礼仪习俗并无损于信仰的纯洁性。要支持此种结论需要证实两个问题:首先是中国犹太人是否在周代或汉代就入境,其次是开封犹太人是否偶像崇拜者。于是葡萄牙籍耶稣会士骆保禄(Jean—Paul Gozani,1647—1732)受命取证,于1702年赴开封详细调查犹太人情况,并于1704年11月5日在开封致书北京的会长苏霖(Joseph Suarez,1656—1736)神父汇报调查结果。骆保禄此行主要目的是了解开封犹太人的礼仪,他在信中最后得出几点结论:1)犹太人热爱他们称为天、上帝、上天的造物主,他们祖先留下的牌坊、牌匾和碑文都说明了这一点;2)他们的文人也像中国的文人一样到孔庙祭祀孔子;3)他们在"祠堂"以与中国人相同的仪式祭祀祖宗,但不设牌位和遗像。骆保禄此行可以说获得了耶稣会士想要的证据,即开封犹太人正是将参行中国礼仪与遵守一神信仰完好结合的一个实例,但这些论据在礼仪之争中是否发挥了作用,目前似乎还没有证据表明。不过法国耶稣会士孟正气和宋君荣(Antoine Gaubil,1689—1759)对犹太人圣经的研究和他们入华历史的考察却有相当深远的影响。

中世纪晚期,犹太人指出希腊语和拉丁语《旧约》译本中存在没有忠实表达希伯来经卷原义之处,基督徒则反驳是犹太人篡改了希伯来经文的原义,删去有关基督降临的预言。在这场旷日持久的争论中,欧洲教会的人急于想知道自己的怀疑是否有根据并且希望能找到更可靠的古本,所以17世纪初"发现"开封犹太人的耶稣会士纷纷提出应该研究开封犹太人圣经的全部稿本以供比较,此议在18世纪初得到不少欧洲本土人士的响应。懂得希伯来文的孟正气便肩负着此种使命。孟正气在1718—1719年间首次访问开封犹太教堂,1721年又在该城居住8个月左右,1722年再次逗留两个月。他在3次访问开封期间所寄出的关于犹太人的11封书简堪称19世纪以前西方人所见关于开封犹太人的权威资料。孟正气最后得出的结论是:1)开封犹太人的圣经文本与阿姆斯特丹本相吻合;2)它们的标点断句有区别;3)开封犹太人声称他们的圣经已经有三千年历史;4)开封犹太人进入中国的时间可能早于耶路撒冷城被毁的公元前63年。

孟正气研究的结果证明犹太人没有篡改经文。但是欧洲的基督徒仍不死心,借口是没有得到开封圣经全本。所以,以宋君荣1723年到达开封试图谈判购买经书为开端,西方人一直觊觎这些经卷。19世纪,随着开封犹太人的衰落,所有的经卷陆续流散到西方人手中,西方汉学家和神父对这些经卷经过仔细研究核对后,证明中国犹太人的经卷与西方通行的经卷完全吻合,这场希伯来人伪造圣经的争论至此终于落幕,而由此也证明孟正气所得结论的权威性。

孟正气的又一贡献是,在1721年之行中为开封犹太教堂绘了两幅图,一为寺之全形,一为寺后殿的内部形制,这两张图对帮助今人了解19世纪已被拆毁的犹太教堂自然非常重要。

宋君荣则专事研究开封犹太人的碑刻及其入华问题,他在1723年3月24日于赴京途中路经开封,著录犹太会堂中的四本碑文,数月后将此碑文及其注释文寄往巴黎,并附论文《中国之犹太人》。后来宋君荣又陆续撰文,通过碑文确定犹太教输入中国的时间与渠道,即周朝末年从波斯、呼罗珊两地进入中国。宋君荣还发现开封犹太人已有严重汉化趋势,比如他们对希伯来文已经很生疏,读起希伯来文带中国口音。

6. 开封犹太人的汉化

犹太人定居开封的同时,也就开始不知不觉地融入中国文化的主流中。尽管这一过程持续了很长时间,明初的开封犹太人还处于鼎盛状态,但被汉文化同化已是一种必然趋势。他们开始习用汉字汉语,起先是因为一些文人要参加科举考试,后来则扩大到日常生活中均使用汉语,希伯来语只在极少数场合如举行宗教仪式时才使用。他们逐渐放弃族内婚制而与本地居民通婚,这一方面是因为"弟娶寡嫂"等犹太人婚姻制度与中国传统的伦理道德不相符,二是因为犹太社团的人数越来越少,使传统的内婚制难以维持下去。为了与中国各阶层交往,他们穿戴中国服饰,按照中国的习俗惯例待人接物处世,本民族的习俗却逐渐淡化了。显然,一个潜移默化的同化过程正在进展中。

关于开封犹太人的汉化和犹太教的消失,学者们已经归纳了很多原因,如人数有限,宋元以后开封城市本身的衰落,元明时期频繁的天灾人祸,几百年的时间里与其他犹太人几乎完全隔离,政府政策及周围人对他们的态度,与当地人多势众的穆斯林群体的紧张关系等等。但中国学者普遍认为最重要的原因是儒化,包括热衷科举入仕带来的犹太人价值观念变化,还有与汉人通婚带来的文化溶解力和经济溶解力。

从1980年代有学者所做的考察访问和现存家谱来看,1911年之前,开封犹太人基本不从事商业活动,可见他们在中国中原地区已按照汉族社会的价值观念来建立自己的生活标准。清初尚存的七姓八家(李是一姓两家)有不少中了进士,或取得功名享有高官显爵,还有很多举人和秀才,而榜上有名者折射出接受汉文化教育努力走科举道路的人还有更多。一旦金榜题名,整个人生境遇就会得到全方位提升,这样一种与科举制度相伴随的社会价值观念对犹太人也有很大吸引力,科举入仕能够带来的社会地位、名利、财富、特权都是犹太人生活在其他地区所无法得到的。因此生活在中国的犹太人大都舍弃了经商道路。

开封犹太会堂的维系方式也与其他国家不同，它不是靠犹太人从事商业而获得活动经费，而是靠犹太人中科举题名者赞助和发起修葺维护。

另一方面，为了走科举道路，犹太人从儿童时代就要将自己的日常生活、思想和智慧束缚在四书五经之中，接受汉族儒士为维护统治而选择的一整套思想文化，年深日久，他们的思想、思维方式、情趣、操守无疑都有浓重的正统汉文化色彩。例如清初赵映乘，顺治二年（1645）中举人，次年中进士，顺治七年（1650）由刑部郎中升福建汀漳兵巡道按察司副使。他成为显贵之后，清朝皇帝爷给他父亲赵光裕封典，并在开封犹太会堂的大牌坊上为之立匾，赵氏一姓荣耀一时。康熙二年（1663），赵映乘又利用自己的影响主持重建犹太会堂，并请"特进光禄大夫侍经筵少傅兼太子太傅前刑部尚书今予告工部尚书"刘昌撰写碑文。赵映乘的经历和行为受到开封犹太人的赞羡，也成为许多人家效仿的榜样。每一家送孩子走科举道路的父母无不怀着望子成龙的迫切愿望，这种愿望恰恰就是开封犹太人瓦解本民族"主体文化"的最强力溶解剂，而由于这种"溶解剂"来自它自身的需要，这个群体在心理上也就没有任何防范的准备。花费大量时间求取功名，相应地便没有时间钻研犹太教经典，尽管依然标榜宗教信仰的虔诚，但不能阅读和理解阿拉美文经典的虔诚又能有多少对宗教精神的深刻体认？而且他们把宗教虔诚同求取功名联系在一起，认为一旦榜上有名，不仅能光宗耀祖、荣耀族人，还能荣耀"清真寺"，为建设会堂出力。这种心态的直接结果是，神职人员后继乏人。如宋君荣1723年所记，开封犹太人自己承认已经记不得有多久没有接触来自西方的师傅，如今丝毫不懂希伯来语法和圣经的长篇大论，不懂他们所有的《密西拿》，甚至也不懂圣经的历史。

19世纪初，开封犹太人已没有掌教。而1851年开封犹太会堂因洪水倒塌后再未修复，甚至开封犹太人也没有再建一个简易的宗教活动场所，其中原因并非经费不足，可能主要是因为作为希伯来文化心理的"支柱"——犹太教信仰在这个群体之中已经事实上冰消雪融。这以后族人们也逐渐改变从前的聚居方式而分散至开封各处。虽然有一些人同"中国犹太人援救会"接触，希望得到经费来恢复犹太会堂，但细究之下，这种行为很难说来自对宗教的执着，相应的是某些成员开始公开出售会堂财产，有些人则暗地盗卖会堂财产。

从目前留下的几块碑文看，开封犹太人很早就用汉族的思维方式考虑问题，用汉族的价值观念建立自己的处世哲学。而且入清以来，开封犹太会堂里还有许多为荣宗耀祖而撰写并悬挂的对联与匾额，其内容中以"天"为最高崇敬对象的特征很突出，体现出力图将部分宗教特质同儒家的天命观相结合，而且可以认为是将犹太教的务实精神与天命观相结合。相反，在回族聚居区，往往不允许他们的子弟读书应考,以防他们考取之后放弃自己的宗教信仰而为汉文化所同化。这亦可以反证开封犹太人竞相读书产生的汉化结果。不过,开封犹太人仍在碑文中着力宣称自己是一赐乐业教的信徒,仍以犹太教维系其民族意识。而且随着时间流逝,他们也明显感受到被汉文化同化的威胁,所以既主动接受汉文化,又想继续保持其六百多年来一直保持的自立状态。这种矛盾心态在碑文中体现为:一方面正德碑和康熙二年碑请著名知识分子作文(正德碑文作者左唐是江苏江都人,亦有犹太人出身的可能)而呈现中国古文的典型形态;另一方面愈晚的碑文将犹太教入华时间推溯愈早,将犹太教礼仪叙述愈详,这也表明开封犹太人的希伯来文化已需要用强力凝固剂来对抗正在瓦解的趋势。

与汉人通婚也使犹太人家庭的文化乃至子女的教育为汉文化所潜移默化。张绥1980年代的调查表明,当时所接触的五十五户开封犹太人后裔男性都娶汉族女性,女性都嫁汉族男性,而且据年长之人说,没有听说过在"七姓八家"内部联姻和同回族通婚。明末清初的开封犹太七姓《登记簿》已显示,当时的开封犹太人至少娶了四十多个姓氏的非犹太人女子为妻。尽管在开封犹太人后裔中并不存在必须与汉人通婚的规定,可实际上却出现这种现象,原因看来只能从文化观念中寻找。同汉族通婚自然带来血缘上的变化,但更重要的在于由此带来的文化上的变化,如今能看到的明显变化有:1)食物的禁忌方面,几乎无人再守挑筋遗规(尽管按文献,1910年时还奉守此规),而且都吃猪肉;2)家庭教育中,曾长期讲究畏天命、守王法、重五伦、遵五常、敬祖宗、孝父母、恭长上、睦邻里、亲师友、教子孙、务本分、积阴德、忍小忿、以仁义礼智信为德;3)住房格局与摆设同汉族无异,春节也同汉族一样贴门神、放鞭炮等等;4)割礼早已不存在,1940年代出生的开封犹太人后裔根本不知道割礼是怎么回事;5)当前居住在开封的犹太人都不懂犹太教教义,甚至搞不清摩西、大卫和耶稣的区别,他们已无犹太教信仰,也不守安息日。19世纪以来,有不少开封犹太人后裔像汉族一样拜神,清明和冬至时祭祀祖宗十分普遍。以上这些变化肯定是经过长期沉积而逐渐显形,在此过程中,嫁入犹太人家庭的汉族主妇对于家庭内部文化的改变和对于幼小子女教育的影响想必十分显著。通常嫁给犹太人的女子会向亲属避讳自己夫家的族属,这样肯定也会努力在夫家进行汉文化建设。

不过,当代不少犹太裔学者认为,"儒化"不是独自就能发生或具有决定性作用,而从属于一套文化互动模式,这样的文化互动在其他地方和犹太人历史上的其他阶段也可能发生。亦即开封犹太人的"汉化"是多种环境因素共同作用的复杂结果,而自然环境因素似乎更重要。过去几个世纪里,开封犹太人与

1902年"援救中国犹太人协会"按照开封犹太人"七姓八家"的规格,邀请了八家的代表到上海。这是8位来沪的开封犹太人后裔合影留念

1906年两个开封犹太人后裔在犹太会堂旧址的石碑前留影

中国社会兴衰与共,当帝制中国衰落时,作为其一部分的开封犹太人社区之衰落在所难免,他们的衰落是整个旧中国衰落的缩影。中国学者和犹太裔学者的论述表现出双方视角的差异,中国学者力图证明中国文化的核心事象对于外来群体有不可抗拒的影响力和吸引力,而犹太裔学者试图证明犹太人的生存方式是多样化的以及与环境同调的。

二、宋元时期的伊斯兰教

伊斯兰教的兴起与东传始终伴随着阿拉伯帝国的武力扩张,不像汉唐时期入华的其他宗教那样奉行和平传教策略。这也是尽管唐代已有不少外来伊斯兰教徒侨居或入籍,但伊斯兰教并未主动地、有组织地在唐代中国开展传播活动的重要原因。阿拉伯帝国的武力横扫西亚和中亚,但还没有能力或自认不够力量与当时世界上的另一强国唐帝国相较量,怛罗斯之战固然是唐朝军队与阿拉伯军队面对面的战争,但不能算是阿拉伯帝国蓄意撼动唐帝国边疆的尝试,事实上阿拉伯帝国在此战之后就很自觉地将扩张步伐停留在唐帝国的直接控制范围之外。宋元时期,随着中国政治格局的改变和中西交通形势的变化,以及中亚地区伊斯兰化程度加深,伊斯兰教徒以比从前大得多的规模前来中国,终于在中国形成一个不容忽视的群体,并导致中国境内一个新的民族"回族"诞生。但究其实,伊斯兰教对汉人的影响很微弱,始终只保持为边缘群体的信仰,以其不肯入乡随俗之故,这与佛教和三夷教本土化为中国特色的宗教或中国民间宗教之一分子的结果有着鲜明差异。

1. 伊斯兰教及其教义

伊斯兰教的创始人穆罕默德(约 570—632)出生于阿拉伯半岛麦加城一个没落贵族家庭,曾在叙利亚与巴勒斯坦经商,使他有机会接触犹太教与基督教,对他后来创立伊斯兰教有重要影响。穆罕默德 25 岁时与 40 岁的富孀赫底彻结婚,不必再为生计操心,于是经常在麦加的希拉山洞离群索居、静思冥想。据说在他 40 岁(610)时的一天夜晚,在希拉山洞里正当精神恍惚之际,他忽然接到"蒙召"的"启示",从而创立了伊斯兰教。"伊斯兰"(Islam)在阿拉伯语中意为"皈服",此后伊斯兰教称该夜为"高贵之夜"或"受权之夜"。穆罕默德创立该教,便有意于借助它使阿拉伯半岛在政治和军事上达到统一,并进而去征服世界,因此他对于传教极其热心,但起初也难免经历秘密传教阶段和公开传教而遭现行统治集团迫害的阶段。622 年,穆罕默德从麦加前往麦地那(Medina),受到当地人民的热烈欢迎,在那里建立政教合一的政权,以此为基础向整个阿拉伯半岛扩张。到他去世时已基本完成了阿拉伯半岛的统一,阿拉伯帝国初显端倪。迁移麦地那是伊斯兰教发展史上的一个重要转折点,于是这一年就成为回历元年。穆罕默德之后,伊斯兰教历史进入了四大哈里发时代(632—661),作为穆罕默德的继任者,哈里发们也继承了他的武力扩张事业,终于在 8 世纪上半叶建起一个西起大西洋、东抵印度洋,地跨欧亚非三大洲的大帝国。阿拉伯帝国的对外扩张过程,也就是伊斯兰教向外传播的过程。

穆罕默德时代的伊斯兰教并没有构筑起一套完整的教义神学体系,作为基本经典的《古兰经》也没有定本,只是零星写在椰枣树叶上和白石板上的记录,或保存在穆罕默德传达真主旨意时在场信徒的回忆中。至哈里发艾布·别克尔(Abū Bakr)时代(632—634),《古兰经》才开始被整理成册,至哈里发奥斯曼(Uthman)时期(644—656),又对《古兰经》进行了一次系统校勘,使《古兰经》最后成为定本。按《古兰经》的记载,伊斯兰教的基本信条是信安拉、信使者、信经典、信天使和信末日。信安拉就是"万物非主,唯有安拉";信使者就是坚信穆罕默德是安拉的使者和先知;信经典就是坚信《古兰经》的正确性;信天使就是相信安拉从光中所造的分布于天地之间的天使,他们分别承担着安拉指派的不同任务;信末日则是相信在世界末日到来之时,每个人都将复生接受末日审判,遵循《古兰经》的将升入天堂,不遵循者将被罚入火狱。前两条是伊斯兰教的最基本要求,伊斯兰教徒自称为"穆斯林",意即信仰真主、服从先知的人。伊斯兰教还规定教徒要承担五项义务,称为"五功":第一,通过诵读"除了安拉之外别无神灵,穆罕默德是安拉的使者"这两句"清真言"来表达信仰;第二,每日面向麦加的方向礼拜五次,每个主麻日(周五)要在当地的清真寺中举行"聚礼";第三,每年回历九月要把斋,在这一个月中从黎明到日落不能饮食及房事;第四,要向清真寺交纳一定的"天课";第五,在条件许可的情况下,穆斯林在一生中应至少有一次在回历十二月上旬去麦加朝拜,朝拜过麦加的穆斯林被称为"哈只"。

2. 伊斯兰教在中国的开篇

关于伊斯兰教传入中国的时间,亦即伊斯兰教徒最早来华的时间,目前最有可能成立的说法是贞观二年(628)说和贞观六年(632)说。前者据阿拉伯文《百科全书》记载,有一名叫"兰哈步"的穆斯林此年来到中国;后者则是据广州发现的旺各师墓志称:"大人道号旺各师,天方人也,西方圣主之母舅也。奉使护送天经而来,于唐贞观六年行抵长安。"清同治十一年(1872),俄国驻北京总主教拍雷狄斯获得一张从阿拉伯文译成汉文的布告,上言:"唐贞观六年,穆罕默德之母舅依宾哈姆撒率徒众三千人,携《可兰圣经》来至中国。"这显系后世伊斯兰教徒对贞观六年有伊斯兰教徒入华一事的夸大说法。首先,当时《古兰经》尚无定本,不可能携之来华。其次,若有这么大规模的传经团,以唐朝政府始终注重管理三夷教的一贯作风,早就引起政府方面注意了,唐人眼里也就不会只有三夷教,而会有四夷教了。

本书前文谈过,阿拉伯帝国向中亚扩张过程中,曾注意维系与唐朝的友好关系,怛罗斯之战后两国的和平往来更加频繁,所以阿拉伯人亦即"大食"是通过正常的使团与商贸渠道来到中国的。就交通路线而言,阿拉伯人进入唐朝中国可以有陆路和海路两条通道。陆路经波斯故地及阿富汗到达天山南北,再经青海、甘肃至长安一带。海路由波斯湾和阿拉伯海出发,经孟加拉湾过马六甲海峡至南海再到广州、泉州、杭州、扬州等地。唐代中期以后,由于河西交通被吐蕃所阻,阿拉伯人入华以海路为主,所来之人则以商人为主。在广州、长安、扬州等主要商业城市中,都有大量阿拉伯商人,其聚居地被称为"蕃坊"或"蕃市"。唐政府在蕃坊中任命一位德高望重的穆斯林为"蕃长",主持宗教礼拜,处理阿拉伯人的民间诉讼。唐朝来华的阿拉伯商人苏莱曼在其游记中记录了这一点,但他没说蕃坊中有清真寺,而迄今为止的考古或文献都不能确证唐代中国有过回教寺庙。在泉州发现了一块伊斯兰教徒的墓碑,上镌"此乃侯赛因·本·穆罕默德·萨拉达之墓,真主降福于他。亡于回历二十九年三月"。回历二十九年就是公元650年,可见萨拉达是早期来华的穆斯林。安史之乱爆发后,肃宗为尽快平叛,曾向大食借兵,《旧唐书·肃宗纪》称至德二年(757)九月丁亥"元帅广平王统朔方、安西、回纥、南蛮、大食之众二十万,东向讨贼"[1]。这些"胡兵"或许有些就留在中国,其中可能包括大食人。唐末黄巢的军队攻占广州后杀死的蕃人中也包括伊斯兰教信徒。不过伊斯兰教在唐代中国仅是在这些留居中国的小型阿拉伯人社区中传播,几乎不为外人所知。

中国人首次明确谈论伊斯兰教信仰的,是因怛罗斯之战成为俘虏而流亡阿拉伯世界十年之久的杜环。杜环被俘后曾长期关押在其称为"亚俱罗"的地方,据后来学者考订,"亚俱罗"就是今天伊拉克之纳杰夫(Al-Najaf),在当时称为"苦法"(Akula),是阿拔斯王朝定都巴格达之前的政治和文化中心。《通典》卷一九三"大食"条转引的部分《经行记》内容里包括一段对亚俱罗所流行之伊斯兰教的细致描述:"女子出门,必拥蔽其面。无问贵贱,一日五时礼天。食肉作斋,以杀生为功德。系银带,佩银刀。断饮酒,禁音乐。人相争者,不至殴击。又有礼堂,容数万人。每七日,王出礼拜,登高座为众说法,曰:'人生甚难,天道不易。奸非劫窃,细行谩言,安己危人,欺贫虐贱,有一于此,罪莫大焉。凡有征战,为敌所戮,必得生天,杀其敌人,获福无量。'率土禀化,从之如流。法唯从宽,葬唯从俭。"[2]同卷"大秦"条又引,"其大食法者,以弟子亲戚而作判典,纵有微过,不至相累。不食猪、狗、驴、马等肉,不拜国王、父母之尊,不信鬼神,祀天而已。其俗每七日一假,不买卖,不出纳"[3]。杜环的这些记述,对比于今天流传之伊斯兰教教义、教规及教徒的生活习俗,许多都可得到印证,如此确切而真实的记述也只有真正在此地长期居留后才能写出。

两宋时期由于西北陆路交通断绝,伊斯兰教徒几乎全是通过海路进入中国,从而留居东南沿海的广州、泉州等地,被称为"蕃客"。当然,这其中也有唐代就已来华的"蕃客"的后裔。他们聚族而居,保持着自己的信仰,绝大多数都以经商为主,并逐渐在当地形成了不小的势力。朱彧《萍洲可谈》卷二记载:"广州蕃坊,海外诸国人聚居,置蕃长一人,管勾蕃坊公事,专切招邀蕃商入贡。……蕃人衣装与华异,饮食与华同,……但不食猪肉而已。"[4]两宋时期最有名的入华穆斯林家族,就是泉州蒲寿庚家族。蒲寿庚的先祖是由阿拉伯东迁至广州的富商,明代何乔远《闽书》载其祖先在广州便负责管理诸蕃互市,蒲寿庚父蒲

---

[1] [五代]刘昫:《旧唐书》卷一〇《肃宗纪》,第247页。
[2] [唐]杜佑:《通典》卷一九三《边防九·西戎五·大食》,王文锦等点校,第5279页。
[3] [唐]杜佑:《通典》卷一九三《边防九·西戎五·大秦》,王文锦等点校,第5266页。
[4] [北宋]朱彧:《萍洲可谈》卷二,李伟国点校,第134页。

侯赛因·本·穆罕默德·黑拉提墓碑石（局部，南宋乾道九年，泉州海外交通史博物馆藏）

开宗迁至泉州。蒲寿庚先协助南宋加强海防力量，得到宋朝政府的信任，再投降元朝并得到元朝的重用，使其家族延续上百年而不衰。明代田汝成《西湖游览志》卷一八在追溯杭州穆斯林的起源时，称其是在南宋时随宋南渡的"西域夷人"[1]，可见杭州至少在南宋时期也已有伊斯兰教徒定居。而在扬州，据明代盛仪《嘉靖维扬志》记载，南宋咸淳年间（1265—1274）有穆罕默德十六世孙普哈丁前来传教，1275年在此去世后葬在扬州东关外墓园。

两宋时期各地有了兴建清真寺的明确记载，保留至今的就有广州怀圣寺、泉州清净寺、扬州仙鹤寺、北京牛街清真寺等。泉州清净寺当是中国现存最早的清真寺，其阿拉伯文寺名的意思则是"圣友寺"，初建于北宋真宗大中祥符二年（1009）。元武宗至大三年（1310）全面重修，现今门楼内墙上仍有刻字说明此事，明万历三十七年又重修两年前因地震倾斜的礼拜大殿。明永乐五年，成祖御赐一道保护穆斯林的诏书，现刻于北围墙上。清净寺也是现存唯一一座具有阿拉伯建筑风格的古清真寺，其他清真寺则纷纷用中国的厅堂楼阁包装起来。

清朝金天柱作《清真释疑补辑》，其中《天方圣教序》一篇称广州怀圣寺是隋开皇七年（587）来华传教的赛一德·斡歌士（Saad Wakkâs）所建[2]。怀圣寺现存一座光塔，明代严从简《殊域周咨录》记该塔为唐时所建。桑原骘藏在《蒲寿

---

[1] ［明］田汝成：《西湖游览志》卷一八《南山分脉城内胜迹》，陈志明点校，北京：东方出版中心，2012年，第225页。

[2] ［清］唐晋徽：《清真释疑补辑》，海正忠校注，香港：蓝月出版社，2006年，第200页。

《庚考》中明辨，怀圣寺既不可能建于隋时也不可能在唐时，当是宋代所建。至于光塔，恐为宋时寓居广州的蒲寿庚先祖所建之番塔，按南宋岳珂所记，此塔是灯塔并兼祈风之用。杭州凤凰寺，按寺中介绍，始即建于唐，南宋嘉泰三年（1203）毁于战乱，元世祖忽必烈于至元十八年（1281）敕赐重建，此后代有重修。此说未得其他佐证，很可能就是元代修建，而有意推溯至唐朝与南宋。南京净觉寺的始建年代，通行意见为明太祖洪武二十一年（1388），此据清初穆斯林学者刘智《天方至圣实录》转引之明弘治五年（1492）王鏊所撰《敕建净觉礼拜二寺碑记》①。不过，西安化觉巷清真寺的一块永乐三年碑中引述洪武二十五年于南京和西安各自敕建一座回回礼拜寺的谕旨，提到南京的寺址是三山街铜作方（坊），正是今日南京净觉寺所在地带，由此推论，刘智的引文可能年代略有差池。也有人认为此寺应当建于明代以前。

比较成问题的是西安化觉巷清真寺的建造时间。寺中现存一块"创建清真寺碑"，碑记落款是"天宝元年岁次壬午仲秋吉日立"，碑文题为当时户部员外郎兼侍御史王鉷撰，文中还称伊斯兰教于隋开皇年间便传入中国，很快流遍天下，玄宗则因有感于此教之道与孔圣不违，本着教化人心之意，命工部官员创建此寺，于天宝元年（742）三月落成。陈垣早在《回回教入中国史略》中已辨析此碑文句语意表明它是明人伪造。而且寺中留存的其他碑中，最早的就是明代碑：一块是永乐三年（1405）碑，先引洪武二十五年敕于南京和西安各建一座回回礼拜寺，然后申明，倘遇寺院倒塌，允许重修；另一块是嘉靖五年（1526）"敕赐清修寺重修碑"。没有其他介于唐代至于明代的碑刻，此点也令人对于天宝敕建一说存疑。而这块"天宝"碑的字迹竟然比嘉靖碑清晰数倍，亦不合常理。此外，天宝初年，唐朝与大食的关系因为争夺中亚的矛盾而并不算友善，直到怛罗斯之战以后，双方关系才发生变化，故而此时让玄宗首肯天方之教，似乎不可能。陈垣对于为何偏偏假托贪官王鉷为撰碑人颇感兴趣，研究后发现王鉷在城南安化门内有一座宅舍，后献给玄宗作道观，于是推测，此碑原为王鉷舍宅时所刻，后来观与碑皆落入穆斯林之手，于是将原碑磨改为回教寺碑，仍以王鉷衔名入石。

西安清真寺的碑文中提到隋开皇年间回教入华传教，与上文清朝金天柱之说雷同，也资人推测，隋朝说恐正是明清穆斯林演绎而来。正如20世纪初在中国活动的基督教新教内地会传教士海思波（Marshall Broomhall, 1866—1937）所论，伪造此说者甚至忘记或不知道，穆罕默德出生于570年左右，610年才开

---

① ［清］刘智：《天方至圣实录》卷二〇，北京：中国伊斯兰教协会，1984年，第362—363页。

始传教事业,怎么可能在隋文帝开皇年间(581—600)就有伊斯兰教徒来中国传教？海思波进一步分析,碑文撰写者为何在年代问题上错得那么远,结论是回历与中国历法体系的换算问题,中国穆斯林在翻译伊斯兰教史时没有考虑到两套历法的协调问题,刘赟提供了此种实践的明证。海思波由此推论,此碑之兴不早于1300年。海思波还指出碑文中其他关于伊斯兰教早期历史的论述错误,证明碑文撰写者去天宝时代已久远,此种分析与陈垣分析其语文风格属于明代相得益彰。这块记载西安伊斯兰教繁兴的关键碑文既系伪造,唐代此地是否有大批定居的伊斯兰教徒也就无从证明。西安曾出土唐代阿拉伯金币,说明来经商的大食天方之人不乏其人。

宋代的入华穆斯林在广州、泉州、扬州等地还建有公共墓地,这些年来不断有伊斯兰教徒的墓碑被发现。以上表明,宋代中国的穆斯林比起唐代急剧增加,但他们仍都是来华侨民或前代侨民的后裔。

3. 元代伊斯兰教的繁荣

唐后期至两宋时期,中亚地区渐次伊斯兰化,这成为伊斯兰教在元代繁荣的一个条件。阿拉伯帝国随着其武力征服事业的完成而在9世纪瓦解,帝国各部纷纷独立。874年,操波斯语的民族摆脱大食的统治,在河中故地浦唱(今布哈拉)建立萨曼王朝(874—999),成为第一个信奉伊斯兰教的突厥王朝,其首都成为当时中亚的伊斯兰教中心。前文已经讲过,840年回鹘汗国崩溃后,其中一支西迁至中亚及喀什一带并建立喀喇汗王朝,该王朝的萨图克·布格拉汗皈依伊斯兰教,并以"圣战"为口号开始向外扩张。至其子巴伊塔什时期,宣布伊斯兰教为国教,加快了国家伊斯兰化的步伐。10世纪后半期,伊斯兰教已成为喀喇汗王朝绝大多数居民所信奉的宗教。此后不久,巴伊塔什以"圣战"为口号继续发动扩张战争,在东方与信奉佛教的于阗展开了长期的战争,直到11世纪初,喀喇汗王朝的玉素甫·卡得儿汗终于征服于阗,使这块被称为"佛教第二故乡"的地方完全成为伊斯兰教的天下。征服于阗后,喀喇汗王朝继续东进,矛头直指另一个信奉佛教的王国——高昌回鹘。但喀喇汗王朝不久就发生内部分裂,对高昌回鹘的征服搁置下来,在西域地区遂形成佛教和伊斯兰教对峙的局面。

蒙古时代,蒙古铁蹄踏遍中亚和西亚,尔后蒙古人在这些地区建立的政权却渐次被伊斯兰教同化。伊利汗国的领地主要是原波斯领地和中亚的一部分,唐宋以来早已伊斯兰化,合赞汗时期为取得当地封建主和伊斯兰教徒的支持,宣布他本人和国内所有蒙古人都改宗伊斯兰教。钦察汗国的领地内民族众多,包括已经信仰伊斯兰教的花剌子模的北部。在月即别汗时期(1313—1341年在位),钦察汗国国势达到极盛,伊斯兰教亦广泛传播。位于中亚及天山以南地区的察合台汗国在14世纪中叶分裂为东西两部后,东察合台汗国的首位统治者秃黑鲁·帖木儿(1362—1363年在位)在国内强力推行伊斯兰教,继喀喇汗王朝之后进一步使天山以南地区伊斯兰化。在其子黑的儿火者时期(1389—1403年在位),终于吞并吐鲁番地区并在此地强行推广伊斯兰教,大规模毁坏佛教寺庙、经典、塑像,使这个西域最后的佛教堡垒受到致命打击。16世纪,以莎车为中心又出现了"叶尔羌汗国",疆域包括今新疆大部及邻近一些地区,伊斯兰教被尊奉为国教。从此,伊斯兰教成为整个西域地区占绝对统治地位的宗教信仰。此外,据《多桑蒙古史》记载,元世祖忽必烈的孙子安西王阿难达因自幼受一伊斯兰教徒抚养,后皈依伊斯兰教,并于军中宣教,所部十五万军队受其影响,大部分都成为穆斯林。

蒙古军队西征也直接促使大量伊斯兰教徒入华,其从当地俘获的工匠、平民,军队等在统一中国的过程中涌进中国,其中许多就是伊斯兰教徒。还有一些入仕元朝与来华经商的穆斯林。他们同唐宋时期已定居中国的信奉伊斯兰教的波斯、阿拉伯人后裔一起,形成一个新的社会群体,当时称为"回回",就是今日回族的先民,也构成元代"色目人"的主体。"色目人"的含义,经桑原骘藏《蒲寿庚考》一文辨析,乃因西域人种类繁多,而将"色""目"二字的本来含义(名目、种类)加以引申,统称之为"色目人"。唐末即有此称,元代继承前代之称,以该词指来自西域的种类驳杂的各色人等。"色目人"在政治地位上高于汉人与南人,仅次于蒙古人。他们中的许多人在中央或地方政府担任要职,也有不少人经商谋取厚利。元初仅大都一地就有回回三千户,更多的回回则散布全国各地,故有"元时回回遍天下"的说法。

陈垣提出,"回回"之名由"回纥"转变而来,以之名种族而不以名教。至于对"伊斯兰教"的称呼,在唐代就有"伊悉烂"之名,或称"大食法";宋代称"阿昔兰"或"大食教法";明代称回回教、天方教、清真教。对于"穆斯林"一词,唐代已有译名"摩思览",元代则以"穆斯林"的各种音译相称,如"答失蛮""达失蛮""达识蛮""木速儿蛮""木速蛮"。

陈垣曾总结回教势力在中国传播的几种形式:1)商贾远征,2)兵力所届,3)本族繁衍,4)客族同化。头两个是各种宗教势力传播的共有原因,后两个则是回教人在中国发展的独特之处,因为饮食习惯不同,不便与异族通婚,遂自为风气,世代相传,改宗不易。所谓客族同化,主要是蒙古人征服新疆、中亚、西亚后被伊斯兰教所同化,非属在中国的普遍情况。但回教在中国自有两大特点:一不传教,二不攻击儒教。这是伊斯兰教徒在中国获得一席之地的重要原因,但在儒家社会中,这个地位无法拔高。明代回回以武功著者颇多,读书应举者也不少。而且明代文献载回人已经超出"不攻击儒教"的层次而尊孔,陈垣以为这是导致明人对回教多致好评、政府从未禁止的重要原因。但是研究开封犹太人的学者张绥谈到,回族聚居区内往往禁子弟读书应考,以保持其信仰纯正。所以,明代及以后回族人是整体上尊孔重功名,还是应举者终属特殊家族?习儒书应考与内部信仰教育之间是何关系?应考为官者本人的信仰状态如何?此类问题大有探讨余地。

中西文化关系通史

下

从利玛窦到马戛尔尼

（1500年—1800年）

张国刚 著

目　　录

第四编　自西徂东与天朝应对

第十七章　地理大发现与欧洲的扩张 /435
　一、欧洲开辟新世界的动力 /435
　　1. 经贸需求 /435　2. 精神号召 /436　3. 科技支持 /438
　二、葡、西两国的海上帝国 /440
　　1. "保教权"的由来 /440　2. 葡萄牙经营印度 /445　3. 西班牙的帝国梦 /449
　三、西北欧国家的远东角逐 /451
　　1. 荷兰东印度公司一枝独秀 /452　2. 英国与法国的势力消长 /455

第十八章　明清王朝的对外政策和对外贸易 /462
　一、明清王朝的对外政策 /462
　　1. 葡萄牙人叩关与嘉靖朝开闭关之争 /462　2. 福建的禁海与开海 /464
　　3. 澳门政策的变化 /467　4. 清朝前期的闭关政策 /469
　二、晚明前清的中欧贸易格局 /473
　　1. 澳门贸易 /473　2. 巴达维亚贸易 /475　3. 广州口岸贸易 /477　4. 白银与明清海外贸易 /479

第十九章　明清政府与欧洲国家的官方接触 /485
　一、葡萄牙使团 /485
　二、荷兰的努力 /493
　三、福建官府与西班牙马尼拉总督的接触 /498
　四、与俄国谈判 /502
　五、英国马戛尔尼使团 /505

第二十章　天主教传教士立足中国 /514
　一、耶稣会士中国传教区 /514
　　1. 耶稣会进入中国 /515　2. 耶稣会中国传教区的阶段性发展 /518

3. 耶稣会士的商业活动对传教事业的支持 /520

二、其他天主教团体在中国的活动 /524

  1. 托钵修会 /524 2. 罗马教廷传信部与巴黎外方传教会 /526 3. 遣使会 /528

三、中国传教区的权力之争 /529

  1. 耶稣会的内部斗争 /529 2. 耶稣会士与托钵会士的冲突 /535 3. 教廷与宗教修会特权的冲突 /536 4. 教廷与葡萄牙"保教权"的斗争 /537

第五编 传教策略与西学东渐

第二十一章 耶稣会士在中国的传教策略 /541

一、耶稣会适应原则在亚洲的发展 /541

  1. 耶稣会的适应原则 /541 2. 沙勿略在亚洲的文化接触方法 /542 3. 范礼安落实日本传教政策 /544

二、在华传教政策的确立过程 /546

  1. 阿科斯塔有关中国的传教思想 /546 2. 范礼安构想中国传教法 /547 3. 利玛窦与适应政策的形成 /548

三、利玛窦适应政策的效果 /555

  1. 适应政策的运用——耶稣会士与士人交游概况 /555 2. 适应政策的成果——第一批士人天主教徒 /557 3. 适应政策的局限——儒耶冲突下士人的命运 /560 4. 适应政策的外围影响——方济各会士部分接受上层路线 /562

四、适应政策评价 /564

第二十二章 士人社会对天主教的总体认识 /566

一、晚明士人对天儒关系的主流派认识 /566

二、士人对耶佛关系的认识 /571

三、明末国体安危忧虑中的反天主教思想 /575

  1. 传教政策变化对士人态度的影响 /575 2. 不道德的天主教 /576 3. 反儒的天主教 /578 4. 反政府的天主教 /580

四、清初历狱折射的排外思想 /583

第二十三章 明清中国人对欧洲的基本认识 /589

一、佛郎机 /589

二、红毛番 /595

三、大西洋 /599

四、华夷之别与人群划分 /607

第二十四章　欧洲科学对中国的影响 /611
　一、明清时期西方科技东传的基本特点 /611
　二、耶稣会士提供的天文服务 /612
　三、《崇祯历书》与引进西方天文学理论 /614
　四、历算需要与西方算学的兴盛 /617
　五、天文仪器制造 /618
　六、舆地测绘技术 /621
　七、火炮制造 /625
　八、钟表与其他机械 /628

第二十五章　欧洲艺术东传 /632
　一、西洋绘画 /632
　　1. 西洋画与西洋画师 /632　2. 对中国绘画的影响 /636
　二、西洋音乐 /640
　三、西洋建筑 /642

第六编　礼仪之争与邸书燕说

第二十六章　中国礼仪之争及其文化意义 /649
　一、利玛窦对待中国传统的态度 /649
　　1. 挪用传统概念 /649　2. 适应传统习俗 /650　3. 利玛窦理解异域文化的特点 /652
　二、耶稣会士关于利玛窦方法的争议 /653
　三、中国礼仪之争的产生 /655
　　1. 托钵会士对礼仪问题的异议 /655　2. 耶稣会士的反击 /658　3. 阎当与礼仪之争的转折 /660　4. 奉教士人奋起捍卫传统礼仪 /664
　四、罗马教廷与康熙皇帝的往来 /666
　　1. 铎罗出使与局势恶化 /666　2. 嘉乐出使与礼仪之争落幕 /672

第二十七章　传到欧洲的中国知识 /676
　一、16世纪、17世纪游记文献里的中国 /676
　　1. 16世纪的伊比利亚人作品 /676　2. 17世纪的荷兰人笔记 /680
　二、17—18世纪耶稣会士有关中国的著作 /685
　　1. 报告类：耶稣会士书简 /685　2. 概述类："民族志" /687　3. 专题类：地图、古史、医药 /690　4. 论辩与经典：与礼仪之争直接相关 /695　5. 耶

耶稣会士著作里的中国形象 /698

三、18世纪中后期的英国游记文献 /700

  1. 安森远征与《环球航行记》/701 2. 1793年英国使团的笔记 /703

四、未刊文献 /705

第二十八章 中国形象与启蒙时代 /706

一、耶稣会士的古代中国形象与教会权威的衰落 /706

  1. 中国古代编年史问题 /706 2. 中国语言文字观念的变迁 /711

二、确认中国位置的难题 /716

  1. 约翰长老的传说 /717 2. 契丹、中国之争的宗教意味 /721 3. 争议的平息与中国位置的确立 /724

三、中国制度与欧洲的社会理想 /729

  1. 中国知识与英国的党派斗争 /729 2. 中国政治原则与法国的社会改革者 /733 3. 中国文学作品的道德意义 /739 4. 中国旧制度与欧洲新理想的反差 /741

第二十九章 中国商品与欧洲人的新生活 /745

一、茶叶与英国茶会 /746

二、丝绸与欧洲丝织业的轮替 /751

三、瓷器与制瓷的秘密 /757

四、集中西合璧之大成的外销瓷 /763

  1. 迎合欧洲人爱好的中国瓷器 /763 2. 定制瓷器 /765 3. 中国画工绘制的异域风格图样 /767 4. 欧洲人的再加工 /769

第三十章 "中国趣味"与欧洲人的艺术想象 /771

一、巴洛克、洛可可与"中国趣味" /771

  1. 巴洛克风格与集权时代 /771 2. 洛可可风格的兴起 /774 3. 洛可可式"中国趣味" /777

二、中国式园林 /780

  1. 欧洲关于中国园林的实况介绍 /780 2. 新式园林的内涵与表现 /782

三、其他领域的洛可可式"中国趣味" /786

四、"中国趣味"的沉寂 /790

主要参考书目 /793

索引 /825

后记 /850

第四编　自西徂东与天朝应对

第十七章　地理大发现与欧洲的扩张

一、欧洲开辟新世界的动力

1. 经贸需求

16世纪中叶,欧洲船只经大西洋、太平洋、印度洋,终于实现了直接交通东西的愿望,甚至也来到中国沿海,而这是14世纪以来欧洲人不懈地进行海上扩张的一个辉煌成果,促使欧洲人如此努力的动机有经贸方面的,也有宗教方面的,技术条件的进步则为他们梦想成真提供了重要支持。

促使欧洲在14世纪初开始发生商业革命的基本诱因中有两点与海上扩张直接相关,即对远东产品的需求大增和意大利城市对地中海贸易的垄断。当时国际贸易中占据首要地位的是黄金、香料等东方和北非产品的贸易,它们几乎已是基督教世界文明中不可或缺的一分子。罗马帝国从很早时候起就迷恋食用香料,西方世界继承了这种嗜好。12世纪的西方人已经对东方的香料趋之若狂,当时的烹饪书中介绍各种肉食烹制时,很讲究香料组成的配料,后来发展到除了肉食之外,食用鱼、果酱、汤和高等饮料时也都掺入香料。此外,一些香料还被用于配制药品。香料的另外一个重要用途是腌制各类肉。在漫长的冬天,由于饲料短缺,欧洲人无法在厩中饲养家畜,而秋天宰杀的动物的肉必须腌制以便储存。

但是,对香料几乎无法餍足的渴望和关卡重重的贸易路线形成强烈反差。自古老的丝绸之路梗阻以来,东方商品主要通过波斯湾和红海运往欧洲和非洲北部。在波斯湾一线,商品自波斯湾入口处的霍尔木兹(Hormuz)上行至巴士拉,再由叙利亚和土耳其商人经西亚陆路运往叙利亚或黑海的大港口,威尼斯人、热那亚人和加泰罗尼亚人(Catalans)来这些港口购买。在红海一线,货物多来自马六甲,经印度西南的卡利卡特或阿拉伯半岛南端的亚丁(Aden)进入红海,在埃尔图(El Tûr)或苏伊士(Suez)卸货后由陆路运往开罗,再运至亚历山大,随后,威尼斯、热那亚和加泰罗尼亚商人来此购买,或者由北非的撒拉逊商人从亚历山大运往北非的各地中海港口和内地城市。物品抵达北非和地中海东岸后,便进入传统的地中海贸易路线。

地中海盆地是欧洲著名的贸易区,通过东部和东方联系,通过中欧和北方联系,通过西欧和西部联系。地中海贸易的内容包括谷物、盐、腌制品、油、葡萄酒、干酪、葡萄干、糖和香料等食品贸易,纺织和矿物等原料贸易,织物、皮革、玻璃等本地工业成品贸易,丝绸、印花布、宝石等进口奢侈品贸易。其中赢利最丰厚的是香料贸易,香料经过一长串交易链条从南亚和东南亚进入亚历山大和的黎波里,再进入地中海之后,便以威尼斯为中心向欧洲各地销售。香料由威尼斯销往意大利北部,穿越阿尔卑斯山到达德国南部和中部,经由海路到达马赛和法国其他地区及西班牙各城市,再经直布罗陀海峡(Strait of Gibraltar)销往西欧和北欧。

在印度航线开辟之前,经由地中海流入欧洲的香料由于数量不多而一直是奢侈品,胡椒和姜首当其冲。胡椒最昂贵之时,可以在欧洲部分地区当货币使用,因为它像黄金一样耐久和容易分成小份,有的地方甚至要求以胡椒缴税。另一方面,地中海沿线各贸易区之间和地中海—欧洲各地的贸易多年来都由意大利各城邦执掌,也令其他国家为支付购买织物和香料的高额费用而头痛不已。西班牙和葡萄牙探索大西洋航路的第一动机就是寻求一条不受意大利人控制的通往东方的道路。

14世纪中叶开始,开辟与贵金属和热带产品生产中心的新通道已不仅仅是个别欧洲国家的需要,而成为整个欧洲的重要贸易问题。因为此时迅速扩张到亚洲中部的伊斯兰世界封锁了商人和传教士在埃及、小亚细亚和里海的常规通道,直逼达达尼尔海峡的奥斯曼政权更成为令欧洲人恐慌的威胁。与此同时,穆斯林仍占领着西班牙半岛很大一部分土地,严重妨碍任何试图超出欧洲地理范围的扩张活动。旧有的东西陆地贸易陷入萎缩和完全中断,但欧洲对东方贸易的依赖和渴望却无法衰退,开辟新的通路成为全欧洲的当务之急,而经水路或陆路穿过非洲到达印度洋被认为是发展贸易的最佳选择,葡萄牙和西班牙的地理位置赋予它们充任这一使命急先锋的天然优势。

2. 精神号召

欧洲的远征传统由来已久,海外扩张在某种意义上是此种传统的继续。浸透基督教的普济主义、改变异端信仰的热情和好战精神是扩张的天然动力,东方在早期频频入侵欧洲也助长了强大起来的基督教世界的好战心理,有关遥远的东方有一位约翰长老(Prester John / John the Presbyter)统治着一方基督徒国度的传说在中世纪流传不衰,更刺激了欧洲人想与这位约翰长老联合夹击伊斯兰教徒的愿望。海外探险之所以从伊比利亚半岛(Iberian Peninsula)的葡萄牙人开始,一个重要原因在于,伊斯兰教世界在伊比利亚人眼里是一个长久存在的宿敌,半岛大部分地区曾在穆斯林统治之下,基督徒为收回土地进行过长期的艰苦斗争,直到15世纪,控制北非海岸的穆斯林仍令对岸的伊比利亚人寝食难安,所以,对伊比利亚人来讲,反伊斯兰教的斗争是不可动摇和必须履行的责任。

但是仅有中世纪的宗教精神还不足以鼓舞人们去面对波涛汹涌的大西洋和大洋以外的未知世界,漫长世纪以来,欧洲人所习惯的是地中海相对温和的航海条件,茫茫大海对中世纪的人来说尚是令人恐惧的风暴旋涡。中世纪晚期出现了一种可以统称为"发现的神秘主义"的新精神倾向,它提倡宗教要尊重人和自然界、要热情地在异教徒中争取新信徒以及爱好旅行。从这种新精神中得益的不只是文艺复兴所代表的基督教世界的艺术,也有与征服海洋息息相关的地理科学。而这种新精神不可否认地带有方济各主义的烙印。

意大利人圣方济各(St. Francis of Assisi,1181—1226)1209年建立方济各会,其三个基本特点是:1.会士立下赤贫誓言;2.力图将争取教徒的工作扩展到全球和全人类,特别是异教徒世界;3.促进人们同时接近神和自然界。这三点深刻影响到中世纪的社会和文化。方济各会以理解和容忍的自由派精神关注并支持普通民众,与天主教上层修士形成鲜明对比,从而一开始就在资产阶级和大众阶层中大受欢迎,这显然是方济各会的主张得以产生广泛社会影响的重要基础。在全世界的异教徒中传播"清贫福音"与为了贸易寻求海外发现可谓异曲同工,所以西方海外殖民活动始终与传教活动相辅相成。方济各会把上帝描绘成有爱心和同情心,把人提升到能与上帝沟通和对宇宙充满博爱的高度,这种用爱心建立所有生物共同体的乐观主义理想深入民众之后,使人类对自然充满了信心和创造力。方济各主义对生活抱有更理性、更人道和更亲切的态度,从而在一定程度上改变了人们对自然界包括海洋的畏惧态度。

方济各主义的一个直接文化后果是催生了热衷观察自然界并热情地鼓吹基督教世界扩张宏图的新地理文学,这些作品以13—14世纪争相自陆地与海洋两线旅行到东方的方济各会修士们的经历为基础,试图重新激活基督教固有的扩张和好战思想。这些基督教地理传奇还鲜明地体现出当时那种扩张主义的思想体系,它相信存在一个奇妙的东方,以"印度"代称,还包括东非,那里存在一个权力无边的教士国王,他希望同被异教徒屏障的西方的基督教社会联合在一起,以便共同击败数百年之敌伊斯兰教徒。

需要注意的是,虽然16世纪开始的海外探险活动渗透着基督教的扩张精神,虽然土耳其人在欧洲的推进使教会着实感到恐惧,但教会政策并非其中的决定因素。中世纪末期,十字军的战斗精神已经消失,教宗们组织十字军的号召力也已衰弱,罗马教廷只能通过在政治上鼓励基督教国王的海外扩张来标示自己的统治权,而这便引出下文即将谈到的"保教权"问题。

3. 科技支持

使航海活动最终付诸实行的是航海技术的进步,其中的关键是船舶建造、船只定位、在地图上准确标定新发现之陆地等一系列技术。

中世纪最后几百年里欧洲人深受托勒密的宇宙结构学和地理学思想影响。一方面,他对地球的错误想象长时期主宰中世纪科学并构成一种认知障碍。托勒密认为人类居住的世界是一块连续不断的陆地,中间包围着一些海盆,并在地图上标明印度洋南面存在一块未知的、因高温而不适宜人类居住的南方大陆(这一错误直到18世纪英国人库克的航行之后才被纠正)。因此,地球是圆形的和存在地球对跖点的思想直到14世纪末都只被一小部分精英所承认。然而从14世纪最后25年起,一本宣扬地球为球状、热带可居住和有可能从已知世界的一极航行到另一极的思想的游记——《约翰·曼德维尔先生游记》(*The Travels of Sir John Mandeville / The Voyage and Travels of Sir John Mandeville, Knight*)开始广为流传并引起人们极大兴趣。到15世纪中叶,许多人已有跨洋航行的想法,并确认从西方不止一个点出发都可实现。1459年,威尼斯卡玛尔迪斯(Camaldolese)的修士弗拉·毛罗(Fra Mauro)绘制了一幅地图,这就是著名的"弗拉·毛罗地图"(Fra Mauro map)[1],图上标明向东走海路可以抵达亚洲。这种见解与托勒密的世界观自然抵触,但是葡萄牙的堂·恩里克王子(Infante D. Henrique,1394—1460)[2]得到这份地图的一个副本后,却被它所鼓舞[3],他领导下的葡萄牙水手便一直努力将这份地图提示的可能性转化为现实。

另一方面,托勒密的天文学和地理学思想对航海科学的形成起到重要作用。在阿拉伯人中很有影响并经阿拉伯人传入基督教世界的托勒密地理天文学和地理数学,在葡萄牙的航海科学中占据显要地位。同时,占星术士的天文学知识也是葡萄牙航海科学的一个资源。葡萄牙14世纪上半叶流行的

---

[1] 这幅地图包括了亚洲、非洲和欧洲的内容,全稿绘制于1448—1459年间,1459年4月24日,被寄往葡萄牙。美国阿波罗14号登月飞船的着陆地月球上的一座环形山,被命名为"弗拉·毛罗环形山",以纪念毛罗的杰出贡献。该地图的详细版本2006年曾由威尼斯国立马尔恰那图书馆(Biblioteca Marciana)出版。

[2] 恩里克王子名字的英文发音为亨利(Henry),故有的场合又作亨利王子。

[3] [美]艾立克·沃尔夫:《欧洲与没有历史的人》,贾士蘅译,台北:麦田出版社,2003年,第316页。

四本历书同时也是科普工具书,其中《马德里天文历书》中推算星体位置的规则和城市坐标表对航海具有很大的实用价值,《科英布拉历书》对小时、黄道、经纬度的定义以及推算不固定宗教节日和观测新月的方法后来都融入航海著作中。

大约12世纪传入欧洲的指南针早就在地中海航行中被使用,阿拉伯航海家用于测定天体高度和方位的铜制刻度盘——星盘则早在9世纪之前就为欧洲人所知,但几乎不被使用。13世纪、14世纪地理知识的进步,以及葡萄牙人将航海科学与天文学知识相结合,才使得分别活跃于地中海和印度洋的指南针和星盘共同成为大西洋航海家们远航的重要工具,葡萄牙人得以利用地平纬度航行,发展出一套精确测定纬度的方法。由于星盘造价较为昂贵,很快被结构简单、造价低廉的象限仪取代,著名的如戴维斯象限仪。借助以上条件,航海家能够确定适合的航线并绘制导航图和地图,接下来就是扬帆起航了。

1200—1500年间,欧洲普通船舶的吨位增加了一到两倍,载重600—800吨的圆形帆船成为水面上的主力,13世纪时采用了比侧向操舵装置效率高许多的艉舵。然而若想征服远比地中海凶猛、广袤和复杂的大西洋,还必须有更合适的航船船型,当时包括圆形帆船在内的各种通行帆船都过于粗糙笨重,船舷低而承受不住海浪的袭击,桨手太多而致费用大增,对远航中经常会遇到的无风或逆风天气则缺乏应对力。因此,葡萄牙人在14世纪改造阿拉伯人的三角帆索具制造出三桅帆船,这类船船体比较精致,长宽比超过3∶1,没有艏楼或艉堡。三桅帆船的前桅有一道横帆,利于迎风航行。后桅和主桅上是阿拉伯式大三角帆,可以加快航行速度。三桅帆船不仅轻巧精致、适于逆风航行,而且还有更大的优势——在船上装配大炮。欧洲火炮的质量在15世纪已经超过亚洲,配备火炮的船只一半是战舰,一半是商船,于是海战的关键不再是撞击敌舰和登上敌舰,而是以舷侧炮轰击敌船。1500年以后,欧洲船只不仅在上层甲板和船楼上架炮,也在船身开炮门。在威力十足的大炮和三桅帆船帮助下,葡萄牙人和西班牙人接连完成绕行几内亚湾、考察巴西海岸、折过好望角、横渡大西洋和穿越麦哲伦海峡进而环绕全球的航海壮举。此外,活跃于印度洋航线上的葡萄牙战船和货船不仅能够远航,还能运载数量可观的士兵和货物,成为葡萄牙人经营其东方殖民帝国的强大后盾。

当远航成为现实并被娴熟地不断重复之后,不仅局限在狭隘范围内的地中海贸易被扩展成为世界性的事业,还即刻带来贸易额和消费品种类的大量增长,比如香料在印度洋航线开辟以后不久就成为大众消费品,同时贵金属供应增长。而这一切难免导致各种各样的利益角逐。

二、葡、西两国的海上帝国

1. "保教权"的由来

所谓"保教权"是天主教传教事业上的一种优惠特权,教会在发展的初期因召集信徒帮助修建各种宗教设施而赐予他们各种特权作为回报。到中世纪晚期,这种特权在欧洲本土已经衰落,但随着葡萄牙航海探险开始,它又在海外复兴,在某种程度上是欧洲国家瓜分世界的代名词,而在很长时间里,是葡萄牙和西班牙平分秋色的标志。海外"保教权"能够确立首先应归因于欧洲国家基于宗教精神的共同体认识,它们普遍赞同,基督教国家有权把"野蛮人"和异教徒的土地占为己有而无须顾及土著民族,而且在天主教世界,国王们还承认罗马教宗有权分配任何不为基督教统治者所拥有之地区的世俗统治权。当然,后来欧洲民族国家的利益逐渐上升,教宗的权威日趋衰落,"保教权"的约束力也日益弱化。

无论如何,号召力已经式微的教会通过葡萄牙的声势又看到了以对世俗君主提供政治支持来维护甚至扩大其统治权的希望,而15世纪中叶土耳其帝国在欧洲的扩张使教会的这种需要十分迫切。另一方面,1452—1455年间葡萄牙人往返几内亚的船只一再遭到袭击,提醒葡萄牙人去寻求有力的保护措施。于是,葡萄牙的"航海王子"堂·恩里克向教宗提出包围伊斯兰世界并通过印度人的帮助使其实力枯竭这一计划,计划本身吸引了教宗,而葡萄牙人对撒拉逊人的持续打击亦使教宗信赖堂·恩里克王子的能力。于是,教廷要借助堂·恩里克王子发现全世界的计划在全世界实现其宗教使命,而在航海事业上先行一步的葡萄牙也率先获得了"保教权"。

堂·恩里克王子是葡萄牙国王堂·若昂一世(João I,1357—1433,1385—1433年在位)的第三子,生于波尔图。1415年,年仅21岁的恩里克随父若昂一世远征,次年占领了北非摩洛哥城市休达,并出任总督,后来改任葡萄牙阿尔加维省总督。他把自己的小宫廷建在最西南端的小渔村萨格里什(Sagres)。恩里克是个狂热的基督徒,一生都以同穆斯林作战为己任,对约翰长老国度的传说也深信不疑,一心要找到这个据说黄金满地的王国并与之结盟。这种狂热精神使他最终成为葡萄牙航海者的精神教父和葡萄牙早期航海事业的坚强后盾。恩里克王子先在他王宫所在的萨格里什建立了一所航海学校,传播最新航海知识,聚集了一群出色的海员。在他的有效组织下,葡萄牙集中了当时帆船航海的全部优势力量,具备了南下大西洋探险的基本条件。

此外,恩里克王子还特别强调航海实践,领导了一系列海上探险活动。摩洛哥的休达是直布罗陀海峡及地中海与大西洋间的海上咽喉要道,葡萄牙的探险活动便以此为基地而逐渐展开。头十年,他们主要关心马德拉群岛和亚速尔群岛。1434年吉尔·埃阿内斯绕过博哈多尔角(北纬26°),这是非洲海岸最凶险的海角之一。嗣后,葡萄牙人开始使用更为安全而迅速的轻快帆船,探险活动更加频繁。1445年,迪尼斯·迪亚斯(Dinis Dias,到达非洲最南端的巴尔托洛梅乌·迪亚斯之父)到达佛得角和塞内加尔河口(北纬16°),两年后,到达几内亚海岸(北纬12°)。1460年,葡萄牙航船到达塞拉里昂(北纬8°)。此后不久,恩里克王子去世。1960年,为纪念堂·恩里克王子逝世五百周年和对于葡萄牙航海事业的贡献,里斯本的特茹河北岸建起一座"大发现纪念碑",此地也是葡萄牙航海家达·迦玛发现印度洋航路之旅的扬帆之处。此碑远看为一艘别致的石刻巨型帆船,近观则像一柄刺向天空的宝剑。堂·恩里克站立船中,四周站立着协助他的船长、地理学家、数学家、木匠、诗人等。

堂·恩里克王子像

1487 年 7—8 月间,一个小型的船队在巴尔托洛梅乌·迪亚斯(Bartolomeu Dias,约 1450—1500)率领下,从里斯本沿着西非海岸南下,当年年底就已经到了后来被称为好望角的南非海角,在这里遭遇了大风,有一个船员不幸遇难,不过,船队依然继续航行,次年 2 月,他们航行到南非东南部如今被称为伊丽莎白港的地方,这才反向找到了通往印度的航道。但是,他们必须返回向葡王复命,回到里斯本的时候,已经是 1488 年 12 月了①。

堂·恩里克王子的努力为葡萄牙要求"保教权"奠定了基础。15 世纪后半叶(1452—1484),教宗颁发一系列训谕维护葡萄牙的海外特权,第一份训谕是 1452 年 6 月 18 日教宗尼古拉五世为葡萄牙国王颁布的《相反的方向》,此外的重要训谕还有 1455 年 1 月 8 日的《罗马最高祭司》(尼古拉五世颁布)、1456 年 3 月 13 日的《划子午线为界》(加里斯都三世颁布)、1481 年 6 月 21 日的《不朽的国王》(希斯托四世颁布)。1455 年训谕不仅确定已发现的"从博哈多尔角和纳奥角经过整个几内亚并从几内亚到南方的地方"永远属于葡萄牙王室,而且把"已经获得的或将来终要获得的海外省、岛屿、港口、地方和海洋作为永久产业赐给那位堂·阿丰索国王、他的继承人和王子,不论其大小、数量和特性如何",甚至以革除教籍相威胁,禁止其他任何人在没有葡萄牙国王和王子特许的情况下插手这些地方。训谕也批准了葡萄牙人在所到之地的各种宗教权利②。该训谕的一个特点是未加限制地赐予了葡萄牙人征服的权利。1456 年的《划子午线为界》将已发现的或待发现的从博哈多尔角和纳奥角经几内亚直到印度人中间的所有南方土地的宗教管辖权赋予葡萄牙天主教骑士团(1443 年成立,堂·恩里克王子任统领),相当于承认这些土地的主权属于葡萄牙王室。1481 年的《不朽的国王》首先是与下文要述及的葡、西条约有关,但同时将葡萄牙的发现权利扩展到印度洋。这些训谕的另一个特点是,被郑重通报欧洲所有国家,从而使得葡萄牙人垄断的特许状具有国际法的性质。此种做法的效果显而易见,自 1455 年训谕颁布后,西班牙人在近四十年里都遵守它们,堂·恩里克的发现事业在这期间得以不受干扰而蒸蒸日上。直到 1484 年 9 月 12 日,教宗英诺森八世(Innocent VIII,1432—1492)仍在颁布有利于葡萄牙人的训谕,但此后形势发生逆转。

西班牙长期遵守教宗训谕的一个重要原因是内部封建割据导致国力衰弱,

---

① 关于迪亚斯的探险历程,参见[英]罗杰·克劳利:《征服者:葡萄牙帝国的崛起》,陆大鹏译,北京:社会科学文献出版社,2016 年,第 35—40 页。
② 该训谕主要内容参见[葡]雅依梅·科尔特桑:《葡萄牙的发现》第二卷,王华峰等译,北京:中国对外翻译出版公司,1997 年,第 519—523 页。

从而无力进行海外扩张。与之相反,葡萄牙的社会结构统一,统一的基础是倾向向外扩张的天主教,从事航海事业的资产阶级是其最稳固支柱,而国王则是航海商人教友会最富有、最高贵的象征。不过,葡萄牙的强大和独立都依赖于海外事业,因此对其海外贸易基地的几次成功打击就足以给它造成致命损伤。西班牙人虽尚不能发现新土地,却很快明白葡萄牙这一弱点,在15世纪中期就开始袭击和劫掠自几内亚返回的葡萄牙三桅帆船。1469年卡斯蒂利亚的伊莎贝尔与阿拉贡的费尔南多结婚,两国于1479年合并,此间西班牙野心逐渐膨胀,1476年起与葡萄牙人展开海战以争夺在非洲和几内亚的权利。战争中,葡萄牙虽屡次得胜,却也无心恋战而急于保护海外贸易活动,西班牙的两个王国则因战争而愈加分裂和贫困。因此两国通过谈判于1479年9月4日签署《阿尔卡苏瓦什和平条约》,条约中西班牙承认了葡萄牙在几内亚的主权,而葡萄牙承认西班牙卡斯蒂利亚和阿拉贡国王在加那利群岛的主权。西班牙国王和葡萄牙国王先后于1480年3月和9月批准条约。条约并于次年通过教宗训谕《不朽的国王》得以确认并生效。签约后的西班牙显然不满足于此,1492年哥伦布在伊莎贝尔女王支持下到达美洲,使西班牙具有了海外发现的资本;而于1479年授予西班牙君主夫妇"天主教双王"称号的教宗亚历山大六世(Alexander VI,1431—1503)为西班牙籍,这些有利条件促使西班牙满怀信心地将葡萄牙拉回谈判桌,缔结著名的《托尔德西拉斯条约》。

在谈判过程中,教宗亚历山大六世首先应西班牙国王的要求颁布了一系列偏向西班牙的训谕。1493年5月3日颁布第一份训谕《相互共存》,将先前不为人知,现已被哥伦布所发现的大洋的西方、朝向印度方向的陆地和岛屿的主权,以及其他在这个方向的尚未被发现的未处于任何基督教国王和亲王临时控制之下的陆地和海岛的主权,均授予西班牙君主。不久,西班牙拒绝了葡萄牙以加那利群岛所在的纬度线划分南北势力范围的提议,并促使教宗于6月颁布一份新的训谕《相互共存》,作为对5月3日训谕的修订,其中规定以南极或北极为起点,在离亚速尔群岛或佛得角群岛100里格处划出一条界线,这条线以西和以南发现的和有待发现的、1493年以前任何基督教国王和亲王不对之享有主权的海岛与陆地均被教宗授予西班牙君主。7月,又颁布第三份特别训谕,额外强调西班牙君主可以在他们的新领土上行使罗马教廷授予葡萄牙国王的相同的权力,即领土主权和宗教管辖权。最后一份训谕《最新情况》标注9月26日签发,不仅废除了以亚速尔群岛和佛得角群岛一百里格处的经线来划分势力范围的明确说明而退回到第一份训谕的模糊表述,还废除了前几任教宗授予葡萄牙历任天主教骑士团统领的特权,并吊销了他们在西方所发现土地的全部所有权声明书。

这些训谕所代表的是教宗对西班牙做出的一系列重大让步,同时还通过伪造签发日期来掩人耳目。5月3日颁布的第一份训谕《相互共存》其实4月即已拟定并为西班牙所知,以有助于他们在4月底5月初与葡萄牙的谈判中占据主动。6月和7月颁布的两份训谕所标署的日期提前到5月3日和5月4日,最后一份训谕所署的"9月26日"同样是被提前的签发日期。在这几个月中,西班牙王室不断咨询哥伦布,然后不断与教宗协商训谕内容;而将各份训谕签发日期伪造成一个较集中的时期,正是为了掩盖这种行为。然而葡萄牙则利用自己丰富的地理知识进行了更高明的欺骗。首先要明确,葡萄牙人和西班牙人海外发现活动的最高目标都是为了寻求到达盛产香料的印度的航路和垄断同东方的贸易。但西班牙人对印度的概念因受哥伦布影响而与葡萄牙人大不相同,对葡萄牙人来说,这一目标可以具体为把经好望角通往印度的海上贸易通道据为己有。葡萄牙国王长期以来坚信绕过非洲可以到达印度,而1488年巴尔托洛梅乌·迪亚斯已经在不知情的情况下到达非洲最南端,有证据表明1491年时葡萄牙国王堂·若昂二世(D. João II,1481—1495年在位)已经确定:通过好望角到达印度是获取香料最快最实际的一条航线,但这一切都在葡萄牙长期保密政策的精心封锁或掩盖之下。于是,葡萄牙人在谈判时着意在西班牙人中造成仅仅是捍卫非洲以西陆地拥有权的印象,不仅上面的教宗训谕都是针对这一点,而且在1494年4月底5月初的最后谈判阶段,争论也仅集中在与大西洋有关的航海区域和征服活动。葡萄牙方面丝毫没有涉及本国政策的最高目标——发现通往印度的航路及垄断东方贸易通道,由此将西班牙君主导入误区。《托尔德西拉斯条约》的主要内容表明,葡萄牙人实现了他们的基本意图。

1494年6月7日,葡、西两国的代理人签署了《托尔德西拉斯条约》,《条约》规定以经线或其他方式,在佛得角群岛西面370里格处,划出一条从南极到北极的直线,线以东所有已发现的和将来发现的一切都属于葡萄牙,线以西则属于西班牙。双方的委托人还相互保证,双方的君主将不向《条约》所规定的区域之外派人从事发现、贸易或征服活动,如果偶然在对方领域内发现了陆地,那么这些陆地将属于《条约》规定对该区域享有权利的君主。《条约》的最后,代理人以双方各自君主的名义发誓,不向教宗、任何教宗特使或大主教请求废止和放宽条约内容,而且即使他们主动给予放宽,也不利用它。双方都同意先请求教宗肯定和批准该条约。7月2日和9月5日,西、葡两国国王分别批准了条约。通过《托尔德西拉斯条约》,葡萄牙保留了通往印度的真正航道,还争得了今日巴西的一大部分地区。

瓦斯科·达·伽马(Vasco da Gama,1460 或 1469—1524)于 1497—1499 年绕过好望角抵达印度的航行使葡萄牙在以前的教宗训谕和《托尔德西拉斯条约》的庇护下实施东方政策成为现实,也使西班牙国王深刻体会到了被欺骗的痛苦。然而麦哲伦的远征军 1521 年抵达东印度的马鲁古群岛(香料群岛)则使西班牙重新振奋,亦使葡、西两国围绕《托尔德西拉斯条约》再起争执。两国君主自 1521 年到 1529 年为确定各自在太平洋进行殖民统治的界线进行了艰苦谈判,双方根据《托尔德西拉斯条约》中子午线分界的规定,提出以假设的反子午线的投影在太平洋上形成一条半圆形分界线。但因为不能确切计算马鲁古群岛的地理坐标,双方都以自己的计算为依据而认为群岛在自己的势力范围,并为此自 1523 年僵持到 1529 年,西班牙终因财政困难而以获得一定补偿为代价放弃对马鲁古群岛的权利并接受了以马鲁古群岛向东北偏东 1/4 度方向东移 19 度的地方为东方分界线。因此,1529 年 4 月 23 日缔结的《萨拉戈萨条约》可视为《托尔德西拉斯条约》的后续,教宗赋予两国的特权经由这两份条约得到确认,葡萄牙和西班牙瓜分世界的这种格局有效地持续了一百多年,而此后发生的中国与欧洲的一切交往正是在这样的基础上逐渐展开。

2. 葡萄牙经营印度

经过多年沿非洲西海岸的航海探索,葡萄牙人掌握了一条从好望角绕过非洲大陆、经印度洋到达东方的航路。1497 年 7 月 8 日,葡萄牙圣地亚哥骑士团首领、贵族瓦斯科·达·伽马率领由四艘战舰组成的小舰队离开特茹河,12 月绕过好望角并很快驶入印度洋海域,沿非洲东部海岸一路北上至肯尼亚的马林迪,然后在当地国王所派领航员的带领下斜贯印度洋西北角,于 1498 年 5 月 20 日抵达印度的卡利卡特。葡萄牙人从 1433 年发现几内亚海岸以来孜孜不倦的海外发现活动至此终于获得圆满结果。舰队在卡利卡特停留至 8 月 29 日,因试图与当地政权建立友好关系未果而决定返回葡萄牙,1499 年 7 月 10 日抵达里斯本,达·伽马本人则因故耽搁,8 月底才返回。

支持葡萄牙人大胆挺进印度的是一种错误的幻想——印度有大量基督徒、马拉巴尔(Malabar)海岸的扎莫林王国及其他实力不强的大小君主都信奉基督教、借助他们的友善和帮助定能战胜穆斯林。达·伽马在印度遭受的挫折并未能驱散这些幻想,葡萄牙政府反倒立即着手实施他们建立东方帝国的计划。自 1500 年到 1504 年,葡萄牙先后向印度派出四支舰队,舰队规模基本都是 10—20 艘船只,每支舰队的指挥官在印度的停留时间只有半年左右,这段时间往往是在与仇视他们的卡利卡特扎莫林王国的战争中度过的。但其间也取得一些成

达·伽马铜像

果:与科钦国王结盟,在科钦、坎纳诺尔(Cannanore)、奎隆(Quilon)建立商站,在科钦修建一座要塞和一座教堂。这样的贸易基础十分脆弱,每当葡萄牙舰队离去,扎莫林人或摩尔人就组织袭击,常使留驻的战舰和士兵疲于应付。葡萄牙的海外代表1502年就试图封锁红海海口、控制印度洋的航行和贸易,但葡萄牙政府也很快领教到来自东方国家的和依赖旧有东方贸易分配体系的意大利人的强大阻力,于是决定建立印度总督管区以确保自己的垄断地位。为此,还需要在战略要地修建要塞,并派遣一支小型军队和一支船队常驻东方。葡萄牙政府规定总督和管区的各类皇家官员任期均为三年,也规定了军官及士兵在航行期间和在陆上期间的年薪,但也允许他们常年参与胡椒贸易,以资鼓励。

1505年3月,第一任印度总督堂·弗朗西斯科·德·阿尔梅达(D. Francisco de Almeida,1450—1510,任总督时间为1505—1509年)率领一支由22艘高舷帆船和1500名士兵组成的船队起程前往印度,选择果阿(Goa)建筑城堡要塞,并攻占了印度沿岸的科钦等地,初步建立起若干要塞据点。他不满足仅对印度的强力控制,还往东探查了马尔代夫、斯里兰卡等地,与摩鹿加(Moluccas)签订贸易协定。阿尔梅达可谓欧洲东方殖民者的先驱。此后直到1557年澳门基地建立,这五十年是葡萄牙东方帝国的扩张时期,而这个海上帝国是通过不断的战争来维系的。

阿尔梅达任总督期间，葡萄牙人先后占据一些海角、岛屿或其他容易防守的地区，在这些地方的海岸建立一连串商站和堡垒作为其据点，在印度的5座要塞还设立"路牌"制度以控制非葡萄牙船只出入印度洋。这些据点也是葡萄牙人和东方人交换各自产品的市场。商站和堡垒通常相隔遥远，不时遭到可怕的攻击，总督往往竭尽全力才能击退对手。继任总督阿丰索·德·阿尔布克尔克（Alfonso de Albuquerque，1453—1515）在1509—1515年任职期间，确立了葡萄牙在东方一百多年牢固统治的基础。他的基本策略是控制出入印度洋的狭窄的海上通道以粉碎阿拉伯人的贸易网。他极具战略眼光地选择有丰富资源并能够控遏印度以及波斯湾、红海两个海峡之间的海上通道的果阿建立总督辖区首府，此地直到1961年都是葡萄牙属地。他在1511年7月攻克马六甲从而控制了远东商贸必经之地的马六甲海峡。他组织了一个复杂的贸易网络，将印尼的一些岛屿连接至马尼拉（Manila）这个集散地。由此，他在战略要地如霍尔木兹、果阿、马六甲、卡利卡特、坎纳诺尔、科钦修建或巩固了要塞，就地建造了许多战船。从阿丰索·德·阿尔布克尔克开始，葡萄牙东方帝国的统治者们也注意在所攻占的城市设立能够巩固统治的制度，如与土著女子通婚，安置大批造船和制造各种兵器的工匠；积极开展外交，与南亚和东南亚各国都建立过维系时间不等的友好关系。开展远东贸易一直是历任总督的重要关注点：1519—1521年同勃固王国（缅甸）的各个港口建立了有利可图的长期贸易关系；1512年以后在中国东南沿海也设立一些商站；1521年在特尔纳特（在今印尼特尔纳特苏丹国）建立了堡垒，进而控制了班达岛（Banda）等印尼岛屿。

　　葡萄牙人16世纪在亚洲内部和欧亚之间的贸易，起初是王家贸易形式，后来逐步私营化。1539年前后，名义上已经是自由贸易了，但私营商人仍然有义务在马六甲将三分之一的货物以固定的价格卖给王室，若使用王室船只，还要缴纳运费。他们可以把1000—1300公担的丁香运回欧洲，不过，这只是他们在亚洲内部的香料贸易量的三分之一罢了[①]。

　　近代早期的亚洲大陆国家与欧洲国家相比，通常幅员辽阔、人口稠密、生产力更高，但是亚洲四围的海岸却向侵略者敞开。只要入侵者以充分的海军力量和组织策略挡住土耳其的舰队并深入印度洋水域，便可扬帆亚洲诸海。这就是葡萄牙能够建立东方帝国的关键，不过，这也是欧洲诸国在亚洲拓展的局限。

---

① ［美］桑贾伊·苏拉马尼亚姆：《葡萄牙帝国在亚洲：1500—1700》（第二版），巫怀宇译，桂林：广西师范大学出版社，2018年，第202—203页。

从 15 世纪起直到 18 世纪末它们不能直接接近亚洲的领土国家,只能在亚洲大陆沿海的边区建立殖民地和通商地点,活动范围只限于海岸上不稳定的几个立足点。也正因如此,葡萄牙人为维护这个建立在不稳定海岸基地上的东方帝国花费巨大。

葡萄牙人在东方的殖民地可分为 3 种形式:1) 葡萄牙人拥有绝对主权的真正的殖民地,果阿、莫桑比克、马六甲和第乌(Diu)属于此类;2) 主权属于当地土著人国王,他们是葡王的盟友或纳贡人,葡萄牙人在这些地方或修建要塞,或设置葡萄牙人居民点,或设普通商站,或设普通的长官署,波斯湾到印度洋海岸一带的多数地区属于这种情况;3) 完全从属于当地所在国统治者意志、主权彻底独立于葡萄牙王权的殖民地,如其在东南亚一带和中国宁波至澳门一线的据点,在这些地方只有长官署或商行。统治形式的多样性和统治地区极其分散给总督行使权力带来困难。16 世纪中叶之后,总督的实际管辖范围很少超出果阿一带,葡萄牙人也从来没能在外洋航线上实现完全垄断的目标,阿拉伯人和威尼斯人不仅没有被逐出贸易领域,而且一直是葡萄牙人的坚强竞争对手。而葡萄牙还有分散在非洲和美洲的大片殖民地,各殖民地间限于航海条件很少往来。此外,葡萄牙这个民族着实太小,政府不具备足够的力量长期保卫和控制这个涵盖大半个地球的殖民帝国。

葡萄牙国内的经济基础一直薄弱,海外贸易的发展结果也没能促进国内发展,这是其海外探险事业昙花一现的根本原因。在西班牙光复之前,葡萄牙同摩尔人和卡斯蒂利亚人的长期斗争就已经导致该国人口下降。长年的海上探险也损失了大量人口,通常,出海的数千人中只有不到 10% 的人能回来。此外还有饥荒和瘟疫导致人口大量削减,16 世纪,葡萄牙的人口从两百万减少到不足一百万。为了弥补南方劳动力的缺口,非洲人被作为奴隶带到葡萄牙,然而这将农业劳动变成一种耻辱,农民们纷纷卖掉土地挤进城镇。使用奴隶劳作的大庄园制度流行开来,许多从事奴隶贸易的商人因此发了财,但这对于商业流通和国内整体经济发展没有什么益处。此外,葡萄牙的领土过于狭小,支撑不了大规模贸易活动。仅有的出口产品是羊毛和葡萄酒,数量少到经常装不满船舱。山里的矿藏尚未开发,工业则几乎没有。即使葡萄牙船只千里迢迢将异国货物带回里斯本,葡萄牙商人也不屑费力卖给欧洲各国。起初还有商船将货物带到安特卫普,不久之后就都集中在里斯本等待顾客上门并让买家自己负责运输。荷兰人立刻接手这项利润丰厚的转口贸易,同时也把其他欧洲国家的制造品运来卖给葡萄牙人,于是葡萄牙从海外贸易中赚来的钱大部分用来进口商品了。殖民地的总督和官员更不会考虑国家发展,他们自身地位不稳,政府怕他们独立而对之频繁调动,于是他们只关心自身如何在短暂的任期内快速敛财。

1580年,葡萄牙与西班牙合并,此历史事件的后果是:葡萄牙不仅分担了西班牙的扩张活动产生的沉重的财政负担而导致自身实力削弱,也分担了西班牙的国际政策导致的巨大损失——西班牙君主禁止臣民与起而反抗的荷兰发生任何关系,将驱逐犹太人的政策延伸到葡萄牙,犹太人立刻带着钱去了荷兰与法国;西班牙的宗教狂热也波及葡萄牙的海外殖民地,从而激起当地人对殖民者的敌视。与此同时,英国私掠船在海上抢劫葡萄牙的帆船,荷兰舰队攫取它在东方的岛屿和商站,而葡萄牙全无还手之力。17世纪中叶,葡萄牙恢复独立,但已荣光不再。18世纪上半叶,它在贸易和经济上成为英国保护国。但是巴西这个富饶的大殖民地始终是葡萄牙的,1680年起葡萄牙人开始开采巴西的金矿,1729年发现钻石矿,此外巴西还出产糖、烟草、贵重木材、可可、靛青。但是,葡萄牙的金币都为了购买各种生活必需品而流向国外,因为葡萄牙国内除了为英国市场生产葡萄酒及制作相应的软木塞,再没有任何制造业,甚至连食品供应都不能自给。1750—1777年,葡萄牙出现了一位果敢而又能干的首席大臣蓬巴尔(Pombal),他在使葡萄牙摆脱英国监护、对抗天主教会代理人和建立本国制造业方面做出突出的成绩。然而蓬巴尔树敌太多,1777年被赶下台,他的改革措施大部分被废除。

葡萄牙的海上帝国崛起迅速,巩固不易,崩解亦快,很快就有其他欧洲国家开始无视葡萄牙在东方的特权而纷纷染指亚洲,即使葡萄牙人直到18世纪都在努力控制好望角航线,局面也未能得到改善。但必须要承认,葡萄牙在中世纪末期的地理发现及其征服活动对基督教向全世界扩张起了巨大作用,也加速了西方文明的中心从地中海转移到大西洋。

3. 西班牙的帝国梦

16世纪,西班牙的注意力更多在美洲大陆而非亚洲,这首先是因为他们在美洲获得的贵金属的价值与东方的香料不相上下,因此长期集中精力开发在墨西哥和秘鲁发现的银矿。其次是因为西班牙在亚洲屡战不利,首先是与葡萄牙争夺马鲁古群岛时遭到惨败从而被东方分界线隔出亚洲;接着他们对不属自己势力范围的菲律宾群岛产生兴趣并于1542年前去考察在当地贸易、征服和殖民的可能性,结果又败在葡萄牙人手里。1564年,西班牙人开始了对菲律宾的又一次探险,终在1565年4月于群岛中部偏南的宿务(Cebu)小岛上建立据点。接下来几年,西班牙人努力调查群岛的物产和贸易情况,最使他们感兴趣的是中国人和日本人每年都去宿务西北部的吕宋(Luzon Island)和民都洛(Mindoro)两个大岛开展贸易。鉴于马鲁古群岛的形势始终不利于西班牙人,他们最后决定征服菲律宾,然后北上中国。于是西班牙人选择攻占吕宋首镇马尼拉并在 1571 年 5 月轻易得手,随后便开始了将马尼拉殖民化的进程,也立刻开始实施以马尼拉为据点向四面开展贸易的设想。不过,西班牙还没来得及借助菲律宾在亚洲拓展其殖民帝国时,荷兰、法国、英国已突破葡萄牙"保教权"的限制,纷至沓来,开始对综合实力已呈衰落趋势的葡萄牙和西班牙构成重大挑战。

16 世纪的大部分时间里,西班牙是欧洲霸主和世界霸主。在欧洲,它越过比利牛斯山脉,法国招架乏力;它取得意大利的部分领土并声称对更多意大利领土享有权利;它与奥地利联合起来而雄视欧洲。在海外,它拥有教宗赋予的对半个地球的"保教权",后来又吞并了葡萄牙,从而名义上拥有一个全球帝国,腓力二世(Felipe II,1527—1598)还自诩为抵抗土耳其人的基督教保护者。真正令西班牙腰杆挺直的是它拥有看来采之不竭的白银,可以为西班牙争取盟友和支付军队花销。1545 年起,墨西哥和秘鲁的银矿平均每年生产三百吨白银。西班牙的海军在 16 世纪初拥有一千艘战舰。商业方面,它不仅有利润丰厚的美洲贸易,还长期维持兴旺的地中海贸易和北大西洋贸易。15 世纪末期到 16 世纪上半叶,西班牙国内以武器制造、造纸和纺织为主的制造业很发达,肥皂生产也享誉欧洲。格拉纳达的农业在擅长灌溉技术的摩尔人经营下相当成功,安达卢西亚变成南部欧洲丰饶多产的典范。虽然天主教国王夫妇以冷酷的宗教清洗政策赶走了四十万摩尔人,还是有一些人留下来继续悉心照料土地,成为西班牙农业繁荣的重要基础。一些新的经济作物也于 16 世纪在西班牙培育繁殖。

但是,16 世纪末期开始,西班牙迅速衰落,直到 18 世纪后期才有所恢复。西班牙衰落的原因体现出这个本质上半封建的国家在政治和经济方面的各种缺陷。第一,政府未能建立自己控制下的统一的经济体系,当战争和奢侈的宫廷生活令国王们感到缺钱时,西班牙各地区的自然隔离状态为设关收税提供了天然便利,腓力三世(Felipe III,1578—1621)为了攫取金钱甚至不惜让货币贬值。第二,国王的绝对权力被用于为天主教会的利益服务,国王们的宗教统一理想造就各种疯狂的宗教迫害行为,国民的智识生活严重受阻,与外国文化的联系被粗暴切断,持有异端思想则是自寻死路。对犹太人和摩尔人的持续驱逐与迫害损害了国家的商业和农业基础,对低地国家新教徒的压迫则导致荷兰的独立,而荷兰日后成为西班牙最强劲的海上对手。腓力二世甚至异想天开地在不属他统治的英国、法国和瑞典等地也设立服从于他的宗教法庭,为此消耗了可观的力量和财富。第三,整个社会存在普遍轻视商业的观念。这个国家的贵族以军人为主体,军人退伍后成为庄园主,他们和他们的后代鄙视商业和工业。17 世纪末,西班牙有 62.5 万名贵族,至少是法国的四倍,而法国的人口比西班牙多得多。除此之外,还有数量不断增加的僧侣。所以,在总人口减少的同时,劳动力的比例也在下降,大量宗教节日造成的强迫闲暇则使有效工作量进一步减少。第四,来自殖民地的财富没能用于促进贸易。西班牙从殖民地获得的基本都是贵金属,它们直接进了首都的金库。国王没有想过要让殖民地成为西班牙制造品的稳固市场,也没有想过要用殖民地的物产开辟欧洲的市场。港口城市塞维利亚曾经有近半数工业人口,也曾想大力发展同亚得里亚海及黎凡特的贸易,但国王为了增加自己的收入对这里的进出口贸易征收具有毁灭性的关税。16 世纪末,这个国家的富商阶层一度有发展壮大的迹象,一些贵族也改变了经商可耻的观念,可是政府却对从事海外贸易的人残酷压榨,以国债而不是金钱"购买"异国货物,到头来常常连本带利都不偿付,官员则是从事外贸活动者必须贿赂的对象。凡此种种,使西班牙的上层中产阶级刚刚诞生就悲惨夭折。第五,国家政策导致工业、农业和商业的衰落以及经济知识贫乏,继发后果便是 17 世纪开始,西班牙聚敛的金银纷纷流入外国,西班牙仅仅是新世界金银的中转站。除了因为必须购买外国制造品而高度依赖外国制造业,外国银行家和外国船主也成为西班牙国王的救命稻草,而德国、荷兰与英国借此要求各种经济特权。结果,西班牙国内贸易额的 5/6 掌握在外国手中,大宗商业贸易被外国垄断,大制造业也被外国控制。第六,人口减少使国内市场需求日渐萎缩,这又进一步加剧制造业和农业的衰落,曾经在精心灌溉下富饶一方的土地复为大片荒原,北海的渔业资源完全被大西洋沿岸居民忽视,农民们以各种方式移居国外。最终,由于国家对经济生活长期全面忽视,人民普遍贫困,西班牙的政治活力也荡然无存。18 世纪中叶查理三世时期(1759—1788 年在位),西班牙的经济在两位能臣的领导下有所恢复,但仅是昙花一现,1788 年以后这个国家又陷入衰退和苦难的泥淖。

三、西北欧国家的远东角逐

葡萄牙和西班牙如彗星般耀眼夺目地绕行过整个地球,之后又如流星般快速陨落,西北欧则继之成为世界经济和政治舞台的坚强核心。究其原因,在于西北欧国家尤其是荷兰与英国乃是近代资本主义的真正诞生之地。除了政治制度的活力之外,在经济上,它们对商业和海外贸易的重视同对制造业和农业的重视同调,它们的贵族和国王将自己的利益和整个国家的利益摆放得较为平衡。在海外

荷兰东印度公司的船只

贸易方面,最具有近代特色的创新是东印度公司这一贸易组织形式。

东印度公司的产生也是资本主义发展的一项突出结果。荷兰与英国的特许公司由商人集资控股再由政府授予特权,商人与政府间是一种联盟关系,这与葡萄牙和西班牙的王室经营及为王室敛财有显著不同。特许公司因拥有特权和保护其成员的力量,从而也担当起国家殖民扩张的先锋。例如,英国东印度公司有权在东方拥有大批武装力量和雄厚资本,可在亚洲无限制铸币,有权对外宣战媾和,可为殖民地政府制定法律,可在必要时实施军事管制法。荷兰东印度公司有权开辟殖民地,建立海陆军,修建要塞和兵工厂,铸造货币,在所控制地区行使完全的立法、行政、司法等大权,甚至可以用荷兰政府名义在东方宣战、媾和、缔结条约。所以,荷兰和英国都是通过东印度公司来开辟并控制其东方殖民地,这与葡萄牙、西班牙以国家军力控制殖民地从而保护贸易的模式不同。特许公司也有力量把国外贸易集中在一个中心,因此大大提高运营效率。这些特点使西北欧各国在17世纪、18世纪竞相组建东印度公司,并借此打破葡萄牙在东方的垄断格局。

1. 荷兰东印度公司一枝独秀

起初,西北欧国家碍于伊比利亚的势力而竭力不去侵犯葡、西两国的活动范围,避免进入葡萄牙控制的好望角航道,于是从 16 世纪中叶开始便致力于寻找一条可通达东方的东北或西北航道。然而持续六七十年的探险均宣告无效,这成为驱使他们侵犯伊比利亚人美洲和亚洲领地的重要动机。此外,16 世纪后期正是西班牙把欧洲搅得动荡不安的时候,尼德兰(Nederland)对西班牙的反抗运动使腓力二世在 1580 年对荷兰人关闭了伊比利亚半岛各港口,腓力二世的军队封锁直布罗陀海峡航道也使英国人无法通过地中海获得东方产品。这些举动促使英、荷两国决定直接挺进东印度群岛。

荷兰人首先向葡萄牙人的东方霸权挑战。1592—1594 年,探险家霍特曼(Cornelis de Houtman,1565—1599)找到香料群岛并返回荷兰。大约同一时间,范·林索登(Jan Huygen van Linschoten,1563—1611)自印度返航,并于 1595 年发表《旅行日记》,详细描述了此前为葡萄牙人极力秘藏的好望角航线。于是,4 艘属于刚刚成立的"长途贸易公司"(compagnie van Verre)的荷兰商船于 1595 年前往东印度群岛。1598—1602 年间已经有几十艘荷兰船前去东方,分属不同的私人贸易公司。在荷兰人的所有海外贸易活动中,一种造价低廉却拥有巨大容积的三桅商船是他们事业成功的重要依凭。此外,荷兰人在东方的成功秘诀在于"东印度公司"这种组织形式。1602 年 3 月 20 日,荷兰人将各种私营贸易公司合并为一家国有公司——荷兰东印度公司(Vereenigde Oost-Indische Compagnie)。这不仅结束了远洋航行的无组织状态,还通过赋予公司许多特权使之成为在亚洲有独立的政治、经济和军事权力的准跨国公司,能够有效地应对和决策亚洲殖民地事务。公司独享在印度洋和太平洋航行的权利,还能进行征服活动。每次更新特许证时,荷兰议会总能从征服活动的利润中分得更大份额。

1619 年,荷兰人在总督约翰·彼得松·考恩(Jan Pietersz Coen,1587—1629)的领导下于印尼群岛建立巴达维亚城(Batavia),它从此成为荷兰人在亚洲发展贸易、建立领地的坚实基础。荷兰人自 16 世纪末就开始进攻葡萄牙人的据点,但因幅员宽广,直到 1641 年攻陷马六甲才使葡萄牙在亚洲的领地真正分崩离析,1658 年又将葡萄牙人逐出斯里兰卡。随着马六甲和斯里兰卡渐次被荷兰人占领,其东方殖民地愈加巩固,随后还占领了好望角地带的开普角(后来的开普敦),对葡萄牙人构成重大威胁。17 世纪中叶,荷兰人分别与日本和中国建立贸易联系。荷兰东印度公司组织了三个独立的船队,其中两个分别负责欧洲和亚洲海岸的贸易,第三个则定期作远洋航行,将亚洲和欧洲的市场联系起来。

荷兰人能够在东印度群岛争夺战中打败葡萄牙人有各方面因素。第一,荷兰船只数量远多于葡萄牙,而且荷兰船质量更好,所配大炮更加精良。第二,荷兰人的根据地在岛屿上,出海时间可以较长,葡萄牙人的根据地则在印度半岛西侧中部离海不近的果阿,因此荷兰人更主动。第三,荷兰的水手和士兵来源充足,除了荷兰本国人,还有法国、日耳曼、斯堪的纳维亚和英国的佣兵(英国佣兵限于1652年以前)。葡萄牙则缺乏水手,长年海上探险早已损失大量水手,他们也无法让东印度群岛的本地人当兵,通常只能从监狱中征招犯人。第四,荷兰指挥官更精通海军战术,其军队训练有素,部署调度的权力也更充分,葡萄牙人的战术和指挥思想还停留在上一个时代。第五,葡萄牙高度重视宗教信仰的推广,占领一地之后要为强制当地土著人改宗投入大量精力,自然也会激起抵触,荷兰人则明白自己最关心贸易,明智地不以传教危及贸易。最后,葡萄牙由于国内经济问题财政越来越吃紧,荷兰的国力却蒸蒸日上。

荷兰东印度公司依靠有效的海上联系、本土的信贷和投资以及对垄断的不懈追求,在亚洲建立起一个几乎毫无障碍地运转到1690年的商品调剂系统。公司成立不久,平均红利就达到25%。1621年,荷兰人又组建西印度公司,发展速度甚至超过东印度公司,几年内商站遍布几内亚海岸,在加勒比海也建立几处商站,并在北美洲获得一个据点。但西印度公司遭到英国的挑战,繁荣时间不长。

荷兰东印度公司在努力建立贸易垄断地位的过程中也逐步走向领土扩张,到17世纪末,荷兰人在亚洲虽仅管理一小块地区,但荷兰东印度公司的众多被保护国却构成一块很大的地区,这些被保护国在18—19世纪被荷兰吞并。在荷兰海外贸易的黄金时节里,东印度公司的一大成功是通过控制最关键的商品(如17世纪前期的胡椒和后期的细香料、18世纪初期将咖啡树引进东印度群岛)和市场而牢牢掌握亚洲的近海运输体系,这使他们在1700年以后能够弥补欧洲香料贸易利润降低的损失。细香料在远东还是一种交换手段,荷兰人长期以货易货的亚洲贸易凭借它打开了许多市场。东印度群岛的咖啡产量从1711年的100磅剧增至1723年的1 200万磅以上,随着咖啡变成欧洲人热衷的时尚饮品,荷兰人作为主要供应者而获利丰厚。17世纪的荷兰人在北极海域、波罗的海、美洲和南非的贸易也都成绩可观。

然而,荷兰东印度公司在18世纪还是走向了衰落。原因一方面与17世纪的扩张事业付出了沉重的战争成本相关;另一方面也是因为荷兰东印度公司在18世纪中期以后面临严重的经营困境,公司长期以来把为股东发放高额红利放在首位而不顾公司经营状况好坏,17世纪和18世纪里平均每年要发放18%—20%的股东红利。18世纪,即使公司利润很低的时候,仍不惜借债发放红利,结果不可避免遭遇1788年夏季的严重财政灾难。荷兰东印度公司设立的初衷是为少数人攫取资本,这从根本上导致它难以长期有效地维持。当然,公司的衰落也与各种具体经营行为的失当直接相关,比如巴达维亚的负责人惯于坐享其成,不关心市场变化;又如公司不给商业代理人自行从事印度洋贸易的权利,于是商业代理人以营私舞弊、贪污受贿来获取自己的利益,这成为公司常态。

　　荷兰东印度公司的衰落还受外部形势影响,即与阿姆斯特丹逐渐失去欧洲经济中心这一地位相呼应。17世纪是荷兰人海外贸易的黄金季节,1650年前后达到顶峰,当时荷兰拥有一万多艘船只,近十七万名海员,每年有一千艘船从船坞下水,强大的海军则巡弋世界各地保护船主。荷兰探险家不满足于仅停留在好望角航道,仍在探索从欧洲北部经北极海域到达远东的航线。荷兰的私船则大胆抢劫来自墨西哥和秘鲁的大帆船。由于资本迅速增长以及财富瞬间大量积聚,为了方便兑换,储蓄和抵押银行应运而生,阿姆斯特丹在1609年成立银行,鹿特丹则是在1635年。荷兰的良好治安和不分国籍的贸易自由政策、来自低地尼德兰和法国的逃难工匠以及荷兰人自身的勤奋与细致,都是促使该国商业繁荣、工业增长的原因。但到了17世纪中期,荷兰遭遇两个强大邻国的竞争。先是英国对荷兰船只关闭港口,挑战荷兰商船对海洋的统治权。接着法国的路易十四(Louis XIV,1638—1715)派兵侵入荷兰,为了赢得这场战争,小小的荷兰共和国打得筋疲力尽。与此同时,荷兰的内在民族精神也在慢慢退化,人们渴望财富而又畏惧暴力,习惯于安逸而失去从前吃苦耐劳的美德。当英国的光荣革命将荷兰执政变成英国国王之后,荷兰从此就扮演了类似英国追随者的角色。

2. 英国与法国的势力消长

　　16世纪之前,英国不仅仍是一个纯粹的农业国,而且不重视海洋运输业,绝大部分外贸运输交给外国人代理,如伦巴底人、佛罗伦萨人与荷兰人,尤其是汉萨同盟。16世纪,英国公众开始对航海贸易这一挣钱门路感兴趣,但直到1651年克伦威尔主政时才通过航海法,并在随后半个世纪里多次修订,表达了英国人要在海上扬眉吐气的决心。授予远洋贸易商人特权是英国政府推动海运的重要措施之一。

　　伊丽莎白(Elizabeth I,1533—1603)时代创立了垄断公司,其优势在于可以规范贸易、协助征收关税和降低政府为远征所承担的风险。1579年经营范围包括波罗的海(Baltic Sea)和斯堪的纳维亚(Scandinavia)地区的伊斯特兰公司成立,1581年东方公司成立,1588年经营奴隶贸易的几内亚公司(即非洲公司)成立。而欧洲首家东印度公司也成立于英国,即 1599/1600 年获伊丽莎白女王特许而成立的"伦敦商人对东印度贸易公司"。该公司起初享有十五年垄断权,1609 年改为永久性垄断。伊丽莎白时代还成立了俄罗斯公司,斯图亚特王朝时期又陆续成立对中美洲、北美洲、地中海东岸的垄断贸易公司。但是,这种特许垄断公司制度自一开始就引起英国私商的强烈抵制,在很大程度上影响了公司的有效运作。1649—1660 年的共和国时期,外贸自由有所恢复,一些新公司成立,但不久就几乎全部破产,残存的也被迫与老公司合并。在此大势之下,首家东印度公司在整个 17 世纪都效益不佳,与荷兰东印度公司相比缺乏竞争力。

1689 年后,英国不再设立新公司,已有的公司多数困难重重。一些有识之士认为,垄断阻碍了贸易发展。于是,除了具有特殊性的东方商务之外,人们普遍认为应该在政府引导下开展自由竞争,圭亚那公司和黎凡特公司的垄断权在其后半个世纪里渐次让渡,但东方贸易始终在政府和垄断公司的控制下。荷兰人自 1605 年占领了葡萄牙人在马鲁古群岛的基地后,就开始牢固掌控这个盛产丁香、豆蔻和豆蔻干皮的香料群岛。英国人急匆匆来到东方后,也想染指东印度群岛,却屡次在荷兰人手中受挫。1619 年英国人想以武力占领马鲁古群岛的班达岛,未果。1612 年和 1613 年分别在暹罗和日本设立商站,但 1623 年就关闭。荷兰人在马鲁古群岛的艾姆波耶岛(Amboyna,今安汶岛)处决英国商人以后,英国人立刻对荷兰人的势力范围退避三舍。17 世纪剩下的时光,虽然英国人依然看重东印度群岛的贸易,但逐渐将重心转向印度。

英国于 1611 年在印度建立首个商站,他们介入印度不是靠武力,而是依赖莫卧儿帝国统治者的善意和向对方提供贸易利益,因为英国东印度公司既无组织又无资金去兴建堡垒和供给战舰水手,他们反而要依靠当地的政府保护他们不受葡萄牙人与荷兰人的欺压。截至 17 世纪末,英国在印度次大陆建立了四个较大的据点:东海岸的加尔各答(Calcutta)和马德拉斯,西海岸的苏拉特(Surat)和孟买(Bombay)。然而从印度西海岸到阿拉伯半岛之间,早就存在着强大的世袭贸易网络,所以英国人在这一带的生意做得很辛苦,但印度东海岸的贸易基地与中国、菲律宾和印尼的生意颇有起色。

由于首家东印度公司一直发展不利,1698 年英国又成立一家"英国东印度贸易公司"。国会为避免两家公司相互竞争,在 1702 年命令双方用 7 年的时间进行合并。1708 年,完成合并的公司被称作"英国商人对东印度贸易联合公司",享有对东方贸易的永久性垄断,这就是后来众所周知的英国东印度公司,也就是真正为英国打开中国贸易大门的东印度公司。1670 年以后欧洲市场发

英国海军击败西班牙无敌舰队

生重要变化,印度的纺织品,中国的茶和瓷器、漆器等新商品正打开销路。与此同时,中国一定程度开放沿海贸易。荷兰人没有利用这些新机会,而是固守巴达维亚的中国帆船贸易,英国东印度公司却在 1698 年迅速开展用白银购买茶叶的直接对华贸易,开辟并巩固了以白银和孟加拉棉花换取中国茶叶的贸易线,为英国公司的未来发展打下坚实基础。1760 年前后,英国东印度公司终于跃居首位。

荷兰人的衰落为英国人提供了机会。1603 年,英国只有一百艘船可以驶往北冰洋,而荷兰有三百艘之多。18 世纪,英国通过为法国运送西班牙葡萄酒和意大利橄榄油而占据了法国海岸贸易越来越多的份额。18 世纪中叶的英法战争结束后,英国真正确立了海上霸权。另一方面,英国在印度次大陆的力量日渐深入,成为首个占领亚洲大陆帝国的欧洲国家。18 世纪初,莫卧儿王朝的势力衰弱,马拉塔人(Maratha)反抗莫卧儿王朝并夺取了苏拉特地区,政治动荡严重影响贸易,英国人放弃西海岸的贸易基地而把重心完全放在东海岸,而这时苏拉特地区一些商人要求获得英国东印度公司的保护,并随之东迁。英国由此开始获得介入印度政治的机会,最终成为坐享莫卧儿帝国税收的宗主国。

法国在 16 世纪已在地中海贸易中占据重要份额,17 世纪则积极介入美洲贸易:首先是西班牙及其占领的新世界为法国提供了一个快速增长的市场,其次是在北美洲建立起新法兰西殖民地,以鳕鱼和毛皮交换法国本土的粮食和制造品,此外还有安得列斯群岛的法国殖民地不断为母国提供海外产品,也包括贩卖几内亚黑奴。

东方贸易也是 17 世纪法国的关注重点。路易十三的宰相黎塞留(Armand Jean du Plessis de Richelieu,1585—1642)为法国商人取得经俄罗斯去波斯和鞑靼的许可。路易十四的财政总监柯尔伯(Jean-Baptiste Colbert,1619—1683)从苏丹那里获得从地中海到红海的通行权,还将黎凡特公司与东印度公司合并,以使亚历山大港成为印欧贸易的中心。一些野心勃勃的商人建议路易十四占领埃及,进而开凿运河,重新开通亚洲与欧洲的直接联系。但 1701—1714 年的西班牙王位继承战争使法国损失惨重,无法实施此建议。不过,路易十四时代的法国水手不断穿越麦哲伦海峡,横渡太平洋来到中国海岸,满载耀眼的丝织品回到圣马洛港(St. Malo)或路易港。

法国鲁昂商人早在 1535 年就自发组织一个负责与印度贸易的非特权协会,以期让这种高风险的事业能够有所保障。当时,面对恶劣的海上条件和各种海盗以及欧洲的竞争对手,法国商人认为,仅仅让每艘船安装大炮还不够,必须要让武装商船结伴而行,由此催生了组织强大公司的愿望。但是,到 16 世纪末法国宗教战争结束后,国王和大臣都认为,只有直接由政府支持的官方公司才能参加远洋贸易的竞争,而且新公司应该被赋予严格的垄断权。在这种思想之下,各种贸易公司都进行了调整。1601 年法国圣马洛港的"马鲁古公司"首航马鲁古群岛成功,刺激法国人分别在 1604 年、1620 年代、1630 年代和 1642 年成立多个经营东方贸易的公司,但这几家公司都是依靠国王的海军,由银行家和官员而非商人经营,没取得什么成效。1664 年 5 月,尚担任营造总监(Superintendent of buildings)的柯尔伯成立真正的东印度公司,在半个世纪里享有对印度洋和太平洋海岸的绝对商业垄断权。1664 年 8 月,西印度公司成立,获得从加拿大到西印度群岛和从佛得角到好望角的 40 年贸易垄断权。除这两个印度公司之外,法国政府还在 1628 年成立新法兰西公司,1669 年成立北方公司,1670 年成立新的黎凡特公司。政府在这些公司注入不同比例的资本,并为公司的早期损失负责,有些公司还能得到政府补贴。这些特权旨在鼓励公司的私人股东大量投资或更多人成为私人股东。1664 年,路易十四当了东印度公司的股东,还让王后和王子们效仿他,柯尔伯则向枢密会议、皇家法院、主要金融部门和城镇推销公司股权。

但是，法国所有的官营垄断公司都没有兴旺起来。北方公司仅存在3年就解散了，西印度公司存在了10年，黎凡特公司挣扎了20年，东印度公司则始终不兴旺。从16世纪开始，法国的各港口就敌视官营企业。17世纪，政府大力经营国有贸易公司的思想仍然遭到商人抵触，而政府如此热衷于经济扩张也令公众觉得可疑和担忧，人们把推销贸易公司股份视为一种新税，贵族和其他有资格免税的人尤其觉得这是针对自己的圈套。比如，当东印度公司筹款不利时（成立四年只筹集到预期款项的三分之一），国王愈加想方设法地筹款，结果导致有钱人更加攥紧钱袋。东印度公司勉强开张，却运作得一塌糊涂。公司总部设在巴黎这个非港口地区，它的管理者不是航海家而是政府官员，内部管理方式也如官僚机构一样冗杂并且经常出现徇私舞弊现象，管理者还为了获得进出口货物的较高价位而刻意将船只出港数量和出航次数降至最低限度。这些做法使法国东印度公司失去了顾客。

不过，柯尔伯仍在努力推动法国航海业的发展。东印度公司的第一批船只在荷兰购买，到1671年，法国还为各个公司共建造了70艘船只。北方公司破产的同时，法国港口的私人船只不断驶向波罗的海。西印度公司在运营期间，每年有500艘挂着皇家旗帜的船只驶往安得列斯群岛，但这些多是私人船只，濒于破产的公司将特许证出售给他们，私商由此逐渐控制了贸易。1682年，东印度公司干脆对所有法国商人开放印度海岸，条件是他们要使用公司的船只并在公司的店铺销货，这种半自由制度终于使法国远东贸易在17世纪末蓬勃发展起来。17世纪末，法国在印度拥有了两个较大的据点——加尔各答附近的昌德纳格尔（Chandernagor）和马德拉斯附近的本地治里（Pondichery）。路易十四还利用印度的据点强力干涉罗马教会，突破葡萄牙一个多世纪以来的东方"保教权"而成为教会在东方的一名新代表，让本国传教士代表法国与中国建立直接联系。1685年，皇家海军不再为私商提供保护，商人的积极性大受打击，导致黎凡特和西印度的生意都被其他国家抢去，造船业也随之低落，但拥有100艘大船的东印度公司总算幸存下来。1700年，法国又成立中国公司，1705年改称"帝国对华贸易公司"，但从未派船到中国。1719年，法国国王命令东印度公司、帝国对华贸易公司和西印度公司的残余合并成印度公司，负责管理法国的所有殖民地。新公司仍然是国家所有，靠国家扶持，直到1725—1755年间才逐渐摆脱经营危机。

18世纪法国的航海业总体上有显著发展。从1715年到1740年，投入外贸的船只由300艘增加到1800艘。如果算上用于海岸贸易和捕鱼的船只，则船只总数在1730年前后达到5000艘，雇佣人数超过40000人。王位继承战争和七年战争严重干扰了法国航海事业的壮大,与英国的数次战争则更具杀伤力。18世纪可以说是英法两国激烈争夺北美洲、非洲和印度殖民地霸权的时代。1689—1763年,英法两国因争夺殖民地和贸易纠纷发生4次大规模战争,以英国大获全胜告终,法国的海外殖民地在这些战争中被渐次剥夺殆尽。1756—1761年的印度战争(属于1756—1763年七年战争的一部分)使法国丧失了在印度的根据地,仅仅被英国许可继续从事亚洲贸易。1764年以后,法国私商重新激发了航海业的活力,17世纪末萧条懈怠的造船厂再度开始繁忙。截至大革命爆发,进出法国港口的船只至少有1/4悬挂法国国旗。

在荷、英、法等国对华贸易所获厚利的刺激下,其他欧洲国家也纷纷组建东印度公司,但能够成功运转的只有丹麦和瑞典的公司。丹麦在1616年成立东印度公司,几经兴衰并几度重组,维持到1844年。它首先在科罗曼德尔海岸(Coromandel)建立小商站,后来扩展到中国,成就甚至引起荷兰人的嫉妒。在东方贸易中,对华贸易始终是该公司的主营项目。丹麦人也试图经营西印度贸易,发展格陵兰海域的捕鲸业,并垄断冰岛贸易。18世纪末,丹麦的航运业真正兴旺起来。1731年成立的瑞典东印度公司是后起之秀,运行到1806年,以对华贸易为首要目标,只有个别船只赴印度或东南亚贸易。瑞典的各港口在18世纪非常繁忙,除了远航东方的船只,还有往返地中海东岸、北海与波罗的海以及格陵兰海域的船只。

西班牙国王在18世纪也曾仿效西北欧国家组建皇家贸易公司,但很快就宣告失败。普鲁士王国在18世纪先后试图探索圭亚那海岸、开办海事保险公司、组建黎凡特商业公司,但无一成功。奥地利曾有过一家昙花一现的东印度公司——奥斯坦德东印度公司(公司设在位于尼德兰的奥斯坦德[Ostend],1714起,尼德兰变成奥地利哈布斯堡王朝的领地),1718年(一说1722年)成立,并以广州贸易为目标。但在荷兰东印度公司和英国东印度公司的要求下,荷兰、英国、普鲁士和法国联合向奥地利施压,1727年,奥地利政府将奥斯坦德东印度公司的特许状吊销7年,1732年最终被迫解散该公司。但是,18世纪的奥地利在中国、印度和西非总算建立了几个商站。

英国将法国逐出印度并取代莫卧儿王朝统治该地之后,逐渐以次大陆为根据地在19世纪扩张到南亚其余地区和东亚。起初,英法两国政府和东印度公司的董事对印度都没有领土野心,而只关心利润。但远在印度的代理人却常常自作主张卷入印度事务,18世纪印度莫卧儿帝国走向崩溃的形势更为这些欧洲人提供了诱人的机会。印度战争爆发前不久在任的法国总督约瑟·杜布雷首开大规模干涉印度事务之风,这为战争初期法国占据上风创造了不少条件,但最终英国的海军优势成为胜利的决定性因素。在英国征服印度前,即16世纪初到18世纪中叶,欧洲人在亚洲只占据零星的据点和不大的面积,派驻人员也很少,然而这少数人所代表的机构与西方最先进的资本主义相联系,同时他们接触的是能够操纵远东贸易的亚洲商人小集团,这使他们能够如利剑一般插入亚洲的经济结构,直至改变亚洲的文明和社会。不过这种影响力直到19世纪中叶才真正波及中国,而在16—18世纪,中国既是这些盘桓在亚洲的欧洲人的至高目标,也是他们活动范围始终难以有效突破的边界,这构成16—18世纪中西交往的一个鲜明背景。

第十八章　明清王朝的对外政策和对外贸易

一、明清王朝的对外政策

1. 葡萄牙人叩关与嘉靖朝开闭关之争

欧洲殖民势力在亚洲的扩张不仅打破明朝前期建立起来的南洋朝贡体系，也迫使明朝自中叶以来开始直接面对西方。与此后"中西关系"落脚于"中欧关系"一致，明后期的海外政策也发展为主要针对欧洲国家的政策。其特点之一是，在以维护国家主权为基点的同时适应海上局势的变化而表现出开放性，所以既开放澳门又多次驱逐西方殖民者出境。特点之二是，朝贡体制名存实亡，对外关系落实到经济贸易层面。

明代嘉靖朝，海外贸易政策明显收缩，不仅禁海而且闭关。所谓禁海，是禁止本国居民航行海外，这主要针对东南沿海倭患严重的地区。闭关则是禁止外国来华贸易，实际就是关闭广东口岸，此则与正德朝首个葡萄牙使团出访明廷失败一事直接相关。这个葡萄牙使团假冒满剌加贡使，又借武宗宠臣江彬而入觐，自然令朝臣厌恶。武宗驾崩，江彬失势，与他有关的葡萄牙使团立刻被驱逐，明廷并拒绝了当年再次请使的葡萄牙人，同时出台闭关政策，"仍诏绝佛郎机进贡，并遏各国海商市舶"①。正德(1506—1521)末年，葡萄牙人在广东一带的行为无疑加剧了明廷对"外夷"的不信任感和防范意识。葡萄牙人不仅恃快船利铳横行南洋甚至侵犯明朝属国，还在广东海域耀武扬威，当时任广东按察司佥事的顾应祥称："蓦有番舶三只至省城下，放铳三个，城中尽惊。"②不仅如此，正德年间这个使团还在广东留下一个更可怕的印象：这个使团当初不被允许进京时，没有按要求立刻离境，据说滞留东莞期间除劫掠商旅

---

① ［明］茅瑞徵：《皇明象胥录》卷五《佛郎机》，《四库禁毁书丛刊·史部》第10册，北京：北京出版社，1997年，第619—620页。类似叙述亦参见［明］熊明遇：《文直行书诗》卷一三《佛郎机》，《四库禁毁书丛刊·集部》第106册，第492—493页。

② ［明］顾应祥：《静虚斋惜阴录》卷一二《杂论三》，《续修四库全书》第1122册，上海：上海古籍出版社，2002年，第511页。

之外还掠食婴孩①。令嘉靖皇帝及朝臣更为不安的是,不死心的葡萄牙人在嘉靖二年又侵犯新会县。

但是,闭关广东很快就被证明并非良策。葡萄牙人并未坐困于禁令,他们立刻潜赴福建漳州为市,而漳州私市得以维持则又因为东南地区的禁海令实则禁断了闽浙诸多居民的生计,走私贸易应运而生。在闽浙海防官员眼里,葡萄牙人私贩漳州使福建海患加重,如嘉靖四年八月初,浙江巡按御史潘倣上奏:"漳泉等府黠猾私造双桅大船下海,名为商贩,时出剽劫,请一切捕治。"②而这却是闭关于广东所引出的后果。最后,广东官员成为闭关的最大受害者,因为广东文武官员的月俸本来多以番货代替,如今禁止各国市舶,番货不至,官不聊生。于是朝中掀起开关还是闭关的争议,一番曲折之后,两广巡抚林富于嘉靖

葡萄牙1511年在马六甲所建堡垒遗址

---

① 掠食婴孩之说见诸多位明人记载,如[明]王希文:《重边防以苏民命疏》,[明]贾三近:《皇明两朝疏抄》卷一六,《续修四库全书》第465册;[明]焦竑:《献征录》卷一二〇《四夷·佛郎机》,上海:上海书店,1987年,第5342页;[明]何乔远:《名山藏》卷一〇七《王享记三·满剌加》,娄曾泉等点校,上海:上海辞书出版社,2014年,第1724页。严从简《殊域周咨录》还详细叙述烹食小儿的烹煮程序。论者似乎都信之不疑。唯有张燮在《东西洋考》卷一二《逸事考》引嘉靖朝李文凤《月山丛谈》中关于佛郎机人在广东烹食小儿过程的叙述后,婉转地质疑:"然今在吕宋者,却不闻食小儿之事。"此传说至为传神地表达了中国人对外夷的疑惧之心。[明]严从简:《殊域周咨录》卷九《佛郎机附》,余思黎点校,北京:中华书局,1993年,第320—321页;[明]张燮:《东西洋考》卷七《饷税考》,谢方点校,北京:中华书局,1981年,第249页。

② [明]徐日久:《五边典则》卷二四,《四库禁毁书丛刊·史部》第26册,第666页。

八年(1529)提出应当允许佛郎机互市的四个理由：一、恢复抽分之法可足供用；二、可以充实两广军饷；三、广西的度支一向仰赖广东，广东匮乏造成的隐患可想而知；四、沿海小民的生计有赖于贩海贸易①。这番说辞以"助国裕民、两有所赖"为诉求点，终于打动朝堂，自此葡萄牙人得入香山澳(澳门)为市。正德时，暹罗、占城、爪哇、琉球、浡泥诸国的互市地点自广州移至电白县，嘉靖十四年(1535)起又移之濠镜澳(澳门)，葡萄牙人也混入其间。由是，在嘉靖前期，葡萄牙人虽然名义上不被允许朝贡，却终能在广东政府的默许之下享受贸易之利。

2. 福建的禁海与开海

葡萄牙人在获准入香山澳为市之后不久便越界私赴福建，然而嘉靖二十五年朱纨之任闽浙巡抚后厉行海禁，并严禁葡萄牙人来漳州贸易。于是葡萄牙人于二十六年十一月侵犯漳州之月港、浯屿以示威，遭逐。二十七年，葡萄牙人不顾禁令再度来漳州私贩，漳民畏于禁令而驱逐之，葡萄牙人愤起格斗，终被漳人所擒，朱纨下令悉杀之。二十九年，朱纨因此次滥杀及将通商之夷谎报为犯边之夷而遭免官，随即在狱中自尽。继任者引为前鉴，故而据称海禁复弛。但由于倭患日益严峻，海禁始终是东部的基本海防政策。

海禁政策长期执行的结果却是东南一隅的民生困顿不堪，还助长了海盗势力，"顾海滨一带田尽斥卤，耕者无所望岁，只有视渊若陵，久成习惯，富家征货，固得稇载归来；贫者为佣，亦博升米自给。一旦戒严，不得下水，断其生活，若辈悉健有力，势不肯抟手困穷，于是所在连结为乱，溃裂以出。其久潜踪于外者，既触网不敢归，又连结远夷，乡导以入。漳之民始岁岁苦兵革矣"②。终于，隆庆元年(1567)，福建巡抚都御史涂泽民请开海禁，准贩东西二洋，同时严禁与倭奴贸易。此议得朝廷批准，从此直至万历一朝，福建沿海的政策是有限度地开海，原走私贸易中心漳州月港(嘉靖四十四年先设海澄县并以月港所在地为县治)被指定为中国商民合法出海贸易的港口。相应的管理和税收机制也相继设立。1551年已在月港设立靖海馆，1563年更名海防馆。隆庆六年(1572)出台《商税则例》，但官府似乎没有长久施行的打算，准备一旦税收有余，就重新考虑外贸问题。万历三年(1575)，月港税制才固定下来，同时将海防馆更名督饷馆，明确其为月港贸易税收的管理机构。

月港税制暨督饷馆具体职能如下：第一，引税。船引是商民出海贸易时领

---

① [清]张廷玉：《明史》卷三二五《外国传六·佛郎机传》，北京：中华书局，1974年，第8432页。
② [明]张燮：《东西洋考》卷七《饷税考》，谢方点校，第131页。

取的官方许可证，其具体名称在各时代不尽相同，此制在宋元时期就普遍实行，明代则始于嘉靖十五年。万历三年起，开征引税，贩东西洋船每引税银三两，鸡笼、淡水税银一两，后来都翻倍。船引发放和引税征收都由海防馆负责，但在海防馆检验完毕，还需县官盖印核准，方能报引。后来为防船只逾期不归、违禁越贩日本，更用厦门司盖印，并增加卫所军官盘诘一项。按张燮（1574—1640）《东西洋考》所载，船引需填写的内容有：器械、货物、姓名、年貌、户籍、住址、向住处所、回销限期，船主填写完毕，海防馆和地方官分别按所填内容登记一份，等船只返回还要复查。

第二，水饷——视商船大小宽窄征收的船税，这在万历三年成为定则。商船广狭以梁头尺寸为定。对于贩西洋的船只，一艘面阔一丈六尺的船只需缴税八十两银，累进税率很高，每多一尺则每尺税加银五钱，于是一艘两丈六尺阔的船只就需缴税两百六十两银。而贩东洋和淡水、鸡笼的船因为体积小，每船照西洋船的税则减少一定比例。

第三，陆饷——根据进口货物的数量及价值征收的商货税，以隆庆六年《商税则例》中的规定为基础，万历三年增加了防范商人在缴税之前先部分出货的规则。起初的基本税率为2%（计值一两者征饷二分），万历十七年和四十三年分别减税，但由于征税的物品种类不断增加，所以总税额并未减少。此外，看似很低的税率并不意味着商人的付出不高，实际还要被迫缴纳各种不在规条中的杂费，随着督饷馆弊窦丛生，此类盘剥有增无减。

第四，加增饷——专门针对赴吕宋商船的附加税。到吕宋贸易的中国商船归国时几乎不载货物而大量运回卖货所得的墨西哥银圆，使商货进口税减少，故特定每船加收税银一百五十两，万历十八年（1590）减为一百二十两。

隆庆间调整福建海策的原因正在于"海禁"这种适用于紧急状态的政策一旦变为常态便得不偿失。二十余年持续不断的南倭北虏之战造成重大财政危机，使政府认识到，开关征税是既确保海外贸易权利又补充政府财政的一个最好选择。同一时期，私人海外贸易在禁令之下仍蓬勃发展，造成政策调整的巨大压力，官方和民间因海外贸易的长期斗争使民营贸易逐渐有力量从官营贸易中解脱出来，有识之士亦认识到海禁的效果适得其反，不如因势利导。终万历一朝，督饷馆都在积极运作，只是万历时革去市舶司而派宦官为税使，引出新的问题。

明朝末期，福建又行海禁，则因倭患又起，海盗猖獗，同时荷兰人求市不得而屡屡为寇。荷兰人于万历二十九年（1601）首到澳门求市，遭葡萄牙人拒绝，三十二年再到福建求市，不许。后来巡弋东洋南洋，却始终在窥伺福建。天启初已经以澎湖为基地,天启二年(1622)径犯同安,被中左所守军击退。次年秋又来求市,福建巡抚商周祚劝退。天启四年(1624),荷兰人在澎湖大兴土木并频繁劫持福建过往船只,新任巡抚南居益决定与之开战,大胜,将荷兰人逐出澎湖。但南居益去任后,荷兰人仍频繁在福建一些地方登岸私市,而地方官也开始默许。荷兰人立足台湾后,又复据澎湖,崇祯初期便成为福建官府的隐患,据说还勾结海盗刘香。崇祯五年(1632),荷兰人大举侵犯漳泉各地,巡抚邹维琏率兵击退。此时,福建地方上多倾向于开放与荷兰人贸易,但官方的主流政策是厉行海禁,直至明亡。而督饷馆在崇祯六年因政府决定关闭"洋市"而结束使命。

明后期对商民出海贸易的控制和管理以"于通寓禁"为准则,与明朝前期的开放政策不同之处在于,明前期是官方垄断的对外开放,后期则是面向民间的对外开放,虽然仅限于闽南。在具体管理制度上也有一些新突破,首先是关税实行货币制,另外逐步形成从设官建置到征税则例等一整套管理制度。督饷馆体现的税收征管机制也不同于市舶司制度,它隶属于漳州府而非福建布政司,督饷馆官员主要由漳州府佐临时轮值兼任而非吏部铨选,其职能只是税饷征管而不负责朝贡和海防事务,所征饷税留于本地而非解送内府(税使高寀督税期间不计)。这些都体现出月港开海是一个应对福建本地问题的临时性和局部性政策。尽管如此,月港贸易对于推动明后期东南地区商品经济和海外贸易的发展仍具有积极意义。

但是晚明开海距离促进中国走向世界而言还差得太远。第一,开放港口仅限于月港,而且只准许少数本国商人出海贸易,严禁外国商人入境通商,这与其说是为了发展海外贸易,还不如说是为了"息祸"。当时所谓"倭寇"其实大多是漳泉乡民,又以漳州人最多,将位于漳州的走私基地月港设为受官方管理的港口正是为了通过满足这一地的需求打消本地商人与外夷勾结的动机而巩固社会秩序。第二,出口物品有明确限制,尤其是有军事用途的铜、铁、硝黄属严禁出洋之物。第三,海商出海的数量受到限制。万历十七年起,每年允许出海的船只不超过一百一十艘,"每请引百张为率,尽即请继,原未定其地而限其船。十七年,中丞周寀议将东西洋贾舶题定额数,岁限船八十有八,给引如之。后以引数有限,而愿贩者多,增至百一十引矣"①。第四,中国海商出洋地点和时间受到限制,船引需登记回销期限,返程时核查,严禁去日本,自然也不鼓励超过期限去更远的地方。到崇祯十二年(1639),获准前往贸易的地区和相应船只

---

① [明]张燮:《东西洋考》卷七《饷税考》,谢方点校,第132页。

有更明确的规定：总计八个地区、三十九条船，其中巴达维亚和交趾各八条，暹罗和柬埔寨各两条，占碑(Jambi,苏门答腊东部)、旧港各一条，北大年(Patani,位于马来半岛)和六坤(Ligor,位于暹罗)共一条，马尼拉十六条。总之，晚明对出海商船的基本管理思想仍不出传统意识框限，将出海商民作为潜在叛乱者严加防范，有限度地许可其出海贸易但决不鼓励，而尽可能限制外夷入境贸易，这种态度与唐、宋、元三代相比判若泾渭，倒开了清朝制度的先河。

3. 澳门政策的变化

葡萄牙人并不满足于仅在广东尾随诸朝贡国从事朝贡贸易或在粤、闽、浙从事走私贸易，他们一直在相机争取更好的待遇。终于，嘉靖三十二年(1553)，拥有葡萄牙国王所颁东方贸易特许权的苏萨船长(Leonel de Souza)与广东海道副使汪柏商谈，葡萄牙人以交税为条件从广东地方官那里获得暂住澳门①和自由贸易的许可。在中国史料中，一向称汪柏接受葡人贿赂，从而接受了葡人以遇船难只需晾晒货物为借口而留居澳门的要求，而该请求先由守澳官王绰代为申请。但是在苏萨1556年写给葡萄牙路易亲王(Prince Luis)的报告中没有行贿情节，也未表明当时已赁居澳门。他声称与海道副使签订了一纸保证葡人自由贸易的和平协议，并就关税问题进行一番谈判，最后海道副使暂时同意了苏萨提出的10%的税率，而以后的实际运行中，葡萄牙商人缴纳的关税都没有超过10%，而且葡萄牙人可以去广州和其他地方经商。因此，1554年起，葡萄牙人便可以在广东进行合法贸易。西方史学界也提到贿赂银问题，依据是17世纪早期耶稣会士为表明葡萄牙人在澳门享有权利而写的一份申请书。据此，贿赂银始于1560—1562年间，原本是葡萄牙人为使用澳门及其港口而向明朝国库缴纳的一笔商船停泊税之外的租金，但是在10—12年间，这笔租金从未上缴国库，一直被海道独吞，葡萄牙人也心知肚明，故而称它为"海道贿金"。直到1572年(隆庆六年)或1573年，一次葡萄牙人去赶市集并照例来缴纳停泊税和"海道贿金"，翻译把后者称为"澳门的租金"，而当时有其他官员在场，海道只好真的把这一笔五百两的银款当作地租银，要求葡萄牙人送至相应的管理机构地界司。此后，每年五百两租金就成为定则②。按照这份资料，则葡萄牙人定居澳门始于1560年左右，而且此事似乎又是与海道直接交涉的结果，只是当时汪柏已不在海道任上。自由贸易和居住澳门这两件事都是地方官在未报知中央也明知不能得到皇帝批准的情况下，按照地方政府的利益、运用

---

① 中文史料中关于获准居住澳门的时间还有嘉靖三十六年(1557)之说。
② [葡]徐萨斯：《历史上的澳门》，黄鸿钊、李保平译，澳门：澳门基金会，2000年，第25页。

自己手中的权力处理的结果。

自葡萄牙人获准在广东自由贸易,对澳政策经历了嘉靖、隆庆、万历三朝才最终确定。嘉靖末年,明廷内部围绕澳门政策已起争议,而澳门葡人以极为恭顺的态度和不时的贿赂得以继续在广东官府的默许下生存,葡萄牙人还曾助明朝军队驱逐海盗,这也是广东地方政府许其活动的一个原因①。隆庆初年,广东对澳政策在明朝海外政策做出重大调整的大背景下,确定了以"禁私通,严保甲"为基本点的大框架,澳门从此成为广州外港。万历初年的两个标志性举措表明对澳政策基本定型:一是广东官府对澳门实施地租银规范化,这从根本上说明了居澳葡人在中国的赁居地位,也表明广东官府事实上承认居澳葡人的赁居事实。自1572/1573年正式收缴五百两地租银后,葡人一直向明朝缴纳这笔款项,明末一度增至每年一万两。入清后,澳门地租银仍继续缴纳至道光二十九年(1849)。二是广东官府于万历元年(1573)在澳门北面香山县咽喉之地莲花茎上设关建闸并置官防守,关闸定期开放,开放时定期集市,从而控制居澳葡人的随意扩张。但到此为止,葡人居澳仍只得到广东官府的默许,而未得到代表中央的广东地方行政最高长官正式认可。万历十年(1582),两广总督陈瑞在居澳葡人答应"服从中国官吏的管辖"的前提下,对其居澳予以承认,这可视为明朝对澳政策最终确定的标志。据葡萄牙方面的资料,陈瑞许可葡萄牙人定居澳门并且自治的条件又是收受贿赂,而陈瑞之所以一就任总督就召见澳门葡人的头面人物并申明朝廷对澳门的管辖权,与其说是为了晓谕天威,不如说是为了索取贿赂②。

整个万历年间,有关对澳政策的争议虽不间断,但政策本身再无根本改变,其中广东地方官员的倾向直接影响了明代中央政府对澳门问题的决策。广东官府在对澳政策确定之前曾有过激烈争议,这与葡萄牙人的势力在澳门迅速成长有直接关系。葡萄牙人不断结庐筑屋,还据险负隅、构筑铳台,侵逼其他贡国商人不说,竟以防备荷兰人为由蓄倭缮兵。任职广东的官员和任职朝廷的广东籍官员主要形成三种意见:第一,尽行驱逐,后果是海贸并废;第二,令番舶离

---

① 葡萄牙人 Gaspar Frutuoso 在 1580—1591 年间撰写的作品中记载了一名葡萄牙船长在广东海域战胜了一个强悍的中国海盗,并在澳门兴建堡垒。耶稣会士利类思在 1665 年撰写的《不得已辩》中追溯一百三十余年以前(1530—1535),广东海盗张西老攘澳门,继而围困广州,葡萄牙人帮忙解围,由此督臣许其居住澳门。泉州同安人林希元于嘉靖二十年罢归故里后,曾在《与翁见愚别驾书》中力陈当开放福建海禁、与佛郎机人贸易,其中提到葡萄牙人曾帮忙剪除危害二十年的海盗林剪毛。林剪毛在嘉靖二十六年(1547)加入许氏海商集团,次年朱纨击破该集团,但俘房名单中没有林剪毛,因此林希元所言之事当在 1548 年以后。虽然上述各论所指时间难以核实,但看起来葡萄牙人确曾在平剿海盗一事上襄助过明朝军队。

② [葡]徐萨斯:《历史上的澳门》,黄鸿钊、李保平译,第 26 页。

开澳门,于浪白外海保留海外贸易;第三,许葡人居澳,开展海外贸易,严防守,禁私通,加强管理。其中还包含一种取消葡人自治,改在澳门建县设官、把对葡萄牙人的管理纳入地方行政体系的建议。倡此议之代表人物是广东籍官员霍与瑕,他在《处濠镜澳议》中论述允许葡人居留澳门为上策的原因,一在政治上于澳门设官管理,合乎朝廷"临御四方"的传统;二在经济上借贸易获得经济效益;三在军事上可以澳门为香山之屏卫。此外还有一种在当时明显离经叛道的意见,即不仅允许澳门人继续居留澳门,还允许荷兰人在广东自由经商,甚至为荷兰人另置一处"澳门"。此议是万历二十九年荷兰人初到广州时,两广总督戴燿和当时南下审案的刑部主事王临亨的意见。这是因为戴燿任职期间,广东每年需课税二十万两银,地方官被迫以开拓财源、保证上供为第一考虑。但这种意见显然不在朝廷考虑之列。最后,第三种意见作为折中稳妥之论,藉万历三十八年至四十二年任两广总督的张鸣冈而确定下来。张鸣冈的主张是,让葡萄牙人继续居留澳门,维持中葡贸易以保证广东的财税来源(此时下降到每年十六万两银);由于澳门葡人完全仰仗广东,广东有足够力量控制澳门,关键是要防备得当。张鸣冈的意见与霍与瑕颇为接近,但否定了在澳门建县设官的设想。此议于万历四十二年获朝廷支持,从而贯彻执行,终明之世未起大议。

明朝正式准许葡萄牙人居留澳门并维持自治以后,广东官府一方面积极发展双边贸易,一方面完善已有的管治手段,务求税收与秩序两全。自万历初期开始设置并逐渐强化的监控措施主要有五项:建立官闸、增兵防守、设立保甲、委任夷目、制定禁例。葡萄牙人慑于明廷法例威严,一般也不敢公开与广东官府对抗。明朝对澳门的务实性政策使澳门成为当时沟通东西方经济贸易的重要国际商埠,对中国沿海经济的发展起了重要推动作用,并成为17世纪以后欧人东来的重要通道。

4. 清朝前期的闭关政策

入清以后,海外政策出现重大逆转,重新严格执行禁海政策之外,又出台更为残酷的迁海政策。清初禁海的主要目的是隔断沿海民众与抗清力量的联系,并防范沿海居民出远洋与外国贸易。这样做有战事迫切之需要,也有效法明初严格管控沿海与外部世界的接触,以维护专制统治和朝贡体系。

顺治十二年(1655)到康熙二十二年(1683),五次颁发禁海令(顺治十二年、十三年,康熙四年、十一年、十四年),三次发布迁海令(顺治十八年,康熙十一年、十七年),并多次发布相关法令。这些政策使沿海地区的生产力遭受全面摧残,明末蓬勃发展的海外贸易因此几乎完全陷于停顿。四十年禁海中有二十年对广东、福建、浙江、江南、山东、北直隶六省海界强行迁海,导致这些地区人口锐减、土地荒芜,社会经济急剧倒退。禁海造成的航运禁绝、外贸停顿立刻反映为赋税减少,沿海居民生计受到很大影响。

从建立朝贡关系的角度来看,与清朝建立朝贡关系的国家比之明初寥寥无几。从海防角度来看,清代将明代设于沿海岛屿的海外水寨包括岛屿尽数废弃,连沿海居民都内迁,导致根本没有海防,结果非但未能困死台湾郑氏,反使海疆萎缩。禁海政策尤其加剧国人对清政府的怨恨,成为清初政治不稳定、抗清大潮汹涌的一个重要因素。直到康熙二十二年,清廷内外终于明确了开海是解决财政经济危机的唯一途径,而且平定台湾也为政策改变打下基础。清廷与开海有关的政策是:

第一,设立海关作为掌管对外贸易的专门机构,取代从前的市舶司。1684年先在厦门设立闽海关,1685年又在广东南海、浙江镇海、江南上海分别设立粤海关、浙海关和江海关。在四港通商期间,粤海关就是最重要的一个,1757年实行一口贸易制度以后,粤海关更加显眼。粤海关自设立时便是个庞大机构,分为七个总口和附属于各总口的五十余处小口,到鸦片战争前夕则有七十五个子口。如此庞大的机构,办事人员之多也可想而知,列入名册即有四百五十人。粤海关监督起初是直接由皇帝选派的内务府满员,此机构则直隶中央。至雍正即位,粤海关与地方官缺乏协调之弊已积年累月,终于在雍正元年将官务移交巡抚,即交由地方官监管。乾隆十五年(1750)复设监督,但与总督共管。乾隆五十七年(1792)改由监督专管,但督抚仍稽查粤海关行政。粤海关在收税之外的管理职能主要是引水挂号、监督修船、协助稽查、管理外船。在鸦片战争前,粤海关长期充任中外交涉的唯一孔道,责权重大、税额丰厚,无人不垂涎,所以各种类型的腐败是粤海关运行的常态。

第二,征收关税,这正是海关的首要任务。正税分为船料(船钞)与货税两种。船钞的征收依据是船只的长宽之积,而不计算实际可载容量。西方船的吃水深度一般与宽度相等,亦即比同样长宽积的中国船载货量大。于是,以船钞相对于容积的实际比率论,西方商船所负担的船钞(一等船0.75%)低于中国商船(一等船平均0.85%)。此外,清朝政府继承历代厚往薄来的朝贡思想,不断给外国商船减税,对本国商船却并无照顾之意。由此可见,即使开放海关,本国居民出海贸易也并未得到政府鼓励。货税是指货物进出口税,多数为从量税,主要按货物重量(斤)科税,也有按丈、匹、个件科税,对于外洋货物未载于现行条例者则实行从价税——按货值贵贱比例征收。货税的法定税率一直较低,18世纪初粤海关几项主要出口商品的税率折成从价税最高不过8.3%,低则低至1%,平均约在4%,与同时期欧洲的关税相比低得多。

但是，在征税之外，粤海关还有名目繁多的加派，体现海关腐败体制下各级管关人员的私索程度。数额最大的加派是进出口规银，外国人称"礼金"，康熙四十三年(1704)开始征收，雍正五年(1727)正式确定，且数额固定为1950两，内含十四个子项。而货税中又加10％陋规，名曰"缴送"。名目众多、数量不菲的杂税曾一度导致中外商人不满与反抗。从粤海关法定税率偏低而加派繁多这点可以推测，设立海关的主旨不是藉对外贸易增加国家收入，换而言之，清朝前期的政府未把对外贸易视为国家经济的重要事项。然而对外贸易实际上是利薮之一，政府弃而不取，也不鼓励民众撷取甚至禁止从事，结果倒是腐败的海关关员牟利最大。

第三，设立洋行垄断中外贸易。1686年，为加强对海外贸易的管理，广东巡抚会同两广总督及粤海关监督，以广东巡抚名义发令，在广州设立洋货行。因此，洋货行享有官方规定的进出口贸易专营机构资格，而从事国内沿海贸易的商人则不得越界从事对外贸易。乾隆初年，"洋货行"改称"外洋行"，简称"洋行"，习惯上被称十三行，但洋行数目未必是十三。洋货行的行商源于从事海外贸易的私商，先是康熙五十九年(1720)广州十六名(一说十五名)从事海外贸易的最著名行商结成公行组织，订立行规十三条，包括共同议定收购与出售价格及规定各行商的生意份额，也规定公行之外的闲散商人若从事主要出口商品的出口贸易，需缴纳售价的一定比例给公行(瓷器需纳20％货价，茶叶需纳40％货价)。1757年之前，公行只是一个松散组织，垄断效力有限，甚至曾在外商压力之下多次取消，而后复组。当广州成为唯一通商口岸之后，九家行商于乾隆二十五年(1760)呈请设立公行，并分为外洋行、本港行和福潮行，外洋行负责对欧洲国家(后来还有美国)贸易，本港行负责对暹罗贡使及南海夷客贸易，福潮行负责本地的国内贸易。此议得政府批准，于是十三行及其行会组织公行成为官商和官方垄断机构。公行在1770—1782年间曾被废止，但发挥作用的时间更长。19世纪初(嘉庆十八年)，政府又正式在公行设"总商"，总理洋行事务，抑制行商内部竞争，完善垄断制度。

政府把公行制度化之外，更于乾隆十年(1745)便在行商中实行"保商"制度，实为保甲制在商业领域的扩大。不仅洋行与洋行之间要求互保，行商还被要求保夷商。则一方面，洋行行商享有受官府委托而垄断中西交涉往来的特权，兼有商务与外交双重职责；但另一方面，并不享有政治权利的行商在保商制制约下，责任越大则获咎越多，日子并不好过，只缴纳朝廷饷税和清偿外商债务这两项就使他们有家破人亡之风险。行商制的实质是政府用于控制中外商人彼此贸易的机制，并非促进贸易发展的机制。

日本《长崎港南京贸易绘图》中的清朝远洋贸易船

康熙中期开海之后,海外贸易迅速恢复和发展,康熙五十六年往南洋的中国商船已有千余艘,海外各国商船也纷纷来华并在闽、粤海关与浙海关都有停留。然而,尽管自康熙二十三年(1684)到鸦片战争前清朝基本实行开海贸易政策,总的趋势却是在时开时禁、时紧时松的不断反复中趋于收缩。康熙五十六年正式颁布禁止往南洋贸易的法令,表明开始出现严厉限制海外贸易的趋向。禁令使海外贸易再次受到沉重打击,但澳门葡萄牙人却得到康熙特许不在禁止之列,从而得以独揽南洋贸易。直到雍正初年,在朝廷上下一片开海呼声中,方于雍正五年(1727)取消康熙禁令,准许商民前往南洋贸易。但同时清廷采取一系列严格的限制措施:限定闽粤海船只许在厦门、虎门两港出入,限定出口和回归的日期,限定出洋携带的粮额,凡出洋船只严格登记造册,限制出洋船只携带武器,重申铁锅禁运,澳门葡船严控为二十五艘。可见,南洋之禁虽开,防范限制海外贸易的倾向却更彰著。

乾隆年间,清廷海外政策的限制性进一步增强。1740 年巴达维亚红溪惨案[①],1743 年英国兵船闯入虎门事件,1755 年英船径往浙江贸易,这些事件更

---

① 红溪惨案(Angke Massacre):又称巴城(巴达维亚,即今印尼雅加达前身)大屠杀。荷兰人统治印尼时期,有大量华人在这里劳作,1740 年 10 月,荷属东印度当局担心华人反抗其压迫,在当地大规模屠杀华人。因屠杀事件发生地有一条名为红溪的河,故称"红溪惨案"。

加激发清廷对海外贸易一贯有之的疑惧和戒备,再次对海外贸易加强控制。于是,清政府在1744年制定《管理澳夷章程》,次年建立保商制,最终在1757年将多口通商改为一口通商。1759年底制定的《防范外夷规条》则说明清朝形成一整套保守的外贸管理体制,《规条》包括:永远禁止夷商在广东省住冬,夷人到粤需寓居,由行商对其管束稽查,查禁借领外夷资本及雇请汉人役使,禁止外夷雇人传递信息,派营员对夷船进泊处进行弹压稽查。海外政策发展到嘉庆年间,已是彻底的闭关自守。

清前期的对外政策从本质上说是"闭关锁国"的,它并不因海关表面的"开"与"闭"而影响封闭自给的实质。对航海业的自我摧残和对海外贸易的阻遏羁勒是闭关锁国政策的首要表现①。由粤海关和十三行构成、受广东督抚节制的广州一口贸易管理体制充分体现了清朝统治者以管制、防夷和抑商作为对外贸易的基本管理思想。对外国商人的诸多歧视性规定和以官商垄断贸易的管理体制,都建基于天朝上国意识和传统的自然经济观念,而无视现实中对扩大国内外经济联系的需求,是为闭目塞听的又一表现。至于清政府的"开放",实是迫于东南沿海地区因经济发展而始终存在的开放要求,这一要求发展到连禁海令也不能阻止走私贸易。而这种来自民间的开放动力一直受到统治者偏好封闭这一本质的牢固钳制。

二、晚明前清的中欧贸易格局

1. 澳门贸易

澳门贸易是16—17世纪葡萄牙人对华贸易的主要渠道,西班牙人则间接参与。自葡萄牙人入居澳门后,中国与葡萄牙的贸易主要是通过澳门进行。1578年(万历六年)广东地方官允许非朝贡国商人于每年夏、冬两季定期到广州贸易,此后直到1640年,葡人都被许可在广州贸易。葡萄牙人以澳门为中转,将大量胡椒贩运至广州,此外也将欧洲毛纺织品和印度的琥珀、珊瑚、象牙、白檀、银块等运到广州,同时从广州购买大批中国丝绢行销南洋和欧洲。这段时间也是澳门最繁荣的时期,它通过多条国际贸易航线而扮演着沟通中国与世界市场的重要角色,这些航线中最重要的有澳门——果阿——里斯本航线、澳

---

① 陈尚胜:《清前期海外贸易与闭关问题》,陈尚胜:《闭关与开放——中国封建晚期对外关系研究》,济南:山东人民出版社,1993年,第308—319页;参见陈高华、陈尚胜:《中国海外交通史》第五章第一节,北京:中国社会科学出版社,2017年,第198—210页。

日本画中的葡萄牙大帆船

门——日本航线、澳门——马尼拉——墨西哥航线。

第一条航线经过澳门、马六甲、古里、科钦、果阿、好望角、里斯本,将葡萄牙的主要东方据点连为一体,构成葡萄牙海上贸易的生命线。16—17 世纪初,来自欧洲的大帆船队载着纺织品、玻璃器皿、钟表和葡萄酒等物品,在果阿和马六甲交换以香料为主的土产,再驶往澳门与中国贸易,常常满载中国的丝绸、生丝、瓷器和药材而返回里斯本。在当时的欧洲市场,生丝利润可达 150%,瓷器可达 100—200%。同样是通过这条航线,里斯本向中国输入了大量白银。

第二条航线得益于中日两国正常贸易的中断。中国政府因倭寇之乱而于 1557 年禁止中国商人与日本贸易,即使隆庆、万历开海,大多时候也禁止与日本贸易。而同一时期葡萄牙人定期往日本贸易,所以 1550 年以后葡萄牙长期垄断中、日贸易。葡萄牙人借机大力发展对日中介贸易,廉价收购中国的黄金、生丝、绢织物,换取日本的小麦、漆器和船材,纺织品是向日本输入的最重要的中国商品。葡萄牙人同时也换取大量日本白银作为周转资本投入中国市场。葡萄牙从事中日居间贸易获利丰厚,1637 年的销售收入几乎是 1600 年销售收入的九倍,荷兰人在垄断对日贸易前始终不能在这一领域中与葡萄牙人争雄。

第三条航线在 1580 年西班牙合并葡萄牙之后开始被利用，可看作西班牙大帆船贸易的延伸。西班牙占据菲律宾后，与中国的贸易也逐渐增加，华商自 1571 年开始来往于中国与马尼拉以同西班牙人贸易，1573 年两艘西班牙大帆船载中国丝绸瓷器自马尼拉驶往墨西哥阿卡普尔科（Acapulco），成为太平洋大帆船贸易的开始。此后直至 16 世纪、17 世纪之交，每年有二三十艘西班牙商船到马尼拉，每年到菲律宾贸易的中国商人约一千名，每年抵达马尼拉的中国船只数量呈增长趋势，1596 年定居菲律宾的中国人已多达 1.2 万人左右。不过，随着 1582 年澳门成为大帆船贸易的新端点，菲律宾西班牙人的对华贸易多少被澳门葡萄牙人所侵占。因为自 1583 年起，西班牙国王腓力二世不仅允许葡萄牙人独占以前葡萄牙领地的贸易，还将中国与马尼拉间的贸易交由葡萄牙人垄断。澳门葡萄牙人则不顾一切地维护自己的权益，甚至在 1590 年扣留了菲律宾总督派往澳门的一只船。澳门葡萄牙人的强硬态度迫使腓力二世在 1595 年明令禁止菲律宾、墨西哥与中国直接贸易，以免损害澳门葡人利益。

1580—1643 年间是中国与马尼拉贸易的极盛时期，共有 1677 艘中国商船到马尼拉交易，平均每年 26.2 艘。1644—1684 年，受清朝海禁政策影响，来马尼拉的中国商船只有 271 艘，平均每年 6.6 艘。1684—1716 年间，略有复苏，每年抵马尼拉的中国商船在 20 艘左右。1717 年清政府颁布"南洋贸易禁令"，又有英国东印度公司竞争，此后到 1760 年，到达马尼拉的中国商船年均 12.4 艘，一共 549 艘。18 世纪晚期开始，来马尼拉贸易的商船变成以欧洲商船为主，1797—1812 年，中国商船年平均数降为 8 艘，后来继续下降，1870 年以后则不再有中国帆船赴马尼拉。

西班牙国王在 18 世纪组建的皇家贸易公司虽然未获成功，西班牙商船在 18 世纪却仍在墨西哥和马尼拉之间奔忙，1565—1815 年间每年总有 1—4 艘（以两艘最常见）西班牙大帆船往返于太平洋两岸，1784 年则有 13 艘商船到达马尼拉同中国贸易。吸引西班牙人的中国商品主要为首饰、黄金、丝绸、瓷器和其他一些手工艺品。

2. 巴达维亚贸易

荷兰于 1619 年在爪哇建巴达维亚城后，将荷兰东印度公司东方总部设于此地，此后荷兰公司与中国的贸易可分为帆船贸易、直接通商、三角贸易三个阶段或三种类型。

1689—1717 年是帆船贸易时期，而 1723—1740 年是帆船贸易与其他贸易并行时期。17 世纪前半叶巴达维亚多次遣使中国以开辟贸易，但成效甚微，后又卷入爪哇王位继承战争导致对华资金锐减，于是在 1689 年决定放弃赴中国直接贸易。与此同时,中国自 1686 年起海禁松弛,之后每年有为数不少的中国帆船来巴达维亚贸易,为荷兰人的坐享其成提供了基础。帆船贸易时期,每年来巴达维亚的中国船只远多于之前荷兰公司每年能派往中国的 5 艘船只。1684—1754 年间,自中国来巴达维亚贸易的船只总计 853 艘(有个别年份没有数据),平均每年 11.5 艘。中国商船会在巴达维亚购进大量热带产品,特别是胡椒,所以荷兰公司通常不用准备大量白银,有时还能享有小额贸易顺差,例如 18 世纪头十年,每年能享有 3—14 万两白银的顺差。

1728—1735 年是荷兰与中国直接通航阶段。1717—1723 年,清政府颁发赴南洋贸易禁令,荷兰人则对进口货物实行垄断低价,在这双重作用下,帆船贸易中断,免于南洋贸易禁令的澳门葡萄牙人得以垄断中荷的中介贸易。同一时期,荷兰方面开始考虑恢复对中国沿海的直接贸易,但直到 1728 年 12 月阿姆斯特丹才直接派出一只商船前往广州,1729 年 8 月 2 日抵达澳门,并于同年在广州设立商馆,1730 年离开广州并返抵荷兰。这艘商船运回 27 万荷磅(约 29.5 万磅)茶叶、570 匹丝绸和一些瓷器,售出货物后获毛利 106.4%。因此 1731—1735 年间,中荷进入短暂的直接通商阶段,这几年里荷兰公司的十七人理事会组织了 11 次荷兰与广州的直接通商,即有 11 艘荷兰商船从荷兰出发,但两艘沉没,9 艘抵达广州。而由于清政府在 1723 年取消赴南洋贸易禁令,所以从这时起到 1735 年,帆船贸易恢复且与直接通商并行。

1735 年之后,荷兰对华贸易改为三角贸易,其基本特征是在中荷直航的航线中增加在巴达维亚停留中转这个程序。这主要是因为自荷兰直航中国的船只需从国内运载白银与中国贸易,东印度公司主要股东对这种状况不满意。三角贸易的第一阶段是 1735—1756 年,此期由巴达维亚当局统一经营对华贸易,荷兰驶出的船只停留巴达维亚,卸下欧洲货物代以当地产品,然后由巴达维亚当局每年组织三四艘船去广州,回程直返荷兰。1757 年至 1799 年,三角贸易处于第二阶段,贸易起点改为荷兰,由公司的中国委员会每年派出三四艘船,但仍在巴达维亚停留以交换货物,此举的意义是将中荷贸易经营权从巴达维亚殖民政府手中收归东印度公司总部。1756—1763 年间,英法陷入七年战争,荷兰公司几乎包揽整个广州市场,平均利润率高达 134.9%。但当英国摆脱战争阴影,荷兰公司立刻不敌英国的竞争。

三角贸易开始之后,东印度公司就逐渐排斥当时仍然存在的帆船贸易,因此帆船贸易在 1723 年恢复之后却没能进一步发展,最好情况下仅维持在 17 世纪末的水平。1740 年巴达维亚政府制造了屠杀中国人的"红溪惨案",更是荷兰人贸易垄断政策的极致表现,此后中国帆船逐渐远离巴达维亚而到东南亚其他港口寻求发展。三角贸易阶段,巴达维亚曾是欧洲与中国茶叶贸易的重要基地。但1750年代,中国和巴达维亚的茶叶贸易结束,首先是红溪惨案使中国帆船绝迹巴达维亚;其次是英国东印度公司直接向广州输入中国所需的热带产品,影响了巴达维亚的生意;最后是以巴达维亚为中转站运往欧洲的茶叶在品质和运送速度上都难敌其他直接来广州贸易的商船。1784年英国对进口茶叶通过《减税法令》,消除茶叶走私贸易,使荷兰进口中国茶叶并卖给英国走私者的贸易受到最严重打击。1830年,荷兰最终决定停止从中国进口茶叶。而荷兰东印度公司的财务状况也不断恶化,1780—1784年间第四次英荷战争则是对公司的致命打击。英国海军切断了荷兰本土同亚洲殖民地之间的联系,贸易中断,荷兰东印度公司因此债务缠身并从此无法翻身,终于在1799年宣告破产,1800年1月1日生效。

各国东印度公司自17世纪渐次兴起,此后葡萄牙再也没有能力维持欧洲市场上东方产品的输入垄断,但是截至18世纪中叶,澳门的葡萄牙人仍以中国与荷兰东印度公司中介的身份积极介入巴达维亚贸易。1684—1699年间,共14艘葡澳商船抵达马六甲;17世纪末到18世纪中期的绝大多数年份里都有1—4艘商船自澳门前往马六甲。1684—1716年间,自澳门前往巴达维亚的船只达52艘,平均每年1.6艘。澳门葡人卖给荷兰东印度公司的是中国出产的茶叶、丝绸、糖、锌块、草药、明矾、瓷器等,然后购买南洋土产返销中国或葡萄牙本国。1718—1723年间,每年有一两艘葡籍商船在澳门和果阿间往返,同一时期,葡澳商人从巴达维亚购回大量胡椒,比如1718年和1719年,葡商从巴达维亚分别运回两万担和1.1万担胡椒,肯定不是都卖给中国。但18世纪中期以后,葡萄牙国势衰弱,广州贸易的繁荣又大大降低澳门的贸易枢纽地位,葡澳的对外贸易自此衰退。

3. 广州口岸贸易

广州口岸贸易是18世纪各国东印度公司对华贸易的基本渠道,这首先是由清政府的制度所决定。1684年起清政府虽然开放粤、闽、浙、江四海关,但对欧洲国家的贸易始终集中于广州口岸。继英国1715年设立广州商馆之后,荷兰、法国、丹麦、瑞典等国亦相继在广州设立商馆,1715—1800年间来广州贸易的船只总计1524艘,分属以上各国以及西班牙,1784年以后则还有美国船只。从总量来看,英国船只(包括美国独立前的25艘)占总数67%(1 018艘)。但是荷兰的对华贸易重镇是巴达维亚,而其他欧洲国家开始对华贸易的时间远晚于英法,持续时间也并不一样,所以不能单以船只总量判断各国对华贸易的繁荣程度。事实上,1730—1750年间,英国的对华贸易与荷兰、法国相比并无突

清代广州口岸

出优势,瑞典和丹麦则刚刚开始并稳步上升。从 1757 年开始,英国每年来华船只数量经常超过 40 艘,偶尔才低至十六七艘,而其他欧洲国家都在 2—8 艘间波动,这时的英国在清朝对外贸易中的比重可见一斑。

最早来华从事贸易的欧洲公司是法国的东印度公司。1698 年,法国东印度公司的安菲特利特号搭载担任康熙皇帝和法国国王双重使臣的耶稣会士白晋(Joachim Bouvet,1656—1730)抵达广州,也同时开启了法国对华贸易。1712 年法国又成立一家对华贸易公司,在 1713 年和 1714 年共派 3 艘船前去中国。1719 年,东印度公司、西印度公司和 1700 年成立但并未经营过中国贸易的帝国对华贸易公司合并成新的印度公司,作为国有公司的东印度公司垄断对华贸易直到 1769 年。法国的国有公司在 1699—1769 年间共有 57 艘船到达中国。1769—1785 年,对华贸易向所有法国人开放,其间有 82 艘船到中国。1785 年恢复东印度公司,但到 1790 年就因经营不善而解散。

英国对华贸易的开展也并非一帆风顺,虽然 1637 年就有一艘英国船来广州或澳门贸易,但 1637—1683 年间来华贸易的船只总计仅 37 艘,而且主要集中在台湾与厦门。1708 年,伦敦商人对东印度贸易公司(1600 年成立)和英国东印度贸易公司(1698 年成立)合并为英国商人对东印度贸易联合公司,1715 年在广州设立商馆,但 18 世纪中叶英国东印度公司方始将贸易重心转向中国。

1750年以后，在该公司发往亚洲的总船运量中，发往中国的船运量开始大幅度增加，这主要是因为1757年以后英国对茶叶的需求猛增，而另外一项大宗商品是生丝。这种正常贸易下的增长态势至1784年达到顶峰，从此中英贸易步入鸦片贸易阶段，英国则凭借鸦片贸易成为中国最大的贸易国。

18世纪还有几个国家的东方贸易以广州贸易为主要目标。丹麦东印度公司成立于1616年，几经兴衰，几度重组。1616—1670年为第一阶段，名为哥本哈根(Copenhagen)公司，曾多次向东方派船，但1639—1668年间因资金短缺而濒于倒闭。1670年随着丹麦效仿法国君主制模式重组国家而使东印度公司复兴，但1729年又因入不敷出而解散，这是第二阶段。公司在1729—1732年由国家重组，更名丹麦亚洲公司，并从此开始与广州的直接贸易。特许状生效的1732年4月至1772年是公司的第三阶段，此期对华贸易从无到有，并开始占据重要地位。1772—1844年是丹麦公司的最后阶段，1772年丹麦向私商开放了印度贸易，这使中国贸易对公司更加重要，但1784年后与广州的贸易开始走下坡路，公司虽然到1844年才告解体，但1807—1814年间就因为与英国作战而停止了东方贸易，战后三十年间几乎没能恢复。

1715年，三艘奥地利商船到达广州并运载瓷器等货物回国，因获得高额利润而促使不久后又一艘私船航行中国。这些举动引起国王和商界的极大兴趣，所以在1718年左右成立短命的奥斯坦德公司。随后几年，该公司共派出四艘商船到广州，并以向欧洲进口大量优质茶叶为主要贸易内容。可惜1727年该公司便在其他欧洲国家的压力下停止运营。

1731年成立的瑞典东印度公司在其经营权存续的1731—1806年间组织了132次亚洲航行，有129次是到广州，根据其特许状期可分为4个阶段：1731—1746年，共25艘船发往亚洲；1746—1765年，共36艘船发往亚洲；1766—1786年，共39艘船发往亚洲；1786—1806年，共32艘船发往亚洲。前两个阶段有个别船只赴印度或东南亚贸易，绝大多数往广州贸易，后两个阶段的船只则全部直航广州。瑞典公司自1732—1733年首航广州成功后，便与清政府建立了较为稳定的通商关系。它的特点是将欧洲贸易与对华贸易结合起来，去中国途中将本国的铁材和鲱鱼油销往西班牙和英国，再用主要获自西班牙的白银去中国贸易，从而能够在大部分时期保持较高的商业利润。

4. 白银与明清海外贸易

中国历史上的货币以铜钱为主，大宗商品交易则为绢帛、黄金。纸币的发行、"飞钱"的产生，其实从技术层面说，与金属货币不足、大额交易需求等都有相关性。白银之所以没有成为汉唐宋时代的主流货币，与国内储藏不足开采有

嘉靖明令复行金银交易,为明朝转向海外寻求白银埋下伏线

限很有关系。但是,16世纪以来的全球化却带来了滚滚白银,因而开启了明代白银货币化的时代,到1935年中国政府公开废除银本位制度,中间有长达500年的历史[①]。

显然,晚明中国社会的国际贸易因为白银因素的介入,体现出了与前代不同的某些特性,货币因素使得中国和外部世界的贸易往来更加紧密。白银大量流入中国,大大增加中国的货币供应量,既促进海外贸易的发展,也对国内产业区域分工和经济发展有积极作用。也有人进而推测说,中国纳入全球体系和白银流入这两个新因素甚至对明朝灭亡产生了重大影响。因为17世纪欧洲的政治和经济危机影响到欧洲海外殖民地及海外贸易,并导致美洲银产量减少,日本在1630年代末和1640年代初因天灾而出现经济衰退,也导致银产量减少,这些情况对于已经非常依赖输入的白银维持经济成长和政治稳定的明朝政府而言是重大打击。

并不是所有人都认同白银的枯竭导致明朝政府的崩盘这一推论。也有观点认为,无论是白银输入还是发展外向型经济的区域,对明朝的整体影响都不应高估。明季流入中国的外国白银主要来自西属美洲和日本。美洲白银流入中国的渠道有三条:1)西属美洲——马尼拉——中国;2)西属美洲——西班牙塞维

[①] 万明:《明代白银货币化:中国500年白银时代的开端》,万明主编:《丝绸之路的互动与共生学术研讨会论文集》,北京:中国社会科学出版社,2018年,第37—58页;万明:《明代白银货币化的初步考察》,《中国经济史研究》2003年第2期。

利亚——葡萄牙(经澳门)——中国；3)西属美洲——西班牙塞维利亚——荷兰、英国——中国。日本白银在中日贸易正常时期由中国商人直接输入,在中日贸易因倭患炽烈而中止以后,先后由葡萄牙人与荷兰人担任白银输入中转商。白银流入中国的渠道显然与上文所说主要海外贸易路线重叠,因为白银输入是海外贸易发展的伴生现象。学界一般赞同,西属美洲生产的白银有很多都输入中国,日本出产的白银则绝大部分输入中国,但各位学者对具体数值的估计各不相同,折中而论,明朝最后一百年由海外流入的白银可能近三亿两,每年平均三百万两。但是,每年三百万两的外来白银在明朝经济结构中占据什么地位呢？首先,从人口和人均粮食消费量、土地产出、税收和税率分别估算晚明国内年生产总值,得出的估值分别是10.8亿两、12.3亿两和9.8亿两。取大略之数,可推测在1600年前后的正常年份,国内年生产总值约为十亿两白银。则每年外来白银占国内生产总值不过千分之三。其次,当时每年的粮食总产值占国内年生产总值的60%,则外贸收入的比重并不很高。这说明,外来白银在晚明的经济结构中并不占据突出地位。

明代后期(1521—1644)国内白银年均产量约为三十万两,与每年平均输入三百万两相比,很容易得出晚明货币市场靠外来白银支持的结论。进而又推论,1639—1644年由于国际银产量降低和明朝对外贸易受到国内政局和自然灾害影响而衰退,输入中国的白银急剧减少,同时屯银增加,导致明朝政府没有足够税收来维持必要的军事力量去对抗内乱与外患,终致1644年灭亡。但是,这种结论显然忽视了白银的实际需求量和外国白银的应用领域。相关研究表明,明末中国并不存在白银存量不足的情形。

中国自唐代开始流通白银以来,白银总体上只进不出,到明末,中国本土共生产约4.6亿两白银(这是政府控制中的产量),加上晚明流入的外国白银,明末白银存量不低于七亿两。明朝最后几年白银的年均输入额并不低于1600—1644年间的年均输入额,而且从16世纪初期到17世纪中叶,中国国内白银相对于黄金的价格持续下跌,这也说明白银并不短缺。此外,在明朝后期的商业活动中,小额支付采用铜钱,大额交易、远距离交易、缴税和一次大额给付薪水则使用白银。这意味着白银并非日常流通中的常用货币。事实上,大部分白银都被储藏起来或用于非货币用途(如制作银器)。进口银币并不会立刻投入流通,而要就地熔炼,重铸为成色受认可的银块,以备他用,大部分进口白银就此退出流通领域。恰恰是1630年代以后,由于铜原料缺乏以及私铸劣币现象严重,市面上流通的铜钱质量愈差,南方一些地区才较为显著地出现了以白银取代铜钱进行支付的情况,极小部分贮藏白银由此才进入流通领域。因此在明代的货币经济中,铜钱才是基础,白银并非影响明朝经济发展的突出杠杆。

综上所述,明末的经济问题并非欠缺白银和国际贸易环境变化所致,其主因仍是各朝末代所经历过的各种危机的翻版——人口与土地的关系、政权腐朽、天灾以及动乱与外敌。那么,晚明时期的对外贸易对这个社会经济发展的正面作用又该如何评价?

明代的农业有两项重要特征,一是经济作物比重增加(如棉花、麻、苎、染料作物、烟、芋、蔗、茶),二是引进和推广外来高产植物(番薯、玉米、烟叶),这两点都与海外贸易有密切关系。经济作物种类多样化及其产量增加带动了农产品加工业和大宗商品远距离贩售系统的兴盛,亦即农业市场化,以丝织业和陶瓷业为主的手工业也随市场网络的发展而兴盛。对于东南地区而言,海外市场自然是促使其商业、农产品加工业和手工业发展的重要推动力,比如丝绸出口与晚明江南丝绸产业市场化和商品化的发展有密切关系。对江南丝绸业而言,国外市场的重要性至少不亚于国内市场。有学者估计,1600年国内市场销量是国外市场的七成,但到1637年(明代出口高峰期),国内市场销量仅为国外市场销量的55%。由于这期间国内市场需求恐怕没有太大变化,乃是实质出口量大幅度增加的结果。海外市场的急剧扩大无疑对丝绸业整体走向有重大影响。江南丝绸业在明代后期出现一些与前朝极不相同的特色:一、丝织品种类增加、品质提升;二、丝织品量增价跌;三、出现专业丝绸市镇,丝织业从大城市扩散到市镇和农村;四、工业或手工业资本家诞生,来自商业资本的延伸或小生产者的分化;五、出现身份自由的专业劳工,劳动市场形成。

但是,以全国而言,17世纪初期的中国本质上仍是农业国家。即使在商品经济最发达的江南地区,农产品中仍有很大一部分未进入市场。而在1600年左右,丝绸产业贡献的生产总值仅占国内生产总值0.2%,其中出口部分的价值则只有0.1%。须知,丝织品是当时整个海外贸易中的大宗产品,而其贡献于全国年生产总值的份额竟如此微不足道。实际上总体对外贸易额占国内生产总值的份额不到0.4%。可见,海外贸易对于晚明已经卷入外向型经济的地区有重大影响,但对于全国经济的影响却不甚显著。换而言之,以全球体系和白银流入为代表的世界历史的经济新因子虽然已经进入明朝,但只是开端。在晚明政府有限度开海的政策之下,这些新因子尚且限于在东南沿海缓慢成长。而一旦改朝换代、政策逆转,全球性新变化影响于中国的步调难免愈加迟缓。

清朝前期,外国白银的输入渠道与晚明相比略有变化,17世纪后半叶的主要来源是日本和菲律宾,18世纪则主要由英国、荷兰、菲律宾输入美洲出产的白银,日本白银自18世纪初就因日本银矿枯竭和政府限制出口而几乎不再进入中国。墨西哥银圆在清朝时期是全球通用货币,在中国南部也广泛流通。但此时中国的外贸究竟如何呢?关于清代前期白银输入量,这里有两组估算数据。其一,1645—1800年累计输入24 773万两,则这150年间年均输入接近160万两①。其二,1700—1840年,欧洲国家向清朝输入白银至少17 000万两,年均约121万两②。18世纪中叶以后,中国最大贸易伙伴国英国的白银支付量大大减少,替代支付手段主要是印度棉花和棉布,此外还有铝、锡、铅等金属块,外加一些毛织品。1775—1779年间英国人年均用替代物品支付约值白银60万两,倘若把这个数字作为18世纪后半叶的平均值,分别计入上述两组数据再计算年平均值,同时考虑其他国家也有一些替代支付需要计入,则清朝前期150年间年均外贸收入折合白银不高于170万两,只有18世纪后期个别年份超过300万两,然而晚明年均外贸收入即为300万两白银。国际市场的白银相对于黄金的价格从17世纪中叶到19世纪初期呈小幅下降趋势(19世纪初期因美洲独立运动导致全球白银减产,才使白银价格上扬),而清朝国内白银与黄金的相对价格在1750年以后已与国际市场趋同,与晚明相比,总体上略有贬值。考虑以上因素,将白银数额还原为贸易品数量,则前清时期的年度外贸规模一定大大小于晚明时期③。

外贸规模已经充分显示清政府对外贸易政策的收缩性特点。而清朝前期这点外贸收入没入整个国家经济体系后更如石沉大海,几乎没有什么能作为追加资本用于发展经济,而主要用于政府以白银结算的大宗支出(比如薪俸、军饷)。清朝政府对有限的对外贸易的管理措施,更进一步体现出那时的对外贸易远不足以带领整个中国体会世界的新步伐。在1685年至1757年名义上开放四口通商期间,粤海关之外的其他三海关就因为动辄限制商民出海而经常形同虚设,更不用说1757年起仅限于广州通商。而广州制度的设计与运作意图就是要控制中国海洋社会经济与外国海洋社会经济的互动。

国家对外政策的制定,其着眼点不外国计民生与国境安危。明朝的对外政

---

① 李隆生:《清代的国际贸易——白银流入、货币危机和晚清工业化》,台北:秀威资讯科技股份有限公司,2010年,第148—152页。
② 张晓宁:《天子南库——清前期广州制度下的中西贸易》,南昌:江西高校出版社,1999年,第141页。
③ [美]牟复礼、[英]崔瑞德编:《剑桥中国明代史(1368—1644)》下卷第八章,张书生等译,北京:中国社会科学出版社,2006年,第354—400页;李隆生:《晚明海外贸易数量研究——兼论江南丝绸产业与白银流入的影响》,台北:秀威资讯科技股份有限公司,2005年;李隆生:《清代的国际贸易——白银流入、货币危机和晚清工业化》;[德]贡德·弗兰克:《白银资本:重视经济全球化中的东方》,刘北成译,北京:中央编译出版社,2008年;林满红:《银线:19世纪的世界与中国》,詹庆华、林满红等译,南京:江苏人民出版社,2011年。

策常常以国境安危为首要考虑因素,但明朝后期近百年里大体在执行开放民间海外贸易的政策,这对东南沿海外向型经济的发展产生显著的积极影响。明廷海外政策调整后,中国商品通过澳门和以马尼拉为集散地的太平洋大帆船贸易大量进入世界市场。但与同一时期欧洲各国在亚洲的积极角逐与努力开拓相比,明后期坐在家门口有限开放的海外政策毕竟仍然相当保守。及至清代境况愈下,清朝政府在一个半世纪里基本上持守禁止私人海外贸易的政策,严重影响了明季东南沿海已经开始蓬勃发展的外向型经济。于是,我们一方面看到清朝来华贸易的欧洲国家竞相泊靠、唯恐落后,另一方面却看到清朝中国的海外贸易市场收缩,中国与世界近乎隔绝,中国社会无法汲取新型世界的活力。正如有论者所言:"满族人成功地把疆土扩展了不计其数。他们成功地使长城变成一个多余的建筑,因为在他们的手中,统治范围被拓展到了亚洲中部。但是他们却又在沿海建立起了一堵新的城墙。这不仅是一堵作为隔绝措施的墙,一堵拒绝与外国交往的墙,也是一堵不信任沿海主要居民和他们对待外部世界的传统的墙。"①

  对外政策的制定也受到统治者文化心态的重大影响,对外政策可以直接体现统治阶级对外邦"蛮夷"和外来文化的态度——开放、宽容、限制或排斥。而当政策定型之后,中外交往便同时受到规章和其中所包含之文化观念的制约。因此,16—18世纪中西交往的基调就是西方人努力设法进入中国甚至细致观察中国文化,但中国对于输出本国文化和吸收外来文化都同样漠不关心。

---

① [德]罗志豪:《乾隆皇帝给英王乔治三世的答复:对西方汉学的挑战》,张芝联、成崇德主编:《中英通使二百周年学术讨论会论文集》,北京:中国社会科学出版社,1996年,第313页。

第十九章　明清政府与欧洲国家的官方接触

自葡萄牙印度总督阿尔布克尔克派人于1514年到达中国海岸屯门岛并立碑为念后,寻求与中国政府的官方接触就成为葡萄牙和其他西方国家的一项重要任务。《明史》虽有佛郎机、吕宋、和兰、意大里亚欧洲四国传,但《意大里亚传》所载是利玛窦(Matteo Ricci,1552—1610)等耶稣会传教士,所以真正与明朝有过官方接触的是葡萄牙、西班牙与荷兰。终明之世,除葡萄牙曾有一次不成功的北京出使,这几国多只是与沿海地方官员有着疏密不等的来往。入清以后,与欧洲国家的来往比前朝明显频繁,叩关多年的荷兰、葡萄牙得以数次遣使,英国政府也致力于寻求对话,来华贸易的则还有法国、丹麦、瑞典、普鲁士等。但这并不意味着清朝的对外政策比明朝开放,只说明欧洲国家的实力在不断上升,对华贸易的动机与需求日益强烈。对欧洲国家而言,建立通使关系是为了开辟贸易或保护既有的经济利益。但明清中国始终秉持朝贡政策,将欧洲来使都看作番邦外夷输诚慕义之举。因此,通使过程中固然有些许务实的政治经济成果,但文化的误解甚至冲突不可避免。不过通使也是中国上层人士认识欧洲人的第一渠道,而欧洲使团成员带回本国的中国信息则成为欧洲人了解中国的一个重要渠道。

一、葡萄牙使团

1513年,葡萄牙印度总督阿尔布克尔克派阿尔瓦雷斯(Jorge Alvares)前往中国,1514年抵达中国海岸屯门岛,因中国不许外人入境而仅在屯门岛立碑而已。1515年,阿尔布克尔克又正式派遣佩雷斯特罗(Rafael Perestello)聘问中国。但直到1516年8月12日使团仍音讯全无,故又遣费尔南·佩雷斯·德·安德拉德(Fernão Perez d'Andrade)出使,却因风浪被迫中途返回,且遇佩雷斯特罗在中国获利而归。阿尔布克尔克大喜,1517年(正德十二年)6月17日再度遣使,由多默·皮列士(Tomé Pires)任使节,安德拉德则负责护送使节。此使节是阿尔布克尔克奉葡王之命派出,故可认为是葡王使节。

皮列士使团于当年9月底进入广州,但是通过广东官员提出的入觐明廷、递交国书、讨论两国正式通商事宜等请求遭皇帝拒绝。皮列士因使命不遂不愿离去,凭借通译火者亚三在广东官府的周旋而得以滞留广州。后来火者亚三贿赂明武宗幸臣江彬,诈称满剌加使臣,使团终于在1519年末接到进京的命令,并于次年5月来到当时武宗南巡驻跸之地南京,继而于正德十六年(1521)一月随武宗到达北京。然而就在正德十五年十二月,满剌加因葡萄牙入侵而遣使来华乞援,火者亚三的伎俩败露,随即武宗于次年三月驾崩。新即位的明世宗以火者亚三冒充满剌加使者之事情节重大而决议处斩,皮列士等人则被勒令发送广东监禁。在这整个过程中,皮列士恐怕不知道火者亚三伪冒满剌加使臣的手段,也不知自己在明廷眼里是火者亚三的副使或随员,履行使命之事当然无从谈起①。

同一时期,葡萄牙人西芒·德·安德拉德(Simão d'Andrade)于1518年到达中国沿海,犯下许多海盗暴行,在1521年被中国军队驱逐出境。该事件明显影响了中国人对葡萄牙人及在京之皮列士的态度。至明廷获知葡萄牙侵占时为明朝属国的满剌加,而火者亚三又冒充满剌加使者,对葡萄牙使团就更加排斥。于是如《明史·外国列传·佛郎机传》所载,当正德十六年七月复有葡使前来请求贸易时,尽管地方官已经答应,却遭朝廷断然拒绝。皮列士一行人则在嘉靖元年(1522)九月被遣送至广东下狱,系狱期间明廷曾多次要求皮列士致书葡王,归还所侵占的满剌加土地,以之为放其归国的条件,皮列士谢之以能力不及。据说皮列士1524年5月病殁狱中,葡萄牙派往中国的第一个使团就这样以失败告终。此后直至明亡,葡萄牙人都不再派遣使团,因为1554年始葡萄牙人得以在中国进行合法贸易,1557年则入居澳门有了合适的对华贸易基地。贸易目的已经达成,自然也不必劳师动众派遣使团。

入清以后,葡萄牙人在康熙年间两度派出大规模的使团,因为清政府的禁海、迁海政策严重影响澳门葡萄牙人的生计。澳门虽因耶稣会士汤若望(Johann Adam Schall von Bell,1591—1666)之努力而免于迁海,但航海贸易亦被禁止,使澳门葡人无以为生,连获取食品都困难重重。无奈之下,澳门议事会(1583年成立的居澳葡人自治组织)于1666年11月中旬带信给果阿的葡萄牙印度总督,诉说在澳门的艰苦状况并建议以葡萄牙国王名义向北京派遣一支使团。此议获果阿支持,印度总督于1667年4月派撒尔达聂(Manuel de Saldanha)率八十人规模的使团,以葡萄牙国王的名义访问清廷。但果阿并不为使

---

① 葡萄牙方面对皮列士出使经历的叙述可以参考科提松整理出版皮列士《东方志》时为皮列士所写的传注,参见[葡]多默·皮列士:《东方志:从红海到中国》,何高济译,南京:江苏教育出版社,2005年,第5—32页。

团提供经济支持,使团在澳门耽搁到 1670 年(康熙九年)1 月 10 日方才动身北上,一方面是因为在澳门和暹罗筹措资金,一方面是因为广东官员上报朝廷的程序有耽搁。

撒尔达聂在耶稣会士的帮助下极力想保持非朝贡国的独立地位。赴京途中的船上始终悬挂着葡萄牙国旗,另有一面中国式黄旗,上书耶稣会士所授意的"进贺中国皇帝之葡萄牙国王大使"。耶稣会士认为,写以"进贺"字样就意味着他们不是普通的朝贡国贡使,而是两千多年来唯一不以朝贡名义入使中国并获接纳的使团,这意味着对朝贡体制的一个转折性胜利。此外,使团 6 月 30 日抵达北京,礼部官员问大使,为何葡萄牙国王在书信中不自称为"臣",预先受过耶稣会士指导的撒尔达聂回答说,按照欧洲惯例,国王们在给其他君主写信时不自称为其诸侯,而礼部官员也就不再追究。于是葡萄牙人和耶稣会士都认为这是对抗朝贡体制的又一转折性胜利。不过,在中国朝廷眼里,葡萄牙来使与一般朝贡国无异。明朝时有不少尚未与中国建立朝贡关系的国家曾借新主登基,以朝贺为名而行初次进贡,而耶稣会士似乎并不知道他们精心策划的"进贺"不过是"朝贡"的翻版。至于礼部不再追究表文中的措辞,据推测主要是因为他们深知康熙皇帝对这个使团很感兴趣而不愿令皇帝不快,他们有可能将一份修改过的译本存档,当时只有极少数礼部官员知道原始表文中并未使用"臣"这一称呼①。当时的中文记载都表明,皇帝显然是将葡萄牙使团当作朝贡使团赏赉,如《清圣祖实录》卷三三"康熙九年六月甲寅"条②、王士禛《池北偶谈》卷一"傅而都嘉利亚国"条③、《清会典事例》卷五〇三"礼部·朝贡·贡物"条。尤其是,根据使团随行耶稣会士皮方济(Francisco Pimentel)记载,葡使在京很顺从地行了臣下对皇上的三跪九叩之礼,尽管他们未必清楚这套礼仪的真实含义④。

使团在京很受康熙善待,这在很大程度上归功于以南怀仁(Ferdinand Verbiest,1623—1688)为首的在京耶稣会士们先期为使团树立良好形象。不过,少年康熙感兴趣的只是葡使的知识和葡萄牙的风情。使团所肩负的事关澳门

---

① John E. Wills Jr., *Embassies and Illusions, Dutch and Portuguese Envoys to K'ang-hsi*, 1666—1687, Cambridge, Mass. and London: Harvard University Press, 1984, pp. 197, 118.

② 《清圣祖实录》卷三三"康熙九年六月甲寅"条,北京:中华书局,1985 年,第 450 页。

③ [清]王士禛:《池北偶谈》卷一《谈故一·傅而都嘉利亚国》,靳斯仁点校,北京:中华书局,1982 年,第 4 页。

④ 徐萨斯对该使团遭际的叙述很不一样,他认为撒尔达聂使团是第一个以非朝贡国身份被接纳的外国使团,中国人承认这一点,而且北京朝廷对这位使节给予了应有的尊重,这位使节成功地达成使葡萄牙人保有澳门的使命。参见徐萨斯:《历史上的澳门》,第 79—80。徐萨斯依据耶稣会士写给欧洲人看的夸饰之辞得出此结论,并不真正懂得清廷对使团的实际看法。

前途的外交使命却未能达成,撒尔达聂在第二次觐见皇帝时向他描述了澳门的困境,皇帝除了回答说他早已知道以外,不置可否。至于解除澳门海上贸易禁令的请求,大使在南怀仁等人的事先吩咐下根本没敢提出。一事无成的使团8月21日离开北京,撒尔达聂于10月21日病逝淮安,使团由副使本多白垒拉(Bento Pereira de Faria)接掌并在1671年3月抵达澳门。本次使团徒然使澳门居民负担经费三万余两白银①,使命却终告失败。而其间表现出的欧洲国家对抗中国朝贡体制的努力,从此成为19世纪之前欧洲国家遣使清廷的主要场景。

1668年年底起,清廷取消迁海令,澳门与香山间的关门也获准五天一开放,中国商人得以到澳门交易,葡萄牙船只也被允许在中国海域活动。但这与撒尔达聂使团无关,而是康熙亲政后试图弱化鳌拜执政期影响的结果。在澳门葡人眼里,康熙九年这次出使收效甚微,他们仍然在禁海令下窘迫生活,又新添了荷兰人的威胁。于是当澳葡当局从北京的耶稣会士那里得知康熙皇帝对狮子感兴趣时,又着手策划一次狮子外交。澳葡当局在果阿政府的帮助下得到一头莫桑比克狮子,于是在1678年3月左右,派本多白垒拉率使团携狮子赴京,仍以葡萄牙国王的名义派遣,使团于当年9月抵京并正式朝见。狮子固然深得皇帝喜欢而极受礼遇,使团成员也沾了狮子的光而待遇不差,当然使团仍然是被当作朝贡国的代表而被接待,而使团提出的各项贸易请求②也全都没有下文,一行人在11月13日无奈离京。不过,康熙于十八年(1679)十二月初四终于批准了澳门与广州的贸易,也初步认可了澳门的海上贸易,这与耶稣会士在朝廷官员中多方斡旋和他们对皇帝的影响力大有干系。由于这一谕旨,1680年广东政府开放了澳门到广州之间的陆路贸易,并且使澳门在开放海禁前的1681—1684年间独揽中国沿海的海上贸易。这可谓是清朝前期中国皇帝针对西方使团请求做出肯定答复的唯一一次,而此次使团的全部花费(算上自莫桑比克运狮至澳门的费用)只有五千多两白银③,与撒尔达聂使团相比,显然是成本低廉而收益可观。

康熙二十三年(1684)起开放海禁,准许沿海人民出海贸易,次年又准外国

---

① John E. Wills Jr., *Embassies and Illusions, Dutch and Portuguese Envoys to K'ang-hsi*, 1666—1687, pp. 133, 273. n. 21.

② 包括:允许澳门自由航海贸易,并免船钞关税;允许澳门葡商无需广州官府的通传或同意就可自由进京贸易;允许澳门居民前去广州贸易;允许澳门享有葡国大使(指撒尔达聂和未来可能丧命中国的使臣)墓地所在之地所享有的特权。最后一条显然过于臆想。

③ John E. Wills Jr., *Embassies and Illusions, Dutch and Portuguese Envoys to K'ang-hsi*, 1666—1687, p. 133.

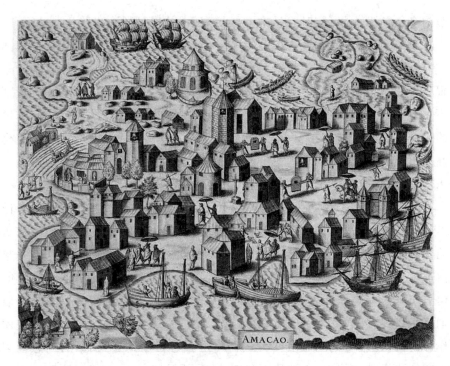

葡萄牙人所绘早期的澳门

商船前来纳税贸易,此后欧人来华贸易者渐多。不过,《清会典事例》卷五一〇"礼部·朝贡·市易"条载,康熙五十六年(1717)又颁布南洋贸易禁令,禁止中国居民出海到南洋,而不禁外国商船来华贸易。起初广东政府也想将此禁令适用于澳门,澳门方面立刻派人与广东政府周旋而获免。此后,中国商船不能出海到南洋,澳门的葡萄牙人商船则得豁免。于是为了感谢中国政府免除澳门葡人适用南洋贸易禁令,澳门议事会于1719年3月1日缮具谢恩表和各种礼物,交两广总督进献北京。次年,即康熙五十九年,澳门第三次派出使团,或者就为此事而表谢意。但西文资料对这一使团几乎不载,盖因此为澳门议事会所遣而非印度总督以葡王名义所遣,《清会典事例》卷五〇五"礼部·朝贡·朝仪"条详载该使团的朝见仪式。

雍正即位后,下令禁止天主教在中国传播,使澳门再次面临衰颓之危,故澳门议事会于1724年(雍正二年)致书葡萄牙国王,提出请葡王遣使北京,以期缓和雍正帝对天主教的严峻态度。但葡王已于1723年派遣麦德乐(Alexandre Metelo de Sousa Menezes)为使节,偕同以康熙使节身份赴罗马并准备返回中国的葡萄牙耶稣会士张安当(Antonio de Magalhães)前往中国。使团1726年6月10日抵达澳门,11月出发进京并于次年抵达。麦德乐的使命是,以独立国使节的名义前来庆吊,同时恳请中国保护葡侨及澳门居民。

在葡萄牙人的叙述中,这次出使是一次超越"朝贡"的旅程。使团抵达澳门后,澳门议事会先通报两广总督,两广总督和香山县令都按照一般贡使的规格通报朝廷和进行接待。麦德乐为此声明,如果仅将使团看成进贡的使节,那他将不去北京,同时他还要求两广总督向皇帝转交一封信,要求皇帝给使节以恰当的荣誉。但总督将信扣留,同时指派香山县令来解释,说"进贡"一词完全是下面办事人员造成的误会,总督的代表也同来拜访,并以叩头礼表示顺从。麦德乐含蓄地批评了"办事人员的过失",并要求在公文中予以纠正。香山县令果然发布公告,说葡萄牙大使是来"恭贺"皇帝,"进贡"的称法失礼且带有诽谤性,禁止有人将此运用于葡萄牙大使。两广总督也宣布,葡萄牙使团与进贡国家的使团不同,所以要做好准备,以新的方法欢迎他们。麦德乐还一再要求将先前那封信交付皇帝,总督也终于答应,派出信使带着葡使的信件和总督的亲笔信上京。张安当作为先遣代表随后进京,并告诉皇帝,使团的目的是向康熙驾崩表示哀悼,并向新皇帝表示祝贺。皇帝派了一位亲王负责安排接待使团的工作,亲王向传教士询问"进贡"一词在外国人心目中的含义,然后同意葡国使团不应被称为进贡使团,应被称为恭贺使团,并保证说,大使将得到前所未有的荣誉。

准备工作完成后,使团终于在逗留澳门五个月后踏上进京之路,并于1727年5月18日进入北京。使团离开澳门的仪式极为壮观,沿途以及抵京时的排场也极尽奢华,结果引起朝廷官员的不安。礼部请大使排练觐见皇帝的例行礼仪,大使推说自己已很熟悉这一套。礼部又对大使坐着八抬大轿觐见皇上的计划提出异议,大使强求不过,只好放弃。双方又对如何呈递国书意见不一,导致觐见时间被推迟。清朝礼仪要求将国书放在觐见厅里的桌子上,葡使则希望能像俄国使节之前那样亲手递交给皇帝。皇帝终于同意了。觐见礼于5月28日举行,大使由几名高级官员导引来到御座前,双手高举国书至脸平,跪在皇帝面前呈上国书。皇帝将国书交给一位大臣,葡使则从原路退至中门,然后被领到靠近御座的一个位置,跪在软垫上向皇帝讲话,转达了葡萄牙国王希望与清朝皇帝继续保持友好关系的意愿,并希望保护澳门的贸易地位。皇帝的答复亲切友好。大使用完茶后退出。后来,皇帝又一次接见麦德乐,大使借机向皇帝献上葡萄牙国王的礼物,并得到雍正皇帝的回赠,大使本人也获得皇帝的礼物。在京城待了一个月后,使团被邀往圆明园,在那里最后一次觐见皇帝,麦德乐再次恳求保护澳门,并将此令落实到广东的官员。皇帝点头表示同意。麦德乐又向皇帝身边的大臣们申明,皇帝必须以同等条件答复葡萄牙国王的公文,否则有损国家尊严,他将无法复命。一位护送使团返回澳门的朝廷要员让他对此放心。

可见,麦德乐的确一再努力在形式上保持独立国家的尊严,在法国耶稣会士巴多明(Dominique Parennin,1665—1741)看来,麦德乐也成功地做到了这一点,突破了附属国来进贡的一贯形象。但是,在清朝官方记录中,该使团仍是被以朝贡国之礼对待,比如《清会典事例》卷五〇五"礼部·朝贡"之"朝仪""敕封"两条及《清世宗实录》卷五六"雍正五年四月癸丑"条[①]之记载。麦德乐否定"朝贡"而接受"恭贺",拒绝练习觐见礼仪但最终跪倒在皇帝面前,要求亲自递交国书并要求正式答复,这些行为同几十年后的英国使臣马戛尔尼(George Macartney,1737—1806)有异曲同工之处。而在中国皇帝眼里,这些情节的略微变化还没有越过天朝宾礼的界限。主动权仍在皇帝手里,所以,虽然麦德乐每次觐见时总相机陈述澳门的贫困状况,雍正却绝不肯与之商谈此事,甚至也不指派大臣与之商谈。而且,无论皇帝怎样称赞麦德乐,也不会按照葡萄牙国王的意思考虑改变政策。最终,雍正没有缓和对天主教的严峻态度,澳门的困境也并未缓解。而此次使团的豪华排场却使澳门破费巨大——一个新成立的银行因此破产。1720年起,澳门议事会已开始摆脱财政拮据,用额外的税收成立一家银行,凭抵押品预支的船货抵押借款在每一季风期内给议事会带来20%的红利。然而几年里积累的这些资金被麦德乐使团尽数耗尽,议事会还被迫抵押它的税收。直到1762年,议事会才重新掌握足够恢复金融业务的资金。

乾隆十四年(1749),海防同知张汝霖与香山知县暴煜订立《澳夷善后事宜条议十二则》,对澳门葡人限制颇多。葡人怀疑这是地方官擅立之规定,并认为这是侵犯葡人权利之举,故而由澳门主教回国递呈一份呼吁书,请求葡王为此事派遣使臣来中国交涉,于是葡王派巴哲格(Francisco Xavier Assis Pacheco Sampaio)为大使赴中国。巴哲格于1752年8月(乾隆十七年)到澳门,在澳门耶稣会士的建议下,先行派人送信给时任钦天监监正的耶稣会士刘松龄(Augustin Von Hallerstein,1703—1774),请刘松龄及其他诸位耶稣会士尽力协助。然后,澳门议事会才向广东官府通报大使抵达的消息。巴哲格后来在报告中称,从这些小官吏对使团的态度就看出葡萄牙人因近来丑闻不断,威望剧降,这些官员不但把使团视为进贡,还极尽羞辱之能事:他们要大使出示进贡的礼品清单,并催促他们在接到北京的圣旨前先去广州,他们还坚持要大使像当时

[①] 《清世宗实录》卷五六雍正五年四月癸丑,北京:中华书局,1985年,第864页。

也来到广东的暹罗使节一样行礼。巴哲格则反驳说,葡萄牙国从未向任何国家进贡,而是从许多亚洲国家那里接受贡品,所以他必须要得到应有的尊敬,否则他拒绝离开澳门。在此,外交和朝贡这两种观念又发生了冲突。葡萄牙使臣认为中国官员对他的态度堪称有意怠慢,原因则是澳门的地位下降。这种想法若被中国官员知道,一定对葡使的自恋感到震惊,因为广东官府的上述几项要求只是对待来华外国使节的共同程序性要求。本来,双方可能会僵持许久,但因皇帝很快派出一位满官携担任翻译的刘松龄来护送使臣进京,又下了圣旨给两广总督,广东方面便认为该使团有皇帝的特别优待,所以不予纠缠细节。但巴哲格将这段情节理解为,由于皇帝出面,广东官府恢复理性,不敢将他们目为贡使,他说香山县官还发了一份公告向使团道歉。澳门议事会则为使团举行一场隆重的招待会,然后华丽地登船前往广州。在广州又要参加两广总督的宴请,宴会上,座位排序也见证了两种国际关系观念的冲突。巴哲格认为主座理当给他这名大使,总督却把主座让给北京来的特使。说给巴哲格的理由是,按中国习俗要把上位留给护送者。事实上,在清朝地方官员那里,皇帝的钦差当然位阶最高,一个外国来使怎可与之相比。只是,广东总督看起来已经了解到葡国使臣很关心尊敬程度问题,为免生风波而曲意搪塞。

巴哲格在进京途中继续摆排场,不仅拒绝了中方提出的由大清国库支付路费的建议(这也是对贡使的惯例),还沿途向路人散发礼物和奖品。1753年5月,巴哲格使团抵京,入城时的壮观不逊于当年的麦德乐。巴哲格还享受了比麦德乐更高的待遇——坐着八抬大轿、佩着剑就去拜见乾隆皇帝了,接见的规格据说与麦德乐所遇相同。巴哲格表达了葡王希望两国继续友好的愿望,皇帝则保证会像先祖一样对待欧洲人。后来,巴哲格还在一次私人会见中获赐乾隆御笔书画。皇帝并命法国耶稣会士王致诚(Jean Denis Attiret,1702—1768)为巴哲格绘制肖像,挂于圆明园中作为纪念,听说还给许多耶稣会士升了官以示对葡使的尊敬。乾隆竟然还起兴藉一次天坛祭天祈雨对清朝卫队和葡国使团卫队同时检阅。巴哲格在北京逗留五星期后,满载礼物而归,在京期间尽享宴会和招待会。使团来到广州,找借口不多逗留,立刻奔赴澳门。澳门方面认为这次出使是一次为基督教利益进行成功调停的外交,已经准备好了盛大的凯旋仪式。但是,最终结果表明,此次出使除了让皇帝相信澳门近来的苦难源自地方官员的心胸狭隘和用心不良,再无其他政治成果。此外,澳门为此事又耗费2.2万两白银,巴哲格本人亦为礼物花费1.6万元。

当然不会有葡人期望的通过外交谈判达成的政治成果。从《清史稿·邦交志八》《清会典事例》卷五○五和卷五○七的记载可知,使团不过又是被当作朝贡国行礼受赐,交涉条议之事无从谈起。由于中国史料对此次使团并无大书特书的兴趣,无法知晓乾隆当时对该使团究竟持什么态度。不过可以推测,乾隆之所以对巴哲格非常感兴趣并多方恩宠,乃因这是乾隆皇帝遇到的第一个欧洲使团!这一定令喜爱效仿先祖的乾隆皇帝好奇得不得了,就如少年时代的康熙对本多白垒拉使团的狮子兴致勃勃。巴哲格使团是19世纪之前最后一个来华葡萄牙使团。历次遣使,葡萄牙人都试图摆脱朝贡体制强加给他们的朝贡国地位,但不论是以友好的态度换得清廷优容,还是据理力争保持尊严,清廷上下都只把他们算作朝贡之使。在中方记录中,葡国的表文满怀谦卑态度,然而比照这些使臣留下的记录,无论是国书还是使臣言辞都可称"有理有节"。可见,清朝皇帝从表文中读到的谦卑主要来自翻译以及对译文进行润色的礼部官员。广东官府和礼部官员对于葡国使臣的"傲慢"体会最深,但他们绝不敢让皇帝见识到蛮夷的傲慢,所以总会尽力消解冲突点,力求顺利完成贡使觐见之旅。这也是两种不同的国际关系理念尚未在18世纪爆发严重冲突的原因之一。另一方面,使臣在事后的记录中恐怕也难免夸大自己保持尊严的努力而隐去了不光彩的情节。19世纪之前,西方国家为打开中国的贸易大门而经常不惜在外交出使中委曲求全,这却是事实。清朝的荷兰使团本着商人的实际眼光尤其不忌讳如是为之,只是这样做也未能给使团带来多大成效。因为在"天下"体系之内,清朝对于朝贡国的贸易规定不会因某个使臣而改变。

二、荷兰的努力

万历二十九年(1601)八月,荷兰人首次出现在中国广东沿海,得到两广总督戴燿和广东税使李凤的欢迎,因为当时广东财政紧张,他们都希望多与外国人贸易而充实税收。但荷兰人在广州停留一个月后还是被劝离,一是因为澳门葡萄牙人抵制荷兰人前来争利,加强澳门防御而拒绝其登岸,再则因为广东官府最终不敢在澳门之外再为一个非朝贡国别设贸易基地。在接下来几年的多份御史奏折中,李凤私许荷兰人入广州事件被反复提及,皆称李凤勾结红夷以灭澳夷。这些言官虽是着眼于批评税使,但既然将荷兰人叩关与税使跋扈行为联系在一起,则荷兰人的互市愿望也不可能实现。

万历三十二年(1604)七月,又一只荷兰船队在韦麻郎(Wybrand van Warwijck)带领之下驶往澎湖,希图向福建官府求得贸易许可,据说是得到侨居大泥的漳州商人李锦、潘秀和郭震的指引与帮助。李锦提议韦麻郎贿赂福建税使高寀,并拟书三封分别交高寀、兵备副使(按察副使)和守将。高寀得书后立即遣心腹周之范密会韦麻郎,讨三万贿金作为许其贡市的条件,韦麻郎接受,于是双方立约。而当潘秀将书信交付守将陶拱圣时,陶拱圣立刻报告上司(未说是南路总兵施德政还是负责盐政和漳南军务的按察副使高从礼),同时系潘秀于狱。原定给按察副使高从礼送信的郭震由此也不敢露面。高寀似将荷兰人的请求转告高从礼,高从礼以"无启夷心,生方来患"①为由加以拒绝。与此同时,荷兰人又遣译者林玉正式拜诣福建官府,结果,不仅通商之议遭拒,林玉还被冠以主动勾引外夷生事之罪系于狱中。

　　福建官府决定派人申斥荷兰人,倘若不服,即出兵攻剿。于是,施德政遣都司沈有容前往澎湖复命。沈有容认为,荷兰人是来求市,不是为了寇掠,应以安抚劝谕为先,所以请出译者林玉,将兵船留在身后,只身携林玉登陆澎湖妈祖庙。沈有容向韦麻郎说明中国不许外国随便通市,荷兰人这次是受奸人诱骗,行贿求市之举在法令森严的明朝行不通,而荷兰人倘挟大舰巨炮久留于此,官府也难以优容。当有荷兰人挑衅说,既然中国人都派了兵船来,怎么不敢开仗?沈有容回答,因为你们说来通商,所以好言劝慰,如果蓄意侵略,以明朝雄厚武力,焉有畏缩之理!据各种关于沈有容的传记称,韦麻郎在听过沈有容恩威并施的一番话后,羞愧万分,立即率船而退。但更真实的情形是,荷兰人十月二十五日才离开澎湖,这是因为巡抚徐学聚以死罪为挟,严禁奸民下海接济,总兵施德政则厉兵拭甲、严守要害,荷兰人无机可乘,又熬到粮草困乏,才不得已离去。沈有容劝谕之后,韦麻郎收回许给高寀的三万赠金,但仍以一些特产物品赠送高寀,请他将通市之请奏报朝廷。但这回高寀不敢答应。而施德政向御史(时方元彦任监察御史)参劾高寀受贿及私自许市情节,御史又上奏朝廷,谓:"若许其入贡,祸闽将无已时。"②朝廷于是下令不许荷兰通贡。

　　总之,万历期间,荷兰人两度与中国地方政府接触并请求互市,两度无果。此后,终万历之世,荷兰人未再尝试与中国政府接触,而是以海盗之姿于东洋南洋劫掠各国商船。一次,荷兰人与澳门葡萄牙人正面交锋并大获全胜,葡萄牙人与之讲和,允许其在澳门贸易,荷兰人略感满意。赴海外贸易的中国商人也日益频繁地与荷兰人私下贸易,致使沈德符(1578—1642)在万历四十七年作《红毛夷》时忍不住感叹,当年福建官府煞费苦心禁其通市,恐怕前功尽弃③。

　　1622年4月(天启二年),巴达维亚总督约翰·彼得松·考恩派出一支

---

① [明]焦竑编:《国朝献征录》卷九〇,台北:学生书局,第3927页。
② [明]高汝栻:《皇明续纪三朝法传全录》卷六,《续修四库全书》第357册,第721页。
③ [明]沈德符:《万历野获编》卷三〇《外国·红毛夷》,北京:中华书局,1959年,第782—783页。

舰队前往中国海域，再次尝试与中国建立官方贸易关系。此时的荷兰人在东南亚节节胜利，自视可以雄霸远东，排挤葡萄牙人和西班牙人而垄断同中国的贸易。因此，舰队6月22日到达澳门后即与葡萄牙人交战，葡人向中国军队求救，荷兰人未能得逞，便掉转船头向福建沿海进发，于7月11日占领澎湖，并在此设立堡垒，意图长驻。明朝官员对澎湖的重视程度颇不相同。大约自韦麻郎事件之后，澎湖开始有部队驻守，但是万历末年或天启初年，澎湖驻军撤离，"彭湖为浙直潮惠总要之路，自金中丞创议力争守此地，闽二十余年不受倭害，浙直诸处阴受其福，不知何时撤守，竟至今日狡夷披猖乃尔"①。当时甚至还有人认为"彭湖原非我地，予之无伤"②。这支荷兰舰队的指挥官雷约兹(中国史料称"高文律"，但也提到有人认为此名是其国官名)遣译者传话福建官府，要求享受澳门葡人的贸易待遇，如不答应就武力相向。荷兰人很快派船入峿屿(厦门)，意图强行求市。福建官府以为，荷兰大船食粮有限、人数不多，粮困自去，本不足担忧，但只怕沿海奸民贪图利益私自售粮与荷兰人，同时勾结为寇，此将势成大患。鉴于此，福建抚、按向兵部上奏，要求实行海禁、使红夷坐困，同时加强防御。兵部于十月照准。这期间，荷兰人已频频骚扰同安、海澄诸地。

  大约在天启二年年底，巡抚商周祚命徐一鸣为帅，在中左所与荷兰人开战，颇有斩获。商周祚因之要求荷兰人离开澎湖，荷兰人接受，表示愿市于咬𠺕吧。天启三年(1623)，商周祚去任，南居益接任，而荷兰人在当年秋天又盘踞澎湖北港，并入峿屿求市。南居益在九月上奏红夷嚣张近况，指澎湖当年不应撤守，要求加强沿海防备。天启四年七月，南居益再次上奏，称红夷日益嚣张，不仅屡屡侵扰福建，还勾结日本倭人和本地奸猾，而将士畏缩不前，因此当申明赏罚，加强禁令。南居益上任以来，一直希望以武力驱逐荷兰人，但因闽人或言战或言市，相持未决，所以他只能一边加强防守，一边不停向朝廷申明形势严峻，为正式开战做准备。事实上，南居益自天启四年正月就已开始派兵在澎湖周边驱逐荷兰人，将荷兰人限制在一个小半岛风柜。准备完善后，六月十五日发起对风柜的总攻，七月初三日兵临荷兰人堡垒，荷兰人乞降，提出容留几日装米上船，即拆城还地。七月十三日，荷兰人的十三艘船如约离去，只留下指挥官的住

---

① [明]徐昌治辑：《昭代芳摹》卷三四，癸亥天启三年九月"防红夷"，《四库禁毁书丛刊·史部》第43册，第647页。此话出自巡抚南居益天启三年九月的一份奏报。
② [明]叶向高：《苍霞余草》卷一《中丞二太南公平红夷碑》，《四库禁毁书丛刊·集部》第125册，第368—370页。

所不忍拆除,南居益随即派人尽行拆毁①。

荷兰人并没有远离福建,而是改以台湾岛上的台南为司令部,将西班牙人赶出台湾,之后几年专心以台湾岛为中介开展对日贸易,但仍未放弃对福建的企图。南居益于天启五年(1625)升工部右侍郎离开福建,这年冬天至下年春天,荷兰人又在同安料罗、陈坑频繁停泊登岸,虽未大肆劫掠,但对居民的骚扰不轻。但直至天启朝结束,福建官府也未再与荷兰人武力冲突,原因当有两方面。一方面如同安籍致仕官员蔡献臣所抱怨的,兵防力量不够,自南居益任上固然恢复了澎湖防守,可同安的防守却变得不如人意。另一方面,一些沿海小乡镇的地方官开始私下允许与荷兰人贸易,并且希望开放海禁,以致罢官还乡的闽县籍官员董应举对此忧虑不已。

崇祯登基,澎湖又议撤兵,荷兰人也重返澎湖试探。崇祯三年(1630),荷兰人再度占据澎湖,此后两年时有骚扰。崇祯六年(1633),荷兰人先犯南粤,又袭中左,继攻同安、海澄、鸿江、铜山等处。于上一年甫任巡抚的邹维琏正因海禁之议遭乡绅反对而不悦,这下理所当然尽全力攻剿入侵之荷兰人,于金门击溃荷兰舰队,焚舟擒俘的数量比南居益之战还多,所以有人评其为"闽海数十年

17世纪20年代,荷兰凭借武力攻占台湾南部,在一鲲鯓建热兰遮城,作为荷兰总督的统治中枢。该图系荷人所绘

---

① 述南居益平红夷事件最详者当推叶向高《中丞二太南公平红夷碑》及沈国元《两朝从信录》卷二三,沈国元更有明确的时间信息。

来所未有之捷"①。郑芝龙大有功于此役。自此,明朝官方不再与荷兰人直接遭遇,因为郑芝龙成为他们之间的屏障。郑芝龙一边发展自己的海商集团势力,一边帮福建官府清剿其他海盗势力,同时还为了维护自己的闽海霸主地位一次次打击荷兰人,并于崇祯十二年(1639)六月重创荷兰人,使荷兰人在台湾安分数年。1661年郑成功历时半年攻克台湾,荷兰人势穷而遁归南洋。1663年秋天荷兰人再度攻打厦门和金门,但这次是帮助清军与郑成功为敌,结果厦门和金门落入清朝之手。此后,直至清朝降伏郑氏时,荷兰人仍与台湾保持贸易关系。

清朝建立之后,荷兰人便积极设法与清廷接触,以期取得中国本土的合法贸易地位,甚至想获得如在日本那样的贸易垄断特权。为此,荷兰人曾于康熙二年(1663)和十八年(1679)两次应清廷之邀派船助攻郑氏,这种姿态与明末澳门葡萄牙人积极为朝廷提供大炮和炮兵抵御关外后金政权颇为类似,而这也确实为荷兰人打开贸易大门提供了一些便利。荷兰人还在顺治十年(1653)和十三年(1656),康熙二年(1663)、六年(1667)、十七年(1678)、二十五年(1686),乾隆五十九年(1794)七次遣使中国,其中1653年和1678年的使团未能获准进京。遣使之频繁为同期其他西方国家所不及,在一定程度上反映出荷兰人想获得自由贸易的迫切心情以及顺康时期禁海令对欧洲国家贸易的重大影响。

总体而言,荷兰人的出使紧紧围绕争取自由贸易展开,然而他们所取得的成果与出使过程所耗费的种种有形与无形代价相比可谓入不敷出。1653年抵达中国的第一个使团未能获准进京。1655—1656年间由巴达维亚当局派出的第二个使团花费近10万佛罗林(约白银2.8万两),仅得到清廷八年一贡且非朝贡不能贸易的回复。1663年夏,北京接待了荷兰的第三个使团,是年秋荷兰派兵助清军攻克厦门、金门,于是借此东风请求贸易,竟然获准二年贸易一次。然而好景不长,康熙五年(1666)下旨"荷兰国既八年一贡,其二年贸易永著停止"②,康熙七年(1668)重申该禁令。荷兰人因此感到有必要立刻派遣使团巩固与中方的关系,于是1667年6月第四个使团抵达北京。本次出使花费高达13.2万佛罗林(约3.69万两白银),而使团提出的有关自由贸易的各项要求统统被置之不理,荷兰仍只能享受朝贡贸易待遇。康熙十七年(1678),又一个荷

---

① [明]胡维霖:《胡维霖集·长啸山房汇稿》卷一《通议大夫兵部右侍郎匪石邹公墓志铭》,《四库禁毁书丛刊·集部》第164册,第576—581页。
② 《清会典事例》卷五一〇《礼部·朝贡·市易》,北京:中华书局,1991年,第910页。有关事项参见《清圣祖实录》卷二五;[清]王之春:《清朝柔远记》,赵春晨点校,北京:中华书局,1989年,第16页。

兰使团抵达福州,锲而不舍地继续要求开放贸易。清政府提出以派船支援攻打郑氏政权为条件,荷兰人履约,清廷却并未给予优惠贸易待遇,甚至这个使团都未曾获准进京。直到康熙二十二年(1683)平定台湾后,荷兰商船以曾助剿郑氏为由而请求通市,获地方官准许,同年朝廷开海禁。获知中国政策转变的巴达维亚荷兰人在1685年7月再次组建使团前往中国,意在寻求同中国建立永久性的和平贸易关系。使团1686年7月31日至9月17日在北京,终于有所收获,获准五年一贡,并可在中国规定的贸易季节内于福建或广东贸易。但与寻求在中国港口建立永久商站的出使初衷相比,依然成效甚微,而这次出使的花费又在10万佛罗林以上。

荷兰方面着实感到"出使"在获取贸易利益方面成果十分有限,于是当荷兰因陷入爪哇战争而导致对华贸易资金困难时,便于1689年放弃与中国的直接贸易,转而依靠来巴达维亚的中国帆船来获取中国货物。清廷也发现为接待荷兰使团花费甚巨,因不堪重负而对接待贡使失去兴趣。于是此后一百多年间,荷兰不再遣使而清廷也对他们不遵守朝贡制度不闻不问。直到乾隆五十九年(1794),在与英国竞争中节节败退的荷兰为了扭转局面并对抗刚刚出访过中国的英国使团,这才再度派遣使团,以恭贺乾隆登位六十年为名赴北京。考虑到以前数次出使都成效甚微而花费巨大,这次也是不得已为之。果然,本次出使的可见成果如《清会典事例》卷五一〇"礼部·朝贡·市易"条所载,仅是当使团离去时,乾隆免去使团船只除进口货物之外的各项税款。

荷兰使团不能圆满履行使命的重要原因是与清朝政府在外交观念上存在巨大差异,双方的关注点截然不同。荷兰人以当时欧洲已较为通行的国际关系准则为依据,设想可以通过与中国政府谈判以建立互惠型伙伴关系,甚至可凭借曾出兵助剿台湾的功劳而要求更大的贸易利益。然而清廷只不过把荷兰当作又一个朝贡国,关心的是完整而又正确地执行迎来、进表、进贡、宴赉、送往等步骤。荷兰人想象中的谈判程序根本不可能出现,他们除了回答问话就没有机会与皇帝交谈。他们可以递上一份请求,却不会得到当面答复,直到临走时才接到一份密封敕谕,并且被禁止在中国境内打开。荷兰人并不理解中国的朝贡制度,却无可奈何地扮演了朝贡国的角色。

三、福建官府与西班牙马尼拉总督的接触

明朝后期,福建官府同占据菲律宾的西班牙人曾有过三次接触,一次为海盗林凤之事,一次为马尼拉华人反抗西班牙人之事,一次为赴吕宋勘探金山后

引起华人遭屠杀事。明朝人虽然知道吕宋为外人所据,但不能区分西班牙人与葡萄牙人,把占据吕宋的人也称为佛郎机。

1574年11月底,福建海盗林凤的舰队来到马尼拉,并与西班牙人展开数次激战,意欲占领此地,战败后退守吕宋西岸的班诗兰省(Pangasinan)。1575年4月,福建把总(秩正七品)王望高因奉命追寻林凤的下落而率一艘中国战舰抵达班诗兰省。王望高与马尼拉的西班牙总督拉维扎列斯(Guido de Lavezares)达成协议,西班牙人帮助中国官方抓捕或杀死林凤,王望高则同意从马尼拉带几位西班牙使者到福建。使团包括两名天主教奥古斯丁会士和两名军人、两名随员和一名充翻译的中国天主教徒,使者之一是马丁·德·拉达(Martin de Rada,1533—1578)修士。王望高带着西班牙使团于7月5日到达厦门,使团先后拜访了泉州和福州官府,寻求进京之路。但福建总督决定,西班牙人必须返回马尼拉等待消息,所以使团于8月23日离开福州并于10月底回到马尼拉。

使团离去后,福建方面确实向朝廷奏报西班牙来使之事并取得积极反响,按《明实录》万历四年(1576)"正月己未"条及"九月丙申"条所言,皇帝已经同意安排菲律宾的西班牙遣使。但事实上再无后文,因为拉达一行人出使福建期间,菲律宾发生了两件足以影响中西关系的事:8月初林凤设法逃出西班牙人的包围圈,8月下旬桑德(Dr. Francisco de Sande)接替拉维扎列斯担任总督。前一件事令中国指挥官对西班牙心怀不满,进而影响到福建当局乃至中国朝廷与西班牙通商的信心。而新任总督桑德一直对中国持敌视态度,积极鼓吹武力征服中国,最终因遭腓力二世否决而放弃。

近二十年后,万历二十一年(1593)八月,寓居吕宋的一群华人(250人)因不满西班牙人征其助战美洛居却又倍加虐待,而在潘和五带领下,趁夜刺死西班牙指挥官郎雷敝里系勝,夺了一艘船欲图归国。不幸,在交州海域迷路,遭当地人劫掠,大多数人落难交州,只有郭惟太等三十二人得以返回广东。与此同时,西班牙指挥官郎雷敝里系勝之子郎雷猫吝作为代理指挥官,派遣一位天主教传教士到广东诉冤。次年,福建巡抚许孚远遣贾舶招回久住吕宋华人。郎雷猫吝给华人发放口粮助其归国,同时致书许孚远,重诉父冤。猫吝信中称,让华人回国,只是因为国内狭小、粮食供应不足,没有别的意思。但是,去年闹事的吕宋华人都是久住不安生理之人,为贪图船上金银宝贝而杀死指挥官及番目四十余人,携本船宝贝驾逃。指挥官并无苛待华人之事,当时只是把一名犯错的番人吊在桅杆上惩戒。因此,其父乃属冤死,还请明朝做主。猫吝还称,事发之后,别的将领都计划报复,驱赶吕宋华人,只有他力劝止之,还特意为华人聚居地派遣驻兵,以便华人生理。

猫吝这封信似乎对许孚远颇有影响,他一面致书两广总督,请他以礼遣西僧归国并将郭惟太置于理问所候审,一面上疏朝廷陈述事件。而在许孚远的疏中,对华人的反抗举动并无什么同情之心,虽然也说起义属于被逼,番夷咎由自取,但又强调这些流落海外之人本非良善,杀人越货逃之交南,狼毒亦已甚矣①。将林凤事件与潘和五事件放在一起,可以清楚地看到明朝官府对于影响国内治安的"海盗"决不姑息,但对于海外华人的权益却无心过问,倘遇突发事件,最友善的举动就是召华人归国。流寓海外的华人在古代政府眼里多少被视为离弃本国之人,甚至被视为潜在的海盗。海外华人不被政府支持,这就难免西班牙人有恃无恐,不久之后借故屠杀吕宋数万华人。

万历三十年(1602),因朝廷派出矿监税使到地方牟利,有一妄人张嶷欲趁此风讨好皇帝,上疏称,吕宋机易山生长金豆,如果皇帝遣人采取,可得巨万。万历立刻相信,不顾廷臣阻挠,命福建官府派人调查。不得已,海澄县丞王时和及百户干一成奉命带张嶷于当年四月前往吕宋勘察。西班牙人以为明朝要兴兵,流寓华人解释说,是皇帝听信奸人谎言来勘察金山,只要揭穿这个谎言即可。西班牙人依言给了王时和与张嶷一场难堪。但是,西班牙人仍怀疑这几个

西班牙的大帆船

---

① 此事张燮、茅瑞徵、何乔远都有叙述,而张燮在《东西洋考》卷五《东洋列国考·吕宋》中述之最详,并附猫吝书信和许孚远奏疏。[明]张燮:《东西洋考》卷五《东洋列国考·吕宋》,谢方点校,第90—91页。

人来勘察军事虚实，欲杀之，流寓华人百般解释，才放之归国。回到福建后，王时和气病而死，张嶷以奏事不实坐诛，并传首海外。西班牙人却没有因将肇事者处死而释怀，反而越发怀疑中国意图攻打吕宋。万历三十一年（1603），西班牙人开始设计屠杀吕宋华人，先诡称要攻打他国，以铸造兵器之需，高价收购铁器，华人贪图利益，将大大小小铁器统统卖给西班牙人，以致家家无复寸铁。待解除华人武装的计谋得逞，西班牙人随即要求华人在指定的日子集合以备核查名籍，并要求三百人为一院。待华人如约聚集，西班牙人即入而杀之。华人匆忙中奔走菜园屯聚，八月朔日，西班牙人大兵攻打菜园，死伤无数。次日，剩余华人又退居大仓山，揭竿应敌，西班牙人稍稍退却。三日后华人因粮草匮乏而冒死攻城，西班牙人发铳击杀，死者二万五千人，仅存三百口。事至于此，西班牙人又下令招抚，并封存所掠华人货物，移书福建官府，让货主的亲属前来领货。

　　福建官府中有不少人愤而请战，"有司各爱其民，愤怒上请，欲假沿海将士加兵荡灭，如播州例。且谓吕宋本一荒岛，魑魅龙蛇之区，徒以我海邦小民行货转贩，外通各洋，市易诸夷，十数年来致成大会；亦由我压冬之民教其耕艺，治其城舍，遂为奥区，甲诸海国。此辈何负于尔？有何深仇？遂至戕杀万人。蛮夷无行，负义如此，曷逭天诛，坚乞再三"①。但是，皇帝下旨，认为不值得为弃家的商贾兴兵讨伐，"皇帝以吕宋久相商贾，不殊吾民，不忍加诛。又海外争斗未知祸首，又中国四民商贾最贱，岂以贱民兴动兵革。又商贾中弃家游海，压冬不回，交兄亲戚共所不齿，弃之无所可惜，兵之反以劳师。终不听有司言，爰降旨特行，令所在遣使传谕"②。福建巡抚徐学聚只好遵旨，仅向吕宋发了一纸责书，并令送死者妻子归国。

　　自此以后，未有西班牙殖民政府与明朝往来的记载，而清朝前期西班牙也没有表现出接触北京朝廷的意图，与其他国家纷纷遣使之举颇不相同。按葡萄牙人的资料，1598年（万历二十六年），马尼拉总督的代表胡安·德·扎马迪亚（Juan de Zamudio）曾与两广总督达成协议，在离广州十二里格的地方（新会崖山）建立贸易集散地，西班牙人称为皮涅尔（Piñal，意为松林）。这似乎是西班牙人与明朝官府唯一富有成效的接触，但是因为葡萄牙人强烈抵触，在葡萄

---

① ［明］徐学聚：《报取回吕宋囚商疏·抚处吕宋》，［明］陈子龙：《皇明经世文编》卷四三三《徐中丞奏疏》，《续修四库全书》第1661册，第573页。
② ［明］徐学聚：《报取回吕宋囚商疏·抚处吕宋》，［明］陈子龙：《明经世文编》卷四三三《徐中丞奏疏》，《续修四库全书》第1661册，第573—574页。

人同西班牙人激战一场之后,这个贸易基地未能维持下去①。直到咸丰八年,西班牙政府才开始与清政府建立外交联系。

有些晚清材料中记载了一次"意大利国王遣使"事件,需要略为澄清。王之春《清朝柔远记》与《清史稿》均载,康熙九年(1670)曾有意大利国王遣使至华,并于康熙十七年(1678)遣归。如记载属实,则这是清前期意大利世俗君主与中国朝廷的唯一交往,但来使的意图与结果均不详。然而《清实录》与《清会典事例》对这次意大利来使与遣归均不记载,而上述意使的来去时间恰与葡萄牙的两次出使时间完全相同,同时《清朝柔远记》与《清史稿》对康熙九年、十七年的葡萄牙出使却都不载。此外,《清会典事例》所载康熙九年的葡萄牙贡物与《清朝柔远记》和《清史稿》所载意大利贡物显系同一批物品。这样看来,所谓意大利出使当系葡萄牙出使之误载,王之春的书成于光绪五年(1879)前后,很有可能误传前朝史料,《清史稿》则更是晚出。但据西文资料,17世纪末期似乎确曾有一位意大利旅行家来过北京。

虽然意大利世俗政权在16—18世纪不曾与中国有过官方接触,但罗马教宗曾于康熙四十六年(1707)、康熙五十九年(1720)、雍正三年(1725)分别遣使来华,都是为讨论天主教在华传教事宜而来,与中国礼仪之争(Chinese Rites Controversy)和中国政府禁教令相关,而与其他国家所关心的贸易问题无关。几次出使都只导致罗马教廷与中国政府的关系日益恶化,同时中文史料如《清会典事例》和《清朝柔远记》中有关雍正三年来使的记载仍在继续努力刻画天朝上国怀柔远人的情景。

四、与俄国谈判

自明末开始,俄国就积极探寻通往中国的道路,但因尚未吞并中亚诸地而困难重重。1618年9月初有两位俄国人抵达北京,因为不是正式使节,未携国书与礼品而不得觐见皇帝,但还是带回了万历皇帝的书信,信中表明欢迎俄国人来贸易并盼使节来访。此后俄国人一直积极筹备出使中国,但直到三十多年后的清朝康熙年间才能够向中国政府派出第一个使团。清朝前期中国与俄国的关系同与西欧国家的关系大不相同,因两国接壤而使俄国的贸易愿望更为强烈,也因接壤而生边境问题,于是俄国遣使远比其他国家频繁。另外,自1656年第一个俄国使团到来,俄国事务就交由理藩院处理,而其他欧洲国家使团来

---

① [葡]徐萨斯:《历史上的澳门》,黄鸿钊、李保平译,第35页。

华都是由礼部鸿胪寺负责,此为俄国与其他西方国家尤为不同之处。自 1656 年至 1727 年(雍正五年)中俄签订《恰克图互市界约》开放恰克图贸易之时,俄国共十次遣使清廷,所肩负的使命有洽谈贸易问题、边界问题以及在华传播东正教的问题。除 1687—1689 这次仅与中国大臣往来之外,其他时候都有觐见皇帝的经历,并明确被清廷当作朝贡使团对待,与葡萄牙、荷兰使团的遭遇类似。

1727 年之后,俄国沙皇几乎不再派遣大使,1732—1767 年间俄国的九次出使有八次都是俄国外务委员会的信使与中国理藩院之间的往来,讨论边界事务,也涉及贸易问题,偶尔才觐见皇帝。上述遣使方式的转变当与 1689 年签订《尼布楚条约》有直接关系。例外的是,清廷于 1729 年和 1731 年派出两个恭贺俄国新主登基的使团。

就本书的中西文化关系主题而言,1727 年之前的"朝贡"使团更适于作为叙述对象,与同时期荷、葡两国截然不同的是,俄国使节自一开始就坚决不肯向中国的朝贡礼仪妥协,沙皇的国书中也一贯充满大国口吻,由此导致的冲突成为此期中俄交往的突出场景。

1656 年(顺治十三年)3 月 3 日到达北京的首位俄使巴伊科夫所奉训令中要求:沙皇的国书既不能交给中国边疆大臣也不能交给皇帝的近臣,而只能交给皇帝本人,关于出使原因等事也只准向中国统治者本人陈述;进入皇宫后不得向宫殿或任何一道门槛行礼,觐见时绝不能吻中国皇帝的脚,但不应拒绝让他吻手。这两条训令成为巴伊科夫与中国官员发生争执的根源,也是巴伊科夫商谈通商之使命失败的重要原因。经过与中国官员的无数次礼节争执后,巴伊科夫在皇帝拒绝召见的情形下被勒令于 9 月 4 日离开北京,徒劳而返。1676 年(康熙十五年)5 月中旬抵达北京的第二位大使斯帕法里仍秉持与前任类似的训令,刚到北京就因如何交付国书问题与中国官员争执了二十多天。最终俄使做出一些妥协,按照中国官员要求的程序递交礼品和国书,并因此获得了觐见皇帝的机会。结果觐见的前一日 6 月 14 日又因次日的行礼问题与中国官员争执,后在耶稣会士的劝说下,斯帕法里于次日觐见时马马虎虎地行了三跪九叩礼。皇帝在赐茶之后便离去,斯帕法里为此恼火万分,因为他遵照中国惯例执行一切礼仪后,皇帝却既不问候沙皇陛下,也不与他进行外交会谈。

两个月后,斯帕法里在皇宫分别接受衙门回赠的礼品和皇帝给大君主及其本人的礼品,但他拒绝跪着接受皇帝的赐予。于是当他一再要求中方答复他提出的十二条款时,皇帝在 8 月 29 日以拒绝回复沙皇国书作为答复。皇帝还向俄国人提出了三个条件作为回复国书的前提,即,释放中国逃人,派遣肯遵从中国礼仪的使者,中俄边界的俄国人应永远安分守己。斯帕法里拒绝接受这些条件,于是9月1日在未能履行使命的情形下被迫离京。此后于1693年、1719年、1726年分别到达北京的几个使团命运都与斯帕法里类似,都经历了与中国官员争执一番后,不得不答应行三跪九叩之礼以完成觐见皇帝的仪式,但履行使命的情况都不如人意,仅1719年的伊兹马伊洛夫(Lev Izmailov)使团能够和中国大臣正式谈判,就有关问题交换信函和备忘录。

不过,尽管俄国大使几乎次次都因觐见礼仪惹恼中方,中俄双方关于战争、边界、贸易等事务的谈判仍然能够正常进行。毕竟中俄地壤接邻而有着切实的利害关系,对中国人而言,俄国问题涉及实实在在的边界问题;对俄国人来说,中国的军事力量不可小觑。所以两国虽都在礼仪问题上傲慢自大,却并不至于彻底损害务实性的外交谈判,1689年能够签订《尼布楚条约》在某种程度上反映出这种相互认知。

1688年,葡萄牙耶稣会士徐日昇(Thomas Pereira,1645—1708)和法国耶稣会士张诚(Jean-François Gerbillon,1654—1707)被选中参加与俄国会商两国边疆的使团,使团主要成员有内大臣索额图、佟国纲、马喇,汉臣张鹏翮、陈世安。抵色棱额固(Selenginsk)后,因厄鲁特侵略喀尔喀部,路途梗阻,使团奉召折返,秋季抵京,预备下年重踏征途。1689年6月13日(康熙二十八年四月二十六日),使团离京,沿途经过今河北、内蒙古和蒙古国,水陆并进,于7月31日(六月十五)抵尼布楚。俄国使臣直至8月17日(七月初三)向中方宣称自己抵达尼布楚,其实数日前已经抵达。这期间,中俄双方已频繁遣员通问,中方希望尽早谈判,俄方却有意拖延观望,并数次就谈判现场的人数、中方驻地等问题向中方提出要求。这些前提问题直至8月21日(七月初七)才达成协议,内容包括,双方各派三百士兵随同谈判,士兵皆须乘船停于河上距谈判地点等距离处,翌日正式谈判。至此,谈判皆用蒙古译员,但中俄双方都认为蒙古译员不可靠,希望用拉丁语沟通,中方的耶稣会士获得登场机会。

次日开始正式谈判时,中方使臣却未遵守上述协议,以致俄方抗议,拒绝谈判。中方使臣此时感到问题严重,终于启用徐日昇和张诚,命二人至俄使营地善为商劝。二人在双方营地往返数次,终于使谈判得以在当日开展。此过程中,因中方一度坚决拒绝仅带三百士兵越过尼布楚河与俄方会谈而几乎导致谈判不成,徐日昇费尽唇舌,终于说动佟国纲。然而本日的谈判因双方各持己见而毫无结果。

8月23日(七月初九)再谈仍无结果,中方使臣已有心中止谈判回京。大约是俄国人的傲慢态度使清使认为俄国无心达成和平而有意援助那些觊觎中国的民族。次夜,清使指示雅克萨的清军戒备。两位耶稣会士在此关头为挽回谈判发挥了重要作用,但两人都更强调自己的作用。徐日昇称是他在 24 日夜晚苦口婆心劝清使不要半途而废,要着眼中俄双方的共同利益,不要因小失大。这番话打动清使,尤其是佟国纲,深夜又单独与徐日昇密谈,请他明晨偕张诚赴俄使营地探听对方意图。张诚则宣称是他在中国人处于进退两难之际,凭借法国人对战争、和约以及君主利益的敏感而找到了使双方和解的方法。亦即当张诚从清使那里了解到俄国人必须归还雅克萨是达成协议之前提,同时康熙允许俄国人每年来北京做生意时,便认识到有后一个条件就足以跟俄国人讲和。果然,8 月 25 日(七月十一)两位神父赴俄使营地向对方提出可来北京做生意的建议时,俄国人便同意让出雅克萨并接受康熙提出的疆界,和约基本框架至此形成。

然而,两日后(七月十三)耶稣会士奉命就边界问题赴俄使处进行最后商谈时,俄使反悔,不同意归还雅克萨。谈判又陷僵局,此后徐日昇与张诚被迫再度穿梭调解并终于达成一致。9 月 6 日(七月二十三)这天,协议具备雏形,两人仍忙于奔波双方以事修订,直至入夜,最后定约章七条,书满、汉、拉丁、蒙古、俄罗斯五种文字。次日,两国使臣相会,徐日昇当场宣读条约,之后两国使臣画押盖印,各执一份,尼布楚谈判就此完成。徐日昇与张诚热心帮助中国人,固然有试图借机惠及自身宗教使命之意图,但若无他们以及俄方雇用的几位西欧籍拉丁译员,这份对中国历史有重要意义的中俄首份和平条约肯定无法签订。

在尼布楚谈判中,可以看到以佟国纲为首的清廷使臣没有过度宣扬天朝上国的姿态,而较多地体现出务实考虑,这也是耶稣会士能够产生影响力的一个前提。可是,清廷是否通过这次谈判感觉到不同于"天下"体系的国际政治格局以及另一种国家间往来方式呢?

值得注意的是,在 1793 年英国马戛尔尼使团的桀骜表现之前,俄国人早就在不懈地做着同样的努力,但却未能如前者那样对改变中国与世界的关系产生深远影响。而英国使团之所以能成为一个历史性界标,最深刻的原因在于当时世界的运转轨迹已发生深刻变化。

五、英国马戛尔尼使团

从 1576 年(万历四年)开始,英国商人就致力于寻找通往中国的西北航道并得到伊丽莎白女王的积极支持。然而 1576—1592 年间英国人寻找到中国西北、东北航道的多次探险均告失败,从此转而与葡萄牙人和西班牙人争夺东方航线并最终取得成功,于是 17 世纪英国人可以到中国沿海贸易。然而英国政府向中国遣使的努力却一再受挫,1583—1625 年间的五次尝试不是夭折就是流产。此后直到 1792 年,英国政府似乎都没有遣使动议,这或许是因为英国对华贸易已经蒸蒸日上,无须同中国进行政府间接触。

1754 年春天(乾隆十九年),英国驻广州贸易大班皮古(Pigou)曾借回国述职之机向伦敦董事会提出,由董事会建议政府派使团去中国交涉,以改善在保商制度限制下的广州贸易状况。皮古还建议最好在 1761 年派遣使团,以便利用庆贺乾隆母亲七十寿辰之机而师出有名。但慎重的英国东印度公司董事会害怕过早派使节申诉在华英商的苦难会引起中国政府惊骇,导致断绝中英贸易,所以否决了这个方案。但到 1787 年,东印度公司监督委员会主席敦达斯(Henry Dundas)终于决定向中国遣使,次年,英王乔治三世(George III,1738—1820)任命卡斯卡特上校(Colonel Charles Allan Cathcart)为公使并携英王委任状前赴中国。但卡斯卡特在途中不幸染病去世,使团半道折回。1791 年 10 月,已升任内务部长的敦达斯向外交老手马戛尔尼勋爵提出了出使建议,耽搁多年的出使中国计划终于重新启动。

英国在 18 世纪末开始认真筹划向中国遣使,根本上受到英国国内商业利益的驱动。18 世纪后期,美国的国际竞争力增强,欧洲各地都呈现出社会繁荣局面,英国许多旧有的制造业则被迫倒闭,这些都刺激了英国政府酝酿在中国扩大其商业利益。遣使中国也有与中国方面直接相关的原因,即英国人认为自己在中国始终处于比其他欧洲国家商人更不利的地位,而这种情况应当有所改变。英国人设想派遣使团的好处在于:首先,与中国政府交涉以改善英国商人在华处境,并消除几年前英国船只炮袭华人事件可能产生的负面影响;其次,在茶叶已成为英国人生活必需品而相当长时期内仍只能依赖中国进口的情况下,必须要同北京朝廷建立良好关系以确保这一供货渠道畅通;最后,与中国建立外交关系后,若英国在印度的殖民地与中国发生边界冲突则将有很大回旋余地。这些也成为马戛尔尼使团所肩负的基本使命,在此基础上马戛尔尼接受了政府指示的涉及中英政治、军事、经济关系的七项具体任务,以及东印度公司董事会的几项经济任务。

以马戛尔尼为正使的英国使团于 1792 年 9 月 25 日乘船离开英国,1793 年 8 月 16 日在通州弃船登岸,在北京停留数日后,于 9 月 2 日前往热河觐见在那里避暑的乾隆皇帝。9 月 14 日接受皇帝召见,17 日参加皇帝万寿庆典,21 日在不愉快的气氛中被命离开热河,10 月 7 日更在国事谈判没有任何进展的情况下被迫离开北京。总体来说,马戛尔尼使团在中国的经历与之前的欧洲使

第十九章　明清政府与欧洲国家的官方接触　507

马戛尔尼像

团并无二致。在中国官方对待外国使团的既定程序之下,马戛尔尼也毫无例外地遭遇了路线问题、礼品问题与礼仪问题。不过英国人有备而来,以送给皇帝的珍贵礼品不宜陆路长途运输为借口,获准在通州登岸,而没有走外国使团自广州登岸再由内陆水道北上的惯常路线。在礼品问题上,中国官吏把英国人开具之清单上的"礼物"改为"贡物",使英使十分不快。但马戛尔尼却不知道,看过礼品清单中译本的乾隆皇帝对英使在其上自命为"钦差"也很气恼,因为"钦差"一语将英王升格到与中国皇帝平等的地位,而在中国皇帝眼里,英使以及一切外国来使都只能称为"贡使"或"藩使"。

最使马戛尔尼无法回避的是礼仪问题。其实马戛尔尼是携带有关礼节问题的专门指示而来,敦达斯要求他在不损害自己君主尊严的情况下服从中国朝廷的礼仪。马戛尔尼也知道,曾有一位俄国特使拒绝执行中国的觐见礼节,但最后签了一个条约回国①;相反一个荷兰使节委曲迁就中国政府指定的一切礼节以贪取一些物质利益,结果既受到蔑视又没有得到利益。所以,马戛尔尼自一开始就抱定决心,坚持正确而有礼貌的言行,绝不卑躬屈膝地迁就,不能因贪图个人眼前方便而做出在他人眼里有损英国名誉的举动。当使团在天津靠岸换小船时,中国官员就发现英国人不识礼。到了通州,中国官员根据皇帝谕旨,

---

① 英国人所指的或许是1726年与中国签订边界条约的弗拉季斯拉维奇大使,但该名使节事实上未能免行三跪九叩之礼。

试图要求马戛尔尼跟随他们练习三跪九叩之礼,遭拒绝。到达北京后,负责陪同的礼部官员徵瑞强迫英国特使向空的御座行礼,当然也没有结果。马戛尔尼反而交给徵瑞一份有关礼节的照会并希望转交他们心目中的首相和珅,提出让他磕头的条件是让一位同等地位的中国官员在特使携来的英王御像前行同样的磕头礼。但徵瑞根本不敢将这一照会上交,而是在英使抵达热河的当天将其退还。至此,中国官员已经深悉英国人在礼仪问题上冥顽不化。不过,为了能顺利完成觐见仪式,中国官员依然不懈地劝说直至威胁马戛尔尼无条件执行叩头礼。最后,中国官员允许马戛尔尼以改进后的谒见英王礼节觐见乾隆,即单腿下跪,但免去吻手。礼仪问题终于在形式上得到解决。在9月14日清早的觐见过程中,英使双手恭捧装在金盒中的英王书信走上宝座下的第二级台阶后,单膝下跪并简单致辞,然后将国书呈交皇帝。皇帝向英使表示欢迎并希望两国臣民永远和好。英使的觐见礼仪就此结束。此外,一干英国人还随在场的众人一起,在其他人三跪九叩的集体动作中,稀里糊涂地三次单膝下跪。在英国人看来,他们在礼节问题上取得了外交胜利,然而他们最渴望的国事谈判却无论怎么争取也上不了道。

马戛尔尼曾几次试图与乾隆宠臣、英国人心目中的首相和珅就使团所负任务进行谈判,但均告失败。9月11日礼仪问题解决后,马戛尔尼首次拜访和珅,和珅问了一些关于欧洲形势的问题,马戛尔尼一再申明英国的和平愿望,澄清他们没有帮助西藏叛乱,也以很委婉的方式谈及发展两国商业对中国的好处,但和珅对这些全无反应,谈话也未进一步涉及任何实质性内容。9月下旬回到北京后,马戛尔尼听说中国政府已经就英王致中国皇帝的信件内容和今后如何应付英国人召开过专门会议,并且结论对英国人不利。他由此明白自己不可能在北京常住,于是决定次年2月庆祝过中国新年后马上离开,并在这以前尽力同中国方面谈判。当他用书信将返程日期通知和珅后,和珅10月2日会见马戛尔尼,并以北京天气将寒、不利于英国人的健康为由,让他们趁河未上冻之前赶早由水路回去。马戛尔尼认为这是他第一次也是最后一次谈论出使目的的机会,终于说明了英王希望在北京常驻使节的愿望,并向和珅提出种种商业问题,但和珅却置若罔闻,会谈又无果而终。10月3日,和珅又召见马戛尔尼以给付皇帝诏书,马戛尔尼趁机又对和珅提出东印度公司在中国的贸易问题。和珅只是回答,马戛尔尼可以随时递送照会。在皇帝答复英王国书的这份诏书中,明确拒绝英人在北京常驻使节的要求。于是马戛尔尼当天下午便就英商的经营特权问题写好一份有六点要求的照会。10月7日,使团在皇帝指定的时间离京,临行前最后一次被召见,但皇帝没有到场,只有身着朝服的送行官员们。英使收到了皇帝的礼品清单和答复马戛尔尼照会中六点要求的敕书,其中明白拒绝了英国人想在宁波、舟山、天津等地贸易的要求,关于北京货行、税收优惠和在舟山、广州附近分别拥有一块治外法权地的其他几点要求则以沉默的方式予以拒绝。英国使团沮丧地离开了北京,本打算原路返回浙江定海后乘英国船离开,但10月底在山东时获悉当初停泊定海的使团旗舰"狮子号"已经驶去日本,于是改由内河前去广州并在12月19日到达。1794年1月8日一行人登上已经到达广州海域的"狮子号",于当年9月6日驶入朴次茅斯港,结束了这次精心策划却毫无成效的出使旅程。

约翰·柏络《中国西南沿海地区航海游记》插图。约翰·柏络为英国马戛尔尼使团审计员。由于当时中国西南沿海地区鲜有西方人士涉足,因此此书对于西方世界了解中国西南沿海边陲具有重要参考价值

作为马戛尔尼使团的后续,一艘英国商船于 1795 年 12 月底停靠黄浦,携带英王、马戛尔尼和东印度公司给中国方面的大量礼品和信件。但这在中国眼里不过是又一幕外番输诚之举,中方的回应也只是以前行为的翻版。英王给皇帝的信送到北京并得到乾隆 1796 年 2 月的回信,回信称"天朝抚有万国,琛赆来庭,不贵其物,惟贵其诚。已饬谕疆臣将贡物进收,俾伸虔敬"①。1804 年,乔治三世又给中国皇帝带去一封信,并附上礼物,信中还对拿破仑意图关闭中法贸易表示气愤。可是嘉庆皇帝根本不理会乔治三世对中国遭受拿破仑"制裁"的"同情",皇帝只当英王又送贡品来,以对待藩属国的口气回了一纸诏书②。

英国人始终没能理解中国的朝贡体制以及礼仪程序在该体制中的意义。清廷恪行《大清通礼·宾礼》中的相应程序——在馆、迎来、朝见、燕赉、送往,每个环节都不苟且以示柔远怀来至意。但同时礼尽而事毕,朝贡国的臣属地位与天朝在朝贡贸易中所能赐予他们的待遇都在这一套礼仪程序中得到表示和确定,贡使的使命也就随着礼仪程序的完结而结束。所以英国使团不会想到,英使的礼仪行为在中国人眼中仍然是属国贡使对天朝皇帝臣服的表示,因为他下跪了,而且完成了三跪九叩仪式中所要求的重复性。至于他是单腿下跪,则表明这是不谙礼制之"生番"粗鲁的臣服举动,在以礼仪之邦自居的中国人眼里是可以被原谅的。所以中方的记录表明,英国贡使行了跪叩礼。所以当时在现场目击、后来即位的嘉庆皇帝也留下了英使下跪叩头的印象,于是当 1816 年阿美士德(William Pitt Amherst)代表英国再度来访并坚决不肯磕头时,嘉庆便以马戛尔尼为依据而将阿美士德拒之门外。反过来,下旨"瞻觐事竣,即令起程"的乾隆皇帝也无法理解英使喋喋不休的谈判企图和想入非非的商业要求,他专门指定贡使自内河回广州途中所经过省份负责接待护送、照料管束的大员,已是极示恩宠,英国人还不满足?但同时不可否认,马戛尔尼提出的六项要求有涉及主权的内容,拒绝这类要求是完全正当合理的。

马戛尔尼同样始料不及的是,随着使命失败的消息传到欧洲,他在礼仪问题上费尽心思斡旋成功的两全方法后来在欧洲仍然被目为屈辱的表示,竟成为他本人备受指责的重要理由。在马戛尔尼返回欧洲不久所出版的一部依据使团多位成员笔记写成的使团行纪中,有关觐见礼仪的争议只字未提,也未写觐见时的礼仪程序,而只是说皇帝以最为正式的礼节接过国书,并且除了英使、翻

---

① 《清高宗实录》卷一四九三乾隆六十年十二月壬寅,北京:中华书局,1986 年,第 981 页。
② W. E. Soothill, *China and England*, London: Oxford University Press, 1928, p. 7.

第十九章　明清政府与欧洲国家的官方接触 | 511

1799年美国版《英使谒见乾隆纪实》精装插图本

译、副使斯当东(George Leonard Staunton)和见习侍童外,不许任何人在场①。行纪中虽然也提到所谓的谈判并没谈什么内容,但更多是表现使团受到的隆重礼遇,并大力记叙途中见闻,对使团的不利没有任何讽刺言辞。这部1795年出版的书如果不是某位英国人对以往中国形象的缅怀,那就是有意隐瞒使团的丢脸经历并试图挽回使团在公众舆论中的声誉。考虑到1797年才由官方出版斯当东(George Thomas Staunton,小斯当东,副使斯当东之子)整理的《英使谒见乾隆纪实》(*An Authentic Account of An Embassy From the King of Great Britain to the Emperor of China*),而上述1795年出版的那部书中已能引用斯当东和其他人的记录,想来作者非等闲之人,那么以公布实情的方式来保留英国面子的可能性更大一些。但同时可见,英国人对于"叩头"与使团的其他遭遇深以为耻。20世纪初的英国人仍对此耿耿于怀,比如曾在中国传教20年后执教牛津大学的苏慧廉(William Edward Soothill,1861—1935)调侃道,穿着长袍行三跪九叩礼仪不失为一道风景,可穿着长裤这么做就成了搞笑。对中国皇帝来说,该礼仪的内涵远大于形式,它是皇帝对其藩属国之权力的宣示。由此可见,中国皇帝堕落不堪,只喜欢看盛大的舞台演出②。言下之意,中国皇帝不关心实务。

---

① Winterbotham, *An Historical, Geographical, and Philosophical view of the Chinese Empire*, London, 1795, p. 58.
② W. E. Soothill, *China and England*, pp. 10—11.

然而比宣泄或掩饰屈辱更重要的是,马戛尔尼使团中多位成员都写了出使笔记,他们笔下的中国形象一扫17世纪传教士刻画出的美好与强大,却与18世纪中期以来一些来华商人和军人描绘的中国形象相仿,即,中国不过是一个粗暴专制的泥足巨人。与徘徊于中国沿海的那些商旅之行相比,英国使团在中国停留的时间更长,接触中国社会更深入,所以使团成员对中国负面形象的描绘更有说服力,适足以成为19世纪欧洲人对中国"新知识"的起点。

考察马戛尔尼来华的时代背景,不能离开欧洲和世界的格局。在那里,英国人刚刚通过一系列法律并辅以战争,彻底打败了商贸与金融劲敌荷兰。

从17世纪中叶开始,英国(还有法国)通过颁布一系列针对荷兰人的歧视性法令,坚持不懈地努力建立起他们自己的商船队。从1651年起批准通过的若干《航海条例》就是最明显的典型事例,用来说明上述立法的针对性。这些《条例》规定,凡是商品均不许进、出口于任何英国殖民地,除非运送商品的船只是英国船只,即为英国或英国殖民地所制造、拥有并由它们配备至少三分之二的船员的船只。

17世纪的荷兰,号称"海上马车夫",欧洲绝大部分货物运输,都是荷兰商船承担的,因为荷兰商船多、体积大、价格低廉、诚信高效。英国的新航海条例,明显就是要打击荷兰的"海上马车夫"角色,打击它在英国对其他国家(特别是英国与殖民地之间)贸易中的中介作用。双方的矛盾空前激化起来,荷兰抗议英国的《航海条例》,英国以国家利益为由,完全无视这种反对,拒绝废除《航海条例》,互不让步,最后只能诉诸战争。

如果是和平时期的经商,荷兰商船有成本与效益的优势,但是,打起仗来,就成为劣势。荷兰商船速度缓慢,缺乏攻防装备,以商贸立国的宗旨使得正规海军不受重视。因此,当荷兰船只从世界各地驶回本国港口,在穿越英吉利海峡时,受到英法两面的夹攻,有目击者叙述,他在一艘被捕获的荷兰的印度贸易船上,发现了一个人在世界上所能见到的处于混乱中的最大量的财富。胡椒通过每个漏缝散落出来,人踩踏在胡椒上。他在没膝盖的丁香和肉豆蔻中行走,整间整间的房舱都堆得满满的。还有大捆大捆的丝绸和一只只铜板箱,其中有只箱子打开着。这些劫掠达到很大的规模,使英国人在1652年战争开始后的两年里,从荷兰人那里夺得大约1700艘商船作为战利品[①]。

尽管荷兰仍然是欧洲三大富国之一,就算到1770年代也是人均所得最高

---

① 参见[美]斯塔夫里阿诺斯《全球通史:1500年以后的世界》第七章第四节,吴象婴、梁赤民译,上海:上海社会科学院出版社,1999年。

的国家,亚当·斯密因此在《国富论》(1776年初版)中说荷兰仍是欧洲"最富有"的国家。但是,由于国家本身资源的匮乏,地促民少,无法与英法抗衡,荷兰裁撤大部分的军事力量,自愿降低国际地位,心甘情愿沦为二流国家。荷兰人宁愿把两百多年来累积的资本,借贷给英、法等国的政府与企业,享受稳定丰厚的利息收入,也不愿对外冒险犯难。结果因为六十多年的军备废弛,在1780—1784年的第四次英荷战争中,被英国彻底打垮。9年后马戛尔尼来华,怎么可能跪倒在乾隆皇帝脚下,乞求公平贸易。

马戛尔尼在从海路北上途中,就已经注重对东南海路及港口水文地理的侦查,何况既然已经探明中国的实力远不及英国,也不必再为未来采取武装对抗政策而心存顾虑。此外,马戛尔尼来访期间,此前两百多年里一直在中欧交往中扮演主要角色的在华耶稣会传教士差不多已零落殆尽。因此,无论从哪个角度看,马戛尔尼使团在中西交往史上的分水岭性质都格外突出,把它看作中西关系步入近代的开端并不为过。

在近代殖民扩张过程中,欧洲人的行事逻辑有"国际法"与国家利益两张牌。国际法讲基于规则的秩序和这种秩序的博弈结果;而国家利益则最终由军事实力来保障。针对荷兰的《航海条例》和其后的军事冲突,就是最为突出的事例。

马戛尔尼来华,当然也是搬出国际法,通过谈判建立互惠型伙伴关系。这种互惠究竟在多大程度上符合当时发展水平上的中国的国家利益,这是另外一个问题。现在的问题是,冥顽不化的清政府只把远西来使当作一个又一个朝贡国的"蕃使"或"贡使",关心完整而又正确地执行朝贡礼仪,连经贸博弈的动机都没有。

按照英国人的说法,英国人在过去的一个多世纪里坚持与友好的中国商人保持友好的贸易关系,从不考虑侵略中国领土,可是到了19世纪,他们发现自己只能在以下三个选项中择一而行——诉诸武力,屈从妥协,或者放弃贸易。可是,当世界局势早已今非昔比时,清朝皇帝却连与俄国人交涉时的那点务实眼光都迷离黯淡,英国人自然不愿妥协,权衡之下当然选择第一项。

其实英国人没有自称的那么善良,在他们打好印度次大陆的基础之前,当然没有条件贸然对中国动粗。进入19世纪,世界形势发生了深刻变化,英国在亚洲的殖民势力也成熟巩固,终于能够突破印度的边界大举挺进中国。然而清朝的国力衰落以及无视外部世界而日趋封闭自守,使它失去了同西方新兴强国建立合理关系的机会,终于在加速旋转的世界舞台中晕眩和迷失。当朝贡体系被强行突破后,中国被迫痛苦地去学习另一种与世界交往的方式。

第二十章 天主教传教士立足中国

在晚明前清中西交往中扮演重要角色的其实不是任何一个欧洲国家，而是天主教耶稣会（Society of Jesus）的传教士。商人们的活动范围只局限于个别沿海港口，而且只允许在短暂的贸易期停留，他们对中国的见闻是局部、零星和肤浅的。各次欧洲使团虽然能够在进京和离京途中纵贯中国大陆而获取一些见闻，但也是浮光掠影，而且在华停留时间有严格限制，没有行动自由，同样难以对中国有太多了解。相比之下，通常有着长期在华生活和深入接触中国人之经历的天主教传教士更有资格成为中西文化交往的主要媒介。这时期的来华天主教传教士属于多个宗教修会和团体，然而无论是考虑来华人数、活动范围，还是考虑对中国语言和文化的熟悉程度，或者是考虑向欧洲介绍中国之报告的数量及所论内容之广度与深度，耶稣会士的表现都无人能及。耶稣会士深刻影响了中国人对于基督教的观念，更深刻影响了欧洲人对中国的看法，称他们是这时期中西交往的首要媒介，当之无愧。

一、耶稣会士中国传教区

宗教改革是欧洲在15—16世纪发生的四项重要变革之一，与前文的地理大发现并举。宗教改革包括北欧的新教革命和南欧的天主教会改革，这里关注的是被新教革命刺激而发生的天主教会的革新。其重要举措之一是1545—1563年间的特兰托会议（Council of Trent），旨在革除教会的腐败行径并加强教皇的集权统治。会议一个影响深远的成果是，抛弃原来的呆板教条而以建立在经院哲学基础上的教义为指导，这种更具创造性的宗教精神的确立与第二项重要举措——旧的修会焕发新活力和新修会的成立——密切相关。各修会无论新老，都产生更加强烈的在俗世中履行宗教义务的责任感，而新诞生的修会更是努力寻找一种能结合冥思生活与世俗活跃生活的宗教生活方式。可以说，新的宗教修会的最高目标是在尘世中履行宗教义务，这种指导思想带来的直接后果是，各修会热心于照顾贫病孤寡和拯救罪犯等慈善事业，大力投入教育事业，在欧洲新教徒和海外异教徒中积极开展传教事业。这一切活跃的行动显然使修会很适合成为近代早期天主教的欧洲基督化运动和教派运动的主角,一方面帮助增强教皇的力量,另一方面大大突出了宗教修会修士担任教会传教士和牧师的角色功能,这与中世纪的隐修会大不相同。同时,与以往担任牧师角色的教区神职人员或世俗神职人员不同的是,修会修士作为神职人员具有常规性,这种常规性来自修会明确的宗教献身精神——他们在住院或教堂中过共同的基督徒生活。于是,新修会的团体性和修会修士作为神职人员的常规性弥补了中世纪晚期世俗神职人员的种种缺陷,又进而对教会结构、教宗的地位、属于教区的神职人员与修会常规神职人员之间的关系以及这些修会成员内部的关系产生深刻影响①。

1. 耶稣会进入中国

1540 年由西班牙人依纳爵·罗耀拉(Ignatius of Loyola,1491—1556)成立的耶稣会是 15—16 世纪欧洲宗教改革运动的一个重要成果。天主教会在新教革命刺激下产生的一种改革意识是,增强在俗世中履行宗教义务的责任感。以往的修会均采取成员共同生活的方式,着统一服装、共同参加日课、留住在某个固定的隐修院中过集体生活。耶稣会放弃了此类形式,不以在固定的修道院过集体生活为目标,而是将会士派往四面八方。罗耀拉对共同参加日课、统一修会服装等都未做出明文规定,耶稣会士因此可以灵活有效地在俗世中担任各项角色,如传教士、中学教师、大学教授、科学家、宫廷告解神父等。修会在分配工作时充分重视人的个性,做到人尽其才。这种灵活机动性特点给耶稣会注入异乎寻常的活力,耶稣会士们随时整装待命,积极投入各项任务。但罗耀拉也看到人的"原罪",于是主张将人的个性与新式的灵性生活结合起来,视"朝圣"为宗教生活的理想。

注重通过教育和慈善事业在俗世中履行使命是当时新诞生修会的普遍特点,嘉布遣修会(Capuchins Friars Minor)和乌尔苏拉女修会(Ursuline)也是如此。但耶稣会士除此之外还重视与权势阶层搞好关系,比如特别规定绝对效忠教宗,积极充任罗马教廷的使节,注重对君主和宫廷的牧灵工作以有效扩大修会在各方面的影响。耶稣会的宫廷告解神父几乎都成为宫廷中极为有影响力的人物,他们可以直接接近君主及国家权力核心。罗耀拉曾三度受宗教法庭审判,这使他非常重视与宗教法庭搞好关系。

外方传教是耶稣会的核心使命。罗耀拉曾在会宪中对工作地区的选择做

---

① Robert Bireley, *The Refashioning of Catholicism*, 1450—1700: *A Reassessment of the Counter Reformation*, New York: Catholic University of America Press, 1999, pp. 25—28, 44.

罗耀拉像

出明确规定：在各项条件大致相同的前提下，首先照顾处境最困难的地区；其次，优先帮助亚洲和美洲人口众多的民族；最后，应将工作重点放在重要的城市和大学中。基于这些规定，耶稣会士的工作首先在欧洲的城市和海外传教区开展。在欧洲，耶稣会士在天主教城市开展起新型的牧灵工作，并在所有力所能及的地方建立起耶稣会人文中学，培养青年男子；在海外则大规模传教。当罗耀拉1556年去世时，耶稣会大致有1 000名成员，分布在33所学院，下辖100所住院。16世纪、17世纪时，耶稣会在欧洲的天主教地区形成一个以各学院为据点的网络，16世纪末已拥有各级学校245所。18世纪中期，耶稣会成员数量达到顶峰，有22 589人，并形成一个由分布在欧洲、亚洲与美洲的800多所教育机构构成的网络[1]。

耶稣会以一个新型、灵活、注重教育的修会形象成为天主教内部革新的有力工具。各种形式的兄弟会、善会、精修、朝圣、宗教节日游行，专门为强化牧灵工作而上演的戏剧、富丽堂皇的教堂建筑，以及在当时极为现代化的中学教育，都属于典型的天主教巴洛克虔敬形式，其特点是强调感官的作用。耶稣会以系统维护和促进巴洛克式的虔敬形式、安慰性的牧灵工作，而在很大程度上重新

---

[1] Robert Bireley, *The Refashioning of Catholicism*, 1450—1700: *A Reassessment of the Counter Reformation*, p.33；李天纲：《"中国礼仪之争"：历史、文献和意义》，上海：上海古籍出版社，1998年，第17页。

赢得了上层社会,也赢得了广大民众。16世纪,上层社会普遍转向新教学说,但到了17世纪和18世纪早期,贵族和市民重新改信天主教再次占主导趋势,而且贵族阶层中不乏帝王诸侯。在这种趋势转变过程中,耶稣会做出了实质性的贡献。促成这一转变的因素有很多,比如信仰本身,比如巴洛克文化的吸引力,而耶稣会学校的教学质量也是一个重要因素。耶稣会人文中学实行义务教学制,在当时颇为罕见,它们通过捐款维持运作,授课的神父们满怀热情又学识精深,这类高质量的学校对新教徒的孩子颇具吸引力,并间接激发他们对天主教的浓厚兴趣,从而为天主教复兴奠定基础。宗教改革者曾促进民族语言圣歌的发展并借此扩大新教的影响,耶稣会也投入对民族语言圣歌和教会歌曲的整理工作,并在学校上演配有音乐的戏剧,受到普遍欢迎。

18世纪,耶稣会开始面临众多困难:一是维持庞大的教育体系并不容易,难免招致"僵化"的批评;二是它依靠教廷和君主的大力支持发展起来的传教事业不可避免地受到政治纠纷的干扰,国王们支持传教团的行为中总是掺杂着政治利益动机,国家间的竞争对抗及罗马教廷与国家间的矛盾不免渗入传教领域并引出种种争端,这些成为贯穿天主教海外传教事业的鲜明特征,耶稣会因此成为众矢之的;三是耶稣会士在欧洲诸国政治生活中牵涉过深,引起强调君权的国王和重臣的不满。18世纪中期,耶稣会开始受到教廷和君主的全面打击,1773年被教宗下令解散。

在传教方面,无论欧洲君主还是传教士,对亚洲的兴趣都居首位。葡萄牙1510年占据果阿,1517年就有方济各会士来此传教。当耶稣会先驱沙勿略(Francis Xavier,1506—1552)1542年抵达果阿时,方济各会士已经在葡萄牙"保教权"范围内建起十一个修道院、三所学院和八十个住地。但是,作为新秀的耶稣会却在葡萄牙政府的支持下后来居上,不仅很快接管了果阿和南印度一些原属方济各会士的传教点和神学院,还在16世纪末发展为印度最有影响力的传教团体。多明我会士1548年开始大量来印度。奥古斯丁会士1565年就开始在菲律宾活跃,1572年方派首批传教士来印度。综合看16世纪亚洲的传教区,被葡萄牙势力牢牢控制的地区同时也是耶稣会的牢固阵地,印度果阿是耶稣会在亚洲的大本营,马六甲和澳门传教区则以耶稣会士占主导地位;奥古斯丁会士作为西班牙政府的坚强同盟,主要在属于西班牙势力范围的菲律宾活动,但菲律宾同时也处在其他几个修会的影响之下;远东的中国、日本甚至中南半岛(旧称印度支那[Cochinchina])尚是对各方势力都充满吸引力的未知地方。

几个托钵修会曾为进入日本和中国多方努力,却始终不能成功,结果是耶稣会士在16世纪末率先突破。耶稣会士之所以能比托钵修会更早立足中国，主要归功于耶稣会奉行顺应本土文化的传教策略。

2. 耶稣会中国传教区的阶段性发展

耶稣会士中国传教区的建立以1583年9月10日罗明坚（Michele Ruggieri, 1543—1607）和利玛窦进入广东肇庆为真正的开端，至1610年利玛窦去世为第一个阶段，即草创时期。1610—1706年为第二阶段，是持续发展阶段。1706年康熙帝要求传教士领票传教，意味着礼仪之争导致中国传教形势急剧恶化，1707年以后步入衰退阶段，这个阶段持续到1774年耶稣会中国传教区瓦解。其间，无论耶稣会还是中国传教区，都遭受后期礼仪之争造成的严峻形势的沉重打击。中国传教区的发展深受中国政治形势的影响。明末因礼部官员沈㴶发难导致中国内地传教士被流放广州，明清嬗递时的动荡又几乎完全破坏了晚明时期耶稣会奉行士人路线所取得的成果。入清后，杨光先1664年掀起历狱，差点把北京的耶稣会士一网打尽。传教士们小心侍奉皇帝，换来1692年康熙颁布允许自由传教的《容教令》，但很快硝烟味日益浓重的中国祭祀礼仪之争（详见第二十六章）就惹恼了康熙，1706年出台的领票政策立刻为传教区的前景罩上阴影。1723年即位的雍正坚决执行反教政策，使中国天主教徒的处境不断恶化，1723年和1729年福建两度发生严重的仇教事件，雍正则一再将传教士流放广州又驱逐至澳门。乾隆年间，尽管宫廷中仍雇用耶稣会士，但不允许他们公开传教，地方上监禁、斩杀传教士之事则屡有发生。而传教士们从雍正时起就不屈不挠地想方设法在中国内地藏身，并秘密活动。终于到1800年，外国天主教传教士不再入华，中国仅存的天主教徒社区逐渐归本土神父照管，并在中国社会的边缘地带艰难生存，历时两百年的天主教传教活动宣告失败。而中国的耶稣会士传教区早在教宗宣布解散耶稣会的敕令于1774年传到中国时就已成为历史。需要指出的是，康雍乾时期中国政府对传教士的政策除带有清朝对外政策的一贯特点——宽容、防范、疑忌交织糅合，还深受罗马教宗的中国礼仪政策影响，在某种程度上，如果没有教宗使节，如果没有将教宗敕谕送呈中国皇帝，中国方面是不大可能为这些无关国计民生的传教士出台专门政策的。

我们可以从历年传教士人数、传教站点数量以及天主教徒人数来了解耶稣会士在不同阶段传教事业的发展。1605年时，利玛窦已在京数年，传教工作小有成就，此前一年中国传教区独立于澳门主教区，预示着耶稣会发展重心的调整，所以到这一年，有更多耶稣会士进入中国并开始在澳门培训本地神职人员。

利玛窦像

在持续发展的第二阶段,新加入中国传教区的耶稣会士可统计的共 211 人,而且每年至少能有两名新耶稣会士加入。以下一组数据显示了耶稣会士规模的稳定增长态势。1616 年,中国共有耶稣会士 20 人,欧洲籍 13 人,中国籍 7 人。1622 年,中国共有耶稣会士 21 人。1626 年,此数据为 22 人。1636 年,在中国的耶稣会士共 54 人,但海南岛就有 28 人(包括中国籍),所以活动于内地的为 26 人。1645 年,在中国的欧洲籍耶稣会士 23 人,此外还有三四名中国籍辅理修士。在华工作的耶稣会士人数最多的时候是 1702 年或 1703 年,有 70 人,超过当时所有其他修会传教士的总和。

第三阶段里,康熙朝最后五年禁教期间,教友数目约 30 万,较前一时期没有明显减少。雍正即位之初,中国尚有神父 123 位,其中耶稣会士 59 人,方济各会士 32 人,多明我会士 8 人,奥古斯丁会士 6 人,遣使会士 3 人,教区神父 15 人。雍正六年,在北京的神父尚有十几位,但是,转入地下活动的神父逐渐增多,在外省则教区明显向偏僻地区转移。雍正朝的 1723—1735 年间,新来的传教士总共 26 人,平均每年增加两人,与前一阶段持平,传教区规模总算仍在缓慢扩大。[①]

---

① 统计数据来自[法]费赖之:《在华耶稣会士列传及书目》,冯承钧译,北京:中华书局,1995 年;[法]荣振华:《在华耶稣会士列传及书目补编》,耿昇译,北京:中华书局,1995 年;[法]高龙鞶:《江南传教史》,周士良译,新北:辅仁大学出版社,2009 年,第 152—153、196—197、318—321、364—366 页;张泽:《清代禁教期的天主教》,台北:光启出版社,1992 年,第 26—27、48—54 页;萧静山:《天主教传行中国考》,辅仁大学天主教史料研究中心编:《中国天主教史籍汇编》,新北:辅仁大学出版社,2003 年,第 152 页。

随着耶稣会士逐渐增多,其活动范围也逐渐扩大,作为耶稣会士落脚点的"住院"的数量与分布可以说明这一点。所谓"住院",是指属于传教区的一所房子,由一名或数名耶稣会士居住,"学院"则是指在经济上管理一些小住院的一处主要住院,也可理解为传教士的一个活动中心。耶稣会士的住院与教堂在第二阶段里不断增加,到1701年住院和教堂共188所,分布在浙、闽、豫、湖广、江南、赣、粤、晋、鲁、陕、直隶、桂各省。事实上,1692—1707年间,欧洲传教士或中国天主教徒已分布在除甘肃以外的各省,但耶稣会士的活动重心在中国东部省份,西部的云贵、川桂、青海等地多让与其他修会。

至于耶稣会士的工作成绩,从其所管理的教徒数量来看,明末时每年能新争取几千名信众。1621年,杭州、南雄、肇庆、上海、南京、南昌、建昌各地共增加受洗者1 487人,仅杭州一地就增加1 300人。1622年,江西教友总数172人,北京、嘉定、杭州、上海、江西新增受洗者共538人。入清后的17世纪末仅北京每年就新施洗几千人。不过,在这些新施洗的人中,绝大多数是被遗弃的孩子,而很多幼儿接受过洗礼后就死了,以成人信徒而论,清初每年的增量与明代的平均水平相仿,即每年五六百人的样子。1644年杨光先仇教风波大起时,各省教友不下二十万。但是,从天主教徒的人员构成来看,整体状况未必能让耶稣会士满意,一个表现是弃婴受洗者远多于成人,另一个表现是上层人士受洗者远少于下层百姓,即使是在格外重视士人路线、上层路线的晚明也是这种情况,清朝就更明显了。出现这种局面,既是因为中国的士人从根本上难以归化,也是因为传教士的处境多数时候比较艰难而仅能在僻远乡村立足①。

3. 耶稣会士的商业活动对传教事业的支持

维持传教区运转是一项花费昂贵的事业。在墨西哥的耶稣会士主要仰赖西班牙政府提供津贴,西班牙政府还要支付所有旅行装备开销,偶尔也要出钱买书或其他用品。而且当耶稣会士从欧洲其他地方抵达塞维利亚准备启航期间,西班牙政府就要负担他这段时间的开支。除此之外,西班牙政府还要给每个传教区一笔建设费。腓力二世在1572年曾抱怨,"保教权"害他每年要花费十万金盾(guilder/gulden,荷兰盾)。美洲殖民政府一度负责耶稣会传教士的开支,但1670年以后殖民政府又把这笔费用推到西班牙王室头上,而西班牙国库又会尽量把耶稣会士的旅行费用推到美洲殖民政府那里。西班牙政府已经觉得负担沉重,但所提供的费用仍不能满足传教士和传教区的实际需要。传教

---

① 张国刚:《从中西初识到礼仪之争——明清传教士与中西文化交流》,北京:人民出版社,2003年,第213—223页。

区总是远离商业中心,运输物品的困难远大于资金困难,上一年提出的物资要求可能到下一年都没有兑现,即使供应品到达,也常常出错而不敷用,有时连政府津贴也不能按时抵达。18世纪由于西班牙王位继承战争,政府供应陷入经常性短缺状态。1708年,西班牙政府对墨西哥西北的耶稣会士及传教区的欠薪达151 403金盾,相当于4年的额度。出于生存所需,耶稣会士们不得不从事其他活动积累资金,比如在偏僻地方经营种植园,投资磨坊、作坊和城市地产。他们有时也从事一些合法性存疑的投资活动,比如从总督那里以不合法程序获得地产。还有一个办法是从当地商人和世俗神职人员那里募集资金,最著名的如低地加利福尼亚传教区的"虔诚基金"(the Pious Fund)。到耶稣会士被解散前夕,耶稣会墨西哥教省的资产远远超过西班牙省教区。

中国传教区对资金的需求最大,资金来源也最为分散。中国传教区理论上属于葡萄牙"保教权"的范围,所以基本经费应由葡萄牙政府资助。葡萄牙政府同意从马六甲的收入中拨款支持传教区的日常开支和一些基金性资金。1603年11月12日,已经接管葡萄牙的西班牙国王腓力二世命令,要充分供应印度各传教区的需要。后来的几位国王也都对中国传教区慷慨许诺。但是,通常只有半数的钱到位。去中国还有额外的旅行补贴,但实际发下来的还不够旅途花销的一半,以远东视察员身份赴印度的范礼安(Alessandro Valignano,1539—1606)曾抱怨,这笔旅行补贴只够买必要的衣物。与美洲传教区一样,从传教区返欧的代诉人的花费不由"保教权"开支而由传教区自行解决。不过自中国返回的代诉人可以带一些中国物品以销售换钱。中国耶稣会士的资金困难不只是因为国王对于支付津贴经常懈怠敷衍,还因为资金有时会逆向流转,从耶稣会士那里流到殖民地官员处,或者本应给耶稣会的钱却被改变用途。从第乌募集的钱被规定用来支援中国传教区,但1656年,第乌指挥官就以说不清是真是假的军事理由吞掉一位富商遗留给耶稣会的6 000埃斯库多(escudos)。三年以后,第乌又从耶稣会士那里借了一大笔钱而一直未还。这种状况在18世纪愈演愈烈,比如1726年麦德乐出使中国时,使团费用要由耶稣会中国副省承担。葡萄牙政府财政状况的日益恶化使中国传教区的政府资金来源越发难以保障。教廷偶尔也会为中国传教区提供额外资金,但名义上拨给中国传教区的钱实际上却一直用于日本的教堂和神学院。凡此种种,迫使远东的耶稣会士尤其是中国的耶稣会士必须自谋生财之道。

远东耶稣会士早期的基本生财之道就是投资海上贸易。耶稣会士与葡萄牙商船签订协议,对部分船只享有部分所有权。18世纪中叶,中国副省对一艘在东亚和葡萄牙之间往返的商船享有部分所有权。海事借款恐怕是耶稣会士最大的风险投资,因为如果货物随船只遇难而丢失,则血本无归。耶稣会士参与的海上贸易以澳门和日本的贸易为主。1560 年代,由于中国针对日本禁海,葡萄牙人和耶稣会士赢得了贸易中介的机会,日本白银产量的增长使这一商机更加有利可图。中国副省成立之前,澳门的耶稣会士在需要中国生丝、丝绸和需要日本白银的商人之间长袖善舞,1555—1570 年间,他们每年可获利 18 000—20 000 克鲁扎多①。但这个数字与一位船长一趟行船所获利润相比,就不算多了,欧洲商人跑一船就可以歇手不干安享余生。这 15 年间,澳门耶稣会士总计盈利 270 000—300 000 克鲁扎多,相当于一位船长五次顺利往返东西之间从事贸易活动的总利润。

1574 年,范礼安来到远东并在很长时期内致力于拓展日本传教区,其中一项创举便是鼓励日本教省的成员积极参与贸易,以获得维持日本传教区的足够经费。1578 年,范礼安与在澳门—长崎间从事丝绸贸易的商人签订协议,确保耶稣会每年有按重量计 1/960 的丝绸抽分。为了让耶稣会士能够从事商业活动,范礼安争取到耶稣会总会长、教宗、果阿及澳门之葡萄牙长官的共同许可。但这种行为毕竟有违规定,所以 1585 年被教宗下令禁止,但 1587 年又取消禁令,1597 年教宗再次下禁止令,1606 年又收回成命。1611 年,葡萄牙的皇家声明正式确认耶稣会士从事日本贸易的权利。耶稣会士的远东商业活动在争议中持续开展,1582—1620 年间,年平均利润达 960 埃斯库多,考虑到 38 次赴长崎贸易中有 14 次失败,这个利润值已经很高。1621 年的一份耶稣会档案表明他们每年的投资在 3 000—5 000 克鲁扎多。耶稣会士贸易活动的利润额难以确切估算,但无疑获利丰厚。其中也存在违禁交易,但其规模和持续度都无法确知。

在中国,耶稣会士的商业动机不全是为了谋利,也是为了取悦同盟及中国官员,给中国官员送礼需要大量银子。中国副省自成立之日就不断要求澳门的上级将丝绸贸易的利润划拨一些给他们,但直到 1630 年代,总会长才同意中国副省从中抽十担到二十担丝绸。1636 年,德川幕府禁止日本商船外出贸易或定居海外,一时间给葡萄牙、中国和荷兰带来很大商机。但 1637 年德川幕府开始排斥和迫害基督徒,于是葡萄牙人无法再去日本贸易。随后中国改朝换代,清政府持续出台海禁和迁海政策,这一切都严重影响澳门的繁荣,自然也影响了耶稣会士的商业活动。这构成 17 世纪远东耶稣会士的赚钱方式逐渐从海上

---

① 克鲁扎多(cruzados):16 世纪葡萄牙国王若昂三世发行的金币,一面图案是十字架,另一面是浑天仪,这是葡王的象征,金币重量约 4.56 克,约合中国白银一两。

贸易转为地产类投资的一个背景。1621年,总会长、教宗及葡萄牙国王联署同意耶稣会士在澳门投资房产,以其收益支付中国副省的开支。1730年左右,耶稣会士在北京也有不动产。耶稣会士也获得澳门湾中一个小岛,于其上种植水果卖钱,维持澳门学院的需要并积累资金。日本教省非常关注在澳门的投资,因为日本政策多变,海上贸易又受荷兰海盗的骚扰。澳门也比孟买安全,1667年,孟买的英国总督曾占用耶稣会士在孟买岛的财产。17世纪末,耶稣会士的不动产从澳门城区转移到北印度的偏僻地区。1730年,澳门学院在印度拥有了4个村庄,从这里获得的收入都被换成白银送往中国,但没几年马拉塔人侵入这个地区,这笔收入又告中断。

耶稣会士享有的捐赠及托管收益也构成他们收入的一个重要来源,有些捐赠来自欧洲人,包括在印度和澳门的葡萄牙人,有些则来自中国人。欧洲的一些富人或公侯会给耶稣会士捐钱,比如哈布斯堡王朝的王公大臣和德意志诸侯都喜欢资助耶稣会亚洲传教区,因为他们都试图在葡萄牙"保教权"之外开辟自己的势力范围。美洲传教区也对中国传教区进行资助。在中国的耶稣会士则常寄送或运送一些中国物品作为回馈。独居亚洲的葡萄牙男性比起居住在葡萄牙本土的人更倾向于给耶稣会士捐钱。在中国,女性捐赠人比男性捐赠人更多见。此外,耶稣会士还通过向中国人放贷收息而赚钱。

然而不管有多少获利的渠道,中国副省从诞生之时直至耶稣会被解散,始终债务缠身。在中国维持一名传教士日常活动的开销很大,以致开源募钱的任务在很大程度上成为每个人的事务。1645年,一名中国传教士一年需要30 000里亚尔(rial)的开销,1730年需要62 600里亚尔的开销。日本教省是中国副省的主要债权人,1632年之前每年都要从日本教省的基金里拨钱给中国副省。日本教省和中国副省相对都很穷,所以,在葡萄牙与西班牙合并的那段时间,每当要派遣一位特别的代诉人去葡萄牙省教区时,相应费用由诸葡萄牙教省量力支付,而免除日本教省与中国副省的负担。但耶稣会用钱也不尽然合理,一方面亚洲传教区尤其是中国传教区急需用钱,另一方面钱又被挥霍浪费。比如,里斯本派往印度的一位使命代诉人花费收入的四分之一完成对沙勿略的封圣仪式,又如1570年从亚洲各地募资为巴西40位殉道者的宣福礼增光。

总之,投入商业活动是远东耶稣会士必要的谋生举动。按照当时的各种报告,耶稣会士有敏锐的商业头脑并充分利用他们在远东的传教据点和势力开展商业活动,他们的重要归化地同时也是商业活动频繁的地方。事实证明,这么做对耶稣会是必须的,因为从交趾支那到北京的所有远东传教站的巨额花费中只有一部分是靠汇自欧洲的经费支付,而航线的漫长和危险使这笔经费既不定期也缺乏保障。而且耶稣会士也确实将他们获取的商业利润投入了传教领域。亲身了解耶稣会士商业活动的新教传教士曼迪(Peter Mundy)曾正面评价澳门耶稣会士为了实现其宗教理想而不辞劳苦、不畏艰辛地从事风险巨大的海上贸易的行为。然而耶稣会士在商业领域的出色表现也与他们在传教领域的成就一样,因为不循规蹈矩而难免招致托钵修会的诸多非议,某些耶稣会内部成员也表示不满,认为耶稣会已成为一个充斥商业和贸易行为的团体,耶稣会神父帕德利·安托尼·维埃拉(Padre Antonio Vieira)便否决了允许棉兰老岛(Mindanao,菲律宾南部岛屿)的耶稣会士经商的提议。世俗机构出于争夺利益的动机也反对耶稣会士大规模经商。1666年在任的印度总督卡斯特罗(Antonio de Melo de Castro)曾宣称:"在葡萄牙和卡斯蒂利亚的耶稣会士神父是耶稣会的神父,但在印度的耶稣会士神父则是荷兰东印度公司的神父,他们除了自己的私利之外什么也不关心,他们既不关心真理也不在他们的讲坛上宣讲真理。"[①] 17世纪末期,从巴西到菲律宾的整个伊比利亚殖民帝国都反对耶稣会士的商业行为。18世纪后期,导致法国政府全面驱逐耶稣会士的直接动因正是美洲一位耶稣会士经营的种植园。

二、其他天主教团体在中国的活动

晚明前清的中国传教区主要是耶稣会士的天下。无论是就在明末士人间与清初宫廷里的影响力,还是就在中国的人数、活动范围、传教成果而言,其他修会均难以与耶稣会抗衡。其他修会即使合为一个整体,其实力也不及耶稣会。但他们在反对耶稣会士这一点上,倒算是一个同盟。

1. 托钵修会

奥古斯丁会、多明我会和方济各会都是比耶稣会古老许多的修会。且不说方济各会曾于元代在中国开辟教区,即使是在大航海时代,也是这三个修会(尤其是方济各会)率先随葡、西殖民者进驻亚洲和美洲,中国的土地也是他们在16世纪首先触及。晚明第一个抵达中国的传教士是1556年来到广州的葡萄牙多明我会士加斯帕尔·达·克鲁兹(Gaspar da Cruz)。1575年出访福建的马丁·德·拉达则是奥古斯丁会士。1579年西班牙方济各会士阿尔

---

① C. R. Boxer, *Fidalgos in the Far East*, 1550—1770: *Fact and Fancy in the History of Macao*, The Hague: Martinus Nijhoff, 1948, p. 171.

法罗(Pedro de Alfaro)率 6 名会友自菲律宾乘船前往中国(其中一人死于船上)并在广州停留数月,但因葡萄牙人说他们是西班牙殖民者的间谍而遭广州当局监禁与驱逐。然而在整个葡萄牙人"保教权"范围内,耶稣会士总是后来居上,以上 3 个修会的这几位先驱并没能在中国立足,直到 1630 年以后这 3 个修会才开始在中国发展,并且直到 18 世纪结束,这 3 个修会在中国的发展规模都远远不如耶稣会。

1625 年或 1626 年,西班牙人在台湾建立一个据点,同时多明我会士马迪奈(Barthelemy Martizez)等 6 人在台湾建立传教基地。1642 年西班牙人遭荷兰人驱逐之前,西班牙方济各会士和多明我会士都成功地以台湾为基地进入中国大陆,多明我会士在 1630 年首次进入中国大陆并在耶稣会士艾儒略(Giulio Aleni,1582—1649)的帮助下,于福建东北部的福安找到栖身之地。在福建发展的多明我会士数年后就挑起礼仪之争,并因禁止中国教徒参行传统的祭祀礼仪而导致 1637 年福建省的反教运动,运动一直持续到大约 1647 年,大部分在福建活动的多明我会士和方济各会士都遭逮捕并被遣送至澳门,有些则不得不藏在山里。1654 年以后,多明我会士在福建的传教事业又有所恢复并开始向其他省份发展。到 1664 年因杨光先历狱而掀起全国性迫教运动时,中国已有 10 名多明我会士,他们拥有约 11 处住院和 21 所教堂,管理万余名天主教徒,这些天主教徒分布于浙江、福建、广东。全国性迫教之后再度发展的中国多明我会传教区到 1695 年已有 9 位西班牙多明我会士,1701 年则是 8 位。1746—1748 年间又遭遇一场全面反教运动,结果有 5 位多明我会士在 1747 年殉难。多明我会士主要在福建工作,所发展的天主教徒集中在福安地区,他们另辟有兼管台湾的厦门教区。

1633 年与西班牙多明我会士黎玉范(Juan Bautista Morales,1597—1664)同抵福建的西班牙方济各会士利安当(Antonio de Santa Maria Caballero,1602—1669)是方济各会中国传教区的真正创始人。利安当因为反对中国礼仪而不得不往返于南京、福建并一再受挫,最后在北京遭监禁和驱逐,1637 年又在台湾被荷兰人俘获并逐到澳门,1644 年再以西班牙公民的身份被葡萄牙人逐出澳门。利安当的经历充分说明了西班牙籍托钵会士在中国受到各方力量排斥。1649 年利安当重返中国,并在耶稣会士汤若望的劝告下于 1650 年在山东济南定居,很快就在这里开辟了方济各传教区,又请会友文都辣(Bonaventura Ibanez)神父前来共事。1664 年开始的迫教运动中,利安当被捕并流放广州,济南的教堂被毁,1677 年方才重建。此时方济各会士在中国已有 3 所教堂和 1 处住院。但 1664 年之后广州的方济各会传教区却有不错的发展,据说,到1665年,方济各会士在广州拥有近4 000名领洗者。迫教风波结束后,方济各会士也在中国重整旗鼓,新的传教士在17世纪末陆续到来,活动范围也有所扩大。1679年年底,有两名方济各会士在福建,一人在山东,六人在广东,传教皆有成就。1687年方济各会士发展到江西和海南,1696年陕西成为代牧区,此后方济各会士借着担任教廷宗座代牧之机而逐渐将活动范围拓展到甘肃、山西等地,1710年西北教区进而被划分为关中、陕南、兰州、陕西四个总铎区。1691年中国有17名方济各会士,1698年共有20名方济各会士分别在山东、福建、江西、江南和广东活动。截至1698年,共有52位方济各会士曾进入中国,除6人为意大利籍,其余全为西班牙籍。1632—1680年,方济各会管理天主教徒两千余人,1723年这个数字据传达到了10万名①。

自拉达1575年访问福建之后,直到1680年,来自菲律宾的奥古斯丁会士陆铭恩(Alvaro de Benevente,1647—1707)才真正建立起奥古斯丁会中国传教区,他在江西活动并驻扎赣州。奥古斯丁会士在中国不像方济各会士和多明我会士那么活跃,但自陆铭恩来华之后到17世纪末都能较定期地增派人员,据称1687年时该会有1 200名成人受洗者,1695年中国有5位西班牙奥古斯丁会士,1701年有6位,截至1722年曾有17名奥古斯丁会士进入中国。1707年,时任福建宗座代牧并兼管江西和浙江的陆铭恩骤逝于澳门,一时无人接替其职务,这也影响了奥古斯丁会传教区的发展。18世纪奥古斯丁会一度在中国销声匿迹,直到1879年才从马尼拉卷土重来。

2. 罗马教廷传信部与巴黎外方传教会

葡萄牙人在印度地区的势力因"保教权"的庇护而根深蒂固,"保教权"将全部裁决权都无限制地交给果阿大主教及其下属的印度地区的所有副主教,并严禁信仰天主教的国家的任何机构和个人在未经葡萄牙国王允许的情况下前往印度。于是,去亚洲的每一位传教士不论国籍都要从里斯本动身,在那里被吊销本国护照,并发誓拥护"保教权",然后获得葡萄牙护照。葡萄牙人通过这种

---

① 以上统计数据来自 Latourette, *A History of Christian Missions in China*, pp. 111, 117-118, 128, 158;Arnuf Camps, *The Friars Minor in China* (1294—1955): *Especially the Years* 1925—55, Rome, 1995, pp. 6-7;[法]沙百里:《中国基督徒史》,耿昇、郑德弟原译,古伟瀛、潘玉玲增订,台北:光启文化事业,2005年,第168页;王治心:《中国基督教史纲》,上海:上海古籍出版社,2004年,第114页;[美]孟德卫:《灵与肉:山东的天主教,1650—1785》,潘琳译,张西平审校,郑州:大象出版社,2009年,第73、75页;汤开建:《明清之际方济各会在中国的传教》,卓新平主编:《相遇与对话:明末清初中西文化交流国际学术研讨会论文集》,北京:宗教文化出版社,2003年,第246—254页,汤开建同时列举1670—1700年间入华方济各会士有姓名可考者42人(第242—244页)。不同文献在个别数据上有差异,本书斟酌采用。

方式既能监视所有传教士,又能排斥被怀疑企图在东印度与他们争夺商业利益的其他国家传教士。然而随着葡萄牙的衰落,它渐渐不能保证为东方提供足够的传教人员和资金,而且教会势力的扩张也要求它将教阶制向新的教区延伸。1622年成立旨在专理全世界传教事宜的罗马教廷传信部(the Sacred Congregation for Propagation of the Faith,简称the Propaganda),正是教廷决意从葡萄牙人和各修会手中收回处理海外宗教事务的权利进而直接领导所有传教区的重大举措。

传信部试图确保教廷对传教区的集权统治,但最大的障碍是葡萄牙"保教权"和耶稣会,于是它大力推行宗座代牧制,以求弱化葡萄牙人和耶稣会士的影响。宗座代牧主教的特点是,他是某个教区的"领衔"主教,但他由教宗直接派遣去主持一个尚未升级为教区的传教区,也即宗座代牧主教在法律上的辖区与他们实际受托管理的地区相分离。所以从理论上讲,他们不须服从国王的任命而与欧洲各国君主和葡萄牙果阿大主教区无染,他们仅以教宗代权的名义治理托管地而没有独立于传信部之外的权力,传信部认为借此就能够实现直接控制传教区的设想。在传信部1659年发给首批赴中国之宗座代牧的指示中就强调,在任何情形下都要请示罗马教廷后再行事或做决定。传信部同时要求赴东方的传教士对宗座代牧宣誓服从,否则不得履行传教士职责。

但传信部还需要有自己的传教士去实现宗座代牧制的理想。在越南传教的法国耶稣会士罗历山神父(Alexandre de Rhodes)曾在1649年或1650年向教廷呼吁,必须要在东方培养本地神职人员和发展地方教会,才能使传教事业根基稳固。罗历山的建议与传信部想在远东建立教阶制以实现直接领导的意图相吻合,于是教宗在1653年任命罗历山为东方主教,但罗历山推辞不受并去法国寻找合适的候选人。结果,方济各(François Pallu,1626—1684)①、拉莫特(Pierre Lambert de la Motte)和高多林第(Ignatius Cotolendi)在1658年被教宗任命为首批远东宗座代牧主教,方济各任安南东京(Tung King)宗座代牧并兼管中国滇、黔、湘、桂、川五省教务,拉莫特任交趾宗座代牧并兼管中国浙、闽、赣、粤四省教务,高多林第任中国南京宗座代牧,管辖苏、豫、晋、鲁、陕各省及高丽教务。方济各等人接受任命的同时,也积极向传信部申请建立一所神学院,以培养输送到北美和东亚的传教士。1663年罗马教会和法国王室批准建立神学院,设在巴黎,这就是巴黎外方传教会(Société des Missions Etrangères

---

① 方济各在方豪的著作中作陆方济,此据吴旻、韩琦的解释。吴旻、韩琦:《礼仪之争与中国天主教徒——以福建教徒和颜珰的冲突为例》,《历史研究》2004年第6期,第84页注2。

de Pairs)的开端。外方传教会不是宗教修会,而是世俗神职人员的团体,这也是一种新型的宗教团体。设在巴黎的神学院是传信部培养传教士的基地和其成员的活动中心,成立之后就广泛深刻地介入罗马教会在远东的活动,成为传信部最主要的代理人,本质上以取代修会传教区为己任。

方济各等三人也可以说是巴黎外方传教会的首批代表,他们在1662—1664年间陆续到达远东。拉莫特1662年抵达暹罗,高多林第死于印度而没能到达其辖区,方济各1664年到达暹罗并经过多年努力后才于1684年1月进入中国(厦门),然而当年10月29日便逝世于福安地区。1665年11月8日,巴黎外方传教会神学院有了首批毕业生,他们立刻于1666年3月14日自法国拉罗舍尔(La Rochelle)登船前去东方。1701年中国已有15位外方传教会成员,而外方传教会神父经常被传信部任命为中国某区的宗座代牧。

担任传信部传教士的除了外方传教会成员,还有方济各会、多明我会、奥古斯丁会、嘉布遣会和遣使会诸宗教团体成员,另外还有世俗教士,亦即除耶稣会士以外的各类神职人员。还在正式设立远东宗座代牧制之前,传信部就曾于1634年委托方济各会士利安当和多明我会士黎玉范为中国宗座监牧(perfect apostolic),又在1637年委任方济各会士弗拉斯塞拉(Franciscus-Antonius Frascella)兼理中国教务,这都是没有划分区域的临时性委托。宗座代牧制开始运转后,传信部曾派遣许多意大利籍方济各会士去中国,他们主要在中国中北部省份尤其是山西、陕西、河南、湖北和湖南工作,并频繁担任这些地区的宗座代牧,比如1684年到达中国的意大利方济各会士伊大仁(Bernardino Della Chiesa,1644—1721)、叶宗贤(Basilio Brollo of Gemona,1648—1704)和莱奥尼萨(Francesco Nicolai of Leonissa)。1697年传信部至少派出10名传教士到中国,包括6名意大利方济各会士,1700年又有5位为传信部服务的方济各会士抵达中国。

3. 遣使会

遣使会(Lazaristes,又称辣匝禄会)是17世纪成立的一个由世俗神父组成的宗教团体,并非一个宗教修会,他们主要关注穷人的精神生活,但并不限于只在某一国家活动,海外传教也是他们的初始目标之一。遣使会在中国天主教史上的重要性不是因为他们也担任传信部的直属传教士,而是因为他们在耶稣会被解散后接管了耶稣会士在中国的传教区及产业。

最早到中国的遣使会会士是作为传信部传教士而来的,即1697年派出的毕天祥(Ludovico Appiani,1663—1732)和穆天尺(Johann Mullener)。毕天祥本受命在中国创建一所神学院以培养本地神职人员,因遭到其他传教士的反对而被迫放弃计划,转而在四川安顿下来。穆天尺在 1736 年前后担任第二任四川宗座代牧。1710 年抵达澳门并于次年进京的遣使会士德里格(Théodoric Pedrini,1671—1746)以其音乐才能得到康熙皇帝赏识,活跃于宫廷,亦是后期礼仪之争中的积极人物。他创建了北京西堂。但遣使会士作为一个整体立足中国是在 1784 年以后,奉命接管约十年前已被解散的耶稣会的在华产业。

耶稣会被解散后,他们在中国经营多年的产业面临着因无人接管而荒废的危险,为此巴黎的前耶稣会士们一再请求帮助。作为法国传教区赞助人的路易十六(Louis XVI,1754—1793)分别向不同的修会和宗教团体转达这一请求,希望他们中能有人出面管理以北京为首的法国传教区。然而却没有哪个组织乐于接受这一任务,因为接管北京法国传教区的团体被要求不仅要有宗教热忱和学识,还要能赢得中国朝廷的好感。最后遣使会不无勉强地应承下来,遣使会中有一些学者,看起来能胜任照顾北京传教区的任务。遣使会在 1783 年 12 月 7 日收到传信部的正式任命,并于 1784 年 1 月 25 日获路易十六认可。总会长选派的第一批传教士包括两名神父和一名修士,他们于 1784 年 8 月 29 日抵达广州并继续前往北京,受到乾隆皇帝的接待并很快接管了法国耶稣会士的基地北堂。不久,接管原耶稣会葡萄牙教省产业的遣使会士也来到北京。遣使会并及时派人去原由耶稣会士管理的其他地区。在北京的遣使会士就像当初的耶稣会士一样,以艺术家、工程师、数学家、天文学家和译员(主要是对俄国人)的身份被清廷雇用。

然而遣使会士接管中国耶稣会传教区之时也正是法国大革命和拿破仑战争使欧洲陷入混乱之时,于是很长时间里流向远东的资金和人员都极难保证。1784—1820 年共派出了 28 位神父,1820—1830 年间只派出了 4 人,而这 32 人中有 14 人被留驻澳门,仅 18 人被派往中国各地,显然不足以去继承耶稣会士开创的事业。于是北京传教区的衰落和长江中下游地区天主教徒社区的被毁都在所难免,直到 1860 年之后才走向复兴。

三、中国传教区的权力之争

1. 耶稣会的内部斗争

中国是各个修会的传教士竞相争夺的地方,也是欧洲各国君主不断觊觎之处,他们通过扶植自己中意的修会或本国传教士,在这片自身的军事力量和商业力量尚不能及的土地上尽量施展影响;由此使得天主教力量在中国的管理结构相当复杂,即使耶稣会传教区内部也不简单。与此相伴的则是各方力量此起彼伏的冲突和斗争,在中国传教区,国家与国家、修会与修会、教廷与国家、教廷与修会之间的权利争斗交织成网,这构成了天主教势力在华发展的重要背景,也在这时期的中西文化交流史上烙下深刻印记。

在天主教的管理结构中,正式教区是教会教阶制的产物,直接对教廷负责。传教区则是在教徒人数尚不足以形成正式教区的情况下设立的临时行政区划,由负责传教的修会掌管,其领导人可称为传教区会长。耶稣会也有自己的教阶制,即按照自然地理区域组建教省,当一个教省内的成员和住院数量多到难以有效控制时,就从该教省中划出一部分成立一个附属的副教省,这个附属副教省随着势力范围的扩大逐渐扩展为独立的副教省,进而发展为拥有自主权利的完全教省,教省与副教省的领导人分别称为省会长(provincial)和副省会长(vice-provincial)。耶稣会省以这种方式不断增加之后,处于同一国境线内的诸个教省就组成省教区(assistancy,又译参赞区),其领袖称为省教区长(Fathers Assistants,又译参赞)。省教区长们长驻罗马,组成罗马总会长的顾问委员会。总会长是由选举产生的终身职位,他有权任命下属各级会长。耶稣会对成员的这套管理结构也适用于由他们掌握的海外传教区,只是当传教区地域辽阔使总会长无法及时处理他所应当掌管的事务时,罗马的总会长会为传教区任命视察员(visitator),以总会长特派员的身份代总会长履行职责,因此也称代理官。显然,视察员与传教区的省会长或副省会长对传教区构成双重领导,埋下了彼此冲突的隐患。

在利玛窦1583年进入中国之前,天主教会和各个传教修会在中国都无明确的管辖权,1576年1月23日成立的澳门主教区理论上管辖整个中国的教务,而它又从属于果阿总主教区。1604年出现独立于澳门主教区的中国传教区,且仅由耶稣会士管理,自此耶稣会士实际掌管着中国教务。耶稣会在1549年成立果阿教省(以前称东印度教省),1581年日本副教省从中分离并于1611年成为完全教省,于是耶稣会中国传教区被纳入日本教省的势力范围。随着中国的传教事业迅速发展,1618年耶稣会中国传教区组建为从属日本省的中国副教省,并在1623年脱离日本教省成为独立的中国副教省。日本教省和中国副教省都隶属葡萄牙省教区,由葡萄牙提供人员和资金。

理论上中国副省会长和日本省会长在各自的管辖范围内是平权职位,但随着日本传教区形势日益恶化而难有作为,日本教省不断设法控制中国副教省的事务。最突出的是,到1660年,澳门、广东、广西和海南岛的教务被划归日本教省。中国传教区的管辖权被一分为二,很容易加重中国的教务纠纷,1686年日本教省与中国副教省之间的关系已开始恶化,南怀仁当年致书耶稣会总会长抱怨说,日本教省几次三番在澳门扣留本是派往中国副教省的传教士。导致中国传教区与日本传教区关系紧张的另一个重要原因是视察员的任命问题。视察员通常是由总会长自罗马派往传教区,但监理日本和中国的视察员却经常由那些早已在传教区的人担任,从罗马来的仅是委任状而已,并且被委任的远东视察员经常由日本省会长或中国副省会长兼任,于是视察员多少有偏袒自己辖区的倾向,结果导致中国副教省和日本教省的平权关系变得大不平衡,双方矛盾日甚一日。罗马为了协调冲突,曾于1690—1695年间将原来同时巡查中国和日本的视察员职务一分为二,设一位以澳门为基地的日本省会长兼任日本教省视察员,另设一位以北京为基地且独立于澳门的副视察员监管中国副教省,两位视察员从总会长那里获得同等的权力。但这丝毫没有改变中国传教区因高级领导众多而引发的混乱状况。直到1697年视察员职位方趋于正规,当年新上任的视察员和此后每任视察员都负责巡查中国副教省与日本教省,同时此一职位也不再由中国副省会长或日本省会长兼任。

然而没有安稳多久,1700年,本从属于葡萄牙省教区的中国副教省内又硬性分裂出一个法国传教区,该传教区坚持自己除对代表总会长的视察员负责外,只对法国省教区直接负责,这使耶稣会士中国传教区的复杂性进一步加剧。1700年以前的问题集中在葡萄牙"保教权"之下的两个教省之间,法国传教区的独立则使问题从教省层面上升到葡、法两个省教区的层面,其背后则是葡萄牙与法国这两个国家之间的斗争。而且,原本只是两个教省级区域之间的矛盾,现在演变为三个教省级区域之间的对立。

法国势力介入东印度地区比起其他国家要晚许多,因此一旦在路易十四时期能够涉足远东,心情也迫切许多。南怀仁在担任中国副省会长期间(1676—1680)认识到人员不足是制约中国传教区发展的最迫切问题,于是在1678年8月15日给欧洲的耶稣会同僚写信,请求增派一批既精通哲学与神学又能迅速适应中国习俗的传教士来中国。此信于1680年1月寄达欧洲,1682年在法国公开发表,路易十四读过这封信后立刻决定组建一支由法国政府资助的传教团前去中国,认为此举既能提升自己在教会的声望,又能为在中国建立贸易基地创造条件。与此同时,1680—1681年间法国已开始酝酿派遣传教士赴东方(波斯和中国)进行科学考察的计划,该计划曾经过政府要人、巴黎天文台台长、有声望的耶稣会士等重要人物的正式讨论,并制订了详细的行程计划,还针对可能遇到的困难提出对策。法国政府和耶稣会士谁是这项计划的首倡者虽然难以说清,但显然路易十四、法国政府以及法国耶稣会士在去中国一事上自一开始就具有共同利益从而互相促进。不过该计划因为葡萄牙"保教权"的阻碍、教

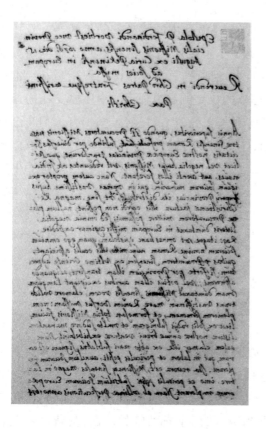

1678年8月15日南怀仁告欧洲耶稣会士书（上海图书馆藏）

廷传信部坚持要求赴东方的传教士宣誓服从传信部、缺少法国船只运输等原因而没能立刻实行。

1684年9月，耶稣会士柏应理（Philippe Couplet, 1623—1693）自中国来法并受到路易十四接见，这再次激起国王对中国的向往，同时暹罗公使12月初抵达凡尔赛（Versailles）。于是法国政府酝酿出一个计划，借法国公使回访暹罗之机将耶稣会士数学家送往中国，并立刻着手实施。法国耶稣会士的著名学校大路易学院（Collège Louis le Grand）选派了数学教授洪若翰（Jean de Fontaney, 1643—1710）和刘应（Claude de Visdelou, 1656—1737）、白晋、张诚及李明（Louis Le Comte, 1655—1728）4名学生以及前南美传教士居伊·塔查尔（Guy Tachard）一同出行，并授予他们"国王数学家"称号。按常规，他们必须获得耶稣会总会长的批准方能成行，但结果是他们既未事先获得总会长批准和教廷许可，又坚决不对传信部的宗座代牧宣誓，同时以访暹罗之法国公使随员的身份绕过葡萄牙"保教权"的控制，成为第一批完全代表法国国王来到中国的耶稣会士（塔查尔留在暹罗）。他们1687年在宁波上岸，此举为后来法国传教区的独立埋下种子。

法国人在中国活动的最初几年可谓歧路多艰。他们忠实执行法国国王的命令,既未宣誓服从传信部又未宣誓服从葡萄牙"保教权",结果被管辖权问题牢牢钳制,传教工作和日常生活受到诸多限制。后来多亏当时的南京宗座代牧、中国籍多明我会士罗文藻(西文名 Gregory López,1616—1691)出面斡旋境况才得以好转。罗文藻是第一位中国籍天主教主教,他认为中国绝对需要传教人员,让新来的传教士尽快开展工作是第一位的,所以在1688年2月底赋予这几位法国耶稣会士传教士和神父职权而没有要求他们宣誓。罗文藻的支持使法国人能够在不违背王命的同时开展传教工作,这点对"国王数学家们"在中国最初阶段的工作来说至关重要。但耶稣会内部的管辖权之争依然妨碍法国人顺利开展天文观测和传教工作,这一方面是因为法国人挟王命而求特权,一方面是因为葡萄牙人对法国人过于苛刻。北京宫廷的法国耶稣会士和葡萄牙耶稣会士为各种事情不断冲突,同时法国政府也在罗马的耶稣会总会长那里活动,试图为法国耶稣会士在中国争得独立地位。1699年洪若翰动身回法国,到欧洲以后被耶稣会总会长任命为具有副省会长同等权力的法国人传教区会长,这标志着独立的在华法国耶稣会传教区正式创建并得到承认。1700年11月30日张诚正式出任在华法国耶稣会传教区第一任会长,从此法国人在中国传教区的独立地位一直维持到耶稣会被解散。但北京的法葡之争却并未因为法国人实现了独立愿望而平息,反而日益激化,发展为整个中国耶稣会传教区的阋墙之争,并至少持续到1720年法国传教区的重要基地北京的北堂建立之时。这种纷争实则反映了葡萄牙"保教权"对法国商业或宗教势力入侵东亚的一种抵制。

  1688年,徐日昇和张诚被选中参加尼布楚谈判使团。徐日昇得以入选使团,既有康熙与之友善这一原因,亦有南怀仁举荐之功,因为徐日昇当年就是南怀仁荐举入京的,至此已经在康熙身边工作将近15年[①]。张诚之所以参加使团,按徐日昇之说,皇帝任他为译员后许其挑选一位同伴,于是他选了张诚。徐日昇和张诚对中俄谈判的记录均突出自己的重要作用和主导地位,但任命译员之时以徐日昇为主、张诚为辅当合乎实情。此时张诚来京仅数月,虽已熟练掌握满语,但还不大可能与康熙建立亲密关系。此外,徐日昇之参与使团既由南怀仁推荐,自然早在南怀仁去世和法国耶稣会士抵京的1688年1月之前就已确定。不过徐日昇在日记中避而不谈南怀仁之荐举,仅引康熙二十七年三月十三日(1688年4月14日)发往理藩院之谕旨中"朕看所用西洋人真实而诚恳可信,罗

---

① 徐日昇1645年生于葡萄牙,18岁加入耶稣会,康熙十一年(1672)先抵达澳门,次年来京,在南怀仁主持的钦天监供职。康熙二十七年(1688)年南怀仁病逝,他继任钦天监监正一职。

剎着徐日昇去"一语,正体现作为葡萄牙"保教权"坚强捍卫者的徐日昇与法国耶稣会士及亲法的南怀仁之间罅隙颇深。事实上,身为耶稣会士北京住院会长的南怀仁举荐徐日昇以自代,原本是希冀徐日昇借机与俄国人商谈为耶稣会士开辟通西伯利亚之道路一事。但徐日昇一贯反对打通欧亚陆上通道这一损害葡萄牙"保教权"的设想,所以在后来的尼布楚谈判中从未向俄使提及此事。

在法葡相争的过程中,中国的康熙皇帝也多少被牵涉进来,比如 1692—1693 年间,由于法国耶稣会士为皇帝治疗疟疾有功,再加上多年来在中俄谈判、文件翻译、传授科学知识等方面提供的服务,康熙单独赐予北京的法国耶稣会士一所住宅,结果引起葡萄牙耶稣会士的强烈反对,但法国人仍在皇帝的支持下拥有了这所住宅。1720 年,因为法国人想在这所住宅的基础上修建教堂,又与葡萄牙人大起干戈,结果康熙皇帝出面调停方熄灭"战火",北堂也由此诞生。

在这些矛盾缝隙中突起的法国传教区自一开始就代表着法国国王的利益,与代表葡萄牙"保教权"的副教省形成对立,这使它们各自的成员有时能以同属耶稣会成员的精神很好协作,有时又以不同国家和民族之代表的身份针锋相对。身兼国家公民和修会成员两种身份的传教士在民族国家日益强大的背景下,终于逐渐向国家利益靠拢,尤其是当政府的各方面支持直接关系到他们最关心的福音传播活动能否开展之时。在华不同国籍耶稣会士之间的分裂是这方面的一个典型例子,而这严重违背了耶稣会突破国界、以教宗为唯一最高领袖的基本宗旨,也难免导致耶稣会的整体力量被削弱。不过,耶稣会与各国世俗政权紧密联系的一贯方针应是其内部分裂的主要原因,耶稣会之所以在法国传教区问题上最终背离了教廷传信部而屈从法国君主,不排除传信部对耶稣会的限制是总会长郁郁思变的一个原因,但也是因为耶稣会更看重或依赖世俗君主的力量。过多与世俗政治力量发生纠葛,最终也成为 18 世纪后期耶稣会因政治形势变化而遭各国政治力量排斥以致被教宗解散的重要原因。法国传教区的成立可以说反映了法国政府的胜利,"太阳王"路易十四时代的法国,在财力、人力和综合实力上都独步欧洲,其称霸野心投射到包括中国传教区在内的各个方面。很快,奥地利和德意志诸君主也蠢蠢欲动,想效仿法国,在中国扶持一批摆脱葡萄牙人控制的本国耶稣会士,为此奥地利国王曾努力开辟经俄国到中国的通路,德意志大公们则为传教团提供财政支持,但西亚陆上通道最终无果,独立的德国传教区也从未能建立。

法国传教区成立带来的最明显结果是来华法国传教士人数大增。1685 年之前,中国传教区的耶稣会士多是意大利人、葡萄牙人、西班牙人、德意志人、瑞士人或低地尼德兰人,法国人很少。1687年之后,来华法国耶稣会士逐渐多起来,占全部在华耶稣会士的比例也相当可观,而他们大多属于法国传教区,形成堪与葡萄牙人的中国副教省相对抗的一支独立力量。更重要的是,法国传教区的成员在18世纪中国与欧洲的文化互动和欧洲汉学的萌芽过程中都扮演了重要角色。

2. 耶稣会士与托钵会士的冲突

托钵修会渗透中国步履维艰,原因很大程度上在于他们是代表西班牙的传教士,因此既遭对"保教权"非常敏感的葡萄牙人的阻挠,又遭与西班牙政府不和且力图垄断中国传教区的耶稣会的排斥。自西班牙经墨西哥和菲律宾到远东的这条航线旅途艰险,1642年荷兰人将西班牙人逐出台湾使他们失去拥有了十几年的菲律宾与中国大陆之间的中转站,葡萄牙人的敌视又使他们无法利用澳门为跳板。耶稣会与西班牙政府的恩怨则要追溯到耶稣会创始之时,当时设于西班牙的宗教裁判所名义上属于教会,实则是西班牙的皇家机构,自视拥有绝对权威并排斥一切力图超越它的精神权威。耶稣会创始人罗耀拉之作品的精神主旨偏偏就被认为与遭裁判所谴责的西班牙神秘主义的早期形式有关,所以耶稣会与西班牙宗教裁判所从一开始就格格不入。而耶稣会与教宗建立直接和特殊的联系,尤其不被宗教裁判所容忍,因为这意味着耶稣会士不打算服从裁判所和西班牙王室。所以,供职裁判所的西班牙多明我会士在耶稣会建立之初就掀起一场运动,试图迫使耶稣会士服从,多明我会士和西班牙人对耶稣会士的疑忌也由此生根。

耶稣会则充分利用自己与教宗的亲密关系阻挠托钵会士们在远东与自己争抢地盘。比如1585年1月28日,教宗格利高里十三世(Gregory XIII, 1502—1585)应耶稣会远东视察员范礼安之请发布通谕,禁止耶稣会以外的其他修会进入日本和中国,以避免修会间的争执干扰耶稣会开展其文化适应的传教活动。但这一特权维持了不到两年,后来的教宗取消对修会赴远东的限制。然而葡萄牙人仍然可以凭借"保教权"阻止西班牙传教士进入东亚,哪怕是在葡萄牙与西班牙合并期间;因为"保教权"规定,非葡萄牙籍传教士赴南亚和东亚必须经由里斯本和果阿,这样葡萄牙就可以通过拒发通行证阻止西班牙人。针对葡萄牙人设置的障碍,教宗保罗五世(Paul V, 1550—1621)于1608年1月2日发布敕令,允许托钵会士们任意选择路线进入远东,乌尔班八世(Urban VIII, 1568—1644)更在1633年2月22日将此项权利扩及所有修会和宗教团体。至此,各托钵会士和其他传教士才得以摆脱法律限制前往中国。但即使来到中国后,在华耶稣会士中对他们不友好者亦大有人在,以致1697年马尼拉的多明我会士、方济各会士和奥古斯丁会士曾恳请西班牙国王运用他对罗马的影响来制止葡萄牙主教和法国主教将西班牙传教士逐出中国。修会间的长期宿怨与彼此的敌视嫉妒,也在一定程度上加剧了耶稣会士在华传教策略引起的争执。

然而托钵会士们立足中国的最大障碍来自中国政府的反对,因为托钵会士们总体而言与耶稣会士奉守不同的传教策略,并集中体现为对中国传统祭祖礼仪的不宽容,这当然会激起中国政府和民众的反感。也正是因为多明我会士黎玉范和方济各会士利安当挑起战端,礼仪之争才从耶稣会士的内部争执演变成一场修会间的斗争并蔓延百年,不仅深刻影响了中国传教区的发展,也加剧了耶稣会和其他修会间的对立与敌视。

3. 教廷与宗教修会特权的冲突

作为宗座代牧制的一项重要内容,教宗 1678 年 10 月 10 日下令并经传信部 1680 年 1 月 29 日重申,所有被置于宗座代牧管辖之下的赴远东某国的传教士,无论属于什么修会都应该当着宗座代牧的面发誓,表示承认教宗的绝对和全面的权力。这意味着这些传教士若无宗座代牧们的允许就不能在自己的宗教辖区内履行任何宗教职责,不能以特权掩护自己,不能对教宗和传信部的教谕讨价还价,绝对不能对支持宗座代牧制的 1673 年 12 月 23 日通谕《罗马理当宪章》(*Decet Romanum*)提出质疑。誓词中的声明还包含着教宗对于全世界人类的宗教行为都拥有至高和独立的权力因而可以任意派遣人员到各地传教的内容。这种规定显然是对从前赋予各修会之传教特权的否认,事实上首先针对的正是传教业绩与宗教特权都跃居榜首的耶稣会。不过,所有修会成员们都认为对一名不属于他们修会的主教发服从于他的誓词,是有违修会基本准则之举,因此他们全都极力反对此种誓词,耶稣会士尤其反应强烈。

1680 年 1 月耶稣会总会长奥里瓦(Paul Oliva)向罗马印度委员会(Commission of the Indies)的枢机主教们直言不讳地表示,有些葡萄牙籍耶稣会士强烈抵触传信部的宣誓命令。6 月 26 日,罗马协商的最终结果稍有缓和意味,即要求奥里瓦命令(而非传信部直接下令)所有在东印度的耶稣会传教士对宗座代牧主教宣誓。奥里瓦在执行这一指令时则对传教士们明确指出他只是在传达一项下达给他的命令。即使如此,还是有些法国耶稣会士拒绝宣誓,而且为使抗议生效去寻求路易十四的支持。1680 年,安南东京宗座代牧方济各迫于法国宫廷的压力而不得不请人去恳求教宗,从此别再强迫耶稣会士接受这种宣誓仪式,以避免招致国王的不快。不久方济各便修改誓词,加入"经国王允许而宣誓"的意思,法国耶稣会士这才同意宣誓。但 1684 年方济各因改任福建宗座代牧而抵达中国后,态度似乎变得强硬,他通知所有在中国的传教士必须宣誓服从宗座代牧。许多方济各会士、多明我会士和奥古斯丁会士因为他们在菲律宾自有领导而拒绝宣誓服从方济各,因此遭方济各解除职权并被遣送到广州,预备离开中国。不过,稍晚于方济各抵达广州并被方济各任命为粤桂蜀滇黔署理主教的伊大仁不赞成方济各的做法,方济各不久就去世,而伊大仁立刻取消了他的剥夺令。

誓词引起的矛盾很容易就突破修会界限而掺入国家主权的内容,使问题更形复杂。一种表现是动用政府力量来反对誓词,如法国国王坚持不允许本国传教士按传信部的要求宣誓,果阿总督也明确禁止暹罗的各个修会领导屈从这种宣誓程序,葡萄牙政府则通过强调"保教权"来拒绝服从未经他们批准的任何宗座代牧或主教。另一种表现是,坚持一国的传教士只服从本国人的领导。葡萄牙1677年提出,只要教宗不派法国人为宗座代牧便服从宗座代牧。同样,西班牙人也不会请求任命法国宗座代牧,法国人则不愿在葡萄牙主教手下服务。所以,宗座代牧制只有当主教或宗座代牧是其工作区域内之传教士的本国同胞时才能有效运转,这也生动体现出国家观念与国家力量已经深刻影响了传教士。

4. 教廷与葡萄牙"保教权"的斗争

传信部与葡萄牙"保教权"的斗争集中体现在创设宗座代牧区和正式教区的讨价还价上,实质是双方都想管理更多的中国传教区。作为前奏,教宗克莱芒十世1673年11月10日发布命令,免除葡萄牙人控制下的果阿大主教区对暹罗、安南东京和交趾支那的管辖权,理由是葡萄牙在上述地区和中国没有宗主权,故而"保教权"对之无效。接着,教宗在同年12月重新解释宗座代牧的权限,并允许他们不必经里斯本而直赴远东。1679年或1680年,教宗在远东创建六个大型宗座代牧区,由两名总管负责,方济各为其一。这六个代牧区中国占了两个,即福建宗座代牧区和南京宗座代牧区,此举将中国教务与安南分离。方济各由安南东京宗座代牧兼管中国滇、黔、湘、桂、川五省教务的身份改为专任福建宗座代牧,管理浙、赣、粤、桂、湘、川、滇、黔八省且位居中国所有传教区领导人之首。葡萄牙立刻在1680年派布拉格大主教为特使就此事向教廷提出抗议,教廷枢机团9月经讨论后驳回葡萄牙人的抗议,原因是:第一,"保教权"只能运用于葡王所捐助、支持和保护之下的教会,而不能运用到他不能保护的异教国王统治的地区;第二,教宗乌尔班八世早已取消了传教士必须从里斯本宫廷领取证书才能前往亚洲的命令,而赋予传教士以寻找最方便途径的权力;第三,宗座代牧制既未损害葡属印度总主教的权力,也不见得会损害葡王的权力。

作为对教廷试图开辟不经过葡萄牙所属海域之通路的公然对抗,葡萄牙在1688年命令所有去东方的传教士必须经过葡萄牙并要宣誓尊重"保教权",私人船只不许经里斯本前去东方,不准颁发通行证给政府船只,而政府船只一直是非葡萄牙教省传教士的唯一交通工具。针对教廷设立宗座代牧区,葡萄牙则又在 1689 年要求成立北京、南京二主教区。葡萄牙的强硬态度迫使教宗亚历山大八世(Alexander VIII,1610—1691)在 1690 年 4 月同葡萄牙政府妥协,同意此项要求。于是,中国有了三个隶属果阿总主教区的教区:澳门主教区管辖广东、广西;北京主教区管辖直隶、山东、山西、蒙古、河南、四川;南京主教区管辖江南、浙江、福建、江西、湖广、贵州、云南。葡萄牙的三个主教区差不多将中国内地省份瓜分净尽,这样,宗座代牧的活动空间就被大幅度压缩了,福建宗座代牧与澳门主教首先就两广的管辖权发生争执且经年不息。

约 1696 年,代表教宗的传信部重新鼓起勇气,下令将葡萄牙的三个主教区之辖域缩小至两到三个省份:北京教区辖直隶、山东、辽东;南京教区辖江南、河南;澳门仍辖广东、广西。此外的地区则正式划为八个宗座代牧区:福建、江西、浙江、四川、湖广、贵州、云南、山陕。葡萄牙针锋相对,1711 年建议添设福建、武昌、西安三主教区以分治上述八代牧区,这回遭教廷拒绝。葡萄牙国王在获准建立北京、南京教区的同时也得到推荐主教的权力。于是 1690 年罗文藻由南京宗座代牧改任南京主教。1691 年罗文藻去世,葡萄牙国王在 1692 年任命伊大仁为南京主教,1696 年又任命其为北京主教。但作为上述政治和宗教冲突的受害者,伊大仁连已经大大缩小的北京教区都不能完全享有,除 1700 年曾入驻北京,其余时间都只能把总部设在山东临清。18 世纪,葡萄牙倾向于任命葡萄牙籍方济各会士任中国的主教,但由于已是雍乾禁教时期,他们或者不能到教区赴任,或者只能在秘密状态下艰难生存。

此外,教廷在努力限制葡萄牙"保教权"的过程中又无意间扶植起法国的新"保教权",这是它大量选派法国人为宗座代牧主教时所始料不及的。从 17 世纪末到 18 世纪,法国国王一直以天主教的新赞助人自居而不断冲击教会的特权。

以上仅仅是勾勒出中国传教区内各种矛盾势力的静态格局,在这种复杂格局之下滋生出各种冲突。各种力量的争夺造成中国传教区的管理状况始终混乱难清。而这一切其实都反映了近代民族国家的独立性与教会一统欧洲的中世纪政治格局间的冲突,也注定了中国传教区自一开始就是欧洲各种世俗与宗教势力错综争斗的海外战场,所以中国和有关中国的问题竟会不断在欧洲大陆掀起风波。而这些冲突总与由耶稣会士在华传教政策引起的礼仪之争有或远或近的关系,这使得礼仪之争不仅是一场传教思想的冲突,也是一场政治斗争,更是 16—18 世纪中国与欧洲文化的深刻撞击。

第五编　传教策略与西学东渐

第二十一章　耶稣会士在中国的传教策略

明清时代耶稣会士在中国的传教活动实质上是东方文化与西方文明的一次直接的碰撞。耶稣会士都是饱学之士,他们奉行的走中国上层知识分子路线的传教策略,实则也折射出耶稣会士努力克服自身对于中国文化的认同危机的尝试。

一、耶稣会适应原则在亚洲的发展

1. 耶稣会的适应原则

耶稣会自创始人罗耀拉起就确立了两大传教原则:一是走上层路线,即与主流社会保持良好的关系;二是本土化方针,即倾向于以学习传教地区的语言和风俗为必要条件的灵活传教方法。在华耶稣会士的传教策略可以说是这两大原则的延续,同时又是他们对自身所处环境积极适应的结果,因此是上述两大原则的深化和具体化,也因此使适应政策(the policy of accommodation)成为耶稣会中国传教团的基本标志。沙勿略、范礼安和利玛窦是中国传教法最终形成过程中三个代表性人物,他们的思想历程显示出适应方法如何从普泛的原则具体化为针对一种特定文化的系统方法。

罗耀拉为耶稣会奠定不惮于开风气之先的精神,他制定的章程没有给他未来的追随者硬性规定传教方法,倒是坚决反对成员固守某种特殊的习惯。罗耀拉的章程起初便规定耶稣会士要学习他们所居住国家的语言。1542年教宗保罗三世(1468—1549)派耶稣会士布略特(Bröet)和萨尔梅隆(Salmeron)到爱尔兰时,罗耀拉便命令他们适应爱尔兰习俗。罗耀拉给前去埃塞俄比亚布道的耶稣会士巴利特(Melchior Nuñez Barreto)发布的指示是,充分发扬适应精神,不能使用暴力和强力,设法与埃塞俄比亚各领域的专家打成一片,改变当地人滥祀之风时不应强烈撼动其根深蒂固的偏见,而要逐渐消除它。罗耀拉的思想对耶稣会士后来的适应方法有重要的指导意义。

耶稣会领导人之所以不断在亚洲尝试适应方法还有一个重要的外部原因,即力图使传教活动摆脱世俗政权的限制。15世纪葡萄牙"保教权"建立的基础是传教与殖民主义的结合,16世纪海外传教区的规则就是以这种狭隘的欧洲主义为基础的,它为基督教文化形式赋予绝对的价值并因此无法认识到其他文化固有的价值。但欧洲主义作为一种传教方法只能在欧洲政治力量建立起统治地位并能调动它所掌握的全部力量来支持文化渗透的地方获得成功,而在印度,欧洲主义传教法就遭遇到一种高层次的文化的挑战。"保教权"下的传教士起初只能沿葡萄牙人的征服路线活动并对归化者实行"葡萄牙化"政策。16世纪末,以耶稣会士为代表的一些传教士开始认识到欧洲主义的错误,比如沙勿略就较早意识到殖民活动对福音传播的束缚并开始在实践中尽可能摆脱葡萄牙皇家政权,耶稣会总会长博尔济亚(Borgia)为了能独立于保教权而向教宗建议直接管理传教事业,致力于使教会活动彻底摆脱葡萄牙政府控制的范礼安正是由博尔济亚接纳入会并任命为视察员派往东方。然而与长期置教会于自己掌控下的葡萄牙争权夺利,显然是一场艰巨的斗争:沙勿略为了达成自己的目的还必须借助保教权的力量;范礼安及利玛窦即使想使日本或中国教区脱离澳门而独立,也必须一再赴澳门要求各种资助。无论如何,摆脱葡萄牙政权的控制作为这些耶稣会士领导人从始至终的追求,对于适应方法的形成有直接影响,因为抛弃殖民主义思维就意味着要真正认识本土文化。

适应方法之所以能够被教会容忍,还有其神学方面的渊源。利玛窦的文化适应方法被耶稣会士们贴上了"或然论"(Probabilism)的神学标签。或然论是一种主张依据具有较大或然性意见行事的天主教教义,也有人称其方法为"较大可能说"(Probabiliorism),即一种神学道德论,认为在上帝诫命、教会教规和国家法律前遇多种可能性时,应视何者更可能符合道德而定,且按较大可能者行事。所以,耶稣会士的适应方法以天主教道德原则可接受的理性假设为基础,并且被定为规则以便能为福音赢得被倾听的机会。

由于葡萄牙的强大影响和成员间的意见分歧,耶稣会士并非一开始就使用或接受适应原则。只是在远东地区,由于葡萄牙人力量不及,又有范礼安非凡的开创性工作,加上与日本和中国的先进文化发生冲突的经验教训,这才使远东地区的耶稣会士率先接受和践行适应方法。适应性传教法在东亚取得丰硕成果后于17世纪中期在印度产生广泛影响,进而扩展到其他耶稣会士传教区。

2.沙勿略在亚洲的文化接触方法

沙勿略在印度工作一段时间后,因认识到印度居民的文化多样性而开始产生一种创新性观念——运用某个民族自有的文化体系和价值观下的术语来接近该民族和传播基督教,他也想将这一文化接触方法推广到所有文化群体中。但此种认识仍更多地停留在观念层面,沙勿略实际传教中常采取的还是快速布

第二十一章　耶稣会士在中国的传教策略 | 543

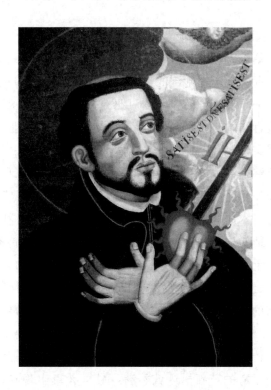

沙勿略像

道然后集体施洗的方法,这在亚洲文化环境中不免显得孤高。他在1545年的一封信里提到自己在印度的方法是,抵达任何一个找他去施洗的异教徒村庄后,就要求所有人集中在一个地方,接着讲述基督教信仰的基本要素,然后施洗。他经常在一个月时间里就能为一万多人施洗。

虽然表面上看起来成果斐然,沙勿略却很快就对印度人的"无知"和"坏习惯"颇为不满,而将兴趣点转移到日本,认为日本人是非常渴望学习的民族。沙勿略1549—1551年停留日本期间,对如何将基督教成功导入日本有了一些明确的想法,准备开展自上而下的传教活动,并起用既是人文学家又是科学家的学者型传教士,体现出他对本土文化的尊重与开展文化对话的尝试。他曾与日本僧人友好互访,探讨双方感兴趣的理论问题,与日本僧人的辩难是他起用学者型传教士的动因,也是他针对在日本传教需要封建领主庇护这一现实政治状况作出的调整。在日本期间,沙勿略对中国有所耳闻且接触到个别中国人,使他相信中国是归化整个东方世界的关键,因为中国政治上统一且只有一位皇帝,并被当时的日本人奉为智慧之源。他的理想是首先征服中国,进而感化日本,最终完成基督教在整个东方的精神狩猎。他希望几年内就可以实现这个理想。

沙勿略的方法尚处在混沌之中,因此对后来传教士的影响也是正负面并存。

比如说,他错误地认为僧人在中国与在日本一样受人尊敬,因此命令远东传教士穿僧服,此种错误印象与错误指示一直延续到利玛窦入华以后。但总的来说,他为耶稣会士在中国的努力方向提供了有益的指导,为未来的传教团定下了基调。他在印度时已经显示出对亚洲文化的宽容态度,理解到有必要用当地人的术语来接近当地人;他为日本制定的知识传教路线进一步体现出对本土文化的尊重与开展文化对话的尝试。其实沙勿略的传教方法就本质而言与后来的耶稣会士主流策略是一致的,这是一种"有机的"传教政策,要求一位传教士为了赢得归化者必须使自己成为某一特定文明的"有机组成部分",预示着允许基督教信仰在不改变自身本质的情况下逐渐进入其他文化内部并生根。沙勿略的继承者们正是传承了他的这种策略,将其发展为一项针对亚洲传教士的系统性政策。不过,一名传教士为了传播基督教应做出多大程度的妥协以融入一个特定社会和一种特定文化,沙勿略尚不及洞察于此,也不可能给出明确指示,而这很快就成为天主教会内部的一个巨大争议,并成为始终笼罩利玛窦的阴影。

在16世纪居统治地位的欧洲主义影响下,耶稣会发展出的尊重本地文化的传教方法立刻引起批评。自一开始,老修会的成员对罗耀拉以学习当地语言为重心的革新措施就不满。最早大量出现在印度的方济各会士尤其不愿向印度文化妥协以及学习繁多的印度语言,直到16世纪末,他们才听从教宗、王室和修会上级的指令而开始认真学习当地语言。耶稣会与托钵修会的另一个分歧是,耶稣会重视上层路线而托钵修会恰恰相反。东方的耶稣会士基本遵循沙勿略的教诲:对所有人行使牧师职责,但要全力以赴归化统治者和其他上层人士。而托钵会士们无论在印度还是远东,都倾向于接触底层人士,并乐于去蛮荒之地,且常常将他们的成果转让给耶稣会士经营和发展。

3. 范礼安落实日本传教政策

沙勿略积极接触亚洲文化的洞见被1574年就任远东视察员的范礼安作为耶稣会传教团的政策接受,并以一些有力的措施保证其适用。范礼安不仅将沙勿略有关日本的传教法扩充落实,还对对华传教法进行初步构想,并提出一些具体指示。

范礼安是个对一切事物都持开放态度的人,而且他力争使传教活动摆脱"保教权"的限制,同时他还坚决反对他那个时代的欧洲主义思维,这三点成为他在远东一切活动的基点。范礼安比起沙勿略有3个优越条件:他受益于沙勿略的前瞻性洞识;他在东方生活了32年,与沙勿略的10年相比有更充裕的时间制定并执行政策;他最后有11年的时间专心考虑东亚问题。沙勿略因对印度人不满而将视线移向日本,范礼安继承了沙勿略的基本原则,但后来又因对日本人无比失望而将希望倾注于中国,这种态度变化是他制定对华政策的重要动因之一。

自沙勿略去世后的25年里,在亚洲的传教方法始终以那个年代的狭隘欧洲主义为基础。在这种传教思想指导下,想叩击中国大门的传教士无一能克服他们对中国语言与习俗的无知,唯一的例外是1575年拉达自福建带一批中国书籍回马尼拉。这样的欧洲主义与西班牙人蠢蠢欲动的征服论调结合在一起就更加顽固与危险。范礼安1598年1月刊发的一篇文章表明,他认为,17世纪的欧洲政治格局决定,来自菲律宾这样一个被欧洲主义彻底浸透因而闭目塞听之地的其他修会传教士进入中国就意味着,将会广泛传播带有偏见的宗教观点。当其他修会被允许进入中国和日本后所发生的事情最终证实了范礼安的预见,不同派别的传教思想和各类基于狭隘民族主义而滋生的骄傲情绪导致了竞争、冲突、倾轧、分裂和灾祸。

1573年,准备东行的范礼安在离开罗马前去里斯本之时,就开始谋划一种与里斯本葡萄牙教会政权相对立的发展方式。日本和中国在葡、西两国的"保教权"范围之争使范礼安极为担心"征服者"思维,范礼安希望将这种思维方式隔离在日本和中国传教区之外,为此他曾经劝说教宗禁止其他修会成员来日本和中国;而来自西班牙统治区的传教士,即便是耶稣会同僚也一律遭到他的排斥。极力鼓吹武力征服传教区而又有马尼拉撑腰的耶稣会士阿隆塞·桑切斯(Alonse Sanchez)的行为尤其加重了他的这种担心。范礼安的行为不能被简单地理解为是耶稣会的排外主义,而应视为一种洞察现实后的策略性举动。他在1598年1月刊发一篇文章,明示其制定政策的两个基本理由:第一,要将具有欧洲主义倾向的传教士,无论是耶稣会士、多明我会士还是方济各会士,统统排除在日本和中国之外;第二,避免西班牙人和葡萄牙人的民族主义倾向引发事端。

范礼安对日本人印象的改变促使他将中国置于核心地位来考虑,但这并未妨碍他在日本继续执行文化适应政策和试图建立一个日本人的基督教会。正是在日本,范礼安继承和深化了沙勿略时代已在构想的知识传教和培训年轻耶稣会士方针,使它制度化并进入实际运行阶段。1582年离开日本前往澳门前夕,他草拟了《传教团在日本举行的仪式,对日本风俗及神圣金龟子的说明》,准备送交罗马以征得同意,文中详细阐述了如何适应日本人习俗的方法,指示传教士们和与其合作的调停人遵守它们:"我的目的是在所有的问题上他们都应该按照日本的做法进行。"①这说明范礼安始终坚持文化适应原则,中国则因其

---

① [意]范礼安:《传教团在日本举行的仪式,对日本风俗及神圣金龟子的说明》,第19—25、30页,转引自[西]托洛萨那:《叩击中国之门》(下),乐黛云、[法]李比雄主编:《跨文化对话》第四辑,上海:上海文化出版社,2000年,第141页。

文明的足够成熟而更有希望使这一原则开花结果,在日本的经验也为他的中国政策提供许多借鉴。

二、在华传教政策的确立过程

1. 阿科斯塔有关中国的传教思想

在介绍范礼安和利玛窦的贡献之前,还应附带提及与他们同时代的、对耶稣会士整体意识形态有重大影响的何塞·德·阿科斯塔(Jose de Acosta)有关中国的传教思想。

阿科斯塔是1572年抵达秘鲁传教的西班牙耶稣会士,1577年之后,他先后写成《对拯救印第安人的关注》和《印度群岛的自然和道德史》(*Historia natural moral de las Indias*)两部书,书中提出一套首创性的传教方案,其核心是,在不损害自然法或不与基督教教旨相矛盾的前提下,教化和福音化要适应当地的文明准则,要考虑当地的社会结构以及自然和历史状况。这种地方相对主义的传教方式是建立在已被证实的文化多样性基础之上,具体而言就是对当地文化和传统的迁就与适应以及对特定个人的哲学观和信仰的包容和理解。中国文化的特异性为他发展该理论提供了丰富的思想养料。《印度群岛的自然和道德史》中论及中国部分的有关材料来自远东传教士的信件和他在墨西哥遇到的一些中国人,内容涉及中国的庙宇、神怪。他尤其对中国的语言文字、学校和"大学"充满兴趣。在阿科斯塔看来,中国文字的书写方式十分复杂又出人意料,而正是文字的难以掌握直接影响了中国社会结构的组成及其等级制度。惊讶之余他也反思原本被视作典范的僧侣等级制度,开始寻找文化的可对话特征并使之合法化。他的传教方式是从实现文化对话入手,而这一方式恰恰基于对中国文化之优越性的认识。

阿科斯塔还把中国视为一块适合实践自己传教观点的土地。1587年3月15日,他在墨西哥刊行《对在中国的战争的看法》,同月23日又刊行《对证明与中国开战之理由的意见的回答》,都是为反驳其耶稣会士同僚桑切斯支持对中国作战的意见而作。在申述自己的反战立场时他也阐述了自己传教的基本原则,即尊重或至少不去侵犯各民族的习俗和传统,这对各地区的传教实践同样有效和适用。他的思想基础是:"从有条件的和普遍的命题出发而不把事件放在它们产生的环境中去理解,这对于道德问题来说是一种不太令人满意的吹毛求疵的方法,就像亚里士多德说的,从一种普遍的方式出发去处理事情而忽略其特殊性,这对于道德事务几乎是没有任何好处的。"① 将此原则运用于中国时,他提出应高度区别对待与美洲原住民和与中国、日本的战争问题,也表示应认真考虑是否应该要求受洗的中国人在衣服上佩戴标志以明确身份,因为此举倘若违背当地的传统与习俗,只会产生消极作用。

阿科斯塔的论述具有成体系的特征,他对罗明坚和利玛窦的影响有普泛性的一面。利玛窦在对中国民众展开其个性鲜明的传教活动之前,已经非常熟悉南美和日本传教士在适应当地社会文化过程中的各种先例、意见和建议。这也许正是利玛窦在澳门撰写中国概述时表现出对中国文化高度尊重的一个重要原因。另一方面,阿科斯塔的作品中提到过中国传教团的活动与罗明坚、利玛窦的名字,表明他知道他们。

2. 范礼安构想中国传教法

范礼安的开放眼光使他初次接触印度以东的世界时,就尽一切可能了解有关中国的情况。在1577年10月到1578年7月停留澳门期间,他已通过各种咨询和考察工作而认识到中国是一个伟大而受人尊敬的国度,在中国基督教传播活动失败的原因在于一直以来所采用的方法不对。他相信,中国人尊敬学者并愿意倾听一切导向智慧之路的东西,这一点使他们会以开放的心态来接受基督教;但他也同样确信,中国人会拒绝声称比中国文明更优越之文明传输的任何东西。这一判断显示出范礼安与他那个时代受自我膨胀的欧洲主义支配之传教理念的决裂。作为文化适应方法的倡导者,他认为培训赴中国传教士的课程中最重要的是培养他们阅读、写作、讲述中文并熟悉中国的文化、传统与风俗的课程。所以他请果阿大主教派遣一位堪当此任的传教士,并在离开澳门前留下有关学习汉语的指示。于是罗明坚奉命在1579年7月自果阿到达澳门,并且克服重重困难潜心学习中文。

范礼安原本的重心在日本,他以为日本人比其他东方民族优越的印象既来自沙勿略,也来自另外一位传教士弗罗伊斯(Fróis)。然而1579年到日本之后,他认识到自己先前加以高度评价的日本人事实上名不副实。他赞同必须为年轻的日本人开办神学院并为来日欧洲传教士创办更好的语言学校,但他又对这一计划实施的前景和实际可行性感到灰心。日本人的残忍、爱面子、堕落、伪善以及即使归化后也似乎对信仰持疏离态度使范礼安绝望,从而将视线转向中国。他在1579年10月写于日本的一篇论文中对日本与中国

---

① [西]阿科斯塔:《何塞·德·阿科斯塔神父作品集》,第338页,转引自[西]托洛萨那:《叩击中国之门》(下),乐黛云、[法]李比雄主编:《跨文化对话》第四辑,第139页。

进行各方面的比较，得出的结论是：中国人文雅、谦和、知书识礼，日本人粗野、好斗、不爱学习。他还说中国人喜欢肉食和普通食物这一点比较像欧洲人，而日本人的食物简直无法描述或不堪想象。他进一步分析说，中国人喜爱秩序、遵循规则，积极、果断，日本人则自由散漫。他修正了沙勿略关于僧人在中国地位的错误印象。

离开日本之前为日本传教团写指令时，范礼安曾下达给罗明坚一项指示：除了学习语言，还要了解中国的风俗以及其他一切有助于事业开展的东西。1582年3月自日本重抵澳门之后，范礼安立刻采取行动，把干扰罗明坚贯彻其政策的澳门耶稣会会长调到日本，要求被派往中国传教区的耶稣会士摆脱澳门学院，争取较大自治权，并且向耶稣会总会长力陈不要干涉这些政策。此外，他命令对归化者停止实行"葡萄牙化"政策，明确了中国基督徒应仍然是中国人。相反，他还认为传教士应使自己"中国化"。他向果阿要求再派遣新的传教士，于是利玛窦在1582年8月应召前来，并立即开始与罗明坚共同学习中文。范礼安让利玛窦翻译四书，认为这是用一种意味深长的方式向中国基督徒清晰表达基督教教义的必要前提。范礼安也指示利玛窦写一篇关于中国之居民、风俗、制度和政府的报告，并说这是成为一名有效率的使徒所不可或缺的前期工作。利玛窦的报告有两方面的重要性，它既是那个时代所出现的最可靠的有关中国文明的描述，也反映出范礼安力图融入中国文化的努力和方式。这份报告有21页谈论中国及其居民令人景仰的品质，体现了对中国文明的尊重，但利玛窦仍保持了批判性，用了8页篇幅论及中国的缺点。

其实范礼安有关中国传教团的具体指示也就仅此而已，当时他脑子里不可能有一份详细的行动计划，计划只能由利玛窦在实践中逐渐形成。范礼安所提出的是一种政策性指导，即，要在中国建立一个既是基督徒也是中国人的教会。秉此目标，当后来利玛窦遇到改穿儒服和采用中国术语等具体问题而提出请示时，他全力支持。范礼安所具有的变革性特征揭示出了耶稣会基本传教方针的转变，意味着要恢复基督教潜移默化的原始特点，努力从内部渗透异教文化。此种新方法与此前五百年间西方基督教史上的传教政策完全对立，在神学与哲学层面上与当时正统的基督教观念产生分歧，与欧洲中心主义的宗教、文化及历史观颇多出入。

3. 利玛窦与适应政策的形成

与范礼安一样，利玛窦也不是一开始就有一个成形的行动计划。他的文化适应方法可以被理解为是以一种自然、真挚的谦虚态度去尊重中国人与中国文化，凭借这种态度，他能够被环境接纳，并不断深化对中国的认识，通过长期摸索而逐渐发展出一套可称为"方法"的行动模式。与其他欧洲人一样，利玛窦在没有真正接触中国之前必须要参照他本人的经验和前辈们留下的思想与实践经验来理解和设想中国。但与大多数欧洲人不同，在接触到中国文化之后，他凭借尊重中国文化的态度和敏锐的洞察力能够扬弃式地运用他所继承的经验。

关于利玛窦的生平事迹，最早的一手资料当然是金尼阁(Nicolas Trigault, 1577—1628)根据利玛窦本人日记编撰的《利玛窦中国札记》，根据一手资料撰写的编年性质的作品则有《利玛窦——凤凰阁》①，此书为我们细致介绍了利玛窦来华之前的生活经历。利玛窦的父亲是马切拉塔市一个药店的老板，后来承包了当地的银行，经营不善，还惹上了官司。利玛窦从小就对知识充满渴求。16岁时去罗马大学学习，逐渐确立了传播福音的宗教理想。范礼安时任耶稣会初修院副院长，批准了利玛窦加入耶稣会的申请。1577年，25岁的利玛窦被派往印度传教，1580年晋升为司铎。两年后来到澳门，受命打开向中国传教的大门，法国巴黎国家图书馆收藏了一份"国书"，虽然落款日期是1590年，却反映了利玛窦等一批耶稣会士来华的目的②。

利玛窦与自己在罗马大学的同学罗明坚1583年9月以"天竺僧"的身份进入肇庆府，因为嘉靖皇帝把两广总督府迁到了肇庆。在这里他们创建了在华传教的第一个据点，肇庆知府王泮题名的仙花寺。罗明坚比利玛窦年长13岁，汉文水平也很高，他自称认识15 000个汉字。次年，罗明坚就在当地文人的帮助下，完成了一本名叫"天主实录"的问答式传教小册子，首版印制了1 200册，在当地总共发行了3 000多册。1588年11月罗明坚离开中国回到欧洲组织访华团，却再也没有回到远东。后来范礼安又派来神父麦安东(Antonio de Almeida,1557—1591)佐助利玛窦。利玛窦在肇庆进一步接触了大量的士人，更深入地了解了中国文化，觉得《天主实录》未能完全适应中国传教需求，1595年下令将该书毁版，晚年另撰写《天主实义》，该书吸收融会了中国文化意涵，是《天主实录》的修订版，于1604年出版③。

罗明坚、利玛窦在广东期间与当地官员交往颇深。比方说，罗明坚在1585年夏天曾经受两广总督之托，去澳门购买朝廷所需的鸵鸟羽毛饰品，似乎中国

---

① [意]菲利浦·米尼尼：《利玛窦——凤凰阁》，王苏娜译，郑州：大象出版社，2012年。
② 宋黎明：《神父的新装——利玛窦在中国(1582—1610)》，南京：南京大学出版社，2011年，第1—10页。
③ 罗明坚《天主实录》的整理本，参见黄兴涛、王国荣编：《明清之际西学文本：50种重要文献汇编》第一册，北京：中华书局，2013年，第1—24页。该书简介(第1—4页)对《天主实录》版本源流与内容也作了精要的说明。

人对于珍稀的鸵鸟羽毛有特别的癖好。利玛窦自己说他1589年也接到朝廷的要求——当然是由肇庆地方官转达——弄几匹上等欧洲红色毛料,于是他又去了趟澳门,用很合适的价格买到了毛料,来回都是乘坐中国官府的船。后来,肇庆知府的兄弟从老家浙江带了一批丝绸,也是耶稣会士帮忙以令中国人满意的价格卖给了葡萄牙商人。所有这些为中国人所做的"服务"工作,目的都是为了促进耶稣会在中国开展工作。比如罗明坚去澳门买鸵鸟羽毛时就带回了另一名耶稣会士孟三德。利玛窦也利用去澳门购买毛料的机会与范礼安当面商讨工作。浙江那批丝绸的销售则使耶稣会获得承诺,可以到浙江省去开辟教区①。这些日常与官府打交道的鲜活实践,深深地教育了利玛窦,"和光同尘"地与当局合作,可以带来传教的便利,这对于利玛窦适应政策的形成,具有不可忽视的影响。这种做法显然是耶稣会领导允许的,后来为了方便利玛窦开展工作,巡视员范礼安1597年从澳门给他发了一船欧洲礼品到南昌②。

1589年8月利玛窦被迫迁往韶州,在南华寺居住,结识了包括汤显祖在内的众多士人,其中最重要的人物,是来自江苏无锡的瞿汝夔(瞿太素)。瞿汝夔因为"家难"③,也急需从天主教教义里寻找精神慰藉。利玛窦1595年离开韶州,前往江西,他在南昌与南京先后逗留过五六年时间,目的都是为了寻找进京的机会。机会终于在1601年出现,《明史·外国传》留下了一句话:"至(万历)二十九年入京师,中官马堂以其方物进献,自称大西洋人。"④从此,直到1610年去世,他都在万历朝的宫中和京城传教,他的传教方法被康熙皇帝称为"利玛窦规矩"。

"利玛窦规矩"的一方面,是抛弃与修正此前欧洲人对中国的一些错误设想。比如,早期来华的各类葡萄牙人都坚信,如果能设法见到中国皇帝,就能劝说皇帝允许葡萄牙人来华贸易甚至允许在中国人中传播基督教。他们认为,只要能将教义问答法的译本呈递皇帝或对皇帝有影响力的官员,剩下的一切就会水到渠成。于是问题被归结为如何接近皇帝,而他们通过与中国人的早期接触认识到,接近皇帝的一个最佳方法就是由葡萄牙国王或印度总督派遣一个使团。这种观点也深深影响了包括沙勿略和范礼安在内的东方传教士,当时传教士中流传着一种信念:如果某人能被国王很高兴地接纳,则就有可能归化全部

---

① [美]史景迁:《利玛窦的记忆宫殿》,章可译,桂林:广西师范大学出版社,2015年,第251—252页。
② [美]柏理安:《东方之旅:1579—1724耶稣会传教团在中国》,毛瑞方译,南京:江苏人民出版社,2017年,第45页。
③ 瞿汝夔叔嫂通奸之"家难",参见黄一农:《两头蛇:明末清初第一代天主教徒》,上海:上海古籍出版社,2006年,第34—63页。
④ [清]张廷玉:《明史》卷三二六《外国传七·意大里亚传》,第8459页。

中国人。因此利玛窦一到亚洲,就被建议去北京创建一所耶稣会住院。然而利玛窦在1601年抵达北京之前,已对中国的社会政治结构有了深刻认识,他逐渐理解士绅官员阶层在政权中的重要作用,认识到皇帝的绝对权力仅是理论上的,实际上受许多限制,而有些性格懦弱的皇帝甚至会听命于大臣或宦官。因此他在京九年尽管没见过皇帝一面,却也不以为意。

利玛窦来中国后放弃的另一个错误的做法是扮演僧人角色。关于中国传教团扮演僧人角色这一决定缘何而起,研究者尚无定论。前文已提到一种意见,说沙勿略将对日本僧人地位的判断推及中国。但也有人说,1582年范礼安为日本传教团制订的活动模式中计划以禅宗僧人的等级和礼仪规范为参考,并因此提出在中国也采用这一模式,不过1582年范礼安给罗明坚的指示中并没有关于穿僧服的特别要求。还有人说是中国两广总督命令耶稣会士只能以僧人面目在中国活动[①]。更有人认为是罗明坚最先想到这一方法,然后向总督提出并获准。不管怎么说,利玛窦很快意识到穿僧服无助于实现耶稣会一贯奉行的赢得统治阶层好感的策略,僧侣阶层在中国地位低下,而统治中国的官员们都出自士人阶层。然而易僧服为儒服并不单纯是一个策略性问题。耶稣会士一旦穿上士人服装,就与普通人无异,从而失去天主教会神职人员的醒目标识,这将有违特伦托会议制定的教会法规,事关宗教原则问题。不过范礼安1582年给罗明坚的指示中命令耶稣会士尽力去做任何与基督信仰宣示之内容一致并有可能被中国社会认同的事情,这种态度为利玛窦易装预留了空间。但利玛窦仍然在1592年年底专程赴澳门就此事请示范礼安,范礼安同意利玛窦的做法。利玛窦离开澳门后,范礼安曾为此咨询澳门的其他耶稣会士和日本主教,也给罗马的总会长和教宗递交了书面报告,但报告中仅是告知他们,做这一切都是为了更好地服务于上帝。

"利玛窦规矩"的另一方面是对前辈经验的继承与发展。虽然耶稣会士从未轻视在下层民众中开展归化工作,但耶稣会从创会之日就相信自上而下的做法有更好效果,因此必须要有一些传教士服务于统治阶层以赢得他们对基督教的好感,这也将使对贫民的工作有一个稳固的基础。因此,罗耀拉本人从不花时间去指导贫民,并且在会宪中把归化统治阶层奉为第一位的政策。利玛窦在中国忠实执行了这一政策,将注意力集中在士人身上。在中国实行这一政策更有必要,因为传教士在中国的活动没有条约保护而完全依赖政府的容忍。如果

[①] 中古时期包括景教在内的西域宗教,无不或多或少有佛教色彩,其教士也多被目为僧人,这一传统显然也在起作用。

他们有幸被允许留在中国并开展工作,就必须建立及加强同士人阶层的联系,以为自己赢得一个生存基础。

利玛窦还继承了另一个前辈经验,相信中国人是一群很有智慧并充满理性的人,高度重视道德原则和伦理行为,并对科学有兴趣。不过利玛窦运用他那更出色的洞察力和理解力发展出一项富有想象力的政策。他一方面认识到有比宗教教义更能引起上层人物兴趣的东西,因而提出向中国派遣耶稣会最优秀成员的建议,于是自利玛窦之时直到耶稣会解散,耶稣会士数学家、建筑学家、宫廷画家、舆地学家、机械学家源源而至。另一方面,利玛窦认识到中国人的世界观是圆融的,是一种将科学、技术、伦理和哲学有机融为一体的观念系统,于是他也试着用一种与整体性的圆融世界观类似的方式来传播基督教,中国学者的语汇中因此诞生了"西学"或"天学"这一概念,而基督教文化确实也凭借此种形态在一定程度上进入中国士人的生活。

利玛窦虽说有过追求归化数量的梦想,但范礼安在利玛窦着手中国工作之初就告诫他要警惕这种没头脑的热忱。当他进入中国浸染过中国文化的氛围和制度环境后,越发清楚地认识到自己的首要任务不是去大量施洗,而是使基督教在中国人的生活中赢得一个被接受的位置,如果不能实现这一点,教会始终会面临被敌对的官员驱逐出中国的危险。因此他将自己的工作定位在为未来打下一个坚实基础,这个基础的地基不是那些在一个充满敌意的社会之边缘地带艰难生存、数量有限的基督徒社区,而是一种崭新的中国—基督教文明。他希望使耶稣会士传教区成为中国社会的一部分,使基督教成为中国文化的一部分,使耶稣会士和他们所宣扬的信仰不再被认为是外来的和有害的。只有这样,才能建立起一个既是中国人的又是基督徒的教会,才能使基督教同时被精英阶层和普通大众接受,才能实现归化整个中国的目标。构筑这种中国—基督教文明的理想要求传教者尽可能深入中国人的生活,渐进地、和平地灌输和传播基督教的概念和思想,发展扩大同情者或支持者的圈子,让中国人的意识逐渐与基督教福音相适应,让中国人的心自然而然准备好接受基督教。利玛窦知道这种方法需要时间,也知道这种方法对基督教的纯正性而言具有显而易见的危险,但他或许对基督教充满信心,或许怀抱一种宗教创新的理想。可是,在他之后的耶稣会士和其他修会传教士中却难免有人嗅到其中的危险气息并产生歧见。

利玛窦在传教形式方面也做出符合中国实际的调整。1596年6月至1598年6月在南昌活动期间,利玛窦用儒学术语同儒家学者展开问难辩驳,展示出一种知识上和精神上的挑战。南昌在当时是举办乡试(省试)之地,文人汇聚,而晚明中国思想界的活跃气氛使这些学者们在遵循儒学规范的同时对新思想持开放态度,利玛窦由于亲身经历而坚信在中国受教育人群中传播福音的有效形式是小范围讨论而非公开布道。自南昌之后耶稣会不再召集公共祈祷,除以上考量外还有一个原因是利玛窦希望彻底结束耶稣会士与僧人的瓜葛——若要从事公开祈祷就必须身着僧服,此外,明朝政府因白莲教等民间宗教频繁生事,故反对公开的宗教性集会。这种政策的调整体现了利玛窦对现实生存环境的敏锐洞察与灵活应对策略。

利玛窦的最终目标既然是融合中国文化与基督教而建设一种"中国—基督教"式的综合体,那么除去上述形式上的调整之外,更为根本的是基督教与中国文化在内容上可否糅合混融。深思熟虑之后,利玛窦决定在社会性与道德性因素上沟通两种文化,并最终选择了儒学而非佛道作为沟通的平台,这不仅是基于对传教士在中国所面临之政治形势的仔细考虑,也是出于对中国这几种教义各自内在动力的考虑。利玛窦明白,基督教与佛教在教义上存在某种相似性,以致佛教实为基督教的一大竞争者,这也成为他尖锐批评佛教的重要原因,比如他常对中国士人言:"彼佛教者窃吾天主之教,而加以轮回报应之说以惑世者也。吾教一无所事,只是欲人为善而已。善则登天堂,恶则堕地狱,永无忏度,永无轮回,亦不须面壁苦行,离人出家,日用所行,莫非修善也。"①他也努力避免让中国人将基督教的原则与佛教的原则混为一谈,为此他选用更加古老且更具普遍影响力的罗马和拉丁文化(而非《旧约》或《新约》)中的人物和事例向中国人传达思想。

确定将儒学与基督教进行嫁接融合之后,利玛窦开始通过4个方面的适应性措施来完成他所设想的"本土化":生活方式、(带有基本思想和概念的)术语、伦理道德、具有意识形态性质的礼仪和习俗。对成功的"本土化"而言,上述4个方面同样重要,但实行起来的难度却不一样,如论者所言,其中最少争议的是第1点,最富争议的是第4点,而最关键和最难处理的是第2点。

在生活方式上,利玛窦和他的继承者们接受了中国士人的行为举止、饮食习惯、起居模式、上下里外的衣着打扮。他们不仅穿士人的丝质长袍,还模仿士人蓄起胡须、雇用仆人,并学会向有影响的人物赠送价值不菲的礼品。由于中国官员视徒步旅行为耻辱,神父们出门也乘轿子。如前文所述,这种生活方式是导致中国传教团花销很大的一个重要原因,耶稣会士为了维持这样的生活方式并保持传教团独立而不得不从事商业和贸易活动。

---

① [明]谢肇淛:《五杂组》,上海:上海书店出版社,2009年,第82页。

着儒服、蓄长髯，在简易条件下布道的利玛窦

在伦理道德方面，利玛窦除了以儒家的仁、德等概念来解释基督教伦理之外，最明显的适应措施是介绍基督教教义和执行圣礼时不突出、忽略或修改难以为中国传统道德观接受的行为。天主教有七大圣事：洗礼圣事、坚振圣事、圣体圣事、病人敷油圣事、婚礼圣事、对秩圣事、忏悔圣事。这些圣事中有几种涉及男性神父对女性信徒的身体接触，在强调男女大防的中国社会，这些举止或者要省略，或者要变通。金尼阁曾说，在中国尤其强调洗礼、圣体、忏悔三圣事。圣秩圣事局限于神职人员内部，而其他三项涉及身体接触的圣事都被弱化了。此外，天主教会戒律中有守斋和安息日及圣日不工作的要求。利玛窦认为这些在中国也不能认真实行，因为中国主流社会的作息时间与天主教会不同，因此不能要求教徒为了遵守天主教会的作息时间而违背自身所处社会的习俗，比如一名政府官员不能以圣日为由拒绝履行当日的公务，一位仆役也不能以安息日为由拒绝完成主人吩咐的任务。守斋也同样会影响中国信徒的日常工作效率，所以利玛窦同样加以通融。

在术语问题上，利玛窦采用中国古籍中频繁出现的"天"或"上帝"指代God。在礼仪问题上，他起初因有叩头动作而禁止基督徒从事祭祖祀孔礼仪，但当他发现叩头礼也用于对皇帝或父母等活着的人,便把这些礼仪理解为社会性和政治性举动而允许执行。术语和礼仪问题将在后文重点论述,此处不过多展开,只需明了它们是利玛窦在达成"本土化"设想时必须跨越的障碍,而也恰恰是在这一点上被人捕捉到他适应方法的危险所在。

三、利玛窦适应政策的效果

1. 适应政策的运用——耶稣会士与士人交游概况

罗明坚和利玛窦能在肇庆定居并获准在韶州另辟一处住所,得益于与肇庆官府要人多相往来,这是耶稣会结交上层人士的一贯路线初入中国就取得的显著成果。1589年8月,利玛窦在韶州定居,同时罗明坚受范礼安之命返回澳门,准备去欧洲。无论在肇庆还是在韶州,利玛窦的居处都成为当地文人关注的中心,常有人来参观他的科学书籍和仪器并感受一名外国人说中国话的新奇。在韶州期间结识的瞿汝夔对于利玛窦调整本会基本原则、确立在中国士人中进行知识传教这一方针有关键性作用。瞿汝夔虽非官员,却是官宦子弟,他借助自己的关系网将利玛窦的名声在韶州城乃至广东省播扬。也正是瞿汝夔最终建议利玛窦改穿儒服,以便被中国主流社会接纳。此后,交游士人就成了利玛窦的首要方针,从韶州到南昌、南京,再到北京,利玛窦交游士人的规模不断扩大,他那些晚明的继承者们也都遵守这一点。利玛窦起初被许多中国士人呼为"西僧",1592年秋天起他决定不再使用"僧"的名称,而作为俗人和"西士"活动于中国士人中,称呼上从僧到儒的变化反映了晚明天主教传教士向儒士靠近的程度以及他们在中国士人心目中的地位逐渐提升。

关于晚明传教士与中国士人的交游情况,有学者已对利玛窦和艾儒略的交游规模作过详细研究。利玛窦在广东、江西、南京、北京所交往过的士人总计129人,另有道士1人,高僧两人,宦官两人,还有8名中国籍耶稣会士。在129位士人中,仅29位在与利玛窦结识之时为布衣学者(其中有一位举人、一位医生),其余100人则是从县丞到六部官员的各级官吏,其中还包括两位公侯和3位皇族。如果结合地域分布来看,无论在广东、江西,还是南京、北京,利玛窦结交最多的都是官绅阶层。不过在他这一路北上过程中,所结交之布衣学者的比重在逐渐加大,在广东和江西,所结交的布衣学者都占士大夫总数的16.7%,在南京时这一数字为21.4%,而到了北京则增至26.1%。这些变化充分说明利玛窦政策的发展趋势,那就是努力结交官绅并扩大与士人整体的交往。

至于艾儒略,据学者考证,他在福建一地所交游过的士大夫就有205人左右,已超过利玛窦在各地所结交者的总数。但与利玛窦有所不同,艾儒略在福建结交的两百来人中虽不乏官员,但却以青衿儒士和地方士绅居多(如儒学教官、贡生、庠生之类),朝廷命官仅36人左右。利、艾二人交游之士人的身份变化与他们的活动范围及活动目标变化不无关联。利玛窦的目标是要从广东通向北京,设法让中国人接纳陌生的天主教,故每到一地必要纳交于领袖人物,以便叩门立足,而且他所处的南京、北京为明朝两都,高官大员本就密集。到艾儒略时,耶稣会士已在官绅之中留下一些良好印象,他所要做的是以某处为基地,巩固活动基础并扩大依靠对象,而秉持利玛窦的"合儒"政策,艾儒略当然要注意与福建整个士人阶层广泛来往。同时艾儒略在福建25年,有足够时间遍交福建各类士人;利玛窦在广东不超过12年,在北京仅9年,在江西与南京时间更短。其实前面已经分析过,利玛窦结交的普通士人的比例也在不断增加,所以艾儒略可以说是继承了利玛窦的做法。

其他晚明耶稣会士与中国士人的交往情况多数虽还未经详细考求,但广结士人看来是当时来华耶稣会士的普遍风气。而且晚明士人中对西学西教持友善态度的人常常具有团体性。表现之一是同科进士对西学西教友善,如万历三十八年庚戌科进士贾允元、陈玄藻、陈仪、侯震旸都有接触西学或奉教之人的经验;万历四十一年癸丑科进士鹿善继、孔贞时、周希令、王应熊、徐景濂皆曾为天主教书籍作序跋或赠诗耶稣会士;万历四十四年丙辰科进士朱大典、方孔炤、曾樱、袁中道、李政修、汪秉元、来复同与奉教人士有所来往;万历四十七年己未科进士庄际昌、金之俊、袁崇焕、吴阿衡、刘宇亮、邵捷春都曾与教会中人亲近;天启二年壬戌科进士郑鄤、王铎、郑之玄、张国维或赠诗耶稣会士,或为教会中人著作撰序。表现之二是明末党社成员善待西学西教者为数不少,东林党人如叶向高、魏大中、鹿善继、孙承宗等26人;复社中人则有张溥、熊人霖、陈子龙等16人。表现之三是士人家族对西学、西教友善,在与传教士、奉教人士有所往来或对西学感兴趣的人中,如方孔炤、方以智、方中通为祖、父、孙关系,侯峒曾、侯歧曾皆为侯震旸之子,侯玄洵、侯玄汸、侯涵则为侯震旸之孙,熊人霖为熊明遇之子,韩爌与韩坰是叔侄关系,瞿氏家族的瞿汝夔为瞿式耜之叔、瞿式榖之父。总之,晚明耶稣会士通过师生、同年、同社、同乡、家族等中国传统的人际关系网向士人社会逐渐渗透。

晚明耶稣会士与中国士人相往来的另一种表现形式是,士人参与传教士书籍的出版——为耶稣会士的中文著作作序、写跋、校订或刊刻。利玛窦《坤舆万国全图》《畸人十篇》《几何原本》,庞迪我《七克》,熊三拔《泰西水法》《表度说》,

艾儒略《三山论学记》《西学凡》《职方外纪》《西方答问》、阳玛诺《天问略》等著作,至少有 32 位中国士人为之作序、校订或刊刻。虽说参与这类活动的晚明士人未必都与传教士作者有过亲身接触,但这也反映了耶稣会士适应中国的文人风尚和进入中国人际关系网的成效。

作为这种努力的一项成果,明清之际的许多私家书目都著录不少西书(主要有:《近古堂书目》,祁承㸁《澹生堂藏书目》,陈第《世善堂书目》,季振宜《季沧苇藏书目》,赵用贤《赵定宇书目》,赵琦美《脉望馆书目》,徐乾学《传是楼书目》,徐渤《徐氏家藏书目》,钱曾《也是园藏书目》《述古堂书目》,钱谦益《绛云楼书目》,黄虞稷《千顷堂书目》,董其昌《玄赏斋书目》),入清以后还有些西书被选入当时著名的丛书(如《昭代丛书》《学海类编》《说铃》)。

这些情况显示,结交士人和知识传教路线的确引起中国士人对西学的兴趣,并且对于晚明众多士人优容天主教起到明显的作用,但即使如此也不能避免一部分士人终会察觉"西学"与"西教"之别以及天主教与中国传统文化之重要差异而极力排斥它。

入清以后,耶稣会士的传教路线发生了变化,除清初汤若望继承晚明遗风仍与一些仕清的明朝旧臣保持接触(1661 年[顺治十八年]出版的《赠言合刻》中录有 20 名士人为汤若望留赠的诗文,此外至少还有两人在清初与其来往),其他的耶稣会士开始分化。一部分供职朝廷周旋在皇帝周围,似乎是实现了耶稣会士谋求统治者友谊的最初目标;另一部分散落乡间,虽不排除与当地士人有所来往,但总体而言是专心于在下层民众间传播福音。这种转变一方面是因为士绅阶层在清代国家政治结构中的力量大大衰弱;另一方面,清朝统治者的种种思想钳制举动破坏了晚明以来士人学者对外来思想持一定开放心态的文化环境。此外,礼仪之争的战火也迫使耶稣会士做出一些调整。同时也应考虑传教活动发展的阶段性原因,利玛窦时代是要谋求在中国立足,当他选择了跻身士人群中的战略之后,他和紧随其后的继承者必须要花费大量时间周旋于士人间。然而当利玛窦以其在礼仪问题上的顺应政策扫平了中国人普遍的文化障碍与感情障碍后,传教士只要奉行顺应政策就可以赢得大量归化者,尤其是普通民众。于是到了清初,天主教在中国有了一定规模的、可以自行繁衍扩大的民众基础,与士人辩驳析理就不再是不可或缺的举动,而谋求统治者的宽容使天主教徒社区顺利生存则显得更加重要。

2. 适应政策的成果——第一批士人天主教徒

方豪在《中国天主教史人物传》中记录的中国士人天主教徒中,完全属于晚明士人的有 27 位,有大约 4 人属由明入清,但从其主要受教育时间和接受天主

利玛窦与徐光启

教的时间来看，也应属于明人，同属这两个阶段的至少还有 12 人不见方豪记载，则总计 43 人。这一数字同曾与利玛窦、艾儒略等交游的士人数量相比实在很小，可见从咸与晋接到倾向天主教，再到领洗入教，这中间的距离堪称迢遥万里。然而这数十人却不乏在士林中有影响之辈，如最著名的"天主教三大柱石"徐光启、李之藻、杨廷筠，他们接受天主教时所怀的理想不尽相同，但都是晚明中西思想撞击后的典型产物。晚明的思想氛围是天主教能够赢得士人同情乃至接受的重要背景，但落实到个人，又不能否认，祈福这一类现实功利主义动机也是他们接受天主教的重要原因。

徐光启早年受阳明心学影响而具有了基于善疑的开放思想，利玛窦附会古儒以拒斥、批判佛老和后儒，这与徐光启在 1604 年中进士之后批判佛老对当时玄虚学风的影响、批判时文时学的谬妄虚浮表面上相似，这种相似性成为他理解天学的一个起点，也是利玛窦传教策略成功的一种体现。同时，利玛窦塑造的将天主教义和西方科技融为一体的"天学"概念也为徐光启所接受。"天学"

概念使士人们得以以一种同化性方式理解西方文化，但也因此而可能仅限于按照传统的"学""教"概念来解读天学。徐光启正是如此，他将"天学"分类概括为三：大者为修身事天的道德、宗教，小者为格物穷理的哲学、科学，其"余绪"则为象数。但与诸多士人不同的是，徐光启认为儒学在道德和政治以及实践方面都需要补足，他渴望寻求或建构一种在实践中具有普遍有效性的伦理规范体系。在他眼里，天主教道德规范因借助一种外在理性的监督能迫使人约束内心，传教士的夸张宣传使他深信西方因尊奉天主教而成为一片和平安宁的乐土。尽管对这片"乐土"的描绘不限于徐光启一人，但他最热衷于以这种虚幻的西方乐土作为检验儒学和天主教道德效果的标准。然而归根结底，徐光启仍是在儒学的框架内接受和容纳西学，通过借取他认为切实可行的天主教道德资源以实现"补益王化，左右儒术，救正佛法"、实现儒家理想中三代之治的最终目的。而在晚明的奉教士人中，具徐光启这种倾向的儒士并不少，至少与徐光启有着各种联系的王徵、张赓、孙元化、陈于阶、韩霖、韩云等人都是如此。

利玛窦制定以传播科学知识为基础的知识传教路线，是因为认识到中国士人对科技知识有兴趣，并且中国人具有"自然理性"，他希望通过自然理性和科学真理将士大夫引向"启示真理"。李之藻可谓这一策略的成功范例，而这与李之藻偏好形而上学与逻辑性的思维息息相关。李之藻起初仍是以拟同观念来理解西学，且拟同的深层基础是中国即天下、华夏文明即是世界文明的传统观念。中国是事天之说的源头，在许多中国士人心目中，起初，西来天主的功用主要只是与古学相勘印。但在经过多年与传教士的交往和思考研究后，李之藻逐渐放弃华夏文明普周世界的观念。1613年撰《同文算指序》时，他开始认识到利玛窦在传播科学之外更想让人由此迈向"启示真理"，而这也符合他的思想中那种通过对自然之理的体察、认识和探寻而体认超自然之理的倾向。于是他不仅明确了耶儒差别，也开始对这种差别做出清醒的顺应。李之藻更自觉地迈向"超性"之理，又与他对形而上思辨的偏好胜过对道德政治功用的偏好的思维取向相关，他是因为对"天学"中探寻"真理"的途径、方法颇为服膺而服膺整个"天学"。然而李之藻晚年的思想更多表现出一种综合与创新，比如他接受了耶稣会士宣传的人为万物之灵的人性论，这实际上否定了中国传统的万物一体、天人合一思想，但他又进而生发出一种以"人能无尽"为核心的知识进化论，这使他同时背离了"纯正"的天主教义和中国儒学。质而论之，李之藻的思想归宿是亦儒亦耶，非儒非耶，而这在当时与西方文化有过实质性接触的大多数士人中有着一定普遍性。

杨廷筠与前两人不同之处在于更加关切个体生命意义，将对天主的信仰视为人生意义的源头,且三人中只有他是首先接受宗教信仰而非仅接受"天学"中的科学内容,这使他从佛教徒转变为天主教徒。杨廷筠始终坚持,天主教本是中国的圣学道统,这种复古论是杨廷筠论证其天主教信仰正统性的依据。他认为儒学言天道有欠缺,言人道亦有不圆满之处,既缺乏对个体救赎的寻求,也缺乏神学人性论。杨廷筠的性善论是他寻求个体救赎的理论基础,他借助天主教的性善论试图为人性寻求客观的外在来源,他在以灵魂为人性的同时又融进"理"这个范畴,认为灵魂虽不灭,却仍要天主以理来养其灵性。这样看来,他的性善论也是一种综合产物,而且当他将灵魂得救这一最终归宿的意义上升到哲学层面时,他所接受的天主教禁欲主义中那种灵与肉的紧张对立又被消解,而表现为中国传统哲学中一种宁和的境界和人生理想。于是杨廷筠也陷入了在某些方面背离儒学却最终要以耶儒调和的方式接受天主教的宿命。

清初奉教士人也大多在儒学框架内理解与接受西学并怀着耶儒会通的理想。如明清之际的朱宗元(约1609—康熙中)、何世贞(著有《崇正必辩》反对杨光先)、尚祐卿(卒于1698年)和张星曜(1633—康熙末)等人论述天儒会通的著作表明,他们首先立足"心同理同"之理接受天儒相合的主张,甚至更愿意强调西学为中国古已有之;他们关于以天学补儒学的必要性的论证归结起来就是天学使人知天之奥秘,知天为道德来源;最后,他们依旧把西学作为一种道器兼备的文化系统,认为作为西学形下之器的科学技术可资儒学利用。但比之明末士人,他们的思想独创性大大减弱,立论不出徐光启、李之藻、杨廷筠等人的先见,而且当徐、李等人已清醒地认识到耶儒间的本质差别且已持论天主非中国之上帝后,清初后学却一再于儒学中为天学寻求道统,这似乎隐含着一种保守与停滞的倾向,约略可见清初学风已褪去晚明的锋芒。

3. 适应政策的局限——儒耶冲突下士人的命运

究其实,儒学、政治或传统伦理在大多数士人心中所占的比重总是远远超过宗教,即使许多奉教士人亦是如此。于是在正常情况下奉教士人不由自主地选择一条折中耶儒的道路,但是当面临天、儒之间的重大矛盾时,奉教士大夫往往又很痛苦地选择回归中国的文化传统,两种文明产生的冲突通过个体的尴尬与痛苦处境得到生动体现。

对于那些奉行西教的士大夫来说,不管是就从融合儒耶的角度入教所面临的困难而言,还是就生活在中国传统文化的汪洋大海中而难以超越而言,都注定了他们从此以后生活的道路不会十分平坦。他们碰到的一些特殊难题是我们今日难以想象的,以下我们略举数例,以窥儒耶冲突下士人的心态与命运。

奉教士大夫常碰到的一个问题是纳妾。天主教"首禁二色",明朝虽然在法律上对纳妾有所约束,但形同具文,清朝更是放弃了这种限定。于是,究竟是服从上帝,还是纳妾传宗,成为许多徘徊教门的士人的难题。明末士人王徵是最早学习拉丁文的中国士人之一,曾经帮助金尼阁刊行《西儒耳目资》。王徵于天启二年 52 岁时登进士第,恰在此前一年入教,深信此乃"天主之赐"。但是原配尚氏所生诸男尽夭,膝下无儿,家族的压力和妻女的劝说,使他无奈纳年方 15 岁的申氏为妾。此后王徵便生活在自责的矛盾心情中,加上金尼阁等传教士的压力,最终被迫与申氏分居。

根据对明朝末年 19 位奉教士人家庭的统计,除了许乐善、徐光启、孙元化和魏学濂之外,其余 15 人都曾经纳妾。王徵等纳妾时无子,最终还是选择了与妾分居和出妾;杨廷筠等选择出妾以入教;瞿如夔则选择将妾扶正后受洗。

明清鼎革之际,许多士人在儒家倡导殉节和天主教十诫反对自戕的矛盾之间痛苦彷徨。例如王徵曾被李自成大顺政权征入为官,王徵绝粒而死,其实这是违反天主教教规的行为。另外一位天主教徒魏学濂则于北京城破后降闯,授户部司务。户部司务只是一个九品微职,魏学濂此举并不为天主教所诟病,因为,不为前朝世俗政权殉葬是天主教一贯的主张。由此,明清鼎革之际,汤若望等人都很从容地从明朝官员转变为清朝钦天监大臣。然而魏学濂的降闯从天主教义来说虽无可厚非,但从他儒家士大夫的身份来说却是失节行为。李自成败退后,学濂的下落竟然成为一个谜,有说自杀殉难的,有说隐姓埋名于家乡终老的,前者合乎儒家的逻辑,后者则无违于天主教的戒条,这样两极的观点,与后世对学濂晚节的评价一样,莫不因对西学、西教的态度不同而泾渭分明。

还有一位乡绅,山西绛州人韩霖。韩霖曾从徐光启学习炮学和兵法,虽然科场失意但家境富裕优渥,以乡绅身份在地方上有很好的人脉关系。韩霖曾经受绛州知州孙顺命之托,撰成《铎书》,以演绎明太祖之《圣谕六言》,不着痕迹地在其中融入天主教教义。大约是艾儒略和金尼阁为韩霖及其家人施洗的。韩霖一家以其雄厚的财力在地方上多有义举。李自成军攻打绛州,韩霖曾组织乡勇保卫乡里,及见明朝大势已去,乃降闯,被授大顺政权的"参谋"之职。此于天主教徒本无可厚非,但是有悖于儒家价值观念,故绛州地方志为贤者讳,于韩霖降闯之事隐而不书。这种情况不仅反映出明清第一代天主教徒的"两头蛇"命运,也折射出西学在明清之际的中国社会所遭遇的两难困境[①]。

总之,不管西方挑起的礼仪之争如何发展,在明清之际奉教士大夫的心灵世界和现实世界中,始终都在经历着一场文化冲突的煎熬。

[①] 参见黄一农:《两头蛇——明末清初第一代天主教徒》,上海:上海古籍出版社,2006 年。

4. 适应政策的外围影响——方济各会士部分接受上层路线

方济各会士初来中国时与耶稣会士屡生冲突，对耶稣会士处处不满。他们发现自己在大多数方面与耶稣会士观念不同。例如他们宣称，基督教传教士应清贫度日，恪守关于贫穷的誓言并走遍全国托钵乞讨，而不是一出门就坐着轿子、穿着窸窣作响的丝绸。而且，他们也不同意耶稣会士归化上层的政策，坚持认为穷人更能天然地接近基督教。这些因修会宗旨不同而引起的分歧与修会间争权夺利的斗争纠缠在一起，使他们不能以平常心态看待耶稣会士在华传教取得的成果，不能正确对待耶稣会士在中国礼仪问题上推行的文化适应策略。多明我会士闵明我（Domingo Fernández Navarrete，1610—1689）记录他1659年在澳门和广州的见闻时，就常常流露出对耶稣会士的本能不信任和对中国情况的隔膜，比如他说在广州遇到一位黑人教士不停地给路遇的夭折孩子洗礼，他认为只给死者施洗助其无罪升天是不够的，为此责备这名黑人教士。但他并不知道当时中国的情况使传教士很难对健康成年人发生影响。事实上，最初来到墨西哥的方济各会士贝尔纳·德·萨阿贡就曾提出"适应"观点并积极实践，此观点也得到范礼安的肯定和响应。更何况，方济各会士尽管发誓恪守赤贫原则和关注下层，在实际中还是有很大弹性，13世纪在蒙古人朝廷中活动的方济各会士就是例子。早期的方济各会士很有积极性和创造性，但到17世纪、18世纪发展到成熟阶段后，其保守性不断增强。

利安当对中国士人和商贾的看法影响了他在山东传教时对传教对象的选择——局限在以农民为主体的民众身上，也影响了他对整个中国社会阶层的看法和分析，以及他在礼仪之争中采取的立场。利安当1659年3月7日写的一封长信充分表明了他对中国各阶层接受天主教之前景的见解："我们的教徒们可分为三个等级，第一个等级为文人阶层，统治者是从他们当中挑选出来的。这些人天资聪颖，……但是他们的勃勃雄心、耽于声色和贪得无厌阻碍着他们走上获得拯救之路。……到目前为止，没有任何一个这个阶层的人通过我们而入教，尽管他们中的许多人听过我们的说教，并就教义的真伪性同我们争吵和辩论过，……第二等级为农民、士兵和衙役，至今在这里接受我们洗礼的都是这类人。从人性和谋生的角度看，他们都是有能力的人，但是在理解永生之路方面，这类人却非常的孤寒、贫乏和困惑。……为他们进行神圣的洗礼很费力气，而随后让他们坚信真理则更加困难，因为每一个置身于异教徒当中的基督徒都像一朵生长在充满芒刺的蒺藜中的玫瑰。……第三等级为商人、雇主和手艺人。这类人沉迷于贪婪和行骗渔利之中，至今没有一个人加入我会，亦无人前来听传道。"①利安当的观点直接影响了后来的方济各会士,1678 年 5 月 17 日于马尼拉召开的方济各会士大会上通过的《方济会中国教区会规》正式规定:将在华传教重点放在乡村。

  利安当及其同伴虽然对中国士人阶层看法偏激,但每当他们受地方官迫害时,又总是给任职内廷的耶稣会士写信请求帮助。渐渐地,他们也在实践中看到同政府官员保持良好关系或发展他们入教,对于传播福音事业非常重要;而且认识到,只要他们像中国士人一样生活,就会得到官员的尊重和百姓的仰慕,而乐意听他们教诲。1672 年,文都辣率从欧洲招募的方济各会传教士重返中国,因秘密潜入广州而被平南王尚可喜之子尚之信抓获,困于尚之信府上。幸而这批人中有人善于修理钟表,得尚之信欢心,随后获优厚待遇,尚之信还出钱出屋为之建立教堂。在尚氏的庇护和帮助下,方济各会士在广州的事业获得较快发展,并且在尚之信劝解下,改变了生活方式:脱下托钵修士的麻布长袍,穿上中式的丝绸长衫;不再靠沿街行乞为生,而是建了教堂,住进会院;开始心安理得地接受中国人以"老爷"或"相公"来称呼。

  利安当立足山东后,方济各会士也逐渐学会同地方官打交道。利安当开始向地方官员送一些西班牙特有的小礼品,文都辣对此道更为娴熟,1672 年到广州后专门研究给中国官员送礼的规格。利安当 1650 年在山东立足后,也感觉到需要一些年轻和高素质的传教士前来,方能实现方济各会在华传教的目标,且方济各会士与耶稣会士、多明我会士间的知识差距将会妨碍方济各会成员与中国士人之间的问难辩论。为此他曾数次致书菲律宾,要求派遣符合要求的传教士,但未能如愿。此后文都辣、利安定继续提出类似要求。

  方济各会士也开始羡慕能在北京宫廷为皇帝效劳的耶稣会士,并希望朝此方向努力。1678 年,方济各会士利安定致书马尼拉省会长,恳请他派一位会修理机械钟表或弹管风琴的会员来华,以利用当时一位皇叔需要这方面人才的机会使方济各会士得以进宫效力,称若能实现,则无论中国人还是欧洲人都将对方济各会刮目相看。但马尼拉方面并未找到一位合适的人选。方济各会士久居中国之后发生的转变正说明,利玛窦确立的投合上层喜好、争取士大夫认可的策略是外国传教士在中国的基本生存之道,是认识到环境压力之后不得不为之事。但是,方济各会士一定程度上认可上层路线并不意味着他们接受耶稣会士适应策略的全部,他们对于中国天主教徒遵行传统祭祖礼仪一事始终有着不

---

① 崔维孝:《明清之际西班牙方济会在华传教研究(1579—1732)》,北京:中华书局,2006 年,第 405—406 页。

同于耶稣会士的见解。

四、适应政策评价

在术语、伦理、礼仪方面对中国人的种种顺应在利玛窦的思想中是一气呵成的,体现了他致力于向中国人展现中国古代宗教与基督教之间具有相似性的努力。利玛窦这套方法的吸引力在于,藉此可以强调向中国人所展示的信仰在本质上与他们祖先的教义一致,不是新鲜的和外来的事物,也因此不是野蛮的事物;同时也可藉此提醒中国人,包含了两种文明中共有内容的基督教能成为中国人与他们古老的、已经丢失的但仍然神圣的过去之间的一种"新"联系。但这一方法也很危险,可能导致形成一种中国信仰与基督教信仰畸形融合的混合物。虽然范礼安支持利玛窦的术语选择,但其他修会的传教士对其中的危险性却很敏感,所以利玛窦一去世,在华传教士就因为对其术语和礼仪方面的顺应做法意见不一而引发礼仪之争。

耶稣会虽然把适应本土文化作为一项会规并在各地都得到不同程度的执行,但是,一名传教士为了传播基督教应做出多大程度的妥协以融入一个特定社会和一种特定文化,从耶稣会的创始人到后来的执行者们,谁都不可能给出明确指示。而利玛窦对中国文化超乎先例的妥协很快使得适应程度问题引发了天主教会的巨大争议,并成为始终笼罩着利玛窦方法的阴影。比如方济各会士便对耶稣会士礼仪政策中的危险性十分敏感,他们感觉到,耶稣会士们正在为一个有自己的规定和特许权的中国人"民族"教会奠定基础,而这样一个教会如果建立起来,对教廷统一领导权的损害不言而喻,且后果将难以改变。

利玛窦与他的继承者们也都不否认,与他们对立的方法可能更安全,因此他们不打算将自己的观点强加于其他习惯接受正统宗教思想的传教士。从天主教传播史的角度来说,利玛窦方法严重损害了16世纪以来基督教力图保持纯洁性的基本宗旨,由此引出的礼仪之争则直接导致中国传教区的毁灭。但即使没有这些争议,利玛窦以基督教改造儒学的梦想也很难实现。有人总结利玛窦实现其梦想有两个主要障碍:基督教必须要取代佛教和道教,同时要效仿佛教对儒学施加影响。实现这一目标比登天还难。利玛窦的策略虽然在耶稣会士内部引起不同程度的分歧,但总体上仍作为一项基本政策被执行,这使耶稣会士在16—18世纪在未能得到任何母国政治势力保护的状况下依然获得显著的传教成果。换而言之,利玛窦方法为传教士们打开了中国的大门。但耶稣会士偏离欧洲中心主义的新传教方法最终在18世纪被教廷责为错误,在1790年后也被新教传教运动所拒斥,并且也与19—20世纪上半叶那种想把欧洲发展经验和北美扩张经验推广到全人类的、更世俗化的欧洲中心主义思想相对立。所以,直到今天,在天主教和新教都以更开放的眼光认真思索本土化或在地化问题以及宗教共融问题的语境下,耶稣会士当年的作为才又被当做富有创造性的先例而被重新审视。

此外,还有一个西方学者关注较少的问题,那就是,当中国士人认识到耶稣会士不是慕义远来,而是要以夷变夏时,很多人的态度马上发生变化。而对于耶稣会士通过种种铺垫之举所力图宣示的天主教义,士人们往往是立足儒家思想加以赞扬,但同时坚持儒学的至高地位。顺应策略归根结底是在坚守天主教基本立场的前提下权宜性地接受中国文化。这包含两层意思:第一,"权宜性"这个特征赋予顺应策略实行过程中的高度灵活性,但权宜到何种地步以及在什么内容上权宜,则要由传教士根据自身环境决定。所以利玛窦和艾儒略的具体方法有所不同。第二,顺应策略有着不可回避的底线问题,不允许在顺应过程中丧失天主教的基本特征,这决定了儒学和天主教的根本差异可以被小心掩饰却不会因此消失,故而难免要在适当的时候昭示天下。在此情形下,罗马教廷和中国主流社会都坚守自己的传统而不肯退让和妥协,结果势必以失败而告终。

第二十二章　士人社会对天主教的总体认识

一、晚明士人对天儒关系的主流派认识

在众多接触过传教士与天主教的中国士人中，接受天主教信仰的毕竟是少数，绝大多数人的态度居于奉教与反教二者之间，其实他们更能代表作为一个整体的中国士人对西学西教的态度。传教士事业成功与否，从根本上说不取决于少数精英人物的推崇，而取决于士人整体的认可与支持，而即便是利玛窦采取了如此圆通的政策亦难以实现这一点，更不要说利玛窦方法最终被教会禁止。

利玛窦补儒辟佛的传教策略在士人心目中的确造成其"近儒"的印象，而士人形成此种印象的基本理由很浅近，即利玛窦尊天而远佛道。利玛窦入觐万历皇帝时，皇帝命礼部尚书冯琦询问其所学，冯琦得到的答复或产生的印象是，"惟严事天主，谨事国法，勤事器算耳"①。这种印象固然为利玛窦立足中国打下基础，但也导致士人们站在儒家思想的立场而赞扬天学，因此利玛窦被视为一个仰慕并略知儒学真谛的外国人，儒士因此而赞赏他并希望他能进一步学习儒学，做一个"中国人"。此类言论频繁出现于士人题赠传教士的诗作和对传教士的评论中，如曹学佺(1574—1646)《赠利玛瑙》和池显方(生卒年不详，1022年中举)《赠远西艾思及》；李贽(1527—1602)更以长者口吻称赞利玛窦"是一极标致人也"，原因是利玛窦住南海肇庆二十年间努力学习四书五经②。谢肇淛(1567—1624)也认为利玛窦值得欣赏之处正是他与儒士无异之文雅，同时还反佛，所以应该称赞："其书有《天主实义》，往往与儒教互相发，而于佛老一切虚无苦空之说皆深诋之，……余甚喜其说为近于儒，而劝世较为亲切，不似释氏动以恍惚支离之语愚骇庸俗也。"③

---

① [明]刘侗、于奕正：《帝京景物略》卷五《西城外·利玛窦坟》，北京：北京古籍出版社，1980年，第207页。
② [明]李贽：《续焚书》卷一《与友人书》，北京：中华书局，1975年，第35页。
③ [明]谢肇淛：《五杂组》，第83页。

利玛窦的策略对大多数儒士的价值仅在于,证明了陆九渊"东海西海,心同理同"之说。万历年间,姚旅称赞利玛窦的《友论》,从中引述几条精辟言论后,评论道:"人有异域,其道其情一也,读此谁谓海外无人哉!"①曾为耶稣会士熊三拔(Sabbathin de Ursis,1575—1620)之书作序的曹于汴(1558—1634)在《七克序》中更明白地说,中国古训即知天知人,知人则要知性,而中华泰西虽相隔遥远但人性无异,"共戴一天,共秉一命,共具一性,可知也"②。曹学佺《大西洋绵嘉饶巴礼华石国师行日索赠》一诗中肯定西方具有礼失求诸野的参照价值,但所求毕竟还是中华之"礼",而且野人有礼的根源正在于真理贯通四海。《熙朝崇正集》所录闽中诸公题赠传教士(主要是艾儒略)的八十四首诗中,有十二首直接提出"异地同心理""圣学无二门""此心此理何分地,同轨同文自一时"之类的句子③。"心同理同"成为士人们宽容乃至接纳天主教的基本依据,它的确为天主教赢得一些士人归化者,但同时也造成一个难于突破的瓶颈。对于许多士人来说,西方远人亦行中国圣人之道这一事实无疑强化了儒学的优越性,《熙朝崇正集》中至少有十三首诗中流露出这样一种心态,即以上邦正儒的姿态来赞扬西方教义契合儒学而西方传教士仰慕华风。利玛窦在《天主实义》中曾批判了各种形式的天人合一,但一干士人却总以"天人合一"作为对传教士和西学的最高评价,这也正说明了广大士人对天主教的接受边界。

在以儒学为正宗的原则下称赞天学,则又隐含着一种儒学不必也不可能被天学取代或变易的心态。邹元标(1551—1624)在《答西国利玛窦书》中即以为天主学与中国圣人语不异,而儒学更加精微详赡,欲以天主学行中国根本没门。论者常以为李贽对利玛窦评价甚高,但利玛窦若知李贽在与他三度相会后也不知他来干什么,而"意其欲以所学易吾周、孔之学,则又太愚,恐非是尔"④,恐怕凭他这样百折不挠之人也会气沮良久。有学者称李贽、焦竑(1540—1620)等倾向佛学的人虽接触过利玛窦却没有积极参与明末的人生、人性问题讨论,原因是耶稣会排斥佛学⑤,这倒未必确当。李贽与利玛窦都未留下双方就佛学起争执的记录,李贽既然对利玛窦的意图不明,或者说对他欲取代儒学的傻念头

---

① [明]姚旅:《露书》卷九《风篇中》,《续修四库全书》第1132册,第670—671页。
② [明]曹于汴:《仰节堂集》卷一《七克序》,《文渊阁四库全书》第1293册,台北:台湾商务印书馆,第682页。
③ 吴相湘编:《天主教东传文献》,台北:台湾学生书局,1982年,第653、666页。《熙朝崇正集》的作者大多在晚明学术、政治上很有地位,而又大多不是奉教人士,但诗中对艾儒略评价极高,故被目为中国天主教文献中一本颇为奇特的书。
④ [明]李贽:《续焚书》卷一《与友人书》,第35页。
⑤ 李天纲:《早期天主教与明清多元社会文化》,《史林》1999年第4期,第55页。

不以为然,则更像是立足于中国本土传统,以上邦长者之心宽待利玛窦这一仰慕华风的西来后学。李贽之不参与人生人性讨论,恐非利玛窦所能影响。沈德符(1578—1642)在《外国·大西洋》一篇(收《万历野获编》)则直言天主教不过是释氏所云旁门外道,听起来动人,根本不可能变易华风。叶向高(1559—1627)也写过一首《赠西国诸子》赞扬外国人仰慕儒理,并且意识到儒学道理可以放之四海,但他同样不觉得儒学要被天学取代,他唯一觉得需要改进之处就是,有些儒士眼界狭小,不相信外国人也可以懂得并实行类似儒学的道理。

叶向高的态度在同艾儒略的谈话中表现得更加鲜明。在记录叶向高与艾儒略福州谈话的《三山论学记》中,叶向高以致仕阁臣的尊位,面对艾儒略颇为咄咄逼人的宣教姿态,却未表现出任何对立情绪。此书由天主教徒记录出版,很可能略去叶向高与另一位谈话者曹学佺的诸多言语以突出艾儒略的胜利姿态。但从《三山论学记》中的叶向高言辞、他仅存的两篇与天主教中人有关的序言以及他在为自己编定传世文集时并不记录与耶稣会士之往来的行为,我们仍能对叶向高对天主教的态度窥其大概,亦即叶向高是认为天主教与儒学圣教无大悖方才加意容忍。《西学十诫初解序》表达得尤其典型。

叶向高在1624年夏秋间罢归途中于杭州杨廷筠家读到杨氏新著《西学十诫初解》,并应邀撰序。他自称读了杨廷筠此著后"有当于心",然而他的体会纯然是天主教合乎儒家正旨,"此即吾孔氏畏天命、戒慎恐惧之正学,世人习焉不察,乃不意西人能发明之。东夷西夷、先圣后圣,其揆一也,岂不信哉!"[①]从《三山论学记》来看,艾儒略力争释迦是凡人、是先师,相当于孔子的位置,以此表明佛氏未曾真正认识天主,不喜佛教的叶向高对此无甚疑义。关键之点在于"天"与"天主"之争,然而这一节辩论又未充分体现于《三山论学记》中,叶向高也未留下相应记载。所以,叶氏以西学合乎儒学正宗,此点可以断明,而叶氏对儒学之"天"与天主教之"天主"的关系持何态度,恐成疑案。《西学十诫初解序》末段给人留下一个猜测方向,"惟天主降生其国,近于语怪。然圣贤之生,皆有所自。……如尧、舜、孔子,非上帝所降生,安得有许大力量?夫既生于东,又安知其不生于西乎!世儒非不口口言天,而实则以天为高远,耳目不接。若西氏之言天,直以为毛里之相属、呼吸喘息之相通,此于警醒人世最为亲切"[②]。首先,这段话流露出叶向高在《说类自序》中已彰明的态度——怪未必非真,道德操守为人生首务。基于此种认识,叶向高以儒家的实用主义立场判定天学的价值所

---

① [明]叶向高:《苍霞余草》卷五《西学十诫初解序》,《四库禁毁书丛刊·集部》第125册,第449页。
② [明]叶向高:《苍霞余草》卷五《西学十诫初解序》,《四库禁毁书丛刊·集部》第125册,第449页。

在,儒士口称天而未必真解"天"为何物,西氏敬天之诚、认天之深,直可为世儒表率,既有如此功效,莫若以西氏之论警醒世人。或许他还觉得,以一个人格化的"天主"作为世人表率,其警示与教化作用将大于耳目难接之"天",所以不妨取西士之言。

总之,以天学的道德体系救治世儒之弊,正是当时士大夫赞赏或接纳天主教的首要出发点,叶向高正在此列。另一方面,他对于自己闻所未闻之事毕竟心存好奇,必定要以儒士思维解释天主降生之义方能释怀,而经过他的合理化解释后,天主降生之义就变成了传统的"上帝降衷"之义,即"天"这样一个主宰力量以感应方式将其力量或意愿赋予某个人,使之成为圣贤以履行天命。既有此种认识,那么在数月之后的三山论学中,很难想象他会在艾儒略看似雄辩的言论下立刻改变认识。叶向高被认为是艾儒略和天主教得以在福建建立根基的重要依恃,但是他推重艾儒略既不表明他接受了天主教的基本观点,也不表明他与天主教进行了真正的对话从而理解了天主教,他是出于对艾儒略人品学问的激赏和对天主教道德规范之实用价值的体认,而宽容地对待艾儒略对"理""气""太极"一知半解的评论。

正如耶稣会士突出天主教义的优越性并试图以之统一儒学,晚明儒士的观念基础仍然是儒学至上。即使归信天主教的儒士也未必都扫清了对人格化世界本原这一观念的认识障碍,如杨廷筠这般虔诚信士都在领洗十几年后(1611年受洗)方于此一关节转变认识,遑论其他儒士。主流派儒士因为利玛窦宣称自己的道理与儒学不异而接受他和他的后继者,但他们对于利玛窦等人试图以天学补正儒学的想法不以为然。叶向高所代表的就是当时主流派儒士能对天主教表现出的最好态度——以长者的宽厚姿态容忍外国人对中国观念的隔膜,同时也不去深究外国人那种颇为可怪的造物主观念。可是,当主流派儒士发现耶稣会士的目的原来是要以天主教取代儒学时,有着儒学卫道精神的他们对天主教的宽容便会迅速消失。李贽和邹元标已经对利玛窦近儒外表下的真实企图有所怀疑,且邹元标委婉地提出了告诫。利玛窦去世几年之后,事态愈发明朗。

以上所有称赞天主教的士人都没有介绍天主教的教义,显然他们的关注点只是"事天"与"近儒"。不过,到了明末,即使不信天主教的人也已开始谈论天主教基本教义,如《帝京景物略》就有清楚介绍:"按耶稣释略曰:耶稣,译言救世者,尊主陡斯①,降生后之名也。陡斯造天地万物,无始终形际,因人始亚当,以阿袜言,不奉陡斯,陡斯降世,拔诸罪过人。汉哀帝二年庚申,诞于如德亚国

---

① 陡斯=Deus(拉丁文"神")

中国学者（基歇尔《中国图说》，1670）

童女玛利亚身，而以耶稣称，居世三十三年。般雀比剌多，以国法死之，死三日生，生三日升去。死者，明人也，复生而升者，明天也。其教，耶稣曰契利斯督①，法王曰俾斯玻②，传法者曰撒责而铎德③（如利玛窦等），奉教者曰契利斯当④（如丘良厚等）。祭陡斯以七日，曰米撒，于耶稣降生升天等日，曰大米撒。……玛窦亡，其友庞迪峨、龙华民辈代主其教。教法，友而不师。师，耶稣也。中国有学焉者，奉其厄格勒西亚⑤七式。"⑥但是，不信教的士人对这种"学说"如何理解呢？同样是《帝京景物略》的作者，认为基督教的道理近墨："尝得见其徒而审说之，大要近墨尔。尊天，谓无鬼神也。非命，无机祥也。称天主而父，

---

① 契利斯督＝Christus
② Pope 的拉丁文单数主格是 Papa，"俾斯玻"可能是 Episcopus（主教）的译音。
③ 撒责而铎德＝Sacerdos（拉丁文"祭司"）
④ 契利斯当＝Christian
⑤ 厄格勒西亚＝ecclesia（拉丁文"教会"），厄格勒西亚七式当指天主教会七圣事。
⑥ [明]刘侗、于奕正：《帝京景物略》卷四《西城内·天主堂》，第 153 页。

传教者也。器械精,攻守悉也。"①这算最客气的理解,因为到了有不信教士人关注天主教教义的时候,这些士人的反教情绪已经一目了然。

二、士人对耶佛关系的认识

天主教的又一尴尬之处在于,它虽处处标榜反佛,却无法消除中国士人用佛家事迹比拟于它的现象,即便是一些反佛的儒士也难逃此种无意识举动。利玛窦反佛时有意遮盖天主教与佛教间的逻辑相似性,但中国士人却时不时感受到二者的关联,这似乎又成为利玛窦难以甩脱的悖谬。

袁中道(1570—1626)以为利玛窦对宇宙形状若鸡子的介绍与《杂华经》中"仰世界,俯世界,侧世界"言语相合。沈德符称利玛窦极力排佛,他对利玛窦的贬佛态度虽然不置然否,但他仍觉得天主教与佛教间不乏相似性,比如利玛窦搽苏合油疗病之法与佛经所行香油涂身者相似,因此他不免觉得利玛窦的排佛姿态颇为矫情。李日华(1565—1635)似乎是不由自主地将利玛窦来华之举与佛教东传相提并论②。《熙朝崇正集》中也不时可见以"一苇""传灯"喻传教士之句,如"一苇浮中夏""一苇波涛八万里""磷炉踏遍一灯悬""传灯万岛来",又赞天主教"六根随处皆提醒"③。原因其实不难理解,佛教经过漫长的本土化早已成为士人文化中的一部分,无论反佛向佛还是中立者,都无法抹去这种文化积淀;而且佛教曾经是中国士人印象最为深刻的外来文化,当理解同是自西而来且同样周旋于士人中的天主教时,有关佛教东传轨迹的记忆自然是最好的参照物。而且在中国士人身上,各种文化因素往往难以泾渭分明,更会使利玛窦的分化政策茫然无措,如李祖白(?—1665)在《天学传概》中极言三皇五帝本诺亚苗裔,中国圣贤出自犹太国,而为此书作序的许之渐一方面揭示佛教对儒教伦理的有害影响,一方面却自称三宝弟子。就此推想,利玛窦的反佛策略如果真有充分的时间去发展,其结果也许是失败多于成功。

也有并不奉佛的士人认为天主教不如佛教,比如著名理学家陈龙正(1585—1645)对天主教的评价是,虽然崇奉上帝,但把上帝视为一个人,只知膜拜,不知心性之说,比佛教浅陋得多,"万历间有利道人者自大西国来,欲播其

---

① [明]刘侗、于奕正:《帝京景物略》卷五《西城外·利玛窦坟》,第207页。
② [明]袁中道:《游居柿录》卷四,袁中道:《珂雪斋集》(下),钱伯城点校,上海:上海古籍出版社,1989年,第1201页;[明]沈德符:《万历野获编》卷三〇《外国·利西泰》,第785页;[明]李日华:《紫桃轩杂缀》卷一,薛维源点校,南京:凤凰出版社,2010年,第266页。
③ 以上各句分别参见吴相湘编:《天主教东传文献》,第647、670、666、668、654页。

天主教。观其大旨,即上帝也。然画像而拜,视上帝如一人。以崇礼为事,而全不知心性之说,浅陋远出佛氏下"。不过,陈龙正对佛教也并非全然满意,认为它近于无忌惮,天主教很肤浅,但恐怕正是因为它与佛教相针对,所以在很多人心中有可取之处,"然辟佛最甚,以其教专尊天而佛尊已卑天故也。佛氏妙高,然近于无忌惮。天主教肤浅,然与佛氏对针"①。

奉佛士人对天主教的态度可以藉虞淳熙(1553—1621)与利玛窦的往来略窥一二。利玛窦最重要的两部教义作品《天主实义》和《畸人十篇》问世后在士人中广为流传,亲近耶稣会士的士人为之辗转请托作序成一时流风,以致1607年底或1608年初杭州知府翁周野特邀历任朝廷要职但已退居家中的虞淳熙为《畸人十篇》作序。然而虞淳熙不仅是士林名宿,还是杭州云栖寺袾宏大师(1535—1615)门下的居士。《天主实义》和《畸人十篇》中包含系统的排佛言论,因此虞淳熙读过《畸人十篇》后感觉很不受用,特地给利玛窦写了一封信,表达对《畸人十篇》中反佛言论的异见。他首先批评利玛窦藐视释迦的态度甚是无知,然后称其对天堂地狱的论述是未得佛教要旨而肆意妄评,并着力指摘利玛窦对佛教及其历史懵然不知,要求他多读些佛典史传再考虑是否攻击佛教。

清刻本《天主实义》上卷

李之藻为《畸人十篇》所作序

① [明]陈龙正:《几亭外书》卷二《天主教》,《续修四库全书》第1133册,第265页。

第二十二章　士人社会对天主教的总体认识　　573

佛教一贯符合中国正道,利玛窦攻佛犹如以卵击石。这封信的批评要点是利玛窦的无知之失,而非天学与佛教的内在冲突。他在信末更一语道破利氏之学与佛学无异:"第六经子史,既足取征,彼三藏十二部者,其意每与先生合辙。一寓目,语便相袭,讵知读《畸人十篇》者,掩卷而起曰,了不异佛意乎!"①由此可见,虞淳熙既已认清利玛窦攻佛于何处下手,却不正面批驳利玛窦的佛教观念,而是苦口婆心劝他多读书,还暗示只要对佛教足够了解,利玛窦就会发现佛耶无异而自明攻佛系错误举动。换而言之,他没有像利玛窦那样把天主教置于佛教的对立面,却视利玛窦为一个暂时无明但终可教化之人。

　　利玛窦的回信并不客气,虽然他承认自己书中所写的确有些内容与佛教相类,但是他更强硬地宣称,关键在于佛教与天主教未尽合辙,且这些不同之处才是关键所在,归根结底就是佛教主虚、天主教主实,而且天主的概念与佛教完全不同。然后他以虞淳熙原话回敬于他,"则台教云'不尽通佛书,不宜攻舍卫城',窦亦将云'不尽通天主经典,岂能隳我圣城,失我定吉界耶?'究心释典,以核异同,窦将图之;究心主教,以极指归,非大君子孰望焉!"②这无异于公然挑战,虞淳熙果然又特地寻找《天主实义》,阅毕,写了一篇《〈天主实义〉杀生辨》。这篇文章从三个角度论述为何天主教反戒杀为错误论调(主要针对《天主实义》第五篇),一、用"万物一体"的观念反击利玛窦的"天主生万物以存养人"观念;二、质疑天主至善全能;三、指出将恶事(主要指杀生)理解为天主的意图将带来反尘世、非道德的结果。其中"万物一体"是核心论点,后两点反映"万物一体"观与"天主有目的造万物"观的一些具体冲突。可是,作为一篇正式的论战文章,此文有避重就轻之嫌。首先,它未选择"天主"这个概念进行反驳或辨析,未能展示佛教对于个人心性修养和精神追求的价值;其次,就"戒杀生"这个问题本身而言,没有触及佛教与基督教在生物之存在价值问题上的内在矛盾,全篇只举例说明不戒杀的现实坏处,并且常根据利玛窦文中具体言辞的字面意义举反例或作归谬式反驳。这样的反驳当然不能够证明利玛窦的反佛言论不可取,反而让人怀疑虞淳熙的理解能力和逻辑辩论能力。

　　事实上,虞淳熙的态度代表了奉佛士大夫在主流派儒士优容天主教的前提下如何应对天主教之挑战的典型方式。首先,他身上必然有儒佛混合特色,所以自然喜用儒学观念与天主教商榷。其次,佛教教义所具有的包容性在虞淳熙

---

① [明]虞淳熙:《虞德园先生集》卷二四《答利西泰》,《四库禁毁书丛刊·集部》第43册,第516—517页。
② 《利先生复虞铨部书》,《辩学遗牍》,朱维铮:《利玛窦中文著译集》,上海:复旦大学出版社,2001年,第662页。

身上也得到表现,他向利玛窦指出佛教与天主教有相合之处,希望天主教不要对佛教如此敌视。云栖袾宏的另一位居士弟子张广湉在1636年左右的《证妄后说》中以同情的姿态说:"念彼离国远来,炼形摄养,欲人去恶为善,以敬天帝,亦无不可者。"①佛教僧人也多次表现类似论点,如云栖袾宏在《天说一》中,密云圆悟(1566—1642)在1635年年底的《辨天三说》中。但另一方面,儒佛融合并未让虞淳熙觉得利玛窦对佛教的偏见应该加以容忍,反倒在收到利玛窦的回函后立即与袾宏大师沟通,希望袾宏以佛教领袖的身份出面反驳利玛窦。而当袾宏表示暂时按兵不动时,虞淳熙只好自己动笔,只是他却在众多可论之点中选择"戒杀生"这个最体现社会后果的问题大力敷陈。这表明身为儒士的虞淳熙对于正面为佛教代言尚有顾虑,这种顾虑来自佛教在明代的处境,也来自利玛窦被定义为"近儒"而被士大夫喜爱这一事实。袾宏给虞淳熙的回信更清楚地表现出佛教中人的难言之隐。

袾宏的信表明,他已然被利玛窦的毁佛言论激怒,但是又认为利玛窦是无知妄作之人,本身不值一驳,只因有中国人士为之羽翼,才得嚣张一时。而且袾宏信中流露出一种态度,以为假如硕儒公卿亦为利玛窦之学所惑,则佛教中人就必须要出面辩论,此前姑且静观时势。为什么佛教界反天主教非要等儒士的动静呢?正是因为明代中叶以来,佛教界自身感受到明显的"衰落",正统儒士也越来越习惯将风俗凋零归之于佛教尤其是狂禅派人士的不良影响,几位政治僧侣尤其加剧士大夫对佛教徒的排斥,这一切都使佛教行事谨慎,即使是反对天主教,也只能借捍卫儒学正统的名义从事。佛教在与天主教相争之时,其实只能争谁是儒学真正的益友良朋。尤其是1616年沈㴶发难之前,因儒学对天主教的态度尚未显出有利于佛教的表征,佛教人士难免投鼠忌器,不敢就两教的是非直陈无隐。佛教采取这种策略是长久以来经验积累之结果,因为佛教在中国努力多年之后,实际上所拥有的也只能是儒学的助手地位,此种地位还常常因儒士的反复而颠簸摇摆,明朝中后期则正是脆弱之时。有鉴于此,袾宏和虞淳熙才有必要谨小慎微。佛教对于天主教的破坏性自然比儒学敏感,因为利玛窦的矛头首先指向自己,却又只能含恨忍让,不便高声控诉,既怕引起儒学的反感而危及自己在儒学身边尚存之位,又冀望儒士能尽快认清天主教的面目而有所行动,只能对儒士旁敲侧击以冀其警醒。而一旦中国主流社会开始对天主教表示敌意——以1616年南京事件为表征,佛教徒反天主教的犀利言辞也开

---

① [明]徐昌治辑:《破邪集》卷七,周驲方编校:《明末清初天主教史文献丛编》,北京:北京图书馆出版社,2001年,第224页。

始纷呈迭现。

佛教领袖倾向于先容忍天主教的攻击,除了社会压力,或许也包含促进内部发展的考虑。袾宏的时代正是佛教复兴努力的开端时期,而且佛教领袖们(不论基于何种考虑)纷纷将振兴的重点落于内部励精图治,所以袾宏乐观利玛窦影响之后效,恐怕也包含着论者常说的欲藉外在危机警醒佛教丛林之意图。

甫接触天主教时,士人对其性质还有其他一些理解。顾大韶(1576—?)在《炳烛斋随笔》中先贬斥天主教"其教要之文义皆鄙浅离遹不足道,而士大夫之无识者亦或信之",继而因此教名为"天主"而以之为古之祆教,"祆"之义即胡天神。又引了另外一种说法,把天主教等同于佛教一支,此说理由是"天主"即佛经所云之大千世界之主。后一种说法是佛教徒与天主教徒争辩时常出现的说法①。万历四十四年(1616)南京驱逐天主教传教士事件的主事者之一、南京礼部祠祭司主事徐如珂(1562—1626)则认为王丰肃(后改名高一志,Alphonse Vagnoni,1566—1640)所倡之天主教即"汉之米贼唐之末尼"②,但是他的理由无关教法,而是因为这些人旨在祸乱朝廷,所以相当于同样以邪说倡乱的五斗米道教和摩尼教。

三、明末国体安危忧虑中的反天主教思想

1. 传教政策变化对士人态度的影响

大批优容传教士的士人们是一股摇摆不定的力量,他们或以猎奇的心态面对天主教传教士,或在无伤大雅的前提下接受利玛窦等人的"近儒"行为、"补儒"言论和反佛姿态,但他们中的绝大多数都在同时恪守华夏风俗的至高地位,对于天主教究竟是何属性不甚究心。这一切虽使天主教被中国士人容忍,却也成为天主教征服中国士人的严重障碍。而当天主教渐成一股社会势力,传教士培养起一批违背中华风俗的信徒时,士人们开始意识到此教目的可疑,因而态度大变。发生这种转变需要时间,需要天主教徒变成中国社会一种现实存在之后,所以晚明士人对天主教表现出明确的批评和排斥自然要晚得多,利玛窦死后六年在南京发生了驱逐传教士和拆除天主教堂事件,方意味着此种转变正式显形。

---

① [明]顾大韶:《炳烛斋随笔》,《续修四库全书》第1133册,第27—28页。
② [清]钱谦益:《牧斋有学集》卷二八《南京工部右侍郎徐公墓志铭》,钱曾笺注,钱仲联标校,上海:上海古籍出版社,1996年,第1065页。

利玛窦少谈教义、多谈近儒的做法是为因应其初入中国时的艰难处境,其时他的任务是求得儒士的容忍接纳,颇有如履薄冰之惕。一旦他创造出的西儒形象被士人作为耶稣会士的群体形象而获认可,其他耶稣会士的活动包括传教工作就获得乐观的前景,这是中国社会的宗教宽容性和文化宽容性提供的特殊机遇。站在利玛窦打下的基础上,耶稣会士宣讲教义、发展信徒的工作立刻如火如荼地开展,艾儒略在福建期间从"上层路线"转为"基层路线"并注重教理讲授,就是著例之一。但王丰肃、艾儒略们的努力在赢得众多华人天主教徒的同时,也不可避免地引起儒士和官府的怀疑。

1620年之后,许多耶稣会士的工作重心转向民间阶层并偏离利玛窦重质不重量的设想,以集体布道的方法迅速争取到大量归化者。此种情形使中国士人发觉其传教策略不同从前。当传教士试图以欧洲的道德与科学赢得中国上层人士的尊重与支持之时,却坚持以对永福的希望和对地狱的畏惧来诱惑民众,而这又盗用了佛教思想。于是,这种充分利用各种思想为己所用的手段在士大夫看来伪善之至,并进而断定其最终目的是腐化中国的风俗与传统。传教士工作重心转移引发的另一后果,甚至可称更为严重的后果是,有些地方华人教徒人数已经增加到令官府无法坐视不管的地步。地方官员认为,民众组成一些由外国人主持的团体,是对公共秩序的严重威胁。值此,反天主教的各种理由渐次浮现。

2. 不道德的天主教

万历末年,张燮谈论佛郎机的习俗时,对其地僧人突破男女大防就大有指责之意,"妇女岁时诣寺忏悔。有阴事辄密向僧自输,僧为说法,鞭之数十,忍痛不敢言。夜留宿寺中,听僧意所指画,唯唯而已"①,但他还未将此与利玛窦传来的"天学"联系起来。崇祯年间,将天主教妖魔化的已不乏其人。徐昌治所辑《破邪集》中收录崇祯年间诸多普通士人的反天主教论文,屡屡提到天主教徒瓜李嫌不避以致互相换淫,而耶稣崇拜、圣水、圣餐、涂油、告解等举动皆被置于有违儒家善恶标准和身体观的前景下加以指摘,其中谢宫花与黄廷师提供了最生动的两段论述。

谢宫花《历法论(辟西历弃闰邪说)》言:"亦未闻有天主钉死十字架上,设教行世。令其从之者,先拜右手之伤,求勇德;拜左手之伤,求忍德;右足之伤,求勤德;左足之伤,求畏德;又拜肋旁之伤,求爱德。夫既以为天主之德,且不能保全一体之伤,又乌有德以及人乎?……夫既以为天主之尊,天神为之拥护,尚

---

① [明]张燮:《东西洋考》卷五《东洋列国考·吕宋》,谢方点校,第93页。

被盖法氏钉死,是天主天神皆不灵无用之物也,焉能主宰万物乎?……况曰服咒水,画咒油,食酒为食天主之血,食面为食天主之肉,有一石置于案头,谓是天主之骨。人能服圣水圣油者,虽平生为恶,天主恤其一念皈依,前恶全赦。夫天主耶稣,因妖言惑众,且被法氏钉死,不能自赦,焉能为人赦乎?此皆诞妄之极,而谓可信乎?"①

黄廷师《驱夷直言》有类似言论:"说既谬而又佐以邪术,凡国内之死者,皆埋巴礼②院内。候五十年取其骨化火,加以妖术制为油水,分五院收贮。有入其院者,将油抹其额,人遂痴痴然顺之。今我华人不悟,而以为圣油、圣水乎。且不特其术之邪也,谋甚淫,而又济以酷法。凡吕宋土番之男女,巴礼绐之曰:'汝等有隐罪,寮氏弗宥,当日夜对寮氏解罪。'不论已嫁、未嫁,择其有姿色者,或罚在院内洒扫挑水,或罚在院内奉侍寮氏,则任巴礼淫之矣。至若骗男人解罪,则用白布长衣,自头面罩至脚下,用小索五六条,其索尾系以铁钉,勒令人自打于背上,血出满地,押遍五院乃止。盖借虐男人之法,以吓妇人也。其淫酷盖如此哉。"③

一旦心生反感,则欧洲人一些与中国人不同的生活和饮食习俗也被士人视为怪异和反传统之举,如许大受在《圣朝佐辟》中讥诮:"今夷不知鲜食是治世圣人之权,乃以杀为宜,而以斋为号。又别水族异于牲牷,宜充素食者。与回回之单不食肫,自杀自食之可笑,有何异哉?"④

此外,文震孟之孙文秉记崇祯末年京师天主教时,描述其令入教者与魔鬼(佛)彻底断交的诡异仪式,"凡皈依其教者,先问汝家有魔鬼否,有则取以来。魔鬼,即佛也。天主殿前有青石幢一,大石池一,其党取佛像至,即于幢上撞碎佛头及手足,掷弃池中,候聚集众多,然后设斋邀诸徒党,架炉鼓火,将诸佛像尽行镕化,率以为常"。但是文秉接着便讲到这群天主教徒如何遭到佛的"报应"并因此念佛求饶。"某年六月初一日,复建此会,方日正中,碧空无纤云,适当举火,众共耸视,忽大雷一声,将池中佛像及诸炉炭尽行摄去,池内若扫,不留微尘。众皆汗流浃背,咸合掌西跪,念阿弥陀佛,自是遂绝此会。"⑤

---

① [明]谢宫花:《历法论(辟西历弃闰邪说)》,[明]徐昌治辑:《破邪集》卷六,周骃方编校:《明末清初天主教史文献丛编》,第204页。
② 巴礼是葡萄牙文Padre(神父)一词的音译。
③ [明]黄廷师:《驱夷直言》,[明]徐昌治辑:《破邪集》卷三,周骃方编校:《明末清初天主教史文献丛编》,第157页。
④ [明]许大受:《圣朝佐辟》"七辟窃佛诃佛种种罪过",[明]徐昌治辑:《破邪集》卷三,周骃方编校:《明末清初天主教史文献丛编》,第175页。
⑤ [明]文秉:《烈皇小识》卷六,《台湾文献丛刊》第263种,第148页。

把天主教视为一个诡异不经的民间教派,这已成为明末许多人的共识。这主要是因为各地的天主教徒团体纷纷形成,他们在神父的指导下过着与中国传统很不相同的生活,还常有背着外人的集体活动,由此引起众多猜测和质疑。但如果对天主教的认识仅限于此,那么天主教徒至多被视为一群奇怪的人,却不会仅仅因此就遭到官方的排斥。

3. 反儒的天主教

以崇祯十二年(1639)徐昌治订正印行之《破邪集》和1643年藕益智旭(1599—1655)刊行之《辟邪集》为代表的明末反天主教言论开始撕去天主教"近儒"的面具,揭示其反儒真相。

反天学的士大夫并不否认天地万物有其主宰,但他们与天主教的最大区别在于,这一主宰不是人格神。所以士大夫们通过辨析儒学中"天"的三种意义来澄清中国古籍中的"天""上帝"与西方"天主"的本质差别,并驳斥天主教所谓一个超理性的人格至上神的存在:一、天是与地相对的物质之天;二、天是主宰之天,但治民而非生民,不是利玛窦所解释的生人生物之天主;三、天是义理之天,作为万物本原,其特性是无喜怒、无造作、无赏罚、无声臭,但理气体用具足。据此,利玛窦等人是僭越"天"的名号。这套对"天"之含义的论证与龙华民(Nicolas Longobardi,1559—1654)反对利玛窦的术语政策时采用的思路与得出的结论非常相似,同时士大夫们坚持这套天论是源自古儒,并经过理学的发展与改造,则更可见龙华民理解儒家天论是立足于时代的普遍立场,也可见利玛窦策略因强调权宜性而有着难以弥合的理论纰漏。士大夫们驳斥人格神,除了受理学的理性主义熏陶外,还在于他们认为,人格化的天主观念是对"天"的降格。对"天"应当理性地"敬",而不是顶礼膜拜地"媚"。天主教把"天"贬低为一个人格神并尽力取媚天主,即使一世为恶,也可因一息媚天而消解众恶,这与小民各种求神之举毫无差别。所以,在万物本原的属性这一问题上,儒士与天主教徒发生基本的观念冲突,这两种观点只能择一而从,没有调和余地。利玛窦原以为中国人所具备的自然理性将使他们易于被引向启示真理的王国,却忽略了基本思维模式的差异。

士大夫们洞察到传教士附儒补儒超儒的传教策略后,对天主教借儒教之名以乱圣道的危险性有痛切体认。在儒学传统中,不承认宗教作为与国家政治相分离的独立力量存在,而天主教却以媚儒窃儒的方法欲达其灭儒的最终目的,令正统士人备感其方式阴险。当传教士排斥和禁止中国的礼仪习俗时,更引起士人们极大愤慨,因为祭天祭祖之礼是儒家伦常规范的外在表现,是儒学道统中一项核心内容。蒋德璟(1593—1646)在《破邪集序》中便对西士窃儒学之

"天"而造出一个蛮夷相貌的"天主"却又反对儒家祭祖礼仪颇有微词,同时也对儒生竟然从教表示不满,"比读其书,第知其窃吾儒事天之旨,以为天主即吾中国所奉上帝,不知其以汉哀帝时耶稣为天主也。……予笑谓:天主则上帝也,……若儒家性命之学,则畏天敬天,无之非天,安有画像?即有之恐不是深目高鼻一浓胡子耳。……然佛之徒非之,而孔子之徒愿或从之者,何也?"①1637年福建反天主教事件中,巡海道施邦曜(1585—1644)奉巡抚之命捕拿私自入境藏匿的外国传教士,结果发现在福安一带有众多生员从习天主教,这令施邦曜难以理解又极为不安。他虽然对这些生员信徒免究刑责,但要求学道对他们严加训导惩戒。同时他还下令福建各地讲读乡约,在认识上清除邪说。施邦曜的反应充分表明,理应担当维系儒学秩序及社会秩序重任的士人弃儒从耶,会令正统秩序的维护者们寝食难安。当意识到天主教实际上开始挑战中国乡土社会的整个制度基础时,保守派士人的捍卫本能迅即主导一切,诉诸君师两大传统权威来压制西学,这在一个长期以儒学为中心的社会里并非过度反应。利玛窦曾致力于避免发生此种情况,而追求长期的、和平的前景,但这或多或少都违背基督教的本性,所以终究难遂人愿。

传教士宣扬的宗教道德与儒家世俗道德间的差异也随着天主教势力的发展而无法掩饰。违反伦常以及鄙弃尘世,是士人心目中最不道德之事,而天主教宣扬这种不道德,何况天主教徒还把身为道德楷模的孔圣诬为魔鬼。利玛窦固然以《友论》赢得许多士人称赞,认为他懂得朋友之义,但天主教对君臣之义、父子之义、夫妇之义的轻忽甚至否定无论如何也无法被儒士视而不见。中国的伦常观念本质上是为教导人正确实现此生的价值,在既定的社会秩序结构中正确地行事。接受这种理念的士人对死后既无希望也无恐惧,全力关注发挥人生的意义。然而天主教道德鼓励人们放弃毕生修养德性的追求而希图死后之福,这在士人眼里显然是对人生的鄙薄,这显然说明天主教与圣学道统并无相容相补之处。假如这种唾弃尘世鄙薄人生的宗教被中国人普遍接受,将会导致对现世社会等级结构及建立在这些结构之上的道德规范的背离。无论是出于维护道统之纯洁,还是出于维护社会秩序之安定,这种宗教都应该被断然拒绝。反观后来的传教士在认识到儒学与天主教间的根本差异后,为保证教义的纯洁而彻底拒斥中国礼仪与术语,其捍卫道统的心态与方法同反天学的士大夫如出一辙。双方的态度都说明,那个时代并不是中国与欧洲的两种传统能够对

---

① [明]蒋德璟:《破邪集序》,[明]徐昌治辑:《破邪集》卷三,周骋方编校:《明末清初天主教史文献丛编》,第145页。

话沟通的时代①。

4. 反政府的天主教

明末两次有官方背景的反天主教事件可视为官府及士人官僚对天主教态度的典型表达。这两次事件一在万历末期的南京,一在崇祯时期的福建。

1616年南京事件导致两位耶稣会士被驱逐,一众平民天主教徒被视为遭利诱蒙骗之人递送原籍,由利玛窦奠基、王丰肃完成的天主教堂被拆毁,南京的天主教根基被彻底铲除。当事人之一、葡萄牙籍耶稣会士曾德昭(Alvarez de Semedo,此时名谢务禄,1585—1658)在《大中国志》中留下了对南京事件由来始末的详细记载。曾德昭的叙述强调南京礼部侍郎沈㴶个人的阴暗心理在引发风波和推进事态中的关键作用——因为倾向佛教而排斥天主教并收受佛僧的贿赂,因为与徐光启和杨廷筠辩论失败而对两人心怀怨恨,因为想提升官位而动用职权发动宗教迫害。曾德昭还详细描述了沈㴶如何不屈不挠地一遍遍写奏折和递奏折以迫使朝廷对南京的神父和信众采取措施,而天主教徒被下狱后,沈㴶又不失时机严刑拷问。总之,在曾德昭笔下,除了沈㴶及几个在礼部的同党,中国政府本来对天主教神父们并无恶意,哪怕是奉命来逮捕他们的兵部官员也采取安慰态度,而促使中国政府下令驱逐他们的,不过是沈㴶捏造的不实控告。

关于崇祯十年(1637)的福建事件,在西方教史文献中有详细记载,在中国文献中则暧昧不明。据多明我会的文献,此事可以追溯到1633年,多明我会士和方济各会士初入福安便严格禁止当地教徒遵行传统祭祀礼仪,由此引起耶稣会士与托钵修士的分歧,也引起教众的分裂,终于导致1635—1636年间福安民众公开反对这批传教士,虽因福安知县巫三祝的调和事态没有扩大,但毕竟在福安乡土社会中埋下对天主教的负面情绪。于是当1637年黎玉范等人踌躇满志欲北上拓展新教区,且是年秋天又有大批多明我会士和方济各会士来到福安之时,福安民众的反击运动也全面展开。首先是福安大族上杭陈氏家族的陈翰迅刻印散发反教文籍,还专程赴京师上呈反教书,却不料反教书落到一位对天主教颇有好感的官员手中而未能如愿。与此同时,两位已到京师的方济各会士因不听从耶稣会士汤若望关于活动方式的建议而擅自行事,致使礼部得知其行踪而将之解送福建。已赴浙江的黎玉范等人得知消息也急忙赶回福安以图计议,为了避免一大群(10人)传教士汇聚于一地而引起麻烦,特意决定分头行

---

① 关于明清时期欧人对于以理学为主的中国儒学思想的理解与评价,参见吴莉苇:《天理与上帝——诠释学视角下的中西文化交流》,北京:宗教文化出版社,2014年。

动,有四位方济各会士(其中一人于两三天后离开)暂避于宁德塔山吴厝一位生员吴伯溢家中。正是这一藏匿举动成为福建官府下令缉捕外国传教士和禁行邪教的直接导火索——吴厝当地人王春向官府报告,有四名夷人藏匿在吴伯溢家,继而福建巡抚沈犹龙(？—1645)命巡海道施邦曜派兵捉拿。随之巡海道兼福建左布政使施邦曜、福建提刑按察使徐世荫、福州知府吴起龙分别以自身职司的名义发布禁教告示。此后,多明我会士和方济各会士或躲藏或逃亡,仍坚持了近一年,1638年秋天这些人陆续离境。

但是,明朝官方文献对这两次事件性质的理解与传教士截然不同。南京事件中,对天主教徒起疑心的并非沈㴶一人,而是南京礼部一众官员(徐如珂、沈㴶、晏文辉)。同时,南京礼部和朝廷礼部都认为王丰肃一众人违反"通番"和"左道"两项禁令,合该驱逐。福建事件中,福建官府的三份文告表现出福建官府的关注点与南京官府一致——反对夷人不守中国规矩以夷乱华,反对左道邪教,努力消灭有损社会安定的因素。总体上,中国官方将天主教徒可能引致社会不安定视为一件事实,并以此为基础确立对待天主教徒的态度和政策。职此之故,天主教徒的最大罪名是有政治图谋,具体表现是聚党结伙和以利诱人。南京与福建的官府正是依据这种理由驱逐传教士和禁止人民遵行天主教,而不是士人反复申说的不道德、反儒学罪名。

官方文献中出现的反天主教理由主要有五点:1) 僭越正统(僭用名号,私习天文,私家告天);2) 倡夷狄之道于中华;3) 男女混杂;4) 聚党结伙(刊刻和传播揭帖,夜聚晓散,烧香集众,潜住广交);5) 以利诱人。而普通士人的反对理由至少可以总结为八条:1) 蔑视天子,妄称"圣""天";2) 违背祀典,而又私行淫祀,且祭祀行为怪异;3) 私行历法,图谋不轨;4) 宣扬违背儒学的观念:诬天、裂性、贬儒、反伦、不尊君师;5) 行为不端,男女旦夜相聚;6) 窃佛而又诃佛;7) 诳世,提供不正确的地理和历史知识以眩惑世人;8) 技艺、财货为诱民之小道,不足凭信。

可见,士人批评传教士和天主教的理由远远多于官府,道德的、学术的、政治的、社会治安的,统统呈现,官方理由则明显偏重于政治嫌疑。不仅如此,官方的政治嫌疑还聚焦于一种特定行为,那就是聚党结伙。在官方文告中出现频率居前三位的罪名是聚党结伙、僭越正统和以利诱人,道德罪名出现得很少,也不表现为定罪理由。在这三条理由中,"以利诱人"表现为结伙的手段之一,结伙的目标则被指控为有害正统,所以这三条理由是同类性质,皆关系社会秩序和国家安危问题。尤其值得注意的是,"聚党结伙"被视为危害朝纲的外在表现,这是《大明律》中的规定,这也是宋、明、清三代决定哪个群体该被取缔时的实际操作依据。针对天主教徒的文告和审理记录中,正是其多样的节礼、集会活动让官府格外敏感并下定决心取缔。

政府官员和普通士人对待天主教徒的态度差异实际体现了中国政治思想中的一项传统,即对待一种文化、一种宗教或一种思想的宽容与否,不取决于它是否属于"外国",或是否看起来怪异,而取决于(官方认为)它对于社会秩序起到什么作用。对普通士人来说,宗教活动中最易引起公愤的是其中的不道德因素。官方意识形态有时会挪用这种道德批判,但对官府而言,真正应当严厉镇压和打击的是以宗教形式组织民众反抗政府。而那些不符合主流道德标准的活动,只要不成为大规模混乱的根源,政府乐得容忍以图省事,士人官僚对此也倾向于突出治安责任而弱化道德教化责任。这种姿态至少在汉代就已表现出来,在明末对待天主教时,其实是依惯例行事。站在天主教的立场时,或许要争辩,明朝官员出于文化隔膜而把无害的天主教礼拜活动误解为有害的政治集会。但是,在中国古代官员那里,没有这种"误解",民间集会对他们而言只有一种性质,那就是对政府图谋不轨。

不过,在明末反天主教事件中,传统的监控旁门左道的思维出现一点新变化,即"以夷乱华"同关乎治乱的旁门左道明确挂钩。唐武宗废黜三夷教时,重心在于它们是"夷教",政策的基调是排外。也许唐代明令禁止华人习学夷教以及禁止夷人向华人传教的政策有足够实际效果,使得三夷教的影响不足以使政府把它们同社会治安联系起来。五代至宋作为政府治安严防对象的华化摩尼教团体固然多少有些外来宗教的影子,但政府方面并未表现出对这一点的重视,何况此类团体的中国特色远超过外来的摩尼教特色。明末政府处置天主教时首先遵循非官方团体与社会秩序的关系这一传统视角,但是政府言论已表露出天主教团体的特殊性,即还涉及夷夏关防。南京事件中处置相关人犯时,核心问题是递送几名外国人出境并籍没其房产,虽也动用南京三法司惩治中国教民,却只真正处罚了两人,儆示作用多于忠实律例。这似乎表明,南京事件主要被视为外国人的管理问题和无知小民受人利诱的问题,但外国人还没有构成一种实际威胁,防微杜渐之意更为突出。福建官府则不仅下令遣送艾儒略、阳玛诺辈归国,还严词厉色地训示民众,不得藏匿收容传教士、不得私自妄习天主教,首犯者可令改过,再犯者和相互容隐者严惩不贷,连坐并究甚至十家连坐。福建官府这种紧张姿态便与当时严峻的海防形势有直接关系。前文曾经介绍过,天启至崇祯时期,福建官府始终受到私人海商集团的威胁与荷兰人的骚扰,各任巡抚罕有宁日。因此外国传教士处心积虑深入内陆的行为不可避免地被与红毛番百般求市的举动联系起来,所以这既是对左道的严厉处置,也是对夷人私自入境以及华人通番的严防措施。

古代中国政治思维以"治"与"乱"为首要考虑,但是又力求在"治乱"考量、社会秩序的实况、传统"天下观"及相应的夷夏认识这三者之间达到某种平衡,既不喜无端生事,也并非热衷排斥异己。与欧洲中世纪教权政治和近代王权政治倾向于积极干预相比,古代中国政府具有某种冷漠的容忍性。这样的政治思维事实上包含着对外来文化很大程度的宽容,哪怕这种"上邦"对"蛮夷"的容忍在今人眼里有很大歧视性。另一方面,政府对少数派群体之社会影响的推定有很大主观性,常常并不关注这些群体究系何物,却会因为一些敏感人士的担忧、利益群体的挑拨和特定时期政治与军事局势的影响而对少数派群体生出不恰当的危机感,由此进行排斥和制裁,不公正性显而易见。宽容性和主观性同时起作用,这对于尚未领悟和适应中国传统的外来天主教而言,如何措置其间的确是个难题。此类经历也并非明末天主教所独有,这是无论外来与否的少数派群体在中国古代社会必须要面对的环境,天主教因为没能更进一步地了解中国社会和更贴切地"适应",从而在刚刚体味到繁荣滋味时便遭遇严重打击。

天主教既是夷人又是左道而具有双重危险性,此点于清代更趋明朗,因天主教此时的社会影响和地位远非明末所能比拟。而反对天主教徒继续执行中国传统礼俗的礼仪之争在康熙朝全面爆发,更促使康熙迅速改变对天主教的容忍态度。接着,对天主教素无好感的雍正便在《圣谕广训》中明确定位了天主教的"外国异端"身份,并警告世人要对之提高警惕、当惩则惩,"如白莲、闻香等教,皆前车之鉴也。又如西洋教宗天主,亦属不经。因其人通晓历数,故国家用之,尔等不可不知也。夫左道惑众,律所不宥;师巫邪术,邦有常刑"[①]。不过,基督教因其外国身份而导致官方大幅度反感这一现象仍要到晚清中国与世界的关系发生变化以后才成为事实,即使在这种情形下,夷夏之防也是因为直指国体安危才变成敏感话题。所以,政府对于外来文化的宽容性始终是存在的,对于治乱问题的谨慎与敏感则是处理各类非官方团体或少数派群体(包括宗教团体与外国团体)事务的基本指针。

四、清初历狱折射的排外思想

明末也有士人流露出西方科学技术为无益于心身的区区末技,不能纳入圣学之列的观点倾向。这方面主要是反对西方历法,由此掀起一场正统之争,所

[①] 周振鹤撰集:《圣谕广训:集解与研究》,顾美华点校,上海:上海书店出版社,2006年,第290页。

以从明末到清康熙时期盛行历法"西学中源"说。由于传教士们在证明西洋历法强于中国时也暗含着一种天主教徒对中国人的优越感,所以这种正统之争有一定现实基础。但士人们又将拒斥天文历法的理由泛化,将那些具有世界性的数学、军事技术等等也斥为微末之技加以排斥,将这些知识在中国的传播运用视为不祥之兆,这种排外思想随着异族入主、清朝建立而愈演愈烈,终于以一场"历狱"的方式爆发出来。

顺治末年,在朝廷钦天监内部出现了历法之争,起先有明显的现实利益纠葛。汤若望在任职钦天监监正后力图独尊西洋历法并压制监内仍守旧法的官生,于是顺治十四年(1657)四月,已被革职的原回回科秋官正吴明炫为回击汤若望的压制而上疏,控告汤若望剥夺回回科例行承担的工作,且其新法《七政历》舛误。但在十二月遵顺治之命进行的实际测算中,回回法预推有误,吴明炫因此获罪,此次反对西历之举宣告失败。但布衣儒生杨光先(1597—1669)在此时介入,于顺治十六年至十七年(1659—1660)撰写了一系列反对天主教和西洋历法的文章并广为散布,充分表达出儒生既忧国之不存、又忧正统将失的心情。不过,仅仅写这些文章就如崇祯朝黄贞邀人撰文反对天主教一样,只能表达士人的文化忧虑感,不足以促使政府介入其中。因为如上文所言,官员在社会治安不受影响的前提下倾向于容忍文化或思想上的"异端"。

但是杨光先决不气馁。康熙初年四辅臣秉政时期出现恢复旧制的政治气氛,杨光先抓住时机再向朝廷控诉西洋历法之非与传教士治历之误。此时又值李祖白的宣教文章《天学传概》于康熙三年(1664)发表,给了杨光先一个更为有力的攻击口实。李祖白以一个完全接受天主教的人的姿态,毫不忸怩地告诉国人,中国人以及中国文化的源头都在如德亚,"方开辟时,初人子孙聚处如德亚,此外东西南北并无人居。当是时,事一主,奉一教,纷歧邪说无自而生。其后生齿日繁,散走遐逖,而大东大西,有人之始。其时略同,考之史册,推以历年,在中国为伏羲氏,即非伏羲,亦必先伏羲不远,为中国有人之始矣。惟此中国之初人,实如德亚之苗裔,自西徂东,天学固其所怀来也。生长子孙,家传户习,此时此学之在中国,必昌明于今之世。延至唐虞,下迄三代,君臣告戒于朝,圣贤垂训于后,往往呼天称帝,以相警励,夫有所受之也,岂偶然哉!"①这样的言论在中国传统观念下完全不可理喻,所以杨光先立刻怒火中烧,斥其为"妖书,谓东西万国皆是邪教之子孙,来中夏者为伏羲氏,六经四书尽是邪教之法语

---

① [清]李祖白:《天学传概》,吴相湘编:《天主教东传文献续编》第2册,台北:台湾学生书局,1966年,第1055—1061页。关于李祖白生平与思想的讨论,参见吴莉苇:《明清士人对圣经年代体系的接受与理解——以李祖白〈天学传概〉为个案》,《中华文史论丛》2009年第1期,第277—310页。

微言。岂非明背本国,明从他国乎?""历代之圣君圣臣,是邪教之苗裔,六经四书是邪教之微言,将何以分别我大清之君臣而不为邪教之苗裔乎?""苗裔我君臣,学徒我周孔,祖白之意若曰,孔子之道不息,天主之教不著。"① 简而言之,杨光先指出,李祖白的言论既背叛儒学正统,也背叛大清政权。这两项罪名加在一起,任何一个中国人都招架不住。所以,当杨光先挟《天学传概》之非再次上疏朝廷指斥西学西历之非,又值此妖书的作者还是钦天监官员时,立刻取得明显的打击效果。

当年九月,在北京的耶稣会士汤若望、南怀仁、利类思(Lodovico Buglio, 1606—1682)、安文思(Gabriel de Magalhães, 1610—1677)被关押审讯,李祖白直接被处死。随后各地拘押传教士达三十人,并一概被遣送广东,于是"历狱"事件演化为一场波及全国的排教运动。康熙四年三月,汤若望等人在太皇太后的请求下终获恩赦出狱,而杨光先于九月出任钦天监监正。康熙七年底起,南怀仁等三人开始疏请为"历狱"翻案。康熙八年,杨光先因被南怀仁疏奏历法谬误和依附鳌拜而先被革职后又获罪,"历狱"方告平息。"历狱"得以平息的根本原因在于新近秉政的康熙既需要西方科学技术以裨益统治,又需要利用某些时机树立自己的政治权威。

《清圣祖实录》中关于"历狱"事件的记载

---

① 第一句引文见《请诛邪教状》,二三句见《与许青屿侍御书》。两篇文章收[清]杨光先等:《不得已》,陈占山校注,合肥:黄山书社,2000 年,第 5—14 页;亦见吴相湘编:《天主教东传文献续编》第 3 册,第 1075—1087 页。

此次"历狱"风波中,成为主要导火索的李祖白事件不能简单视为偶然因素。实际上,在中国出现了公然"背弃"传统的人,这是天主教在中国发展到一定程度后不可避免的情形,而朝廷钦天监的官员率先"露出马脚",这也是汤若望入主钦天监后延续明末历局传统——将耶稣会士的历法学生和宗教学生都聚集身边——的必然后果。所以,"历狱"可视为明末士人各种反教情绪和官民各类反教事件的延续,并因触及朝堂权力之争而如狂涛巨浪般冲击天主教徒。"历狱"也是儒学卫道士排外心理大爆发的表现,作为卫道士典型代表的杨光先本人在整个事件中占突出地位。杨光先发动"历狱"不仅是为打击驱逐全体传教士,也是有意攻击所有的奉教中国人,甚至波及同情西方传教士的人士,大有在中国社会中彻底铲除西方文化影响的意图。此外,他一贯以正统卫道士自居,且一再将中西历法问题政治化,企图借助政治力量排斥西洋历学,进而排斥所有西来之人,明末士大夫在卫道的同时所具有的一些理性的分析与评价到他这里也淹没在一片僵化与落后的蛮横之中。

对比杨光先反西学论著与《破邪集》诸论,发现他们的立论基础一致,即反对引用西洋历法以败坏古圣的大经大法,反对传教士的附儒合儒之论,反对以谄媚天主为前提的天主教道德观,以儒家天道观否定"天主"这一人格至上神的存在。但是细观之下,两者对同一命题在某些具体论据和论证逻辑上存在一些差别。明末反天学的士人固然也有维护正统的情绪,但明末的两次官方反教事件是基于对国家政权安危的现实考虑,而且对国体安危的关怀也同时出现在一些反西学的士人言论中。他们把历法问题视为关乎国家安危的根本的确夸大其词,虽然历法在传统上具有神圣的象征意味而禁止民间私习,但考虑到明末的内忧外患,这种忧虑可以理解。可是,大清朝建立后一派升腾景象,杨光先又不以明遗民自居,应该歌颂清廷获得象征神器转移的新历才符合他的身份。在这种情况下,不懂修历之法的杨光先完全无视对历法的实际需求而把历法作为反对外国人的口实,其中的颟顸排外心理便不言而喻。

杨光先声称,引用西洋天文历法是违背祖宗成法、毁灭圣贤学问之举,又声称西人鼓吹地圆说的意图在于"轻贱我中夏"。至于他想以中国传统的历法理论攻击西洋新法,却因为他只知历理不知历法,其驳斥不中要害反留笑话。这种基于文化本位的卫道心态在他反对附儒合儒之论时有更进一步的表现。他反对传教士附儒合儒的策略,原因是儒学乃无所不包的至极圣学,不允许被附会,更不允许割裂坟典而支离之。前述明末士人在论证这一点时虽然也缺少认知色彩而更多出于对道统的本能护卫,但多少还有一些基于维护现实社会秩序动机的推理论证。不过在反对天主教道德和将"上帝"等同于"天主"时,杨光先与明末士人同样体现了对天主教义与儒学之差异的洞悉,并且同样地以其儒学理性斥责这种差异。

"历狱"发生后,教外士人对之有两种态度:一为强烈贬斥杨光先的反西学言行,原因或为不满于杨光先以政治化手法挑起"历狱"并祸及无辜,或为基于对西方科技的一定了解和兴趣而斥其愚妄;二为同情杨光先发动"历狱",但是在赞赏其反天主教言论的同时,亦反对杨光先因人废术而对西法过分诋毁、盲目排斥,且此中不乏理学名士如李光地(1642—1718)和陆陇其(1630—1692)。综合来看,尽管有杨光先这种彻头彻尾的顽固保守派,清初士人中已有相当一部分开始将西教与西方科技区别对待,无形中将利玛窦有意糅合的"西学"概念加以还原。结果是,此类士人在对"西学"的排斥与容纳之间寻到进退缓冲之地,在务实的层面上容纳西学。这也可以解释后来清朝政府虽禁止天主教传播,却继续要求有一技之长的传教士在宫廷效力,并隐然为晚清的中体西用论开启先河。但与此同时,由于对"西学"与"西教"区分对待,即使较开明的士人对天主教的不屑甚或排斥之心也有增无减,更遑论单纯出于捍卫道统而排斥天主教的保守士人日渐增多。

清初李颙(1627—1705)把西洋教典和外域异书统统视为幻妄之书,应对之随时纠正,"以严吾道之防"①。清代中叶一众考据学家如纪昀(1724—1805)、赵翼(1727—1814)、崔述(1739—1816)或视天主教为不经之说或视之为低劣之说,根本不认为它与儒学有任何平起平坐或切磋互通的可能性。纪昀主持编纂的《四库全书》中收录和著录一些明代耶稣会士的作品,在每本书的提要中,四库馆臣无不指出这个教派所倡之言荒诞欺世,合儒辟佛之策既显其有自知之明——知儒教不可攻而附会古经,又显其虚伪奸猾——小变释氏之说又攻释氏以求胜。崔述在《丰镐考信录》卷一中直斥天主教是邪教,并以儒家观念批评童女诞耶稣之说是不尊父子夫妇之道。他又在《唐虞考信录》卷四中同时批评佛教与天主教关于有佛始于天地之先或天地万物有造作者的观念,对于有人相信如此诞妄之说感到不可理喻,因为他坚持认为宇宙之间莫大于天地。赵翼在追溯明代天主教来华概况后,面对不得不承认的佛教和天主教广泛传播的事实,提出一个能够缓解儒者忧虑、巩固儒者信心的解释,即,孔子之学不言而喻是最高明的,其传播不如佛教和天主教是因为,只有品性高尚之人才能习学孔教,佛教和天主教适合于蛮夷之邦、粗鄙之人,因此某种教导的精粗之分不必以信徒多寡为依据。"孔子集大成,立人极,凡三纲五常之道无不该备,及其教

---

① [清]李颙:《二曲集》卷四五《历年纪略》,陈俊民点校,北京:中华书局,1996年,第561页。

反不如佛教、天主教所及之广。盖精者惟中州清淑之区始能行习,粗者则殊俗异性皆得而范围之,故教之所被尤远也。试观古帝王所制礼乐刑政,亦只就伦常大端导之禁之,至于儒者所言身心性命之学,原不以概责之庸众。然则天道之包举无遗,固在人人共见之粗迹,而不必深求也哉!"①

可见,晚明时约略肇始的睁眼探求外域的士人风习(无论是基于猎奇、基于现实关怀还是基于知识好奇)并未与时俱进,而是逐日湮灭,到清朝中叶,在主流派士人中已形成一种无情排斥西人西教的强硬态度。在清朝上述形势下,传教士却在明末已经出现的传教导向基础上,进一步放弃包容性的"西学"概念而突出天主教,除了在祭祖祀孔礼仪上的妥协之外,不太关心与儒士探讨文化沟通的前景,而将延续和扩大已形成、以基层民众为主要成员的天主教社区作为主要任务。于是,儒士的排斥遭遇传教士的不妥协,这次耶儒交往的前景自然不让人有乐观期想。

---

① [清]赵翼:《廿二史札记》卷三四《明史·天主教》,曹光甫点校,上海:上海古籍出版社,2011年,第712页。

第二十三章　明清中国人对欧洲的基本认识

利玛窦来华之时,展现了一幅世界地图《坤舆万国全图》,引起国人惊叹,其后更有艾儒略的《职方外纪》,介绍域外新知识。总之,晚明前清时期,外国人纷至沓来,中国人则除了少部分沿海居民,总体上固守本土。这时了解外国人的渠道主要有东南亚诸朝贡国、赴南洋贸易的中国商人、欧洲使团、(耶稣会士为主的)传教士带来的知识。明清人能接触到的欧洲信息其实相当丰富,但是从时人记录中体现出来的却相当单调,而且似乎就是几种固定论调的反复申说。

一、佛郎机

自古以来,中国人在地理上以中国为天下的观念与其文化上的华夏中心观相辅相成,欧洲人万里扬帆来到中国,按理首先会直接冲击中国人的地理观,但事实上并没那么容易。明朝官员从 16 世纪初就开始接触葡萄牙人、西班牙人及荷兰人,稍后还接触到以意大利人为主的耶稣会士,但似乎罕有人愿意费心追问这些闻所未闻的国家究竟位处何方,只要知道它们"去中华极远"似乎就够了。不乏有人喜欢把这些国家在亚洲的殖民地视作该国本体,而且每当能够确认某个自称相隔万里的国家原来就在东海或南海之中时,总会为很多人带来释然之感。此种情况延及清初也无甚改观。

葡萄牙在晚明被称为"佛郎机"(又写作"佛郎机""佛狼机"),这个名称从何而来,在中文记载中从无说明。不过,利玛窦对此曾有一个解释,当葡萄牙人首次抵达广东沿海的小岛后,岛上居民叫他们为佛郎机人,这是回教徒给所有欧洲人的名字。这个词本来是 Frank,但由于中国话没有"r"音,就被念成 Fulanci(佛郎机)[①]。利玛窦这段话中提供的最有价值的信息是,这个称呼来自回教徒(中国沿海居民想必是在东南亚与回教徒贸易时得知这个名字),由此可以把这个词同西亚地方称呼希腊—罗马—欧洲的一个名词 Farang(元代文献中译称富浪、

[①] [意]利玛窦:《利玛窦全集》1,刘俊余、王玉川合译,台北:光启出版社、辅仁大学出版社,1986年,第111页;[意]利玛窦、[法]金尼阁:《利玛窦中国札记》,何高济等译,北京:中华书局,1983年,第140页。

佛郎,明代的"珐琅"亦来自该词)联系起来。只不过利玛窦把 Farang 误会为欧洲语言中的现成词汇 Frank(法兰克)[①],而发生这种误会也不止他一个欧洲人,1438 年曾到过东方的威尼斯人尼科罗·康蒂(Niccolò de' Conti),1402—1405 年曾出使帖木儿帝国都城撒马尔罕的西班牙使臣克拉维约(Ruy Gonzalez de Clavijo),以及 1471 年和 1474 年曾出使波斯的威尼斯使节若萨法·巴尔巴罗(Barbaro)都发生过同样的误会[②]。

佛郎机在哪里呢？在著述中提到佛郎机的明朝人不下四十人,可是提到佛郎机地理位置的仅寥寥数人,所言还各有分歧。有人含糊地称其来自"西海",或更笼统地称为"海夷"。还有人称其为"西北极边强番"(汪鋐《重边防以苏民命事》),则似是以为其从陆路与中国相通。最确切的定位是佛郎机在满剌加附近或爪哇附近,嘉靖年间严从简则更进一步将它对应为喃勃利国,即郑和下西洋曾经过的位于苏门答腊西北的南巫里国。严从简至少表明,此说来自传闻,而万历间与耶稣会士颇多往来的熊明遇(1579—1649)则以讹传讹,将此说作为信证[③]。独树一帜的是嘉靖朝顾应元,他推测"佛郎机亦大食之邻境也"[④],这看起来似乎比较正确,但他得出该推论的理由却令人啼笑皆非。他以为,历代史传并无佛郎机国之名,只有拂林国,所以可能佛郎机就是拂林;又,《唐史·西域传》载大食国来贡马时不拜有司,佛郎机人来京,对礼部官员也不跪拜,两处远夷脾气这么像,可见相去不远。显然,从明朝人的记录中完全无法知晓葡萄牙人来自哪里。嘉靖末年,中国人已经听说了葡萄牙的正确译名"蒲都丽家",当时葡萄牙人以此名要求通贡,这说明葡萄牙人在努力让中国人对自己有正确认识,试图甩脱"佛郎机"这一对他们而言颇为莫名其妙的名称。谨慎的中国官员正确地判断,"蒲都丽家"就是佛郎机,所以拒绝其贡市要求,但他们对葡萄牙的认识并未由于这个新名称有任何改变。

---

① 这种误会也影响到现代中国学者,比如冯承钧在《西域地名》(北京,中华书局,1982 年增订本,第 27 页)"Farang"条也以为该词是波斯语对 Frank 的转写。考之欧洲历史,"Frank"没能担当过能成为欧洲通称的使命。冯承钧(《西域地名》第 21 页)认为中古的"拂菻"也是来自 Farang 一词,这种说法之不当已由张绪山在"'拂菻'名称语源研究述评"一文中评述(《历史研究》2009 年第 5 期)。但是"Farang"一词的字面含义尚未见人辨析。19 世纪来华新教传教士艾约瑟(Joseph Edkins)提供另外一种猜测,即,波斯人最早用"拂菻"(Fū lin)一词称呼欧洲人,后被阿拉伯人与 Franks 混淆起来。但他没有说明波斯人使用的 Fū lin 来源于哪个词语。见 J. Edkins, "Fū lin, a Persian Word", *Journal of the North China Branch of the Royal Asiatic Society*, vol. 21, 1886, pp. 109-110,转引自张绪山:"'拂菻'名称语源研究述评"。
② 参见季羡林:《古代穆斯林论中西文化的差异——读〈丝绸之路〉札记》,《传统文化与现代化》1995 年第 5 期。
③ [明]熊明遇:《文直行书诗》卷一三《佛郎机》,《四库禁毁书丛刊·集部》第 106 册,第 492—493 页。
④ [明]顾应祥:《静虚斋惜阴录》卷一二《杂论三》,《续修四库全书》第 1122 册,第 511 页。

明朝人对葡萄牙人来自哪里漠不关心，但对这群人的怪异之处却津津乐道。葡萄牙人的外观不同于华人，也不同于明朝人见识过的东南亚诸国，明人记录中在这方面表现出较强的好奇心，倒也理所当然。明朝人笔下的葡萄牙人外貌比较一致，身长七尺，高鼻深目，猫睛鹰嘴，面貌白皙，卷发赤须。顾应祥（1483—1565）还注意到他们以白布缠头，如回回打扮，这完全符合中世纪晚期到大航海时代葡萄牙人的服饰特点。此点随后被人多次引用。至于茅瑞徵（万历二十九年[1601]进士）提到佛郎机人中也多有髡首薙须者，恐怕是指葡萄牙人的土著随从。

　　关于葡萄牙人的习俗，有两点可怪之处被反复提及，一是这群人久住广东之后好读佛书，此说首见于顾应祥《静虚斋惜阴录》，至少有王鸣鹤（《登坛必究》）、茅瑞徵（《皇明象胥录》）、茅元仪（1594—1640）（《武备志》）、周鉴（《金汤借箸》）四人蹈袭其说。茅瑞徵更详细地说，佛郎机人"每六日一礼佛，先三日食鱼为斋，至礼拜日鸡豕牛羊不忌，手持红杖而行"①，如将"佛"易之为"天主"，则茅瑞徵这段记载与实情倒有几分相符，只是天主教徒并非每周持斋。《明史》修撰之时，毕竟关于葡萄牙人的知识已较前为多，所以作了一点调和，称佛郎机人初奉佛教，后奉天主教，但却也不肯承认奉佛之说为误解。

　　另一个被明人不厌其烦叨念的怪异习俗是，佛郎机人烹食小儿。目今所见，最早提到佛郎机人食小儿的是正德、嘉靖之间的东莞人王希文，他在《重边防以苏民命疏》中将此视为佛郎机人入贡不成又擅留广东后的诸多恶行之一。随后，嘉靖朝严从简及李文凤分别在《殊域周咨录》和《月山丛谈》中以类似语言对佛郎机人在广东如何以一百文金钱购买一名小儿和活烹小儿的惨烈过程加以详细描述。如此匪夷所思之事，明人却信其实有，万历朝的焦竑（《国朝献征录》）与何乔远（《名山藏》）也都重复了正德朝的佛郎机使者滞留广东食小儿的传闻，并且把"买食"改为"掠食"。严从简另外列举两个有食人习俗的海外国家，古之狼徐鬼国及爪哇之先鬼，而佛郎机就在爪哇对面，所以食人对他们也算不得怪事，甚至在佛郎机人那里，食小儿还是王室特权。熊明遇则再一次抄袭严从简，接受了爪哇、佛郎机俱嗜食人的传闻。显然，食人被明朝人视为蛮夷普遍具有的一个典型习性，正因为是蛮夷，所以多么怪诞可怖之事都做得出来，而佛郎机既然是蛮夷之属，一旦有他们食小儿的传闻，一众士人便风行草偃，根本懒得考察其真实性。唯一的例外是万历年间的张燮，他在详细引述《月山丛谈》

---

① ［明］茅瑞徵：《皇明象胥录》卷五《佛郎机》，《四库禁毁书丛刊·史部》第10册，第619—620页。

的记载之后,称"然今在吕宋者,却不闻食小儿之事"①,委婉地表达了他对此传闻的怀疑。16 世纪的葡萄牙史学家若奥·德·巴洛斯(João de Barros)已经听说了中国人对葡萄牙人的这种指控,他对中国人态度的理解是,因为对中国人而言,这是闻所未闻之事,作为遥远的异域民族,葡萄牙人成为东方人的恐怖和害怕之因也属情理之中,就像葡萄牙人也会相信归之于遥远民族的奇异行为②。巴洛斯认为人类普遍有猎奇之心、轻信未知奇闻和畏惧未知事物之心,所以能够对中国人的误解宽容对待。但明朝士人的很多记载表明他们的确相信此事,这种心态就值得进一步思考。

  茅瑞徵在《皇明象胥录·佛郎机》中对佛郎机人还有更多记载,衣着和日常习俗方面较为真实,如地位低者见地位高者需脱帽致敬,饮食不用匙筯,婚娶时女方需支付大笔嫁妆,在佛(天主)和僧(神父)面前举行婚礼,无主的遗产会落入教会,入葬时无棺椁③,见面问候时弯臂至肩部。但他对佛郎机人市易之法的介绍则像是翻抄以往关于海外国家的见闻。而他说葡萄牙人凶悍野蛮,以小衅而死斗,也是直接套用适于蛮夷国家的一种通用形象④。关于葡萄牙风物,明朝人似乎只关心佛郎机铳。葡萄牙人首次出使不成,赖在东莞,那时人们就知道他们有一种厉害的火铳,每发铳,声如雷。自嘉靖初年汪鋐(1466—1536)命人求取制作之法并成功仿制以来,它更成为晚明军队的主角和文人笔下的爱物,提到佛郎机铳的文字不可胜数。

  由对葡萄牙人的叙述可以看出,明朝人被关于"蛮夷"的先入之见强烈左右,而缺少了解新的人群和新的知识的意愿。但应补充一点,葡萄牙人在东南亚四处征讨又无往不利的行为经南洋商贾和贡使传至中国,自然也巩固了"佛郎机"的野蛮形象。对于西班牙人也一样,因为西班牙人被明朝人归之为"佛郎机",西班牙人在吕宋的作为更强化了明朝人从葡萄牙人那里形成的"佛郎机"印象。

  明人没有"西班牙人"的概念,只知道一群同吕宋互市并逐吕宋国主取而代之的佛郎机人。他们也知道现在的吕宋与从前的吕宋,地虽相同,国已不同。佛郎机人以诡计占据吕宋,初与吕宋互市,以黄金为礼,向吕宋国王请求一块牛皮可覆盖的地方以供盖屋,吕宋王许之。孰料佛郎机人把一块牛皮剪成细条,连成长条,圈围出一块非常大的地盘。吕宋王知道中计,却也不便反悔,只好应

---

① [明]张燮:《东西洋考》卷一二《逸事考》,谢方点校,第 249 页。
② [葡]科提松:《多默·皮列士传注》,[葡]多默·皮列士:《东方志:从红海到中国》,何高济译,第 18 页。
③ 截至 17 世纪,欧洲人,尤其是家境一般的人,仍习惯用布匹缠裹后下葬,棺材仅供运送遗体。
④ [明]茅瑞徵:《皇明象胥录》卷五《佛郎机》,《四库禁毁书丛刊·史部》第 10 册,第 619—620 页。

仆人向明朝官员呈送佛郎机铳

允。起初,佛郎机人每月缴地租。但随着他们在定居地筑起堡垒置妥城防,便开始围攻吕宋,杀其王而夺其地,于是吕宋成为佛郎机属国。佛郎机国王派大酋镇守此地,数岁一易。这个故事与古代腓尼基人在迦太基求地定居的故事一模一样,但不知在吕宋是否当真发生过此事。

因为明朝人把西班牙人也视为佛郎机,所以在介绍吕宋这群占领者的外貌与风俗时,基本重复有关佛郎机人的内容,比如身长七尺,猫睛鹰嘴,须密卷如乌纱,发近赤,面如白灰;性贪婪好利,为行商靡国不至,至则谋袭人;婚姻由僧人决定;死后盛入布囊下葬,遗产半入僧室。不过,也提供了一些新信息。如张燮在《东西洋考·吕宋》篇提到,人死后葬于寺中,并强调其国僧人权重,凡遇大事,酋就僧为谋,凡有人被判死罪,僧人诵经劝之首肯,然后行刑,次一级刑罚是拘足①,"中罪用拘,轻拘一足,重则拘两足"②。如上一章所言,张燮还提到该国僧侣借妇人来忏悔之际肆意轻薄,则是明末很多人对天主教僧侣的一种普遍印象。何乔远对佛郎机的宗教终于提供了切近的信息:"其人敬天,称天曰寥氏。"③"寥氏"是天主之西班牙文名称 Dios 的闽南语对音。

---

① 似乎是强行使腿弯曲。
② [明]张燮:《东西洋考》卷五《东洋列国考·吕宋》,谢方点校,第 93 页。
③ [明]何乔远:《名山藏》卷一〇七《王享记三·吕宋》,娄曾泉等点校,第 1728 页。

西班牙银币

明朝人很明确地把占据满剌加、遣使中国又强留广东的佛郎机同占据吕宋的佛郎机视为来自同一个国家的同一群人。除毫无例外地将占据吕宋之人称为佛郎机、称吕宋为佛郎机属国之外,又如张燮谈吕宋佛郎机时称其在中国香山盘踞已久,《明史·佛郎机传》除谈及此点,还称佛郎机先后灭满剌加、巴西、吕宋三国,称霸海上。那么,明人为何将葡萄牙人和西班牙人视为同一群呢?除了直观上的长相习俗几乎一样之外,恐怕还是因为"佛郎机"是回教徒对欧洲人的通称,而明朝人有关这些欧洲人的信息最初皆来自大多信奉伊斯兰教的东南亚诸岛。事实上,随着明朝开始与葡萄牙和西班牙直接接触,人们已经听说了这两个国家更准确的名称,亦即获得了可以区分这两群人的信息。上文提到,葡萄牙人在嘉靖末年以"蒲都丽家"之名与明朝官府接触,"蒲都丽家"就是 Portugal 的有偏差的译音。而万历年间的张燮与何乔远提到吕宋佛郎机人属"干系腊国",尤其是张燮在叙述潘和五事件时引述西班牙代理总督致福建巡抚书信,其中自称奉干系腊国王之命(明代还有人写作"干丝腊"和"乾丝腊",同属万历时期的茅瑞徵则写为"于系腊",恐是将"干"字误为"于")。可见,"干系腊"或"干丝腊"是西班牙对中国人的自称,而这个词正是 Castilla(卡斯蒂利亚)之闽南语译音。已经建立起一个横跨大半地球之 Hispania 帝国的西班牙人对外仍喜自称卡斯蒂利亚国,以卡斯蒂利亚王国作为正统所在,作为一个自我身份认同问题也颇堪玩味,不过此处暂且不论。我们更需关注的是,这两则国名信息并没有对明朝人产生任何影响,明末时人及《明史》编修者都坚持认为他们属于一个国家"佛郎机"。至于为什么两国自称"蒲都丽家"和"干系腊",有的人不予理会,《明史》编写者则认为是佛郎机人为了遮掩自己的恶劣形象而故意改名,显然试图以调和之法解释名称多样的问题,但无论如何也不会觉得"佛郎机"这个名称有何不妥。

需要补充一点,明朝人把葡萄牙人和西班牙人混为一谈同西班牙一度吞并葡萄牙关系不大。首先,吞并发生在1580年,而西班牙人入侵吕宋在1571年,明人甚至记载了西班牙人先期占领菲律宾群岛的宿务(中文史料写为朔雾)小岛一事,此事发生在1565年,从1542年到1580年,两国在东南亚的敌对姿态十分明显。其次,即使1580—1640年被吞并期间,心不甘情不愿的葡萄牙人也在努力突出自己的独立地位,尤其是在远东地区。

总之,由于葡萄牙人和西班牙人在外观与行为上有种种相似性,同时又被与中国人接触较多的东南亚回教徒赋予同一名称,明朝人便无心再对他们详细区分。这表明,"佛郎机"在明朝人心目中既是一个地域名词和人群名词,更是一个形象名词,它除了包含"长身鹰嘴猫睛白肤"这种含义之外,更突出的含义是贪婪、狡诈、残暴、好斗——亦即一种样貌较新鲜但品质照旧的蛮夷。至于他们的国家在哪里,如何来到中国,这一切对明朝人几乎没有意义,明朝人只满足于描摹其"蛮夷"形象,其中暗含着尚未受到任何动摇的"华夏"与"蛮夷"相对立的传统观念。

二、红毛番

红毛番是明朝人对荷兰人的称呼,因为他们须发皆赤,所以称之为红毛,也称红毛夷,后来更简称红夷。张燮讲得最痛快:"红毛番自称和兰国,与佛郎机邻壤,自古不通中华。其人深目长鼻,毛发皆赤,故呼红毛番云。"[①]

明朝人通常认为红毛番与佛郎机接壤,自古不通中国,自称"和兰"(偶有人将"和兰"写作"利兰")。既然明人多认为佛郎机在爪哇附近,那么与佛郎机接壤的和兰究竟在哪里呢?能关心这一点的人寥寥无几。熊明遇泛泛称其负西海而居、地方数千里,但他所理解的"西海"该是哪里又不得其详。熊明遇还引述了几种其他意见,分别将红毛番对应为古代赤眉的一支,唐贞观中出现的赤发绿睛之种,还有倭属岛外所称之毛人国。叶向高在《中丞二太南公平红夷碑》中叙述南居益平红夷经过时,较为难得地提到,和兰国去中华数万里[②],但也很笼统。明末朱舜水(1600—1682)认为,和兰在中国之西北,比匈奴、大宛更西的西北,而且要经海路交通。从大的地理范围来讲,这种说法倒不算错。但是

---

① [明]张燮:《东西洋考》卷六《外纪考·红毛番》,谢方点校,第127页。晚清时期有《红毛番话》之类的英汉字典,红毛番泛指讲英语的欧洲人,词义已经发生变化。
② [明]叶向高:《苍霞余草》卷一《中丞二太南公平红夷碑》,《四库禁毁书丛刊·集部》第125册,第368页。

清代荷兰仕女俑

他将和兰与红毛视为两国,外加南蛮,以为三国在中国以西的海上鼎足而居①。《明史》本着惯用的调和之法,先说和兰地近佛郎机(《明史》坚持佛郎机近满剌加),而郑和七下西洋也未遇到过一个"和兰国",又说其本国在西洋,去中国绝远,华人未尝至。这似乎表明《明史》编修者知道万里之外的和兰在满剌加附近有个属国(殖民地)。

不过,清朝初期的官员们多数认为荷兰国就在东南亚。康熙年间的王士禛(1634—1711)明确地说过,台湾海域向南就可到荷兰②。每一次荷兰使团都是由巴达维亚殖民当局与荷兰东印度公司共同组建,而荷兰使臣会明确声称自己究竟是巴达维亚总督派来的,还是荷兰本土派来的。康熙在 1667 年接见荷使时曾问起荷兰与巴达维亚相距多远,并问是谁派遣的使节。荷兰人坦率回答说使节是为荷兰国王效命的巴达维亚总督所派遣,以总督名义写的荷兰表文中也注明自己是印度地区的统领。但清朝官员们一贯称巴达维亚总督为"荷兰国

---

① [明]朱之瑜:《舜水先生文集》卷二三,《续修四库全书》第 1385 册,第 109 页。
② [明]王士禛:《香祖笔记》卷一,上海:上海古籍出版社,1982 年,第 16 页。

王",如总督约翰·马绥克(John Maatzuiker)被称为"荷兰国噶喽吧①王油烦吗绥极"(或"甲娄巴王")。也许在他们的意识中,只有一个国家才有资格朝贡吧。

从明朝人的描述来看,红毛番与佛郎机长相没有重大差别,基本特征都是深目长鼻、毛发皆赤、身材高大。只是与佛郎机的猫睛不同,这群人是蓝睛或者碧瞳(沈德符、熊明遇、茅瑞徵提到这个特点)。万历间的《广东通志》又多提供一点特征:"其人衣红,眉发连须皆赤,足踵及趾长尺二寸,壮大倍常。"②但是,葡萄牙人和西班牙人没有因为红色须发被称为"红毛",独独荷兰人得到这个名称,而 18 世纪时英国人也被中国人称"红毛"。这表明,明清中国人的人群划分标准随机而又多样。"红毛番"被与"佛郎机"区分开来,外貌恐怕不是主因,对语言差异的认知更无从谈起。当荷兰人与中国人接触之始便表现出与葡萄牙人的对抗,荷兰人与葡萄牙人更双双强调彼此不同——荷兰人一到澳门便与葡萄牙人开战,葡萄牙人则想方设法让广东官府不要接纳荷兰人,而荷兰人转赴福建求市的要求就是,希望能与澳门的那群人享有同样待遇,凡此种种,使中国人知道这群人不是来自"佛郎机国",需要一个不同的名称。为何偏偏用了"红毛番"?可能有偶然因素,茅瑞徵提到是福建人因其赤发而称其"红毛番""红夷",这个偶然产生的称呼或许正适于区分荷兰人与佛郎机人的需求,所以流传开来。

但是,红毛番与佛郎机终究长相相近,难免让明朝人觉得他们都是一类,张燮有这样一段话:"颜师古曰:西域诸戎,其形最异。今胡人青眼赤须,状类猕猴者,其种也。一名米粟果。佛郎机据吕宋而市香,和兰心慕之,因驾巨舰横行爪哇、大泥之间。"③这显示,他将米粟果、佛郎机、和兰都视为同一类形状怪异的西域胡人。

明朝人对红毛番的印象比较平实,没像对佛郎机那般产生诸多怪谈,而大多数论述都是以张燮《东西洋考·红毛番》中所记为依据。张燮谈到红毛番奉天甚谨并敬祀天主,在不了解天主教与新教各派差异的情况下,这么说也不能算错。茅瑞徵重复了这种说法。《明史》则径称"其人悉奉天主教"④。张燮记该国出产金、银钱、琥珀、玛瑙、玻璃、天鹅绒、琐服、哆啰哔和刀,除了《明史》复述这些物产之外,其他人(茅瑞徵与熊明遇)更偏爱注意其国富于金钱或白金

---

① "噶喽吧"或"甲娄巴"是马来语 Kelapa(椰子)的译音,此名是葡萄牙人初来此地建要塞时当地渔村的名字。1527 年,这座城市被印度教 Banten 王国征服后改名查雅加达(Jayakarta,胜利之城),1619 年荷兰东印度公司征服此地又命名为巴达维亚(Batavia,荷兰的罗马名)。荷兰来使表文中为何称该地为 Kelapa 而不是 Batavia,也值得思考。
② [明]张燮:《东西洋考》卷六《外纪考·红毛番》,谢方点校,第 127 页。
③ [明]张燮:《东西洋考》卷六《外纪考·红毛番》,谢方点校,第 127 页。
④ [清]张廷玉:《明史》卷三二五《外国传六·和兰传》,第 8437 页。

所铸之钱。张燮说,这个国家很富,好在海外经商,货不论华夷,只要红毛番喜欢,就高价购买,不计较价钱,所以华夷商贾都乐于与之交易,凡卖给红夷的货物价格都会被提高。这一点显然也成为其他人对红夷的突出印象,熊明遇只是补充道,红夷喜欢的具体华货是缯絮织物。荷兰人或果然如张燮所说这般慷慨,那就易于理解福建居民为何在海禁之中还乐于同强行上岸的荷兰人私下贸易。沈德符尤其强调,红毛夷"不甚为寇掠。亦有俘执解京者,大抵海上诸弁,诱致取赏,非尽盗也。近且骎骎内徙,愿为天朝用,亦亘古未有之事"①。言下之意,红毛番比起佛郎机温和而又友好,以蛮夷而论颇不寻常。张燮还介绍了红毛夷首领在东南亚的居处环境、饮食方式以及与华人的关系,说他们对华人不尚武有轻蔑之心,但当华人与其他夷人争斗时又会帮助华人,似乎流露出觉得红毛番比起其他夷人要好一些的意思。不过,这段记录却不为其他人转载。

熊明遇还提到红毛番好佩剑,在船上如履平地,登岸后则行动不利,其好剑可值百余金。无独有偶,康熙六年(1667)之荷兰使团进献的刀剑也令中国人过目不忘,据说此刀剑柔韧如带,身为文坛"海内八大家"之一的王士禛特为其赋诗一首,收于其《精华录》。后来嘉道年间的赵慎畛(1761—1825)在《榆巢杂识·英吉利刀》一篇也以类似语言描述过英国阿美士德使团带来的英国刀,并流露出服膺西洋人的冷兵器制造工艺。红毛番役使一群"黑鬼"为水手,他们行于海中如履平地。这表明荷兰人雇用东南亚土著。但这群"黑鬼"或"乌鬼"的能力越传越神,张燮和茅瑞徵只说其善于游水,熊明遇则刻画其可潜水行数里,《明史》干脆将其演绎为入水不沉。

正如佛郎机铳令明朝人心向往之,红毛番的船与大炮也令明朝人念念不忘。对荷兰船的叙述以张燮和熊明遇较详,茅瑞徵基本沿袭张燮。据此,荷兰船长二十丈至三十丈,船体高度为长度的三分之一,分为三层,船甲板宽五六丈,船板木厚二尺余,接合紧密。叶向高(《中丞二太南公平红夷碑》)形容其高大如山,当之无愧。张燮(《东西洋考》卷六)称三十丈长的船上树五桅,熊明遇称二十丈长的船上树四桅,可能船有大小之分,桅杆相应有别。桅杆以鋈金固定,其中三桅挂布帆。桅上建瞭望台,亦可逢敌掷镖石,可容四五十人,以绳梯上下。舶上设铁丝网,外漆打马油,光莹可鉴。舵后有直径数尺的铜盘,译称"照海镜",可以指引航路②。这应当是指罗盘,但《明史·和兰》从字面上理解"照海镜",称其能照数百里,听起来仿佛一面海上照妖镜。

---

① [明]沈德符:《万历野获编》卷三〇《红毛夷》,第 783 页。
② [明]熊明遇:《文直行书诗》卷一三《佛郎机》,《四库禁毁书丛刊·集部》第 106 册,第 492—493 页。

荷兰船的船舱两侧凿出小窗,临窗放置铜铳,需放炮时,用机械装置将铳管推出窗门,放毕铳管自退。桅杆之下还有长二丈余、炮管直径四尺的大铳,此铳所发弹丸可洞裂石城、震数十里,不到紧急关头也不轻易使用。明人称,荷兰铳管皆铜铸,弹丸则是铁铸。谈荷兰风土的文章都会谈到荷兰的炮,而另有不少人只关心红夷炮,因为与红夷炮相比,明人费了不少力气掌握的佛郎机铳已成常技。沈德符(《万历野获编》卷三〇)在万历四十七年或四十八年提到,红夷通市之后,明朝也得以使用红夷炮,并能仿制,虽然"未能尽传其精奥",也"已足为长城矣"①。能够仿制的主要是澳门葡萄牙人,当辽东战事紧迫之际,这些仿制的红夷炮发挥不小作用。泰昌元年(1620)九月,一艘荷兰船因追逐葡萄牙船而不慎在广东阳江海域翻船,当年和天启五年(1625)分别打捞起船上大炮,对明廷帮助颇大②。

明朝人难免羡慕荷兰人的坚船利炮,但又忍不住要挑荷兰人的毛病以表明其不如中国也不足为惧,因此纷纷称荷兰人所擅长"惟舟与铳耳",其舟船因体型太大而不够灵活,可以计破,荷兰人又不擅打仗,因中国驱逐而被迫招募倭寇作为前锋。荷兰人在福建数次被挫败可能加剧了这种印象,不过明朝人没有考虑到或是不愿考虑,来福建的都只是小支舰队,又是在陆地附近作战,荷兰船因此有所不利,明人的自信心因此得以维护。尽管提到荷兰与葡萄牙在东南亚几国争斗情形的不止一人,但似乎只有何乔远意识到荷兰人称霸东南亚不可小觑,"其人器械精利,数往来海上,苦诸夷,独佛郎机与之角"③。

三、大西洋

"大西洋"在明朝人心目中是一个国家,并且总与"欧罗巴"为同义词。"大西洋"的变相称呼还有"大西洋国""大西国"以及"泰西""极西"与"西海",不过使用后两种称呼时,基本不具有国家意义,仅指地理方位。"欧罗巴"的变相称呼则有"欧海国"。明朝人搞不清"大西洋""大西国"与"欧罗巴""欧海国"的确切关系,便把它们摆在一起,结果让今人看起来愈加迷乱,像李日华在《紫桃轩杂缀》中称"大西国在中国西六万里而遥,其地名欧海"④。出现这种误解,一方

---

① [明]沈德符:《万历野获编》卷三〇《外国·红毛夷》,第783页。
② [明]邓士亮:《心月轩稿》卷一七揭,《四库未收书辑刊》第六辑26,北京:北京出版社,1997年,第143—145页。
③ [明]何乔远:《名山藏》卷一〇七《王享记三·满剌加》,娄曾泉等点校,第1725页。
④ [明]李日华:《紫桃轩杂缀》卷一,薛维源点校,第266页。

面原因是晚明士人总体上不关心更遥远的世界和新的地理知识,这在形成"佛郎机"和"红毛番"这两个概念时已经有充分表现。清初之人则在很大程度延续此种态度,康熙六年(1667)荷兰使团带来的大马和小牛在中方诸多记载中都被归于"西洋"或"荷兰",但是荷兰使节曾清楚地回答鳌拜等人,这些马和牛来自波斯和孟加拉。另一方面则是第一批耶稣会士的刻意误导,作为一个整体或一个"国家"的"大西洋"与"欧罗巴"是耶稣会士塑造出的一块西方乐土,一块因为奉行天主教而物产富饶、风俗敦厚、和平强大的乐土。

一般人都认为,利玛窦带来的世界地图《坤舆万国全图》使中国士人大开眼界,知晓地球上还有众多没听说过的地方和人群,艾儒略1623年出版世界地理常识书《职方外纪》显然应该与《坤舆万国全图》有相得益彰之效[1]。这些地理作品对晚明士人的知识观的确有影响,比如沈德符已能认知传统意义上的"西洋"是指郑和时代与中国有来往的各国,而与欧洲所处之"西洋"不同。姚旅知道了传统上的西洋是"小西洋",利玛窦等人所来的"大西洋"距南海有三年航程。章潢(1527—1608)在写《图书编·舆地山海全图叙》时,自慨因为了解到自中国至小西洋道途二万余里,自小西洋至大西洋仍有四万里,而深悟地之无穷尽矣,并推测自大西洋以达极西,恐怕还有不可以里计的广大空间。瞿式穀则在为《职方外纪》写的序言中明确指斥传统地理观有如坐井观天,中国不过是亚洲之一角,亚洲则只是天下五大洲之一。

不过,接受西方地理观的毕竟只是极个别。在看过利玛窦的世界地图之后,士人们依然用古代四大部洲之说来统属西洋,似乎连质疑中国中心地位的念头都没有。与利玛窦接触的士人们虽然知道利玛窦来自遥远的西洋,但多数人对西洋与中国的实际距离不甚究心,同一时期就有二万里、六万里、八万里、十万里甚至几千万里各种说法,后来为艾儒略《职方外纪》作序写跋的士人又有九万里之说。对数据精确性的漠视也可以看作对新地理知识缺乏兴趣的一种表示。方弘静(1516—1611)《千一录·客谈六》的记载典型地反映出明朝士人对外国地理知识似是而非、不究对错而杂糅一体的特点,他说利玛窦自称来自欧罗巴国,其国在南海中,与西洋佛郎机国相近,浮海至中国海岸约八万里。若把欧罗巴理解为意大里亚,则与佛郎机—伊比利亚半岛相近原本不错,可是一在南海,一在西洋,又如何能相近?倘若是郑和时代的南海与西洋,倒是相近,但这样又意味着方弘静不了解"大西洋",则也就没明白欧罗巴和佛郎机真正在

---

[1] 有学者认为利玛窦在李之藻协助下绘制的《坤舆万国全图》乃来源于郑和下西洋时失却的地图,其中的地理新知识其实为中国人所探寻。参见李兆良:《坤舆万国全图解密:明代中国与世界》,上海:上海交通大学出版社,2017年。

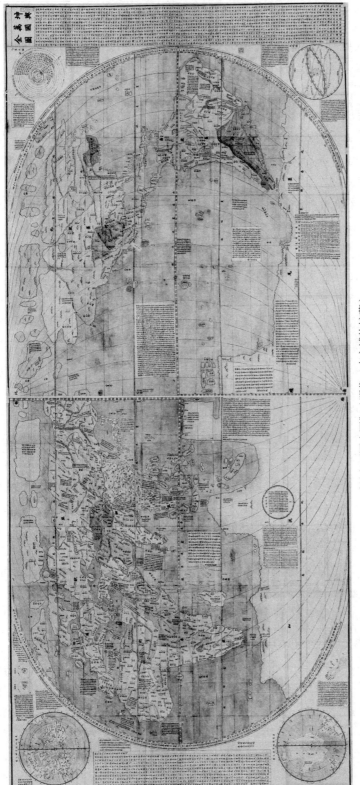

《坤舆万国全国》（明代，南京博物馆藏）

哪里。有的人则直指利玛窦提供的地理观念有似于战国策士邹衍的九州九环海外有大环海之说和佛经的四天下与三千大千世界之说,皆好大不经①。明末也有人把泰西对应为古书中之"大秦",因为泰西的位置、物产以及择贤者为国王的方式都与大秦相似。如果把大秦的范围理解为罗马帝国疆界,则这种推断不无正确之处。只是此类推测的主要依据,无非是自古相传的"大秦"人物、风俗、物产皆有类中华,而泰西也有着此种特点。所以,这并不意味着欧洲人带来的世界观和地理观对持此类看法者有多大影响。

艾儒略在《职方外纪》中已经郑重声明"天下第二大州名欧逻巴","共七十余国"②,但这种纠正看来起不了实际作用,明朝士人就是喜欢把耶稣会士们的所来地笼统称为"泰西""西海""大西洋国""大西国"。直到《明史》的编修者才较为负责地指出,意大里亚、热而玛尼(Germania,日耳曼)、依西把尼亚(Hispania,西班牙)、波而都瓦尔(Portugal,葡萄牙),皆欧罗巴洲之国,并分别为晚明著名的耶稣会士划分国籍。不过他们却没有考察依西把尼亚和波而都瓦尔同佛郎机、蒲都丽家、干系腊是何关系。晚明士人与《明史》编修者似乎都倾向于把耶稣会士代表的群体同依恃大船利炮经商行劫的那群人区分开来。这与耶稣会士的自我形象塑造有重大关系。

"泰西""西海""大西洋国""大西国"这些称呼实为耶稣会士惯用的自称之名,如《西国记法》中署名"泰西利玛窦",《职方外纪自序》中落款"西海艾儒略",庞迪我(Piego de Pantoja,1571—1618)和熊三拔在奏疏中自称"大西洋国陪臣",《熙朝定案》题下为"远西臣南怀仁谨奏",《不得已辩》自述"极西耶稣会士利类思著",方弘静称利玛窦在万历二十七年(1599)对他自称欧罗巴国人,不一而足。除此之外,利玛窦等人一直着意强调欧洲各国在制度、文化、信仰上的共性,强调一个在面积、历史和文明程度上都可与中国媲美的"大西洋"或"欧罗巴"。于是,传教士出于方便权宜、中国人出于观念固着,都更愿意使用"大西洋国"这类称呼。

《职方外纪》是第一本用中文写成的世界地理著作,较为详尽地介绍了各国风情、世界地貌、文化物产,以对欧洲的介绍最详细,而艾儒略有意藉此塑造欧洲的理想国形象。其实在艾儒略之前,利玛窦早就令很多人相信"大西洋国"是一片治道大行、安宁有序的乐土。当然也有人略为存疑,如方弘静说,该国制度风俗若果如利玛窦所言,则当真三皇五帝之世亦不能及,不过谁也没有办法证此

---

① [明]孙毂编:《古微书》卷三二《河图括地象》,《丛书集成初编》第 693 册,北京:中华书局,1985 年,第 612 页。
② [意]艾儒略著,谢方校释:《职方外纪校释》,北京:中华书局,1996 年,第 67 页。

[清]傅恒《御制皇清职贡图》中大西洋国人形象

说真伪。《职方外纪》在中国流传很广,受到中国士人高度重视,但士人们把它置于什么地位,就不好一概而论。在对《职方外纪》进行高度评价的几篇序言中在在流露出这是一部令人不可思议的奇谈怪论,因为记载了许多中国旷古未闻之人与事。这些作序者们知道,如此之书很容易被一般士人目为齐谐志怪,所以他们(尤其是奉教人士)又设法极力预防,强调书中所言都是言而有徵的,并提醒读此书者不可浅尝辄止、买椟还珠。这样一些序言充分体现出当时士人对新知识充满矛盾态度,一方面深信欧罗巴的良风善俗,一方面对古书不载的地理知识充满抵触。这也说明,许多晚明士人对经世治国的兴趣远远大于对单纯知识的兴趣。

类似《职方外纪》的作品后来还有一些。艾儒略1637年刊出《西方问答》上下两卷,分条介绍西方的风土国情,涉及有关地理地貌、物产、制度、礼俗、衣食、教育、文化、法律等方面的四十多个问题。后来康熙向传教士了解西方风土人情,利类思、南怀仁等就节录《西方问答》相关内容,撰成《御览西方要纪》一书。南怀仁1674年出版《坤舆图说》两卷,上卷为自然地理,下卷为人文地理,体例与《职方外纪》相似,分别介绍五大洲诸国道里、山川、民风、物产。但这些作品的影响还不及《职方外纪》。

还有一批士人因参与或准备参与天文历算工作而对大西洋的历算之学感

兴趣，并不乏学习者，但传习天文算法者毕竟仍是极少数，而且在众多西方知识中，大多对所谓科学知识感兴趣的士人只专注于历算，实则也可归属于以经济之道为职志的一类。

另有一批晚明士人对经济之道的关注度或许可以弱一点，但多出来的精力并没有变成对理性知识的爱好，而转化为猎奇之心，"大西洋"这个国家给他们的印象可以归结为出产奇巧物品和奇人异术。从沈德符《万历野获编》、袁中道《游居柿录》、顾起元《客座赘语》、谢肇淛《五杂组》、李日华《紫桃轩杂缀》、王肯堂（约 1552—1638）《郁冈斋笔尘》、姚旅《露书》、方弘静《千一录》、谈迁（1593—1658）《北游录》、王士禛《池北偶谈》等时人笔记中有关耶稣会士的记录来看，引起他们兴趣的内容中以耶稣会士的传奇生活和他们带来的罕见物品占绝对优势，可归结为如下几点：

第一，耶稣会士慷慨好施，钱米似乎取用不尽。沈德符言利玛窦"性好施，能缓急人。人亦感其诚厚，无敢负者"①；袁中道记利玛窦"所入甚薄，而常以金赠人"②；顾起元称利玛窦常留人吃饭，其所供之饭"类沙谷米，洁白逾珂雪，中国之粳糯所不如也"③；谈迁《北游录·纪邮上》④亦载汤若望赠其东道主朱之锡（1623—1666）西洋饼，并述其制法。

由不同寻常的慷慨和优渥生活又推想这群耶稣会士一定身怀异能。最常见的猜测是善于炼丹、炼金，沈德符、袁中道、谈迁、姚旅都有这种言论。哪怕有耶稣会士明告之，其日用来自家乡的供应，士人们仍以为这是托词。还有一类猜测是耶稣会士有养生驻颜术，如李日华对利玛窦的判断，"玛窦有异术，人不能害。又善纳气内观，故疾孽不作。……玛窦年已五十余，如二三十岁人，盖远夷之得道者"⑤。

第二，耶稣会士展示的奇巧器物令人叹为观止。如谢肇淛、顾起元、冯时可、方弘静都称赞自鸣钟走时准确与结构精巧。李日华提到利玛窦的另一种奇巧计时工具，一只状如鹅卵的沙漏，"实沙其中，而颠倒渗泄之，以候更数"⑥。方弘静还同时提到利玛窦带来的铁弦琴和耶稣画像，以为它们与自鸣钟都神奇万分，是"宇宙广大非耳目所限"⑦之证。刘侗、于奕正在《帝京景物略·天主

---

① [明]沈德符：《万历野获编》卷三〇《外国·利西泰》，第 785 页。
② [明]袁中道：《珂雪斋集》（下）卷四《游居柿录》，第 1201 页。
③ [明]顾起元：《客座赘语》卷六《利玛窦》，谭棣华、陈稼禾点校，北京：中华书局，1987 年，第 194 页。
④ [清]谈迁：《北游录·纪邮上·甲午》，汪北平点校，北京：中华书局，1960 年，第 67 页。
⑤ [明]李日华：《紫桃轩杂缀》卷一，薛维源点校，第 266 页。
⑥ [明]李日华：《紫桃轩杂缀》卷一，薛维源点校，第 266 页。
⑦ [明]方弘静：《千一录》卷一八《客谈六》，《续修四库全书》第 1126 册，第 372 页。

堂》中把耶稣会士带来的天文仪器、计时仪器和乐器加以详细罗列，值得注意的是把它们统统归为"奇器"。谈迁《北游录·纪邮上》记汤若望园中以机械装置取水的喷泉，又在同书《纪闻上·汤若望》中对汤若望一只莹然如水还能凭空现花的玻璃瓶备感新奇，听起来像是盛装某种化学药剂的瓶子。王士禛因与南怀仁有来往而得以见识一只以显微方式绘画并要以放大镜看画的玻璃器之奇巧，载于《池北偶谈》。然而，这些士人真的只是叹为观止，没有人关心上述器物如何制成和如何运行。还有人坚持认为中国人自来比西方人更巧，如姚旅谈到利玛窦的自鸣钟后，先说海澄人已能仿制，又说"人谓外国人巧于中国，不知宋蜀人张思训已为之，以木偶为七直人以直七政，自能撞钟击鼓矣"①。

第三，质地精良的文房之物令士人们爱不释手。利玛窦所携书籍之精良纸张被王肯堂、顾起元、李日华等人评为"白色如茧，薄而坚好，两面皆字，不相映夺。……受墨不渗，着水不濡，甚异之"，"如今云南绵纸，厚而坚韧，板墨精甚"，"如美妇之肌，不知何物也。云其国之树皮制，薄之如此耳"。沈德符在《飞凫语略》中还提到利玛窦带来的书籍质理坚莹，却是旧布所制，因此觉得很神奇。想来应该是羊皮纸。西洋书籍装订精美也为士人所乐道，顾起元《客座赘语》谓"其书装订如中国宋摺式，外以漆革周护之，而其际相函，用金银或铜为屈戍钩络之，书上下涂以泥金，开之则叶叶如新，合之俨然一金涂版耳"②。赞美归赞美，也没有谁想到让中国的造纸印刷工匠与大西洋技术沟通一下。

以上这些记录给人的印象是，晚明士人认为大西洋人是一群拥有众多神奇物品又身怀黄白之术或驻颜长生之术的异人，是一群神秘而又有趣的人，大西洋国则对士人有很大的吸引力。有猎奇之心本是人之常情，史书中记载的历代各国贡物本就以本国不产的奇珍异宝为主，中国皇帝和各级官僚喜欢的也就是这些东西，而且欧洲人同样喜欢记录异域的奇风异物。无论耶稣会士还是外国使团，都常常要靠此类物品吸引中国士人、官员与皇帝的注意力。晚明士人中流行长物之风，他们的猎奇心显得格外突出也可理解。但是，有大批人士对长物猎奇，有更多人物关注有利于经邦济世的实用之法，却少有人究心与传统不同的知识，这就是晚明士人的缺陷所在。到了清朝也一样。康熙六年的荷兰使团中，最令中国人感兴趣的除柔韧如带的利剑之外，就是所谓荷兰马与西洋小牛，四匹马据说是稀罕的千里马，四匹白色小牛的特异之处则除了色白、有肉峰，还是微型牛，仅高一尺七寸、长二尺有奇，它们便由此赢得了王士禛的诗作。

---

① ［明］姚旅：《露书》卷九《风篇中》，《续修四库全书》第1132册，第670—671页。
② ［明］顾起元：《客座赘语》卷六《利玛窦》，谭棣华、陈稼禾点校，第194页。

荷兰人历次都带来名目繁多的西洋纺织物（康熙二十五年的贡物中就有十七种纺织品），显然有询问贸易前景之意，但最终被青睐的仅哆啰绒、织金毯、哔叽缎三种材料和质地令中国人备感奇特的产品。1686年，荷兰人无意中展示的钟表、小提琴和竖琴比体现荷兰工业实力的纺织品更令康熙皇帝着迷，可惜荷兰使团没意识到可以藉此谋求与皇帝的进一步接触。

令大西洋国吸引力更大的是它那不逊于中华的制度。在与传教士来往过的中国士人中，李日华和方弘静算是最早也很罕见的记录欧洲制度之人，但所谓欧洲制度，实际仅是罗马教廷的制度。李日华是在利玛窦定居南京不果而改定居南昌的这段时间结识利玛窦的。方弘静在南京结识利玛窦，从其论及利玛窦购买屋宅来看，是在利玛窦第三次亦即最后一次来南京之时，所以比李日华晚几年结识利玛窦。

"大西国在中国西六万里而遥，其地名欧海。国列三主：一理教化，一掌会计，一专听断。人皆畏听断者，而教化、会计，独其尊等耳。旁国侵掠，亦听断者征发调度。然不世及，须其人素积望誉，年过八十而有精力者，众共推立之。故其权不久，而劳于运用，人亦不甚歆羡之。"①利玛窦并未记录与李日华谈话内容，这里的教化、会计、听断三者各自所指尚难断定。清朝文献通常将罗马教宗称为"教化王"，但此处所叙之"听断者"大权独揽且推举有声望之人担任，却更像教宗。"旁国侵掠亦听断者征发调度"一条与教宗组织十字军东征颇相吻合。而且李日华对"听断者"的描述与艾儒略《职方外纪》中对教宗的描述也很相近："教皇皆不婚娶，永无世及之事，但凭盛德，辅弼大臣公推其一而立焉。欧逻巴列国之王虽非其臣，然咸致敬尽礼，称为圣父神师，认为代天主教之君也，凡有大事莫决，必请命焉。"②若听断者果是教宗，则教化者可能是指教廷传信部负责人，能构成三足鼎立的另一个教廷部门理应是国务院，不知为何此处出现的是属于办事局的掌会计之主。以利玛窦扬教之心，李代桃僵，将教廷机构作为欧洲的统一领导机构，构筑出一个可以与中国朝廷相对的欧洲"朝廷"，亦显得合情合理。方弘静也记录了教宗制度，以及教宗有权征伐反对天主教的属国："国不知所谓儒佛，自有经书，能通晓其书有行者举在位，在位者率不娶，王世禅，众所推也，故无无道者。属国有改行者，王即移文革之，不必征伐。"③上文已经提到，方弘静认为这样的国家听起来的确处在黄金时代，只是不知利玛窦所言属实与否。

---

① [明]李日华：《紫桃轩杂缀》卷一，薛维源点校，第266页。
② [意]艾儒略著，谢方校释：《职方外纪校释》，第84页。
③ [明]方弘静：《千一录》卷一八《客谈六》，《续修四库全书》第1126册，第371页。

李日华亦略记大西洋出产犀象虎豹,也有稻麦菜茹,但居民主要以捕猎为生,由是将其归于蛮荒游牧民族一类。但艾儒略在《职方外纪》中强调这是块农业经济发达的土地,西北欧诸国土地虽薄,但富产牛羊鹿鱼,绝没谈到犀象虎豹之属。也许是利玛窦没有专心对李日华讲述欧洲风物,李日华则出于自己的文化优越感发挥了一些想象。方弘静的记载更可信一点,称该国出产黍粳梨栗与诸禽兽,与中夏之出产相类,这表明他承认该国物产和农业状况与中华相近。方弘静还提到大西洋国海中盛产一种鱼,为中国所无,这种鱼的骨头频繁用于"栋宇轮舆",这说的恐是鲸鱼。鲸鱼骨在欧洲被广泛用于服装需支撑造型的部分,还用于制作伞骨、马车鞭子以及一种附加支撑缆索的弓(cable-backed bow)。但是鲸鱼骨不是直接用于制建筑物和车轮,方弘静所言又有些偏差。

四、华夷之别与人群划分

　　综上所述,"佛郎机"的内涵是一群彻头彻尾的野蛮人,残暴、狡诈、好斗,经常给中国人制造麻烦,但又仰赖天朝供给。"红毛番"是一群较为野蛮的人,但是造成的麻烦较少,在经商方面又慷慨大方,对天朝较为驯顺。"大西洋"则是一处令中国人意外的、文明发达的"蛮夷之邦",大西洋人是一群知书识礼、歆慕华风的"西士"。所以,"佛郎机""红毛番""大西洋"这三个名词分别代表了三种形象,它们虽然与族群和地域有所关联,但内在的区分依据并非族群或地域,而是华夷之别,与华人最靠近的是一群人,离得稍远的是一群人,离得最远的又是一群人。其中,对"大西洋人"的认知最能反映这一点。

　　"佛郎机"和"红毛番"的奇怪外貌都反复出现在晚明士人的记录中,因为异形异种的外貌在中国人这里向来是蛮夷身份的显著标志之一,然而"大西洋人"的面貌从来不是士人笔下的要点,尽管事实上"大西洋人"的长相在中国人眼里实际与佛郎机、红毛番相差不大。在众多论及利玛窦的晚明笔记中,提到利玛窦长相的竟然屈指可数,目今只见顾起元《客座赘语》、方弘静《千一录》以及刘侗、于奕正的《帝京景物略》有此描述。顾起元较详细,"面皙,虬须,深目而睛黄如猫",《帝京景物略》所言类似,方弘静只说他"貌稍似色目人耳"[①]。《帝京景物略》的作者并非见过利玛窦的人,那意味着与利玛窦交游过而又留下记录的人中只有两个人描述了他的长相。对于其他耶稣会士,晚明士人也缺乏面貌

---

① [明]顾起元:《客座赘语》卷六《利玛窦》,谭棣华、陈稼禾点校,第 194 页;[明]方弘静:《千一录》卷一八《客谈六》,《续修四库全书》第 1126 册,第 372 页;[明]刘侗、于奕正:《帝京景物略》卷五《西城外·利玛窦坟》,第 207 页。

描述。这不是一件可怪之事吗？不止如此，在提到利玛窦长相之时，一定会更多地提到他儒服汉语。顾起元简单说利玛窦"通中国语"，方弘静则赞扬他"入中华未甚久而儒服汉语，楚楚佳士"，《帝京景物略》中讲到利玛窦努力效仿中国衣冠礼仪。而那些不描述利玛窦长相的人也会强调他的华化作风，比如前一章提到的李贽对利玛窦的介绍与称赞，便是忽略其样貌，而从其负笈十万里观光上国并热心学习中华文化讲起。李之藻向朝廷推荐耶稣会士编译西洋历法时，对他们的介绍也着意强调"慕义远来……久渐声教，晓习华音"①。

"大西洋人"因为具有文化上的共同性——不仅颖异博学还积极学习中华诗书礼仪，而被视为同一个群体，所以姚旅称罗华宗(João da Rocha，罗儒望)②与利玛窦同国人——同为大西洋国或欧罗巴国，事实上罗儒望是葡萄牙人，利玛窦是意大利人。反过来，那些来自葡萄牙或西班牙的耶稣会士从没有被视为"佛郎机"。且不说晚明人的记录中不体现欧罗巴内部的划分，《明史》接受欧罗巴内有多国的观念并为诸西洋远臣划分了国籍，但是来自西班牙的庞迪我和来自葡萄牙的阳玛诺(Emmanuel Diaz Junior，1574—1659)绝没有被与"佛郎机"联系起来，他们的国籍分别按西、葡两国名称的译音称为依西把尼亚和波而都瓦尔。前文谈过，佛郎机和西、葡两国的多种译音之名在《明史》中同时出现且未加辨析，表现出晚明清初的士人对于外国地理知识缺乏兴趣。而"佛郎机"之名和音译名词分别被运用于经商、出使、骚扰海疆的葡、西国人和耶稣会士，同时无人提出他们之间有联系，这又表现出以基于华夷之别的文化观念划分人群的意识。随着时间演变，这种意识又会使明朝人对同一群人产生新的表达方法。

当明朝士人认清耶稣会士宣扬西方优于中土并试图以夷变夏时，蛮夷面貌立刻成为文化上之异端的一个表征而跃入视线，之前可以被忽视数十年的奇形怪状迅即再现而成为鉴别标志。比如崇祯年间蒋德璟在《破邪集序》中质问耶稣会士："若吾儒家性命之学，则畏天敬天，无之非天，安有画像？即有之，恐不是深目高鼻一浓胡子耳！"③万历四十四年南京反天主教事件中，南京礼部侍郎沈㴶干脆把"大西洋"等同于"佛郎机"，而试图彻底颠覆大西洋人的形象，揭穿其虚伪狡诈。沈㴶《南宫署牍·参远夷三疏》中针对意大利籍耶稣会士王丰肃

---

① [明]李之藻：《请译西洋历法等书疏》，[清]孙承泽：《春明梦余录》卷五八，《文渊阁四库全书》卷八六九，第168页。
② "罗华宗"估计是"罗怀中"的异写，耶稣会士的汉字姓名常有多种写法。罗怀中即罗儒望，葡萄牙人，1600年底在南京。
③ [明]蒋德璟：《破邪集序》，[明]徐昌治辑：《破邪集》卷三，周骎方编校：《明末清初天主教史文献丛编》，第145页。

的一段话中体现了两个值得关注的论证逻辑：第一个，佛郎机＝吕宋＝大西洋，王丰肃既是佛郎机人，自然是一狡夷，亦即人群划分与群体归类的根本依据是品性，而一旦这种归类体系形成和被认可，则它又可以作为证明工具——倘要有力地论证一个人或一群人品行不端，只要论证他/他们来自哪里就可以。第二个，"大西洋"是一个杜撰概念，倘有人将中国附近的地方谎报为几万里之遥，那自然是心怀不轨，且意欲通过神化其出身而达成目的。这意味着，对沈㴶而言，接受新的地理知识难比登天，而他固有的地理知识体系（或其他类知识体系）又可直接用来判断一个人的言论虚实与否，进而判断这个人的品行。

明朝人还知道了一个叫"如德亚"的地方，此地是耶稣会士所言之天主诞生地，耶稣会士还将此地对应为中国古书中的大秦国与拂菻国。对此，中国士人没有对如德亚与大秦或拂菻的位置关系稍置可否，而比较敏感于如德亚在耶稣会士的叙述中有六千年历史、绵延不绝的史书记载并且是天主肇生人类之邦，这种说法引起的基本反应就是"诞谩""荒谬"。在此，仍然不是考虑知识本身的对错，而是以此种知识相对于传统知识而言是抵触还是符合作为接受依据。

总之，从晚明士人包括清初之人对有所往来的几个欧洲国家的论述，我们可以看到古代中国人认识和区分外国群体的大致方式。首先，区分方法多样，包括从别处听到的称呼，自称，地域，外貌以及文化特性。其次，区分和归类的理由随机多样，没有一贯性，比如当两个群体行为外貌相近时就会归为一类而不加区分，当两个群体表现出敌对时就会加以区分，当一群人声称自己来自同一地方或有同样的身份时也欣然接受而不加区分，当中国人觉得外国人和外国人彼此性情不同时又会按华化程度加以区分。所有这些划分依据和划分动机都混杂一起发挥作用，但华夷之别作为一种区分标准又始终占据突出位置。至于"国"的概念，在明朝人那里并不表现为一个独立存在的区分或认识标准，它可以被随意运用，来人称自己属于什么国，都可以被照单收受，因为明朝人要以自己的方式对来人重新界定。

近代欧洲的"民族国家"概念在 18 世纪已经被呈现在康熙皇帝面前，但他显然不为所动，清朝前期的中国人对于外国人基本上仍沿袭旧有的区分和认识模式。随着中世纪结束，教会控制权衰落，欧洲人越来越强调自己的国籍，连耶稣会这一忽略国界的组织到 18 世纪也为此频生纠纷。一个典型事例是，1700 年成立的法国传教区因始终努力开辟新住院而不断与中国副教省的葡萄牙籍领导发生摩擦，问题终于在 1713 年 10 月大爆发，竟至耶稣会士们上奏康熙以求裁决，问题的核心为是否允许法国人独立于中国副教省。1714 年 3 月，康熙在与诸传教士的一次晤面中坦言，自己只知道"西洋人"，不了解法兰西和葡萄牙这两个国家,当有传教士力图提到西班牙时,康熙仍然表示不知道这些国家。深受康熙信赖的法国耶稣会士白晋又提出,中国有各种宗教修会。皇帝依然称,他不知道这些事。他强调,自己只知道法兰西人和葡萄牙人是在中国的西洋人中人数较多的两个民族,并且这两群人应当人数持平,如果一方增加人数,另一方也该相应增加。葡萄牙耶稣会士骆保禄恐怕觉得康熙在和稀泥,根本就没有裁决法国人要求地产独立的问题,于是反诘道,若葡萄牙人和法国人都维持利玛窦时代以来的惯例,那么就应"不分彼此"。这其实是指耶稣会会规所要求的不以国籍和出身地区搞内部分裂。康熙皇帝则答非所问地回答说,利玛窦时代还没有提到法国和葡萄牙,如果有人想要从"不分彼此"中再分彼此,那就相当于在人和人之间找差别。皇帝随后以发诏书的方式指出,他们应当服从共同的领袖"会首",即整个耶稣会的领袖,在一个大家庭内不分彼此地和谐相处[①]。

康熙皇帝可以理解法兰西和葡萄牙是两个"民族",却不能理解这是两个国家。他显然是按照中国的情形来理解欧洲——各个民族同为一个皇帝的子民,各个民族生活在以皇帝为父亲的一个大家庭里。他进而认为,耶稣会士既然由不同民族构成,又有一个共同领袖,当然该懂得在一个大家庭内和睦相处的道理。事实上,罗马教会理想中之欧洲的组织观念同中国皇帝的大家庭观念还真有几分相近。耶稣会士入华之始便一直刻意淡化欧洲的国家之别而突出教廷掌理欧洲这个"天下",此种做法也助长中国人拒绝认可欧洲各国的独立性,清初耶稣会士内部既有民族国家利益之争又要维系旧有的欧洲一体的形象,如此矛盾的举动当然也不利于中国人改变认识。中国人对西方各国产生明确的民族国家概念要到晚清列国纷纷闯入中国的时候。

[①] 《自1713年12月初持续至1714年5月30日的北京宫廷谈判活动的简要声明》,耶稣会罗马档案馆,日本中国卷175号,320—337页,引自 Witek, *Controversial Ideas in China and in Europe*: *A Biography of Jean-François Foucquet*, S. J. (1665—1741), Roma: Institutum Hisotricum S. I., 1982, pp. 196-197. 中文译本见[美]魏若望:《耶稣会士傅圣泽神甫传:索隐派思想在中国及欧洲》,吴莉苇译,郑州:大象出版社,2006年。

第二十四章　欧洲科学对中国的影响

耶稣会士大多是训练有素的学者，比如利玛窦在来华之前，就接受过系统的人文和科学的训练，康熙时期的"国王数学家"更是法兰西学院的院士，他们来华之前就受到资助方的委托，有科学调查的任务。于是，为了吸引中国士人民众，为了获得皇室和官员的青睐，介绍和宣传西方文明，包括科技文明，也成为其传教手段之一。

一、明清时期西方科技东传的基本特点

据统计，从利玛窦来华到耶稣会解散的近两百年间，在华耶稣会士共译著西书437种，其中纯宗教书籍251种，占总数57%；地理地图、语言文字、哲学、教育等人文学科书籍55种，占总数13%；自然科学书籍131种，占总数30%，包括数学、天文、生物、医学等①。单纯看数字容易给人造成错觉，以致有人认为晚明前清中西双方通过耶稣会士开展了一场规模浩大的科技交流；也有观点认为传教士所传来的西学都是欧洲旧学，有意不向中国介绍西方最新的近代科学。这两种看法未免都失之偏颇，科技交流与任何类型的文化交流一样，都是双向运动，在关注传播内容与数量的同时，必须要同时衡量传播者与接受者的努力程度，还要衡量传播内容与接受内容起作用的范围与程度。

之所以不能过分夸大明清之际西学东传的规模与效应，原因之一是，西学知识只囿于宫廷和极个别士人，没能真正走入中国社会，更不要说被纳入科举跻身主流文化；原因之二是，中国人以一种非常务实的态度选择性地接受西学，主要是选择一些足够满足农业社会需求的内容，而这部分内容并不多。中国人的务实性选择最终导致传教士带来的科学知识和技术要比中国人实际接受的多，因此单纯苛责传教士传播的科学不够先进是不合适的。再说，科技知识先进与否，不能完全以今天根据事后效果总结得出的科技进步标准来衡量，也不

---

① 钱存训：《近世译书对中国现代化的影响》，《文献》1986年第2期。此处将地理地图归入人文学科，似是按欧洲近代早期的标准。

能单纯地将某种知识诞生之时当作现存知识落后之日。知识从产生到实际发挥作用通常需要一段时间,即便是已经投入使用的新技术也需要一个成熟过程。此外,传教士当然也有其局限性,但即使他们传授的是旧学,也绝无有意阻挠之意。中国人是务实的,传教士也是务实的,他们传介科学知识,是为有利于开展其传教事业服务的,尤其是当他们发现中国人的需求并不那么大时,更不会为单纯传播科学知识而去努力。

就明清之际西方科技东传的主要方式而言,大体有实物展示、器物造作、书籍翻译、开课讲授等途径。利玛窦所到之处,都会展示他带来的自鸣钟、地球仪等设备,他在南京就与徐光启合作翻译《几何原本》;南怀仁为清廷制作了许多天文观察仪器、火炮。

康熙朝曾有一个西学东渐的小高潮。《清史稿》卷五〇二《艺术传一》序言云:"圣祖天纵神明,多能艺事,贯通中、西历算之学,一时鸿硕,蔚成专家,国史跻之儒林之列。测绘地图,铸造枪炮,始仿西法。凡有一技之能者,往往召直蒙养斋。其文学侍从之臣,每以书画供奉内廷。又设如意馆,制仿前代画院,兼及百工之事。"[1]这里特别提到康熙对于西学的兴趣,包括历算、测绘、枪炮以及书画方面,都仿效"西法",他设立的蒙养斋、如意馆,都有不少西士在其中开展教学工作,最著名的有康熙时期的国王数学家、乾隆时期的宫廷画家等。

二、耶稣会士提供的天文服务

中国古代天文学并非现代意义上的天文学,而更接近"星占学"这个概念。有学者论证它在古代中国社会生活中主要不是为农业生产服务,而是具有一种神圣使命——作为帝王的通天手段,以证明其为天命政权,以此获得社会的普遍承认。也正因为自上古时代起天学与王权就密不可分,天文机构、天文仪器、颁布历法往往都是政权的象征,所以天学必须由王家垄断,严禁民间私习天文的禁令比比可见。不过在明代以前尚未禁止私习历法,这是因为历法与占星术的关系不够紧密,而到明前期则连历法也禁止民间研究。然而实际上在社会发展进程中,由于确立王权时对物质层面的诉求在不断增大,天学作为王权代表的重要性在逐渐下降。但毕竟其象征性的神圣地位历几千年而不动摇,而且作为维持专制统治神秘主义色彩的必备工具,这种象征地位也不能衰落。所以在明清时期,天学仍是国家政治生活中的头等大事,前述明清士人反对引进西洋

---

[1] [清]赵尔巽:《清史稿》卷五〇二《艺术传一》,北京:中华书局,1977年,第13866页。

历法时的理由正说明了这一点。同样是因为这一点,在耶稣会士预备的诸多作为叩门工具的科学知识中,首先是历算之学引起中国官绅阶层和统治者的注意。还是因为这一点,中国士人及统治者在传教士输入的各种科技知识中,基本上是围绕天文历法来选择吸收有关内容,重视程度也是视其与天文历法的关系疏密而定。

晚明前清由在华耶稣会士撰写并在中国出版或供中国人使用的天文历法著作至少有五十多种,这些书或者是在北京印行,或者没有印行而只流传于宫廷,其传播范围窄、接触者有限是第一个特点。另一个特点是,这些著作中绝大多数是历算类(包括图、表、测量技术、实测结果、历狱的辩论之作),介绍天文仪器的不过四种左右,有关天文学理论的著作大概也仅《崇祯历书》(合著)、《浑盖通宪图说》(利玛窦)、《天问略》(阳玛诺)和《乾坤体义》(利玛窦)四种。由此已可见中国人对天文学中哪一部分最感兴趣,也可说明中国官方在接受和运用西方天文学时有着强烈的务实倾向。中国古代天文学虽包括天象观察和历法推步两部分,实际上却是以历法为中心,而运用天文仪器观察天象和探求天文学理论都是作为制定历法的辅助,基本上止于历法能满足实际需要。

中国官方接受和运用西方天文学时的另一个务实性表现是清朝钦天监大量任用西方传教士。这一点通常被认为是清政府的开明之举和传教士赢得统治者信任这一策略的成功,并经常作为中西交流史上一段美谈。这种看法当然有道理,但不可忽视这一做法也包含消极性因素,由于中国官方过于看重实际目标,决定采用西法后就满足于长期依赖传教士操办天文工作,而不再着意培养通晓欧洲科学理论和仪器技术的本国人才。

清朝于顺治元年设钦天监,隶于礼部,监正、监副及下属诸官由汉人担任,同年仲秋因汤若望推算日食正确而令其领监务并修时宪,是为西方人入主钦天监之始。康熙三年满员入监,四年更定监正为满、汉各一人,此时汤若望已被革职。康熙八年"历狱"平息后以南怀仁充汉监正并复用西法。此后很长时间里名义上是满、汉监正各一名,但实际上多以传教士充汉监正,尽管很多传教士不接受监正之衔而是挂"监修"之名以修历法的身份供职。自雍正三年为戴进贤(Ignaz Kögler,1680—1746)授监正,西洋人监正成为实授之职,不再挂监修之名。所以从顺治初年到乾隆末年的一个半世纪,钦天监历任监正(包括行监正之职的监修)实际上都是传教士,并且是耶稣会士,先后共十三位。监副一职,顺康时期很少实授传教士,直到雍正八年(1730)才特地增置一名西洋监副,此后西洋人监副成为正式编制,乾隆十年进一步规定监副以满、汉、西洋分用。总之,监正、监副人选变化的总趋势是使西方传教士在钦天监的地位日高、势力渐

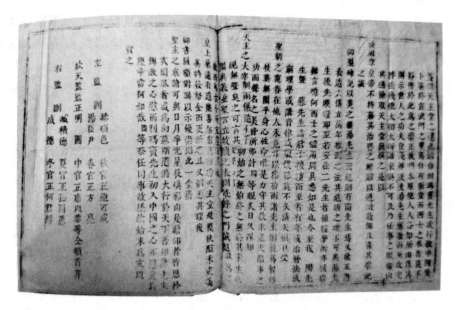

钦天监监正明图祝贺北京宣武门教堂重修文（巴黎外方传教会藏）

大。此外，还有一批不接受职衔而参与钦天监工作的传教士。19世纪初清廷仍依旧例聘西方传教士执掌钦天监，只不过不再是耶稣会士而改为遣使会士，直到道光六年（1826）起，随着最后几任传教士监正和监副或归或殁，才不再雇用外国人。

三、《崇祯历书》与引进西方天文学理论

明代，官方天文机构不图创新，民间天文活动因遭禁止而陷于沉寂，万历年间天文学理论和技术已衰落到影响历书编制和天文观测精确度的程度。利玛窦到北京时，正逢朝廷已因《大统历》预报天象屡次失误而持续多年议论改历。另一方面，自弘治年间就逐渐放开"私习天文"之禁。朝廷的困境和实学之风兴起的同时为外来技术提供了立足机会。利玛窦了解到朝廷的改历呼声后，曾自荐修历却未被理会，但因为他已知晓天文学在中国政治和文化中的特殊地位，所以并不灰心，而是强烈要求罗马派遣精通天文学的耶稣会士来中国，阳玛诺、熊三拔、邓玉函（Joannes Terrenz，1576—1630）等都可能是因此而来到中国。这样，来华耶稣会士成为一个天文学造诣很高的群体，令与他们接触的不少中国官员倾倒，以致主动上书推荐耶稣会士参与修历，如1610年钦天监五官正周子愚荐庞迪我、熊三拔，1613年李之藻又荐庞迪我、熊三拔、阳玛诺、龙华民。

1629年钦天监官员用传统方法推算日食又一次失误,而徐光启用西方天文学方法推算却与实测完全吻合,崇祯因此终于下令设"历局"修撰新历,并由徐光启负责。除李之藻参与外,徐光启先后召请龙华民、邓玉函、汤若望(Johann Adam Schall von Bell,1592—1666)和罗雅谷(Giacomo Rho,1593—1638)参与历局工作,在1629—1634年间编撰成《崇祯历书》。《崇祯历书》修成后,又经过十年努力,与保守派进行八次实测较量,方才使崇祯确信西方天文学方法的优越而决定颁行,不幸此时又遭鼎革之变,终于未能颁行。清军进京后,汤若望选择与清政权合作,而《崇祯历书》成为汤若望的一份进见厚礼,满足了清政权迫切需要一部新历法来表征天命转移的需求。汤若望将《崇祯历书》作了删改、补充和修订后献上,顺治题名为"西洋新法历书"并即刻颁行于世。

《崇祯历书》分涉西方天文学理论、行星运行观测和计算的数据表格、必备的天文数学知识、天文仪器的制造与使用以及中西度量单位的换算。与中国传统天文学相比,本书在解释天体运行、日月食测算及其他测算、度量制方面的先

汤若望像

进之处当然不一而足。其理论部分"法原"占总篇幅三分之一,系统介绍西方古典天文学理论和方法,包括日、月、五星、恒星的运行规律,球面天文学原理,着重阐述托勒密(100—170)、哥白尼(1473—1543)、第谷(Tycho Brahe,1546—1601)三人的工作,大体未超出开普勒行星运动三定律之前的水平,但也有少数更先进的内容。具体计算和大量天文表都以第谷体系为基础。《崇祯历书》所参考的天文学著作,已明确考证出的以17世纪初期的作品居多,而最晚近的是1622年出版的作品。从中可见,西方历史上先后出现的几种主要宇宙模式都于明末传入中国,它们分别是亚里士多德的"水晶球"体系、托勒密的行星系说、第谷宇宙模型、哥白尼的日心地动说。

值得说明的是,哥白尼的日心地动说通常被认为是1760年耶稣会士蒋友仁(Michael Benoist,1715—1774)向乾隆进献《坤舆全图》时才被引入中国,但实际上蒋友仁之前的耶稣会士对哥白尼学说早已有所引用和介绍,只是蒋友仁的介绍明确宣布托勒密体系是错误的,第谷的理论虽有可取之处却不如哥白尼的正确。《崇祯历书》引用了哥白尼《天体运行论》中27项观测记录中的17项,对《天体运行论》中的有些章节甚至直接翻译。对其日心地动说的重要内容也有所披露,但持否定态度,理由是哥白尼用来论证地动的理由不具说服力。事实上在撰写《崇祯历书》的年代,关于地球周年运动的确切证据一个也没发现。1712—1719年间在康熙宫廷服务的法国耶稣会士傅圣泽(Jean-François Fouc-quet,1665—1741)还曾试图向皇帝引进哥白尼学说,不过不是关于宇宙模型而是限于观测计算问题。此外,哥白尼学说在当时的实际效用也不能以今人的眼光来衡量。哥白尼1543年发表《天体运行论》,其中的宇宙体系观虽然先进,但直到17世纪都还没有取得令人信服的优势。特别是哥白尼在仪器制造、观测技术和精度方面并不出众,他的日心说对历法制定影响不大。因此对于以满足中国人历法需要为第一要务的来华传教士而言,哥白尼学说与达到空前观测精度的第谷学说相比,谁更切合实用就不言而喻了。

以哥白尼体系为基础的近代天文学到牛顿时代才取得绝对优势,但绝大多数来华传教士不可能参与这一进程,修历的中国学者恐怕更不关心这一进程。哥白尼学说经蒋友仁之手在中国正式公开后对中国的影响很小,重要而又直接的原因是为蒋友仁润色文字的钱大昕(1728—1804)和作序的阮元(1764—1849)对哥白尼学说持否定态度,使《坤舆全图》长期不能在外流传。钱、阮二人的态度恐怕与第谷体系以官学身份产生的长期影响有关,也从侧面反映出要中国学者将天文学活动从修历转向探索自然奥秘并非易事,因此更不能一味苛责耶稣会士没有及时传入西方新理论。

四、历算需要与西方算学的兴盛

明末传教士帮助中国修历的同时也引进了西方先进的数学。《崇祯历书》中有介绍天文数学的"法算"一章,"法原"部分也有大量数学方面的内容。罗雅谷的《测量全义》主要是关于三角术和阿基米德(Archimedes)几何学,邓玉函的《测天约说》涉及较多椭圆内容。《崇祯历书》中其他如《恒星历指》《交食历指》《日食历指》亦涉及圆、椭圆、三角的面积和球体积方面的几何知识。南怀仁的《灵台仪象志》和戴进贤主编的《历象考成后编》都介绍了关于椭圆的知识。传教士还有不少数学专著,而数学与天文学密不可分的关系使中国学者在接受西方天文学的同时也开始究心西方数学,并经他们之手对清代数学的发展产生了重大影响。传教士介绍的数学知识包括笔算,代数学,对数术,几何学,割圆术,平面、球面三角术,三角函数表,部分圆锥曲线说。中国第一历史档案馆收藏有康熙帝练习西洋数学几何的朱笔草稿,装在标有"圣祖算草"字样的封套内。

中国的珠算比较先进,但算盘携带不便,而唐时传入的印度笔算法程序烦琐,不敷实用。不过印度笔算法于13世纪传入欧洲后却得到欧洲人的多次改进,到16世纪,欧洲笔算除除法之外已接近现代水平。介绍欧洲笔算的第一部著作是利玛窦、李之藻合译的《同文算指》,1613年刊行。该书据克拉维斯(C. Clavius)《实用算术概论》和程大位的珠算书《算法统宗》编译。《欧罗巴西镜录》亦是介绍西方笔算之书,晚于《同文算指》而内容更全面,作者尚不可考,但也应是传教士与中国学者合译之作。

17世纪的欧洲数学有对数、解析几何和微积分三大发明,但唯有对数在晚明前清传入中国,解析几何与微积分直到晚清才被引进,而对数在天文学上有重要应用,可见与中国当时天文历算需求无直接关系的数学知识难免会滞后引进。首先是服务于《崇祯历书》的邓玉函《大测》《割圆八线表》和罗雅谷《测量全义》传入中国三角术知识。1701年来华的法国耶稣会士杜德美(Peter Jartoux,1668—1720)撰《周经密率》和《求正弦正矢捷法》,将"圆率解析法"的三个无穷级数展开式传入中国,但未说明其理论依据。清代数学家明安图据此三式,运用中国古法推演出六个有关三角函数的展开式。这九个展开式被乾嘉学者称为"杜氏九术",其中常州董祐诚还设法证明了杜氏三个展开式的可成立性。

《几何原本》系古希腊数学家欧几里得所著西方数学经典之作,讲述数学的基本原理,用演绎推理的方法把古希腊的几何知识组合而建成数学的原始体系。它也是最早传入中国的西方数学著作,其前六卷1607年译成刊行,主要靠利玛窦、徐光启之力,并有庞迪我、熊三拔参与。这六卷主要讲平面几何,虽不完整但自成体系,已能显现欧氏几何学的基础与核心,如定义、定理的确立及依据定义、定理证明直线、角、圆、多边形和平行线等各种命题。这个译本创造了一套中文几何名词,有许多沿用至今,如点、线、直线、曲线、平行线、对角线、垂线、直角、钝角、平面、三边形、四边形、多边形等,还有一些名词与现今名词只略有异同。此外,该译本对中国数学思想和数学方法的发展也颇有影响,之后学习算术者皆以此书为教本,依其公设和公理演算、释义和著述。《几何原本》后九卷的中译本直到晚清才问世。

康熙年间,梅彀成、何国宗、方苞等人奉皇命编辑的《数理精蕴》为晚明前清传教士数学译著集大成之作,自1690年至1721年历31年乃成,1723年刊行。《数理精蕴》后又与《历象考成》《律吕正义》同被汇为《律历渊源》一书,至1730年最终刻成。《数理精蕴》上编五卷,为基础理论,主要收入白晋、张诚为康熙编写的教材《几何原本》和《算法原本》;下编四十卷,为实际运用,是全书重点,包括度量衡、记数法、整数四则运算、方程、开方、圆和三角函数,还有各种面、体的面积和体积求法,对数知识等众多内容;表八卷,含素数表、对数表、三角函数表和三角函数对数表。书中还首次介绍了西方的运算工具——计算尺。

《数理精蕴》修编期间,康熙在1713年下令于畅春园设临时性修书机构蒙养斋,专事《历象考成》《数理精蕴》和音律书籍之编修,并征访召集许多有历算、音乐才能的人入馆。所以《数理精蕴》的编撰过程本就极大鼓励和刺激了中国知识界研究数学的兴趣,对其后数学名家成批涌现有直接推动作用。据说入清后至18世纪末,中国约有500多名数学家共编撰千种以上的算学书籍,这其中有接受西方数学并糅合中西的,也有受西方数学刺激而力图整理中国古学以示对抗的,但其实都是西方数学传入后对中国知识界产生重大影响的表现。

西方数学被接受之初虽与西方天文学的钦定地位分不开,但与天文学基本上囿于深宫的状态不同,它在民间得到较为广泛的传播和研习,原因大概与从事两种学问所需的物质条件悬殊不无关系。清初历算家中影响较大者有王锡阐(1628—1682)、梅文鼎(1633—1721)、方中通(1634—1698)、薛凤祚(1599—1680)。

五、天文仪器制造

晚明前清由中国官方支持、传教士主持设计制造的天文仪器主要是为修历提供合用的观测工具。利玛窦在韶州、南昌、南京等地时就向当地官员赠送或制作小型天文仪器,在他的影响下,李之藻还为自己制作了天球仪、地球仪和星盘。利玛窦扩大欧洲天文学影响的耐心终于获得回报,1629年朝廷成立历局以西法修历的同时,主持历局工作的徐光启也提出修整观象台中的中国旧式仪器并制造新仪器,理由是北京观象台的旧仪器年久失修且刻度和结构设计与西法不够协调,而传教士带来的小型仪器难以满足修历的精度需要。随后,传教士在参与修历的同时也担负起制造仪器的重任,李天经1637年年底的总结中提到已制造新式仪器十几种,但还并未完成徐光启最初的计划。仪器制造进展缓慢的原因是人们的主要精力消耗在中西法推算的优劣争论与实测较量上,且用于制造的资金投入不足。明末制造的装置多为小型仪器或便于搬运安装的中型仪器,甚至是简易仪器,很可能没有制成过大型全金属观测仪器,可以说尚在描述和试制阶段,钦天监在实际使用中仍是中式仪器和欧式仪器兼用。明亡时汤若望等人保存了多件测量天象的仪器,但以从西洋带来者居多,这其中的不少仪器被汤若望进献给顺治并被留在皇宫中使用。

入清后,入主钦天监的南怀仁在康熙皇帝授意下开始新一轮的仪器设计制造。到1673年年底或1674年年初,新制仪器共六架,包括黄道经纬仪、赤道经纬仪、地平经仪、地平纬仪(象限仪)、纪限仪和天体仪,1674年即被安装到观象台,而原有的其他中国式仪器从此不再作为正式观测工具,这意味着西方仪器取代中国传统仪器成为皇家观测工具,也标志着继颁行西洋历法之后,西方天文学进一步确立其在朝廷的钦定地位。据载,随后朝廷又命造内廷备用测天诸器,但似乎都是些尺寸较小、精度不高的仪器。南怀仁在清廷总计制造仪器五十五件,其中几件供皇帝专用。继南怀仁之后,法国"国王数学家"们来华时携带了三十箱比较先进的仪器,但一则洪若翰等人主要是利用这些仪器为法国皇家科学院从事天文观测与研究活动,再则这些仪器不是为清朝以历法为中心的天文工作服务,所以不会令多数中国官员感兴趣,其中的技术内涵也不被中国人掌握,比如康熙皇帝参观过仪器后只留下了两架有助于观测日月食和行星运动的仪器。后来的耶稣会士也偶有制造新仪器。

传教士在制造天文仪器的同时也留下一些对各种仪器和技术的描述文字,早期如利玛窦的《浑天仪说》和汤若望的《远镜说》,最典型的则是南怀仁的《新制灵台仪象志》和戴进贤等人合编的《仪象考成》。南怀仁撰《新制灵台仪象志》(以下简称《仪象志》)主要是为了让人了解有关天文仪器的制造使用知识,但钦天监却大力倚重其中各种换算表来推测天象,1744年戴进贤请求增修《仪象志》的原因也是发现南怀仁的星表使用已久而与天的运度不符,奏请时所欲增修

南怀仁像

的内容也仅限于表。这又一次反映了钦天监的实用主义态度,前人所制仪器既已敷用,便不思钻研资料以求改进,而与历法有关的观测总是第一位的。增修《仪象志》所成即为《仪象考成》,虽由戴进贤首倡,但他1746年就去世,大量工作是由刘松龄、鲍友管（Antoine Gogeisl,1701—1771）、傅作霖（Felix da Rocha,1713—1781）完成,最终成于1752年。

据统计,17—18世纪由传教士传入中国的欧洲天文仪器技术有36种,除各项欧洲古典仪器之外还包括新发明不久的望远镜。在制造和描述这些天文仪器的过程中也相应地引进了不少机械技术和力学知识,计有二十三种,包括了工业革命前欧洲机械技术的大部分,特别是切削加工工艺和零件设计技术也被引进。但这些天文仪器技术和机械制造技术有不少仅停留在书本描述阶段,没有用来制造实用装置和模型,推广到社会上的就更少了。

技术得不到推广的根本原因在于欧洲科技的传播方与接受方都没有足够的主动性,中方只要求对历算有效,传教士的主要目的则是取得中国官方的信任,当双方同时实现了各自的目的后,谁都不认为有必要进一步追求和推广新知识、新技术。一个典型例子是望远镜的应用。1609年伽利略制成世界上第一架望远镜,1613年毕方济(François Sambiasi,1582—1649)即在北京上疏介绍"千里眼"(望远镜)的用法和制造原理,阳玛诺1615年的《天问略》也提到了望远镜,汤若望1626年出版的《远镜说》则是最早向中国介绍西方望远镜的专著。晚明传教士也带来了望远镜,并曾令中国人很感兴趣。南怀仁在《灵台仪象志》中还讲到光的折射和散射。但南怀仁却没有另外制造望远镜,更没有像他同时代的欧洲人那样在方位观测仪器上试装望远镜。这并非南怀仁有意隐瞒比裸眼照准仪先进的望远镜,或中国缺乏制造望远镜的条件,而首先是因为当时的望远镜技术因球面相差和色差还不能胜任精确的方位天文观测。另一个原因则正是中方的有限需求决定了南怀仁没必要这样做,望远镜在中国的天文学用途仅限于观察日食和月食,而晚明带来的望远镜还能满足这种需求,对于仅以科学为敲门砖的南怀仁而言,当然不必多此一举。

这种消极情况不仅发生在天文仪器的使用制造上,而是整个西方科技在当时中国的境况。钦天监的主要任务直到清末仍限于推算历法和观察日月食与异常天象,中国社会对欧洲天文学这种小范围浅层次的需求限制了西学的传播和发展,所以钦天监虽采用了西洋历法与天文仪器,却几乎没有在观象台做出对近代科学有重要意义的发现。考虑到这一点,我们就不能单纯以某一年刊刻了介绍某种西学知识的传教士译著来衡量西学东传的规模与效果。

六、舆地测绘技术

地圆说、天文学和舆地测绘,这三者之间有着从理论到应用、从观念到技术、从抽象思考到实地测验的过渡关系,但在接受者身上,观念和技术之间常存在着不那么容易澄清先后的影响关系,在18世纪的中国,虽然接受并运用了基于地圆说的测绘技术,但所关注的主要是由此获得一份于行政管理大有裨益的准确地图。

地圆说在晚明已通过《崇祯历书》传入,属托勒密学说的内容,包括两大要义:地为球形,地与天相比非常小。地圆观念为宇宙模型中不可或缺的重要部分,接受这种观念是接受西方天文学的一个前提,接受这种观念也就意味着改变中国人传统的"天圆地方"的宇宙观念。所以明末中国人对地圆说态度不一,接受者和拒斥者都大有人在。接受者的理由可分为两类——谓地圆说前所未有而排旧纳新,表现出大幅度的思想更新;谓地圆说古已有之而泰然受之,也许是想折中新旧而为接受寻一合理化理由,也许是不明地圆说就里而贸然比附。拒斥者的拒斥理由则是不同知识结构之间的辩论,实难有效对话。然而欧洲人体现了地圆说的新式世界地图却普遍令中国知识界兴趣盎然。

利玛窦初入肇庆即行展示世界地图,1584—1608 年间,中国各地出现十二种版本的利玛窦世界地图,其中最著名的版本《坤舆万国全图》上有九重天图、天地仪图、日月食图、南北半球图等天文—地理学图表。利玛窦之后的传教士陆续通过绘制更精确的地图和撰写图说向中国人介绍西方地理和地学观念,其中毕方济绘制的《坤舆全图》眉部有"地本圆体"的说明,汤若望在崇祯时制《坤舆全图》十二幅,在说明中介绍了地与海合为一球、地球居天球之中的观念。南怀仁约 1674 年在北京刊刻《坤舆全图》,图四周的十四节说明文字中有关于四元行、地球南北极、地圆之研究、论地体之圆和万有引力的文字各一节。除了对地圆观念的进一步介绍,南怀仁还将利玛窦世界地图所采用的椭圆形等积投影绘图法改为 16 世纪末至 17 世纪初欧洲流行的球极平面投影法,所以图上所画各地更接近实际形状,该图也因而代表着 17 世纪欧洲半球投影制图学和天体学说对中国的影响。后来蒋友仁的《坤舆全图》不仅正式介绍哥白尼学说,也介绍了地圆学说的最新内容,即法国大地测量家证实了地球是椭圆形。这些地图对部分中国人改变宇宙观念而建立起"地球""世界"和"五大洲"的常识不可谓无功,正是从实物影响上升至观念影响的一个例子。

耶稣会士自来华之始就努力通过测量来获取中国的真实地理信息,只是受制于欧洲的地理学技术、仪器以及他们在中国的活动范围,实测成果在 16—17 世纪都不很突出。康熙皇帝对传教士的优容使他们积累中国地理知识成为可能,比如南怀仁曾借助自己两次伴驾赴鞑靼的经历而最早收集了关于该地区的资料,张诚 1688—1698 年间曾八次奉皇命出行鞑靼与蒙古,并获得关于这些地区的更多地理资料。法国"国王数学家们"带来的新技术和新仪器又从另一个方面加强了可能性。这些都成为日后康熙下令开展全国性测量的序曲。

关于全国性测量动议的产生,论者有不同意见,但基本可以说是张诚、巴多明等耶稣会士的建议和清廷某些实际需要——如掌握确切的边疆地理信息、有效地控制帝国政区等——相结合而促成。1700 年,白晋、雷孝思(John Baptist Régis,1663—1738)、巴多明和安多(Antoine Thomas,1644—1709)受命测绘京畿地区,以图帮助皇帝了解北京附近各河流汛期泛滥的状况,从而找到防止河流泛滥的方法。这次测绘拉开了绘制中华帝国全图的帷幕。1708 年,白晋、雷孝思和杜德美开始测绘长城及其周围河道。1709 年 5 月 8 日至 12 月 10 日和 1710 年 7 月 22 日至 12 月 14 日,雷孝思、杜德美和费隐(Xavier Ehrenbert Fridelli,1673—1743)完成东鞑靼地区和直隶省图的测绘。1711 年开始,测绘工作进入第二阶段,此时皇帝明确下令要求测绘工作加速完成,耶稣会士们分成几组奔赴中国各省。截至 1717 年 1 月,各地的测绘工作都已完成,担任整个测绘计划主持人的雷孝思偕费隐在此时返抵北京,然后由杜德美主持将各省的测绘结果合并为一张中国全图,这项工作于 1718 年完成。1719 年年初(康熙五十八年)此图上呈御览,并被康熙定名为《皇舆全览图》,包括一张中国全图和各分省地图。当然,参与这项工作的不只是传教士,还有许多中国官员和技术人员,著名的如何国宗、何国栋兄弟①。绘制西藏地图以及日本、朝鲜和满洲极边处等他们到不了的地区则都是完全依靠中国人提供的信息。此外,在皇帝的命令下,满汉官员还为耶稣会士们做了其他很多事情。

康熙朝测绘时,因新疆常发生叛乱,不能前往实测,故《皇舆全览图》缺哈密以西的新疆部分。直到乾隆时戡平新疆,才得以着手这项补充工作。1755 年平定准噶尔叛乱,随后乾隆便命何国宗、明安图、富德负责赴新疆测量准噶尔各部,耶稣会士傅作霖和高慎思(Joseph d' Espinha, 1722—1788)作为重要技术人员参与。1757 年平定喀尔木克部,1759—1760 年明安图率傅作霖、高慎思再赴新疆,重新测量校正前次绘好之图。两次远征,测量范围为准噶尔、突厥斯坦和额鲁特蒙古地区。测量完成后,傅作霖、高慎思将有关的信息和地图移交给乾隆皇帝,根据这些资料,1761 年绘成《西域图志》。此后经过二十年整理充实,直到 1782 年编定《钦定皇舆西域图志》52 卷。其间乾隆命蒋友仁将新疆的测绘结果补充进康熙朝《皇舆全览图》,时在 1769 年。蒋友仁绘制完毕又于当年在其他人的帮助下制作了一份木刻版和一份铜版,铜版地图名《大清一统舆图》,共 104 幅。

康熙朝的测绘一改中国传统的计里画方作图法或形象"对景图"画法,而主要采用结合天文测量的三角测量法进行经纬度定位,在地面上选择一系列点构成许多相互连接的三角形,先用天文观测法测得一些地方的经纬度作为基本点,在已知点用望远镜观察各方向间的水平角,确定起始边长作为基准线,然后用三角测量法推算其他各点的经纬度。传教士们用这种方法测定 630 处经纬度点,而其中绝大多数是用三角测量法推算。本次测绘,范围超过一千万平方千米,就规模和广度而言为中外历史上前所未有,其精确度和详尽程度亦列于当时所有亚洲地图甚至欧洲地图之首。此次测量对世界地理学发展所做的重要贡献是,雷孝思与杜德美通过实地测量为牛顿的"地球扁圆说"提供了最早的证据,但"地球扁圆说"的证明是由法国学者完成的,其间或许利用了雷、杜二人

---

① [清]赵尔巽:《清史稿》卷二八三《何国宗传》,10185 页。何君锡及其子何国柱、何国宗、何国栋均为清初历算学家。

《钦定皇舆西域图志》光绪十九年(1893)铅印本

的证据,而这一学说几十年后才由蒋友仁介绍到中国。测量过程中对中国地图测绘史上的一大贡献是,在全国统一了丈量尺度,固定了里的长度单位,并沿用至后世。而这是康熙的创造,《清史稿·何国宗传》称康熙将长度单位与经线度数的弧长联系起来,"以天度定准望,一度当二百里"①,此亦是以地球形体来确定尺度的最早尝试。

康熙朝全国测绘的整个成果后来汇集成册,1717—1726 年间出现过 4 个不同版本。第一个是 1717 年木刻本,含 28 张地图,题名《皇舆全览图》。第二个版本是 1719 年出现的一个有 32 张地图的手绘本,多出的几张地图是关于西藏和黄河上游地区的。该版本进而被世俗派神父马国贤(Matteo Ripa,1682—1745)刻成 44 幅铜版,这是第三个版本。马国贤在 1723 年返回欧洲时将这个铜版本赠送给法国国王,以对他支持传教区的行为表示感激,此版的副本现存于英国的乔治二世地图藏品和意大利那不勒斯(Naples)大学东方研究所。第四个版本是 1721 年印制的第二个木刻版本,有 32 幅图,形制上与马国贤制铜版所依据的 1719 年版一样,仅有一些细节性改动。这个修订过的木刻本被耶稣会士寄往欧洲并成为杜赫德(Jean-Baptiste du Halde,1674—1743)《中华帝国全志》中投影地图的范本。1726 年,《古今图书集成》里分散地收录了中国本

---

① 康熙规定丈量时使用中国工部尺,定一度为 200 华里,每华里 180 丈,每丈 10 尺。

土和满洲地区的各单张地图,共分为 216 张,但没有西藏或蒙古的,这些图上没有坐标。总体而言,耶稣会士制作的地图虽有数个中文版本,但在中国流传不广,《清史稿·何国宗传》明言康熙的旨意就是在图制成后"乃镌以铜版,藏内府"①,不求为更多中国人所知。反而是在欧洲,这次测绘成果影响深远。乾隆朝的增补版地图在中国的命运也是如此,刻成铜版后从未在中国印行,影响更小于康熙朝地图。这一测绘成果直到清末才传布开来,1863 年湖广总督似以蒋友仁原图为本于武昌刻《皇朝中外一统舆图》31 卷。蒋友仁制作的铜版地图也及时流传到欧洲,但并不像康熙朝地图那样在欧洲有影响,因为它缺少一位能够向西方人阐释这些资料的欧洲编辑者,直到 19 世纪才被一些汉学家注意到。

七、火炮制造

14 世纪末,欧洲的火器尚不及中国,但随着冶炼技术的快速发展,欧洲的火器技术很快就在中国显出优势,于晚明前清开始了欧洲火器技术东传的历程,为清代前期火器的继续发展注入新的动力。西洋火炮(亦即"佛郎机")最初传入中国是在 1517—1521 年葡使皮列士使华之时。1521 年中国开始仿制佛郎机,时因与葡萄牙海盗作战而败于其火铳,由此知晓其威力,"其铳管用铜铸造,大者一千余斤,中者五百余斤,小者一百五十斤。每铳一管,用提铳四把,大小量铳管,以铁为之。铳弹内用铁,外用铅,大者八斤。其火药制法与中国异。其铳一举放远,可去百余丈,木石犯之皆碎"②。于是海道副使汪鋐设法找到懂得制炮之人进行仿制,并凭借这种火炮在次年的战争中获胜,又缴获了一批佛郎机。另一说法称"屯门之役"中的作战将领闽广兵备道胡琏在此役中俘获一艘葡萄牙船,得其佛郎机铳,从而首次将佛郎机铳引入中国。明人对佛郎机铳技术的运用主要体现在,仿照佛郎机铳子铳和母炮分离的特点,制造可分次连续填装弹药的后装火铳、火炮。可分离子铳的作用一是增大火铳火炮药室抗压强力,二是可以轮流装填子铳,提高装填弹药的速度,进而提高射速。

在明清之际中国面临外敌内乱急需加强军事的进攻防卫力量时,欧洲火器技术进一步被中国政府和文化圈中的开明人士所认识和接受。利玛窦 1607 年作《译几何原本引》时介绍了欧洲的兵防思想和火器技术,徐光启、李之藻、孙元

---

① [清]赵尔巽:《清史稿》卷二八三《何国宗传》,10186 页。
② [明]严从简:《殊域周咨录》卷九《佛郎机附》,余思黎点校,第 321 页。

化都直接或间接地向利玛窦学习火器思想。天启元年,李之藻曾上疏论证火铳作为城防力量的重要性。1619年,后金在萨尔浒大败明军,震惊之余,明廷于次年一面增兵赴辽,一面命徐光启练兵。在徐光启奏请下,龙华民、阳玛诺、罗儒望被聘为炮师并招进京,此外还有六名传教士在徐光启邀请下,以炮师名义秘密从澳门来京。但因各种原因,建台和造炮两事直到1621年6月都未能开始。

徐光启还计划从澳门购买西铳,自1620年到1623年,共购得三十门大炮,其中十一门调往辽东,在天启六年(1626)正月的宁远战役中大显威力。西洋火炮在宁远大捷中的优异表现促使朝廷在当年六月命孙元化多造火器,西洋火器于此开始在朝廷占据重要地位。崇祯元年(1628)七月,朝廷派广东官员到澳门购募炮师和大铳,崇祯三年四月,徐光启又奏准由耶稣会士陆若汉(João Rodrigues Tçuzu,1561—1634)负责再赴澳门置办火器和聘请西人炮师。陆若汉于十月即召集一支由100多名葡国军士和约200名随从组成的远征军自澳门出发。但是,徐光启积极引进洋兵的做法已遭到保守派抨击,因此待澳门远征军于崇祯四年(1631)行至南昌之时,即因战情趋于缓和以及保守派的激烈反对而被遣返。徐光启自此之后不再积极过问兵事,明末由他筹划的几次购炮募兵活动亦到此为止。

明末所购之西洋火器在抗金战争中发挥了一定作用,但终于因为其他比兵器更为重要的原因而未能藉之挽回大局。即便是在事关国家危亡存续的关头,文化上的华夷之争仍不能停歇,无端耗散各方力量,且最终结果是文化本位心态占据上风,则引进西法的权宜理由也变得可疑可憎,在有限的引进中更充满了自以为是与一知半解,引进的结果以悲剧成分居多。

徐光启于天启初年设想的铸炮计划直到1636年才真正得以实施,时因锦州失守,危及京都,城防官招汤若望和罗雅谷征询城防建议,汤若望提出用大型火炮防守北京。随后崇祯便诏令汤若望铸炮,汤若望征得传教区上级同意后接受任务。崇祯满足汤若望制炮的一切需求,并在皇宫旁设铸炮厂一所。汤若望历时两年,制成能容四十磅炮弹的大炮二十门,可供士卒二人或骆驼一头背负之小炮五百门。汤若望因此深得崇祯嘉许。汤若望在铸炮实践之外,还口授焦勖书就《火攻挈要》,详述各种火攻武器的制法及使用规则,尤其力图传授西法的"法则规制",即火器制造与使用中所依据的数学、物理、化学、冶金知识,冀其技法能传之后世。然而欧洲火炮最终无法挽救明朝的危亡,却对清朝初期的平定战争贡献良多。

帮助中国人制造火炮的耶稣会士当推南怀仁最出色,不仅制造的数量众

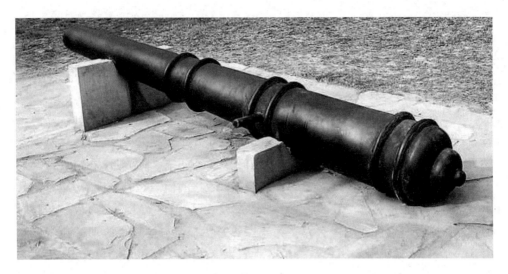

红衣大炮

多,而且所制之炮发挥了重大实际作用,不过已经是在为清廷效力了。南怀仁制炮始于平定三藩之乱初期,他自称修复了150门明末旧炮,有149门是合格的①。1674—1676年,南怀仁又应康熙之命铸造适合高山深水之用的木制轻便炮和威力强大的红衣炮共132门,分别用于平藩战役和陕西平叛。根据南怀仁自己的介绍,最初制作的100门大炮由合金制作的炮筒有2.2米长,可以发射出重达3斤的铁质炮弹,填充火药部位的炮筒壁厚2寸,炮口处的炮筒壁只有1寸厚,由于用坚固的硬木做炮架,整炮自身重量仅1 000斤。其后又有各种改进型,有24门全金属的大炮能发8斤重炮弹,还有8门能发10斤重炮弹②。

1680—1687年,他铸造各种大中型炮以襄助清军进剿台湾及收复东北失地的诸次战役。清廷1689年造出的61门"武成永固大将军炮"(大型火炮)和80门"神功将军炮"(中型火炮)也是南怀仁铸造法下的产品。南怀仁在华期间共制炮566门,而康熙朝所造的905门火炮中半数是由南怀仁负责设计制造。南怀仁铸造的火炮在收复雅克萨的战役中发挥了关键作用,曾两度轰塌城墙而从俄军手中收复该城。他设计制造的火炮有三种被列入《钦定大清会典》。

1675—1721年间康熙政府制造的火炮在规模、种类、数量、质量及制作工艺上都达到清代火炮发展的最高水平,而南怀仁对此功不可没。南怀仁曾撰火

---

① [比]南怀仁:《南怀仁的〈欧洲天文学〉》,[比]高华士英译,余三乐中译,林俊雄审校,郑州:大象出版社,2016年,第153页。

② [比]南怀仁:《南怀仁的〈欧洲天文学〉》,[比]高华士英译,余三乐中译,林俊雄审校,第156页。按照该书的说法最初是120门大炮,然后有24门、8门,则总数为152门而不是132门。

器专著《神威图说》,讲述"准炮之法",但此书不见流传。不过其《穷理学》中也有篇章论及此"准炮之法",即关于炮的瞄准之法和放炮时炮管仰角度的调节之法。此法至乾隆朝仍得到很高评价。火炮技术之所以被中国政府青睐,在于它对国防和战争的重要贡献。

遗憾的是,战事平息之后,清廷对南怀仁传入的火炮技术便束之高阁,嘉庆之后,清代的火器制造业日趋衰落。及至晚清重新引进西方枪炮之前,在这方面都没有进一步的探索与创造。而对与制炮有关的各项工程技术则任其朽于宫廷而不能传入民间,更无助于推动全社会的技术进步。南怀仁撰《神威图说》原希望其中解说的各理论法则能够流传,不想被康熙"留览"后便再无下文,不仅没有刊刻,而且原稿都最终佚失。难怪有人认为康熙热心招揽懂科学技术的耶稣会士供奉内廷之举,就实质而言与历代帝王纳各种方术之士于宫廷并无二致,虽具体技艺和事务不同,但皇帝以奇人异士炫耀天下的心态相同,持这种古老的心态自然不能指望他做出开创性的近代事业。乾隆在招揽身怀绝艺的耶稣会士这一点上正如他在其他许多方面的作为一样,有效仿祖父之心,只是他的智慧和识见远不及康熙,无法钻研天文数学等科技知识,只好对各类"奇技淫巧"投以兴趣。

八、钟表与其他机械

1581年罗明坚为两广总督陈瑞献上一座带车轮的大自鸣钟,此举与陈瑞准其居住广东不无关系。1601年利玛窦进京为万历贡上一座有驱动坠、一刻一击的铁钟,万历欢喜之余将钟置于身边,还让人观赏。金尼阁则在1621年带来一具堪称艺术品的多功能钟表,钟内刻森林之神射箭报时,还能自动表现天体运行,被作为礼物献给崇祯。洋钟以其新奇精巧,初入中国就大受欢迎,一时成为皇帝和朝廷中人争相谈论之物。当时传入的自鸣钟大致有桌钟和乐钟之分,前者自动报时,后者增加了报时之时的音乐伴奏功能。此外还有怀表、大小铜器罨、月影、鹅卵沙漏等各种计时器。金尼阁还带来一些自行活动的小玩具和自行演奏的小乐器。入清后,西洋机械制品仍是传教士们用来讨好新主的重要物品,汤若望、利类思皆有巧物馈赠顺治,南怀仁不遗余力地举荐葡萄牙传教士安文思、徐日昇,二人以擅长机械制造而负责为顺治、康熙管理钟表和机械制品。他们富于创造性的机械学方面的工作令人刮目相看。徐日昇精通音乐,他的钟表设计了很多能够奏出和谐音乐的钟铃,令人叹为观止[①]。

---

① [比]南怀仁:《南怀仁的〈欧洲天文学〉》,[比]高华士英译,余三乐中译,林俊雄审校,第229页。

第二十四章　欧洲科学对中国的影响

传教士献的自鸣钟

康熙将擅长制造的传教士和中国工匠纳入原只负责绘画的如意馆工作，不断为其制造新奇物品。康熙时曾有四位耶稣会士机械钟表师在如意馆工作，为皇宫制作了西洋钟表、千里眼（望远镜）、显微镜、寒暑表、自行船、西洋刀剑、天地球仪、自行人、八音盒、各式测量仪器等，尤以钟表最博皇帝及后妃欢心。禁教严厉之如雍正，亦不舍得将钟表机械专家也驱至澳门，反倒在康熙朝所设负责贮藏管理钟表的自鸣钟处开办钟表作坊，专事钟表修造。雍正十年，钟表作坊改称做钟处。乾隆九年则将自鸣钟处和做钟处分设为两个机构。做钟处的任务就是按照皇帝的要求制造修理所谓"御用钟"。乾隆朝先后在做钟处工作的传教士有一名传信部传教士，两名耶稣会士，七名遣使会士与奥古斯丁会士。他们不仅要做钟修钟，还要竭尽全力设计制造奇巧器物讨好皇帝，对于他们所背负的神圣传教使命而言，这种生活实在是卑微而又痛苦。钱德明（Jean-Joseph-Marie Amiot, 1718—1793）不无抱怨地说，乾隆皇帝的爱好"像季节一样多变"，这更令传教士们神经紧张，随时待命，以保证总能满足皇帝的新口味。当然他们在这方面的确堪称成果斐然，奇思妙想层出不穷，媲美来自法国和英国的最精美的工艺品。只是可惜了这么精妙的技术和创造只能被封闭在宫中。

清朝社会曾出现过一种追求西洋货的风气，有些工匠也仿制欧洲机械钟表、眼镜甚至望远镜，比如广州出现了造钟业，称为"广钟"，随后苏州也制造出"苏钟"。但是因为无法掌握其中技术，知其然不知其所以然，所以模仿起来不仅费时而且效果不好。不过钟表技术的遭遇还算不错，当时传入的其他欧洲设计和制造技术离中国人的生活就更远了。前文介绍天文仪器时提到传教士引进与仪器制造相关的机械技术二十多项，包括螺旋、金属切削加工等应用范围广阔的重要技术，但它们都没能在中国广泛传播或变成工匠的技术。首要原因是一般工匠没有机会与传教士技术专家交游，对传教士的工作了解很有限；其次则是中国成熟的传统机械技术基本上满足了以小农经济为主体的明清社会的需要，所以会有人率先追逐钟表眼镜之类物品而不是其他。

其实从晚明开始，传入中国的工程机械技术并不少，熊三拔在《泰西水法》中介绍了三种水力机械：螺旋式提水车龙尾车、利用气压原理从井中提水的玉衡车和恒升车。这些水力机械是基于螺旋原理、气体力学、液压技术等近代物理学和机械学的最新成果而制作，体现了17世纪欧洲科学的最新成就。可是它们在中国没产生什么影响，因为技术过于精深，就算几个士人看到其实用效果与重要性，一般工匠农人不谙算理又无人传授，根本无法仿制。龙尾车曾被用于蒋友仁为圆明园喷泉设计的水动力系统中，但在蒋友仁去世后便立刻无人会操作，原本是机械提水的喷泉系统落得只能在必须开放时由人工注水来维持，简直是对蒋友仁巧思妙技和艰辛劳动的嘲讽。蒋友仁制造的整个喷泉系统本是一项高技术工作，但再高的技术含量也只不过成为皇家园林的装饰，技术本身并不能令乾隆愉悦，更不会想到派人学习钻研和继承传播这些技术。除水利机械，方以智曾在《物理小识》中介绍西方的螺旋起重机。王徵和邓玉函合著的《远西奇器图说》是中国第一本力学与机械学专著，也是西方当时及古典的物理学、力学和机械学知识总汇。王徵的原则是，择有裨民生日用的实用机械而录介。此书曾被多次翻印，但得以仿制应用的技术仍是极少，仅木牛、水铳、风车等切于农耕生活之需的简单器械。南怀仁还提到他曾经研究过用蒸汽驱动的小四轮车，车的中间装满煤块，相当于一个小型蒸汽发动机①。

明清来华传教士也开启了中西医学交流之门，并且西医由于其实际效用而能在一定程度上被中国社会接受，堪视为汉唐和宋元时期分别吸收印度与回回医学之举的延续。西医的力量能和医药配方在一定程度上被宫廷接受和实践。但是除了在澳门，明清之际的传教士却无法在中国民间设立医疗机构，使得西

---

① ［比］南怀仁：《南怀仁的〈欧洲天文学〉》，［比］高华士英译，余三乐中译，林俊雄审校，第213页。

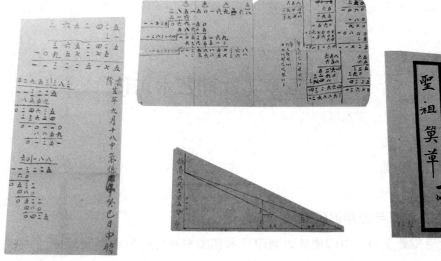

中国第一历史档案馆所藏康熙帝练习西洋数学几何的朱笔草稿"圣祖算草"

医西药只能惠及帝王将相。

　　总体上,西方科技在明清时期未能发挥重大作用的基本原因在于中国社会的疑忌、排斥以及不能放弃自身文化的优越感。明末遗民首倡而清初康熙皇帝与数学家梅文鼎互相应和的天文历法领域的"西学中源"说集中体现了这种消极心态。梅文鼎提倡"西学中源"表面上平息了中法派与西法派之间的纷纭聚讼,并成为中国士人维持其文化自尊心的一剂良药,但这种平息是建立在穿凿附会的解说和无视事实的自我陶醉之上,就学术而言毫无积极意义可言。康熙之青睐于"西学中源"说则是出于现实政治的考量。清朝统治者一方面需要西学的实际效用,另一方面又需要维护华夏民族文化的自尊与自信,以防止"以夷变夏"可能造成的对自己统治根基的任何危害,"西学中源"说正好解决了既吸纳西学又贬低西方的心理诉求,使雄才大略的康熙皇帝也感到虚骄之心得到满足。然而"西学中源"是一种根本上错误的看法,因为这种逻辑导向的是不必再钻研与吸收西学,更谈不上从深层次考虑中西两种文化的异同与发展。这样一种认识在思想界长期盘踞,造成的恶果可想而知。把清朝文化在整体上呈现出的封闭状态归结为一种思想的影响或许显得太片面,但支持"西学中源"说的文化思维与政治思维对造成这样一种局面实在是有责难逃。与此同时,欧洲的科学文化日渐兴起,并且参与了西方现代性的塑造。①

---

① 参见[英]斯蒂芬·高克罗杰:《科学文化的兴起:科学与现代性的塑造(1210—1685)》上册第一章,罗晖、冯翔译,上海:上海交通大学出版社,2017年,第3—54页。

第二十五章　欧洲艺术东传

一、西洋绘画

1. 西洋画与西洋画师

晚明传教士初入中国便认识到印刷术和图书对传道的重要性，在他们带来的插图书中，与宗教有关的最重要书籍是《圣经故事》(*Biblia Regia*)和《福音史事图解》(*Evangelicae Historiae Imagines*)，前者有二十余幅铜版与木版画，后者则有153页插图。此外还有不少世俗图册，例如《万国图志》(*Teatrum Orbis Terrarum*)有五页大型对褶铜版画，《全球城色图》(*Civitates Orbis Terrarum*)记录了世界各地的城镇，据称传教团图书馆在利玛窦之时至少有五种关于欧洲建筑学方面的图书。这些图书中的风光与建筑插图和传教士所展示的宗教画立刻吸引了许多中国人，但士人们主要是对西方人运用透视与明暗法所表现的写实主义亦即作画技巧发生浓厚兴趣，而并非建筑本身的雄伟壮丽。

西方的肖像与人物画运用阴影与明暗给肖像以坚实的三度空间，而中国一直以来对这种技巧知之不多。北宋时中国的写实主义技巧曾有惊人进步，但由于各种原因而逐渐被文人画家放弃。利玛窦来华时，文人画已趋于抽象与自我，因此西方肖像画所表现出的强烈写实性使中国人震惊。明人姜绍书看过利玛窦携来之圣母像后，曾在《无声诗史》中自叹中国画工无法达到那种呼之欲出的生动效果。惊异之余，西洋画达到写实效果的技巧也立刻引起晚明士人的兴趣，如顾起元曾详述西洋画以阴阳明暗的手法表现物体凹凸从而呈现立体感，并记述了利玛窦对产生这种效果的解释，即运用了光线反射原理。透视法也是令士人们称奇的一项技巧，谈迁记汤若望住处的天主像"远睇之，目光如注，近之则未之奇也"[①]，王士禛称南怀仁"又画楼台宫室，张图壁上，从十步外视之，重门洞开，层级可数，潭潭如王宫第宅。迫视之，但纵横数十画，如棋局而

[①] [明]谈迁：《北游录·纪闻上·汤若望》，第278页。

已"①。顾起元、谈迁等人也注意到了西洋画在着色与线条上的细密特征,而这也是表现写实效果的重要技法。

以上西画技法似乎很快就被中国画家所运用,福建画家吴彬在1600—1610年间的作品中已流露出具欧洲特点的写实主义,不过他和利玛窦虽有一个时期同在南京,却没有确切证据可以表明他与传教士接触过或曾看到过欧洲绘画。晚明唐志契在《绘事微言》卷下"苏松品格同异"条中提到当时苏州的绘画有重视物体高下、大小、向背的特色②,这可能是受到西方绘画影响的结果。清初南京画家的作品中"西方主义"运用得更加熟练,如樊圻画中对物体的实描、叶欣画中的透视法,龚贤画中生动的明暗。17世纪上半叶的南京地区因为远离皇权而文化氛围更加开放,在南京士人普遍与耶稣会士交游的氛围中,南京画家难免也关注到西方的绘画技巧。

入清以后,西洋画在清朝宫廷一度流行,并带出一个宫廷"海西派"。"海西派"画家以清宫中的传教士画家为主要执笔,作品特征是合理利用西洋阴影明暗与焦点透视画法,亦称为"新体画""院体画""郎体画"。"海西派"的产生从根本上说是清初几位皇帝竞相追猎西方奇巧之物的结果。汤若望早在明末就于《远镜说》中介绍了用透镜作画之法,利类思曾将三幅以透视法绘制的画进呈康熙,并复制三幅陈于居所,各处官吏见此画皆惊赏于透视效果。南怀仁教授过钦天监五官正焦秉贞透视学基础,焦秉贞似曾参与绘制天文仪器与时宪历之《春牛图》,逐渐将西方透视画法与中国古代绘画技法融为一体,1696年完成的四十六幅组画《耕织图》是他这方面最成功也最有影响的作品。此画深得康熙赏识,指示将之镂版流传并赐予王公大臣。

康熙出于对西方科学的喜爱而对采用透视法的绘画感兴趣,渐渐就希望能有专业的西方画家为之效命,而早期来华传教士几乎无一专于艺术,于是康熙要求传教团为他邀请一位真正的艺术专家。这样,意大利世俗画家杰凡尼·切拉蒂尼(Giovanni Gherardini,1655—1723)在1699年与白晋同乘安菲特利特号来华,他在北京的主要任务是装饰耶稣会教堂的墙壁与天花板,但也在皇家画院如意馆教授油画,似乎还为康熙等皇室成员画了一些肖像,他在宫中服务了2—3年,于1704年离开北京返回意大利。这次与白晋同来的耶稣会士卫嘉禄(Charles de Belleville,1657—1730)也擅长于雕刻建筑和绘画,但他在北京的时间大概仅1699—1701年间,且主要为传教团服务,此后去了广州并在1707

---

① [明]王士禛:《池北偶谈》卷二六《谈异七·西洋画》,第632页。
② [明]唐志契:《绘事微言》卷一《苏松品格同异》,王伯敏点校,北京:人民美术出版社,1964年,第10页。

年返回欧洲。马国贤在1710年来到中国,并于1711年初入宫填补切拉蒂尼的空缺,从而成为在华传教士中第一位宫廷画家。马国贤原非专业画家,只是业余临摹,但他从一开始就是被铎罗(Charles Thomas Maillard de Tournon, 1668—1710)作为中国皇帝所需的科学和绘画人才推荐入宫。他自己说入宫时还见到了切拉蒂尼留下的学生①。马国贤也是把西方铜版画技术传入中国的第一人,1713年秋完成了避暑山庄三十六景铜版画,其精美程度远胜于中国人的木版画。当时印制了三十部满文版,被康熙分赐给皇族贵戚。随后康熙又命马国贤为《皇舆全览图》制作铜版画,这已在前文介绍。马国贤的宫廷画家使命在1715年郎世宁(Giuseppe Castiglione,1688—1766)到来后就基本上结束。

意大利耶稣会士郎世宁自1715年至1766年去世一直担任中国宫廷画家,并因此成为康、雍、乾三代宠臣。不过郎世宁初到北京时只偶尔入宫作画,主要是在奉命学习中国画,1723年马国贤回欧后才召其入内廷供奉。郎世宁在来华之前已在法国艺术界占有突出地位,原本擅长绘制历史肖像,在中国皇宫里大部分时间是在装饰窗帘、屏风、扇面而非真正绘画,故而不得不改在玻璃上作油画或在绢上作水彩画,绘树木、果实、动物之类。他用墨作介质却采用西方绘画的明暗、投影与写实特性,以一种中西合璧的方式迷住了皇帝们,乾隆从当太子时就喜欢看他作画。中国人倒对郎世宁评价颇高,称其所绘各类花鸟禽马皆奕奕欲生,非中国画家所能及。他甚至以西洋人之身在清朝皇家画院占据相当的地位,与唐岱、张宗苍、金廷标、丁观鹏等人并列为画院首席画师。真正体现郎世宁艺术水平的是他作于雍正年间的几幅画,如1723年的《聚瑞图》,1724年的《嵩献英芝图》,以及1728年的《百骏图》,后者最为著名。中国第一历史档案馆藏有郎世宁1727年画的《瑞谷图》②。这些画中还有鲜明的西洋风格,但《百骏图》已呈现中西合璧特色。进入乾隆时代,郎世宁名下的作品虽多但缺少主题创作,因为他事实上经常与中国画家合作,负责起草图稿或绘制图中主要人物的肖像。乾隆对有技艺的传教士的宠爱反使他们失去自由,使他们无奈地沦为皇家奴隶,而且乾隆的宠爱是以让传教士满足他的欣赏口味为前提,所以19世纪来华的遣使会士古伯察就批评郎世宁从一名艺术家变成了一个善于低三下四模仿别人行为的人。

王致诚是名画家之子,自幼习画并很有天赋,学画初出道即有画名。他

---

① [意]马国贤:《清廷十三年——马国贤在华回忆录》,李天纲译,上海:上海古籍出版社,2004年,第48页。

② 中国国家档案馆、北京大学编:《锦瑟万里,虹贯东西:16—20世纪初"丝绸之路"档案文献集萃》,北京:中华书局,2019年,第62页。

［清］郎世宁《百骏图》（局部）

1738年到北京时原是为了装修耶稣会士教堂，结果入值内廷，并很快发现自己无异于被囚禁，在1743年那封大手笔描述中国皇家园林的信中，也忍不住抱怨自己几乎连祈祷的工夫都没有，并且作画时不能随意发挥，这对一名画家来说更不啻灾难。王致诚本长于人物画和故事画，乾隆却强令他作山水花鸟与楼台亭阁；皇帝又因为自己不喜欢油画而命其学习中国水墨画；宫中宦官及其他画师也总挑剔指摘，不许他用西法。《清史稿·艺术传》也提到乾隆一向好为如意馆画师之师，但又称唐岱等画师常以乾隆的指授为荣①。中国画师心下是否真以为荣恐不易考，但尚未同化于中国风俗的西洋画家很难接受这一点。对于这一切，王致诚只能以他奉皇命绘画有利于宗教利益为理由而坚持忍耐。然而1754年，他因为在避暑山庄抱病日夜不辍给达官贵人绘肖像而备感失望，致信钱德明诉苦，称这是一出闹剧，并禁不住对屈从中国皇帝以赢取传教事业的做法明确提出怀疑。王致诚有一次终于因为不许用西法的限制而在公众场合怒形于色，几酿大祸，多亏郎世宁劝慰。此后他学会强自抑制，但难免余生抑郁，1768年去世。而乾隆干涉与限制艺术创作的方式实在不能看作是真正在宫廷

---

① ［清］赵尔巽：《清史稿》卷五〇四《艺术传三·唐岱传》："高宗万几之暇，尝幸馆中，每亲指授，时以为荣。"第13911页。

里推广西方艺术,只是凭借其至尊地位炫耀自己博才多艺,同时也是提醒所有人牢记他的至尊,尤其是要提醒西方人,他们所供奉的只是一点不能与中国正统争短长的微末技艺。王致诚为此慨叹,要取得皇帝与朝贵之爱好就非得画得糟糕点。

除此之外,曾在清宫服务的耶稣会士专业画家还有倪天爵(Jean-Baptiste Gravereau,1719—1722 在宫中)、利博明(Ferdinand-Bonaventure Moggi,1721—1761 在宫中)、艾启蒙(Ignatius Sichelbarth,1745—1780 在宫中)、潘廷璋(Joseph Panzi,1773—1812 在宫中)。另一名耶稣会士贺清泰(Louis de Poirot,1770—1814 在宫中)虽非专业,亦不得已而习画。奥古斯丁会士安德义(Joannes Damascenus Salusti)亦曾与郎世宁、艾启蒙、王致诚共绘《乾隆平定准部回部战功图》十六幅。艾启蒙为郎世宁弟子,郎世宁去世后便接替他的位置。潘廷璋是意大利人,来华时王致诚已故去多年,但他的遭际与王致诚颇多相似,连他的会友都替他抱屈。一名叫甘若翰的耶稣会士称潘廷璋的绘画才能在意大利本可大展宏图,在北京却不得不束缚于中国旧习之下。蒋友仁在 1773 年11 月 4 日写的一封信中描述了潘廷璋为乾隆画肖像的一次经历,虽然他的口气很委婉,却掩饰不住叹息之情:潘廷璋在大庭广众之下受种种繁文缛节拘束而作画,且作品难逃中国人肆意修改,虽然他生性谦和忍耐,但作为艺术家而拘于这千般束缚,实在是超常磨炼。钱德明的一句怨言非常恰当地说明了效劳乾隆宫廷的实质:"在我们灵巧的欧洲艺术家当中,那些有怪念头,亦即只愿意按照他们自己的方式,并在他们自己高兴的时间里工作的人应当来此待上一段时间。他们在经过于北京宫廷里的数月初修期之后,肯定会彻底地根治掉他们所有的任性。"①终日劳作而又缺少创作自由,这其实是每一位在宫中服务的传教士都无法逃脱的命运,虽然每每以有助于传教团的生存与发展为理由而勉力坚持,但传教的希望一日渺似一日,于是这一切沦为一场悲剧,而其中个体的悲剧因素更甚于整体。

2. 对中国绘画的影响

18 世纪的清代宫廷从表面上看逐渐流行西洋画,如康熙常将西洋画赏赐大臣,乾隆则将多处宫中建筑以西法装饰,雍正还曾请郎世宁为其画了西洋装扮的化装肖像。但事实上,皇帝们推崇的这类"西洋画"并非真正的西洋画,只能说是包含了西画中透视法和阴阳明暗技法的中国画。雍正、乾隆总是命初入

---

① 《钱德明神父致本会德·拉·图尔神父的信》,[法]杜赫德:《耶稣会士中国书简集》第五卷,吕一民、沈坚、郑德弟译,郑州:大象出版社,2005 年,第 50—51 页。

如意馆的传教士先习中国画，乾隆对西法的运用更是多有限制，这反映出清朝宫廷并没有将西洋画作为一门独立和完整的艺术来接受，只是根据自己的喜好选择了一些技巧嫁接到中国传统画上。这些技巧在西画初入中国时就为士人瞩目，发展到最后，中国人眼里竟然还是只有这些技巧，所以如贺清泰这样从未学习过绘画的人充任内廷画师竟然也能满足华人好尚。这里体现的不单纯是审美问题，而是文化本位观念的又一种表现。中国人不是把西方文化视为有"变夏"之危险的洪水猛兽，就是视它为仅供偶尔赏玩利用的微末技巧，西洋画正属于后者。宫廷内外、士人上下都这样看待西洋画，这是雍乾时期西洋画不能真正走出宫廷的原因，也是西洋画法没有被18世纪文人画家真正接受的原因。继17世纪末金陵画派那几位具"西方主义"特质的画家之后，西洋画法仅出现在少数中国宫廷画师作品中，而院派画师从来得不到文人画家的最高评价，何况宫廷画师采用西法也极为有限，仅限于透视法、明暗设色法。

前述焦秉贞对透视法相当用心，除南怀仁的教授外，他还仔细临摹了波佐（A. Pozzo）的《建筑透视图》。后来焦秉贞被提升为宫廷画院的候补画师而成为一位著名画家，他的透视法得到中国史家的充分肯定，并曾影响了一些院派画家，如冷枚和陈枚。宫廷画院有些人对传教士画家挺感兴趣，如邹一桂、沈源和丁观鹏，他们有时还与传教士合作，在传教士的人物形象后面添上山水背景，而且还有不少宫廷画家曾向郎世宁学习油画技艺。然而他们对西洋技法的理解和运用很有限度，而且他们的最高标准仍是文人画最重的"士气""画意"之类。工花卉的邹一桂不是职业画家，而是学者和官员，他对西方艺术特征的概括很可以代表士人阶层对西洋画的一般观点："西洋人善勾股法，故其绘画于阴阳远近，不差锱铢。所画人物屋树，皆有日影。其所用颜色与笔，与中华绝异。布影由阔而狭，以三角量之。画宫室于墙壁，令人几欲走进。学者能参用一二，亦具醒法；但笔法全无，虽工亦匠，故不入画品。"①

"笔法全无，虽工亦匠，故不入画品"，这样的绘画观念在明清学者和文人画家心中几乎是不易之理，因此如王翚、吴历这样奉教归化之人，在绘画上却不采用西法。吴历是清初六大画家之一，似乎早年就成为天主教徒，1682年在澳门加入耶稣会，1688年授予神父神品后返回上海并在余生以传教为任。吴历对西方人的表现形式很有兴趣，曾评论西画与中国画的不同之处，中画不取形似而求神逸，西画则全在阴阳、向背、形似、窠臼上用功夫，显然他认为西画未臻于上境。吴历晋铎之后便绝少作画而决计全心修道，还在给朋友的信中谈到自己

---

① [清]邹一桂：《小山画谱》卷下《西洋画》，《文渊阁四库全书》第838册，第733页。

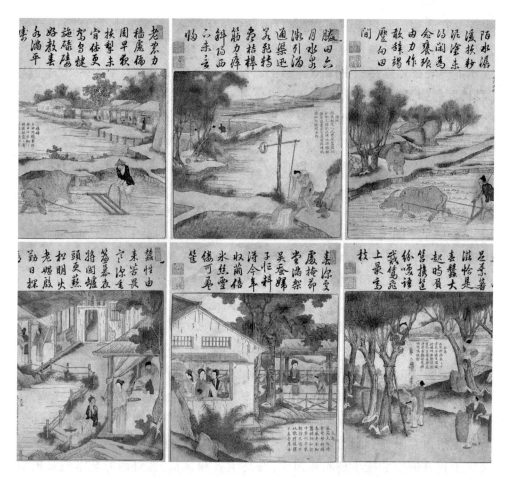

[清]焦秉贞《御制耕织图》(局部,清康熙内府刻敷彩本)

的旧作中没有一点外国的东西。但吴历晚年其实并非全不作画,《清史稿·艺术传》本传评他晚年之画"每用西洋法"[①],所以他是否借鉴过西洋画法、借鉴到什么程度,还有待研究。王翚与吴历同列清初六大画家,且声名更著,人称其画风集南北宗于一身,曾以布衣之身供奉康熙内廷主笔《南巡图》,得康熙厚赐而归。王翚幼年即已奉教,只是信仰不坚,80岁以后才在吴历劝告下专心学道。他一生中虽为教徒,却多年来与教中人士来往不密,且颇自负于己画,西法的影响更无从谈起。

不过,西洋透视画法对于中国的瓷器画有一定影响。康熙五十八年(1719)法国珐琅艺术家应邀进紫禁城任珐琅画师。珐琅画本来是唐宋时从大食和波斯

---

① [清]赵尔巽:《清史稿》卷五〇四《艺术传三·吴历传》,第13905页。

清代铜胎画珐琅西洋人物壶形烛台

清代铜胎画珐琅西洋人物纹镜

引进的工艺,明代郑和下西洋曾进口青花钴料"苏麻离青"绘制瓷器上的纹饰。至此,法国艺术家运用西洋透视方法及绘画风格于瓷胎画珐琅,这种珐琅画瓷器工艺在康熙、雍正和乾隆时期获得长足发展。这类精美瓷器制品除外销海外,亦有许多仍存于北京和台北的故宫博物院中。雍乾时期的珐琅画常常表现西洋景物和人物,展现了欧洲绘画艺术魅力。

值得指出的是,澳门在西方绘画技法东传中有特殊重要的地位,许多中国画师在这里受到影响和培训。有的直接模仿和创作油画,有的则用中国画勾线技法描绘西方宗教壁画,既表现出西方油画材质的美感,也有中国写意画的神韵。

总之,明清时期受过教育的文人画家中实际接触过西方艺术的人相对来说非常少,真正受到西方艺术影响的人则更少。而大多数文人画家有着一种体现其理想与生活方式的根深蒂固的传统,使他们不可能承认外来的影响,而中国艺术的主旋律和艺术标准又正是由士大夫阶层的口味所决定,他们心目中视觉艺术的最高标准是书法,而非宫廷画家与职业画家的画。再加上传教士们传播西方艺术的范围极其有限,到18世纪更因囿于内廷而逐渐断绝与学者和官吏阶层往来。这一切导致西方绘画艺术不可能在中国文化更高的层面上有立足之地。

然而与中国文人对西方绘画的总体拒绝不同,西方绘画技巧在17—18世纪却在处于边缘地位的民间艺术中被一定程度地吸收。不过被吸收的原因更多不是出于艺术考虑,却是出于商业意图才追求异国风味,吸收者主要是江南和广东沿海等经济发达地区的底层艺术家,最具代表性的作品是姑苏版画和广东油画。

苏州在入清之后开始取代南京成为商业、出版与印刷中心,为姑苏版画的发展奠定基础。清初的苏州版画尚无西法痕迹，康熙末至雍正初则已开始流传"仿泰西画法"大型套色木版画。雍乾时期，姑苏版画业进入盛期，而此时也出现刻有"仿泰西笔意""仿泰西笔法"等题跋的姑苏版画，而一些未刻此类题跋的姑苏版画实际上也不同程度受到西方绘画技巧的影响。这些版画表现出一种高度写实主义的绘画方式，可以概括为透视法则和利用了光影知识的明暗造型法。此外在制版、色彩、题材等方面也有一些西方影响，如采用深浅墨色二次印刷法使版面呈现灰色基调而加强色感，受到铜版画启发采取细密线条排列法，题材则有直接模仿西洋铜版画插图的。关于姑苏版画的写实主义源头，有人提出是当时宫廷的"海西派"，苏州文化人与北京宫廷画院有密切联系。不过考虑到宫廷画家、文人画家与民间画家彼此间的距离，这一影响途径可能不很明显，而耶稣会士带来的大量铜版画则更有可能影响民间。

广东的画工自17世纪始就开始模仿西方绘画与雕版画风格来装饰出口陶瓷，后来一些专业画家也接受这种风格，制作各种中国题材的油画出售给外国商人和船员。这些采用外国风格的画家并非与耶稣会士有关的学者，而是为外国市场制作西画以谋生的地位低下的画家。他们采用西方技法与西方艺术是为了迎合市场的需要。19世纪还有人收藏郎世宁的作品或模仿郎世宁风格制作中西合璧式的绘画，但绝非学者文人。这种情况反映出普通中国人似乎更有热情接受西方观念。

二、西洋音乐

中国人接受西方音乐由来已久，不过大多数是来自中亚或西亚，元明以来则开始有欧洲音乐传入中国的零星记载。

元世祖在位初年，有"回回国"向元廷进献一乐器，史称"兴隆笙"，从时人的描述来看，它应该是一架管风琴，是最早传入中国的西方键盘乐器。关于其构造，《元史》卷七一《礼乐志五》记云："兴隆笙，制以楠木，形如夹屏，上锐而面平，缕金雕镂枇杷、宝相、孔雀、竹木、云气，两旁侧立花板，居背三之一。中为虚柜，如笙之匏。上竖紫竹管九十，管端实以木莲苞。柜外出小橛十五，上竖小管，管端实以铜杏叶。"①研究者认为，琴身用木孔雀和孔雀羽毛装饰，"中有簧管，奏乐时用乐工三人，一人鼓风囊，一人按律，一人运动机簧，于是孔雀应节飞舞"②。

---

① [明]宋濂：《元史》卷七一《礼乐志五·宴乐之器》，北京：中华书局，1976年，第1771页。
② 马建春：《元代的回回乐器与乐曲》，《回族研究》2003年第2期，第75—76页。

时人有诗歌"兴隆笙颂"。晚明时期,欧洲音乐亦是伴随传教士来到中国,因为音乐是教堂不可缺少的内容,传教士中有不少人懂得音乐并携带乐器来华。

利玛窦1601年来北京时向万历皇帝呈献圣母像、自鸣钟及铁弦琴等,琴抚之有异音,引起皇帝兴趣,于是万历帝命内臣学习西琴。1605年,利玛窦译《西琴曲意》八章,即八首宗教歌曲,由庞迪我教导宫廷乐队演唱。利玛窦所献估计为钢琴的前身达尔希麻,其后又输入小型的达尔希麻,名之为洋琴,又写作阳琴,在中国和朝鲜都曾盛行过。教堂音乐最主要的乐器是管风琴,中国人开始时称为"风乐",明末屈大均《广东新语》记录了澳门天主堂的这种乐器和"铜弦琴"①。汤若望于顺治七年(1650)在宣武门内修建天主堂,堂中二塔,一置自鸣钟,一置管风琴。

顺治十三年(1656)荷兰使臣献一琴,并有一琴师同来,随带一喇叭,但不清楚是什么琴。康熙因为对音乐也感兴趣,南怀仁便极力推荐当时在印度的徐日昇有音乐才能,于是康熙派人请徐日昇来中国。徐日昇于1663年1月到达北京,康熙1685年去鞑靼狩猎还带其同行,当然徐日昇受宠还因为他亦有天文学才能。据白晋说,康熙曾很有兴趣地学过一些西洋乐器,徐日昇曾指导工匠制作各种乐器,有吉他、曼陀林一类,单、双簧管和竖琴。徐日昇还教会康熙用这些乐器演奏两三支乐曲。法国耶稣会士南光国也曾为康熙制造乐器,波希米亚耶稣会士严嘉乐善弹六弦琴,并曾为康熙制造风琴。康熙有时还通过传教士物色一些西洋乐器的演奏家,如通过耶稣会士闵明我(Philippe Marie Grimald,1639—1712,中文名与前述那位多明我会士相同)从荷兰使臣那里招来一名竖琴演奏家,在宫廷乐署教小太监演奏竖琴。1713年,同样精通音乐的传信部传教士德理格(Teodorico Pedrini,1671—1746)制作了一个小风琴,只要触及弹簧,即可奏出曲子,风琴上还有钟表装置。德理格将此作为康熙六十寿辰的献礼,康熙对此极为喜欢。

高士奇《蓬山密记》②记康熙畅春园渊鉴斋有西洋乐器,特别提到120根弦的西洋铁丝琴(古钢琴)。乾隆时,曾专门邀请几位音乐方面的洋专家来宫,对闲置七十多年的康熙用过的各种西洋乐器予以分门别类,并修理破损乐器。据中国第一历史档案馆《各作成做活计档》,乾隆十六年,武英殿造办处共收贮风琴十七架,后又添造象牙笛、铁丝琴。乾隆利用这些乐器组建过一支宫廷西洋管弦乐队,据说由十四名太监组成,西洋人为指导教师,他们使用的乐器有吉

---

① [清]屈大均:《广东新语》卷二《地语·澳门》、卷一八《舟语·洋舶》,北京:中华书局,1985年,第37、482页。

② [清]高士奇:《蓬山密记》,《丛书集成续编》第40册,上海:上海书店出版社,1994年。

他、曼陀林琴、大提琴、小提琴、单簧管、双簧管等西洋乐器。乾隆朝来华欧洲人继续向朝中进献西洋乐器,如马戛尔尼使团中有四名乐工,进献的礼物中含西洋乐器;紧随马戛尔尼前来的荷兰使团献上一件万年如意八音乐钟。

乾隆四十三年(1778),意大利耶稣会士曾在北京宫廷演出稍作改动的意大利歌剧《好姑娘》,由上述宫廷西洋乐队伴奏,时在罗马首演此剧十八年之后。该剧为普契尼所作,是一部风靡舞台三十多年的轰动之作,为普契尼127部歌剧之中最成功的一部。乾隆为了让耶稣会士演出这部歌剧,还特别搭建一座舞台并制作相应幕景。这在中国戏曲史上大概也算前无古人,而且在文明戏兴起之前,也只此一家。可惜乾隆对西洋音乐缺乏真正的了解,提倡西洋音乐只是宫廷之内的一番耍乐,热闹过一阵就冷落下去,与他对其他新奇玩意的喜好一样。

晚明王徵曾著《西洋音决》,想必接触过西洋音乐,可惜书已无传,这也是明清之际中国士人关注西洋乐理的唯一记录。清康熙朝,南怀仁在为康熙讲授西方科学的同时也讲授一些西洋音乐知识,后来德理格还为皇三子、皇十五子、皇十六子教授乐理,皇三子允禄又奉康熙之命在德理格指导下主持改进中国音乐缺少半音的不足。整个明清时期有关西洋乐理的官方记录只存在于康熙敕撰、1713年完成的《律吕正义》之续篇中。《律吕正义》是一部关于乐律的学术著作,分上、下及续篇,上、下篇谈中国乐律古今尺度及其自定的律制。续篇由徐日昇和德理格合编,着重讲述五线谱和音阶等西洋乐理,今天看来它只是一本西方乐理的基本教程,或许就是供康熙学习乐理知识而编写。

明清时期的西洋音乐主要是用在教堂里,偶尔令皇帝们感兴趣,谈不上什么社会影响,而士人们还未必接受。比如乾隆六年的刑部左侍郎张照曾在一份奏折中论西洋乐器所奏之乐不仅达不到中国雅乐之中和,还比俗乐更为"噍杀促数"[①]。

三、西洋建筑

自明季葡萄牙人聚居澳门,澳门逐渐成为葡萄牙殖民地,当地的居住建设自然而然受到欧风影响,建筑艺术方面体现出一种"洋气"。印光任、张汝霖的《澳门纪略》曾描述澳门各式洋房的主要特征,多为二层以上楼房,形状有方、

---

① 噍杀:声音急促,不舒缓。《礼记·乐记》:"是故志微,噍杀之音作,而民思忧。"孔颖达疏:"噍杀,谓乐声噍蹙杀小。"《史记》卷二四《乐书第二》作"焦衰",张守节正义:"其乐音噍戚、杀急,不舒缓也。"(第1206页)促数:音乐不和谐之意。[唐]柳宗元《柳宗元集》卷二四《序饮》:"有资丝竹金石之乐以为和者,有以促数氉遬而为密者,今则举异是焉。"北京:中华书局,1979年,第647页。

圆、三角、六角、八角各种,甚至还有仿花果形状的楼房,楼顶则俱为螺旋形,并讲求装饰。楼房内有走廊,四面开窗,门楣多作圆拱形,红墙粉壁,颇为美观①。据明人记载,明嘉靖间,西人在澳门居住者近万家②,则澳门的城市风光也可以想见。其后,广州成为洋商聚居之地,与外商交往的机构如商馆(十三洋行)也大都模仿西洋风格而建,景象略同澳门。

天主教传教士来华创业,必然会重视给人以第一印象的教堂的外在形式,由于其精心的设计和建造,早期的遗迹直到19世纪中叶犹有留存者。当时教堂建筑的形式大致有罗马式和哥特式两类,前者圆顶穹窿,如中国卷棚式,后者则为塔尖形式,耸立天空。16—17世纪澳门建造的古教堂有:望德堂,1567年建立教区时是主教产业;圣老楞佐堂,1575年左右建;圣安多尼堂,约1565年建;圣奥斯定堂,1589年建;玫瑰堂,又名圣多明我堂,1587年建;圣保禄堂(后来在此建圣保禄学院),1572—1602年建,中国人称为三巴寺。这些教堂都属17世纪的巴洛克风格(Baroque),圣保禄堂堪称典型代表,三巴寺牌坊(圣保禄堂遗址,亦即教堂的正立面)则体现出中西合璧的艺术特征。

澳门圣保禄堂(俗称大三巴教堂、三巴寺)

---

① [清]印光任、[清]张汝霖:《澳门记略》卷下《澳蕃篇》,赵春晨点校,广州:广东高等教育出版社,1988年,第60页。
② [明]王临亨:《粤剑编》卷三《志外夷》,凌毅点校,北京:中华书局,1987年,第92页。

此外,17世纪与18世纪之交建于北京城的东、西、南、北四大教堂也是典范,按照蒋友仁的说法,这四座教堂的名称是宫中的人根据它们相对于紫禁城的位置而起的。有的西方学者说北京最早的教堂是1650年由汤若望在宣武门一带建成使用的南堂,对于利玛窦,则只言其在北京有居所,而未言教堂。不过,明末刘侗、于奕正合撰之《帝京景物略》提到了利玛窦的教堂,并明确称其为"天主堂",但对其建筑特征仅言"堂制狭长",大量笔墨在描绘堂内的耶稣像和圣母像。这是1600年利玛窦进京后于宣武门内东城隅所建,汤若望的南堂或许就是在利玛窦教堂的基础上修整或重建的。南堂在乾隆四十年(1775)毁于火,次年又重建。东堂是由南怀仁在北京皇城东一处传教士住宅的基础上兴建,建于1666年秋天以后。北堂1720年落成,位于皇城的西北,是在康熙赏赐法国耶稣会士的一所住宅基础上建成,其由来已在前文介绍过。西堂是传信部传教士德理格所建,1723年他在皇城西部买了一所大住宅,据称有大小房屋七十间,庭院近十进。随后他用了两年时间改造这所宅院,1725年建成西堂开张,成为北京唯一一所非耶稣会士教堂,1730年部分毁于地震,德理格又随即重修。1811年、1812年、1826年,西堂、东堂和北堂相继在清政府的命令下被拆毁,19世纪后半叶又被新来的天主教传教士在原址分别重建,但是新的北堂在20世纪上半叶因火灾再度被毁。此外,传教士的坟冢也体现了西洋建筑特色,《帝京景物略》详细记载了位于阜成门外的利玛窦坟茔不同于中国的建筑特点:"其坎封也,异中国,封下方而上圜,方若台冘,圜若断木。后虚堂六角,所供纵横十字文。后垣不雕篆而旋纹。脊纹,螭之岐其尾。肩纹,蝶之矫其须。旁纹,象之卷其鼻也。垣之四隅,石也,杵若塔若焉。"①

18世纪中国最著名的仿西洋建筑群当属北京圆明园内的西洋建筑,俗称"西洋楼"。圆明园始建于乾隆年间,由郎世宁设计,王致诚、蒋友仁等协助,中国工匠具体建造,虽于咸丰十年为英法联军所毁,其遗址至今还能见到。"西洋楼"建筑群整体采用17世纪和18世纪欧洲流行的巴洛克风格和洛可可风格(Rococo),环以意大利式花园,端庄凝重与华丽纤巧相结合。其中的"水木明瑟"一区尤见西方影响,内中雕刻有人认为是意大利派的,但限于实物不存,无从查考。乾隆曾作《秋风清·水木明瑟》一词以咏其景象,其序云:"用泰西水法引入室中,以转风扇,泠泠瑟瑟,非丝非竹,天籁遥闻,林光逾生净绿。"②圆明

---

① [明]刘侗、于奕正:《帝京景物略》卷五《西城外·利玛窦坟》,第207页。
② 中国圆明园学会编:《圆明园四十景图咏》,北京:中国建筑工业出版社,1985年,第49页;参见向达:《明清之际中国美术所受西洋之影响》,向达:《唐代长安与西域文明》,石家庄:河北教育出版社,2001年,第508页。

利玛窦墓碑

园在中国和世界的园囿史上均不失为一座里程碑式的奇葩,其中的西洋楼作为中国古代最大、最典型的中西建筑综合体,以其异国情调为整个圆明园平添一道异彩。

除圆明园以外,供帝王游览之园林居舍,也多有依西式建造者。尤其是乾隆曾多次至扬州巡游,扬州一带居民便多建园林以邀乾隆驻跸,其中有些建筑便仿西洋式样。按李斗《扬州画舫录》所记,扬州虹桥东岸的江园,乾隆二十七年被皇帝赐名净香园,其怡性堂后半部分"仙楼"即仿泰西营造法,中筑翠玲珑馆,出为蓬壶影。怡性堂之左靠山亦"仿效西洋人制法,前设栏楯,构深屋,望之如数什百千层,一旋一折,目眩足惧"[1],其室内除陈设西洋自鸣钟,还设计玻璃镜以反射室内景致,颇有欧洲风味。与江园相邻的黄园因接待过乾隆而被赐名趣园,其涟漪阁阁尾有三级,第三层五间名为澄碧堂,仿效广州十三行的西洋式碧堂而建,其制以连房广厦、蔽日透月为工。

从16—18世纪西学输入中国的主要内容和对中国学术的影响中,我们不难发现,晚明前清这两百年间,西方输入中国以科技文化为主,虽然其内容丰富,门类众多,但是传播的范围和影响的深度很有限,无法真正把中国领进世界

---

[1] [清]李斗:《扬州画舫录》卷一二《桥东录》,济南:山东友谊出版社,2001年,第318—319页。

圆明园大水法遗址

近代化的潮流中。从内容和传播媒介来讲，在这场中西文化交流过程中，真正称得上媒介的只有欧洲的传教士和商人。他们带给中国的欧洲科学首先由于自身的限制而并不十分系统和准确，再加上其中许多还与中国传统文化相抵牾，因此中国真正能够学习并接受的东西实在不多。从传播对象看，欧洲传来的大多数知识和器物传到王宫贵族或少数士人那里就停止了，上层人士无心提倡，使普通百姓根本没有机会接触和学习。

反观同一时期的欧洲，其所接触到的中国文化虽然也是片面和不够准确的，但欧洲人近其所能地利用这些知识来促进社会转型，对于更具客观性的工艺技术则主动考察研究并运用到自己的工业中去。中国则不然，这段时期对西学的总体态度是"节取其技能，禁传其学术"，不让西方的思想传入中国，只求维护儒家的传统统治地位。即使是技能方面的吸纳也深受皇帝兴趣的左右，往往局限于皇帝周围的一个小圈子里，未能形成风气和潮流并推广到全社会。

第六编　礼仪之争与郢书燕说

第二十六章　中国礼仪之争及其文化意义

"中国礼仪之争"是指从17世纪中叶持续到18世纪中叶、在中国传教士之间及传教士与罗马教廷之间展开的、有关中国传统祭祀礼仪性质的讨论。礼仪问题延至1939年才真正得到解决，但这里所谈论的只是那场持续百年的"礼仪之争"。

争议的中心内涵包括术语问题和礼仪问题两部分，前者是讨论在中文里选用什么词汇来表达基督教的"神"这一概念，后者是处理中国教徒的祭祖祭孔礼仪。这场争议的根本起因还在于利玛窦确立的基于文化适应原则的传教策略，而术语问题和礼仪问题都围绕着探讨中国传统文化中某些内容的原始意义展开，表现出一种文化试图理解并融合另一种文化的努力，也提出了两种各具独立性的成熟文化相遇之时是否有可能真正交流沟通和如何沟通这一至今仍悬而不决的问题。

但是，礼仪之争又不单纯是一场文化争议，17世纪前期耶稣会士内部的术语之争可以看作一次思想争论，但17世纪中叶开始的长达百年的礼仪争论则已是掺杂着文化讨论、修会争斗、教俗争锋、中西较量的大混战。争论几乎贯穿晚明前清天主教传行中国的整部历史，因此礼仪之争成为这段以传教士为主要媒介的中西文化交流史上一个醒目标志，这一时期的许多事情多少都带着礼仪之争的影子。

一、利玛窦对待中国传统的态度

1. 挪用传统概念

用什么汉语词汇来向中国信徒表达基督教中的"神"这个概念？作为晚明前清第一批踏入中国土地的天主教传教士之一，利玛窦首先要面对这个问题。但这并非基督教发展和传播史上首次面对这类问题，早在基督教遭遇古希腊—罗马文化时就曾出现。利玛窦在中国所做的就如同早期教会在欧洲所做的那样，寻找一个具有近似于基督教含义的词语，通过解释和教导而赋予它们能够唤起确当之基督教概念的力量，在早期教会史上并未因此发生严重的术语合法性争议。但由于16世纪、17世纪的罗马天主教会格外强调信仰的纯洁性,公元1世纪时运用于罗马帝国的同类方法运用于这时的亚洲就被认为不够明智,尤其是又被运用于一个有数千年深厚文化底蕴的国度,就更令人生疑,那个词语中被沿用了几千年的传统含义能被正确地屏蔽掉吗?

术语问题在日本传教区创始之时也曾经是难题,并为此讨论了五十年,最终确定用拉丁文或葡萄牙文术语的音译来表达天主教的概念。利玛窦最早使用释道儒三家文献中都出现的"天主"一词来指称God。这样做的原因,有人说是沿袭日本传教区的早期做法,有人说是罗明坚的发明。无论如何,当利玛窦日渐深入地研究中国古代典籍时,他开始认为这些书籍中出现的"天"和"上帝"被中国人用来指灵魂与人类的统治之主,而这个统治之主的性质正与天主教徒所说的God一样,比如他是一切力量与法律权威的源泉,是道德法律至高的约束者和捍卫者,他全知全能,奖善惩恶。因此利玛窦在《天主实义》中用了几页来阐述"天"和"上帝"就是指他所布道的真神。而且"天"与"上帝"出现在最受中国人尊崇的古代文献中,也是中国人很熟悉的词语,所以利玛窦认为,它有助于破除中国人中反天主教的偏见,适合于天主教徒接受。利玛窦将这些想法撰成报告,征询远东视察员范礼安的意见。1600年,范礼安同意了利玛窦以"上帝"指称基督教真神的术语选择。

2. 适应传统习俗

耶稣会士进入中国后,大力谴责许多旧有的宗教习俗,如对山神河神、佛道神祇的崇拜,以及佛教徒和道教徒的仪式,这一切都被明确界定为迷信。但面对中国人普遍执行的祭祖和祀孔礼仪,早期的耶稣会士却深感为难。所有人都举行的祭祖仪式中包括为代表祖先的牌位供奉肉、水果、丝、香料,还要在尸体、坟墓或牌位前焚香点蜡烧纸,然后在家宴中分享供品。祀孔礼仪只有士人参与,有两种形式:一种是获得秀才功名的人在文庙举行,一种是士人每逢初一、十五所行,这些礼仪中至少包括对孔子牌位叩头和上香。而在每年春秋还要对孔子进行大祭,在祭祀地供献牺牲、酒、丝等物,接着是宴飨。这些祭礼在天主教徒眼里几乎具有了宗教祭祀的所有外表,而且中国人既然将牌位称为"灵位",很容易得出结论说中国人认为祖先的灵魂栖居在这块牌子上,一名来自欧洲的天主教徒自然有理由认为这一切暗示着某些超自然的信仰。利玛窦起初正是这样理解的,所以他断定祭祖祀孔礼仪属于异教偶像崇拜行为,中国人若要皈依天主,当然首先要放弃这些行为。但是他很快又发现,如果禁止中国天主教徒参加祭祖祀孔礼仪,则归化者寥寥,归化整个中国简直毫无可能,甚至还会背上对抗中国传统的罪名,从而无法立足中国。

利玛窦由此开始认识到,祭祖祀孔礼仪是中国社会体系的基础。祭拜祖先和过世父母对中国人而言是孝道的最重大表现,而孝是中国儒家伦理的核心,忽视这些礼仪的人会不齿于其家族和国人。直到19世纪,新教传教士仍在说,中国人骂人的最严厉方式就是骂对方没有祖宗。利玛窦以为,要求中国天主教徒与其家族和社会相隔离显然不合情理也不够现实。祀孔仪式则是士人们不可推脱的职责,如果不履行,则既不能获取功名也不得担任官职,并且这是一条直至近代都不可亵渎的法律。这些情况意味着,外国传教士如果完全禁止中国天主教徒祭祖祀孔,就会被认为是在攻击中国政府和传统,在图谋不轨。

现实的困境成为利玛窦重新考虑中国礼仪的一大动因,正如他的全部适应政策是针对中国社会对外来事物的强大排斥力和中国文化的高度独立性做出的妥协,他对礼仪问题的关注和思考也首先是迫于传教区的存亡继绝之需。不过利玛窦对观点有分歧的事物一贯不抱教条主义态度,这也是他深入理解中国礼仪的必要前提。利玛窦对儒学的认识深刻影响了他对祭祀礼仪的新立场。他视儒学为士人的一种生活方式,其中的观念和准则又通过士人影响大众,这与佛道的偶像崇拜大为不同。祭祖祀孔礼仪既然是儒家倡导的培养"孝道"的手段,"孝道"又是维护中国社会良好秩序的基本手段,那么这些礼仪就本质而言是在执行有关"孝道"的功能,亦即是一种社会性、世俗性行为,无关迷信。而且,利玛窦得知这些礼仪起源于坚持神不可知论的孔子后,相信研究这些礼仪在早期儒家作品尤其是孔子著作中的表现形式,就能发现它们的最初特征。他研究之后得出的结论是,礼仪的本质只是表示尊敬的世俗性行为。大量引用古代儒家文献来论证礼仪的本质并非迷信也成为其他早期耶稣会士常用的方法。至于耶稣会士在晚明时期看到礼仪具有令人易于误解的迷信外表,利玛窦认为,是因为这些礼仪在岁月变迁中被超自然或迷信的错误信仰污染所致,但这些错误信仰早已被遗弃,因此并不影响礼仪的本质,而且可以清除它们以恢复礼仪本来的纯洁性。

中国学者,尤其是耶稣会士同时代的儒家学者对礼仪的严谨判断是耶稣会士确立其礼仪立场的重要依据。利玛窦不仅认真阅读中国经典中有关礼仪的叙述,也咨询了他接触过的各个层次的大批士人学者,从而确信在知识阶层中对这些礼仪无论是规定还是实践都没有宗教意味。宋明理学的唯物论就足以驳斥祭祀礼仪是迷信或偶像崇拜这一说法。按照中国学者的解释,祭祖与祀孔既不要求也不期望从祈祷对象身上获得任何非凡的介入,仅是秉持"事死如事生""事亡如事存"之意,希望对死者表示出最大的尊敬。朱熹对儒家经典的阐释在 1552 年以后被定为官学，在儒士中具有普遍约束力，这也足够让耶稣会士们放心礼仪本身与迷信没有牵连。不过，这一无神论的解释虽然是官方教义，却并不一定被每位士人所信守，更不用说普通大众，因此在部分士人和民众中仍可能存在异教信仰式的祖先膜拜和上供行为，但在利玛窦及其追随者看来，这两种错误并非来自礼仪本身，而恰恰需要通过恢复礼仪在经典中的原始含义予以纠正。

耶稣会士，尤其是利玛窦也根据对中国人的生活和中国社会的密切观察为礼仪问题做出结论。利玛窦发现礼仪中的一些关键因素在中国社会中并不具有欧洲人所以为的宗教含义，这才直接促使他考虑修正自己最初的礼仪观。例如焚香和叩头普遍存在于中国社会，都是表示致敬的行为，那么对逝者或其牌位焚香叩头也同样只是表示敬意，而不是向逝者之灵祈求财富、智慧或荣誉。再如，利玛窦在 1583—1603 年间对礼仪进行了二十年观察研究后，注意到中国人在祭祖和祭孔时并未伴随任何祈祷求报，更使他确信这些礼仪大体而言只意味着向父母和权威表达尊敬。至于那些供奉给死者并随后被全体参与者分享的供品，在中国人的观念里仅仅是一种使人能感觉到与祖先同在的方法，中文里"供品"一词与西方"献祭"一词的含义不尽相同。

1603 年 12 月，利玛窦终于对中国礼仪做出公开结论，其基本观点是：1. 遵守中国传统的尊孔礼仪；2. 中国人祭奠祖宗的仪式"大概"不是迷信，因为这些仪式并不能视为有明显的迷信色彩，倒有明显的排除迷信观念的成分。利玛窦将这些观点上报范礼安，范礼安在 1603 年和 1605 年分别召开会议与其顾问们讨论这个问题，结果赞同利玛窦的观点，于是利玛窦对待中国礼仪的态度就此成为耶稣会士中国传教区的基本指导。

3. 利玛窦理解异域文化的特点

利玛窦完全同意普通的祀孔礼仪不是迷信，但对祭祖礼仪的最终态度有所保留，所以 1603 年的结论中有"大概"一词。利玛窦的思路是，对于没有明显迷信迹象的行为尽量容忍，同时努力引导这些典礼逐渐与天主教行为相符。利玛窦对礼仪采取温和立场也反映了他的策略性态度，他不仅认识到解决礼仪问题是推进福音进步的重要步骤，也知道与中国社会的权力意志适当妥协远胜于简单对抗，所以他补充说既然帝国法律要求执行这些礼仪，天主教徒就可以参加。但是祭祖礼仪中的确夹杂了一些迷信成分，对普通民众的蛊惑性尤其大，所以利玛窦提出了一些参加祭祖礼仪的限制条件，以帮助天主教徒区分迷信与非迷信，主要有，不烧纸钱（他认为这一特殊仪式来自佛教），参加者摈弃任何关于死者灵魂享用供品的观念，对死者不祈祷不恳求。祭祖礼仪中除此以外的举动，利玛窦及其后的耶稣会士都高度容忍。

以利玛窦为代表的耶稣会士对中国礼仪的态度充分体现了耶稣会的人文主义精神以及在此精神照耀下的文化相对主义立场。与马尼拉来的西班牙托钵会传教士一看中国人在棺材旁和祖先牌位前叩头就断其为迷信不同,利玛窦努力通过中国文献所阐释的中国历史、中国人的观念、中国的社会氛围和习俗来理解礼仪在这一特定社会中的含义,而没有生硬地为中国符号注入欧洲式含义。在做出实际决策时,利玛窦等人同样表现出不同凡响的文化开放心态,他们的观察重点在于努力发现礼仪中是否有符合自然和理性从而能被允许的东西,而不在于挑剔礼仪与天主教信仰的出入,这是因为他们首先立足于肯定中国文化的价值并尊重中国人的权利。这种基于文化开放心态的文化创造精神,表现在一群成长于基督教中心观下的传教士身上,委实难能可贵。不过,利玛窦和他的同道都很清楚,在礼仪问题上做出让步只是权宜之计,而且对他们来说是冒险之举。但他们宁愿冒险去战胜风险,容忍的同时通过教育和指导逐步改变中国人的礼仪习惯,寄希望于中国天主教徒最终能决断什么可做和什么不可做。在华耶稣会士虽然在术语问题上有深刻分歧并导致激烈冲突,但他们对礼仪问题的总体政策并无异议,在实践中也能保持态度一致。利玛窦制定的这些规则在他生前被他的同道掌握使用,在他死后五十年内仍然是所有在华耶稣会士的行动指南。但在耶稣会以外,利玛窦容忍中国礼仪的做法却恰恰导致其他传教士与耶稣会士产生重大分歧。

二、耶稣会士关于利玛窦方法的争议

以"上帝"指称 God 这个决议自一开始就在耶稣会士内部遭遇阻力,比如龙华民自 1597 年到达中国以来就对这些术语的合法性表示怀疑。但利玛窦在世时,慑于其威信和敬佩其适应方法所取得的瞩目成就,中国传教区内部的反对意见都悄无声息。利玛窦一旦去世,讨论适应策略的基础是否可靠就势所难免。战端由日本的耶稣会士点燃,他们读到利玛窦的中文著作后,立刻将他们对其中有关术语的忧虑之情通过澳门的耶稣会士东亚总部转达给在华耶稣会士。而在中国,自 1610 年左右起,某些耶稣会士已经清楚地看到因过分仓促地使天主教与中国观念相结合而引起了异教化的危险,他们认为不应对中国人过分迁就,应制止某些妥协行为。所以当日本耶稣会士关于术语选择的意见传到中国后,立刻得到龙华民赞成,龙华民此时已接替利玛窦任中国传教区会长(1610—1622 年在任)。他早就担心,中国人并未把他们的

"上帝"视为一尊人格化的神,而是按理学家的诠释视之为天道和天命,即一种无形力量。他借日本耶稣会士发难的机会建议视察员巴范济(Francesco Pasio,1611—1612年在任)重新审查整个问题。巴范济征求过徐光启、杨廷筠、李之藻和其他士人的意见后,发现他们都支持利玛窦的观点,因此主要在日本度过其传教士生涯的巴范济尽管私下赞成龙华民的看法,并也指出在华耶稣会士的中文著作中存在类似异教徒那样的错误,但考虑到传教区的前途,还是将此问题搁置不议。

1616年,在中国做过一趟短期旅行的陆若汉重新挑起这个问题,并向耶稣会总会长申述。同一时期,龙华民也在继续巩固他的论点,并发现熊三拔在"上帝"术语问题上与之持同一立场。1617年,龙华民向当时的视察员弗兰西斯科·维埃拉(Francisco Vieira)呈交一篇关于术语的论文。1618年,已被逐到澳门的熊三拔写了一篇随笔和一篇正式论文来支持龙华民,坚持认为中国人不了解上帝、天使和灵魂。大约同年,澳门的耶稣会士卡米洛·迪·科斯坦佐(Camillo di Costanzo)也向维埃拉递上一篇攻击利玛窦术语的论文。维埃拉赞成这几人的意见,但他知道庞迪我和王丰肃不同意这种看法,因此也命他们写文章表述观点。于是二人写了一篇捍卫利玛窦术语的文章,与熊三拔等人针锋相对,坚持中国人具备关于上帝、天使和有理智的灵魂的知识。维埃拉最终未做决断。

1621年,视察员骆入禄(Jerónimo Rodrigues,1575—1631)在澳门召集传教士讨论术语问题,讨论中的主流观点是支持利玛窦,所以骆入禄颁发一系列赞成该立场的指示。但龙华民并不妥协,1623年,他将自己1618年以来在中国人中调查利玛窦术语之含义所得的结论写入《孔子及其教理》一书,次年又写文章批评《天主实义》。这些又引出一轮支持或是反对利玛窦的文字辩论并日趋激烈。于是,1627年12月底,一群耶稣会士聚集嘉定,奉当时的视察员班安德(André Palmeiro,1569—1635)之命举行会议讨论术语问题,由中国副教省会长阳玛诺主持。本次会议中,传教士们在祭祖祭孔礼仪问题上轻易达成共识,认为它们有较浓的世俗意味,因此沿用利玛窦的容忍做法。但在术语问题上,由于龙华民的强烈坚持而无法达成一致。会议一直持续到次年近1月底,因天启皇帝驾崩,民间聚会在官府眼里恐有叛乱嫌疑,会议被迫草草收场,同时做出了维持利玛窦传教方法的决定,但禁止使用"上帝"一词,改用"天主",不过已公开流传的利玛窦著作不受此限。

嘉定会议的上述决议并未使龙华民满意,因为没有宣布"上帝"或"天"是彻底错误的和不可接受的。所以龙华民在1633年又写文章攻击"上帝"一词,再度引发在华耶稣会士的辩论。眼看争论不止，1635—1641年间任中国副教省会长的傅汎际(Francisco Furtado，1589—1653)破釜沉舟，下令焚毁反对利玛窦的著作，以求结束这场拖宕二十多年的争论。截至1630年代写成的五十多篇此类文件就此消失，龙华民的著作则几乎无一幸免，唯有1623年所写的《孔子及其教理》保存下来，并被赞成龙华民观点的汪儒望转给耶稣会士的坚定对手、多明我会士闵明我。闵明我将其收入《中华帝国历史、政治、伦理和宗教论集》在马德里出版，这部分内容又在1701年被摘出来译成法文，以"论中国宗教的某些要点"为题，由外方传教会在巴黎刊印，成为18世纪巴黎外方传教会反对耶稣会士的利器。

　　术语问题和围绕知识传教产生的一些纷争都限于耶稣会士内部，讨论虽然激烈持久，却没有影响传教区的统一与安宁，即如龙华民这样在术语问题上强烈反对利玛窦的人，也顾全大局而不曾违背适应政策的其他内容。然而1630年以后多明我会士和方济各会士陆续入驻中国，中国传教区的格局发生显著变化，且种种利益冲突在所难免，耶稣会士内部的探讨逐渐扩展为修会间不同传教方针的冲突，并且沾染上了利益纠纷的因素。礼仪之争的重心从术语问题转为礼仪问题并一发不可收拾，导致中国传教区的分裂与崩溃，这是传教区势力格局变化后的直接后果。

三、中国礼仪之争的产生

1. 托钵会士对礼仪问题的异议

　　虽说在华耶稣会士在礼仪问题上立场基本一致，但那位隶属日本传教区、对术语问题极为不满的耶稣会士陆若汉1616年率先对耶稣会士容忍中国习俗的行为提出谴责，只是他的意见彻底遭到冷遇，而他本人后来也一直被限制在澳门以远离关于中国传教政策的任何深刻讨论。然而1633年来华的两位西班牙传教士——多明我会士黎玉范和方济各会士先驱利安当——对耶稣会士的挑战成为真正的导火索。

　　黎玉范、利安当对在华耶稣会士的整套方法都有意见。他们批评耶稣会士穿中国式丝袍、出门乘轿子，这使耶稣会士们是否还能服从清贫誓愿成为疑问。他们也批评耶稣会士传法不严，比如不颁布教会的法律和十诫，不坚持规范的圣事程序，不宣扬基督受难说，否认孔子下地狱，允许在弥撒中以醋代酒（理由是，醋也一度是酒）。他们还对以中国术语指称上帝、灵魂、天使和其他基督教神学术语提出疑问。最后，他们指斥耶稣会士容忍教徒以异教徒礼仪祭拜新近去世的家人、祭祀祖先和孔子、参拜灵牌等,这同时也是在批评中国教徒的行为。而这些礼仪问题最终成为人们关注的焦点。

耶稣会士和托钵修士间的不同在于他们对中国宗教思想的理解依据不同,他们都不是依据经典原文,而是依据晚出的注疏解说。由于经典原文简练模糊,注疏者有很大发挥空间,因此不同的注疏者提供不同的理解,这直接影响到外来的传教士。(多明我会士)闵明我的基本逻辑是,连中国人自己都存疑的地方,欧洲人怎么敢声称理解了呢?而且闵明我认为,拒绝理学家的注疏会让中国人对他们产生隔膜。他认为利玛窦的方法是非现实主义的,因为它建基于旧的儒学理论。对经典持有不同理解方式的这两派本质上不可能达成一致,因为他们始终在不同的道路上,无法交汇。理学家接受旧儒学的概念却赋予其新的理性主义解释,这导致士人与普通人对同一个概念存在着理解差异,利玛窦选择了理性主义的解释,闵明我却注意到迷信式的解释,于是双方更加无法调和。相比之下,可以说闵明我是更地道的天主教徒,严格遵循一个社会的经典解释传统和权威;耶稣会士则在对待中国经典问题上表现得更像新教徒,认为可以凭自己之力直接返回经典寻求解释。

闵明我清楚地看到利玛窦方法中的许多危险,比如他谴责利玛窦企图将天主教打扮成中国原始宗教的复兴,因为他本人不相信中国人有任何关于基督教神的知识。身为耶稣会士的龙华民也清楚地看到利玛窦方法在民众间存在的问题,他认为必须要慎用此种方法,因为民众喜爱利玛窦方法的原因之一是他们无法把握基督教教义的要点,另外的原因是他们采用利玛窦方法会比较安全,不至于遭到社会排斥,所以会天然亲近这种方法。但是,龙华民知道利玛窦方法的实际效果,它能够赢得更多中国人支持,也能保护耶稣会士,所以他在这个问题上可以妥协。可是闵明我等人初来乍到,无法深切理解中国社会的特点,完全从自己的宗教认知出发,所以对利玛窦方法的危险性特别敏感。闵明我的忧虑体现了当时面临新教竞争的天主教世界的普遍焦虑,害怕一种强大的东方文化吸收天主教后将其变成一种混合物。但闵明我的忧虑中还有他特殊的西班牙背景。西班牙人对于"新基督徒"的"第五纵队"特性有本能的警觉,这里的"新基督徒"是指穿着正统的基督教外衣潜入信仰厅堂的反教之人。在西班牙,由于有大量名义上改宗基督教而背地里仍坚持旧信仰的犹太人后裔,虔诚的基督教信徒对于信仰正统性问题格外关注。为了对抗那些假基督徒,西班牙人格外注意通过不断的精神调控让天主教徒知晓自己独特的宗教身份。

这些差异导致耶稣会士的策略在他们自己心目中和在他人眼里有着完全不同的性质。耶稣会士可能觉得他们的策略是一出高明的"特洛伊木马"计,但在托钵修士的冷眼旁观之下,耶稣会士就像一小撮轻率的侦察兵,在切断补给线的情况下贸然挺进一个未知国家中心区域的孤立阵地,而且急着把其他大部队抛在身后,以致无法意识到自己实际上正走向危险的流沙。利玛窦自己早就知道适应方法的危险性,所以并不鼓励别的修会也采用。而且在现实中,利玛窦方法的危险性随着时日演进而愈加明显,比如后来有一些激进分子偏离了利玛窦关于中国祭祀礼仪"可能是迷信的"这一教导,而确认它们"肯定不是迷信的"。

导致托钵修士与耶稣会士失和的除了思想分歧,还有利益纠纷。托钵修士进入中国之前,耶稣会士已经因为垄断中国传教区的问题而与他们产生摩擦,因摩擦而生的对立更演化为一种思想状态,成为托钵修士解释自己初入中国时处境不利的首选理由。1633年来中国的这批托钵修士们原是非法入境,却又在未获地方政府许可的情况下就公开布道,还不断公然出示会令中国人反感的耶稣受难十字像。而当时的中国仍处在沈㴶迫教事件的余波之中,各地时有仇教事件发生,这些举措难免使他们一开始就处境艰难,不断被驱逐,难以立足。但初到中国的托钵修士将之理解成是耶稣会士刻意制造困局以阻挠他们开展工作,耶稣会士当然也不很情愿让托钵修士来抢占势力范围。在日后的礼仪之争中,这种已深深植根的强烈对立情绪立刻掺杂进来并且副作用明显。

1635年,利安当、黎玉范以及另外两位传教士编写了两份有关术语和礼仪问题之会谈、讨论和辩论的《通告》,第二份据说还代表了11位中国人的意见。这两份文件被送往马尼拉,从而将传教区内部的问题引向天主教内部的公共讨论,结果马尼拉总主教和宿务主教以此为依据正式谴责耶稣会士在中国的"惯例",并给罗马去信指控。但不久他们就听到一个来自耶稣会士的解释,于是两人再次给罗马写信撤回指控。但黎玉范并不罢休,他因1637年开始的福建反教事件而被逐出中国,1639年于离开中国之际向耶稣会士视察员李玛诺(Manual Dias,1559—1639)去信,以十二个问题的形式提出自己对耶稣会士政策的反对意见,继续对耶稣会士进行挑战。随后黎玉范经澳门去马尼拉,继而被派赴罗马。黎玉范1643年到达罗马,在觐见教宗乌尔班八世时提出他对中国传教区的一些疑问,并向传信部递交一份包括十七个问题的正式报告。黎玉范的第六至第十五个问题就是天主教徒参加中国各种祭拜礼仪的问题。在报告中,他总是先描述中国人的种种行为,并通过带有策略性的词汇为这些行为冠以偶像崇拜和迷信的性质,其中满是祭坛、灵魂、跪拜、祈祷、祭供偶像的祭品等宗教性用语。然后,他提出能否允许教徒按照某种改良的方式亦即耶稣会士所提倡的方式参加这样的礼仪。此种申述方式给人造成的印象就是,耶稣会士在容忍各种偶像崇拜行为。于是,在传信部将诉状转给宗教裁判所(20世纪改称圣职部)后,裁判所便召集神学家委员会专门讨论这些问题。一众神学家们根据黎玉范的描述自然判定中国礼仪是宗教性的,而耶稣会士竟然在容忍异教徒的宗教崇拜,当然该受谴责。

宗教裁判所将裁决转交传信部并获同意,传信部于1645年9月12日根据宗教裁判所的结论颁发一道经教宗英诺森十世(Innocent X,1574—1655)批准的部谕,谴责了黎玉范所描述的中国礼仪,并严令禁止这些行为发生。这道部谕要求每一个传教士都要遵守,并不忘特别强调已在中国和将赴中国的耶稣会士要加以遵守。黎玉范的行动正式揭开礼仪之争的帷幕。1645年部谕之后,礼仪之争在更大程度上成为一个西方问题。此外,黎玉范将礼仪问题的焦点置于17世纪中国社会中所实行之礼仪的含义,而此前耶稣会士的绝大部分注意力在于礼仪的原始文本含义,立足点的根本差异导致宗教上的争论僵持不下,也为欧洲人提供了认识中国的两种角度。

2. 耶稣会士的反击

1645年部谕因为种种原因在1648年以后的某个时间才传到中国。拖延的后果是双重的,一方面延长了中国的耶稣会士不受干预地执行既定传教政策的时间,但另一方面也耽误了他们对托钵修会的举动做出有力反击,卫匡国(Martino Martini,1614—1661)于1651年受命去罗马为礼仪问题辩护,而这据说是耶稣会士获悉部谕内容后立刻采取的行动。其实1639年黎玉范向李玛诺提出十二个问题后,中国副教省会长傅汎际很快就写了两份关于耶稣会士立场的重要辩护词,其一是1639年11月5日写给乌尔班八世的信,其二是对黎玉范十二点疑问的专门答复,后者1640年2月8日被送往罗马。但傅汎际的辩解似乎没起什么作用。当在华耶稣会士获悉1645年部谕后大为震动,他们坚信,因为礼仪被错误表述才导致这种结果,所以决定派学识渊博的卫匡国去罗马,就耶稣会士的行为和中国礼仪的性质提供一个真实描述,澄清他们从未许可天主教徒参加黎玉范所描述的那类礼仪,而黎玉范的问题完全是凭空想象。看来耶稣会士一开始就明确了辩论方向,即否定问题产生的前提。

卫匡国1654年抵达罗马,1655年向宗教裁判所提交了包括四个命题的辩护词,由它的专职神学家对之进行神学评价。这四个命题都是黎玉范曾提出的,但耶稣会士加以重新表述。其中的三、四两点分别是祀孔和祭祖问题。按照耶稣会士的描述,士人们每逢初一、十五或取得功名后行祀孔礼的地点尊孔堂不是庙宇,没有司祭人员,士人来此只是鞠躬行礼,不贡献任何东西。至于祭祖礼,耶稣会士完全避免使用黎玉范所用的偶像、祭坛、祭品、司祭等词汇,而强调说,中国人不认为亡灵是鬼神,中国人祭拜祖先的祠堂不是庙宇,只是家族纪念堂,放置牌位的桌子不是祭坛,只是一张桌子,牌位不是崇拜的对象,只是一个纪念物。从耶稣会士的描述来看,中国人的礼仪大体就是世俗性的和政治性的,绝非宗教性的。卫匡国同时也向传信部递交了一份描述中国人各种礼仪的报告,但在祀孔礼方面,他省略了那种一年两次祭祀孔子的神圣礼仪而只谈到日常的祭拜,因为耶稣会士一向视那种神圣礼仪为迷信而加以禁止,所以它不在问题之列。卫匡国这样做是强调耶稣会士的传统立场,即这些礼仪设计之初是出于教化的目的,同时也为了表明耶稣会士不是一味容忍中国所有礼仪,而是严格区分迷信与非迷信。

看了卫匡国的辩词之后,宗教裁判所1656年3月23日颁发经教宗亚历山大七世(Alexander VII,1599—1667)批准的部谕,允许中国天主教徒参加卫匡国所描述的祭孔仪式和经利玛窦等人修改后的祭祖仪式,并宣布祭祖和祀孔礼仪可以视为世俗性和政治性的敬拜。这道命令等于是承认传教士在行使权力方面有广泛自由,赋予中国教徒参加全部具有世俗性质和政治性质典礼的权利,并允许教徒有充分的自由判断什么礼仪属于此类。耶稣会士看似在此回合中胜出,然而这道部谕与1645年那道传信部部谕并不矛盾,它所批准的仅是卫匡国所描述的行为,并着重指出如果礼仪是黎玉范所描述的,则它们不能被容忍。所以对1656年决议的解释将取决于它所许可的是否与1645年所禁止的相抵触,1669年11月宗教裁判所颁发的一项决议更明确指出这两份指令并行不悖。这其实为礼仪之争进一步发展埋下隐患,因为适用哪道谕令的关键在于礼仪究竟是什么性质,而这个问题始终是耶稣会士与其反对者们的争议点,后来双方便不断就这个问题向教廷申诉。

不过,1656年部谕既经诞生,便在实际进程中为耶稣会士和其他在当地习俗方面持灵活态度的人带来不少好处,遇到有关传教区当地礼仪的难题时就一再被引用,甚至20世纪教廷裁断日本神道教礼仪时也引用了它。对17世纪的中国传教区来说,这道部谕的积极效果更是立竿见影。1664年,在中国的大多数传教士都因杨光先引起的历狱事件被监禁于广州,19名耶稣会士、3名多明我会士和1名方济各会士(即利安当)在同一所房屋中被拘押将近5年,这反倒促成他们之间的和解。这些传教士们在此期间召开一个长达40天的会议,讨论他们之间的分歧并试着为传教工作找出更为统一的方法。会议在1668年1月26日结束,讨论并通过了42项议案,涉及适应中国形势的教会纪律之方方面面,如洗礼、斋戒、教义指导、教会历法、焚烧偶像等等。第41条便依据1656

年宗教裁判所谕令而决定继续容忍祭祖祀孔礼仪。这 42 项议案表决时,利安当在犹豫中签名同意,多明我会士代表闵明我直到 1669 年 9 月 29 日才勉强递交表示同意的书面意见。耶稣会士殷铎泽(Prosper Intorcetta, 1625—1696)1670 年受命前往罗马向教廷汇报广州会议结果,并得到教宗认可。其实早在广州会议之前,1656 年部谕的精神就被耶稣会士们积极贯彻,但广州会议使传教士在明确的法律保障下继续实行具有高度宽容性的利玛窦方法,这对于历狱之后中国传教区的维系与恢复有重要作用。而且广州会议之后,中国的全部奥古斯丁会士、大多数方济各会士和一些多明我会士也都遵守耶稣会士的方法,使 17 世纪最后 30 年里中国传教区能够在大体统一的状况下平稳发展。传教区在不损害中国传统社会结构的情形下安宁平和地存在,这种状态也是康熙 1692 年颁发容教令允许自由传教的一个原因。不过,闵明我同意广州会议决议毕竟有违初衷。他于 1669 年 12 月逃狱离开广州,并经澳门返回欧洲,从此便致力于驳斥广州会议的决议。闵明我的挑战无疑使正在谋求和解的中国传教区又面临分裂的危险,但闵明我似乎没能立刻促使教廷重新考虑整个问题,导致情势急转的关键人物是 17 世纪末的福建宗座代牧阎当(Charles Maigrot, 1652—1730,中文名又写作颜珰)。

3. 阎当与礼仪之争的转折

阎当是巴黎外方传教会成员,1684 年 1 月到达福建,1687 年开始担任福建宗座代牧。1693 年 3 月 26 日,阎当颁发一项要求他辖区内所有传教士共同遵守的指令,指令包括七条规定,在术语问题和礼仪问题上都彻底否定了耶稣会士的做法,并特意指出当年卫匡国递交给教廷要求裁决的问题并没有如实描述,教廷的回答虽然正确英明,但鉴于所依据的材料有问题,所以 1656 年部谕不能作为允许中国人崇拜孔子和祖先的依据。阎当训令前言称,他做出这些规定的目的是要结束其辖区内传教士长期以来因意见不合造成的分裂,希望在崇敬天主和杜绝偶像崇拜问题上达成共识,也是应众人之请而在罗马对礼仪问题做出明确决断之前订立暂时性的指导。阎当训令表面上是以地区性指示的形式出现,事实上他想借助罗马的权力巩固他的宗座代牧职位并在全中国强制实行他的训令,因此他一方面严令其辖区内的传教士在规定时间内实施他的准则,一方面将训令送往罗马以争取最高法律支持。

在中国,训令并没有如阎当所断定的那样使福建的所有传教士和天主教徒步入正轨和遵循正统,却在执行中遭遇巨大困难,耶稣会士不予听从,教徒则为此发生骚动。福州教徒不仅不去阎当的教堂参加圣礼,还曾在 1700 年 4 月袭击阎当,并在 1700 年 6 月就阎当移除教堂所悬御赐"敬天"匾额之事上告福建行政长官。福建以外的主教和宗座代牧也对是否在自己辖区内接受阎当的指示意见产生分歧,耶稣会士的抵制就更不必说了。然而阎当的训令在欧洲却战果辉煌,它使礼仪之争战火重烧并愈演愈烈。

阎当在 1693 年底派他的一位外方传教会会友雅尔马(Nicolas Charmot, 1655—1714)去罗马递交训令和他的报告,报告旨在详细解释 1693 年训令的内容和依据。阎当根据自己的调查和了解明确表示:1) 中国人的"天"是指物质性的天空而无论如何不是 God;2) 中国人绝不是耶稣会士所坚称的那样崇拜唯一真神,中国儒士几乎都是无神论者,孔子是"无神论之王与博士",朱熹是毫无疑问的无神论者,中国皇帝则是当代的首席无神论者;3) 祖先崇拜就是迷信,因为中国人对他们的祖先有所祈求,崇拜孔子的行为也非常类似,但卫匡国有意用错误的描述来欺骗教宗和宗教裁判所。但是宗教裁判所的神学委员会得到阎当的材料后并未立即展开研究,直到 1697 年才在教宗英诺森十二世的指示下开始调查,并且拖延到 1704 年 11 月 20 日才公布决议。在此期间,雅尔马带着材料返回巴黎,让巴黎主教关注此事,巴黎主教则按惯例将此交付索邦神学院(Sorbonne)审查。索邦神学院是耶稣会士的劲敌詹森派(Jansenists)的据点,他们很乐意能以符合阎当意愿的方式裁决,并谴责耶稣会士传教区的整套做法。为此,他们选择了耶稣会士李明和郭弼恩(Charles Le Gobien,1653—1708)在巴黎出版的捍卫中国传教区的著作(《中国近事报道》和《中国皇帝敕令史》)为讨论目标,从中归纳出五条要审查的命题,涉及关于上帝的知识、天主教徒被拯救的程度、神性的宣扬、"选民"的观念。1700 年 10 月 18 日的审查结果是,将李明的书列为禁书并正式反对耶稣会士在中国的做法。

索邦神学院的判决对于罗马教廷的调查自然有所影响,它引起罗马对阎当诉案的重视并加快了审查进程。同时调查委员又得到一份更加不利于耶稣会士的材料,即刚刚返回欧洲的湖广宗座代牧莱奥尼萨编辑的一份关于儒生行为的材料。莱奥尼萨虽然不是有意为难耶稣会士,但他在将一些术语翻译成拉丁文时所选择的词汇从耶稣会士的眼光来看是灾难性的,他的翻译就如当初黎玉范的翻译一样,给儒家的整套丧葬、祭祖、祭孔礼仪赋予鲜明宗教色彩,比如指孔子时所用的"圣"被译为"圣徒"(saint)而非"教师"(master),"庙"被译成"礼拜堂"(chapel)而非学校(school)或厅堂(hall),"叩头"被译成屈膝半跪。莱奥尼萨的材料中显示的儒家礼仪显然有崇拜神祇的性质,不过他又坚持认为儒家学者是无神论者。调查委员会在审查期间很倚重莱奥尼萨,要求他每会必到,所以莱奥尼萨对中国礼仪的解释对于做出不利于耶稣会士的判决有重大影响。

与此同时,中国的耶稣会士寻到一份极其特别的证据——康熙皇帝对于礼仪和"天""上帝"等术语的意见。或许耶稣会士认为这是最有利的策略,因为皇帝代表着中国最高权力当局,也是中国礼仪的首席执行者,他对于中国礼仪的性质应该有决定性发言权,如果皇帝也肯定祭祖祀孔礼仪是这个国家世俗性和政治性典礼而与宗教信仰无关,那么这个证据将是结束礼仪辩论的终极性和决定性证据。1700 年 11 月 30 日,在宫廷的耶稣会士闵明我、徐日昇、安多和张诚联名向康熙皇帝递交一份请愿书,其中描述了耶稣会士对"天""上帝"等术语的含义和祭祖祀孔礼仪的一贯理解,请求皇帝指示这些理解是对还是错。此请愿书的拉丁文本和满文文本都有留存,虽然表述的语言有些差异,但基本意思一致,满文文本是为了呈给皇帝,拉丁文本是为了送往欧洲。康熙当天就予以批复,"本日奉御批:这所写甚好,有合大道。敬天及事君亲、敬师长者,系天下通义,这就是无可改处"①。这份批复明确赞同耶稣会士对中国礼仪的理解,肯定中国礼仪是一种与宗教无涉的俗礼,并且据说是咨询过当时的儒学权威们之后的决议。耶稣会士如获至宝,立刻将批复译为西文连同请愿书和辅助理解皇帝决议的各类儒家学者的著作一起寄往罗马。

这些材料在 1701 年秋天抵达罗马后,并未取得耶稣会士预期的效果,反而事与愿违。耶稣会士自信他们请皇帝裁决之事并非有关神学或信仰的事务,然而许多已经倾向于认为礼仪问题是宗教问题的教会上级却震惊于耶稣会士竟然在一个关于宗教真理的问题上听从一位异教徒君主。此外,罗马教廷还敏感于康熙谕旨中的政治权力气息,认为如果认同康熙的意见,就意味着认可世俗政治权力可以干涉教会事务,而这个世俗政权并没有表示自己拥戴和服从罗马教会。这一点对于在欧洲的政治权力已日渐被世俗君主剥夺而备感不悦的罗马教会来说,是严重的冒犯之举。耶稣会士急于求胜,却忽略了这两个层面的考虑,于是康熙谕旨成为耶稣会士受攻击的重大把柄。1701 年年底,耶稣会士又派遣代表去欧洲辩护并于 1703 年到达,但这已经无法改变教廷已经成形的意见。1704 年出台的指令由宗教裁判所颁发并经新任(1700 年继任)教宗克莱芒十一世(Clement XI,1649—1721)确认,是对阎当 1693 年训令中七条规定所引申出问题的逐条答复,简而言之就是全面并且几乎是无条件地禁止中国天主教徒执行祭祖祀孔礼仪,彻底推翻耶稣会士的礼仪政策,唯一的许可是摆放一块写有祖先名字的牌位,在术语问题上严令取消"天"和"上帝"两词而只能用"天主"来指基督教的神。

---

① 方豪:《中国天主教史人物传》(中),北京:中华书局,1988 年,第 317 页。

第二十六章　中国礼仪之争及其文化意义

康熙像

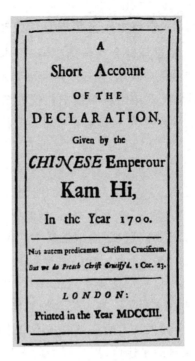

康熙1700年关于礼仪之争的谕旨（英文版）

  为防范耶稣会士抗拒或拖延执行决议，教宗决定派遣一位特使去中国宣布这道谕令，而在特使履命之前暂时不在各地印发。该特使同时负责巡阅中国教务，并受命确定中国礼仪的性质和判断耶稣会士对中国基本文献和基本思想之解说的对错。这位特使可谓掌握了决定耶稣会士传教区前途命运的大权，而担此重任的人是铎罗。另一方面，当中国的耶稣会士请求康熙皇帝介入礼仪之争后，康熙由此知道了外国教会内部正在发生纠纷和争吵，并决定一旦教宗决议冒犯他本人的权威，他将坚决反对。于是，就在教宗认为中国皇帝僭越了他权力的同时，康熙也坚信罗马正在破坏他国家的社会制度与政治制度，而他肯定不惜以铲除中国传教区为代价来维护本国的社会结构。耶稣会士们也没来得及想到这一层。事实上，自北京耶稣会士请愿事件之后，礼仪之争的性质有所变化，主角不再是耶稣会士与其对立修会，也不是欧洲支持或反对耶稣会士的双方，而是改为罗马教宗和康熙皇帝及其各自代表的权力机构；争论也不再单纯是神学和非神学、正统和异端这样的辩论，而是演变为中西之间面对面的一场政治交锋。这样的变化随着铎罗来华而完全显现。

4. 奉教士人奋起捍卫传统礼仪

根据耶稣会罗马档案馆"日本中国卷"32件中国士人论礼仪问题的文献，来自福建、江西、浙江、陕西的士人天主教徒在17世纪晚期积极配合耶稣会士的调查，对中国各种祭祀礼仪的含义充分发表了意见。从下页简表中可见，首先，奉教士人主要讨论祭祖、祀孔礼仪，兼及一些民间祭祀行为，但没有讨论"天"或"上帝"的含义。然而在17世纪前期，士人论天主教的作品却主要围绕术语问题或中国人的宇宙观问题进行。由此看来，在经过明清之际第一代士人天主教徒对宇宙观的讨论和礼仪之争的第一阶段之后，由于耶稣会士已就使用"天主"而非"上帝"一词达成共识，在17世纪晚期第二阶段的礼仪之争中便不再以此为问题，而集中就祭祀礼仪征询中国士人的意见。

其次，17世纪晚期这批奉教士人解释中国礼仪含义的思路同耶稣会士一致，即，以考据法确定礼仪在古代文献（主要是《礼记》）中的含义，并以之为礼仪的真实含义。其中暗含的思路是，当代中国人的思想、行为和习俗是古代的延续，如果古人的祭祀方式不是迷信，则当代中国人的类似做法也不应是迷信。如果真的是迷信，则是因为后来受了佛教、道教等不良宗教文化的影响，而不是本质如此。并且因为历史原因犯的过失，也可以在历史实践中改正。比如在文件39/1中，江西赣州的夏大常承认土神崇拜确是迷信，但强调这不是中国传统，《礼记·祭义篇》出现的"鬼神"，其含义是用鬼神的样子来勉人从善去恶，并非说人死了成神或成鬼。然而后人误解古书真义，杜撰出人死后成鬼神或土神说，并且这种错误理解相当晚近，而《封神演义》对于人们相信土神起自周朝一说有不可推卸的责任。

最后，区分士人行为与民间行为，引用当代的官方权威文献（如朱熹《家礼》、陈澔《礼记集说》）表明儒士对礼仪的态度与对礼仪含义的理解遵循古代的真正教诲；承认民间的祭祀行为中掺杂迷信成分，但强调儒教一向是反对这些迷信内容的，而且随着蒙昧之地在儒家教化下日益开化，这些地方的迷信行为已呈减弱趋势。如文件40/9a所论浙东地区的迷信不复以往，按儒家标准已经不算僭越，40/7b论秦川汉水地区丧礼的草殉习俗是对古代"人殉"制度的改革，已无害于天理。这一思路亦与耶稣会士在适应政策和礼仪政策中崇古抑今的思路一致。在反对迷信这个问题上，奉教士人力图将儒教表现为天主教的同盟，而把反对的矛头指向佛教与道教，文件39/1中夏大常甚至不无埋怨地暗示，天主教传教士不该抓着儒教中的一些迷信表象不放，却忽视了真正该指责批判的敌人——佛教。

耶稣会罗马档案馆藏中国士人论礼仪之争文献简表

Jap Sin I 39/1 江西赣州夏大常《赣州堂夏相公圣名玛弟亚回方老爷书》	约1686年以前不久,论"生祠"的来历和土神的根源
Jap Sin I 39/2 江西赣州夏大常《生祠缘由册》	1686年12月14日,论"生祠"起源
Jap Sin I 39/3 江西赣州夏大常《生祠故事》	关于"生祠"的人物故事
Jap Sin I 39/4 江西赣州夏大常《祭礼炮制》	依据明永乐年官定的陈澔《礼记集说》解释祭祀问题
Jap Sin I 39/5 江西赣州夏大常《礼记祭制撮言》	抄录并逐条解释《礼记》中关于祭祀的内容
Jap Sin I 40/2 福建漳州严谟《李师条问》	1670—1680年代,解说祭祖礼仪、为祖宗设立牌位的含义
Jap Sin I 40/6a 福建漳州严谟《辨祭》	解说"祭"的确切含义
Jap Sin I 40/6b 福建漳州严谟《考疑》	解说"祭"的含义
Jap Sin I 41/1a 福建漳州严谟《祭祖考》	解说祭之意、三代祭仪、宋儒家礼、后代祝文、俗祭之邪
Jap Sin I 41/1b 福建漳州严谟《木主考》	关于牌位
Jap Sin I 40/3 福建将乐县丘晟《闽中将乐县丘先生致诸位神父书》	解说祀孔礼仪的含义、中国人对天主教所乐于接受的东西
Jap Sin I 40/4 福建将乐县丘晟《述闻编》	主张用中国文化来解释天主教理,然后再传播
Jap Sin I 40/8 福建李九功《证礼刍议》	解说吊丧礼、安葬礼、祀祖先礼、祀孔子礼
Jap Sin I 42/2a 福建李九功、李良爵《礼俗明辨》	探讨日常生活中的礼俗或迷信行为的含义,都是实践性问题
Jap Sin I 40/7a 浙江杭州张星曜《祀典说》	解说官定祭祀礼仪
Jap Sin I 40/9a 浙江杭州洪意纳爵、朱西满、杨伯多禄《祭祀问答》	论浙东的迷信问题、儒家反对迷信的立场
Jap Sin I 40/7b 陕西某秀才《礼义问答》 Jap Sin I 40/10a 赣州夏大常《礼义答问》	论官方祭祀礼仪、春秋两次大祭孔、敬城隍、日常祭祖敬孔、婚礼拜天地,40/7b又论秦川汉水一带丧礼的草殉习俗
Jap Sin I 40/9d 陕西西安张象璨《家礼合教录》	研究朱熹《家礼》及明末流行的各注释本
Jap Sin I 40/9c《丧礼哀论》(作者待考)	解说儒家"丧致乎哀而止"的简葬态度、儒家反对民间祭祀中迷信行为的立场

耶稣会士的权宜性态度毋庸置疑,然而奉教士人在维护中国礼仪和支持耶稣会士的同时,却并没有像耶稣会士那样认为中国礼仪本身是可疑的,而是站在儒家本位的立场上来维护礼仪。这不仅是中国奉教士人与耶稣会士对待礼仪之态

度的重大差异,也折射出士人们接受天主教时的基本心态。这批士人的作品中都一再说,天主教若要在中国传播,就必须依从儒教道理。这说明什么呢?显然士人们始终是把天主教视为儒教的有益补充才接受它,是为了追求未被佛道污染的纯粹儒学方参研天学,因此怎么可能指望他们以摈弃儒教的方式来接受天主教呢!以天学补益儒学,这种理想和态度自晚明首批士人天主教徒始,直至近百年后的礼仪之争高峰期依然如故。张星曜写于1711年的《〈天教明辨〉序》中有些话非常典型:"世之儒者,皆儒名而墨行者也,以其皆从佛也。予归天教,是弃墨而从儒也。孔子尊天,予亦尊天;孔孟辟异端,予亦辟佛老。……奈世之人未知天教之即儒也,又不知天教之有补于儒也。"[1]中国士人是在儒教本位的基础上接受天主教,也是在儒教本位的基础上参与礼仪之争的讨论。

士人天主教徒写这些为礼仪辩护的著作是为了帮助耶稣会士得到罗马神学家的赞同,那么送达罗马之后的影响如何呢?这个问题未见有明确证据,但从礼仪之争进入18世纪的发展态势就可以判断,17世纪末期以来中国士人支持耶稣会士礼仪立场的著作在罗马没有取得任何积极效果。究竟是神学家们根本就没怎么看,还是看不懂,或是懂了也不接受,这就不得而知了。但这却可以反映出,在讲求正统与纯洁的教会神学家面前,耶稣会士尊重本土文化、力图发掘一个概念在本土文化中真实含义的文化态度与阐释精神碰了壁。明乎此就不难理解,当耶稣会士把1700年11月得到的康熙皇帝对礼仪含义的批示寄达教廷时,教会上级却认为耶稣会士的行为已经超越了他们可以容忍的限度。当然,这份文件遭到强烈排斥的另一个重要原因正如前文所说,乃因教廷从中还感觉到了世俗政权的力量对教权的挑战。因此康熙的这份批示将礼仪之争中贯穿始终、错综复杂的权力纷争层面正式剖开,并引出了以中国皇帝与教廷代表直接对抗为标志的礼仪之争的高潮与落幕。

四、罗马教廷与康熙皇帝的往来

1. 铎罗出使与局势恶化

1700年任教宗的克莱芒十一世在1701年12月5日已酝酿派特使去中国,也就是在收到康熙对礼仪问题的意见不久之后,可见这时教廷关于礼仪问题的裁决已经基本定型。所以特使铎罗远在宗教裁判所部谕正式签署之前的1702年7月就离开罗马去履行使命,不过他1703年方才离开欧洲。铎罗此行

---

[1] 方豪:《中国天主教史人物传》(中),第100页。

还受命处理印度马拉巴尔的礼仪之争,同时设法在教宗与日渐成长的东方教会之间建立更直接的联系。而他的所有使命归根结底是实现教宗对远东的直接控制,这正是当时教会与欧洲君主国争权夺势的一种表现,这种斗争在铎罗出发前就已展开。

葡萄牙恢复独立后,教宗出于对西班牙的敬意对此不理不睬,同时教廷又以一个国王不能行使全球范围的保教权为由,取消了葡萄牙国王对传教士的"保教权"。从那时起,里斯本的政府和教会便不再紧跟梵蒂冈。而铎罗所负使命首先损害的是葡萄牙的"保教权",他的具体行事原则又比照梵蒂冈对葡萄牙的态度,特别是他处理马拉巴尔礼仪问题时的作为。这不可避免地招致葡萄牙对铎罗使团的敌视,铎罗最终是在澳门葡萄牙人的监禁中去世。铎罗甫抵澳门,就有人以神父和修士的名义告诫他不要触犯葡萄牙国王的"保教权",但他置若罔闻,结果引发一场可怕的动乱。起初,多明我会士和奥古斯丁会士出于挑战澳门教区管辖权的意图非常支持铎罗,澳门主教甚至将那些去过多明我会教堂和奥古斯丁会教堂的人开除教籍。铎罗立刻贴出布告,取消开除教籍的决定。但布告刚贴出去就被撕毁。有一张布告贴在多明我会教堂门口,兵头就叫勤务兵去撕下来。据说多明我会的教士们从窗户里向勤务兵扔石头,还有一些人跑出来围住这名勤务兵。于是兵头戴冰玉(Diogo de Pinho Teixeira)以葡萄牙国王的名义命令士兵逮捕这些修士。军队冲进教堂与修士们战斗,一些人被捕,其余的退守到祭坛并粒米未进地坚守了三天三夜,最终被迫束手就擒,被关到一座堡垒中。

但是,并不是所有的托钵修士都始终对铎罗持友好态度。铎罗抵达澳门之前,先从印度来到马尼拉,当时便对在华托钵修士只服从拥有西班牙"保教权"的马尼拉会长而不服从宗座代牧的行为极感不悦,并打定主意处理这些修会为解决资金问题而在马尼拉经商的行为。这样就得罪了西班牙政府,所以他进入中国之后非但没有得到大多数托钵修士的支持,还遭到他们的抵制。比如铎罗1705年6月20日在广州命令各修会传教士由直属主教或宗座代牧管理,在华西班牙籍方济各会士立刻以退出中国之举表示强烈对抗。大约同一时期,他还因为命令中国宗座代牧视察各自管区而激起在华葡萄牙神职人员的反对。他在广州设立传信部在华办事处,经管分发津贴、分发部派传教士、转达部令等事,在尚不了解中国传教区各种复杂关系的情况下,就摆出一副君临天下的样子。铎罗在亚洲所到之处的这些行为在欧洲各殖民势力和大多数传教士眼里可谓到处"惹是生非",由此引起的各种敌意成为铎罗在中国使命失败的原因和伴音。

铎罗 1705 年 4 月初到达广州后,请北京耶稣会士住院会长安多代为奏请觐见皇帝,并在 7 月下旬获准进京,于是铎罗在 9 月初离开广州北上。一路上他曾与不少耶稣会士照面讨论礼仪问题,但他已认定耶稣会士对中国礼仪的理解是错误的,也不在意耶稣会士所列举的礼仪一旦被禁后传教区将面临之种种现实困难。唯有耶稣会士中的"异端"刘应得他青睐。刘应早就对耶稣会士有关礼仪性质的主流意见持保留态度,在广州与铎罗会谈之后更在礼仪问题上与其同僚们公开决裂。由于刘应熟谙中国文献,他关于祀孔祭祖为迷信的研究显得专深而有说服力,于是更坚定了铎罗对中国礼仪迷信性质的判断。铎罗 1705 年 12 月 14 日抵达北京,至次年 8 月离开,这段时间里他一边与中国政府谈判,一边审查中国教务,其间与耶稣会士屡生摩擦,一类摩擦直接围绕礼仪问题,另一类类似之前一路上惹的麻烦,属于权力冲突。这些摩擦使之前尚对特使来华寄予希望并对他友善相待的耶稣会士也开始心生不满。铎罗也憎恶耶稣会士倚仗中国皇帝的支持而不服从他的命令,动辄对耶稣会士发怒,后来甚至想把自己使命失败的原因都归为耶稣会士背后捣鬼。但铎罗与康熙交涉失败实在不能怪罪耶稣会士。

在正式觐见之前,康熙曾经派人来探问这位教宗全权特使的真实使命,铎罗只说他受命前来感谢皇帝对传教士的优容,并想在罗马与皇帝之间建立外交关系。根据清初西洋传教士的满文档案,康熙开始对于铎罗怀有善意。康熙四十四年六月初三,内务府官员赫世亨(约 1645—1708)上呈了一份"是否允准教皇特使铎罗进京事朱批奏折",康熙批复说,他征询过身边传教士的意见,大家的意见不一,但是康熙坚持认为,"铎罗乃修道之人,可以允准进京"。其后赫世亨又奏请,"铎罗进京时是否穿西洋衣服或我此地衣服事",康熙朱批又强调"铎罗为修道之人,是前来修彼之教,并非西洋等所差进贡之人,因而着穿我此地衣服"。意思是铎罗可以例外,只穿他原来的西洋服装①。康熙的友善态度,以及将修道之人例外对待的态度,都显示出他并不想与教皇把关系闹僵。

后来,铎罗与康熙见过三次面,气氛一次比一次紧张。1705 年 12 月 31 日是首次觐见,但只是礼节性觐见,没有会谈。1706 年 6 月 29 日康熙第二次接见了铎罗,此前已发生了一些令皇帝与特使互生嫌隙的事件。比如铎罗首次觐见时曾提出在北京设立管理全部传教士的宗教领导,康熙在后来的答复中说必须要从在他宫廷中服务了十年以上的传教士中选择,那就只能是耶稣会士,这

---

① 中国第一历史档案馆、中国海外汉学研究中心合编,安双成编译:《清初西洋传教士满文档案译本》,郑州:大象出版社,2015 年,第 284、287 页。

当然不能令铎罗满意。又如铎罗的翻译遣使会士毕天祥曾在四川被官府驱逐，因此康熙对他不太信任。还有，康熙想在铎罗使团中选一人出使以报聘教宗，铎罗推荐沙国安(Mariani)，康熙先已批准，后又以沙国安不谙中文为由改命白晋为正使，沙国安为副使，又致铎罗不快。此外，铎罗在 1706 年 3 月得到由马尼拉传来的消息，说教廷已在 1704 年 11 月 20 日对中国礼仪问题作出决议，于是他确定对此问题不容再有讨论余地。而康熙经过半年考察，也逐渐确认铎罗来华与禁止中国礼仪有关。这样，当康熙与铎罗第二次见面时，双方的态度都很强硬，康熙一再盘问铎罗来使的目的，铎罗却仍只回答为向皇帝问安。康熙心下恼怒，却仍邀铎罗次日游畅春园。6 月 30 日两人于畅春园最后会面时，康熙再度追问罗马对他 1700 年谕旨的态度，并提出希望能与特使在礼仪问题上达成某些一致。铎罗则谨慎地回避讨论这两个问题。康熙终于直言警告特使不要干涉中国人的习俗，称天主教必须与儒学和谐共处，若反对祀孔祭祖，西洋人将很难再留居中国。铎罗见无法再回避，便开始谈论天主教与儒学间的不同，并说欧洲人难以把握中国人书中的真理，而他本人更没有足够的语言知识回答康熙的问题，不过可以让精通中国文献的阎当代他详细解答。

阎当此时早已奉铎罗之命自福建来到北京待命，康熙则在 7 月 1 日起驾赴热河，因此命人通知阎当从儒家经典中摘录他认为与天主教相抵触的内容，并指明不许耶稣会士帮忙。阎当自觉其中文程度尚不够做这件事，但在铎罗的劝告下硬着头皮从四书五经中摘录出这样一些章句并罗列成 48 个命题，同时也阐明孔子关于"太极"和"无极"的学说与天主教不符，"太极"或者"理"不可能是指天主教的神，中国人关于万物生于太极的学说与天主教的创世论不是一回事，中国皇帝祭祀天地、星辰、山岳等的行为也都与天主教相抵触。阎当这份连"太极"和"无极"出自谁人都搞错了的文件送到热河后立刻激怒康熙，而且其中还有其他错误和矛盾，皇帝于是降旨，宣布阎当完全没有能力解释中国书籍，并命阎当和其他一些传教士赴热河见驾。康熙召见阎当似乎只是要进一步证明他不学无术，所以 8 月 2 日见面时只是测试阎当熟悉四书的程度，并指着御座后的四个汉字测试阎当的识字水平。结果阎当不能从四书中引用皇帝要求的两句话，四个汉字也只认得一个，而且阎当讲福建方言，不懂官话，见驾时还依赖他人翻译。康熙的结论是，阎当"愚不识字，擅敢妄论中国之道"。随后康熙颁发诏书，指责阎当冒称学问，扰乱中国的和平，应被驱逐。阎当在 8 月 11 日回到北京并被软禁，直到 12 月康熙正式下令将他逐出中国。

在 8 月到 12 月之间，康熙还命皇子胤禔召见并审问阎当在福建的两位中文老师，这两位士人称阎当从来不听从他们对经典的解释，还提到 1693 年福建天主教徒大规模反抗阎当之事。这些更加剧了康熙对阎当的坏印象,康熙先颁谕阎当,指责他不谙中文,却把不伦不类的译作发往欧洲,导致教宗误解中国教义。阎当的回奏称他的确对中文不够熟练,但中国经书中也的确有不符天主教之处,他挑出这些内容寄给教宗,不是藐视中国法律,而是服从宗教规定,将任何疑难问题都提交教宗。阎当这种冥顽态度使皇帝不再对他存丝毫容忍之心,于是很快就下令驱逐他。而阎当的所有表现影响的不仅是他个人的命运,也直接促使康熙以强硬手段处理中国传教区问题。

阎当自热河返抵京城的 8 月 11 日,留在北京的铎罗就接到皇帝通知,说他的国家不需要任何唱反调的传教士,他要就礼仪问题展开一项调查,驱逐搬弄是非之人。铎罗随即在 8 月 28 日离京南下,这既是因为铎罗得知教廷 1704 年谕令已为礼仪问题盖棺论定之后就有意离开北京,也是因为康熙见过阎当之后不愿再留特使。11 月间,皇帝关于考核传教士的想法已经成形并决定强制推行,他首先在 11 月 23 日拘捕毕天祥,又在 12 月 17 日下旨驱逐阎当和另外两名传教士,惩处与阎当、铎罗有关系的中国天主教徒,还命各地传教士进京接受审查,合格者领取传教许可证明,就是领票传教,不合格者将驱逐出境。铎罗此时不幸患病,12 月,赫世亨又奏请,铎罗之病,需要活狼"治疗肠子绞痛之症"。康熙朱批:"我处狼甚多,圈养者亦有之,易于觅得。着取景山内所养狼一只,以彼之所求者而送之。"①对于铎罗的关怀,体现了天朝上国的气度。但是,康熙一再严申领票者要发誓永居中国,发誓遵从利玛窦规矩,并且此后所有新来的传教士都要先进京接受考核。康熙的领票令一出,北京的耶稣会士们惊慌不已,他们所能做的就是尽量请求皇帝宽延时限,以免各地传教士还来不及领票就被地方官驱逐。皇帝虽然允许适当延期,但传教士们接受领票考核是绝不可能避免的。

面对已经阴云密布的传教区,抵达南京的铎罗毫无妥协之意,反在 1707 年 2 月 7 日颁发了一条针对康熙领票谕旨的训令,明确指示传教士应如何答复皇帝审核是否发票时的提问,总之在涉及有关中国礼仪问题时绝不能违反 1704 年教廷谕令的规定,要坚持以中国礼仪是迷信行为而拒绝它。训令还要求,所有目前在中国和以后将来中国的主教、宗座代牧、教区长、传教士和神父都必须遵守训令中的条款,否则处以逐出教门的重罚。并且不许传教士对该训令内容另作解释,也不许他们以有巨大危险或 1656 年部谕为借口而回避执行此令。

---

① 中国第一历史档案馆、中国海外汉学研究中心编:《清初西洋传教士满文档案译本》,安双成编译,第 294 页。

铎罗训令与教廷 1704 年的谴责步调一致,甚至更进一步地坚持要求停止有关该问题的所有讨论。

面对两道内容截然相反、态度一样强硬、违背都会带来恶果的命令,传教士们该何去何从?事实上,大多数传教士都选择了领票而没有遵从铎罗的训令。按照当时的耶稣会士副省会长穆若瑟的记录,1708 年的情形是,75 位传教士领票,43 位传教士被驱逐,5 名耶稣会士和 1 名多明我会士被限定在广州活动,领票者中大多数为耶稣会士,还有方济各会士和奥古斯丁会士。被驱逐者以外方传教会成员居多,因为外方传教会全体拒绝发誓遵守利玛窦规矩。为什么遵从铎罗者少而服从康熙者多,甚至还有先签名服从铎罗训令而后却背叛之人?后来就连为给铎罗送枢机礼帽而于 1710 年来到中国的传信部传教士山遥瞻(Guillaume Fabre-Bonjour,约 1669—1714)、马国贤、德理格也都领票。应该说康熙皇帝的权威是一个强有力的威慑。1707 年春(康熙四十六年),康熙南巡,并践行他之前的旨意,沿途于临清、扬州、南京、苏州、杭州等处均接见传教士,检查他们是否遵守利玛窦规矩并服从居留条件,亲自考问领票所需回答的问题,并当即命令将不愿领票的传教士押解广州天主堂。康熙身上凝聚着国家权力,相形之下,铎罗的威信就逊色多了。特别是铎罗虽一再提及 1704 年谕令,他却因为手中没有这份文件而不能出示以服众,致使他的权力不断遭到传教士质疑,再虑及传教区一百多年的基业安危,多数传教士违背铎罗的命令而遵从康熙也就在情理之中。

即使在中国皇帝的权力范围之外,葡萄牙的教士也因铎罗的怠慢行为而蓄意报复,拒绝承认他的权威以及他发布的各项指令。铎罗曾在广州发布训令,号召澳门教区放弃利玛窦的传教方法。贾修利(João do Casal)主教迅即对此训令提出抗议,称它违反了葡萄牙国王对传教士的"保教权",又指铎罗没有资格发布训令来决定教会的礼仪。贾修利主教引述各种理由证明铎罗的命令无效。首先,特使的证书没有按惯例在里斯本登记,因此他没有资格在葡萄牙的教区指手画脚。其次,教宗关于中国礼仪的谕令可能尚未颁布,即使颁布了也应根据有资格发言的人的意见来决定是否遵守。再次,铎罗的训令违反了清朝皇帝的法令,而事实证明,用阎当那一套来取代利玛窦方法,不仅使阎当及其追随者被逐出中国,还使葡萄牙国王为了基督教在远东的事业而花费很大代价建立起来的澳门殖民地及其传教事业毁于一旦。铎罗对此还极为强硬地回答道,主教必须遵守他的训令,否则要受到处罚,他还坚持将葡王的"保教权"从澳门教区的登记簿上删除。

传教士们在皇帝毫不含糊的态度和特使令人疑心的威胁之下分化成两派,

而特使并没有力量对领票者施以"绝罚",也没有能力压制澳门主教的制裁,结果是他自己在中国皇帝和葡澳当局的双重压制下晚景凄凉。铎罗公布南京训令之后不久就被勒令去广州,一到广州又接到将他监禁澳门的圣旨。在澳门负责监禁他的是对其早已怀恨在心的葡萄牙人,葡萄牙官员负责看守他,澳门主教则遵果阿大主教吩咐发布致教友的公开信,禁止承认特使作为信徒访问者的权力。铎罗在被软禁处指责咒骂,葡萄牙人则将一份告诫书贴在他的门上,警告他收回责骂并出示证书,否则就开除他的教籍。虽说康熙下令监禁铎罗时曾说,一俟他新近派赴罗马的公使带着教宗对礼仪问题的明确答复返回后,就解除监禁,但铎罗没有等到这一天,他在 1710 年 6 月病逝。

2. 嘉乐出使与礼仪之争落幕

其实到了铎罗被驱逐时,礼仪之争的结局和中国传教区的前景都已经确定,不过中国和罗马教廷双方仍为争取自身的最大利益做出了一些努力。1706 年 10 月 17 日,耶稣会士薄贤士(Antoine de Beauvollier,1657—1708)和龙安国(António de Barros,1664—1708)作为康熙皇帝的使臣离开北京,奉命赴罗马与教宗交涉礼仪问题。此行他们携康熙诏书,谋求修改铎罗所说的 1704 年谕令的规定。不幸的是,这两位使臣都于 1708 年 1 月 20 日即将在葡萄牙靠岸时遇难身亡。

1707 年 2 月铎罗颁发南京训令后,北京的耶稣会士们因为等不及薄贤士和龙安国的回音,再次策动康熙向罗马遣使。于是陆若瑟(P. Raymond-Joseph Arxo,1659—1711)和艾逊爵(Antonio Francesco Giuseppe Provana,中文又名艾若瑟,1662—1720)奉命于当年 10 月 27 日离京,1708 年 1 月抵达澳门时恰遇数年前因阎当训令一事赴罗马上诉的卫方济(François Noël,1651—1729)与庞嘉宾(Gaspar Castner,1665—1709)返回,卫方济便又与陆、艾二人同赴罗马,几位使者 1709 年到达罗马。然而罗马已先期收到铎罗 1707 年 2 月寄出的训令副本,并笃定不再接受耶稣会士的申辩。克莱芒十一世先给康熙写了一封信,明确表示铎罗有关礼仪的命令是在教宗的支持下发布的,恳请皇帝将天主教徒不能举行任何有违天主教的膜拜仪式作为一个必要条件来接受,并提出如果皇帝已颁布任何反对传教士的诏令,就请收回成命。克莱芒十一世还在接到几位耶稣会士使臣的请愿书后公布了 1704 年谕令作为答复。继而宗教裁判所于 1710 年 9 月 25 日下令驳回耶稣会士的请求而支持铎罗的决定,并重申 1704 年谕令的精神,同时禁止以任何形式进一步讨论礼仪,包括严禁宗教人士印行和出版有关中国礼仪的著作。这些举措意味着,罗马的关注点已经是寻找新的制裁方式和办法来推行和播扬法律,而关于礼仪的性质不再会有争议,亦即不再允许讨论。

因种种原因,教宗致康熙的那封信直到1712年11月29日才到康熙手里,皇帝读后表示不同意教宗对礼仪的观点,但仍然期待他派去的使臣能带来新的消息。然而几位使臣迟迟不能复命,陆若瑟在即将返回中国时病逝,卫方济受阻而未能成行。艾逊爵既因生病也因教宗的刻意阻挠而直到大约1719年3月方启程前往中国,却又在1720年3月15日病逝于好望角一带,结果是由随艾逊爵同赴欧洲又结伴回中国的中国籍耶稣会士樊守义于1720年带着罗马教廷的明确意见回京复命。就在康熙引颈而望、卫方济与艾逊爵先后受阻的时候,罗马也开始采取更强硬的措施。1715年3月19日,克莱芒十一世发布宗座宪章《自登基之日》,它巩固了1704年谕令中的禁令,支持铎罗1707年的训令,命令中国所有传教士和神职人员服从,违者将处以停职、切断给养乃至绝罚等惩处,不得以任何特权、豁免权、解释权为由而宣布该命令无效或拖延执行,所有传教士都必须在教廷调查官、宗座巡阅使、主教或宗座代牧面前发誓服从本谕,这些誓言签名后要送往罗马。但有一个例外是,纯粹世俗和政治的礼仪可被容忍,然而什么样的礼仪符合这一条件,则要提交教廷调查官、巡阅使、主教或宗座代牧判断。该宪章内容与1704年谕令并无不同,只是采取了一种终极性的和至为神圣的形式。并且这份宪章再也不像1704年谕令那样长期秘而不宣,而是立刻寄往中国。这表明教廷已彻底厌倦了讨论礼仪问题,也厌倦了耶稣会士的辩解。

1715年宪章于1716年寄达中国并在传教士中公布,这令康熙大为恼怒,立刻逮捕在北京公布宪章的传教士康和之(Carlo Orazi de Castorano,又名康和子,1673—1755),并勒令收回所有的宪章副本送还教宗。这道宪章也在传教士中引起很多反对,尽管他们出于服从的精神都宣誓反对礼仪,一些人还是根据宪章中所说的可以容忍非迷信的行为,并由传教区的教阶体系下的领导来判断是否迷信这一条,期待着将来能对该宪章有所修正。但是,无论传教士怎么推行这份宪章的规定,他们也无法令大多数教徒遵守其中条款,同时非教徒的仇教心理随着宪章的推行被重新唤起,而康熙此时已乐得让仇教运动自由发展而不加阻止。当1720年从樊守义那里得知出使经过后,康熙对天主教的消极态度更加无可挽回。在这种形势下,康熙迎来了第二任教宗特使嘉乐(Jean Charles Ambrose Mezzabarba,1685—1741)。嘉乐的任务是递送教宗给康熙使节的答书,之所以没让艾逊爵携答书回中国复命而特遣使节,也是教廷向中国皇帝表明其严厉态度的举措,同时亦希望特使调查1715年宪章颁布后中国的情况,令所有传教士归顺并安抚中国皇帝。不过罗马错误地把中国想象为教权所能及之地。

嘉乐与他的前任铎罗不同,他同意葡萄牙国王对东亚的"保教权",这使葡萄牙政府、人民以及宗教界都尽可能地为他提供便利。葡萄牙国王负责使节从里斯本到中国的费用,而澳门议事会则遵照王室命令支付他在中国逗留期间的花费和回程路费。嘉乐在澳门受到热烈欢迎,并于10月12日到达广州。但康熙对他兴趣淡薄,所以他勉强才得到进京许可。12月下旬,嘉乐抵达北京并立即主动奏明来访目的,一是请皇帝允许由特使管理在华传教士,二是请皇帝允许中国天主教徒遵照《自登基之日》宪章行事,此举显得比铎罗圆通。但康熙得知嘉乐所奏后,表现得十分不耐烦,打算立刻禁教,命人传旨嘉乐说明禁教意图,并取消原定的召见计划,命其即刻离京。不过嘉乐以身体条件为由请求明春再由水路回广州,得到许可。后来康熙又在1720年12月31日接见了嘉乐,随后又有数次接见,因为皇帝想知道,教宗是否改正了他从前对敬祖的态度?嘉乐的表现尽管比铎罗策略得多,却无法隐瞒他此行是为了贯彻克莱芒十一世的宗座宪章。因此当皇帝确认来自罗马的最新命令只是巩固了教宗先前的声明时,他的忍耐也就到了极限。他不停地指责西洋人不懂中国文字因而没有资格谈论中国之道。似乎是为了表现自己身为一国之君的气度,他并未直接指责教宗,却有意强调教宗是受人误导才误解中国礼仪,而误导教宗之罪人就是阎当、德里格等"不通小人"。嘉乐眼见气氛越发紧张,出于安抚皇帝的目的而做出一些让步,称自己身为全权特使,有权判定何种礼仪不是迷信,也愿意回到罗马后向教宗转达皇帝的想法。其实康熙对这种承诺已经不感兴趣。虽然嘉乐来朝之前,康熙已经知道1715年宪章的内容,但仍命嘉乐译出上呈。在康熙五十九年十二月二十一日(1721年1月18日)览过译文后,当即批示:"以后不必西洋人在中国行教,禁止可也,免得多事。"[①]嘉乐在1721年3月初最后一次见康熙,据说在这次辞行觐见中,皇帝向他伸出了手,以这种极不寻常的动作表示对嘉乐的敬意。

但是嘉乐的确在某种程度上履行了对康熙的承诺。他1721年5月抵达澳门后,于11月4日发表一封致中国及其邻近国家的所有主教、代牧和传教士的公开信,首先声明必须遵守《自登基之日》宪章,然后提出八项可被允许的行为。这就是他当初对康熙承诺的让步行为。嘉乐的许可表面看来仅仅是运用了1704年谕令所规定的可由传教区的教会领导们判断何种行为不是迷信而可被容忍这项权利,解释哪样的礼仪具有纯粹世俗或政治的性质。但实际上,嘉乐把1704年谕令所禁止的或仅仅是被容忍的行为都通过附加一定的条件变成许

---

① 陈垣:《康熙与罗马使节关系文书》,台北:台湾学生书局,1973年,第70页。

可,也就是说,只要牌位上不刻某某之"灵"或"位",并在牌位旁、丧礼上出具声明天主信仰的书面文件,祭祖祀孔行为就被允许从事。这样一份规定与正在强力推行的《自登基之日》宪章同时出现,结果引起中国传教区更大的混乱和争议,在相当长时期内,中国各教区和修会在这两份相互冲突的规定指导下各行其是。

嘉乐的许可与教廷决议之间的内在冲突决定了它终究会被废除,1735年教宗克莱芒十二世(1730—1740年在位)召集神学家和一些在罗马的传教士围绕嘉乐八项许可所涉及的内容进行调查,直到1742年7月11日才公布调查结果,教宗也于1740年换成本笃十四世(Benedict XIV,1675—1758),这份结果就是新的宗座宪章《自上主圣意》。该宪章详细回顾了礼仪之争的起因、历史和历次教宗决议,全文引录1710年和1715年两份决议和铎罗的南京训令,肯定了《自登基之日》宪章,严正声明嘉乐的八项许可削弱了这道宪章的效力而应予废止。宪章还命令所有不思服从的传教士返回欧洲接受惩处,且所有在华传教士都必须执行克莱芒十一世制定的规程宣誓反对中国礼仪。

《自上主圣意》是有关礼仪问题的一道形式最神圣的声明,它为长久以来有关礼仪问题的系列敕书画上句号。18世纪后半期,传教士们坚决遵照罗马的意见行事,1773年耶稣会被解散更使礼仪之争难以为继,礼仪问题本身不再构成中国与欧洲之间的神学争论。在中国政府这方面,康熙在1721年1月18日看过《自登基之日》的中文译本后便已出于对礼仪之争的厌倦和对教宗干涉中国政务的恼怒而下了禁教令。后来的雍正、乾隆二帝更加没有兴趣讨论礼仪问题,只是出于对外国人的疑忌和对天主教的整体反感而屡次掀起迫教运动,因此礼仪问题也不再承载中西教俗政权的抗衡。就此而言,礼仪之争在18世纪中叶正式落下帷幕。不过,正是从这时开始,天主教的生活方式与中国传统生活方式的冲突更加明显,天主教徒因为弃绝中国礼仪而在生活中遇到种种麻烦,传教士不得不一再就叩头、扫墓、牌位、家族祭祀、集资建庙等问题向传信部寻求指示。这可以说是礼仪之争的又一种表现形式,是发生在中国人与中国人之间,而且是下层百姓之间的冲突,是天主教信仰与中国民间信仰之间的冲突。这种冲突绝不是任何罗马神学家的理论分析所能预防或平息的。尽管历次反对礼仪的教廷谕令都乐观地认为服从教宗决议不会阻碍福音传播,但事实上中国天主教徒恰恰因为礼仪之争的结果而成为在中国社会的边缘地带艰难生存的群体,利玛窦最初所想要避免的困境终究成为现实,一场建立在平等和开放基础上并有可能带来积极成果的文化对话就此夭折。

第二十七章　传到欧洲的中国知识

16—18世纪，中国知识西传主要是通过耶稣会士文献和各类欧洲旅行者的游记文献这两条渠道，游记文献早于耶稣会士文献诞生而晚于它结束，耶稣会士文献则在一段时期内具有绝对影响力。从总体上看，这两条线索各自独立发展并描绘出相当不同的中国形象，但17世纪中后期的游记文献也受到耶稣会士著作的影响，两者发生一定程度的重叠。

一、16世纪、17世纪游记文献里的中国

游记文献作者的国籍表现出明显的阶段性，16世纪以葡萄牙人的报告为主，辅以西班牙人的记录，17世纪的欧洲出版界则充斥着荷兰人的旅行笔记，18世纪中期以后，英国人的叙述开始具有举足轻重的影响力。这种变化正与欧洲国家海外势力格局的演变遥相呼应。

1. 16世纪的伊比利亚人作品

16世纪有关中国的西文游记主要出自葡萄牙商人、使节和旅行者，他们之中有人到过中国，有人则是在南亚和东南亚一带收集到有关中国的材料。其中担任首位赴华大使的多默·皮列士所撰《东方志》(A Suma Oriental de Tomé Pires)是葡萄牙人撰写的第一部也是较完整的东方地理志，人们评价它的主调是"真实"，书中有专章介绍中国。该书虽是他1512—1515年间利用在南洋各地搜集的材料编成，却有相当高的史料价值。重点介绍中国与马六甲之间的贸易方式和贸易物品，对中国风俗的少许介绍虽然掺杂着异国情调式的讽刺口吻，但基本内容倒无太大歪曲。而皮列士本人的出使经历则由其他葡萄牙编年史家记录，因为皮列士本人在中国期间撰写的文稿，无论当时有无偷送出中国，都已失踪。1528—1538年间曾在亚洲生活的卡斯坦涅达(Fernão Lopes de Castanheda)于1551年出版的《葡萄牙发现和征服印度史》(História do descobri-mento e Conquista da India pelos Portuguese)中有关中国的内容也来自听闻。

基于亲身经历的作品首先有皮列士使团的一位成员克里斯托旺·维埃拉(Cristòvão Vieira)1524年在广东的狱中写的一封长信，详述了广东的地理、经

济、行政、居民。与皮列士使团同期抵达珠江口并被俘的葡萄牙商人瓦斯科·加尔沃(Vasco Calvo)1526年也在狱中写了一封信描述中国之政治、经济与社会。1554年12月在马六甲问世的一篇文章《中华王国的风俗和法律》(Costumes e leis do reino da China),因为谈到中国的司法情况而在当时引起欧洲人关注,作者不详,但自称曾在中国被囚多年。1548年去中国经商的柏来拉·佩雷拉(Galiote Pereira)曾于1549—1552年被囚于广西,逃离中国后根据自己的经历和见闻写成《中国报道》(Algumas Cousas Sabidas da China),其中有关司法和监狱管理制度的叙述最有价值。16世纪出现在中国的第一位传教士加斯帕尔·达·克鲁兹在广州停留数周,想建立传教区而未果,但他1556年撰写并于1570年出版的《中国情况详介专著》(Tratado em que se contam muito por extenso as cousas da China)作为首部专门介绍中国的著作而享誉欧洲,后来艾斯卡兰蒂(Berardino de Escalante)将其意译为西班牙文,以《葡萄牙人航行世界东方地区和省份的发现》(Discurso de la navegacion que los Portugueses hazen á los Reinos y Provincias del Oriente)之名出版。著名冒险家费尔南·门德斯·平托(Fernão Mendes Pinto)在1537—1558年间遍游东方各国,1541年前后在中国。平托约在1569年起开始将东方旅行经历撰写成《费尔南·门德斯·平托游记》(Peregrinacão de Fernão Mendez),关于中国的部分谈到他曾到过的南京和北京。

除葡萄牙人的报告之外,16世纪还有出自西班牙人的著名中国报告,这就是造访过福建的马丁·德·拉达根据自己的经历和在福建收集到的信息所写的报告,报告第一部分"出使福建记"叙述在福建的行程,第二部分"记大明的中国事情"分12部分阐述明朝的总体情况,记录了中国社会林林总总的事物。拉达的旅伴米格尔·德·洛尔卡(Miguel de Loarca)也留下一部《中华帝国实录》。16世纪末还有一位佛罗伦萨商人弗朗塞克·卡尔勒地(Francesco Carletti)游历过中国并写下了游记《议论之方法》(Ragionamenti),他曾在1598年停留澳门和广州,对中国的描述仅限于广东一隅。

葡萄牙著名历史学家若奥·德·巴洛斯于1552—1614年间陆续发表四卷本《亚洲数十年》(Décadas da Asia),他虽然没有到过东方,但这部叙述葡萄牙东方殖民帝国历史的著作直接采用葡萄牙官方的原始记录。1563年发表的第三卷中有大量对中国的介绍和作者对中国的看法,汇集了部分上述已公开的葡萄牙人中国游记,据称还采用了一位华人仆役为他翻译的中国地理书籍,对中国的行政、风俗、工艺技术的介绍都比较详细和准确。但巴洛斯的著作因为只有葡萄牙文版本而影响力较弱,相比之下,西班牙奥古斯丁会士门多萨

门多萨编《中华大帝国史》

（Juan González de Mendoza）编撰的《中华大帝国史》（全名《大中国著名事物、典仪和风俗的历史》）[*Historia de las Cosas Más Notables, Ritos y Costvmbres, del Gran Reyno dela China*]则因为有众多欧洲文字版本而在耶稣会士文献兴起之前独领风骚，成为继《马可·波罗游记》之后欧洲人了解中国的重要门径。

门多萨奉教宗格利高里十三世之托编辑此书，1585年完稿，因有教宗支持而能够系统利用当时在欧洲可获得的所有付印资料和大量未刊资料，主要来源是巴洛斯《亚洲数十年》、佩雷拉《中国报道》、克鲁兹《中国情况详介专著》、拉达的使华报告、艾斯卡兰蒂（译）《葡萄牙人航行世界东方及中国记》以及一些西班牙传教士的旅行报告，堪称16世纪伊比利亚人中国报告的总汇。此书第一部分概述中国的地理位置、历史、土地、宗教、礼仪、帝王、官员和习俗等一般情况，着重讲述中国人的宗教信仰。第二部分有三卷，第一卷是拉达的福建行纪，第二卷是西班牙方济各会士奥法罗（Peter de Alfaro）等人的中国行纪，第三卷是根据传教士旅行报告编写的环行世界纪，中有方济各会士马丁·依纳爵（Martin Ignatius）简短的《新世界纪行》。

以上这些报告总体上都突出中国民丰物阜、法制先进、文明进步。因为这些作者多数都有在中国被关押的经历，所以也都谈到中国的法律制度和司法状况，他们虽然也揭露抨击监狱的腐败黑暗，但基本上认为中国在司法公正方面优于欧洲。大概受其影响,门多萨也在自己的作品中强调中国公正的行政管理。葡萄牙人普遍对中国的文明程度赞赏不已,卡斯坦涅达认为中国人在机械工艺和文学艺术上均有卓越才能,掌握了许多科学知识并设立学校传授先人的训导;巴洛斯注意到中国印刷术早于欧洲;佩雷拉对中国礼仪之邦的形象有深刻印象,对各城市都设立义宅安置鳏寡孤独废疾者并开设医院深表赞赏,也惊叹于中国优良的交通和城市卫生环境。

不过,亲历中国的这些欧洲人对中国也有非议之词,首先是中国的佛教信仰和其他偶像崇拜令这些深受欧洲正统宗教观熏染的旅行者们唏嘘不已,这一点连还未抵达中国的皮列士都已经知晓,由此也可以理解欧洲传教士的事业为何会得到欧洲民众的普遍支持。门多萨身为修会成员,对这类信息自然格外注意并且颇有发挥,将贸易可能性和对传教策略的估计与考虑联系起来进行判断。如他发现中国人充满智慧而又具"和平主义"倾向,放弃向外扩张,或者对宗教态度冷漠,这点正是传教的良好前提,他因此多次提出希望靠上帝之助以和平的方式去征服和战胜这个民族。又如他试图以基督教的教义去解释中国人崇拜的偶像,认为从中可找到三位一体的痕迹;他还从中国人对世界起源和人类诞生的传说中发现中国人的宗教与基督教有近似之处。这些意见影响深远,欧洲各国果然对中国奉行传教与贸易结合的策略,而他在中国宗教中寻找基督教踪迹的思路在17世纪成为许多欧洲人热衷之事。

其次是中国的军事力量一再令旅行者们轻视。皮列士已断定,中国人乐善好施而又非常懦弱,易于制服,而且又好饮酒,经常大醉,只要有印度总督征服马六甲的十艘船只便足够控制中国沿海。维埃拉认为广东的人民弱小到备受压迫而不敢说话,而葡萄牙只要派两千人就可夺取广州。加尔沃称中国人弱小且毫无防卫,只要有足够的管理人员便可占领半个中国并坐收地租。卡斯坦涅达指出中国人武备精良但对战争不感兴趣。佩雷拉也说福州在军事力量与战斗意识方面很软弱。拉达在实地考察了福州的城防、戍军和装备状况后,发现中国军队的装备原始笨重,其火炮远落后于西方,他对在此了解到的中国造船航海、数学天文等科技知识也不以为然。这些旅行者来到亚洲都与葡萄牙和西班牙殖民势力的扩张密切相关,在他们身上有着殖民征服的热忱和对相关信息的敏感,这不足为奇。发展到极端便如1575—1580年间的西班牙菲律宾总督桑德的好战心理,他以拉达的报告为基础于1576年上书西班牙国王,但他将拉达的批评之辞刻意夸张和歪曲,称中国人是一个愚昧、迷信、虚伪、野蛮、狂妄的民族,欧洲人若想与之开战,随便都能找到理由。

当时的中国是否有游记描述的那么美好和那么衰弱暂且不论,但至少这些对中国的印象是故国同期经验与欧洲已有中国观的结合。以《马可·波罗游记》为代表之中世纪游记所刻画的一个近乎神奇的东方形象仍在 16 世纪旅行家心中萦绕不去,所以他们对中国持基本肯定态度,同时 16 世纪的欧洲在物质文明和某些制度建设方面还不能与中国匹敌,感到中国胜于欧洲合情合理。旅行家对中国国力的小觑和菲律宾的西班牙人企图武力征服中国的嚣张气焰则典型地反映了殖民扩张时期欧洲人的好斗心及利益导向。

不过旅行家们对中国的印象在多大程度上转化为欧洲人对中国的印象,还要看这些作品的流传程度。前述作品中有些在当时没有正式出版,如皮列士的《东方志》、维埃拉和加尔沃的信、拉达的报告、平托的《游记》,但它们仍以不同的方式影响着欧洲读者。皮列士和平托的作品在 16 世纪以手抄本传世,维埃拉和加尔沃的信被巴洛斯收入其著作,拉达的报告则成为门多萨著作的基本史料之一。有些原始游记虽有刊本,却是因为被更有影响的作品引用才传扬开来。例如佩雷拉的回忆录出版之后是因为被克鲁兹大量引用才引起巨大反响,克鲁兹自己的作品则又是凭借门多萨和平托的作品而真正流行,巴洛斯《亚洲数十年》第三卷也更多是借助门多萨的《中华大帝国史》和马菲(Giovanni Pietro Maffei)1588 年出版的《16 世纪印度史》(*Historiarum Indicarum Libri XVI*)流行于世。还有部分报告在独立出版后成为热门书,在 16 世纪和 17 世纪有不同语言的多个版本,如《中华王国的风俗和法律》、卡斯坦涅达的《葡萄牙发现和征服印度史》。平托的《费尔南·门德斯游记》直到 1614 年才正式出版,此后以各种文字多次重版,此书的手抄本和刊印本在 16 世纪和 17 世纪欧洲造成的影响据说堪与《堂·吉诃德》媲美。《中华大帝国史》的版本之多更是罕有匹敌,关于确切版本数,目前的统计结果还不一致,大体上截至 16 世纪有三十个以上的版本(包括重印本),涉及 7—9 种欧洲文字。17 世纪还有一些新版本问世。值得一提的是,此书的盗版很流行,这为统计其确切版本数量造成很大困难,也表明了它受欢迎的程度。

总之,16 世纪伊比利亚人有关中国的旅行报告以各种不同方式在当时流行开来,成为欧洲第一批有关中国知识的较为直接和可靠的来源。不过,葡萄牙文报告的原著通常没能在当时产生太大影响,而要借助西班牙文、法文、意大利文等更通行语言的转译或引用才被葡萄牙以外的欧洲人接受。最后,门多萨的《中华大帝国史》不仅在内容上集 16 世纪中国游记之大成,在影响上亦然,成为耶稣会士文献兴起以前的欧洲人认识中国最主要的文本渠道。

2. 17 世纪的荷兰人笔记

16 世纪伊比利亚人有关中国的报告由门多萨作了出色总结,这以后直到

18世纪中期,欧洲人有关中国的叙述都以耶稣会士报告为主线,而以水手、商人和使节们的游记文献为副线。在17世纪的这些游记文献中,荷兰人的作品醒目起来,因为荷兰人的东方帝国在此时正欣欣向荣,在东南亚和中国沿海活动的荷兰人自然增多,荷兰人几次出使中国也造就出几部著名的出使报告。

　　1622—1624年曾有一支来自巴达维亚、由莱耶尔策(Cornelis Reijersen)指挥的荷兰舰队占据澎湖列岛与福建官府为敌。这支舰队中一位叫邦特库的船长后来写了一部《东印度航海记》(*Journael ofte gedenckwaerdige beschrijvinghe van de Oost-Indische Reyse van Willem Ysbrantsz Bonte-Koe Van Hoorn*)并在1646年出版;这部书记录了他的航海经历,包括荷兰舰队在福建沿海的作为。他没提供什么关于中国的信息,只是站在荷兰舰队的立场上评价中国人邪恶危险,不值得尊敬。但这本书是荷兰17世纪最畅销的冒险故事书之一,有许多版本和非法翻印本,邦特库的名字甚至成为荷兰语中表示一次意外旅程的词汇。有关莱耶尔策远征的详细报告见于莱希特恩(Seyger van Rechteren)1635年出版的《东印度航行纪程》(*Journael gehouden door…op zyne gedane voyagie naer Oost-Indien*),此书有不少关于中国的叙述,作者没有到过中国,材料可能来自那次远征的荷兰官方文件。所以该书同样是站在霸道的荷兰军队的立场上一味贬低中国人,同时又仰慕中国的财富和强大。不过该书细致描述了福建总督接见外国人和外国人与中国官员打交道时遇到的困难,勾画出漳州地区令人难忘的商业繁荣景象。17世纪初到过中国沿海的荷兰旅行者还有1601年来到澳门附近的范奈克(Jacob van Neck),1604年曾在澎湖列岛与中国官员谈判的韦麻郎(Van Wijbrandt),1607年在广东沿海的南澳岛等地与中国官员进行贸易谈判的马特利弗(Cornelis Matelief de Jonge),后两人都留下了描述自己中国经历的笔记,范奈克的经历则由他人代书。马特利弗的笔记中还有对南澳等岛屿的居民、村庄和庙宇的描述,这三份笔记都由考梅林(Isaac Commelin)收入一部汇编作品于1646年出版。此外,驻防台湾的荷兰人揆一(Frederick Coyett)1675年出版了一部小册子,从荷兰人的角度讲述郑成功1661—1662年收复台湾之事,同时谈到满洲人吞并中国南部,并介绍了台湾原住民和随郑成功到台湾的大陆各省人。供职荷兰东印度公司的丹麦人博凌(Frederick Bolling)1678年出版《东印度旅行》(*Oost-Indiske Reise-bog*),讲述他1672年作为一位巴达维亚私商的书籍保管员在澳门附近一个小岛工作时的经历。总体而言,上述作品有关中国的第一手信息都不算多,在荷兰以外的影响也不大,而两部有关荷兰使团在华旅行的笔记相比之下就可谓璀璨夺目。

　　1656年到北京荷兰使团的管事尼霍夫(Jan Nieuhoff,1618—1672)将其在

约翰·尼霍夫《荷使初访中国记》

中国的旅行经历和见闻记录下来,于 1665 年在阿姆斯特丹出版,全称《荷兰东印度公司使臣朝见当时的中国皇帝鞑靼大汗》(*Het gezantschap der Neerlandtsche Oost-Indische Compagnie aan den grooten Tartarischen cham, den tegenwoordigen keizer van China*)(以下简称《荷使初访中国记》)①,简要记载了 1655—1657 年在中国旅行时经过的广东、江西、南京、山东、北京等地发生的重大事件。对中国城市、乡村、政府、学术、工艺品、风俗、信仰、建筑、衣饰、船舶、山川、植物、动物、反抗鞑靼人的战争等方面都有精彩的描述,书的标题已经说明了其中内容,而书中的 150 幅插图大多以尼霍夫的实地素描为蓝本,是该书最具特色之处。此书作为欧洲第一部配图介绍中国的旅行记而风行不衰,在 17—19 世纪有荷文、法文、德文、英文和拉丁文的各类版本不下 17 个,其中的插图也被其他作品频繁复制引用。荷兰牧师奥菲特·达贝尔(Olfert Dapper)于 1670 年出版《中国地图:关于荷兰东印度公司两支使团引人注目的出使的叙述》(*Gedenkwaerdig bedryf der Nederlandsch Oost-Indische Maetschappye, op de kuste en in het keizerrijk van Taising of Sina* …)(以下简称《中国地

---

① 收[荷]约翰·尼霍夫原著,[荷]包乐史、庄国土著:《〈荷使初访中国记〉研究》,厦门:厦门大学出版社,1989 年。

图》),作品颇多取材1667年荷兰使团副使瑙贝尔(Constantin Nobel)和另一成员康本(Jacob van Campen)的记录,插图部分有些是据该使团随行画家所绘中国风貌制作的铜版画,也有许多袭用了尼霍夫的作品。《中国地图》虽不及尼霍夫的书流行,但当时也有数个其他文字的版本。

上述两部著作都叙述了荷兰使团进京路上所经各地的自然风貌和人文景观,并描绘了中国南北饮食的差异。《荷使初访中国记》一书对满族官员和汉族官员做了明确区分,《中国地图》则根据瑙贝尔的亲身见闻详细刻画了少年康熙的形象。两部书都有不少篇幅描写中国的树木、花草、作物、水果、禽畜、矿产,不过其中仅部分内容是使团的见闻,多数取材于耶稣会士的已出版著作。两部书中的图画是对中国风土人情的直观展现,也是它们受欢迎的重要原因,并且对于18世纪欧洲"中国趣味"(Chinoiserie)的形成有一定影响。不过,《荷使初访中国记》一书并不完全是尼霍夫的原始记录,无论是文字还是插图都经过编者修改以迎合读者需要,并掺入一些取自耶稣会士著作的材料,尼霍夫的原稿却久久不为人知。然而正是这部出版物所塑造的被夸饰的中国形象产生了巨大的现实影响,"是整个启蒙时代关于中国的奇特形象的起源之处"[①]。达贝尔编写《中国地图》时也没少借鉴耶稣会士的著作。

同样值得一提的是1692—1695年间出使中国的俄国使团中两位成员的报告。这个使团的公使由荷兰商人伊兹勃兰特(Evert Isbrand Ides)充任,使团还有一位德国随员亚当·勃兰德(Adam Brands),他们分别写了旅行笔记。伊兹勃兰特主要记叙西伯利亚各民族的生活和经济情况,兼及在中国的见闻,勃兰德则以记录在中国的逗留情况为主。由于作者是西欧人,这两部作品也是在西欧范围流传,并且首版后都以不同语言多次再版,显见其流行程度,俄国人反而迟至18世纪末才看到。伊兹勃兰特和勃兰德的笔记总体而言描绘出一个丰饶、富足、气派的中国,继承并巩固了当时欧洲已有的对中国的美好印象。他们与欧洲其他使节一样,很注意描绘康熙皇帝。他们都谈到中国的音乐、戏剧和杂耍,但欣赏不来中国音乐。荷兰使臣对中国食物多有挑剔,这两位却对中国食物赞不绝口,并多次描绘使团出席的宴会。他们还以欧洲人的眼光描述了中国人吃饭时令他们吃惊的习惯,比如盘腿坐在小饭桌前,用筷子吃饭,不用餐巾而用随身携带的手帕擦嘴,喝汤不用汤匙而捧着小汤碗喝。此外,他们与当时绝大多数欧洲人一样,对中国人的偶像崇拜习俗表现出不快。

---

① [荷]包乐史:《〈荷使初访中国记〉在欧洲的地位》,[荷]约翰·尼霍夫原著,[荷]包乐史、庄国土著:《〈荷使初访中国记〉研究》,1989年,第4页。

伊兹勃兰特在旅途中大约只写了一些凌乱的散记，有些还是出使回来后的补记，出版的著作经过编者许多加工润饰。勃兰德则是逐日记录，所以勃兰德在很多方面比伊兹勃兰特要详细、缜密和准确。但荷兰人却一贯偏爱伊兹勃兰特的著作而贬低勃兰德的，这大概与民族情结有关；与此相类似，德国的莱布尼茨(Gottfried Wilhelm von Leibniz, 1646—1716)则高度评价其同胞勃兰德的著作。无论如何，这两部著作都为17世纪、18世纪之交的欧洲人增添了有关中国的鲜活记录。

17世纪还有几部西班牙人、法国人、英国人、意大利人的著作谈到中国，但他们同样没到过中国，或是根据在印度和马尼拉得来的信息，或是袭用已出版的著作，例外的是多明我会士闵明我，他在1659年进入中国期间做了很多笔记，除教务问题外，还写下不少关于风土人情的文字和对中国文化的评论，颇值得与耶稣会士的报告参照来读。虽说与耶稣会士的分歧始终影响着他的视野，但他对中国的很多认识仍值得关注。比如他评论什么人应被称为野蛮人时，指出，中国人、鞑靼人、日本人和其他亚洲民族不是野蛮人，只是风俗有违基督徒的理性标准，但他们毕竟有文化、守纪律、受符合理性的法律治理。在这段评论中，他已然流露出文化相对主义的态度。他对于中国的富庶印象深刻，以致认为这块土地就是《申命记》中所言之"上帝许给的土地"，只是他遗憾这块土地上的居民享有上帝恩赐的一切而且聪明机智，却丝毫没有关于上帝的知识。他称赞中国人热爱学习，肯定中国工匠众多，甚至对其他欧洲人常常无法接受的中国绘画和医药学，同样持有正面评价。对中医的看法体现出他与耶稣会士的对立，因为之前有耶稣会士抱怨中国医生不懂科学和哲学，所以闵明我强调他自己更喜欢中医的拔火罐，认为比开膛破肚的外科手术强。他称赞中国农民勤劳，灌溉方式先进，带风帆的水车尤其令他称道。他还认为皇帝常备一笔赈济款的做法十分明智。中国人关注公共福利，注重修路搭桥。中国人的娱乐方式相当热闹，元宵节杭州的灯会令人叹为观止。中国监狱的安静和清洁胜过欧洲的监狱。中国人的礼节虽然烦琐，但终究是好习惯，所以中国人看起来都彬彬有礼。他对京城的各种繁华景象，朝廷的机构构成，长城、军队、皇帝的排场也都有描述。当然，中国人也有恶习，比如官员在正式审判前滥施杖刑十分可怕，游手好闲又粗野的乞丐很多，还有杀死或丢弃女婴的习俗，月食时屈膝下拜、敲打面盆等，也是野蛮之举。他显然完全拥护将女子摈除于公共场合，因此称赞女子缠足是把她们留在家里的好方法，值得向各地推广，而且他在杭州拥挤的街上没有遇到一个女子，所以提出中国人将女子隔离于公共场合的做法也很值得欧洲人学习。

总体而言，游记文献的作者一部分是从未到过中国的道听途说者，一部分是只到达中国沿海,还有一部分则是沿着朝贡路线浏览过大江南北。他们的共同特征是不懂中国语言与文化,不能深入中国社会,所以他们的著作只能捕捉短暂在华经历中最触动自己的东西。这样,游记文献表露出的总体态度是,既羡慕中国的富饶与强大,又对中国的风俗和中国人缺乏好评。作者们描述自己所不理解的东西时难免以本国和本族的标准评价,有时还显得很粗鲁。不过这些游记也并非全部流于主观和臆断,也还具有观察理智、描述真实的一面,避免了像耶稣会士那样出于特定目的刻意美化中国,因此游记文献中的中国与耶稣会士所描述的中国有很大不同,可以说在耶稣会士所描绘的经常过于理想化的图景上投下一些阴影,为欧洲的中国形象提供了重要的另一面。

二、17—18 世纪耶稣会士有关中国的著作

耶稣会成员要定期向罗马总会上交详细描述其活动的报告,这是耶稣会的一项基本规定,并且耶稣会还会将这些材料有选择地公开,以期引起人们对耶稣会士工作的兴趣,博得支持。在海外传教的耶稣会士也都积极遵守这项规定,因为他们的报告论及很多海外风土人情,尤其令欧洲读者感兴趣,在华耶稣会士的报告也是如此。自1583—1584年间写成的首批中国书简在1586年发表之后,来自中国的耶稣会士报告就成为耶稣会重要的欧洲出版物和市面上的畅销读物,同时也成为欧洲人获取中国知识的基本渠道。

1. 报告类:耶稣会士书简

在华耶稣会士有关中国的作品主要以两种形式在欧洲公开,一种是定期结集出版的书信,另一种是单独刊行的专题著作。出版亚洲书简集的工作在16世纪和17世纪前半叶一直是耶稣会士的罗马总部负责,17世纪时由于北京的耶稣会士们不断提供报告,中国书简的分量相较于印度书简和日本书简在不断加重,这些公开的内容以叙述耶稣会中国传教区的开端与发展为主,其中最有名的是1601年刊出的龙华民书简和1605年刊出的庞迪我书简。

1673年至1702年间,耶稣会罗马总部出版亚洲书简集的工作被迫停止,因为教宗下令耶稣会士的著作必须由传信部审阅批准方可出版,而传信部对耶稣会并不友善。1702年,法国耶稣会士恢复出版传教区书简的传统,他们挑选一些不易受到攻击的报告,取名为《有益而有趣的书简》(*Lettres édifiantes et curieuses écrites des missions étrangères, par quelques missionnires de la Compagnie de Jésus*)结集出版,通称为《耶稣会士书简集》。《耶稣会士书简集》在1702—1776年间共编发34集,第一任主编郭弼恩在1702—1708年间出版了

8集,第二任主编杜赫德在1711—1743年间出版了第9—26集,杜赫德之后还有两位主编帕杜耶(Louis Patouillet)和马雷夏尔(Maréchal),他们在1749—1776年间出版了第27—34集。这34集中包括世界各地耶稣会士的报告,而大约有三分之一涉及中国。《耶稣会士书简集》在逐年出版的过程中出现不同版本,1780—1783年推出第一个大型汇编版本,打乱原有次序按地区重新组合为26卷,其中第16—24卷为中国书简,第25—26卷为印度和中国书简,该版本通常根据出版商名字称为梅里戈(Merigot)版本。此后还出现众多不同卷次的版本和译本,最著名的是1838—1843年间出版的由埃梅—马丁(Aimé-Martin)编辑的4卷本"万神殿版本"(Panthéon littéraire),也是按地区汇编,第3卷为中国书信,第4卷为中国、印度支那和大洋洲书信合辑。但现在最常用的则是1819年里昂出版的14卷版本①。

《耶稣会士书简集》中的中国书简大约包括144份来自中国的书信与报告,其中绝大多数出自法国耶稣会士之手,这与17世纪、18世纪之交法国耶稣会士中国传教区的成立密切相关。与17世纪罗马出版的中国书简主要汇报传教区状况不同,巴黎出版的这些中国书简内容涉及政治制度、风俗习惯、历史地理、哲学、工商等各种情况,类似一部中国文化的百科全书,这同受法国政府资助之法国传教区的成员负有为国王收集学术信息的使命有关,也是该文集为人瞩目的重要原因。不过,正如所有耶稣会士作品在公开之前都要经过审查一样,《耶稣会士书简集》的编者也对内容作了很多润色加工,基本上删除了原始信件中对中国和中国人的负面描述,保留了赞美的内容,使书简集最后呈献的是一个美好中国的形象,其具体内容和特征将在后文介绍。巴黎耶稣会士这样做的原因,除了要吸引人们关注传教事业这个一贯目标,还因为《耶稣会士书简集》是在礼仪之争的背景中问世,为了捍卫在华耶稣会士的立场,争取更多人的同情,因此有必要突出中国人的光辉形象,剔除任何可能引起对耶稣会士适应方法之正当性产生质疑的内容。

与《耶稣会士书简集》齐名的另一部在华耶稣会士作品汇编是18世纪后期的《北京传教士关于中国人历史、科学、艺术、习俗论丛》(1776—1814, Mémoires concernant l'Histoire, les Sciences, les Arts, les Moeurs, les Usages, etc. des Chinois: Par les Missionnaires de Pékin),共16卷,可以简称《中国论丛》。它与《耶稣会士书简集》有许多重大区别:其中所刊载的是各类专题论文,而非直接汇报传教活动的书简;这些论文的撰写源于法国政界人士之需要,

---

① 中译本参见[法]杜赫德编:《耶稣会士中国书简集》,第1—6卷,郑德弟、耿昇等译,郑州:大象出版社,2001年、2005年。

而非耶稣会所要求；它由法国东方学家编辑出版。《中国论丛》中的许多论文是在华耶稣会士专门为法国国务大臣贝尔坦(Jean-Baptiste Bertin)所写的书信。贝尔坦想要了解有关中国历史、宗教、法律及法律适用原则、经济以及技术和工艺，并在1764—1765年间趁两位留法中国籍耶稣会士杨德望、高类思回国之际提出这个要求，由此引出了贝尔坦与中国耶稣会士的长期通信。但《中国论丛》的内容又不局限于仅仅满足法国政界的现实需求，其中大量谈论中国历史地理、自然科学、医学医药、工艺技术、语言文学、音乐艺术等的内容远远超出了"资政"之需，事实上是一部有关中国文化的学术论集，并成为18世纪后半叶到19世纪的欧洲关于中国和中国人的首要信息来源。

2. 概述类："民族志"

在华耶稣会士除书简以外的论著大而化之可分为两类，一类是对中国情况的概述，这被西方学者称为"民族志"著作，另一类是历史、地理、医药和宗教等方面的专论。

"民族志"著作中据说最早出版的是蓝方济(Lombard)神父所著《大中华王国新见解》(*Nouveau avis du grand Royaume de la Chine*)及《中华王国、日本、莫卧儿王国……新见解》(*Nouveaux avis du Royaume de la Chine, du Japon et de l'Etat du Roi de Mogor……*)，两书分别于1602年及1604年在巴黎推出法译本，但它们似乎不太为人所知。17世纪最重要的"民族志"著作是利玛窦原著、金尼阁修订并出版的《基督教远征中国史》(1615, *De christiana expeditione apud Sinas suscepta ab Societate Jesu*)(中华书局的翻译本书名为《利玛窦中国札记》)，曾德昭的《大中国志》(1642, *Imperio de la China*)，安文思的《中国新史》(1688, *Nouvelle relation de la Chine*)，李明的《中国近事报道：1687—1692》(1696, *Nouveaux Mémoires sur l'état présent de la Chine*)。这几部著作在欧洲都有各种文字的多个版本，其结构大致相仿，先是中国概述，后是在华传教史。中国概述部分通常都会谈论中国的地理位置、疆域物产、百工技艺、文人学士、数学天文、政治制度、民情风俗、宗教学术。区别在于作者们在华时间长短不一、中文水平高下不等、生活时代不同，因此所观察到的一些具体事件或所能提供的知识随之不同，描述的细致和准确程度也因之有别①。此外，卫匡国

---

① 安文思的《中国新史》有何高济、李申的中译本(郑州：大象出版社，2004年初版)；2016年的新版还收入"外二种"，即[意]利类思《安文思神父传》、[荷]许理和《在黄虎穴中——利类思和安文思在张献忠朝廷(1644—1647)》。何高济还翻译了曾德昭《大中国志》(上海：上海古籍出版社，1998年)。郭强、龙云、李伟翻译的李明《中国近事报道：1687—1692》收入国家清史编纂委员会的《编译丛刊》(郑州：大象出版社，2004年)。

的《中国新地图集》(1655, Novus atlas sinensis)虽是一部地理学专著,但也附有一份简短的中国概述。

以上几部作品在整体上都对中国给予好评,但随着作者生活环境的变化,其倾向性又有微妙差异。17世纪前半叶的作者通常既向欧洲介绍中国文明和中华民族的优良之处,又指出中国社会许多弊端,所述较为客观、准确。如利玛窦和金尼阁的著作中对中西文化、风俗、制度、科技的优劣短长进行多方面的比较与分析,崇敬中国的哲学成就,但又肯定欧洲在科学技术方面更具优越性,指出科举制制约了中国科学和学术研究的发展,不过分赞扬中国人的自然道德,对异教徒中国人的迷信常常深表惋惜。李明《中国近事报道:1687—1692》用14封书信将自己1687—1692这几年间在康熙身边对中国的观察记录纸上,其中包括中国皇帝的身材、长相,康熙对传教士的态度,还有传教士的活动以及本人的传教经历。李明还介绍了中国文化、孔子的学说,他认定中国人是挪亚的后代,中国人对上帝的信仰比欧洲更早、更纯粹。曾德昭认为中国人天生具有一些美好的品质,称赞中国的政府组织、政治制度、教育状况,但批评中国政府忽视武装力量建设,科举仅以文章取士,造成举国重文轻武,御史谏议制度有名无实。安文思1640年来到中国,1648年到达北京,他的著作出版于1688年,是同时期有关中国出版物中对中国介绍最完备最具体的一部,此时他在中国已经生活二十多年,而且认同利玛窦的传教路线,故而他笔下的中国形象比较客观,在肯定中国文明的同时,也对一些具体问题有所批评,如中国人因自我封闭而盲目自大,中国政治中存在理论与实际脱节的现象等。就知识层面而论,全书21章,一半的篇幅都是对北京城市、政府组织和宫廷活动的描述。卫匡国1655年出版的《中国新地图集》已清晰地反映出礼仪之争的影响,热衷维护中国,以致偶尔会将中国人的品质理想化并加以夸大。李明的著作则明显是礼仪之争背景下的护教之作,格外注重赞美中国的历史、宗教和文化,肯定耶稣会士对中国文化和礼仪的立场。前文已经说过它被索邦神学院所谴责并列为禁书,但这并不影响它的畅销程度。

巴黎耶稣会士杜赫德编辑并出版的4卷本《中华帝国全志》(1735, Description géographique, historique, chronologique, politique et physique de l'empire de la Chine et de la Tartarie chinoise)是耶稣会士论中国之"民族志"作品的顶峰,也是礼仪之争中耶稣会士护教作品的顶峰。杜赫德没有去过中国,但因担任《耶稣会士书简集》的编辑而能掌握在华耶稣会士关于中国的大量原始资料,并加以利用编辑出这部18世纪上半叶欧洲有关中国知识的总汇,他在该书"序言"的结尾处提到:"为了让公众知道我从哪几位传教士那里获得《全

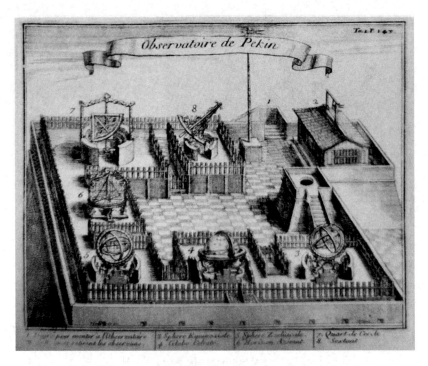

观象台图(李明《中国近事报道:1687—1692》,上海图书馆藏)

志》向读者提供的知识,我在下面列出这些传教士的名字,他们的报道对于《全志》的成书发挥了很大作用。"①此书内容分类编排,涉及中国的地理、历史、政治、宗教、经济、民俗、物产、科技、教育、语言、文学,关于中国的知识几乎无所不包,还首次提供了几篇中国文学作品的译文,如《今古奇观》中的四个短篇、《诗经》中的十几首诗及元曲《赵氏孤儿》剧本。《中华帝国全志》的主要成就在于提供的信息广泛、具体,"旨在"向欧洲普及中国文化,卢梭(Jean Jacque Rousseau,1712—1778)、伏尔泰(François Marie Arouet Voltaire,1694—1778)、孟德斯鸠(Baron de la Brède et de Montesquieu,1689—1755)、百科全书派、哥德斯密(Oliver Goldsmith,1728—1774)和休谟(David Hume,1711—1776)等人都主要靠杜赫德的作品获取中国知识。但这本书在另一部分人眼里则有致命的缺陷——知识陈旧,不能满足一些专业学者的要求②。

同时,作为一部明确捍卫在华耶稣会士的作品,杜赫德的书中通篇是对中

---

① 参见[法]蓝莉:《请中国作证:杜赫德的〈中华帝国全志〉》,许明龙译,北京:商务印书馆,2015年,第41页。
② 中国国家档案馆、北京大学编:《锦瑟万里,虹贯东西:16—20世纪初"丝绸之路"档案文献集萃》第66—71页收存北京大学所藏该书若干图录。

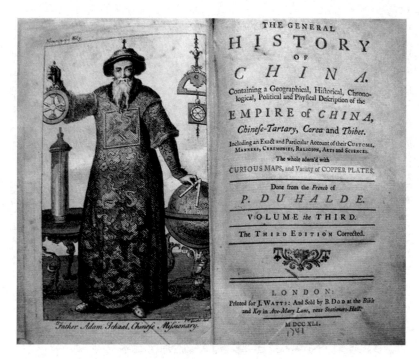

杜赫德《中华帝国全志》

国的正面描述。他称赞中国社会和人民的每一方面,相信中国被很好地治理,中国极其富庶,中国人品质良好,温顺、和善、谦逊,他对中国女子的举止和社会地位也都留下良好印象,甚至对18世纪中国的法律体系也持肯定态度。杜赫德显然也明白中国社会有某些缺点,但他即便对中国有所批评,也是以一种捍卫中国的姿态出现,比如他在富庶之外也谈到了贫穷,谈到中国人口众多,有杀婴弃婴现象,但辩解说这与中国人的品质无关。他承认中国人所具有的智慧不是一种发明性、探索性、洞察性的智慧,以致不适于做深奥的科学研究,但他立刻说中国人在其他需要伟大天才的事情上取得了成功。此书出版后极受欢迎,成为当时西方人中国形象的一个关键来源,所以它所精心绘饰的美好中国形象也深刻影响了许多欧洲人对中国的态度。

3. 专题类:地图、古史、医药

卫匡国的《中国新地图集》是欧洲出版的首部中国地理学专著,对明代中国各省(两京一十三省)的统计地理、自然地理、经济地理和政治地理有细致描述,并分别配有各省地图,地图空白处还添上一些表现中国人物和事物的插图,在十五幅分省图之外还有一幅中国全图和一幅日本地图。这些地图主要是依据中国已有的地图和地理文献,配合卫匡国的舆图知识绘制而成,1655年在荷兰出版时则又经当时最负盛名的制图家约翰·布劳(Joan Blau)润饰。地图中以地图标志注明行政中心、矿区、耶稣会士住院和山河湖泊等地理细节。这部图集成为欧洲人真正了解中国地理之始,其中的地图长期作为 17 世纪欧洲人绘制中国地图的标准参考。后来安文思撰写《中国新史》时,在地理方面补充了卫匡国没有记述的辽东省,并用中国、西班牙、法国、德国和意大利的长度计量单位给出中国版图大小。

杜赫德的《中华帝国全志》尽管在其他方面知识陈旧,但有关地理的部分却非常新颖,所刊刻的中国全图和中国分省地图是根据 18 世纪初的那次测绘成果,并由当时法国著名制图家唐维勒(Jean Baptiste Bourguignon D'Anville)编绘而成,是欧洲首次掌握到的精确中国地图。这些地图取代卫匡国的地图而成为 18 世纪欧洲人绘制中国地图的标准参考。书中还收录了此前较少见的关于满洲、蒙古、西藏与朝鲜的地理报告,以及新近完成西伯利亚之行的白令(Beering)船长的旅行报告。

中国历史也是耶稣会士著作的一个突出题材。卫匡国出版过一部《中国上古史》(1658, *Sinicae historiae decas prima*),其内容上起传说中的盘古,但以伏羲时代为中国君主制的可信开端,下迄西汉末年,春秋以后的内容主要取材于官方正史。此书首先是一部朝代编年史,主要叙述帝王将相、政局变化及周边关系,同时也谈到宗教和哲学,比如诸子百家、儒学的深入发展和秦汉时代的道教。卫匡国在这部书中首次向欧洲读者演示了干支纪年法和年号纪年法,他同时用干支纪年和西元历法表示中国皇帝登基的时间,对于其他事件则以皇帝的年号纪年而以西历纪日期。这本书显然不及那些民族志类通俗读物流行,但它的价值在学者群中得到很好体现,此书展示了中国历史的古老性,成为后来耶稣会士和欧洲学者同类著作的基本参照,在 17 世纪、18 世纪欧洲关于中国上古史的讨论中占据显著地位。卫匡国还撰写了《中国上古史》的续编,但没有出版。

柏应理的《中国帝王年表》(1686, *Tabula chronologiea Monarchiae Sinicae juxta cyclos annorum LX. Anno ante Christum* 2952. *Ad nnum post Christum* 1683)是关于中国历史的又一部重要著作。此表上起西元前 2952 年,下至康熙当政的 1683 年。这份年表只是在每一轮干支循环的开始注明相应的西历年份,其余不注,在每位皇帝后面附以相关事迹。所依据的材料大概与《中国上古史》相仿。1687 年柏应理又出版《中国哲学家孔子》,其中也附录了三份年表,一份是关于西元前的,一份是从西元 1 年至 1683 年的,一份是从黄帝到周朝结束的。

冯秉正(J. de Moyriac de Mailla,1669—1748)[①]1730 年撰成的 7 卷本《中国通史》(1777—1785, *Histoire générale de la Chine, ou Annales de cet Empire ; traduit du Tong-kiere-kang-mou par de Mailla*)是 20 世纪之前欧洲人有关中国历史的最完备著作,也因此成为早期欧洲汉学家研究中国历史的必备参考。冯秉正从中国历史的源头一直写到康熙时代。这部书的法文书名,直译是"中国通史,帝国编年史,冯秉正译自《通鉴纲目》"(*Histoire générale de la Chine, ou Annales de cet Empire ; traduit du Tong-kiere-kang-mou par de Mailla*)。《通鉴纲目》究竟是什么书?一般认为是朱熹根据司马光《资治通鉴》改编的书。但是,朱熹《通鉴纲目》只叙述到五代后周显德年间(959),而且缺少春秋以前部分。冯秉正《中国通史》则上起伏羲、黄帝,下至清代乾隆时代。作者所说的《通鉴纲目》显然不是朱熹的本子。他的主要参考著作应该是满文本《纲鉴易知录》。就在冯秉正进行编译的过程中,康熙年间出版了另外一部纲鉴体历史著作,即《古文观止》编者吴乘权主持编著的《纲鉴易知录》。该书 92 卷,记述三皇五帝到元朝末年的历史,大体相当于冯秉正《中国通史》前 9 卷的内容。《纲鉴易知录》的明代部分另外编辑为明纪 15 卷,相当于冯书的第 10 卷部分。第 11 卷叙述清朝到乾隆年间(截至 1780 年)的事情,这部分冯秉正没有写完,由此书的出版者格鲁贤(Abbé Jean Baptiste Grosier)补写。附带提及,格鲁贤出版《中国通史》时,自己撰写了一卷《中国概述》(1785, *Description générale de la Chine*)作为冯秉正著作的附录出版。这也是一部民族志性质的著作,但是除了叙事立场已不受礼仪之争干扰,内容上与前期同类著作相比没有显著更新。

17 世纪中期的耶稣会士著作中最令欧洲人感兴趣的部分是中国的政权递嬗,通过对明朝与后金之间战争的描写,此前有关中国文献中那个沉闷呆板的中国显出了一些生气和变化。叙述这段历史的重要著作有卜弥格(Michael Boym,1612—1659)《中国天主教状况与皇室成员皈依略记》(1653, *Briefve Relation de la Chine, et de la Notable Conversion des Personnes Royales de cet Esta*)和卫匡国《鞑靼战纪》(1654, *De Bello tartarico historia*)。卜弥格 1652 年自中国抵达威尼斯,以南明永历政权代表的身份来罗马教廷求援,《中国天主教状况与皇室成员皈依略记》是为配合此举而出版的,书的末尾简要记录了满洲人入关经过,并且是站

[①] 法王路易十四派白晋、张诚、徐日昇等六名"国王数学家"到中国后,康熙十分满意,想邀请更多的类似学者前来大清。冯秉正就是以"国王数学家"的身份,被康熙皇帝邀请来华的。冯秉正出身于法国的一个贵族世家,1703 年来到中国,先在广州,后至北京,历事康、雍、乾三朝。1748 年去世,葬在今天的北京海淀区彰化村(今蓝靛厂附近),在其附近的正福寺出土的冯秉正墓碑,碑文用拉丁文和中文两种文字书写。

冯秉正《中国通史》插图

在南明朝廷的立场上叙述。卫匡国的《鞑靼战纪》则以新闻报道的形式，准确描述且客观分析了满洲人的征服。该书回顾了中国与北部少数民族的敌对历史，讨论了满洲人的风俗、政府、军事技巧和满洲人的崛起，分析了明朝种种社会和政治弊端，叙述李自成起事、吴三桂引清兵入关及满洲人截至 1651 年的征服经过，也深深关注战争带来的不幸。与卜弥格坚持永历帝为明朝正统继承人相反，卫匡国认为崇祯就是明朝最后一个皇帝，而这场征服意味着中华帝国悲惨地沦入外族入侵者之手。但他也大量列举满人在此前的汉化表现，认为满洲人在征服中国之时已不再是野蛮人，清朝就是中国传统政权的延续，因为他们努力完整地保存中国的固有文明。《鞑靼战纪》问世后立刻成为关于中国战争的权威报道，1654—1706 年间以各种欧洲语言发行了 25 版①。

白晋的《中国皇帝历史画像》(1697, *Potrait Historique de l'empéreur de la Chine*)是一部颂扬康熙皇帝的专著，书中的康熙是一位聪明而又仁慈的专制君

---

① ［意］卫匡国：《鞑靼战纪》，何高济译，北京：中华书局，2017 年，第 337 页。译文又参见杜文凯编：《清代西人见闻录》(北京：中国人民大学出版社，1985 年，第 68 页)、［葡］安文思：《中国新史》(郑州：大象出版社，2004 年)附录。关于《鞑靼战纪》在欧洲的流传及其影响参见张国刚：《西人眼中的中国故事》第一节"《鞑靼战纪》——明清易代故事在西方的流传与影响"，张国刚：《文明的对话：中西关系史论》，北京：北京师范大学出版社，2013 年，第 221 页。

白晋《中国皇帝历史画像》

主,一流的领导者,勇敢的战士和不倦的猎手,卓越的智者,勤奋的学者,个人道德的典范,以及期待他归化的耶稣会士们的保护者。总之,看起来康熙很像路易十四,而白晋此书的目的就是为了从路易十四那里争取到更多对中国传教区的支持。

卜弥格的生物和医学类著作也是 17 世纪后半叶的专题著作中很耀眼的一部分。卜弥格创造了好几个第一,他的《中国植物志》(1656, *Flora Sinensis*)列举了中国南方和东南亚的植物 20 种,奇异动物数种,附图 23 幅,虽然刻工粗糙,却是第一部向欧洲介绍东亚和东南亚大自然生物的著作(该书完稿当在 1653—1655 年之间),虽说名叫"植物志",书中其实还有许多篇幅介绍动物,并且画了绿毛龟、蛇、松鼠等动物图案。这么做的原因很简单,卜弥格利用的原始中文或者满文资料乃是中医药典类的著作。比如蛇胆、麝香都是可以入药的。此外,卜弥格在书中还不忘指明,有几种植物是 16 世纪自美洲传入后方才在中国南方栽培。《中国植物志》与他的《中医》一道成为后来欧洲人经常参考或引用的名著。

卜弥格《中医》其实一直都没有正式出版,但是,基歇尔《中国图说》(1667, *China Illustrata*)早就提到此书,因为卜弥格交给柏应理的该书手稿散佚,它以《中医的秘密》(1671)、《中医大典》(1682, *Specimen medicainae sinicae*)、《中医脉诀》

(1686，*Clavis medica ad Chinarum doctrinam de pulsibus*，有人翻译成"医学的钥匙")等书名出版,其实原稿都是来自卜弥格的《中医》手稿,内容包括从汉文书籍翻译的脉诊、辨舌苔及五行论病症之类。《中国的使臣——卜弥格》一书的作者根据伦敦不列颠图书馆的藏本《中医大典》(包括《中医的秘密》《中医脉诀》)介绍了卜弥格在向西方介绍中医方面的贡献。《中医》第一卷(第1—48页)是翻译魏晋著名医家王叔和(210—280)的《脉经》,王叔和担任过曹魏的太医令,也是张仲景《伤寒杂病论》的编辑整理者。第二卷介绍了中医的处方。这一部分卜弥格专门给它取了一个名字,叫《中医处方大全》,54页,单独编写页码,包括《王叔和分析脉搏和治疗方法的原则》《中国人的医用药典》,介绍了289味中药的用法。第三卷是多篇文章的汇编,其中包括卜弥格写的《人为什么会有生命和健康》,介绍中医的基本概念和宗旨①。第四卷则包括一篇题为《从舌头的外表和颜色诊断疾病》的文章和37幅有关舌苔及其所反映病症的插图②。

德国汉学家福克斯(Walter Fuchs,1902—1979)曾经深入研究过卜弥格一部未刊的《中国地图册》,过去人们主要关注卜弥格对于中国医学的介绍,于此较少关注。地图册原本还有丰富的说明文字,如今的遗稿中这部分内容大多散佚,仅有少部分保留在目录和部分章节中。福克斯认为,这是最早向西方世界介绍的详尽的中国地图册,价值不亚于卫匡国的中国地图册,两本地图册产生于同一个时期③。

4. 论辩与经典：与礼仪之争直接相关

礼仪之争延续百年,深刻影响了17—18世纪天主教在华传播的历史,也影响了同一时期的中西关系,与此相应,在华耶稣会士的著作中有很大一批是围绕着礼仪之争而写作。我们可以把它们分为三类：一类是直接的辩护性作品,一类是由讨论中国礼仪延伸出的中国经典研究,一类是中国典籍的西文译著④。

根据费赖之(Le P. Louis Pfister)《在华耶稣会士列传及书目》所提供的耶稣会士著作目录,礼仪之争期间计有30位耶稣会士写下有关该问题的专著、论文或书信约56件。活动于礼仪之争时期的对当时或以后的中国研究产生相当影响的人物大多在此列,如艾儒略、熊三拔、龙华民、曾德昭、汤若望、殷铎泽、

---

① 王叔和(王叔为复姓,单名一个和字)颇好修身养生之术,像王叔和这样的魏晋医家无不讲养生。我怀疑卜弥格于中医译介著作中讨论过生命的意义,这也是全面介绍中医学的一部分。
② [波]爱德华·卡伊丹斯基：《中国的使臣——卜弥格》第二十章、第二十一章,张振辉译,郑州：大象出版社,2001年,第248—279页。
③ [波]爱德华·卡伊丹斯基：《中国的使臣——卜弥格》,张振辉译,第180—182页。
④ 关于礼仪之争与中国经籍西传的详细讨论,参见张国刚、吴莉苇：《礼仪之争对中国经籍西传的影响》,《中国社会科学》2003年第4期。

柏应理、白晋、李明、卫方济、刘应、马若瑟（Joseph Marie de Prémare, 1666—1736）。由此，在华耶稣会士参与礼仪争论的广度和深度可见一斑。从刊布情况来看，大多数著作得以在礼仪之争的当时发表，而且也没有某人的著作被特别禁止的迹象，包括提交教宗的上诉报告事后也可发表，反映出礼仪之争在相当长时期内是一个可公开讨论的、开放性的话题。

耶稣会士在讨论礼仪问题时常常援引中国古代经典为证，因为利玛窦判定中国礼仪性质的基础之一就是中国古籍中的记载，后来的耶稣会士们也大体恪守这一点。因此，作为礼仪辩论中的辅助文本，耶稣会士们也经常向欧洲介绍中国经典的内容，根据费赖之提供的书目，17世纪、18世纪共有17位在华耶稣会士留下34部这类著作，内容上显然以四书五经为核心，尤其是"孔子传"这个题材被人翻来覆去地写。从对孔子的热忱中也可看出耶稣会士传教策略和礼仪问题立场的基本线条，他们首先描绘孔子是人不是神，是卓越的哲学家和教育家，一生执着追求并宣讲道德修养且身体力行，故在中国享有盛誉；接着标榜孔子所创立的儒家的道德规范是常人可实践的，与政治、现实紧密相连；不仅如此，孔子还倡导恢复了古代中国人尊崇一个至高无上之天的宗教，以此为基础的儒教礼仪简朴崇高；儒教在华占统治地位，佛道均属异端，而宋代发展出的理学一派在注经中违反孔子原意，具有无神论倾向，只有注重典籍研究的那一派才是儒教正宗。

为了让欧洲读者理解并相信他们所阐释的中国经典的真义，在华耶稣会士们花了很大力气翻译中国典籍。17世纪初至18世纪末在华耶稣会士从事过这项活动的人中至少有15人的作品都是完成于礼仪之争时期。在这些译作中，儒家经典远多于非儒家经典，儒家经典中也有重点和非重点之分。《书经》是礼仪之争中被引用频率最高的古籍，也是耶稣会士最为重视的经典，所以五经中它的译作版本最多，刊行的也最多。《易经》则因长期被耶稣会士主流看作是迷信作品，故而虽有3部译作，却都没有机会刊行，它的翻译还主要是出自在华耶稣会士的"异端"索隐派之手。《礼记》也被认为有不少迷信内容，所以3部译作都未能出版。在所有的翻译作品中，耶稣会士最喜欢读、也最喜欢向欧洲人推荐的是世传由孔子书写、最能体现儒学思想的四书中除《孟子》之外的另外三部。推崇四书有受礼仪之争推动的一面，这与热心写孔子传的原因类似，但也有不受礼仪之争这一具体事件干扰的因素，因为四书是中国文人的入门读物和基本学习对象，耶稣会士想与士大夫打成一片当然也得先接受四书。所以还在利玛窦之时就确定以四书为基础教程，指导新来耶稣会士学习中国文言和正确文体。出于这种教学目的，翻译四书成为必不可少的工作，一代代传教士又

柏应理《中国哲学家孔子》

总想进一步完善译本,所以四书的翻译工作从 16 世纪末一直持续到 18 世纪晚期。

罗明坚是最早翻译四书的人,其中《大学》的部分章节 1593 年首次在欧洲刊行,但并未引起多大注意①。集众人之力于 1662—1669 年间在建昌、广州和果阿陆续出版的《大学》《中庸》《论语》是首个完整出版的译本,依据张居正的注疏本翻译,参与翻译的耶稣会士有 17 人。这个译本后来由柏应理带往欧洲,附以其他内容,题名"中国哲学家孔子"(初版于 1685 年)1688 年于巴黎用法文新版,加上了他撰写的序言,并附上了一个《中国年表》,立时在欧洲名声大噪②。

柏应理刊行的这部书是耶稣会士论述中国人思想的第一部出版专著,又值礼仪之争已引起欧洲关注之时面世,当然为许多对中国感兴趣的人注意。但四书第一个包括《孟子》在内的完整译本出自卫方济,即他 1711 年在布拉格出版的拉丁文本《中国典籍六种》,除四书外还包括《孝经》《小学》。卫方济译本的

---

① 关于罗明坚翻译《大学》的相关内容,参见张西平:《儒学西传欧洲研究导论》,北京:北京大学出版社,2016 年,第 11—22 页。
② [美]孟德卫:《奇异的国度:耶稣会适应政策及汉学的起源》,陈怡译,郑州:大象出版社,2010 年,第 267—328 页。

学术价值得到后世汉学家充分肯定,但在当时无法取代柏应理推出的那个版本。

耶稣会士对中国经典的介绍和翻译虽然大体上是从属于礼仪之争的,但这些著作对欧洲的影响大大超出礼仪之争的范围,成为欧洲人接触并了解中国宗教、思想和历史的重要依据,对于18世纪晚期开始的汉学研究更有不可估量的价值。

5. 耶稣会士著作里的中国形象

耶稣会士关于中国的基本形象其实是由17世纪的书信和专著刻画,并通过它们日趋成熟,18世纪前半叶的著作主要是对这样一种形象的维护:民丰物阜、文化悠久、制度先进、人民有着适于接受基督教的纯良天性和自然理性。

17世纪前半叶,所有的欧洲观察家都被中国的辽阔地域和众多人口所震慑,他们总是提到中国的一个省就相当于欧洲的一个王国那么大。比国土辽阔更令欧洲人惊愕的是中国的稠密人口,比如庞迪我称仅北京的人口就比欧洲四大主要城市的总和还多,卫匡国则感觉整个国家就像一座被长城和大海环绕的巨大城市,他估计中国的实际人口达两亿之多。17世纪的耶稣会士作家们对中国的自然资源都有深刻印象,他们不断用最好的词语描述中国的财富、产品、手艺和商业,这一切使中国看起来是地球上最令人向往的国度。卜弥格甚至评价中国是世界的缩影,因为它包括了地球上其他有人居住地区的一切最美丽的事物。

在来华耶稣会士的笔下,中国与其他传教区显著的不同在于,这是一块开化很早并具有高度文明的土地,它不仅物质条件优裕而且精神生活丰富。这一认识是耶稣会士坚持在顺应中国文化的前提下缓慢渗透中国的重要前提。耶稣会士对中国文化的综合评价是:中国人拥有古老的科学成就,尤其是数学和天文学;中国人拥有独立发展且历史悠久的文学和艺术,以具有象形文字特征的汉字、精确记录了四千多年连续历史的编年史书以及种类丰富、数量庞大的古代典籍为代表;中国教育普及,人们普遍知书识礼,孩子7岁左右就开始启蒙教育,所以几乎每个人都识字,而且这个国家拥有八千到一万的人文科学学士(秀才),每年会诞生三百多名博士(进士),中国人对知识权威和学问的尊敬也堪称举世无双;中国有高度发达的道德哲学和以此为基础的优良政治制度。

从门多萨提出中国是地球上治理得最好的土地开始,所有17世纪描述中国的文章都非常关注中国的政府和行政管理,耶稣会士更是其中主力。他们首先被构成中国政治核心的皇帝的绝对权力和代表性人格所吸引并大力渲染之,结果中国皇帝在欧洲人心中的主导印象是,他身上汇集了构成一位正人君子和贤明君主的一切品质。耶稣会士们同时注意到皇帝的权力事实上是受限制的，而这反映出文官系统在国家行政管理中的重要性，也使得中国的君主专制制度成为"温和型"的。所以他们详细介绍了六部的官员和职能，并对监察系统格外感兴趣且都以积极姿态描述，因为在西方政府中没有可对应的部门。六科给事中和监察御史们负责监察宫廷和全国的法律与风俗是否正确，并判断官员们是否公正诚实地行使职责，百姓是否安分守己，甚至可以指摘皇帝的过失，这在耶稣会士们看来是中国政体良好运转的独特而重要的保障。选拔官吏的科举制作为文官政治系统的重要基础也受到耶稣会士高度重视，他们详细介绍科举制的过程和秀才、举人、进士的三级升迁方式，并称赞这种制度可以督促年轻人学习并选拔出合格的官员。有关中国科举制的内容早在16世纪末就引起不少欧洲人的兴趣，认为这集中体现了中国重视以学问选拔人才和行政管理思想先进。总之，在诸多欧洲观察家眼里，中国是一个由西方人称为哲学家的文人学者阶层井然有序地管理着的国家，令他们景仰羡慕不已。

在耶稣会士的笔下，这样一个值得称道的政治结构是以儒家道德和政治哲学为依据的，无论皇帝还是文官，行事都以儒家伦理为指导。使欧洲人由对中国政治制度感兴趣而进入到对儒家伦理感兴趣，这恐怕才是礼仪之争背景下的耶稣会士们更期望的结果。无论是渲染中国文化的悠久，还是强调中国的制度成就，都是为全面引进儒学做铺垫。耶稣会士早已敏锐地认识到儒学在中国文化系统中的基础性地位，也知道天主教能否顺利传播关键在于处理好与儒学的关系，因此他们一方面要发展出让中国士人能接受的附儒补儒之法，一方面还要让欧洲的赞助者和教会上级们按照他们的意愿来理解和赞同儒学，尤其是要欧洲人认识到，儒学是一种可与天主教抗衡的道德、哲学、政治、宗教合一的体系。耶稣会士们的策略是，据古儒经典论证中国人从始至今都是信仰人格化上帝的唯灵论者，这是中国人接受天主教的潜在优势；虽然儒学在漫长的发展过程中神性的内容逐渐隐藏，但它以道德修养为要旨，所以中国人的道德如宗教般纯洁，这正是在中国传播福音的适宜条件。而当礼仪之争威胁到他们的理想蓝图时，大力介绍与阐发儒学更成为他们的重要任务。在这方面的基本观点是：儒学当以孔子时代的为正宗，宋明理学是受到佛道影响之后对孔子儒学的歪曲；作为孔子儒学源头的五经尤其是《书经》中包含着一种符合基督教教义的原始宗教，其中受人崇拜的"天"或"上帝"的品质正符合基督教之神的品质，可见中国人从源头起就敬畏和尊崇宇宙之主并按照铭刻心中的自然法原则生活。所以中国人并不缺少美好的天性，所缺的是像天主教世界那样明白清楚的关于上帝的知识，而一旦领受到传教士的福音教诲，他们就能排除多年来佛道和理学的不良影响,复兴古代教义。

其实,耶稣会士们虽然倾向于描写中国文明尤其是中国政府的理想状况,有意较少刻画实际上不那么令人愉快的政治现实,但他们的著作中还是透露出一些不尽如人意的状况。他们普遍注意到中国人从未在深奥的科学领域取得伟大成就,并且从中国人的性格和过于重视道德哲学的社会文化取向等方面来分析原因。耶稣会士几乎都不欣赏中国音乐,认为那只是嘈杂刺耳的声音,节拍单调,没有乐符,不懂得使用键盘式乐器。17世纪的耶稣会士在努力强调中国人天生美德的同时,也暴露出中国人行为与品格中的不少阴暗面,如卖孩子、溺婴、阉割孩子,穷人中自杀现象普遍,自视文化悠久而自大排外,商人奸猾狡诈。有的传教士还指出监察官员们常常缺乏公道。此外,耶稣会士们对中国的基本法律意见不一,例如龙华民认为中国有良好的法律和政府;庞迪我则注意到中国没有成文法典,判案严重依赖官员们的个人智慧;曾德昭比较准确地指出中国的法律体系包括古老的风俗仪式和从儒家道德衍生出的国家律法两个部分,说明了中国法律的道德性基础。他们对中国审判体系的总体评价各异,有人认为中国的审判很残暴,有人认为很散漫,但都注意到绝大多数官员不愿给罪犯定死刑,且原因是怕留下坏名声而影响升迁;另一方面,官员们却喜好杖刑,很多人还在审讯期间就死于杖下。

耶稣会士们对中国的个人态度其实是充满矛盾的,对中国了解越多,这种矛盾就越深,但作为一个群体,他们的一致倾向是表现中国悠久和发达的文化以及中国人道德高尚,这是他们开展知识传教的基础。中国人奉行修身、齐家、治国、平天下的哲学,耶稣会士意识到中国文化自一开始就是以寻求一条至治之道为主要目的,中国的书籍充斥着关于良好政体和政治的论述,究心中国文化的人不能不花费大量笔墨论述中国的制度,而中国君主制政体所体现的理想化图景与实践效果确实吸引了大多数耶稣会士,他们也希望这方面的内容使中国更能为欧洲人另眼相看。

三、18世纪中后期的英国游记文献

自18世纪初起,在华传教士因从事各种科学工作的缘故,报告内容就已较多涉及科学,18世纪中期以后因多种原因,在华耶稣会士无论叙述中国的科学还是人文,都呈现出学术性转向,不再像以前那样热心维护传教事业所需要的至善至美的中国形象。再加上有关中国知识的来源日渐丰富,前期耶稣会士塑造的中国形象在欧洲渐渐失去号召力,欧洲人对中国的看法也有了很大变化。

在颠覆耶稣会士中国形象方面,几部英国人的游记颇有力度。

1. 安森远征与《环球航行记》

1748年,一本名为《环球航行记》(A Voyage round the World, in the years 1740—44)的书在英国出版,此书记录英国海军准将安森男爵(Baron George Anson)1740—1744年间率舰队跨越大西洋、太平洋和印度洋环行世界的航程,最后几章介绍在澳门和广州的经历,并不时插入对中国的评论。这本书在18世纪极为畅销,甚至成为当时衡量最畅销著作的标准,截至1776年已有英文本和各种译本20个以上。此书之所以长期吸引18世纪的英国读者,一则因为它是海上探险的经典故事,再则因为它为英国势力在西班牙海外帝国进行扩张提供了合乎逻辑的辩解。此书的另一功能在于,因为处处驳斥耶稣会士的中国形象而修改了许多欧洲人对中国的判断。

安森于1742年11月至1743年4月停泊澳门,因为船只损坏和需要补给而向广州的中国官员提出申请,希望能获准雇人修船并购买所需物品。这期间经历了漫长的等待,领教了中国官方的拖沓作风,同时由于没有许可证,中国官方严格禁止他们购买任何货物或雇请中国人来干活。后来安森转去澳门装备,完毕后去马尼拉劫持了一艘来此贸易的西班牙大帆船,然后押着这艘船于7月14日驶入广州河口,以便补充给养,并躲避即将到来的飓风和等待季风。在这期间,他因为几件事与中国官府起了不小的争执。首先,他一再强调自己的船是英国皇家战舰,随行船只不从事贸易,应享有免税权,而中国的规定是凡来到皇帝港口的船只都必须为皇帝付税。其次,安森起初得到中方承诺,说广州将有人帮他准备远航所需的海上供应品,但直到9月底中国人也没有履约的意思。最后,安森初到广州河口时就要求拜访广州总督,总督却要他等到9月天凉之后,但一直到9月底仍无消息。结果,安森在10月13日闯入广州城,一边等待总督接见,一边亲自督促中国商人备货,后来碰巧帮忙扑灭了广州城的一次火灾,于是立刻受到总督善待,11月30日接见安森时当即为其免税、颁发离港许可证,甚至同意赔偿英国东印度公司一艘遭中国人偷盗的商船。这样安森在12月上旬志得意满地离开广州。

正是在这大半年里与澳门和广州的中国官府并不算愉快的正式来往中,安森深深感受到中国官员的官僚习气和欺软怕硬作风,安森还因为他的旗舰上一根中桅丢失事件而领教到中国地方官吏勾结盗匪、谋取私利的恶习,同时也观察到了普通中国人的许多不良习气,比如好偷窃、无诚信、在贸易中作假欺诈。这一切成为安森一行英国人评价中国的起点。耶稣会士所着意刻画的中国哲学家政府形象在安森眼里只是空洞无益的颂词,实情是,中国地方官腐败成性,

乔治·安森像

中国的法官诡计多端且贪赃枉法,中国官员不是运用法律的权威去遏制犯罪,而是利用国人天生的懦弱来剥削那些触犯法律的人,以求中饱私囊。耶稣会士们称中国人荟萃一切美好品质,力争做最人道和最仁慈的人,是其他民族效仿的模范,这在安森看来完全是神话。因为在与广州的官员、批发商和零售商的交往中,他对中国人性格中印象最深刻的就是逐利、欺诈和自私,他说在诡计、谎言以及一切与获取利益相关的手段方面,多数中国人独步天下,当这些才智结合起来运用于某一特定事件时,其方式经常让外国人目瞪口呆。安森还从一名军人的角度指出中国政府武力匮乏的巨大缺陷,他强行进入广州时发现,自己这一艘战舰的火力就强过驻扎广州的整个中国海军力量,他由此指责说一个不首先维护公众安全抑制外国势力渗入的政府体系肯定是最不健全的。虽然安森不可能从帝国制度的整体结构入手来分析中国政府弊端的根源,但应该承认,他对中国地方政府运转状况的实录与耶稣会士的理想图式相比有更真实、更深刻的一面。

《环球航行记》中还有一些对中国文学和艺术的批评,则未必是基于对中国实情的深刻洞察,而是出于文化的隔膜和与耶稣会士唱反调的目的,有关的材料可能有些正是来自耶稣会士的叙述。其实在安森之前也有些到过中国沿海的欧洲商人或军人批评中国政府和中国人,但礼仪之争被禁断之前,耶稣会士文献保持着传递中国知识之主渠道的地位,耶稣会士的声誉也使得他们的中国形象始终赢得人心,所以那些批评中国的意见经常被指斥为对中国缺乏了解。而这本《环球航行记》在攻击耶稣会士言论方面却显得很有力量,这与其说是一本书的力量,还不如说这本书生逢其时。18世纪中期,耶稣会士在礼仪之争中已彻底失势,他们在欧洲的政治和经济地位也因各种原因发生动摇,整个群体对欧洲社会的影响力开始走下坡路,同时欧洲各国在各方面都发生转折,包括英法两国的国内舆论因为一些与中国没什么关系的内部原因而开始强烈反对中国。《环球航行记》恰恰在这个转折时刻问世,其取向又顺应时代大潮,因而成为中国形象总体逆转过程中的第一座里程碑。

2. 1793年英国使团的笔记

《环球航行记》畅销的时期,欧洲的中国形象开始逆转。而当18世纪末有关英国马戛尔尼使团访华经历的各种作品纷纷面世时,中国的负面形象逐渐占据主导。马戛尔尼使团中有多人作了旅行笔记,使团返回英国的次年即1795年起,其中几份笔记陆续刊出,并且每本都成为畅销书,屡经重版并转译为其他文字在欧洲各国出版,在18世纪欧洲人对中国的兴趣近于消散的时刻又掀起一场小小的"中国热",但这已经不是耶稣会士所引导之"中国热"的延续,而是中国新形象的起点。这个新形象里的中国是一个物产依旧丰饶,但科技、生产力、制度乃至整个国力都停滞落后的国度。它促使欧洲对神州的幻想彻底破灭,对一块有利可图而又无力抵抗的土地的占有欲日益强烈。这些笔记的影响力一直持续到鸦片战争时期。

使团成员已出版的作品包括:旗舰"狮子号"大副安德逊(Aeneas Anderson)的笔记,副使斯当东汇集马戛尔尼、使团指挥官高厄(Frasmus Gower)爵士、他本人以及其他成员的文件和笔记而成的官方报告《英使谒见乾隆纪实》,马戛尔尼随行卫兵豪尔迈斯(Samuel Holmes)的笔记,使团事务总管巴罗(John Barrow)的笔记,它们都在18世纪、19世纪之交有众多版本。此外,还有一位非使团成员温特博塔姆(W. Winterbotham)根据使团成员的笔记手稿撰写了一篇出使报告,附于其《中华帝国历史、地理、哲学概观》(*An Historical , Geographical , and Philosophical view of the Chinese Empire*)之后于1795年出版。这么多出版物足见马戛尔尼访华事件在英国的反响。

从这些作品可以看到,英国人仍然与以前的各类欧洲旅行家一样,惊叹于中国山川富饶、风光秀美,但英国人更出于搜集商业情报的目的而对中国的农产品和农业生产状况处处留心。马戛尔尼又在返回广州的路上通过陪同的两位中国官员得到了中国人口统计数据、中国国家收入、中国的步兵数量(一百万)和骑兵数量(八十万)、士兵待遇等一系列关乎中国基本国情的数据。这样,使团一行已将中国的虚实探个大概。他们描述的这片富饶美丽的国土自然引起欧洲读者无限遐想,而同时他们又描绘了中国在制度、风俗、科学技术方面的落后和人民的贫穷愚昧,尤其是确认了中国的国防力量已难与欧洲较量,这样的强烈对比进一步刺激了欧洲人的征服欲望和殖民意识。英国人站在新兴资本主义强国的立场上,不分析中国各种弊病产生的原因,比如中国虽然富饶但人民却很贫困,这主要是因为人口稠密同时科技与生产力落后,导致物质生产条件无法适应庞大的人口数量。英国人对中国的制度有褒有贬,比如赞赏中国的家族互助风气、科举选拔制度和政府的备荒方针,但也敏锐地注意到中国的良好制度在实际执行中总会缺乏效率,因为各项制度或政策在根本上是着眼于维护皇帝的专制统治,而不是以民生为首要目标;中国的法制体系同样因为服从于专制统治而非常不合理。生产力落后、生活水平低下、长期屈服于专制统治,受这一切影响的中国人的性格、习俗当然也有很多让英国人无法接受之处,

肥胖、自负的清朝皇帝傲慢无礼地接见马戛尔尼一行。英国漫画家 James Gillray 的这幅充满讽刺意味的漫画表明欧洲人曾经仰视的"神州"正悄然褪色

比如说中国人不讲卫生、食物粗糙,普遍无知、懦弱、极其顽固、重男轻女,讲求表面道德、实际上虚伪自私狡诈。英国人对中国人的祭祀与礼神习俗也有较多介绍,但他们并没有像以前的天主教徒那样视之为邪恶并表示厌憎,反而把某些细节同西方古代宗教相比较而抱以同情的理解,这体现出欧洲进入近代社会以后,尤其是新教徒群体宗教观和文化观都发生了变化。

斯当东在他的书中分析说:"中国的邻近小国确实各方面都比中国落后,这是他们对待外人目空一切、高傲自大的根源。在蒙古人入主中国之前,欧洲人正处在黑暗时代,马哥孛罗彼时游到中国。当时中国文化正处在最高峰,比当时征服中国者以及同时期欧洲确是先进得多。但从此以后,中国文化即停滞不前,而欧洲文明,无论是技术知识和礼貌,都日新月异。欧洲人来到中国,他们不再像最初欧洲人写的游记上那么羡慕了。"[1]这段话无疑是英国人决心结束中欧关系史上一个旧时代的宣言和开始一个新时代的暗示。

四、未刊文献

值得一提的是,有一部分的耶稣会士或者各方使者对于中国的报告,尽管被送到了欧洲,但是因为没有及时出版,并未对欧洲知识界产生重要影响。类似的文献,在梵蒂冈或者欧洲其他国家的图书馆,并不鲜见。比如,葡萄牙阿儒达图书馆(Biblioteca da Ajuda)收藏的 61 卷本档案《耶稣会在亚洲》(*Jesuitas na Asia*),收入沙勿略到达日本后欧洲传教士在东亚传教活动的原始文献[2],葡萄牙传教士何大化(Antonio Gouvea,1582—1677)曾经在福州等地给欧洲发回 8 份"耶稣会士副省年信"。上述文献均未出版,在欧洲的影响十分有限。又比如,何大化在湖广传教期间,应傅汎际之命于 1641 年前后给葡萄牙国王写了《远方亚洲》(*Asia Extrema*),这是最早介绍中国传教情况的文献之一,但与曾德昭的《大中国志》(初版于 1642 年)名满天下、产生了广泛影响的际遇不同,《远方亚洲》躺在档案馆和图书馆里,一直没有出版,知道此书的欧洲人十分有限。何大化的《远方亚洲》很可能借鉴过曾德昭的《大中国志》,但是,也有其独创,比如该书第一卷正文前面的"汉语词汇释义"就是何大化自己整理的。全书共 8 章,每章又分若干节。全书内容包括两个部分:第一部分是一般的中国历史和现状的介绍,第二部分是耶稣会士传教事迹的记述[3]。从利玛窦以来,这种内容结构便形成了套路。

---

[1] [英]斯当东:《英使谒见乾隆纪实》,叶笃义译,上海:上海书店出版社,1997 年,第 489—490 页。
[2] 参见张西平:《交错的文化史——早期传教士汉学研究史稿》,北京:学苑出版社,2017 年,第 283 页。
[3] 参见董少新:《葡萄牙耶稣会士何大化在中国》,北京:社会科学文献出版社,2017 年,第 178—218 页。

第二十八章　中国形象与启蒙时代

　　17世纪中叶到18世纪末叶是欧洲历史上的"启蒙时代",这个时代同晚明前清以天主教传教士为主要媒介的中欧交往在时间上大致吻合,也正因为如此,造就了中国与欧洲在精神上的第一次深刻碰撞。从上一节的叙述可以知道,来华的各类旅行者都向欧洲读者呈现出一个富饶、美丽、强大的中国形象,而耶稣会士的著作更进一步介绍了中国的历史、地理、宗教、儒学、制度。那个富丽的中国形象令所有欧洲人都对美好生活产生向往之情,而被耶稣会士刻意雕琢过的中国文化意象则令启蒙时代的旗手们找到了行动的指南。于是一个走向近代文明的欧洲同一个被耶稣会士有意远古化了的中国产生共鸣,仿佛一次时空交错之旅。而当欧洲借助中国肯定了自己的新面貌后,最终还是抛弃了中国。

一、耶稣会士的古代中国形象与教会权威的衰落

1. 中国古代编年史问题

　　自宗教改革以来,长期作为欧洲社会统治力量的教会已逐渐失势,整个社会被一股趋向世俗化的大潮暗中鼓荡。但总体而言,双方达成了妥协,教会和贵族虽然几近失去全部政治权力,却保留了大部分社会和经济特权,这种妥协有助于社会团结和稳定,因而能为各方接受,18世纪初欧洲各国的社会结构都表现了这一特点。教会是国家温驯的助手而非敌人,故而直到1740年以前,宗教依然是欧洲社会的核心话题,所有思想讨论往往都要在是否具有基督教意义上之合理性的背景下进行。

　　与此同时,耶稣会士们为了维护自身传教政策和为礼仪之争辩护,介绍中国时常常突出强调古代中国与基督教的种种吻合之处,即古代儒学可视为一种原始基督教,而属于无神论的当代理学是被污染后的变体并遭到儒学正统摈弃;因此,古老的中国文化是圣经传统的一支,中国人保存了从挪亚方舟上带来的古老教义,后世中国人虽然没有明确的基督教教义指导,却能够在儒家道德的指引下在个人修养和社会管理上达到近乎完美的程度;此外,中国的象形文

字也表明中国人有着与埃及人甚至犹太人十分接近的历史起源,与上帝十分接近,甚至一些中国古文字中就蕴含着上帝的教诲。

耶稣会士的这种言论除了服务于其自身的传教政策,也迎合着17世纪欧洲知识界普遍的崇古风尚,一个民族的历史越接近基督教世界公认的新人类之祖挪亚,这个民族越被认为接近上帝的真理,也就越受尊敬。这种殊荣长期以来为犹太人独享,而耶稣会士们力图赋予中国人以接近犹太人的地位,希望中国文化赢得欧洲人的尊敬与同情。耶稣会士们一点也没有要动摇圣经传统的意思,他们相信中国人的古老传统有助于捍卫圣经的教诲,会在17世纪已经露出端倪的圣经编年史真实性的争论中充当有力的支持性证据。

中国古代编年史问题,包括中国这块土地究竟何时开始有人定居,中国作为一个国家何时形成,其君主政体何时确立等,附带也涉及中国人的民族起源问题。启蒙时代的欧洲人关注这个问题不是出于对中国历史的学术兴趣,而是出于捍卫宗教真理之需要。在华耶稣会士为了让欧洲同胞折服于中国的历史和文明不遗余力地追溯中国文明起源的确切时间,并将其定位在基督诞生前2952年左右,卫匡国1658年出版的《中国上古史》一书奠定了欧洲人认识中国历史起源问题的基础。另一方面,当时欧洲的知识观念仍束缚于圣经体系之下,就人类历史的长度而言,主流观点认为大洪水以来形成的世界总共有四千多年历史,而大洪水后形成的新人类历史的开端时间大约在基督诞生前的2400多年。两相比较,耶稣会士介绍的中国历史似乎成为对圣经编年史的一个重大挑战。

不过在欧洲学者中间,圣经编年史的开端其实并无定论,根据不同版本和不同计算法,世界被创造的时间至少有两百种说法,从公元前3483年到公元前6934年均有提及,人类被创造的时间则从公元前4000年上溯到公元前5199年。在华耶稣会士无意于颠覆圣经传统,他们是在接受世界有较长历史、人类起源时间早于欧洲通行观点的前提下接受中国古老历史的,这么做的目的是为了避免因质疑或否定中国史书而引起中国人的反感甚至仇视,与对中国礼仪的态度一样有权宜性考虑因素在内。然而当卫匡国将原本仅限于中国传教区的问题在欧洲公示后,一场持续百年的争论就不可避免了。

卫匡国不仅公开了在华耶稣会士们讨论中国编年史开端的成果,还指责欧洲流行的时间计算法错误,顿时令欧洲哗然。敏感人士立刻意识到,这个问题不仅仅涉及圣经版本的真伪,而且稍有不慎就会被异端分子用来攻击圣经所记载的人类起源故事。因此,既然中国史书的权威性有尊敬的耶稣会士们担保而难以否认,那么当务之急就是设法调和中国编年史和圣经编年史这两套年代体系,

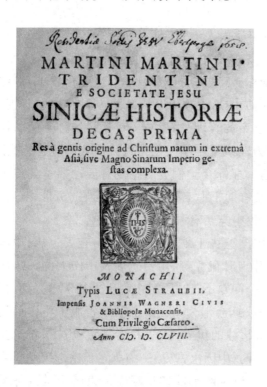

卫匡国《中国上古史》

"调和"便成为17世纪后半叶欧洲学者们研究中国编年史的基本态度。最早试图调和中国编年史与圣经编年史的大概要算荷兰流亡学者沃西悠斯（Isaac Vossius），他因为攻击希伯来文本圣经而被视为不信教者,因为希伯来文本是当时罗马教会的钦定版本《通俗拉丁文本》(The Vulgate)的前身。沃西悠斯1659年在海牙出版《论世界的寿命》，指出希伯来文本中的传统圣经年代体系不准确，主张以基于希腊文《七十子译本》(The Septuagint)的较长年代体系来取代它，此版本历史更悠久，也是东部教会的钦定版本。他以卫匡国的《中国上古史》为依据,论证中国编年体系与《七十子译本》体系彼此印证，是证明该版本正确的又一证据。其实关于《七十子译本》权威性的论争由来已久,但在这场论争中，沃西悠斯是第一个以中国编年史为证据来维护《七十子译本》的人。他之后,将中国编年史作为这场论争论据的依然时有出现。不过其中一些人虽赞同使用《七十子译本》，却敏锐地意识到中国编年史与圣经编年史之间的冲突,故而希望通过采用《七十子译本》来消除不和谐的声音,初衷与在华耶稣会颇为类似。也有一部分人在提倡《七十子译本》的同时,不愿真正放弃《通俗拉丁文本》，试图找出两个版本间的关联性。

在调和中国编年史与圣经编年史的过程中,并不是所有人都愿意采用诸如《七十子译本》这样的非钦定版本来解决问题,甚至有人认为只是对圣经各版本

杜赫德《中华帝国全志》中的孔子像

进行年代调和是不够的。然而耶稣会士保证的中国编年史似乎又是不可否认的。在此情形下，很多人选择用神话阐释中国历史，即将中国史书中关于上古帝王的记载视同神话，把中国上古帝王理解为《旧约》中被歪曲的族长们。这种做法非常流行，一直到18世纪后半叶都还有人热衷于此道。他们把中国古代帝王同《旧约》族长相联系和确认的方法大致有这样几种：第一，在中国名字的西文拼音和希伯来名字间寻找联系；第二，从中国汉字中发现意义；第三，从中国文化英雄们的事迹和生平联想到摩西律法书中族长们的成就；第四，从生活时代入手。这些方法在本质上都是基于一点蛛丝马迹而生硬牵合，从事这些工作的人多数不谙中文或只识皮毛，且同样不懂希伯来文，但他们却相信这种方法能够在维护圣经编年史权威的前提下完美地解释中国历史的起源。事实上，卫匡国的《中国上古史》带来的唯一显见结果就是令欧洲宗教界内部关于圣经版本的权威性之争愈演愈烈。

除了众多欧洲本土学者对中国编年史与圣经编年史之关系越来越感兴趣之外，卫匡国之后的在华耶稣会士们也积极参与讨论，有关著作层出不穷，比如柏应理的《中国帝王年表》、安文思的《中国新史》、李明的《中国近事报道》、宋君荣（Antoine Gaubil，1689—1759）的《中国年代纪》、冯秉正的《中国通史》、巴多明一篇被杜赫德收入《中华帝国全志》的中国史译著等等。在这些著作中，尽管也有直接捍卫卫匡国的,但更多的是试图缓解由卫匡国著作那种不容置疑的语气所造成的紧张局面。卫匡国之后的耶稣会士对中国历史的普遍态度是:第一,承认它古老;第二,以《七十子译本》的年代体系为基础来调和中国编年史与圣经编年史;第三,在前两点的基础上尽量缩短中国历史的开端,认为尧时代才是可信的开端,尧以前只是记载了一些不属于历史的传说,并基本上赞同中国历史开始于大洪水之后两百年左右。耶稣会士始终坚持中国历史悠久,这是为了塑造一个能配合传教策略的中国形象;而他们在中国历史开端问题上一再退缩,主要是受到欧洲有关这一问题争论的影响。毕竟在华耶稣会士介绍中国的目的是希望增进欧洲人对中国的兴趣和感情,如果因为坚持卫匡国的最初论调而冒犯欧洲的主流观点甚至威胁到他们所忠心捍卫之教会的权威,则将无助于甚至损害他们的事业。

在调和中国编年史与圣经编年史的漫长历程中,渐渐有人不满足于耶稣会士的承诺而开始挑剔中国史料的可信度。对中国史料的怀疑由于中国历史上大规模的焚书事件屡屡发生而显得理所当然,尤其是秦始皇焚书事件,关系到中国人那些涉及秦朝以前历史的记载究竟来自何处、是否可靠。其实早在1659年,一个叫舒克(Martin Shook)的人就根据卫匡国书中提到的秦始皇焚书事件质疑中国编年史书的可信度,但这个问题长期不为人关注,前文所提种种调和之举都是以相信中国史书记载的史料基本真实为前提。到了17世纪末,才有更多人对此疑点相继发问,并且除秦始皇焚书外又有人发现了关于中国历史的另一个极为可疑的地方,那就是其他民族的古代文献中从未提到过这个古老、强大和文明的国家。但是支持这一疑问的基本逻辑仍然是圣经式的,如英国历史学家托马斯·伯内特(Thomas Burnet,1635—1715)主教所称,中国文化必然是塑造了人类智慧的共同源泉的一个分支,应与同时代的其他文化有所往来,并在那些民族的文献中有所反映。既然看不到其他古代民族的文献有对中国的记载,又不能想象中国人的起源与其他人类即挪亚子孙们不同,只能推出是因为中国不够古老,所以不曾出现在古代民族的记载中。

批评中国古代历史及相关材料的动机因人而异:有些人是在顽强捍卫关于古代历史和编年史的传统观点,有些人是因为对耶稣会士及在华传教区持敌对立场,有些人则是出于对中国历史真实性的信任,还有些人是希望理解中国历史并弄清它同圣经历史的真实关系。不管初始动机怎样,17世纪末期开始欧洲人试图通过可靠的事实基础来评价中国的编年史,这与此前相比是一种进步。它表明怀疑精神、批评原则和事实概念在17世纪后半叶逐步发展,在这一过程中被质疑的不只是来自中国的传闻,还有圣经自身的权威性。18世纪上半叶的法国著名人文学者弗莱雷(Nicolas Fréret,1688—1749)就是在欧洲知识界这股日渐浓厚的批评风气下,在宋君荣、冯秉正、巴多明等在华耶稣会士的帮助下,于1730年代以非宗教的方法论令人信服地论证了中国历史的古老性。虽然他否定了中国信史开始于公元前2952年,而认为从公元前2500年左右开始的中国历史是可靠的,但这个时间是经过严密论证得来的,无法轻易撼动。而且这项证明意味着两个事实:第一,中国历史的古老性经得起严格的科学论证;第二,被证明了的中国古老历史与圣经编年史有冲突。弗莱雷明确放弃了中国编年史与圣经编年史之间可以调和的念头,他虽然没有明说,但事实上已经否认了《圣经·创世记》关于大洪水挪亚方舟到人类大分散这一时期是全人类之历史开端的说法。那么接下去的问题就是,圣经编年史究竟能否被证明,究竟是否具有人们在过去漫长岁月里所笃信的那种权威性。

弗莱雷不再触及这个敏感的宗教问题,但随后伏尔泰等启蒙运动旗手们却充分运用中国编年史这个已被证明为可信的新证据,配合其他人类古老文明的证据,猛烈批驳教会关于人类起源的说教。1738—1770年间伏尔泰在多处论及中国历史,并坚持世界历史是从中国开始的,而不是从《旧约》中的犹太人开始的。伏尔泰捍卫中国历史的激情体现了他打击教会和圣经权威并树立人类理性之统治地位的理想。伏尔泰之后,中国编年史与圣经编年史之关系不再是欧洲学者的重要论题,知识界大体上将视野转向对人类历史的客观研究,而不像从前那样关注圣经中的神圣历史。同时,对中国历史的研究并未随着教会权威的瓦解就此终结,而是以弗莱雷为开端,转向了对中国历史的学术性研究,因此,弗莱雷被视作法国汉学乃至欧洲汉学的重要奠基人[①]。

2. 中国语言文字观念的变迁

17世纪的欧洲知识界因为在华耶稣会士的介绍而对中国语言文字表现出浓厚兴趣,但他们研究中文的目的与方向都表现出圣经导向,同对中国上古编年史的兴趣很相像。对耶稣会士来说,学习中文是他们展开传教工作的前提,所以每个来华耶稣会士都会对中文有一定的了解和认识,对中文的介绍成为他们著作中最常见的内容之一。来华耶稣会士中,罗明坚最早刻苦地学习汉语[②]。长期的学习实践使得耶稣会士在介绍中国语言文字时,有与欧洲研究者

[①] 关于中国古代编年史问题的讨论参见吴莉苇:《当诺亚方舟遭遇伏羲神农:启蒙时代欧洲的中国上古史论争》,北京:中国人民大学出版社,2005年。

[②] 关于在华耶稣会士初来中国刻苦学习汉语的情况,参见[美]柏理安:《东方之旅:1579—1724耶稣会传教团在中国》,毛瑞方译,南京:江苏人民出版社,2017年,第265—275页;又参见张西平:《交错的文化史——早期传教士汉学研究史稿》第六章、第八章。

不同的体会和感受。

　　耶稣会士对中国语言文字的介绍,就语言学方面而言基本没什么特别之处,同样是语音、语义规则、构词法、书面语和口语之分、方言与官话之分等。只是不同的人由于掌握中文的程度不同,对中文特点的评价有别:有人以为中文复杂难学,有人认为简单易学;有人指责它语音含糊,有人觉得它音调优美;有人赞美中文表述简洁,有人抱怨它语义模糊等等。利玛窦最先提出中国字的字形很像古埃及人的象形文字,曾德昭则率先推断出中国文字有圣经渊源,他说中国文字为伏羲所创造,已有 3 700 多年历史,而中国语言可能是巴比伦塔的 72 种语言之一。自此,中国文字是象形文字并与圣经中的记录有联系的观点不断为在华耶稣会士所强调,并成为他们向欧洲介绍中国语言时的重点;18 世纪中期以前,这个问题也一直是欧洲本土学者关注中国语言的核心问题。

　　17 世纪的欧洲学者对中国语言文字的看法可以分为两类:一类是认定从汉字中可以发现与上帝有关的深层含义,另一类则致力于借助汉字开展创造普遍语言的计划。而它们都与自然语言或原初语言的思想相关。象形文字在 17 世纪欧洲人眼里之所以重要,是因为它不只是一个交流工具,还是一个哲学难题。人们设想有一种能够最好地表达事物性质的语言,即自然语言。日常使用的语言被认为是因普通人错误使用言词而产生的人造的和腐化的语言,它们模糊了事物的秩序,因而是"不自然的"。这种观念实际上是圣经中巴别塔故事的延续,在这个故事中,上帝变乱了人类的语言,从此人类失去了上帝赐予的语言而代之以 72 种各不相通的鄙俗语言。不过,对于什么是自然语言,不同时期的欧洲人有不同设想,文艺复兴晚期的人文主义者试图构想一种以某些方式与亚当在伊甸园所说之语言和所命名之动物符号体系相联系的自然语言,17 世纪中期许多人则设想它是一种由"真正字符"构成的哲学语言,反映出世界上事物的本质和它们之间的联系。而在所有的自然语言设想中,埃及象形文字都因其古老而被认为是探索自然语言奥秘的最理想范本;正因为如此,当汉字被判定为埃及象形文字的近亲后,自然语言的支持者们便将视线转向汉字。

　　汉字之所以会被判定为象形文字,乃因 17 世纪在华耶稣会士和欧洲语言学爱好者们都遵守一个基本原则,即欧洲字母文字和古埃及象形文字是两大对立的文字体系,并且前者是高级阶段,后者是初级阶段,各民族文字都是从象形文字始而最终走到字母文字。以这种标准鉴别一种新文字的属性,其结果当然是非此即彼。他们不会想到也不会承认汉字体系的独立性,因为如果有这种独立性,就意味着中国文化有其独立性,这不符合人类都是挪亚子孙、一切文化都以希伯来文化为源头的古训。

在将汉字与上帝相关联的研究中,德国的耶稣会士学者、罗马公学教授基歇尔(Athanasius Kircher,1602—1680)于1667年在阿姆斯特丹出版以在华耶稣会士提供的资料为基础的《中国图说》,其中第六部分专门讨论中国文字同埃及文字的关系。基歇尔一向认为古代圣经世界体现在法老王的国度里,如今中国知识帮他巩固了这一理论,基歇尔证明中国古代的文字是原初文字的一支后裔,它经由埃及文字发展而来,或至少在后巴比伦时代受到埃及文字的影响。基歇尔的理论吸引了一大批人,17世纪后半叶几位著名的中文研究者如米勒(Andreas Müller,1630—1694)、约翰·韦伯(John Webb,1611—1672)和门泽尔(Christian Mentzel,1622—1701)都曾受益于基歇尔的著作,后两人在汉字的神秘意义上与基歇尔有类似看法,米勒和门泽尔对中文简易学习法"中文之钥"的摸索与基歇尔建立语言体系以简化语言学习方法的思想亦甚相合。直到18世纪后期,法兰西学院的德·梅兰、巴黎金石与美文学院的德经、在华法国耶稣会士韩国英等还都是中国人以及中国文字源出埃及论的坚定支持者。

将基歇尔有关中文是原初文字之后裔的理论进一步推演,就出现了在单个汉字中直接寻找基督教隐喻的研究,曾德昭和基歇尔都曾做过在汉字中找寻十字架的工作,但更典型的是17世纪勃兰登堡选帝侯的御医兼柏林选帝侯图书馆馆长的门泽尔和供职俄国圣彼得堡科学院的18世纪德国学者巴耶尔(Gottlieb Siegfried Bayer,1694—1738)。门泽尔从梅膺祚(1570—1615)《字汇》和中文发蒙读本《小儿论》中的一些汉字里发现了圣经关于创世和人类堕落故事的含糊指涉。他从这两份文献中看到对伏羲和女娲的描述,便把他们对应为亚当和夏娃,并通过对"娲"这个字进行象形化解释而在汉字中发现了亚当、夏娃的原罪。巴耶尔的研究以门泽尔的研究为基础,只是在细节上略有发挥。与门泽尔和巴耶尔不曾有过直接联系但对解析汉字所蕴涵之基督教奥义有同样爱好的还有18世纪在华耶稣会士中的索隐派。他们把在汉字中寻找基督教含义的工作系统化,并当作一项严肃事业全力以赴。索隐派的基本理论是,中国古书以隐喻方式包含着基督教真理,而证明这种理论的方法之一就是分析汉字。他们对汉字的一个基本看法是,它是天授之物,上帝所造。在此基础上,他们采用象征主义阐释法,力求从中国古象形文字中发现预言时代的遗迹,比如他们曾经从"公"字的古老写法"Δ"中看出"三位一体",从"船"字读出了挪亚洪水的故事,从"婪"字发现夏娃的原罪,从"羊"字和"羔"字知道了中国语言中保留着为拯救世界而被屠杀的纯洁羔羊这种意思。他们研究汉字的目的是要从中揭示

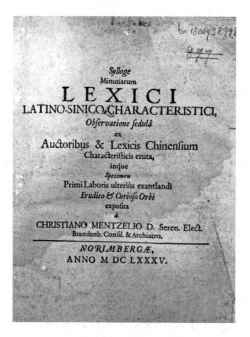
门泽尔《中拉字典》

梅膺祚《字汇》

出大洪水之前的记忆,证明中国人是挪亚子孙的传人,中国人的各种文化艺术中都保留着基督教的遗迹,这实际是对利玛窦嫁接基督教教义与中国文化之思路的进一步发展①。在华耶稣会士怕索隐派思想引起中国人的敌视而禁止他们的研究成果公开发表,而欧洲少数见识过这些成果的人则认为它们亵渎了圣经,所以这些成果少有人了解。

借助汉字来构造哲学性的自然语言——普遍语言,曾是17世纪英国语言学家乔治·达尔伽诺(George Dalgarno,约1619—1687)、威尔金斯(John Wilkins,1614—1672)以及德国著名学者莱布尼茨所致力之事。关于普遍性哲学语言的假设表面上与基歇尔的语言学认识有很大区别,但实质上都是确认一种原初语言并在此基础上建设一套相贯通的语言体系。达尔伽诺1661年出版《符号术,由此发展一种一般字符和哲学语言》(Ars signorum, vulgo character universalis et lingua philosophica),威尔金斯1668年向伦敦皇家学会提交论文《论一种天然字符和哲学语言》("Essay toward a Real Character and Philo-

---

① 关于米勒、门泽尔、巴耶尔的早期汉学研究,参见[丹]龙伯格:《汉学先驱巴耶尔》,王丽虹译,郑州:大象出版社,2017年,重点参考该书第二部分第4节"中国博览",第39—95页,巴耶尔本人的叙述;[美]孟德卫:《奇异的国度:耶稣会适应政策及汉学的起源》第七章"德国早期汉学家对'中文之钥'的寻找",陈怡译,第219—266页。

sophical Language")。他们的方案都可称为"人类思想字母表",给人类知识观念分类,并规定一套字母或表意符号,称为"天然字符",并使每个"天然字符"对应一种观念,然后通过字母的组合体现观念的复合。其中,威尔金斯"表意符号"的设定是受到汉字构成的启发,将单个字符组合成具有新含义的词,有着汉字偏旁部首与合成字的痕迹。这类方案还假设,读者可以通过每个"天然字符"所代表的意义分析或推导出单词的含义,但实际情况却很复杂。

　　莱布尼茨同样热衷于普遍语言的研究,终其一生他都在梦想构造一种普遍符号——用来书写真正的哲学的语言。莱布尼茨设想这种符号不仅可以方便不同民族间的交流,而且可以用来发现真理,解决各种思想上的疑难与争论。莱布尼茨的普遍语言设想突出强调了其逻辑性和数学性特点。莱布尼茨一生设计过多种普遍符号方案,早年是组合术方案,后来相继提出了形式算术、形式几何和形式代数三种方案,最终设想的是形式系统方案,前四个方案可以看作不完善的形式系统。至此他认识到,一个完善的形式系统不可能通过特征数(为每一个概念派定一个表示其内涵的数字)来建立。而汉字之所以吸引了他的注意是因为汉字系统可能存在一种可简约的内在规则,它可能是一种按照理性构造起来的形式系统,从而可以作为认识的工具和通用的观念符号。他最后与北京的索隐派耶稣会士白晋建立起通信联系,与白晋一起探讨,并把《易经》中体现二进制原理的卦视为他心目中的通用性观念符号,也是汉字的"钥匙"。然而莱布尼茨最终没有实现普遍符号的梦想,汉字的秘密对他来说始终是个谜。他后来虽然正确地认识到汉字是人为约定的符号并具有表意特征,但他又沉迷于关于数和符号的神秘主义观念,试图在玄学思辨中理解文字的性质,这同样未能成功。

　　哲学语言的理想本就是一种非历史性的假定,这种假定幻想语言是表达事物秩序的象征物,且这一秩序将自己自然地呈现给思想;即使不是天然存在一种其组成顺序能映照出自然结构的语言,也可以在了解自然秩序的基础上构造出一种模仿自然之交谈的哲学语言。这些哲学语言理想归根结底都摆脱不了神学思维的影响,即认为语言是上帝的思想的反映。但哲学语言理想完全忽视了语言在人类社会中的现实作用,忽视了语言的历史性特征,没有把"人"摆在语言研究的中心舞台上。语言学研究的这种状况在18世纪发生了重大改观,以17世纪的洛克(John Locke,1632—1704)为开端,18世纪的维柯(Giambattista Vico,1668—1744)、孔狄亚克(Étienne Bonnot de Condillac,1715—1780)、卢梭等人为代表的语言学研究从关注语言映射出的事物秩序转变为关注语言与世界的关系,学者们的注意力从探讨语言的神性起源转变为探讨其历史性起源。

在这个转变中，欧洲人对汉字的基本认识并没有改变，但汉字的语言学价值却发生逆转，从神恩宠眷之物跌落为低级文明的产物。大体而言，汉字仍被视为与埃及象形文字同属一类，但是既然象形文字是文字发展的初级阶段，中文只不过比埃及象形文字的发展阶段略高一点，因此与字母文字相比还很原始。这成为中国文明落后以及中国人不够聪明的证据之一。1720年代的维柯就持这种观点，后来附和者日渐增多，且以英国人为主。18世纪的欧洲人以他们自己时代的语言为判定优劣的准绳，体现出与前一个世纪截然不同的价值观。不过也有个别人虽然认为字母文字比象形文字高级，但对汉字并不那么苛刻，这种态度或许表明随着对中文研究的增多，人们开始在一定程度上摆脱了欧洲本位主义并能以比较客观的态度对待它。

二、确认中国位置的难题

17世纪的欧洲还发生过一场"契丹"是否是"中国"的讨论，直接原因是为了探讨马可·波罗书中描述的地方是否就是后来耶稣会士所到的地方，这在17世纪各种有关东方的地图和地理论著上时常可以见到，也成为在华耶稣会士们的一项重要任务。16世纪和17世纪上半叶的地理学家如格罗伊特（Greuter）、墨卡托、洪迪乌斯（Jodocus Hondius, 1597—1651）、威廉·布劳（William Blaeu, 1571—1638）在他们绘制的地图如著名的《墨卡托—洪迪乌斯地图集》中，都坚持把契丹和中国当成两个不同的国家，契丹被移到长城以北，马可·波罗所说的汗八里为其首都，位于长城以北西伯利亚的某个地方。因为这几位地理学家都没有接触过耶稣会士著作中提到的东方知识，仅以古代文献和马可·波罗的描述来构造地图。令人感到奇怪的是，耶稣会士通过大量的旅行笔记已经从地理学角度充分证明了"契丹"即为"中国"这一事实，欧洲人却依然很难接受这一点。原因在于，在那个时代这个问题不单单是地理认知的问题，而是同中国历史起源和文字内涵等问题一样对传统基督教观念构成挑战的问题[①]。

[①] 相关讨论参见吴莉苇：《欧洲人等级制世界地理观下的中国：兼论地图的思想史意义》，《中国社会科学》2007年第2期，第188—203页。1983年11月柏林普鲁斯文化遗产国家图书馆（Staatsbibliothek Preussischer Kulturbesitz Berlin）联合柏林地球学会、德国地理学会组织举办了一次"中国地图展"（China cartographica），以纪念李希霍芬诞辰150周年，展览后出版了一本展品目录资料（*China cartographica: chines. Kartenschartze und europaeische Forschungsdokumente ; Ausstellung der Staasbibliothek zum 150 Geburtstag des Chinaforschers Ferdinand von Richthofen*, Berlin, 1983）。吴莉苇博士当时参与了我主持的中德合作项目，前往柏林观摩了这批地图资料，并开展了卓越的研究，上文是其部分研究成果。

1. 约翰长老的传说

16世纪时,一些葡萄牙人和访问过福建的西班牙奥古斯丁会士拉达已经指出契丹和中国是指同一个地方,1602年已经立足中国的耶稣会士利玛窦和庞迪我也分别确认了这一点。但是由于在莫卧儿宫廷工作的传教士们坚持契丹是一个与中国不同的国家或地区,耶稣会士们决定通过探险活动来解决这个争端。服务于莫卧儿宫廷的耶稣会士鄂本笃(Benedict de Goes,1562—1607)在1603—1605年间的中国之行不仅是为了探索到中国的新道路,也肩负着考察"契丹"与"中国"之关系的任务,而他的结论同样是它们是同一个地方;至此,耶稣会士内部关于这一问题的争议才被彻底平息。但远在欧洲的人却很不容易被说服。1625年,英国著名游记文献编纂者珀切斯(Samuel Purchas,约1577—1626)编辑出版了四卷本国外游记集《朝圣》(*Pilgrimage*),文集虽然收录了庞迪我的信和利玛窦著作的大部分内容,但编纂者却依然倾向于认为元代忽必烈大汗和他的宫廷汗八里位于亚洲比较北面的地方,比耶稣会士提到的地方要靠北。他坚持认为那个地方没有供陌生人进入的通道,只是中国人的一个假说,因此,直到那时,存在许多争议的鞑靼国王们对欧洲人来说都还是雾里看花。帮助卫匡国出版《中国新地图集》的阿姆斯特丹制图家约翰·布劳在出版他自己的《大图集》时仍然坚持对一个单独的"契丹国"的描绘。17世纪中叶一位著名的法国制图家桑松(Nicholas Sanson,1600—1667)同样坚持契丹是中国北面的另一块地区,宁肯依据古希腊的传闻称"契丹"相当于*Seres*、"中国"相当于*Sinae*,也不愿接受耶稣会士的论断。另外,曾与卫匡国探讨中国编年史的荷兰东方学家格里乌斯(Jacobus Golius)首先急于从卫匡国处了解的也是这个问题,当然他被卫匡国说服了。自称发明了"中文之钥"的德国人米勒在1671年出版了一部三部曲,其中包括他整理的《马可·波罗游记》的手稿,从亚美尼亚文翻译过来的海屯的《东方史》(《海屯行纪》),以及他自己写的《契丹的位置》。《契丹的位置》中收录的一幅地图仍将契丹画在很北的地方,而契丹的首都汗八里则几乎被画在了西伯利亚的中心地带。《契丹的位置》这本书,堪称前人有关契丹地理位置诸多错误观点的集合。正是因为欧洲本土人对"契丹"与"中国"关系的问题的执着,才使得17世纪中期的许多在华耶稣会士如卜弥格、卫匡国、安文思在他们写给欧洲同胞的著作中不得不花费大量笔墨来论证"契丹"就是"中国"。

为什么欧洲人在这个问题上那么不愿承认耶稣会士的结论呢?这是因为这个问题所涉及的不仅仅是对不同时期、不同人的文本所指涉的某个地理区域的位置确认,也不仅仅是地理学家们的学术争议,这个问题的实质涉及基督徒一种根深蒂固的观念和信仰问题,所讨论的与其说是"中国"和"契丹"在哪里,不如说是"中国"与"契丹"的宗教属性。所以这个问题的起源就不只是马可·波罗那有关东方的深入人心的故事，还要追溯到欧洲人有关歌革和玛各的故事，以及约翰长老的传说。

在《圣经》中有关于黑暗力量的统治者歌革和玛各的故事。《旧约·以西结书》第38章、39章记载了歌革入侵以色列人的预言，说歌革是几个民族的王，将会在世界末日之时率领多国军兵自北方极处杀来，而耶和华将显示力量打败歌革并埋葬他。"玛各"被认为是歌革的居住地。《创世记》（10：2）提到"玛各"时也喻示了这是未来的地名。《圣经》中还提到雅弗的一个儿子叫玛各，由于雅弗诸子的后裔将各随自己的方言、宗族立国，这就意味着玛各之后裔将以"玛各"名其所居之地。《新约·启示录》第20章说歌革和玛各是臣服于撒旦、在世界末日时分召集各种邪恶力量作乱的人。歌革是什么人其实谁也不知道，但《以西结书》提到歌革和他的部队将从北方的极处前来，而且歌革的首要特征在于他是那场反对上帝子民的最后战争中邪恶力量的统治者。有这两点就使歌革和玛各不仅在后来诸多世纪的启示文学里占据一席之地，而且使一些想要确认歌革和玛各的人有了追寻和想象的线索。《圣经》中歌革和玛各的故事也被穆斯林继承，两个名字分别转化为 Yajuj / Yadjudj and Majuj / Madjudj，而且两个人（或人与土地）被转化成两个人数众多的民族，并且说他们生活于古代世界的东北方，对于他们南侵至以色列的攻击场景和他们所受到的惩罚也比《圣经》的描述更可怕。

13世纪、14世纪之交，一位伊比利亚人阿布尔菲达（Abulfeda）在其《地理学》中曾描述中国的北面是歌革和玛各之地，而他作品中与中国有关的内容受到阿拉伯文献影响，由这个例子我们可以知道至少中世纪晚期的时候已经有欧洲人根据《圣经》、穆斯林关于歌革和玛各位于极北或东北地带的描述，以及诸如《马可·波罗游记》之类的较新旅行报告，把歌革和玛各具象化，把他们同已有的地理知识结合起来①。与此同时他们也为歌革和玛各的属民找到了对应者，那就是居住在欧亚草原地带的鞑靼人。用"鞑靼人"来称呼分布于西亚、中亚和北亚的许多游牧部族是欧洲13世纪才有的发明。Tartar（鞑靼）原是古代一些游牧民族的部落名称，Tartarus则是希腊神话中的幽冥地府，13世纪当蒙古人横扫欧亚之时，一位英国编年史学家马修·帕里斯（Matthew Paris）怀着恐惧与憎恨之情创造性地把这两个词联系在一起，称这些蒙古人是"撒旦麾下令人

---

① 至晚成书于4世纪的欧西古（Oethicus）的《宇宙论》已经认为突厥人出于歌革和玛各两个种族，参见冯承钧译：《马可波罗行纪》，第37页，沙海昂注释[3]。

卫匡国《鞑靼战纪》

厌恶的民族,像来自幽冥地府(Tartarus)的恶鬼一样不断涌现,所以他们被正确地称为鞑靼人(Tartar)"。从此"鞑靼人"成为欧亚大陆广阔草原地区各游牧民族的通称,而鞑靼人居住的地区又与上述歌革和玛各之地有重合,那么至少有一部分鞑靼人就是歌革和玛各的子民,这些鞑靼人扫荡欧洲时所表现出的邪恶特征分明也与圣书中的预言吻合,不是他们又该是谁!于是鞑靼地区在随后几个世纪欧洲的地理学想象中就始终扮演一个重要角色——代表着威胁到文明世界的蒙昧主义的温床,17世纪、18世纪欧洲人绘制的世界地图和亚洲地图上,鞑靼地区都是一个重要地区,由独立鞑靼(西鞑靼)和中国鞑靼(东鞑靼)组成。这块占据了欧亚大陆一半以上面积的广阔空间在这个时期欧洲人的观念中没有政权归属,而纯然是个文化区域。围绕鞑靼地区作为一个文化整体产生的想象直到19世纪俄国和中国的军事力量分别牢固地控制了它之后才逐渐褪色,它的不同部分开始属于中国或俄国,而不再被作为世界一个主要地区来看待。

  圣书中的歌革和玛各之地是块令基督徒担忧的土地,当这块存在于世界东北方的土地的存在得到确证并见识了这块土地所培植出的黑暗力量之后,基督徒们因预言的实现而更加沮丧。然而欧洲的基督徒也会努力寻找希望,就像圣书中的预言给予了他们由上帝来解救歌革之灾的希望一样,在歌革和玛各被确认的时候,作为基督徒一道希望之光的约翰长老传说就开始与远东联系起来。

约翰长老的传说起源于十字军东征时期(11世纪晚期至13世纪),约翰长老的人物原型可以追溯到《新约》中的"约翰长老"。传说中他是东方基督徒的统治者,是一名聂斯脱利教徒①、一位国王兼长老,统辖着"波斯和亚美尼亚以远的远东";在中世纪的编年史中,他被塑造为一个反穆斯林同盟的领导者。这个传说产生的背景是1071年耶路撒冷被塞尔柱突厥人(Seljuq Turks)占领,欧洲的基督徒们渴望从穆斯林手中夺回圣地,并希望在穆斯林的东面能有一位同盟者与他们一起合力夹击,于是12—13世纪西辽帝国和蒙古人先后西征时,在中亚、西亚地区与穆斯林的一些战役就被道听途说的基督徒想象成约翰长老拯救圣地的战争,而蒙古人中有大量的聂斯脱利教徒这一事实更加助长了东方有一个约翰长老的国度这样的想象。

有关约翰长老故事的最初记载见于1145年德国弗赖辛(Freising)主教奥托(Bishop Otto)的《编年史》(*Chronicon*),该书根据叙利亚主教休(Bishop Hugh)从意大利维泰博(Viterbo)写给教廷的一份报告记述了约翰长老的事迹,说约翰这位富有、强大的"长老兼国王"据信是曾拜访过幼年基督的东方三博士(Magian)的直系后裔,他在战斗中击败波斯的穆斯林国王,猛攻他们的首都,并打算攻至耶路撒冷,但这个目标最终却因为难以跨越底格里斯河而无法实现。据后世研究,休提到的这场战役很可能是1141年哈喇契丹(1124—1211,西辽帝国的创建者耶律大石[Yeh-lü Ta-shih])与塞尔柱苏丹桑贾尔(sultan Sanjar)在中亚河中地区卡特万(Oatwan)展开的大会战,后者战败并导致塞尔柱王朝的势力退出河中地区。1132年耶律大石在当时属于突厥人的叶密立城(今新疆额敏)称帝,自号"菊儿汗"(Gur-khan)或"葛儿汗"(Kor-khan),菊儿汗(Gur-khan)可能在读音上讹转为希伯来文的Yohanan或叙利亚文的Yuhanan,并再转化为拉丁文的Johannes或John(即约翰)。休主教提到,菊儿汗的臣民中有许多聂斯脱利教徒即波斯基督教会的成员,这是事实,但将耶律大石附会为信奉聂斯脱利教的约翰长老则纯属自说自话。然而从此以后,凡有远东的军队同穆斯林战斗的消息,那些穆斯林的敌人们就被基督徒设想为约翰长老及其臣民,到13世纪初,约翰长老又被与蒙古人联系起来。1221年巴勒斯坦的阿克雷主教(bishop of Acre)德·维特里(Jacques de Vitry)和西部教会的佩拉吉斯枢机(Cardinal Pelagius)跟随十字军东征至埃及的达米埃塔(Damietta),他们向罗马报告说穆斯林有一次被某位印度的大卫王(King David of India)击败,他是约翰长老的儿子或孙子。他们所说的这位大卫王可能正是西征

---

① 关于"聂斯脱利教"这一指称的不恰当见上卷相关章节,本章沿用此名是因为历史当事人采用它。

中的成吉思汗。成吉思汗1219—1222年间攻打当时穆斯林世界最强大的国家花剌子模并将其灭亡,同时占领了波斯东部呼罗珊诸地。总之,由于传言、缺乏可靠信息以及欧洲基督徒一厢情愿的希望,这个时期与攻打穆斯林有关的历史事件、历史人物和所涉及的地理区域都被编织进约翰长老的故事当中。13世纪初期,几位方济各会士怀着对约翰长老传说坚定不移的信念,持教宗或基督教国王的书信访问蒙古王廷,寻求与其结盟,而他们有关蒙古人中有聂斯脱利教徒的报告使人们对这个传说的真实性更加确信不疑。

  13世纪的编年史家特鲁瓦方丹的阿尔贝利(Alberic of Trois-Fontaines)对约翰长老之国的性质进行过一番描述,说1165年约翰长老派使臣送了一封用多种欧洲文字写的信给几位欧洲君主,宣布他将率领部队前往巴勒斯坦与穆斯林战斗并赢回埋葬耶稣的圣墓(Holy Sepulchre)。约翰在信中称自己为"长老"(Presbyter),并特别声明自己是在印度美勒坡(Mylapore)守护印度使徒圣多玛(St. Thomas)之圣骨匣的卫士,还说明他的领地是"三个印度",并描述这是一片天然富饶、令人惊异、和平与公正的土地,被主教、执政官和国王们所管理。教宗亚历山大三世(Alexander III,1105—1181)曾在1177年给约翰送去一封回信——《杰出、伟大的印度之王暨基督的蒙恩之子》("the illustrious and magnificent king of the Indies and a beloved son of Christ"),但这封信后来下落不明。综合来看,整个约翰长老传说的核心是,约翰长老统治着天主教徒眼中东方印度的聂斯脱利教地区。这时候欧洲人所说的"印度"其实是指文明世界里除伊斯兰教地区之外的整个东方。

2. 契丹、中国之争的宗教意味

  事实上,随着1240年前后蒙古人西征推进到基督教国度,欧洲人有关约翰长老的美梦就变成了歌革和玛各的噩梦,只是他们还不清楚这些被他们认作歌革和玛各后裔的"鞑靼人"与当时传说中约翰长老的子民根本就来自同一个地方,而依然坚信约翰长老的国度在鞑靼人和穆斯林所构成的屏障以外;在此背景下,马可·波罗的叙述成为了确认歌革和玛各之地与约翰长老之国各自地理位置的重要角色。

  马可·波罗介绍哈剌和林时说,鞑靼人原居北方,离女真人之地不远,地广而有良好牧场;鞑靼人没有君长,但是向一位叫王罕(Wang-khan)的大君主纳贡,"王罕"的意思相当于法语中的"长老约翰"(Prêtre-Jean),世人相传的那位约翰长老指的就是"王罕"。后来鞑靼人人口快速增长,约翰长老担心他们人多成患于是命其散居,鞑靼人不从,故而离开原居之地,渡一大沙漠后徙居更靠北的一个地方,从此因地远不受约翰长老管辖而不再纳贡。哈剌和林是鞑靼人离开其原居住地之后占据的第一座城池。马可·波罗这里提到的王罕就是早先鲁布鲁克提到的乃蛮王之弟(其实这个判断是错误的)、克烈部首领王罕(？—1203,本名脱斡邻汗,被金朝封为王,故称王汗)。其实鲁布鲁克还是相当慎重的,他说那位信奉聂斯脱利教的乃蛮王被聂斯脱利教徒称为"约翰王",但是有关他的说法并不可信,因为聂斯脱利教徒习惯编故事。这位号称"约翰王"的乃蛮首领实际上是篡取西辽统治权的屈出律(Küchlüg,？—1218),马可·波罗不仅混淆了"约翰王"屈出律与王罕,还认定这就是世人传说的约翰长老。嗣后马可·波罗把有关成吉思汗与克烈部的战争都说成是鞑靼人与约翰长老的较量,最后决战的结果是约翰长老失败,但由于两军交锋前约翰长老的预言者显示基督的神力预卜了战争结果,使得成吉思汗从此厚待基督徒。马可·波罗从隶属唐古特的原西夏都城出发向东,进入原属约翰长老管辖的天德州(Tenduc)①。天德州国王出于约翰长老的血统,名阔里吉思,管理着原约翰长老之国的部分土地,隶属大汗,是大汗王族的驸马。由此,马可·波罗为鞑靼人和约翰长老这原本敌对的两族确立了一种新的关系。马可·波罗认为,在约翰长老统治鞑靼的时候,天德州就是都城,而该地本就是歌革和玛各之地,歌革和玛各即当地土语中的汪格(Ung)和忙豁勒(Mugul),后者即鞑靼。综上,《马可·波罗游记》虽然对地理区域的描述有诸多含糊之辞,但对歌革和玛各之地、鞑靼人、约翰长老之国三者之间的关系却做出了一个还算明晰的诠释：1) 鞑靼人就是玛各人,而歌革与玛各之地曾被约翰长老征服,但现在约翰长老之国又被鞑靼人征服；2) 即便是在约翰长老势力鼎盛之时也未能完全控制鞑靼人,更多鞑靼人居住在约翰长老之国的北面；3) 鞑靼人建立的契丹国吞并了原约翰长老的领地,但优容其子民,所以契丹境内有众多聂斯脱利教徒,而且契丹之君亦即大汗虽是鞑靼人,却与约翰长老的后裔关系密切。

尽管早于马可·波罗的柏朗嘉宾和鲁布鲁克已经暗示出"契丹"或"大契丹"相当于后来的整个中国,但由于这两位教士所言甚略,并且他们的报告流传不广,所以后来深深刻在欧洲人脑子里的是马可·波罗对歌革与玛各之地和约翰长老之国的阐释,这也成为很长时期里欧洲人绘制这一带地图时的依据。比如1569年版的《墨卡托—洪迪乌斯地图集》中有一幅《鞑靼汗国》,此图中塔沙拉岛(Tasara)以东的地方完全是根据《马可·波罗游记》虚构而成,巴格平原被移到靠近北极圈的地方,巴格平原的下面是《圣经》中的歌革和玛各之地,也就是马可·波罗解释为白鞑靼(汪格)和蒙古(忙豁勒)的地方,并表明这里曾被约翰长

---

① 辽朝有天德军节度使,治所在今内蒙古呼和浩特附近。

老统治。这幅图的左上角是美洲,隔着一道狭小海峡与之相对的亚洲部分是约翰长老曾统治过的天德①。哈剌和林被放在北极圈里,它的下面依次是阿尔泰山和戈壁沙漠。这个分布也符合马可·波罗之说,因为鞑靼人离开约翰长老统辖下的原居地之后向北迁徙,越过一个大沙漠到达更北方并首先占据哈剌和林。那个戈壁沙漠上标有契丹的字样,契丹下面是汗八里王国,它的京城也叫汗八里。在这里,地图作者把契丹与其都城汗八里误为两个国家,但仍然可以看得出契丹和所谓汗八里王国都依马可·波罗之说而为约翰长老的旧地。这幅地图只是按照《马可·波罗游记》描绘亚洲大陆东北部的一个例子而已,但由此可以看出,从《马可·波罗游记》问世直到17世纪中期,众多欧洲人都因为马可·波罗的阐释而认为契丹是鞑靼人统治的约翰长老之旧地,并仍有众多基督徒生活于其中。正是这个带有宗教意味的信念使得耶稣会士迟迟不肯接受契丹就是中国这一事实,因为按照耶稣会士的描述,中国并没有基督徒社区。

另一方面,"契丹"这片原属约翰长老的国土虽已被鞑靼人占领,但关于约翰长老的传说却并未因马可·波罗带来的这个消息而衰歇。14世纪的著名游记《约翰·曼德维尔先生游记》中也有对约翰长老之国的描述,这本书不仅主宰了他那个时代的人们对异域的想象,在下一个世纪到来的探险时代里也依然是畅销书。14世纪中期之后,埃塞俄比亚成为找寻约翰长老之国的焦点,约翰长老被认为是那个非洲基督教王国的国王;但对欧洲人来说,埃塞俄比亚同样位于东方甚至同属"印度",因此这一转移并没有改变约翰长老传说的核心;埃塞俄比亚的约翰长老传说只是被看作前一时期故事的延续。14世纪的伊比利亚人由于要同占据半岛南部的穆斯林进行艰苦斗争而从约翰长老传说中引申出一个"七城岛"传说,这个传说相信在大西洋中存在一个独立的基督教社会,它自几个世纪前就存在。当时撒拉逊人入侵伊比利亚半岛,因此七名主教带领许多教徒乘船穿过大西洋来到一个遥远而奇妙的岛上修建了七座城市,并为制止人们返回被遗弃的欧洲大陆而毁弃所有船只,这七座城市从此成为一块带有神奇魔力的乐土,并成为伊比利亚人渴望寻找到的目标。15世纪达·伽马、迪亚斯、哥伦布等人的航海活动都是受到约翰长老故事的召唤,哥伦布还同时怀揣着与"七城岛"同样的梦想,他们努力寻找通往东方航路的目的之一就是去找寻东方的约翰长老之国。

既然约翰长老的领地包括了"三个印度",那么即便北面已经变为鞑靼人的契丹,南方应该也还有大片的领土。因此,大航海时代开始出现的东亚地图虽

---

① 马可·波罗先后提到两个"天德",都说是约翰长老的领地,但两者的关系不清。唐代最先设置天德军,在今内蒙古乌梁素海土城子,辽朝有所移改,要之,不出今内蒙古河套地区的范围。

然画出了印度次大陆和中国这两个区域,但对于它们的文化属性和宗教属性还不能够确认。不过随着葡萄牙人在印度海岸建立据点,他们逐渐知道这个地区是异教徒区域,而不是梦想中的约翰长老之国。直到这一时期的东亚地图上,在契丹南面都会根据马可·波罗所言绘出蛮子国,但这个地方的居民都崇拜偶像,与印度次大陆显然属于同一类地区。在这样的背景下再来看葡萄牙人和耶稣会士所说的"中国",它究竟应该安置在何方,就不仅是个地理学问题,也是个宗教问题:如果它就是蛮子国之所在并且与印度次大陆相邻,则它无疑属于异教徒地区,而"契丹"就是唯一可被证实的约翰长老之地;如果它就是"契丹",则寻找约翰长老之地的努力将就此终结;如果它是印度次大陆、契丹与蛮子国之外的一块土地,则还有是约翰长老之地的可能。显然17世纪东亚地理学知识的发展使第三种可能性被排除,那么"中国"是否是"契丹",存在于众多欧洲人潜意识中的约翰长老之地是否真正存在于东方,"中国"就成为最后一个争论基点。有关"中国"的报告都突出了那里盛行偶像崇拜,如果它就是"契丹",那么何以证明曾经存在一个广阔的约翰长老的国度?如果它不是"契丹",那么约翰长老之地就成为东方广阔的异教徒世界里很小的一块基督教区域。被约翰长老传说激励了几个世纪的欧洲人因此极不情愿接受这样的事实。

3. 争议的平息与中国位置的确立

由于约翰长老在欧洲人心目中具有难以动摇的地位,因此,即便耶稣会士有足够的地理学知识可以证明"契丹"与"中国"就是同一个地方,但他们却无法单凭科学态度就摆平欧洲同胞的宗教情感,而且耶稣会士自身也希望约翰长老的传说是真的,希望他们的传教工作能在最好的基础上开展,因此耶稣会士们开始努力提供证据以证明中国境内曾生活过大量基督徒。这样的证明多少有点类似于要证明中国古书中有基督教奥义、中国上古历史与《旧约》故事吻合,既带有权宜从事的策略性,也带有好奇求知的严肃性,而唐朝景教遗迹在中国境内的适时出土使他们如获至宝。

利玛窦在接触到一名开封犹太人后裔之后,开始努力寻找基督徒曾经在中国生活过的证据,并自称在开封犹太人后裔的帮助下找到了可以证明中国古代有信奉十字架的教徒的证据,并推断说他们可能源出亚美尼亚并在不同的时期由西方进入中国,这可能发生在鞑靼大军横扫中国的时候,与马可·波罗进入中国大致同时。他进而又根据从印度马拉巴尔地区的迦勒底文(Chaldean)圣经抄本中搜集到的资料猜测,基督教在更早的时期就由印度使徒圣多玛(St Thomas)[①]本人

[①] 圣多玛,又作圣多默,耶稣十二门徒之一,据说曾被耶稣派往印度传教,传说他到过中国。

传入中国,因为据利玛窦说这些文本中出现了"中国"字样。不过他对有关基督徒数量的描述持审慎态度,认为这非常可能是源自穆斯林的说法,而他们可能夸大其词,或者把基督徒同佛教徒相混淆。

长期在越南地区活动的耶稣会士加斯帕尔·路易斯(Gaspar Luiz)1628年刊于《耶稣会士书简集》中的一封信(写于1626年)为中国曾有基督徒生活提供了新证据,他描述了1625年于西安发现的景教碑,并寄去景教碑文的拉丁文译本(刊出时译为法文)。景教碑的出土使其成为耶稣会士论证中国境内曾有基督徒社区进而肯定中国就是契丹的重要证据。曾德昭在景教碑出土之初就密切关注并亲自考察过,他以见证人的权威身份在1641年首次出版的《大中国志》里详细描述了景教碑,更围绕着景教碑系统论证了基督教在许多世纪前就已被移植中国,进而把中国同马可·波罗描述的有许多基督徒的土地相印证。他重复了利玛窦所说的与圣多玛有关的证据以及与开封犹太人有关的证据。继而附录景教碑译文并加以注释,称碑文明白讲述了基督教在636年由来自犹太地(Judea)的阿罗本传入中国,并得到当时唐朝皇帝的认可而立足,嗣后又继续

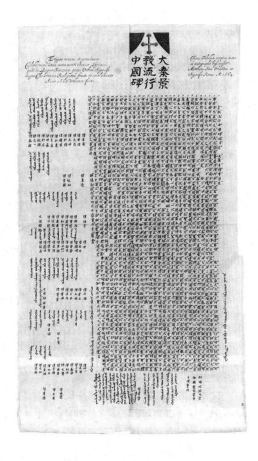

拉丁文版《大秦景教流行中国碑》

受朝廷支持而日益光大。曾德昭认为,这份碑文足以证明基督教很早以前就在中国繁兴,唐朝之前应该就已经由使徒传布于此地,只是它在某个时期灭绝了,然后又第二次传入中国,第二次传入的时间就是唐朝。但同样还会有第二次的灭绝和第三次的传入,这是世界各地传教史上常见的现象。曾德昭暗示,唐朝传入中国的基督教一直持续到元末,当洪武皇帝向鞑靼人开战的时候由于基督徒支持鞑靼人,而鞑靼人后来成为战败方,连累基督徒成为覆巢之卵,或被杀,或改宗,或隐匿,造成基督教在中国第二次被灭绝的状况,以致耶稣会士们在中国连续三十年间寻找马可·波罗所描述的那些基督徒踪迹却始终一无所获。而耶稣会士的到来,就是第三次传教的开始。曾德昭通过延长唐时传入中国的景教在中国的存在期(一直延伸到马可·波罗时期)来向欧洲同胞宣示他脚下这个中国就是当年那个有众多基督徒的契丹,只是进入明代基督徒才销声匿迹。他还解释说"契丹"应该是当时蒙古大汗统治的一些周边国家对中国的称谓。卫匡国在《中国新地图集》中于景教碑之外就基督徒遗迹又提供了额外证据,他考证说,马可·波罗提到的 Zarte(刺桐)不是对中国人的称呼,而是对漳州的称呼,而此地有许多基督教遗迹。

在华耶稣会士提供的这些历史上基督徒在中国活动的证据在 17 世纪中叶被基歇尔汇集在《中国图说》中,并且被作为论证契丹与中国之关系的一类证据。但基歇尔的说法与他在中国的同仁们稍有不同,他说,"契丹是中国最强大的部分。我们的传教士用艰难的远征证明了这一点,马可·波罗对此也有清晰的叙述"①。在接下来的讨论中,基歇尔引西方游记和金尼阁、白乃心(Jean Grueber,1623—1680)神父的报告进行讨论,试图确认通往中国的令人期待的路线图。在历史的和现实的两种信息之间,他似乎更相信马可·波罗,而对他同时代传教士提供的证据是否能够说明基督教在中国曾经繁盛一时则持保留态度,说明中世纪有关约翰长老的传说对他依然有着信仰般的力量。基歇尔这种介于信与不信之间的态度代表了 17 世纪中叶欧洲人对"契丹"与"中国"之关系的普遍态度。

卫匡国在证明契丹即中国的过程中还提供了一个最令东方学家感兴趣的证据,这个证据既非地理的,也非宗教的。荷兰东方学家格里乌斯对中国关注已久,而且在确认中国即契丹这个问题上与其他欧洲学者一样抱怀疑态度。他经常参考波斯文献研究契丹,他有一份 13 世纪波斯学者纳失达丁(Nasirodin

---

① [德]阿塔纳修斯·基歇尔:《中国图说》,张西平、杨慧玲、孟宪谟译,郑州:大象出版社,2010 年,第 127 页。

第二十八章　中国形象与启蒙时代　727

基歇尔《中国图说》插图

所写天文表,描述了契丹人划分一天与一年的计时法。格里乌斯还搜集到一些中文书,但他无法阅读。1654年,当他听说熟谙中文的卫匡国要经过莱顿时便设法与他会面。他首先想就中国是否即契丹、"契丹"是否是蒙古人统治时期北方民族给中国起的名字得出肯定结论,见到卫匡国后,格里乌斯首先引证纳失达丁天文表中所言契丹人对一天中十二个小时(十二个时辰)的命名,他刚刚说到第三个,卫匡国轻而易举就说出余下的一整串名称。接着他又说起契丹人给一年划分的二十四个部分(二十四节气)的名称,卫匡国也立刻列举出同样的名录。由于格里乌斯完全不懂中文,而卫匡国则完全不懂波斯文,因此他相信卫匡国并非刻意附和他,他们谈论的确实是同一个国家,纳失达丁记载的如此划分时间的契丹人显然就是卫匡国所说的中国人。后来卫匡国和格里乌斯又在安特卫普进一步详谈,搜集了更多确认中国即契丹的证据。这样的证据虽然有力,但也只能在专业的东方学家中间才易于被理解和接受,大多数人仍倾向于着眼地理论证与宗教论证。总之,在卫匡国的《中国新地图集》出版之后,大多数欧洲学者在耶稣会士的长期努力下逐渐相信了中国就是契丹的说法,但从基歇尔的例子可以推想,恐怕其中很多人还处在怀疑与相信之间,而不接受这一说法的也不乏其人。

17世纪欧洲有关契丹与中国之关系的争论在耶稣会士的努力下终于平息下来,争论的结果与其说确认了"契丹"就是"中国",不如说确认了"中国"就是"契丹",即传说中的约翰长老之地,至少是其中的一部分。这种宗教性的论证反映出17世纪的欧洲社会宗教信仰仍然占据重要地位,这与同一时期《圣经》同中国历史和宗教之关系的论证属于同样性质,而且这些论争与在华耶稣会士都密不可分。但是,正如18世纪中国历史独立性的确立使中国文明与《圣经》代表的西方文明终于无法调和一样,欧洲人事实上也越来越难以相信中国就是古代传说中的基督教长老之国。在礼仪之争的后期,就连在华耶稣会士们也不愿费力掩饰中国的异教性质,不再热心坚持利玛窦时期调和中国古代文明与基督教文明的做法。18世纪后期见识过中国的商人、船员们回到欧洲后更会首先指明这块土地上的偶像崇拜之风。这时期的欧洲人对世界不同地区之间的差异与复杂性有了更多认识,而不是像从前那样仅仅把目光停留在基督教普遍主义的理想之下。中国是否约翰长老之地对欧洲人来说已经没有实际意义,对传教士来说承认它是异于基督教世界的存在而从头开垦它看起来更简单可行,对殖民者来说如何在充分了解它内部情况的基础上获取商业或土地利益才是更该关心的事。由此,从18世纪末期到19世纪,中国在欧洲人的观念中先是被剥去了"奉圣书者"的光环而与印度次大陆并列为异教地区,继而随着接触的增多和学术研究的推进,欧洲人又深刻体察到中国文明与他种文明之间的差异,于是在它与印度文明间画了一道清晰的界线,并最终确立了中国文明处在欧洲文明的另一极甚至对立面的观念。

到了近代,横亘在欧洲与中国之间传统的宗教障蔽已经祛除,"契丹"与"中国"的关系却依然是个微妙问题。20世纪上半叶在中国海关任职30年的英国人文林士(C. A. S. Williams)在其著作中依然乐于遵从"Cathay"一词的传统意义,他说,这是马可·波罗对中国北方的称呼,因为10世纪时统治中国北方的是契丹人,所以他在谈论中国北方的章节中以"Cathay"代称中国北方[①]。可见,直到此时,西方人仍不愿没有保留地接受以"Cathay"作为10—14世纪整个中国的代称这种做法。19世纪后期来华的新教传教士李佳白(Gilbert Reid)提到,某位作者在使用"China"一词时,既指中国本部(China Proper),也指整个中华帝国(Chinese Empire)。他在谈论清朝的部分用"Cathay"指整个清朝领土即中华帝国,而在谈论当时新教在华传教工作的第35章,所起标题是"Mission

---

① C. A. S. Williams, *Chinese Tribute*, London: Literary Services and Production Ltd., 1969, p. 120.

work in Cathay",同样是用"Cathay"指整个中国①。这说明,在李佳白心里,"Cathay"的含义固然早已摆脱了 17 世纪的观念局限,基本等同于"China",但他依然坚持汉族人的"中国本部"和"清朝领土"之区分,亦即这时的"契丹"与"中国"又与主权领土、民族国家这类观念纠缠起来产生了新的争议点。虽然本章无意深入讨论此点,但我们需要了解,地理学问题始终包含着观念性问题,它所要求的科学中立性并不比其他文化议题要少。

三、中国制度与欧洲的社会理想

自利玛窦时代起,耶稣会士就开始向欧洲人介绍一些有关中国的政治情况,但传教士的用意只是为了佐证中国宗教和伦理的优越性,因此着墨不多也就势所必然了。在宗教辩论十分激烈的 17 世纪后半叶,欧洲本土知识分子同样很少专门留意这类内容。但从 17 世纪、18 世纪之交开始,知识界对教会事务和宗教辩论的兴趣明显让位于世俗政治事务。从这时起到 1789 年前后,欧洲的教权急剧衰落,而王权却渐次兴起,且急于采取各种手段巩固自己的权威。宗教迫害依然存在,但却发生了微妙变化,王权而不是教会(尤其是天主教会)成为欧洲国家的支配性力量。在这个欧洲历史上短暂的君主集权时期,欧洲人看待中国的眼光以及对中国的需要都随着这一社会大潮的变化而变化,"中国迷"不再是由宗教辩护者担任,而是改由社会改革者充任,因此,耶稣会士著作中有关中国政治的内容被越来越多地关注,并被不同势力基于不同需要加以发挥。

1. 中国知识与英国的党派斗争

耶稣会士和其他旅行家对中国政治的理想化描述在前文已有介绍,这一图景令 18 世纪欧洲大陆的许多知识分子着迷,并成为他们反思本国社会与政治状况、探索改革方向的参照,英国人更是从 17 世纪前期开始就经常借助中国政治的状况来指摘英国的时弊。

1621 年伯顿(Robert Burton)《忧郁症的解剖》一书出版,该书主要依据 1615 年出版的《基督教远征中国史》和珀切斯游记汇编而成的,书中三十多处提到中国,并对中国人的财富、优良品质以及中国良好的政府和科举制度多有称赞,同时对中国人的傲慢自大和一些不良习俗也有所批评,但他谈论中国的目的还是为了在对比中批判英国。书中谈到中国人的勤奋,认为英国虽同样人力、物力、财力颇丰,但可惜人民不够勤劳,因此不可避免地要落在中国后面。

---

① Gilbert Reid, *Peeps into China*, London: The Religious Tract Society, 1892, p. 89, pp. 23-26.

中国人通过科举考试选贤任能,英国的贵族却不务正业。正因为首要目的是批判自己的母国,所以难免将作为比较对象的中国加以正面或反面的夸大,而这后来成为同类著作的基本写作手法。

1730年代以来,英国的"辉格"和"托利"两党在议会和报刊上展开了异常激烈的斗争,中国在这样的情况下成为舆论中的明星,被托利党频频用作攻击辉格党的武器。一位叫巴杰尔(Eustace Budgell)的报人一再印发小册子或在小型期刊上谈论中国如何在政治和道德方面处在一切国家之上,以此迂回攻击"执政党"。他反复申说,在中国没有才能和学识的人不可能登上皇位;中国皇帝善于倾听臣民意见,并鼓励所有人当面申诉,不加以限制;中国的新闻报道必须符合事实,弄虚作假的人会被处以极刑。巴杰尔几乎把中国变成乌托邦,他的用意也十分明显,他宣称自己主持的报纸《蜜蜂》(the Bee)尾巴带刺。切斯特菲尔德勋爵(Lord Chesterfield,1694—1773)也是一位运用中国故事抨击辉格党的名人,他在1730年代办了许多小型报刊,以幽默、精巧的小散文表现党派论争,其中有一篇写中国人如何掏耳朵呵痒的文章,影射、讽刺首相罗伯特·沃波尔(Robert Walpole,1676—1745)周围那群逢迎拍马之人。文章写道:掏耳

罗伯特·沃波尔像

朵在中国是一项非常微妙的享受,下级官员替中级官员掏耳朵,中级官员替高级官员掏耳朵,高级官员和太监又替皇上掏耳朵,所以中国人的耳朵几乎都是被人掏而又掏。文章接着说,英国也一样,只是呵痒时主要用口而非手,也有人手口并用以得到更多的报偿。《工匠报》(The Craftsman)是反抗沃波尔集团最有力量的一份小报,据说1731年该报每期销量达13 000份以上。这份报纸也登载过称赞中国谏议制度的文章,并提出这种制度应该在英国推行,特别是当国王是暴君或者被搬弄是非、残忍贪婪的人围绕的时候。1740年还出现了一本名为《一篇非正式的论文,是因读了杜赫德的〈中华帝国全志〉而产生的,随时可读,除了这个1740年》的小册子,说了很多中国的坏话,一方面反映了作者对中国的不同认知,另一方面和同时期其他称赞中国的文章一样,都是借中国来批判英国现政权,把英国的消费税、言论压制等弊政都作为中国的制度加以描写、批判。

其实,在1730—1740年代的英国,不只是政论家们运用中国人的故事、格言、习俗和行为攻击沃波尔首相以取得出奇制胜的效果,当时的诗人、散文家、戏剧家、小说家等文学家也习惯于借中国故事表现当代政治,最典型的就是《赵氏孤儿》的屡次被改编。剧作家威廉·哈切特(William Hatchett)据《中华帝国全志》中《赵氏孤儿》的法文译本改编了一出《中国孤儿》,以首相弄权、朝政腐败为主题,概括反映了沃波尔时期的政治。与后面几个改编本相比,哈切特的版本与中国的《赵氏孤儿》原本最为接近,即便如此,此剧也不是为传播中国戏剧艺术而作,而是一部假托戏剧形式的政治讽喻作品,这部剧从未获得上演的机会,只是剧本在1742年沃波尔被迫下台前不久得以出版。1759年4月,英国演员、和谐剧作家阿瑟·墨非(Arthur Murphy)改编本《中国孤儿》出版,改编本参考了耶稣会士马若瑟的译本、英国文学批评家赫特(Richard Hurt)的批评以及伏尔泰的改编本,且主要依据伏尔泰的改编本进行改编。该剧讲述的是中国抵抗鞑靼侵略的故事,也就是一个民族抵抗另一个民族侵略的故事,着意塑造的是残暴的侵略者和与侵略者作殊死斗争的英雄人物,如英勇的孤儿以及扶持王室、不惜生命来争取自由的忠臣、义士、爱国者。这对于处在1756—1763年七年英法战争时期的英国来说有着现实的政治意义,被认为是宣扬爱国主义的作品,因此上演后大获成功。

七年战争时期,霍勒斯·沃波尔(Horace Walpole)以旅欧中国人信札的形式谈论英国的政党斗争,这封名为《旅居伦敦的中国哲学家叔和致北京友人李安济书》的书信借中国哲学家之口大谈论英国因为三个党派的斗争而使内阁长期空置的怪现状。此信被多次翻印,评论者和模仿其体例者众多,其中最著名

《中国孤儿》中的角色造型

的是哥德斯密自1760年1月12日开始在《公簿报》(*Public Ledger*)上连载的《中国人信札》,1762年他将其结集出版,收录123封书信。哥德斯密笔下的中国知识均来自二手材料,且多随意窜改,关于中国的评论也颇多漏洞,但仍有不少材料留有原初的脉络及中国痕迹。更重要的是,哥德斯密的这些信札讽喻现实、批判社会,内容不仅涉及英国社会生活的细节,还触及包括政治、法律、宗教、道德、社会风尚等在内的很多重要问题,有时甚至还涉及整个欧洲社会。他试图以理想化的中国事物——如开明统治、幸福生活、奖善罚恶的法律制度、合理近情的道德准则——来衬托英国或欧洲的现状,并通过发表自己的感想和评论来描绘自己理想中的制度蓝图,这种做法在18世纪欧洲知识分子当中具有相当的普遍性。这幅制度蓝图部分受到耶稣会士笔下之中国图景的启发,部分来自作者本人的设想,中国在其中的作用主要是扮演一个可以承载他们政治理想的既真实又遥远的理想国形象,这对于那些对本国现状持批判态度的政论家来说是一种比较安全也比较有说服力的做法。

哥德斯密在《中国人信札》第118封信函中说:英国法律重惩戒邪恶,中国法律更重褒奖善行。自己十分羡慕中国法律具有的宽恕精神。中国这么大的国家,只服从一部法律,而英国法律繁多、复杂,简直如同古代巫术的魔幻本本,没有人能弄得清。若问一个英国人,哪个民族享有的自由最多?他们可能会以为是他们自己,然而,若进一步追问他们的自由到底是什么,他们一般都会无话可说,因为很少有英国人在日常生活中不触犯一两条法律条文的。哥德斯密举例说,一个五岁的孤儿,先按《居住法》被从一个教区赶到另一个教区;接着又依《济贫法》被送到劳教院,学做木工,每天干10个小时的活。学习期满后找不到工作,在路上偶然杀了只兔子,会因违反《狩猎法》和《流浪法》被关进监狱坐5个月的牢。然后被押上轮船,卖给海外种植园做农奴。服役期满后设法回到英国,正赶上英法七年战争,被拉去充军,打仗时失去4个指头和1条腿。哥德斯密对英国法律体系的批评,事实上促进了英国社会的法治建设,而中国则不期然地成为其中的一个推手。

总之,他山之石,可以攻玉;他人之酒,可浇心中块垒。在启蒙时代,英国在党派斗争和内阁制议会民主政治推进的过程中,中国扮演的正是那块"他山之石"、那杯"他人之酒"。

2. 中国政治原则与法国的社会改革者

17世纪中叶到18世纪中叶的英国知识分子曾大量利用中国的政治信息,但主要目的还是为了批判时政而不是从中借鉴。然而18世纪法国的新君主主义者则完全不同,他们是真的对中国制度抱持乐观期待。

17世纪的法国成功建立起君主执政的中央集权制度,消灭了城市的自由,镇压了封建骑士阶级并使教会国家化;政治上的统一促使法国在各方面迅速发展,法国很快就成为欧洲强国。但到18世纪,路易十四时代所积累的财富已因为他的连年征战消耗殆尽,据说他在临终前几天把年幼的曾孙路易十五(Louis XV,1710—1774)叫到床前说:"我的孩子,你将成为一位了不起的国王。不要像我一样沉迷于建筑和战争,你要与你的邻居和平相处,给上帝你应该给的,要擅纳良言,努力让人民免遭痛苦,这是我没能做到的。"

1715年8月,路易十五即位,当时他年仅5岁,由菲利普摄政(1715—1723),新一任统治者并没有听取先王的遗言,而是继续卷入对外战争并一再失利。对外战争的失败严重消耗了法国的财力、物力和人力,有财富但没有地位的资产阶级损失最大,激起他们对现行制度的强烈不满。英国在战争中的胜利瓦解了只有专制制度才是有效的政治制度的说法,英国资产阶级享有的政治权利和自由为法国资产阶级所向往,一些法国人开始关注造就了英国繁荣的制度。但18世纪的法国是一个复杂且内部动荡的社会,并不是所有提出社会改革主张的人都希望彻底动摇法国的现行制度。当时的法国兴起了两个思想主张完全不同的改革流派,一派主张自由主义,一派主张新君主主义,被称为"哲学家"的那群人在政治上既可能是前者也可能是后者。自由主义派相信人民主权、议会制度,向往英国式的君主立宪制或共和制;新君主主义派希望扫除贵族及教士的特权但不相信议会制和民主,他们鼓吹"开明专制主义",希望使法国君主专制制度本身成为改革的工具,期望它重新发起先前反对贵族和教会的斗争,清除封建主义残余以达致自我拯救。自由主义派在论战中宣传英国议会制度的胜利以及罗马的传统,新君主主义派则在中国找到了他们的理想范例和根据。

新君主主义派认为路易十四传下来的政治原则并没有什么大的错误,国家的苦难主要是因为错误地使用这些原则造成的,因此只需对这些原则加以适当改良。问题在于欧洲的过去没有什么可资参照的模型,中世纪充斥的是封建主义、教权主义和自由城市;古典时代则处处是共和政体,坚持皇权来自人民的授予。正是在这样的背景下,耶稣会士向欧洲人描绘了一个成功实行君主集权制的远东帝国,它与罗马一样古老且绵延至今,人口和整个欧洲一样多,没有享受特权的世袭贵族和教会,皇帝的权力由上天赐予,并通过皇帝任命的学者型官吏组成一个官僚机构来统治。而且中国的君主制看起来同法国的完全一样,都是以父权制为基础。中国的模式看起来很适合新君主主义者,特别是耶稣会士对中国繁荣昌盛、秩序井然的描表明中国是一个成功运用了君主专制原则的现实范例。

中国的政治制度最令法国的新君主主义者们感兴趣的是其伦理与政治合一的特点。无论是16世纪末期介绍中国政治的传教士先驱,还是17世纪晚期因为礼仪之争而盛赞孔子道德哲学的耶稣会士们,甚至包括耶稣会士在礼仪问题上的死对头多明我会士闵明我,都在他们各自的著作中描绘了中国政治与伦理的一体性特征。不过,17世纪末的法国人对属于国王事务的"政治"的热忱还不及对宗教的热忱高,因此对这一发现并没有做太多宣扬。直到18世纪法国政府面临种种困境、政府问题成为时代所关注的热点,中国的政府原则及其实践才开始显得格外有吸引力。这一原则和实践被概括为温和专制主义,因为有孔子合乎人道精神的伦理思想的加入而具备了独特的温和特征。1688年,柏应理出版的拉丁文版《中国哲学家孔子》被贝尼埃(François Bernier,1620—1688)编译为法文出版,并定名为《国王们的科学》(典雅的译法应为"王者之道")。贝尼埃着意揭示蕴涵其中的中国伦理与政治间的关系,认为中国的伦理是一种真正的政治伦理,政治原则与个人道德、家庭伦理原则相一致,并由此产生一种合理的政治实践,这种政治实践就是深合他口味的富有感情的专制主义。中国君主至高无上的权力不是用武力而是由说服、表率作用和仁爱来实现,君王们通过温和、宽厚、仁慈的品德吸引臣民的爱;这也符合贝尼埃的理想——好的政府是拥有绝对权力同时又能对国王的专断加以限制的专制主义政府。贝尼埃编译这部关于孔子的著作的意图就是要为法国提供一个反映专制主义原则实际成果的例证;贝尼埃对中国伦理与政治关系的理解从此成为关心政治的法国人理解中国的出发点。

继贝尼埃之后,一位亡命英国的法国新教徒米松(Maximilien Misson,约1650—1722)以1685年废除《南特敕令》为背景,写了一部历险故事《勒加历险记》,通过对比儒家伦理原则治下的幸福社会和欧洲社会来批判后者。1729年,年轻贵族西卢埃特(Étienne de Silhouette,1709—1767)从《耶稣会士书简集》和其他耶稣会士著作中辑录出有关中国伦理与政治的内容,写成《中国政府和伦理的基本思想》,称赞中国人的伦理观是理智主义的,从中获得的道德准则能够使人成为圣贤。此人后来在路易十五的情妇蓬巴杜夫人的帮助下,曾短暂出任法国财政总监。至于18世纪上半叶的法国"哲学家"们,对中国的政治制度和政治思想更是交口称赞。伏尔泰就发现,耶稣会士描述的中国政府刚好符合他的理想——政府必须既是专制集权的,同时又是依据宪法行事的。集权不等于独裁,在中国可以看到父权观念创造出社会的和谐。他在《风俗论》中对中国政府不吝称赞,将中国看作是一个前所未有的理想国度。而导致中国有如此良好政治

法国画家布歇所绘的中国皇帝和臣子的画面展示了18世纪欧洲人心目中理想化了的东方政治图景:君主拥有至高的权威又像父亲一样慈爱,臣民像拥戴家长一样忠诚于君主

制度和政治实践的根源就是孔子所制定的道德准则,孔子的道德准则和中国的法律实际上合二为一,在《路易十四时代》中,伏尔泰对这一点有详细阐发。道德的力量维系了中华帝国几千年的良好运转,野蛮的蒙古人占领中国后竟然被中国的道德与法律所征服,这个观点在他改编《中国孤儿》时得到充分体现。

卢梭在有关道德问题的论辩中是伏尔泰的论敌,他以中国为例来论证道德和艺术并不能给人类带来幸福,这已尽人皆知。但卢梭却在《论政治经济学》中颂扬中国的行政和司法,当中国的某种政治行为符合他的政治理想时,他同样不吝赞美,比如中国政府对民意的高度重视。狄德罗(Denis Diderot, 1713—1784)也曾一度赞赏家长制下的政治制度,称赞奉行这种制度的中国政府有着罕见的稳定性。当然,狄德罗在1760年代之后对专制制度的认识发生了重大转变,对中国的看法也随之改变。除此之外,还有许多人赞美中国以道德为基础的政治制度并希望将其运用于法国社会,比如与狄德罗同属百科全书派的爱尔维修(Claude Adrien Helvétius, 1715—1771)和霍尔巴赫(P. H. D. Baron Holbach, 1723—1789)。曾经游历亚洲的旅行家普瓦维尔甚至于1769年在《哲学家游记》中说:"只要中华帝国的法律成为各国的法律,中国就可以为世界可能变成什么样子提供一幅迷人的景象。到北京去!瞻仰世上最伟大的人,他是上天真正完美的形象。"①

其实以德治国不只是中国君主的准则,自16世纪以来欧洲许多神学家都相信它是政府是否完美的试金石,且这一信条在后世得到了延续。18世纪,法国一大批新君主主义者——无论是中国的崇拜者还是对中国不大关心的人——都对国王抱有相同的理想,认为如果国王要做一位明君,他就必须保持他的个人利益与臣民利益的一致性,并用"仁慈"这个纽带把自己与臣民紧密联系起来,"仁慈"是国王最重要的品德。国王要通过教育获得治国所需的所有品德,因此政治实质上是个教育问题。另外,国王本人也要受自己制定的法律的约束。因此,当耶稣会士和他们著作的编译者们共同描绘的中国皇帝形象与法国人心中的君主理想相遇并重合在一起时,中国的同情者们对中国的崇拜就更加无以言表了。

经过18世纪中期的思想鼓吹,本来只在"哲学家"群体中酝酿的对中国制度的高度认可开始影响到一些实务派人士,他们希望将从中国经验中得到的有益启示运用到法国的政治实践中,并因此在1760年代引发一股社会、政治领域

---

① [英]赫德逊:《欧洲与中国》,王遵仲、李申、张毅译,何兆武校,北京:中华书局,2004年,第292—293页。

的中国热,重农学派就是在这样的背景下诞生的。从路易十三(Louis XIII, 1601—1643)到路易十四,法国长期以来奉行的都是重商政策,这为法国带来许多财富。但法国政府的重商主义是以牺牲农业利益为代价的,结果到 17 世纪末法国遭遇普遍的经济困境时,农民就成为最大的受害者。18 世纪后半期,农民的苦难渐渐引发严重的社会和政治问题,而这时 17 世纪积累的财富也因战争逐渐挥霍殆尽,法国不得不考虑实施新的经济政策了。重农主义思想就是在这样的背景下在法国兴起的,重农主义者宣称,国民财富的增长不是靠破坏某个邻国的贸易,而是靠劳动分工以及国家间的合作。他们与重商主义者意见相反,认为国内市场优先于国外市场,日常消费品优先于奢侈品。就国内事务而言,他们认为首先应增加农产品,必须扩大农业生产的规模。重农主义者坚持土地是财富之源,提倡解除农民的不合理税赋,只保留土地税,并认为农业就业人口的增长和农业繁荣必将刺激贸易和工业的发展。重农主义思想主要由法国部分学者和官员倡导,是他们针对本国经济和社会现状努力寻找出路的结果,18 世纪初就已开始出现,著名主教学者费内隆(François de Salignac de la Mothe Fénelon,1651—1715)和卢梭、孟德斯鸠、伏尔泰等学者及政论家都有此倾向;但它的全面发展则要到 18 世纪中期,此时也正是中国的政治制度在欧洲大陆被广泛传诵之时,中国的保甲制、土地税、官员扶持农业和奖励农夫等措施被反复提及。中国政府对农业的态度为重农主义者提供了强有力的论据,魁奈(François Quesnay,1694—1774)在这样的气氛下便提出系统的重农主义思想,他自称借鉴自中国。

魁奈认为中国是以自然法为基础的国家制度的最佳典范。但事实上他的自然法思想并非全部来自中国,而是有其欧洲基础;他的理论与中国没有什么亲缘关系,只是他认为中国可以为他的自然法理论提供最佳的证据,而且他所刻画的也只是被理想化了的政治原则,中国实际的政治状况并不符合他的自然法体系。魁奈对农业的重视是以他的自然法理论为基础,他坚持认为只有从事农业的民族才能在一个综合、稳定的政府统治下保证国家的稳固和持久,并遵从自然法则的不变秩序。这样,中国人的重农传统与他的思想就非常合拍,所以他认为,欧洲人应当学习中国人一贯坚持的让土地和土地上的生产者休养生息的政策,以保证国家能有尽可能广泛的赋税收入。

魁奈是一名理论家而不是政治活动家,不过他的重农思想受到在政府任职的杜尔阁(Anne Robert Jacques Turgot,1727—1781)的积极响应。尽管杜尔阁并不是完全的重农主义者,但他却在政治经济的诸多方面与重农主义者有很多共识,而且他还是魁奈的密友。杜尔阁 1761—1774 年任里摩日州州长,任职

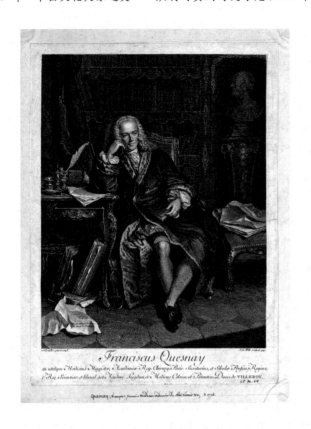

魁奈像

期间曾进行许多重大改革,以求实现他的重农主义主张。法国重农学说的巅峰时期是1768年。这年春天,法国王太子仿效中国皇帝的亲耕礼亲自扶犁耕种,此后重农学说就逐渐衰落了。正是在这样的背景下,杜尔阁坚持进行触犯特权阶级利益的改革,阻力之大可想而知。1774年路易十六即位后,杜尔阁先是出任海军大臣,一个月后调任财政总监,在近两年的任期里他都在努力实践重农主义思想。他采取的最重要的措施是开放国内谷物的自由贸易,以各特权阶级也要缴纳的一种税赋代替徭役制度,取消手工业行业公会。他的改革遭到贵族、官吏和一切希望维持现状之人的坚决反对。路易十六听从众人劝告,于1776年5月12日罢免了杜尔阁的职务,他的所有改革措施随即被废除。杜尔阁的下台证明魁奈的重农主义路线最终一事无成。杜尔阁的继任者们无论是否自认为重农主义者,都沿重农主义的路线努力改善农民的境况,但这些努力最终不得不屈服于政府的反对,粮食自由贸易法令和以赋税代徭役制度都被废除。减少人头税的计划虽然在个别地区取得显著成功,但影响范围太小,并没有什么实际意义。

由于法国的贵族势力太过强大,使得减轻农民直接税负担并将之部分转移到贵族头上的努力最终失败,因为归根结底,重农主义者的政策导向是自由贸易和土地单一税,这在本质上是要求经济自由,对专制、重商主义的君主和贵族集团构成严重挑战。法国因为无法在农民问题上进行有效改革最终引发革命,中国的开明专制主义模式也就没有可能成为实际政治中的选择了。与此同时,新兴的资产阶级倡导共和政体和民主,自然更不需要中国的政治理论。所以,1760年代既是法国社会和政治领域中中国热的高潮期,也是法国思想界中国观发生转折的时期,因为反对君主制而反对中国并批评法国社会对中国无条件崇拜的声音越来越响。

3. 中国文学作品的道德意义

除了孔子哲学与政府制度,欧洲在18世纪又掀起了一股认识中国文学作品的热潮。1735年出版的《中华帝国全志》收录了马若瑟翻译的《赵氏孤儿》和殷弘绪(Père Francois Xavier d'Entrecolles,1664—1741)翻译的《今古奇观》中的4篇故事《庄子休鼓盆成大道》《怀私怨狠仆告主》《念亲恩孝女藏儿》《吕大郎还金完骨肉》。1761年珀西(Thomas Percy)出版《好逑传》译本。1785年格鲁贤出版的《中国概述》中收录《诗经》之《小雅·斯干》《邶风·谷风》和《小雅·常棣》的译文。此外还有不少耶稣会士介绍中国诗歌、戏剧、小说的文字。但是,18世纪的欧洲人并不真正对中国文学感兴趣,无论是在中国生活过的耶稣会士还是通过耶稣会士了解中国的本土欧洲人,对中国的戏剧和诗歌通常都评价不高,反而是中国文学作品中的道德训诫色彩吸引了许多欧洲人,就像当初的孔子哲学一样。中国的小说和戏剧对18世纪的欧洲人来说不是文学作品而是道德手册,主要被他们用来讽谏欧洲社会道德凋敝的现状。《赵氏孤儿》和《好逑传》对欧洲人而言实为孔子道德哲学的具象化;通过这些故事,欧洲人看到并相信孔子的说教贯彻了整个中国社会,进一步深化了有关中国人是有道德的民族、中国社会是个值得效法的道德世界的观念的认识。伏尔泰的看法在当时非常有代表性,他认为中国人有一套完备的关于道德的学问,而这门学问当居于各学科之首。

尽管伏尔泰对中国戏剧评价并不高,但他却将《赵氏孤儿》改编为《中国孤儿》并促其上演,他看重的就是该剧的道德内涵,认为孔子的道德学说已包含于此剧中,因此他称他的剧本为"儒家道德的五幕剧"。伏尔泰相信,通过《赵氏孤儿》这个剧本可以比其他途径更便捷更好地了解中国人的品性,通过对这个剧本的改编则能把中国人的道德更充分地展示在法国人面前。因此他对原作进行了大手笔的改编,时间被后移到成吉思汗征服中国时,故事也被改成成吉思汗搜求前朝遗孤,前朝遗臣盛缔为保护遗孤宁愿牺牲自己的儿子,其妻也拒绝以接受成吉思汗的求婚为条件来挽救丈夫和孩子,结果成吉思汗被感动,决定赦免一干人并抚养遗孤。伏尔泰力图把盛缔塑造成孔子后裔式的角色,并让

伏尔泰像

成吉思汗坦言是中国人的道德使他改变了主意,由此将这部戏的主旨淋漓尽致地展示出来。《赵氏孤儿》中的仁爱和道德不仅俘获了伏尔泰,也感动了18世纪末的歌德(Johann Wolfgang von Goethe,1749—1832),他于1781年8月着手将其再次改编为《额尔彭诺》一剧,但可惜只完成了两幕便中途辍笔。事实上,所有这些改编本《赵氏孤儿》都不是因其戏剧艺术和文学性而被欧洲人接受,它们只是这些欧洲作家抒发自己某方面社会理想的载体,戏剧中如故事情节、思想意义、异国情调等元素所起的作用只是帮助这些作家达成目的同时吸引欧洲读者的兴趣。

《中华帝国全志》中收录的4篇《今古奇观》故事同样给欧洲人不少道德启示,这4篇故事本来就充满道德说教的意味,因此《庄子休鼓盆成大道》成为伏尔泰哲理小说《查第格》第二章的创作根据,被哥德斯密用到《世界公民》中。甚至连《好逑传》这样的才子佳人故事都被珀西作为劝善惩恶的范本出版,并在歌德那里引起强烈的道德共鸣,可见18世纪的欧洲人对中国人的道德观念要比对文学敏感得多。《好逑传》初译本的来历不很明晰,珀西1761年以英文编译出版时,在序言中坦言自己对这部小说的技巧并不重视,但是欣赏它的道德思想,认为它有劝善惩恶的作用。《好逑传》英译本刊出后非常流行,先后被转译为法文、德文、荷兰文,并引起歌德、席勒等人的注意。席勒曾因译文拙劣而想写一个改编本,但中途辍笔。歌德不但当时就读了,而且晚年又细读一遍,并就小说里的名教思想发表了有趣的谈话,认为书中人物在所有方面都比德国人更加纯洁和道德。《好逑传》之所以成功,原因在于18世纪的欧洲流行一种类似中国名教的思想,有人将其称作清教思想。

18世纪的欧洲知识分子非常重视社会道德问题,而这通常是社会转型期的一个基本问题。从前的道德体系是以神学训导和神权统治为基础的,当神权遭到鄙视甚至被颠覆时,如何建立一套独立于宗教又能有效维系社会秩序的道德体系,就成为萦绕在启蒙学者们心头的重要问题。社会动荡、战争频仍造成的道德沦丧、风俗颓坏局面使这一问题变得更加急迫。耶稣会士曾经出于论证中国人心性纯洁、适合接受基督教的目的而对儒家道德不吝溢美之词,自17世纪就已经让欧洲人印象深刻,只是此前人们多循着耶稣会士的思路讨论儒家道德与宗教道德间的相似性。到了18世纪人们突然顿悟,原来中国人是在一种非宗教的道德约束下过着幸福安宁的生活,而这正是当时的欧洲所急需的。中国道德的非宗教性特征及其实际效果在反映社会生活的文学作品中得到生动体现,比教条式的儒学经典更通俗明白,也更有感染力。这样,有限的几个中国文学故事被欧洲作家们发掘出无限的道德价值。

4. 中国旧制度与欧洲新理想的反差

17世纪的欧洲人无论是继承文艺复兴的传统推重古希腊罗马文明,还是立足基督教观念将是否与圣经历史有渊源关系作为衡量一种文明是否值得尊重的尺度,总之都很崇尚古代,认为古人优于今人,这种好古之风直至18世纪中期仍在欧洲大陆延续。而另有些人好古的目的是为了借古论今,为新事物寻找一些依据。中国古老历史之被赞扬、中国制度之被借鉴,在很大程度上就是由于上述两种好古之心所致。由此不难推测,当欧洲人的崇古之风衰歇,代之以对当代文明成果的喜好和对进步潜力的期望,则中国的形象必然会发生巨大的变化。

大体而言,作为一个群体,是英国人率先抛弃对古代的崇拜之情,津津乐道于本国现行制度下所取得的各项成就。所以我们看到,英国人比较早也比较多地批评中国。前一章谈到的《环球航行记》中有关中国的评论是以安森率领的一支英国舰队1740年代在广州和澳门的亲身经历为基础的,描述也颇真实。不过从18世纪初期,就开始有从未到过中国的英国作家根据各种转手得来的中国知识贬低中国,而同样是这些知识,在同时期的其他作家手里往往是被作为称赞中国的依据。所以这种差别反映的不是英国人对中国有更多了解,而是反映了不同作家写作时的不同需要。写下《鲁滨孙漂流记》的大名鼎鼎的笛福

(Daniel Defoe,1660—1731)就是这样一个从未接触过中国却对中国甚多苛评之人,他在 1705 年发表《团结:或月球世界活动记录》,1719 年发表《鲁滨孙二次漂流记》,稍后又发表《鲁滨孙的真实感想》。在这三部作品中,他虽然主要依据耶稣会士报告获取中国知识,但却彻底改写了中国形象。笛福说,有关中国人品质的传闻都是子虚乌有,中国人并不比其他民族强,中国的农业和经济生活方式甚至比英国的还要悲惨,中国的统治是一种奴化统治,中国的军力衰弱得可怜,中国的宗教是最野蛮的。总之,中国是许多野蛮国家中一个还算开化的国家,或许多开化国家中仍很愚昧的一个国家。

笛福评价中国时着重依据英国的现状比较中英两国在军事力量、国家实力、经济状况上的差异,而不是像同时期其他欧洲大陆的作家们那样普遍热衷于道德水准、历史传统、文化内涵等事项,反映出 18 世纪初英国和大陆国家间的国情差异。英国只经历了短暂的专制集权时期就走上近代资本主义发展之路,无论军事力量、综合国力还是贸易能力都在节节上升,因此对文明与先进的看法同生活在君主集权"光芒"下的法国人以及其他仰望法国光芒之大陆国家的人很不相同。因此,尽管 18 世纪为了批判本国政治而美化中国的英国人仍有很多,但认可笛福观点的英国人也不少。牧师洛基尔(Francis Lockier,1667—1740)写过一篇响应笛福中国观的谈话报告,作家艾迪生(Joseph Addison,1672—1719)曾在 1716 年的一篇文章里批评缠足习俗。1740 年匿名者的《一篇非正式的论文》以中国的差劲来类比英国,而不是像别人那样用中国的优点来讽刺英国。1762 年英国出现了一部匿名作品《1747 年和 1748 年东印度游记》,在关于中国的法律和制度这一关键问题上否定了中国,说它们的原则虽好,却执行不利,理想与现实脱节。著名哲学家休谟则对中国军力衰弱十分敏感,认为中国的制度缺乏维护国家安全的能力和保障民主权利的意愿,并对此深感不满。看来,18 世纪的英国人无论是借中国来讽刺本国弊政,还是批评中国,他们的前提都是承认英国目前走在一条合理的文明发展之路上,从根本上是强于其他文明的。也因此,18 世纪末马戛尔尼使团成员对中国深感失望,甚至生了掠夺之心,就不难理解了。

法国的情况与英国不同,很多新君主主义者一度希望借用中国的成功范例来帮助法国的专制制度更好地实现其职能,所以当英国人已经开始毫不留情地批评中国之时,法国对中国制度的追捧却日渐高涨并于 18 世纪中叶达到顶峰,甚至到 18 世纪晚期还有重农学派或他们的同情者试图引进中国制度。但是到 1760 年代,法国国内对中国的态度也开始出现转折。这时耶稣会士在法国已经失势,法国因在与英国争夺海外殖民地的战争中接连失利而大大影响国运,法国君主专制制度下的社会矛盾也日趋激烈。这一切不但促使更多人关注社会

孟德斯鸠像

与政治问题,还使很多人放弃新君主主义的理想而关注自由主义者的主张。在此情形下,君主集权的中国显然不再具有多少参考价值,而来自古希腊罗马的自由主义传统和当代新思想则开始熠熠生辉,耶稣会士的失势进一步加剧了对他们所有作为的怀疑,包括他们长久以来向欧洲人夸耀的灿烂中国形象。

1760年代以后,批评中国的文字在新的时代潮流下开始引人注目,但即便是在1760年代以前,法国也不乏中国的批判者,如卢梭和孟德斯鸠。他们都是为了论证自己的特定理论而将中国作为例证,所以有时称赞中国,有时批评中国。18世纪后半叶,对专制制度的批判成为法国启蒙学者的重心,而早前孟德斯鸠将中国与专制暴政相联系并因此所持的批判态度被这时期的法国思想家普遍采纳,比如格利姆(Freiherr von Freidrich Melchior Grimm,1723—1807)、狄德罗、霍尔巴赫就是如此。这几人中,格利姆从头到尾都反对那种不加甄别的中国癖好,曾一针见血地指明传教士刻意塑造的中国美好形象不值得相信。狄德罗和霍尔巴赫都曾称赞过中国的道德哲学和以道德为立国之本的政治体制,然而当他们深刻了解了专制制度的害处并认识到中国专制主义的本质及其产生根源后,当他们开始呼吁一种新的制度蓝图时,他们对中国的态度就随之发生了转变。由此可见,对中国的毁誉皆出自现实的需要,并与时代风气的演变密切相关。

除此之外，18世纪无论是英国还是欧洲大陆，都曾有人对中国的科举选拔制度非常感兴趣，还对中国的教育普及程度称道不已，然而这些提倡者们始终未能把他们的赞赏之情转变为本国的现实制度。根本原因不在于这些中国制度的称赞者们是否有影响力或者有实权这样做，而在于正处于变革中的欧洲所需要的不是中国那类维持农业文明的集权统治制度。无论是瓦解君主集权制的官僚模式改革还是体现自由主义思想的教育改革，一旦在18世纪后期展开，中国制度的不合时宜之处就马上显露出来，被冷落也就在所难免。总之，随着欧洲不可逆转地开始向我们今天称为"近代化"的方向发展，随着18世纪欧洲人破除旧权威的任务大体完成而日益表现出身为现代人的自信与优越感，中国的古老以及因为古老而赢得的辉煌就越发遥远，直至被欧洲人毫不犹豫地归入"落后"这一范畴，以与他们自身的"进步"相对照。休谟在1742—1754年间写的一些论文，亚当·斯密（Adam Smith, 1723—1790）于1776年出版的《国民财富的性质和原因的研究》（即《国富伦》），孔多塞（Marquis de Condorcet, 1743—1794）于1795年发表的《人类精神进步史表纲要》，都鲜明地表达出欧洲人的进步观念，以及在此观念映照下中国的落后地位。然而，借耶稣会士之手所传递的中国知识在17—18世纪的欧洲人眼里堆积起的中国形象事实上没有太大变化，只是这个形象的价值随着欧洲人价值观的变化而改变了。

如果将欧洲的历史脉络沿着启蒙时代继续延伸，则可以看出18世纪后半叶构成了19世纪、20世纪欧洲人认识中国的起点。截至18世纪初，欧洲仍深受圣经神学观念制约，因而在基督教普遍主义理想驱使下极力在中国与欧洲间寻找相似性，以将中国已有的宗教纳入基督教范畴，并力图将中国的历史与文化纳入圣经教义的轨辙。但寻找或构筑相似性的努力在18世纪中后期逐渐褪色，首先是因为神权的急剧衰落和对教会的强烈敌对情绪致使人们倾向于否定与基督教神学有关的种种思想，包括其普遍主义思想，而否认中西思想间的相似性在某种程度上就是对教会权威的挑战；其次是因为原先极力灌输中西宗教相似性的耶稣会士在时代变局中遭受了巨大冲击，他们的失势直接导致欧洲人对他们所塑造之中国形象的重新评价；最后，中西文化本身就有巨大的差异，18世纪时两者的社会发展趋势又截然不同，当极力寻找两者相似性的动机解除之后，它们之间的差异当然就格外明显，直至建立起"中国是欧洲的对立面"这样一种认识，这种认识一经形成又成为19世纪、20世纪欧洲人认识中国的新起点。但不管是将中国引为同盟，还是将中国视为对立面；不管是称赞中国，还是贬损中国，欧洲人都是为了树立一个认识自己的参照物。所以在启蒙时代的欧洲，有关中国的言论不啻千万，对中国的认识却始终模糊不清。

第二十九章 中国商品与欧洲人的新生活

感受异国情调并形成对该国印象的最直接、最有效、最普遍的方式莫过于接触异国商品。自欧洲人发现了东亚，大量中国商品输入欧洲，不仅改变了欧洲人一些生活习惯，也成为欧洲人认识中国的第一窗口，还滋长了"中国趣味"这种流行于18世纪欧洲上流社会的充满异域情调的独特艺术品位。所谓"中国趣味"是17世纪、18世纪欧洲的室内装饰、家具、陶瓷、纺织品、园林设计方面所表现出的对中国风格的欧洲化理解，它的形成与大量中国物品涌入欧洲直接相关，也是特定时代思想状态的一种折射。

16世纪，欧洲最重要的进口商品是东南亚的香料，特别是胡椒（其他还有肉桂、丁香、肉豆蔻和生姜）。但这时胡椒已不再是财富和奢侈的标志，而主要用于烹制食物。导致胡椒地位下降的原因，一是新的奢侈品兴起（如咖啡、巧克力、烧酒、烟草），新品种蔬菜出现，餐桌菜肴日益多样化。二是16世纪中期以后肉类消费普遍减少，过去的食肉习惯有了明显改变。此外，欧洲市场已出现饱和。胡椒等香料需求量下降的态势在1650年以后已经表现明显。在此背景下，中国的一些新型进口商品立刻成为欧洲市场的新宠。

16—18世纪的中欧贸易其实是以欧洲市场对中国商品的单方面巨大需求为特征，无论在哪条运输路线上，中国的丝织品、生丝、棉布、茶叶、陶瓷器都是主打产品，而且它们都经历了从高档奢侈品变为大众消费品的历程。此外的中国商品还有从食物、矿物到居家用品和玩具的各类物产，都颇受欢迎，如糖块、烧酒、酱油、糕点、莲蓉、桂子、蜜饯、茯苓、生姜、茴香籽、草药、大黄、鹿茸、麝香、樟脑、汞、明矾、硼砂、朱砂、铅、锡、锌、黄铜、白铜、黄金首饰、珠宝、漆器、画、茶几、扇、席、手杖、玩具。而欧洲各国向中国输出的本国产品以高档毛绒和毛呢为主，由于价格昂贵，且中国人很长时期也不缺衣料，所以仅限于供应极少数富贵之家，总体是滞销货。欧洲人能打入中国市场的商品都是亚洲出产，主要有香料（如木香、没药、乳香、胡椒、丁香、肉豆蔻、桂皮）、木材（如檀香木、红木、蓝靛）、棉花，还有铸铜钱所需的锡块，此外还有王公贵戚历来喜欢的奇珍异宝，以及自鸣钟等欧洲精巧制品。但是，中国进口物品的数量远不能与出口物品相匹配，因为上述物品都不可能赢得大众市场，大多时候欧洲人必须直接支付白银。直到 18 世纪末期,欧洲毛织品在中国市场的销售都处在大额亏损状态。稍有例外的是 18 世纪后期北美发现西洋参,立刻成为备受中国市场欢迎的物品。

从 16 世纪到 18 世纪,瓷器、丝货和茶叶在运销欧洲的中国商品中总是位于前列,虽然它们彼此之间的排名因时而变,正是这三类物品在欧洲人生活方式和艺术风格的变化中扮演了重要角色,成为中国与欧洲文化互动的突出例证。

一、茶叶与英国茶会

中国的茶叶大约在唐代就传到了吐蕃、回鹘等狭义的西域地区。9 世纪的阿拉伯文献中就提到中国的茶叶"用开水冲喝",能"治百病"①。14 世纪,中国茶饮习惯经陆路西传,至迟在 15 世纪初,cha(茶)已经成为一个波斯词汇②。至少在 16 世纪中叶,茶叶的信息通过意大利人已经传入西欧。以博学著称的意大利地理博物学家拉木学(G. B. Ramusio,1485—1557)编纂的《航海旅行记》(初版于 1556 年)最早提到中国人的饮茶习俗:"大秦国有一种植物,仅有叶片可以饮用,人们都叫它中国茶。"《利玛窦中国札记》也提到茶饮,说茶叶很贵,一个、两个甚至三个金锭才能购买到一磅③。此后一百多年里茶叶在欧洲,更多是被当作药物。1659 年巴黎大学医学系称赞茶叶有医治疾病的功效,于是茶叶更显珍贵,成为巴黎最高级和最珍贵的饮料,只有巨富才喝得起。

大规模的中欧之间的茶叶贸易是从 17 世纪后期开始的。茶饮与巧克力和咖啡一起,共同成为法国成功人士享用的昂贵进口饮料。人们习惯于在特别豪华的咖啡厅享受新进口的奢侈饮料。欧洲各重要城市渐次出现咖啡馆,伦敦在 1652 年,马赛在 1654 年,汉堡在 1671 年,巴黎在 1672 年,维也纳在 1683 年。巴黎的咖啡馆多半陈设高雅,吸引适合其身份的顾客。咖啡厅的服务人员多半穿着土耳其或亚美尼亚式服装,因为早先法国人是通过土耳其人接触到咖啡的。咖啡馆日后成为欧洲各社会阶层人士相互接触的场所,成为精神思想交汇之处,成为政治和艺术的革命潮流萌芽之温床,则为始料未

---

① [法]索瓦热编订:《中国印度见闻录》,穆根来、汶江、黄倬汉译,北京:中华书局,1983 年,第 17 页。
② 黄时鉴:《关于茶在北亚和西域的早期传播——兼说马可·波罗未有记茶》,《黄时鉴文集 II:远迹心契》,上海:中西书局,2011 年,第 232 页。
③ 参见耿昇:《从西方发现中国茶叶到海上茶路之路的繁荣》,万明主编:《丝绸之路的互动与共生学术研讨会论文集》,北京:中国社会科学出版社,2018 年,第 6—8 页。关于茶叶的传入欧洲,又参见黄时鉴:《茶传入欧洲及其欧文称谓》,《黄时鉴文集 III:东海西海》,第 1—16 页。

及。与咖啡相比,巧克力较便宜。巧克力于1528年被引入西班牙宫廷,日后逐渐进入西班牙民间和欧洲其他地区。1659年起,巴黎人把喝巧克力饮料视为一种特权。

荷兰公司自1610年便购买中国茶叶,英国则1669年才首次购买,总体上欧洲人自17世纪最后二十五年开始比较多地进口中国茶叶。虽然英国上层社会品味茶饮晚于法国人,但中欧茶叶贸易的兴盛是以英国市场的需求为主导的。1657年伦敦有人开了一家茶店。著名的《佩皮斯日记》的主人——作家佩皮斯(Samuel Pepys,1633—1703)在1666年9月25日的日记条目中说:"我要了一杯茶,那是我以前没有饮用过的中国饮料。"他可能就在茶店享用的这杯茶。来自葡萄牙的凯瑟琳王后(1638—1705)有"饮茶皇后"之称,1662年嫁给英国查理二世(Charles II,1660—1685年在位),并将茶叶引入英国宫廷。1664年和1666年英国东印度公司带来一些茶叶作为礼物送给查理二世并得到国王嘉许,公司便从1669年正式从亚洲进口茶叶。据说凯瑟琳王后有时会与风流倜傥的夫君查理二世共饮下午茶。1684年起,英国公司将茶叶列为重要进口商品,恐怕与上流社会喜爱茶叶有关。在查理二世青睐茶叶之后,继任的几位英国君王如玛丽二世(Mary II,1689—1694与威廉三世共治)和安妮女王(Anne of Great Britain,1702—1714年在位)也都喜爱饮茶。据说玛丽二世备有各种茶具,安妮女王则常在肯辛顿宫的花园闲坐饮茶。

18世纪初,茶饮已在英国各阶层人士中享有口碑。1700年,桂冠诗人纳厄姆·泰特(Nahum Tate,1652—1715)发表《饮茶颂》,其中说道:人们有了烦恼,总去寻找酒神,哪知多喝了几杯,烦恼未去而神志不清了。饮茶不同,饮茶可以忘忧,而头脑仍然清醒。社交界的名女士蒙塔古夫人(Lady Mary Wortley Montagu,1689—1762)则说,因为饮茶,社交活动更有生气了;年老的变得年轻,年轻的更年轻了。作家艾迪生在他主办的报刊《旁观者》第323号上说,时髦女子在上午10点至11点之间要喝武夷茶一盅,到了晚间10点至11点之间,又坐在茶桌边。艾迪生本人也爱好品茶,他在1712年6月9日发表于《旁观者》第409号的一篇文章中宣称,老茶客能分辨出各种名茶。如果有两种茶叶合在一起,他在品尝过后也能分辨,并能说出这两种茶的名字。英国东印度公司迅速注意到茶叶在本国的广泛需求并采取行动。1704年英国肯特号(Kent)从广州运载的货物有价值14 000两白银的470担茶叶,和价值80 000两白银的丝织品,茶叶占货物总值11%。1717年,英国东印度公司指示每艘船要尽其所能地装载茶叶。1722年,英国东印度公司从中国进口茶叶已占总货值56%。可能在1720年左右,中国茶叶的出口价值已超过丝织品出口价值。

漆描金人物纹茶叶盒

中国茶叶

此时,茶叶在英国乃至欧洲都早已不再是药物而成为一种饮料。18世纪中期,英国各地上至王公贵族、下至贩夫走卒,都要喝茶,只是喝的品种不同。1720年代的英国人开始普遍有饮用下午茶和黄昏茶的习惯。英国人的黄昏茶点是为了在晚饭前给收工回来的男人们补充体力用,因此惯用较便宜和味道浓烈的印度茶。但下午茶却喜用雅致的中国茶,同时这也是女性世界的表现。下午茶是一种家庭社交娱乐活动,因此茶饮总与茶会联系在一起。茶会通过客厅和饮茶时间培养出一种女性化的家庭空间和时间,因为茶会需要有特别的烹调手艺、家具、茶具、服装,还需要有机会展示这一切。以饮茶来支持和塑造女性氛围,其实是工业革命后更加普遍的女性化消费的一部分。咖啡馆的诞生与普及使咖啡成为男性文化与公共文化的一部分,同时咖啡与巧克力的价格对于中产阶级女性而言仍显昂贵,不适合成为社交饮料,茶叶和茶会则成为最适合中上层女性的社交工具。茶叶被中上层人士热衷,还在于人们认为它有一种培养君子之风的社会功效。1590年,意大利一位作家乔瓦尼·波特罗(Giovanni Botero)便提出,中国人用茶代替酒作日常饮料,它不仅使中国人身体健康,还使他们不至于因无节制喝酒而引出邪恶举动,而意大利人或欧洲人正属于喝酒闹事的人[①]。马戛尔尼使团的副使斯当东爵士也赞同这种观点,认为茶叶最大的好处就是,当人们习惯饮茶之后,就不再喜欢发酵的烈性酒。而近代早期的英国人因为爱喝酒而粗野好斗,这似乎也是英国绅士阶层的共识。茶叶在英国推广的另一个动力是产业工人的需要。茶叶和烤面包是帮助人们消除疲劳、振作精神的新食物,有利于劳动操作的安全进行,帮助工厂工人在粗劣饮食之下还能撑着干活。不过,中国茶叶在18世纪末期之前都属于较昂贵的进口物品,不是产业工人能够享用的,而且农民大量涌入城市成为产业工人也是在18世

---

① 引自 Tan Chung, *China and the Brave New World: A Study of the Origins of the Opium War (1840—42)*, Durham: Carolina Academic Press, 1978, p. 76。

纪、19世纪之交才成为潮流。所以,18世纪饮茶之风的兴盛主要还源于中产阶级和贵族阶级的追捧。下午茶在18世纪已常见于西欧各地,但在英国才谈得上盛行。1772—1780年间,英国及其属地每年最少消耗茶叶1333.8万磅,1791—1793年间英国人每年人均消费茶叶1.66磅。18世纪的英国在茶叶消费上比别国早熟,正是这个国家经济、社会和文化早熟的一种标志。富足、闲适和家庭社交造就了作为一种生活方式的下午茶,它成为英国一个特殊社会发展阶段的生活方式的理想表达。

英国人围绕饮茶还起了公案。著名旅行家和慈善家汉威(Jonas Hanway,1712—1786)在1756年发表了一篇《茶说》(Essay on Tea),说各种进口中国茶都阻碍生产的发展,把国家弄穷(初期一磅茶叶价格约15—16先令),还对健康有害,尤其破坏女性的天生丽质。没精打采、消化不良、疲惫、懒惰和忧郁之类情绪状态都与饮茶有关。他提倡戒茶,并提议由女士做起,树立铜像或石像,题写戒茶女士领导人的姓名以资鼓励等等。汉威是第一个把遮阳伞打到大街上的人,他的这篇文章惹火了另外一位著名人士,作家约翰逊(Samuel Johnson,1709—1784)博士,他是《英语大辞典》的编纂者,还是《莎士比亚集》编注者。身为老茶客的约翰逊给《文学杂志》(Literary Magazine)写了一篇书评痛斥汉威,并在文章结尾自曝茶瘾,说自己白天喝茶咽饭、傍晚喝茶解闷、夜半喝茶忘忧、早起喝茶提神,二十年来茶炉子没冷过。汉威看了不服,写文章回应。约翰逊看过更是生气,再书一笔答辩。有一点可以肯定,英国的茶叶消费市场在这些轶事趣闻的陪伴下蒸蒸日上。

英国茶叶消费市场的成熟不仅促进了英国的茶叶贸易,也极大地促进了其他欧洲国家的茶叶贸易,荷兰曾是它最大的竞争对手。1690—1719年间,荷兰东印度公司向来巴达维亚贸易的华商和葡澳商人购进的茶叶仅占所有中国商品的20%—50%,每年平均500—600担。1729年和1760年,茶叶竟分别占公司输入华货总价值的85.1%和89.6%。直到18世纪末,这个比例都维持在70%以上。1730年巴达维亚输入中国茶可能在15 000担。将茶叶卖到巴达维亚的不只是中国帆船,还有葡澳商人。18世纪中期以前,葡澳主要经马六甲、巴达维亚向欧洲进口中国的茶叶和丝织品,1720—1723年间,共计30艘船从澳门航向巴达维亚,主要货物为茶叶,每年将2000—3000担茶叶运进巴达维亚,同时购入胡椒返回澳门。1728—1734/1735年荷兰与广州直接通航阶段,9艘抵达广州并顺利返航的荷兰商船共载运135万磅茶叶,占输入华货总值73.9%。1730年代,平均每年巴达维亚从中国帆船购入约30 000担茶叶。

英国茶叶消费市场的蓬勃发展促使英国政府视茶叶为利润源泉,长期对茶

从东方运来茶叶的船只在英国东印度公司伦敦的码头卸载

叶课以总量高达106%—127%的各种税,以致英国茶叶售价是欧洲其他国家的3倍,结果造成英国的茶叶走私不可遏止。每年经走私进入英国的茶叶达六七百万磅,占其消费量的三分之二,极大地影响了英国东印度公司的竞争力。以荷兰为首的其他东印度公司如此热心于茶叶贸易,原来是为了卖给英国的走私商人。英国东印度公司的茶叶因此滞销,1773年曾极度过剩而不得不大大减少进口量。这种情况不仅危及东印度公司的利润,也影响了国家税收,与课收高额茶叶税的初衷南辕北辙。1784年,英国终于通过《减税法令》(Commutation Act,也译为《交换法令》《交易法令》),将茶叶税降至12.5%。此法令的效果立竿见影,英国东印度公司茶叶销售量迅速增加,进口量也随之扩大。1785年以后,其他东印度公司在对华茶叶贸易中的份额急剧下降。1795年之后,欧洲大陆的东印度公司纷纷倒闭,英国东印度公司与英国散商更是独揽中欧茶叶贸易,就输入中国茶叶数量而言,唯有新起的美国可与之争雄。19世纪中后期,中国茶业产量的三分之一都通过英国商人销往欧洲。

英国从中国大量购买茶叶,资金成为重大问题,于是英国公司先以印度的棉花为替代支付品,后来则以鸦片。18世纪中叶,中国自产棉花已跟不上人口成长和经济增长的需求,开始大量进口印度棉花,1785—1833年共进口印度棉花13 404 659担,年均273 564.4担。

18世纪后半叶,法国普遍兴起进口替代意识,在此意识下,对于昂贵进口商品的态度是,既要享用这种异域物品,又不要花那么多钱。法国与英国相比虽非茶叶消费大国,但茶叶的昂贵价格和被人喜爱也已经引起贸易保护主义者的不安。17世纪中叶,茶叶在法国因为价格高昂而不如咖啡普及。但1766年,法国的茶叶消费总量估计为250万磅①。所以,18世纪中后期,法国的园丁和科学家都在尝试培植茶树,只是没能成功。法国人试图引种茶树不仅因为进口替代意识的作用,还有法国植物学家贸易保护传统的影响,他们从17世纪就反对从印度进口农作物而努力尝试异域农作物的本地化生产。在引种茶树方面最著名的例子是植物学家林奈(Carl Linnaeus,1707—1778)试图在拉普兰(Lapland)种茶的经历。林奈是"驯化异国物品"的最著名人士之一,他虽是瑞典人,却也属于法兰西科学院圈子,法兰西科学院与他保持通信。林奈请东印度公司的人给他带一株茶树,但几艘船运来的都是死掉的植株。1763年,林奈终于在瑞典收到一株尚存活的茶树,但未能引种成功。1766年法兰西科学院一份报告称,茶树这种植物太特殊,只适合中国的水土。在这份评估报告中,林奈的失败经历是一个考虑因素。但林奈后来还给英格兰转送了几株活的茶树,而据说它们在英国活了下来。不过英国人真正建立茶园要到19世纪后期,并且是在斯里兰卡。

二、丝绸与欧洲丝织业的轮替

中国丝绸从罗马帝国时代就令贵族迷醉不已,不管道德严谨的罗马人对此如何批评也无济于事。东罗马帝国显然继承了西罗马帝国的爱好,从查士丁尼时代起,丝织品竟已是帝国相当普遍的衣着材料。蛮族成为西罗马帝国的主人以后也很快爱上丝绸,查理曼大帝建立的王朝中,不仅贵族男女喜爱穿绸缎服装,连神职人员也无视禁令穿裹绸缎或紫红色的华丽服装,贵族女子还为丝绸质地的宗教服装和世俗服装刺绣纹饰。神圣罗马帝国辖境内的骑士与贵妇同样以刺绣丝绸为中意的服装材料。文艺复兴时期,贵重的宫廷服装质料除了普通丝绸,还有提花锦缎。16世纪中叶起,欧洲的礼节与服装款式明显受到西班牙国王腓力二世及其继承者影响。16世纪末,贵族男女都喜爱黑色花纹的丝织衣料。达官贵人喜欢以轻便带扣的鞋子或骑士长靴搭配一件潇洒的短外套、手套和一顶紧压在剪短了的头发上的丝帽。18世纪,维也纳时尚男装的重要

---

① 据耿昇统计,1766年法国进口茶叶是4船250万磅。耿昇:《从西方发现中国茶叶到海上茶叶之路的繁荣》,第19页表6。

组成部分是无袖锦缎背心或丝织胸衣,法国的宫廷服装少不了丝绸、天鹅绒和锦缎。直到大革命前,法国上流人士一直爱穿丝织的(通常是织锦)外套、马甲和裤子。这些丝织成品未必都来自中国,波斯地区也可以为欧洲市场提供丝织物,而且与制瓷和种茶相比,丝织品生产的本地化在欧洲开始得最早也发展得最好。

晚明时期(1570—1644),中国出口马尼拉的产品中以丝货占绝大部分,1611—1615年间比例高达91.5%,明季马尼拉是中国丝货销往欧洲的最重要基地。1684年清朝开放海禁后,丝货在西班牙大帆船中仍占极大比例。直到18世纪末,中国丝货仍占墨西哥进口商品总值的63%。中国丝绸在西属美洲被普遍穿戴,不但西班牙殖民者使用各种中国丝绸制品,连产银区的非洲人和印第安人也有能力购买丝绸衣物。而西班牙为中国丝货付出大量白银,18世纪晚期,由于福建和广东粮食产量严重不足,开始从菲律宾大量进口稻米,这才扭转了西班牙和中国之间的丝货贸易逆差,但不久之后就因为墨西哥独立战争而废止大帆船贸易。

中国织锦和瓷器(静物写生)

第二十九章　中国商品与欧洲人的新生活 | 753

　　1720年代之前,茶叶贸易尚未大兴,丝货是欧洲各国对华贸易中最有价值的物品。雍正年间,生丝和绸缎成为广州的大宗出口商品。1884年之后,丝货又取代茶叶恢复出口魁首地位,但以生丝原料为主。17世纪以后,中国丝匠已开始按照欧洲商人的订货要求设计生产带有欧洲风格图案的丝织品。18世纪各个东印度公司进口中国成品丝绸的数量有相似的变化趋势,1730—1740年代是顶峰,此后随着本国丝织业的发展而逐渐减少。17世纪后期及18世纪初,就有英法纺织业人士敦促政府立法禁止中国丝织品流入,但由于上层社会喜爱中国丝织品,而本国丝织业又尚未成熟,因此即使政府颁布禁止令也不能制止优质中国丝织品流入。

　　6世纪上半叶查士丁尼统治时期,蚕种和养蚕法终于传入东罗马。从中国直接夹带蚕卵偷运至东罗马的传说缺乏可信度,但波斯在5世纪就已开始丝织业,身为邻国而又为大量购买丝绸的黄金流入波斯感到心痛不已的东罗马很可能从波斯获悉此项秘密。东罗马帝国的养蚕植桑业和丝织业在查士丁尼在世时已有显著发展,据说下一代皇帝时,来自中亚的使臣夸罗马人的养蚕纺丝技术不逊于中国人。伯罗奔尼撒在8世纪中叶出产的丝织品已经有单丝、双丝、三丝甚至六丝的多种质地,丝织品的颜色与图案也丰富多样。直到12世纪,东罗马—拜占庭都垄断着基督教世界的养蚕纺丝技术。但12世纪里,先是摩尔人统治的伊比利亚半岛从伯罗奔尼撒的希腊人那里获得丝织术,然后定居西西里的诺曼人将这种技术传入西西里,大约是因为当时西西里国王罗杰二世(Roger II,1095—1154)与阿拉伯世界关系颇为密切的缘故。罗杰二世很赏识丝织业,1147年攻打拜占庭领土伯罗奔尼撒半岛并大获全胜时,顺便把底比斯和科林斯地区的大批男女织工掳至西西里岛,专门在皇宫里为他们建了一座丝织厂,西西里王国就此成为西方丝织品的重要来源地。但西西里王国的衰落使丝织业中心转移到位于托斯卡纳地区的卢卡(Lucca),卢卡在1314年成为意大利丝织业的垄断者,只是好景不长。14世纪末,卢卡的一次动乱使丝工散布到佛罗伦萨、波隆纳、威尼斯、米兰,甚至法国。意大利各城邦的丝织业在15世纪、16世纪间纷纷兴起,西西里却黯然失色,不过西西里王国的那不勒斯在16世纪仍维持着丝织业,而整个意大利这时都在植桑养蚕。

　　威尼斯的丝织业在15—16世纪非常兴盛,曾经有四千人受雇生产天鹅绒、缎子、塔夫绸和金银线布,而一些经营集约化农业的贵族庄园为之提供生丝。但威尼斯的丝织业于16世纪初开始衰落,只是在刺绣和丝带生产方面仍保持领先地位。热那亚的丝织业从15世纪末才开始发展,很快成为主要工业门类,丝织品则成为主要出口商品,可是当里昂(Lyons)兴起之后它就失去竞争力。

佛罗伦萨的丝织业兴起于 15 世纪、16 世纪之交美第奇家族统治佛罗伦萨以后,威尼斯的逃亡丝工为该地提供了生产秘密,结果佛罗伦萨的金银线织锦行销整个欧洲。但法国的图尔(Tours)和里昂不久后就开始挑战它的垄断地位。米兰也有不错的丝织业。只有位于阿尔卑斯山区的皮埃蒙特没有丝织业,原因是两个邻居米兰和法国的强大竞争力。但是这里也养蚕,养蚕户只能低价将生丝卖给外国中间商。

法国的丝织业始于 14 世纪末,当时一些逃离意大利卢卡的丝工打算在鲁昂(Rouen)创建丝织厂,尽管有路易十一的保护,鲁昂商人却不予理睬。最终,路易十一在图尔创建他的丝纺试验工厂,到 1546 年,该工厂就有不下八千台织机。与此同时,尼姆和里昂也开始发展丝织业。里昂的发展尤其快,得益于热那亚出逃丝工的帮助和该城自由法令的保护。到法国宗教战争(1562—1593 年共计 8 次)前夕,里昂从事丝织、丝绒、镶金银线布生产的雇佣工人超过 12 000 人。亨利四世(1589—1610 年在位)资助了多家纺织厂,其中有专门生产绉纱的,还有专门生产缎子的。进入 17 世纪,服饰方面的奢侈风气大长,里昂周边地区及圣沙蒙(St. Chamond)和圣艾蒂安(St. Etienne)都兴起丝织业,这里的农民在冬季农闲季节都在纺织缎带。丝织品和棉布在 17 世纪初都成为有很大出口份额的商品,而政府则开始禁止出口亚麻、大麻和丝。同时,1629 年还发布条令禁止诸多外国纺织品进口,包括丝织品和镶金线、银线的布。虽然中国的丝织成品在 17 世纪也大量来到欧洲,但法国的丝织业一直保持强大的活力

16 世纪的西班牙已经有养蚕缫丝业,也牧养庞大的羊群。西班牙政府限制毛料输出量,以保护本国纺织品。西班牙在丝织品样品设计和制造贵重金银丝缎方面并无敌手,旅居西班牙的摩尔人对此行业及人工皮革制造业贡献甚大。16 世纪上半叶,在政府贸易保护政策的庇护下,包括丝织业在内的西班牙纺织业相当红火。但是,西班牙的制造业整体上没能繁荣多久,因为他们有富饶的殖民地提供消费的资金,国王和政府最关心购买进口奢侈品而不关心国内制造业的发展。相比其他行业,丝织业至少还维持到 1640 年。伊丽莎白时代,英国还没什么丝织业。17 世纪中叶,以难民身份自法国投奔英国的丝工在英国政府大力支持下创立了丝织业。1689 年以后,英国政府已经为鼓励丝织业而制定了出口退税或奖励的政策。普鲁士王国在 18 世纪后期终于也有了丝织业,而且可以同里昂竞争。

作为丝绸纺织原料的生丝外销欧洲开始于 1560 年代奔波于太平洋的西班牙大帆船。嗣后,中国生丝成为欧洲市场也是西班牙商船的重要进口物品。

1723年，西班牙议会宣称：大帆船自菲律宾运进墨西哥的生丝虽以4 000包为限，但实际上常高达10 000—12 000包，每包约重一磅。在马尼拉和墨西哥之间往返的西班牙大帆船别称"丝船"。17世纪，欧洲的养蚕业分布在意大利、西班牙和法国的罗纳河谷。而且桑树也是法国人意图本土化并付出大量实践的异国植物，桑树种植在法国始于16世纪中叶，当时有人专门回顾了地中海地区的植桑史，随后提议在巴黎引种，得到法国国王支持，号召贵族在自家庄园种植。贵族庄园也响应国王号召种植其他异域植物，而凡尔赛在16世纪末已经是著名的异域植物实验园。尽管如此，法国丝织业的繁荣使得本地蚕丝的供应量相形见绌。于是里昂通过马赛从地中海东岸地区获得部分原料，图尔则通过圣马洛（Saint Malo）从中国补充。虽说17世纪中期以后由于荷兰人在孟加拉、波斯等其他产丝国设立商馆，中国生丝在欧洲市场上受到孟加拉和波斯生丝的竞争，但中国生丝终究以其色泽亮白、丝质华丽且价格不高而具有强大竞争力。即使对荷兰东印度公司而言，1650年以前，中国生丝也是它最重要的进口物品，此后则让位于茶叶和瓷器。18世纪中期以前，英国主要进口波斯和孟加拉所产生丝，波斯和孟加拉生丝质量不如中国，但价格便宜，同时英国在18世纪初控制了孟加拉的丝产地，也为进口孟加拉丝提供方便。

17世纪法国一名女演员，身着绣有中式图案的丝绸长裙（版画）

18世纪，各国东印度公司开始大量输入中国生丝，1750年代生丝进口量明显增多。英国仍是典型例子。18世纪前半期英国进口华丝的数量每年起伏不定，且波动幅度相当大，从几百匹到四万多匹，50年代起呈现明显的上升趋势，基本保持在每年5万匹以上，60年代以后则迅速突破10万匹，有的年份甚至超过30万匹。出现这种情况的重要原因是，英国纺丝技术和设备大大发展，开始需要高质量的中国生丝纺造更精致的丝绸，同时也要摆脱对意大利高级丝线的依赖。另外如瑞典在1775年后只进口生丝而不进口丝绸。意大利的丝纺业虽然在16世纪、17世纪多少都因新兴国家的竞争而出现衰落征兆，但这时意大利毕竟还是欧洲生丝和丝线的基本来源地。18世纪，蜂拥而至的中国生丝对欧洲丝织业的影响绝非轻描淡写，法国里昂和英国的丝纺业因此如虎添翼，意大利的垄断地位则彻底丧失。这期间广州出口的生丝品种有白丝、黄丝、纬丝、单经丝、线经丝、双经丝六种，可见当时欧洲丝织业已发展到相当精细的程度。

而当生丝批量出口的同时，中国国内一度丝价昂贵，有人归咎于出口过多，所以乾隆二十七年（1762）明令限制欧洲船只每船准许携带的生丝数量。但两年后，前任浙江巡抚庄有恭（1713—1767）以杭、嘉、湖三府民生为由请求弛禁，清朝便不再限制生丝出口。到19世纪前半叶，欧洲市场上一半的生丝都来自中国，英国因产业革命后缫丝业大发展而依赖尤深。

荷兰公司颇与众不同，在18世纪对进口生丝不感兴趣而始终偏爱进口丝绸，因为丝绸获利比生丝更高。但这对荷兰纺织业构成威胁，荷兰的主要纺织品制造商于1740年、1770年两度向东印度公司董事会请愿，要求限制丝绸进口而多运生丝和丝线，却遭公司拒绝。不过，18世纪欧洲市场上的丝绸价格并不总能令荷兰公司满意，在前四分之三个世纪里因各国都大量进口丝绸而导致欧洲市场的丝绸价格非常不稳定。

18世纪后期，在印度棉花进口中国的同时，苏松一带出产的棉布成为向欧洲出口的又一大宗纺织品。苏松棉布有白色、褐色之分，外国人称为"南京布"，质地好而价格较丝绸便宜许多，更适于欧洲普通人制作日常衣物。南京布到1770年代以后开始大范围在欧洲流行。1780年以前欧洲有关南京布进口量的数据很零散，这也从一方面说明南京布此时尚未成为常规货物。18世纪最后十年里，各个东印度公司购买南京布的数量都在不断上升，而且各国平均每年的购买量常在三万匹以上。当然，除南京布以外，其他中国土布自1730年代起也陆续运销欧洲。

三、瓷器与制瓷的秘密

宋元时期,华瓷的主要海外市场是东南亚、波斯、北非和土耳其,但可能也有一些辗转进入欧洲。据说马可·波罗为欧洲带回第一件中国瓷器,一件现存威尼斯圣马可教堂(St Mark's Basilica)的德化白瓷,而欧洲人还因此把德化窑瓷器称为"马可·波罗瓷器"①。葡萄牙人在抵达印度之始就接触到中国瓷器,达·伽马获得卡利卡特国王赠送的一只大瓷罐、六只小瓷碗和六个深腹瓷壶,他回国时还将一些瓷器献给国王堂·曼努埃尔一世(D. Manuel I,1495—1521年在位)。这以后,堂·曼努埃尔国王喜爱上了中国瓷器,一边努力搜集,一边还对西班牙的天主教国王夫妇推荐或炫耀。而葡萄牙东方船队的船长们、贵族们和教会长老们也都喜爱上中国瓷器。天主教世界的特兰托公会议首轮会议召开期间(1545),葡萄牙布拉卡大主教马蒂尔(D. Frei Barlomeu dos Mártires)便向其他主教炫耀自己的瓷器收藏。1580年,里斯本已有六家出售中国瓷器的商店。中国与欧洲之间的正式瓷器贸易便因葡萄牙人而开始,但16世纪由葡萄牙人进口的瓷器数量虽然不少,却仍然是一项不定期贸易。而且,虽然葡萄牙本国在16世纪晚期已经开始了将青花瓷从上层社会奢侈品转变为普通百姓日用品的过程,但由于葡萄牙人不屑于在欧洲主动经商,他们的澳门瓷器贸易对他国的影响十分有限。待荷兰人加入瓷器贸易,中国瓷器才开始为欧洲各地瞩目。

1602年3月,荷兰人在海上截获一艘葡萄牙帆船"圣地亚哥"号(Santiago),将船上的28筐瓷制盘碟和14筐瓷碗作为战利品带到荷兰。1603年又截获一艘载有10万件瓷器的葡萄牙商船"圣卡特琳娜"号(Santa Catharine),这批瓷器在阿姆斯特丹公开拍卖,使荷兰人获利近600万荷兰盾。由于买主是来自整个西欧的王公贵族,此次拍卖也使中国瓷器在欧洲名声大噪。从此,瓷器贸易成为荷兰东印度公司的重要内容,它在这个领域的垄断地位一直保持到18世纪初。

1608年,荷兰公司通过南洋的中国商人定购10.8万件瓷器,1620年要求中国商人提供5.75万件各类瓷器,1622年的订购量是7.5万件,1638年其在台湾的瓷器存货多达890 328件,1639年又通过来巴达维亚的中国帆船商人定购2.5万件瓷器,1647年有20万件瓷器以走私方式经台湾转运至巴达维亚。

---

① 叶文程:《略谈德化窑的古外销瓷器》,《考古》1979年第2期。

据估计，1604—1656 年间荷兰共进口三百多万件瓷器。1662 年郑成功将荷兰人逐出台湾，清朝又实行海禁，荷兰人的华瓷贸易只能零星进行。1602—1682 年，荷兰东印度公司购入中国瓷器超过 1 600 万件，其中 1 200 万件运往欧洲。1683 年清朝统一台湾后华瓷才重新进口荷兰，1695 荷兰公司赢来 17 世纪华瓷贸易的高峰，当年瓷器货值 104 358 荷兰盾。18 世纪，荷兰公司在这项贸易中的垄断地位被英法公司取代，同时荷兰公司的注意力转向茶叶贸易，瓷器贸易一度近于中断，1702—1729 年只有数百荷兰盾用于购买瓷器。但自 1729 年首只来自阿姆斯特丹的船只抵达广州后，荷兰公司又恢复大规模瓷器贸易，1729 年、1731 年和 1734 年来华的船只采购瓷器数量分别在 21 万件、44 万件和 87 万件以上。此后的三角贸易阶段，每年荷兰公司买入的华瓷从四五十万件逐渐升至近百万件，有些年头也跌到 15 万件左右。1730—1789 年间，荷兰东印度公司购入中国瓷器总计超过 4 269 万件。

18 世纪中期以后，其他欧洲国家也大量输入瓷器，在广州的出口物品中，它是位于茶叶与丝货之后的第三大出口商品。瓷器贸易中，英国是荷兰的首要竞争对手。从 1760 年到 1764 年，英国公司从广州输出的瓷器年平均价值超过六万两白银，占其总货值 7.6%。1765—1779 年，达到八九万两。1785 年以后则迅速增加至每年 30 万两左右，1820—1824 年间曾达到每年 40 万两。茶叶贸易兴盛之后，欧洲公司输入瓷器与茶叶可谓相辅相成，瓷器与茶叶混装成为各公司通例，因为茶叶分量极轻，而瓷器正好可以兼任压舱货。作为后起之秀的瑞典东印度公司更以瓷器贸易为主，在其存在的 84 年中(1731—1815)共进口中国瓷器 5 000 万件，而仅 1750—1775 年间就进口 1 100 万件，居此期欧洲各国之首。据推算，17 世纪到 19 世纪初，欧洲各国进口华瓷总数量在 1.37 亿—1.44 件，考虑到荷兰公司的 3 500 万件中有接近一半为 17 世纪进口，而 19 世纪的华瓷贸易持续时间很短且数量不大，那么 18 世纪流入欧洲市场的中国瓷器恐怕不下一亿件。

从 17 世纪的不到 2 000 万件到 18 世纪的 10 000 万件，华瓷进口数量增长如此迅速，则华瓷的应用领域也必定有所拓展。17 世纪，中国瓷器在欧洲被当作奢侈品，尤其是宫廷借以标榜财富与地位的耀眼陈列品。宫廷风尚也在贵族中引领一种收集和装潢瓷器的新时尚，甚至因此诞生了从事"瓷器室"整体设计的设计师，荷兰籍法国建筑师丹尼尔·马罗特(Daniel Marot, 1661—1752)在该行业中最享盛名。在马罗特设计的鼎盛时期，曾大量收集瓷器作为自己居室装饰的重要元素，在一件他设计的壁炉架中，竟然包含了 300 多块孤品瓷器。

葡萄牙里斯本的桑托斯宫(Santos Palace)有个独一无二的瓷器室，房间金

第二十九章　中国商品与欧洲人的新生活 | 759

西班牙阿朗居艾兹瓷屋

字塔式拱顶的四个三角形斜面上共覆盖了261件青花瓷盘,其中最早的出产于1500年左右,最晚的出产于17世纪中叶,堪称葡萄牙瓷器贸易史的见证。17世纪的荷兰油画中,常可见到富裕家庭的壁架或桌子上摆设着中国青花瓷。18世纪,随着中欧瓷器贸易扩大,欧洲普通人家也追求拥有几件瓷器,贵尚之家以收集和鉴赏中国瓷器相矜夸之风有增无减。1713—1740年间,普鲁士国王为给自己的婚礼增色而寻求中国瓷器,于是通过外交谈判以600名魁伟健壮的近卫军卫兵从邻邦君主处换得一批中国瓷器。此举也堪称欧洲近代外交史上一桩奇闻。这批瓷器中的18只大型青花瓶由此被称为"近卫"花瓶。18世纪的英国名流,无论是作家约翰逊、斯威夫特(Jonathan Swift,1667—1745)和德拉尼夫人(Mary Delany,1700—1788),还是诸如坎特伯兰公爵这样的贵族,都大量收集瓷器,有时近乎疯狂。《旁观者》第336号(1712年3月26日)登载一封读者来信,写信的作者是一位瓷器店的店员,来信抱怨说,有位爱好进口瓷器而又舍不得花钱的女子,一天到晚无事可做,每天到他店里光顾两三次,一会说要买屏风,一会说要买绿茶和茶杯、茶盘、茶碗,店员只好把她说的东西都搬出来给她看,但她看过摸过之后,不是说这个太贵,就是说那个太土,还说剩下的那个好是好,可惜暂时用不着。然后她就跑了。可是还没等店员整理完毕,她又来了……

瓷器在18世纪也成为新兴中产阶级的生活必需品。瓷器价廉物美,既坚硬又轻便,还非常雅致,兼以耐酸耐碱、便于洗涤,比之传统的金属器皿和普通陶器,优点不啻百倍。茶叶、巧克力和咖啡等外来热饮先后在欧洲普及,更促使瓷器成为居家日用品。有一种说法称,17世纪荷兰和英国的东印度公司大量进口瓷器是为了推广茶饮,因为它被视为一种特别适合该饮料的器皿。不管怎样,郁香的饮料配合细腻迷人的瓷制茶具,别有一种情调和亲和力,对欧洲人深具吸引力。

18世纪欧洲的华瓷贸易大致经历了订购中国传统瓷器(1721—1744)、按要求定制瓷器(1744—18世纪末)、进口一般瓷器(粗瓷器)(1780—18世纪末)这3个阶段。大量预订中国传统瓷器反映了欧洲瓷器需求量增大。定制瓷器的大量出现则是瓷器普及欧洲市场所导致的需求多样化的体现,因此定制瓷器盛行阶段,也可视为中西瓷器贸易的高峰期。定制瓷器始于16世纪的葡萄牙商人,因为葡萄牙贵族自接触瓷器之始就喜欢让这种新器物烙上本家族或本城市的徽章图案,到1580年代则因瓷器在葡萄牙人日常生活中渐趋普及而对瓷器的造型、图案、釉彩、题铭有更多的本地化要求。荷兰商人1635年也曾携带木制器皿模型到广州定制,1678年荷兰公司还曾请中国匠人仿制各种荷兰德尔费特(Delft)陶器。但就整个欧洲而言,定制瓷器在18世纪以后才蔚为风尚。因为定制瓷器对于销售商来说有很大风险,既无法保证实际发出的是哪批货,也无法保证能及时发货。故此,定制瓷器在相当长时间内只是前来东方的军官和船主为自己预订并用自己的船只运回的私人交易商品。

18世纪最后二十年欧洲以进口中国粗瓷器为主,这透露出欧洲对瓷器的需求并未衰歇,但对高档华瓷却不那么热衷了,原因在于欧洲已经掌握了制瓷技术。据说法王路易十四曾下令将法国所有金银器熔化,以偿付宫中的进口瓷器。这么昂贵的代价足以构成生产本地瓷器的强大动力。不过法国并非欧洲制瓷业的先驱。1581年,佛罗伦萨公爵弗朗西斯科·德·美第奇(Francesco de' Medici)创建托斯卡纳地区的陶瓷业,并模仿嘉靖、万历年间的青花瓷纹饰,但胎质、釉质与华瓷相差甚远,属于软质瓷器。随后,意大利各地皆热心于此。17世纪,荷兰凭借对中国和日本瓷器的广泛接触而大力发展制陶术,陶瓷业并凭借珐琅釉而成为一项重要产业,这也见证了中国瓷器在荷兰引发了对此种物品甚至类似瓷器之物品的巨大需求。为墙壁、地板以及咖啡器皿和茶具、药剂罐、烟草罐、花瓶、灯架装饰用的瓷釉在德尔费特、高达(Gouda)、哈伦(Haarlem)和阿姆斯特丹的30多家工厂中都有精良产品出产。珐琅釉制作技术从意大利法恩兹(Faenz)经法国鲁昂传到荷兰,而意大利的这项技术与埃及关系密切。珐琅釉技术是把一种陶锡釉彩料洒在有许多细孔的黏土花盆上,再涂以些许金属氧化物,然后入窑烧制,成品颜色洁净光亮而不透明。路易十四时代,法国的陶器也乐于模仿荷兰出产的这些从中国获得灵感的陶器,法国塞弗勒窑(manufacture nationale de Sèvres)的产品尤其著名。塞弗勒的软质瓷器(the Sèvres Porcelain)在技术和纹饰上模仿中国颇为到位,18世纪中期以后则在造型和意匠上日益体现本国人爱好。

当荷兰珐琅釉制造业繁盛之时,德国于1662年在汉苏(Hansu)也设立一家珐琅釉工厂,不久德意志其他地区亦相继设立。德国炼金师波特格尔(Johann Friedrich Böttger,1682—1719)和物理学家恰尔恩豪斯(Ehrenfried Walter von Tschirnhaus,1651—1708)合作,在萨克森(Saxony)选帝侯"强力王"腓特烈·奥古斯特一世(Friedrich August I,1694—1733年在位)的资助下,于1707—1709年间试制成功白色透明的硬质瓷器,欧洲各国历时一百多年对瓷器制造秘方的探索终于取得成功。萨克森王室对波特格尔的成就进行验收并作商业评估之后,于1710年1月下令在德累斯顿(Dresden)建立瓷厂,同年6月迁到附近的迈森(Meissen)。是年第一批迈森白瓷在莱比锡春季博览会上展出,从此名声大噪,而瓷器业很快就成为萨克森最重要的工业部门。迈森瓷厂到1713年才完善其白瓷的制作,但它始终不是长石质瓷器,质地含硫酸钙。尽管如此,迈森瓷器(the Meissen porcelain)的价值也令人咋舌。德国七年战争(1756—1763)时期,普鲁士国王腓特烈二世(Friedrich II of Prussia,1712—1786)占领萨克森后,面临无钱偿还战争债款的窘境,于是想到用所接管的迈森瓷器偿债,竟然顺利渡过难关。腓特烈二世因此充分领会到瓷器的价值,之后又在柏林建成著名的"皇家瓷器制造厂"(Königliche Porzellan Manufaktur Berlin)。

18世纪中叶以后,大小瓷厂遍布欧洲。继迈森瓷厂之后的第二家瓷厂是1717年成立的维也纳瓷厂,首批技术工人来自迈森。但这家瓷厂经营不善,10年后只能靠贷款维生,1744年将产权移交给政府。柏林在18世纪中叶也设立一家瓷厂,同样难以为继直至破产,1763年被腓特烈二世收购而改为"王家瓷器工厂"。随后,德国的豪赫斯特(Hochst)、弗斯滕堡(Fürstenberg)、富尔达(Fulda),丹麦哥本哈根以及意大利拿波里附近的卡波迪蒙特(Capodimonte)相继设立瓷器工厂。法国的首家瓷器工厂于1738年设于巴黎东郊的万塞纳(Vincennes),不久后因路易十五购买四分之一股权而享有"皇家工厂"之称,后来搬到巴黎郊区的塞弗勒(Sevres)。但1759年起,国王认为该工厂应自负成败之责,因为这家工厂与诸多其他行业的工厂一样,都未能做出令国王满意的

德国迈森青花花卉纹瓷咖啡具

产品。继迈森之后的这些瓷厂普遍经营不佳,根本原因就是尚不能制出与中国瓷器匹敌的产品。

长期在江西活动的法国籍耶稣会士殷弘绪曾在1715年和1722年分别写信详细记录景德镇瓷业并寄往欧洲,介绍了瓷器的特点和历史,制瓷原料高岭土及其加工方法,几种主要釉彩的配制法与施釉法,瓷窑的特点和建造法,烧窑的过程,各种颜色釉及其调配方法等。殷弘绪很有见地地声称,了解中国制瓷工艺会对欧洲很有帮助。不过,他对制瓷流程的描绘虽然大大消除了瓷器的神秘色彩,但毕竟不是真正的技术报告,无法令法国制瓷业直接受益。他甚至没能提供高岭土、瓷胎土和釉质的成分,他自己也不知道欧洲是否出产类似的矿土。这两封信的作用毋宁说是进一步刺激欧洲人去发现瓷土、瓷釉和烧瓷的秘密。殷弘绪1715年的信中提到,曾有"红毛"(清朝人对英国人或荷兰人的称呼)自中国购买瓷胎土,试图回国后自制瓷器,但因未带高岭土而失败。可以猜想,欧洲商人购买制瓷原料回国的例子肯定不止这一桩,应该就是通过这种举动,欧洲人才能够分析出制瓷原料的成分,进而在本土寻找相应的矿土。1771年法国里摩日(Limoges)附近发现高岭土矿,恐怕就是这一长期努力的结果。从此,法国开始制造硬质瓷,而里摩日成为法国著名的瓷城,与德国迈森相颉颃。

在欧洲掌握了制瓷技术之后,欧洲产品的制作工艺与风格意蕴显然比中国产品更适合欧洲人。因此,18世纪最后20年,欧洲上层社会对高档瓷器的需求不再由进口华瓷满足,中欧瓷器贸易的重点变成进口中国粗瓷以满足百姓日用。1793年抵达中国的英国马戛尔尼使团自信满满地将本国韦奇伍德瓷厂

(Wedgwood)的产品作为进献给乾隆皇帝的礼物,并认为它有打开中国市场的实力,由此可见欧洲制瓷业发展的势头。但是,此举在中国皇帝眼里纯属野人献曝。然而19世纪之后,欧洲瓷器果然令中国这个瓷器之祖刮目相看,中国人在西风鼓荡之下日渐欣赏欧洲瓷器的风格,近代中国制瓷业的新发展未尝不受惠于西方技术。瓷器从中国的独特发明变为世界共同的财富,这并非中国文化的失落,而是文明在交流中共同发展的佳话。

四、集中西合璧之大成的外销瓷

众所周知,瓷器、丝绸、茶叶是明清海上丝绸之路上最常见的商品。与宋元时代中国瓷器主要销往东南亚、西亚北非不同,明清时代华瓷远销欧陆各国和英伦三岛,构成了中欧物质文化交流的一道亮丽风景线。据推算,18世纪流入欧洲市场的中国瓷器也还应在10 000万件以上。不仅是各国王室,就是像路易十五的情妇蓬帕杜夫人这样的社会名流,客厅沙龙里如果没有几件中国瓷器,那是很没有面子的事。《鲁滨孙漂流记》的作者笛福甚至说,住宅里若没有中国花瓶,不能算第一流的高档住宅。

1. 迎合欧洲人爱好的中国瓷器

"克拉克"瓷器是荷兰人起的名字,"Kraak"在荷兰语中指"葡萄牙战舰",荷兰人便用此名称呼他们1603年截获的葡萄牙船只圣卡特琳娜号上装载的青花瓷器,从此,同样风格的瓷器在欧洲都被称为克拉克瓷器。克拉克青花瓷于1520—1550年代(正德末期至嘉靖中叶)出现,主要行销东南亚和阿拉伯的伊斯兰世界,万历间随着海外贸易的进一步发展而盛行。行销伊斯兰世界的器形有盘、碗、瓶、军持等,出现在欧洲的则主要是直径30—50厘米的大盘。这种青花瓷有特定的纹饰风格,盘心、盘壁两层纹饰布满全器的内里,中心图案以山水、花鸟、人物或动物为主题。边壁是8—10组的开光纹饰,开光呈梯形、圆形、椭圆形、菱花形、莲瓣形,开光内的图案有向日葵、郁金香、菊花、灵芝、蕉叶、莲、珊瑚、鱼、螺、卷轴、伞、盖、佛教吉祥物。晚明外销于欧洲的克拉克瓷常见梯形开光,且两个梯形之间以一个细长方形小开光间隔,开光所占面积和盘心画所占面积大致相等,并且在视觉效果中开光往往更抢眼。开光内采用的虽是中国传统的绘画事项,但因为构图有几何性的严谨,画面充实而又整齐,看起来充满异国情调,与明代后期流行于国内的青花瓷纹饰截然不同,有很明显的市场指向。

克拉克瓷的几何形开光或许继承了元代青花罐或瓶的一种由小长方形环

广彩开光希腊神话图碗

绕而成的肩饰和底部纹饰,这种纹饰与以往的莲瓣纹略有相似,是其变体亦未可知。但是,在元代青花中,这种几何纹饰位于不很显眼的次要位置,明代克拉克瓷器则把它变为主体构图,这恐怕就是为了适应伊斯兰世界对几何构图的爱好。清前期制品的开光形式则有各种变体,且倾向于取消大小开光的错落分布而让所有开光均等,同时开光在整个盘面构图中占据的面积大大缩小,成为烘托盘心画的边饰;或者干脆把开光转化成从盘心辐射至盘边的均匀扇面结构,简而言之就是日益取消晚明克拉克青花的异国情调而把它转变成更加中国化的构图。原本为了迎合伊斯兰世界而创造出的中国人眼中的异国情调在欧洲人眼里成为新奇独特的中国情调,不仅晚明出产的克拉克青花成为欧洲富裕家庭热衷的收藏品,而且荷兰人很快就仿制这种纹饰的陶器(软质瓷),甚至18世纪欧洲人从中国大量进口素胎白瓷而自行添加纹饰时,晚明的克拉克式样仍然是他们所钟爱的选择。

另外一种著名的外销瓷品种是伊万里瓷器。伊万里瓷器原是日本产品,以其产地得名。天启年间,景德镇就开始针对日本市场烧制绘有日本式图案的青花瓷。17世纪早期,日本的九州岛发现瓷土后,开始发展本地的瓷器工业。明清易代时的混乱为日本瓷器提供了良好的市场前景,日本瓷厂开始为荷兰商人烧制外销瓷。伊万里(Imari)是荷兰商船进出九州岛的港口,此地发展出在釉下青花基础上施以釉上铁红与金彩的纹饰风格,欧洲人很喜欢这种反差强烈而鲜艳的色彩风格。伊万里瓷器的图案形式可以简单,也可以绘成花卉图案和几何徽章组合的复杂式样,同样受欧洲人喜爱。1680年,中国瓷器产业开始恢复,伊万里风格立刻被中国工匠学去,从而出现了"中国伊万里"瓷器。景德镇1683年重建后,伊万里瓷器的制作和销售中心便彻底从日本转移到景德镇。"中国伊万里"的图案设计较少原创性,到18世纪头25年,越发成为普通产品。

"中国伊万里"作为一种彩瓷,价格介于便宜的青花瓷和最昂贵的珐琅彩瓷之间,这也是它在欧洲市场受欢迎的一个原因,后来许多欧洲工厂也仿制伊万里彩瓷。

2. 定制瓷器

瓷器贸易量的增大和瓷器日益成为欧洲人日常生活用品促使欧洲商人开始根据顾客的需求和喜好定制瓷器。定制瓷器既包括按照欧洲进口商提供的图案纹样装饰的瓷器,也包括按照欧洲人提供的器型模具烧制的瓷器。

截至18世纪初,中国外销瓷都是在景德镇完成全部流程,以成品运至广州。随着定制图案的瓷器数量增加,1730年代初期,广州出现了外销瓷的专业画工,此时景德镇开始提供少部分素白瓷或只有部分装饰的瓷器,由广州的画工以釉上彩的方式完成欧洲商人要求的图样。比如纹章瓷盘离开景德镇时只有盘边饰(通常是青花),作为主体图案的盘心纹章则在广州完成。18世纪中叶以后,广州成为制作釉上纹章和其他定制釉上彩纹样的重要基地,广州画工表现出绘制各种欧洲图样的娴熟技巧。尽管如此,广州画工的作品与欧洲图样的原始样本相比,仍常常有错误或变形之笔,纹章图样的错误之处尤其常见。后人总结出两个原因:第一,提供给画工的图样本身不够准确;第二,画工不够仔细。有研究者认为,后一个原因比较接近事实,因为荷兰商人付的钱太少,使广州画工没有动力精益求精。

定制瓷器的模具有木制器皿、银制器皿及合金器皿,还有以德尔费特陶器为原型的。比如雍乾时期,英国公司订购的瓷器常以英国银器为模型。中国传统形式的器皿逐渐也会因为欧洲人的喜好发生变异,比如单把手的茶杯变成无把手杯子,对欧洲人来讲更有异国情调。17世纪的荷兰东印度公司最喜欢定制成套的釉里红咖啡用具,也很喜欢订购三个一组或五个一组的青花釉里红摆设用花瓶与大口杯,另外还喜欢订购瓷人和瓷动物做摆设。

在定制瓷器中最具欧洲特色的是纹章瓷(盾徽瓷),纹章瓷大致可分为名人徽章、省城徽章、机构或公司徽章、军队徽章,名人徽章在上述欧洲各国定制的瓷器中都常见,省城徽章多见于荷兰、美国的定制瓷器,公司徽章则主要是荷兰东印度公司和美国一些机构订烧,军队徽章其实仅见于东印度公司驻印度的某些部队。此外还有属于澳门耶稣会士的一批有耶稣会会标的瓷器。现存最早的一件纹章瓷是绘有葡萄牙国王堂·曼努埃尔一世的浑天仪徽章的青花玉壶春瓶。稍晚的有16世纪中叶的一只王室纹章碗和一只阿布埃(Abreu)家族纹章碗,属于曾两度担任马六甲总督(1526—1529,1539—1543)的别璩佛哩(Pero de Faria)。另有一件约1540—1545年间景德镇出产的葡萄牙王室纹章青花大口水罐,图案

广彩花卉纹章纹咖啡盖壶

中的盾徽上下颠倒,看起来更像一只中国的钟或铃,而水罐的形状为伊斯兰式,是多种文化元素杂糅一体的典型作品。纹章瓷的主要市场是葡萄牙、西班牙、英国、丹麦、比利时、荷兰、德国、法国等欧洲国家,1740—1760年代,纹章瓷的总体定制数量达到顶峰,但在英国的顶峰从1720年持续到1830年。在18世纪,瑞典有约三百家贵族曾在中国定制纹章瓷,英国定制了四千多件(套)纹章瓷,荷兰定制纹章瓷的数量多于葡萄牙但远不及英国,不过式样丰富多彩。

纹章瓷在荷兰既是身份的体现,也是一种时尚。17世纪末,少见的纹章瓷是个人和家庭身份的象征物。18世纪,纹章瓷仍具有独特的社交价值,宴会主人在餐桌上展示和使用有自家徽章的成套瓷器餐具,可以提升其人之社会地位。纹章也作为一种形式美观并有个人特征的纹饰而被很多人荷兰人喜爱。在瓷器使用日益普及的18世纪,纹章瓷还具有纪念品功能,特别定制的纹章瓷被用来纪念家庭和个人的重要时刻。由于纹章瓷在荷兰普遍受欢迎,东印度公司为他人定制此种瓷器可以获得厚利,这自然也促使荷兰公司多多进口此种瓷器。纹章瓷在荷兰市场受欢迎的理由在其他国家也同样成立。

纹章瓷的纹彩以釉上珐琅彩为主,单纯釉下青花不多见,也有青花与釉上珐琅彩相结合。后两种主要见于荷兰市场,因为荷兰人始终较偏爱青花瓷,哪怕1730年代以后青花瓷在欧洲已成昨日之星,荷兰人仍爱定购有青花的纹章瓷。出现于荷兰市场的有青花的纹章瓷、单纯青花瓷同青花釉上彩瓷的数量不相上下,青花同以金、红、玫瑰色为主的珐琅彩上下辉映,别有一番绚丽景致。作为纹章瓷图案的基本元素除纹章本身,主要包括几何图形、涡卷饰(scrollwork)①、花

---

① Scroll / Scrollwork,螺旋形或旋涡形装饰纹样,形似一宽松卷起的纸卷横断面。

广彩西洋风景人物纹啤酒杯

草、风景等。17 世纪、18 世纪之交,荷兰纹章瓷的图样设计个人特色很强,从 1720—1730 年代开始,纹章图案趋于程式化和标准化,可能是定制者大量增加所致。

定制瓷器的其他纹饰也总是随着欧洲时代风尚的变化而变化,比如乾隆年间纹章瓷的装饰图案,1735—1753 年间以素净的葡萄藤或花蔓装饰最多,1750—1770 年间则是显著的洛可可式装饰,1770—1785 年间转而为缠绕葡萄藤的黑桃形盾牌,1785 年之后黑桃形盾牌开始嵌入蓝黑边线和金星,1795—1810 年间则变成由深蓝色菱形花纹围成的圈。

3. 中国画工绘制的异域风格图样

外销瓷图案在最初阶段是纯粹的中国风格,随着定制瓷器成为主流,欧洲风景画、欧洲人日常风情画、宗教内容、希腊罗马神话人物和情节都出现在中国出产的外销瓷器上,同时图样风格逐渐呈现中西合璧特征,后来则以单纯欧洲风格的设计图样为主。18 世纪中叶以后,欧式图样常在欧洲加绘,但仍有很多是由中国画工完成的,这些画工由此成为接触和学习欧洲绘画及图样设计的先驱。

中西合璧的图样通常包括中国式花草、风景和卷草,再加上欧式的葡萄纹、涡卷饰、卷轴饰(cartouche)①和暗红色花朵。1765—1820 年间欧洲市场上有大量中西参半的由菱形、符号、花朵和蝴蝶构成图案的瓷器。还有一种中西合璧纹饰是中国风物加灰色装饰画(Grisaille)。灰色装饰画又称中国墨线画(encre

---

① Cartouche,一种不规则或凭想象造型的绘画或雕刻装饰,用曲线或曲带围成椭圆形或菱形,中间部位空白,用来题字或绘小插图。

de Chine），出现于1720年代，特点是用细的灰黑线勾勒图案，适用于起草油画底稿、勾画风景和翻绘版画图样。瓷器中的灰色装饰画又常与金色结合使用，呈现出细腻端庄的效果。

常见于外销瓷上的欧洲式图样有几大类。第一类是路易式样，指从17世纪后期到18世纪后期分别流行于路易十四、摄政王、路易十五和路易十六时代的几种式样。路易十四式样的基本要素是卷轴饰中的对称人物、阿拉伯藤蔓、帷幔、扇形、形状优美的叶子、涡卷饰、爵床叶和小棕榈叶，色彩与构图都显得厚重浓郁，有明显巴洛克特点。摄政王时期，图样开始变得轻巧雅致。到路易十五时代，图样变成地道的洛可可风格，用曲线表现不对称式样，图样要素包括各种形状不规则的事项，如岩石、贝壳、涡卷、水纹、羽毛、兽角、各种自然的叶形。瓷器上的路易十五式样在法国流行于1730—1760年代，在荷兰则持续到1780年代。路易十六式样则与新古典主义风格呼应，首先于1760年代出现于英国，1770年代才延及法国，流行到1800年左右。它也偏好对称形状，但格调是优雅冷静，以柱形、花瓶、花朵和叶子结成的彩带、奖章和蜻蜓的形状为构图要素。

第二类是迈森瓷厂的设计图样。迈森瓷厂陆续设计了几种著名的图样，因为在欧洲大受欢迎，所以各国东印度公司也要求它们出现在中国外销瓷上。一种最著名的迈森式样是1715—1725年间常见于迈森瓷器上的金色卷饰，自1740年代早期开始出现于中国外销瓷上。另一种常见于中国外销瓷的迈森式样是"德意志花卉"（Deutsch Blumen），由碎花和本地植物组成花束，花卉常用蔷薇。迈森瓷厂于1740年代设计该图样，用以取代以中国花卉为要素的"印度花卉"（Indianische Blumen）图样。

第三类是荷兰人的设计图样，最著名的是梅里安（Merian）依据欧洲植物和动物图册中的图形设计的图样和普隆克（Cornelis Pronk）特别为荷兰东印度公司设计的中国人物图样。普隆克的中国人物图样主要有四种。第一种是"阳伞仕女"或"仕女水藻"图样，仕女手持阳伞，施青花、铁红和金彩，原图1734年绘成，颇受欢迎。绘饰此种图案的瓷器分别在中国、日本和欧洲加工，由它衍生出的别种图纹和仿制品则持续至19世纪，后来也出现于欧洲自制瓷器上。第二种是"四博士"图样，1734年完成，翌年开始分别烧制青花和釉上彩瓷器。这种纹饰的受欢迎程度比"阳伞仕女"纹略逊。第三种是"三博士"图样，是在"四博士"图样基础上的改编之作。第四种是"庭院人物"图样，以青花和金彩描绘庭园里的人物，1737年完成设计，1739年起送往中国并施于定制瓷器上。普隆克还设计过其他一些中国人物纹饰，以赭墨、铁红、绿、黄、金彩绘饰，常见于6

件一套的盘子。另有一种普隆克式边饰,在盘子的8片开光内分饰日本趣味浓厚的人物纹和水禽纹。普隆克设计的中国人物图样是典型的"中国趣味",亦即欧洲人想象中的带有欧洲人生活情态和生活理想的中国人形象,色彩搭配则又有明显的伊万里风格。

18世纪后期,欧式图样的种类日益丰富,用作盘子边饰的有七彩纹饰、欧式花卉纹饰、矛形纹饰、锁链纹饰、带形纹饰和几何线纹饰,另有灰色装饰画加金彩纹饰,还有无边饰仅有盘心纹章的式样。有一种在18世纪末期和19世纪较受欢迎的费兹修(Fitzhugh)图样,得名自一个从事中国贸易的英国家庭,其特征是四块嵌板式格子围绕中心一枚圆形奖章,格子里有花卉和中国艺术的常见意象。此种风格图案可用于边饰,也可用于完整图案。

4. 欧洲人的再加工

有些类型的中国纹饰或日本纹饰在抵达欧洲后会被再加工,或出于风格考虑,或出于经济考虑,或为了易于保存,或为了调整图案以迎合人们的态度变化和适应人们对国内瓷器或进口瓷器的需求。这类在欧洲二次加工的珐琅彩瓷集中出现于17世纪后期到18世纪中期,设计形式多样,质量参差不齐。

再加工的方式之一是增加金属添加物,通常是金制或银制,并施珐琅彩。附加这些金属底座、喷嘴或把手后,瓷器的功能也可能被改变,可以从装饰物变为实用物,比如一个瓷人可以变为一支烛台,但也可以从实用物变为装饰物。

再加工的另一种方式是加绘图案。欧洲画师不仅在中国进口瓷器的空白处加绘,还在已有纹饰处重叠绘饰。这样做时,欧洲人喜欢选择当前流行的图案设计。通过这种再加工,原本可能因为图案不讨人喜欢而滞销的瓷器可以被卖出去,或者瓷器上原有的瑕疵可以被掩盖。欧洲人有时在进口中国瓷器和日本瓷器上加绘漆画,漆画的图案则又模仿萨克森选帝侯"强力王"奥古斯特一世收藏的日本瓷器上之漆饰。

1700年起,荷兰人开始在中国瓷器和荷兰自产的德尔费特陶器上加绘日本柿右卫门(Kakiemon)风格图案。柿右卫门风格对中国瓷器影响甚微,但自问世之日就受到欧洲人欢迎。柿右卫门瓷器得名于日本有田(Arita)一个陶工家庭之名,该作坊1685年前后开始烧制陶瓷,其产品以质量好、形式优雅、纹样不对称著称。该种瓷器的纹饰可谓中日合璧,它采用的许多纹饰如花鸟、风景、动物来自中国,但产生变异以适合日本人的审美口味,如它通常仔细安排纹样布局以留出空白空间,而不是涂满画面。柿右卫门式样的色彩特征是,以釉上彩方式混施铁红、绿、蓝、黄、蓝绿等色珐琅彩,而较少突出某种颜色。柿右卫门

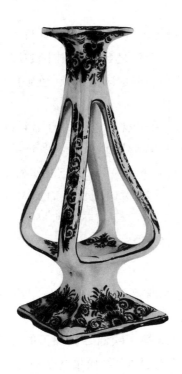

荷兰德尔费特青花花卉烛台

瓷器是进口瓷器中较为昂贵的一类,所以是富裕人士热衷收集之物。欧洲画师也在中国青花瓷上加绘釉上红彩、绿彩和金彩以表现伊万里风格,玫瑰彩风格同样被仿制。

几个欧洲国家的瓷器画师在加绘风景画和花卉图样时,都喜欢同时采用西式风格和想象中的"中国趣味",有时会融合一点中国青花瓷上的原始图样,于是中国的青花图样成为某种新式彩色图样的一部分。白色德化瓷的奶油色泽在增绘金色装饰之后可大大提升效果。阿姆斯特丹是加绘中国瓷器的中心,英格兰在18世纪初到19世纪也是这方面的佼佼者,有不少家工厂。其中1750—1780年间的詹姆·吉尔斯(James Giles)工厂的现存作品显示其图案风格通常是精美雅致的花卉、蝴蝶与昆虫,并喜用玫瑰彩。

除了绘制,欧洲工匠还可以通过用于玻璃加工的轮雕刻法在中国珐琅彩装饰上进行装饰,制造出白色与珐琅彩的繁复对比效果。在外销瓷生产过程中,中国、日本、欧洲彼此复制对方的风格,往往发生数次风格混合,制造出不少美丽与罕见的制品。但这么做不全是出于艺术考量,而是受市场因素驱动,如果制造者认为某种式样或某种纹饰在特定市场受欢迎,他们就会构造和生产这种类型。

第三十章 "中国趣味"与欧洲人的艺术想象

在16—18世纪繁荣的中欧贸易中,瓷器、漆器、织物、壁纸、家具和玩具等各式各样的中国特产涌入欧洲,饮茶成为一种新的生活方式,丝绸与瓷器的魅力促使欧洲人致力于将其生产本土化。这些进口中国商品俘获了欧洲顾客的心,自然导致本地的生产者和经销商开始模仿这些中国的橱柜、瓷器、绣品上的装饰风格,投合时尚以更多地获利,这便产生了中国趣味。另一方面,耶稣会士和其他旅行家们对中国文化的反复宣传介绍无疑也助长此风。大体而言,较早大量使用这些中国器物的欧洲国家也较早开始出现中国趣味,17世纪前几十年先是英国和意大利的工匠模仿中国风格,然后其他国家的工匠纷纷效尤。先是工艺品和日常用品等小东西的仿制,如瓷器、丝绸、壁纸;进而是室内装饰与园林设计这些大工程,诞生了风靡一时的"英华园林"并在今天都留下许多建筑痕迹。

一、巴洛克、洛可可与"中国趣味"

"中国趣味"与中国的伦理、政治、儒学、历史、文字等等相比是非常形而下的东西,归结起来反映了欧洲人在日常生活中对异国情调的追求,其直接灵感就来自那些从中国进口的大量商品,它可谓进口中国商品在欧洲促生的一种生活模式,也是中国知识在18世纪欧洲普及的表现之一,还在这个时期欧洲艺术观念的变迁历程中占据一席之地。

就艺术形式而言,"中国趣味"通常被认为是巴洛克风格和洛可可风格间的衔接,其特征是广泛地镀金和上漆,大量使用蓝白两色,运用不对称形式,破坏正统的透视法,采用东方人物形象和图案。但无论是"中国趣味"还是巴洛克、洛可可,都远远超出了艺术风格的范围,而同时是时代精神的表征。

1. 巴洛克风格与集权时代

对于专门研究巴洛克的人来说,它是欧洲的一种绘画模式、建筑形式,一种通过高雅艺术和厚涂艺术得到最显著表达的文化现象。一般来说,新教国家不大情愿接受巴洛克,倾向于把巴洛克与罗马教会挂钩。作为一种艺术风格的巴洛克是指一种从严谨到"自由和厚涂"风格、从形体明确到形体不整齐的转变过程，文艺复兴时期的轻松愉悦在其中销声匿迹。巴洛克起始于文艺复兴，1580年是巴洛克风格充分形成的开端，它最早出现在罗马，是在为天主教会和富裕的宗教贵族效劳时所产生，罗马教会也的确是各地巴洛克艺术的重要赞助人，它的大一统主张和盛会意识使它天然适合这一角色。没有一个普遍的意大利巴洛克风格，但罗马巴洛克风格是最具代表性的表现形式。罗马巴洛克风格的基本样式是高大、粗壮、笨拙的身躯，有着夸张的肌肉和旋转的衣衫，大力神形象突出。另一方面，巴洛克的人物总处在剧烈、急促的运动中，这弥补了厚重的不足，使场景充满生机。人体的这种发展方向在建筑中也有对应趋势，即建筑物体量趋于厚重巨大，缺乏形式原则，浑然一体，增加了不安、躁动的情绪，绘画中也有这种征兆。

巴洛克艺术具有宏大壮观和深沉的体量感，罗马人天生偏爱这种感觉。与文艺复兴风格不同，巴洛克艺术没有与之相辅相成的理论，其发展没有可参照的模式，于是这种新风格没有一个称谓，描述它的术语有"变化无常""奇异""古怪"等。"巴洛克"一词源于法语，其语源尚未确定，一种说法认为来自逻辑学术语 barocco（含"荒谬的、可笑的"之意），另一说法认为来源于 baroque（奇形怪状或形状不规则的珍珠）。狄德罗在《百科全书》中解释"巴洛克"时与现在的解释含义相近："巴洛克，建筑中的一个形容词，作为名词，意为稀奇古怪。如果有人想要强词夺理时，他可能会夸张地表达……巴洛克这一概念指某事物经过过度的挤压。"如今，作为艺术史术语的"巴洛克"已经失去了"荒谬"的含义，但该词在使用时仍带有反感和变形的暗示。

巴洛克的总体效果是，在个别或具体的部分不需要宏大，只需要一个宏大的总体印象和强烈的整体气氛。就建筑而论，巴洛克建筑令人感觉不到建筑主体与组成部分功能间的相互呼应，仅仅止于涂绘性的整体形象，光效承担了比形式更为重要的使命。巴洛克建筑拥有将庄严与崇高转化成视觉语言的独特能力，以宏伟壮观的规模彰显自身。巴洛克空间庞大、无障碍、装饰华丽，那些限制空间的墙和屋顶的表面饰有各种炫目的、引导人们在冥思中回到梦境般神秘经历的细节。无限的空间和恍惚神奇的光线是这种新艺术的典范。巴洛克艺术中包含着其他任何风格所不具备的自信感与绝对正确性，这是极富特色的艺术感染力。从绘画、建筑和雕塑中可以归纳出巴洛克的"精神"是富丽堂皇。在宣传宗教信仰和天主教会的荣耀时，巴洛克艺术中蕴涵的巨大、慷慨和力量具有非同寻常的效果。特兰托公会议之后天主教胜利复兴，巴洛克教堂稳重、精细的古典风格和庞大的形体正适合表达天主教真理的统治地位。教堂内部令人出神入迷的装饰效果以无穷无尽和排山倒海的气势、深不可测的情感来吸引人,造成一种置人于天国荣光笼罩之下的神秘情境,很有利于吸引信众。

对普通人来说,巴洛克更意味着一种文艺复兴和新教改革之后兴起的生活态度,并且在音乐、文学、绘画中都有表现。有理由表明,它差不多是弥漫17世纪欧洲的一种思想状态和世界观的自发表达。作为一种文化现象之高潮的巴洛克产生得比作为艺术风格的巴洛克晚得多,在1620—1630年代开始酝酿,18世纪初的晚期巴洛克则是其回响。在促成巴洛克流行于世俗社会的众多因素中,集权君主观念的兴起和戏剧舞台的盛行这两种现象恐怕是最有力的。自罗马帝国衰落以来,欧洲一直没有尽情享受过这两样东西中的任何一样。当集权主义和戏剧在钦命演出中共现于17世纪的皇宫时,巴洛克风格得到极为明显的表现,罗马天主教会不再是它的唯一赞助人。巴洛克威严、浮华、装腔作势的精神同时适合表达天主教会的权威和集权君主的盛仪,路易十四就成功地把巴洛克风格作为宣传手段使用。

德国巴洛克式镀金红漆橱柜

德累斯顿家具

君主专制时代的精神结构中,最鲜明的特色是王权对一切非贵族阶层极端蔑视。君主拥有处置平民的绝对专制权力,国家成为君主的私产,专制君主产生了自我神化感,自认只对上帝负责,像上帝一样有权任意行善或作恶。显然集权君主在掠取原本由罗马教宗所独享的最高权威和福祉,他要取代教宗担任上帝在人间的最高代理人。于是君主的意志成为国家的最高法律,并且这成为公认的教条,学术和艺术也只能颂扬国王。而巴洛克风格的建筑艺术看来与君主的地位十分相称,它以宽敞宏大的厅堂、炫目的镜子、广阔的花园林苑、威严华丽的布局和装饰为特征,装饰出被神化了的君主政权,在行为方式上则以金碧辉煌的衣着和烦琐古板的礼仪为君主营造一种凛然生威、莫测高深的氛围。路易十四树立了绝对君主权的榜样,在政治方面缔造了一个以法国为核心的同盟体系,其所表现出的威权和享有的荣耀令其他君主羡慕不已。同时他为配合自己的君主形象而有意扶持的文化模式和生活模式也对欧洲产生了至深的影响,以致凡尔赛宫那傲慢而巨大、式样严谨的形体成为17世纪下半叶在社会和艺术方面最能代表欧洲的东西。

路易十四的家具亦通过体量庞大、烦琐和华贵的巴洛克风格体现出政治色彩。他欣赏的家具风格应能够表现哈布斯堡王朝的辉煌及证明国王为"太阳王",通常有豪华的外观、较大的高阔宽度、有力的侧影和曲纹,并强调中间部分严格几何形的画面。家具带褥垫以及华贵柱脚,覆盖天鹅绒和丝绸,又从带褥垫的靠背"安乐椅"发展出两对脚架的靠背双人沙发。路易十四在凡尔赛宫的床铺上架有大顶篷而好似一个完整的房间,有若"太阳王升起"的焦点。宫廷中充满艳丽的装饰和缤纷的壁画,还有黄铜、青铜与龟甲镶嵌的艺术品。宫中最引人注目的是高大的橱柜、精美奢华的化妆箱和平滑的写字台。路易十四的建筑师和设计师为法国巴洛克风格创设两个目标,一是规模浩大,二是金碧辉煌。这种特色很快从凡尔赛流传到各地,贵族之家的室内设计普遍出现繁复沉闷的装饰风格。空余的地方一定要摆上粗体模型做成的镶板,镶板上有时还画满繁杂的阿拉伯纹样并且镀金。房间布置的首要装备是巨大的挂毯、橱柜和其他传统家具,天花板壁画的内容常取材于神话故事,而且总是选择令人敬畏的形象。主人们似乎普遍认为,室内装饰给人留下深刻印象要比美丽可爱更重要。

2. 洛可可风格的兴起

17世纪初,天主教已经因其地位的重新稳固而不必与新教殊死对抗,但同时有更多粉饰太平盛世的装饰工作需要开展,所以罗马对大艺术家们有很大的吸引力,它成为西方世界的艺术中心。可是,这时的艺术家和其主顾们的思想也有了变化,认为宗教信仰提供的欢乐和生活提供的欢乐之间是可以沟通的,因此开始大胆地使用异教神话的丰富遗产,而这就预示着巴洛克风格开始变异。路易十四统治后期,巴洛克风格在宫廷也开始失宠,和平的政治环境、充实的国库、被剥夺实权而有着无尽闲暇的宫廷贵族,这一切共同呼唤着一种既是在日常生活中也是在艺术风格上的轻松和享乐作风。比如凡尔赛宫廷在路易十四后期开始以刺绣品布置于铁窗、器皿和家具上作为装饰,这类刺绣品多是曲折蜿蜒的优美织带,成为向洛可可风格的过渡。

用漂亮的贝壳和卷曲的藤蔓作为装饰的洛可可艺术风格就是这样应时而生,它正是从巴洛克中蜕变而来,亦即早期凝重、拘谨、充满宗教性的巴洛克风格蜕变为轻巧、活泼的风格,包含了对所有结构元素的调侃式消解。所以18世纪初期的洛可可也被称为小巴洛克或晚期巴洛克,所以巴洛克风格的终止时间也可以界定为18世纪后期亦即洛可可风格的衰退时期。严肃紧张的巴洛克风格是轻巧愉悦的洛可可艺术的源头,看起来很对立,但实际上巴洛克艺术中本就有类似洛可可艺术的装饰内容,只是在运用中可以为其加载不同的情感寄托。巴洛克中也有卷曲的藤蔓,但它表达痛苦的扭曲,在洛可可中运用这种形体却突出其流畅优美的快乐姿态。

类似的艺术手法在不同时代具有不同的精神内涵,其根源还在于社会的精神需求不同。不仅法国宫廷贵族们要以追求欢乐打发无聊时光,新兴的法国富裕阶层也具备了向上流社会靠近的条件和追求闲适的资本。路易十四时期的重商主义政策和多次对外战争的胜利造就了坚实兴旺的经济,重商主义的推行也使与此有关的专业人士如包税人、银行家和商人发财,这些新兴的富裕阶层意识到自己在各种社会活动中的潜力。摄政王时期,宫廷从凡尔赛迁往巴黎并且礼仪简化,这又给了他们能比较自由结交贵族的机会。同样是花钱,买土地赢取贵族身份固然是中产阶级的一种进身之阶,搞艺术赞助也不失为获得社会声誉和被上层阶级认可的佳径。于是在既有对快乐的无尽需求又有创造快乐生活之足够能力的情况下,以快乐为基本原则的洛可可风格应声而起,它体现一种无拘无束、自由自在、优美自然的格调,并且如巴洛克风格一样并不局限于艺术表现形式,也成为社会行为的准则。

"Rococo"这个词据说是来源于"rocaille",这是一种以贝壳或鹅卵石为元素的装饰,常用于17世纪意大利的人造山洞或花园,后来传入法国。该词并没有确切的含义,也许只是发音绕口,听起来像咕噜的流水声。作为一种室内设计、装饰风格和绘画、建筑、雕刻风格,洛可可的特征是连绵的叶形花纹,过度地使用卷曲的和自然的形式,制造轻柔、精致、优美、高雅的格调。流动的曲线是洛可可中必不可少的因素,错综蜿蜒的曲线加上各种怪异的细节被用来装饰墙壁和天花板,如"C"形与"S"形曲线、贝壳形状或其他自然物体形状的线条以及石膏像的线条,兼采用不对称设计,制造出一种连续运动的感觉;并以轻柔的粉彩、象牙白、金色为主导色调,常用镜子做装饰,突出雅致、舒适和艳丽的感觉。

洛可可风格于18世纪早期率先在巴黎兴起,因室内设计师、画家和雕刻家为贵族们的新宅第设计出一种更轻巧、更舒适怡人的装饰风格而确立,很快通过图版传遍法国。后来又出现洛可可风格的绘画和雕塑,前者有不同题材,但所表达的情感都是愉悦、自由随意的;后者则以小巧和内在的比例取胜。1730年代,洛可可风格传到德语世界,并被采用做为宗教建筑的一种风格,将法国的优雅、南德的奔放想象、舞台上的空间效果与造型效果中残存的巴洛克风格融为一体。慕尼黑至今还保留着一些最美丽的洛可可建筑。继德意志和奥地利之后,洛可可风格又向其他欧洲国家传播。意大利的洛可可风格主要集中于威尼斯,体现于大规模的装饰画中,一些城市景观的设计也受其影响。洛可可一词有时也用来指1740—1770年代创作的轻柔、优雅、充满装饰音的音乐。洛可可艺术的魅力在于,它可以把绘画、雕塑和建筑糅合在一起,达到使观者身临其境并充满欢快感觉的整体艺术效应。

洛可可时代,巴黎的居住文化为全欧之冠。摄政王奥尔良的菲利普(Philippe de Orleans)和路易十五时代长于制造精美及变化多端的橱柜、桌椅和床,路易十六时代,克里桑(Charles Cressent,1685—1768)使活泼的洛可可样式在黄铜和木料的搭配下呈现出高贵和谐的境界,梅索尼埃(J. A. Meissonier,1695—1750)以曲纹和浮雕表现前所未有的自由艺术格调。

自1660年王政复辟以后,英国家具接受了来自欧洲大陆的影响。不过,英国人排斥结实的橛木,并制造各种新式家具,如书柜、衣橱、抽屉柜、写字桌和化妆台、拱台或落地立钟台,中国式或日本式漆柜则被置于镀金的台座上,增添漆柜平面黑红相间的光色亮度。18世纪初叶,有两家工厂肯特(William Kent)和弗里特克罗夫特(Henry Flitcroft)受意大利影响,制造欧陆式的华丽家具,而著名的齐彭代尔(Thomas Chippendale,1718—1779)则专心制造完全英式的家具,其影响至今仍遍及欧洲大陆。

德意志诸宫廷的洛可可艺术特征体现于手工精巧、花饰繁复及线条韵律活泼的家具上。平民家庭家具则以传统的书桌、玻璃衣柜和五斗柜为主,对称岩石形的外表,饰以细石镶嵌人物画像或雕刻。18世纪德意志最著名的家具是伦特根(Röntgen)工厂的产品,该厂名匠亚伯拉罕(Abraham,1711—1793)曾在英国及荷兰学艺。其子戴维德(David,1743—1807)设计的家具更精巧优美,细石镶嵌画及书桌的复杂设备是他的特点。该工厂产品在巴黎、柏林及彼得堡均有分厂,产品畅销各地。慕尼黑宁芬堡宫花园中小巧玲珑的狩猎宫是德国洛可可艺术的最佳代表,平面设计、空间布局、装饰及陈设的巧妙配合组成一首金黄、银白、蓝银色调交织的华丽的交响曲,圆形的明镜厅美若仙境。此宫1734—1739年间由法裔建筑师居维列(François de Cuvillies,1695—1768)建造,巴伐利亚选帝侯卡尔·阿尔布莱希特(Karl Albrecht von Bayern)以此作为送给夫人玛丽·阿玛莉娅(Maria Amalia)的礼物。居维列虽受法国影响,但仍卓越地表现了南德风格,在内部设计上将墙壁装饰和豪华家具的格调密切配合,天花板的石亭胶泥细工为齐默曼(J. B. Zimmermann)的作品。维尔茨堡接受以意大利风格为源头的维也纳的影响,来自慕尼黑的艺术也在此发生作用,当地著名设计师豪本豪普特(Hoppenhaupt)兄弟吸收这些外来影响,形成独特的艺术形式,在装饰上附加许多自然的元素,树枝、花卉、水果、叶片、雀鸟,并将它们同贝壳形装饰结合,营造出有机的梦幻境界。

巴洛克和洛可可不止被视为一种艺术风格,还可以用"修辞"这个词描述,因为它反映了画家、雕塑家和建筑师的相互作用。这些艺术家不是真实地反映这个世界,而是在从事复杂的视觉游戏,涉及信仰(观念)、制度的力量,艺术史本身以及他们个人内在的欲望和冲动。17世纪、18世纪的视觉艺术反映了公民、信仰者、艺术家、文化的创造者,宗教和政府等所有人和所有的事物,这些艺术家不是在生活的边缘,而恰恰是在生活的中心。单纯的技术因素并不能创造风格,"艺术"一词首先暗示一个特定的形式观念,由技术更新引发的形式变革一定要符合这一特定的形式观念,只有适应之前已经形成的形式趣味,这些形式才能得以保留。解释一种风格,就是将该风格纳入它所属的那个时代的总体历史语境之中,然后证明它与那个时代的其他组成部分协调一致。

3. 洛可可式"中国趣味"

洛可可风格起初是作为对巴洛克风格所蕴含的艺术理想和政治理想的对抗与解构而兴起的,巴洛克建筑用简单强制的语言维护政治和宗教信条,洛可可艺术维护的却是享乐的原则。这种艺术中独有一种真诚的欢乐,通过营造一个想象的世界和展现贵族们的浪漫情怀而流淌,其中的快感又具有迅即而逝的缥缈意味。于是,远在天边而同样具有缥缈意味、被瓷器和丝绸的闪烁光泽与弯曲形态衬托起来的"中国趣味"同洛可可理想一拍即合。

作为艺术与装饰风格的"中国趣味"其实在17世纪后期即已产生,尤其是在路易十四的宫廷,成为巴洛克风格的辅助表达手段。中国商品中某些与巴洛克精神吻合的东西在这个时代被强调,比如在17世纪晚期的英国,君主制复辟的刺激使许多房间都要装饰成当时宫廷所采用的荷兰和法国式的巴洛克风格,而中国漆器的宏富气质同这些华丽的内部装饰十分协调。黑色外表、描金錾银、绘着引人入胜的神话故事的屏风和橱柜，恰好表达出当时巴洛克所感兴趣的戏剧效果。但是，"中国趣味"却天然更适合传达洛可可的微妙情致。比如晚期巴洛克时代里英国的"中国趣味"就常常带有洛可可的夸张虚幻意味，图案中填满奇异的鸟兽、歪斜的宝塔、大如宝塔的艳丽蝴蝶。猴子也被用来象征和漫画东方，而且还奇怪地出现乘木筏的骆驼，或戴着铃铛在洛可可涡卷饰上像走钢丝演员一样保持平衡的中国人。即使在巴洛克时代发挥巨大作用的漆器，到了洛可可时代也可以被重新诠释，比如18世纪的哈布斯堡王朝领地的一般社会人士也喜爱漆器家具，但不是看中其宏大的器型，而是看中其灿烂夺目的花式及异国风味。洛可可初期出现于维也纳、德累斯顿和华沙等地行宫中的中国漆器家具不是硕大的红色橱柜，而是金黄色浮雕漆画的精致书桌和衣柜。萨克森的宫廷漆师施耐尔（Martin Schnell）对于仿制中国式漆器甚有心得。总之，"中国趣味"既然是欧洲人基于自身的文化背景和文化需求对中国风物的诠释，就必然有不同时期的时代特征。

最早出现的内部装饰主要为"中国趣味"的建筑是1670—1671年间为凡尔赛王宫建的特里亚农瓷宫（Trianon de porcelaine），尽管它只存在了17年就被拆除，却标志了后来席卷法国又蔓延全欧洲的崇尚异国情调的风习。特里亚农瓷宫建成之后，此风迅速扩散，在德国尤甚，其宫室无不有中国屋，且一如特里

当代艺术家画笔下的特里亚农瓷宫

亚农瓷宫建造的初衷，这些中国屋也都是为王室的女主人而建。这些中国屋有的以装饰瓷器体现"中国趣味"，有的则有更复杂的表达。比如1753年7月24日，瑞典王后收到国王赠送的一件特殊生日礼物，即在她居住的德罗特宁霍尔姆宫（Drottningholmsslott）中，建造了一座木结构的中国屋，她描述道："我吃惊地突然看到一个真正的神话世界……一个近卫兵穿着中国服装，陛下的两位侍从武官则扮成清朝武官的样子。近卫兵表演中国兵操。我的长子穿得像个中国王子一样在入口处恭候，随侍的王室侍从则扮成中国文官的模样……如果说屋外出人意料，屋内也并不少让人惊奇……里面有一个以令人赏心悦目的印度风格装饰成的大房间，四角各有一只大瓷花瓶。其他小房间里则是旧式日本漆柜和铺着印度布的沙发，品位皆上乘。有一间墙上悬挂、床上铺盖印度布的卧室，墙上还装饰着美妙的瓷器、宝塔、花瓶和禽鸟图案。日本旧漆柜的一个抽屉里装满各种古董，其中也有中国绣品。回廊陈设桌子：其中一张摆放一套精美的德累斯顿瓷器，另一张则摆放一套中国瓷器。欣赏过所有东西之后，国王陛下下令演出一场配土耳其音乐的中国芭蕾。"①这座所谓的中国屋很典型地反映了17世纪末期欧洲各处中国屋的基本特征，即各种异国情调和欧洲风味混为一体，不仅是物质上的，行为上亦然。中国文武官员和皇子的装扮、中国兵操、中国芭蕾舞究竟什么模样？不过是欧洲人凭借一些来自东方的描述和图形再参照欧洲人形象和想象力而幻化出的中国人物形象。而这一切由欧洲人创造的无生命的装饰和人的行为模式就成为"中国趣味"，也成为他们所理解的中国的实体形象。

18世纪初期，英国东印度公司盛行将家具模型运到中国制成漆器，这样便在中国沿海地区形成了"中国趣味"的另一个制造地。这些带有中国人艺术观感和手法的欧式图案与那些在欧洲产生的烙刻欧洲风味的所谓中国图案，都是为迎合欧洲人的口味而诞生，都是文化混合和变异的结果，对欧洲人而言都是异国情调和这个时代生活理想的表达，并且是通过一种变异和夸张的中国图像来表达。比如18世纪中期进口到欧洲的中国玻璃画，常见的主题是富裕的中国男女在树荫下悠闲舒适地过活，或者中国仕女带着贵族式的无所事事的忧郁神情坐在花园或牧野中，这都是专门设计来吸引欧洲买主的。当时的欧洲，英国已经产生大批富裕悠闲的中产阶级，法国那些被剥夺了政治特权而依然富有的贵族们则麇集在宫廷，百无聊赖地以虚耗光阴为最高追求。这类中国画正迎

---

① Bo Gyllensvärd, "The Chinese Pavilion at Drottningholm", in William Watson eds, *The Westward Influence of the Chinese Arts, from the 14th to the 18th Century*, London: University of London, 1973, p. 52.

合了欧洲上流社会的休闲理想。在中国加工的瓷器中很多加绘具有欧洲式快乐情调的装饰。

归根结底,洛可可式"中国趣味"中蕴涵的是对中国思想的欧洲式理解,其内在精神仍是欧洲的,所夹杂的中国式样只不过是以一种歪曲了的和想象出的中国形象来支持洛可可的理想;反过来,其想象中国的依据只有一部分是来自中国的实物或描绘,大部分却是这个时代欧洲的生活趣味和文化观念。

二、中国式园林

1. 欧洲关于中国园林的实况介绍

"中国趣味"不仅仅是由有形物品激发而成,也受到耶稣会士文献和游记作品中相关叙述的影响,它可以说是这个时代关于中国之整体理想的一部分,这种情况尤其适用于对中国园林的认识。随着耶稣会士所极力推崇的中国古代儒学成为一些启蒙思想家的灵感之源,包含于这种哲学中的造园思想和由此产生的装饰艺术也相应成为当时欧洲一些艺术作品的模型。启蒙时代的欧洲知识界所广为称道的中国哲学和文化思想正是新的园林艺术成长的沃土。17世纪和18世纪前半叶于欧洲出现的一些对中国园林的评论助长了模仿东方的氛围,而这一氛围直接刺激了"貌似图画"式园林的成长。

利玛窦的札记中就已出现对中国园林的评价,后来的耶稣会士们也时常提到,尽管他们对中国园林的态度褒贬不一。利玛窦评价了南京的瞻园,提到花园里一座色彩斑斓未经雕琢的大理石假山,假山里面开凿了一个供避暑之用的山洞,内中接待室、大厅、台阶、鱼池、树木等一应俱全,洞穴设计得像座迷宫。几十年后,曾德昭再次唤起人们对中国园林的印象,他说中国人喜欢在庭院和小径上植花种草,在园中堆假山,养金鱼和各种珍禽美兽,圆形、方形、八角形的宝塔造型美观,有弯梯或直梯,外侧有栏杆。白乃心也描述过中国人的花园,说它们绿意盎然、令人愉快,因为很方便从河中汲水来浇灌。

对17世纪的欧洲人来说,关于中国园林景致最重要的描述来自1656年荷兰使团总管尼霍夫的作品。尼霍夫的原始笔记不仅多处提到中国园林景致,而且总是赞不绝口。比如赣州附近某镇的几座自然逼真的大假山,泰和城外的拱桥,南昌一座道观的盘龙柱,湖口城北的假山及旁边的精美宝塔。他对宝塔似乎格外感兴趣,说安徽境内繁昌有一座宝塔,有尖尖的塔顶和陡陡的塔檐,很有意思。清江浦、宿迁、故城、青县都有或美丽壮观或式样古朴的宝塔引他注意。有幸亲睹南京大报恩寺琉璃塔的尼霍夫绘声绘色地描述到,它有九层一百八十

第三十章 "中国趣味"与欧洲人的艺术想象 | 781

尼霍夫所绘南京大报恩寺琉璃塔

四个阶梯,里外有漂亮的塔廊,琉璃生辉,塔檐的檐角所挂铜铃随风奏乐。他还为琉璃塔留下图画,成为今人想象其模样的重要凭据。北京的御花园被他称为是从未见过的漂亮地方,因为里面满是悉心栽培的果树和精心建造的房屋。图文并茂的尼霍夫著作问世之后就如同当年的《马可·波罗游记》那般风行,可想而知它对欧洲民众之中国观的影响力。其实尼霍夫的原文介绍十分简单,然而市面上的各种版本都经编者多方润色过,其中对中国风物的描述想来远比上文所引述的生动详细,而这些生动的描述无疑包含了大量从未到过中国的欧洲人的想象。可是,正是这些想象大于真实、道听途说来的信息才是点燃欧洲那些园林爱好者们想象之光的东西。夸饰之辞助长了那些据说存在于中国的非凡建造物的魅力,而大家又都没去过中国,想驳斥那些迷人的叙述也无凭无据,又逢17世纪末的人们开始厌烦那种中规中矩的法式园林,正需要有个释放想象、创造自由空间的借口。

耶稣会士王致诚1743年写于北京的一封信,亦名"中国皇帝游宫写照",对中国皇家园林有热情洋溢的介绍,此文于1749年发表于《耶稣会士书简集》,使欧洲人对中国园林有了更多了解。随后王致诚又将中国画家唐岱、沈源1744年所绘《圆明园四十景图咏》副本寄往巴黎,为法国人提供了关于中国园林的更明确的范本。1757年,英国建筑师钱伯斯勋爵(Sir William Chambers,1723—1796)

出版了关于中国园林的著作《中国建筑、家具、服饰、机械和生活用具的设计》(*Designs for Chinese buildings, Funiture, Dresses, Machines, and Utensils*)，那是依据他年轻时在中国广州亲眼所见之中国园林的实况而撰绘。

2. 新式园林的内涵与表现

洛可可精神中蕴涵了由政治气氛导致的时代追求的变化，此外，知识发展也对这种精神有影响。比如习惯上被称为英华园林的英国新园林，其产生固然有多种原因，但最主要的原因是当时植物学发展所促成的对自然的重新认识。在科学精神的鼓动下，人们开始对自然感到好奇和充满兴趣，开始改变以往作为旁观者隔离在自然之外的心态，而认为自己是自然这个无限多样有机体的浑然一体的组成部分。这种对自然的新态度在文学和艺术上都有体现，表现为对野生自然的深刻崇拜。与此相应，在园艺这个领域，对于科学的业余人士而言，对自然的科学兴趣和描绘自然的客观方法演变为一种对所谓"野生"景观的更浪漫的情感，以及渴望逃离位于文明中心的人工造作生活而奔向原始自然怀抱的心情。另外，文学和绘画中不循规蹈矩的风尚也直接启发了园林设计思想。这一切共同作用，便发展出关于自然园林的设想。

在追求自然的要求下，产生了"貌似图画"的审美观念。因为，在努力建设"自然园林"时，"自然"必须要满足人的实际需求和审美需求，所以它尽管是"自由"的，也必须被强加一些限制以使之适合特定的理想和程式。这就是说，投入自然怀抱的梦想要通过与人工制造相妥协才能实现，也就是以人工方法制造本真自然的假象，要把原始的自然修理、清洁和装饰得尽可能吸引自然的浪漫追捧者和业余园林爱好者。所以英国新派花园的"自然观"事实上是要求自然根据艺术的形象来更新，形成一种理想的美。这样的"自然"是以精心规划的手段达成的貌似随意的效果，实质上却具有古典主义的理想气质。但不管怎样，新派园林在它产生的时代更直接体现了洛可可精神对巴洛克精神的反抗，而且洛可可本身也是一种充满理想气息的审美精神。

英国新派园林有一个明确的目标，就是同法式正规园林抗衡，摆脱规范和对称，摈弃前一时期那种严谨、线条规整、讲求平衡的形式。由此对它的根本要求是，必须显得有趣和令人惊奇，摆脱所有正规的束缚和限制。而"貌似图画"是抛弃规范与修饰自然这两者妥协和平衡的结果。可见，英华园林最坚实的根基仍存在于欧洲的政治与文化土壤中。当然这一新趋势也受到当时的"中国趣味"及其他东方趣味的大力支持，新园林设计者们将旅行家关于这些遥远国家之自然风景、草木、建筑和园林的描述和图绘转化为庭院景观中具有貌似图画效果的形式，进而扩展为园林。但观察过18世纪后半叶欧洲的新式园林后就会发现,中国风格总是出现在局部细微之处,主体建筑及整体风格则总是本国传统。中国风格中被欧洲人所注意和接受的特点是明亮、不对称且图案变化多端,这些正符合"貌似图画"的要求。这意味着中国式样对于洛可可精神驱使下的新园林风格起了丰富、充实与刺激的作用,但这种作用是局部和表面化的。反过来由于"貌似图画"观念是看待和取舍中国园艺的标准,也导致对中国园林和其他装饰艺术的肤浅理解。

例如前面提到的1753年建于瑞典德罗特宁霍尔姆宫的中国屋,不久后就失修,1763年在原址建了一座石头地基的砖结构亭子。这座亭子就充分体现出以大杂烩的方式创造出洛可可的想象意境,而中国因素被欧洲化后充分为浪漫的洛可可情调服务。亭子为两层,由两道曲线形的走廊分别同两个大房间相连。在这一主建筑对面是两间塔顶式屋顶的亭子,一间供国王娱乐,另一间是带地下厨房的餐厅,餐桌可通过电梯由厨房升至餐厅。主建筑入口一带,拐角处种植棕榈树,并置田字形花坛。窗户上方是外国情调的装饰,饰满中国人物、龙和各种园艺工具,帐篷顶式的屋顶下也雕饰蜷伏的龙。曲形走廊的廊顶下延伸着一道低矮挡墙,上设放置花瓶的托座,托座中间部分是挑着三角旗的旗杆,边缘挂着装饰性的瓶饰和铃铛。看起来处处是带中国味道的装饰物,但是它们都属细节,而且都发生了欧化变异,亭子的整体规划则是欧洲洛可可式的。

瑞典德罗特宁霍尔姆宫的中国屋

在欧洲趣味中大量添加中国事物作配料,这种意味在亭子内部就更加明显。底层两个房间的装饰追求所谓真正的中国风格。其中一间叫"红屋"的,在红色的护壁板上方覆盖着漆制嵌板,线框饰以传统中国"寿"字形、双环形和田字形。这一安排受到钱伯斯一张广东房屋设计图启发,钱伯斯以漆板替代油画。设计者也从欧洲的"中国趣味"中借取了一个意象而增加一个放瓷人的支架。另一间中国屋名为"黄屋",墙上装饰着被纵向劈开的漆画屏扇。屏扇一面画的是广州的珍珠河、钱庄大堂与外国工厂,另一面则画着广州举行的龙舟竞渡场景。这架屏风的风格类似红屋的嵌板,但在金、银、红色之外也使用了珍珠白。护壁板上镶饰着刻有金色汉字的嵌板,护壁板下方则饰着双环形图案。天花板上绘着从钱伯斯的版刻图样中借来的中国百工图,但颜色使用了彩色和金色。这两间屋子尽管墙壁设计受钱伯斯启发而具有中国风格,但家具、瓷器和其他摆放的装饰品都是欧式和日式的。底层第三个房间同样在墙壁装饰上体现中国风格,表现了中国式的花、鸟、树木及皇后和侍女图案,有一些来自中国的瓷器。

这座建筑的其他部分也不同程度地流露出中国气息,但所有房间都有更多的欧洲特点。比如图书馆的内部就以欧式家具为主。曲形走廊尽头的大客厅以当时的流行色命名为"蓝厅"和"绿厅",蓝厅以欧洲风格装饰着画在帆布上的壁画,画面的色调也是欧式的,蓝色被覆着金色阴影。人物场景则是从布歇(François Boucher,1703—1770)和皮勒蒙(Jean Pillement,1728—1808)的中国式版画中翻刻来的,描绘乡野里的花丛或树丛中的中国人,然而这类图景看起来更具欧洲气息。中国事物的数量在这座亭子中固然不少,但它们并不是以原原本本的中国风貌展现出来,而是掺杂在欧洲的主体风格和其他异国情调之中,服务于创造洛可可境界。

即使像钱伯斯这样对中国园林有亲身体会的人,在1757—1762年改造英国丘园(Kew Gardens)时也并未照搬中国式样,丘园的中式宝塔尤其典型。他说自己在设计宝塔时手头有权威性的中国建筑模型,但细节却是凭空想象的,像弯曲飞翘的塔檐、镀金的塔顶、奔腾的飞龙(每条龙都被表现为在风铃金钟的和谐声响中探出身体)和精致的廊台,都从洛可可风格那里受惠不少。这正反映钱伯斯了解时人的心思,他们的目的不是置身真正的中国,而是一个亦真亦幻的可供驰骋奇思遐想的中国。比如在塔下饮着中国茶,当塔上钟声大作之际想象寺院里正举行难以名状却欢快的宗教仪式,由此而将真实世界和梦幻生活图画般地融合在一起。这与法国的洛可可中国绘画的功效如出一辙。此外,设计于1745年的丘园孔子亭恐怕是英国的中式园林中最早的一座,它是八角形建筑,由敞开的格构式墙组成,顶部是宝塔顶,吊着铃铛,跨着一条龙。

第三十章 "中国趣味"与欧洲人的艺术想象 | 785

钱伯斯手绘丘园内宝塔图(《丘园的园林与建筑》,1763)

丘园内的孔子亭

所有这类中国风格的设计都遭到帕拉蒂奥派建筑师罗格·莫里斯（Roger Morris,1727—1794）的蔑视,称这种中国品味是一堆乱七八糟的颜色和物品的胡乱搭配。在中国旅行过的钱伯斯也对滥用中国风格持批评态度,他1757年出版那部《设计图样》的目的是以自己关于中国的真实回忆来矫正时尚中的误导性念头。但这部书的作用适得其反,钱伯斯提供的忠实原貌的中国园林设计图没有引起反响,它们反而成为进一步激发欧洲设计家歪曲中国之想象力的重要源泉,对欧洲大陆的影响力更为显著,比如前面所说的瑞典中国亭的一些设计。钱伯斯的这本书使他被人目为狂热亲华派和中国风格园林设计的首席提倡者,对他来说未免冤枉。但这一事件本身却反映出,想象出来的奇幻中国在18世纪中期的欧洲远比真实的中国更有吸引力。

三、其他领域的洛可可式"中国趣味"

中国式园林建筑继而也成为家具设计者的灵感源泉。自丘园孔子亭诞生之后,格构式、宝塔顶、龙的造型就频繁出现在英国制造的家具中。1754年为比攸福特（Beaufort）公爵位于格洛斯特郡（Gloucestershire）的巴德明顿庄园（Badminton House）所建的"中国"卧室中,床被设计成带有一个宝塔顶,床顶高

巴德明顿庄园内的"中国"卧室

高翘起的檐角上雕着有翼龙，床头板设计成格构式，配8张椅子、五斗橱、一对中国置物架及其他零碎东西。而这些建造图样都来自庄园花园中的夏日屋。

17世纪后半叶，在崇尚"中国趣味"的路易十四带动下，法国皇室贵族开始流行中国服装。比如路易十四在1667年某一大型祭典活动中化装为中国人。而1670年凡尔赛宫部分建筑建成之后，更经常在里面举行东方情调的化装舞会，参加者身着中国式刺绣服装，皇家乐队用笙、笛、锣等中国乐器演奏音乐。1699年勃艮第公爵夫人特地召当时返法的耶稣会士李明穿中国服装参加舞会。与"中国趣味"相辅相成的是其他风格的异国情调。1699年，奥尔良公爵夫人描述的雷斯公爵夫人是追求这种异域风尚的近乎极端的例子，雷斯公爵夫人"喝咖啡的时候，她的侍女们都必须穿得像土耳其人，她也一样；当她喝茶的时候，就要穿印度服装"①。

到了18世纪，中国服饰热潮继续流行，但它却同这时产生的一种艺术形式相结合而产生了不同的意味，这种艺术形式就是法国的"滑稽猴戏"（Singerie）。滑稽猴戏是一种描绘猴子穿着时髦衣装并模仿人类动作的幽默图画，由18世纪初期一些法国画家绘制。滑稽猴戏渊源于法国装饰家和设计师让·贝兰

让·贝兰设计的东方式样化装舞会服装

---

① [法]约翰·怀特海：《18世纪法国室内艺术》，杨俊蕾译，桂林：广西师范大学出版社，2003年，第48页。

于埃为尚蒂伊城堡低层房间绘制的"小猴子"系列装饰画

(Jean Bérain,1640—1711),他在自己的许多卷轴状墙饰中画上穿了衣服的猴子。但滑稽猴戏被确立为一种独立的艺术形式则主要归功于装饰家克劳德·奥德安(Claude Audran III,1658—1734),他当时还兼任卢森堡宫管理员,在1709年绘制了大量猴子坐在桌边的图画。这影响到一心想进入克劳德·奥德安工作室的华托(Antoine Watteau,1684—1721)和其他许多法国画家,华托视奥德安为师,他们都尝试过猴子入画这种形式。起初的滑稽猴戏中猴子都是穿着巴黎人的时髦衣装,这显然是对拘谨做作的巴洛克时代生活模式的调侃,正体现出洛可可时代所呼唤的自由轻松以及从怪诞中获得欢愉。然而从1720年代起,滑稽猴戏融入了中国因素,所绘的猴子不再作巴黎人打扮,却改穿清朝官服并模仿中国人的举止。比如克里斯托夫·于埃(Christophe Huet,1745—1811)约1735年为孔代亲王(Prince de Condé)尚蒂伊(Chantilly)城堡的一个房间所装饰的滑稽猴图案,一群猴子穿着中国服装兴高采烈地嬉戏。在路易十四时代,穿着中国服装出席盛典体现了王公贵族的不同凡响,借不易见到的异国情调表现其特出地位。而在洛可可时代,中国服装经由滑稽猴的形象变成贴墙糊顶的装饰工具和娱乐工具。中国服装乃至中国人物形象就在这样的洛可可大潮中扮演起因滑稽而具有美感的角色。

法国的滑稽猴戏也影响了其他欧洲国家,并且同样是被用于表达讽刺和调

第三十章 "中国趣味"与欧洲人的艺术想象 | 789

18世纪一名穿戴被时人认为是"中式风格"服饰的男童歌手

侃。迈森瓷厂1747年制造了一套著名的瓷器"猴子乐队"(Affenkapelle Ware),据认为是对德累斯顿宫廷乐队的滑稽模仿。为之塑形的是长期效力于迈森瓷厂的德国雕塑家坎德勒(Johann Joachim Kändler,1706—1775)等人,他们使用的范本则是前面提到的法国著名画家华托和于埃所绘的花里胡哨的滑稽猴形象。在这套瓷器中,每位猴子乐师身着配色精致的18世纪正规服饰,站立在一个由叶子和花朵组成的镀金卷轴饰底座上,一只雄猴指挥,四只雌猴演唱,其他的猴子乐师分别演奏一种乐器。1747年的"猴子乐队"后来出现许多仿制品,也都称为"猴子乐队"。

路易十五统治时期是"中国趣味"在法国的最盛期,也是洛可可的最盛期。法国人喜欢在房间里把真正的东方物品和它们的欧洲仿制品混合在一起呈现一种快乐情调,将中国物品放在他们所设想出的梦幻情境中以增添迷人色泽。"中国趣味"装饰最出色的设计家之一皮勒蒙喜欢将典型的洛可可卷轴饰同缥缈的人物、滑稽猴、"中国式"建筑结合一体。布歇1742年设计过以"中国舞会"为图案的挂毯,以作为配有东方漆器的室内布局背景物,其中富丽而精致的接近棕色的颜色方案是中国建筑的颜色类型,而这种颜色方案在当时欧洲的许多地方都被运用于花园凉亭或茶屋。这种做法就像英国人将中国式园林的设计风格移至家具设计中一样。大量钟表和金盒之类的带有奢侈装饰的小巧物品则更能体现法国洛可可式"中国趣味"的迷人和鲜艳。

17世纪最先见于法国宫廷的中国式化装舞会在18世纪变成整个欧洲全民投入的娱乐项目,甚至法兰西学院的师生也常携带化装面具。18世纪的假面舞会中心威尼斯曾于1716年在一艘船上安排了一个中国式招待会,船被装扮成中国式平底船,船舱里挤满带阳伞的戏装人物、音乐家和舞蹈家。轻歌剧和喜剧中也频频出现中国笑话,最早的是1692年"意大利喜剧班"的一次御前演出,剧目为五幕喜剧《中国人》,剧中丑角以"中国医生"身份出现。1723年,内斯托(Nestier)剧团在圣日耳曼(Faubourg Saint Germain)演出喜剧题材的两幕中国剧《小丑、水狗、医士与塔》,以北京皇宫为背景,还出现中国皇帝夹杂中法文的滑稽道白。该剧团1729年又在罗隆演出《中国公主》,布景是北京,但剧中角色包括亚洲各地的人物。洛可可时代里,占据法国舞台的是喜剧,它与主导17世纪的古典派悲剧面目迥异。而"中国"在这个喜剧舞台上大显身手,巴黎不仅有中国舞场,还有专门的中国娱乐剧院,这与伏尔泰通过《中国孤儿》宣示道德之价值的情怀大不相同。

总之,在18世纪欧洲的日常生活中,中国只是折射这个时代的快乐气氛和对快乐之追求的一滴水珠,因为它遥远并在传说中是一方乐土,在欧洲又被具象化为瓷器的梦幻光泽和丝绸的缥缈姿态。反过来,任何遥远、怪异、令人耳目一新的因素就能构成"中国",只要看看这些"中国人物"的舞台造型就知道了。沉浸在娱乐意象中的人们,谁会在意"中国"究竟是什么,"中国风格"又究竟是何模样?人们所需要的只是一个与日常生活有一定距离而又不超出自身文化许可度的外来刺激。中国式园林、中国式绘画和一切中国式装饰,其本质都在于此。

四、"中国趣味"的沉寂

既然中国的艺术和生活趣味在洛可可时代的欧洲只是因被判定为具有洛可可精神所要求的自由、不对称、反规则而被接受,成为实现这个时代快乐理想的一种手段,那么它们就注定不能在欧洲的文化精神中真正立足,它们所划过的痕迹就如同洛可可精神所追求的快乐那样苍白、短暂和脆弱。于是,当洛可可精神开始走向衰落时,被认为是这种精神之一部分的"中国趣味"就难免失宠。

洛可可风格在1750年代已经在法国呈现衰势,因为过分琐碎、过度装饰而又缺乏实质感而遭受批评,但当时在其他欧洲国家还方兴未艾。1760年代,崇尚简朴严肃的新古典主义运动开始在法国取代洛可可。即使在家具设计领域，18世纪中叶起，巴黎人也开始对古代家具有了兴趣，再度要求逻辑的结构，新古典主义的室内装饰在1750年代中期开始出现。但古典建筑从来都没有被完全抛弃，只是在很长时期内被掩盖了。对洛可可的反对已经开始在18世纪中叶的建筑师和知识分子心中扎根，对他们来说，古典的均衡象征着古代世界哲学与政治的纯洁，不讲规则的蛮横的洛可可则标志着当前时代的堕落。古城庞贝的挖掘和古典时代其他宝藏的再现，直接促使以幻想性岩石形状做装饰的洛可可时代结束。洛可可艺术被人看成是对物质世界的热情欢快的反应，而新古典主义则被看成是理智对本能的否定，所以新古典主义取代洛可可就如同洛可可取代巴洛克，既是任何一种艺术潮流和生活风尚都有其生命周期的自然规律使然，也受到社会政治与经济状况变化的影响。尽管没有了"太阳王"的辉煌，但18世纪的法国依然是专制集权国家，德国、奥地利、瑞典、俄罗斯则以法国为楷模，自18世纪中期开始纷纷建立起集权君主模式。君主和贵族固然要享受与他们的权力和地位相称的无边快乐，但同时专制政府也需要创造与其权威相称的艺术和生活范式，因此新古典主义建筑与洛可可装饰在一个时期同时存在并不矛盾。英国的新古典主义建筑则体现出这个率先走向近代化的国家的成就，体现出早期工业社会里新兴阶级的地位与力量。

　　就更深层的意义而言，生活和艺术理想的变化折射出欧洲人的文化和知识观念变化在18世纪后期所达到的阶段。洛可可艺术家创造了理想的世界，但新古典主义也同样是在呼唤一个理想世界。洛可可的理想是进入神的世界，新古典主义的理想则是再现古希腊的自由或古罗马的尊严。16—18世纪，整个欧洲处于动荡不安的变化时期，对神权和天主教会价值体系的怀疑与反对同对欧洲文化价值和文化根源的重新认识相伴随，但否定与肯定在不同时期有不同侧重。洛可可时代也正是欧洲人对基于圣经的文化和历史体系怀疑最甚的时代，新的欧洲价值观虽已萌芽却未成形，沉醉与逃避在洛可可式的虚幻缥缈中也反映出当时文化意识中的游移彷徨。这时期也是对中国的伦理、道德、历史及它们所蕴涵之价值最感兴趣的时期，因为这时的欧洲人或者试图用他们新发现的中国文化来支持传统的价值观和历史观，或者用之来否定这一切并探讨其作为创造新文化体系之参照物的可能性。18世纪后期尤其是末期，随着欧洲海外扩张的胜利和内部经济的发展，欧洲人自信地确立起以理性和进步为标志的新价值体系和生活理想，也确认了以古希腊罗马为渊源的文化脉络，而否弃了圣经所教导的中东近东脉络。有了这种自信与骄傲，欧洲人不需要再迷失于洛可可的水月镜花中，却需要张扬代表欧洲人精神的古希腊罗马精神。

新古典主义的装饰艺术着力表现希腊和罗马精神中冷淡的优雅与坚硬,这种冷静、克制、收束的雅尚与"中国趣味"的"迷人"特点显然不大相容。然而大潮退落总是欲去还留,洛可可之风兴起后,传统巴洛克风格依然残留许多时日,类似的,新古典主义也在一段时间里与"中国趣味"共存。因为在任何一个时代,任何一个社会,人们都不至于对异国情调完全无动于衷,再理性、再严肃、再高雅的生活都不排斥新鲜事物所激起的想象空间与奇异情趣。古希腊罗马世界的吸引力至少也部分地诉诸感性的心灵,人们迷恋古典时代的一部分原因正是迷恋古代世界的爱情故事。所以对虚幻浪漫式美感的追求并不因为新古典主义占据主导地位而消失。"中国趣味"在 18 世纪晚期法国的高雅情趣中仍表现出顽强的生命力,这时期继续出产以漂亮见称的物品,但其中也掺杂了明显的新古典主义造型和偏好。路易十六时代,无论宫廷还是其他贵族都普遍喜好新古典主义与"中国趣味"结合的风格,王后玛丽·安托瓦内特(Marie Antoinette,1755—1793)就有一件看起来是新古典主义风格的中国五斗橱。

不过,此时对异国情调的爱恋仅止于是异国情调,而不再具有表达社会主旋律的作用。正因为如此,任何一种异国情调都像"中国趣味"一样或有价值或没价值,"中国趣味"遭遇其他各种外来趣味的竞争,诸如"土耳其式"、埃及风格、哥特风格、希腊风格。18 世纪后期的法国人放手追逐各种异国情调,土耳其、美洲和埃及都是给工匠带来灵感的地方。巴黎近郊雷斯荒漠庄园(Le Désert de Retz)的创建者德·蒙维尔位于巴黎市内的一所住宅的布局令来访者眼花缭乱,候见厅装配奢侈,客厅带有圆柱,卧室装饰着垂挂金边的深红色天鹅绒,主人则扮装成伟大的所罗门的样子斜靠在镶瓷片写字台前等候客人,随后"所罗门"带客人来到土耳其沙龙。此沙龙四面都镶着镜子,活动拉门由一个隐秘的机械装置控制,其上也镶着镜子,自然光线从上方透入,音乐家在隐秘的阳台上演奏。地面上铺着厚厚的土耳其地毯,环绕房间的软椅都蒙着镶金边的深红色天鹅绒,椅子上则堆积着意大利塔夫绸做的软垫。从这个沙龙去粉刷过的饭厅时,所经通道竖立着持烛台女像立柱。一个巴黎人在这里感受到无比的舒适和新奇,但这里被冠名的各种地域风格都不会让客人感到宾至如归。这就是异国情调。

还要注意的是,有学者以德国巴伐利亚州(Bavaria)宁芬堡(Nymphenburg)的王宫建筑为研究个案,揭示出 17 世纪、18 世纪欧洲的艺术风格中表现出的异国情调其实受到"中国趣味"和东方主义(Orientalism)的双重影响,而后者往往被忽视。总之,"中国趣味"随着欧洲对中国文化所寄予之理想的消逝而形影黯淡。

主要参考书目

第一章

陈佳荣、钱江编:《韩振华选集之一:中外关系历史研究》,香港:香港大学亚洲研究中心,1999年。

丁山:《古代神话与民族》,北京:商务印书馆,2005年。

甘怀真:《东亚历史上的天下与中国概念》,台北:台大出版中心,2007年。

葛兆光:《宅兹中国:重建有关中国的历史论述》,北京:中华书局,2011年。

祝中熹:《早期秦史》,兰州:敦煌文艺出版社,2004年。

[法]阿里·玛扎海里:《丝绸之路——中国-波斯文化交流史》,耿昇译,北京:中华书局,1993年。

[法]戈岱司编:《希腊拉丁作家远东古文献辑录》,耿昇译,北京:中华书局,1987年。

[美]威廉·麦克尼尔:《西方的兴起》(上下册),孙岳、陈志坚、于展等译,北京:中信出版社,2015年。

[日]小南一郎:《中国的神话传说与古小说》,孙昌武译,北京:中华书局,2006年。

Lewis, Martin W. & Wigen, Kären E. *The Myth of Continent: A Critique of Metageography*, Berkeley·Los Angeles·London: University of California Press, 1997.

Reichert, Folker. *Begegnung mit China*, Sigmaringen, 1992.

第二章

沈福伟:《中西文化交流史》(第2版),上海:上海人民出版社,2006年。

王钺、李兰军、张稳刚:《亚欧大陆交流史》,兰州:兰州大学出版社,2000年。

王宗维:《汉代丝绸之路的咽喉——河西路》,北京:昆仑出版社,2001年。

许序雅：《唐代丝绸之路与中亚历史地理研究》，西安：西北大学出版社，2000年。

杨建华、邵会秋、潘玲：《欧亚草原东部的金属之路：丝绸之路与匈奴联盟的孕育过程》，上海：上海古籍出版社，2017年。

殷晴：《丝绸之路与西域经济——十二世纪前新疆开发史稿》，北京：中华书局，2007年。

[巴基斯坦]丹尼、[俄]马松主编：《中亚文明史》第一卷，芮传明译，北京：中国对外翻译出版公司，2002年。

[苏联]C.B.吉谢列夫：《南西伯利亚古代史》上册，莫润先等译，乌鲁木齐：新疆社会科学院民族研究所，1981年。

[英]奥里尔·斯坦因：《沿着古代中亚的道路：斯坦因哈佛大学讲座》，巫新华译，桂林：广西师范大学出版社，2008年。

第三章

[明]陈诚：《西域番国志》，周连宽校注，北京：中华书局，2000年。

[明]陈诚：《西域行程记》，周连宽校注，北京：中华书局，2000年。

华涛：《西域历史研究（八至十世纪）》，上海：上海古籍出版社，2000年。

黄时鉴：《黄时鉴文集 II：远迹心契——中外文化交流史（迄于蒙元时代）》，上海：中西书局，2011年。

刘迎胜：《丝路之路》，南京：江苏人民出版社，2014年。

余太山主编：《西域通史》，郑州：中州古籍出版社，1996年。

札奇斯钦：《蒙古秘史新译并注释》，台北：联经出版事业公司，1979年。

张文德：《明与帖木儿王朝关系史研究》，北京：中华书局，2006年。

张星烺：《中西交通史料汇编》（全四册），朱杰勤校订，北京：中华书局，2003年。

[阿拉伯]伊本·胡尔达兹比赫：《道里邦国志》，宋岘译注，北京：中华书局，2001年。

[法]勒内·格鲁塞：《草原帝国》，蓝琪译，项英杰校，北京：商务印书馆，1998年。

[法]鲁保罗：《西域的历史与文明》，耿昇译，乌鲁木齐：新疆人民出版社，2006年。

[法]恰赫里亚尔·阿德尔、[法]伊尔凡·哈比卜主编：《中亚文明史》第五卷，蓝琪译，北京：中国对外翻译出版公司，2006年。

[瑞典]多桑编,冯承钧译:《多桑蒙古史》,北京:中华书局,2004年。

[塔吉克斯坦]M. S. 阿西莫夫、[英]C. E. 博斯沃思主编:《中亚文明史》第四卷[上],华涛译,北京:中国对外翻译出版公司,2010年。

[伊朗]志费尼:《世界征服者史》,J. A. 波伊勒英译,何高济译,北京:商务印书馆,2009年。

[英]道森编:《出使蒙古记》,吕浦译,北京:中国社会科学出版社,1983年。

第四章

冯承钧译:《西域南海史地考证译丛》第二卷,北京:商务印书馆,1995年。

黄时鉴:《黄时鉴文集 II:远迹心契——中外文化交流史(迄于蒙元时代)》,上海:中西书局,2011年。

刘增泉:《古代中国与罗马之关系》,台北:文史哲出版社,1995年。

陆庆夫:《丝绸之路史地研究》,兰州:兰州大学出版社,1999年。

马建春:《大食·西域与古代中国》,上海:上海古籍出版社,2008年。

荣新江:《丝绸之路与东西方文化交流》,北京:北京大学出版社,2015年。

[印]谭中、耿引曾:《印度与中国:两大文明的交往和激荡》,北京:商务印书馆,2006年。

王义康:《唐代边疆民族与对外交流》,哈尔滨:黑龙江教育出版社,2013年。

徐文堪:《吐火罗人起源研究》,北京:昆仑出版社,2005年。

许序雅:《唐代丝绸之路与中亚历史地理研究》,西安:西北大学出版社,2000年。

余太山:《两汉魏晋南北朝正史西域传研究》,北京:中华书局,2003年。

张广达:《西域史地丛稿初编》,上海:上海古籍出版社,1995年。

张世民主编:《杨良瑶与海上丝绸之路——〈唐故杨府君神道之碑〉解读》,西安:西安地图出版社,2017年。

[法]沙畹:《西突厥史料》,冯承钧译,北京:中华书局,2004年。

[法]张日铭:《唐代中国与大食穆斯林》,姚继德、沙德珍译,银川:宁夏人民出版社,2002年。

[美]W. M. 麦高文:《中亚古国史》,章巽译,北京:中华书局,2004年。

[美]弗雷德里克·J. 梯加特:《罗马与中国——历史事件的关系研究》,丘进译,北京:人民交通出版社,1994年。

［日］藤田丰八等：《西北古地研究》，杨鍊译，上海：商务印书馆，1935年。

［日］羽田亨：《西域文明史概论（外一种）》，耿世民译，北京：中华书局，2005年。

Liu Xinru. Ancient India and ancient China: trade and religious exchanges, A.D. 1-600, Delhi & New York: Oxford University Press, 1988.

第五章

陈高华、陈尚胜：《中国海外交通史》，北京：中国社会科学出版社，2017年。

陈炎：《海上丝绸之路与中外文化交流》，北京：北京大学出版社，1996年。

［意］马克·波罗：《马可波罗行纪》，冯承钧译，上海：上海书店出版社，2001年。

高荣盛：《元代海外贸易研究》，成都：四川人民出版社，1998年。

［意］鄂多立克：《鄂多立克东游录》，何高济译，北京：中华书局，2002年。

黄纯艳：《宋代海外贸易》，北京：社会科学文献出版社，2003年。

林仁川：《明末清初私人海商贸易》，上海：华东师范大学出版社，1987年。

刘迎胜：《丝绸之路》，南京：江苏人民出版社，2014年。

穆根来、汶江、黄倬汉译：《中国印度见闻录》，北京：中华书局，1983年。

石云涛：《三至六世纪丝绸之路的变迁》，北京：文化艺术出版社，2007年。

孙光圻：《中国古代航海史》，北京：海洋出版社，2005年。

王天有、徐凯、万明编：《郑和远航与世界文明——纪念郑和下西洋600周年论文集》，北京：北京大学出版社，2005年。

王元林：《国家祭祀与海商丝路遗迹——广州南海神庙研究》，北京：中华书局，2006年。

张俊彦：《古代中国与西亚非洲的海上往来》，北京：海洋出版社，1986年。

张维华主编：《中国古代对外关系史》，北京：高等教育出版社，1993年。

周一良主编：《中外文化交流史》，郑州：河南人民出版社，1987年。

［阿位伯］伊本·白图泰：《伊本·白图泰游记》，马金鹏译，银川：宁夏人民出版社，2000年。

［日］桑原骘藏：《蒲寿庚考》，陈裕菁译订，北京：中华书局，2009年。

第六章

陈高华、吴泰：《宋元时期的海外贸易》，天津：天津人民出版社，1981年。

陈炎：《海上丝绸之路与中外文化交流》，北京：北京大学出版社，1996年。

冯承钧译：《马可波罗行纪》，上海：上海书店出版社，2001年。

高荣盛：《元代海外贸易研究》，成都：四川人民出版社，1998年。

何高济译：《鄂多立克东游录》，北京：中华书局，2002年。

黄纯艳：《宋代海外贸易》，北京：社会科学文献出版社，2003年。

林仁川：《明末清初私人海商贸易》，上海：华东师范大学出版社，1987年。

刘淼、胡舒扬：《沉船、瓷器与海上丝绸之路》，北京：社会科学文献出版社，2016年。

刘迎胜：《丝绸之路》，南京：江苏人民出版社，2014年。

穆根来、汶江、黄倬汉译：《中国印度见闻录》，北京：中华书局，1983年。

苏基朗：《刺桐梦华录》，李润强译，杭州：浙江大学出版社，2012年。

孙光圻：《中国古代航海史》，北京：海洋出版社，2005年。

王天有、徐凯、万明编：《郑和远航与世界文明——纪念郑和下西洋600周年论文集》，北京：北京大学出版社，2005年。

王元林：《国家祭祀与海商丝路遗迹——广州南海神庙研究》，北京：中华书局，2006年。

杨志玖：《马可波罗在中国》，天津：南开大学出版社，1999年。

张俊彦：《古代中国与西亚非洲的海上往来》，北京：海洋出版社，1986年。

张维华：《中国古代对外关系史》，北京：高等教育出版社，1993年。

[阿位伯]伊本·白图泰：《伊本·白图泰游记》，马金鹏译，银川：宁夏人民出版社，2000年。

[日]桑原骘藏：《蒲寿庚考》，陈裕菁译订，北京：中华书局，2009年。

[美]史景迁：《大汗之国：西方眼中的中国》，阮叔梅译，桂林：广西师范大学出版社，2013年。

第七章

殷晴：《丝绸之路与西域经济——十二世纪前新疆开发史稿》，北京：中华书局，2007年。

黄时鉴主编：《解说插图中西关系史年表》，杭州：浙江人民出版社，1994年。

季羡林：《中印文化交流史》，北京：新华出版社，1993年。

姜伯勤：《敦煌艺术宗教与礼乐文明：敦煌心史散论》，北京：中国社会科学出版社，1996年。

林梅村：《汉唐西域与中国文明》，北京：文物出版社，1998年。

叶喆民：《中国陶瓷史》，北京：生活·读书·新知三联书店，2006年。

余太山主编：《西域通史》，郑州：中州古籍出版社，1996年。

郑培凯主编：《十二至十五世纪中国外销瓷与海外贸易国际研讨会论文集》，香港：中华书局，2005年。

朱新予主编：《中国丝绸史（通论）》，北京：纺织工业出版社，1992年。

[法]布尔努瓦：《丝绸之路》，耿昇译，济南：山东画报出版社，2001年。

[法]阿里·玛扎海里：《丝绸之路——中国—波斯文化交流史》，耿昇译，北京：中华书局，1993年。

[英]爱德华·吉本：《罗马帝国衰亡史》第一卷、第四卷、第五卷，席代岳译，台北：联经出版事业公司，2006年。

[英]赫德逊：《欧洲与中国》，王遵仲等译，北京：中华书局，1995年。

第八章

安作璋：《两汉与西域关系史》，济南：齐鲁书社，1979年。

黄时鉴主编：《解说插图中西关系史年表》，杭州：浙江人民出版社，1994年。

季羡林：《中印文化交流史》，北京：新华出版社，1991年。

姜伯勤：《敦煌艺术宗教与礼乐文明：敦煌心史散论》，北京：中国社会科学出版社，1996年。

林梅村：《汉唐西域与中国文明》，北京：文物出版社，1998年。

刘旭：《中国古代火药火器史》，郑州：大象出版社，2004年。

刘迎胜：《丝绸之路》，南京：江苏人民出版社，2014年。

潘吉星：《中国造纸史话》，北京：商务印书馆，1998年。

王一丹：《波斯拉施特〈史集·中国史〉研究与文本翻译》，北京：昆仑出版社，2006年。

吴焯：《佛教东传与中国佛教艺术》，杭州：浙江人民出版社，1996年。

许会林编著：《中国火药火器史话》，北京：科学普及出版社，1986年。

薛克翘：《佛教与中国文化》，北京：昆仑出版社，2006年。

余太山主编：《西域通史》，郑州：中州古籍出版社，1996年。

张秀民、韩琦：《中国活字印刷史》，北京：中国书籍出版社，1998年。

张秀民著，韩琦增订：《中国印刷史》（插图珍藏增订版），杭州：浙江古籍出版社，2006年。

钟少异主编：《中国古代火药火器史研究》，北京：中国社会科学出版社，1995年。

[法]阿里·玛扎海里:《丝绸之路——中国—波斯文化交流史》,耿昇译,北京:中华书局,1993年。

[美]卡特:《中国印刷技术的发明和它的西传》,吴泽炎译,北京:商务出版社,1991年。

第九章

干福熹主编:《丝绸之路上的古代玻璃研究——2004年乌鲁木齐中国北方古玻璃研讨会和2005年上海国际玻璃考古研讨会论文集》,上海:复旦大学出版社,2007年。

北京大学南亚研究所编:《中国载籍中南亚史料汇编》(全二册),上海:上海古籍出版社,1994年。

江晓原、钮卫星:《天文西学东渐集》,上海:上海书店出版社,2001年。

林梅村:《汉唐西域与中国文明》,北京:文物出版社,1998年。

刘迎胜:《丝绸之路》,南京:江苏人民出版社,2014年。

罗丰编著:《固原南郊隋唐墓地》,北京:文物出版社,1996年。

罗世平、齐东方:《波斯和伊斯兰美术》,北京:中国人民大学出版社,2004年。

芮传明:《中国与中亚文化交流志》,上海:上海人民出版社,1998年。

薛克翘:《佛教与中国文化》,北京:昆仑出版社,2006年。

薛克翘:《中国与南亚文化交流志》,上海:上海人民出版社,1998年。

张静、齐东方:《中国金银器》,北京:文物出版社,2008年。

[日]妹尾达彦:《隋唐长安与东亚比较都城史》,高兵兵、郭雪妮、黄海静译,西安:西北大学出版社,2019年。

[美]劳费尔:《中国伊朗编》,林筠因译,北京:商务印书馆,2001年。

[美]谢弗:《唐代的外来文明》,吴玉贵译,北京:中国社会科学出版社,1995年。

第十章

姜伯勤:《中国祆教艺术史研究》,北京:生活·读书·新知三联书店,2004年。

李青:《古楼兰鄯善艺术综论》,北京:中华书局,2005年。

林梅村:《古道西风——考古新发现所见中西文化交流》,北京:生活·读书·新知三联书店,2000年。

罗世平、齐东方:《波斯和伊斯兰美术》,北京:中国人民大学出版社,

2010年。

荣新江、罗丰主编:《粟特人在中国:考古发现与出土文献的新印证》,北京:科学出版社,2016年。

沈福伟:《中国与西亚非洲文化交流志》,上海:上海人民出版社,1998年。

吴钊、刘东升:《中国音乐史略》,北京:人民音乐出版社,1983年。

向达:《唐代长安与西域文明》,石家庄:河北教育出版社,2001年。

岳邦湖、田晓、杜思平、张军武:《岩画及墓葬壁画》,兰州:敦煌文艺出版社,2003年。

赵丰编:《丝绸之路美术考古概论》,北京:文物出版社,2007年。

[德]A.格伦威德尔:《新疆古佛寺:1905—1907年考察成果》,赵崇民、巫新华译,北京:中国人民大学出版社,2007年。

[俄]B.A.李特文斯基主编:《中亚文明史》第三卷,马小鹤译,北京:中国对外翻译出版公司,2003年。

[日]关卫:《西方美术东渐史》,熊得山译,上海:上海书店出版社,2007年。

[匈]雅诺什·哈尔马塔主编:《中亚文明史》第二卷,徐文堪、芮传明译,北京:中国对外翻译出版公司,2002年。

第十一章

[北宋]赞宁:《宋高僧传》,范祥雍点校,上海:上海古籍出版社,2014年。

[梁]释慧皎:《高僧传》,汤用彤校注,北京:中华书局,1992年。

[梁]释僧祐:《出三藏记集》,苏晋仁、萧鍊子点校,北京:中华书局,1995年。

[唐]慧立、彦悰:《大慈恩寺三藏法师传》,北京:中华书局,2000年。

[唐]释道宣:《续高僧传》(《高僧传二集》),台北:佛陀教育基金会,2001年。

[唐]义净:《大唐西域求法高僧传校注》,王邦维校注,北京:中华书局,1988年。

方立天:《魏晋南北朝佛教》,北京:中国人民大学出版社,2006年。

方立天:《中国佛教与传统文化》,北京:中国人民大学出版社:2010年。

李小荣:《〈弘明集〉〈广弘明集〉述论稿》,成都:巴蜀书社,2005年。

梁晓虹、徐时仪、陈五云:《佛经音义与汉语词汇研究》,北京:商务印书馆2005年。

刘立夫:《弘道与明教:〈弘明集〉研究》,北京:中国社会科学出版社,2004年。

楼宇烈、张志刚：《中外宗教交流史》，长沙：湖南教育出版社，1998年。

孙昌武：《中国佛教文化史》（全五册），北京：中华书局，2010年。

吕澂：《中国佛学源流略讲》，上海：上海人民出版社，2005年。

汤用彤：《汉魏两晋南北朝佛教史》，北京：中华书局，1983年。

徐时仪：《慧琳音义研究》，上海：上海社会科学院出版社，1997年。

严耕望：《魏晋南北朝佛教地理稿》，上海：上海古籍出版社，2007年。

[法]谢和耐：《中国5—10世纪的寺院经济》，耿昇译，上海：上海古籍出版社，2004年。

[荷]许里和：《佛教征服中国》，李四龙、裴勇译，南京：江苏人民出版社，1998年。

Weinstein, Stanley. *Buddhism under the T'ang*, Cambridge·New York：Cambridge University Press, 1987.

Wright, Arthur F. *Studies in Chinese Buddhism*, New Haven and London：Yale University Press, 1990.

第十二章

巴中市文管所、成都市文物考古研究所编：《巴中石窟》，成都：巴蜀书社，2003年。

韩翔、朱英荣：《龟兹石窟》，乌鲁木齐：新疆大学出版社，1990年。

何建英、何汉民编译：《中亚佛教艺术》，乌鲁木齐：新疆美术摄影出版社，1992年。

胡同庆、安忠义：《佛教艺术》，兰州：敦煌文艺出版社，2004年。

李青：《古楼兰鄯善艺术综论》，北京：中华书局，2005年。

李淞：《长安艺术与宗教文明》，北京：中华书局，2002年。

刘敦桢：《中国古代建筑史》，北京：中国建筑工业出版社，1984年。

孙英刚、何平：《犍陀罗文明史》，北京：生活·读书·新知三联书店，2018年

吴焯：《佛教东传与中国佛教艺术》，杭州：浙江人民出版社，1991年。

向达：《唐代长安与西域文明》，石家庄：河北教育出版社，2001年。

薛克翘：《中国与南亚文化交流志》，上海：上海人民出版社，1998年。

阎文儒：《云冈石窟研究》，桂林：广西师范大学出版社，2003年。

颜廷亮：《敦煌文学概论》，兰州：甘肃人民出版社，1993年。

[巴基斯坦]穆罕默德·瓦利乌拉·汗：《犍陀罗艺术》，陆水林译，北京：商

务印书馆,1997年。

[德]A.格伦威德尔:《新疆古佛寺:1905—1907年考察成果》,赵崇民、巫新华译,北京:中国人民大学出版社,2007年。

[俄]B.A.李特文斯基主编:《中亚文明史》第三卷,马小鹤译,北京:中国对外翻译出版公司,2003年。

[韩]李正晓:《中国早期佛教造像研究》,北京:文物出版社,2005年。

[日]宫治昭:《犍陀罗美术寻踪》,李萍译,北京:人民美术出版社,2006年。

[英]奥里尔·斯坦因:《沿着古代中亚的道路:斯坦因哈佛大学讲座》,巫新华译,桂林:广西师范大学出版社,2008年。

第十三章

蔡鸿生:《唐代九姓胡与突厥文化》,北京:中华书局,1998年。

龚方震、晏可佳:《祆教史》,上海:上海社会科学院出版社,1998年。

姜伯勤:《敦煌吐鲁番文书与丝绸之路》,北京:文物出版社,1994年。

姜伯勤:《中国祆教艺术史研究》,北京:生活·读书·新知三联书店,2004年。

林悟殊:《中古三夷教辨证》,北京:中华书局,2005年。

罗丰编著:《固原南郊隋唐墓地》,北京:文物出版社,1996年。

荣新江、华澜、张志清主编:《粟特人在中国——历史、考古、语言的新探索》,北京:中华书局,2005年。

荣新江:《中古中国与外来文明》(修订版),北京:生活·读书·新知三联书店,2014年。

荣新江:《中古中国与粟特文明》,北京:生活·读书·新知三联书店,2014年。

施安昌:《火坛与祭司鸟神》,北京:紫禁城出版社,2004年。

张小贵:《中古华化祆教考述》,北京:文物出版社,2010年。

[俄]B.A.李特文斯基主编:《中亚文明史》第三卷,马小鹤译,北京:中国对外翻译出版公司,2003年。

[加]蒲立本:《安禄山叛乱的历史背景》,丁俊译,上海:中西书局,2018年。

[伊朗]贾利尔·杜斯特哈赫选编:《阿维斯塔——琐罗亚斯德教圣书》,元文琪译,北京:商务印书馆,2005年。

[英]玛丽·博伊斯:《伊朗琐罗亚斯德教村落》,张小贵、殷小平译,北京:中华书局,2005年。

[法]魏义天:《粟特商人史》,王睿译,桂林:广西师范大学出版社,2012年。

第十四章

陈垣:《陈垣学术论文集》第1集,北京:中华书局,1980年。

葛承雍主编:《景教遗珍:洛阳新出唐代景教经幢研究》,北京:文物出版社,2009年。

耿昇、何高济译:《鲁布鲁克东行纪》,北京:中华书局,1985年。

关英:《景教与大秦寺》,西安:三秦出版社,2005年。

林悟殊:《唐代景教再研究》,北京:中国社会科学出版社,2003年。

林悟殊:《中古三夷教辨证》,北京:中华书局,2005年。

林英:《唐代拂菻丛说》,北京:中华书局,2006年。

罗香林:《唐元二代之景教》,香港:中国学社,1966年。

聂志军:《唐代景教文献词语研究》,长沙:湖南人民出版社,2010年。

牛汝极:《十字莲花——中国元代叙利亚文景教碑铭文献研究》,上海:上海古籍出版社,2008年。

唐晓峰:《元代基督教研究》,北京:社会科学文献出版社,2015年。

翁绍军:《汉语景教文典诠释》,北京:生活·读书·新知三联书店,1996年。

张绪山:《中国与拜占庭帝国关系研究》,北京:中华书局,2012年。

朱谦之:《中国景教》,北京:人民出版社,1993年。

[美]保罗·蒂利希:《基督教思想史:从其犹太和希腊发端到存在主义》,尹大贻译,北京:东方出版社,2008年。

[美]莫菲特:《亚洲基督教史》卷一,中国神学研究院中国文化研究中心译,香港:基督教文艺出版社,2000年。

[美]帕利坎:《大公教的形成》,翁绍军译,上海:华东师范大学出版社,2009年。

伊儿汗国(佚名):《拉班·扫马和马克西行记》,朱炳旭译,郑州:大象出版社,2018年。

Atiya, Aziz S. *A History of Eastern Christianity*, London: Methuwn and Co. Ltd., 1968.

Baum, Wilhelm & Winkler, Dietmar W. *The Church of the East: A Concise History*, London & New York: Routledge Curzon, 2003 (First published in German in 2000).

Becker, Udo. *The Continuum Encyclopedia of Symbols*, New York · London: Continuum, 1994.

D'Elia, *The Catholic Missions in China*, Shanghai, 1934.

Drijvers, Han J. W. *History and Religion in Late Antique Syria*, Ashgate Publishing Limited, 1994.

Gillman, Ia & Klimkeit, Hans-Joachim. *Christians in Asia before* 1500, Ann Arbor: University of Michigan Press, 1999.

Keevak, Michael. *The Story of a Stele: China's Nestorian Monument and Its Reception in the West*, 1625—1916, Hong Kong: Hong Kong University Press, 2008.

Latourette, K. S. *A History of Christian Missions in China*, New York, 1929.

Lowrie, Walter. *Art in the Early Church*, New York: Harper & Row, Publishers, Incorporated, 1965. Second Edition, Revised (Originally published in 1901 under the title *Monuments of the Early Church*).

Mckechnie, Paul. *The First Christian Centuries: Perspectives on the Early Church*, Downer, Illionois: Inter Varsity Press, 2001.

Stewart, John. *Nestorian Missionary Enterprise: the Story of a Church on Fire*, Piscataway, NJ: Gorgias Press, 2007 (original edition published by the T. & T. Clark, Edinburgh, 1928).

The Voyage of Johannes de Plano Carpini; *The Journal of Friar William de Rubruquis*; *The Journal of Friar Odoric*. Taken from the 1598—1600 Edition of Richard Hakluyt's "Navigations, Voyages, and Discoveries". New York: Dover Publications, Inc, 1964.

第十五章

龚方震、晏可佳：《祆教史》，上海：上海社会科学院出版社，1998年。

姜伯勤：《敦煌吐鲁番文书与丝绸之路》，北京：文物出版社，1994年。

姜伯勤：《中国祆教艺术史研究》，北京：生活·读书·新知三联书店，2004年。

梁景之：《清代民间宗教与乡土社会》，北京：社会科学文献出版社，2004年。

林悟殊：《摩尼教及其东渐》，北京：中华书局，1987年。

林悟殊：《中古三夷教辨证》，北京：中华书局，2005年。

荣新江：《中古中国与外来文明》（修订版），北京：生活·读书·新知三联书店，2014年。

王见川：《从摩尼教到明教》，台北：新文丰出版公司，1992年。

张新樟：《"诺斯"与拯救——古代诺斯替主义的神话哲学与精神修炼》，北京：生活·读书·新知三联书店，2005年。

张小贵：《中古华化祆教考述》，北京：文物出版社，2010年。

[德]克林凯特：《古代摩尼教艺术》，林悟殊译，广州：中山大学出版社，1989年。

[美]汉斯·约纳斯：《诺斯替宗教——异乡神的信息与基督教的开端》，张新樟译，上海：上海三联书店，2006年。

Beduhn, Jason David, *The Manichaean Body: In Discipline and Ritual*, Baltimore & London: The John Hopkins University Press, 2002.

Lieu, Samuel N. C. *Manichaeism in Central Asia and China*, London·Boston·Köln: Brill, 1998.

Lieu, Samuel N. C. *Manichaeism in Mesopotamia and the Roman East*, London·Boston·Köln: Brill, 1999.

Lieu, Samuel N. C. *Manichaeism in the later Roman Empire and medieval China: a historical survey*, Manchester: Manchester University Press, 1985.

第十六章

陈垣：《元西域人华化考》，陈智超导读，上海：上海古籍出版社，2000年。

江文汉：《中国古代基督教及开封犹太人（景教、元朝的也里可温、中国的犹太人）》，上海：知识出版社，1982年。

潘光旦：《中国境内犹太人的若干历史问题——开封的中国犹太人》，北京：北京大学出版社，1983年。

潘光主编：《犹太人在亚洲：比较研究》，上海：上海三联书店，2007年。

潘光、陈超南、余建华：《犹太文明》，北京：中国社会科学出版社，1999年。

王一沙：《中国犹太春秋》，北京：海洋出版社，1992年。

余太山主编：《西域通史》，郑州：中州古籍出版社，1996年。

张鸿翔：《明代各民族人士入仕中原考》，北京：中央民族大学出版社，1999年。

张绥：《犹太教与中国开封犹太人》，上海：上海三联书店，1990年。

[法]荣振华、[澳]李渡南等编：《中国的犹太人》，耿昇译，郑州：大象出版

社,2005年。

[美]J. B. 加百尔、[美]C. B. 威勒:《圣经中的犹太行迹》,梁工等译,顾晓鸣校,上海:上海三联书店,1991年。

[日]桑原骘藏:《蒲寿庚考》,陈裕菁译订,北京:中华书局,2009年。

[英]阿·克·穆尔:《1550年前的中国基督教史》,郝镇华译,北京:中华书局,1984年。

Broomhall, Marshall. *Islam in China*, London: Morgan & Scott, Ltd, 1910, Reprinted by Gorgias Press, 1007

Goldstein, Jonathan. eds., *The Jews of China vol I: Historical and Comparative Perspective*, Armonk, New York: M. E. Sharpe, Inc., 1999.

Goldstein, Jonathan. eds., *The Jews of China vol II: A Sourcebook and Research Guide*, Armonk, New York: M. E. Sharpe, Inc., 2000.

Xu Xin, *The Jews of Kaifeng, China: History, Culture, and Religion*, Jersey City, NJ: Ktav Publishing House, Inc, 2003.

第十七章

马克垚:《西欧封建经济形态研究》,北京:人民出版社,2001年。

马克垚主编:《中西封建社会比较研究》,上海:学林出版社,1997年。

[法]费尔南·布罗代尔:《15至18世纪的物质文明、经济和资本主义》,顾良、施康强译,北京:生活·读书·新知三联书店,1992—1993年。

[美]威廉·麦克尼尔:《西方的兴起》(上下册),孙岳、陈志坚、于展译,北京:中信出版社,2015年。

[美]彭慕兰:《大分流:欧洲、中国及现代世界经济的发展》,史建云译,南京:江苏人民出版社,2003年。

[美]艾立克·沃尔夫:《欧洲与没有历史的人》,贾士蘅译,台北:麦田出版社,2003年。

[美]斯塔夫里阿诺斯:《全球通史:1500年以后的世界》,吴象婴、梁赤民译,上海:上海社会科学院出版社,1999年。

[葡]雅依梅·科尔特桑:《葡萄牙的发现》第1—6卷,邓兰珍等译,北京:中国对外翻译出版公司,1996—1997年。

[美]桑贾伊·苏拉马尼亚姆:《葡萄牙帝国在亚洲:1500—1700》(第二版),巫怀宇译,桂林:广西师范大学出版社,2018年。

Markley, Robert. *The Far East and the English Imagination*, 1600—

1730, New York: Cambridge University Press, 2006.

第十八章

蔡鸿生主编:《澳门史与中西交通研究》,广州:广东高等教育出版社,1998年。

李隆生:《清代的国际贸易——白银流入、货币危机和晚清工业化》,台北:秀威资讯科技,2010年。

李隆生:《晚明海外贸易数量研究——兼论江南丝绸产业与白银流入的影响》,台北:秀威资讯科技,2005年。

李庆新:《明代海外贸易制度》,北京:社会科学文献出版社,2007年。

林满红:《银线:19世纪的世界与中国》,詹庆华、林满红译,南京:江苏人民出版社,2011年。

全汉昇:《中国经济史论丛》第一册,香港:新亚研究所,1972年。

万明:《中国融入世界的步履——明与清前期海外政策比较研究》,北京:社会科学文献出版社,2000年。

吴建雍:《十八世纪的中国与世界:对外关系卷》,沈阳:辽海出版社,1999年。

姚贤镐:《中国近代对外贸易史资料(1840—1895)》第一册,北京:中华书局,1962年。

张维华:《明史欧洲四国传注释》,上海:上海古籍出版社,1982年。

张晓宁:《天子南库——清前期广州制度下的中西贸易》,南昌:江西高校出版社,1999年。

[美]贡德·弗兰克:《白银资本:重视经济全球化中的东方》,刘北成译,北京:中央编译出版社,2000年。

[美]牟复礼、[英]崔瑞德主编:《剑桥中国明代史(1368—1644)》,张书生等译,北京:中国社会科学出版社,2006年。

[葡]徐萨斯:《历史上的澳门》,黄鸿钊、李保平译,澳门:澳门基金会,2000年。

Souza, George Bryan. *The Survival of Empire: Portuguese Trade and Society in China and the South China Sea*, 1630—1754, Cambridge: Cambridge University Press, 1986.

第十九章

陈乐民:《十六世纪葡萄牙通华系年》,沈阳:辽宁教育出版社,2000年。

刘鉴唐、张力主编:《中英关系系年要录(公元13世纪—1760年)》第一卷,成都:四川省社会科学院出版社,1989年。

万明:《中葡早期关系史》,北京:社会科学文献出版社,2001年。

周景濂:《中葡外交史》,北京:商务印书馆,1991年。

[荷]约翰·尼霍夫原著,[荷]包乐史、庄国土著:《〈荷使初访中国记〉研究》,厦门:厦门大学出版社,1989年。

[俄]尼古拉·班蒂什—卡缅斯基编:《俄中两国外交文献汇编(1619—1792)》,中国人民大学俄语教研室译,北京:商务印书馆,1982年。

[法]阿兰·佩雷菲特:《停滞的帝国——两个世界的撞击》,王国卿等译,北京:生活·读书·新知三联书店,1995年。

[荷]威·伊·邦特库:《东印度航海记》,姚楠译,北京:中华书局,1982年。

[荷]伊兹勃兰特·伊台斯、[德]亚当·勃兰德:《俄国使团使华笔记(1692—1695)》,北京师范学院俄语翻译组译,北京:商务印书馆,1980年。

[葡]徐萨斯:《历史上的澳门》,黄鸿钊、李保平译,澳门:澳门基金会,2000年。

[苏联]苏联科学院远东研究所等编:《十七世纪俄中关系(1608—1683)》第一卷(全三册),厦门大学俄语系翻译组译,黑龙江大学俄语系翻译组校,北京:商务印书馆,1978年。

[英]C. R. 博克舍编注:《十六世纪中国南部行纪》,何高济译,北京:中华书局,1990年。

[英]爱尼斯·安德逊:《英国人眼中的大清王朝》,费振东译,北京:群言出版社,2002年。

[美]马士:《东印度公司对华贸易编年史(1635—1834)》第1—5卷,区宗华译,广州:中山大学出版社,1991年。

[英]斯当东:《英使谒见乾隆纪实》,叶笃义译,上海:上海书店出版社,1997年。

《清会典事例》,北京:中华书局,1991年。

[美]何伟亚:《怀柔远人:马嘎尔尼使华的中英礼仪冲突》,邓常春译,北京:社会科学文献出版社,2015年。

Sebes, Joseph. *The Jesuits and the Sino-Russian Treaty of Nerchinsk (1689): the Diary of Thomas Pereira*, S. J.. Rome: Institutum Historicum S. I., 1961.

Wills, John E. *Embassies and Illusions, Dutch and Portugueses Envoys to K'ang-hsi*, 1666—1687. Harvard University & London, 1984.

Winterbotham, *An Historical, Geographical, and Philosophical view of the Chinese Empire*. London, 1795.

第二十章

方豪:《中国天主教史人物传》,北京:中华书局,1988年。

辅仁大学天主教史料研究中心编:《中国天主教史籍汇编》,新北:辅仁大学出版社,2003年。

顾卫民:《中国与罗马教廷关系史略》,北京:东方出版社,2000年。

戚印平:《日本早期耶稣会史研究》,北京:商务印书馆,2003年。

戚印平:《远东耶稣会史研究》,北京:中华书局,2007年。

秦和平:《基督宗教在四川传播史稿》,成都:四川人民出版社,2006年。

孙尚扬、[比]钟鸣旦:《一八四〇年前的中国基督教》,北京:学苑出版社,2004年。

王雪:《基督教与陕西》,北京:中国社会科学出版社,2007年。

王治心:《中国基督教史纲》,徐以骅导读,上海:上海古籍出版社,2004年。

张国刚:《从中西初识到礼仪之争——明清传教士与中西文化交流》,北京:人民出版社,2003年。

张先清:《官府、宗族与天主教:17—19世纪福安乡村教会的历史叙事》,北京:中华书局,2009年。

张泽:《清代禁教期的天主教》,台北:光启出版社,1992年。

周萍萍:《十七、十八世纪天主教在江南的传播》,北京:社会科学文献出版社,2007年。

卓新平主编:《相遇与对话:明末清初中西文化交流国际学术研讨会论文集》,北京:宗教文化出版社,2003年。

[德]彼得·克劳斯·哈特曼:《耶稣会简史》,谷裕译,房志荣校订,北京:宗教文化出版社,2003年。

[法]埃德蒙·帕里斯:《耶稣会士秘史》,张茹萍、勾永东译,北京:中国社会科学出版社,1990年。

[法]杜赫德编:《耶稣会士中国书简集》第1—6卷,郑德弟、耿昇等译,郑州:大象出版社,2001年、2005年。

[法]费赖之：《在华耶稣会士列传及书目》，冯承钧译，北京：中华书局，1995年。

[法]高龙鞶：《江南传教史》（第一册），周士良译，新北：辅仁大学出版社，2009年。

[法]荣振华：《在华耶稣会士列传及书目补编》，耿昇译，北京：中华书局，1995年。

[法]沙百里：《中国基督徒史》，耿昇、郑德弟译，古伟瀛、潘月玲增订，台北：光启文化事业，2005年。

[韩]李宽淑：《中国基督教史略》，北京：社会科学文献出版社，1998年。

[美]孟德卫：《灵与肉：山东的天主教，1650—1785》，潘琳译，张西平审校，郑州：大象出版社，2009年。

[美]魏若望：《耶稣会士傅圣泽神甫传：索隐派思想在中国及欧洲》，吴莉苇译，郑州：大象出版社，2006年。

Bireley, Robert. *The Refashioning of Catholicism*. 1450—1700. London: Macmillan Press Ltd., 1999.

Boxer, C. R. *Fidalgos in the Far East*, 1550—1770: *fact and fancy in the history of Macao*. The Hague: Martinus Nijhoff, 1948.

Camps, Arnuf. *The Friars Minor in China* (1294—1955): *especially the years* 1925—55. Rome, 1995.

Clossey, Luke. *Salvation and Globalization in the Early Jesuit Missions*. New York: Cambridge University Press, 2008.

Cummins, J. S. ed. *Jesuits and Friar in the Spanish expansion to the East*. London: Variorum Reprints, 1986.

D'Elia, Paschal M. D. *The Catholic Missions in China*. Shanghai: The Commercial Press Ltd., 1934.

Devine, W. *The Four Churches of Peking*. London/Tientsin: Burns, Oates & Washbourne Ltd., 1930.

Latourette, K. S. *A History of Christian Missions in China*. New York: The Macmillan Company, 1929.

Ross, Andrew C. *A Vision Betrayed*: *The Jesuits in Japan and China*, 1542—1742. Edinburgh: Edinburgh University Press, 1994.

Rowbotham, Arnold H. *Missionary and Mandarin*, *the Jesuits at the court of China*. Berkeley and Los Angeles: University of California Press, 1942.

第二十一章

[比]钟鸣旦:《杨廷筠——明末天主教儒者》,香港:圣神研究中心译,北京:社会科学文献出版社,2002年。

[德]彼得·克劳斯·哈特曼:《耶稣会简史》,谷裕译,北京:宗教文化出版社,2003年。

[法]谢和耐:《中国和基督教》,耿昇译,上海:上海古籍出版社,1991年。

[法]燕鼎思:《天主教中国教理讲授史:自16世纪至1940年天主教在中国传布福音及讲授教理的历史演变》,栗鹏举英译,田永正中译,台北:天主教华明书局,1976年。

[美]孟德卫:《灵与肉:山东的天主教,1650—1785》,潘琳译,张西平审校,郑州:大象出版社,2009年。

[西]闵明我:《上帝许给的土地——闵明我行记和礼仪之争》,何高济、吴翊楣译,郑州:大象出版社,2009年。

崔维孝:《明清之际西班牙方济会在华传教研究(1579—1732)》,北京:中华书局,2006年。

黄兴涛、王国荣:《明清之际西学文本:50种重要文献汇编》(全四册),北京:中华书局,2013年。

黄一农:《两头蛇——明末清初的第一代天主教徒》,上海:上海古籍出版社,2006年。

林金水:《利玛窦与中国》,北京:中国社会科学出版社,1996年。

潘凤娟:《西来孔子艾儒略——更新变化的宗教会遇》,台北:圣经资源中心,2002年。

秦和平:《基督宗教在四川传播史稿》,成都:四川人民出版社,2006年。

宋浩杰主编:《中西文化会通第一人:徐光启学术研讨会论文集》,上海:上海古籍出版社,2006年。

孙尚扬、[比]钟鸣旦:《一八四〇年前的中国基督教》,北京:学苑出版社,2004年。

孙尚扬:《基督教与明末儒学》,北京:东方出版社,1994年。

王雪:《基督教与陕西》,北京:中国社会科学出版社,2007年。

徐海松:《清初士人与西学》,北京:东方出版社,2000年。

张先清:《官府、宗族与天主教:17—19世纪福安乡村教会的历史叙事》,北京:中华书局,2009年。

张晓林：《天主实义与中国学统——文化互动与诠释》，上海：学林出版社，2005年。

张泽：《清代禁教期的天主教》，台北：光启出版社，1992年。

周萍萍：《十七、十八世纪天主教在江南的传播》，北京：社会科学文献出版社，2007年。

[美]孟德卫：《奇异的国度：耶稣会适应政策及汉学的起源》，陈怡译，郑州：大象出版社，2010年。

[美]唐纳德·F.拉赫：《欧洲形成中的亚洲》第一卷《发现的世纪》，周宁总校译，北京：人民出版社，2013年。

[意]菲利浦·米尼尼：《利玛窦——凤凰阁》，王苏娜译，郑州：大象出版社，2012年。

Dunne, George H. *Generation of Giants*: *The Story of the Jesuits in China in the Last Decades in the Ming Dynasty*. Notre Dame: University of Notre Dame Press, 1962.

Hibbert, Eloise Talcott. *Jesuit Adventure in China*: *During the Reign of K'ang Hsi*. New York: E. P. Dutton and Company, 1999.

Ronan, Charles E. &, Bonnie B. C. Oh ed. *East Meets West*: *The Jesuits in China*, 1582—1773. Chicago: Loyola University Press, 1982.

Ross, Andrew C. *A Vision Betrayed*: *The Jesuits in Japan and China*, 1542—1742. Edinburgh: Edinburgh University Press, 1994.

Whyte, Bob. *Unfinished Encounter*: *China and Christianity*. London, 1988.

第二十二章

[明]曹于汴：《仰节堂集》，《文渊阁四库全书》第1293册，台北：商务印书馆，2008年。

[明]陈龙正：《几亭外书》，《续修四库全书》第1133册，上海：上海古籍出版社，1996年。

[明]李日华：《紫桃轩杂缀》，薛维源点校，南京：凤凰出版社，2010年。

[明]李贽：《焚书》，北京：中华书局1975年。

[明]李贽：《续焚书》，北京：中华书局，1975年。

[明]刘侗、于奕正：《帝京景物略》，北京：北京古籍出版社，1980年。

[明]沈德符：《万历野获编》，北京：中华书局，1959年。

［明］谢肇淛：《五杂组》，上海：上海书店出版社，2001年。

［明］徐昌治辑：《破邪集》，周驲方编校：《明末清初天主教史文献丛编》，北京：北京图书馆出版社，2001年。

［明］杨光先等：《不得已》，陈占山校注，合肥：黄山书社，2000年。

［明］姚旅：《露书》，《续修四库全书》第1132册，上海：上海古籍出版社，1996年。

［明］叶向高：《苍霞余草》，《四库禁毁书丛刊·集部》第125册，北京：北京出版社，2005年。

［明］虞淳熙：《虞德园先生集》，《四库禁毁书丛刊·集部》第43册，北京：北京出版社，2005年。

［明］袁中道：《珂雪斋集》，上海：上海古籍出版社，1989年。

［明］张燮：《东西洋考》，谢方点校，北京：中华书局，1981年。

吴相湘编：《天主教东传文献》，台北：台湾学生书局，1982年。

吴相湘编：《天主教东传文献三编》，台北：台湾学生书局，1998年。

吴相湘编：《天主教东传文献续编》，台北：台湾学生书局，2000年。

周振鹤撰集：《圣谕广训：集解与研究》，顾美华点校，上海：上海书店出版社，2006年。

朱维铮主编：《利玛窦中文著译集》，上海：复旦大学出版社，2001年。

［法］安田朴、［法］谢和耐：《明清间入华耶稣会士和中西文化交流》，耿昇译，成都：巴蜀书社，1993年。

［法］谢和耐：《中国与基督教——中西文化的首次碰撞》（增补本），耿昇译，上海：上海古籍出版社，2003年。

第二十三章

［明］方弘静：《千一录》，《续修四库全书》第1126册，上海：上海古籍出版社，1996年。

［明］顾起元：《客座赘语》，北京：中华书局，1987年。

［明］顾应祥：《静虚斋惜阴录》，《续修四库全书》第1122册，上海：上海古籍出版社，1996年。

［明］何乔远：《名山藏》，娄曾泉等点校，上海：上海辞书出版社，2014年。

［明］焦竑：《献征录》，上海：上海书店，1987年。

［明］李日华：《紫桃轩杂缀》，薛维源点校，南京：凤凰出版社，2010年。

［明］茅瑞徵：《皇明象胥录》，《四库禁毁书丛刊·史部》第10册，北京：北

京出版社,2005年。

[明]沈德符:《万历野获编》,北京:中华书局,1997年。

[明]谈迁:《北游录》,北京:中华书局,1960年。

[明]王士禛:《香祖笔记》,上海:上海古籍出版社,1982年。

[明]谢肇淛:《五杂组》,上海:上海书店出版社,2001年。

[明]熊明遇:《文直行书诗》,《四库禁毁书丛刊·集部》第106册,北京:北京出版社,2005年。

[明]徐昌治辑:《破邪集》,周驲方编校:《明末清初天主教史文献丛编》,北京:北京图书馆出版社,2001年。

[明]严从简:《殊域周咨录》,余思黎点校,北京:中华书局,1993年。

[明]叶向高:《苍霞余草》,《四库禁毁书丛刊·集部》第125册,北京:北京出版社,2005年。

[明]袁中道:《游居杮录》,钱伯城点校,袁中道:《珂雪斋集》,上海:上海古籍出版社,1989年。

[明]张燮:《东西洋考》,谢方点校,北京:中华书局,1981年。

[明]朱之瑜:《舜水先生文集》,《续修四库全书》第1385册。

[清]张廷玉:《明史》卷三二三《吕宋传》,卷三二五《佛郎机传》《和兰传》,卷三二六《拂菻传》《意大里亚传》,北京:中华书局,1974年。

周驲方辑:《明末清初天主教史文献丛编》,北京:北京图书馆出版社,2001年。

第二十四章

北京大学图书馆编:《皇舆遐览:北京大学图书馆藏清代彩绘地图》,北京:中国人民大学出版社,2008年。

中国国家档案馆、北京大学编:《锦瑟万里,虹贯东西:16—20世纪初"丝绸之路"档案文献集萃》,北京:中华书局,2019年。

曹增友:《传教士与中国科学》,北京:宗教文化出版社,1999年。

董少新:《形神之间:早期西洋医学入华史稿》,上海:上海古籍出版社,2008年。

樊洪业:《耶稣会士与中国科学》,北京:中国人民大学出版社,1992年。

韩琦:《通天之学:耶稣会士和天文学在中国的传播》,北京:生活·读书·新知三联书店,2018年。

何小莲:《西医东渐与文化调适》,上海:上海古籍出版社,2006年。

黄时鉴、龚缨晏：《利玛窦世界地图研究》，上海：上海古籍出版社，2004年。
江晓原、钮卫星：《天文西学东渐集》，上海：上海书店出版社，2001年。
江晓原：《天学外史》，上海：上海人民出版社，1999年。
邱春林：《会通中西——晚明实学家王徵的设计与思想》，重庆：重庆大学出版社，2007年。
孙喆：《康雍乾时期舆图绘制与疆域形成研究》，北京：中国人民大学出版社，2003年。
王冰：《勤敏之士——南怀仁》，北京：科学出版社，2000年。
张柏春：《明清测天仪器之欧化：十七、十八世纪传入中国的欧洲天文仪器技术及其历史地位》，沈阳：辽宁教育出版社，2000年。
[德]魏特：《汤若望传》（二册），杨丙辰译，台北：商务印书馆，1949年。
[意]艾儒略著，谢方校释：《职方外纪校释》，北京：中华书局，1996年。

第二十五章

[清]李斗：《扬州画舫录》，周春东注，济南：山东友谊出版社，2001年。
[清]邹一桂：《小山画谱》，《文渊阁四库全书》第838册。
何重义、曾昭奋编著：《圆明园园林艺术》，北京：科学出版社，1995年。
江滢河：《清代洋画与广州口岸》，北京：中华书局，2007年。
李向玉：《汉学家的摇篮：澳门圣保禄学院研究》，北京：中华书局，2006年。
莫小也：《十七—十八世纪传教士与西画东渐》，杭州：中国美术学院出版社，2002年。
陶亚兵：《明清间的中西音乐交流》，北京：东方出版社，2001年。
王镛：《中外美术交流史》，长沙：湖南教育出版社，1998年。
吴钊、刘东升：《中国音乐史略》，北京：人民音乐出版社，1983年。
邢荣发：《明清澳门城市建筑研究》，香港：华夏文化艺术出版社，2007年。
[法]杜赫德编：《耶稣会士中国书简集》第1—6卷，郑德弟、耿昇等译，郑州：大象出版社，2001年、2005年。
[意]马国贤：《清廷十三年——马国贤在华回忆录》，李天纲译，上海：上海古籍出版社，2004年。
Louis Antonin Berchier, *The Mysteries of Mater Dei*, Façade at Macao, Instituto Cultural do Governo da R. A. E. Macao, 2010.

第二十六章

陈垣：《康熙与罗马使节关系文书》，台北：台湾学生书局，1973年。

顾卫民：《中国与罗马教廷关系史略》，北京：东方出版社，2000年。

李天纲：《中国礼仪之争：历史·文献和意义》，上海：上海古籍出版社，1998年。

刘耘华：《诠释的圆环——明末清初传教士对儒家经典的解释及其本土回应》，北京：北京大学出版社，2005年。

罗光：《教廷与中国使节史》，台中：光启出版社，1961年。

张铠：《庞迪我与中国》，郑州：大象出版社，2009年。

中国第一历史档案馆编：《康熙朝满文朱批奏折全译》，北京：中国社会科学出版社，1996年。

中国第一历史档案馆编：《清中前期西洋天主教在华活动档案史料》第1—4卷，北京：中华书局，2003年。

[比]钟鸣旦：《礼仪的交织：明末清初中欧文化交流中的丧葬礼》，张佳译，上海：上海古籍出版社，2009年。

[德]柯兰霓：《耶稣会士白晋的生平与著作》，李岩译，郑州：大象出版社，2009年。

[美]孟德卫：《奇异的国度：耶稣会适应政策及汉学的起源》，陈怡译，郑州：大象出版社，2010年。

[法]伊夫斯·德·托玛斯·德·博西耶尔夫人：《耶稣会士张诚——路易十四派往中国的五位数学家之一》，辛岩译，郑州：大象出版社，2009年。

[美]苏尔、[美]诺尔编：《中国礼仪之争西文文献一百篇（1645—1941）》，沈保义等译，上海：上海古籍出版社，2001年。

[美]魏若望：《耶稣会士傅圣泽神甫传：索隐派思想在中国及欧洲》，吴莉苇译，郑州：大象出版社，2006年。

[葡]徐萨斯：《历史上的澳门》，黄鸿钊、李保平译，澳门：澳门基金会，2000年。

[西]闵明我：《上帝许给的土地——闵明我行记和礼仪之争》，何高济、吴翊楣译，郑州：大象出版社，2009年。

Cummins, J. S. ed. *The Travels and Controversies of Friar Domingo Navarrete*, 1618—1686. Vol. I. Cambridge: Published for the Hakluyt Society, at the University Press, 1960.

Minamiki, George. *The Chinese Rites Controversy: From its Beginning to Modern Times*. Chicago: LoyolaUniversity Press, 1985.

Mungello, David. E. ed., *The Chinese Rites Controversy: Its History and*

Meaning. Nettetal：SteylerVerlagsbuchhandlung GmbH，1994.

Ronan, Charles E. &, Bonnie B. C. Oh ed. *East Meets West*：*The Jesuits in China*，1582—1773. Chicago：Loyola University Press，1982.

Young, John D. *Confucianism and Christianity*：*The First Encounter*. Hong Kong：Hong KongUniversity Press，1983.

第二十七章

澳门《文化杂志》编：《十六和十七世纪伊比利亚文学视野里的中国景观》，郑州：大象出版社，2003年。

董少新：《葡萄牙耶稣会士何大化在中国》，北京：社会科学文献出版社，2017年。

杜文凯编：《清代西人见闻录》，北京：中国人民大学出版社，1985年。

张西平：《交错的文化史——早期传教士汉学研究史稿》，北京：学苑出版社，2017年。

张西平：《欧洲早期汉学史》，北京：中华书局，2009年。

张西平：《儒学西传欧洲研究导论》，北京：北京大学出版社，2016年。

[波]爱德华·卡伊丹斯基：《中国的使臣——卜弥格》，张振辉译，郑州：大象出版社，2001年。

[德]柯兰霓：《耶稣会士白晋的生平与著作》，李岩译，郑州：大象出版社，2009年。

[荷]约翰·尼霍夫原著，[荷]包乐史、庄国土著：《〈荷使初访中国记〉研究》，厦门：厦门大学出版社，1989年。

[法]白晋：《康熙帝传》，马绪祥译，《清史资料》第一辑，北京：中华书局，1980年。

[法]伊夫斯·德·托玛斯·德·博西耶尔夫人：《耶稣会士张诚——路易十四派往中国的五位数学家之一》，辛岩译，郑州：大象出版社，2009年。

[法]杜赫德编：《耶稣会士中国书简集》第1—6卷，郑德弟、耿昇等译，大象出版社，2001年、2005年。

[法]李明：《中国近事报道(1687—1692)》，郭强、龙云、李伟译，郑州：大象出版社，2004年

[美]唐纳德·F. 拉赫、埃德温·J. 范·克雷：《发现的世纪》第三卷，周宁总校译，北京：人民出版社，2013年。

[美]唐纳德·F. 拉赫：《发现的世纪》第一卷，周宁总校译，北京：人民出

版社,2013年。

[葡]安文思:《中国新史》,何高济、李申译,郑州:大象出版社,2004年。

[葡]多默·皮列士:《东方志——从红海到中国》,何高济译,南京:江苏教育出版社,2005年。

[葡]费尔南·门德斯·平托等:《葡萄牙人在华见闻录》,王锁英译,澳门、海口:澳门文化司署、海南出版社,1998年。

[西]曾德昭:《大中国志》,何高济译,上海:上海古籍出版社,1998年。

[西]门多萨:《中华大帝国史》,何高济译,北京:中华书局,1998年。

[西]闵明我:《上帝许给的土地——闵明我行记和礼仪之争》,何高济、吴翊楣译,郑州:大象出版社,2009年。

[西]帕莱福等:《鞑靼征服中国史·鞑靼中国史·鞑靼战纪》,何高济译,北京:中华书局,2008年。

[意]利玛窦、[意]金尼阁:《利玛窦中国札记》,何高济等译,北京:中华书局,1983年。

[英]爱尼斯·安德逊:《英国人眼中的大清王朝》,费振东译,北京:群言出版社,2002年。

[英]斯当东:《英使谒见乾隆纪实》,叶笃义译,上海:上海书店出版社,1997年。

[英]约翰·巴罗:《我看乾隆盛世》,李国庆、欧阳少春译,北京:北京图书馆出版社,2007年。

Demarchi, Franco and Riccardo Scartezzini ed. *Martino Martini: a Humanist and Scientist in Seventeenth Century China*. Trento: UniversitàdegliStudi di Trento, 1996.

Du Halde. *A Description of The Empire of China and Chinese-Tartar, Together with the Kingdoms of Korea, and Tibet: Containing The Geography and History of Those Countries*. London: EdwardCave, 1738.

Grosier, J. B. G. A. *A General Description of China*. London: C. C. J. and J. Robinson, 1788.

Lust, John. *Western Books on China Published up to 1850*. London: Bamboo Publishing Ltd, 1987.

Magalhaes, Gabriel de. *A New History of the Empire of China*. London: Samuel Holford, 1689.

Meynard, Thierry, S. J. eds. & trans, *Confucius Sinarum Philosophus*

(1687): *The First Translation of the Confucian Classics*. Roma: InstitutumHistoricumSocietatisIesu, 2011.

Williams, Glyndwr ed. *A Voyage Round the World, in the Years* 1740—44. London: Oxford University Press, 1974.

第二十八章

陈铨:《中德文学研究》,沈阳:辽宁教育出版社,1997年。

邓嗣禹:《中国科举制在西方的影响》,《中外关系史译丛》第4辑,上海:上海译文出版社,1988年。

范存忠:《中国文化在启蒙时期的英国》,上海:上海外语教育出版社,1991年。

计翔翔:《十七世纪中期汉学著作研究》,上海:上海古籍出版社,2002年。

李文潮、[德]H.波塞尔编:《莱布尼茨与中国——〈中国近事〉发表300周年国际学术讨论会论文集》,李文潮译,北京:科学出版社,2002年。

刘善章、周荃主编:《中德关系史译文集》,青岛:青岛出版社,1992年。

吴莉苇:《当诺亚方舟遭遇伏羲神农——启蒙时代欧洲的中国上古史论争》,北京:中国人民大学出版社,2005年。

吴孟雪、曾丽雅:《明代欧洲汉学史》,北京:东方出版社,2000年。

许明龙:《孟德斯鸠与中国》,北京:国际文化出版公司,1989年。

许明龙:《欧洲18世纪"中国热"》,太原:山西教育出版社,1999年。

张西平主编:《莱布尼茨思想中的中国元素》,郑州:大象出版社,2010年。

朱谦之:《中国哲学对于欧洲的影响》,福州:福建人民出版社,1985年。

[德]阿塔纳修斯·基歇尔:《中国图说》,张西平、杨慧玲、孟宪谟译,郑州:大象出版社,2010年。

[丹]龙伯格:《汉学先驱巴耶尔》,王丽虹译,郑州:大象出版社,2017年。

[德]莱布尼茨:《莱布尼茨自然哲学著作选》,祖庆年译,北京:中国社会科学出版社,1985年。

[德]莱布尼茨:《人类理智新论》,陈修斋译,北京:商务印书馆,1982年。

[德]利奇温:《十八世纪中国与欧洲文化的接触》,朱杰勤译,北京:商务印书馆,1991年。

[俄]E.德雷仁:《世界共通语史》,徐沫译,北京:商务印书馆,1999年。

[法]艾田蒲:《中国之欧洲》,许钧、钱林森译,郑州:河南人民出版社,1992年。

［法］维吉尔·毕诺：《中国对法国哲学思想形成的影响》，耿昇译，北京：商务印书馆，2000年。

［法］杜阁：《关于财富的形成和分配的考察》，南开大学经济系经济学说史教研组译，北京：商务印书馆，1978年。

［法］伏尔泰：《风俗论——论各民族的精神与风俗以及自查理曼至路易十三的历史》，梁守锵译，北京：商务印书馆，1995年。

［法］伏尔泰：《路易十四时代》，吴模信等译，北京：商务印书馆，1982年。

［法］孔多塞：《人类精神进步史表纲要》，何兆武、何冰译，北京：生活·读书·新知三联书店，1998年。

［法］弗郎斯瓦·魁奈：《中华帝国的专制制度》，谈敏译，北京：商务印书馆，1992年。

［法］孟德斯鸠：《论法的精神》（上下），张雁深译，北京：商务印书馆，1961、1963年。

［美］孟德卫：《莱布尼兹和儒学》，张学智译，南京：江苏人民出版社，1998年。

［英］赫德逊：《欧洲与中国》，王遵仲、李申、张毅译，北京：中华书局，1995年。

Berger, Willy Richard. *China-Bild und China-Mode im Europa der Aufklärung*. Köln / Wien: Böhlau Verlag, 1990.

Berlitz, Charkes. *Die wunderbare Welt der Sprachen*. Wein/Hamburg: Paul Zsolnay Verlag, 1982.

Ch'ien Chung-Shu(钱锺书). "China in the English Literature of the Eighteenth Century(I)". *Quarterly Bulletin of Chinese Bibliogrophy*[New Series], vol. II, No. 1—2 (June, 1941, Peiping).

Ch'ien Chung-shu(钱锺书). "China in the English Literature of the Seventeenth Century". *Quarterly Bulletin of Chinese Bibliography*, vol. I, no. 4 (Peiping, 1940).

Ching, Julia and Willard G. Oxtoby ed. *Discovering China: European Interpretations in the Enlightenment*. New York: University of Rochester Press, 1992.

Demarchi, Franco and Riccardo Scartezzini ed. *Martino Martini: a Humanist and Scientist in Seventeenth Century China*. Trento: UniversitàdegliStudi di Trento, 1996.

Demel, Walter. *AlsFremde in China*, *Das Reich der Mitte im Spiegel frühneuzeitlichereuropäischerReiseberichte*. München: Oldenbourg, 1992.

Eco, Umberto. *The Search for the Perfect Language*. Translated by James Fentress. Oxford: Blackwell Publisher Ltd, 1995.

Lundbaek, Knud. *The Traditional History of the Chinese Script: From a Seventeenth Century Jesuit Manuscript*. Aarhus: Aarhus University Press, 1988.

Mackerras, Colin. *Western Images of China*. London: Oxford University Press, 1989.

Malek, Roman eds. *Philippe Couplet, S. J. (1623—1693), The Man Who Brought China to Europe*. Nettetal: Steyler Verlag, 1990.

Maverick, Lewis A. *China, A Model for Europe*. Tex: San Antonio, 1946.

Meynard, Thierry, S. J. eds. & trans, *Confucius Sinarum Philosophus (1687): The First Translation of the Confucian Classics*. Roma: InstitutumHistoricum SocietatisIesu, 2011.

Webb, John. *The Antiquity of China, or An Historical Essay, Endeavouring a probability that the Language of the Empire of China is the Primitive Language spoken through the whole World before the Confusion of Babel*. London: Robert Harford, 1678.

第二十九章

范存忠:《中国文化在启蒙时期的英国》,上海:上海外语教育出版社,1991年。

故宫博物院编:《白鹰之光:萨克森—波兰宫廷文物精品集(1670～1763年)》,北京:紫禁城出版社,2009年。

故宫博物院编:《瑞典藏中国陶瓷》,北京:紫禁城出版社,2005年。

广东省博物馆编:《广彩瓷器》,北京:文物出版社,2001年。

广州博物馆编:《海贸遗珍:18—20世纪初广州外销艺术品》,上海:上海古籍出版社,2005年。

胡雁溪、曹俭:《它们曾经征服了世界:中国清代外销瓷集锦》,北京:中国大百科全书出版社,2010年。

黄时鉴:《东西交流史论稿》,上海:上海古籍出版社,1998年。

江西省博物馆编:《华风欧韵:景德镇清代外销瓷精品展》,上海:上海锦绣文章出版社,2010年。

李隆生:《清代的国际贸易——白银流入、货币危机和晚清工业化》,台北:秀威资讯科技,2010年。

刘鉴唐、张力主编:《中英关系系年要录(公元13世纪—1760年)》第一卷,成都:四川省社会科学院出版社,1989年。

刘伟:《故宫藏珐琅彩瓷》,北京:紫禁城出版社,2001年。

全汉昇:《中国近代经济史论丛》,台北:稻禾出版社,1996年。

朱培初:《明清陶瓷和世界文化的交流》,北京:轻工业出版社,1984年。

[法]费尔南·布罗代尔:《15—18世纪的物质文明、经济和资本主义》第一卷,顾良、施康强译,北京:生活·读书·新知三联书店,1992年。

[法]G.勒纳尔、G.乌勒西:《近代欧洲的生活与劳作(从15—18世纪)》,杨军译,上海:上海三联书店,2008年。

[英]简·迪维斯:《欧洲瓷器史》,熊寥译,杭州:浙江美术学院出版社,1991年。

[英]休·昂纳:《中国风:遗失在西方800年的中国元素》,刘爱英、秦红译,北京:北京大学出版社,2017年。

Adshead, S. A. M. *Material Culture in Europe and China*, 1400—1800: *the rise of consumerism*. London & New York, 1997.

Shirley Ganse. *Chinese Porcelain*: *An Export to the World*, Hongkong: Joint Publishing (H. K.) Co. Ltd, 2008.

Kroes, Dr. Jochem. *Chinese Armorial Porcelain for the Dutch Market*. Den Haag: Central Bureau voorGenealogie & Zwolle: Waanders Publishers, 2008.

McCabe. Ina Baghdiantz. Orientalism in Early Modern France—Eurasian Trade, Exoticism, and the Ancien Regime. Oxford·New York: Berg Publishers, 2008.

第三十章

故宫博物院编:《白鹰之光:萨克森—波兰宫廷文物精品集(1670—1763)》,北京:紫禁城出版社,2009年。

故宫博物院编:《瑞典藏中国陶瓷》,北京:紫禁城出版社,2005年。

广东省博物馆:《广彩瓷器》,北京:文物出版社,2001年。

广州博物馆编：《海贸遗珍：18—20世纪初广州外销艺术品》，上海：上海古籍出版社，2005年。

胡雁溪、曹俭：《它们曾经征服了世界：中国清代外销瓷集锦》，北京：中国大百科全书出版社，2010年。

黄时鉴：《东西交流史论稿》，上海：上海古籍出版社，1998年。

江西省博物馆编：《华风欧韵：景德镇清代外销瓷精品展》，上海：上海锦绣文章出版社，2010年。

李隆生：《清代的国际贸易——白银流入、货币危机和晚清工业化》，台北：秀威资讯科技，2010年。

刘鉴唐、张力主编：《中英关系系年要录（公元13世纪—1760年）》第一卷，成都：四川省社会科学院出版社，1989年。

刘伟：《故宫藏珐琅彩瓷》，北京：紫禁城出版社，2001年。

全汉昇：《中国近代经济史论丛》，台北：稻禾出版社，1996年。

远小近、廖旸：《欧洲美术：从罗可可到浪漫主义》，北京：中国人民大学出版社，2004年。

朱培初：《明清陶瓷和世界文化的交流》，北京：轻工业出版社，1984年。

［德］卜松山：《与中国作跨文化对话》，刘慧儒、张国刚译，北京：中华书局，2003年。

［法］费尔南·布罗代尔：《15—18世纪的物质文明、经济和资本主义》第一卷，北京：生活·读书·新知三联书店，1992年。

［法］约翰·怀特海：《18世纪法国室内艺术》，杨俊蕾译，桂林：广西师范大学出版社，2003年。

［法］G.勒纳尔、G.乌勒西：《近代欧洲的生活与劳作（从15—18世纪）》，杨军译，上海：上海三联书店，2008年。

［美］米奈：《巴洛克与洛可可：艺术与文化》，孙小金、孙宜学译，桂林：广西师范大学出版社，2004年。

［瑞士］海因里希·沃尔夫林：《文艺复兴与巴洛克》，沈莹译，上海：上海人民出版社，2007年。

［英］简·迪维斯：《欧洲瓷器史》，熊寥译，杭州：浙江美术学院出版社，1991年。

［英］马德琳·梅因斯通等：《剑桥艺术史》第2册，钱乘旦译，北京：中国青年出版社，1994年。

［英］休·昂纳：《中国风：遗失在西方800年的中国元素》，刘爱英、秦红

译,北京:北京大学出版社,2017年。

Adshead, S. A. M. *Material Culture in Europe and China*, 1400—1800: *the rise of consumerism*. London & New York: Macmillan Press Ltd., 1997.

Shirley Ganse, *Chinese Porcelain: An Export to the World*, Hongkong: Joint Publishing (H. K.) Co. Ltd, 2008.

Jourdain, Margaret & Jenyns, R. Soame. *Chinese Export Art in the Eighteenth Century*. London: Country Life, 1950.

Kiby, Ulrika. *Die Exotismen des Kurfuersten Max Emanuel in Nymphenburg*. Hildesheim /Zuerich /New York, 1990.

Kroes, Dr. Jochem. *Chinese Armorial Porcelain for the Dutch Market*. Den Haag: Central Bureau voorGenealogie & Zwolle: Waanders Publishers, 2008.

Leutner, Mechthild & Yu-Dembski, Dagmar ed. *Exotok und Wirklichkei*. Berlin: Berlin China-Studies 18, 1990.

McCabe, Ina Baghdiantz. *Orientalism in Early Modern France—Eurasian Trade, Exoticism, and the Ancien Regime*. Oxford · New York: Berg Publishers, 2008.

Siren, Osvald. *China and Gardens of Europe of the Eighteenth Century*. New York: Ronald Press Co., 1950.

Watson, William eds. *The Westward Influence of the Chinese Art, from the 14th to the 18th Century*. London: University of London, 1973.

索 引

人名索引

A

阿布尔菲达　718
阿尔达希尔　79,322
阿尔法罗　525
阿尔萨息　78
阿尔瓦雷斯　485
阿丰索·德·阿尔布克尔克　447,485
阿基米德　617
阿里·伊本·伊萨　175
阿里斯特　16,17
阿隆塞·桑切斯　545
阿鲁浑　59,147,148
阿罗本　351-353,357,358,725
阿罗那顺　94,95
阿美士德　510,598
阿难　298
阿塞林　376
阿瑟·墨非　731
阿塔薛西斯　240
阿育王　266,291
埃梅-马丁　686
艾迪生　742,747
艾启蒙　636
艾儒略　417,525,555-558,561,565,567-569,576,582,589,600,602,603,606,607,695

艾斯卡兰蒂　677,678
艾逊爵　672,673
爱德华三世　197
爱尔维修　736
爱薛　232,235,236
安德烈　376
安德鲁　378,416
安德逊　703
安德义　636
安多　622,662,668
安伽　329,330
安禄山　254,328,332,334
安妮女王　747
安森男爵　701
安世高　78,229,233,234,271,276,311
安特生　22
安文思　585,628,687,688,691,693,709,717
奥尔良的菲利普　776
奥尔穆兹德一世　382
奥法罗　678
奥菲特·达贝尔　682,683
奥里瓦　536
奥理安　166
奥罗息斯　201
奥特利乌斯　8

B

巴多明　491,622,709,711

巴尔托洛梅乌·迪亚斯　441,442,444,
　　723
巴范济　654
巴杰尔　730
巴利特　541
巴罗　703
巴西尔皇帝　171
巴耶尔　713
巴伊科夫　503
巴哲格　491-493
白晋　478,532,610,618,622,633,641,
　　669,692,693,694,696,715
白居易　88,253,254,256
白令　691
白乃心　726,780
柏来拉·佩雷拉　677-680
柏朗嘉宾的约翰　61,375,376
柏应理　532,691,694,696-698,709,734
拜拉·基勃杰基　197
拜住　376
班安德　654
班超　36,50,71,72,79,97,98,218
班固　12,29,32-35,40,48,50,70,72,89,
　　97,106,110,116,163,200,201,210,218,
　　219,225,275,400
包撒尼亚斯　20
保罗五世　535
鲍友管　620
卑路斯　382
卑路斯　81
卑路斯一世　41
北魏太武帝　74,75,238,248,250,260,
　　284
北魏孝文帝　74,248,298
贝尔坦　687
贝尔托德·施瓦茨　197

贝尼埃　734,735
本笃十四世　675
本多白垒拉　488,493
毕方济　418,621,622
毕昇　190
毕天祥　528,669,670
别璆佛哩　765
波特格尔　761
波提埃　103
波佐　637
伯顿　729
伯希和　18,97,103,314,333,335,397,
　　409
帛远　272,283,284
博尔济亚　542
博凌　681
薄贤士　672
卜弥格　692-695,698,717
布略特　541
布歇　735,784,789

C

蔡伦　183,186
蔡文姬　247
曹操　247
曹禄山　46,47,164
曹议金　333
曹仲达　301
查理二世　747
查士丁二世　170
察合台　58
常德　57,62-64
超日王　91,92
陈诚　67,68
陈垣　327,353,363,397,398,410,428-
　　431,674
陈祖义　141

成吉思汗　　3,55,56,58-60,62,63,66,366,
　　379,720-722,739
崔寔　　114

D

达·伽马　　64,445,446,723,757
达奚弘通　　85
大流士　　17,28,161,321
戴冰玉　　667
戴进贤　　613,617,619,620
戴逵　　300,301
丹妮丽斯　　171
丹尼尔·马罗特　　758
道安　　272,286,288
道恒　　279
道宣　　270,286,312
德尔图良　　372
德拉尼夫人　　759
德理格　　641,642,644,671
邓玉函　　614,615,617,630
狄奥多　　345
狄奥多西二世　　167,224
狄奥法尼斯　　170
狄德罗　　736,743,772
迪尼斯·迪亚斯　　441
笛福　　741,742,763
第谷　　616
窦固　　41
杜尔阁　　737,738
杜赫德　　624,636,686,688-691,709
杜环　　85,86,96,326,363,426
段安节　　248
段成式　　107,232,260,303,304,314,327,
　　400
敦达斯　　506,507
多默·皮列士　　485,486,592,625,676,
　　677,679,680

铎罗　　634,663,666-675

E

俄内西克里特　　19
鄂本笃　　717
鄂多立克　　133,149,150,193,369,378
恩理格　　418

F

法德勒·本·叶哈雅　　187
法显　　92,111,114,117,119,230,269,
　　270,272,274,305,329,550
范·林索登　　453
范成大　　55
范礼安　　521,522,535,541,542,544-552,
　　555,562,564,650,652
范奈克　　681
方豪　　355,527,557,558,662,666
方济各　　527,528,536,537
腓力二世　　450,453,475,499,520,521,
　　751
腓特烈二世　　761
费尔杜西　　14
费尔南·门德斯·平托　　677,680
费尔南·佩雷斯·德·安德拉德　　485
费尔南多　　443
费赖之　　519,695,696
费乐德　　418
费内隆　　737
费信　　146
费隐　　622,623
费兹修　　769
冯秉正　　692,693,709,711
冯承钧　　179,353,366,519,590,718
佛驮斯那　　229
弗拉·毛罗　　438
弗拉斯塞拉　　528

弗莱雷　711
弗赖辛　720
弗兰西斯·培根　199
弗兰西斯科·维埃拉　654
弗朗塞克·卡尔勒地　677
弗朗西斯科·德·美第奇　760
弗罗伊斯　547
伏尔泰　689,711,731,735-737,739,740,790
苻坚　92,273,279
福克斯　695
傅汎际　655,658
傅圣泽　616
傅毅　252,268
傅作霖　620,623

G

盖伦　231
甘英　17,78,79,97-101
高多林第　527,528
高厄　703
高慎思　623
高士奇　641
高仙芝　77
哥白尼　616,622
哥德斯密　689,732,733,740
歌德　740,741
格里乌斯　717,726,727
格利高里十三世　535,678
格利姆　743
格鲁贤　692,739
格罗伊特　716
葛洪　90,111,219,230,237,238
巩珍　110,112,146
古登堡　193
古公亶父　14,214
顾恺之　300

郭弼恩　661,686
郭若虚　301
郭守敬　235,236

H

哈里勒　67
哈里发阿尔·哈金　364
哈里发艾布·别克尔　424
哈里发奥斯曼　424
哈里发麦塔密德　121
哈仑·拉希德　105,175,187
哈桑·马拉喀什　236
海思波　428,429
韩山童　404
汉光武帝　163
汉明帝　36,90,285,299,305
汉威　749
汉武帝　21,29,31-33,70,71,89,106,183,200,201,210,211,215,219,225,246,259
汉宣帝　40,72,183,200,202,218
汉元帝　202
豪尔迈斯　703
合赞汗　60,203,365,429
何稠　168,238
何进滔　333,334
何乔远　397,405,426,463,500,591,593,594,599
何塞·德·阿科斯塔　546,547
何尚之　279
贺清泰　636,637
赫尔曼　30
赫拉克利乌斯　105
赫世亨　668,670
赫特　731
赫西奥德　16
亨宁　21
洪迪乌斯　716

洪迈　　227,233
洪若翰　　532,533,619
忽必烈　　56-60,64,131,132,147,151,202,203,235,239,367,377,415,428,430,717
胡安·德·扎马迪亚　　501
胡克　　365
花蕊夫人　　261
华托　　788,789
黄帝　　13,15,276,279,282,691,692
黄文弼　　183,185
黄震　　397-399
黄仲清　　397
慧超　　83,326
慧立　　326
慧琳　　276
慧远　　278-280,301
霍尔巴赫　　736,743
霍勒斯·沃波尔　　731
霍去病　　33
霍特曼　　453
霍与瑕　　469

J

基歇尔　　570,694,713,714,726,727
吉本　　166,167,170,171
济雅德·布·萨利赫　　77
加斯帕尔·达·克鲁兹　　524,677,678,680
加斯帕尔·路易斯　　725
迦腻色伽　　203,266
迦叶　　268,285,298,305
嘉乐　　673-675
贾耽　　44,45,84,86,119-122,144
贾修利　　671
蒋德璟　　578,579,608
蒋梦麟　　3
蒋友仁　　616,622-625,630,636,644

杰凡尼·切拉蒂尼　　633,634
戒日王　　93-95,270
金尼阁　　549,554,561,589,628,687,688,726
金天柱　　427,428
景净　　351,355,358,370
鸠摩罗什　　230,233,272,273
居鲁士　　17,28,322
居维列　　777
居伊·塔查尔　　532
沮渠安阳　　229
瞿汝夔　　550,555,556
瞿昙悉达　　234
瞿昙晏　　234
瞿昙譔　　234

K

卡米洛·迪·科斯坦佐　　654
卡斯卡特上校　　506
卡斯坦涅达　　676,679,680
卡斯特罗　　524
卡瓦德一世　　80
恺撒　　165
坎德勒　　789
康本　　683
康待宾　　333
康和之　　673
康日知　　333,334
康萨陀　　304
康僧会　　117,268,280,299,300,311
康熙　　6,174,184,300,409,410,412,413,416,417,421,422,469-472,478,486-490,493,497,498,502-505,518,519,529,533,534,550,560,583-585,596,598,600,603,605,606,609-613,616,618,619,622-625,627-629,631,633,634,636-642,644,660,662,663,666,668-675,683,688,691-694

考梅林　681
柯尔伯　458,459
克拉维斯　617
克拉维约　590
克莱芒十世　537
克莱芒十一世　662,666,672-675
克莱芒五世　377
克劳德·奥德安　788
克里桑　776
克里斯托夫·于埃　788,789
克里斯托旺·维埃拉　676,679,680
孔代亲王　788
孔狄亚克　715
孔多塞　744
库斯老二世　80
库斯老一世　73
夸父　11,13
揆一　681
魁奈　737,738
阔里吉思　377,722

L

拉莫特　527,528
拉齐　231
拉施德丁　192
拉维扎列斯　499
莱奥尼萨　528,661
莱布尼茨　684,714,715
莱希特恩　681
莱耶尔策　681
蓝方济　687
蓝摩堪亨　180
郎雷猫吝　499
郎世宁　634-637,640,645
劳伦斯　375
老子　4,276,279,282-286,352,397
雷孝思　622,623

黎塞留　458
黎玉范　525,528,536,580,655,657-659,661
李抱真　332
李淳风　234
李广利　32-34,39,70,72,89,200,215
李佳白　728,729
李锦　493
李玛诺　657,658
李泌　84
李明　532,661,687,688,696,709,787
李日华　571,599,604-607
李商隐　210
李绍谨　46-48,164
李希霍芬　30,716
李希烈　88
李延年　248
李延寿　102,104,170,206,217,249,260
李颙　587
李约瑟　64,112,113,198
李泽民　64
李志常　54,56,63
李祖白　571,584-586
理雅各　347
利安当　525,528,536,562,563,655,657,659,660
利博明　636
利玛窦　416-418,485,518,519,530,541,542,544,546-559,563-576,578-580,587,589,590,600,602,604-608,610-614,617-619,622,625,626,628,632,633,641,643-645,649-657,659,660,670,671,675,687,688,696,712,714,717,724,725,728,729,746,780
梁相　370,371
拉班扫马　366

林奈	751	洛基尔	742
林悟殊	344,347,348,357,363,393,396	洛克	715
刘松龄	491,492,620	骆保禄	413,419,610
刘威	100	骆入禄	654

M

刘应	102,103,532,668,696
龙安国	672
龙华民	418,570,578,614,615,626,653-656,685,695,700
卢景裕	288
卢梭	689,715,736,737,743
鲁布鲁克	62,376,722
鲁布鲁克的威廉	367,369,376
鲁斯梯切诺	147
陆若汉	626,654,655
陆若瑟	672,673
陆游	227,399,400,403
陆铭恩	526
路易九世	376
路易亲王	467
路易十六	529,738,768,776,792
路易十四	455,458,459,531,532,534,536,691,692,694,733,734,736,737,760,761,768,773-775,777,778,787,788
路易十五	733,735,761,763,768,776,789
罗伯特·沃波尔	730
罗格·莫里斯	786
罗华宗	608,626
罗杰·培根	62
罗杰二世	753
罗杰一世	187
罗历山	527
罗明坚	518,547-551,555,628,650,697,711
罗文藻	533,538
罗雅谷	615,617,626

麻赫默德·喀什噶里	53
马·阿莫	383,390,393
马迪奈	525
马蒂尔	757
马丁·德·拉达	499,524,526,545,677-680,716
马丁·路德	343
马丁·依纳爵	678
马菲	680
马国贤	624,634,671
马合马沙	239
马欢	109,146
马基卡二世(Machika II)	365
马戛尔尼(George Macartney)	491,505-510,512,513,642,703,704,742,748,762
马可·波罗(Marco Polo)	10,59,60,62,109,122,133,147-153,193,366,367,377,400,716-718,721-726,728,746,757,781
马克·奥列里乌斯·安东尼·奥古斯都	101
马雷夏尔	686
马黎诺里的约翰	378
马利努斯	20,48,100,101
马若瑟	696,731,739
马赛里奴斯	167
马特利弗	681
马修·帕里斯	718
马薛里吉斯	367,368,373
玛丽·安托瓦内特	792
玛丽二世(Mary II)	747
麦德乐	489-492,521

曼迪　524
茅元仪　113,591
梅拉　20
梅里安　768
梅斯·蒂蒂安努斯　100
梅索尼埃　776
梅天穆　60-62
门多萨　677-680,698
门泽尔　713,714
蒙哥　56-59,63,235,365,376
蒙塔古夫人　747
孟德高维诺的约翰　366,377-379
孟德斯鸠　689,737,743
孟正气　412,414,419,420
米格尔·德·洛尔卡　677
米勒　713,714,717
米松　735
密斯立但特二世　78
密斯立但特一世　78
闵明我(Domingo Fernández Navarrete)　562
闵明我(Philippe Marie Grimald)　641,655,656,660,662,684,734
明成祖　66-69,137,139-141
摩尼　389
摩西　407,413,415,422,709
墨卡托　153,716
牟羽可汗　383,384,394
牟子　288
木杆可汗　73,327
穆罕默德·奥菲　197
穆罕默德·月即别汗　61,429
穆罕默德　84,86,192,415,424,425,428
穆天尺　528

N

纳厄姆·泰特　747
纳失达丁　726,727

乃蛮　58,366,722
南怀仁　487,488,530-534,585,602,603,605,612,613,617,619-622,626-628,630,632,633,637,641,642,644
瑙贝尔　683
尼古拉四世　377
尼霍夫　681-683,780,781
尼科尔多　365
尼科罗·康蒂　590
尼亚克　19
泥涅师　82
倪天爵　636
诺罗拉　414

O

欧几里得　235,236,617

P

帕德利·安托尼·维埃拉　524
帕杜耶　686
帕柯鲁斯　99
潘廷璋　636
庞迪我　556,602,608,614,618,641,654,685,698,700,717
庞嘉宾　672
裴矩　41,42,75,143,164
裴莱格林　378
佩雷斯特罗　485
佩皮斯　747
彭祖　282
蓬巴尔　449
皮方济　487
皮古　506
皮勒蒙　784,789
珀切斯　717,729
珀西　739,740
蒲寿庚　132,133,426-428,430

索引

普朗丁　417
普林尼　20,115,166,201
普隆克　768,769
普罗科庇斯　170
普瑞浮　409

Q

齐默曼　777
恰尔恩豪斯　761
钱伯斯　781,784-786
钱德明　629,635,636
乾隆　174,470-472,484,491-493,497,498,506-508,510,511,513,518,529,612,613,616,623,625,628-630,634-637,639,641,642,644,645,675,692,703,705,756,763,767
乔叟　198
乔瓦尼·波特罗　748
乔治·达尔伽诺　714
乔治三世　506,510
切斯特菲尔德勋爵　730
秦九韶　235
秦穆公　12,18,29
丘处机　57,62-64
屈出律　366,722

R

饶宗颐　18,250
若奥·德·巴洛斯　592,677-680

S

撒尔达聂　486-488
撒特—奥尔米兹　383,393
萨巴·耶稣　365
萨尔梅隆　541
萨姆拉　81,82
塞建陀·笈多　91
赛一德·斡歌士　427

桑德　499,679
桑松　717
桑原陟藏　427,430
色诺芬　161
沙国安　669
沙哈鲁　67,68
沙普尔二世　225,320,322,373
沙普尔一世　322,349,382,383
沙畹　11,103,286,397
沙勿略　517,523,541-545,547,548,550,551
山遥瞻　671
尚蒂伊　788
摄摩腾　268,271,305
沈括　111,114,190
沈约　93,114,312
圣多玛　721,724,725
圣方济各　437
施蒙　373
史宪诚　333,334
示巴女王　12
舒克　710
斯当东　511,703,705,748
斯坦因　24,90,164,169,185,186,189,218,266,294,326,338,384,409,410
斯特拉波　19
斯威夫特　759
斯文·赫定　185
松赞干布　188
宋君荣　419-421,709,711
宋敏求　82,353
苏鹗　259
苏干剌　141
苏慧廉　511
苏莱曼　85,107,122,146,147,176,425
苏霖　419

苏禄	76,141,146	吐火仙	76
苏萨	467	托勒密	20,48,100,153,438,616,621
苏轼	114,132,304,353	托马斯·阿奎纳	372
隋炀帝	42,75,163,203	托马斯·伯内特	710

W

孙绰	279,280
孙思邈	230-232
索额图	504

T

泰西阿斯	19	瓦赫兰一世	382,391
昙摩罗	305	瓦斯科·加尔沃	677,679,680
汤若望	486,525,557,561,580,584-586, 604,605,613,615,619,621,622,626,628, 632,633,641,644,695	万震	107,115
		汪柏	467
		汪大渊	122,143,145,146,176
唐长孺	47,164,170,331	王丰肃	575,576,580,581,608,609,654
唐德宗	44,357	王浮	283,284
唐高祖	163,243,288	王翚	637,638
唐太宗	49,95,105,204,211,215,236, 261,270,276,286,357	王嘉	114
		王景弘	140
		王莽	36,116
唐维勒	691	王士禛	487,596,598,604,605,632
唐武宗	284,314,326,356,394,395,582	王望高	499
唐宪宗	193,333	王玄策	95,259,286
唐玄宗	46,96,216,255,256,353,363, 393	王祯	191
		王之春	497,502
		王致诚	492,634-636,644,781
堂·恩里克王子	438,440-442	威尔金斯	714,715
堂·弗朗西斯科·德·阿尔梅达	446, 447	威廉·布劳	716
		威廉·哈切特	731
堂·曼努埃尔一世	757,765	韦麻郎	493-495,681
堂·若昂二世	444	维柯	715,716
堂·若昂一世	440	维斯塔斯帕	322
特鲁瓦丹的阿尔贝利	721	维泰博	720
藤田丰八	98	卫方济	672,673,696,697
提比流斯	166	卫嘉禄	633
提格拉特·皮勒色尔三世	413	卫匡国	18,658-661,687,688,690-693, 695,698,707-710,717,719,726,727
田弘正	334		
帖木儿	51,59,65-69,365,384,430,590	卫青	32,33
童子王	286	温特博塔姆	703
		温庭筠	225,248

文都辣　525,563
文林士　728
文彦博　338
窝阔台　56-60,63
沃西悠斯　708
乌尔班八世　535,537,657,658
吴道子　301,304
武延秀　254
武则天　254,299,331,352,357,393

X

西里尔　341,345,346
西卢埃特　735
西芒·德·安德拉德　486
西王母　11-13,16,282
希罗多德　16,17,161
悉达多·乔达摩　265
萧子良　312
熊三拔　556,567,602,614,618,630,654,695
休谟　689,742,744
徐必登　417
徐普　40
徐日昇　504,505,533,534,628,641,642,662,691
许嵩　302
旭烈兀　56-60,64,203,235,365
玄奘　94,95,116,168,169,186,225,236,269,270,273,274,286,307,334,393
薛爱华　211,226

Y

雅尔马　661
雅克　103
雅兹底格德三世　79,225
亚伯拉罕　407
亚当·勃兰德　683,684
亚当·斯密　513,744
亚法拉哈　349
亚历山大·尼坎姆　198
亚历山大　4,19,21,29,97,100,163,291,316,317,380
亚历山大八世　538
亚历山大六世　443
亚历山大七世　659
亚历山大三世　721
严从简　142,427,463,590,591,625
阎当　660-662,669-672,674
阳玛诺　347,348,371-373,557,582,608,613,614,621,626,654
杨博　69
杨光先　518,520,525,560,584-587,659
杨良瑶　83,86-88,122
杨志玖　148
咬嚼吧　495
耶和华　161,407,408,413,718
耶律楚材　54,56,62-64
耶律大石　53,54,720
耶稣　341,349,358,359,361,369,389,413,415,417,422
耶速丁·纳合昔　67
叶梦得　227,257
叶宗贤　528
伊巴露斯　114
伊本·白图泰　61,109,122,131,147,416
伊本·胡尔达兹比赫　84,87,121,122,146,201
伊本·穆德西　201
伊本·术札伊　147
伊本·瓦哈卜　85,146
伊大仁　528,537,538
伊德撒　344
伊拉珈巴拉斯　166

伊丽莎白女王　455,456,505,754
伊莎贝尔　443
伊兹勃兰特　683,684
伊兹马伊洛夫　504
依纳爵·罗耀拉　515,516,535,541,544,551
义净　186,230,237,273-275,286
亦黑迭儿　239
殷铎泽　660,695
殷弘绪　739,762
英诺森八世　442
英诺森十世　658
英诺森四世　375
英诺森十二世　661
雍正　174,406,470-472,489-491,502,503,518,519,583,613,629,634,636,639,640,675,753
优素福·卡迪尔汗　52
优素甫·哈斯·哈吉甫　53
由余　18
尉迟舍耶　169
尉迟乙僧　302-304
虞淳熙　572-574
裕尔　103
元稹　253
约翰·彼得松·考恩　453,494
约翰·马绥克　597
约翰·韦伯　713
约翰长老　436,440,717,718-724,726,728
约翰逊　749,759

Z

宰奴里阿必丁　141
赞宁　229,274,275,305,357,395
曾德昭　417,418,580,687,688,695,700,712,713,725,726,780
札马鲁丁　235
旃陀罗笈多一世　91
张安当　489,490
张诚　504,505,532,533,618,622,662,692
张方平　205
张公柔　239
张华　210,211
张鸣冈　469
张鹏翮　504
张骞　29,31-34,41,47,48,70-72,78,88-90,96-98,100,163,201,210,211,213,215,216,247,260
张僧繇　301,302
张燮　3,135,138,146,464-466,500,576,591,592-595,597,598
张星烺　97,103
张星曜　560,665,666
张彦远　301-304
张议潮　333
张鷟　215,261,332,335
赵璘　260
赵汝适　112,144,145,176
赵武灵王　162,215,257
哲拉德　378
真德秀　404
郑成功　497,681,758
郑和　3,64,65,69,86,109,110,112,113,123,124,133,135,137-143,146,181,182,205,590,596,600,639
郑吉　34
郑芝龙　136,497
支谦　229,269,271
志磐　393
周必大　190
周达观　112,113,146
周穆王　3,11-13,27,28,214,216

周去非	108,144,145
周颛	312
朱沘	88
朱景玄	303,304
朱谦之	340,355,369
朱士行	269
朱熹	397,398,404,651,661,664,665,692
朱彧	112,176,426
袾宏	572,574,575
竺法护	269,271,272
竺法兰	268,271,305
竺律炎	229,269
宗炳	279
宗密	282,289
祖珽	252
祖孝孙	251

地名索引

A

阿丹	123,139
阿尔泰山	24,28,35,42,46,53,58,63,73,151,215,366,723
阿弗拉西阿卜	208
阿卡普尔科	475
阿美里亚	171
阿姆河	14,19,23,29,32,53,58,59,63-65,69-71,73,78,79,208,266,323,325,393
阿姆斯特丹	18,419,455,476,682,713,717,757,758,760,770
阿维尼翁	375
埃尔图	435
埃特纳	145
艾姆波耶岛	456
安卡拉	66
安南	44,85,87,88,119,131,134,137
安特卫普	417,448,727
安条克	96,100,104,376,377
安息	17,33,40,47,48,76,78,79,90,96-101,117,126,163,166,201,202,216,226-228,232,240,271,316,322,344,381,382
安阳	25,26,229,243,326,330,337
俺的干	67
俺都淮	67,68
澳门	110,417,446,448,462,464,465,467-469,472-478,481,484,486-495,497,502,517,518,522-526,529-531,533,535,538,542,545,547-551,555,562,597,599,626,629,630,637,639,641-643,653-655,657,660,667,671,672,674,677,681,701,741,749,757,765

B

巴比伦	14,15,22,29,53,233,241,322,383,408,413,712,713
巴达哈伤	151
巴达维亚	453,455,457,467,472,475-477,494,497,498,596,597,681,749,757
巴尔喀什湖	35,53,376,377
巴伐利亚	777,792
巴格达	64,66,84,120,122,187,344,351,365,384,426
巴克特里亚	21,29,63,72,291,322,351
巴勒斯坦	104,377,383,407,412-414,417,424,720,721
巴米扬	267,290,311

拔颶国　120
拔离調磨难国　120
白龙堆　39,40,200
拜占庭　4,7,96,102-105,170,171,220,
　221,232,292,356,360,753
班城　63
班达岛　447,456
班诗兰　499
榜葛剌　138
保克海峡　121,122
北大年　467
北京　63,68,150,152,223,232,238,307,
　367,377,379,409,411,416,417,419,425,
　427,485-492,497,498,501-506,508-510,
　518-520,523,525,529,531,533,534,538,
　551,555,556,561,563,585,610,613,614,
　619,621-623,626,633-636,639-642,644,
　663,668-670,672-674,677,681,682,685,
　686,688,692,698,715,731,736,781,790
北溜　122,146
贝加尔湖　45,364
本地治里　459
槟榔屿　116
波罗的海　454,455,459,460
波斯罗　122
波斯湾　3,15,29,44,56,78,87,88,99,
　100,109,115,118,120-123,139,143,144,
　146,175,177,226,379,425,435,447,448
不剌哇　123,139,140
布哈拉　45,53,63,69,76,250,415,429

C

漕矩咤　81,95
层摇罗　123
柴达木盆地　32,67
昌德纳格尔　459
长安　32,33,36,39,42,43,46,48,63,70,
　72,73,77,81,82,88-90,92,95,105,189,
　198,204,211,218,226,244,248,249,258,
　259,261,262,270,271-273,283,284,286,
　287,302,326,328,332,351-353,355,361,
　394,396,425,644,645,668
朝鲜　9,21,64,89,107,124,134,187,191,
　217,250,623,641,691
楚河　33,41,53,63,64,377,504
刺桐　150,378,726
葱岭　12-15,17,23,28,32,38,40,42,50,
　53,55,63,66,68,71,73,75,117,143,162,
　208,223,270

D

达朗婆露斯　121
达米埃塔　720
怛逻斯　45,77,83,84,86,96,187,188
大不里士　59,61,377
大秦　17,78,79,97,98,100-103,117,118,
　144,170,187,216,218,219,222,226,326,
　340,346,347,351-354,356-359,361-364,
　369,370,372-374,394,395,426,602,609,
　725,746
大宛　12,13,32-35,38-41,43,47,48,70-
　72,76,89,90,143,163,200,201,210,215-
　217,260,595
大西洋　138,424,435-437,439,441,444,
　449-451,567,568,599,600,603-605,607-
　609,701,723
大月氏　31-33,38,40,70,71,73,78,79,
　163,164,218,238,267,268,271
掸国　101,118
德累斯顿　761,773,778,779,789
抵提颶国　120
底格里斯河　15,84,100,144,720
地中海　3,4,7,12,16,19,23,28-30,41,
　48,49,61,79,96,98,99-102,104,114,117,

143,144,151,161-163,165,174,177,208,
210-214,220,222,223,435-437,439,441,
449,450,453,456,458,460,755

第比利斯　377

第乌　120,448,521

兜勒　100,101

敦煌　31,32,34,35,37-40,42,44,45,47,
51,52,55,71,75,77,83,94,108,143,164,
167,184,186,188,191,200,208,236,237,
242,243,245,253-257,261,271,281,284,
293,295-297,299,300,302,304,306,309,
313,314,326-328,330,331,333,335,336,
338,357-359,363,384,393,396,397,
401,409

E

额尔齐斯河　58,63,151

F

法尔斯　79

凡尔赛　532,755,774,775,778,787

非斯　188

菲律宾　64,141,146,176,178,179,449,
450,456,475,482,498,499,517,524-526,
535,537,545,563,595,679,680,752,755

费尔干纳盆地　32,35,44,70

佛得角群岛　443,444

佛郎机　142,462-464,468,485,486,499,
576,589-600,602,607-609,625

佛逝国　86,119

弗剌利河　86

伏尔加河　26,56,58,61,62,151,375,376

扶南　111,144,212

拂菻　41,44,54,102-105,143,217-219,
355,356,590,609

富贵城　45

缚达　86,120

福斯塔特　176,177,179,180

G

甘巴里　139

澉浦　130

高郎步　122

高卢　383

哥本哈根　479,761

格洛斯特郡　786

箇罗　121

弓月　41,45-47,48,164

姑墨　37,40,44,46,72,73,201

姑臧　326

古里　123,138-140,474

古麻剌朗　141

骨利干　45,215

故临国　107,144

广州　29,44,54,84-88,106,107,109,112,
116,117,119,121,122,126-130,132-134,
144,147,150,175-179,214,222,227,238,
269,274,316,362,363,379,409,416,425-
429,460,464,467-469,471,473,476-479,
483,485,486,488,491-493,501,506,507,
509,510,518,524-526,529,537,562,563,
630,633,643,645,659,660,667,668,671,
672,674,677,679,692,697,701-703,741,
747,749,753,756,758,760,765,782,784

龟兹　36-38,40-43,46,51,53,73-75,163,
168,201-203,206,247-250,255,266,272,
273,293,294,296,297,304,308-311,313

果阿　446-448,454,473,474,477,486,
488,517,522,526,527,530,535,537,538,
547,548,672,697

H

哈烈　67-69

哈马　187

汉府　　88,121,122
汉久　　88,122
好望角　　439,442,444,445,449,453,455,
　　458,474,673
河陵国　　119,217
河北　　63,88,160,162,220,222-224,238,
　　306,308,333,334,363,367,504
河中地区　　23,30,42-44,59,70,72,74,81,
　　186,316,334,720
赫拉特　　67,69,151
红海　　15,29,99,115,117-119,125,143,
　　146,177,197,226,435,446,447,458,
　　486,592
呼罗珊　　45,63,66,67,77,80-82,175,187,
　　334,420,721
忽鲁谟斯　　121-123,139,140
花剌子模　　53,58,66,79,325,429,721
霍尔木兹　　139,151,435,447

J

吉巴尔　　121
疾陵城　　81,82
几内亚　　439-443,445,454,455,458
罽宾　　42,43,46,81,91,92,96,160,217,
　　218,229,269,272
加尔各答　　456,459
加里曼丹岛　　123,138,141,175
加泰罗尼亚　　151,153,435
加异勒　　122,139
迦布罗城　　82
迦勒底　　366,724
迦南地　　407
贾巴　　121
犍陀罗　　39,55,206,214,243,267,290-299
柬埔寨　　86,111,112,144,179,226,467
江阴　　127,128
交趾　　29,100,131,137,146,205,269,
　　467,526
交趾支那　　523,537
羯若鞠阇国　　93-95
金门　　496,497
精绝　　39,40,46,47,49,206
景德镇　　124,172-174,177,178,762,764,
　　765
旧港　　123,138,141,467
居延海　　12
俱位国　　96
君士坦丁堡　　101-105,167,177,340,341,
　　343,345-347,356,362

K

卡利卡特　　138,435,445,447,757
卡特万　　720
喀喇昆仑山　　35
开封　　54,338,409-423,431,724,725
开罗　　122,176,177,187,197,435,545,666
坎纳诺尔　　446,447
康居　　18,32,33,35,40,43,45,70-74,76,
　　78,210,218,271,329
柯枝　　139
科罗曼德尔海岸　　460
科钦　　446,447,474
克什米尔　　14,92,160,186,201,226,266,
　　379
苦法　　426
奎隆　　107,131,138,446
昆仑山　　11-15,21,28,41,86,119,217

L

拉罗舍尔　　528
拉普兰　　751
莱比锡　　761
朗婆露斯　　121
黎轩　　47,90,97,98,260

索引 | 841

里昂　375,441,686,753-756
里摩日　737,762
里斯本　171,441,442,445,448,473,474,
　523,526,535,537,538,545,667,671,674,
　757,758
凉州　37,38,43,66,104,164,250,260,
　270,273,296,297,329,332,333,338
溜山　138
六坤　467
卢卡　753,754
鲁昂　458,754,760
鲁金　87,121
吕宋　64,449,450,463,465,485,498-501,
　576,577,592-595,597,609
罗布泊　34,37,39,41,45,151,183,185,
　200-202,206,330,331,335
罗马　3,4,6,19,20,24,41,46,48-50,53,
　78,79,96-104,115,117-120,143,147,153,
　164-171,174,201,202,208,214,217,218,
　220-224,231,238,243,290-292,295,322,
　325,340-347,349,350,356,360,362,363,
　366,374,375,378,381-383,416,418,435,
　438,440,442,443,459,489,502,515,517,
　518,526-528,530,531,533,536,545,549,
　551,553,565,589,597,602,606,610,614,
　642,643,649,650,657,658,660-666,668,
　669,672-675,685,686,692,708,713,720,
　734,741,743,751,753,767,771-774,791,
　792
逻越　86
洛阳　37-39,48,82,97,101,118,189,207,
　234,240,243,244,259,268,269,293,296,
　298,305-307,310,312,313,326,328,354,
　357-359,361,394,409

M

麻林　123,139,140

马八儿　64,122,131,132
马达伽思迦儿　123
马德拉斯　116,456,459
马尔代夫　122,138,147,176,446
马拉巴尔　64,118,120,413,445,667,724
马六甲　116,119,138,179,180,425,435,
　447,448,453,463,474,477,517,521,676,
　677,679,749,765
马尼拉　447,450,467,474,475,480,484,
　498,499,501,526,535,545,563,653,657,
　667,669,684,701,752,755
马其顿　4,19,48,100,101,291
马切拉塔　549
马图拉　292,293,295,297,301
迈阿斯·贺摩斯　117
迈森　761,762,768,789
麦地那　424
麦加　64,122,138,181,424,425
满剌加　138,139,141,461,462,486,590,
　594,596,599
没来国　120
没巽国　120
梅特岛　121
美索不达米亚　15,78,97-100,104,162,
　163,222,247,344,348,350,381,384
蒙奇　100,101
孟买　414,456,523
米底亚　99,161
米尔巴特　179
密州　127,128
棉兰老岛　141,524
民都洛　449
摩加迪沙　123,139
摩揭陀国　91,92,231,236,265,270,273
摩鹿加　446
末罗国　86,120

莫安平原　　377
莫桑比克　　448,488
木骨都束　　123,139,140
木鹿　　45,64,81,97,201,202,383

N

那不勒斯　　165,624,753
纳巴达河　　93
纳杰夫　　96,426
嫩都苏木　　245
尼布楚　　503-505,533,534
尼德兰　　453,455,460,535
尼雅　　38,49,71,164,165,201,202,206
宁波　　109,127,130,134,136,150,397,398,409,411,416,448,509,532
宁芬堡　　777,792
弩支城　　331

O

欧罗巴　　22,599,600,602,603,608,617

P

帕都亚　　150
帕提亚　　78,79,98,316,383,390-392
喷赤河　　40
朋加拉　　122
澎湖　　466,493-496,681
皮散岛　　116
皮山　　40,46
片治肯特　　194,208,325
破洛那　　38
蒲类　　39,41
普岚　　102-104

Q

契丹　　53,54,57,62,75,151-153,196,213,218,366,367,716-718,720-729
恰克图　　503
且末　　39,40,42,47,331

青海　　12,13,32,41,67,217,222,225,425,520
曲女城　　55,94,95,270

R

热海　　45
热那亚　　61,147,435,753,754
日本　　9,68,88,98,114,124,126,134,176,178,187,205,255,312,449,453,456,465,466,472,474,480-482,495,497,509,517,521-523,530,531,535,542-548,551,610,623,650,653-655,659,664,684,685,687,690,760,764,768-770,776,779
如德亚　　417,569,584,609

S

撒哈拉沙漠　　7,10
撒马尔罕　　40,45,53,54,63-69,72,76,165,186,187,192,208,211,250,301,367,373,384,590
萨尔纳特　　292,293,295
萨克森　　761,769,778
萨莱城　　58
塞琉西城　　99,100,351
赛林达国　　170
三兰　　120
色棱额固　　504
莎车　　40,71,201,202,430
上海　　109,130,423,470,520,532,637,688
身毒　　33,40,47,89,90
圣艾蒂安　　754
圣马洛　　458,755
圣日耳曼　　790
圣沙蒙　　754
尸罗夫　　107
失剌思　　67,68
师子国　　86,111,114,117,119,121,269,

273,300

示巴 12

室韦 45,218

受降城 44-46

疏勒河 12,39

栓府 87,121

斯堪的纳维亚 454,455

苏对沙那 75,143

苏拉特 456,457

苏门答腊 29,64,86,113,116,117-122,131,132,134,138,139,141,146,147,175,205,217,467,590

苏撒 28,240

苏特里杰河 93

苏伊士 435

宿务 449,595,657

粟特 17,19,21,28,29,46,63,70,72-77,81,96,103,167,171,172,186,204,208,216,220,221,238,241,243-245,248,253,255,262,315,316,322-339,351,354,359,361,373,383,384,391-393

碎叶城 44,82,204

碎叶河 377

索格底亚那 72

T

塔什干 68,76,324

台湾 27,466,470,478,496-498,525,535,596,627,681,757,758

太巴列 187

泰西封 79,80,99,344,382

特里波利 22,187,197

天德州 722

天竺 44,54,55,73,83,86,89,90,92,93,95,96,100,117,144,218,229,231,234,249,250,256,259,260,268,270-272,274,286,288,299,302,305,311,326,370,393,410,411,549

条支 12,33,40,79,96-98,100,143

图尔 754,755

吐鲁番 34,37,39,40,44,46-48,51,52,59,65,69,162,164,167,168,170,185-187,191,203,206,208,219,224,225,242-245,250,266,272,294,327,331,335,384,393,396,430

W

王舍城 42,55,231,265

威尼斯 61,147,152,193,435,436,438,448,590,692,753,754,757,776,790

温州 122,127,128,130,144,368,397,398,400,401,405

乌茨 92,96

乌尔米耶 366

乌浒河 29,151

乌垒城 35

乌什鲁沙那 324,325

X

西班牙 17,383,436,439,440,442-445,448-453,457-458,460,473,475,477,479,480,481,485,495,496,498-502,505,515,517,520,521,523-526,534-537,545,546,563,589,590,592-595,597,602,608,610,653,655,656,667,676-680,684,691,701,717,747,751,752,754,755,757,759,766

锡尔河 19,23,29,32,53,63-65,70,81,208,323,377

锡兰 118,123,138,139,141,146

喜马拉雅山 55,93,266

夏吐·阿拉伯河 144

厦门 465,470,472,478,495,497,499,525,528

暹罗 86,134,135,139,144,180,456,464,

467,471,487,492,528,532,537
小王舍城　357
信德　96,382
兴都库什山　14,40,59,63,266
秀州　127,128

Y

亚丁　120,122,123,139,435
亚美尼亚　21,79,99,103,166,364,375-377,383,717,720,724,746
亚述　14,15,29,242,349,408,413
焉耆　36,38,41,43,48,51,52,55,73-75,168,220,327
奄蔡　33,40,47,72,90,218,378
扬州　85,109,128,147,150,181,236,238,367,378,409,411,416,425,427,429,645,671
阳关　23,39,40,45
耶路撒冷　161,364,407,419,720
也的里河　56
叶密立城　53,720
叶尼塞河　25,45,165
邺城　159,305,326,327
伊比利亚半岛　147,171,188,436,453,600,723,753
伊犁河　33,41,46,63,68,71,215,377
伊塞克湖　44,45,64,68,200
伊斯坦布尔　177,182
伊万里　764,765,769,770
伊吾　38,39,41-43,55,143,270,338
以弗所城　28
意大利　17,22,59,133,145,147,149,150,152,171,193,375-377,435-437,446,450,457,502,526,528,534,589,608,624,633,634,636,642,644,680,684,691,720,746,748,753-756,760,761,771,772,775-777,790,792
阴山　12,46,56,63
印度　3,4,6-10,13,17-19,21,23-25,28-30,33,40,42,51,53,55,62,64,66,72,78,79,85,88-96,99,114-123,125,131,132,138-141,144,146,147,149,163,164,166,168,170,175,176,178-180,186-188,197,198,200,201,205,206,211-214,217,218,222,225,226,228-237,246,247,250,252,265,266,268-275,277,278,280,286-293,295,297,300,302,305-312,315,316,319,322,323,325,351,357,363,366,369,379,380,382,390,392,413,414,424,435-448,452-461,472,473,475-479,483,485,486,489,506,508,510,512,513,517,521,523,524,526-528,530,531,536,537,542-544,546,547,549,550,596,597,617,630,641,667,676,679-682,684-686,701,720,721,723,724,728,742,746-751,753,755-758,760,765,766,768,779,787
有田　769
幼发拉底河　15,78,86,99,100,144,407
扜弥　40,46,47
于阗　14,21,33,36,37,40,42,43,46-48,52-55,65,73,80,96,168,169,203,229,266,269,273,274,302,313,331,429
鱼国　332
禹氏　21,28
玉门关　23,39-41,68,216,308,330
月港　136,464,466

Z

占碑　467
占城　123,131,134,138,139,144,146,464
张掖　12,31,34,38,39,42,55,328
漳州　136,146,399,404,463,464,466,493,665,681,726
哲帕拉　205

者舌　38,74,75
真腊　112,113,131,134,144,146,205
支汗那　393
直布罗陀海峡　436,441,453

爪哇　117,119,123,131,134,137,138,141,146,175,179,180,205,213,217,218,269,464,475,498,590,591,595,597

书名与文献名索引

A

《阿里玛斯培》　16
《阿维斯塔》　244,315-317,319,320,322,323,325,329

B

《北史》　102,104,170,206,217,234,249,260
《北游录》　604
《博物志》　20,210,226

C

《册府元龟》　76,83,211,218,219,229,313,355,393
《茶说》　749
《长安志》　82,353
《长春真人西游记》　54,56,57,63,202
《朝野佥载》　215,260,261,332,335,338
《池北偶谈》　487,604,605,633
《崇寿宫记》　397-399
《崇祯历书》　613-617,621
《出三藏记集》　269,272,273,280,311,312

D

《鞑靼战纪》　692,693,719
《大慈恩寺三藏法师传》　326
《大秦景教流行中国碑》　102,351-353,357,359,362-364,369,370,372,725
《大秦景教宣元至本经》　357-359,361
《大圣通真归法赞》　357,359
《大唐西域记》　94,116,168,169,270,275,334,393
《大兴国寺记》　367,370,372,373
《大衍历》　234
《大云经》　393
《大中国志》　417,580,687,725
《大中华王国新见解》　687
《岛夷志略》　122,143,145,146,176,177
《道藏》　397
《道里邦国志》　84,87,119,121,122,146,201
《地理书》　20
《地理学》　20,48,100,718
《地理学知识》　20,48,100
《地理志》　20,331
《帝京景物略》　566,569,571,604,607,608,644
《东观汉记》　48
《东华录》　406
《东西洋考》　3,135,138,146,462,464-466,500,576,592,593,595,597,598
《东印度航行纪程》　681

E

《厄立特里亚海航行记》　118,200
《二教论》　288
《二宗经》　393

F

《法苑珠林》　95,226,259,260
《费尔南·门德斯游记》　680

《佛国记》 111,114,117,270,305
《佛祖统纪》 314,393,403
《符号术,由此发展一种一般字符和哲学语言》 714
《福乐智慧》 53
《福音史事图解》 632

G

《高僧传》 229,233,234,267-269,271,272,276,277,283,286,287,299,305,311
《哥特战记》 170
《工匠报》 731
《公簿报》 732
《古典名著选》 20
《古兰经》 192,424,425
《管子》 28
《广弘明集》 284,288,312
《国语》 11,275

H

《海潮论》 114
《海潮图》 114
《海南诸蕃行记》 86
《海药本草》 232
《海中二十八宿臣分》 110
《海中二十八宿国分》 110
《海中日月彗虹杂占》 110
《海中五星经杂事》 110
《海中五星顺逆》 110
《海中星占验》 110
《汉书》 12,23,24,29,32-35,40,48,70,72,89,97,106,107,110,116,120,163,200-203,210,219,225,240,260,275,400
《红史》 368
《洪武圣政记》 405
《后汉书》 48,71,72,90,97,98,100,101,117,118,202,226,234,251,252,259,260,267,268,283,307
《胡本草》 232
《淮南子》 15,286
《环球航行记》 701-703,741
《皇华四达记》 44
《回回药方》 232,233
《毁佛寺勒僧尼还俗制》 326,395
《混一疆理历代国都之图》 64
《混一疆理图》 64

J

《鸡肋篇》 400
《基督教远征中国史》 687,729
《基督教在中国》 365
《畸人十篇》 556,572,573
《集古今佛道论衡》 286
《几何原本》 235,556,612,617,618
《加泰罗尼亚地图》 151
《建康实录》 302
《羯鼓录》 313
《晋起居注》 104
《晋书》 72,92,234,326
《经行记》 86,96,326,363,426
《旧唐书》 84,95,105,144,203,211,229,248,249,251,260,261,286,329,334,355,395,426
《旧约》 12,22,161,374,381,408,412,417,419,553,709,711,718,724

K

《考铁利亚》 18
《科英布拉历书》 439
《坤舆万国全图》 556,589,600,622

L

《老子化胡经》 283-285,397
《离骚》 15
《黎轩与大秦》 98

《李抱真德政碑》 332
《历代名画记》 301,302,304
《历史》 16,17
《梁书》 80,93,100,101,144,234
《列王纪》 14
《列子》 13
《岭外代答》 108,126,144,145
《鲁滨孙二次漂流记》 742
《鲁滨孙漂流记》 741,763
《论一种天然字符和哲学语言》 714

M

《罗摩衍那》 92
《洛阳伽蓝记》 38,39,48,207,259,305-307,312
《马德里天文历书》 439
《马可·波罗游记》 415
《马黎诺里的东方行程录》 378
《马氏世谱序》 366
《梦梁录》 112,228
《梦溪笔谈》 111,190
《梦溪笔谈补》 114
《闽书》 397,405,426
《明史》 65-69,109,110,139,140,142,464,485,486,550,588,591,594,596-598,602,608
《摩诃婆罗多》 18,92
《摩尼教徒忏悔词》 390
《摩奴法典》 17,18
《摩西五书》 408,412,417
《墨庄漫录》 338
《穆天子传》 12-15,28,214

N

《南诏野史》 354
《南州异物志》 107,115
《尼布楚条约》 503,504

《霓裳羽衣曲》 255,256
《鸟歌万岁乐》 255
《涅槃经》 55
《农家谚》 114
《农桑辑要》 57

P

《旁观者》 747,759
《蓬山密记》 641
《萍洲可谈》 112,132,176,426
《葡萄牙发现和征服印度史》 676,680
《葡萄牙人航行世界东方地区和省份的发现》 677
《蒲寿庚考》 428,430

Q

《七十子译本》 708,710
《启示录》 373
《千金方》 232
《前凉录》 103
《秦王破阵乐》 255
《清朝柔远记》 497,502
《清会典事例》 487,489,491,492,497,498,502
《清真释疑补辑》 427
《全球城色图》 632

S

《16世纪印度史》 680
《萨迦世系》 368
《萨拉戈萨条约》 445
《三国志》 40,72,114,267,283
《沙恭达罗》 92
《沙哈鲁遣使中国记》 67
《沙州都督府图经》 332
《山海经》 11-15,28,64,241
《商人辨识珍宝手鉴》 197
《尚书》 13,282

《神谱》　16
《声教广被图》　64
《圣经》　12,13,22,192,193,342,357,369,373,374,412,414,417-419,421,708-714,724,741,744,791
《圣经故事》　632
《拾遗记》　114
《史集》　62,192
《史记》　11-13,18,28,41,47,48,64,71,89,90,107,143,163,167,203,210,215,216,240,260,275,283,642
《世界历史上的蒙古征服》　60-62
《释名》　115,246
《蜀郡故事》　353
《数理精蕴》　618
《说文解字》　218
《四声谱》　312
《四声切韵》　312
《松漠纪闻》　51
《宋高僧传》　229,274,275,305,357
《宋会要辑稿》　126,338,403
《宋史》　54,55,127,128,130-132,145,197,227,232,256
《宋书》　92,93,114
《隋书》　41,42,75,80,107,143,164,168,202,225,229,230,233,248-250,276,312,313,327

T

《太姥山志》　398
《太平广记》　226,248,260,396
《太平惠民和剂局方》　231,232
《太平经》　285,288
《太平御览》　103,104,106,107,115,210,218,219,222,226
《太清金液神丹经》　111
《唐大和上东征传》　88

《唐代名画录》　303
《唐国史补》　88,108,119
《唐会要》　5,86,215,229,353,356,357
《唐书》　75,76,233,332,363
《天主实录》　549
《天主实义》　549,566,567,572,573,650,654
《田功农时》　16
《通典》　73,86,252,255,328,329,394,426
《通俗拉丁文本》　708
《同话录》　112
《突厥语大词典》　53
《图画见闻志》　301
《托尔德西拉斯条约》　443-445

W

《万国图志》　632
《往世书》　92
《往五天竺国传》　83,326
《魏书》　38,73,74,80,92,97,104,168,170,225,234,238,248,259,276,288,299,305,307,326,327
《吴船录》　55
《武备志》　113,591
《武经总要》　111,194

X

《西潮》　3
《西方问答》　603
《西京杂记》　90,219
《西使记》　57,64
《西溪丛语》　315,328
《西夏纪》　51
《西夏书事》　51
《西学十诫初解》　568
《西洋番国志》　110,112,146,205
《西游录》　54,62

《西域番国志》 68
《西域图记》 41,42,75
《西域行程记》 68
《西域行记》 73
《熙朝崇正集》 567,571
《下部赞》 396
《新唐书》 44,81,84,88,89,96,119,144,211,217,219,230,236,253,254,261,262,326,328,331,334,335,393
《新约》 342,348,358,374,553,718,720
《序听迷诗所(诃)经》 357
《续高僧传》 270,236,286,305
《宣和奉使高丽图经》 112

Y

《扬州画舫录》 645
《耶稣会士书简集》 685,686,688,725,735,781
《耶稣会在亚洲》 705
《伊利汗天文表》 60
《伊索寓言》 52
《夷坚志》 233
《印度记》 19
《印度群岛的自然和道德史》 546
《应轮》 391
《英使谒见乾隆纪实》 511,703,705
《瀛涯胜览》 142,146,205
《涌幢小品》 405
《酉阳杂俎》 107,232,260,303,314,327,400
《于阗国授记》 168,169
《鱼山集》 312
《远方亚洲》 705
《约翰·曼德维尔先生游记》 438,723
《越绝书》 106
《允解算法》 236

Z

《簪花仕女图》 256
《真腊风土记》 112,146
《职方外纪》 557,589,600,602,603,606,607
《志玄安乐经》 357,358,363
《制敌燃烧火攻书》 197
《中国帝王年表》 691,709
《中国孤儿》 731,732,736,739,790
《中国皇帝历史画像》 693,694
《中国近事报道：1687—1692》 687,688
《中国论丛》 686,687
《中国上古史》 691,707-709
《中国天主教状况与皇室成员皈依略记》 692
《中国通史》 692,709
《中国新地图集》 18,688,690,717,726,727
《中国新史》 687,691,693,709
《中国印度见闻录》 85,88,122,146,363,746
《中国与叙利亚之间的古代丝绸之路》 30
《中国植物志》 694
《中华帝国历史、地理、哲学概观》 655,703
《中华帝国全志》 624,688-691,709,731,739,740
《中华王国、日本、莫卧儿王国……新见解》 687
《中医大典》 694,695
《中医脉诀》 695
《竹西楼记》 398
《庄子》 13
《资治通鉴》 46,81,354,692
《自然史》 20,115,201
《宗座宪章》 372
《尊经》 357,359
《左传》 11,12

后　　记

我最早写中西关系史的书,应该是《德国的汉学研究》(中华书局,1994)、《中西文明的碰撞》(广东人民出版社、华夏出版社,1996),后者是应《历史研究》编辑部副主编高世瑜的约稿而成;当时编辑部同仁正组织编写一套丛书,她知道我在开设"中西文化交流史"课程,遂约稿,这部十万字的书稿即由上课的讲义修订而成。该书在十几年后又再次修订出版,更名为《中西交流史话》(社会科学文献出版社,2012)。它应该是我撰写这部中西文化关系通史的滥觞。

现在这部约百万字的书稿,乃是为了完成国家社科基金重大委托项目"历史上的中国与西方文化的交流与互鉴"这个课题而作。承蒙不弃,我在德国任教时的同事兼系主任卜松山教授(Prof. Karl-Heinz Pohl)、欧洲中世纪史及中欧历史比较研究专家、前辈学者马克垚先生,元史及海外交通史专家、前辈学者陈高华先生,同道先进北京大学荣新江教授,审读书稿后赐撰序言,也等于对我的课题进行了评鉴。很多年前,先师杨志玖(佩之)先生、寿及期颐的何兆武先生,曾为我的书作过序,现在是第三次恭请先达作序,他们的加持为本书增光,也让我倍感荣幸。

我应该感谢我的学生,现在也是同行、朋友的吴莉苇博士(2003年毕业,博士论文《当诺亚方舟遭遇伏羲神农:启蒙时代欧洲的中国上古史争论》)和陈海涛博士(2001年毕业,博士论文《唐代入华粟特人研究》)。当初我们三人曾经一起承担编写《中西文化关系史》教材的任务,该书最后由我和吴莉苇博士执笔完成。莉苇卓有成效的工作,为现在这本书提供了重要的支撑。莉苇博士现在侨居国外,致力于翻译事业,但仍然爽快地答应担任本书的专业审稿人。另一位专业审稿人是我在清华培养的博士王炳文助理教授(博士论文涉及唐代藩镇与安禄山胡汉文化,现执教于厦门大学历史系)。参与审读本书部分书稿的还有中国社会科学院历史研究所万明研究员、北京大学历史系王小甫教授以及我的同事张绪山教授。我与绪山共同承担了清华大学和教育部精品课程"中西文化关系史"的教学工作,时有切磋。我的另一位同事、德国史专家张弢副教授翻译了卜松山教授的序文。

谨此对以上这些前辈专家、同道先进以及后生朋友,致以诚挚的谢忱!

我还要感谢业师杨志玖先生对我学术道路的指引;感谢德国洪堡基金会

（Alexander von Humboldt-Stiftung）资助我在德国从事研究工作。1990年代初在波恩的一次会议上，著名汉学家、慕尼黑大学鲍吾刚教授（Prof. Wolfgang Bauer, 1930—1997）告诉我，当初我的申请资料是他审阅的。鲍吾刚教授已作古二十多年，我要在这里向他表达感激之情！应该感谢的还有汉堡大学司徒汉教授（Prof. Hans Stumpfeldt）、波恩大学陶泽德教授（Prof. Rolf Trauzttel），是他们作为接待者（Betreuer）接受了我作为洪堡学者（Humboldt-Stipendiat）在他们所在的学校（Gastgeber）进行研究工作。季羡林教授、周一良教授、张广达院士是我的推荐人，我对这些前辈的提携表示无限感激之情。

感谢德国特里尔大学乔伟教授（Prof. Wei Chiao）、柏林自由大学罗梅君教授（Prof. Mechthild Leutner）、剑桥大学麦大维教授（Prof. David McMullen），他们不同程度地给我在其所在单位的工作提供了优厚的条件。罗梅君教授还与我一道主持了中德重点实验室合作项目，支持我及我的几名博士生到柏林普鲁士文化财富国家图书馆和联邦档案馆搜集资料。应该感谢的还有我的德语老师汉堡大学硕士玛娅（Maya Kelterborn）女士以及我在德国的同事玛丽安（Marion Reule）女士、李马珂博士（Dr. Magnus Kriegeskorte）、刘慧儒博士，他们给我的诸多帮助，至今令人难忘。

感谢河南大学胡优静博士利用去年在英国伦敦大学亚非学院做访问学者的机会为我搜集了许多图片资料；感谢王炳文、王晶夫妇提供许多珍贵图片。清华博士生张明、孟献志对书稿的校对和纠错，付出了巨大的劳动，在此特别致谢。我也要感谢北京大学出版社领导提供的各种支持，尤其感谢责任编辑闵艳芸女士为本书的顺利出版牺牲休息时间，夜以继日地工作。感谢国家社科基金的信任，给我下达重大项目委托课题；感谢国家出版基金对本书的出版予以资助；感谢清华大学文科处、人文学院以及历史系领导对我研究和写作工作的大力支持。

40年前，我从安徽师大考取南开大学历史学系研究生，毕业后留校任教；30年前我获得德国洪堡基金会资助，前往欧洲开展任选课题的研究工作；20年前我回到国内（中间曾短期回国）。

谨以此书献给母校（南开大学）百年诞辰，它无形中记录了我曾走过的那些难忘岁月。

谨以此书纪念我的祖母120周年冥诞（祖母生于1899年重阳节）。她从小吃苦耐劳，年轻时修桥补路，中年之后坚持吃素，年且九十方才离开我们，她是给我影响最大的亲人。老人家善良朴实的人格力量一直砥砺着我努力前行。

张国刚　己亥年重阳节于清华园